BIBLIOTHECA
SCRIPTORVM GRAECORVM ET ROMANORVM
TEVBNERIANA

HOMERI ILIAS

RECENSVIT / TESTIMONIA CONGESSIT

MARTIN L. WEST

VOLVMEN ALTERVM
RHAPSODIAS XIII–XXIV
ET INDICEM NOMINVM
CONTINENS

MONACHII ET LIPSIAE

IN AEDIBVS K·G·SAUR MM

Die Deutsche Bibliothek – CIP-Einheitsaufnahme

Homerus:
(Ilias)
Homeri Ilias / rec. Martin L. West. –
Monachii ; Lipsiae : Saur
[Bibliotheca scriptorum Graecorum et Romanorum Teubneriana]

Vol. 2. Rhapsodias XIII–XXIV continens. – 2000
ISBN 3-598-71435-1 (kart.)
ISBN 3-598-71434-3 (Gewebe)

Gesamtherstellung: Druckhaus „Thomas Müntzer" GmbH, Bad Langensalza

CORRIGENDA ET ADDENDA AD VOL. I

AD PRAEFATIONEM

p. ix n. 13, adde: K. Luchner (1310), R. May (1480), J. Lundon (h142).

p. x in linea infima, lege 'asservati'. Plura de hoc libro (**X**) promulgavit M. J. Apthorp, ZPE 127 (1999), 141–8. Sinaiticus est S. Catherinae inv. ΜΓ26. Folia supersunt xii vel xiii, quae continent: Α 319–38, 477–96, 608–Β 15, Β 115–42, Δ 50–69, 111–29, 345–90, 458–78, Ε 105–27, 169–89, 626–50.

p. xii, **Y**: omittuntur versus Ω 107–11, 148–51, 167–8, 206, 449–52 (sed inest 453); finguntur alii ne inter 207 et 216 neve inter 448 et 453 hiet sensus; et alia mutantur continuitatis causa. **W**: pro 'Ω 304–804' lege 'Ω 303–804'.

p. xxiii, §4 in linea quinta lege 'transgrederetur'.

p. xxvii in linea ab ima pagina quinta lege 'Chantr. I 479'.

p. xxx (ἀΐσσω) 'formam … nusquam traditam': at nunc eam in papyro inveni, v. ad X 142.

p. xxxii (λείπω, λέλιμμαι) adde Ψ 523 λελιπ[το pap.

AD SIGLA ET BREVIATA

(p. lxiv) liber 257 = P. Univ. Lips. 253; continet Ψ 21–50, 78–100, 423–47

(p. xlv) liber 311 continet Ψ 135–48, 178–91

(p. xlix) adde: 480a P. Sorb. inv. 2302 (s. iii–ii a. C.): Ζ 280–92.

(p. liii) exime libros 649 (v. p. xliv ad 239), 653, 669 (Odysseae hi sunt, non Iliadis)

(p. liv) pro '705–ca. 1500' lege '705–1544'; adde:

    1545 Inscr. in pariete Romana Viae S. Basilii ed. V. de Marco, Notizie degli Scavi 1938 (xvi) 422–4 (s. iii): Ω 171–5.

(p. lvii) adde:

h140 P. Berol. 1970 ed. W. Luppe APF 44 (1998), 209–13 (s. ii–iii): de deorum ap. Hom. epithetis.

h141 P. Berol. 17151 ed. W. Luppe APF 44 (1998), 215–18 (s. ii): comm. ad Κ 561 sqq.

h142 P. Oxy. inv. 12 1B 133/B(a) transcr. J. Lundon (s. ii/iii): sch. ad Ψ 2–141.

(p. lviii) adde:

w46 P. Oxy. inv. 30 4B 41/D(2–3)b (s. i): Ζ 68–70 (prosa).

w47 P. Oxy. inv. 106/11(c): X 319–20, 447–51(–52?) (prosa?)

(p. lix, Fontes alii antiquiores) adde:

t^vl   varia lectio in testimonii auctoris libris

(Codices minusculi) adde:

r, rr   liber recentior unus vel plures (cf. p. xiii)

(p. lx, Sigla cetera) adde:

A^uv   A ut videtur

(pp. lxi sq., Opera compendiosius laudata) adde:

Apthorp = M. J. Apthorp, The Manuscript Evidence for Interpolation in Homer (Heidelbergae 1980)

Hentze Anhang = C. Hentze, Anhang zu Homers Ilias (Schulausgabe von K. F. Ameis), 2. Aufl. (Lipsiae 1877–9)

KG = R. Kühner, Ausführliche Grammatik der griechischen Sprache, II. Satzlehre, 3. Aufl. von B. Gerth (Hannoveri 1898–1904)

Reitz. Gesch. = R. Reitzenstein, Geschichte der griechischen Etymologika (Lipsiae 1897)

AD TEXTVM

A 86 lege οὖ   **182** lege ὡς   **Γ 206** lege ἕνεκ’   **E 5** lege ὀπωρινῶι   **157** lege ἐκ   **H 425** lege βρότον   **Θ 410** lege βῆ δὲ κατ’

AD TESTIMONIA

A 3 Aristid. Quint. 3.26 p.131.14 W.-I.   **4** (αὐτοὺς–) sch[D] A 52   **50** (–ἐπώιχ.) Erot. p.64.17 N.   **106** Erot. p.56.7 N.   **180a** sch[D] Γ 16   **252b** sch H 9b   **275 + 277a** Euboeus Supp. Hell. 412 (parod.)   **288** (πάντεσσι δ’ ἀν.) sch[D] Γ 16; ‘(κὴρ–) [Alex.]’ etc. ad v. 228 transfer   **302** lege H. ι 649   **317** Charito 6.2.4   **362b** EtG s.v. πένθος   **477** Aristid. Quint. 2.9 p.70.6 W.-I.   **566–7** (–ιόντε) sch[D] I 182   **608** H. η 987   **B 9–10** (–ἀγορ.) Erot. p.11.12 N.   **22a** sch[D] A 299   **42a** sch Σ 246a   **107a** sch[D] A 175   **135** (σπ. λ.) sch[D] H 102   **196** sch[D] A 173   **218** (–συν.) Erot. p.79.3 N.   **258** (–κιχ.) sch[D] B 264   **265** (σκ.–)–6 (πλ.) sch[D] B 264   **266a** Erot. p.46.18 N.   **354–5** sch[D] A 31   **362** (κρῖν’ ἄ.) Sel ap. Reitz. Gesch. 163.25   **414** Erot. p.110.17 N.   **478** Ach. Tat. 1.8.7   **530** sch[D] I 395   **677** (νήσ.–) Sel ap. Reitz. Gesch. 161.29   **681** (Πελ. Ἄργ.) sch[D] Γ 75   **765** Matro Supp. Hell. 538.3 (parod.)   **783** (ὅθι–) sch[D] A 436   **809** Erot. p.95.13 N.   **811** (αἰπ.–) sch[D] B 592   **827** sch[D] Δ 93   **828** (’Απ.) sch[D] E 612   **Γ 2** (ὄρν.–) sch[D] A 162   **24** (ἄγριον αἶγα) sch[D] Θ 338   **59** (–ἐνείκ.) Aristid. Quint. 3.26 p.132.16 W.-I.   **103** (οἴ. δ’ ἄρνα λευκόν) sch[D] N 168   **146 + 149** (δημογ.) Charito 5.5.9   **184a** Sel ap. Reitz. Gesch. 158.12   **271** (= T 252) sch Arat. 131   **331b** (al.) ApS 41.31, 74.20   **446** Erot. p.45.17 N.   **454** sch[D] Δ 93, Z 326   **Δ 1** Charito 5.4.6   **10** (τῶι–)–11 sch[D] E 131   **47b** sch[D] B 461 ex Ori Orthogr.   **155a** sch[DT] X 379b   **174b** sch[D] B 519   **194a** sch[D] B 565   **275** Aristid. Quint. 2.9 p.71.9 W.-I.   **282** Aristid. Quint. 2.9 p.70.9 W.-I.   **300** sch[D] Δ 297   **320** sch[D] B 565   **366** al. (κολλ.) sch Ξ 9   **370–1** sch[D] I 34   **386b** Aristid. Quint. 2.9 p.72.21 W.-I.   **404** Porph. Il. 331.13 Schr.   **461** (σκότος–) H. σ 1134   **467a** Erot. p.35.6 N.   **508a** sch[D] E 446   **E 5–6a** sch[D] E 7   **87** Erot. p.45.5 N.; **87a** sch[D] Z 132   **97b** Erot. p.39.12 N.   **122a** Erot. p.30.20 N.   **127** Erot. p.13.12 N.   **128** (–θεόν) sch[D] Z 208   **182** sch[D] Γ 170   **193** sch[D] B 565   **204** (εἰλήλ.) H. ε 879   **289** sch[D] B 381   **299** (λέων ὥς) sch[D] A 162   **330** (ὃ δὲ–) sch[D] E 422 (ex Apollod. 244 F 353)   **352** (–ἀπεβ.) Erot. p.10.3 N.   **387** sch[D] E 385   **424b** [Arist.] Mirab. 840b16   **469** al. (σαώσ.) H. σ 304   **534a** sch[D] B 461 ex Ori Orthogr.   **586** Sel ap. Reitz. Gesch. 163.30   **597a** sch[D] Γ 128   **708–10a** lege ‘Strab. 9.2.20’   **722** (†ἀγκύλα κύκλα) sch[D] B 205   **734** sch[D] E 194   **907–9** sch[D] Z 1   **Z 6b** sch[D] B 565   **24b** sch[D] Δ 499   **39** (ἀγκύλον ἅρμα) sch[D] B 205   **40** al. (πρ. ῥυμ.) ApS 136.28; H. π 4176   **99** (–ἐδείδ.) + **100** (–ἐξ.) + **101** (οὐδέ–) sch[D] arg. E   **123a** sch[D] E 127   **129** sch[D] Z 208   **160** (–ἐπεμ.) Aristid. Quint. 3.25 p.129.17 W.-I.   **234–5** Dig. 18.1.1.1   **271** sch[D] E 194   **463** (χήτει) H. χ 423   **488** Aristid. Quint. 3.26 p.131.9 W.-

I.   506 Apsin. Rh. i. 373.1 Sp.   H 79 (σῶμα δὲ οἴκαδε) sch[D] A 115   215 Eudoc. 2014   216 (πάτασσε) H. π 1098   219a ApD Pron. 67.1   221b sch[D] B 499   238–9 (βῶν ἀζ.) sch[D] M 105   312a sch A 423a   379 (al.) Eudoc. 1205   421 Aristid. Quint. 2.9 p.69.15 W.-I.   455 ('Εvv.) H. (Cyr.) ε 3214   472–5a Dig. 18.1.1.1; Iustinian. Inst. 3.23.2   Θ 1 Aristid. Quint. 2.9 p.70.4 W.-I.   22 (ὑπ. μήστ.) H. υ 258   41 (–πιτ.) sch[D] Γ 80   48 sch[D] Γ 320; (Γάργ.) H. (Cyr.) γ 173   66 sch[D] Θ 1   69 (= X 209) Poll. 9.52; Macr. Sat. 5.13.39; (ἐπίτ.) Apio 238.19   104 Erot. p.54.20 N.   173 Strab. 13.1.24; 173a Epm. τ 16   174a (al.) ApS 77.30   191 (ἐφομ.) H. ε 7523   203 sch[D] E 422   367–8 sch[D] E 397   402 Erot. p.102.11 N.   411 (πολυπτ.) Phot. Lex. s.v.   423 (κύον ἀδ.) Ath. 697e   555 + 560a sch[D] B 469   I 48 (–μαχ.) + 49b Charito 7.3.5   133–4 Aristid. Quint. 2.9 p.71.4 W.-I.   311 Erot. p.84.1 N.   316 (οὐκ–) sch Hes. Op. 190a   328–9 Strab. 13.1.7   404–5 sch[D] E 422 (ex Apollod. 244 F 353)   469 al. (τοῖο γέροντος) EtG s.v.   478 sch[D] I 395   517 al. (κελ.) H. (Cyr.) κ 2177   547 sch[D] Π 183   618a sch[D] A 436   653b EtG s.v. θυμίαμα   698 sch[D] Π 86   K 135 (ἀκαχ.) Apio 215.8   209 (ἦε πόλινδε)–10a Strab. 13.1.36   252b–3 resp. Metrod. 61 A 5; 252b Arist. Poet. 1461a 26; Epm. π 174   315a Epict. 3.22.31   354 (ἐπιδρ.) H. ε 4742   495b sch[D] A 173   522 (al.) Eudoc. 1272   540 (–ἔπος) Charito 3.4.4, 7.1.11   Λ 1a sch[D] Θ 1   27 (ἵρ.–)–8 sch[D] Γ 121   54 (–αἰθ.) sch[D] Π 365   103a + 102b sch[D] Δ 499   155a sch[D] E 880   180b (= Π 699) Hdn ad Π 669a (Philox. fr. 409 Th.)   256 (ἀνεμοτρ.) sch[D] O 625   348 (= X 231) sch O 297a; 348a EtG s.v. στῶ   364 (ἐς δοῦπ.–) Hdn ii.733.11   388 (–ποδός) Erot. p.75.5 N.; 388a sch[D] Z 169   493 sch[D] E 334   562 Erot. p.80.2 N.   579 al. (πραπ.) H. π 3210   596 al. (–πυρός) sch[D] E 2   613–14a sch[D] A 299   640b Erot. p.74.2 N.   680b Aret. 4.13.2 (CMG ii.85.26)   800 (ἀναπν.–)–1 (= Π 42–3) EtG α 796; 801b id. α 1017   814a Eudoc. 947   M 137–8 Aristid. Quint. 2.9 p.71.27 W.-I.   254 (ἰθὺς v.) sch[D] Z 3   255 (Τρωσὶν–) cf. sch[D] E 334   385b cf. Sel ap. Reitz. Gesch. 164.6 (κυβιστητῆρι–)   423 EtG s.v. ἔραν (Sel fr. 214 Duke)   470 (ποι.) sch[D] Z 248

AD APPARATVM CRITICVM

A 58 προδέφη Zen?   59 ante 'Z rr' insere 'Hdn'   129 Τρωΐην A[λ]   148–360 passim, pro h17 lege h15   170 adde 'aut οὐδὲ σοὶ aut οὐδέ τ(οι) legendum videtur'   349 ἄπ' ἄρ' Thiersch   447 lege 'Zen Ar[ab]'   487 δε σκιδναντο X   489 πηλεως et X   490 οὔτε X   491 ἐς X   492 πόλεμόν sch-Σ, πολεμον X   495 εφετμέων X   496 ανε δυσετο X   pro sch[bT] lege sch[A]   567 ἰόντε sch[D] I 182   B 115 δυσκλεῖ' Naber Qu. Hom. 85   291 ἀνίη τ' ἐνθάδε ἦσθαι nescioquis quem laudat Wecklein SBAW 1908(2).28   314 τιτίζοντας Zen (vel τεττ– teste Eust. 490.41)   558 ἀγῶν' Bothe (contra Matronem)   Γ 35 τ et παρειας 230 in versu post P 729 repetito   Δ 55 pro '556' lege '566'   205 ἴδη(ι)ς adde '(nov. Did)'   368 νείκεσσεν ἰδὼν X   375 περι X   467 γ' αὖ τ   E 28 ἀλευόμενον Arn (ex Ar?)   330 δὲ τ   424 βαθυκόλπων etiam [Arist.], quod tamen non agn. Ar, cf. Arn ad B 484, Σ 339, Ω 215b   808 in mg. habuit codicis A exemplar, cf. van Leeuwen Mn. n.s. 32 (1904) 447–50   909 παύσασαι et Ἄρη τ   Z 244 πεντήκοντα ἔσαν T[λ]   H 474 αὐτῆισι et Dig. Iustinian.   Θ 48 δὲ τ   69 επιτηνε Macr.   84 κρηνίωι Bechtel Lexil. 204   I 57 μὴν et Nic   58 ὁπλότερος et Nic   134 pro '1126 Ω' lege '1126 tt Ω'   458–61 Plutarcho auctorem fuisse opinor Sel (cf. ad Σ 604/5), eum autem versus in Ⓟ vel in una τῶν κατὰ πόλιν invenisse   632 φονῆος et T[λ]   K 161 lege 'δ' ἀπὸ χώρος ἐέργει nov. Did'   253 dele 'non resp. Aristot.,'; cf. etiam Nickau Unt. 55   281–2 εὐκλεῖ' εἰσαφικέσθαι | ῥέξαντα μέγα Naber Qu. Hom. 85   Λ 27 εἴρεσσιν et ἵρισιν t[vl]   640 pro 't Z' lege 'tt Z'   821 fort. φθήσονται (φθάνω), cf. Π 861, Ψ 444.

ΙΛΙΑΔΟΣ

Ν–Ω

N   Ζεὺς δ' ἐπεὶ οὖν Τρῶάς τε καὶ Ἕκτορα νηυσὶ πέλασσεν,
τοὺς μὲν ἔα παρὰ τῆισι πόνον τ' ἐχέμεν καὶ ὀϊζύν
νωλεμέως, αὐτὸς δὲ πάλιν τρέπεν ὄσσε φαεινώ
νόσφιν, ἐφ' ἱπποπόλων Θρηικῶν καθορώμενος αἶαν
5   Μυσῶν τ' ἀγχεμάχων καὶ ἀγαυῶν Ἱππημολγῶν
γλακτοφάγων Ἀβίων τε δικαιοτάτων ἀνθρώπων.
ἐς Τροίην δ' οὐ πάμπαν ἔτι τρέπεν ὄσσε φαεινώ·
οὐ γὰρ ὅ γ' ἀθανάτων τιν' ἐέλπετο ὃν κατὰ θυμόν
ἐλθόντ' ἢ Τρώεσσιν ἀρηξέμεν ἢ Δαναοῖσιν.
10   οὐδ' ἀλαοσκοπιὴν εἶχε κρείων Ἐνοσίχθων·
καὶ γὰρ ὃ θαυμάζων ἧστο πτόλεμόν τε μάχην τε,
ὑψοῦ ἐπ' ἀκροτάτης κορυφῆς Σάμου ὑληέσσης

N 1 ApD Synt. 134.3; 'Hdn.' Fig. 51; 'Trypho ii' Trop. 25 (CQ 15.247); sch[h141] K 563/sch[D] K 561; sch Ar. Pl. 1h; Choer. in Ps. 72.21; (–Ἕκτ.) Arn ad Β 641, Φ 203a; Hdn i.10.4; sch Ar. Th. 365; 1a Hdn ad Λ 51b; Choer. in Thd. i.248.9; (–οὖν) Epm. ο 14; (Τρ.–) Strab. 1.2.33; (Τρ.–Ἕκτ.) sch Α 17   3 (αὐτὸς–)–5a Strab. 7.3.2 (Posid. 277a E.–K.); 3 (αὐτὸς–) ApS 126.26; ApD Synt. 134.4, 135.8; Sophron. 377.14; 4–5a Them. Or. 8.117a; 4 Herm. in Pl. Phdr. 143.10 C.; (ἱπποπ.–καθ.) + 5 (Μυσ.) Luc. Dial. 24.11, 59.49; 4 (καθ.–) [Plut.] Hom. 2.55.1; 5–6 Nicol. Dam. 90 F 104; Strab. 7.3.7; Philo De vita contempl. 17 (vi.50.15 C.–W.); 5 Nicol. Dam. 90 F 71; sch [Eur.] *Rhes.* 5; Const. Porph. De them. 1.3; 5b–6a Strab. 1.1.6; (ἱππ.–γλ.) ApS 92.19; 5b id. 7.4; H. α 364; (ἱππ.) id. ι 800; 6 Ephorus 70 F 42 (Strab. 7.3.9); ApS 3.16; Amm. Marc. 23.6.62; St. Byz. 6.17; (–ἀβ.) H. (Cyr.) γ 79; (γλ.) Aristid. Or. 46.19; Clem. Paed. 1.36.1; Orig. c.Cels. 1.16; (ἀβ.) Philostr. Her. 3.29; H. α 125; EtG α 6; Phot. Lex. α 37   10 ApS 21.33   11–12 (–κορ.) Epm. ι 3; 11 ApS 86.16; 12–13 (Θρ.) Strab. 10.2.16; (Σάμ.–Θρ.) cf. ApS 140.6; H. σ 152; Polyb. Fig. iii.106.3 Sp.; 12 al. (ὑλη.) H. υ 155

N 2 παρὰ Ar 60 Z Ω: περὶ Zen Arph (teste A: τινὲς "πρὸς τῆισι" T)   ἐχέμεν Ar 60 Ω: ὀχέμεν Zen (T: ὀχέειν Ribbeck)   3 τρέπεν 10 60 tt Z Ω: τράπεν rr.—cf. ad 7 4 ἐφιπποπόλων quidam ap. sch[T] Θρεῖκων Nauck post Payne Knight   5 Μοισῶν ci. Posid., contra dicit Strab.   ἀγαυῶν Ἱππημολγῶν Ixio: Ἀγ- ἱππ- ApS Hsch sch[AbT], cf. Call. Hymn. 3.252 sq.; Dion. Per. 308 sq.; Rengakos 146: ἀγ- ἱππ- Posid. 6 γ(α)λακτοφάγων Ar Posid. sch[D] οἱ πλείους τῶν ὑπομνηματιστῶν teste St. Byz.: Γλακτ- Ammianus (cf. [Hes.] fr. 151; Nicol. F 104)   τ' add. Philo[vl] D   Ἀβίων Ar Did Alex. Polyhistor (273 F 14) Hsch. St. Byz.: ἀβίων Posid. Strab. Nicol. Apio ap. ApS Philostr. οἱ πλείους τῶν ὑπομνηματιστῶν teste St. Byz. EtG: ἀβιῶν quidam ap. ApS (sc. τῶν βιοῖς μὴ χρωμένων): iidem Γάβιοι audiunt ap. [Aesch.] Prom. Sol. fr. 196.3, Philosteph. fr. 5 Mü. (FHG iii 29)   δικαιοτάτων Ar 60 tt Ω*: -των τ' quidam ante Did W   7 τρέπεν 10 60 Ω: τράπεν r   8 ὅ γ' Ar 60 Ω: ἔτ' (cf. 7) Arph   τιν' ἐέλπετο 10 60 Ω*: τιν' ἔλπ- W, τίνα ἔλπ- r (Eust.)   9 ἀρηξέμεν A F W G: ἀρήξειν A[vp]: ἀρηγέμεν 10 60 Ω* (ex Θ 11?)   10 ἀλαοσκοπιὴν t Z Ω (-ίην Z Al): ἀλαὸς σκ- (Ar) 60 A[c].— cf. ad K 515   11 καὶ γὰρ 60 t* Ω: αὐτὰρ Epm.   12 ἀκροτάτης κορυφῆς Ar tt Z Ω*: -της -φῆς Arph: -τηι -φῆι b T: -του -φῆς 60.—cf. ad Ξ 157   Σάμου Ar tt Ω, Σάμμου 60: Σάου nov. Did

Θρηϊκίης· ἔνθεν γὰρ ἐφαίνετο πᾶσα μὲν Ἴδη,
φαίνετο δὲ Πριάμοιο πόλις καὶ νῆες Ἀχαιῶν.
15 ἔνθ᾽ ἄρ᾽ ὅ γ᾽ ἐξ ἁλὸς ἕζετ᾽ ἰών, ἐλέαιρε δ᾽ Ἀχαιούς
Τρωσὶν δαμναμένους, Διὶ δὲ κρατερῶς ἐνεμέσσα.
αὐτίκα δ᾽ ἐξ ὄρεος κατεβήσετο παιπαλόεντος
κραιπνὰ ποσὶ προβιβάς· τρέμε δ᾽ οὔρεα μακρὰ καὶ ὕλη
ποσσὶν ὕπ᾽ ἀθανάτοισι Ποσειδάωνος ἰόντος.
20 τρὶς μὲν ὀρέξατ᾽ ἰών, τὸ δὲ τέτρατον ἵκετο τέκμωρ,
Αἰγάς· ἔνθα δέ οἱ κλυτὰ δώματα βένθεσι λίμνης
χρύσεα μαρμαίροντα τετεύχαται, ἄφθιτα αἰεί.
ἔνθ᾽ ἐλθὼν ὑπ᾽ ὄχεσφι τιτύσκετο χαλκόποδ᾽ ἵππω
ὠκυπέτα, χρυσέηισιν ἐθείρηισιν κομόωντε,
25 χρυσὸν δ᾽ αὐτὸς ἔδυνε περὶ χροΐ, γέντο δ᾽ ἱμάσθλην
χρυσείην εὔτυκτον, ἑοῦ δ᾽ ἐπεβήσετο δίφρου.
βῆ δ᾽ ἐλάαν ἐπὶ κύματ᾽· ἄταλλε δὲ κήτε᾽ ὑπ᾽ αὐτοῦ
πάντοθεν ἐκ κευθμῶν, οὐδ᾽ ἠγνοίησεν ἄνακτα,
γηθοσύνηι δὲ θάλασσα διίστατο· τοὶ δ᾽ ἐπέτοντο
30 ῥίμφα μάλ᾽, οὐδ᾽ ὑπένερθε διαίνετο χάλκεος ἄξων·
τὸν δ᾽ ἐς Ἀχαιῶν νῆας εὔσκαρθμοι φέρον ἵπποι.
ἔστι δέ τι σπέος εὐρὺ βαθείης βένθεσι λίμνης,
μεσσηγὺς Τενέδοιο καὶ Ἴμβρου παιπαλοέσσης·
ἔνθ᾽ ἵππους ἔστησε Ποσειδάων ἐνοσίχθων
35 λύσας ἐξ ὀχέων, παρὰ δ᾽ ἀμβρόσιον βάλεν εἶδαρ
ἔδμεναι· ἀμφὶ δὲ ποσσὶ πέδας ἔβαλε χρυσείας

13 (ἔνθεν–)–14 Strab. 10.2.17   15 al. (ἐξ ἁλός) ApS 70.1   16b sch N 58; (ἐνεμ.) H. (Cyr.) ε 2899   17 Eudoc. 2265; 17b ApS 126.12; (παιπ.) H. π 98, [1429] 18 (προβ.) id. π 3345; 18b–19 + 27–9 Auct. π. ὕψ. 9.8; 18b Hclt. Alleg. 2.2, 38.7; 20–1 (Αἰγ.) Iul. Or. 2.55d; 20a sch Υ 292; sch Pind. Pyth. 3.75; (–ὀρ.) sch N 18a; (ὀρ.) ApS 122.23; H. o 1153; 21 Strab. 8.7.4; (Αἰγ.) cf. St. Byz. 39.3; 23 (τιτ.) H. τ 998; 27 Max. Tyr. 26.7; (βῆ δ᾽ ἐλ.) sch Λ 519b; (ἐλ.–κύμ.) sch Ξ 229a; 27b sch Ξ 296a; Hermog. Id. 392.16 R.; (ἄταλλε) ApS 46.35; cf. H. α 8002, 8357; 28 Eudoc. 1983; 28a ApS 98.21; Hdn ad Π 515b; (πάντ.) H. π 412; (ἐκ κ.) id. ε 1435; 29–30 Iul. Or. 2.56a; 29 (–διίστ.) ApS 54.27; Hermog. Id. 335.1 R.   31 (εὔσκ.) ApS 79.25; H. ε 7187   34 (–Ποσ.) Strab. 8.7.4

13 γὰρ 60 t Ω: μὲν O rr   17 κατεβήσετο t Ω*: -σατο 60 Aˢ R W   18a (= Υ 60) add. Auct. π. ὕψ.   19 ὕπ᾽ van Leeuwen: ὑπ᾽ Ω   20 τέτρατον t Z Aᵃ Bᶜ Cˢ E: τέταρτον 60 Ω*   21 δέ 60 t Z Ω: τε Strab.ᵉᵖⁱᵗ.—cf. ad Θ 48   26 εὔτυκτον W   ἐπεβήσατο 60ˀ rr   27 ἐπὶ 85 tt Ω: κατα 60   κύματ᾽ 85 t* Ω: κῦμα 60 Max.   αὐτοῦ (cf. 140) 60 tt Ω: -τῶι Aᵞʳ Tᵞʳ rr   28 ἠγνοίησεν (nov. Ar) Ω: -σαν Ar t Aˢ rr 29 γηθοσύνηι Arph Hdn schᴰ A Dᶜ B E F W (cf. Φ 390): -νη Ar ApS Ω* (cf. λ 540ᵛˡ; A.R. 1.784; Rengakos 92): γηθόσυν᾽, ἡ Herodicus   36 ἔβαλε fere Ω (ἔμβ- Cᶜ T R): -λεν 60

    ἀρρήκτους ἀλύτους, ὄφρ᾽ ἔμπεδον αὖθι μένοιεν
    νοστήσαντα ἄνακτα· ὃ δ᾽ ἐς στρατὸν ὤιχετ᾽ Ἀχαιῶν.
    Τρῶες δὲ φλογὶ ἶσοι ἀολλέες ἠὲ θυέλλῃ

40   Ἕκτορι Πριαμίδῃ ἄμοτον μεμαῶτες ἕποντο,
    ἄβρομοι αὐίαχοι· ἔλποντο δὲ νῆας Ἀχαιῶν
    αἱρήσειν, κτενέειν δὲ παρ᾽ αὐτόθι πάντας ἀρίστους.
    ἀλλὰ Ποσειδάων γαιήοχος ἐννοσίγαιος
    Ἀργείους ὤτρυνε, βαθείης ἐξ ἁλὸς ἐλθών,

45   εἰσάμενος Κάλχαντι δέμας καὶ ἀτειρέα φωνήν.
    Αἴαντε πρώτω προσέφη, μεμαῶτε καὶ αὐτώ·
    "Αἴαντε, σφὼ μέν τε σαώσετε λαὸν Ἀχαιῶν
    ἀλκῆς μνησαμένω, μηδὲ κρυεροῖο φόβοιο.
    ἄλλῃ μὲν γὰρ ἐγώ γ᾽ οὐ δείδια χεῖρας ἀάπτους

50   Τρώων, οἳ μέγα τεῖχος ὑπερκατέβησαν ὁμίλωι·
    ἕξουσιν γὰρ πάντας ἐϋκνήμιδες Ἀχαιοί·
    τῆι δὲ δὴ αἰνότατον περιδείδια μή τι πάθωμεν,
    ἧι ῥ᾽ ὅ γ᾽ ὁ λυσσώδης φλογὶ εἴκελος ἡγεμονεύει,
    Ἕκτωρ, ὃς Διὸς εὔχετ᾽ ἐρισθενέος πάϊς εἶναι.

55   σφῶϊν δ᾽ ὧδε θεῶν τις ἐνὶ φρεσὶ ποιήσειεν
    αὐτώ θ᾽ ἑστάμεναι κρατερῶς καὶ ἀνωγέμεν ἄλλους.
    τώ κε καὶ ἐσσύμενόν περ ἐρωήσαιτ᾽ ἀπὸ νηῶν
    ὠκυπόρων, εἰ καί μιν Ὀλύμπιος αὐτὸς ἐγείρει."
    ἦ, καὶ σκηπανίωι γαιήοχος Ἐννοσίγαιος

38a sch B 155c; **38b** sch N 39a   **41–2** (αἱρ.) ApS 3.6; **41a** sch ζ 268; Gell. 15.3.8; Porph. Hom. 120.3 Sod.; Macr. Exc. GL v.637.26; H. α 200 + 8275, 222; EtG α 1393; Epm. α 334, ι 43; (αὐί.) Chrysipp. SVF iii.192.24; ApS 47.23   **43** al. (γαιή.) ApS 54.1; H. γ 50   **45** (–δέμας) Porph. Od. 54.12 Schr.; (εἰσ.) H. (Cyr.) ε 1088; **45b** sch N 216   **47** (–σαώσ.) ApS 147.13; (σφὼ–σαώσ.) sch N 95–6b   **49a** ApD Adv. 175.10   **51** (ἔξ.) H. (Cyr.) ε 3965   **53** Eudoc. 1465; **53a** Hdn ad M 430   **54** (ἐρισθ.) ApS 76.20; H. ε 5892   **59** (σκηπ. Γαιή. ὦρσεν Ἀχαιούς, cf. 83) ApS 142.16; (σκηπ.) H. σ 951; cf. Phot. Lex. s.v.

39 ἠὲ Ω (ἦ G): ἠδε 85, ἠδὲ *b* H O.—cf. ad Θ 349   **41** αὐίαχοι Chrysipp. DThr (et ἄβρομοι Christ)   **42** κτενέειν 85 1245 Ω: κταν- V   αὐτόθι 85 Ω*: -όφι Z D W.—cf. ad M 302   ἀρίστους Aʸᵖ Ω*: Ἀχαιούς 10 60 A D T R   **44** ὤτρυνε 85 Ω: ὄτρ- rr   **46** om. 10 (homoearchon): hab. 60 85 1247 Ω   **47** τε A *b* F G: κε 85 tt Ω*   **49** ἐγώ γ᾽ Bekker: ἔγωγ᾽ Ω   **51** ἔξουσι(ν) (cf. Υ 27) Ar 1248 schᴰ t Ω: σχήσουσιν (cf. 151, Λ 820) Arph   πάντας Ω* (ἄπ- rr): -ες 60 D T   **52** πέρι δείδια (contra Hdn) W   πάθωμεν 10 Ω: -ωσιν 60   **53** ῥ᾽ om. Z Tʸᵖ V   ὅ γ᾽ tt Z Ω: ὅδ᾽ 1248 Aˢ Aˡ M O V   **56** α]ὐτώ[[ς]] (ss. θ᾽) 1248   **57** τώ Fᶜ Rᵃ, τώ W: τῶ(ι) 1248 Ω*   κε 1248 Ω: δε 60   **58** καί 60 Ω*: κέ(ν) Aˢ *b* F   ἐγείρει Ω*: -ρη(ι) Aˢ C Tˢ: αγειρει 60

60   ἀμφοτέρω κεκόπων πλῆσεν μένεος κρατεροῖο,
       γυῖα δ᾽ ἔθηκεν ἐλαφρά, πόδας καὶ χεῖρας ὕπερθεν.
       αὐτὸς δ᾽, ὥς τ᾽ ἴρηξ ὠκύπτερος ὦρτο πέτεσθαι,
       ὅς ῥά τ᾽ ἀπ᾽ αἰγίλιπος πέτρης περιμήκεος ἀρθείς
       ὁρμήσηι πεδίοιο διώκειν ὄρνεον ἄλλο·
65   ὣς ἀπὸ τῶν ἤιξε Ποσειδάων ἐνοσίχθων.
       τοῖιν δ᾽ ἔγνω πρόσθεν Ὀϊλῆος ταχὺς Αἴας,
       αἶψα δ᾽ ἄρ᾽ Αἴαντα προσέφη Τελαμώνιον υἱόν·
       "Αἶαν, ἐπεί τις νῶϊ θεῶν οἳ Ὄλυμπον ἔχουσιν
       μάντι εἰδόμενος κέλεται παρὰ νηυσὶ μάχεσθαι—
70   οὐδ᾽ ὅ γε Κάλχας ἐστί, θεοπρόπος οἰωνιστής·
       ἴχματα γὰρ μετόπισθε ποδῶν ἠδὲ κνημάων
       ῥεῖ᾽ ἔγνων ἀπιόντος· ἀρίγνωτοι δὲ θεοί περ·
       καὶ δ᾽ ἐμοὶ αὐτῶι θυμὸς ἐνὶ στήθεσσι φίλοισιν
       μᾶλλον ἐφορμᾶται πολεμίζειν ἠδὲ μάχεσθαι,
75   μαιμώωσι δ᾽ ἔνερθε πόδες καὶ χεῖρες ὕπερθεν."
          τὸν δ᾽ ἀπαμειβόμενος προσέφη Τελαμώνιος Αἴας·
       "οὕτω νῦν καὶ ἐμοὶ περὶ δούρατι χεῖρες ἄαπτοι
       μαιμῶσιν, καί μοι μένος ὦρορε, νέρθε δὲ ποσσίν
       ἔσσυμαι ἀμφοτέροισι· μενοινώω δὲ καὶ οἶος
80   Ἕκτορι Πριαμίδηι ἄμοτον μεμαῶτι μάχεσθαι."
          ὣς οἳ μὲν τοιαῦτα πρὸς ἀλλήλους ἀγόρευον

60a ApD Synt. 297.8; Macr. Exc. GL v.628.14; 60b sch N 61b; (μέν. κρ.) Synes. De regno 13c (Opusc. 27.12 T.)   61 Eudoc. 715   62 ead. 689; 62a sch N 71–2; (ὥς τ᾽–ὠκ.) Epm. ι 44; (ἴρηξ) H. (Cyr.) ι 883; (ὠκ.) H. ω 141   63 (περιμ.) id. π 1759; (ἀρθ.) H. (Cyr.) α 7181   64a ApD Synt. 413.15; 64b sch Lond. Call. fr. 1.45 (i.7 Pf.); (ὄρν. ἄλλο) sch I 312–13   66 (τοῖιν) H. τ 1064   71–2 Heliod. Aeth. 3.12.2; 71 (ἴχματα) H. ι 1151; 72b EtG α 1170; (ἀρίγν.) ApS 42.31; H. (Cyr.) α 7195   73–4 Chrysipp. (SVF ii.253.23) ap. Gal. Plac. Hipp. et Plat. 3.2.14; 73a Nic ad N 68a/69b; 74–5 Synes. De regno 13c (Opusc. 27.14 T.); 75 (μαιμ.) ApS 109.31; H. μ 83   79b Epm. A 1a¹   80b EtG α 671 (Philox. fr. 436 Th.)

60 κεκοπων Antim Ϗ (parox. Monro HG² 30, oxyt. sch^AT; cf. Wack. KS 1157, Chantr. I 397): -πὼς Ar^a 60 t Z Ω* G^yp: -φὼς Ar^b G V (cf. Wack. Unt. 29)   62 ὦρτο 60 t Ω: αλτ᾽ο[1250   63 ἀπ᾽ Ω: επ 60   περίμηκες ἀερθείς Menrad (contra 1249)   64 ὁρμήση(ι) 481 Ω*: -σει 60 t D C F^a R: οἰμήσηι Agar JPh 25 (1897) 32 (cl. X 140^vl, 308)   66 δὲ γνῶ Christ   ὀϊλῆος D^c, cf. ad B 527   67–8 Αἶαν(?) om. 22   69 μάντι 60 D T^λ: -τει 1251 sch^T T, -τεï Ω*.—cf. Schwyzer 572 n.2; Chantr. I 217   71 ἴχματα Zen Arph Hsch.: ἴθματα (cf. E 778) Did^yp: ἴχνια Ar Hdn 60 t* Z Ω   72 περ 1249 t Ω: τε 60 73 δέ μοι D h V; cf. Bekker Hom. Bl. I 84   74 μᾶλλον Blass: μᾶ- Ω   75 ὕπερθε(ν) t Ω: ααπτοι (ex 77) 60   77 νῦν καὶ ἐμοὶ 60᾽ Ω, κ]αι εμοι 22 1250: δη και μοι 10   78 δὲ ποσσὶν 60 1249 A^s A^m Ω*: πόδεσσιν A   79 οἱος 1250 1252 t Ω: αὐτός h

χάρμηι γηθόσυνοι, τήν σφιν θεὸς ἔμβαλε θυμῶι.
τόφρα δὲ τοὺς ὄπιθεν Γαιήοχος ὦρσεν Ἀχαιούς,
οἳ παρὰ νηυσὶ θοῆισιν ἀνέψυχον φίλον ἦτορ.
85   τῶν ῥ' ἅμα τ' ἀργαλέωι καμάτωι φίλα γυῖα λέλυντο,
καί σφιν ἄχος κατὰ θυμὸν ἐγίνετο δερκομένοισιν
Τρῶας, τοὶ μέγα τεῖχος ὑπερκατέβησαν ὁμίλωι·
τοὺς οἵ γ' εἰσορόωντες ὑπ' ὀφρύσι δάκρυα λεῖβον·
οὐ γὰρ ἔφαν φεύξεσθαι ὕπεκ κακοῦ· ἀλλ' Ἐνοσίχθων
90   ῥεῖα μετεισάμενος κρατερὰς ὤτρυνε φάλαγγας.
Τεῦκρον ἔπι πρῶτον καὶ Λήιτον ἦλθε κελεύων
Πηνέλεών θ' ἥρωα Θόαντά τε Δηίπυρόν τε
Μηριόνην τε καὶ Ἀντίλοχον, μήστωρας ἀϋτῆς.
τοὺς ὅ γ' ἐποτρύνων ἔπεα πτερόεντα προσηύδα·
95   "αἰδώς, Ἀργεῖοι, κοῦροι νέοι· ὕμμιν ἐγώ γε
μαρναμένοισι πέποιθα σαωσέμεναι νέας ἁμάς.
εἰ δ' ὑμεῖς πολέμοιο μεθήσετε λευγαλέοιο,
νῦν δὴ εἴδεται ἦμαρ ὑπὸ Τρώεσσι δαμῆναι.
ὢ πόποι, ἦ μέγα θαῦμα τόδ' ὀφθαλμοῖσιν ὁρῶμαι,
100   δεινόν, ὃ οὔ ποτ' ἐγώ γε τελευτήσεσθαι ἔφασκον,
Τρῶας ἐφ' ἡμετέρας ἰέναι νέας, οἳ τὸ πάρος περ
φυζακινῆις ἐλάφοισιν ἐοίκεσαν, αἵ τε καθ' ὕλην
θώων παρδαλίων τε λύκων τ' ἤια πέλονται

82 Eudoc. 514   **83b** cf. ad 59   **84** (παρὰ–) EtG α 789; (ἀνέψ.) H. (Cyr.) α 5027   **86** Eudoc. 1449   **88a** sch N 86–7; (δάκρ.–) Epm. ε 193   **90** (μετεισ.) H. μ 1058   **91–2a** sch P 597a   **93** al. (μήστ.–) Choer. in Thd. i.301.1   **95** (ὕμμιν–)–6 EtG α 605; **96b** ApS 27.18; ApD Pron. 100.21, 111.26; (ἁμάς) H. α 3475   **97** (λευγ.) id. λ 709   **99–102** (–ἐώικ.) Them. Or. 15.198c; **99–100** Eudoc. 2235–6; **99** (al.) Homerocento in A. et É. Bernand Inscr. du Colosse de Memnon (1960) 112 no. 37.1; Eudoc. 1288; (ὀφθ. ὁρ.) Polyb. Soloec. 288.10 Nauck   **101** (–νέας) sch N 123–4   **102a** Arn ad I 2b; [Plut.] Hom. 2.133.3; (αἵ τε–)–103 sch ε 368; **103** ApS 82.33, 134.5; sch β 289; H. η 247; Phot. Lex. η 81; (θώων) H. θ 1032; Phot. Lex. θ 307; (ἤια) Apio 240.8; Orio 69.13

82 γηθόσυνοι 1250 t Z Ω:]συνη 22   **84** ἀνέψυχον t Ω: -χθεν 60 1250 Z (cf. K 575)   **85** υπο γυια λελυνται (ex H 6) 60   **87** ὑπερκατέβησαν Ω: υπεκκ (ex 89) 22   **88** εἰσόρ- A   **89** φεύξεσθαι 22 60 Ω*: -ασθαι Rᵃ W.—cf. ad O 700   ὕπεκ dedi (cf. Praef. xix): ὕπεκ vel ὑπ' ἐκ Ω: υπερ 22 (cf. ad 87)   **91** ἔπι W: ἐπὶ vel ἐπι Ω*   **92** Πηνέλεών Ar 60 Ω: -λεόν Arph.—cf. ad Ξ 489 (Β 494)   Δηίπυλόν Tᵃ   **94** πτερόεντα προσηύδα fere Ω (μετηύδα W): -εντ' αγορευεν 60   **95** ὕμμιν A B C F: ὑμμιν Ω*   ἐγώ γε D: ἔγωγε Ω*   **96** ἁμάς Ω*: ἁ- Z D B F G   **99** ὦ A T G: ὧ Ω*   **102** φυζακινῆ(ι)ς 219 1253ⁱ Arn [Plut.]ᵛⁱ Z Ω: -νοῖς 1253ˢ tt* P   ἐοίκεσαν 219 1253 Ω*: ἐώικ- t (cf. ad B 58): ἐοικότες 60 W   **103** θώων Ar Cassius Hdn Ω: θωῶν Pamph Diocles DThr   παρδαλίων Ar 219 tt* Ω*: πορδ- (nov. Did) 60 1253 sch-εⁿˡ ApS Hsch. Z A b.—cf. Praef. xxxiv   ἤια 60 219 tt Z Ω: ἤεια Fröhde; cf. Bechtel Lexil. 152

αὔτως ἠλάσκουσαι ἀνάλκιδες, οὐδ᾽ ἔπι χάρμη.
105   ὡς Τρῶες τὸ πρίν γε μένος καὶ χεῖρας Ἀχαιῶν
μίμνειν οὐκ ἐθέλεσκον ἐναντίον, οὐδ᾽ ἠβαιόν·
νῦν δὲ ἑκὰς πόλιος κοίλῃς ἐπὶ νηυσὶ μάχονται,
ἡγεμόνος κακότητι μεθημοσύνῃσί τε λαῶν,
οἳ κείνωι ἐρίσαντες ἀμυνέμεν οὐκ ἐθέλουσιν
110   νηῶν ὠκυπόρων, ἀλλὰ κτείνονται ἀν᾽ αὐτάς.
ἀλλ᾽ εἰ δὴ καὶ πάμπαν ἐτήτυμον αἴτιός ἐστιν
ἥρως Ἀτρείδης, εὐρὺ κρείων Ἀγαμέμνων,
οὕνεκ᾽ ἀπητίμησε ποδώκεα Πηλείωνα,
{ἡμέας γ᾽ οὔ πώς ἐστι μεθιέμεναι πολέμοιο.
115   ἀλλ᾽ ἀκεώμεθα θᾶσσον· ἀκεσταί τοι φρένες ἐσθλῶν.}
ὑμεῖς δ᾽ οὐκέτι καλὰ μεθίετε θούριδος ἀλκῆς,
πάντες ἄριστοι ἐόντες ἀνὰ στρατόν· οὐδ᾽ ἂν ἐγώ γε
ἀνδρὶ μαχεσσαίμην ὅς τις πολέμοιο μεθείη
λυγρὸς ἐών, ὑμῖν δὲ νεμεσσῶμαι περὶ κῆρι.
120   ὦ πέπονες, τάχα δή τι κακὸν ποιήσετε μέζον
τῇδε μεθημοσύνῃ. ἀλλ᾽ ἐν φρεσὶ θέσθε ἕκαστος
αἰδῶ καὶ νέμεσιν, δὴ γὰρ μέγα νεῖκος ὄρωρεν·
Ἕκτωρ δὴ παρὰ νηυσὶ βοὴν ἀγαθὸς πολεμίζει
καρτερός, ἔρρηξεν δὲ πύλας καὶ μακρὸν ὀχῆα.”
125   ὥς ῥα κελευτιόων Γαιήοχος ὦρσεν Ἀχαιούς.
ἀμφὶ δ᾽ ἄρ᾽ Αἴαντας δοιοὺς ἵσταντο φάλαγγες

104a EtG s.v. ἠλάσκ. (Philox. fr. 500 Th.); (ἠλ.) ApS 83.16; Orio 69.25   109 sch T 85–6   110 Apio 219.19   113 (ἀπητ.) sch Ψ 4   115 ApS 20.28; Epm. α 281; 115a EtG α 873; 115b ApS 18.25; Hdn ad O 394a; cf. Aristid. Or. 24.58; H. α 2350; Epm. α 315; (ἀκεσταί) EtG α 310   116–19 Plut. Mor. 72c; 119 (ὑμῖν-) Epm. η 19   121a sch N 108b; (μεθημ.) Hdn ad X 261b; H. (Cyr.) μ 542; Phot. Lex. μ 187; 121b–2 Plut. Mor. 32c   123a sch N 101b   124 Eudoc. 1935; (ἔρρ.-) sch Σ 275   125 (κελ.) H. κ 2157, 2162   126–33 Cert. Hom. et Hes. 12; 126 sch Heph. 265.19; (φάλ.-)–127 (καρτ.) cf. Philostr. Her. 19.3; 127 (ἃς-"Άρης) sch A 168c; (οὔτ᾽-) sch μ 88; (οὔτ᾽-"Άρης) sch H 5c; (ὀνόσ.) H. (Cyr.) ο 914; 128 ApS 107.3; (λαοσσ.) H. (Cyr.) λ 295; Phot. Lex. s.v.; EtG λ 31; 130 sch Ar. Pac. 1210c; 130b sch I 541b; 131–3 Polyb. 18.29.6; cf. ad Π 215–17;

104 ἔπι sch[T] rr: ἐπὶ vel ἐπι Ω   χάρμη D R: -ηι 219 Ω*   107 δὲ ἑκὰς Zen Arph 60: δ᾽ ἕκαθεν Ar 1253 Z Ω.—cf. ad E 791   κοίλῃς ἐπὶ νηυσὶ μάχονται 60 219 1253 Ω: απα]ν[ευ]θε μα[85   109 ἀμυνέμεν 60 t Ω: -ειν 219   114–15 del. Bekker Hom. Bl. I 275   115 θᾶσσον Z: θᾶ- Ω   τοι Ar 60 219 tt Ω: τε “ἔν τισι τῶν ὑπομνημάτων”, item H.—cf. ad O 203   117 ἐγώ γε Bekker: ἔγωγε Ω   118 μαχεσ(σ)αίμην t Ω*: μαχησ- 60 G   μεθείη 219 t D C[a]: -ειης 60: -είει A C[c] E T R G: -ίει F T[s] W, -ί‖ει B   120 μέζον Blass: μεῖ- 60 Ω   125 κελευτιόων 60 1254 Z Ω: κελευθ- quidam ap. sch[T]: utrumque Hsch.   126 Αἴαντας 60 1254 tt Ω: -ντε h

καρτεραί, ἃς οὔτ᾽ ἄν κεν Ἄρης ὀνόσαιτο μετελθών
οὔτέ κ᾽ Ἀθηναίη λαοσσόος· οἱ γὰρ ἄριστοι
κρινθέντες Τρῶάς τε καὶ Ἕκτορα δῖον ἔμιμνον,
130 φράξαντες δόρυ δουρί, σάκος σάκεϊ προθελύμνωι.
{ἀσπὶς ἄρ᾽ ἀσπίδ᾽ ἔρειδε, κόρυς κόρυν, ἀνέρα δ᾽ ἀνήρ.}
ψαῦον δ᾽ ἱππόκομοι κόρυθες λαμπροῖσι φάλοισιν
νευόντων· ὡς πυκνοὶ ἐφέστασαν ἀλλήλοισιν·
ἔγχεα δ᾽ †ἐπτύσσοντο† θρασειάων ἀπὸ χειρῶν
135 σειόμεν᾽· οἱ δ᾽ ἰθὺς φρόνεον, μέμασαν δὲ μάχεσθαι.
Τρῶες δὲ προύτυψαν ἀολλέες, ἦρχε δ᾽ ἄρ᾽ Ἕκτωρ
ἀντικρὺ μεμαώς, ὀλοοίτροχος ὡς ἀπὸ πέτρης,
ὅν τε κατὰ στεφάνης ποταμὸς χειμάρροος ὤσηι,
ῥήξας ἀσπέτωι ὄμβρωι ἀναιδέος ἔχματα πέτρης,
140 ὕψι δ᾽ ἀναθρώισκων πέτεται, κτυπέει δέ θ᾽ ὑπ᾽ αὐτοῦ
ὕλη· ὃ δ᾽ ἀσφαλέως θέει ἔμπεδον, ἕως ἵκηται
ἰσόπεδον· τότε δ᾽ οὔ τι κυλίνδεται, ἐσσύμενός περ.
ὡς Ἕκτωρ εἵως μὲν ἀπείλει μέχρι θαλάσσης
ῥέα διελεύσεσθαι κλισίας καὶ νῆας Ἀχαιῶν
145 κτείνων· ἀλλ᾽ ὅτε δὴ πυκινῇς ἐνέκυρσε φάλαγξιν,
στῆ ῥα μάλ᾽ ἐγχριμφθείς. οἱ δ᾽ ἀντίοι υἷες Ἀχαιῶν

131 Charito 7.4.3; Philostr. Vit. Soph. 1.20.4; Numen. fr. 2 Leem. ap. Eus. PE 14.6.7; Macr. Sat. 6.3.5; (–κόρυν) Plut. Mor. 761b; Choer. in Thd. i.331.18; 131a sch Θ 63; 132–3 (–ἐφέστ.) sch Κ 258b. 134a ApS 75.13; sch Ν 558; (ἐπτ.) Η. ε 5572 136 imit. Nonn. D. 22.139; (–ἀολλ.) [Plut.] Hom. 2.12.2; 136a ApS 136.17; (προύτ.) Η. π 4048, cf. 3437; Phot. Lex. s.v. 137b–8 Porph. Hom. 21.14 Sod.; (ὀλοοίτρ.) ApS 120.11; Hdn ii.271.8; Η. ο 620; Philop. in Meteor. CAG xiv(1).124.22; Phot. Lex. s.v.; 138 (–ποτ.) ApS 97.15, 144.22, 25; (κατὰ στ.) Η. κ 1435 139 (ἀναιδ.) id. α 4320 140 (–πέτ.) Porph. Hom. 41.12 Sod.; (ἀναθρ.) Η. α 4312 141 (ὃ δ᾽–) Porph. Hom. 24.23 Sod.; (θέει) Η. (Cyr.) θ 169 142 (ἰσόπ.) id. ι 976 143–4a Anon. Fig. iii.158.24 Sp. 145 (ἐνέκ.) Η. ε 2889

127 ἄν κεν (cf. Λ 187 al., ι 334) 60 1254 tt Ω: ἄρ κεν Brandreth 128 οὔτέ sic Ω praeter D οἳ rr 129 κρινθέντες 60 Ζ Ω* Ε^γρ: κριθ- t D b T 130 προθελύμνωι 60 tt Ω: -θέλυμνοι Ζ rr 131 (= Π 215) om. 1255 κόρυν tt Ω: κορυδ᾽ (sc. -υθ᾽?) 60 133 ὡς Ω*: ὡς A E F^a G 134 δ᾽ ἐπτύσσοντο 9 tt* Ω*: δὲ πτύσσ- sch-Ν Ζ Α, δεπτυσσ- 60: δ᾽ ἐπτήσσ- h: an δ᾽ ἐπλίσσ-? 135 σειόμεν᾽ οἳ δ᾽ 9 Ω: -όμενοι δ᾽ quidam ap. sch^T 136 προύτυψαν 9 60 tt* Ζ Ω: et προύτ- et προέτ- Hsch. 137 ὀλοοίτροχος Ζ Ω* (ὀλοότρ-C), ολοοιτρ- 9 60: parox. Comanus Ptol: ὀλοοίτρ- Demetrius ὁ Γονύπεσος Hermapias Nicias Aristeas Arn A B E R W: ὀλοότρ- Philop. rr 139 ἀσπέτω(ι) 9 60 Ζ Ω* G^γρ: ἀσχ- G 140 ὕψι Ptol Hdn 9 Ζ Ω: ὑψὶ quidam ante Hdn δ᾽ 9 60 481 D T W: τ᾽ t Ζ Ω* 141 ἕως ἵκηται A b (εἵως C) (cf. ο 109, τ 367): ὄφρ᾽ ἄν ἵκ- 9 60 Ω* (cf. Κ 325, Ο 23, Φ 558): εἰς ὅ κεν ἔλθηι t.—vv.ll. eaedem ψ 151 144 ῥέα διελεύσεσθαι Ar t, ῥεῖα διελ- T: ῥεῖα δ᾽ ἐλ- (nov. Did) 9 60 Ω*, ρειαδ 481: ῥεῖα ἐλ- W.—cf. ad Υ 263

νύσσοντες ξίφεσίν τε καὶ ἔγχεσιν ἀμφιγύοισιν
ὦσαν ἀπὸ σφείων, ὃ δὲ χασσάμενος πελεμίχθη.
ἤϋσεν δὲ διαπρύσιον Τρώεσσι γεγωνώς·
150 "Τρῶες καὶ Λύκιοι καὶ Δάρδανοι ἀγχιμαχηταί,
παρμένετ'· οὔ τοι δηρὸν ἐμὲ σχήσουσιν Ἀχαιοί,
καὶ μάλα πυργηδὸν σφέας αὐτοὺς ἀρτύναντες,
ἀλλ', οἴω, χάσσονται ὑπ' ἔγχεος, εἰ ἐτεόν με
ὦρσε θεῶν ὥριστος, ἐρίγδουπος πόσις Ἥρης."
155 ὣς εἰπὼν ὤτρυνε μένος καὶ θυμὸν ἑκάστου.
Δηΐφοβος δ' ἐν τοῖσι μέγα φρονέων ἐβεβήκει
Πριαμίδης, πρόσθεν δ' ἔχεν ἀσπίδα πάντοσ' ἐΐσην,
κοῦφα ποσὶ προβιβὰς καὶ ὑπασπίδια προποδίζων.
Μηριόνης δ' αὐτοῖο τιτύσκετο δουρὶ φαεινῶι,
160 καὶ βάλεν, οὐδ' ἀφάμαρτε, κατ' ἀσπίδα πάντοσ' ἐΐσην
ταυρείην· τῆς δ' οὔ τι διήλασεν, ἀλλὰ πολὺ πρίν
ἐν καυλῶι ἐάγη δολιχὸν δόρυ· Δηΐφοβος δέ
ἀσπίδα ταυρείην σχέθ' ἀπὸ ἕο, δεῖσε δὲ θυμῶι
ἔγχος Μηριόναο δαΐφρονος. αὐτὰρ ὅ γ' ἥρως
165 ἂψ ἑτάρων εἰς ἔθνος ἐχάζετο, χώσατο δ' αἰνῶς
ἀμφότερον, νίκης τε καὶ ἔγχεος ὃ ξυνέαξεν·
βῆ δ' ἰέναι παρά τε κλισίας καὶ νῆας Ἀχαιῶν
οἰσόμενος δόρυ μακρόν, ὅ οἱ κλισίηφι λέλειπτο.
οἱ δ' ἄλλοι μάρναντο, βοὴ δ' ἄσβεστος ὀρώρει.

147 Lib. Ep. 1265.2 (xi.343.3 F.); (ἔγχ. ἀμφιγ.) H. ε 343, cf. α 8668; EtG α 716; (ἀμφιγ.) H. (Cyr.) α 3968; Phot. Lex. α 1311   151 Did ad N 51a[1]   152b ApD Synt. 254.3   158b ApS 158.1; H. (Cyr.) υ 252; (ὑπασπ.) Hdn ii.235.11; EtG α 1293; (προ‑ποδ.) H. π [3616], 3638   159 ApS 153.10   162 (δολ.) H. (Cyr.) δ 2148; (Δηΐφ.‑)‑163 (‑ἕο) Hdn i.557.7, 558.4   165 Eudoc. 1812   168 (οἰσ.) H. ο 401; Phot. Lex. s.v.; 168b sch N 256a

148 χασσάμενος πελεμίχθη Ar 9 60 1257 Ω: χάσσατο πολλὸν ὀπίσσω Zen 150 ἀγχιμαχηταί 9 60ʾ 1257 Ω: αμφιμα[85   153 οἴω 9 85 1257 A B E Fᵃ, ὁΐω 1259 D C R G: οἴωι schᵇᵀ Fᶜ T W   155 ὤτρυνε 9 1257 1259 Ω: ὄτρ‑ r   157 om. D (rest. D²): hab. 9 10 60 85 1255 1257 1261 Ω*   πρόσθεν 9 60 85 1257 1261 Ω: πρὸ ἔθεν van Leeuwen.—cf. ad 803   πάντοσ' ἐΐσην B E F: ‑οσε ἴσην Ω*   158 ὑπασπίδια 9 60 1257 tt* Ω*, ὑπ' ἀσπ‑ Z D W Gᵃ: ὑπ' ἀσπίδα ApS R: ὑποσπιδια 85   159 αὐτοῖο 9 60 1257 1261 Z Ω: αὖ τοῖο (Doederlein) 85:]ο 1255: ἐν τοῖσι (ex 156) t   160 πάντοσ' ἐΐσην B E F: ‑οσε ἴσην Ω*   163 σχέθ' 9 60 85 1257 t Ω*: σχέτ' A D b W   ἀπὸ 9 60 85 1257 Ω*: ἀπαὶ W V   165 ἂψ 85 Ω: ἂψ δ' (cf. Γ 32 al.) 9 60 (t) r   166 ξυνέαξε Ar 9 60 Ω: ‑έηξε Zen (cf. ad Η 270): ?προ]ηκε 10 (suppl. Blass)   168 ὅ 9 60 1257 Ω: ἅ quidam ap. schᵀ cl. μ 97

170   Τεῦκρος δὲ πρῶτος Τελαμώνιος ἄνδρα κατέκτα,
       Ἴμβριον αἰχμητήν, πολυΐππου Μέντορος υἱόν·
       ναῖε δὲ Πήδαιον, πρὶν ἐλθεῖν υἷας Ἀχαιῶν,
       κούρην δὲ Πριάμοιο νόθην ἔχε Μηδεσικάστην.
       αὐτὰρ ἐπεὶ Δαναῶν νέες ἤλυθον ἀμφιέλισσαι,
175   ἂψ εἰς Ἴλιον ἦλθε, μετέπρεπε δὲ Τρώεσσιν,
       ναῖε δὲ πὰρ Πριάμωι· ὃ δέ μιν τίεν ἶσα τέκεσσιν.
       τόν ῥ’ υἱὸς Τελαμῶνος ὑπ’ οὔατος ἔγχεϊ μακρῶι
       νύξ’, ἐκ δ’ ἔσπασεν ἔγχος· ὃ δ’ αὖτ’ ἔπεσεν μελίη ὥς,
       ἥ τ’ ὄρεος κορυφῆι ἕκαθεν περιφαινομένοιο
180   χαλκῶι ταμνομένη τέρενα χθονὶ φύλλα πελάσσηι.
       ὣς πέσεν, ἀμφὶ δέ οἱ βράχε τεύχεα ποικίλα χαλκῶι.
       Τεῦκρος δ’ ὡρμήθη μεμαὼς ἀπὸ τεύχεα δῦσαι·
       Ἕκτωρ δ’ ὁρμηθέντος ἀκόντισε δουρὶ φαεινῶι,
       ἀλλ’ ὃ μὲν ἄντα ἰδὼν ἠλεύατο χάλκεον ἔγχος
185   τυτθόν, ὃ δ’ Ἀμφίμαχον, Κτεάτου υἷ’ Ἀκτορίωνος,
       νισόμενον πόλεμόνδε κατὰ στῆθος βάλε δουρί·
       δούπησεν δὲ πεσών, ἀράβησε δὲ τεύχε’ ἐπ’ αὐτῶι.
       Ἕκτωρ δ’ ὡρμήθη κόρυθα κροτάφοις ἀραρυῖαν
       κρατὸς ἀφαρπάξαι μεγαλήτορος Ἀμφιμάχοιο·
190   Αἴας δ’ ὁρμηθέντος ὀρέξατο δουρὶ φαεινῶι
       Ἕκτορος· ἀλλ’ οὔ πηι χροὸς εἴσατο, πᾶς δ’ ἄρα χαλκῶι
       σμερδαλέωι κεκάλυφθ’· ὃ δ’ ἄρ’ ἀσπίδος ὀμφαλὸν οὖτα,
       ὦσε δέ μιν σθένεϊ μεγάλωι· ὃ δὲ χάσσατ’ ὀπίσσω
       νεκρῶν ἀμφοτέρων, τοὺς δ’ ἐξείρυσσαν Ἀχαιοί.

172 (Πήδ.) H. π 2153   **178** (μελίη ὥς) H. (Cyr.) μ 708   **181** (ἀμφὶ–βράχε) EtG β 251   **184** al. (ἠλεύ.) H. η 344   **186** (νισ.) H. (Cyr.) v 588   **191** (χρ. εἴσ.) sch Ξ 255b; H. χ 761   **192** (οὖτα) id. o 1886

171 Κέντορος lusit schᵀ (ἔδει· οἰκεῖον γὰρ τῶι πολυΐππωι τὸ κεντεῖν)   **172** ναῖε δὲ Ar 9 60 85 Ω*: δὲ om. B rr: ὃς νάε (vel potius ναῖε) Zen, ὃς ναῖε C rr.—cf. ad Z 34   **177** ῥ’ 60 Ω: δ’ 9 rr   **178** αὖτ’ 9 Ω: αὖθ’ Grashof: αἶψ’ Aᵞʳ   **179** ἥ τ’ 9 Ω: ευτ 60   κορυφῆ(ι) Ar A b R: -ῆ(ι)ς (nov. Did) 9 60 Z Ω*   **180** ταμνομένη Ω*: τεμν- 9 60 R   **183** Αιας δ’ ορμηθεντος ερεξατο (ex 190) 60   **185** υἷ’ 9 60 1261 Ω*: υἱὸν T.— cf. ad E 612, N 792   **186** νισόμενον 47 60 1261 t Ω*: νεισ- 9 1260 Z D Fˢ, νεισσ- Rᶜ   κατὰ στῆθος βάλε δουρί 9 10 1261 Ω: παρα στηθος παρα μαζον 60   **187** ἀράβησε 9 10 60 1261 Ω: ἀράδησε quidam ap. schᵀ   **188** ορμηθη 1260ᵃ   **189** Ἀντιμάχοιο b   **190** ὀρέξατο 10 47 60 Ω*: ἀκόντισε (ex 183) F Tᵞʳ R G   **191** χροὸς Ar (teste Alexione) schᴰ Ω: χρόος Arᵃᵇ (teste Tyr Did) 10 tt, agn. schᴰ: χροοῖς 47: χρὼς Zen.—v. Wack. KS 1120   **194** ἐξείρυσσαν Ω*: -υσαν 60 Aᵃ R W G

195 Ἀμφίμαχον μὲν ἄρα Στιχίος διός τε Μενεσθεύς
ἀρχοὶ Ἀθηναίων κόμισαν μετὰ λαὸν Ἀχαιῶν,
Ἴμβριον αὖτ' Αἴαντε, μεμαότε θούριδος ἀλκῆς·
ὥς τε δύ' αἶγα λέοντε κυνῶν ὕπο καρχαροδόντων
ἁρπάξαντε φέρητον ἀνὰ ῥωπήϊα πυκνά
200 ὑψοῦ ὑπὲρ γαίης μετὰ γαμφηλῆισιν ἔχοντε,
ὥς ῥα τὸν ὑψοῦ ἔχοντε δύω Αἴαντε κορυστά
τεύχεα συλήτην. κεφαλὴν δ' ἀπαλῆς ἀπὸ δειρῆς
κόψεν Ὀϊλιάδης, κεχολωμένος Ἀμφιμάχοιο,
ἧκε δέ μιν σφαιρηδὸν ἑλιξάμενος δι' ὁμίλου·
205 Ἕκτορι δὲ προπάροιθε ποδῶν πέσεν ἐν κονίηισιν.
καὶ τότε δὴ περὶ κῆρι Ποσειδάων ἐχολώθη
υἱωνοῖο πεσόντος ἐν αἰνῆι δηϊοτῆτι,
βῆ δ' ἰέναι παρά τε κλισίας καὶ νῆας Ἀχαιῶν
ὀτρυνέων Δαναούς, Τρώεσσι δὲ κήδε' ἔτευχεν.
210 Ἰδομενεὺς δ' ἄρα οἱ δουρικλυτὸς ἀντεβόλησεν
ἐρχόμενος παρ' ἑταίρου, ὅ οἱ νέον ἐκ πολέμοιο
ἦλθε, κατ' ἰγνύην βεβλημένος ὀξέϊ χαλκῶι.
τὸν μὲν ἑταῖροι ἔνεικαν, ὃ δ' ἰητροῖς ἐπιτείλας
ἤϊεν ἐς κλισίην· ἔτι γὰρ πολέμοιο μενοίνα
215 ἀντιάαν. τὸν δὲ προσέφη κρείων Ἐνοσίχθων,
εἰσάμενος φθογγὴν Ἀνδραίμονος υἷι Θόαντι,
ὃς πάσηι Πλευρῶνι καὶ αἰπεινῆι Καλυδῶνι

195b–6a sch N 690–1, O 328a   198a sch Π 756   199b ApS 139.25; (ῥωπ.)
H. ρ 576   200 al. (γαμφ.) ApS 53.34   201 Porph. Hom. 84.9 Sod.   202a Epm. η
23 (bis)   203 cf. H. ι 550 (Ἰλιάδης)   205 (–πέσε) 'Hdn.' Fig. 4; (δὲ–) Eudoc. 823,
cf. 646   206 sch N 219–329   209 al. (ἔτευχεν) H. (Cyr.) ε 6599   212 (–βεβλ.)
Hdn ad Φ 242 = i.284.1; (ἰγνύη) Orio 75.8   213b sch Π 28a   215 (ἀντ.)
H. α 5375   217 (Πλ.–; vel Ξ 116) w32

195 Στιχίος 9 60 tt Ω: Σχεδίος quidam ap. sch^T   196 λαὸν 10 60 Ω: ἔθνος
A^γρ   198 τε 9 t Ω: δε (Bekker) 60   αἶγα Ar 9 10 t Ω, αργα 60: αἶγε Zen   ὕπο A^c C E:
ὑπὸ vel ὑπο 9 60 Ω*: ἀπὸ W rr   200 ἔχοντε 10 60 Ω*: -ες 9 h R   203 Ὀϊλιάδης Ar
9 10 60 Ω (ὁ ἰλ- D), Οειλ- 47: ἄρ' Ἰλ- Zen, cf. Hsch.—v. ad B 527   206 περὶ 9 Ω: πέρι
r   207 ἐν αἰνῆι δηϊοτῆτι 10 60 (-δητι) Ω: ἐνὶ κρατερῆι ὑσμίνηι 9 V
209 ὀτρυνέων 9 10 47^c Ω*: -νων 47^a 60 (ωτρ-) D.—cf. ad K 38, O 270, Φ 530   κήδε'
ἔτευχεν 9 60 Ω: κ[η]δεα τ- 10   210 δουρὶ κλυτὸς A B^a E W   ἀντεβόλησεν 9 10 60
h78 Ω: cf. ad Λ 809   211 Ἑταίρου quidam ap. sch^T   212 ἰγνύην Hdn 9 Z Ω* A^m,
-υὴν A D^a, -υην 10 47 60 h78: -υίην W: ἴγνυαν Ar? (Theognost. 106.21)   214 ἤϊεν 9
10 47 60 Ω: ἦν ἴεν quidam ap. sch^T   ἐς κλισίην 9 10 47 60 sch^T Ω*: ἐκ κλισίης
D R W   216 φθογγὴν 9 10 47 60 Ω* (cf. B 791): φωνὴν C rr   217 πάσηι 9 10 47 60
Ω: πᾶσι H M O

Αἰτωλοῖσιν ἄνασσε, θεὸς δ' ὣς τίετο δήμωι·
"Ἰδομενεῦ, Κρητῶν βουληφόρε, ποῦ τοι ἀπειλαί
220 οἴχονται, τὰς Τρωσὶν ἀπείλεον υἷες Ἀχαιῶν;"
τὸν δ' αὖτ' Ἰδομενεὺς Κρητῶν ἀγὸς ἀντίον ηὔδα·
"ὦ Θόαν, οὔ τις ἀνὴρ νῦν αἴτιος, ὅσσον ἐγώ γε
γινώσκω· πάντες γὰρ ἐπιστάμεθα πτολεμίζειν.
οὔτέ τινα δέος ἴσχει ἀκήριον, οὔτέ τις ὄκνωι
225 εἴκων ἀνδύεται πόλεμον κακόν· ἀλλά που οὕτω
μέλλει δὴ φίλον εἶναι ὑπερμενέι Κρονίωνι,
νωνύμνους ἀπολέσθαι ἀπ' Ἄργεος ἐνθάδ' Ἀχαιούς.
ἀλλὰ Θόαν, καὶ γὰρ τὸ πάρος μενεδήϊος ἦσθα,
ὀτρύνεις δὲ καὶ ἄλλον, ὅθι μεθιέντα ἴδηαι·
230 τὼ νῦν μήτ' ἀπόληγε κέλευέ τε φωτὶ ἑκάστωι."
τὸν δ' ἠμείβετ' ἔπειτα Ποσειδάων ἐνοσίχθων·
"Ἰδομενεῦ, μὴ κεῖνος ἀνὴρ ἔτι νοστήσειεν
ἐκ Τροίης, ἀλλ' αὖθι κυνῶν μέλπηθρα γένοιτο,
ὅς τις ἐπ' ἤματι τῶιδε ἑκὼν μεθιῇσι μάχεσθαι.
235 ἀλλ' ἄγε τεύχεα δεῦρο λαβὼν ἴθι· ταῦτα δ' ἅμα χρή
σπεύδειν, αἴ κ' ὄφελός τι γενώμεθα καὶ δύ' ἐόντε.
συμφερτὴ δ' ἀρετὴ πέλει ἀνδρῶν καὶ μάλα λυγρῶν·

222 (Θόαν) Arn ad A 86   **223** (ἐπιστ.) H. (Cyr.) ε 5226   **233** (κυν. μέλπ.) Arn ad δ 19; sch A 472b, X 70; Epm. α 329; (μέλπ.) ApS 110.26; H. (Cyr.) μ 763; Phot. Lex. μ 253   **236** (ὄφ.–) Epm. ad A 131a   **237** ApS 146.16; sch Soph. Ai. 161; Philop. De opif. mundi 4.16; (–ἀνδρῶν) Aristid. Or. 2.406; **237a** sch Λ 314b; EtG α 1459 (Philox. fr. 647 Th.); Epm. β 4; (συμφ.) H. σ 2352

218a τῶι μιν ἐεισάμενος προσέφη κρείων Ἐνοσίχθων add. Dᵐ T H, item sed ἔπεα πτερόεντα προσηύδα M rr: deest in 9 10 47 60 Ω*.—cf. ad Γ 389   **219** ποῦ 9 47 Z Ω (= Υ 83): "ἀντὶ τοῦ πῆι" schᵀ, cf. Θ 229: ποι 60   **222** Θόαν Ar 9 10 47 60 Ω*: πέπον D (cf. I 252 al. et ad O 467, P 171)   νῦν 9 60 Ω: νῦν γ' Ar 47 h V: νῦν δ' (δή?) Arph   ἐγώ γε D: ἔγωγε Z Ω*   **223** γινώσκω 9 10 47 60 481 Z Ω*: γιγν- T Rᶜ   πτολεμίζειν 9 47 A T W: πολ-60 Ω*   **224** οὔτέ (τινα) 9 (οὔτέ) 10 47 60 481 Ω: οὐδέ Didʸᵖ rr   ὄκνωι 9 47 Ω: ὄκνος (ex E 817) 60 rr   **225** ἀνδύεται Arᵃᵇ (διὰ τοῦ ν̄) 9 10 47 60 Z Ω (ἀναδ- D W): ἀδδύ- alii teste schᵀ (αὐδύ- Heyne): ἐνδύ- rr   **226** δὴ 9 10 47 60 Ω: Διὶ O V P (cf. B 116, I 23, Ξ 69): an Δὶ?   **227** νωνύμνους 9 10 47 60 (νυν-) A B T Rᶜ Gʸᵖ: -ύμους Ω*   ἐνθάδ' Ἀχαιούς (= M 70) 9 10 47 60 Aʸᵖ Ω*: υἷας Ἀχαιῶν A rr   **229** ὀτρύνεις 9 10 Ω: ωτρ- 47 (ex -νες) 60   ὅθι (= Δ 516) 9 10 60 Aʸᵖ Ω*, ὅ οἱ T: οθεν 47: ὅτε A b Tʸᵖ: ὅτις μεθίη(ι)σι πόνοιο Zen (cf. ad 234)   ἴδηαι 9 10 (-ηιαι) 47 Ω*: ἴδοιο 60 T   **230** τὼ Ludwich: τῶ(ι) Ω   τε 47 Ω: δὲ 9 10 H   **233** μέλπηθρα 9 10 47 1263 tt schᴰ Ω (cf. P 255, Σ 179): λεκτρηισι 60: ἕλκηθρα Nauck Mél. II 428 cl. X 336, Eur. H.F. 568, Maneth. 4.200   **234** τις 9 47 60 435 481 Ω: κεν 10 Eust. rr.—cf. ad Ξ 416, Υ 363, Φ 103   μεθιῇσι dedi (-ιῇσι Bekker): -ίησι A, -ίησι 1263 Ω*: -ιησι 10, -ιησι 47 60: μεθεηισι 9, -έησι Wᵘᵛ (prob. van Leeuwen)   μάχεσθαι 9 10 47 60 1263 Ω: πόνοιο Ar (teste T, cf. ad 229)   **237** συμφερτη δ' ἀρετή

νῶϊ δὲ καί κ' ἀγαθοῖσιν ἐπισταίμεσθα μάχεσθαι."

ὣς εἰπὼν ὃ μὲν αὖτις ἔβη θεὸς ἂμ πόνον ἀνδρῶν·

240   Ἰδομενεὺς δ' ὅτε δὴ κλισίην εὔτυκτον ἵκανεν,

δύσετο τεύχεα καλὰ περὶ χροΐ, γέντο δὲ δοῦρε.

βῆ δ' ἴμεν ἀστεροπῆι ἐναλίγκιος, ἥν τε Κρονίων

χειρὶ λαβὼν ἐτίναξεν ἀπ' αἰγλήεντος Ὀλύμπου

δεικνὺς σῆμα βροτοῖσιν, ἀρίζηλοι δέ οἱ αὐγαί·

245   ὣς τοῦ χαλκὸς ἔλαμπε περὶ στήθεσσι θέοντος.

Μηριόνης δ' ἄρα οἱ θεράπων ἐὺς ἀντεβόλησεν

ἐγγὺς ἔτι κλισίης· μετὰ γὰρ δόρυ χάλκεον ἤιει

οἰσόμενος. τὸν δὲ προσέφη σθένος Ἰδομενῆος·

"Μηριόνη, Μόλου υἱὲ πόδας ταχύ, φίλταθ' ἑταίρων,

250   τίπτ' ἦλθες πόλεμόν τε λιπὼν καὶ δηϊοτῆτα;

ἠέ τι βέβληαι, βέλεος δέ σε τείρει ἀκωκή,

ἦέ τε' ἀγγελίης μετ' ἔμ' ἤλυθες; οὐδέ τοι αὐτός

ἧσθαι ἐνὶ κλισίηισι λιλαίομαι, ἀλλὰ μάχεσθαι."

254   τὸν δ' αὖ Μηριόνης πεπνυμένος ἀντίον ηὔδα·

256   "ἔρχομαι, εἴ τί τοι ἔγχος ἐνὶ κλισίηισι λέλειπται,

οἰσόμενος· τό νυ γὰρ κατεάξαμεν, ὃ πρὶν ἔχεσκον,

---

239 (ὃ μὲν–) EtG α 681   **242–4** Porph. Il. 43.25 Schr.; **242–3**a sch Λ 184b; **242** (ἐναλ.) H. (Cyr.) ε 2629; **243** (ἐτίν.) id. ε 6615; **244** Eudoc. 287   **246** (θερ.) cf. Luc. Dial. 33.47   **249**a Choer. in Thd. i.164.11; Epm. κ 144   **251**b sch O 4c; Choer. in Thd. i.358.17; Epm. o 90   **252** (ἠέ τευ) H. η 206; (μετ' ἐμέ) H. (Cyr.) μ 1065; Phot. Lex. μ 347   **256–7** 'Hdn.' Fig. 5; Anon. Fig. iii.159.4 Sp.; **256** (–κλισ.) Epm. ε 87; **257** (τὸ–κατ.) H. τ 1130

Ar 9 10 47 60 435 tt sch^D Ω: -τὸς(?) δὲ βίη Zen Arph   **238** ἐπισταίμεσθα μάχεσθαι 9 (-στί-) 10 60 1263 Ω (-στάμ- A D F T G, -εθα F): -άμεθα πτολεμίζειν (ex 223) Z Eust. 929.22 (contra 929.37)   **239** αὖτις 9 10 60 t Ω*: αὖθις C R W   ἂμ vel ἂμ 9 t Z Ω*: ἂν vel ἂν 10 E: εν 60   **240** εὔτυκτον A C W^?   **241** om. 60 W^a: hab. 9 10 47 1263 Ω   δύσετο 9 10 47 Ω: -ατο V P   **242** δ' 9 10 47 60 Porph. Ω: ῥ' t* H **245** ἔλαμπε περὶ Ar 9 60 Ω: -εν ἐνὶ Zen Arph 10.—cf. ad X 32   στήθεσσι 9 10 60 Ω: -εσφι rr.—cf. ad B 388   **246** θεράπων ἐὺς Ar Hdn Ω: -ωνεὺς quidam ante Ptol: -ωνευς 9 10 60: δουρικλυτὸς Zen Arph (cf. 210 et ad 254)   ἀντεβόλησεν 9 10 Ω: cf. ad Λ 809   **251** ἠέ τι Z D^a F^c T R G: ἠέ,τι A^c: ἢ ἔτι vel ἦ ἔτι Ω*   **252** ἠέ A: ἠὲ D B T, ἠέ 9 Z Ω*, τε' Fick: τευ 9 10 47 t Z Ω: τεμ' 60   ἀγγελίης (Ar.) 9 10 Z Ω: -ίην Bentley (cum τιν'), Buttmann Lexil. II 202.—cf. ad Γ 206   τοι 9 Ω: τω 10: σοι 60   **254** πεπνυμένος 9 10 Ω (= 266): δουρικλυτὸς 60 h (= Π 619; cf. ad 246) **255** Ἰδομενεῦ Κρητῶν βουληφόρε χαλκοχιτώνων add. D^m C^m F T^m (sch^Typ) R W G: deest in 9 10 47 60 Ω*   **256** κλισίη(ι)σι 9 10 tt Ω: -ηφι 60 h (cf. 168)   **257** νυ γὰρ (inauditum) 9 10 47 tt Z Ω (τόνυ ex τόν A): νυ περ 60: νυ μὲν rr   κατεάξαμεν 9 10 tt Ω: -ξομενοι 60: -εήξαμεν Zen (cf. ad H 270): κατέαξα μέν quidam ap. sch^AbT F^c O: κατέαξ' ἐμόν Naber

ἀσπίδα Δηϊφόβοιο βαλὼν ὑπερηνορέοντος."
   τὸν δ' αὖτ' Ἰδομενεὺς Κρητῶν ἀγὸς ἀντίον ηὔδα·
260 "δούρατα δ', αἴ κ' ἐθέλῃσθα, καὶ ἓν καὶ εἴκοσι δήεις
   ἑσταότ' ἐν κλισίῃ πρὸς ἐνώπια παμφανόωντα,
   Τρώϊα, τὰ κταμένων ἀποαίνυμαι· οὐ γὰρ ὀΐω
   ἀνδρῶν δυσμενέων ἑκὰς ἱστάμενος πολεμίζειν.
   τώ μοι δούρατά τ' ἐστὶ καὶ ἀσπίδες ὀμφαλόεσσαι
265 καὶ κόρυθες καὶ θώρηκες λαμπρὸν γανόωντες."
   τὸν δ' αὖ Μηριόνης πεπνυμένος ἀντίον ηὔδα·
   "καί τοι ἐμοὶ παρά τε κλισίῃ καὶ νηῒ μελαίνῃ
   πόλλ' ἔναρα Τρώων· ἀλλ' οὐ σχεδόν ἐστιν ἑλέσθαι.
   οὐδὲ γὰρ οὐδ' ἐμέ φημι λελασμένον ἔμμεναι ἀλκῆς,
270 ἀλλὰ μετὰ πρώτοισι μάχην ἀνὰ κυδιάνειραν
   ἵσταμαι, ὁππότε νεῖκος ὀρώρηται πολέμοιο.
   ἄλλόν πού τινα μᾶλλον Ἀχαιῶν χαλκοχιτώνων
   λήθω μαρνάμενος, σὲ δὲ ἴδμεναι αὐτὸν ὀΐω."
   τὸν δ' αὖτ' Ἰδομενεὺς Κρητῶν ἀγὸς ἀντίον ηὔδα·
275 "οἶδ' ἀρετὴν οἷός ἐσσι· τί σε χρὴ ταῦτα λέγεσθαι;
   εἰ γὰρ νῦν παρὰ νηυσὶ λεγοίμεθα πάντες ἄριστοι
   ἐς λόχον, ἔνθα μάλιστ' ἀρετὴ διαείδεται ἀνδρῶν,
   ἔνθ' ὅ τε δειλὸς ἀνὴρ ὅς τ' ἄλκιμος ἐξεφαάνθη—
   τοῦ μὲν γάρ τε κακοῦ τρέπεται χρὼς ἄλλυδις ἄλλῃ,
280 οὐδέ οἱ ἀτρέμας ἧσθαι ἐρητύετ' ἐν φρεσὶ θυμός,
   ἀλλὰ μετοκλάζει καὶ ἐπ' ἀμφοτέρους πόδας ἵζει,
   ἐν δέ τέ οἱ κραδίη μεγάλα στέρνοισι πατάσσει

260 Epm. δ 77; (δήεις) ApS 58.4; H. δ 764   **262** (ἀποαίν.) H. (Cyr.) α 6248
265 (κόρ.–) Porph. Hom. 51.5 Sod.; (θώρ.) H. θ 1015   **268** (οὐ σχ.) id. ο 1798
269 (–λελ.) ApD Synt. 193.15; (οὐδ'–λελ.) id. Pron. 41.28, 47.5; (ἐμέ φ.) id. Synt.
208.5   **273** (ἴδμ.) H. (Cyr.) ι 216   **275** Heph. p.5.1 C.   **276–7** (ἐς λ.) Epm. λ 42;
276 (–λεγ.) H. λ 498; (λεγ.) ApS 107.28; **277** sch A 227; (ἔνθα–) sch Z 188c; Dam. Vit. Isid.
p.50 Z.; cf. Clem. Paed. 3.20.2; (διαείδ.) H. δ 1010; **278** w41 (mutila); ApS 56.31; Aristid.
Or. 3.226; Eudoc. 497; Choer. in Ps. 136.19; Epm. ο 101; (δειλός) Apio 230.1; **278**b sch Ψ
319b   **279–80 + 282–5** (ταρβ.) [Plut.] Hom. 2.135.2; Stob. 4.10.27; **279** ApS 94.12;
(–χρώς) Plut. Mor. 916b; Choer. in Ps. 133.16; **281** sch Pind. Nem. 3.72c; Philox. fr. 221
Th.; (μετ.–) sch H 213a; Epict. 2.13.13; (μετ.) H. (Cyr.) μ 1109; Phot. Lex. μ 359; (ἵζει) H.
(Cyr.) ε 788, ι 346; Phot. Lex. ι 70; **282** (οἱ–) Lib. Or. 1.27 (i.96.20 F.); (πατ.) H. π 1099;

260 δ' 10 47 t Ω*: τ' 9: γ' *b* F^c R: ι 60^{uv}   **261** ἐνώπια, Nic (cl. Θ 435) A F G
263 ιστ]αμενοι πτολεμιζειν 10   **264** τώ D^a: τῶ(ι) Ω*   ἐστι 9 10 60 Ω, sed in 10 α
super σ m. al.: fort. δούρατ' ἔασι voluit   **265** om. 481   **266**a (= 255) add.
D^m   **271** πολέμοιο 10 60 Ω: π(τ)ολ– 435   **272** ἄλλόν sic F G   μᾶλλον Blass: μᾱ-
Ω   **278** del. Koeppen   τε 10 435 tt* Ω: γε 60' ApS   **281** om. [Plut.] Stob.

κῆρας ὀϊομένωι, πάταγος δέ τε γίνετ' ὀδόντων·
τοῦ δ' ἀγαθοῦ οὔτ' ἆρ τρέπεται χρὼς οὔτέ τι λίην
285 ταρβεῖ, ἐπειδὰν πρῶτον ἐσίζηται λόχον ἀνδρῶν,
ἀρᾶται δὲ τάχιστα μιγήμεναι ἐν δαῒ λυγρῆι—
οὐδέ κεν ἔνθα τεόν γε μένος καὶ χεῖρας ὄνοιτο.
εἴ περ γάρ κε βλεῖο πονεόμενος ἠὲ τυπείης,
οὐκ ἂν ἐν αὐχέν' ὄπισθε πέσοι βέλος οὐδ' ἐνὶ νώτωι,
290 ἀλλά κεν ἢ στέρνων ἢ νηδύος ἀντιάσειεν
πρόσσω ἱεμένοιο μετὰ προμάχων ὀαριστύν.
ἀλλ' ἄγε, μηκέτι ταῦτα λεγώμεθα νηπύτιοι ὥς
ἑσταότες, μή πού τις ὑπερφιάλως νεμεσήσηι,
ἀλλὰ σύ γε κλισίηνδε κιὼν ἕλε' ὄβριμον ἔγχος."
295 ὣς φάτο· Μηριόνης δὲ θοῶι ἀτάλαντος Ἄρηϊ
καρπαλίμως κλισίηθεν ἀνείλετο χάλκεον ἔγχος,
βῆ δὲ μετ' Ἰδομενῆα, μέγα πτολέμοιο μεμηλώς.
οἷος δὲ βροτολοιγὸς Ἄρης πόλεμόνδε μέτεισιν,
τῶι δὲ Φόβος φίλος υἱὸς ἅμα κρατερὸς καὶ ἀταρβής
300 ἕσπετο, ὅς τ' ἐφόβησε ταλάφρονά περ πολεμιστήν·
τὼ μὲν ἄρ' ἐκ Θρήικης Ἐφύρους μέτα θωρήσσεσθον

Phot. Lex. s.v.; **283** (πάτ.–) sch Ar. Nub. 378a; (πάτ.) H. π 1091; Phot. Lex. s.v.; **284–5** (ταρβ.) Plut. Mor. 452a; **285** (ταρβ.) H. (Cyr.) τ 183; Phot. Lex. s.v.   **286** al. (ἐν δαῒ λ.) ApS 56.19; Epm. δ 57; (δαί) H. (Cyr.) δ 82   **287** (–μένος) sch^D Ν 276; (ὄνοιτο) H. (Cyr.) ο 903   **288–91** [Plut.] Hom. 2.198.2; Stob. 3.7.13; **288** (–πον.) EtG β 135 e Choer.; Epm. β 30, ε 182; **288a** sch Ar. Ach. 236a; (βλεῖο) H. β 60; **290** (νηδ.) H. (Cyr.) ν 442; **291** (ὀαρ.) H. ο 13   **292** (–λεγ.) sch Thuc. 8.89.2; (νηπ.) ApS 116.25 **295** (ἀταλ.–) Luc. Dial. 33.47   **299a** Arn ad Ο 119   **300** (ταλάφρ.) ApS 148.28; H. τ 77   **301–2** (–μεγ.) Strab. 9.5.21; Paus. 9.36.3; **301** ApS 80.12; sch Soph. Ant. 970; **301a** Strab. 7 fr. 14; (Ἐφ., Φλ.) ibid.; St. Byz. 382.8; (Ἐφ.) H. ε 7557; **302** (–μεγ.) Hdn i.53.3;

284 οὔτέ 10 435 1264 tt* Ω (cum accentu duplici A D F R W G, οὔτέ Β Ε Τ): οὐδέ 60 Plut.   **285** ἐπειδὰν (Attice) 10 60 435 (επιδ'αν) Ζ Ω (-δ'ἂν Ζ Βᵃ Ε R W, ἐπεὶ ἂν Τ): ἐπεί τ' ἂν Wack. Unt. 35: ἐπὴν δὴ Thiersch: ἐπεὶ δὴ Brandreth: ἐπεί κεν Bekker ἐσίζηται 10 60 435 Ζ Ω: ἐσέζ- Monro   **287** γε Arᵃᵇ 435 Ζ Ω: et alteram lect. nov. Did, fort. τε (h H V)   **288** κε tt* Ω*, κεν 435 C (cf. Β 123): καὶ (Thiersch) 10 60 [Plut.] h V   βλεῖο 10 60 435 tt* schᴬ Ζ Ω*: βλῆ(ι)ο fere Epmᵇᵃ? Epmᵉ (βλῆς) C R V, fort. melius; cf. Schwyzer 795   πονεόμενος dedi: πονεύ- 10 60 435 tt Ζ Ω   **289** οὐκ ἂν Ar 10 60 tt Ω: οὔ κεν "αἱ κοιναί" 47 H.—cf. ad Μ 465, Ρ 489, Ω 439   ἐν 10 60 Ω: ἐπ' tt   **290** στέρνων 10 60 435 tt Ζ Ω*: -οιο W rr   **294** γε 47 60 Ω*: δε 435: γ' ἐς R   ἕλε' Fick, ἕλε r: ἕλευ 10 47 60 435 Ω   **300** ἕσπετο Ω (sine spir. 10 A) τ' ἐφόβησε 435 Ω: τε φ- Μ   ταλάφρονα 10 60 tt Ω: ταλαίφρονα (Nauck) 47 Ζ.—cf. Schwyzer 448   **301** ἐκ Θρήικης Ἐφύρους fere 10 47 60 318 435 tt* sch Ω (Θρείκης Nauck): εἰς Ἐφύρους πόλεμον Paus.   θωρήσσεσθον 10 47 (-εσ[θ) 435 623 tt* Ω (ad formam cf. KB II 69; Chantr. I 477 sq.; -έσθην Christ): -οντο Strab.—cf. ad Π 218

ἠὲ μετὰ Φλεγύας μεγαλήτορας· οὐδ' ἄρα τώ γε
ἔκλυον ἀμφοτέρων, ἑτέροισι δὲ κῦδος ἔδωκαν·
τοῖοι Μηριόνης τε καὶ Ἰδομενεὺς ἀγοὶ ἀνδρῶν
305   ἤϊσαν ἐς πόλεμον κεκορυθμένοι αἴθοπι χαλκῶι.
τὸν καὶ Μηριόνης πρότερος πρὸς μῦθον ἔειπεν·
"Δευκαλίδη, πῆι ταρ μέμονας καταδῦναι ὅμιλον;
ἦ' ἐπὶ δεξιόφιν παντὸς στρατοῦ, ἦ' ἀνὰ μέσσους,
ἦ' ἐπ' ἀριστερόφιν; ἐπεὶ οὔ ποθι ἔλπομαι οὕτω
310   δεύεσθαι πολέμοιο κάρη κομόωντας Ἀχαιούς."
τὸν δ' αὖτ' Ἰδομενεὺς Κρητῶν ἀγὸς ἀντίον ηὔδα·
"νηυσὶ μὲν ἐν μέσσηισιν ἀμύνειν εἰσὶ καὶ ἄλλοι,
Αἴαντές τε δύω Τεῦκρός θ', ὃς ἄριστος Ἀχαιῶν
τοξοσύνηι, ἀγαθὸς δὲ καὶ ἐν σταδίηι ὑσμίνηι·
315   οἵ μιν ἄδην ἐλόωσι καὶ ἐσσύμενον πολέμοιο
{Ἕκτορα Πριαμίδην, εἰ καὶ μάλα καρτερός ἐστιν}.
αἰπύ οἱ ἐσσεῖται, μάλα περ μεμαῶτι μάχεσθαι,
κείνων νικήσαντι μένος καὶ χεῖρας ἀάπτους
νῆας ἐνιπρῆσαι, ὅτε μὴ αὐτός γε Κρονίων
320   ἐμβάλοι αἰθόμενον δαλὸν νήεσσι θοῆισιν.
ἀνδρὶ δέ κ' οὐκ εἴξειε μέγας Τελαμώνιος Αἴας,
ὃς θνητός τ' εἴη καὶ ἔδοι Δημήτερος ἀκτήν,
χαλκῶι τε ῥηκτὸς μεγάλοισί τε χερμαδίοισιν·
οὐδ' ἂν Ἀχιλλῆϊ ῥηξήνορι χωρήσειεν

Choer. in Thd. i.142.27; (Φλ.) H. φ 587   306 (–πρότ.) ApD Synt. 380.3
308 (–στρ.) Epm. v 6; 308a sch N 588a; (ἐπὶ δεξ.) ApD Adv. 206.27   309b–10a ApS 58.1;
(ἐπεὶ οὔ ποθι) Charax in AB 1154; (οὔ π.) H. (Cyr.) o 1806   315 (ἄδην ἐλ.) H. α 1096;
(ἐλ.) id. ε 2174   317 (αἰπύ) H. (Cyr.) α 2055   320 (δαλόν) Apio 229.5
321 Aristid. Or. 3.471; sch Lyc. 462; Choer. in Thd. ii.300.26; 321a sch Λ 544   322 Porph.
Od. 66.7 Schr.; Eudoc. 323; (Δημ. ἀκτή) H. δ 855; EtG α 379; Epm. α 240; Lex. αἴμ α 109

303 ἑτέροισι 10 47 435 Ω: εταροισι 60   307 ταρ 10 47 60 435ˢ, τὰρ D Fᶜ: τ' ἄρ Ω*:
γὰρ 435ˡ   308 ἠ' (ἐπὶ) Fick: ἡ A, ἦ Ω*: ἠ B E F W   ἦ' (ἀνὰ) dedi: ἦ quidam ap. schᵀ
W: ἡ A, ἦ Ω*   309 ἦ' dedi: ἦ quidam ap. schᵀ: ἦ Ω   ποθι 36 47 435 tt Ω (ποθ' W), πωθι
10, ποτι 60: πού τε Tʸᵖ   οὕτω 47 60 435 t Ω*: –ως 10 b V   310 πολέμοιο 10 60 Ω: πτο-
435   312 ἀμύνειν 10 47 60 219 435 1265 Ω: –έμεν Bekker   315 ἄδην (Ar)
Z A C E W: ἄ- Ω*   ἐλόωσι (cf. T 423) Ar 10 60 435 tt schᴰ Ω*, ἐλ- Z A b R W:
ἀάσουσι (? ἐάσουσι A, ἀάσωσι T, ἄσουσι La Roche) "κατ' ἔνια τῶν ὑπομνημάτων"
(cf. ad Φ 221)   πολέμοιο Ar 10 Ω: –μίζειν Zen   316 deest in 10 36 60 481 1254 1265
Ω*: hab. 435 D² F Tᵐ R W G.—cf. Apthorp 146 sq.   εἰ καὶ 435 D²: καὶ εἰ F Tᵐ R W
G   317 ἐσσεῖται Ω: de accentu ambigit schᵀ; cf. ad B 393   318 κείνων Arᵃᵇ 435 Ω*:
–νω(ι) (nov. Did) 10 60 481 D Gᵃ   ἀάπτους Ar(?) 10 60 Ω: ἀέ- Arph(?).—cf. ad
A 567   320 ἐμβάλοι 10 Ω, -λλοι 60: -ηι 435 r

325 ἔν γ' αὐτοσταδίηι· ποσὶ δ' οὔ πώς ἐστιν ἐρίζειν.
     νῶϊν δ' ὧδ' ἐπ' ἀριστέρ' ἔχε στρατοῦ, ὄφρα τάχιστα
     εἴδομεν, ἠέ τωι εὖχος ὀρέξομεν, ἠέ τις ἡμῖν."
         ὣς φάτο· Μηριόνης δὲ θοῶι ἀτάλαντος Ἄρηϊ
     ἦρχ' ἴμεν, ὄφρ' ἀφίκοντο κατὰ στρατόν, ἧι μιν ἀνώγει.
330 οἳ δ' ὡς Ἰδομενῆα ἴδον φλογὶ εἴκελον ἀλκήν,
     αὐτὸν καὶ θεράποντα, σὺν ἔντεσι δαιδαλέοισιν,
     κεκλόμενοι καθ' ὅμιλον ἐπ' αὐτῶι πάντες ἔβησαν.
     τῶν δ' ὁμὸν ἵστατο νεῖκος ἐπὶ πρυμνῆισι νέεσσιν·
     ὡς δ' ὅθ' ὑπὸ λιγέων ἀνέμων σπέρχωσιν ἄελλαι
335 ἤματι τῶι, ὅτε τε πλείστη κόνις ἀμφὶ κελεύθους,
     οἵ τ' ἄμυδις κονίης μεγάλην ἱστᾶσιν ὁμίχλην,
     ὣς ἄρα τῶν ὁμόσ' ἦλθε μάχη, μέμασαν δ' ἐνὶ θυμῶι
     ἀλλήλους καθ' ὅμιλον ἐναιρέμεν ὀξέϊ χαλκῶι.
     ἔφριξεν δὲ μάχη φθεισίμβροτος ἐγχείηισιν
340 μακρῆις, ἃς εἶχον ταμεσίχροας· ὄσσε δ' ἄμερδεν
     αὐγὴ χαλκείη κορύθων ἄπο λαμπομενάων
     θωρήκων τε νεοσμήκτων σακέων τε φαεινῶν,
     ἐρχομένων ἄμυδις. μάλα κεν θρασυκάρδιος εἴη,
     ὃς τότε γηθήσειεν ἰδὼν πόνον οὐδ' ἀκάχοιτο.

327 (ἠέ τωι) H. η 207   330 al. (εἴκ.) H. (Cyr.) ε 822   336 Hdn ad Υ 114c¹; 336a
id. ad δ 659   339–44 Cert. Hom. et Hes. 12; 339 Porph. Hom. 46.7 Sod.; sch Pind. Isth.
6.58a; sch Eur. Pho. 1105; Macr. Sat. 6.4.6; 339a + ἐγχ. sch B 148c; 339a Demetr. Eloc. 82;
sch Δ 282b; (ἔφρ.) H. ε 7541; (φθ.) id. φ 414; Phot. Lex. s.v.; 340 (ταμ.) ApS 150.4;
(ὄσσε–)–342 Porph. Hom. 47.15 Sod.; (ὄσσε–)–342a Hclt. Alleg. 31.9; (ὄσσε–)–341 sch
Ar. Ach. 1128a; (ὄσσε–)–341a ApS 28.29; (ὄσσε–) sch N 341; (ἄμερδεν) H. (Cyr.) α
3591; 341 Macr. Sat. 5.12.2; 342a id. 5.14.7; (νεοσμ.) H. ν 350; 343–4 Eudoc. 1625–6

327 ἠέ τω(ι) 10 60 t Ω: et hoc et εἴ κέ τωι lemmata in schᴰ.—cf. ad M 328   ἠέ τις Bekker: ἠέ τις Ω: ηε και 10   329 βῆ ῥ' ἴμεν Gʸᵖ   ἀφίκοντο 10 Ω: -οιτο 60 h   331 δαι-
δαλέοισι(ν) 10 47 60 1266 Ω: μαρμαίροντας Aʸᵖ H (= Π 279)   332 αυτωι 10 60,
αυτω'ϊ 1266, αὐτῶ(ι) Ω: αὐτὼ Bentley   333 ὁμὸν 9 10 60 schᵇᵀᴰ Ω: ὁμόσ' (ex 337)
schᵀʸᵖ   πρυμνῆισι Cᶜ: proparox. Ω*.—cf. Praef. xxi   334 ὑπὸ 9 10 Ω*: ὑπαὶ W Hᶜ
V   335/6 pro duplici recensione hab. L. Friedländer Jb. f. Phil. Supp. 3 (1859)
473   335 κελεύθους 9 10 (-σθ-) 47 1266 Ω: βεβηκει 60   336 τ' 9 10 tt Ω: δ' (Heyne) 60   fort. rectius ἵστασιν, cf. KB II 192, 207; Chantr. I 471   337 ἦλθε 9 10 60
Ω*: ἦρχε R W   339 φθεισιμβροτος 10: φθισ- 9 60 tt (φεισ- Macr.) Ω.—v. Praef.
xxxvi   340 ἄμερδεν 9 10 47 (αμαρδεν, ss. ε m²) 60 1266 tt* Z Ω: -σεν Porph.
341 ἄπο (vel ἀπὸ, ἀπο) 9 60 tt Ω: υπο 10   343 κε(ν) 9 10 60 tt Ω: τις κεν V, τις rr (ex K
41)   θρασυκάρδιος 9 10 tt Ω: πολυκερδιος 60 (voluitne ταλακάρδιος?)   344 γη–
θήσειεν ἰδὼν 9 10 36ˢ 60 tt Ω: -σ]ειελ.[36ᵗ, sc. λάων? (Allen; cf. Russo ad τ 229–30)

345   τὼ δ᾿ ἀμφὶς φρονέοντε δύω Κρόνου υἶε κραταιώ
            ἀνδράσιν ἡρώεσσι τετεύχατον ἄλγεα λυγρά·
            Ζεὺς μὲν ἄρα Τρώεσσι καὶ Ἕκτορι βούλετο νίκην,
            κυδαίνων Ἀχιλῆα πόδας ταχύν (οὐδ᾿ ὅ γε πάμπαν
            ἤθελε λαὸν ὀλέσθαι Ἀχαιϊκὸν Ἰλιόθι πρό,
350   ἀλλὰ Θέτιν κύδαινε καὶ υἱέα καρτερόθυμον)·
            Ἀργείους δὲ Ποσειδάων ὀρόθυνε μετελθών,
            λάθρηι ὑπεξαναδὺς πολιῆς ἁλός· ἤχθετο γάρ ῥα
            Τρωσὶν δαμναμένους, Διὶ δὲ κρατερῶς ἐνεμέσσα.
            ἦ μὰν ἀμφοτέροισιν ὁμὸν γένος ἠδ᾿ ἴα πάτρη,
355   ἀλλὰ Ζεὺς πρότερος γεγόνει καὶ πλείονα εἴδη·
            τώ ῥα καὶ ἀμφαδίην μὲν ἀλεξέμεναι ἀλέεινεν,
            λάθρηι δ᾿ αἰὲν ἔγειρε κατὰ στρατόν, ἀνδρὶ ἐοικώς.
            τὼ δ᾿ ἔριδος κρατερῆς καὶ ὁμοιΐοο πτολέμοιο
            πεῖραρ ἐπαλλάξαντες ἐπ᾿ ἀμφοτέροισι τάνυσσαν
360   ἄρρηκτόν τ᾿ ἄλυτόν τε, τὸ πολλῶν γούνατ᾿ ἔλυσεν.
            ἔνθα μεσαιπόλιός περ ἐὼν Δαναοῖσι κελεύσας
            Ἰδομενεὺς Τρώεσσι μετάλμενος ἐν φόβον ὦρσεν·

345–6 Epm. τ 55; **345** Apio 218.22; **345a** sch Φ 162c; (ἀμφὶς φρ.) sch Ξ 274c   **347** sch A 5c   **348** (-ταχύν) Arn ad N 530; (οὐδ᾿-)–**349** Gal. in Hipp. Nat. hom. 1.1; (οὐδ᾿-)–**349a** + **350a** sch Θ 35–6   **352** (ὑπεξαναδ.) sch B 267b; (ἤχθ.-)–**353a** Nic ad Z 479–80a; (ἤχθ.) H. η 1015   **354–5** Plut. Mor. 32a, 351d; [Plut.] Hom. 2.114.5; **354** sch Pind. Pyth. 8.53a; sch Ar. Eq. 255a; (-γένος) Hdn ad O 209c¹; (-ὁμόν) H. ο 778; (ἦ μάν) H. (Cyr.) η 422; **355** Iul. Or. 6.184b; Procl. in Crat. 86.14; id. in Tim. ii.115.19, iii.310.14; (-γεγ.) Aristid. Or. 28.28; sch ν 142; Procl. in Tim. iii.47.9; (πρότ.-) cf. Synes. Somn. 1 (Opusc. 144.18 T.)   **358–60** Porph. Il. 184.11 Schr.; **359a** ApS 75.17, 129.16; Hdn ii.936.3; (ἐπαλλάξ.) ApS 70.26; H. (Cyr.) ε 4131; Phot. Lex. ε 1335; (τάν.) H. τ 154   **361–2** Porph. Hom. 66.6 Sod.; **361** (-ἐών) ApS 152.24; (μεσαιπ.) [Plut.] Hom. 2.199; sch N 516–17; H. μ 893; cf. Phot. Lex. μ 290

346 τετεύχατον 10 Aλ Am Ω*: -ετον tt A Dª: -εται 60: ἐτεύχατον Z: -ετ(ον) Aγρ **347** ἄρα (nov. Did) 9 10 321 t Ω*: ῥα Ar A B C   **348** οὐδ᾿ ὅ γε Arph 9 60 tt* Ω* (cf. M 406): οὐδέ τι Ar A h: οὐδ᾿ ὅθι Gal.   **349** ὀλέσθαι (cf. T 274) 9 t* Ω*, ὄπισθεν 60: ὀλέσσαι 10 Gal. b R.—vv.ll. sim. α 377 = β 142   Ἀχαιϊκὸν 9 10 60 Ω*: -αϊκὸν F R G **350** ath. Ar   **351** ὀρόθυνε Ar 10 60 Z Ω: ὤτρυνε (cf. E 461) Zen Arph   **355** εἴδη Christ: ἤ(ι)δη 9 60 Plut.³²ª [Plut.]ᵛˡ Ω*: ἤ(ι)δει 10 tt* C Fᶜ W.—v. Praef. xxxiii   **356** τώ V: τῶ(ι) 9 Ω   ἀμφαδίην 10ª D W: -ίη(ι) 10ᶜ 60 221 1271 Z (ἀμφιδίη) Ω*   **358** τὼ Ar h, τῶι Z: τοὶ Arph Porph. Ω*: οἳ Didᵛᵖ 10 47 1272 D W: ου 60: ει 9   ὁμοιΐοο Ahrens: -ίου 9 10 60 274 tt Z Ω.—v. Praef. xxxiii sq.   πτολέμοιο 10 60 tt Z Ω*: πολ- 9 Dª F R W   **359** πεῖραρ 9 10 47 60 tt Ω*: -αν Aª Dª? : utrumque Z   ἐπαλλάξαντες 10 60 221 274 tt Z Ω: -τε (Leaf) r   ἀμφοτέροισι Arª 10 60 221 274 1270 t Z Ω: ἀλλήλοισι Arᵇ **360** τ᾿ 9 1273 t Ω*: om. 10 60 E V   **362** Τρώεσσι μετάλμενος 9 60 t Ω*: -ιν ἐπάλμενος 10 221 274 1270 Aγρ D R.—cf. ad Λ 421

πέφνε γὰρ Ὀθρυονῆα Καβησόθεν ἔνδον ἐόντα,
ὅς ῥα νέον πολέμοιο μετὰ κλέος εἰληλούθει,
365   ἤιτεε δὲ Πριάμοιο θυγατρῶν εἶδος ἀρίστην
Κασσάνδρην, ἀνάεδνον, ὑπέσχετο δὲ μέγα ἔργον,
ἐκ Τροίης ἀέκοντας ἀπωσέμεν υἷας Ἀχαιῶν.
τῶι δ' ὁ γέρων Πρίαμος ὑπό τ' ἔσχετο καὶ κατένευσεν
δωσέμεναι· ὃ δὲ μάρναθ' ὑποσχεσίηισι πιθήσας.
370   Ἰδομενεὺς δ' αὐτοῖο τιτύσκετο δουρὶ φαεινῶι
καὶ βάλεν ὕψι βιβάντα τυχών· οὐδ' ἤρκεσε θώρηξ
χάλκεος, ὃν φορέεσκε, μέσηι δ' ἐν γαστέρι πῆξεν,
δούπησεν δὲ πεσών. ὃ δ' ἐπηύξατο φώνησέν τε·
" Ὀθρυονεῦ, περὶ δή σε βροτῶν αἰνίζομ' ἁπάντων,
375   εἰ ἐτεὸν δὴ πάντα τελευτήσεις ὅσ' ὑπέστης
Δαρδανίδηι Πριάμωι· ὃ δ' ὑπέσχετο θυγατέρα ἥν.
καί κέ τοι ἡμεῖς ταῦτά γ' ὑποσχόμενοι τελέσαιμεν,
δοῖμεν δ' Ἀτρείδαο θυγατρῶν εἶδος ἀρίστην
Ἄργεος ἐξαγαγόντες ὀπυιέμεν, εἴ κε σὺν ἄμμιν
380   Ἰλίου ἐκπέρσηις εὖ ναιόμενον πτολίεθρον.
ἀλλ' ἕπε', ὄφρ' ἐπὶ νηυσὶ συνώμεθα ποντοπόροισιν

363–9 Macr. Sat. 5.4.8; **363–6a** Strab. 13.1.40; **363a** Hdn ad Π 827; **363b** St. Byz. 344.13; **365–6** (Κασσ.) Porph. Od. 104.4 Schr.; (Πρι.–Κασσ.) sch Γ 124   **371** (ὕψι β.) Did ad N 367a[1], O 307a[3]; (οὐδ'–)–**372a** EtG α 1195   **374–6a** 'Hdn.' Fig. 20; **374** ApS 14.29; sch Pind. Pyth. 8.57a; EtG α 214; (αἰν.) H. α 1990; **375** Eudoc. 1903   **377** ead. 1906 **378** Theodos. 68.21; Choer. in Thd. ii.264.16; **378a** Epm. ε 31   **381** (–συν.) ApS 147.8; (ὄφρ'–συν.) sch Χ 373–4; (συν.) H. σ 2746

363 ita Ar 9 10 60 221 274 1274 tt Ζ Ω (ἐνδονέοντα quidam ap. sch[T]): 'Ὀθρυονῆ' Ἑκάβης νόθον υἱὸν ἐόντα 𝔄   **364** πολέμοιο 9 10 60 1273 t* Ω*: πτο- Strab. G μετὰ Ar 9 10 221 274 1270 tt Ζ Ω (cf. Λ 227): μεγα 60: κατὰ Arph (cf. Pind. Pyth. 4.125)   **365** ἤ(ι)τεε 9 10 47 60 1272 tt Ω: -ει Bekker   **366** Κασσάνδρην 9 10 47 60 tt* Ω*: Κασά- sch-Γ (cod. Τ) Porph. b R.—cf. ad Ω 699   ἀνάεδνον 9 10 60 221 1273 tt Ζ (-ενδον) Ω: ἀνέεδνον (Bentley) r.—cf. ad Ι 146   ὑπέσχετο 9 10 60 221 274 1270 Ω: ὑπίσχ- Μ   **367** ἀπωσέμεν Zenod. Mallota 9 10 60 274 1270 1273 t Ω: ἀν- Ar[ab] **367a** φοίτων ἔνθα καὶ ἔνθα θοὰς ἐπὶ νῆας Ἀχαιῶν add. quidam ap. sch[T]   **369** δὲ μάρναθ' 9 Ω: δ' ἐμ- Bekker   **371** βιβάντα Ar 9 10 221 tt Ζ Ω: -ῶντα (nov. Did sive Hdn) rr   **372** ἐν 9 10 60 274 1274 Ω: ἐνὶ rr.—cf. ad 398   πῆξε(ν) (= 398) 9 10 60 76 Ω*: τύψεν D   **373** δ' ἐπεύξατο φώνησέν τε 9 10 60 76 274 1274 Ω (ἐπηύξ- Fick): δὲ κερτομέων ἔπος ηὔδα quidam ap. sch[T]   **374** πέρι R   αἰνίζομ' (= θ 487) Ar 9 10 60 (-ζωμ) 274 1274 tt Ζ Ω: -ίξομ' quidam ante Did 76[m]: -ίσσομ' Zen Comanus (fr. 10 Dyck) **375** πάντα 9 10 60 t* Ω: ταῦτα 'Hdn' r   **377** ταῦτά γ' Hdn Ω, ταῦτ 9, ταυτα 60: ταῦτά γ' quidam ante Hdn   **379** εἴ κε 9 274 Ω (εἰσόκε D): αι κε 10   ἄμμιν 9 10 60 Ω*: ἄμμι D b R, ἄμμι W   **380** Ἰλίου 9 60 Ω: Ιλιον 10.—cf. ad Β 133   **381** ἕπε' (Ar) Payne Knight: -ευ 9 10 60 t Ω.—cf. ad Κ 146   συνώμεθα Ar Hdn A (συνῶ- quidam an-

ἀμφὶ γάμωι, ἐπεὶ οὔ τοι ἐεδνωταὶ κακοί εἰμεν."
  ὣς εἰπὼν ποδὸς εἷλκε κατὰ κρατερὴν ὑσμίνην
ἥρως Ἰδομενεύς. τῶι δ' Ἄσιος ἦλθεν ἀμύντωρ
385 πεζὸς πρόσθ' ἵππων· τὼ δὲ πνείοντε κατ' ὤμων
αἰὲν ἔχ' ἡνίοχος θεράπων· ὁ δὲ ἵετο θυμῶι
Ἰδομενῆα βαλεῖν. ὁ δέ μιν φθάμενος βάλε δουρὶ
λαιμὸν ὑπ' ἀνθερεῶνα, διάπρο δὲ χαλκὸν ἔλασσεν·
ἤριπε δ' ὡς ὅτε τις δρῦς ἤριπεν ἢ' ἀχερωΐς
390 ἠὲ πίτυς βλωθρή, τήν τ' οὔρεσι τέκτονες ἄνδρες
ἐξέταμον πελέκεσσι νεήκεσι νήϊον εἶναι·
ὣς ὁ πρόσθ' ἵππων καὶ δίφρου κεῖτο τανυσθείς,
βεβρυχώς, κόνιος δεδραγμένος αἱματοέσσης.
ἐκ δέ οἱ ἡνίοχος πλήγη φρένας, ἃς πάρος εἶχεν,
395 οὐδ' ὅ γ' ἐτόλμησεν δηΐων ὑπὸ χεῖρας ἀλύξας
ἂψ ἵππους στρέψαι· τὸν δ' Ἀντίλοχος μενεχάρμης
δουρὶ μέσον περόνησε τυχών· οὐδ' ἤρκεσε θώρηξ
χάλκεος, ὃν φορέεσκε, μέσηι δ' ἐν γαστέρι πῆξεν.
αὐτὰρ ὅ γ' ἀσθμαίνων εὐεργέος ἔκπεσε δίφρου,
400 ἵππους δ' Ἀντίλοχος μεγαθύμου Νέστορος υἱός
ἐξέλασε Τρώων μετ' ἐϋκνήμιδας Ἀχαιούς.
  Δηΐφοβος δὲ μάλα σχεδὸν ἤλυθεν Ἰδομενῆος
Ἀσίου ἀχνύμενος, καὶ ἀκόντισε δουρὶ φαεινῶι.
ἀλλ' ὁ μὲν ἄντα ἰδὼν ἠλεύατο χάλκεον ἔγχος
405 Ἰδομενεύς· κρύφθη γὰρ ὑπ' ἀσπίδι πάντοσ' ἐΐσηι,

382 (ἐεδν.) H. (Cyr.) ε 555   384 (ἀμύντωρ) id. α 3859; EtG α 692   388b sch Π
188c   389–91 Macr. Sat. 5.11.9; 389–90a Harpocr. λ 11; 389 sch^D Ξ 15; (ἀχερ.) cf. Paus.
5.14.2; Serv. auct. Ecl. 7.61; H. α 8846; EtG α 1507; 390 (πίτυς) H. π 2396; (βλ.) H. (Cyr.)
β 759; Orio 35.15; EtG β 151; 391 (νεήκ.) H. ν 203   392–3 D.H. Comp. 23; Hermog.
Id. 252.16 R.; 393 (βεβρ.) ApS 51.12   394 (πλήγη) H. π 2542   396b sch Ξ 376–7b;
(μενεχ.) H. μ 846

te Hdn)   382 ἐεδνωταὶ Hdn ("οὕτως πάντες") 9 Ω: -ῶται Tyr   383 εἷλκε (nov.
Did) 10 Ω: ἕλκε Ar 60 rr   κατὰ (= P 289) 9 10 60 1275 A^γρ Ω*: διὰ A b.—cf. ad B 40
κρατερὴν ὑσμίνην 9 60 Ω: (κατὰ) -ῆς -ης T^γρ   384 ἦλθεν ἀμύντωρ (nov. Did) 60
1275 Ω* (cf. Ξ 449), ἀμυναντωρ Z: ἦλθ' ἐπαμ- Ar F T G.—cf. ad O 540   385 δεν–
πνειο[ντε 1275   388 διάπρο dedi (v. Praef. xix): διὰ πρὸ Z D E R W G, διαπρὸ Ω*
χαλκὸν 9 60 Z Ω: -ὸς r   390 οὐρεσιτέκτονες Nicias, contradixit Hdn   391 νεή–
κεσι Alexio "ἡ παράδοσις" Hdn Ω: parox. Ptol Z (νεῖκ-)   393 βεβρυχώς 1 9 10 60
1276 tt* Z Ω: -κώς ApS.—cf. ad Π 486   395 γε τόλμ- 9 1276 T   δηΐων 1 Ω   398 ἐν
1 9 10 60 Ω: ἐνὶ rr.—cf. ad 372   399 ὅ γ' (nov. Did) 1 10 60 481 1276 Ω: ὁ Ar b.—cf. ad
A 333, B 107, E 585, Z 474, Θ 271, Λ 257, Ψ 42   405 ἀσπίδι πάντοσ' ἐΐσηι fere 1 10 b,
-οσε ἴσηι Ω*: ἀσπίδα ... -σην 60 rr, ἀσπίδα et D^a

τὴν ἄρ' ὅ γε ῥινοῖσι βοῶν καὶ νώροπι χαλκῶι
δινωτὴν φορέεσκε, δύω κανόνεσσ' ἀραρυῖαν·
τῆι ὕπο πᾶς ἐάλη, τὸ δ' ὑπέρπτατο χάλκεον ἔγχος,
καρφαλέον δέ οἱ ἀσπὶς ἐπιθρέξαντος ἄϋσεν
410   ἔγχεος. οὐδ' ἅλιόν ῥα βαρείης χειρὸς ἀφῆκεν,
ἀλλ' ἔβαλ' Ἱππασίδην Ὑψήνορα ποιμένα λαῶν
ἧπαρ ὑπὸ πραπίδων, εἶθαρ δ' ὑπὸ γούνατ' ἔλυσεν.
Δηΐφοβος δ' ἔκπαγλον ἐπηύξατο μακρὸν ἀύσας·
"οὐ μὰν αὖτ' ἄτιτος κεῖτ' Ἄσιος, ἀλλά ἔφημι
415   εἰς Ἄϊδός περ ἰόντα πυλάρταο κρατεροῖο
γηθήσειν κατὰ θυμόν, ἐπεί ῥά οἱ ὤπασα πομπόν."
ὣς ἔφατ'· Ἀργείοισι δ' ἄχος γένετ' εὐξαμένοιο,
Ἀντιλόχωι δὲ μάλιστα δαΐφρονι θυμὸν ὄρινεν.
ἀλλ' οὐδ' ἀχνύμενός περ ἑοῦ ἀμέλησεν ἑταίρου,
420   ἀλλὰ θέων περίβη καί οἱ σάκος ἀμφεκάλυψεν.
τὸν μὲν ἔπειθ' ὑποδύντε δύω ἐρίηρες ἑταῖροι,
Μηκιστεὺς Ἐχίοιο πάϊς καὶ δῖος Ἀλάστωρ,
νῆας ἔπι γλαφυρὰς φερέτην βαρέα στενάχοντα.
  Ἰδομενεὺς δ' οὐ λῆγε μένος μέγα, ἵετο δ' αἰεί
425   ἠέ τινα Τρώων ἐρεβεννῆι νυκτὶ καλύψαι
ἤ' αὐτὸς δουπῆσαι ἀμύνων λοιγὸν Ἀχαιοῖς.
ἔνθ' Αἰσυήταο διοτρεφέος φίλον υἱόν,

407 Did ad Υ 259; (διν.) ApS 59.4; H. (Cyr.) δ 1855; Orio 44.81   **408a** Hdn ad Λ 192a¹, Φ 536c; (ἐάλη) ApS 61.25; Hdn ad N 543a¹, Σ 76a¹; H. (Cyr.) ε 16; Orio 64.33; (ὑπέρπτ.) ApS 161.7   **409** (καρφ.) Phot. Lex. κ 213; (ἐπιθρ.) ApS 73.15; H. (Cyr.) ε 4810   **411** (Ἱππ. Ὑψ.) Arn ad E 76b   **413** al. (ἔκπ. ἐπεύξ.) H. ε 1571; (ἔκπ.) ApS 65.25   **414** (–Ἄσ.) ApS 46.8; (ἄτ.) Hdn ad Ω 213a; H. (Cyr.) α 8107   **415** Eudoc. 1232; **415b** ApS 137.25; sch Θ 15; H. π 4347   **419** (–ἑοῦ) ApD Pron. 106.19; **419a** Epm. π 118   **424** sch Φ 305; (–μέγα) Choer. in Thd. i.172.25, 215.15, 226.4, 312.17, 387.8, 390.37; (Ἰδομ. μένος) Sophron. 390.23   **426** (δουπ.) Apio 232.6; H. δ 2260

406 γε D *b*: γ' ἐν 1 60 76 Ω*.—cf. ad M 263   **407** κανόνεσσι (scriptio plena) Ar^ab   **408** τῆ(ι) 76 tt Ω*: τη(ι) ρ 10 60: τὴν D   ὕπο 76 *b* W: ὑπο A F^c, ὑπὸ Ω*   **410** εγχεος ενθα δ επειτ αφιει μενον οβριμον εγχος (cf. 444) 60   **411** ἀλλ' ἔβαλ' 10 60 76 Ω*: ἀλλὰ βάλ' D   **412** γούνατ' ἔλυσε(ν) 60 Ω: γουνατα λυσεν 10   **413** ἐπηύξατο Fick: ἐπεύ- 10 60 624 1278 tΩ   **414** αλλα⟦μ⟧ε 1278   **415** ἰόντα Ar^ab 60 Ω* R^s: ἐόν-τα (nov. Did) t T R G^a   κρατεροῖο 10 60 tt Ω: κρυεροῖο O   **418–23** del. Payne Knight; cf. Wilamowitz Il. u. H. 48 n.1   **422** (= Θ 333) om. A, 422–3 in una linea scr. W: hab. 10 60 A^m Ω*   **423** ἔπι Wolf: ἐπὶ vel ἐπι Ω   στενάχοντα Zen D C E (= Θ 334, cf. N 538, Ξ 432): -χοντε Ar^ab 60 E^s Ω*: -χον[W: -ζοντε R   **424** Ἰδομενεὺς sch^TG sch-Φ Ω*: -νεῦς (ut sit genitivus, at cf. Φ 305) quidam ap. sch^TG tt* A^c F^a G^c   μένο(υ)ς, μέγα ἵετο δ' alii ap. sch^T   **426** ἤ' Fick: ἠ A, ἢ Ω*   **427** Αἰσυήταο W: -συή- 60

ἥρω' Ἀλκάθοον—γαμβρὸς δ' ἦν Ἀγχίσαο,
πρεσβυτάτην δ' ὤπυιε θυγατρῶν Ἱπποδάμειαν,
430 τὴν περὶ κῆρι φίλησε πατὴρ καὶ πότνια μήτηρ
ἐν μεγάρωι· πᾶσαν γὰρ ὁμηλικίην ἐκέκαστο
κάλλεϊ καὶ ἔργοισιν ἰδὲ φρεσί· τούνεκα καί μιν
γῆμεν ἀνὴρ ὥριστος ἐνὶ Τροίηι εὐρείηι—
τὸν τόθ' ὑπ' Ἰδομενῆϊ Ποσειδάων ἐδάμασσεν
435 θέλξας ὄσσε φαεινά, πέδησε δὲ φαίδιμα γυῖα.
οὔτε γὰρ ἐξοπίσω φυγέειν δύνατ' οὔτ' ἀλέασθαι,
ἀλλ' ὥς τε στήλην ἢ δένδρεον ὑψιπέτηλον
ἀτρέμας ἑσταότα στῆθος μέσον οὔτασε δουρί
ἥρως Ἰδομενεύς, ῥῆξεν δέ οἱ ἀμφὶ χιτῶνα
440 χάλκεον, ὅς οἱ πρόσθεν ἀπὸ χροὸς ἤρκει ὄλεθρον.
δὴ τότε γ' αὖον ἄϋσεν ἐρεικόμενος περὶ δουρί,
δούπησεν δὲ πεσών, δόρυ δ' ἐν κραδίηι ἐπεπήγει,
ἥ ῥά οἱ ἀσπαίρουσα καὶ οὐρίαχον πελέμιζεν
ἔγχεος· ἔνθα δ' ἔπειτ' ἀφίει μένος ὄβριμος Ἄρης.
445 Ἰδομενεὺς δ' ἔκπαγλον ἐπηύξατο μακρὸν ἀΰσας·
"Δηΐφοβ', ἦ ἄρα δή τι ἐΐσκομεν ἄξιον εἶναι,
τρῖς ἑνὸς ἀντὶ πεφάσθαι; ἐπεὶ σύ περ εὔχεαι οὔτως.
δαιμόνι', ἀλλὰ καὶ αὐτὸς ἐναντίος ἵστα' ἐμεῖο,

429 (ὤπ.) H. (Cyr.) ω 277 · · · **430** sch Π 1a; Eudoc. 754 · · · **432** (–φρεσὶ πευκαλίμηι–σιν) sch A 115 · · · **436** al. (ἀλ.) H. α 2815 · · · **437** (–δένδρ.) sch Ar. Av. 1473; (δένδρ.–) Arn ad Γ 152a¹; (ὑψιπ.) cf. ApS 130.33; H. υ 939 · · · **441b** sch Ar. Vesp. 649; (ἐρεικ.) ApS 76.12; H. (Cyr.) ε 5709 · · · **442b** Epm. δ 77 · · · **443–4** (ἔγχ.) sch^T N 571 a = Porph. Il. 185.9 Schr.; **443** Epm. σ 27; **443a** sch (Porph.) Σ 572; (οὐρ.) ApS 125.1; H. (Cyr.) ο 1852; **444** (ἔνθα–) sch^D B 381; 'Trypho ii' Trop. 9 (CQ 15.241); 'Choer.' Trop. iii.250.30 Sp. **447a** sch Ω 213b; Anon. π. ἀκυρολ. 13 (145.12 N.); (ἀντὶ πεφ.) H. (Cyr.) α 5454

Ω*.—cf. ad B 793 · · · **428** ἥρω' 60 Ω: ἥρων quidam ap. sch^T · · · **429** ὤπυιε [625] Ω*, οπϋϊε 60: ὤπυε Cyr. (-εν) Z (-αι) D T R: ὤπυιον Hsch.^cod · · · **430** πέρι rr · · · **432** κάλ–λεϊ sic 60 Ω · · · **433a–d** πρὶν Ἀντηνορίδας τραφέμεν καὶ Πανθόου υἵας | Πριαμίδας θ', οἳ Τρωσὶ μετέπρεπον ἱπποδάμοισιν | ⟨αὐτόν τ' Αἰνείαν ἐπείκελον ἀθανάτοισιν suppl. Bekker⟩ | ἕως ἔθ' ἥβην εἶχεν, ὄφελλε δὲ κούριον ἄνθος add. quidam ap. sch^T/Eust.: desunt in 10 60 625 Ω · · · **435** φαεινὰ 625 sch^T A F W: -νε 60: -νῶ B^a, -νῶ Ω* · · · **436** φυγέειν 10 60 625 Ω: φυγέμεν r · · · **441** αὖον Hdn A A^λ T^a²: αὗον Ω* · · · **442** ἐπεπήγει 60 481 t Ω*, επεπῖ 1280: -γη O: πεπήγει A C^a · · · **443–4** damn. Heyne · · · **443** πελέμιζεν Arph Ar 60 1280 A F^a: -ιξεν "ἄλλοι" (Zen?) 481 tt Z Ω*: -ιχθη (ex Π 612, P 528) 481² · · · **444** ἀφίει tt* Z Ω, αφιϊ 60^uv: ἀφίη 'Choer.' r · · · **445** ἐπηύ–ξατο Fick: ἐπεύ- 60 Ω · · · **446** τι Ar 60 Ω*: τί σ' (nov. Did: Zen?) Z T H V: τοι G^s · · · **447** τρῖς dedi (Praef. xxxvi): τρεῖς 60 1279 1281 t Ω · · · ἄντι rr (ἀντὶ 1281) · · · οὔτως Ar Ω: αὔτως Zen 60 h (cf. Λ 388).—cf. ad 810, Φ 106 · · · **448** ἐναντίος 60 A^γρ Ω* (cf. E 497 al.,

ὄφρα ἴδη᾽ οἷος Ζηνὸς γόνος ἐνθάδ᾽ ἱκάνω,
450 ὃς πρῶτον Μίνωα τέκε Κρήτηι ἐπίουρον,
Μίνως αὖ τέκεθ᾽ υἱὸν ἀμύμονα Δευκαλίωνα,
Δευκαλίων δ᾽ ἐμὲ τίκτε πολέσσ᾽ ἄνδρεσσιν ἄνακτα
Κρήτηι ἐν εὐρείηι· νῦν δ᾽ ἐνθάδε νῆες ἔνεικαν
σοί τε κακὸν καὶ πατρὶ καὶ ἄλλοισι Τρώεσσιν."
455 ὣς φάτο· Δηΐφοβος δὲ διάνδιχα μερμήριξεν,
ἤ τινά που Τρώων ἐταρίσσαιτο μεγαθύμων
ἂψ ἀναχωρήσας, ἦ πειρήσαιτο καὶ οἷος.
ὧδε δέ οἱ φρονέοντι δοάσσατο κέρδιον εἶναι,
βῆναι ἐπ᾽ Αἰνείαν· τὸν δ᾽ ὕστατον ηὗρεν ὁμίλου
460 ἑσταότ᾽· αἰεὶ γὰρ Πριάμωι ἐπεμήνιε δίωι,
οὕνεκ᾽ ἄρ᾽ ἐσθλὸν ἐόντα μετ᾽ ἀνδράσιν οὔ τι τίεσκεν.
ἀγχοῦ δ᾽ ἱστάμενος ἔπεα πτερόεντα προσηύδα·
"Αἰνεία, Τρώων βουληφόρε, νῦν σε μάλα χρή
γαμβρῶι ἀμυνέμεναι, εἴ πέρ τί σε κῆδος ἱκάνει.
465 ἀλλ᾽ ἕπε᾽, Ἀλκαθόωι ἐπαμύνομεν, ὅς σε πάρος γε
γαμβρὸς ἐὼν ἔθρεψε δόμοις ἔνι τυτθὸν ἐόντα·
τὸν δέ τοι Ἰδομενεὺς δουρικλυτὸς ἐξενάριξεν."
ὣς φάτο· τῶι δ᾽ ἄρα θυμὸν ἐνὶ στήθεσσιν ὄρινεν,
βῆ δὲ μετ᾽ Ἰδομενῆα μέγα πτολέμοιο μεμηλώς.
470 ἀλλ᾽ οὐκ Ἰδομενῆα φόβος λάβε τηλύγετον ὥς,
ἀλλ᾽ ἔμεν᾽, ὡς ὅτε τις σῦς οὔρεσιν ἀλκὶ πεποιθώς,

449 (–γόνος) ApS 55.16; (γόνος) Apio 228.8; H. γ 819   450 sch Theoc. 8.6b; (πρῶτον–) Strab. 10.4.9; (Κρ.–) Apio 236.17; ApS 104.7; (ἐπίουρον) Orio 66.11 452 (–ἄνδρ.) sch Heph. 321.7   456 (ἑταρ.) Arn ad K 242a; H. ε 6488, 6511 458 EtG α 827; (δοάσσ.) H. δ 2087   460 (αἰεὶ–)–1 sch Λ 58; Strab. 13.1.53; (αἰεὶ–ἐπεμ.) sch M 99; 460b sch T 62c; (ἐπεμ.) H. ε 4400   463 (Αἰν. νῦν–)–4a Choer. in Ps. 178.22; 464a Apio 218.6   470 ApS 152.19; Porph. Hom. 65.12 Sod.   471 (–σῦς) sch N 470a

P 31 = Υ 197): -ov A G ἵστα᾽ dedi: ἵστασ᾽ 1280 Ω, ειστασ 60.—cf. ad K 291, Λ 314   449 ἴδηι Ar M O, ἴδη᾽(αι) Platt: ἴδηις Zen t Ω, ειδης 60 1281.—cf. ad A 203   450–3 del. Koechly   450 πρῶτον 60 1281 tt Ω*: -ος D   ἐπίουρον Zen Ar Trypho tt Z Ω (-κουρον E): ἐπιοῦρον Ptol, ἐ]πιοῦρον 1280: ἔπι οὖρον alii ante Hdn   451 αὖ 60 D W V: δ᾽ αὖ Ω*   452 δ᾽ ἐμὲ τίκτε Hdn Ω*: δέ μ᾽ ἔτ- Dᶜ.—cf. ad Z 206   πολέσσ᾽ A T: -έεσσ᾽ 60 t Ω*   456 ἤ Ar 60 Ω* Tˢ, ἦ Bᶜ: εἴ (nov. Did) C E T.— cf. ad B 300   457 ἤ Bekker: ἦ Ω   459 ηὗρεν Fick (fere): εὗρεν 10 60 h79 Ω   460–1 del. van Leeuwen   465 ἕπε᾽ (Ar?) Payne Knight: -ευ 9 60 [625] Ω.—cf. ad K 146   ἐπαμύνομεν Ar 'fere omnes' Didymi 9 10 60 Ω: -νέμεν (nov. Did) h V   γε 9 10 Ω* (cf. P 270): περ R.—cf. ad O 256, P 587, X 302, Ω 201   467 δουρὶ κλυτὸς A Bᵃ E F W

ὅς τε μένει κολοσυρτὸν ἐπερχόμενον πολὺν ἀνδρῶν
χώρωι ἐν οἰοπόλωι, φρίσσει δέ τε νῶτον ὕπερθεν,
ὀφθαλμὼ δ᾽ ἄρα οἱ πυρὶ λάμπετον· αὐτὰρ ὀδόντας
475 θήγει, ἀλέξασθαι μεμαὼς κύνας ἠδὲ καὶ ἄνδρας·
ὣς μένεν Ἰδομενεὺς δουρικλυτός, οὐδ᾽ ὑπεχώρει,
Αἰνείαν ἐπιόντα βοηθόον. αὖε δ᾽ ἑταίρους,
Ἀσκάλαφόν τ᾽ ἐσορῶν Ἀφαρῆά τε Δηΐπυρόν τε
Μηριόνην τε καὶ Ἀντίλοχον, μήστωρας ἀϋτῆς·
480 {τοὺς ὅ γ᾽ ἐποτρύνων ἔπεα πτερόεντα προσηύδα·}
"δεῦτε, φίλοι, καί μ᾽ οἴωι ἀμύνετε· δείδια δ᾽ αἰνῶς
Αἰνείαν ἐπιόντα πόδας ταχύν, ὅς μοι ἔπεισιν,
ὃς μάλα καρτερός ἐστι μάχηι ἔνι φῶτας ἐναίρειν·
καὶ δ᾽ ἔχει ἥβης ἄνθος, ὅ τε κράτος ἐστὶ μέγιστον.
485 εἰ γὰρ ὁμηλικίη γε γενοίμεθα τῶιδ᾽ ἐπὶ θυμῶι,
αἶψά κεν ἠὲ φέροιτο μέγα κράτος ἠὲ φεροίμην."
ὣς ἔφαθ᾽· οἱ δ᾽ ἄρα πάντες ἕνα φρεσὶ θυμὸν ἔχοντες
πλησίοι ἔστησαν, σάκε᾽ ὤμοισι κλίναντες.
Αἰνείας δ᾽ ἑτέρωθεν ἐκέκλετο οἷς ἑτάροισιν,
490 Δηΐφοβόν τε Πάριν τ᾽ ἐσορῶν καὶ Ἀγήνορα δῖον,
οἵ οἱ ἅμ᾽ ἡγεμόνες Τρώων ἔσαν· αὐτὰρ ἔπειτα
λαοὶ ἕπονθ᾽, ὡς εἴ τε μετὰ κτίλον ἕσπετο μῆλα
πιόμεν᾽ ἐκ βοτάνης· γάνυται δ᾽ ἄρα τε φρένα ποιμήν·
ὣς Αἰνείαι θυμὸς ἐνὶ στήθεσσι γεγήθει,
495 ὡς ἴδε λαῶν ἔθνος ἐπισπόμενον ἑοῖ αὐτῶι.
οἱ δ᾽ ἀμφ᾽ Ἀλκαθόωι αὐτοσχεδὸν ὡρμήθησαν

473 (οἰοπ.) ApS 119.25; H. ο 377; (φρίσσει νῶτον) id. φ 896   **475** (θήγει) H. (Cyr.)
θ 461   **477** (βοηθ.) ApS 52.20; H. (Cyr.) β 776   **481** Porph. Hom. 66.12 Sod.;
(δείδ.–)–**482a** sch Ν 470a; **482** (πόδας τ.) sch Ν 477b; (ἔπεισιν) H. (Cyr.) ε 4356,
[5161]   **483** (ἐναίρειν) id. ε 2614   **484–6** Porph. Hom. 66.16 Sod.; **484a** H. η 14;
486 al. (αἶψά κεν) id. α 2209   **487b** id. ε 3452   **492** Eudoc. 518   **493a** sch μ 284;
sch Theoc. 3.4a; Ath. 446d; Epm. τ 6; (πιόμ.) H. π 2328; **493b** sch Ar. Ach. 7a; (γάν.) ApS
53.28; H. γ 157   **494** Chrysipp. (SVF ii.253.18) ap. Gal. Plac. Hipp. et Plat. 3.2.13

476 δουρὶ κλυτὸς A Bᵃ E W   **477** βοηθόον Ω*: -θοόν 9 quidam ap. schᵀ: βοῆ(ι)
θοόν Ζ Aᵐ D Bᶜ Fᶜ Gᶜ: βοὴν θοὸν R.—cf. ad P 481   **480** (= 94) deest in 10 497, "ἐν
πολλοῖς οὐ φέρεται" schᵀ: hab. 9 60 481 Ω.—cf. ad Δ 337   **481** ἀμύνετε 9 10 60 Ω:
-νατε t   **484** ὅ τε cf. I 39; utrum hoc an ὅτε ambigit schᵇᵀ   ἐστὶ 9 60 t Ω: ανδρι 10
485 ὁμηλικίη 9 10ᵗ t schᴰ quidam ap. schᵀ C F R Gᵃ: -ίηι Arˀ 10ˢ A B E T W: -ίην Zen 60
(ομιλ-) D Gᶜ.—vv.ll. eaedem γ 364   ἐπὶ Arᵃᵇ 'omnes' Didymi 9 A Fʸᵖ O: ἐνὶ (nov. Did)
10 60 t Aᵐ Ω* (cf. π 99ᵛˡ, ω 511)   **486** κράτος 9 10 60 t Ω*: κλέος *b* Fᶜ   ἠὲ
(φεροίμην) t Ω: ἤ κε 9 10 *h* O (cf. Σ 308): η γε 60.—cf. ad I 619   **490** ἐσορῶν
A D   **491** οἵ οἱ 60 Ω: τόι οι 9   **492** ἕσπετο A, ἔσπ- Ω*   **495** ἑοὶ Bᵃ Fᵃ? Tᵃ

μακροῖσι ξυστοῖσι· περὶ στήθεσσι δὲ χαλκός
σμερδαλέον κονάβιζε τιτυσκομένων καθ᾽ ὅμιλον
ἀλλήλων. δύο δ᾽ ἄνδρες ἀρήιοι ἔξοχον ἄλλων,
500 Αἰνείας τε καὶ Ἰδομενεύς, ἀτάλαντοι Ἄρηι,
ἵεντ᾽ ἀλλήλων ταμέειν χρόα νηλέϊ χαλκῶι.
   Αἰνείας δὲ πρῶτος ἀκόντισεν Ἰδομενῆος·
ἀλλ᾽ ὃ μὲν ἄντα ἰδὼν ἠλεύατο χάλκεον ἔγχος,
αἰχμὴ δ᾽ Αἰνείαο κραδαινομένη κατὰ γαίης
505 ὤιχετ᾽, ἐπεί ῥ᾽ ἅλιον στιβαρῆς ἀπὸ χειρὸς ὄρουσεν.
Ἰδομενεὺς δ᾽ ἄρα Οἰνόμαον βάλε γαστέρα μέσσην,
ῥῆξε δὲ θώρηκος γύαλον· διὰ δ᾽ ἔντερα χαλκός
ἤφυσ᾽, ὃ δ᾽ ἐν κονίηισι πεσὼν ἕλε γαῖαν ἀγοστῶι.
Ἰδομενεὺς δ᾽ ἐκ μὲν νέκυος δολιχόσκιον ἔγχος
510 ἐσπάσατ᾽, οὐδ᾽ ἄρ᾽ ἔτ᾽ ἄλλα δυνήσατο τεύχεα καλά
ὤμοιιν ἀφελέσθαι· ἐπείγετο γὰρ βελέεσσιν.
οὐ γὰρ ἔτ᾽ ἔμπεδα γυῖα ποδῶν ἦν ὁρμηθέντι,
οὔτ᾽ ἄρ᾽ ἐπαῖξαι μεθ᾽ ἑὸν βέλος οὔτ᾽ ἀλέασθαι·
τώ ῥα καὶ ἐν σταδίηι μὲν ἀμύνετο νηλεὲς ἦμαρ,
515 τρέσσαι δ᾽ οὐκέτι ῥίμφα πόδες φέρον ἐκ πολέμοιο.
τοῦ δὲ βάδην ἀπιόντος ἀκόντισε δουρὶ φαεινῶι
Δηΐφοβος· δὴ γάρ οἱ ἔχεν κότον ἐμμενὲς αἰεί.
ἀλλ᾽ ὅ γε καὶ τόθ᾽ ἅμαρτεν, ὃ δ᾽ Ἀσκάλαφον βάλε δουρί,
υἱὸν Ἐνυαλίοιο· δι᾽ ὤμου δ᾽ ὄβριμον ἔγχος
520 ἔσχεν· ὃ δ᾽ ἐν κονίηισι πεσὼν ἕλε γαῖαν ἀγοστῶι.
οὐδ᾽ ἄρα πώ τι πέπυστο βριήπυος ὄβριμος Ἄρης

497a (al.) Epm. ξ 11   **501** (ταμ.) H. τ 91   **502a** Epm. π 116; **502b** Porph. Il. 180.7
Schr.   **505b** w14   **507** (–γύ.) ApS 55.28; (γύ.) H. γ 969   **508** (ἤφ.) ApS 85.14;
H. η 999   **512** sch P 608–18a¹; Eudoc. 699   **513** (μεθ᾽ ἑὸν β.) ApD Pron.
106.31   **515** (–φέρον) Arn ad Ξ 522a; (τρ.) H. τ 1305   **516** (–ἀκ.) sch Thuc. 3.101.3;
516a Epm. π 99; (βάδην ἀπ.) EtG β 4; (βάδην) sch N 513   **517b** sch Soph. O.C.
1584   **521** (πέπ.) H. π 1525; **521b** sch A.R. 3.861; (βρι.) ApS 53.9, 84.25; sch A 420d;
H. β 1142; EtG β 258

498 κονάβιζε 9 Ω: -βησε 60 O.—cf. ad B 466   **499** ἔξοχον 'omnes' Didymi 9 10
Ω*: -οι (nov. Did) 60 Dᶜ C   **501** om. 60   **502** πρῶτος (= Ξ 402, al.) Ar 9 60 t Ω:
πρόσθεν Arph   **505** ὄρουσεν 9 10 60 436 Ω: ολισθε[ν t   **510** ἄρ᾽ ἔτ᾽ ἄλλα Hdn 9
10 60 Ω: ἄρα τἆλλα quidam ante Hdn   **512** ὁρμηθέντι 9 10 60 (ωρ-) 222 481 t* Ω:
-θῆναι Eudoc. rr   **513** (damn. Düntzer) om. 222 Eᵃ: hab. 9 10 60 308 481 1282
Eᵐ Ω*   μεθεὸν ('missum'!) quidam ap. schᵀ   **514** τώ rr: τῶ(ι) 9 Ω   **516** δὲ
βάδην 9 10 60 308 tt* schᴰ Ω: μὲν ἔπειτ᾽ sch-Thuc.   **520** ἕλε 9 60 222 481 Ω: εχε 10
520a δολι]χοσκιον εγχος (= 509) add. 481: deest in 9 10 60 222 Ω

υἱὸς ἑοῖο πεσόντος ἐνὶ κρατερῆι ὑσμίνηι,
ἀλλ' ὅ γ' ἄρ' ἄκρωι Ὀλύμπωι ὑπὸ χρυσέοισι νέφεσσιν
ἧστο, Διὸς βουλῆισιν ἐελμένος, ἔνθά περ ἄλλοι
525 ἀθάνατοι θεοὶ ἦσαν, ἐεργόμενοι πολέμοιο.
    οἳ δ' ἀμφ' Ἀσκαλάφωι αὐτοσχεδὸν ὡρμήθησαν.
Δηΐφοβος μὲν ἀπ' Ἀσκαλάφου πήληκα φαεινήν
ἥρπασε· Μηριόνης δὲ θοῶι ἀτάλαντος Ἄρηϊ
δουρὶ βραχίονα τύψεν ἐπάλμενος, ἐκ δ' ἄρα χειρός
530 αὐλῶπις τρυφάλεια χαμαὶ βόμβησε πεσοῦσα.
Μηριόνης δ' ἐξαῦτις ἐπάλμενος αἰγυπιὸς ὥς
ἐξέρυσε πρυμνοῖο βραχίονος ὄβριμον ἔγχος,
ἂψ δ' ἑτάρων εἰς ἔθνος ἐχάζετο. τὸν δὲ Πολίτης
αὐτοκασίγνητος, περὶ μέσσωι χεῖρε τιτήνας,
535 ἐξῆγεν πολέμοιο δυσηχέος, ὄφρ'ἵκεθ'ἵππους
ὠκέας, οἵ οἱ ὄπισθε μάχης ἠδὲ πτολέμοιο
ἕστασαν ἡνίοχόν τε καὶ ἅρματα ποικίλ'ἔχοντες·
οἳ τόν γε προτὶ ἄστυ φέρον βαρέα στενάχοντα,
τειρόμενον· κατὰ δ' αἷμα νεουτάτου ἔρρεε χειρός.
540   οἳ δ' ἄλλοι μάρναντο, βοὴ δ' ἄσβεστος ὀρώρει.
ἔνθ' Αἰνέας Ἀφαρῆα Καλητορίδην ἐπορούσας
λαιμὸν τύψ' ἐπὶ οἷ τετραμμένον ὀξέϊ δουρί·
ἐκλίνθη δ' ἑτέρωσε κάρη, ἐπὶ δ' ἀσπὶς ἐάφθη
καὶ κόρυς· ἀμφὶ δέ οἱ θάνατος χύτο θυμοραϊστής.
545 Ἀντίλοχος δὲ Θόωνα μεταστρεφθέντα δοκεύσας
οὔτασ' ἐπαΐξας, ἀπὸ δὲ φλέβα πᾶσαν ἔκερσεν,

523 Porph. Od. 127.12 Schr.   **529a** sch N 782b   **530** 'Trypho ii' Trop. 8 (CQ 15.241); 'Choer.' Trop. iii.249.22 Sp.; 530a ApS 47.25; EtG α 1404   **531** EtG α 250   **543** (ἐάφθη) ApS 61.30; H. ε 49; Orio 64.15; Epm. ε 185   **544** al. (θυμορ.) ApS 88.31   **545** (–μεταστρ.) sch N 643a; 545a sch Λ 422a   **546b–7** Arist. Hist. anim. 513b27; Gal. in Hipp. Nat. hom. 2.6; id. in Pl. Tim. 3.5 (CMG Suppl. i.14.29); **546** (ἔκερσεν) H. (Cyr.) ε 1371; **547a** sch Σ 488b

523 γ' ἄρ C R: γὰρ 9 60 Ω*   ὑπὸ 10 60 222 308 t Ω (= Hymn. Ap. 98): ἐνὶ 9 **524** ἔνθά sic A D _b_ W G: ἔνθα 9   **526** Ἀσκαλάφωι 10 60 308 Ω: Αλκαθόωι (ex 496) 9   ὡρμήθησαν 9 10ª 222 308 Ω: ὁρμ- 10² r: ωρμηθηναι 60   **535** ἐξῆγεν 10 60 222 Ω*: -γε _b_ (et πτολ- C)   **537** ποικίλ' ἔχοντες 10 60 222 1283 Ω* Dʸᵖ: ποικίλα χαλκῶ D   **541** ἔνθ' Αἰνέας Ar A _b_ F: ἔνθ' Αἰνείας 10 60 Aᵐ Cᶜ Eˢ Ω*: ενί 222: Αἰνείας δ' (nov. Did) R   **543** ἐκλίνθη Ω (cf. χ 17): εκλινεν 10 60   ἐάφθη Ar Tyr Hdn A _b_ F T: ἐάφθη Ammon Z Ω*: ααφ … 60.—vox obscura   **544** οἱ 10 60 Ω: μιν Vossius (cl. Π 414, 580)   θυμοραϊστής 10 222 1283 Z Ω (cf. Chantr. DEG s.v. ῥαίω): θυμορραϊστής Glaucus (sch Π 414).—cf. Bekker Hom. Bl. I 157; Bechtel Lexil. 169   **546** ἀπὸ Ar 10 60 222 308 tt Z Ω: διὰ Zen

ἥ τ' ἀνὰ νῶτα θέουσα διαμπερὲς αὐχέν' ἱκάνει·
τὴν ἀπὸ πᾶσαν ἔκερσεν, ὃ δ' ὕπτιος ἐν κονίῃσιν
κάππεσεν, ἄμφω χεῖρε φίλοις ἑτάροισι πετάσσας.
550 Ἀντίλοχος δ' ἐπόρουσε, καὶ αἴνυτο τεύχε' ἀπ' ὤμων
παπταίνων· Τρῶες δὲ περισταδὸν ἄλλοθεν ἄλλος
οὔταζον σάκος εὐρὺ παναίολον· οὐδ' ἐδύναντο
εἴσω ἐπιγράψαι τέρενα χρόα νηλέι χαλκῶι
Ἀντιλόχου, περὶ γάρ ῥα Ποσειδάων ἐνοσίχθων
555 Νέστορος υἱὸν ἔρυτο καὶ ἐν πολλοῖσι βέλεσσιν.
οὐ μὲν γάρ ποτ' ἄνευ δηίων ἦν, ἀλλὰ κατ' αὐτούς
στρωφᾶτ'· οὐδέ οἱ ἔγχος ἔχ' ἀτρέμας, ἀλλὰ μάλ' αἰεί
σειόμενον ἐλέλικτο, τιτύσκετο δὲ φρεσὶν ἧισιν
ἤ τε' ἀκοντίσσαι ἠὲ σχεδὸν ὁρμηθῆναι.
560 ἀλλ' οὐ λῆθ' Ἀδάμαντα τιτυσκόμενος καθ' ὅμιλον
Ἀσιάδην, ὅ οἱ οὗτα μέσον σάκος ὀξέι χαλκῶι
ἐγγύθεν ὁρμηθείς· ἀμενήνωσεν δέ οἱ αἰχμήν
κυανοχαῖτα Ποσειδάων, βιότοιο μεγήρας.
καὶ τὸ μὲν αὐτοῦ μεῖν' ὥς τε σκῶλος πυρίκαυτος
565 ἐν σάκει Ἀντιλόχοιο, τὸ δ' ἥμισυ κεῖτ' ἐπὶ γαίηι·
ἂψ δ' ἑτάρων εἰς ἔθνος ἐχάζετο κῆρ' ἀλεείνων.
Μηριόνης δ' ἀπιόντα μετασπόμενος βάλε δουρί
αἰδοίων τε μεσηγὺ καὶ ὀμφαλοῦ, ἔνθα μάλιστα
γίνετ' ἄρης ἀλεγεινὸς ὀϊζυροῖσι βροτοῖσιν.

551 (περιστ.) H. π 1867; Phot. Lex. s.v.   **553** (ἐπιγρ.) H. ε 4689   **558** (ἐλέλ.) id. ε 1981; **558b–9** ApS 153.12; **558b** sch^D Γ 80   **562b–3** Plut. Mor. 22e; **562b** ApS 27.4; EtG α 629; (ἀμεν.) H. α 3582, [3719]; **563** (κυανοχ.) Arn ad Π 185b; cf. Luc. Dial. 30.11; (μεγ.) H. (Cyr.) μ 499   **564b** ApS 143.3; H. (Cyr.) σ 1212; Orio 150.12; (σκ.) Apio 100.14; Phot. Lex. s.v.; (πυρίκ.) H. π 4424   **567** (μετασπ.) ApS 112.10; Phot. Lex. μ 333; (βάλε δ.) sch N 573   **568** (ἔνθα–)–9 Aret. 6.9.1 (CMG ii.138.25); **568** (ἔνθα–)–9a Apio 224.4; ApS 41.12; sch^D B 381; sch Δ 460–1a; EtG α 1160; Epm. α 321; **569** sch Soph. Ai. 253; (ἀλεγ.) H. α 2827; EtG α 417, 437

548 ἄπο W   **551** περισταδὸν Ar 10 60 (-τον) 222 308 tt sch^D Ω (cf. A.R. 3.416; Rengakos 71 sq.): παραστ- Zen Arph rr   **552** οὐδ' ἐδύναντο D b F^a W: οὐδὲ δ- Ω*   **554** Ἀντιλόχου 10 60 308 435 481 Ω: -ωι 222   πέρι rr   **555** πολλοῖσι βέλεσσιν 10 60 222 Ω*: -οῖσ βελέεσσιν T   **559** τε' Fick: τευ 10 60 222 308 435 481 Z Ω   **560** τιτυσκόμενος 10 60 308 Ω: -ον h   **561** ὅ οἱ 435 (οο[), Bentley: ὅς οἱ 10 60 481 Ω: ὅς F' Platt.—cf. ad Ζ 90; La Roche Unt. I 268   χαλκῶι 10 Ω: δουρί 60 A^s O.—cf. ad Δ 490   **564** σκῶλος πυρίκαυτος 60 (περι-?) Z A, -καυστος 10 Hsch. Ω*: -λον -στον ApS   **565** γαίη(ι) 10 b R: -ης 60 Ω*   **566a** (= 649) add. D^m W: deest in 10 60 481 Ω*   **569** γίνετ' 10 60 tt Z Ω: γειν- 481: γίγν- r

570 ἔνθά οἱ ἔγχος ἔπηξεν· ὁ δὲ σχόμενος περὶ δουρί
    ἤσπαιρ᾽, ὡς ὅτε βοῦς, τόν τ᾽ οὔρεσι βουκόλοι ἄνδρες
    ἰλλάσιν οὐκ ἐθέλοντα βίηι δήσαντες ἄγωσιν·
    ὣς ὃ τυπεὶς ἤσπαιρε, μίνυνθά περ, οὔ τι μάλα δήν,
    ὄφρα οἱ ἐκ χροὸς ἔγχος ἀνεσπάσατ᾽ ἐγγύθεν ἐλθών
575 ἥρως Μηριόνης· τὸν δὲ σκότος ὄσσ᾽ ἐκάλυψεν.
    Δηΐπυρον δ᾽ Ἕλενος ξίφεϊ σχεδὸν ἤλασε κόρσην
    Θρηϊκίωι μεγάλωι, ἀπὸ δὲ τρυφάλειαν ἄραξεν.
    ἣ μὲν ἀποπλαγχθεῖσα χαμαὶ πέσε, καί τις Ἀχαιῶν
    μαρναμένων μετὰ ποσσὶ κυλινδομένην ἐκόμισσεν·
580 τὸν δὲ κατ᾽ ὀφθαλμῶν ἐρεβεννὴ νὺξ ἐκάλυψεν.
    Ἀτρείδην δ᾽ ἄχος εἷλε βοὴν ἀγαθὸν Μενέλαον,
    βῆ δ᾽ ἐπαπειλήσας Ἑλένωι ἥρωϊ ἄνακτι,
    ὀξὺ δόρυ κραδάων· ὁ δὲ τόξου πῆχυν ἀνεῖλκεν.
    τὼ δ᾽ ἄρ᾽ ἁμαρτήδην ὁ μὲν ἔγχεϊ ὀξυόεντι
585 ἵετ᾽ ἀκοντίσσαι, ὁ δ᾽ ἀπὸ νευρῆφιν ὀϊστῶι.
    Πριαμίδης μὲν ἔπειτα κατὰ στῆθος βάλεν ἰῶι
    θώρηκος γύαλον· ἀπὸ δ᾽ ἔπτατο πικρὸς ὀϊστός·
    ὡς δ᾽ ὅτ᾽ ἀπὸ πλατέος πτυόφιν μεγάλην κατ᾽ ἀλωήν
    θρώισκωσιν κύαμοι μελανόχροες ἠ᾽ ἐρέβινθοι
590 πνοιῆι ὕπο λιγυρῆι καὶ λικμητῆρος ἐρωῆι,

570b–1 (ἤσπ.) Epm. σ 27; 570b Hdn ad K 246a¹; (σχόμενος–) ApS 148.13; 571a Porph.
Il. 185.10 Schr. et ad Σ 572; (οὔρεσι βουκ.) Hdn ad N 390c; (βουκ.) EtG β 210
572 Philox. fr. 32 Th.; Gal. in Hipp. Epid. iii 3.33; Simpl. in De caelo CAG vii.517.20; 572a
Sel ap. Reitz. Gesch. 161.11; sch Theoc. 1.1f; Epm. ι 17, ψ 5; (ἰλλ.) sch Ar. Nub. 761;
cf. Paus. Att. ι 6, Porph. Hom. 60.10 Sod., H. ι [25], 572, Procl. in Tim. iii.137.15
577b EtG α 1105   578 (ἀποπλ.) H. (Cyr.) α 6540   584 (ἁμαρτ.) H. α 3458
586a Arn ad N 584a   587 (592, E 99) (ἔπτατ᾽ ὀϊστός) Arist. Rh. 1411b34   588–9 sch
λ 128; 588 Poll. 10.128; (πτυ.) ApS 137.2; H. π 4253; (ἀλω.) EtG α 569; 589 Ath. 54e; 589a
Epm. θ 33; (κύαμοι κυανόχρ.) Macr. Sat. 5.14.7   590 (λικμ.) cf. H. λ 1010

570 ἔνθά sic Ω   δὲ σχόμενος ApS Hsch. sch^{AbTyp} Z G^r (prob. Wack. KS 1590 sq.):
δὲ σπόμενος (ex 567?) Ptol: δ᾽ ἑσπ- Hdn Epm Ω (cf. Praef. xvii): δεσπ- 10 60   571 τ᾽ 10
Ω: γ 60   572 ἄγωσιν 10 60 R G: -ουσιν tt Ω*   574 ὄφρά Ω   χροὸς 10 60 Ω*: χειρὸς
D W, χερὸς rr   575 ὄσσ᾽ ἐκάλυψε(ν) F G: ὄσσε κ- Ω*   580 ὀφθαλμῶν 10 60 Ω
(-ὸν G): -ῶ van Leeuwen, cf. ad E 659   νὺξ ἐκάλυψε(ν) 10 435 Ω: νυκτι καλυ[60
582 ἔπ᾽ ἀπειλήσας Doederlein (ἐπ᾽ ἀπ- O)   583 ἀνεῖλκε(ν) 10 60 435 Ω (cf. Λ 375):
ἀνέλκε h (ἄνελκε Bekker).—cf. ad Ξ 477   584 ἁμαρτήδην Ar? (Lehrs: ὁμ- sch^T) Hsch.
quidam ap. Eust.: ἁμαρτήτην (nov. Did) 10 A^a? B^t F^s: ὁμαρτήτην 60 Z B^s Ω*.—de
ἁμ-/ὁμ- cf. Praef. xxx   585 ἀπὸ 10 60 Ω: ἀπαὶ r   587 ἀπὸ 10 435 Ω*: διὰ (cf. E 99) 60
h   588 ἀλωιὴν A W   589 θρώ(ι)σκωσιν 10 60 Ω*: -ουσι(ν) tt Z C T R   μελανό-
χροες 10 60 tt* Ω: κυανό- Macr.   ἠ᾽ Fick: ἢ Ω   590 ὕπο O: ὑπὸ vel ὕπο 60 Ω: ὑπαὶ W

ὡς ἀπὸ θώρηκος Μενελάου κυδαλίμοιο
πολλὸν ἀποπλαγχθεὶς ἑκὰς ἔπτατο πικρὸς ὀϊστός.
Ἀτρείδης δ' ἄρα χεῖρα βοὴν ἀγαθὸς Μενέλαος
τὴν βάλεν, ἧι ῥ' ἔχε τόξον ἐΰξοον· ἐν δ' ἄρα τόξωι
595   ἀντικρὺ διὰ χειρὸς ἐλήλατο χάλκεον ἔγχος.
ἂψ δ' ἑτάρων εἰς ἔθνος ἐχάζετο κῆρ' ἀλεείνων,
χεῖρα παρακρεμάσας· τὸ δ' ἐφείλκετο μείλινον ἔγχος.
καὶ τὸ μὲν ἐκ χειρὸς ἔρυσεν μεγάθυμος Ἀγήνωρ,
αὐτὴν δὲ ξυνέδησεν ἐϋστρόφωι οἰὸς ἀώτωι
600   σφενδόνηι, ἣν ἄρα οἱ θεράπων ἔχε ποιμένι λαῶν.
Πείσανδρος δ' ἰθὺς Μενελάου κυδαλίμοιο
ἤιε· τὸν δ' ἄγε μοῖρα κακὴ θανάτοιο τέλοσδε,
σοί, Μενέλαε, δαμῆναι ἐν αἰνῆι δηϊοτῆτι.
οἳ δ' ὅτε δὴ σχεδὸν ἦσαν ἐπ' ἀλλήλοισιν ἰόντες,
605   Ἀτρείδης μὲν ἅμαρτε, παραὶ δέ οἱ ἐτράπετ' ἔγχος,
Πείσανδρος δὲ σάκος Μενελάου κυδαλίμοιο
οὔτασεν· οὐδὲ διάπρο δυνήσατο χαλκὸν ἐλάσσαι,
ἔσχεθε γὰρ σάκος εὐρύ, κατεκλάσθη δ' ἐνὶ καυλῶι
ἔγχος. ὃ δὲ φρεσὶν ἧισι χάρη καὶ ἐέλπετο νίκην
610   Ἀτρείδης, καὶ ἐρυσσάμενος ξίφος ἀργυρόηλον
ἆλτ' ἐπὶ Πεισάνδρωι· ὃ δ' ὑπ' ἀσπίδος εἵλετο καλήν
ἀξίνην εὔχαλκον, ἐλαΐνωι ἀμφὶ πελέκκωι
μακρῶι ἐϋξέστωι· ἅμα δ' ἀλλήλων ἐφίκοντο.
ἤτοι ὃ μὲν κόρυθος φάλον ἤλασεν ἱπποδασείης

592 (ἀποπλ.) H. (Cyr.) α 6542   **594a** sch N 782b   **598** (ἔρυσεν) H. ε 6109   **599** (ἐϋστρ.) id. ε 7218; (οἰὸς ἀώτωι) ApS 119.18   **602b** EtG α 124   **607** (οὐδὲ–δυν.) sch B 382a   **608** (ἐνὶ κ.) H. (Cyr.) ε 3106   **611** (καλήν) + **612b** ApS 26.21; **612a** cf. Paus. 3.3.8; (ἀμφὶ πελ.) ApS 131.3; (πελ.) Poll. 10.146; H. π 1311   **613** (ἐφίκ.) Phot. Lex. ε 2449

594 ἧι Ar^ab 10 Ω*: ἥ (nov. Did) Bˢ C F R Gʸᵖ   ἐν δ' ἄρα τόξωι 60 1264 Ω: εκ δ αρα το–ξου 10   **597** ἐφείλκετο r: ἐφέλκ- 10 498 1264 Ω   μείλινον 10 1264 Ω*: χάλκεον (ex 595) R.—cf. ad Υ 272   **599** ἐϋστρόφωι (nov. Did) 10 498 h139ᵉ¹⁹⁸ t Ω (cf. 716), -φος 60: -στρεφεῖ Ar, -στρεφεφεῖ (ex -φῆ) Z   **600** susp. Leaf   **602–6** om. 10 (homoearch. et homoeotel.)   **607** διάπρο dedi: διὰ πρὸ Fᵃ R G, διαπρὸ Ω*   **608** ἔσχεθε 60 Ω*, σχέθε Z: ἔσχετο 10 Aʸᵖ F T R Gᵃ.—cf. ad Φ 67   **609** καὶ ἐέλπετο Ar 10 60 (-δο) Ω*: καὶ ἔλπ- D C Tᴧ R W: μέγα δ' ἤλπ- Zen   **610** καὶ 10: δὲ 60 Ω   ξίφος ἀργυρόηλον Ar 10 60 Ω: χείρεσσι μάχαιραν Zen   **611** ἆλτ' Bᵃ: ᾆλτ' 498 A, ἆλτ' C R W, ἂλτ' Ω*   καλήν 10 60 t Ω: -ῆς Lehrs De Aristarchi stud. hom.³ 446   **612** ἐλαΐνωι Barnes: -αίνω(ι) sch^bT 10 60 t Ω, -αίνεω Z   **613** ἐφίκοντο Ar "ἡ κοινή" 10 t Z Ω*: ἀφ- 60 Fᵃ H: ἐφικέσθην Arph (T: ἀφ- A): ἀφίκεσθον (ἐφ-?) alii ap. Did.—cf. ad 301 et Ι 185

615 ἄκρον ὑπὸ λόφον αὐτόν, ὃ δὲ προσιόντα μέτωπον
ῥινὸς ὕπερ πυμάτης· λάκε δ᾽ ὀστέα, τὼ δέ οἱ ὄσσε
πὰρ ποσὶν αἱματόεντα χαμαὶ πέσον ἐν κονίῃσιν,
ἰδνώθη δὲ πεσών. ὃ δὲ λὰξ ἐν στήθεσι βαίνων
τεύχεά τ᾽ ἐξενάριξε καὶ εὐχόμενος ἔπος ηὔδα·
620 "λείψετέ θην οὕτω γε νέας Δαναῶν ταχυπώλων,
Τρῶες ὑπερφίαλοι, δεινῆς ἀκόρητοι ἀϋτῆς.
ἄλλης μὲν λώβης τε καὶ αἴσχεος οὐκ ἐπιδευεῖς,
ἣν ἐμὲ λωβήσασθε, κακαὶ κύνες, οὐδέ τι θυμῶι
Ζηνὸς ἐριβρεμέτεω χαλεπὴν ἐδδείσατε μῆνιν
625 ξεινίου, ὅς τέ ποτ᾽ ὕμμι διαφθέρσει πόλιν αἰπήν·
οἵ μεο κουριδίην ἄλοχον καὶ κτήματα πολλά
μὰψ οἴχεσθ᾽ ἀνάγοντες, ἐπεὶ φιλέεσθε παρ᾽ αὐτῆι·
νῦν αὖτ᾽ ἐν νηυσὶν μενεαίνετε ποντοπόροισιν
πῦρ ὀλοὸν βαλέειν, κτεῖναι δ᾽ ἥρωας Ἀχαιούς.
630 ἀλλά ποθι σχήσεσθε καὶ ἐσσύμενοί περ ἄρηος.
Ζεῦ πάτερ, ἦ τέ σέ φασι περὶ φρένας ἔμμεναι ἄλλων
ἀνδρῶν ἠδὲ θεῶν· σέο δ᾽ ἐκ τάδε πάντα πέλονται,
οἷον δὴ ἄνδρεσσι χαρίζεαι ὑβριστῆισιν,
Τρωσίν, τῶν μένος αἰὲν ἀτάσθαλον, οὐδὲ δύνανται
635 φυλόπιδος κορέσασθαι ὁμοιίοο πτολέμοιο.
πάντων μὲν κόρος ἐστί, καὶ ὕπνου καὶ φιλότητος
μολπῆς τε γλυκερῆς καὶ ἀμύμονος ὀρχηθμοῖο·

615a ApS 109.5   616a ApS 139.2; sch Ψ 165; (ῥινός) Apio 100.3; (λάκε δ᾽ ὀ.) Epm. μ
72; (λάκε) ApS 106.30; H. (Cyr.) λ 184; (τὼ-)–617 (–πέσον) Porph. Il. 7.1 Schr.;
(τὼ-)–617a sch Ν 435b   622 Eudoc. 1928   624 (ἐριβρ.) cf. sch Α 498; H. ε
5801   625 (διαφθ.) H. δ 1431   626 (κουρ. ἄλ.) sch Γ 144c¹   627a Phot. Lex. ε
1095   630 (σχῆσ.) ApS 148.10   633 Eudoc. 1581   636–7 (μολπῆς τε) sch Ar. Pl.
188–9b; imit. Nonn. D. 42.178–9; 636a + 639 (Τρ.-) sch Ν 638–9a; 636a sch Β 212d; sch
Pind. Nem. 7.76; sch A.R. 1.870; 636b–7 cf. Luc. Dial. 45.23; cf. Lib. Or. 64.15 (iv.430.2 F.)

615 ὑπὸ 10 60 Ω*: ὑπαὶ W V: ὑπὲρ t   616 ὕπερ Wolf: ὑπερ Α, ὑπὲρ Ζ Ω*
617 αἱματόεντα 60 t* Ζ Ω (cf. Γ 18): -εντε Porph. quidam ap. sch^bT B^c   πέσον Ar^ab t Ω:
-εν (nov. Did) 60 r.—cf. ad Ε 583, Μ 159, Ο 714   622–39 secl. Fick   623 λωβήσασθε 10 Ω: -σεσθε 60 h   κακαὶ 10 Ω, κακε 60: -οὶ H V   625 ποθ᾽ ὕμμι 60 D T R
(ὕμμι et E R W G)   αἰπήν 60 Ω*: αὐτήν b: αἰπὺν (Nauck) rr   626 μεο Fick: μευ 10
Ω: μεν 60: fort. olim μοι   κτήματα πολλά 10 60 Ω: κτήμαθ᾽ ἅμ᾽ αὐτῆι (= Γ 458)
Α^γρ   627 οἴχεσθ᾽ ἀνάγοντες Ar 10 Ω (ὤιχ- Barnes): -εσθον ἄγ- Zen: -εσθ᾽ ἐλαχοντες
60   παρ᾽ Ar^a 10 60 Ω: περ Ar^b A^s A^λ   αὐτῆι 10 60 Ω*: -ῆσ D   630 ἀλλ᾽ ἄποθι Ζ
(qui et ποῖθι) A^a W: ποτι 60   633 ὑβριστῆισι 60 t Ω: -ῆρσι V   634–9 damn.
Hentze   635 ὁμοιίοο Ahrens: -ίου 60 Ω   πτολέμοιο 60 Ζ Ω*: πολ- F   636 μὲν 60
498 tt* Ω: γὰρ sch-B   637 (= ψ 145) "περισσὸν εἶναί φασι" quidam ap. sch^bT

τῶν πέρ τις καὶ μᾶλλον ἐέλδεται ἐξ ἔρον εἶναι
ἢ πολέμου. Τρῶες δὲ μάχης ἀκόρητοι ἔασιν."
640   ὣς εἰπὼν τὰ μὲν ἔντε' ἀπὸ χροὸς αἱματόεντα
συλήσας ἑτάροισι δίδου Μενέλαος ἀμύμων,
αὐτὸς δ' αὖτ' ἐξαῦτις ἰὼν προμάχοισιν ἐμίχθη.
ἔνθά οἱ υἱὸς ἔπαλτο Πυλαιμένεος βασιλῆος,
'Αρπαλίων, ὅ ῥα πατρὶ φίλωι ἕπετο πτολεμίξων
645   ἐς Τροίην, οὐδ' αὖτις ἀφίκετο πατρίδα γαῖαν·
ὅς ῥα τότ' 'Ατρείδαο μέσον σάκος οὔτασε δουρί
ἐγγύθεν· οὐδὲ διάπρο δυνήσατο χαλκὸν ἐλάσσαι,
ἂψ δ' ἑτάρων εἰς ἔθνος ἐχάζετο κῆρ' ἀλεείνων,
πάντοσε παπταίνων, μή τις χρόα χαλκῶι ἐπαύρηι.
650   Μηριόνης δ' ἀπιόντος ἵει χαλκήρε' ὀϊστόν,
καί ῥ' ἔβαλε γλουτὸν κάτα δεξιόν· αὐτὰρ ὀϊστός
ἀντικρὺ κατὰ κύστιν ὑπ' ὀστέον ἐξεπέρησεν.
ἑζόμενος δὲ κάτ' αὖθι, φίλων ἐν χερσὶν ἑταίρων
θυμὸν ἀποπνείων, ὥς τε σκώληξ ἐπὶ γαίηι
655   κεῖτο ταθείς· ἐκ δ' αἷμα μέλαν ῥέε, δεῦε δὲ γαῖαν.
τὸν μὲν Παφλαγόνες μεγαλήτορες ἀμφεπένοντο,
ἐς δίφρον δ' ἀνέσαντες ἄγον προτὶ Ἴλιον ἱρήν
ἀχνύμενοι. μετὰ δέ σφι πατὴρ κίε δάκρυα λείβων·
ποινὴ δ' οὔ τις παιδὸς ἐγίνετο τεθνηῶτος.

638 (ἐέλδ.) H. (Cyr.) ε 568   643 sch E 576; Porph. Il. 84.18 Schr.; (ἔπαλτο) H. ε 4150; (Πυλ./Κυλ.) cf. proleg. in cod. A (I lxv.5 Erbse)   644–5 [Ammon.] Diff. 242 + Eren. (p.63 N.); 644 ('Αρπ.) EtG α 1218; (ὅ ῥα–ἔπ.) Arn ad N 658–9a; 645 (–ἀφίκ.) ibid.   649b Choer. in Thd. i.237.39; (μή–καλόν) Hdn ad N 191c   650 (χαλκ.–) cf. Paus. 3.3.8   654–5 Eudoc. 998–9; 655 (ταθείς) H. τ 28   656 (Παφλ.) id. π 1158 657 (ἀνέσ.) H. (Cyr.) α 4962; Phot. Lex. α 1873   658 Eudoc. 790; (παρὰ δέ–) Porph.

638 πέρ 10 60 481 498 Ω*: κέν b   μᾶλλον Blass: μᾶ- Ω   641 ἑτάροισι δίδου 60 Ω*: -οις ἐδίδου C   643 ἔνθά sic Ω   ἔπαλτο Hsch.cod rr: ἐπάλτο Bᵃ O, ἐπᾶλτο Ω* Πυλαιμένεος (Hdn) Ω*: parox. D Bᶜ T R G: Πυλαι[10: Κυλαι- Zen   644 ὅ 10 Ω*: ὅς 481 tt D R: ον 60   πτολεμίξων V: -ίζων Ω*: πολεμίζων 60 t E T R.—cf. ad O 179 647 διάπρο dedi (Praef. xix): διὰ πρὸ R G, διαπρο D C, διαπρὸ Ω*   649 χαλκῶι 60 Choer. Ω*: -ὸς Rʳ: καλὸν t* h.—cf. ad Λ 573, O 316   ἐπαύρηι t Ω: -ρω 60: -ροι Hermann Opusc. I 288   650 δ' om. 10 60   651 ῥ' ἔβαλε(ν) 60 481 Ω: ρα βαλε 10   κάτα Wolf: κατὰ vel κατα Ω   652 κατὰ 10 60 481 Ω* Aᵐ (cf. E 67): διὰ A   653 κάτ' dedi: κατ' Ω: κατ- P   657 ath. aliquis (Ar?)   ἀνέσαντες Ar 60 1285 (ανέσ-) tt Z Ω (cf. ξ 280): ἀναθέντες (= schᴰᵍˡ) Ap. Rhod.   658–9 ath. Arph (propter E 576 sqq.), haesitabat Ar (ἢ ἀθετεῖν φησι δεῖν ἢ ὁμωνυμίαν νομίζειν; cf. ad Γ 144)   658 δέ 60 1285 tt schᴰ Ω: δ' οὔ (!) quidam ap. schᴬᴰ (cf. ad I 453)   659 ἐγίνετο Z Ω: εδεξατο (ex I 633) 60: an ἐτίνετο?   τεθνηῶτος Bᵃ Eˡ Fᵃ T R: -θνει- 60 Z Eˢ Ω* (ηι Aˢ)

660 τοῦ δὲ Πάρις μάλα θυμὸν ἀποκταμένοιο χολώθη·
    ξεῖνος γάρ οἱ ἔην πολέσιν μετὰ Παφλαγόνεσσιν·
    τοῦ ὅ γε χωόμενος προΐει χαλκήρε' ὀϊστόν.
    ἦν δέ τις Εὐχήνωρ, Πολυΐδου μάντιος υἱός,
    ἀφνειός τ' ἀγαθός τε, Κορινθόθι οἰκία ναίων,
665 ὅς ῥ' εὖ εἰδὼς κῆρ' ὀλοὴν ἐπὶ νηὸς ἔβαινεν·
    πολλάκι γάρ οἱ ἔειπε γέρων ἀγαθὸς Πολύϊδος,
    νούσωι ὕπ' ἀργαλέηι φθίσθαι οἷς ἐν μεγάροισιν,
    ἢ μετ' Ἀχαιῶν νηυσὶν ὑπὸ Τρώεσσι δαμῆναι.
    τώ ῥ' ἅμα τ' ἀργαλέην θωιὴν ἀλέεινεν Ἀχαιῶν
670 νοῦσόν τε στυγερήν, ἵνα μὴ πάθοι ἄλγεα θυμῶι.
    τὸν βάλ' ὑπὸ γναθμοῖο καὶ οὔατος· ὦκα δὲ θυμός
    ὤιχετ' ἀπὸ μελέων, στυγερὸς δ' ἄρα μιν σκότος εἷλεν.
    ὣς οἱ μὲν μάρναντο δέμας πυρὸς αἰθομένοιο.
    Ἕκτωρ δ' οὐκ ἐπέπυστο διίφιλος, οὐδέ τι εἴδη
675 ὅττί ῥά οἱ νηῶν ἐπ' ἀριστερὰ δηϊόωντο
    λαοὶ ὑπ' Ἀργείων—τάχα δ' ἂν καὶ κῦδος Ἀχαιῶν
    ἔπλετο· τοῖος γὰρ γαιήοχος Ἐννοσίγαιος
    ὤτρυν' Ἀργείους, πρὸς δὲ σθένει αὐτὸς ἄμυνεν—
    ἀλλ' ἔχεν, ἧι τὰ πρῶτα πύλας καὶ τεῖχος ἔσαλτο
680 ῥηξάμενος Δαναῶν πυκινὰς στίχας ἀσπιστάων.
    ἔνθ' ἔσαν Αἴαντός τε νέες καὶ Πρωτεσιλάου
    θίν' ἔφ' ἁλὸς πολιῆς εἰρυμέναι· αὐτὰρ ὕπερθεν
    τεῖχος ἐδέδμητο χθαμαλώτατον· ἔνθα μάλιστα
    ζαχρηεῖς γίνοντο μάχηι αὐτοί τε καὶ ἵπποι.
685 ἔνθα δὲ Βοιωτοὶ καὶ Ἰάονες ἑλκεχίτωνες,

Il. 84.8 Schr.   663–4 sch Pind. Ol. 13.82a   665–8 [Luc.] Dial. 82.15; 666–8a sch I
410–16; 667 cf. Eudoc. 757   669 (θω.) ApS 89.11   671 (–ού.) Epm. γ 26; 671b–2a
sch Δ 460–1   673 sch Δ 342   681 Strab. 9.1.10; sch O 705d; Porph. Il. 208.6
Schr.   682 (εἰρ.) H. ε 1057   683 (ἐδέδ.) H. (Cyr.) ε 416   685–6 Strab.9.5.7; 685b

663 Πολυΐδου t Ω: -είδου 9 60 rr.—cf. ad E 148   665 εὖ sic Ω, εὖ 1285, ευ 9
10   666 Πολύϊδος 60 tt Ω: -ειδος 9 rr   667 ὕπ' van Leeuwen: ὑπ' Ω   φθίσθαι 9 60
tt* Ω*: φθῖ- A Bᵗ W Gᵃ: φθεῖ- Luc.ᵛˡ Aᵐ Bˢ C Eˢ Gᶜ.—cf. ad I 246   668 νηυσὶν 9 60 tt
Ω: χερσιν 10   669 τώ Ludwich: τῶ 9 Ω (τῶι D W)   θωιὴν A B C Fᶜ W G: θωὴν 9 10
Z Ω*: θον 60ᵘᵛ   670 πάθοι 9 10 1268 Ω*: -η(ι) W O   672 ἀπὸ 9 60 t Ω*: ἀπαὶ W O
V   674 Διὶ φίλος 9 Ω   εἴδη Christ: ἤ(ι)δη 9 60 Ω*: -ει C R   675 ὅττί La Roche:
ὅττι 9 Ω   δηϊόωντο 9 60 Ω: -όοντο Payne Knight (δαϝι-), Christ.—cf. ad Λ
153   676–8 damn. Düntzer   679 ἔσαλτο r: ἐσάλτο Bᵃ: ἐσᾶ- Ω*: ἐπᾶ- W: εσαλτο
9: εταλτο 60   682 θίν' dedi (dat., cf. Δ 248): θῖν' Ω.—cf. ad Ξ 31   ἔφ' r: ἐφ' Ω   683
ἐδέδμητο 9 60 t Ω*: δέδ- T   684 μάχηι 60 Ω: -ης 9   685 ἑλκεχίτωνες 9 60 h139ᵉ³⁰⁸

Λοκροὶ καὶ Φθῖοι καὶ φαιδιμόεντες Ἐπειοί
σπουδῆι ἐπαΐσσοντα νεῶν ἔχον—οὐδ' ἐδύναντο
ὦσαι ἀπὸ σφείων φλογὶ εἴκελον Ἕκτορα δῖον—
οἳ μὲν Ἀθηναίων προλελεγμένοι· ἐν δ' ἄρα τοῖσιν

690   ἦρχ' υἱὸς Πετεῶιο Μενεσθεύς, οἳ δ' ἅμ' ἕποντο
Φείδας τε Στιχίος τε Βίας τ' ἐΰς· αὐτὰρ Ἐπειῶν
Φυλεΐδης τε Μέγης Ἀμφίων τε Δρακίος τε·
πρὸ Φθίων δὲ Μέδων τε μενεπτόλεμος τε Ποδάρκης.
ἤτοι ὃ μὲν νόθος υἱὸς Ὀϊλῆος θείοιο

695   ἔσκε Μέδων, Αἴαντος ἀδελφεός, αὐτὰρ ἔναιεν
ἐν Φυλάκηι, γαίης ἄπο πατρίδος, ἄνδρα κατακτάς,
γνωτὸν μητρυιῆς Ἐριώπιδος, ἣν ἔχ' Ὀϊλεύς·
αὐτὰρ ὃ Ἰφίκλοιο πάϊς τοῦ Φυλακίδαο.
οἳ μὲν πρὸ Φθίων μεγαθύμων θωρηχθέντες

700   ναῦφιν ἀμυνόμενοι μετὰ Βοιωτῶν ἐμάχοντο.
Αἴας δ' οὐκέτι πάμπαν, Ὀϊλῆος ταχὺς υἱός,
ἵστατ' ἀπ' Αἴαντος Τελαμωνίου, οὐδ' ἠβαιόν,
ἀλλ' ὥς τ' ἐν νειῶι βόε οἴνοπε πηκτὸν ἄροτρον
ἶσον θυμὸν ἔχοντε τιταίνετον, ἀμφὶ δ' ἄρά σφι

705   πρυμνοῖσιν κεράεσσι πολὺς ἀνακηκίει ἱδρώς—
τὼ μέν τε ζυγὸν οἶον ἐΰξοον ἀμφὶς ἐέργει
ἱεμένω κατὰ ὦλκα, τέμει δέ τε τέλσον ἀρούρης—

ApS 89.31; sch Ar. Ach. 106; sch Call. fr. 7.29 (i.19.16 Pf.); (Ἰά.) H. ι 64; (ἑλκ.) Clem.
Paed. 2.105.4; H. (Cyr.) ε 2133; **686a** Hdn ad N 693; (Λοκ.) sch N 681b; (Φθ.) H. φ 406;
(φαιδ.–) sch H 11; (φαιδ.) Phot. Lex. s.v.   **688** (ὦσαι) H. ω 393   **689 + 691** (-ἐΰς)
sch Φ 140; **689** (–προλ.) sch Pind. Nem. 2.28a; (**691** (-ἐΰς) Porph. Il. 249.8 Schr.
693 + 699–700 Strab. 9.5.7; **693a** [Ammon.] Diff. 498; **696b** Hdn ad Σ 64b; **700a** Choer. in
Thd. i.181.12, ii.60.7, 331.28; Epm. v 34   **701–4** (–τιτ.) schᴰ B 529; **704a** sch B 405–9,
H 164; (τιτ.) H. τ 968   **705b** Herm. in Pl. Phdr. 183.15 C.; (ἀνακ.) H. α 4352
706 (ζυγὸν–) sch Φ 162c   **707** ApS 170.31; **707a** sch A.R. 2.396b; Orio 171.1; (ὦλκα)
id. 120.15; (τέλσον ἀρ.) EtG s.v.; (τέλσον) ApS 150.32; H. τ 447

tt* Ω: ἑλκεσίπεπλοι sch-Call.   **687** οὐδ' ἐδύναντο D R: οὐδὲ δ- 9 60 Ω*   **690** Πετεῶιο (Ar) dedi: -ῶο 9 60 Ω.—cf. ad B 552   **692** Μέγης Ar 9 Ω: -ης τ' Zen? 60 W.—cf.
ad T 239 Δρακίός h W   **694–700** fort. additicii; **695–7** (= O 334–6) del.
Erhardt   **696** ἄπο Dᶜ B F T R W G: ἀπὸ 9 Ω*   **700** Βοιωτῶν 9 60 t Ω (cf. Chantr.
II 119): -τοῖσ' van Leeuwen   **702** ἵστατ' Ar 9 60 t Ω: χάζετ' Zen   **703** πηκτὸν 9 Ω:
πᾱκτὸν Wack. Unt. 11 sq.   **704** ἄρά Ludwich (cf. Praef. xviii): ἄρα 9 Ω   σφι 9 60
1285 Ω*: σφιν D   **705** ἀνακηκίει Ar 1285 Aˢ Ω*: ἀνεκ- Aᵗ: δ' ἀνακ- Tλ: ἀνεκήκιεν
9 Z: δ' ἀνεκ- 60 t R H V (cf. H 262, Ψ 507): ετ δ' ετ -ιεν nov. Did   **707** κατὰ ὦλκα
Z Ω (cf. σ 375): κατ' ἄωλκα Janko (ἄϜολκα Payne Knight)   τέμει Ar Ω*: τέμνει 9 t
Z D R Gᶜ: ταμεῖν ἐπὶ J.H. Voss cl. Σ 547, A.R. 3.412

ὣς τὼ παρβεβαῶτε μάλ᾿ ἕστασαν ἀλλήλοιιν.
ἀλλ᾿ ἤτοι Τελαμωνιάδηι πολλοί τε καὶ ἐσθλοί
710   λαοὶ ἕπονθ᾿ ἕταροι, οἵ οἱ σάκος ἐξεδέχοντο,
ὁππότε μιν κάματός τε καὶ ἱδρὼς γούναθ᾿ ἵκοιτο·
οὐδ᾿ ἄρ᾿ Ὀϊλιάδηι μεγαλήτορι Λοκροὶ ἕποντο·
οὐ γάρ σφι σταδίηι ὑσμίνηι μίμνε φίλον κῆρ.
οὐ γὰρ ἔχον κόρυθας χαλκήρεας ἱπποδασείας,
715   οὐδ᾿ ἔχον ἀσπίδας εὐκύκλους καὶ μείλινα δοῦρα,
ἀλλ᾿ ἄρα τόξοισιν καὶ ἐϋστρόφωι οἰὸς ἀώτωι
Ἴλιον εἰς ἅμ᾿ ἕποντο πεποιθότες, οἷσιν ἔπειτα
ταρφέα βάλλοντες Τρώων ῥήγνυντο φάλαγγας.
δή ῥα τόθ᾿ οἳ μὲν πρόσθε σὺν ἔντεσι δαιδαλέοισιν
720   μάρναντο Τρωσίν τε καὶ Ἕκτορι χαλκοκορυστῆι,
οἳ δ᾿ ὄπιθεν βάλλοντες ἐλάνθανον· οὐδ᾿ ἔτι χάρμης
Τρῶες μιμνήσκοντο, συνεκλόνεον γὰρ ὀϊστοί.
ἔνθά κε λευγαλέως νηῶν ἄπο καὶ κλισιάων
Τρῶες ἐχώρησαν προτὶ Ἴλιον ἠνεμόεσσαν,
725   εἰ μὴ Πουλυδάμας θρασὺν Ἕκτορα εἶπε παραστάς·
"Ἕκτορ, ἀμήχανός ἐσσι παραρρητοῖσι πιθέσθαι.
οὕνεκά τοι περὶ δῶκε θεὸς πολεμήϊα ἔργα,
τούνεκα καὶ βουλῆι ἐθέλεις περιίδμεναι ἄλλων;
ἀλλ᾿ οὔ πως ἅμα πάντα δυνήσεαι αὐτὸς ἑλέσθαι·
730   ἄλλωι μὲν γὰρ ἔδωκε θεὸς πολεμήϊα ἔργα,

708 (παρβ.) H. π 456; 708b cf. Eudoc. 2320   710b–11 (–ἱδρώς) sch Π
107–11   712 sch O 336d; 712a Arn ad N 694a   713 + 716–17a Strab. 10.1.13; 713
sch [Hes.] Sc. 25; 714 (–χαλκ.) Arn ad O 480b; (χαλκ.) ApS 166.23; H. χ 79; 716b–17
(–πεπ.) sch Δ 90; (–17a) sch N 599b   723 (λευγ.) ApS 107.23; 723b Epm ad A
30a[1]   726 (παραρρ.) ApS 128.24; H. π 648; Phot. Lex. s.v.   728 (περιίδμ.) H. π
1713   729–32a Arn ad Δ 320a; 730–4 [Plut.] Hom. 2.156.1; 730–2 (–νόον) sch Pind.
Ol. 9.158c; 730–1 Clem. Strom. 4.133.2; Luc. Dial. 45.23; 730 sch Pind. Nem. 1.36

708 ἀλλήλοιϊν 1285 t Ω*: -οισιν 9 60 F G.—cf. ad K 65, X 128   709 ἤτοι Ω: ἤτοι
9   710 λαοὶ 9 60 Ω: ἄλλοι h H V.—cf. ad X 205   ἐξεδέχοντο 9 Ω: -δέκ- Wack. Unt.
29   712 οὐδ᾿ ἄρ᾿ Ὀϊλιάδηι Ar t Ω (ἄρα νηληϊάδηι D): αυταρ Οιλ- 60: ἀλλ᾿ οὐκ
Ἰλ- Zen.—cf. ad B 527   713 σφι Ar 9 Ω*: σφιν Arph 60 tt Z b Fᶜ W.—cf. ad Δ 166, Ι
236   σταδίηι ὑσμίνηι μίμνε φίλον κῆρ fere 9 (φίλον ητορ) 60 (μιμνον) t* Z (σταδίην)
Ω: -ίης -ης ἔργα μέμηλεν Strab.: ἔργ᾿ ἐμεμήλει Τʸᵖ   716 ἐϋστρόφωι 9 60 (-στρω-)
tt Ω: cf. ad 599   717 οἷσιν ἔπειτα 9 60 Ω: οἷσι μάλιστα h   721 οὐδ᾿ἔτι 9: οὐδέ τι
Ω   723 ἔνθά sic Ω (ἐνθά E)   726–8 ut supra interpunxit Nic: ... πιθέσθαι, ... ἔργα· ...
ἄλλων. Lehrs   727 περὶ δῶκε Hdn (νε περίδωκε) 9 Ω*: πέρι δ- R W   729 δυνήσεαι
αὐτὸς ἑλέσθαι 60 Ω: θεοὶ δόσαν ἀνθρώποισιν (= Δ 320) Arn ad illum locum   730 ἔδωκε
60 481 1288 tt Ω: δῶκε h (cf. ad B 102, H 288, I 37–9, K 255, 268, Λ 23, Π 250, Σ 436)

{ἄλλωι δ᾿ ὀρχηστύν, ἑτέρωι κίθαριν καὶ ἀοιδήν,}
ἄλλωι δ᾿ ἐν στήθεσσι τιθεῖ νόον εὐρύοπα Ζεύς
ἐσθλόν, τοῦ δέ τε πολλοὶ ἐπαυρίσκοντ᾿ ἄνθρωποι,
καί τε πολὺς ἐσάωσε, μάλιστα δὲ καὐτὸς ἀνέγνω.
735　αὐτὰρ ἐγὼν ἐρέω, ὥς μοι δοκεῖ εἶναι ἄριστα.
πάντηι γάρ σε περὶ στέφανος πολέμοιο δέδηεν·
Τρῶες δὲ μεγάθυμοι, ἐπεὶ κατὰ τεῖχος ἔβησαν,
οἳ μὲν ἀφεστᾶσιν σὺν τεύχεσιν, οἳ δὲ μάχονται
παυρότεροι πλεόνεσσι, κεδασθέντες κατὰ νῆας.
740　ἀλλ᾿ ἀναχασσάμενος κάλει ἐνθάδε πάντας ἀρίστους·
ἔνθεν δ᾿ ἂν μάλα πᾶσαν ἐπιφρασσαίμεθα βουλήν,
ἠέ κεν ἐν νήεσσι πολυκλήϊσι πέσωμεν,
αἴ κ᾿ ἐθέλησι θεὸς δόμεναι κράτος, ἦ κεν ἔπειτα
πὰρ νηῶν ἔλθοιμεν ἀπήμονες. ἦ γὰρ ἐγώ γε
745　δείδω, μὴ τὸ χθιζὸν ἀποστήσωνται Ἀχαιοί
χρεῖος, ἐπεὶ παρὰ νηυσὶν ἀνὴρ ἆτος πολέμοιο
μίμνει, ὃν οὐκέτι πάγχυ μάχης σχήσεσθαι ὀΐω.”
　　ὣς φάτο Πουλυδάμας, ἅδε δ᾿ Ἕκτορι μῦθος ἀπήμων,
{αὐτίκα δ᾿ ἐξ ὀχέων σὺν τεύχεσιν ἆλτο χαμᾶζε}
750　καί μιν φωνήσας ἔπεα πτερόεντα προσηύδα·
“Πουλυδάμα, σὺ μὲν αὐτοῦ ἐρύκακε πάντας ἀρίστους,

---

733 (τοῦ–ἐπαυρ.) sch N 734a; (ἐπαυρ.) H. (Cyr.) ε 4267　　**734a** sch Λ 327b; **734b** Arn ad Υ 311a[1]　　**736** ApS 144.29; Ath. 18f; **736b** Epm. δ 2; (στέφ. πολ.) H. σ 1793　　**738** (ἀφ.) EtG α 1454　　**741** (ἐπιφρ.) H. (Cyr.) ε 5396　　**745–6** (χρ.) ApS 39.11; [Ammon.] Diff. 318; Porph. Hom. 118.15 Sod.; EtG s.v. στατήρ; Epm. δ 69; (χθιζ.) Apio 102.30; (ἀποστ.) H. α 6663

731 deest in 60 1288 tt* Ω*: hab. Zenod. Mallota Clem. Luc. 435 481 Aᵐ D² F Rᵐ G, fort. nov. Call. Hymn. 1.70–3; cf. Rengakos 125 sq.　ὀρχηστύν τε καὶ ἱμερόεσσαν ἀοιδήν Luc.　　**732** τιθεῖ νόον D Rᶜ: τίθει νόον Ω*: alterutrum Ar 60 tt: νόον τίθει sive τιθεῖ Arph T (τίθει Tᵃ, -θεῖ Tᶜ)　　**733** πολλοὶ Ar 60 1288 t Ω: -ὸν Arph　　**734** πολὺς Christ (-ὺς dedi; cf. Praef. xxxiv): -εῖς Hdn t* Ω*: -έας Tᴧ: πόλεις quidam ante Hdn [Plut.] D Fʸᵖ Rᵃ: πολεις 60 481　　δὲ καὐτὸς schᴰ D: δέ κ᾿ αὐτὸς Ar schᵇᵀ t Ω*: δ᾿ αυτος 60: δέ τ᾿ αὐτὸς Hermann Opusc. IV 21 cl. ζ 185　　**735** αὐτὰρ ἐγὼν 481 (εχων) Ω: νυν δ αυτ εξ 60 (cf. M 215)　　ἄριστα (= M 215) Ω: -αι 60: -ον rr　　**736** πέρι W V　　**737** δὲ 60 481 Ω: δὴ h　　**738** δ᾿ ἐμάχοντο 435: δε μαχεσθαι 60　　**741** ἐπιφρασ(σ)αίμεθα 60? 435 t Ω: -ώμεθα Z O　　**742** ηε κεν εν 60 (coniecerat Ahrens Rh. Mus. 2 [1843] 170): ἤ κεν ἐνὶ Ω (ἐν G), η κεν[10, ἤ κ[εν 1285　　**743** αἴ 60 t Ω: ει 10 1285 (ss. η)　　ἦ Bekker: ἤ Ω　　**744** ἔλθοιμεν 60 Ω*: -ωμεν 435 A　ἐγώ γε D: ἔγωγε Ω*　　**745** ἀποστήσωνται Ar 60 tt* Ω*: ὑποστ- [Ammon.]: ἀποστήσονται Epm. Z Rᵃ: ἀποτίσωνται b Gᶜ, -σονται D Rᶜ　　**746** ἆτος 60 Ω: ἄατος Payne Knight (cf. ad E 388, 863)　　**749** (= M 81) deest in 60 A H O V: hab. Aᵐ Hᵐ Ω*　ἆλτο (vel ἄ-) Bᵃ: ἀ- h C W, ἀ- Ω*　　**750** προσηύδα 60 Ω*: μετηύδα W ut solet　　**751** Πουλυδάμα Ω: -δαμαν Bekker.—cf. ad M 231

αὐτὰρ ἐγὼ κεῖσ᾽ εἶμι καὶ ἀντιόω πολέμοιο·
αἶψα δ᾽ ἐλεύσομαι αὖτις, ἐπὴν εὖ τοῖς ἐπιτείλω."
ἦ ῥα, καὶ ὡρμήθη ὄρεϊ νιφόεντι ἐοικώς,
755   κεκληγώς, διὰ δὲ Τρώων πέτετ᾽ ἠδ᾽ ἐπικούρων.
οἳ δ᾽ ἐς Πανθοΐδην ἀγαπήνορα Πουλυδάμαντα
πάντες ἐπεσσεύοντ᾽, ἐπεὶ Ἕκτορος ἔκλυον αὐδήν.
αὐτὰρ ὃ Δηΐφοβόν τε βίην θ᾽ Ἑλένοιο ἄνακτος
Ἀσιάδην τ᾽ Ἀδάμαντα καὶ Ἄσιον Ὑρτάκου υἱόν
760   φοίτα ἀνὰ προμάχους διζήμενος, εἴ που ἐφεύροι.
τοὺς δ᾽ ηὖρ᾽ οὐκέτι πάμπαν ἀπήμονας οὐδ᾽ ἀνολέθρους,
ἀλλ᾽ οἳ μὲν δὴ νηυσὶν ἔπι πρυμνῇσιν Ἀχαιῶν
χερσὶν ὕπ᾽ Ἀργείων κέατο ψυχὰς ὀλέσαντες,
οἳ δ᾽ ἐν τείχει ἔσαν βεβλημένοι οὐτάμενοί τε.
765   τὸν δὲ τάχ᾽ ηὖρε μάχης ἐπ᾽ ἀριστερὰ δακρυοέσσης
δῖον Ἀλέξανδρον, Ἑλένης πόσιν ἠϋκόμοιο,
θαρσύνονθ᾽ ἑτάρους καὶ ἐποτρύνοντα μάχεσθαι.
ἀγχοῦ δ᾽ ἱστάμενος προσέφη αἰσχροῖς ἐπέεσσιν·
"Δύσπαρι, εἶδος ἄριστε, γυναιμανὲς ἠπεροπευτά,
770   ποῦ τοι Δηΐφοβός τε βίη θ᾽ Ἑλένοιο ἄνακτος
Ἀσιάδης τ᾽ Ἀδάμας ἠδ᾽ Ἄσιος Ὑρτάκου υἱός,
ποῦ δέ τοι Ὀθρυονεύς; νῦν ὤλετο πᾶσα κατ᾽ ἄκρης
Ἴλιος αἰπεινή· νῦν τοι σῶς αἰπὺς ὄλεθρος."
τὸν δ᾽ αὖτε προσέειπεν Ἀλέξανδρος θεοειδής·
775   "Ἕκτορ, ἐπεί τοι θυμὸς ἀναίτιον αἰτιάασθαι,
ἄλλοτε δή ποτε μᾶλλον ἐρωῆσαι πολέμοιο
μέλλω, ἐπεὶ οὐδ᾽ ἐμὲ πάμπαν ἀνάλκιδα γείνατο μήτηρ.
ἐξ οὗ γὰρ παρὰ νηυσὶ μάχην ἤγειρας ἑταίρων,
ἐκ τοῦ δ᾽ ἐνθάδ᾽ ἐόντες ὁμιλέομεν Δαναοῖσιν

759b Hdn ad υ 39; EtG α 1269   **761** (οὐδ᾽ ἀνολ.) Arn ad N 763   **762** (ἐπὶ πρ.)
H. ε 5102   **763b** Choer. in Thd. ii.197.8, 198.13; EtG s.v. κέαται; Epm. κ 168
772b sch B 12b, ε 313; Epm. υ 4   **773b** Did ad A 117b²; Choer. in Thd. i.247.14
775 sch N 768–73   **776b** sch X 185a; (ἐρω.) H. ε 6137

753 ἐπιτείλω 96 Ω: επαμυνω 60.—cf. ad M 369   **755** κεκληγώς 60᾽ Ω: κεκλήγων
Allen   **761** ηὖρ᾽ fere Fick: εὖρ᾽ 60 Z (-ρεν) Ω   **762** ἔπι Wolf: ἐπὶ Ω   πρύμνῃσιν
(sic) T: proparox. Hsch.ᶜᵒᵈ Ω   **763** ὕπ᾽ Barnes: ὑπ᾽ Ω   **765** ηὖρε fere Fick: εὖρε
60 Z Ω   δακρυοέσσης 96 Ω: -εντος 60   **772** κατὰ κρῆς quidam ap. schᴬᵀ: πέρι
χθών sch-Bᵛˡ Epm. (ex T 362)   **773** σῶς (= ε 305, χ 28) 60 96 tt Z Ω: σόος Bekker:
σάος Payne Knight: σοὸς ‘urgens’ Schulze Kl. Schr. 378 n.2.—cf. ad A 117, Π
252   **776** μᾶλλον Blass: μᾶ- Ω   **777** οὐδ᾽ ἐμὲ 96 D W: οὐδέ με Ω*   **778** ἑταίρων Ω*: Ἀχαιῶν 60 481 W   **779** δ᾽ 60 96 Ω: δὴ Düntzer

780 νωλεμέως. ἕταροι δὲ κατέκταθεν, οὓς σὺ μεταλλᾶις·
οἵω Δηίφοβός τε βίη θ' Ἑλένοιο ἄνακτος
οἴχεσθον, μακρῆισι τετυμμένω ἐγχείηισιν
ἀμφοτέρω κατὰ χεῖρα· φόνον δ' ἤμυνε Κρονίων.
νῦν δ' ἄρχ', ὅππηι σε κραδίη θυμός τε κελεύει.
785 ἡμεῖς δ' ἐμμεμαῶτες ἅμ' ἑψόμεθ', οὐδέ τί φημι
ἀλκῆς δευήσεσθαι, ὅση δύναμίς γε πάρεστιν·
πὰρ δύναμιν δ' οὐκ ἔστι καὶ ἐσσύμενον πολεμίζειν."
ὣς εἰπὼν παρέπεισεν ἀδελφεόο φρένας ἥρως·
βὰν δ' ἴμεν, ἔνθα μάλιστα μάχη καὶ φύλοπις ἦεν,
790 ἀμφί τε Κεβριόνην καὶ ἀμύμονα Πουλυδάμαντα,
Φάλκην Ὀρθαῖόν τε καὶ ἀντίθεον Πολυφήτην
Πάλμύν τ' Ἀσκάνιόν τε Μόρυν θ', υἷ' Ἱπποτίωνος,
οἵ ῥ' ἐξ Ἀσκανίης ἐριβώλακος ἦλθον ἀμοιβοί
ἠοῖ τῆι προτέρηι, τότε δὲ Ζεὺς ὦρσε μάχεσθαι.
795 οἳ δ' ἴσαν ἀργαλέων ἀνέμων ἀτάλαντοι ἀέλληι,
ἥ ῥά θ' ὑπὸ βροντῆς πατρὸς Διὸς εἶσι πέδονδε,
θεσπεσίωι δ' ὁμάδωι ἁλὶ μίσγεται, ἐν δέ τε πολλά
κύματα παφλάζοντα πολυφλοίσβοιο θαλάσσης
κυρτὰ φαληριόωντα, πρὸ μέν τ' ἄλλ', αὐτὰρ ἔπ' ἄλλα·
800 ὣς Τρῶες πρὸ μὲν ἄλλοι ἀρηρότες, αὐτὰρ ἔπ' ἄλλοι,
χαλκῶι μαρμαίροντες ἅμ' ἡγεμόνεσσιν ἕποντο.
Ἕκτωρ δ' ἡγεῖτο βροτολοιγῶι ἶσος Ἄρηϊ

782 (μακρ.) id. μ 130   784 (ὅππηι) id. ο 1051   792–3 Strab. 12.4.5; 793–4 Porph. Od. 25.11 Schr.; 793–4a ApS 27.28; 793 St. Byz. 132.17; EtG α 675   798 (immo γ 290)–9a Dio Prus. 74.7; 798a Epm. λ 45; (παφλ.) ApS 129.8; H. π 1160; Phot. Lex. s.v.; 799 Arist. Rh. 1412a7; 799a Demetr. Eloc. 64, 81; Philod. Poem. 2 fr. 13.27 (p.141 Sb.); sch Φ 249b; sch Theoc. 8.27a; (φαλ.) ApS 161.12; sch Theoc. 5.102/3i; H. φ 102; 799b sch Aesch. Sept. 758g

782 τετυμμένω Ζ Ω*: τετυγμ- 60 D Tᵃ   783 χεῖρα 60 Ω: -ρε h H   784 θυμός τε κελεύει 60 1291 Ω: και θ]υμος ανωγ[ει 481   785 δ' ἐμμεμαῶτες Ar 627 A R W: δὲ μεμ- (nov. Did) 60 Ω*   οὐδέ τι 60 Ω: οὐδ'ἔτι r: ουδ'εμε 435ᵃ, ουδέ με 435ᶜ (cf. θ 221, Hes. Op. 656)   788 ἀδελφεόο Ahrens post Payne Knight: -φειοῦ 60 Ω   789 ἦεν Ω: αἰνή 435 rᵃ   791 Φάλκην [627] Ω: -ην τ' (Bentley) 96   Πολυφήτην Ω*: -φοίτην R O: -φοντην 435: Περιφήτην Barnes cl. Ξ 515   792 Πάλμύν sic A G   τ' 96 Ω: om. t   υἷ' Ω* (υἷε rr): υἱὸν t R   τε καὶ Ἱπποτίωνα Barnes cl. Ξ 514   792a Μυσῶν ἀγχεμάχων ἡγήτορα ‹καρτεροθύμων van Leeuwen› add. t (cf. Ξ 512)   793 ἀμοιβοί Ar h139ᵃ⁴³⁸ tt* Ζ Ω: -βῆι Porph.: ἀμορβοί Nauck Mél. II 430   797 δ' Ar 9 96 Ω: om. (nov. Did) schᴰᴬ   ἐνθάδε Gᵞᵖ (voluit ἔνθά τε = rr)   798 ut supra 9 60 tt* Ζ Ω: κύματα τροφόεντα πελώρια, ἶσα ὄρεσσι Dio (ex γ 290)   799 φαληριόωντα 9 60 96 tt Ζ Ω*: -όεντα Aᴸ W   ἔπ' Dᶜ Bᵃ T: ἐπ' Ζ Ω*   800 ἔπ' Dᶜ Bᵃ W: ἐπ' Ω*

Πριαμίδης· πρόσθεν δ' ἔχεν ἀσπίδα πάντοσ' ἐΐσην,
ῥινοῖσιν πυκινήν, πολλὸς δ' ἐπελήλατο χαλκός·
805   ἀμφὶ δέ οἱ κροτάφοισι φαεινὴ σείετο πήληξ.
πάντηι δ' ἀμφὶ φάλαγγας ἐπειρᾶτο προποδίζων,
εἴ πώς οἱ εἴξειαν ὑπασπίδια προβιβάντι·
ἀλλ' οὐ σύγχει θυμὸν ἐνὶ στήθεσσιν Ἀχαιῶν.
Αἴας δὲ πρῶτος προκαλέσσατο, μακρὰ βιβάσθων·
810   "δαιμόνιε, σχεδὸν ἐλθέ· τίη δειδίσσεαι αὔτως
Ἀργείους; οὔ τοί τι μάχης ἀδαήμονές εἰμεν,
ἀλλὰ Διὸς μάστιγι κακῆι ἐδάμημεν Ἀχαιοί.
ἦ θήν πού τοι θυμὸς ἐέλπεται ἐξαλαπάξειν
νῆας· ἄφαρ δέ τε χεῖρες ἀμύνειν εἰσὶ καὶ ἡμῖν.
815   ἦ κε πολὺ φθαίη εὖ ναιομένη πόλις ὑμή
χερσὶν ὕφ' ἡμετέρηισιν ἁλοῦσά τε περθομένη τε·
σοὶ δ' αὐτῶι φημι σχεδὸν ἔμμεναι, ὁππότε φεύγων
ἀρήσεαι Διὶ πατρὶ καὶ ἄλλοις ἀθανάτοισιν
θάσσονας ἰρήκων ἔμεναι καλλίτριχας ἵππους
820   οἵ σε πόλινδ' οἴσουσι κονίοντες πεδίοιο."
ὣς ἄρα οἱ εἰπόντι ἐπέπτατο δεξιὸς ὄρνις,
αἰετὸς ὑψιπέτης· ἐπὶ δ' ἴαχε λαὸς Ἀχαιῶν
θάρσυνος οἰωνῶι. ὃ δ' ἀμείβετο φαίδιμος Ἕκτωρ·
"Αἶαν ἁμαρτοεπές, βουγάϊε, ποῖον ἔειπες;

804a sch ζ 134   805 al. (πήληξ) ApS 131.18   807b Diom. GL i.475.18
809 (βιβ.) Hdn ad Π 468a   810–11 ('Αργ.) Plut. Mor. 361a; 810 Eudoc. 950; 811 al.
(ἀδαήμ.) EtG α 61   812 (Διὸς μ. κ.) sch M 37a¹   814 (ἄφαρ–) ApS 48.19; sch N 257b;
Porph. Il. 332.16 Schr.   816a sch N 824c   818 (ἀρ.) H. (Cyr.) α 7172
819 Hdn i.524.1, ii.942.26; (θάσσ.) H. (Cyr.) θ 125   820b (al.) sch Arat. 253
823 (θάρσ.) H. (Cyr.) θ 116; Phot. Lex. θ 29   824 Choer. in Thd. i. 115.6; (–βουγ.) Plut.
Mor. 35c; Porph. Od. 124.20 Schr.; Choer. in Thd. i.384.14; 824a sch H 284; (ἁμαρτ.) ApS
25.28; H. α 3461; EtG α 595; (βουγ.) ApS 52.11; Plut. Mor. 299b; H. (Cyr.) β 880; EtG β 200

803 πρόσθεν (cf. 157) 60 435 Ω*: πρὸ ἔθεν Hdn 9 A Dᵃ b.—cf. ad E 96   πάντοσ' ἐΐσην
9 b F: -σε ἴσην Ω*   807 ὑπασπίδια 9 60 96 C Fᶜ (-ίδα Fᵃ): ὑπ' ἀσπ- Ω* (-ίδα
D)   προβιβάντι r: -βῶντι 9 t Ω.—cf. ad Γ 22   808 σύγχει 9 Z Ω: -χιυ 60: -χεε
Nauck   808a λίην γάρ σφι‹ν› πᾶσιν ἐκέκριτο θάρσεϊ πολλῶι add. Zen, quod quid
sibi velit non intelligo   809 προκαλέσσατο 9 96 Ω: -λίζετο H   μακρὰ βιβάσθων
Hdn Z Ω (βιβασθῶν Tyr, -σθών agn. Ar): φωνησεν τε 9   810 τίη Ω* Bᶜ: τί ἠ A b F,
τί ἦ O, τιὴ T   δειδίσσεαι 9 tt Ω: διδείσσεο Z   αὔτως Ar A (ex αὖ-) h V: οὔτως (nov.
Did) 9 60 tt Ω* (cf. A.R. 2.1219; Rengakos 109).—cf. ad 447   811 οὔ τοί τι 9 96 t Ω:
οι τ'ου τι 435   813 ἐέλπεται 9 60 96 Ω*: ἐέλδ- R   ἐξαλαπάξειν 9 Ω: -ζειν 96 rr: -ξαι
H: -ξ .. 60   816 ὕφ' Barnes: ὑφ' Ω   818 ἀρήσεαι dedi (cf. B 367 et ad Ω 434;
Chantr. I 57): -ση(ι) 9 481 t Ω   819 ἰρήκων D C R   824 βουγάϊε Ar 9 60 (-γαῖε) tt
Z Ω: -γήϊε Zen: -κάϊε alii ap. schᴬᵇᵀ   ποῖον 9 60 t Ω: οἶον h   ἔειπες 9 t Ω*: -ας h C

825 αἲ γὰρ ἐγὼν οὕτω γε Διὸς πάϊς αἰγιόχοιο
εἴην ἤματα πάντα, τέκοι δέ με πότνια Ἥρη,
τιοίμην δ᾽ ὡς τίετ᾽ Ἀθηναίη καὶ Ἀπόλλων,
ὡς νῦν ἡμέρη ἥδε κακὸν φέρει Ἀργείοισιν
πᾶσι μάλ᾽, ἐν δὲ σὺ τοῖσι πεφήσεαι, αἴ κε ταλάσσῃς
830 μεῖναι ἐμὸν δόρυ μακρόν, ὅ τοι χρόα λειριόεντα
δάψει, ἀτὰρ Τρώων κορέεις κύνας ἠδ᾽ οἰωνούς
{δημῶι καὶ σάρκεσσι, πεσὼν ἐπὶ νηυσὶν Ἀχαιῶν}."
ὣς ἄρα φωνήσας ἡγήσατο, τοὶ δ᾽ ἅμ᾽ ἕποντο
ἠχῆι θεσπεσίηι, ἐπὶ δ᾽ ἴαχε λαὸς ὄπισθεν·
835 Ἀργεῖοι δ᾽ ἑτέρωθεν ἐπίαχον, οὐδ᾽ ἐλάθοντο
ἀλκῆς, ἀλλ᾽ ἔμενον Τρώων ἐπιόντας ἀρίστους·
ἠχὴ δ᾽ ἀμφοτέρων ἵκετ᾽ αἰθέρα καὶ Διὸς αὐγάς.
Ξ Νέστορα δ᾽ οὐκ ἔλαθεν ἰαχὴ πίνοντά περ ἔμπης,
ἀλλ᾽ Ἀσκληπιάδην ἔπεα πτερόεντα προσηύδα·
"φράζεο, δῖε Μαχᾶον, ὅπως ἔσται τάδε ἔργα·
μέζων δὴ παρὰ νηυσὶ βοὴ θαλερῶν αἰζηῶν.
5 ἀλλὰ σὺ μὲν νῦν πῖνε καθήμενος αἴθοπα οἶνον,
εἰς ὅ κε θερμὰ λοετρὰ ἐϋπλόκαμος Ἑκαμήδη
θερμήνῃι καὶ λούσῃ ἄπο βρότον αἱματόεντα,
αὐτὰρ ἐγὼν ἐλθὼν τάχα εἴσομαι ἐς περιωπήν."
ὣς εἰπὼν σάκος εἷλε τετυγμένον υἱος ἑοῖο

829 (πεφ.) Philox. fr. 160 Th. (EtG s.v.); H. π 2110; (ταλ.) ApS 149.3; H. (Cyr.) τ 74; Phot. Lex. s.v. **830** (χρόα λ.) H. λ 547; (λ.) ApS 107.24 **831** (δάψει) ApS 56.5 **833–4** Eudoc. 512–13; **834a** Hdn ad E 302a **837** sch Ξ 147a; sch Arat. 1 (p.42.14 Mart.); Porph. Il. 188.26 Schr.; (–αἰθ.) sch Φ 388b; (ἠχή et Διὸς αὐ.) imit. Nonn. D. 28.329; (αἰθ.–) cf. GVI 1325.4; (Διὸς αὐ.) H. δ 1921 **Ξ 1** DThr Ars p.22.1; Heph. p.8.1 C.; Ath. 433c; Prisc. Inst. 1.53; Choer. Orthogr. AO ii.247.29; id. in Thd. i.127.1; id. in Heph. 204.9; sch Heph. 327.12, 341.23; (–ἰαχή) ApD Synt. 424.6; Luc. Dial. 55.31; Diomed. GL i.429.27; Choer. in Heph. 248.22; (πίν.–)**2a** Nic ad Ξ 1a **3** (Μαχ.) Hdn ad B 182b **5** (σὺ–καθ.) Ath. 10b **6–7** (θερμ.) sch Ο 393a; **6a** Hdn ii.943.3; **7** (θερμ.) sch Π 583, Φ 347b **8** (περιωπήν) ApS 130.23; Ael. Dion. π 41; H. π 1964; Phot. Lex. s.v.

825 αἲ 9 60 Ω*: εἰ G M πάϊς sic 9 1291 Ω **827** δ᾽ 9 Ω: om. 60 481 **828** ἡμέρη Ω ἠδε A Dᵃ E Fᵃ? Tᵃ **829** πεφήσεαι 9 627 tt Z Ω (item χ 217): πεφείσ- Gˢ rr (flagit. Wack. KS 590, 639): πεφάσσ- Fick (ap. Robert 318).—cf. ad O 140 **831** κορέεις 60 Ω: -έσεις (Oᵍˡ) rr.—cf. ad Θ 379, P 241 **832** (= Θ 380) seclusi; cf. P 241 ἐπὶ Ω: παρὰ 60 Aʸᵖ Tʸᵖ V **833** ως αρα οι ειποντι επεπτατο τοι δ 60 (ex 821) ῾τ᾽οι 1292 **835** οὐδ᾽ ἐλάθοντο Ω*: οὐδὲ λ- Fᶜ T V **837** αὐγάς 9 tt* schᴰ Ω: αὐλάς 60 quidam ap. schᵀ (cl. δ 74), item epigramma et Nonn. **Ξ 3** Μαχᾶον Hdn Ω*: proparox. Dᶜ **4** μέζων Blass: μεί- 60 Ω **5** ut supra 60 1285 t Ω: μίμνε καθήμενος ἐν κλισίηισιν quidam ap. schᵀ **7** ἄπο Hdn Z A E Fᵃ T R Wᶜ᾽ G: ἀπὸ Ω* **9** ἑοῖο 9 1285 Ω*: ἐῆοσ W.—cf. ad A 393

10	κείμενον ἐν κλισίηι, Θρασυμήδεος ἱπποδάμοιο,
	χαλκῶι παμφαῖνον· ὃ δ' ἔχ' ἀσπίδα πατρὸς ἑοῖο·
	εἵλετο δ' ἄλκιμον ἔγχος ἀκαχμένον ὀξέι χαλκῶι.
	στῆ δ' ἐκτὸς κλισίης, τάχα δ' εἴσιδεν ἔργον ἀεικές,
	τοὺς μὲν ὀρινομένους, τοὺς δὲ κλονέοντας ὄπισθεν
15	Τρῶας ὑπερθύμους· ἐρέριπτο δὲ τεῖχος Ἀχαιῶν.
	ὡς δ' ὅτε πορφύρηι πέλαγος μέγα κύματι κωφῶι
	ὀσσόμενον λιγέων ἀνέμων λαιψηρὰ κέλευθα
	αὔτως, οὐδ' ἄρα τε προκυλίνδεται οὐδ' ἑτέρωσε
	πρίν τινα κεκριμένον καταβήμεναι ἐκ Διὸς οὖρον,
20	ὣς ὁ γέρων ὥρμαινε, δαϊζόμενος κατὰ θυμόν
	διχθάδι', ἢ μεθ' ὅμιλον ἴοι Δαναῶν ταχυπώλων,
	ἦε μετ' Ἀτρείδην Ἀγαμέμνονα ποιμένα λαῶν.
	ὧδε δέ οἱ φρονέοντι δοάσσατο κέρδιον εἶναι,
	βῆναι ἐπ' Ἀτρείδην. οἳ δ' ἀλλήλους ἐνάριζον
25	μαρνάμενοι· λάκε δέ σφι περὶ χροῒ χαλκὸς ἀτειρής
	νυσσομένων ξίφεσίν τε καὶ ἔγχεσιν ἀμφιγύοισιν.
	Νέστορι δὲ ξύμβληντο διοτρεφέες βασιλῆες
	πὰρ νηῶν ἀνιόντες, ὅσοι βεβλήατο χαλκῶι,
	Τυδείδης Ὀδυσεύς τε καὶ Ἀτρείδης Ἀγαμέμνων·
30	πολλὸν γάρ ῥ' ἀπάνευθε μάχης εἰρύατο νῆες
	θίν' ἔφ' ἁλὸς πολιῆς· τὰς γὰρ πρώτας πεδίονδε
	εἴρυσαν, αὐτὰρ τεῖχος ἐπὶ πρύμνηισιν ἔδειμαν.

12 (ἀκαχμ. ἔγχος) H. α 2308	13 Eudoc. 1765	14 (κλον.) cf. H. (Cyr.) κ
511	15b ApD Synt. 401.6	16–19 Porph. Hom. 22.4 Sod.; 16 (–μέγα) sch Pind.
Pyth. 4.373a; EtG s.v. πορφύρηι; (–πέλ.) ApS 133.32; (πορφ.) H. (Cyr.) π (3081), 3086;
Phot. Lex. s.v.; (μέγα–) ApS 106.12; (κύματι κ.) sch Λ 390b, Ω 54c; sch Ar. Ach. 681a; sch
Arat. 922; [Ammon.] Diff. 290; H. κ 4529; 19 sch Pind. Pyth. 3.128; (κεκρ.) ApS
97.24	21a sch Φ 279b; (διχθ.) Hdn ad A 542a; (ἦ–)–22 (–Ἀγ.) Porph. Hom. 21.25
Sod.; (ἦ–Δαν.) sch Ξ 24b; 22 cf. [Plut.] Hom. 2.20.1	27 (ξύμβλ.) H. (Cyr.) ξ
109	28a [Ammon.] Diff. 64; 28b sch I 5–6b	30 Apio 222.14; sch^T Ξ 30–8; (εἰρ.) H.
(Cyr.) ε 1056	31b–2 (εἴρ.) Hdn ad Ξ 32a

11 ἑοῖο 9 60 1285 Z Ω	12 (= K 135) om. 60: hab. 9 1285 1294 Ω	14 κλονεον-
τας αναγ[κη(ι) 1285	15 ἐρέριπτο 9 t Z Ω* Cˢ: -ρειπτο 60 Cⁱ	16 πορφύρηι Ar 9
tt* Z Ω*: -ρει Zen sch-Pind. Phot. C: -ρεη 60	κωφῶι Ar 9 60 1285 tt Z Ω: πηγῶι (ε 388,
ψ 235) sch^Typ	18 τε Ar^ab 9 t Ω (cf. N 493): et alteram lect. nov. Did: τι 60: τῆ (cum
gl. ἐκεῖσε) rr	πρὸ κυλίνδεται (Bentley) V	20 ὥρμαινε 9 60 Z Ω*: ὄρμ- D,
ὅρμ- O	21 διχθάδι' ἢ Ar Hdn Ω*: διχθαδί'(ηι) ἢ R, alii teste Hdn, vel potius
-δίηι omisso ἢ	22 ἦε Hdn Bᵃ E Fᶜ: ἦε D: ἠὲ Ω*	30 γάρ ῥ' Apio Ω*: γὰρ 60 T O:
καὶ γὰρ πολλὸν t*.—cf. ad P 403; Praef. xxx	31 θὶν' A Dᵃ, θίν' rr: θῖν' Ω*	ἔφ'
Barnes: ἐφ' Ω	32 πρύμνηισιν Heracleo Hdn Ω: properisp. Crates

οὐδὲ γὰρ οὐδ᾽ εὐρύς περ ἐὼν ἐδυνήσατο πάσας
αἰγιαλὸς νῆας χαδέειν, στείνοντο δὲ λαοί·
35   τῷ ῥα προκρόσσας ἔρυσαν, καὶ πλῆσαν ἀπάσης
ἠϊόνος στόμα μακρόν, ὅσον συνεέργαθον ἄκραι.
τῷ ῥ᾽ οἵ γ᾽ ὄψ᾽ ἀϊόντες ἀϋτῆς καὶ πολέμοιο
ἔγχει ἐρειδόμενοι κίον ἀθρόοι, ἄχνυτο δέ σφι
θυμὸς ἐνὶ στήθεσσιν· ὃ δὲ ξύμβλητο γεραιός
40   {Νέστωρ, πτῆξε δὲ θυμὸν ἐνὶ στήθεσσιν Ἀχαιῶν}.
τὸν καὶ φωνήσας προσέφη κρείων Ἀγαμέμνων·
"ὦ Νέστορ Νηληϊάδη, μέγα κῦδος Ἀχαιῶν,
τίπτε λιπὼν πόλεμον φθεισήνορα δεῦρ᾽ ἀφικάνεις;
δείδω μὴ δή μοι τελέσηι ἔπος ὄβριμος Ἕκτωρ,
45   ὥς ποτ᾽ ἐπηπείλησεν ἐνὶ Τρώεσσ᾽ ἀγορεύων,
μὴ πρὶν πὰρ νηῶν προτὶ Ἴλιον ἀπονέεσθαι,
πρὶν πυρὶ νῆας ἐνιπρῆσαι, κτεῖναι δὲ καὶ αὐτούς.
κεῖνος τὼς ἀγόρευε· τὰ δὴ νῦν πάντα τελεῖται.
{ὦ πόποι, ἦ ῥα καὶ ἄλλοι ἐϋκνήμιδες Ἀχαιοί
50   ἐν θυμῶι βάλλονται ἐμοὶ χόλον, ὥς περ Ἀχιλλεύς,
οὐδ᾽ ἐθέλουσι μάχεσθαι ἐπὶ πρυμνῆισι νέεσσιν.}"
     τὸν δ᾽ ἠμείβετ᾽ ἔπειτα Γερήνιος ἱππότα Νέστωρ·
"ἦ δὴ ταῦτά γ᾽ ἑτοῖμα τετεύχαται, οὐδέ κεν ἄλλως
Ζεὺς ὑψιβρεμέτης αὐτὸς παρατεκτήναιτο.

34 (χαδ.) H. χ 3; (στείν.) ApS 145.1; H. σ 1706   35 (-ἔρ.) ApS 135.26; Porph. Il.
179.21 Schr.; (προκρ.) Philox. fr. 294 Th.; sch B 92aˡ; H. π 3555   36b Epm. α 234;
(συνεέργ.) H. σ 2467   37 Ael. Dion. π 47; Gal. in Hipp. De artic. xviii(1).309 K.; Epm.
β 33; Phot. Lex. s.v. πολεμησείειν; (ὀψεί.) + 38 (κίον) sch Ξ 30–8; (ὀψεί.) ApS 125.32;
H. ο 2073; Phot. Lex. s.v.   39 (ξύμβλ.) ApS 117.33   40 (πῆξε θυμόν) H. π
2218   44 (-ἔπος) sch Ξ 53–4   53 w5   54 (παρατεκτ.) H. π 703

35 τώ r: τῶ(ι) Ω   ἔρυσαν 60 Ω: ἔρνον tt V   36 μακρόν Arᵇ 60 Ω: πολλόν Zen
Arph Arᵃ   37 τώ D rr: τῶ(ι) Ω*   ὄψ᾽ ἀϊόντες Zen (sive ὀψὰ ἰ-, teste Ar, sed οὐ
ψαύοντες teste Ptol. Epitheta): ὀψείοντες Ar tt schᴰ Ω   πολέμοιο 60 Ω*: πτολ- A F G
38 ἀθρόοι Ar Hdn A: ἁ- alii ante Hdn Ω*   σφι 60 Ω*: σφιν G   40 ath. Ar   πτῆξε
Arph Arᵃᵇ schᴰ Ω* (cf. Soph. O.C. 1466): πῆξε (Zen?) DSid Hdn 60 1285 t schᴰʸᵖ Cᶜ Gʸᵖ
(cf. Antiph. fr. 164.7, Men. Sam. 515, et quae notavi ad Hes. Op. 360): πλῆξε schᵀʸᵖ
rr   θυμὸν 60 schᴰ Ω: -ὸς Brandreth   Ἀχαιῶν Ar 60 Ω: ἑταίρων Zen   43 φθεισήνορα A: φθισ- 60 Aᵐ Ω*.—cf. Praef. xxxvi   44 δείδω Ar 60 t Ω: δείδια Arph h
45 ὥς Ar 60 Ω*: ὅς Arph C Eˢ Rˢ W.—cf. ad X 236, Ω 388   48 τὼς Ptol Hdn A (τὼσ᾽)
Eᵃ Fᵃ T: θ᾽ ὣς vel θ᾽ ὡς (nov. Ptol Hdn) Ω*: γ᾽ ὣς Aʸᵖ r: δ᾽ὃς 60.—cf. ad B 330; vv.ll. sim. σ
271   49–51 damn. Hentze   49 ὦ A Dᵃ T G: ὢ Ω*   51 πρυμνῆισι Bekker: proparox. Ω   53 ἦ δὴ 60 Ω: ητοι w5

55 τεῖχος μὲν γὰρ δὴ κατερήριπεν, ὧι ἐπέπιθμεν
    ἄρρηκτον νηῶν τε καὶ αὐτῶν εἶλαρ ἔσεσθαι,
    οἳ δ' ἐπὶ νηυσὶ θοῆισι μάχην ἀλίαστον ἔχουσιν
    νωλεμές· οὐδ' ἂν ἔτι γνοίης, μάλα περ σκοπιάζων,
    ὁπποτέρωθεν Ἀχαιοὶ ὀρινόμενοι κλονέονται·
60 ὣς ἐπιμὶξ κτείνονται, ἀϋτὴ δ' οὐρανὸν ἵκει.
    ἡμεῖς δὲ φραζώμεθ', ὅπως ἔσται τάδε ἔργα,
    εἴ τι νόος ῥέξει. πόλεμον δ' οὐκ ἄμμε κελεύω
    δύμεναι· οὐ γάρ πως βεβλημένον ἐστὶ μάχεσθαι."
        τὸν δ' αὖτε προσέειπεν ἄναξ ἀνδρῶν Ἀγαμέμνων·
65 "Νέστορ, ἐπεὶ δὴ νηυσὶν ἔπι πρυμνῆισι μάχονται,
    τεῖχος δ' οὐκ ἔχραισμε τετυγμένον, οὐδέ τι τάφρος,
    ἧι ἔπι πόλλ' ἔπαθον Δαναοί, ἔλποντο δὲ θυμῶι
    ἄρρηκτον νηῶν τε καὶ αὐτῶν εἶλαρ ἔσεσθαι,
69 οὕτω που Διὶ μέλλει ὑπερμενέϊ φίλον εἶναι.
71 εἴδεα μὲν γάρ, ὅτε πρόφρων Δαναοῖσιν ἄμυνεν,
    οἶδα δὲ νῦν, ὅτε τοὺς μὲν ὁμῶς μακάρεσσι θεοῖσιν
    κυδάνει, ἡμέτερον δὲ μένος καὶ χεῖρας ἔδησεν.
    ἀλλ' ἄγεθ', ὡς ἂν ἐγὼ εἴπω, πειθώμεθα πάντες·
75 νῆες ὅσαι πρῶται εἰρύαται ἄγχι θαλάσσης,
    ἕλκωμεν, πάσας δὲ ἐρύσσομεν εἰς ἅλα δῖαν,
    ὕψι δ' ἐπ' εὐνάων ὁρμίσσομεν, εἰς ὅ κεν ἔλθηι
    νὺξ ἀβρότη, ἢν καὶ τῆι ἀπόσχωνται πολέμοιο
    Τρῶες· ἔπειτα δέ κεν ἐρυσαίμεθα νῆας ἁπάσας.

55–7 Porph. Il. 172.8 Schr.; **56** (–εἶλαρ, = 68) Iul. Or. 2.67c   **57** EtG α 481
58 (σκοπ.) H. σ 1094; Phot. Lex. s.v.   **59** (ὀριν.) H. (Cyr.) o 1219; (κλον.) id. κ
3033   **61–2a** sch Ξ 20–2; **62–3** sch Ξ 129–31a¹; **62** (ῥέξαι) H. ρ 213; **63** (οὐ–) Choric.
213.10   **66** w19.9 (lacerum)   **67** (–Δαν.) ApS 82.6   **71** (–πρόφρ.) Did ad
72a¹   **75** sch Ξ 31–2 (bis); **75a** sch[D] Ξ 78; Porph. Il. 187.17 Schr.   **77** (–ὁρμ.) sch A.R.
2.1282a; H. υ 933; (ἐπ' εὐν.) H. ε [4405], 4496   **78** ApS 2.29; (νὺξ ἀβρ.) Philox. fr. 7,
435; sch Ω 460; (ἀβρ.) H. α 208

56 (= 68) damn. Bentley: post 57(?) fert 1296   ἄρρηκτον 60 t Z Ω, αρρηκτ]ων 1295:
ἄρρατον sch[Typ]   **58** γνοίης Ar 60 Ω (cf. E 85): -η Arph   **60** ὣς Ω*: ὡς
A E W   **62** ῥέξει Ar[ab] 60 1297 tt Ω: γ' ἔρξοι quidam ante Did (teste A, qui et δ' ἔρξει):
γ' ἔρξει h   ἄμμε 60 Ω* (ἄμμε R W): ἄμμι b F[s]: alterutrum Ar (cf. Arn ad 63a): ὕμμε
r   **65** ἔπι T: ἐπὶ Ω*   πρυμνῆισι Bekker: proparox. Ω   **66** τεῖχος 60 Ω: πύργος
t   **67** ἧι Ar[a] 60 1285 t Ω: οἷς Ar[b]   πόλλ' ἔπαθον 60 1297 t Ω: πολλὰ πάθον h
70 (= M 70, N 227) deest in 60 Ω*: hab. A[m] C[m] T W G   **71** εἴδεα Christ: ἤ(ι)δεα 60
Ω   **72** ὅτε Ar[ab] h F[a] T: ὅτι (nov. Did) 60 Ω*   **75** νῆες 60 tt A b R[a] G: -ας sch[D] B[c] C[s]
Ω*   **77** ἔλθη(ι) 60 Ω*: -οι C   **78** ἢν καὶ 60 t Z (ίν) Ω: εἴ κεν rr: αἴ κεν van
Leeuwen

80	οὐ γάρ τις νέμεσις φυγέειν κακόν, οὐδ᾽ ἀνὰ νύκτα·
	βέλτερον, ὃς φεύγων προφύγηι κακὸν ἠὲ ἀλώηι.”
	τὸν δ᾽ ἄρ᾽ ὑπόδρα ἰδὼν προσέφη πολύμητις Ὀδυσσεύς·
	“᾽Ατρείδη, ποῖόν σε ἔπος φύγεν ἕρκος ὀδόντων;
	οὐλόμεν᾽, αἴθ᾽ ὤφελλες ἀεικελίου στρατοῦ ἄλλου
85	σημαίνειν, μηδ᾽ ἄμμιν ἀνασσέμεν, οἷσιν ἄρα Ζεύς
	ἐκ νεότητος ἔδωκε καὶ ἐς γῆρας τολυπεύειν
	ἀργαλέους πολέμους, ὄφρα φθιόμεσθα ἕκαστος.
	οὕτω δὴ μέμονας Τρώων πόλιν εὐρυάγυιαν
	καλλείψειν, ἧς εἵνεκ᾽ ὀϊζύομεν κακὰ πολλά;
90	σίγα, μή τίς τ᾽ ἄλλος ᾽Αχαιῶν τοῦτον ἀκούσηι
	μῦθον, ὃν οὔ κεν ἀνήρ γε διὰ στόμα πάμπαν ἄγοιτο,
	ὅς τις ἐπίσταιτο ἧισι φρεσὶν ἄρτια βάζειν
	σκηπτοῦχός τ᾽ εἴη, καί οἱ πειθοίατο λαοί
	τοσσοίδ᾽ ὅσσοισιν σὺ μετ᾽ ᾽Αργείοισιν ἀνάσσεις.
95	νῦν δέ σε᾽ ὠνοσάμην πάγχυ φρένας, οἷον ἔειπες,
	ὃς κέλεαι πολέμοιο συνεσταότος καὶ ἀϋτῆς
	νῆας ἐϋσσέλμους ἅλαδ᾽ ἑλκέμεν, ὄφρ᾽ ἔτι μᾶλλον
	Τρωσὶ μὲν εὐκτὰ γένηται, ἐπικρατέουσί περ ἔμπης,
	ἡμῖν δ᾽ αἰπὺς ὄλεθρος ἐπιρρέπηι· οὐ γὰρ ᾽Αχαιοί
100	σχήσουσιν πόλεμον νηῶν ἅλαδ᾽ ἑλκομενάων,
	ἀλλ᾽ ἀποπαπτανέουσιν, ἐρωήσουσι δὲ χάρμης.
	ἔνθά κε σὴ βουλὴ δηλήσεται, ὄρχαμε λαῶν.”

80 Max. Tyr. 41.3; w5 (lacerum); (–φυγ.) sch Ξ 83b	81 w5 (lacerum); (–κακόν) sch
Θ 139b	83 Olymp. in Gorg. 217.9	84–5 (σημ.) Plut. Mor. 66f; 84 (–στρ.) sch M
215a; (ἀεικ.) Apio 213.1; H. (Cyr.) α 1912	86–7a Plut. Marc. 1.4; 86 (τολ.) H. τ 1099;
87 (ἀργ.) H. (Cyr.) α 7009; 87b Epm. φ 44	89 (καλλ.) H. κ 497; (ὀϊζ.) H. (Cyr.) ι 355,
o 214	92 Erot. 39.18 N.; Eudoc. 370; (βάζ.) ApS 50.20	93 Eudoc. 394	94a Did
ad Ξ 400c	95 (ὠνοσ.) H. ω 248	96–102 Pl. Leg. 706e; 98a EtG s.v. εὐκτά; 99
(ἐπιρρ.) H. ε 5114; 100 (ἅλ.–) ApD Adv. 177.30; Hdn ad Π 697b¹; 101 (ἀποπτ.) EtG α
1060; H. α 6526; 102 al. (ὄρχ. λ.) H. (Cyr.) o 1364

80 ἀνὰ νύκτα 60 w5 Ω: ὑπαλύξαι t*	81 ὃς 9ᶜ 60 Ω: ως 9ᵃ w5	85 ἄμμιν 60 Ω*
(ἄ- R W): ἡμῖν b	87 ἔκαστος t Ω: -ον 60: -οι rr	89 καλλείψειν Ar 60 t Z (-λί-) Ω:
ἐκπέρσειν Zen	90 τ᾽ schᵀ Ω* (cf. τ 486): ἔτ᾽ 60 rr (cf. P 586): om. T: γ᾽ rr	92 ἐπί–
σταιτο (= θ 240) Ar 60 Erot. Ω*: -ηται (nov. Did?) G: -αται t* T	94 τοσσοῖδ᾽ A Bᵃ E
Fᵃ, τοσσοὶ δ᾽ D, τόσσοι δ᾽ T R G	95 (= P 173) ath. Arph Ar	σε (sc. σε᾽) Zen, σεο Bol-
ling: σευ Ar 60 1298 Ω (σεῦ A b T G, sed δέ σευ Aᵐ).—cf. ad P 173	97 ἑλκέμεν 60 1297
Ω: -ειν t	μᾶλλον Blass: μᾶ- Ω	98 γένηται 60 tt Ω*: -οιτο C	ἐπικρατέουσί 60 1297
Ω: ἐελδομένοισί t	99 ἐπιρρέπηι 60 t* Z Ω*: -οι C: -ει Hsch.	100 πόλεμον 60 Ω:
-ου t	101 ἀποπαπτανέουσιν Pl. Hsch. (fere) 60 schᵇᵀ R H: ἀποπταν- tt* Z Ω*
102 ἔνθά sic Ω	ὄρχαμε λαῶν 60 1297 Ω: οἵ᾽ ἀγορεύεις Pl.

τὸν δ' ἠμείβετ' ἔπειτα ἄναξ ἀνδρῶν Ἀγαμέμνων·
"ὦ Ὀδυσεῦ, μάλα πώς με καθίκεο θυμὸν ἐνιπῆι
105 ἀργαλέηι· ἀτὰρ οὐ μὲν ἐγὼν ἀέκοντας ἄνωγα
νῆας ἐϋσσέλμους ἅλαδ' ἑλκέμεν υἷας Ἀχαιῶν.
νῦν δ' εἴη ὃς τῆσδέ γ' ἀμείνονα μῆτιν ἐνίσποι,
ἢ νέος ἠὲ παλαιός· ἐμοὶ δέ κεν ἀσμένωι εἴη."
τοῖσι δὲ καὶ μετέειπε βοὴν ἀγαθὸς Διομήδης·
110 "ἐγγὺς ἀνήρ, οὐ δηθὰ ματεύσομεν, αἴ κ' ἐθέλητε
πείθεσθαι, καὶ μή τι κότωι ἀγάσησθε ἕκαστος,
οὕνεκα δὴ γενεῆφι νεώτατός εἰμι μεθ' ὑμῖν.
πατρὸς δ' ἐξ ἀγαθοῦ καὶ ἐγὼ γένος εὔχομαι εἶναι,
Τυδέος, ὃν Θήβηισι χυτὴ κατὰ γαῖα κάλυψεν.
115 Πορθεῖ γὰρ τρεῖς παῖδες ἀμύμονες ἐξεγένοντο,
οἴκεον δ' ἐν Πλευρῶνι καὶ αἰπεινῆι Καλυδῶνι,
Ἄγριος ἠδὲ Μέλας, τρίτατος δ' ἦν ἱππότα Οἰνεύς,
πατρὸς ἐμοῖο πατήρ· ἀρετῆι δ' ἦν ἔξοχος αὐτῶν.
ἀλλ' ὃ μὲν αὐτόθι μεῖνε, πατὴρ δ' ἐμὸς Ἄργεϊ νάσθη

104–5 (ἀργ.) Arn ad Ξ 84a; 104 (–καθίκ.) Greg. Naz. Epist. 190.1; (καθίκ.) H. (Cyr.) κ 104; (ἐνιπῆι) id. ε 3118   106 (μὴ ναῦς ἅλαδ' ἑλκ.) Olymp. in Gorg. 217.10 107 sch A.R. 1.665; (ὃς–) sch Ξ 110a¹   108a ApD Synt. 14.11; Hdn i.517.6; Ammon. in De interpr. CAG iv(5).207.22; Simpl. in Ph. CAG ix.565.30; sch Thuc. 1.122.4; Choer. in Thd. i.106.18, 32; id. in Ps. 30.25; Epm. η 20 (bis); (ἀσμ.) H. (Cyr.) α 7730   110–13 'Hdn.' Fig. 33; 110 w5; Eudoc. 432; (δηθὰ ματ.) H. (Cyr.) δ 769; 111 ApS 4.33; (καὶ μή–)–112 [Plut.] Hom. 2.180; (καὶ μή–) Eudoc. 2331; (ἀγάσ.) H. (Cyr.) α 355; 113 Clem. Paed. 1.50.1; cf. Olymp. in Gorg. 27.24   114 Paus. 9.18.2; (Θήβ.) EtG α 1368   115 Lib. Progymn. 8.4.2 (viii.244.8 F.)   117 + 116 Strab. 10.3.1; 116 id. 10.3.6; [Hdn] AO iii.260.18; (ὤικ.) H. ω 114; 117 ApS 6.18; 117a Nic ad Ξ 116a; Simpl. in Cat. CAG viii.35.23; Epm. ad A 79   118a ApD Pron. 108.15, Synt. 217.13, 223.18   119b H. (Cyr.) ν 98; (νάσθη) ApS 114.33

105 ἐγὼν 60 1297 Ω*: ἐγὼ b R   106 υἷας Ἀχαιῶν Ω: ἀμφιελίσσας 60 t   107 ἐνίσ‐ ποι 60 sch‐Ξ Ω*: ‐σπη(ι) t* R   110 οὐ Aᵐ Ω*: οὐ A   κ' ἐθέλητε w5 A F R W G: κε θ‐ 435 437 Ω*   111 πείθεσθαι 60 435 437 t* Ω: ἐξείπω ApS (cf. I 61)   112 νεώτατός 'omnes' Didymi 437 tt Ω*: ‐τερός 60 b R   ὑμῖν 437 Ω*: ὕμιν D: ὕμμι R 113 ἀγαθοῦ καὶ ἐγὼ γένος 60 435 437 (καιγω) 1299 'Hdn' Ω (‐θοιο D): ἀγαθοῖο καὶ αἵματος Clem.   114 ath. Zen (et Ar?), om. Arph: post 115 fert 435   κάλυψε(ν) Ar 60 435 437 Z Aʸᵖ Ω*: καλύπτει t A b   115–27 (vel –25) susp. Nitzsch Beitr. z. Gesch. d. ep. Poesie d. Gr. (1862) 373 n.84   115 Πορθεῖ sic (disyll.) 437 schᵀ Ω: an rectius ‐ῆι? cf. ad Ψ 792, Ω 61   116–17 hoc ordine Nic 435 1299 1300 Ω: inverso Strab. 116 οἴκεον 'Hdn' disertim: ὤ(ι)κ‐ 60 435 437 tt* Ω   118 ἐμοῖο Ar ApD 60 435ᶜ (ex εμιο) Ω*: ἐμεῖο Zen F T W.—cf. ad Ω 486; vv.ll. sim. α 413, ζ 256, 290, λ 458, τ 181, υ 339 αὐτῶν 437 Ω: ἄλλων 60 435 H   119 αὐτόθι 60 435 Z Ω: et αὐτοῦ nov. Did.—cf. ad T 403   μεῖνε 60 437 Ω*, ‐αι Z: μίμνε 435 Aʸᵖ T W.—cf. ad 286, O 656; vv.ll. sim. δ 508

120   πλαγχθείς· ὡς γάρ που Ζεὺς ἤθελε καὶ θεοὶ ἄλλοι.
Ἀδρήστοιο δ᾽ ἔγημε θυγατρῶν, ναῖε δὲ δῶμα
ἀφνειὸν βιότοιο, ἅλις δέ οἱ ἦσαν ἄρουραι
πυροφόροι, πολλοὶ δὲ φυτῶν ἔσαν ὄρχατοι ἀμφίς,
πολλὰ δέ οἱ πρόβατ᾽ ἔσκε· κέκαστο δὲ πάντας Ἀχαιούς

125   ἐγχείηι. τὰ δὲ μέλλετ᾽ ἀκουέμεν, εἰ ἐτεόν περ·
τὼ οὐκ ἄν με γένος γε κακὸν καὶ ἀνάλκιδα φάντες
μῦθον ἀτιμήσαιτε πεφασμένον, ὅν κ᾽ εὖ εἴπω.
δεῦτ᾽ ἴομεν πόλεμόνδε, καὶ οὐτάμενοί περ, ἀνάγκηι·
ἔνθα δ᾽ ἔπειτ᾽ αὐτοὶ μὲν ἐχώμεθα δηϊοτῆτος

130   ἐκ βελέων, μή πού τις ἐφ᾽ ἕλκεϊ ἕλκος ἄρηται,
ἄλλους δ᾽ ὀτρύνοντες ἐνήσομεν, οἳ τὸ πάρος περ
θυμῶι ἦρα φέροντες ἀφεστᾶσ᾽ οὐδὲ μάχονται."
ὣς ἔφαθ᾽· οἱ δ᾽ ἄρα τοῦ μάλα μὲν κλύον ἠδ᾽ ἐπίθοντο,
βὰν δ᾽ ἴμεν, ἦρχε δ᾽ ἄρά σφιν ἄναξ ἀνδρῶν Ἀγαμέμνων.

135   οὐδ᾽ ἀλαοσκοπιὴν εἶχε κλυτὸς Ἐννοσίγαιος,
ἀλλὰ μετ᾽ αὐτοὺς ἦλθε παλαιῶι φωτὶ ἐοικώς,
δεξιτερὴν δ᾽ ἕλε χεῖρ᾽ Ἀγαμέμνονος Ἀτρείδαο,
καί μιν φωνήσας ἔπεα πτερόεντα προσηύδα·
"Ἀτρείδη, νῦν δή που Ἀχιλλῆος ὀλοὸν κῆρ

140   γηθεῖ ἐνὶ στήθεσσι, φόνον καὶ φύζαν Ἀχαιῶν
δερκομένωι, ἐπεὶ οὔ οἱ ἔνι φρένες, οὐδ᾽ ἠβαιαί.
ἀλλ᾽ ὃ μὲν ὡς ἀπόλοιτο, θεὸς δέ ἑ σιφλώσειεν.

---

122 Erot. 20.6 N.   **124a** ApS 133.24, cf. 136.11; Gal. De humero xviii(1).356 K.   **125** (μέλλ.) ApS 110.28; H. μ 745   **126** Porph. Il. 170.9 Schr.   **127** (πεφ.) H. π 2099   **128** (οὐτ.–) sch Ξ 28c   **129** sch Λ 271; (ἐχώμ.) ApS 80.24; H. ε 7688   **131** (οἳ–)–2 (–ἀφεστ.) sch Ξ 382b; Porph. Il. 144.31 Schr.   **134** (ἦρχε–) Hdn ad Z 367b   **136b** Choric. 347.5; (παλ. φωτί) H. π 144   **137a** sch A.R. 2.263a   **139b + 141** (δερκ.) sch Π 516a[1]; **141** (δερκ.) H. (Cyr.) δ 675/6; (ἐπεὶ–φρ.) Epm. ε 87, π 142, cf. τ 75   **142** Eudoc. 1647; **142a** sch Ξ 136c[1]; (σιφλ.) ApS 142.3; H. σ 781; Phot. Lex. s.v.; EtG s.v.

122 ἀφνειὸν 60 435 437 Ω*: -ὸς t W H (cf. Z 14)   **124** δέ (οἱ) 60 435 437 ApS Ω: τέ t*   **125** εἰ Ar^ab V: ὡς "αἱ δημώδεις" 60 (ος) 435 sch^D Ω   **126** τὼ V: τῶ(ι) 435 437 Ω   **127** εὖ Ω: ἔϋ Ludwich (ἐῦ Bekker)   **131** ἐνήσομεν 60 435 Z Ω (ἐνή- A): ἀν- quidam ap. sch^AbT   **132** ἀφεστᾶσ᾽ 60 Ω*: ἀφέστασαν 435 tt G   **133** ἠδ᾽ ἐπίθοντο 435 Ω: ἠδὲ π- rr   **134** δ᾽ 60 435 1300 Ω*: ῥ᾽ D   ἄρά Hdn disertim, ἀρά 435: ἄρα Ω   **135** ἀλαοσκοπιὴν 60 Ω* A^m, -ίην Z: ἀλαὸς σκ- Ar 435², ἀλαοσσκ- (subest hyphen) A: ἀλαὸν σκ- Zen.—cf. ad K 515   κλυτὸς Ἐννοσίγαιος 10 60 435 sch^D Ω*: κρείων Ἐνοσίχθων (cf. 150) D^2m G   **136a** ἀντιθέωι Φοίνικι ὀπάονι Πηλείωνος Zen (cf. Ψ 360)   **140** γηθεῖ 435 Ω: γήθει O   **141** δερκομένωι 60 435 tt sch^D Ω: -νου B^c G^s.—cf. ad I 636   οἱ 60 Ω: τοι vel τι tt   **142** ath. Ar(?)   ὡς A: ὣς sch^bT Ω*

σοὶ δ᾽ οὔ πω μάλα πάγχυ θεοὶ μάκαρες κοτέουσιν,
ἀλλ᾽ ἔτι που Τρώων ἡγήτορες ἠδὲ μέδοντες
145 εὐρὺ κονίσουσιν πεδίον· σὺ δ᾽ ἐπόψεαι αὐτός
φεύγοντας προτὶ ἄστυ νεῶν ἄπο καὶ κλισιάων."
ὣς εἰπὼν μέγ᾽ ἄϋσεν ἐπεσσύμενος πεδίοιο,
ὅσσόν τ᾽ ἐννεάχειλοι ἐπίαχον ἢ δεκάχειλοι
ἀνέρες ἐν πολέμωι ἔριδα ξυνάγοντες ἄρηος·
150 τόσσην ἐκ στήθεσφιν ὄπα κρείων Ἐνοσίχθων
ἧκεν, Ἀχαιοῖσιν δὲ μέγα σθένος ἔμβαλ᾽ ἑκάστωι
καρδίηι, ἄλληκτον πολεμίζειν ἠδὲ μάχεσθαι.
  Ἥρη δ᾽ εἰσεῖδε χρυσόθρονος ὀφθαλμοῖσιν
στᾶσ᾽ ἐξ Οὐλύμποιο ἀπὸ ῥίου· αὐτίκα δ᾽ ἔγνω
155 τὸν μὲν ποιπνύοντα μάχην ἀνὰ κυδιάνειραν
αὐτοκασίγνητον καὶ δαέρα, χαῖρε δὲ θυμῶι·
Ζῆνα δ᾽ ἐπ᾽ ἀκροτάτης κορυφῆς πολυπίδακος Ἴδης
ἥμενον εἰσεῖδε, στυγερὸς δέ οἱ ἔπλετο θυμῶι.
μερμήριξε δ᾽ ἔπειτα βοῶπις πότνια Ἥρη,
160 ὅππως ἐξαπάφοιτο Διὸς νόον αἰγιόχοιο.
ἥδε δέ οἱ κατὰ θυμὸν ἀρίστη φαίνετο βουλή,
ἐλθεῖν εἰς Ἴδην εὖ ἐντύνασαν ἕ᾽ αὐτήν,

143 ApD Coni. 246.16; Epm. o 9a, b   145 (κον.) H. κ 3524; Phot. Lex. κ 935
148 cf. [Luc.] Dial. 82.6; 148a sch E 744c   154 (ῥίου) H. ρ 350   156 (–δαέρα) sch
Heph. 288.4, 319.5   157 al. (πολυπ.) ApS 131.25   158a Hdn ad Z 244; 158b Hclt.
Alleg. 39.3   160 (ἐξαπάφ.) ApS 70.4   162 Plut. Ant. 25.3 (parod.); (εὐ–) Them. Or.
18.218c; (εὖ ἐντ.) H. (Cyr.) ε 6789; (ἐντ.) id. ε 3415; (ἕ) Apio 232.12

143 σοὶ δ᾽ οὔ πω Hdn 60 435 1300 tt Ω: †σοῦ δ᾽ οὔποι† sch^Typ (σοὶ δ᾽ οὔ
τοι Nauck)   145 κονίσουσι(ν) 60 435 Z F R: κονίσσ- Ω*: κονίσασθαι
Hsch.^cod   αὐτός 10 60 Ω*: -ούς 435 A^yp T R W   148 ὅσσόν sic A   τ᾽ (cf. E 860) Ar
435 t Z Ω*: δ᾽ Arph 60 D R W   ἐννεάχειλοι … δεκάχειλοι Ar^uv (ἐννέα χείλη ἔχοντες
interpretatus) 60: -χιλοι … -χιλοι 10 435 tt Z Ω.—cf. ad E 860   152 ἄλληκτον 60
Z A B E F^c: ἀλη- Ω*.—cf. ad I 636, Λ 12   154 ῥρίου 60 D F^a T W   156 δαέρα
9 10 60 h139^61 tt Z Ω: δαιέρα Wack. KS 587   157 ἀκροτάτης κορυφῆς 10 60 435 Ω*:
-τηι -φῆι W.—cf. ad N 12   πολυπίδακος Ar 10 (-π]ειδ-) Ω* (cf. A.R. 3.883; Rengakos 84); -πιδάκου quidam ante Did 60 t W H.—cf. ad 307, Υ 59, 218, Ψ 117
158 ("περισσόν" sch^T) om. W, mg. add.   στυγερὸς 10 sch^bTD Ω: -ρον 60   ἔπλετο
θυμῶι 10 60 sch^bT Ω, -μός tt rr: ἔπλετ᾽ ἰδούσηι "ἄμεινον" sch^T   159 μερμήριξε
9 10 60 Ω*: -ζε G: -ξεν (om. δ᾽) 60   βοῶπις πότνια Ἥρη 9 10 435 Ω: κατα φρενα
και κατα θυμον 60   160 ὅπ(π)ως 9 10 60 Ω: εἴ πως quidam ap. sch^T (cf. ad
163)   161 ἥδε A E   162 ἐντύνασαν 9 10 60 437 Hsch.^3415 Ω: -σα (Bentley) sch^D
Hsch.^6789   ἕϜ᾽ αὐτήν Payne Knight: ἓ vel ἑ αὐτήν Ar ApD (ἑ enclit.) 9 (ἑαυτην) R^c:
ἑαυτήν Ω*, ἑαυτην 10 60 437: ἑωυτήν Zen

　　　εἴ πως ἱμείραιτο παραδραθέειν φιλότητι
　　　ἦι χροιῆι, τῶι δ' ὕπνον ἀπήμονά τε λιαρόν τε
165　χεύηι ἐπὶ βλεφάροισιν ἰδὲ φρεσὶ πευκαλίμηισιν.
　　　βῆ δ' ἴμεν ἐς θάλαμον, τόν οἱ φίλος υἱὸς ἔτευξεν
　　　Ἥφαιστος, πυκινὰς δὲ θύρας σταθμοῖσιν ἐπῆρσεν
　　　κληῖδι κρυπτῆι· τὴν δ' οὐ θεὸς ἄλλος ἀνῶιγεν·
　　　ἔνθ' ἥ γ' εἰσελθοῦσα θύρας ἐπέθηκε φαεινάς.
170　ἀμβροσίηι μὲν πρῶτον ἀπὸ χροὸς ἱμερόεντος
　　　λύματα πάντα κάθηρεν, ἀλείψατο δὲ λίπ' ἐλαίωι
　　　ἀμβροσίωι ἑδανῶι, τό ῥά οἱ τεθυωμένον ἦεν·
　　　τοῦ καὶ †κινυμένοιο Διὸς κατὰ χαλκοβατὲς δῶ
　　　ἔμπης ἐς γαῖάν τε καὶ οὐρανὸν ἵκετ' ἀϋτμή.
175　τῶι ῥ' ἥ γε χρόα καλὸν ἀλειψαμένη ἰδὲ χαίτας
　　　πεξαμένη χερσὶ πλοκάμους ἔπλεξε φαεινούς
　　　καλοὺς ἀμβροσίους ἐκ κράατος ἀθανάτοιο.
　　　ἀμφὶ δ' ἄρ' ἀμβρόσιον ἑανὸν ἔσαθ', ὅν οἱ Ἀθήνη
　　　ἔξυσ' ἀσκήσασα, τίθει δ' ἔνι δαίδαλα πολλά·

163–4 (ἦι χρ.) Epm. ad Α 2b¹; 163 ApS 82.8; (παραδρ.) H. π 497; 164 (ἦι χρ.) H. η 1024; (ἀπήμ.) H. (Cyr.) α 6156　　165b ApD Coni. 256.9; (πευκ.) H. π 2088　　167b Hdn ad Γ 272a¹; EtG α 1546; (ἐπῆρσεν) ApS 71.32; H. (Cyr.) ε 4591　　168b Hdn ad Δ 3a; EtG α 943; Choer. in Thd. ii.55.31; Epm. α 148, 267, ο 104　　170–4 Ath. 688d; 170–1 Plut. Mor. 693b; 171–2 Hclt. Alleg. 39.4; 171a sch Ar. Ach. 17a; EtG λ 143; Epm. κ 133; (λύμ.) ApS 109.13; 171b Choer. in Thd. i.338.20; (λίπ' ἐλ.) EtG λ 116; 172 ApS 62.21; 172a Orio 62.1; (ἑδ.) H. ε 398; (τεθ.) id. τ 349; 173–4 Ath. 17b; ApS 67.25; 174 ApD Coni. 257.17; sch ε 205; (–οὐρ.) sch Ξ 1e; sch Pind. Pyth. 5.74b; (ἔμπης) Apio 235.17　　175 (ἰδὲ–)–6 Poll. 7.165; (ἰδὲ–πεξ.) Choer. in Ps. 157.6; (χαίτας)–177a Synes. Calv. 20 (Opusc. 226.4 T.); 176 Choer. in Thd. ii.152.18; 176a sch Hes. Op. 775a; (πεξ.) ApS 129.30; H. π 1419; (πλοκ. φαειν.) Procl. in Remp. i.137.23; 177 Hclt. Alleg. 39.6　　178 Apthon. ('Mar. Vict.') GL vi.38.6　　179a ApS 70.13; H. ε 3981; (ἔξ.) Phot. Lex. ε 1276; (ἀσκ.) H. (Cyr.) α 7702

163 εἴ πως 9 10 60 437 tt Ω: ὅπ⟨π⟩ως Αᵞᵖ rr (cf. ad 160)　　165 χεύηι 9 10 60 437 Ω (-ει W): χεύαι Naber Qu. Hom. 94　　166 δ' 10 60 437 Ω*: ῥ' 9 G　　168 τὴν 9 60ᶜ 437 Choer. Ω* Gˢ (cf. Ω 455): τὸν 10 60ᵃ schᵇᵀʸᵖ tt* Dᵃ R W Gᵗ: τὰς schᵇᵀʸᵖ δ' om. R　　ἀνῶ(ι)γεν Hdn 9 10 60 437 sch^D Ω, ἄνωγε O: ἀνέωγεν (= sch^Dᵍˡ) Epm.ᵅ²⁶⁷ P: ἀνοῖγεν r, ἄν- Nauck: ὄειγε Fick (ὄιγεν Brandreth)　　169 θύρας 9 10 60 437 Ω: πύλας sch^Tʸᵖ　　ἐπέθηκε (= Hymn. Ven. 60) Ar 9 10 60 437 Ω: ἐπιθεῖσα Zen　　170 ἱμερόεντος 9 10 60 437 Ath. Z Ω: ἀθανάτοιο τ* (cf. 177)　　171 λύματα 9 10 60 437 tt* Z Ω: ῥύμματα sch-Ar.　　λίπ' ἐλαίωι 9 10 60 437 tt* Ω: χρόα λευκόν Ath.　　172 ἑδανῶ(ι) 9 437 ApS Hdn Hclt.ᵛˡ Hsch. sch^D Zᶜ Ω (ἐδ- Aᵃ Dᵃ Tᵃ O): ἑανῶ(ι) (= Hymn. Ven. 63 codd.) 10 60 tt* Zᵃ　　173 κινυμένοιο fere 9 10 60 (κεινο-) 437 Nic sch^D tt Ω: κιδναμένοιο Naber: malim κινυμένης Ζηνὸς　κατὰ Ar h: ποτὶ (ex Α 426?) 9 10 60 437 tt Ω　　175 χαίτας utrum ab ἀλειψαμένη an a πεξαμένη regatur ambigit Nic　　176 πεξαμένη 9 10 tt* sch^D Ω*: πλεξ- 60 Poll.ᵛˡ Wᶜ O　　177 ἀμβροσίους Ar 9 10 60 tt Ω: καὶ μεγάλους Zen Arph　　179 ἔνι W: ἐνὶ Ω*　　πολλά 9 10 60 Ω*: πάντα D h.—cf. ad Ε 60, Σ 400

180 χρυσείῃς δ' ἐνετῇσι κατὰ στῆθος περονᾶτο·
ζώσατο δὲ ζώνην ἑκατὸν θυσάνοις ἀραρυῖαν·
ἐν δ' ἄρα ἕρματα ἧκεν ἐϋτρήτοισι λοβοῖσιν
τρίγληνα μορόεντα, χάρις δ' ἀπελάμπετο πολλή·
κρηδέμνωι δ' ἐφύπερθε καλύψατο δῖα θεάων
185 καλῶι νηγατέωι· λευκὸν δ' ἦν ἠέλιος ὥς·
ποσσὶ δ' ὕπο λιπαροῖσιν ἐδήσατο καλὰ πέδιλα.
αὐτὰρ ἐπεὶ δὴ πάντα περὶ χροΐ θήκατο κόσμον,
βῆ ῥ' ἴμεν ἐκ θαλάμοιο, καλεσσαμένη δ' Ἀφροδίτην
τῶν ἄλλων ἀπάνευθε θεῶν πρὸς μῦθον ἔειπεν·
190 "ἦ ῥά νύ μοί τι πίθοιο, φίλον τέκος, ὅττί κεν εἴπω,
ἦέ κεν ἀρνήσαιο, κοτεσσαμένη τό γε θυμῶι,
οὕνεκ' ἐγὼ Δαναοῖσι, σὺ δὲ Τρώεσσιν ἀρήγεις;"
τὴν δ' ἠμείβετ' ἔπειτα Διὸς θυγάτηρ Ἀφροδίτη·
"Ἥρη, πρέσβα θεά, θύγατερ μεγάλοιο Κρόνοιο,
195 αὖδα ὅ τι φρονέεις· τελέσαι δέ με θυμὸς ἄνωγεν,
εἰ δύναμαι τελέσαι γε καὶ εἰ τετελεσμένον ἐστίν."
τὴν δὲ δολοφρονέουσα προσηύδα πότνια Ἥρη·
"δός νύν μοι φιλότητα καὶ ἵμερον, ὧι τε σὺ πάντας
δάμναι ἀθανάτους ἠδὲ θνητοὺς ἀνθρώπους.

180a ApS 69.5; (ἐνετ.) H. (Cyr.) ε 2956; Phot. Lex. ε 900   181a ApS 81.14; (ζών.)
cf. Apion. 240.3; (θυσ.) Phot. Lex. θ 285   182 ApS 76.30; Porph. Il. 17.21 Schr.; 182b
EtG λ 159; cf. H. τ 1322; (ἐϋτρ.) H. (Cyr.) ε 7252; (λοβ.) ApS 109.2; H. λ 1188
183 (τρίγλ.) ApS 154.24; Poll. 5.97; Porph. Hom. 50.7 Sod.; H. τ 1361; Phot. Lex. s.v.;
(μορ.) ApS 113.30; H. (Cyr.) μ 1680   184–5 Porph. Od. 20.19 Schr.; 184 (κρηδ.) ApS
104.4   188 (καλεσσ.) H. κ 429   190 Eudoc. 98; (–τέκος) sch Ω 23   191 Eudoc.
43   195a + 196 Plut. Mor. 62e; 195a EtG α 1388; (αὖδα) H. (Cyr.) α 8234

180 ἐνετῇ(ι)σι Ω* (ἐνέτ- A D B E F): ἐνέτησι Hsch.ᶜᵒᵈ Z, ἐν ἔτησι W   181 ζώνην
... ἀραρυῖαν (nov. Did) 9 60 t Ω*: -νηι ... -ρυίηι Ar h Bˢ (ζώνη(ι) et Eˢ Rᵃ, -ρυίηι et
10 Aˢ).—cf. ad E 857   182–3 (damn. Heyne) om. 60   182 δ' ἄρα 10 tt Ω: δέ
οι 9   ἕρματα ἧκεν 9 tt Ω: -αθ' ἔηκεν fere Payne Knight   183 τρίγληνα μορόεντα
Ar Ptol Hdn 9 10 (μμορ-) tt schᴰ Ω: τρίγλην' ἀμορ- quidam ante Hdn, cf. ApS
(expl.)   185 λευκὸν 9 10ᶜ 60 Ω*: κ]αλον 10ᵃ: λαμπρὸν Aʸᵖ W (cf. τ 234)   186 ὑπὸ
vel ὕπο 9 10 60 Ω*: ὑπαὶ W V   λλιπαροῖσιν 10 M   188 ῥ' 9 60 Ω: δ' 10 H
189 πρὸς 9 10 60 1301 Ω*: μετὰ W O   190 ἦ Dᶜ: ἢ Ω*   ῥά νύ 9 60 tt Ω: ρ αν 10.—cf.
ad Δ 93, H 48   191 ἦε Bekker: ἠέ Ω   193 ita 9 10 60 1301 Ω*: τὴν δ' αὖτε προσέειπε
φιλομμειδὴς Ἀφροδίτη (ex 211) W   195 ἄνωγεν 9 10 Ω: ἀνώγει Aʸᵖ rr.—cf. ad O 180,
Σ 90   196 γε 9 60 t Ω: τε 10   198 νύν μοι Cobet Misc. crit. 393: νῦν μοι 9 Ω*: μοι
νῦν Aʸᵖ D b: δή μοι h   199 δάμναι Ar A: δαμνᾷ(ι) alii ante Hdn Z Aᵐ Ω*: -ᾳς D O:
δαμνα 9 60: δάμνῃς Barnes: -ασαι Bentley: an -ααι? cf. Schwyzer 694; Chantr. I
301

200 εἶμι γὰρ ὀψομένη πολυφόρβου πείρατα γαίης,
Ὠκεανόν τε θεῶν γένεσιν καὶ μητέρα Τηθύν,
οἵ μ' ἐν σφοῖσι δόμοισιν ἔϋ τρέφον ἠδ' ἀτίταλλον
δεξάμενοι Ῥείας, ὅτε τε Κρόνον εὐρύοπα Ζεύς
γαίης νέρθε καθεῖσε καὶ ἀτρυγέτοιο θαλάσσης.
205 τοὺς εἶμ' ὀψομένη, καί σφ' ἄκριτα νείκεα λύσω·
ἤδη γὰρ δηρὸν χρόνον ἀλλήλων ἀπέχονται
εὐνῆς καὶ φιλότητος, ἐπεὶ χόλος ἔμπεσε θυμῶι.
εἰ κείνω γ' ἐπέεσσι παραιπεπιθοῦσα φίλον κῆρ
εἰς εὐνὴν ἀνέσαιμι ὁμωθῆναι φιλότητι,
210 αἰεί κέ σφι φίλη τε καὶ αἰδοίη καλεοίμην."
τὴν δ' αὖτε προσέειπε φιλομμειδὴς Ἀφροδίτη·
"οὐκ ἔστ', οὐδὲ ἔοικε, τεὸν ἔπος ἀρνήσασθαι·
Ζηνὸς γὰρ τοῦ ἀρίστου ἐν ἀγκοίνηισιν ἰαύεις."
ἦ, καὶ ἀπὸ στήθεσφιν ἐλύσατο κεστὸν ἱμάντα
215 ποικίλον· ἔνθα δέ οἱ θελκτήρια πάντα τέτυκτο.
ἔνθ' ἔνι μὲν φιλότης, ἐν δ᾽ ἵμερος, ἐν δ' ὀαριστύς

200–1 + 205 Anon. ap. Stob. 1.10.11b; 200–1 Diod. 3.56.2; 200–1 (–γέν.) Strab. 1.1.7; 200 Hclt. Alleg. 47.4; 200b ApS 161.33; (πολυφ.) H. π 2940; (πείρ. γ.) [Plut.] Hom. 2.103.2; 201 Pl. Crat. 402b, Tht. 162e (unde Eus. P.E. 14.4.1); Philod. π. εὐσ. p.77 Sch.; Diod. 1.12.5 (unde Eus. P.E. 3.3.5); Athenag. pro Christ. 18; Theophil. ad Autol. 2.5; Orig. c.Haer. 10.7; Hipp. Ref. 10.7.1; Sext. Pyrrh. 1.150; sch Pind. Ol. 1.1e; sch Arat. 16; Ach. Tat. Isag. Arat. 29.29 M.; Theodoret. Graec. aff. cur. 2.9, 29; [Iustin.] Cohort. ad Gr. 2; Stob. 1.10.4; Lyd. Mens. 4.159; Ascl. in Metaph. CAG vi(2).25.10; Areth. ad Pl. Tht. 179e; (–γέν.) sch Ψ 147a¹; Aristid. Or. 46.5; (θεῶν γέν.) sch A 423a; Procl. in Tim. iii.179.18; cf. sch [Aesch.] Prom. 393b; (γέν.) H. (Cyr.) γ 338; (Τηθύς) Orio 151.28; 202 (σφ.) H. σ 2914; (δόμ.) H. (Cyr.) δ 2179; (ἀτίτ.) id. α 8099, ε [6620]; 203 (Ῥεί.) H. ρ 198; 203b–4a Procl. in Remp. i.93.16; (Κρ.–)–204 Philod. π. εὐσ. p.106 Sch.; 204–4a Sext. Math. 1.289; 205b + 209 Plut. Mor. 143d; 205 (ἄκρ. νείκ.) H. (Cyr.) α 2580; 206–7a Clem. Str. 5.100.5 (unde Eus. P.E. 13.13.24); 209 ApS 32.13; Choer. in Ps. 176.14; (ἀνέσ.) H. (Cyr.) α 4961; (ὁμωθ.) id. ο 847   212 w5 (lacerum); Lib. Ep. 1493.5 (xi.521.9 F.); Eudoc. 176; 212a Epm. ε 103   213 Procl. in Crat. 93.14; (ἐν ἀγκ.) H. (Cyr.) ε 2589; (ἀγκ.) id. α 554   214 (ἀπὸ στ. ἐλ.) sch Ξ 219c; (κεστὸν ἱμ.) + 217 Arist. E.N. 1149b16;

201 Τηθύν 9 tt Ω: θηρων (ex 283) 60   202 μ' ἐν Ar^{ab} 9 A^m Ω*: με (nov. Did) 60 A b.—cf. ad 303   203 Ῥείας Arph Ar D^s (cf. O 187 et Janko ad loc.): -ης 9 60 Z Ω   204a (= Θ 14) add. Sext.   208 κείνω (praetulit Ar) 9 10 sch^D Ω (-ωι W): -ων Zen Arph agn. Ar h: -ους 60   209 ἀνέσαιμι A   212 τεὸν (= θ 358) 9 10 60 t* Z Ω: τεόν γ' D^c: τὸ σὸν Liban.   213 ath. Arph Ar   215 δέ 9 60 Ω: τε (Hermann) r.—cf. ad Θ 48   τέτυκτο 9 10 60 Ω: -κται r.—cf. ad B 448, E 729; Naber Qu. Hom. 108 sq.   216 ἔνθ' 9 10 60 tt* Ω: ὧι Choric.: τῆι Sext.   ἐν δ' (ἵμερος) 9 10^a tt* Ω*: ἔνι δ' 10^c Sext. Choric. W: ενθ' 60   ἐν δ' (ὀαρ.) 9 10 tt Z Ω (cf. E 740, Σ 483, 535): ενθ' 60: ἠδ' "ἔν τισι τῶν ὑπομνημάτων", rr

πάρφασις, ἥ τ' ἔκλεψε νόον πύκα περ φρονεόντων.
τόν ῥά οἱ ἔμβαλε χερσίν, ἔπος τ' ἔφατ' ἔκ τ' ὀνόμαζεν·
"τῆ νυν, τοῦτον ἱμάντα τεῶι ἐγκάτθεο κόλπωι,
220   ποικίλον, ὧι ἔνι πάντα τετεύχαται· οὐδέ σέ φημι
ἄπρηκτόν γε νέεσθαι, ὅ τι φρεσὶ σῆισι μενοινᾶις."
ὣς φάτο, μείδησεν δὲ βοῶπις πότνια Ἥρη,
μειδήσασα δ' ἔπειτα ἑῶι ἐγκάτθετο κόλπωι.
    ἣ μὲν ἔβη πρὸς δῶμα Διὸς θυγάτηρ Ἀφροδίτη·
225   Ἥρη δ' ἀΐξασα λίπε ῥίον Οὐλύμποιο,
Πιερίην δ' ἐπιβᾶσα καὶ Ἠμαθίην ἐρατεινήν
σεύατ' ἐφ' ἱπποπόλων Θρηικῶν ὄρεα νιφόεντα,
ἀκροτάτας κορυφάς, οὐδὲ χθόνα μάρπτε ποδοῖιν·
ἐξ Ἀθόω δ' ἐπὶ πόντον ἐβήσετο κυμαίνοντα,
230   Λῆμνον δ' εἰσαφίκανε, πόλιν θείοιο Θόαντος.
ἔνθ' Ὕπνωι ξύμβλητο, κασιγνήτωι Θανάτοιο,

(κεστὸν ἱμ.) + **216a** Philod. Rh. ii. 289; (κεστὸν ἱμ.) H. (Cyr.) κ 2381; Phot. Lex. κ 622; (κεστ.) ApS 98.17; Phot. Lex. κ 628; **215–17** (πάρφ.) imit. Nonn. D. 8.120–2; **216–17** sch^D E 422 (ex Apollod. 244 F 353); sch θ 288; Plut. Mor. 15c; Sext. Math. 11.54; cf. Aristid. Or. 46.25; **216** Hclt. Alleg. 39.7; (–ἱμ.) Porph. Il. 194.4 Schr.; Choric. 197.9, 477.9; **216a** sch E 740a; Plut. Mor. 967d; Them. Or. 4.51d; Epm. α 264, ε 186, π 142; (ὀαρ. πάρφ.) ApS 118.16; (ὀαρ.) H. ο 14, cf. α 5681; **217** Corn. 46.1 L.; Eudoc. 37; Heliod. in Eth. CAG xix(2).147.1; (πάρφ.) ApS 128.25; H. π 1022; (ἥ τ'–) sch Ξ 298b, 315b **219a + 220** (ποικ.) Arn ad Γ 371b; **219a** ApS 152.3   **221a** ApS 41.3; **221b** sch Ξ 212; Porph. Il. 193.33 Schr.   **225–7 + 229a** Strab. 1.2.20; **226b** EtG s.v. Ἠμαθία; (Ἠμ.) H. η 409; **227a** sch Ξ 229a; (νιφ.) H. ν 600; **228b** sch Ξ 285a¹; (μάρπτε) cf. Apion. 246.15; **229** (–ἐβ.) Hdn ii.234.3, 11 (EtG s.vv. γαλόωι et ἐξ Ἀθόω); **229a** sch Γ 122c; (ἐξ Ἀθ.) Epm. ε 99   **230** sch Ar. Pac. 251a; Plut. Mor. 603c   **231** Plut. Mor. 107e; Macr. Sat. 5.7.11

217 φρονεόντων (cf. I 554) 9 60 tt* Ω: -έοντος Aristot. Heliod.^{vl} V   **219** τῆ 9 Ω*: τῆι (deprec. ApS) A^λ D E   νυν Cobet Misc. crit. 393: νῦν 9 Ω   ἐγκάτθεο 9 Ω, ἐνκ-10 Z, ενκατατθεο 60: ἐνικ- h   **220** ἔνι 9 Ω*: ἐνὶ D   **221** γε νέεσθαι Ar Hdn Ω*: γενέεσθαι Ixio T   φρεσὶ σῆισι 9 10 60 tt Ω*: -σὶν ἧισι D   **222** μείδησεν (cf. A 595) 9 Ω*: γήθησεν 60 b F T^{γρ} W   βοῶπις πότνια 9 10 Ω*: θεὰ λευκώλενος 60 R.—cf. ad 263, 277, O 78, 92, Φ 377   **223** ἑῶι (nov. Did: Ar teste T) 9 60 Ω* B^s: τεῶ W, τ' ἐῷ O: μέσωι Ar (teste A: Zen teste T) A B^t   ἐγκάτθετο 9 10 60 (-κατατθεο) Ω (-θεο G): ἐνικ- h   **225** λίπε D R: -πεν 9 60 Ω*.—cf. ad T 114   **227** σεύατ' (cf. Z 505, H 208) 9 10 60 h82 tt Z Ω: ἔσσυτ' (cf. 519, P 678) A^{γρ}   ἱπποπόλων (cf. N 4) 9 10 60 tt Ω, -πωλων Z: -νόμων quidam ap. sch^T   Θρη(ι)κῶν 9 10 26 60 t Ω: Θρείκων fere Payne Knight   νιφόεντα 9 10 26 60 t Z Ω*: σκιό- h R   **228** om. Strab.   **229** om. 60   Ἀθόω Hdn 9 (-ωι) Z Ω*: Ἄθοω quidam ante Hdn sch^{bG} b F^c R^c G   ἐπὶ Ptol (Epitheta) 9 10 tt Z Ω: ἐς Zen Arph Ar   ἐβήσετο 26 Ω*: -σατο 9 10 Z D R   **230** Θό–αντος 9 10 26 60 tt Z Ω*: ἄνακτος D^a h   **231a** ἐρχομένωι κατὰ φῦλα βροτῶν ἐπ' ἀπείρονα γαῖαν add. 60 (μετα φυλα) et quidam ap. sch^T

ἔν τ' ἄρα οἱ φῦ χειρὶ ἔπος τ' ἔφατ' ἔκ τ' ὀνόμαζεν·
"Ὕπνε, ἄναξ πάντων τε θεῶν πάντων τ' ἀνθρώπων,
ἠμὲν δή ποτ' ἐμὸν ἔπος ἔκλυες, ἠδ' ἔτι καὶ νῦν
235 πείθε'· ἐγὼ δέ κέ τοι εἴδω χάριν ἤματα πάντα.
κοίμησόν μοι Ζηνὸς ὑπ' ὀφρύσιν ὄσσε φαεινώ,
αὐτίκ' ἐπεί κεν ἐγὼ παραλέξομαι ἐν φιλότητι.
δῶρα δέ τοι δώσω καλὸν θρόνον, ἄφθιτον αἰεί,
χρύσεον· Ἥφαιστος δέ κ' ἐμὸς πάϊς ἀμφιγυήεις
240 τεύξει ἀσκήσας, ὑπὸ δὲ θρῆνυν ποσὶν ἥσει,
τῶι κεν ἐπίσχοιας λιπαροὺς πόδας εἰλαπινάζων."
  τὴν δ' ἀπαμειβόμενος προσεφώνεε νήδυμος Ὕπνος·
"Ἥρη, πρέσβα θεά, θύγατερ μεγάλοιο Κρόνοιο,
ἄλλον μέν κεν ἐγώ γε θεῶν αἰειγενετάων
245 ῥεῖα κατευνήσαιμι, καὶ ἂν ποταμοῖο ῥέεθρα
Ὠκεανοῦ, ὅς περ γένεσις πάντεσσι τέτυκται·
Ζηνὸς δ' οὐκ ἂν ἐγώ γε Κρονίονος ἆσσον ἱκοίμην
οὐδὲ κατευνήσαιμ', ὅτε μὴ αὐτός γε κελεύοι.
ἤδη γάρ με καὶ †ἄλλο τεὴ ἐπίνυσσεν ἐφετμή†,

233 cf. sch o 8; (–ἄναξ) ApS 161.3; Epm. υ 40 235 (ἐγὼ–) Eudoc. 2129 236 sch^AD
N 88 240a Epm. τ 67; (θρην.) Apio 241.18 241a sch Ξ 240b¹; (ἐπισχ.) H. (Cyr.) ε
5284; (λιπ. πόδας) sch Ar. Vesp. 606a; (εἰλ.) H. (Cyr.) ε 851; Phot. Lex. ε 207
244 (ἄλλον μέν κε) H. α 3150 246–6a Plut. Mor. 938d; 246 Orph. fr. 57; [Plut.] Hom.
2.93.1; [Plut.] Plac. 875f (unde Eus. P.E. 14.14.1); Hclt. Alleg. 22.6; Iul. Or. 4.147d; [Iustin.]
Cohort. ad Gr. 5; Stob. 1.10.2; 246b sch Theoc. 8.33e 247 Choer. in Thd. i.272.10,
ii.310.13; (–Κρ.) Epm. κ 14; (Κρ.) Choer. in Thd. ii.397.8 248 ApS 79.8 249 [Plut.]
Hom. 2.9.1; Orio 26.32; EtG s.v. ἐπίνυσσεν; Epm. α 287, τ 70; (καὶ ἄλλο) ApS 94.11;
(ἐπίν.) id. 73.33; H. (Cyr.) ε 5014; (ἐφετμή) ApS 80.1; H. (Cyr.) ε 7422; Orio 54.14

234 ἠμὲν 9 A D Bᶜ F: ἢ μὲν 315 Ω*: εἰ μὲν G ἐμὸν 9 10 60 315 Ω: ἐμεῦ 26 Eust. rr:
om. R 235 πείθε' O, πεῖθε D: πείθεο 10 315 R G: -ευ 9 60 Ω* εἴδω χάριν Brandreth: εἰδέω χάριν "αἱ δημώδεις" Z T: ἰδέω χάριν 9 10 26ˀ 60 315 t Ω*: χάριν εἰδέω Ar^ab
rr: χάριν ἰδέω h.—cf. ad A 515 236 ὑπ' Arph Ar 9 10 60 t Ω: ἐπ' Zen 315 rr
240 τεύξει Ar 60 315 t Ω* (-ειϝ' Brandreth): -ει' D agn. sch^T: τευχει 9 241 ἐπίσχοιας
315, ἐπισχοίας 9 (prob. Wack. KS 806 sq., Unt. 14, 16; cf. Schwyzer 660): επεσχοιας 60:
ἐπίσχοιες Alexander Cotyaeus Hdn sch^Typ (-οιες) A b Fᵃ Wᵃ: -σχοίης 315 h82 (υπ-) tt
Fᶜ T R G: -σχοιο Wᶜ 241ab αὐτὰρ ἐπὴν δὴ νῶι κατευνηθέντε ἴδηαι,| ἀγγεῖλαι τά–
δε πάντα Ποσειδάωνι ἄνακτι (cf. 354–62) add. quidam ap. sch^T (Did?), ubi et refellun-
tur 242 προσεφώνεε νήδυμος sic (non -νεεν ἠδ-) Ar 315 Ω 244 κεν 9 315 t Ω:
γαρ 60 ἐγώ γε D: ἔγωγε 9 315 Ω* 246 τέτυκται 9 26 315 438 tt Z Ω: -κτο
60 246a ἀνδράσιν ἠδὲ θεοῖς, πλείστην ⟨δ'⟩ ἐπὶ γαῖαν ἵησιν Crates ap. Plut., qui
eum v. in Aristarchi textu (i.e. in vulgato) deesse testatur 247 ἐγώ γε Bekker: ἔγωγε
315 Ω ἆσσον 9 315 A D G: ἆ– Ω* ἱκοίμην 9 60 315 438 t Ω: ιοιμην 26 (pro ἵοιμι? cf.
A 567) 249 ἄλλο τεὴ Ar Alexio Hdn tt* Ω*: ἄλλο τεῆι et ἐφετμῆι Zen Ptol. Epithe-

250 ἤματι τῶι, ὅτε κεῖνος ὑπέρθυμος Διὸς υἱός
ἔπλεεν Ἰλιόθεν Τρώων πόλιν ἐξαλαπάξας·
ἤτοι ἐγὼ μὲν ἔλεξα Διὸς νόον αἰγιόχοιο
νήδυμος ἀμφιχυθείς, σὺ δέ οἱ κακὰ μήσαο θυμῶι,
ὄρσασ᾽ ἀργαλέων ἀνέμων ἐπὶ πόντον ἀήτας,
255 καί μιν ἔπειτα Κόωνδ᾽ εὖ ναιομένην ἀπένεικας
νόσφι φίλων πάντων. ὃ δ᾽ ἐπεγρόμενος χαλέπαινεν,
ῥιπτάζων κατὰ δῶμα θεούς, ἐμὲ δ᾽ ἔξοχα πάντων
ζήτει· καί κέ μ᾽ ἄϊστον ἀπ᾽ αἰθέρος ἔμβαλε πόντωι,
εἰ μὴ Νὺξ δμήτειρα θεῶν ἐσάωσε καὶ ἀνδρῶν.
260 τὴν ἱκόμην φεύγων, ὃ δ᾽ ἐπαύσατο χωόμενός περ·
ἅζετο γάρ, μὴ Νυκτὶ θοῆι ἀποθύμια ἔρδοι.
νῦν αὖ τοῦτό μ᾽ ἄνωγας ἀμήχανον ἄλλο τελέσσαι."
    τὸν δ᾽ αὖτε προσέειπε βοῶπις πότνια Ἥρη·
"Ὕπνε, τίη δὲ σὺ ταῦτα μετὰ φρεσὶ σῆισι μενοινᾶις;
265 ἦ φὴις ὡς Τρώεσσιν ἀρηξέμεν εὐρύοπα Ζῆν,
ὡς Ἡρακλῆος περιχώσατο παιδὸς ἑοῖο;

252 ApS 66.7   **253a** ApS 27.8; sch B 2b, cˡ; Porph. Il. 22.3 Schr.; EtG α 616
254 (ἀήτας) H. (Cyr.) α 1518, [5330]   **255** sch Pind. Nem. 4.42b, Isth. 6.45a; St.
Byz. 403.1; (–ναι.) Epm. κ 147; (ἀπέν.) H. α 5972; EtG α 994   **257** (ῥιπτ.) H. (Cyr.) ρ
364   **258** (ἄϊστον) H. α 2133   **259–61** Herm. in Pl. Phdr. 147.25 C.; **259–60a + 261**
Porph. Il. 113.27 Schr.; **259** Orio 44.89; Choer. in Ps. 40.19; imit. Nonn. D. 35.277;
(–ἐσά.) H. ν 735; (–θεῶν) ApS 117.8; (δμ.) H. (Cyr.) δ 2067/8; **260a** ApD Synt. 415.7;
Hdn ad Χ 123aˡ, c; **261** ApS 11.25; Dam. Princ. 124 (iii.163.5 W.–C.); (–θοῆι) Epm. θ 25;
(μὴ–) ib. ε 194; (ἀποθ.) ApS 40.3; H. (Cyr.) α 6352; Phot. Lex. α 2497; EtG α
1073   **262** Hdn ad Ξ 249b   **265** sch Ξ 357–8; Porph. Il. 198.10 Schr.

ta 9 schᴰ D (τε., Dᵃ) Rᵃ G: ἄλλοτε ἦι et ἐφετμῆι Parmeniscus Orio T Wᵃ: ἄλλο[(litt. xiv)
]ετμῆ 315: αλλοθεη 60: ἄλλοτε σὴ M rr: ἄλλοθ᾽ ἑῆι ἐπίνυσσες ἐφετμῆι Brugman
(Ein Problem 64; ἐπίνυσσας Nauck Mél. V 114).—ἄλλοτ(ε) verum videtur, cf. A 590, Υ
90, 187; ἄλλοτε τεὴ intelligant qui haplologias credunt   ἐπίνυσσεν Ar 10 tt Z Ω*:
ἐπένυσσεν 9 26 Dᵃ Wᵃ? (cf. Janko ad loc.): ετανυσεν 60   **250** ὅτ᾽ ἐκεῖνος D C R
W   **252** ἔλεξα (cf. Ω 635) 9 10 60 t Z Ω: ἔθελξα (cf. M 255) h   **253** κακὰ μήσαο 9
60 Ω: κάκ᾽ ἐμ- 26᾽ 438 Z: κακομ[10.—cf. ad Z 157   **255** Κόωνδ᾽ 9 10 tt* Ω*: Κόων 60
rr: Κόονδ᾽ Callistr C: Κώονδ᾽fere Epm. Z R.—cf. ad Ο 28   ἀπένεικας 9 438 tt Z (–νι-)
Ω: απ. . ασσε 60 (voluitne ἀπέλασσας?)   **256** χαλέπαινε(ν) 9 438 Z Ω: -πηνε
rr   **259** δμήτειρα Ar 9 26ᵃ 60 h82 (δμι-) tt Z Ω: μήτ- Zen Arph 26ᶜ.—cf. Rengakos 82
sq.   **261** θοῆι 9 10 26 60 tt schᴰ Ω: φίληι quidam ap. schᵇᵀ (Did?)   ἔρδοι (vel ἔρ-) 9
10 26 h82 tt* Ω: ῥέζοι Herm. Damasc.   **263** ὡς φάτο· μείδησεν δὲ θεὰ λευκώλενος
Ἥρη | χειρί τέ μιν κατέρεξεν ⟨ἔπος τ᾽ ἔφατ᾽ ἔκ τ᾽ ὀνόμαζεν⟩ Tᵞᵖ (suppl. Nauck ex
A 361)   **264** τίη 9 Ω*: τίὴ A E F T R: τί ἤ Gᵃ   **265** ἦ Hdn Ω*: ἦ Ptol R W G
ἀρηξέμεν 9 10 26 Ω*: ἀρην- 60 438 tt Bˢ T G   Ζῆν 10 60 Z, Ζῆν᾽ T W Gᶜ: Ζῆν᾽ (Arph
Ar) schᴰ Ω*, Ζῆ‖ν᾽ 9.—cf. ad Θ 206   **266** Ἡρακλῆος 9 10 26 60 Ω*: -κλεῖος
T Oᵃ   πέρι χώσατο Tᶜ P

ἀλλ' ἴθ', ἐγὼ δέ κέ τοι Χαρίτων μίαν ὁπλοτεράων
268 δώσω ὀπυιέμεναι καὶ σὴν κεκλῆσθαι ἄκοιτιν."
270 ὣς φάτο, χήρατο δ' Ὕπνος, ἀμειβόμενος δὲ προσηύδα·
"ἄγρει νύν μοι ὄμοσσον ἀάατον Στυγὸς ὕδωρ,
χειρὶ δὲ τῆι ἑτέρηι μὲν ἕλε χθόνα πουλυβότειραν,
τῆι δ' ἑτέρηι ἅλα μαρμαρέην, ἵνα νῶϊν ἅπαντες
μάρτυροι ὧσ' οἱ ἔνερθε θεοὶ Κρόνον ἀμφὶς ἐόντες,
275 ἦ μὲν ἐμοὶ δώσειν Χαρίτων μίαν ὁπλοτεράων,
Πασιθέην, ἧς τ' αὐτὸς ἐέλδομαι ἤματα πάντα."
ὣς ἔφατ', οὐδ' ἀπίθησε θεὰ λευκώλενος Ἥρη,
ὤμνυε δ' ὡς ἐκέλευε, θεοὺς δ' ὀνόμηνεν ἅπαντας
τοὺς ὑποταρταρίους, οἳ Τιτῆνες καλέονται.
280 αὐτὰρ ἐπεί ῥ' ὄμοσέν τε τελεύτησέν τε τὸν ὅρκον,
τὼ βήτην Λήμνου τε καὶ Ἴμβρου ἄστυ λιπόντε,
ἠέρα ἑσσαμένω, ῥίμφα πρήσσοντε κέλευθον.
Ἴδην δ' ἱκέσθην πολυπίδακα, μητέρα θηρῶν,
Λεκτόν, ὅθι πρῶτον λιπέτην ἅλα· τὼ δ' ἐπὶ χέρσου
285 βήτην, ἀκροτάτη δὲ ποδῶν ὕπο σείετο ὕλη.
ἔνθ' Ὕπνος μὲν ἔμεινε πάρος Διὸς ὄσσε ἰδέσθαι,

267–8 Macr. Sat. 5.4.3; **267** (ὁπλ.) H. (Cyr.) ο 1038; **268** (ὀπυι.) id. ο 1072 **270** (χήρ.) H. χ 413 **271** Prisc. Inst. 18.247; (ἀά.) Apio 210.13; H. α 5; (Στ.) ApS 145.25 **272** sch Theoc. 7.39a; (ἕλε) H. ε 1935 **274** (Κρ.–) sch Ο 709a; Epm. ad A 131a **275–6** (Πασ.) Paus. 9.35.5; **275a** Hdn ad A 77–8a¹ **279** Eudoc. 122; Cosmas in Greg. Naz. PG 38.492; **279a** cf. Procl. in Tim. iii.143.30; Olymp. in Phd. 201.14; (Τιτ.) H. τ 982 **283–4** (–ἅλα) Strab. 13.1.5; **283a + 284** (Λεκτ.) sch Ξ 230; (Λεκτ.) ApS 108.7

269 Πασιθέην, ἧς αἰὲν ἱμείρεαι (ἐέλδεαι Barnes) ἤματα πάντα (cf. 276) deest in 9 10 26 60 Ω: add. Dᵐ Cᵐ H Oᵐ **271** νύν Cobet Misc. crit. 393: νῦν Ω **274** μάρτυροι Ar 9 10 26 60 499 Ω: -ρες Zen.—cf. ad Γ 280 ὧσ' οἱ 9 10 26 499 Ω (οἳ A D b F T G): ὧσιν V: οcοι 60: ὅσσοι rr agn. Eust. (cf. Wack. Unt. 111) **275** ἐμοὶ 9 10 26 60 438 t* Ω: μοι Paus. **276** damn. Heyne ἧς τ' Ar 9 10 60 499 Ω: ἧς Zen Arph 26 V: τῆς τ' h.—vv.ll. sim. ε 210 **277** θεὰ λευκώλενος 10 26 60 438 Ω: βοῶπις πότνια 9.—cf. ad 222 **278–9** θεοὺς–καλέονται 9 10 26 60 438 499 tt Ω: θεὸν δ' ὀνόμηνεν ἕκαστον, | ὤμνυε δ' ἐκ πέτρης ⟨τὸ⟩ κατειβόμενον Στυγὸς ὕδωρ quidam ap. schᵀ/Eust. (⟨τὸ⟩ van Leeuwen, cf. Ο 37, ε 185; vel κατ⟨αλ⟩ειβ- Bekker, cf. Hes. Th. 786) **279** τοὺς 9 10 60 438 Ω: τούς θ' (Eudoc.) Cosmas **281** Λήμνου τε καὶ Ἴμβρου 9 26 60 (Λιμ-) 499 Ω:]τε καὶ Ιμβρο̣υ 438: Λημ]νον τε κα Ιμβρο[10 (Λῆμνον et Oᵃ rr; Ἴμβρον rr): Λήμνοιο κατὰ μέγα quidam ap. schᵀ **283** ἱκέσθην 9 26 60 438 499 Ω: ἵκανον (ex Θ 47) Strab.: εἰσαφίκανε (ex 230) t*.—cf. ad Ο 151 **284** Λεκτόν Hdn Z Ω: Λέκτον 9 χέρσου 9 60 438 Z Ω*: -ον D **285** ὕπο σείετο Zen Arph Ar, υπο[10: ὑπεσείετο 9 60 499 Ω, ὑποσ- O:]ελε̣ι̣[ε]το 438 ὕλη 9 60 438 499 Ω: Ἴδη H **286** ἔμεινε 9 10 60 438 Ω: ἔμιμνε 499 Aˢ rr.—cf. ad 119 ὄσσε ἰδέσθαι 9 60 438 499 Ω Oʸᵖ: ἄσσον ἱκέσθαι (ex 247) O

εἰς ἐλάτην ἀναβὰς περιμήκετον, ἣ τότ' ἐν Ἴδηι
μακροτάτη πεφυυῖα δι' ἠέρος αἰθέρ' ἵκανεν·
ἔνθ' ἧστ' ὄζοισιν πεπυκασμένος εἰλατίνοισιν,
290 ὄρνιθι λιγυρῆι ἐναλίγκιος, ἥν τ' ἐν ὄρεσσιν
χαλκίδα κικλήσκουσι θεοί, ἄνδρες δὲ κύμινδιν.
    Ἥρη δὲ κραιπνῶς προσεβήσετο Γάργαρον ἄκρον
Ἴδης ὑψηλῆς· ἴδε δὲ νεφεληγερέτα Ζεύς.
ὡς δ' ἴδεν, ὥς μιν ἔρος πυκινὰς φρένας ἀμφεκάλυψεν,
295 οἷον ὅτε πρώτιστον ἐμισγέσθην φιλότητι
εἰς εὐνὴν φοιτῶντε, φίλους λήθοντε τοκῆας.
στῆ δ' αὐτῆς προπάροιθεν, ἔπος τ' ἔφατ' ἔκ τ' ὀνόμαζεν·
"Ἥρη, πῆι μεμαυῖα κατ' Οὐλύμπου τόδ' ἱκάνεις;
ἵπποι δ' οὐ παρέασι καὶ ἅρματα, τῶν κ' ἐπιβαίης."
300 τὸν δὲ δολοφρονέουσα προσηύδα πότνια Ἥρη·
"ἔρχομαι ὀψομένη πολυφόρβου πείρατα γαίης,
Ὠκεανόν τε θεῶν γένεσιν καὶ μητέρα Τηθύν,
οἵ μ' ἐν σφοῖσι δόμοισιν ἔϋ τρέφον ἠδ' ἀτίταλλον.
τοὺς εἶμ' ὀψομένη, καί σφ' ἄκριτα νείκεα λύσω·
305 ἤδη γὰρ δηρὸν χρόνον ἀλλήλων ἀπέχονται
εὐνῆς καὶ φιλότητος, ἐπεὶ χόλος ἔμπεσε θυμῶι.
ἵπποι δ' ἐν πρυμνωρείηι πολυπίδακος Ἴδης

287–8 ApS 12.9; Gal. in Hipp. Epid. vi 4.20; [Plut.] Hom. 2.95.1; Anon. ap. Stob.1.22.2; **287** (-περιμ.) Apio 233.23; ApS 64.25; H. π 1761; (περιμ.) ApS 131.5; (ἦ-)–**288** Epm. η 14; (ἦ–288a) ib. μ 66; **288** ib. η 22; **288b** sch E 776b   **290a** Ath. 373b; (ἥν τ'-)–1 (-θεοί) Hdn ad N 390c; **291** Cratin. fr. 352 (parod.); Pl. Crat. 392a; Arist. Hist. an. 615b10; ApS 105.8, 166.15; sch^D A 403; sch Z 4c; sch Ar. Av. 261b; 'Hdn.' Fig. 60; Procl. in Tim. i.274.4; Herm. in Pl. Phdr. 187.27 C.; cf. Dio Prus. 10.23; (κύμ.) H. κ 4548   **292** (Γάργ.-)–**3a** sch Ξ 283–4a¹; (Γάργ. ἄκρ.) Strab. 13.1.5   **295b–6** Procl. in Remp. i.133.1; **296** ApS 64.26; sch^D A 609; sch Theoc. 15.64; Homerocento in A.P. 9.381.11; **296b** Pl. Resp. 390c (unde Eus. P.E. 13.14.9); sch B 140b; Procl. in Remp. i.139.21; Herm. in Pl. Phdr. 41.18 C.; (τοκ.) ApS 153.31   **297** Eudoc. 223   **298** (τόδ' ἱκ.) H. τ 1048   **307–8** Porph. Il. 197.3 Schr.; **307a** sch Ξ 299b; (πρυμν.) ApS 136.22; cf. H. π 4126, Phot. Lex. s.v.; **308b** Favor. Exil. 390.19 B.; (ἐπὶ τρ.) H. ε 5351

288 μακροτάτη 9 (-ηι) 10 60 438 499 tt* sch^D Ω: ἀκροτάτηι [Plut.]   **292** προσε-βήσετο Ω*: -σατο 9 10 315 D R G   **294** ὡς δ' 9 499 Ω: ως 60   ἔρος 9 W Eust.: ἔρως 60 315 499 Ω*.—cf. ad Γ 442   πυκινὰς 9 60 315 Ω: πυκνάσ Z   **295** οἷον 9 60 315 438 499 Ω: οἷος (cf. χ 227) A^γρ h   πρώτιστον (= κ 462) 'alii' ap. Did 9 60 315 499 Ω*: πρῶτόν περ Ar A h: πρῶτον Z   **296** λήθοντε 9 60 315 (-ται) tt* Z (λίθω-) Ω: -ντο sch-A sch-Theoc.   **299** τῶν κ' (= E 192) Ar 9 60 Ω: τῶν Zen Arph 315   **303** μ' ἐν 9 315 A^γρ Ω*: με 60 A D h.—cf. ad 202   **304–6** (= 205–7) ath. Zen Ar   **306a–c** (= 208–10) add. 9 (v. Apthorp ZPE 109 [1995] 174–6)   **307** πολυπίδακος 9 315 t A^m F T W: -πιδάκου 60 Ω*.—cf. ad 157

ἑστᾶσ᾽, οἵ μ᾽ οἴσουσιν ἐπὶ τραφερήν τε καὶ ὑγρήν.
νῦν δὲ σέ᾽ εἵνεκα δεῦρο κατ᾽ Οὐλύμπου τόδ᾽ἱκάνω,
310 μή πώς μοι μετέπειτα χολώσεαι, αἴ κε σιωπῆι
οἴχωμαι πρὸς δῶμα βαθυρρόου Ὠκεανοῖο.”
τὴν δ᾽ ἀπαμειβόμενος προσέφη νεφεληγερέτα Ζεύς·
“Ἥρη, κεῖσε μέν ἐστι καὶ ὕστερον ὁρμηθῆναι·
νῶϊ δ᾽ ἄγ᾽ ἐν φιλότητι τραπείομεν εὐνηθέντε.
315 οὐ γάρ πώ ποτέ μ᾽ ὧδε θεᾶς ἔρος οὐδὲ γυναικός
θυμὸν ἐνὶ στήθεσσι περιπροχυθεὶς ἐδάμασσεν,
οὐδ᾽ ὁπότ᾽ ἠρασάμην Ἰξιονίης ἀλόχοιο,
ἣ τέκε Πειρίθοον, θεόφιν μήστωρ᾽ ἀτάλαντον·
οὐδ᾽ ὅτε περ Δανάης καλλισφύρου Ἀκρισιώνης,
320 ἣ τέκε Περσῆα, πάντων ἀριδείκετον ἀνδρῶν·
οὐδ᾽ ὅτε Φοίνικος κούρης τηλεκλειτοῖο,
ἣ τέκε μοι Μίνων τε καὶ ἀντίθεον Ῥαδάμανθυν·
οὐδ᾽ ὅτε περ Σεμέλης, οὐδ᾽ Ἀλκμήνης ἐνὶ Θήβηι,
ἥ ῥ᾽ Ἡρακλῆα κρατερόφρονα γείνατο παῖδα,
325 ἣ δὲ Διώνυσον Σεμέλη τέκε, χάρμα βροτοῖσιν·
οὐδ᾽ ὅτε Δήμητρος καλλιπλοκάμοιο ἀνάσσης,
οὐδ᾽ ὁπότε Λητοῦς ἐρικυδέος, οὐδὲ σέ᾽ αὐτῆς,
ὡς σεο νῦν ἔραμαι καί με γλυκὺς ἵμερος αἱρεῖ.”
τὸν δὲ δολοφρονέουσα προσηύδα πότνια Ἥρη·

310–11 [Plut.] Hom. 2.187; 310 al. (μετέπ.) H. (Cyr.) μ 1071   315–17 + 319 + 321 +
323 + 326–7 Athenag. pro Christ. 21; [Iustin.] Cohort. ad Gr. 2; 315–16 Chrysipp.
(SVF ii.251.14, 252.5) ap. Gal. Plac. Hipp. et Plat. 3.7.51, 4.1.9, 12; Plut. Mor. 1073c;
Procl. in Remp. i.132.28; 317 (ἠρασ.) H. (Cyr.) η 735; Phot. Lex. η 229; 317b imit. Lucil.
25 M.; 319 (Δαν.–) EtG α 359; 320 (ἀριδ.) H. (Cyr.) α 7199; 324 cf. Eudoc. 275;
327 (–ερικ.) Arn ad Ξ 317a; (οὐδὲ–) ApD Synt. 190.4   328 [Ammon.] Diff. 190; 328a
ApD Synt. 226.6; Hdn i.555.17; id. ad Γ 446a¹; Procl. in Crat. 93.4; cf. Charax in AB
1152

309 δὲ σέ᾽ fere Payne Knight: δὲ σεῦ Hdn 60 315 Ω: δέ σευ 9: δε σευ 438   310 μετέ–
πειτα Ar 9 60 (μ᾽επ-) t Ω*: μετόπισθε Zen Arph 438 D R G   313 μέν ἐστι 9 Ω: μὲν
ἔστι Eust. O.—cf. Barrett Eur. Hippolytos 426 n.2   314 εὐνηθέντε 438 Ω*: -ντες 9
D F R.—cf. ad Γ 441; v.l. sim. θ 292   316 περιπροχυθεὶς Ar 9 60 438 628 (-χυεις, χ ex
κ) tt sch^D Ω: περιπλεχθεὶς Ixio   317–27 ath. Arph Ar   320 τέκε Περσῆα 9 60 438
629 Ω: Περσῆα τέκεν Nauck   ἀριδείκετον 9 60 628 Z (-δί-) Ω: πολὺ φίλτατον quidam
ap. sch^T   321 τηλεκλειτοῖο 9 60 628 tt Ω*, -κλείτοιο Z: -κλητοῖο F   322 Μίνων
τε Ar h: Μίνω τε Zen 438 Ω: Μίνωα quidam ap. sch^T 60: Μινωα τε 9   323 Θήβηι 9 60
438 tt Ω: -ησ (sc. -ηις?) Z   327 ὁπότε 9 60 tt* Ω: ὅτε περ (ex 323) Athenag.   σέ᾽ van
Leeuwen: σεῦ 9 60 438 tt Ω   328 σεο 9 R: σέο ApD Hdn Ω*

330   "αἰνότατε Κρονίδη, ποῖον τὸν μῦθον ἔειπες;
        εἰ νῦν ἐν φιλότητι λιλαίεαι εὐνηθῆναι
        Ἴδης ἐν κορυφῆισι, τὰ δὲ προπέφανται ἅπαντα.
        πῶς κ' ἔοι, εἴ τις νῶϊ θεῶν αἰειγενετάων
        εὕδοντ' ἀθρήσειε, θεοῖσι δὲ πᾶσι μετελθών
335   πεφράδοι; οὐκ ἂν ἐγώ γε τεὸν πρὸς δῶμα νεοίμην
        ἐξ εὐνῆς ἀνστᾶσα· νεμεσσητὸν δέ κεν εἴη.
        ἀλλ' εἰ δή ῥ' ἐθέλεις καί τοι φίλον ἔπλετο θυμῶι,
        ἔστιν τοι θάλαμος, τόν τοι φίλος υἱὸς ἔτευξεν
        Ἥφαιστος, πυκινὰς δὲ θύρας σταθμοῖσιν ἐπῆρσεν·
340   ἔνθ' ἴομεν κείοντες, ἐπεί νύ τοι εὔαδεν εὐνή."
            τὴν δ' ἀπαμειβόμενος προσέφη νεφεληγερέτα Ζεύς·
        "Ἥρη, μήτε θεὸν τό γε δείδιθι μήτέ τιν' ἀνδρῶν
        ὄψεσθαι· τοῖόν τοι ἐγὼ νέφος ἀμφικαλύψω
        χρύσεον· οὐδ' ἂν νῶϊ διαδράκοι Ἠέλιός περ,
345   οὗ τε καὶ ὀξύτατον πέλεται φάος εἰσοράασθαι."
        ἦ ῥα, καὶ ἀγκὰς ἔμαρπτε Κρόνου πάϊς ἣν παράκοιτιν.
        τοῖσι δ' ὑπὸ χθὼν δῖα φύεν νεοθηλέα ποίην,
        λωτόν θ' ἑρσήεντα ἰδὲ κρόκον ἠδ' ὑάκινθον
        πυκνὸν καὶ μαλακόν, ὃς ἀπὸ χθονὸς ὑψόσ' ἔεργεν.

331 (εὐν.) H. ε 7012   332 (προπ.) id. π 3629   333 (–ἔοι) H. (Cyr.) π 4519; (ἔοι)
id. ε 4025   335 (πεφρ.) ApS 131.6; H. π 2125   336 (ἐξ εὐνῆς) id. ε 3803
340 (κεί.) id. κ 2004; (εὔ.) ApS 78.24; H. (Cyr.) ε 6682   342 (μήτε θεῶν–)–3 (ὄψ.)
sch Ξ 315c; 343 (τοιόν–)–4 (χρ.) Did ad Ω 20–1b   344 (οὐδ'–) Hdn ad E 219a;
(οὐδ'–Ἠέλ.) EtG s.v. δράκων (Philox. fr. 471 Th.); (διαδρ.) H. (Cyr.) δ 1000   345 Eudoc. 2005   346–9 Hclt. Alleg. 39.12–13; 346 ApS 5.9; Hermog. Id. 242.24, 332.9 R.;
347–9 Cosmas in Greg. Naz. PG 38.520; 347–8 Sext. Math. 1.291; Syr. in Hermog.
i.14.24; Eudoc. 21–2; 347 Hermog. Id. 332.19 R.; EtG s.v. ποιά; (–φύε) Hermog. Id.
392.14 R.; (νεοθ.–)–348 sch K 75a; 348 ApS 63.1; (ἑρσ.) H. ε 6062; Phot. Lex. ε 1971;
349b–50 (mutila) w14; 349b H. o 1397; 350b–1 Hclt. Alleg. 39.15; 350b + 351b sch Ω

330 ἔειπες 9 60 Ω*: -ας 438 C   332 τὰ δὲ 9 Ω*: τάδε A D Bᶜ F T   ἅπαντα 9 10 60
438 Ω (πάντα T): ἀπάντηι Christ   335 ἐγώ γε D: ἔγωγε Ω*   336 ἀνστᾶσα 9 60
[438] 1303 A Cᶜ W: ἀναστ- Ω*   340 κείοντες 9 60 1303 t schᴰ Ω: -ντε Ahrens   εὔαδεν Hdn   εὐνή Ar 9 10 60 (ευη) Ω: -ήν Zen Arph   342 θεὸν 9 60 1303 [1304] A B E
F T: θεῶν t schᵇᵀ ("ἄμεινον") Tˢ Ω*   μήτέ sic Ω praeter D W, μητέ 9   ἀνδρῶν 1303 t
Ω: ἄλλον (ex E 827) 9 60 [438] 1304 r   343 ὄψεσθαι 60 1303 1304 t Ω: αθανατων
(ex E 828) 9 438 1305   346 πάϊς Payne Knight: παῖς Ω   348 θ' ἑρσήεντα 9 60 tt*
Z Ω: τ' ἑρσ- Did ap. h116 sch-K: ἑρσ- ApSᶜᵒᵈ: ἐερσ- Brandreth (cf. Ω 419)   ἰδὲ 9 tt* Ω*:
ἠδὲ sch-K Dᶜ G   349 ut supra fere Ar 9 10 60 1304 1306 tt Ω: ἵν' ἀπὸ χθονὸς ἀγκα-
ζέσθην Zen   ἔεργε(ν) Ar 9 60 1304 1306 tt Z Ω: ἵκανε ℵ: ἄειρε et ἔερπε alii ap. Did:
ἄερθε V

350 τῶι ἔνι λεξάσθην, ἐπὶ δὲ νεφέλην ἕσσαντο
καλὴν χρυσείην, στιλπναὶ δ' ἀπέπιπτον ἔερσαι.
    ὣς ὃ μὲν ἀτρέμας ηὗδε πατὴρ ἀνὰ Γαργάρωι ἄκρωι,
ὕπνωι καὶ φιλότητι δαμείς, ἔχε δ' ἀγκὰς ἄκοιτιν.
βῆ δὲ θέειν ἐπὶ νῆας Ἀχαιῶν νήδυμος Ὕπνος,
355 ἀγγελίην ἐρέων γαιηόχωι Ἐννοσιγαίωι.
ἀγχοῦ δ' ἱστάμενος ἔπεα πτερόεντα προσηύδα·
"πρόφρων νῦν Δαναοῖσι, Ποσείδαον, ἐπάμυνε,
καί σφιν κῦδος ὄπαζε μίνυνθά περ, ὄφρ' ἔτι εὕδει
Ζεύς, ἐπεὶ αὐτῶι ἐγὼ μαλακὸν περὶ κῶμα κάλυψα·
360 Ἥρη δ' ἐν φιλότητι παρήπαφεν εὐνηθῆναι."
    ὣς εἰπὼν ὃ μὲν ὤιχετ' ἐπὶ κλυτὰ φῦλ' ἀνθρώπων,
τὸν δ' ἔτι μᾶλλον ἀνῆκεν ἀμυνέμεναι Δαναοῖσιν.
αὐτίκα δ' ἐν πρώτοισι μέγα προθορὼν ἐκέλευσεν·
"Ἀργεῖοι, καὶ δὴ αὖτε μεθίεμεν Ἕκτορι νίκην
365 Πριαμίδηι, ἵνα νῆας ἕληι καὶ κῦδος ἄρηται;
ἀλλ' ὃ μὲν οὕτω φησὶ καὶ εὔχεται, οὕνεκ' Ἀχιλλεύς
νηυσὶν ἔπι γλαφυρῆισι μένει κεχολωμένος ἦτορ.
κείνου δ' οὔ τι λίην ποθὴ ἔσσεται, εἴ κεν οἱ ἄλλοι
ἡμεῖς ὀτρυνώμεθ' ἀμυνέμεν ἀλλήλοισιν.
370 ἀλλ' ἄγεθ', ὡς ἂν ἐγὼ εἴπω, πειθώμεθα πάντες·
ἀσπίδες, ὅσσαι ἄρισται ἐνὶ στρατῶι ἠδὲ μέγισται,

419a; **351b** sch Pind. Ol. 6.92c; (στιλπ.) H. σ 1864; Orio 147.31; (ἔερσαι) id.
54.16   **352** ApS 30.17; Macr. Sat. 5.20.5; (ἀνὰ-) H. (Cyr.) α 4215   **353a** ApS
161.4   **357** sch Ξ 266; Choer. in Thd. i.266.10; Epm. ε 71; **357a** ib. φ 9   **358** (ὄφρ'-)-9
Porph. Il. 22.4 Schr.; **359** (ἐπεὶ-) Gal. De comate sec. Hipp. 1.2; (μαλ.-κῶμα) H. (Cyr.)
μ 152; (περὶ κ.) id. π 1744; (κῶμα) ApS 106.10; H. κ 4825; Phot. Lex. κ 1305
360 (παρήπ.) ApS 128.21; H. π [843], 912   **363** (προθ.) id. π 3479

   350 ἔνι Ω*: ἐνὶ vel ἐνι 9 60 438 D T R: επι w14   **351** ἀπέπιπτον Ar 9 60 1304
(-πει-) tt Ω*: ἀν- Zen: ἐπ- W   ἔερσαι Ptol O: proparox. Hdn 9 Z Ω (ἔερ- A E), cf. Pind.
Nem. 3.78 ἔερσα; at forma Homerica est ἐέρση   **351a** δή ῥα τότ' ὀφθαλμοῖσι Διὸς
χύτο νήδυμος ὕπνος quidam ap. sch[T]   **352** ηὗδε fere Fick: εὐ- 9 60 1306 tt Ω
354 νήδυμος (non ἥδ-) Ar 9 60 Ω   **356** ἔπεα πτερόεντα προσηύδα 9 1304 1306 Ω:
προσεφη κλυτον Εννοσιγαιον 60   **357** νῦν 9 60 438 tt* Ω*: δὴ Epm. D R W.—cf. ad
Υ 89, Ω 635   Ποσείδαον 9 60 Choer. Ω* (parox. D B G): -δάων tt* C T   ἐπάμυνε 9
sch-Ξ Ω*: -νον 60 1304 tt* D C R G   **359** κῶμα κάλυψα 9 10 60 tt Ω*: κῶμ' ἐκ- 1304
1306 A[γρ] D W G (cf. σ 201[codd])   **362** μᾶλλον Blass: μᾶ- Ω   **363** ἐκέλευσε(ν) 60
1304 1306 Ω: -ευε 9   **364** δὴ Bekker: δ' 9 [10] 438 1306 Z Ω: τ' 60   μεθ(ε)ιεμεν 9 1306
Ω*, -οιεμεν 60: -ίομεν D: -ίετε sch[D] rr   **366** εὔχεται Ar 9 60 438 Ω: ἔλπ- Zen.—cf. ad
Θ 526   **367** ἔπι Bekker: ἐπὶ Ω   **370** ἐγὼ 9 10 438 Ω: ἐγὼν 1306 H.—cf. ad Μ 75, Ο
294, Σ 297   **371** ἀσπίδες 60 438 1306 A b T R[a]: -δας 9 B[s] Ω*.—cf. ad 75

ἐσσάμενοι, κεφαλὰς δὲ παναίθηισιν κορύθεσσιν
κρύψαντες, χερσὶν δὲ τὰ μακρότατ' ἔγχε' ἑλόντες,
ἴομεν· αὐτὰρ ἐγὼν ἡγήσομαι, οὐδ' ἔτι φημί
375 Ἕκτορα Πριαμίδην μενέειν μάλα περ μεμαῶτα.
ὃς δέ κ' ἀνὴρ μενέχαρμος, ἔχηι δ' ὀλίγον σάκος ὤμωι,
χείρονι φωτὶ δότω, ὃ δ' ἐν ἀσπίδι μέζονι δύτω."
    ὣς ἔφαθ'· οἱ δ' ἄρα τοῦ μάλα μὲν κλύον ἠδ' ἐπίθοντο.
τοὺς δ' αὐτοὶ βασιλῆες ἐκόσμεον οὐτάμενοί περ,
380 Τυδείδης Ὀδυσεύς τε καὶ Ἀτρείδης Ἀγαμέμνων,
οἰχόμενοι δ' ἐπὶ πάντας ἀρήϊα τεύχε' ἄμειβον·
ἐσθλὰ μὲν ἐσθλὸς ἔδυνε, χέρεια δὲ χείρονι δόσκεν.
αὐτὰρ ἐπεί ῥ' ἔσσαντο περὶ χροῒ νώροπα χαλκόν,
βάν ῥ' ἴμεν· ἦρχε δ' ἄρά σφι Ποσειδάων ἐνοσίχθων,
385 δεινὸν ἄορ τανύηκες ἔχων ἐν χειρὶ παχείηι
εἴκελον ἀστεροπῆι· τῶι δ' οὐ θέμις ἐστὶ μιγῆναι
ἐν δαῒ λευγαλέηι, ἀλλὰ δέος ἰσχάνει ἄνδρας.
Τρῶας δ' αὖθ' ἑτέρωθεν ἐκόσμει φαίδιμος Ἕκτωρ.
δή ῥα τότ' αἰνοτάτην ἔριδα πτολέμοιο τάνυσσαν
390 κυανοχαῖτα Ποσειδάων καὶ φαίδιμος Ἕκτωρ,
ἤτοι ὃ μὲν Τρώεσσιν, ὃ δ' Ἀργείοισιν ἀρήγων.
ἐκλύσθη δὲ θάλασσα ποτὶ κλισίας τε νέας τε
Ἀργείων· οἳ δὲ ξύνισαν μεγάλωι ἀλαλητῶι.
οὔτε θαλάσσης κῦμα τόσον βοάαι ποτὶ χέρσον

376a sch Heph. 319.18   379 ApS 103.18; (–ἐκόσμ.) sch Π 155   382 Procl. in
Tim. i.51.22; Olymp. in Gorg. 183.10; 382b Hdn ad A 80c; Epm. π 23   385 (ἄορ ταν.)
H. (Cyr.) α 5685; (ταν.) H. τ 145; Orio 151.20; Phot. Lex. s.v.   386a Philox. fr. 226 Th.;
(οὐ θέμις) H. (Cyr.) o 1608   387a EtG s.v. δαΐς   389 Eudoc. 304   393b ApD
Synt. 473.9; (ξύν.) H. ξ 159   394 Polyb. Fig. iii.109.17 Sp.; (–βοάαι) Plin. Ep. 9.26.6;
sch P 265; Epm. α 76; (χέρσον) ApS 167.20

372 παναίθηισιν Euphranor Hdn Z Ω: properisp. "οἱ πλείους" ante Hdn, 282
373 δὲ 9 60 438 1304 Ω*: τε Aˢ T   ἑλόντες 9 10 282ˢ 438 Ω: εχοντες 282ᵗ   374 ἐγὼν 10
60 438 Ω: εγὼ 9   οὐδ' ἔτι 1306 A C G: οὐδέ τι 9 282 Ω*, ουδετι 438: οὐδέ τε 60
R   376–7 om. Zen (teste T: ath. teste A), ath. Arph Ar   376 om. 438ᵃ   ἔχηι (nov.
Did) 9 10 60 1306 Ω*: -ει Ar T R W G   δ' ὀλίγον 9 10ˢ 60 1304 1306 schᴰ Ω: δολιχον
10ᵗ   377 μέζονι Blass: μεί- 9 [10] 60 Ω   382 χέρεια δὲ χείρονι 9 10 60 1304 tt Z Ω:
χέρηϊ δὲ χείρονα h   δόσκεν Ar 9 10 tt Ω*: -ον 60 schᴰ Aˢ T Rᶜ Gᶜ: δῶκεν "ἔνια τῶν
ὑπομνημάτων", h   384 ῥ' 9 Ω: δ' 10 V   ἄρά r: ἄρα Ω   385 τανυηκέσ Z
386 εἴκελον 9 t Ω*: ἴκ- [10] Aᵐ F   387 δαΐ Hdn 9 Ω: parox. Ptol   388 ἐκόσμει
9 Ω, -μι 60: -μεε rr.—cf. ad Δ 118; La Roche Unt. I 97   389 τάνυσσαν Ar 9 10 60 Ω:
-εν (nov. Did) (Eudoc.) rr   394–5 post 399 habuit Zen

395   ποντόθεν ὀρνύμενον πνοιῆι Βορέω ἀλεγεινῆι,
     οὔτε πυρὸς τόσσος γε †ποτὶ βρόμος αἰθομένοιο
     οὔρεος ἐν βήσσηις, ὅτε τ' ὤρετο καιέμεν ὕλην,
     οὔτ' ἄνεμος τόσσον γε περὶ δρυσὶν ὑψικόμοισιν
     ἠπύει, ὅς τε μάλιστα μέγα βρέμεται χαλεπαίνων,
400   ὅσση ἄρα Τρώων καὶ Ἀχαιῶν ἔπλετο φωνή
     δεινὸν ἀϋσάντων, ὅτ' ἐπ' ἀλλήλοισιν ὄρουσαν.
     Αἴαντος δὲ πρῶτος ἀκόντισε φαίδιμος Ἕκτωρ
     ἔγχει, ἐπεὶ τέτραπτο πρὸς ἰθύν, οὐδ' ἀφάμαρτεν,
     τῆι ῥα δύω τελαμῶνε περὶ στήθεσσι τετάσθην,
405   ἤτοι ὃ μὲν σάκεος, ὃ δὲ φασγάνου ἀργυροήλου·
     τώ οἱ ῥυσάσθην τέρενα χρόα. χώσατο δ' Ἕκτωρ,
     ὅττί ῥά οἱ βέλος ὠκὺ ἐτώσιον ἔκφυγε χειρός,
     ἂψ δ' ἑτάρων εἰς ἔθνος ἐχάζετο κῆρ' ἀλεείνων.
     τὸν μὲν ἔπειτ' ἀπιόντα μέγας Τελαμώνιος Αἴας
410   χερμαδίωι, τά ῥα πολλὰ θοάων ἔχματα νηῶν
     πὰρ ποσὶ μαρναμένων ἐκυλίνδετο, τῶν ἓν ἀείρας
     στῆθος βεβλήκειν ὑπὲρ ἄντυγος ἀγχόθι δειρῆς·
     στρόμβον δ' ὣς ἔσσευε βαλών, περὶ δ' ἔδραμε πάντηι.
     ὡς δ' ὅθ' ὑπὸ πληγῆς πατρὸς Διὸς ἐξερίπηι δρῦς

395 (ποντ.) H. π 2995   **396** (–βρ.) sch N 41b; (πυρὸς–) EtG β 268; (τόσσος–βρ.) sch A.R. 3.861   **399** (ἠπύει) ApS 84.24; Orio 68.η18; **399b** EtG β 245   **404–5** sch β 3   **406** (χώσ.–) ApS 169.17   **407** Epm. β 29   **412** sch Λ 26–7   **413a** sch Nic. Al. 393; (στρ.) ApS 145.14; H. σ 2025; Phot. Lex. s.v.   **414** (ἐξερ.) sch Ξ 415; H. (Cyr.) ε 3752

395 ποντόθεν 9 1306ᵃ t schᴰ Ω: πάντοθεν 60 1306ᶜ 1307 rr   Βορέω 9 60 438 1306 Ω* (-ου G): ἀνέμωι Bᵗ: -ων Bˢ E: -ου C   **396** τόσσος Ar Hdn 9 Ω*: τοσσός Tyr, τόσσός Ptol (schʰ) D G, το]σσός ⟦γ⟧ε (ss. δ) 1304   ποτὶ (ex 398?) 9 60 1304 t* Ω: ποθι 438 h:]ι 1306: ποτὲ G: περί(βρομος) Gˡ: πέλει EtG: πέλεται sch-A.R.: πότι (= πρόσεστι) Janko   **397** ὤρετο Ar 9 60 438 1306 schᴰ Ω (cf. Μ 279): ὤρορε "ἔν τισι τῶν ὑπομνημάτων"   **398** τόσσον Ar 9 Ω (τόσσόν D W G): -ος Zen 60 438 Oᵃ rr   περὶ 438 A D R G: ποτὶ 9 60 1306 Aᵐ Ω*   ὑψικόμοισιν 9 10 60 438 Ω: ἰξοφόροισιν Agathocles (FGrH 472 F 10)   **399** ὅς τε 9 60 438 1306 Ω: malim εὖτε   μέγα 9 438 1306 t Ω: ποτι 60   **400** ὅσση Zen Arph Arᵃᵇ A b G (cf. P 23): τόσση (nov. Did) Nic 9 60 438 1306 Bʸᵖ Ω*   **401** om. 60   **402** φαίδιμος Ἕκτωρ 9 10 438 1306 Ω: δουρι φαεινωι 60   **403** ἰθύν 9 (ιθυμ) 60 438 (ει-) (cf. Φ 303): ἰθύ οἱ Z Ω (ἰθύει D)   **406** ῥυσάσθην 60 1306 1308 Z Ω: ερυσ- 9 438   **407a** (= Ν 166) add. 1306   **410** τά 9 10 60 1306 Ω: το 438   **412** βεβλήκειν Zen Arph W: -κει Ar 9 10 60 1306 t Ω*: ἐβεβλ- (nov. Did) G.—cf. Praef. xxvi   **413** damn. Düntzer   βαλών, περὶ δ' ἔδραμε πάντηι 9 10 1306 1309 schᴰ Ω: κυλινδεσθαι δι ομιλου (ex Λ 147) 60   **414** ὑπὸ 1 9 10 60 1306 Ω*: ὑπαὶ C Rᶜ W   πληγῆς 1 10 1306 schᴰ A Gˢ H V: ῥιπῆς 9 60 Aʸᵖ Ω*, ῥρ- rr

415 πρόρριζος, δεινὴ δὲ θεείου γίνεται ὀδμή
ἐξ αὐτῆς, τὸν δ᾽ οὔ περ ἔχει θράσος ὅς κεν ἴδηται
ἐγγὺς ἐών—χαλεπὸς δὲ Διὸς μεγάλοιο κεραυνός—
ὣς ἔπεσ᾽ Ἕκτορος ὦκα χαμαὶ μένος ἐν κονίῃσιν·
χειρὸς δ᾽ ἔκβαλεν ἔγχος, ἐπ᾽ αὐτῶι δ᾽ ἀσπὶς ἐάφθη
420 {καὶ κόρυς, ἀμφὶ δέ οἱ βράχε τεύχεα ποικίλα χαλκῶι}.
οἳ δὲ μέγα ἰάχοντες ἐπέδραμον υἷες Ἀχαιῶν,
ἐλπόμενοι ἐρύεσθαι, ἀκόντιζον δὲ θαμειάς
αἰχμάς· ἀλλ᾽ οὔ τις ἐδυνήσατο ποιμένα λαῶν
οὐτάσαι οὐδὲ βαλεῖν· πρὶν γὰρ περίβησαν ἄριστοι,
425 Πουλυδάμας τε καὶ Αἰνείας καὶ δῖος Ἀγήνωρ
Σαρπηδών τ᾽ ἀρχὸς Λυκίων καὶ Γλαῦκος ἀμύμων·
τῶν τ᾽ ἄλλων οὔ τίς ἑ᾽ ἀκήδεσεν, ἀλλὰ πάροιθεν
ἀσπίδας εὐκύκλους σχέθον αὐτοῦ. τὸν δ᾽ ἄρ᾽ ἑταῖροι
χερσὶν ἀείραντες φέρον ἐκ πόνου, ὄφρ᾽ ἵκεθ᾽ ἵππους
430 ὠκέας, οἵ οἱ ὄπισθε μάχης ἠδὲ πτολέμοιο
ἕστασαν ἡνίοχόν τε καὶ ἄρματα ποικίλ᾽ ἔχοντες·
οἳ τόν γε προτὶ ἄστυ φέρον βαρέα στενάχοντα.
ἀλλ᾽ ὅτε δὴ πόρον ἷξον ἐϋρρεῖος ποταμοῖο
Ξάνθου δινήεντος, ὃν ἀθάνατος τέκετο Ζεύς,
435 ἔνθά μιν ἐξ ἵππων πέλασαν χθονί, κὰδ δέ οἱ ὕδωρ
χεῦαν· ὃ δ᾽ ἀμπνύθη καὶ ἀνέδρακεν ὀφθαλμοῖσιν,

415 (δεινὴ–) Choer. in Ps. 120.17   **419b** sch Ξ 413; Epm. ε 185   **421** (–ἐπέδρ.)
Heph. p.7.21 C.; **421a** Choer. in Heph. 204.14, 25   **424a** Hdn ad Λ 659c; (οὐτ.) H. ο
1891; (περίβ.) id. π 1589   **427** (–ἀκ.) ApS 20.12; (ἀκ.) H. α 2364; EtG α 321
433 Demetr. Eloc. 56; Porph. Hom. 4.10 Sod., Od. 30.26 Schr.; Eudoc. 442; Choer. in Ps.
10.27; imit. Nonn. D. 22.1   **434** Dio Prus. 33.20; Anon. π. ἀκυρολ. 4 (141.3 N.);
Porph. Il. 198.15 Schr., 129.4 Sod.; id. Od. 47.9 Schr.   **436** (ὃ δ᾽–) EtG s.v. ἔδρακεν;
(ὃ δ᾽–ἀνέδρ.) Epm. α 287

415 γίνεται 1 9 1306 Ω*: γίγν- t rr: γείν- R^{c?}   **416–17** damn. Payne Knight
416 οὔ περ ... ὅς κεν Ar 1 9 10 60 1297 1306 Z Ω: οὔ τιν᾽ ... ὅς τις Arph.—cf. ad N
234   **418** ἔπεσ᾽ 9 10 60 1306ᵃ Ω (cf. Π 600): πέσεν 1 1306² rr (cf. N 181, P 523)   ὦκα
(deprec. Ar) ℜℵ 1ᶜ 9 60 1306 Ω: ὠκὺ Ar 1ᵃ h   μενος χαμαι 1ᵃ   **419** ἐάφθη A Aˡ B E
T Rᶜ: ἑ- Z Ω*.—cf. ad N 543   **420** (cf. N 544, M 396) deest in 1 10 60 1297 1304 1306
A W V: hab. Aᵐ Wᵐ Ω*   **422** ἐρύεσθαι 60 1306 Ω: ερυσασθαι 1   **424** ἄριστοι
1 10 60 Ω: ἄπαντες Aᵛᵖ   **426** damn. Lachmann 41 ne temere adsit Glaucus saucius (cf.
M 387 sqq., Π 508 sqq.)   ἀρχὸς 1 10 Ω: -οι 60   **427** τ᾽ Zen G rr: δ᾽ Ar 1 t Ω*: om.
60   ἑ᾽ fere Payne Knight: εὑ 1 1306 Z Ω (εὖ R W): σεῦ t H   ἀκήδεσεν Arᵃ 1 60 h82 tt Z
Ω, -δ[.]εν 10: -δησεν N, -δησ᾽ rr: -δέσατ᾽ Arᵇ   **429** ἀείραντες 1 10 Ω: -οντες
60 h   **433** ἷξον C E R W: ἵξον 1 (″ m.rec.) Ω*, ἴξον Z   **434** ἀθάνατος 1 10 60 tt Z
Ω*: -ον (Zen? cf. ad B 741, Φ 2) Gᶜ   **435** ἔνθά sic Ω   **436** ἀμπνύθη B, item fere
Epm. (ἄπανυ ss. μ et θη): -ύνθη 60 t* Z Bˢ Ω*.—cf. ad E 697

ἑζόμενος δ' ἐπὶ γοῦνα κελαινεφὲς αἷμ' ἀπέμεσσεν.
αὖτις δ' ἐξοπίσω πλῆτο χθονί, κὰδ δέ οἱ ὄσσε
νὺξ ἐκάλυψε μέλαινα· βέλος δ' ἔτι θυμὸν ἐδάμνα.
440   Ἀργεῖοι δ' ὡς οὖν ἴδον Ἕκτορα νόσφι κιόντα,
μᾶλλον ἐπὶ Τρώεσσι θόρον, μνήσαντο δὲ χάρμης.
ἔνθα πολὺ πρώτιστος Ὀϊλῆος ταχὺς Αἴας
Σάτνιον οὔτασε δουρὶ μετάλμενος ὀξυόεντι
Ἡνοπίδην, ὃν ἄρα νύμφη τέκε νηῒς ἀμύμων
445   Ἤνοπι βουκολέοντι παρ' ὄχθας Σατνιόεντος.
τὸν μὲν Ὀϊλιάδης δουρικλυτὸς ἐγγύθεν ἐλθών
οὔτασε κὰλ λαπάρην· ὃ δ' ἀνετράπετ', ἀμφὶ δ' ἄρ' αὐτῶι
Τρῶες καὶ Δαναοὶ σύναγον κρατερὴν ὑσμίνην.
τῶι δ' ἐπὶ Πουλυδάμας ἐγχεσπάλος ἦλθεν ἀμύντωρ
450   Πανθοΐδης, βάλε δὲ Προθοήνορα δεξιὸν ὦμον,
υἱὸν Ἀρηϊλύκοιο· δι' ὤμου δ' ὄβριμον ἔγχος
ἔσχεν, ὃ δ' ἐν κονίηισι πεσὼν ἕλε γαῖαν ἀγοστῶι.
Πουλυδάμας δ' ἔκπαγλον ἐπηύξατο μακρὸν ἀύσας·
"οὐ μὰν αὖτ' οἴω μεγαθύμου Πανθοίδαο
455   χειρὸς ἄπο στιβαρῆς ἅλιον πηδῆσαι ἄκοντα,
ἀλλά τις Ἀργείων κόμισε χροΐ, καί μιν ὀΐω
αὐτῶι σκηπτόμενον κατίμεν δόμον Ἄϊδος εἴσω."

437a Nic ad K 80a   438 (-χθ.) EtG α 1391; Epm. ε 104, π 124, 127; (πλῆτο) H. π 2597   443a + 444–5 Strab. 13.1.50, 3.1; 444 (ὃν–) Epm. α 251   447a (al.) Gal. in Hipp. Fract. xviii(2).520 K.   449 (ἐγχεσπ.) H. ε 344   450 (Πανθ.) Hdn ad Δ 228a   457 (σκηπτ.) ApS 142.17

437 ἀπέμεσσεν Ar^ab "αἱ πλείους" Nic sch^bTD A^m F T R G (cf. O 11): -έμασσεν Zen 10 60 Z A b: †-έσεσεν† quidam ap. sch^T (-έσεισεν Bekker, -έσευεν Janko cl. E 208): -ομόργνυ W (ex E 798)   438 κὰδ (nov. Did) 60 Ω* (cf. Π 325, sed et supra, 435): τὼ Ar A b (cf. N 616, al.)   439 ἔτι θυμὸν ἐδάμνα 10 Z Ω (ἐδάμνη Nauck Mél. IV 485, cf. ad Π 103): ἴθυνεν Ἀθήνη 60 (ex E 290)   440 νόσφι κιόντα A^yp Ω*: -ιν ἐόντα A b R.— cf. ad Λ 284, O 260   441 μᾶλλον Blass: μᾶ- Ω   444 Ἡνοπίδην 60 438 Ω: Οἰν- t rr.— cf. ad Π 401, Ψ 634; v.l. sim. φ 144   ἀμύμων 10 tt Ω: Ἀθήνη 60   445 Ἤνοπι 60 438 Ω: Οἶν- t r   ὄχθας Ar' 60 Strab.^13.3.1 Ω: -ηις Zen N: -η b: -αις Strab.^13.1.50 r   Σατνιόεντος 10 60 t sch^D Ω: Σαγγαρίοιο (ex Γ 187) quidam ap. sch^T r   446 δουρὶ κλυτὸς A E F W   447 οὔτασε κὰλ 10 (κα) Z Ω: οὖτα κατὰ (= Z 64) 60 438 t rr.—cf. ad 517   449 ἐγχεσπάλος A D^a B E F^a T^a W^a: proparox. Ω*   ἦλθεν 10 60 Ω (cf. N 384): ἦεν quidam ap. sch^T (ἤιεν? Ribbeck), cf. O 610   450 Πανθοΐδης trisyll. Tyr (t) acquiescente Hdn, -οΐδ- non -οΐδ- Ω   453 ἔκπαγλον 10 60 Ω: -ος T^yp   ἐπηύξατο rr: ἐπεύ- 10 60 Ω   μακρὸν ἀύσας (= 478, N 413, 445) 60 A^yp Ω*: μακρὰ βιβάσθων (cf. ad N 809) 10 sch^D A R   454 οἴω A b R: ὀΐω Z Ω*   455 ἄπο Wolf: ἀπὸ Ω   456 κόμισε Ar 10 Ω*: -σεν (nov. Did) 60 Z D G

ὣς ἔφατ', Ἀργείοισι δ' ἄχος γένετ' εὐξαμένοιο.
Αἴαντι δὲ μάλιστα δαΐφρονι θυμὸν ὄρινεν
460 τῶι Τελαμωνιάδηι· τοῦ γὰρ πέσεν ἄγχι μάλιστα·
καρπαλίμως δ' ἀπιόντος ἀκόντισε δουρὶ φαεινῶι.
Πουλυδάμας δ' αὐτὸς μὲν ἀλεύατο κῆρα μέλαιναν
λικριφὶς ἀΐξας, κόμισεν δ' Ἀντήνορος υἱός
Ἀρχέλοχος· τῶι γὰρ ῥα θεοὶ βούλευσαν ὄλεθρον.
465 τόν ῥ' ἔβαλεν κεφαλῆς τε καὶ αὐχένος ἐν συνεοχμῶι,
νείατον ἀστράγαλον, ἀπὸ δ' ἄμφω κέρσε τένοντε.
τοῦ δὲ πολὺ προτέρη κεφαλὴ στόμα τε ῥῖνές τε
οὔδεϊ πλῆντ' ἤ περ κνῆμαι καὶ γοῦνα πεσόντος.
Αἴας δ' αὖτ' ἐγέγωνεν ἀμύμονι Πουλυδάμαντι·
470 "φράζεο, Πουλυδάμα, καί μοι νημερτὲς ἐνίσπες·
ἦ ῥ' οὐχ οὗτος ἀνὴρ Προθοήνορος ἀντὶ πεφάσθαι
ἄξιος; οὐ μέν μοι κακὸς εἴδεται οὐδὲ κακῶν ἔξ,
ἀλλὰ κασίγνητος Ἀντήνορος ἱπποδάμοιο
ἢ πάϊς· αὐτῶι γὰρ κεφαλὴν ἄγχιστα ἐώικει."
475 ἦ ῥ' εὖ γινώσκων, Τρῶας δ' ἄχος ἔλλαβε θυμόν.
ἔνθ' Ἀκάμας Πρόμαχον Βοιώτιον οὔτασε δουρί,
ἀμφὶ κασιγνήτωι βεβαώς, ὃ δ' ὑφεῖλκε ποδοῖιν.
τῶι δ' Ἀκάμας ἔκπαγλον ἐπηύξατο μακρὸν ἀύσας·
"Ἀργεῖοι ἰόμωροι, ἀπειλάων ἀκόρητοι,

459–60a Plut. Mor. 1010d; 459 Choer. in Thd. i.112.21, 126.38, ii.379.4; id. in Heph. 204.12; 459a Arn ad P 2a; (Αἴ. δαΐφρ.) Choer. in Thd. ii.381.26; 460a Porph. Il. 275.12 Schr.   462b EtG α 435   463 (λικρ.) ApS 108.25; H. (Cyr.) λ 1019; Orio 94.11   465–6a EtG s.v. ἐν συνεοχμῶι; 465b EtG β 244; (συνε.) cf. H. ε [4052]; 466a ApS 44.34; sch Ξ 465; (ἀστρ.) Apio 225.5; H. (Cyr.) α 7889   467–8 (–κν.) Epm. ε 104; 468 (οὐδ. πλ.) EtG s.v. οὔας; Epm. ad A 475b; (πλ.) ApS 132.22   470b Epm. ν 41   472 Hdn i.480.21; (ἄξιος) Apio 222.4   473 (–Ἀντ.) sch Λ 262–3   477 (βεβ.) H. (Cyr.) β 405

460 damn. Heyne   464 Ἀρχέλοχος Ar 10 60 Ω: Ἀρχί- (deprec. Ar) rr   465 ῥ' ἔβαλεν Ω: ρα βαλεν 60   αὐχένος 10 60 EtGᵝ Ω: ὤμων EtGᵋ   συνεοχμῶι 60 t Z Ω: -εεχμωι 10   468 οὐδεϊ 60 (fere) 1312ᵃ Ω*: -δει 1312ᶜ R   469 αὖτ' ἐγέγωνεν 1312 Ω*: αὖτε γέγ- C G   ἀμύμονι Πουλυδάμαντι Ar 10 60 Ω: -μονα -ντα Zen   470 Πουλυδάμα Ar 10 1312' Ω: -δαμαν Zen.—cf. Praef. xxxiv sq.   ἐνίσπες 10 60 t A B E R: ἔνισπε Ω*.—cf. ad Λ 186   471 ?μ]η ουδ' 1312   ἀντι 1312   474 πάϊς 60' h O: παῖς Ω   κεφαλην 10 (cf. α 208): γενεὴν Ar' 60 1312 Ω: ῥα φυὴν Arph (cf. B 58)   ἐώικει Ar' 10 60 Z Ω (cf. ad B 58): ἔοικεν Arph Aᵞᵖ   475 γινώσκων 60 Z Ω: γειν- 1304 1312: γιγν- rr   θυμόν 10 60 Ω*: -ῶι T.—cf. ad M 179   477 ὑφεῖλκε van Leeuwen: ὑφέλκε Ω (-ετο W), ὑφελκε h, υφελκε 60 1312 1313.—cf. ad N 583   478 ἐπηύξατο Fick: ἐπεύ- 60 Ω

480
    οὔ θην οἴοισίν γε πόνος τ᾿ ἔσεται καὶ ὀϊζύς
    ἡμῖν, ἀλλά ποθ᾿ ὧδε κατακτενέεσθε καὶ ὕμμες.
    φράζεσθ᾿, ὡς ὕμιν Πρόμαχος δεδμημένος εὕδει
    ἔγχει ἐμῶι, ἵνα μή τι κασιγνήτοιό γε ποινή
    δηρὸν ἄτιτος ἔηι· τῶ καί τέ τις εὔχεται ἀνήρ

485
    γνωτὸν ἐνὶ μεγάροισιν ἀρῆς ἀλκτῆρα λιπέσθαι."
    ὣς ἔφατ᾿, Ἀργείοισι δ᾿ ἄχος γένετ᾿ εὐξαμένοιο.
       Πηνέλεωι δὲ μάλιστα δαΐφρονι θυμὸν ὄρινεν,
    ὡρμήθη δ᾿ Ἀκάμαντος· ὃ δ᾿ οὐχ ὑπέμεινεν ἐρωήν
    Πηνελέωιο ἄνακτος, ὃ δ᾿ οὔτασεν Ἰλιονῆα,

490
    υἱὸν Φόρβαντος πολυμήλου, τόν ῥα μάλιστα
    Ἑρμείας Τρώων ἐφίλει καὶ κτῆσιν ὄπασσεν·
    τῶι δ᾿ ἄρ᾿ ὑπὸ μήτηρ μοῦνον τέκεν Ἰλιονῆα.
    τὸν τόθ᾿ ὑπ᾿ ὀφρύος οὖτα κατ᾿ ὀφθαλμοῖο θέμεθλα,
    ἐκ δ᾿ ὦσε γλήνην· δόρυ δ᾿ ὀφθαλμοῖο διάπρο

495
    καὶ διὰ ἰνίου ἦλθεν, ὃ δ᾿ ἕζετο χεῖρε πετάσσας
    ἄμφω· Πηνέλεως δὲ ἐρυσσάμενος ξίφος ὀξύ
    αὐχένα μέσσον ἔλασσεν, ἀπήραξεν δὲ χαμᾶζε
    αὐτῆι σὺν πήληκι κάρη· ἔτι δ᾿ ὄβριμον ἔγχος
    ἦεν ἐν ὀφθαλμῶι. ὃ δὲ φὴ κώδειαν ἀνασχών

500
    πέφραδέ τε Τρώεσσι καὶ εὐχόμενος ἔπος ηὔδα·
    "εἰπέμεναί μοι, Τρῶες, ἀγαυοῦ Ἰλιονῆος
    πατρὶ φίλωι καὶ μητρὶ γοήμεναι ἐν μεγάροισιν.

480 (οὔ θην) H. ο 1613   485 Apio 224.5; (γν.) H. γ 755; (ἀλκτ.) H. (Cyr.) α 3098   488a sch Δ 335, Ξ 402a, Φ 595; 488b EtG s.v. ἐρωή (Philox. fr. 4 Th.) 489a Heph. p.4.9 C.; (Πην.) Choer. in Heph. 193.6   490–1 Paus. 2.3.4   493 (θέμ.) H. θ 227; Phot. Lex. θ 70   494 (ἐκ δ᾿ ὦσε) H. ε 1350; (γλ.) Porph. Hom. 50.6 Sod.; (ὀφθ.–) sch Γ 3c   499b–500 sch Σ 253; 499b ApS 106.4; sch Nic. Al. 215; EtG s.v. κώδεια; (φη κώδ.) Arn ad Ξ 500; (κώδ.) Poll. 2.38; H. κ 4777; (φη) +500 Anon. in cod. A f.8ʳ (I lxv Erbse); 500 (–εὐχ.) ApS 165.12; 500a Choer. in Thd. ii.104.6; (πέφρ.) H. π 2124

481 κατακτενέεσθε Cobet: -κταν- 60 1313 Ω.—v. Praef. xxxii   ὕμμες D E T R W G   482 ὑμιν (Thiersch) 1313: ὑμῖν Ω (ὑμμῖν F, ὕμμιν O): υμὶ|ν 1310   483 ἵνα μή 60 1310 1313 Ω: μή τοί Aʸᵖ (voluitne μή μοί?)   484 ἄ̄τῑτος ἔηι (60 1310 Z Ω; ι in ras. B, ἄτητος Rᵃ) mirum: ἄτιμος ἔη r (Leaf cl. π 431): ἔηι ἄτιτος Clarke   τῶ Ludwich: τῶ(ι) Ω   τέ τις Aˢ H: κέ τις 60 Ω: τίς τ᾿ Monro   485 μεγάροισιν Zen t: -ροις Ω (μμεγ- 1312 1313 ᾿ Bᵃ C E W): -ρω 60   ἀρῆς Zen: ἄρεως 60 t Z Ω (-εος tᵛˡ Cˢ W): Ἄρεω Ar (Did ad Σ 100, 213).—cf. ad Σ 100, 213 et adn. meam ad Hes. Th. 657   λιπέσθαι 60 Ω: γενέσθαι t Gʸᵖ rr   489 Πηνελέωιο Barnes: -εωο r: -έοιο 60 1310 1316᾿ t* Ω: -άοιο Heph.   491 ὄπασσε 10 t Ω*: -ζε R   494 διάπρο dedi (Praef. xix): διαπρὸ fere Z Ω   499 δὲ φὴ Zen, δὲ φη W: δὲ φῆ Ar tt A F Rᵃ?: δ᾿ ἔφη Ω*, δ᾿ εφι Z   500 ath. Ar, Zenodoto trib. Anon. (t)

οὐδὲ γὰρ ἡ Προμάχοιο δάμαρ Ἀλεγηνορίδαο
ἀνδρὶ φίλωι ἐλθόντι γανύσσεται, ὁππότε κεν δή
505   ἐκ Τροίης σὺν νηυσὶ νεώμεθα κοῦροι Ἀχαιῶν."
ὣς φάτο· τοὺς δ' ἄρα πάντας ὑπὸ τρόμος ἔλλαβε γυῖα,
πάπτηνεν δὲ ἕκαστος, ὅπηι φύγοι αἰπὺν ὄλεθρον.
      ἔσπετε νῦν μοι, Μοῦσαι Ὀλύμπια δώματ' ἔχουσαι,
ὅς τις δὴ πρῶτος βροτόεντ' ἀνδράγρι' Ἀχαιῶν
510   ἤρετ', ἐπεί ῥ' ἔκλινε μάχην κλυτὸς Ἐννοσίγαιος.
Αἴας ῥα πρῶτος Τελαμώνιος Ὕρτιον οὖτα
Γυρτιάδην, Μυσῶν ἡγήτορα καρτεροθύμων·
Φάλκην δ' Ἀντίλοχος καὶ Μέρμερον ἐξενάριξεν·
Μηριόνης δὲ Μόρυν τε καὶ Ἱπποτίωνα κατέκτα·
515   Τεῦκρος δὲ Προθόωνά τ' ἐνήρατο καὶ Περιφήτην.
Ἀτρείδης δ' ἄρ' ἔπειθ' Ὑπερήνορα ποιμένα λαῶν
οὔτασε κὰλ λαπάρην, διὰ δ' ἔντερα χαλκὸς ἄφυσσεν
δηιώσας· ψυχὴ δὲ κατ' οὐταμένην ὠτειλήν
ἔσσυτ' ἐπειγομένη, τὸν δὲ σκότος ὄσσ' ἐκάλυψεν.
520   πλείστους δ' Αἴας εἷλεν, Ὀϊλῆος ταχὺς υἱός·
οὐ γάρ οἵ τις ὁμοῖος ἐπισπέσθαι ποσὶν ἦεν
ἀνδρῶν τρεσσάντων, ὅτε τε Ζεὺς ἐν φόβον ὦρσεν.
Ο   αὐτὰρ ἐπεὶ διά τε σκόλοπας καὶ τάφρον ἔβησαν
φεύγοντες, πολλοὶ δὲ δάμεν Δαναῶν ὑπὸ χερσίν,
οἳ μὲν δὴ παρ' ὄχεσφιν ἐρητύοντο μένοντες

503 (δάμαρ) ApS 56.13   504 (γαν.) H. γ 156   507 sch Ο 1a; Choric.
59.12   509 (ἀνδρ.-)-10 ApS 33.22; (ἀνδρ.) H. (Cyr.) α 4720; EtG α 817
511 Anon. Trop. iii.228.20 Sp.   516–17 (οὔτ.) Arn ad Ρ 24a   518 (ψυχὴ-)-19 sch
Eur. Hec. 21; (ψυχὴ-ἔσσ.) sch Χ 68b   520–2a schD Κ 110; 521–2 Aristid. Or. 3.469;
521–2a sch Ο 570; 521 (ἐπισπ. ποσίν) EtG α 1295 (Philox. fr. 50 Th.); (ἐπισπ.) ApS 74.6;
H. ε 5210   Ο 1–2 (φεύγ.) Hermog. Meth. 431.8 R.   3 ApD Coni. 251.22; Epm. ρ
14; 3a ApD Coni. 252.16, Synt. 379.7; Nic ad Ο 2a

505 σὺν Ar 10 60 1310 Ω: ἐν Zen Arph   506 τρόμος ἔλλαβε γυῖα 10 60 Ω*: χλωρὸν
δέος εἷλε(ν) Αʸᵖ D F T G (cf. Θ 77, Χ 42)   509 (508–10?) ath. aliquis (non Ar
u.v.)   510 ἤρετ' agn. Eust.: -ατ' 10 60 Ζ Ω.—cf. Wack. Unt. 61   511 ῥα 10 Ω*:
δε 60 t: μὲν C: om. Β Ε   512 καρτεροθύμων 10 60 (κρατ-) Ζ Ω*, -ρόθυμον R:
βαρβαροφώνων quidam ap. schᵀ   515 Περιφήτην 10²ˢ 60 Ω: -φοιτην 10: Πολυφήτην
M. Schmidt, cf. ad Ν 791   517 οὔτασε κὰλ Ar' 10 (καὶ) t A Bʸᵖ C E R W: οὖτα κατὰ
60 (ουτε) Αʸᵖ Ω* (καταὶ rr).—cf. ad 447   519 ὄσσε κάλυψε(ν) D T R W G
520 Ὀϊλῆος 60 t Ω: -λιαδης 10   521 ὁμοῖος Hdn Ω*: proparox. b T (ex schᵇᵀ confuso)   522 τρεσσάντων 10 60 Ω: ἡρώων t   τε Ζεὺς 10 60 Ω: δὴ θεὸς quidam ap.
schᵀ   ὦρσεν 10 60 tᵛˡ Ω*: ὄρσε Aˢ Wˣ: ὄρσηι tᵛˡ schD A Bˢ Eˢ R Wˣ: ὄρσαι (Thiersch)
tʳᵉᶜ   Ο 2 δὲ δάμεν sic Hdn 1319 Ω: δ' ἐδ- 60

χλωροὶ ὑπαὶ δείους, πεφοβημένοι· ἔγρετο δὲ Ζεύς
5　Ἴδης ἐν κορυφῇσι παρὰ χρυσοθρόνου Ἥρης.
στῆ δ' ἄρ' ἀναΐξας, ἴδε δὲ Τρῶας καὶ Ἀχαιούς,
τοὺς μὲν ὀρινομένους, τοὺς δὲ κλονέοντας ὄπισθεν
Ἀργείους, μετὰ δέ σφι Ποσειδάωνα ἄνακτα·
Ἕκτορα δ' ἐν πεδίωι ἴδε κείμενον, ἀμφὶ δ' ἑταῖροι
10　εἴαθ'· ὃ δ' ἀργαλέωι ἔχετ' ἄσθματι, κῆρ ἀπινύσσων,
αἷμ' ἐμέων, ἐπεὶ οὔ μιν ἀφαυρότατος βάλ' Ἀχαιῶν.
τὸν δὲ ἰδὼν ἐλέησε πατὴρ ἀνδρῶν τε θεῶν τε,
δεινὰ δ' ὑπόδρα ἰδὼν Ἥρην πρὸς μῦθον ἔειπεν·
"ἦ μάλα δὴ κακότεχνος, ἀμήχανε, σὸς δόλος, Ἥρη,
15　Ἕκτορα δῖον ἔπαυσε μάχης, ἐφόβησε δὲ λαούς.
οὐ μὰν οἶδ', εἰ αὖτε κακορραφίης ἀλεγεινῆς
πρώτη ἐπαύρηαι καί σε πληγῇσιν ἱμάσσω.
ἦ οὐ μέμνη', ὅτε τε κρέμα' ὑψόθεν, ἐκ δὲ ποδοῖιν
ἄκμονας ἧκα δύω, περὶ χερσὶ δὲ δεσμὸν ἴηλα
20　χρύσεον ἄρρηκτον; σὺ δ' ἐν αἰθέρι καὶ νεφέλῃσιν
ἐκρέμα'· ἠλάστεον δὲ θεοὶ κατὰ μακρὸν Ὄλυμπον,

4a [Plut.] Hom. 2.131.3; Them. in De an. CAG v(3).27.22; Choer. in Thd. i.358.21; (πεφοβ.) H. π 2118　　6b–7a sch O 56c　　9 (–κείμ.) sch O 6–7　　10 (ὃ δ'–) ApS 38.28;
(ὃ δ'–ἄσθμ.) sch O 6–7; (ἄσθμ.) H. (Cyr.) α 7663; (κῆρ ἀπιν.) sch ζ 258; H. κ 2535;
(ἀπιν.) id. α 6209　　11 (αἷμ' ἐμ.) Luc. Dial. 17.45; (ἐπεὶ–) sch Pind. Nem. 3.23; 'Trypho
i' Trop. iii.204.8 Sp.; Alex. Fig. iii.38.6 Sp.; Hermog. Meth. 455.20 R.; (ἀφαυρ.) ApS
48.16; H. α 8577　　14 Apio 217.18; (–ἀμήχ.) EtG α 641; 14b ApS 28.26; (ἀμήχ.) H. α
3650; Phot. Lex. α 1　　16 (–κακορρ.) schʰ Θ 111; (κακ.) H. (Cyr.) κ 348; cf. Phot. Lex.
κ 94　　17a Orus ap. EtG s.v. ὄληαι (Erbse I 432); (ἱμ.) H. (Cyr.) ι 620; Phot. Lex. ι
125　　18–24a Orig. c.Cels. 6.42; 18–21 Sext. Math. 1.290; 18–21 (ἐκρ.) Hclt. Alleg.
40.1–13; 18–20 (χρ.) 'Choer.' Trop. iii.244.23 Sp.; 18–19a Corn. 26.14 L.; 18 Choer. in
Thd. ii.353.2; (–ὑψ.) sch Σ 240b, Φ 396–8; Epm. υ 34; (–ἐκρ.) Hdn ad Λ 441a¹; sch O 189c;
Porph. Il. 200.12 Schr.; (ἐκρ. ὑψ.) Choer. in Ps. 184.14; (ἐκ δὲ–)–19a EtG s.v. ποδοῖιν;
(ἴηλα) H. (Cyr.) ι 365; 21 (ἠλ.–) Epm. α 284; (ἠλ. δὲ θεοί) ApS 83.18; (ἠλ.) H. (Cyr.)

4 ὑπαὶ Ar Hdn schᴰ 60 tt* Ω (cf. ad K 376): ὕπαι Tyr: ὑπὸ Choer. rr　δείους schᴬᵇᵀ
60 1319 Z Ω (δδεί- T): cf. ad K 376　　5a (= B 42) add. quidam ap. schᵀ　　10 εἴαθ' Hdn
Ω: εἴαθ' (quasi ἦσαν) Ar　κῆρ ἀπινύσσων Ar Ptol Alexio Hdn (καὶ σχεδὸν πάντες)
schᴰ 60 1320 tt Ω (κῆρ' Aˡ E F G): -ύσκων Arph: κῆρα πινύσσων (deprec. Ar) O
rr　　11 ἀφαυρότατος Ar 60 630 schᴰ tt Ω*: -τερος F T R　　15 δὲ λαούς Ω: δ'
Ἀχαιούς (ex P 596) quidam ap. schᵀ　　16 εἰ 60 630 t Ω: εἴ κ' Burney　　17 ἐπαύρηαι
Ar Hdn h83 (sine accentu) Ω: -αυρῆιαι Tyr (cf. ad Γ 417, Z 229): -αυρειαι 630: -ρη
Z　　18–31 om. Zen　　18 ἦ P: ἦ Z A, ἦ Aˡ Ω*　μέμνη' Barnes,]ηαι 630, -εαι Payne
Knight: -η(ι) omnes Didymi (διὰ τοῦ η) 60 tt* Z Ω: -ησ' Corn.ᵛˡ Orig. Choer.—cf. ad Υ
188, Φ 396; ω 115; Praef. xxii　τε κρέμα' dedi, τ' ἐκρέμα' Payne Knight: τ' ἐκρέμω tt Z
Ω (-μνω 60 Aˡ), τε κρ- Bentley, τεκρ- 630　　20 om. 630　　21 ἐκρέμα' Payne Knight:

λῦσαι δ' οὐκ ἐδύναντο παρασταδόν· ὃν δὲ λάβοιμι,
ῥίπτασκον τεταγὼν ἀπὸ βηλοῦ, ὄφρ' ἂν ἵκηται
γῆν ὀλιγηπελέων· ἐμὲ δ' οὐδ' ὡς θυμὸν ἀνίει
25   ἀζηχὴς ὀδύνη Ἡρακλῆος θείοιο,
τὸν σὺ ξὺν Βορέηι ἀνέμωι πεπιθοῦσα θυέλλας
πέμψας ἐπ' ἀτρύγετον πόντον, κακὰ μητιόωσα,
καί μιν ἔπειτα Κόωνδ' εὖ ναιομένην ἀπένεικας.
τὸν μὲν ἐγὼν ἔνθεν ῥυσάμην καὶ ἀνήγαγον αὖτις
30   Ἄργος ἐς ἱππόβοτον, καὶ πολλά περ ἀθλήσαντα.
τῶν σ' αὖτις μνήσω, ἵν' ἀπολλήξηις ἀπατάων,
ὄφρα ἴδη' ἤν τοι χραίσμηι φιλότης τε καὶ εὐνή,
ἣν ἐμίγης ἐλθοῦσα θεῶν ἄπο καί μ' ἀπάτησας."
ὡς φάτο, ῥίγησεν δὲ βοῶπις πότνια Ἥρη,
35   καί μιν φωνήσασ' ἔπεα πτερόεντα προσηύδα·
"ἴστω νῦν τόδε Γαῖα καὶ Οὐρανὸς εὐρὺς ὕπερθεν
καὶ τὸ κατειβόμενον Στυγὸς ὕδωρ, ὅς τε μέγιστος
ὅρκος δεινότατός τε πέλει μακάρεσσι θεοῖσιν,
σή θ' ἱερὴ κεφαλὴ καὶ νωΐτερον λέχος αὐτῶν

η 322; 22–4a sch Ξ 257a; 22 (παραστ.) H. π 677; Phot. Lex. s.v.; 23–4a Alex. in De sensu
CAG iii(1).23.23; 24a Phld. π. εὐσ. p.78 Sch.; (ὀλιγ.) ApS 120.6; H. ο 540; (ἀνίει) id. α
5177?   25 (ἀζ.) H. (Cyr.) α [1461]   26 sch A.R. 1.1300–5a; (πεπ.) H. π 1448
27 (κακὰ μητ.) sch Ο 16b; (μητ.) H. (Cyr.) μ 1287   28 v. ad Ξ 255   29–30 EtG α
138   32–3 Plut. Mor. 20b; 32 (ἤν τοι) H. (Cyr.) η 627   36–8 Hipp. Ref. 5.16.3,
20.10; Cyr. c.Iul. PG 76.1021c; 36–7 (–ὕδωρ) Hclt. Alleg. 41.1; Paus. 8.18.2; 36 (–Οὐρ.) +
37 (–ὕδωρ) + 39 sch Υ 313; 36 Porph. Il. 114.13 Schr.; Lib. Ep. 661.1 (x.603.12 F.); 37–8
Macr. Sat. 5.13.22; (–ὅρκος) sch Pind. Ol. 7.119b; 37 (–ὕδωρ) sch Θ 369; Ascl. in Metaph.
CAG vi(2).25.12; Epm. ε 193; (κατ.) H. κ 1579   39 sch Soph. Ai. 492; 39b H. ν 777

-μω tt Ω   ηλα]στρεον 630   21ab πρίν γ' ὅτε (τότε T) δή σ' ἀπέλυσα ποδῶν (πεδῶν
Heyne, πεδέων Spitzner rectius), μύδρους δ' ἐνὶ Τροίηι | κάββαλον, ὄφρα πέλοιτο
(-οιντο Heyne) καὶ ἐσσομένοισι πυθέσθαι scr. vel add. quidam ap. schT (γράφουσι) et
Eust. (προσγράφουσι), scil. invicem vv. 22–30 (Leaf)?   23 ῥίπτασκον t* Z Ω:
-πτεσκον Alex. Oᶜ: -ψασκον Fick   βηλοῦ Ω: βήλου Crates (cf. ad A 591)   ἵκηται 60
630' tt* Ω: -οιτο Orig.—cf. Chantr. II 269   24 ὡς (Hdn) Bekker: ὥς A D, ὣς
Ω*   θυμὸν Ar 60 A D b F: -ὸς (nov. Did) 630 t Cᶜ Ω*   ἀνίει 60 Ω* (ἀνίει A): -ίη Tᵃ:
-ίη G: -ήκεν t   25 Ἡρακλῆος 60 Ω: -κλειος 630 Oᵃ   26 ἀνέμωι 60 630 t Ω: -ων
rr   28 Κόωνδ' 60 Ω: Κόων 630 rr: Κόονδ' Christ.—cf. ad Ξ 255   29 ἀνήγαγον
60 630 t Ω: ἀπ- quidam ap. schT   31 ἀπολλήξηις (nov. Did) 60 Ω*: ἀπολή- Arᵃᵇ
Z D F T R   32 ἴδηι Ar ("i.e. ϝίδη'" van Leeuwen), ἴδη' dedi (cf. ad A 203): ἴδη(ι)ς
(nov. Did) 60 t Ω*: εἰδῆς R V   33 om. Zen Arph, susp. Ar   ἤν t Ω: ἤι μ'(οι) exspectaveris cl. Γ 445, Z 25   35 φωνήσασ' Ω (-σασα Bentley): αμειβομενη (cf. 48)
60   36 τόδε 60 tt Ω: τό γε rr   38 τε πέλει 60 tt* Ω: πέλεται Cyr. H

40　κουρίδιον· τὸ μὲν οὔκ ἂν ἐγώ ποτε μὰψ ὀμόσαιμι·
μὴ δι' ἐμὴν ἰότητα Ποσειδάων ἐνοσίχθων
πημαίνει Τρῶάς τε καὶ Ἕκτορα, τοῖσι δ' ἀρήγει,
ἀλλά που αὐτὸν θυμὸς ἐποτρύνει καὶ ἀνώγει,
τειρομένους δ' ἐπὶ νηυσὶν ἰδὼν ἐλέησεν Ἀχαιούς.
45　αὐτάρ τοι καὶ κείνωι ἐγὼ παραμυθησαίμην
τῆι ἴμεν, ἧι κεν δὴ σύ, Κελαινεφές, ἡγεμονεύηις."
　　ὣς φάτο· μείδησεν δὲ πατὴρ ἀνδρῶν τε θεῶν τε,
καί μιν ἀμειβόμενος ἔπεα πτερόεντα προσηύδα·
"εἰ μὲν δὴ σύ γ' ἔπειτα, βοῶπι πότνια Ἥρη,
50　ἶσον ἐμοὶ φρονέουσα μετ' ἀθανάτοισι καθίζοις,
τώ κε Ποσειδάων γε, καὶ εἰ μάλα βούλεται ἄλληι,
αἶψα μεταστρέψειε νόον μετὰ σὸν καὶ ἐμὸν κῆρ.
ἀλλ' εἰ δή ῥ' ἐτεόν γε καὶ ἀτρεκέως ἀγορεύεις,
ἔρχεο νῦν μετὰ φῦλα θεῶν, καὶ δεῦρο κάλεσσον
55　Ἶρίν τ' ἐλθέμεναι καὶ Ἀπόλλωνα κλυτότοξον,
ὄφρ' ἣ μὲν μετὰ λαὸν Ἀχαιῶν χαλκοχιτώνων
ἔλθηι καὶ εἴπησι Ποσειδάωνι ἄνακτι
παυσάμενον πολέμοιο τὰ ἃ πρὸς δώμαθ' ἱκέσθαι,
Ἕκτορα δ' ὀτρύνηισι μάχην ἐς Φοῖβος Ἀπόλλων,
60　αὖτις δ' ἐμπνεύσησι μένος, λελάθηι δ' ὀδυνάων
αἳ νῦν μιν τείρουσι κατὰ φρένας, αὐτὰρ Ἀχαιούς
αὖτις ἀποστρέψησιν ἀνάλκιδα φύζαν ἐνόρσας,
φεύγοντες δ' ἐν νηυσὶ πολυκλήϊσι πέσωσιν.

40 (τὸ μὲν-) sch Ο 39–40　　41–2 Epm. μ 10; 41 Philox. fr. 401 Th.; Hdn ii.945.25; St. Byz. 66.19; 41a sch Τ 261a; sch Aesch. Eum. 592; EtG s.v. ἰότης; Epm. μ 69; 42 (πημ.) H. π 2195; Phot. Lex. s.v.; (ἀρήγει) H. (Cyr.) α 7146　　45–6 (-κελ.) Epm. τ 70; 46 sch Ar. Ach. 204a; (ἧι-) EtG s.v. ἡγεμονεύεις; (-κελ.) sch Ν 53a　　51 (μάλα β.) H. μ 143　　52 w5 (lacerum); Eudoc. 161　　53 cf. eand. 894; (ἥ ῥ' ἐτεόν γε) H. (Cyr.) η 758　　60 (λελ.-) Epm. α 204; (λελ.) H. λ 586　　62 (ἐνόρσας) H. (Cyr.) ε 3256　　63–4a Arn ad Ο 56a

43 αὐτὸν Ω (cf. Κ 389 et ad Ζ 439): -οῦ possis cl. Ζ 439 (vulg.), δ 712　　44 τειρομένους Ar 60 Ω: κτειν- Arph 𝔄 𝔜, prob. Did　　45 καὶ κείνωι Ar t Ω*: κἀκ- (nov. Did) D R W G　　46 ἡγεμονεύη(ι)ς 60' t* A F W G: -εις EtG Ω*: -οις rr　　49 βοῶπι Ar A B E Fᵃ Gᶜ (fort. praestat -ώπι): -ις Arph Aᵐ Ω* (-ώπις Schulze 425, Oᶜ).—v. ad Θ 471　　50 μετ' 60 Ω: ἐν Tʸᵖ　καθίζοις (Ar) 60 (ex -εζ-) Ω*: -εις Τ: θεοῖσι "ἐν τοῖς εἰκαιοτέροις" Didymi　　51 τῶ(ι) Ω　　53 γε Arph Ar 60 t Ω: γὰρ Ζ: aliud quid nov. Did, nimirum τε (rr)　　54 κάλεσσον Ω* (cf. Δ 193): κέλευσον Aʸᵖ Tʸᵖ R　　55 κλυτότοξον Ω: κλυτὸν αὐδήν quidam ap. schᵀ (Did?)　　56–77 ath. Arph Ar: def. schᵇᵀ (ApH)　　58 παυσάμενον Ω: -μένω(ι) Eust. rr　　59 ἐς Α Ρ, ἐς Ω*: εἰς Leaf II 637　　60 αὖθις C (item v. 62)　ἐμπνεύσει Ζ　μένος 60ᶜ Ω: θυμὸν 60ᵃ　λελάθηι tt Ω*: -ει 60: -οι F Tᶜ　　62 φύζαν 60ˢ schᴰ Ω: θυμὸν 60ᵗ (cf. ad Π 656)

{Πηλείδεω Ἀχιλῆος. ὃ δ’ ἀνστήσει ὃν ἑταῖρον
65 Πάτροκλον· τὸν δὲ κτενεῖ ἔγχεϊ φαίδιμος Ἕκτωρ
Ἰλίου προπάροιθε, πολεῖς ὀλέσαντ’ αἰζηούς
τοὺς ἄλλους, μετὰ δ’ υἱὸν ἐμὸν Σαρπηδόνα δῖον·
τοῦ δὲ χολωσάμενος κτενεῖ Ἕκτορα δῖος Ἀχιλλεύς.
ἐκ τοῦ δ’ ἄν τοι ἔπειτα παλίωξιν παρὰ νηῶν
70 αἰὲν ἐγὼ τεύχοιμι διαμπερές, εἰς ὅ κ’ Ἀχαιοί
Ἴλιον αἰπὺ ἕλοιεν Ἀθηναίης διὰ βουλάς.}
τὸ πρὶν δ’ οὔτ’ ἄρ’ ἐγὼ παύω χόλον οὔτέ τιν’ ἄλλον
ἀθανάτων Δαναοῖσιν ἀμυνέμεν ἐνθάδ’ ἐάσω,
πρίν γε τὸ Πηλείδαο τελευτηθῆναι ἐέλδωρ,
75 ὥς οἱ ὑπέστην πρῶτον, ἐμῶι δ’ ἐπένευσα κάρητι,
ἤματι τῶι, ὅτ’ ἐμεῖο θεὰ Θέτις ἥψατο γούνων,
λισσομένη τιμῆσαι Ἀχιλλῆα πτολίπορθον.”
ὣς ἔφατ’· οὐδ’ ἀπίθησε θεὰ λευκώλενος Ἥρη,
βῆ δὲ κατ’ Ἰδαίων ὀρέων ἐς μακρὸν Ὄλυμπον.
80 ὡς δ’ ὅτ’ ἂν ἀΐξηι νόος ἀνέρος, ὅς τ’ ἐπὶ πολλήν
γαῖαν ἐληλουθὼς φρεσὶ πευκαλίμηισι νοήσηι,
“ἔνθ’ εἴην, ἠ’ ἔνθα”, μενοινήησί τε πολλά,

66b Hdn ad N 734b; (πολεῖς) H. π 2756   69–70a Arn ad M 71; 69 (ἐκ τοῦ δή) H.
(Cyr.) ε 1753; (παλί.) Arn ad Ο 56ab   71 id. ad Δ 46b²; 71a id. ad M 115, Ο 56a; (Ἰλ.
αἰπύ) St. Byz. 331.2; 71b sch Ο 56b   77a Did ad Ο 64b(c); Arn ad Ο 56a (bis); (πτολ.)
ibid.   79 id. ad Λ 196   80–3 Porph. Hom. 22.16 Sod.; 80 (–ἀνέρος) sch Υ 292; sch
A.R. 2.541–8a; Iul. Or. 8.247a; 82 ApS 111.15; (ἔνθ’ εἴην) Philox. fr. 397 Th.;

64–77 om. Zen (Mallota teste Eust. 1006.3 qui falli vid.): 64–71 damn. Hentze Anhang
V 96 sq. (63–71 iam Bergk Gr. Lit. I 613 sq.); absolutio erat puto τῆς Διὸς ἀπάτης
seorsum recitatae   64 ἀνστήσει ὃν Arᵃᵇ Ω (ὃν om. R V): -σειεν quidam ante Did rr
65 ἔγχεϊ sic Ω   66 Ἰλίου et πολεῖς 60 (ex -ις) tt Ω (-έας h, -οὺς C): si genuinus esset
versus, praestaret Ἰλίοο (Ahrens) … πολῦς (nol. Christ) ὀλέσοντ’ A (-σαντ’ Aᵐ)
68 om. 60   69 δ’ ἄν 60 ΖΩ*: δ’ αὖ W: δή Ο   70 τεύχοιμι 60 t Ω: -ωμι Cobet Misc.
crit. 375   71 αἰπὺ ἕλοιεν Ar 60 tt Ω (ἕλωσιν b): αἰπὺν ἕλοιεν (Bentley) Z rr, prob.
Wack. Unt. 63: ἐκπέρσωσιν quidam ap. schᵇᵀ (Ar teste schᴬ, quod falsum est)   72 τὸ
πρὶν alias ‘olim’ est: πρόσθεν exspectaveris, cf. ρ 7, ψ 137   ἄρ 60 Ω: ἂν Barnes παύω
Ar Hdn 60 Ω*: παύσω (nov. Did) D Cˢ G N   οὔτέ sic Ω praeter D   ἄλλον 60 Ω*: -ων
D F N.—cf. ad E 827   78 θεὰ λευκώλενος 60 Ω*: βοῶπις πότνια R rr.—cf. ad 92, Ξ
222 78a Ζῆν’ ὑποταρβήσασα, νόος δέ οἱ ἄλλα μενοίνα add. quidam ap. schᵀ (Ζῆν’
Heyne: Ζηνόδοτος cod. ex sch 79)   79 δὲ κατ’ (= Θ {410}, Λ 196) Zen’ 60² Ω*: δ’ ἐξ
(Zen teste schᵀ, at v. t) Ar R W (cf. ad 169): δ αρ απ 60ᶜ (cf. Θ 170)   ἐς 60 Ω: ἐπὶ t
81 ἐληλουθὼς 1322 Ω*: -λυθὼς 60 t E T G   82 εἴην Ar Philox. 1322 A Dᵃ W Gᵐ: εἴη
(nov. Did) 60 tt* (ἴηι Porph.) Aᵐ Ω* (ἴη Gˡ)   ἠ’ Fick: ἢ 1322 Ω   μενοινήησί Ar rr:
-νήσειέ (nov. Did) 60 tt Ω: -νήσει Z: -νήσησι Nauck

ὡς κραιπνῶς μεμαυῖα διέπτατο πότνια Ἥρη.
ἵκετο δ' αἰπὺν Ὄλυμπον, ὁμηγερέεσσι δ' ἐπῆλθεν
85   ἀθανάτοισι θεοῖσι Διὸς δόμωι· οἳ δὲ ἰδόντες
πάντες ἀνήϊξαν καὶ δεικανόωντο δέπασσιν.
ἣ δ' ἄλλους μὲν ἔασε, Θέμιστι δὲ καλλιπαρήωι
δέκτο δέπας· πρώτη γὰρ ἐναντίη ἦλθε θέουσα,
καί μιν φωνήσασ' ἔπεα πτερόεντα προσηύδα·
90   "Ἥρη, τίπτε βέβηκας; ἀτυζομένηι δὲ ἔοικας.
ἦ μάλα δή σ' ἐφόβησε Κρόνου παῖς, ὅς τοι ἀκοίτης."
     τὴν δ' ἠμείβετ' ἔπειτα θεὰ λευκώλενος Ἥρη·
"μή με, θεὰ Θέμι, ταῦτα διείρεο· οἶσθα καὶ αὐτή,
οἷος ἐκείνου θυμὸς ὑπερφίαλος καὶ ἀπηνής.
95   ἀλλὰ σύ γ' ἄρχε θεοῖσι δόμοις ἔνι δαιτὸς ἐΐσης·
ταῦτα δὲ καὶ μετὰ πᾶσιν ἀκούσεαι ἀθανάτοισιν,
οἷα Ζεὺς κακὰ ἔργα πιφαύσκεται. οὐδέ τί φημι
πᾶσιν ὁμῶς θυμὸν κεχαρησέμεν, οὔτε βροτοῖσιν
οὔτε θεοῖς, εἴ πέρ τις ἔτι νῦν δαίνυται εὔφρων."
100 ἣ μὲν ἄρ' ὣς εἰποῦσα καθέζετο πότνια Ἥρη,
ὄχθησαν δ' ἀνὰ δῶμα Διὸς θεοί. ἣ δ' ἐγέλασσεν
χείλεσιν, οὐδὲ μέτωπον ἐπ' ὀφρύσι κυανέηισιν
ἰάνθη· πᾶσιν δὲ νεμεσσηθεῖσα μετηύδα·
"νήπιοι, οἳ Ζηνὶ μενεαίνομεν ἀφραδέοντες.

83 (μεμ.–) suppl. in sch^h94 Φ 126 (v.86.26 E.)   84 (ὁμηγ.) H. (Cyr.) ο 698
85 (–δόμωι) Arn ad Φ 2d   86 (ἀνή.) H. (Cyr.) α 5038, cf. 5558; 86b sch A 584c;
(ἐδεικ.) H. (Cyr.) ε 425, 473   87–8 (–δέπας) ApD Synt. 55.9; 87a ib. 53.5; 87b–8
(–δέπας) [Plut.] Hom. 2.13.2; Lesb. Fig. 9; Epm. λ 39; 87b sch Pind. Ol. 10.28c; Hdn
ii.646.6; Choer. in Thd. i.197.20; (Θέμ.) H. (Cyr.) θ 245; 88 (–δέπας) Epm. ε 104
93 (οἶσθα–)–4a Nic ad Ο 97a; 94a (al.) Olymp. in Phd. 57.6 N.; (ὑπερφ.) H. υ 487
96 (–ἀκ.) ApS 111.29; 96a Phot. Lex. μ 306   97 (πιφ.) H. π 2399   99 (εὔφρ.)
ApS 79.30; H. (Cyr.) ε 7283?   101 (ἦ δ'–)–3 (ἰάνθη) Paus. Att. σ 5; 102 (οὐδὲ–)–3
(ἰάνθη) sch Ar. Lys. 7; 103 (ἰάνθη) H. (Cyr.) ι 56; Phot. Lex. ι 7   104–9 [Plut.] Hom.

84 ὁμηγερέεσσι 60 Ω*: -γυρ- W   86 δεικανόωντο t* Ω*: δικ- Z: ἐδεικ- 60
(εδιεκ-) Hsch. B^m C: δηκ- Wack. KS 1522 (v. ad Δ 4)   δέπασσι(ν) Ar 60 t Ω (-πάεσσιν
D R G, -πεσσιν W): ἐπέεσσιν (= σ 111, ω 410) Zen   κάλεόν τέ μιν εἰς ἓ ἕκαστος
(= Ψ 203) quidam ante Ar   88 ἐναντίη 60 Ω: -ίον P: -ίος rr.—cf. ad Z 394   θέουσα
(= Z 394) 60 Ω*: φέρουσα "ἄμεινον" sch^bT F^c rr   91 σε φόβησε A T W   παῖς rr: παῖς
Ω   92 θεὰ λευκώλενος 60 Ω*: βοῶπις πότνια A^yp h R.—cf. ad 78   94 ἐκείνου
(nov. Did) 60 t Ω (cf. Λ 653): κείνου Ar.—cf. ad Σ 262; ο 212   96 ταῦτα δὲ 60 t* Ω:
ἐνθάδε Phot.   97 οὐδέ τι Ω (τε R): οὐδ' ἔτι Barnes   99 ἔϋφρων (sic) A: δαίνυτ'
ἐΰφρων La Roche   101 ὄχθησαν 60 Ω*: ὤχθ- D B^c C R.—cf. ad A 570   δὲ γέλασσε
Z (-σσαν) A E F R W   103 μετηύδα 60 Ω*: προσ- C T G   104 μενεαίνομεν 60 tt

105 ἦ ἔτι μιν μέμαμεν καταπαυσέμεν ἆσσον ἰόντες
     ἦ ἔπει ἠὲ βίηι; ὃ δ' ἀφήμενος οὐκ ἀλεγίζει
     οὐδ' ὄθεται· φησὶν γὰρ ἐν ἀθανάτοισι θεοῖσιν
     κάρτεΐ τε σθένεΐ τε διακριδὸν εἶναι ἄριστος.
     τὼ ἔχεθ', ὅττί κεν ὔμμι κακὸν πέμπησιν ἑκάστωι.
110 ἤδη γὰρ νῦν ἔλπομ' Ἀρηΐ γε πῆμα τετύχθαι·
     υἱὸς γάρ οἱ ὄλωλε μάχηι ἔνι, φίλτατος ἀνδρῶν,
     Ἀσκάλαφος, τόν φησιν ὃν ἔμμεναι ὄβριμος Ἄρης."
        ὣς ἔφατ', αὐτὰρ Ἄρης θαλερὼ πεπλήγετο μηρώ
     χερσὶ καταπρηνέσσ', ὀλοφυρόμενος δ' ἔπος ηὔδα·
115 "μὴ νῦν μοι νεμεσήσετ', Ὀλύμπια δώματ' ἔχοντες,
     τείσασθαι φόνον υἷος ἰόντ' ἐπὶ νῆας Ἀχαιῶν,
     εἴ πέρ μοι καὶ μοῖρα Διὸς πληγέντι κεραυνῶι
     κεῖσθαι ὁμοῦ νεκύεσσι μεθ' αἵματι καὶ κονίηισιν."
        ὣς φάτο, καί ῥ' ἵππους κέλετο Δεῖμόν τε Φόβον τε
120 ζευγνύμεν· αὐτὸς δ' ἔντε' ἐδύσετο παμφανόωντα.
     ἔνθά κ' ἔτι μέζων τε καὶ ἀργαλεώτερος ἄλλος
     πὰρ Διὸς ἀθανάτοισι χόλος καὶ μῆνις ἐτύχθη,
     εἰ μὴ Ἀθήνη πᾶσι περιδδείσασα θεοῖσιν
     ὦρτο διὲκ προθύρου, λίπε δὲ θρόνον ἔνθα θάασσεν,

2.153.1; 104 Hclt. Alleg. 2.1; (–μεν.) sch^D Π 491; 106b–7 (–ὄθ.) Synes. Insomn. 3 (Opusc. 148.12 T.); 106b sch A 498; EtG α 1464; (ἀφήμ.) ApS 49.5; H. α 8639; 107 (ὄθ.) H. (Cyr.) ο 143; 108 Eudoc. 393; 109 Plut. Mor. 1056b (Chrysipp. SVF ii.292.6) 110 H. η 114   111 (–ἔνι) Hdn ad O 142b   115 ApS 117.3   117–8a Porph. Il. 105.7 Schr.   119–20 (ζευγ.) sch Hes. Th. 934c; (καί ῥ'–ζευγ.) Arn ad N 299ab; 120 (αὐτὸς–) Choer. in Ps. 37.14   122 Porph. Hom. 82.9 Sod.   123 (περιδ.) H. π 1621

sch^D Ω: ἐριδαίν- quidam ap. sch^T   ἀφραδέοντες (cf. I 32, η 294) A^s b: ἀφρονέοντες 60 t* Z Ω*: -οντι "κατ' ἔνια τῶν ὑπομνημάτων": ἰσοφαρίζειν Hclt.   105 ἦ Hdn A b F T: ἦ Ω*, η 60: ἠδ' Bothe   ἆσσον (Hdn) A: ἁ- Ω*   106 ἀφήμενος 60 tt* sch^D Ω: -ειμένος Synes.   107 φησιν Bekker Hom. Bl. I 87 (cf. ad B 350): φησὶ(ν) Ω 108 κάρτεΐ sic Z Ω (κρά- F)   109 τὼ Ludwich: τῶ(ι) Z Ω   ὅττί sic A G   ὔμμι F^a T R W G: ἄμμι ἢ ὔμμι Eust.   114 καταπρηνέσσ' fere Ω*, -νέσι Z: -νὲς 60 D T   δ' ἔπος ηὔδα Ar 'omnes' Didymi A F W (cf. M 163, al.): δὲ προσηύδα (nov. Did) 60 Ω* (cf. Call. Hymn. 4.239; Rengakos 122 sq.): δ' ἐπηύδα T^γρ.—cf. ad 398; v.l. ead. ν 199, ο 62 115 νῦν Ω: νύν Cobet Misc. crit. 393   116 τείσασθαι Fick: τίσ- 60 Ω (-σεσθαι A^s)   117 πληγέντι t Ω: -ντα r   119 κέλετο 60 (καιλ-) t Ω* (κέλλ- R): κέκλ- D W   120 ἐδύσετο A^s D F^c W (-σσ-) G: -ατο 60 Ω*: (ἔντεα) δύσετο h   121 ἔνθά sic A C E F^a W   κ' ἔτι Ω*: κέ τι B^c F^c W, καί τι R: κέ τις D G   μέζων Blass: μεί- 60 Ω   122 ἀθανάτοισι 60 Ω: αἰγιόχοιο t   123 περιδδείσασα (nov. Did) Ω* W^s: περιδεί- Ar^ab t Z W   124 δι'ἐκ fere Ω

125   τοῦ δ' ἀπὸ μὲν κεφαλῆς κόρυθ' εἵλετο καὶ σάκος ὤμων,
       ἔγχος δ' ἔστησε στιβαρῆς ἐκ χειρὸς ἑλοῦσα
       χάλκεον. ἣ δ' ἐπέεσσι καθάπτετο θοῦρον Ἄρηα·
       "μαινόμενε, φρένας ἠλέ, διέφθορας. ἦ νύ τοι αὔτως
       οὔατ' ἀκουέμεν ἐστί, νόος δ' ἀπόλωλε καὶ αἰδώς.
130   οὐκ ἀΐεις, ἅ τέ φησι θεὰ λευκώλενος Ἥρη,
       ἣ δὴ νῦν πὰρ Ζηνὸς Ὀλυμπίου εἰλήλουθεν;
       ἦ ἐθέλεις αὐτὸς μὲν ἀναπλήσας κακὰ πολλά
       ἂψ ἴμεν Οὔλυμπόνδε καὶ ἀχνύμενός περ ἀνάγκηι,
       αὐτὰρ τοῖς ἄλλοισι κακὸν μέγα πᾶσι φυτεῦσαι;
135   αὐτίκα γὰρ Τρῶας μὲν ὑπερθύμους καὶ Ἀχαιούς
       λείψει, ὃ δ' ἡμέας εἶσι κυδοιμήσων ἐς Ὄλυμπον,
       μάρψει δ' ἐξείης ὅς τ' αἴτιος ὅς τε καὶ οὐκί.
       τώ σ' αὖ νῦν κέλομαι μεθέμεν χόλον υἷος ἑῆος·
       ἤδη γάρ τις τοῦ γε βίην καὶ χεῖρας ἀμείνων
140   ἢ πέφατ' ἢ καὶ ἔπειτα πεφήσεται. ἀργαλέον δέ
       πάντων ἀνθρώπων ῥῦσθαι γενεήν τε τόκον τε."
           ὣς εἰποῦσ' ἵδρυσε θρόνωι ἔνι θοῦρον Ἄρηα.
       Ἥρη δ' Ἀπόλλωνα καλέσσατο δώματος ἐκτός
       Ἶρίν θ', ἥ τε θεοῖσι μετάγγελος ἀθανάτοισιν,
145   καί σφεας φωνήσασ' ἔπεα πτερόεντα προσηύδα·
       "Ζεὺς σφὼ εἰς Ἴδην κέλετ' ἐλθέμεν ὅττι τάχιστα·

---

128 (–διέφθ.) EtG α 509; 128a ApS 83.19; Hdn ii.250.15; Porph. Il. 242.4 Schr.; Aristid. Quint. 3.25 p.129.20 W.-I.; Epm. χ 32; (φρ.–διέφθ.) [Ammon.] Diff. 134; (ἦ νύ–)–129 Porph. ad Ο 128b¹; 129 w5   130 sch Ο 107   131 (εἰλ.) H. (Cyr.) ε 880   136 (λ., κυδ.) + 137 Philod. π. εὐσ. p.96 Sch.; 137 Luc. Dial. 21.44; (μάρψει δ') H. μ 328   138 (υἷος ἑῆος) Arn ad Ω 528a¹; Hdn i.409.17   140 (–πεφήσ.) Epm. ε 179; (ἢ πέφ.) H. (Cyr.) η 683   141 Hdn ad M 286b, Ω 1a; Eudoc. 134, 196   146a sch E 219a; Epm. ν 45

125 κεφαλῆς Ω: κρατος 60 (cf. Ζ 472, Π 793)   126 ἔστησεν D C G   ἐκ 60 Aˢ Ω* (cf. Ι 344, Π 58 = Σ 445): ἀπὸ A (ex N 505?)   127 ἦ δ' (vel ἡ δ') Ar Hdn Ω*: ἠδ' (agn. Hdn) Aᵃ D, ἠδ' W.—cf. ad E 66, 736   καθάπτετο 60 Ζ Ω: -ήπτ- Tˢ P   128 μαινόμε-νε 60 tt* Ω: δαιμόνιε EtG   ἦ Ζ A, ἢ E Fᵃ W, ἤ Tᵛ: ἦ Ω*   132 ἦ ἐθέλεις A Bᵃ E Fᵃ: ἢ ἐθ- Ω* (ἠ' Fick): ἠὲ θ- T G   πολλά Ω: ερ[γα 60   134 κακὸν μέγα πᾶσι Arph 60 1323 (μετα 1323ᵃ) Ω (πῆμα Aᵛᵖ R): θεοῖς μέγα πῆμα Zen   138 τώ Ludwich: τῶ(ι) Ω   ἑῆος Ar schᴰ 60 1324 Ω (ἑ- D T G): ἑοῖο Zen Hᶜ.—cf. ad A 393   139 τοῦ γε Ar 60 Ω*: τοῦ-δε Zen Arph D C F W G   140 πεφήσεται 60 h83 t Ζ Ω: -φάσ- W²ᵐ, -φάσσ- rr: -φείσ- Wack. KS 590.—cf. ad N 829   141 ἀνθρώπων 60 tt schᵇᵀ Ω: ἀθανάτων van Leeuwen cl. Π 449   ῥῦσθαι Hdn Ω*: ῥύ- DThr? Z D Bᶜ W G   142 ιδρυνε 60   ἔνι Hdn Ω*: ἐνὶ quidam ap. schᵀ D T   144 μετ' ἄγγελος Hdn A C Fᶜ T R G.—cf. ad Ψ 199   146 σφὼ Hdn tt Ω*, σφω 60: σφῶϊ Z, σφῶ' R G, σφῶ D, σφῶι Fick.—cf. Chantr. I 266; Erbse Beitr. 396 sq.

αὐτὰρ ἐπὴν ἔλθητε Διός τ᾽ εἰς ὦπα ἴδησθε,
ἔρδειν ὅττί κε κεῖνος ἐποτρύνηι καὶ ἀνώγηι."
ἦ μὲν ἄρ᾽ ὣς εἰποῦσα πάλιν κίε πότνια Ἥρη,
150   ἕζετο δ᾽ εἰνὶ θρόνωι· τὼ δ᾽ ἀΐξαντε πετέσθην.
Ἴδην δ᾽ἵκανον πολυπίδακα, μητέρα θηρῶν,
ηὗρον δ᾽ εὐρύοπα Κρονίδην ἀνὰ Γαργάρωι ἄκρωι
ἥμενον· ἀμφὶ δέ μιν θυόεν νέφος ἐστεφάνωτο.
τὼ δὲ πάροιθ᾽ ἐλθόντε Διὸς νεφεληγερέταο
155   στήτην· οὐδέ σφωῖν ἰδὼν ἐχολώσατο θυμῶι,
ὅττί οἱ ὦκ᾽ ἐπέεσσι φίλης ἀλόχοιο πιθέσθην.
Ἶριν δὲ προτέρην ἔπεα πτερόεντα προσηύδα·
"βάσκ᾽ ἴθι, Ἶρι ταχεῖα, Ποσειδάωνι ἄνακτι
πάντα τάδ᾽ ἀγγεῖλαι, μηδὲ ψευδάγγελος εἶναι.
160   παυσάμενόν μιν ἄνωχθι μάχης ἠδὲ πτολέμοιο
ἔρχεσθαι μετὰ φῦλα θεῶν, ἠ᾽ εἰς ἅλα δῖαν.
εἰ δέ μοι οὐκ ἐπέεσσ᾽ ἐπιπείσεται, ἀλλ᾽ ἀλογήσει,
φραζέσθω δἤπειτα κατὰ φρένα καὶ κατὰ θυμόν,
μή μ᾽ οὐδὲ κρατερός περ ἐὼν ἐπιόντα ταλάσσηι
165   μεῖναι, ἐπεί ἑό φημι βίηι πολὺ φέρτερος εἶναι
καὶ γενεῆι πρότερος. τοῦ δ᾽ οὐκ ὄθεται φίλον ἦτορ
ἶσον ἐμοὶ φάσθαι, τόν τε στυγέουσι καὶ ἄλλοι."
ὣς ἔφατ᾽, οὐδ᾽ ἀπίθησε ποδήνεμος ὠκέα Ἶρις,
βῆ δὲ κατ᾽ Ἰδαίων ὀρέων εἰς Ἴλιον ἱρήν.

148 cf. Eudoc. 1898   **153** (θυόεν v.) ApD Adv. 189.14; H. (Cyr.) θ 913–14; Epm. δ 72   **155** (ἐχολ.) H. (Cyr.) ε 7656   **159** (ψευδ.) H. ψ 118   **161** sch O 58; (ἠ᾽-) sch O 15b   **162** EtG α 523; (ἀλογ.) H. α 3210; Phot. Lex. α 1024   **164** (ταλ.) H. τ 69   **165** (ἐπεί–φέρτ.) Hdn i.557.13   **166a** Arn ad O 204a; (πρότ.) H. (Cyr.) γ 327; (οὐκ ὄθ.) id. o 1718   **167b** sch A.R. 2.627–8

147–8 ath. Arph Ar: def. sch^bT   **147** τ᾽ Ω*: δ᾽ G   **148** ὅττί sic A B E F W   ἐποτρύνηι καὶ ἀνώγηι Ω*: -ει ... -ει D R W G   **150** εἰνὶ θρόνωι 60 Ω: cf. ad Θ 199   **151** ἵκανον Ω: ικεσθην 60.—cf. ad Ξ 283   **152** ηὗρον Fick: εὐ- 60 Ω   **155** ουδε τι μιν προσεφωνεον ουδ ερεοντο (ex A 332) 60   σφωῖν Hdn Ω (σφῶϊν Z D^c F T W G): σφωε (Heyne) V rr (cf. Chantr. I 266): οὐδ᾽ ἄρα τώ γε habes A 330   θυμῶι Ω*: -όν D O   **156** οττι ρ|α οι 1325   ὅττί sic A F W   **159** τάδ᾽ ἀγγεῖλαι Hdn (ne ἄγγ-) 9 60 1325 Z Ω: δ᾽ ἀπαγγ- A^λ   **161** ἔρχεσθαι 9 60 t Ω*: -εσθ᾽ ἢ A^yp R.—cf. ad 177   ἠ᾽ Fick: η 9, ἢ Ω   **162** μοι Hdn 9 60 t Ω: μου Ammon   ἀλογήσει 9 Z^a Ω: -ση Z N   **163** δ᾽ἤπειτα fere 9 60 Ω: δ᾽ἔπ-, δὴ ἔπ- rr   **164** ταλάσσῃ(ι) 9 631^c 632 t Z Ω (cf. N 829): θελήσηι quidam ap. sch^T: θαλλε- 631^a   **165** ἑό Leaf, εο 9 Z, ἔο fere Ω*: εὐ vel εὔ Hdn 60 A F^a, εὖ F^c W   **166–7** ath. Ar tamquam ex 182 sq. illatos: def. sch^T   **167** (et 183) damn. Doederlein   **169** δὲ κατ᾽ Ar 9 60 631 Ω: δ᾽ἐξ Zen.—cf. ad 79   εἰς Ἴλιον ἱρήν 9 632 Ω: ες φυλοπιν αινην 60

170 ὡς δ' ὅτ' ἂν ἐκ νεφέων πτῆται νιφὰς ἠὲ χάλαζα
ψυχρὴ ὑπὸ ῥιπῆς αἰθρηγενέος Βορέαο,
ὣς κραιπνῶς μεμαυῖα διέπτατο ὠκέα Ἶρις.
ἀγχοῦ δ' ἱσταμένη προσέφη κλυτὸν Ἐννοσίγαιον·
"ἀγγελίην τινά τοι, γαιήοχε Κυανοχαῖτα,
175 ἦλθον δεῦρο φέρουσα παραὶ Διὸς αἰγιόχοιο.
παυσάμενόν σ' ἐκέλευε μάχης ἠδὲ πτολέμοιο
ἔρχεσθαι μετὰ φῦλα θεῶν, ἠ' εἰς ἅλα δῖαν.
εἰ δέ οἱ οὐκ ἐπέεσσ' ἐπιπείσεαι, ἀλλ' ἀλογήσεις,
ἠπείλει καὶ κεῖνος ἐναντίβιον πτολεμίξων
180 ἐνθάδ' ἐλεύσεσθαι· σὲ δ' ὑπεξαλέασθαι ἀνώγει
χεῖρας, ἐπεί σεό φησι βίηι πολὺ φέρτερος εἶναι
καὶ γενεῆι πρότερος. σὸν δ' οὐκ ὄθεται φίλον ἦτορ
ἶσόν οἱ φάσθαι, τόν τε στυγέουσι καὶ ἄλλοι."
τὴν δὲ μέγ' ὀχθήσας προσέφη κλυτὸς Ἐννοσίγαιος·
185 "ὢ πόποι, ἦ ῥ' ἀγαθός περ ἐὼν ὑπέροπλον ἔειπεν,
εἴ μ' ὁμότιμον ἐόντα βίηι ἀέκοντα καθέξει.
τρεῖς γάρ τ' ἐκ Κρόνου εἰμὲν ἀδελφεοί, οὓς τέκετο Ῥέα,
Ζεὺς καὶ ἐγώ, τρίτατος δ' Ἀΐδης ἐνέροισιν ἀνάσσων.
τριχθὰ δὲ πάντα δέδασται, ἕκαστος δ' ἔμμορε τιμῆς·

170 (πτ.) H. π 4225; Phot. Lex. s.v.; (νιφάς) H. ν 593   171b sch A 477b; sch Arat.
424   174–5 ApS 7.10; 174 (–γαι.) sch A 366b   179–80a sch^D Θ 150; 180 (ὑπεξ.) H.
υ 319   182b sch O 166–7b   185 Syr. in Metaph. CAG vi(1).170.27; Eudoc. 1910;
(ὑπέρ.) H. υ 447; Phot. Lex. s.v.   187–91 w10; 187–9 [Plut.] Hom. 2.97.2; Sext. Math.
9.182; 187–8 (–Ἀΐδ.) Procl. in Crat. 50.11; 187 (–ἀδελφ.) ib. 83.18; (οὓς–) Syr. in Hermog.
i.48.19; 187a + 192 (–οὐρ.) + 195 Herm. in Pl. Phdr. 138.1 C.; 188 (ἐνέρ.) H. (Cyr.) ε 2936;
189–93 Anon. in Stob. 1.21.4; 189 Plut. Pomp. 53.10; [Plut.] Hom. 2.145.7; Max. Tyr.
40.6; Hipp. Ref. 5.8.3, 20.8; w25 fr. 9.10? (lacerum); 189a + 190 (ἔλ.–) + 191 (Ἀΐδ.–) +

171 ὑπὸ 9 W^c: ὑπαὶ 60 Z Ω*: υπε[631.—cf. ad M 462, Ξ 414   ῥριπῆς W   176 σ'
ἐκέλευε N rr, σε κέλευε 60 A^γρ F T, ε]υε 632: σ' ἐκέλευσε D G, σε κέλευσε 9 R W: σε
κέλεται A b.—cf. ad B 28   177 ἔρχεσθαι 9 60 631 Ω*: -εσθ' ἦ R.—cf. ad 161   ἠ' Fick:
η 9, ἦ Ω   179 καὶ κεῖνος Zen Ar 9 Ω*: κἀκ– 60 631 t D T R G   πτολεμίξων t^vl
A D R G^c, πολεμίξων Ar T,]ξων 500: πολεμίζων Zen 9 60 t^vl F W, πτολεμίζων b G^a:
πτολεμι[632.—cf. ad K 451, Φ 477   180 ἀνώγει 9 60 500 Ω*: ἄνωγε D (ex -γα)
R   181 ἐπεί σεό Hdn (cf. 165): ἐπεὶ σέο Ω   βιηφι 9   183 οἱ Ω: εμοι (ex 167) 9 60
V   185 ὢ A D B^a F^a T G: ὣ Ω*.—v. Praef. xxii   186 ἀέκοντα A   187 τ' ἐκ Ar
(καὶ πολλοὶ τῶν ἀπὸ τῆς σχολῆς) tt* Ω*: τε (nov. Did) 9 60 w10 [Plut.] Sext.^vl R G^γρ: ἐκ
D   εἰμὲν 9 60 632 tt* Ω, ἐσμὲν Herm., ενμεν w10: ἤμεν [Plut.]^vl Sext.   τέκετο Ῥέα Hdn
9 60 632 w10 tt* Ω* (τέτοκε G): τέκε Ῥέα [Plut.]^vl F V: τέκε Ῥεία [Plut.]^vl rr: τέκε Ῥείη
(= Hymn. Hom. 21.1) Sext.^vl r.—cf. ad Ξ 203   188 καὶ ἐγὼ 9 60 tt* Ω: καγω w10
ἀνάσσων 9 60 tt* Ω: -σσει w10   189 πάντα 9 tt Ω: πάντ' ἃ Stesimbrotus Crates

190 ἤτοι ἐγὼν ἔλαχον πολιὴν ἅλα ναιέμεν αἰεί
παλλομένων, Ἀΐδης δ᾽ ἔλαχε ζόφον ἠερόεντα,
Ζεὺς δ᾽ ἔλαχ᾽ οὐρανὸν εὐρὺν ἐν αἰθέρι καὶ νεφέληισιν.
γαῖα δ᾽ ἔτι ξυνὴ πάντων καὶ μακρὸς Ὄλυμπος·
τώ ῥα καὶ οὔ τι Διὸς βέομαι φρεσίν, ἀλλὰ ἕκηλος
195 καὶ κρατερός περ ἐὼν μενέτω τριτάτηι ἐνὶ μοίρηι.
χερσὶ δὲ μή τί με πάγχυ κακὸν ὣς δειδισσέσθω·
θυγατέρεσσιν γάρ τε καὶ υἱάσι κέρδιον εἴη
ἐκπάγλοις ἐπέεσσιν ἐνισσέμεν, οὓς τέκεν αὐτός,
οἵ ἕθεν ὀτρύνοντος ἀκούσονται καὶ ἀνάγκηι."
200 τὸν δ᾽ ἠμείβετ᾽ ἔπειτα ποδήνεμος ὠκέα Ἶρις·
"οὕτω γὰρ δή τοι, γαιήοχε Κυανοχαῖτα,
τόνδε φέρω Διὶ μῦθον ἀπηνέα τε κρατερόν τε,
ἦ τι μεταστρέψεις; στρεπταὶ μέν τε φρένες ἐσθλῶν.
οἶσθ᾽ ὡς πρεσβυτέροισιν Ἐρινύες αἰὲν ἕπονται."

192 (Ζεὺς δ᾽ οὐρ.) Max. Tyr. 26.7; 189a ApS 155.9; Porph. Od. 54.1 Schr.; [Iambl.]
Theol. Arithm. 19.12 de F.; Procl. in Crat. 83.26; Lyd. Mens. 2.8; David in Porph. Isag.
CAG xviii(2).157.12; Elias in eand. CAG xviii(1).69.24; [Elias] in eand. 9.8; 190–3 Hclt.
Alleg. 41.4; 190 + 193 (–πάντων) alludit Nicarchus A.P. 11.328.3/11; 190 (–ἅλα) + 192a
+ 191 (Ἀΐδ.–) Procl. in Tim. i.136.26; 190 ib. 141.27; 190b + 192b + 191 (ζ. ἠερ.) Philod.
π. εὐσ. p.92 Sch.; 190 (π.ἅλα) EtG s. v. πολιόν τε σίδηρον; 191 (παλλ.) H. (Cyr.) π 249,
[259]; (ζ. ἠερ.) [Plut.] Hom. 2.97.3; H. ζ 182; (ζ.) Apio 239.19; 192 [Arist.] De mundo
400a19; [Plut.] Hom. 2.96.2; sch^D Π 365; [Iustin.] Cohort. ad Gr. 5; Porph. Il. 215.3 Schr.;
Procl. in Tim. i.272.24; Olymp. in Meteor. CAG xii(2).46.33, 67.12; Philop. in Meteor.
CAG xiv(1).54.28; (–αἰθ.) sch N 837b; (οὐρ.–) Olymp. in Meteor. CAG xii(2).3.18; 193
Arn in Υ 58; sch Ο 58, 189a¹, ε 244; Hclt. Alleg. 41.11; Donat. in Ter. Ad. 790; w25 fr. 14.1?
(lacerum); (–πάντων) sch Ο 189c; Plut. Mor. 279a; Aristid. Or. 26.101   194 (–φρ.) EtG
β 96; (οὔ–βέ.) sch Χ 431c³   196 (μή–) sch Ο 204b   197 Epm. ΑΟ ii.331.11   198
(–ἐνισσ.) Hdn i.446.18; (ἐνισσ.) H. (Cyr.) ε 3131, [3212]   199a Hdn ad Α 114a, Γ
128a; sch Ο 258b¹   201–3 Sext. Math. 1.276; Stob. 3.20.41; 201–3a [D.H.] Ars 9.3; 201
'Trypho ii' Trop. 20a (CQ 15.244); (οὕτω) + 202 Luc. Dial. 25.35; 203 w5 (lacerum); 203a
sch Ο 201–2; 203b sch Ο 206b   204 (ὡς πρ. Ἐρ.) ibid.

191 ἔλαχε 9 60 632 tt Ω*: -χεν G   192 εὐρὺν Ar 9 60 tt Ω: αἰπὺν Zen (cf. ad
Γ 364)   νεφέληισι(ν) 9 60 tt* Ω: νεφέεσσιν Porph.   194 τώ rr: τῶ(ι) 9 Ζ Ω   βέομαι 9 t
Ω*, βαί- 60 h139^β6 Ζ D: βί- rr (cf. ad Π 852, Χ 431; Hymn. Ap. 528; Chantr. I 452 sq.).—
locutio obscura   196 δειδισσέσθω t Ζ Ω: δειδιξ- 9   197 τε 9 t Ω*: κε 60 V: om.
C^a   υἱάσι 9 60 632 t Ω: -έσι quidam ap. sch^T castigati   κέρδιον "οἱ εἰκαιότεροι" 9 60
632 t Ω*: κάλλιον Arph (cf. ad Χ 103, 108): βέλτερον Ar Ζ R (cf. Σ 302): φίλτερον
rr   199 οἵ ἕθεν Hdn Α D^a F: οἳ ἕθεν (vel ἔ-) fere 9 Ω*   201 γὰρ δή τοι 9 60 tt* Ω:
δὴ κέλεαι Sext.   203 ἤ τι Bekker, ἦ τι Ω (ἦ τί R), η τι 60 w5: η τε 9   204 pro
interrogativo accipi posse monet sch^bT   πρεσβυτέροισιν 9 60 t Ω*: -τάτοισιν R
ἐρινύες 1328 Ζ Ω*: ἐρινν- 9 60 D C F^c G

205   τὴν δ' αὖτε προσέειπε Ποσειδάων ἐνοσίχθων·
     "Ἴρι θεά, μάλα τοῦτο ἔπος κατὰ μοῖραν ἔειπες·
     ἐσθλὸν καὶ τὸ τέτυκται, ὅτ' ἄγγελος αἴσιμα εἴδηι.
     ἀλλὰ τόδ' αἰνὸν ἄχος κραδίην καὶ θυμὸν ἱκάνει,
     ὁππότ' ἂν ἰσόμορον καὶ ὁμῆι πεπρωμένον αἴσηι

210   νεικείειν ἐθέλησι χολωτοῖσιν ἐπέεσσιν.
     ἀλλ' ἤτοι νῦν μέν γε νεμεσσηθεὶς ὑποείξω,
     ἄλλο δέ τοι ἐρέω, καὶ ἀπειλήσω τό γε θυμῶι·
     αἴ κεν ἄνευ ἐμέθεν καὶ Ἀθηναίης ἀγελείης
     {Ἥρης Ἑρμείω τε καὶ Ἡφαίστοιο ἄνακτος}

215   Ἰλίου αἰπεινῆς πεφιδήσεται, οὐδ' ἐθελήσει
     ἐκπέρσαι, δοῦναι δὲ μέγα κράτος Ἀργείοισιν,
     ἴστω τοῦθ', ὅτι νῶϊν ἀνήκεστος χόλος ἔσται."
     ὣς εἰπὼν λίπε λαὸν Ἀχαιϊκὸν Ἐννοσίγαιος,
     δῦνε δὲ πόντον ἰών· πόθεσαν δ' ἥρωες Ἀχαιοί.

220   καὶ τότ' Ἀπόλλωνα προσέφη νεφεληγερέτα Ζεύς·
     "ἔρχεο νῦν, φίλε Φοῖβε, μεθ' Ἕκτορα χαλκοκορυστήν·
     ἤδη μὲν γάρ τοι γαιήοχος Ἐννοσίγαιος
     οἴχεται εἰς ἅλα δῖαν, ἀλευάμενος χόλον αἰπύν
     ἡμέτερον. μάλα γάρ κε μάχης ἐπύθοντο καὶ ἄλλοι,

225   οἵ περ ἐνέρτεροί εἰσι θεοί, Κρόνον ἀμφὶς ἐόντες.
     ἀλλὰ τόδ' ἠμὲν ἐμοὶ πολὺ κέρδιον ἠδέ οἱ αὐτῶι
     ἔπλετο, ὅττι πάροιθε νεμεσσηθεὶς ὑπόειξεν

---

207 resp. Pind. Pyth. 4.277; sch ad loc. (4.493); sch A.R. 1.650; Eudoc. 1376; 207a sch B 24–5   208–10 Porph. Il. 105.10 Schr.; 208–9 wl i 15; 209a Epm. o 99   211 Porph. Il. 204.15 Schr.; 211a sch O 212b; 211b Arn ad O 212a   213a Epm. α 230, 286   214 ib. α 104; 214a Choer. in Thd. i.375.13   217 ApS 35.10; sch Pind. Ol. 6.12d; Eudoc. 165; Epm. τ 72; 217a Arn ad O 212a   219 (δῦνε) H. δ 2493   223a ApS 22.10   224 (μά-λα-)–5 sch^D A 399; 225 Hdn ii.951.5; EtG α 727; Epm. α 293   226–7 (ἔπλ.) ApD Pron. 43.14, Synt. 200.1; 226 Hdn ad E 64a

206 ath. Zen   κατὰ μοῖραν 9 60 1328 Ω: νημερτὲς (ex Γ 204) rr, agn. Eust.   ἔειπες 9 60 1328 Ω: -ας O   207 εἴδηι (Tyr?) van Leeuwen, εἰδῆι Ar 9 60 tt Ω: εἴπηι Zen   211 ἤτοι 9   γε Ar D: κε (nov. Did) 9 tt Ω*, καὶ 60   212–17 ath. Ar   213 ἄνευ 9 60 tt Ω: ἄνευθ' Nauck (cf. E 185, Π 89)   214 post Ar damn. Heyne ut ex Υ 33–6 haustum   Ἥρης 60 Ω (cf. 302, al.): Ἥρης θ' 9 B^c rr   Ἑρμείω τε καὶ Ἡφαίστοιο 9 60 500 tt Ω: Ἡφαίστου τε καὶ Ἑρμείαο quidam ap. sch^{AT} (Did?)   218 Ἀχαιϊκὸν 9 60 Ω*: -αϊκὸν D F R   223 ἀλευάμενος 9 60 Ω: -όμενος H.—cf. ad E 28   224 κε 500 t sch^D F R G^c, καὶ 60: τε Ω*   225 susp. van Leeuwen   ἐνέρτεροί 60 Z A^s Ω*: νέρτ- tt* A A^λ b T^{gl} R G: alterutrum Ar, utrumque sch-A^{codd}: νέρτατοί (A) vel ἐνέρ- (T) Zen: ὑπέρτεροι Hdn^{cod}.—cf. ad E 898, Υ 57   226 κέρδιον ApD^{Synt} 60 Ω*: κάλλιον tt* R (cf. ad 197)   ἠδέ οἱ Ptol h T R W: ἠδὲ οἱ ApD Hdn Ω* (οἳ D).—cf. La Roche Unt. I 141

χεῖρας ἐμάς, ἐπεὶ οὔ κεν ἀνιδρωτεί γ' ἐτελέσθη.
ἀλλὰ σύ γ' ἐν χείρεσσι λάβ' αἰγίδα θυσανόεσσαν,
230   τῆι μάλ' ἐπισσείων φοβέειν ἥρωας Ἀχαιούς.
σοὶ δ' αὐτῶι μελέτω, Ἑκατηβόλε, φαίδιμος Ἕκτωρ·
τόφρα γὰρ οὖν οἱ ἔγειρε μένος μέγα, ὄφρ' ἂν Ἀχαιοὶ
φεύγοντες νῆάς τε καὶ Ἑλλήσποντον ἵκωνται.
κεῖθεν δ' αὐτὸς ἐγὼ φράσομαι ἔργόν τε ἔπος τε,
235   ὥς κε καὶ αὖτις Ἀχαιοὶ ἀναπνεύσωσι πόνοιο."
    ὣς ἔφατ'· οὐδ' ἄρα πατρὸς ἀνηκούστησεν Ἀπόλλων,
βῆ δὲ κατ' Ἰδαίων ὀρέων, ἴρηκι ἐοικώς
ὠκέϊ φασσοφόνωι, ὅς τ' ὤκιστος πετεηνῶν.
ηὗρ' υἱὸν Πριάμοιο δαΐφρονος, Ἕκτορα δῖον,
240   ἥμενον, οὐδ' ἔτι κεῖτο, νέον δ' ἐσαγείρετο θυμόν,
ἀμφὶ ἓ γινώσκων ἑτάρους, ἀτὰρ ἄσθμα καὶ ἱδρώς
παύετ', ἐπεί μιν ἔγειρε Διὸς νόος αἰγιόχοιο.
ἀγχοῦ δ' ἱστάμενος προσέφη ἑκάεργος Ἀπόλλων·
"Ἕκτορ υἱὲ Πριάμοιο, τίη δὲ σὺ νόσφιν ἀπ' ἄλλων
245   ἧσ' ὀλιγηπελέων; ἦ πού τί σε κῆδος ἱκάνει;"
    τὸν δ' ὀλιγοδρανέων προσέφη κορυθαίολος Ἕκτωρ·
"τίς δὲ σύ ἐσσι, φέριστε, θεῶν, ὅς μ' εἴρεαι ἄντην;
οὐκ ἀΐεις, ὅ με νηυσὶν ἔπι πρυμνῆισιν Ἀχαιῶν

228 (ἀνιδρ.) sch Ο 226a; H. α 5176; (ἐτελ.) id. ε 6536   **229** sch^h46 Δ 167 (vii.285.16 E.)   **230a** sch Χ 221   **231a** ApD Pron. 45.26, 116.4, Adv. 125.14, Synt. 190.3   **232** (ἐγ. μένος) cf. Arist. E.N. 1116b28   **234** Eudoc. 2264   **235a** Arn ad Ο 231   **236** (ἀνηκ.) H. (Cyr.) α 5049   **237–8a** Ael. N.A. 10.14; **238a** [Plut.] Hom. 2.86.2; (φασσ.) H. φ 218   **240b** Polyb. Soloec. 286.5 Nauck; (ἐσαγ.) H. (Cyr.) ε 1078   **241** (-έτ.) H. α 4005; Epm. α 293; (ἄσθμα) H. (Cyr.) α 7660   **244b** ApD Coni. 255.8, Synt. 440.4   **245a** cf. Arist. Metaph. 1009b30, De an. 404a30 (Democr. 68 A 101)   **246a** ApS 60.17; (ὀλιγ.) ApS 120.5; H. ο 547   **248** (οὐκ ἀΐεις) H. (Cyr.) ο 1619

228 damn. Heyne   ἀνιδρωτεί Barnes: -τί 60 tt Ζ Ω   γε τελέσθη C   **229** θυσανόεσσαν 60 Ω*: θυσσ- t A W   **230** τῆι 60 Ω*: τὴν G^c H^c O   **231–5** ath. Arph Ar   **232** ὄφρ' (nov. Did) Ζ Ω*: τόφρ' Ar^ab 60 D G (cf. Call. Hymn. 4.39 sq.)   **234–5** damn. Düntzer   **234** ἔργόν sic A G   **235** κε t Ω*, καὶ 60: τε A^s b   αὖθις C G   **237** ἴρηκι b F^c T G^a?:ΐ- Ζ Ω*:ΐ- A   **238** ὠκέϊ sic 1297 Ω   **239** ηὗρ' Fick: εὗρ' 60 1297 Ω: εὗρε δ' r (cf. ad Λ 197)   υἱὸν 60 1297 Ω: υἷα La Roche Unt. I 46 (cf. ad Δ 499)   **240** οὐδέ τι 1297 D B^c F^a T   ἐσαγείρετο Ar A R G: -ατο (nov. Did) 60 h139^ε198 tt Ζ Ω*.—cf. ad Φ 417   **241** ἀμφὶ ἓ Hdn Ζ Ω*: -ί ἑ D R W: -ιε (an -ὶς?) Chrysipp. (SVF iii.192.27) quasi ἀμφιγνοῶν interpretatus   γινώσκων 60 1297 tt Ω: γιγν- Ζ   ἄσθμα (Hdn) Ω*: ἀ- W.—cf. Wack. KS 1565   **244** υἱὲ Ω: ιε 60.—cf. ad Η 47, Λ 200   **245** ἧσ' ὀλιγηπελέων Hdn 60 (-περεων) Ω: κεῖσ' ἀλλοφρονέων Aristot. (Democr.) u.v.   ἦ Hdn Ω: ἤ N   **246** κορυθαίολος C^c N   **248** ἔπι Wolf: ἐπὶ vel ἐπι Ω   πρυμνῆισιν Bekker: proparox. Ω

οὓς ἑτάρους ὀλέκοντα βοὴν ἀγαθὸς βάλεν Αἴας
250   χερμαδίωι πρὸς στῆθος, ἔπαυσε δὲ θούριδος ἀλκῆς·
καὶ δὴ ἐγώ γ' ἐφάμην νέκυας καὶ δῶμ' Ἀΐδαο
ἤματι τῶιδ' ὄψεσθαι, ἐπεὶ φίλον ἄϊον ἦτορ."
    τὸν δ' αὖτε προσέειπεν ἄναξ ἑκάεργος Ἀπόλλων·
"θάρσει νῦν· τοῖόν τοι ἀοσσητῆρα Κρονίων
255   ἐξ Ἴδης προέηκε παρεστάμεναι καὶ ἀμύνειν,
Φοῖβον Ἀπόλλωνα χρυσάορον, ὅς σε πάρος περ
ῥύομ', ὁμῶς αὐτόν τε καὶ αἰπεινὸν πτολίεθρον.
ἀλλ' ἄγε νῦν ἱππεῦσιν ἐπότρυνον πολέεσσιν
νηυσὶν ἔπι γλαφυρῆισιν ἐλαυνέμεν ὠκέας ἵππους·
260   αὐτὰρ ἐγὼ προπάροιθε κιὼν ἵπποισι κέλευθον
πᾶσαν λειανέω, τρέψω δ' ἥρωας Ἀχαιούς."
    ὣς εἰπὼν ἔμπνευσε μένος μέγα ποιμένι λαῶν·
ὡς δ' ὅτε τις στατὸς ἵππος, ἀκοστήσας ἐπὶ φάτνηι,
δεσμὸν ἀπορρήξας θείηι πεδίοιο κροαίνων,
265   εἰωθὼς λούεσθαι ἐϋρρεῖος ποταμοῖο,
{κυδιόων, ὑψοῦ δὲ κάρη ἔχει, ἀμφὶ δὲ χαῖται
ὤμοις ἀΐσσονται· ὃ δ' ἀγλαΐηφι πεποιθώς,
ῥίμφά ἑ γοῦνα φέρει μετά τ' ἤθεα καὶ νομὸν ἵππων·}
ὣς Ἕκτωρ λαιψηρὰ πόδας καὶ γούνατ' ἐνώμα
270   ὀτρύνων ἱππῆας, ἐπεὶ θεοῦ ἔκλυεν αὐδήν.
οἳ δ' ὥς τ' ἠ' ἔλαφον κεραὸν ἠ' ἄγριον αἶγα

249b sch B 408b   **252b** ApS 16.2; H. ε 4363; EtG α 279; (ἄϊον ἠ.) H. (Cyr.) α 2041   **254–6a** sch[h62] H 75 (ii.223.14 E.); **254** (τοῖόν–) sch O 490; (ἀοσσητῆρα) H. ο 1437; **256–7** (ῥύ.) Prisc. Inst. 17.76; (χρυσ.) H. χ 773   **257** (αἰπ.) H. (Cyr.) α 2046   **260–1a** sch[bT] Π 370; **261** (λει.) H. (Cyr.) λ 510, [925]; EtG λ 190; **261b** sch O 593   **262** (al.) Plut. Mor. 452c; [Plut.] Hom. 2.127.2   **263** Eudoc. 850   **265** (εἰω.) sch O 263–4a   **268a** Arn ad O 265a   **269** cf. Eudoc. 849; (ὣς Ἕκ.) sch O 263–4a

249 ὀλέκοντα 60 Ω: στέλλοντα (ex Δ 294) V   **251** ἐγώ γ' Bekker: ἔγωγ' Ω   **252** ὄψεσθαι (nov. Did) 60 Ω: ἴξ- Ar (et -εῖσθαι quidam teste T) rr.—v.l. sim. ρ 448   **253** ἑκάεργος (= 243) 60 Ω*: Διὸς υἱός b.—cf. ad H 23   **254** νῦν Ω: νυν Cobet Misc. crit. 393   **255** παρεστάμεναι 60 t Ω*: παριστ- F T W.—cf. ad P 563   **256** περ t[vl] A[t] T W: γε 60 t[vl] A[s] Ω*.—cf. ad N 465   **259** om. D[a] ἔπι N: ἐπὶ vel ἐπι Ω   **260** προπάροιθε κιὼν 60 sch[T]-Π Ω* (κιὼν om. R): -θεν ἰὼν sch[b]-Π b.—cf. ad Λ 284   **260–1** κελεύσω | ἐς μόθον διϊέναι C, ubi ἐς μῶλόνδ' ἰέναι ci. Christ: vera C[yp]   **263** φάτνηι t Ω: -ην rr.—cf. ad Z 507   **265–8** (= Z 508–11) ath. Ar, **266–8** om. Zen (cf. Nickau Unt. 118 sq.)   **265** ἐϋ(ρ)ρεῖος 60 Ω (-ῆος R); v. ad Z 508   **268** ῥίμφά sic Ω praeter F   **269** γούνατ' 60 t Ω: γυῖα quidam ap. sch[T] u.v. (ad 268 γοῦνα rettulit Leaf)   **270** ὀτρύνων 60 1329 Ω: -νέων quidam ap. sch[T] (cf. ad N 209)   **271** ἠ' bis Fick: ἢ Ω

ἐσσεύοντο κύνες τε καὶ ἀνέρες ἀγροιῶται·
τὸν μέν τ᾽ ἠλίβατος πέτρη καὶ δάσκιος ὕλη
εἰρύσατ᾽, οὐδ᾽ ἄρα τέ σφι κιχήμεναι αἴσιμον ἦεν,
275 τῶν δέ θ᾽ ὑπὸ ἰαχῆς ἐφάνη λὶς ἠϋγένειος
εἰς ὁδόν, αἶψα δὲ πάντας ἀπέτραπε καὶ μεμαῶτας·
ὣς Δαναοὶ εἵως μὲν ὁμιλαδὸν αἰὲν ἕποντο,
νύσσοντες ξίφεσίν τε καὶ ἔγχεσιν ἀμφιγύοισιν,
αὐτὰρ ἐπεὶ ἴδον Ἕκτορ᾽ ἐποιχόμενον στίχας ἀνδρῶν,
280 τάρβησαν, πᾶσιν δὲ παραὶ ποσὶ κάππεσε θυμός.
τοῖσι δ᾽ ἔπειτ᾽ ἀγόρευε Θόας Ἀνδραίμονος υἱός,
Αἰτωλῶν ὄχ᾽ ἄριστος, ἐπιστάμενος μὲν ἄκοντι,
ἐσθλὸς δ᾽ ἐν σταδίηι· ἀγορῆι δέ ἑ παῦροι Ἀχαιῶν
νίκων, ὁππότε κοῦροι ἐρίσσειαν περὶ μύθων·
285 ὅ σφιν ἐϋ φρονέων ἀγορήσατο καὶ μετέειπεν·
"ὦ πόποι, ἦ μέγα θαῦμα τόδ᾽ ὀφθαλμοῖσιν ὁρῶμαι,
οἷον δὴ αὖτ᾽ ἐξαῦτις ἀνέστη κῆρας ἀλύξας
Ἕκτωρ. ἦ θήν μιν μάλα ἔλπετο θυμὸς ἑκάστου
χερσὶν ὑπ᾽ Αἴαντος θανέειν Τελαμωνιάδαο·
290 ἀλλά τις αὖτε θεῶν ἐρρύσατο καὶ ἐσάωσεν
{Ἕκτορ᾽, ὃ δὴ πολλῶν Δαναῶν ὑπὸ γούνατ᾽ ἔλυσεν,
ὡς καὶ νῦν ἔσσεσθαι ὀΐομαι· οὐ γὰρ ἄτερ γε
Ζηνὸς ἐριγδούπου πρόμος ἵσταται ὧδε μενοινῶν}.
ἀλλ᾽ ἄγεθ᾽, ὡς ἂν ἐγὼ εἴπω, πειθώμεθα πάντες·

273 (–πέτρη) Hdn ad Ο 619a[1]; EtG s.v. ἠλίβατος; (ἠλίβ.) ApS 83.25; H. (Cyr.) ο 353; Phot. Lex. η 120; (ἄσκιος ὕ.) H. (Cyr.) α 7706   **275** (λὶς ἠϋγ.) sch Theoc. 13.6a   **280** (τάρβ.) H. (Cyr.) τ 184; (πᾶσιν–) Epm. π 183 (Hdn ii.198.18); EtG s.v. κάππεσε; 280b sch Ν 617b[1]; H. (Cyr.) π 525, cf. 521; Epm. π 89   **283b–4** (–ἐρίσσ.) sch Η 167b; **284** (ὅτε–) sch Ι 443a   **287** Eudoc. 1293, 2237   **288** (ἦ θήν μιν) H. (Cyr.) η 231   **292** (ἄτερ γε) id. α 8060   **293** (ἐριγδ.) ApS 76.8

272 ἐσσεύοντο (nov. Did) 60 Ζ Ω: -αντο Ar 'omnes' Didymi R[a].—cf. ad Λ 549; Chantr. I 385; Janko ad loc.   **274** τέ Ω*: τί 1329 R W: δι 60: †τᾶι quidam ap. sch[T]   **275** ὑπὸ 60 1329 Ω*: ὑπαὶ W N V   λὶς Ω*: λῖς B[c] C[a] F R W.—cf. ad Λ 239, Ρ 109, Σ 318   **276** ἀπέτραπε 60 Ω*: -τρεπε Β Ε   **277** εἵως (= Ρ 730) Ar Nic 60 1329 Ω: τείως Zen   **285** ὅ [1329] Ω*: ὅς R W   ἐϋ A: εὖ Ω*: ἐϋ- Β Ε F, εὐ- T   **286** ὦ A D F[a] T G: ὣ Ω*   **287** οἷον [1329] Ω: τοιον 60   δὴ Bekker (cf. Ν 633, Ρ 587, Φ 57): δ᾽ 60 1329 Ω: ὅδ᾽ t   ἐξαῦτις 1329 Ω*: -θις C   **288** ἦ Hdn Ω*: ἢ D   **289** ὑπ᾽ van Leeuwen: ὑπ᾽ Ω*   θανέειν 60 Ω: θανέμεν r   **290** καὶ ἐσάωσεν (cf. ξ 279[vl], χ 372) 60 Ω: καὶ ἐ σά- Gerhard: ἠδὲ σά- Bekker Hom. Bl. II 2 cl. Κ 44, κ 286   **291–3** uncis saepsit Fick: unum 291 susp. Leaf   **292** ὡς Ω*: ὣς D[c] F   **294** ἐγὼ Ω: εγων 60 (cf. ad Ξ 370): ἔγωγ᾽ V

295 πληθὺν μὲν ποτὶ νῆας ἀνώξομεν ἀπονέεσθαι,
   αὐτοὶ δ᾽, ὅσσοι ἄριστοι ἐνὶ στρατῶι εὐχόμεθ᾽ εἶναι,
   στείομεν, εἴ κεν πρῶτον ἐρύξομεν ἀντιάσαντες,
   δούρατ᾽ ἀνασχόμενοι. τὸν δ᾽ οἴω καὶ μεμαῶτα
   θυμῶι δείσεσθαι Δαναῶν καταδῦναι ὅμιλον.”
300 ὣς ἔφαθ᾽· οἳ δ᾽ ἄρα τοῦ μάλα μὲν κλύον ἠδ᾽ ἐπίθοντο.
   οἳ μὲν ἄρ᾽ ἀμφ᾽ Αἴαντα καὶ Ἰδομενῆα ἄνακτα,
   Τεῦκρον Μηριόνην τε Μέγην τ᾽ ἀτάλαντον Ἄρηϊ
   ὑσμίνην ἤρτυνον, ἀριστῆας καλέσαντες,
   Ἕκτορι καὶ Τρώεσσιν ἐναντίον· αὐτὰρ ὀπίσσω
305 ἡ πληθὺς ἐπὶ νῆας Ἀχαιῶν ἀπονέοντο.
   Τρῶες δὲ προύτυψαν ἀολλέες, ἦρχε δ᾽ ἄρ᾽ Ἕκτωρ
   μακρὰ βιβάς· πρόσθεν δ᾽ ἔκι᾽ αὐτοῦ Φοῖβος Ἀπόλλων
   εἱμένος ὤμοιιν νεφέλην, ἔχε δ᾽ αἰγίδα θοῦριν,
   δεινὴν ἀμφιδάσειαν ἀριπρεπέ᾽, ἣν ἄρα χαλκεύς
310 Ἥφαιστος Διὶ δῶκε φορήμεναι ἐς φόβον ἀνδρῶν.
   τὴν ἄρ᾽ ὅ γ᾽ ἐν χείρεσσιν ἔχων ἡγήσατο λαῶν·
   Ἀργεῖοι δ᾽ ὑπέμειναν ἀολλέες, ὦρτο δ᾽ ἀϋτή
   ὀξεῖ᾽ ἀμφοτέρωθεν, ἀπὸ νευρῆφι δ᾽ ὀϊστοί
   θρῶισκον, πολλὰ δὲ δοῦρα θρασειάων ἀπὸ χειρῶν
315 ἄλλα μὲν ἐν χροῒ πήγνυτ᾽ ἀρηϊθόων αἰζηῶν,
   πολλὰ δὲ καὶ μεσσηγύ, πάρος χρόα λευκὸν ἐπαυρεῖν,
   ἐν γαίηι ἵσταντο, λιλαιόμενα χροὸς ἆσαι.

295 Epm. α 73 **297** (στεί., ἀντ.) + **298a** Nic ad Ο 298; (στεί.) Η. σ 1711
302b Choer. in Thd. i.158.16 **304** (αὐτὰρ–)–**5** Anon. Fig. iii.153.23 Sp.; **305** Hdn ad
Δ 212a¹; ‘Hdn.’ Fig. 5; [Plut.] Hom. 2.46; sch Pind. Ol. 6.122b, Pyth. 2.85b; sch Arat. 130;
(ἡ πλ. ἀπον.) Did ad Ρ 392a, γ 304 **307** (πρόσθεν–)–**10** Porph. Il. 41.4 Schr.;
308 (–νεφ.) sch Ο 320b; Choer. in Thd. ii.48.13; EtG α 737; **309**–**10** (laceros) h140 i 9; **309**
(ἀμφιδ.) Poll. 10.38; Η. α 3976; (ἣν–)–**310a** sch Σ 131, γ 432; **310** (–φορ.) ApS 165.4

295 ποτὶ 60 1329 t Ω*: προτὶ *b* R ἀνώξομεν t Ζ Ω: ἀνάξ- 60 Ηˢ: ἀνώγ- Wack. Unt.
145 n.2 **297** στείομεν 60 t Ζ Ω: στή- rᵃ εἴ 60 Aᵞᵖ Aᵐ Ω*: ὥς Α rr: fort. αἴ κεν 60
Ω*: κε F N ἀντιάσαντες 60 Ω*: -ντα R **301** Αἴαντα Ar 60 Ω*: -ντε Zen Arph Aˢ
T G.—cf. ad Κ 53 **302** Μέγην Ar Hdn t Ω: Μεγῆν Ptol r **305** ἐπὶ 60 319 tt Ζ Ω:
ποτὶ (ex 295) rr **306** προύτυψαν 60 Ω: προέ- r **307** βιβάς (nov. Did) 60 (-βα) Ω*
Gˢ: βιβῶν Ar ‘omnes’ Didymi 93 319 Aᵐ F R G: βοῶν Zen.—cf. ad Η 213 δ᾽ ἔκι᾽
A F W G: δὲ κί᾽ Ω* **308** ὤμοιϊν 60 tt* Ω*: -οισι(ν) 93 319 Choer. A *b* R αἰγίδα 60
t Ω: ἀσπίδα Eust.ᵞᵖ Ηᵞᵖ.—cf. ad 318, Φ 400 **310** Διὶ δῶκε 319 ApS Porph. Ω: Διι
θηκε 60: ποίησεν (ex Υ 12) tt* **314** θρῶισκον (Hdn) A Bᵃ Ε, θρῶισκων W: θρῶσ-
κον 60 93 Ω* **315** πήγνυτ᾽ 60 93 Ω*: πῆχθεν (ex Θ 298) R G **316** λευκὸν 60 Ω*:
καλὸν R: χαλκὸν rr.—cf. ad Λ 573

ὄφρα μὲν αἰγίδα χερσὶν ἔχ' ἀτρέμα Φοῖβος Ἀπόλλων,
τόφρα μάλ' ἀμφοτέρων βέλε' ἥπτετο, πῖπτε δὲ λαός·
320   αὐτὰρ ἐπεὶ κατ' ἐνῶπα ἰδὼν Δαναῶν ταχυπώλων
σεῖσ', ἐπὶ δ' αὐτὸς ἄϋσε μάλα μέγα, τοῖσι δὲ θυμόν
ἐν στήθεσσιν ἔθελξε, λάθοντο δὲ θούριδος ἀλκῆς.
οἳ δ' ὥς τ' ἠὲ βοῶν ἀγέλην ἢ πῶϋ μέγ' οἰῶν
θῆρε δύω κλονέωσι μελαίνης νυκτὸς ἀμολγῶι
325   ἐλθόντ' ἐξαπίνης σημάντορος οὐ παρεόντος,
ὣς ἐφόβηθεν Ἀχαιοὶ ἀνάλκιδες· ἐν γὰρ Ἀπόλλων
ἧκε φόβον, Τρωσὶν δὲ καὶ Ἕκτορι κῦδος ὄπαζεν.
     ἔνθα δ' ἀνὴρ ἕλεν ἄνδρα κεδασθείσης ὑσμίνης.
Ἕκτωρ μὲν Στιχίον τε καὶ Ἀρκεσίλαον ἔπεφνεν,
330   τὸν μὲν Βοιωτῶν ἡγήτορα χαλκοχιτώνων,
τὸν δὲ Μενεσθῆος μεγαθύμου πιστὸν ἑταῖρον.
Αἰνείας δὲ Μέδοντα καὶ Ἴασον ἐξενάριξεν·
ἤτοι ὃ μὲν νόθος υἱὸς Ὀϊλῆος θείοιο
ἔσκε Μέδων, Αἴαντος ἀδελφεός, αὐτὰρ ἔναιεν
335   ἐν Φυλάκηι γαίης ἄπο πατρίδος, ἄνδρα κατακτάς,
γνωτὸν μητρυιῆς Ἐριώπιδος, ἣν ἔχ' Ὀϊλεύς·
Ἴασος αὖτ' ἀρχὸς μὲν Ἀθηναίων ἐτέτυκτο,
υἱὸς δὲ Σφήλοιο καλέσκετο Βουκολίδαο.
Μηκιστῆ δ' ἕλε Πουλυδάμας, Ἐχίον δὲ Πολίτης
340   πρώτηι ἐν ὑσμίνηι, Κλονίον δ' ἕλε δῖος Ἀγήνωρ.
Δηΐοχον δὲ Πάρις βάλε νείατον ὦμον ὄπισθεν
φεύγοντ' ἐν προμάχοισι, διάπρο δὲ χαλκὸν ἔλασσεν.

318–19 (–ἥπτ.) + 320 + 322 Porph. Il. 42.9 Schr.; 318 EtG α 1364   320 (κατ' ἐν.) H. (Cyr.) κ 1642, cf. ε 3466   321–2 Chrysipp. (SVF ii.253.26) ap. Gal. Plac. Hipp. et Plat. 3.2.14; 321 (ἐπὶ–μέγα) Did ad Ο 307a$^{2/3}$ 324 al. (νυκτὸς ἀμ.) Epm. θ 25   325b ApS 141.16; sch ρ 21; (σημ.) ApS 45.14   337a sch Ε 576   339a sch Δ 384c   340a sch Ο 341a

318 αἰγίδα 60 EtG Ω: ἀσπίδα t*   319 ἀμφοτέρων 60 Ω: -οις t   320 κατ' ἐνῶπα Ar Hsch. D (-ώπα) T^c W, κατενῶπα Z Α^λ Ω*: κατένωπα Alexio 'plerique' (prob. Hdn) Α^a G   322 λάθοντο δὲ θούριδος ἀλκῆς 60 Porph. Ω: φόβου δ' ἐμνήσαθ' ἕκαστος t*   324 κλονέωσι 60 1331 A B E F^c G: -ουσι 93 Ω*   330 χαλκοχιτώνων Ω* (cf. Δ 285 = Μ 354): καρτεροθύμων 60 (ex -μον) 1331 Α^{γρ} F (cf. Ξ 512) 333 Ὀϊλῆος Ar Ω: ὁ Ἰλ- Zen.—cf. ad Β 527   335 ἄπο D^c B^c C F^c T R W G: ἀπο 1331, ἀπὸ vel ἄπο Ω*.—cf. ad Ν 696   336 Ὀϊλεὺς Ar Ω: ὁ Ἰλ- Zen   338 hab. 435 1331 Ω: om. 223   339 Μηκιστῆ Hdn 60 t Z Ω* (-έα La Roche Unt. I 148): -ὴν Α^m O, -ῆν C^c F^a, nescio quid R^a: μήκιστον R^s.—cf. ad Δ 384; Chantr. I 34, 224   Ἐχίον 435 Ω: proparox. O V   341 Δηΐχολον Z   342 προμάχοισι 60 1331 [h84] Ω: πυμάτοισι quidam ap. sch^{bT} διάπρο dedi (Praef. xix): διὰ πρὸ vel διαπρὸ fere Ω

ὄφρ' οἳ τοὺς ἐνάριζον ἄπ' ἔντεα, τόφρα δ' Ἀχαιοί
τάφρωι καὶ σκολόπεσσιν ἐνιπλήξαντες ὀρυκτῆι
345   ἔνθα καὶ ἔνθα φέβοντο, δύοντο δὲ τεῖχος ἀνάγκηι.
Ἕκτωρ δὲ Τρώεσσιν ἐκέκλετο μακρὸν ἀΰσας
νηυσὶν ἐπισσεύεσθαι, ἐᾶν δ' ἔναρα βροτόεντα·
"ὃν δ' ἂν ἐγὼν ἀπάνευθε νεῶν ἑτέρωθι νοήσω,
αὐτοῦ οἱ θάνατον μητίσομαι, οὐδέ νυ τόν γε
350   γνωτοί τε γνωταί τε πυρὸς λελάχωσι θανόντα,
ἀλλὰ κύνες ἐρύουσι πρὸ ἄστεος ἡμετέροιο."
ὣς εἰπὼν μάστιγι κατωμαδὸν ἤλασεν ἵππους,
κεκλόμενος Τρώεσσιν ἐπὶ στίχας· οἳ δὲ σὺν αὐτῶι
πάντες ὁμοκλήσαντες ἔχον ἐρυσάρματας ἵππους
355   ἠχῆι θεσπεσίηι· προπάροιθε δὲ Φοῖβος Ἀπόλλων
ῥεῖ' ὄχθας καπέτοιο βαθείης ποσσὶν ἐρείπων
ἐς μέσσον κατέβαλλε, γεφύρωσεν δὲ κέλευθον
μακρὴν ἠδ' εὐρεῖαν, ὅσον τ' ἐπὶ δουρὸς ἐρωή
γίνεται, ὁππότ' ἀνὴρ σθένεος πειρώμενος ἧισιν.
360   τῆι ῥ' οἵ γε προχέοντο φαλαγγηδόν, πρὸ δ' Ἀπόλλων
αἰγίδ' ἔχων ἐρίτιμον· ἔρειπε δὲ τεῖχος Ἀχαιῶν
ῥεῖα μάλ', ὡς ὅτε τις ψάμαθον πάις ἄγχι θαλάσσης,
ὅς τ' ἐπεὶ οὖν ποιήσηι ἀθύρματα νηπιέηισιν,

344 (ἐνιπλ.) H. (Cyr.) ε 3120   346–9 (–μητ.) Auct. π. ὕψ. 27.1; 346–8 [Plut.] Hom.
2.57.2; 347a Nic ad Ο 346; (ἐᾶν δ' ἔν.) sch Ζ 70; 348–9 (–μητ.) [Plut.] Hom. 2.197; 348a
Nic ad Ο 346; 349 (μητ.) Phot. Lex. μ 422; (οὐδέ νυ τόν) H. (Cyr.) ο 1567   350a ApS
55.12   351a sch Β 391–3   352b EtG s.v. κατωμαδόν; (κατωμ.) ApS 96.25; H.
(Cyr.) κ 1883   354 Epm. δ 3   356 sch Ξ 15a²; Porph. Il. 173.21 Schr.; (καπ.) ApS
95.8; H. (Cyr.) κ 697   357b EtG s.v. γεφύρωσεν; (γεφ.) ApS 54.5; H. (Cyr.) γ
471   358 al. (δουρὸς ἐρ.) id. δ 2275; (ἐρωή) Apio 237.23; H. (Cyr.) ε 6135; Orio
59.20   360–2 + 363b–6a Porph. Il. 171.33 Schr.; 360 (φαλ.) H. (Cyr.) φ 79; 361b–2 +
365–6a Porph. Il. 173.24 Schr.; 362–4 id. (fr. 275 Sm.) ap. Stob. 3.21.28; 363 ApS 12.33;

343 ἄπ' Bothe: ἀπ' Ζ Ω   347 pro oratione obliqua acceperunt tt et plerique teste Nic
(cf. Σ 343; Δ 303, Ψ 855): pro recta Zen alii (ἀΰσας· "νηυσὶν ...) ἐπισσεύεσθαι
Ar (nisi -εσθε) Nic sch^bTD 60 tt Ω: -εσθον Zen   348 δ' ἂν 60 tt Ω: δέ κ' Brandreth.—
cf. ad Β 391   ἑτέρωθι 60 Ω* G^vp: -ωσε (v.l. -ωθε) [Plut.]^57: ἐθέλοντα (ex Β 391, Θ 10) 223
tt* W G   351 ἐρύουσι Hdn 60 (sine accentu) t Ω*: -οῦσι (Alexio) R: -σουσι M.—cf.
ad Λ 454, Χ 67   353 Τρώεσσιν ἐπὶ 60 Ω: -εσσι κατὰ h (cf. Λ 91)   354 ὁμοκλ-
Ω   ἔχον t Ω: εχοντ 60   356 ποσσὶν Ar 9 60 tt Ω: χερσὶν Zen   ἐρείπων 9 60 Porph.
Ω* T^s: ἐρίπων Α Β^a Ε Τ (ἐριπὼν Τ^c): ἐρίπτων t*   357 κέλευθον 9 60 t* Ω: -ους
EtG   358 ἐρωή 9 Ω*: -ηι 60, -ῆ Α^a   359 damn. Menrad cl. Φ 251   γίνεται Ω: γίγν-
9 N   ἧσι(ν) 60² Β^c F R G^a: ἧισι Hdn Α D Β^a Ε: ἵησιν Ζ: ἥσει 9 Τ G^c, ἥσει C^vp: εἴσι W,
εἴσι C   361 ἐρίτιμον 9 60 t Ω*: πολύτ- D   ἔρειπε 9 t Ω*: ερερειπε 60: ἔριπε Α D F T
362 πάις 9 D T G: παῖς Ω*   363 ποιήσῃ(ι) 9 60 tt Ω*: -σει D C F^a T

ἂψ αὖτις συνέχευε ποσὶν καὶ χερσὶν ἀθύρων·
365 ὥς ῥα σύ, ἤιε Φοῖβε, πολὺν κάματον καὶ ὀϊζύν
συγχέας Ἀργείων, αὐτοῖσι δὲ φύζαν ἐνῶρσας.
ὣς οἳ μὲν παρὰ νηυσὶν ἐρητύοντο μένοντες,
ἀλλήλοισί τε κεκλόμενοι καὶ πᾶσι θεοῖσιν
χεῖρας ἀνίσχοντες μεγάλ᾽ ηὐχετόωντο ἕκαστος·
370 Νέστωρ αὖτε μάλιστα Γερήνιος, οὖρος Ἀχαιῶν,
ηὔχετο, χεῖρ᾽ ὀρέγων εἰς οὐρανὸν ἀστερόεντα·
"Ζεῦ πάτερ, εἴ ποτέ τίς τοι ἐν Ἄργεί περ πολυπύρωι
ἢ βοὸς ἢ ᾽ ὄιος κατὰ πίονα μηρία καίων
ηὔχετο νοστῆσαι, σὺ δ᾽ ὑπέσχεο καὶ κατένευσας,
375 τῶν μνῆσαι καὶ ἄμυνον, Ὀλύμπιε, νηλεὲς ἦμαρ,
μηδ᾽ οὕτω Τρώεσσιν ἔα δάμνασθαι Ἀχαιούς."
ὣς ἔφατ᾽ εὐχόμενος, μέγα δ᾽ ἔκτυπε μητίετα Ζεύς,
ἀράων ἀΐων Νηληϊάδαο γέροντος.
Τρῶες δ᾽ ὡς ἐπύθοντο Διὸς κτύπον αἰγιόχοιο,
380 μάλλον ἐπ᾽ Ἀργείοισι θόρον, μνήσαντο δὲ χάρμης.
οἳ δ᾽ ὥς τε μέγα κῦμα θαλάσσης εὐρυπόροιο
νηὸς ὑπὲρ τοίχων καταβήσεται, ὁππότ᾽ ἐπείγηι
ἲς ἀνέμου· ἢ γάρ τε μάλιστά γε κύματ᾽ ὀφέλλει·
ὣς Τρῶες μεγάληι ἰαχῆι κατὰ τεῖχος ἔβαινον,
385 ἵππους δ᾽ εἰσελάσαντες ἐπὶ πρύμνηισι μάχοντο
ἔγχεσιν ἀμφιγύοις αὐτοσχεδόν, οἳ μὲν ἀφ᾽ ἵππων,

(νηπ.) H. v 503; **364** (συνέχ.) id. σ 2571; (ἀθύρων) H. (Cyr.) α 1644; **365a** Orio 78.15; EtG s.v. ἤιος; (ἤιε Φ.) ApS 90.17; cf. Porph. Od. 130.6 Schr.   **367a** ApS 118.12   **371** Eudoc. 451   **372** (πολυπ.) Varro R.R. 1.2.7   **374** al. (νοστ.) H. (Cyr.) v 664   **377b** Epm. μ 83   **378** ib. α 306; **378a** H. α 7145; Choer. in Ps. 178.3; (ἀράων) H. (Cyr.) α 6996   **381b** (al.) sch Ω 8b; (εὐρυπ.) ApS 79.22; H. ε 7149 **385** sch Π 370   **386** (οἳ μὲν-)–7 sch Ο 258–9

365 ἤιε Crates Hdn t Ω: ἤιε 435, ἤιε 9: ἤιε Ar   **366** φῦζαν 9 Aˢ Fᵃ W   **366ab** (= O 1–2, nisi quod Τρώων pro Δαναῶν) add. Gᵃ, qui pergit οἱ μὲν δή (= Θ 345), haud male   **367–80** damn. Lachmann 59, cf. Hentze Anhang 104; utique post inserti   **367** ὣς οἳ μὲν 9 60 435 1333 t Ω praeter Gᵃ (v. ad 366ab)   **369** ηὐχετ(άοντο) Fick: εὐχετόωντο 9 60 Ω   **370** αὖτε Ω, ατε 60: δ᾽ αὖτε 9 H.—cf. 659   **371** ηὔχετο Fick: εὐχ- 9 60 1333 t Ω   **372** Ἄργεί (vel -εῖ) Ω: αργει 9   **373** ἢ᾽ Fick: ἢ Ω, ἢ 9, η 500.1   ὄιος Ω: οιος 9 500.1: οἰὸς quidam ap. schᵀ H.—cf. ad Γ 198   **374** ηὔχετο Fick: εὐχ- 9 60 1333 t Ω   **377** ἔκτυπε Ar 9 60 500.1 t Ω: ἔκλυε Zen (quem τοῦ pro μέγα legisse et 378–80 omisisse ci. Düntzer) et V   **378** ἀΐων Schulze Kl. Schr. 345, -ών Dᵘᵛ: αἴων 9 (αίων) Hsch.ᶜᵒᵈ Z Ω*: om. t*   **379** κτύπον 1 9 60 500.1 (κ ex ν) Ω Oʸᵖ: νόον O rr   **380** μάλλον Blass: μᾶ- 9 Ω   **382** ἐπείγη(ι) 1 9 60 (επι-) Ω*: -ει R V   **384** ἔβαινον 1 9 Ω*: ἔβησαν 60 81 500.1 Aˢ Cˢ (ex N 737?)   **384a** ηχ(ῆι θεσπεσίηι (cf. 355) add. 439

οἳ δ᾽ ἀπὸ νηῶν ὕψι μελαινάων ἐπιβάντες
μακροῖσι ξυστοῖσι, τά ῥά σφ᾽ ἐπὶ νηυσὶν ἔκειτο
ναύμαχα κολλήεντα, κατὰ στόμα εἱμένα χαλκῶι.
390   Πάτροκλος δ᾽, εἵως μὲν Ἀχαιοί τε Τρῶές τε
τείχεος ἀμφεμάχοντο θοάων ἔκτοθι νηῶν,
τόφρ᾽ ὅ γ᾽ ἐνὶ κλισίηι ἀγαπήνορος Εὐρυπύλοιο
ἧστό τε καὶ τὸν ἔτερπε λόγοις, ἐπὶ δ᾽ ἕλκεϊ λυγρῶι
φάρμακ᾽ ἀκέσματ᾽ ἔπασσε μελαινάων ὀδυνάων·
395   αὐτὰρ ἐπεὶ δὴ τεῖχος ἐπεσσυμένους ἐνόησεν
Τρῶας, ἀτὰρ Δαναῶν γένετο ἰαχή τε φόβος τε,
ὤιμωξέν τ᾽ ἄρ᾽ ἔπειτα καὶ ὣ πεπλήγετο μηρώ
χερσὶ καταπρηνέσσ᾽, ὀλοφυρόμενος δ᾽ ἔπος ηὔδα·
"Εὐρύπυλ᾽, οὐκέτι τοι δύναμαι χατέοντί περ ἔμπης
400   ἐνθάδε παρμενέμεν· δὴ γὰρ μέγα νεῖκος ὄρωρεν.
ἀλλὰ σὲ μὲν θεράπων ποτιτερπέτω, αὐτὰρ ἐγώ γε
σπεύσομαι εἰς Ἀχιλῆα, ἵν᾽ ὀτρύνω πολεμίζειν.
τίς δ᾽ οἶδ᾽, εἴ κέν οἱ σὺν δαίμονι θυμὸν ὀρίνω
παρειπών; ἀγαθὴ δὲ παραίφασίς ἐστιν ἑταίρου."
405   τὸν μὲν ἄρ᾽ ὣς εἰπόντα πόδες φέρον· αὐτὰρ Ἀχαιοί
Τρῶας ἐπερχομένους μένον ἔμπεδον. οὐδ᾽ ἐδύναντο
παυροτέρους περ ἐόντας ἀπώσασθαι παρὰ νηῶν·

388 Anon. Soloec. 292.6 Nauck; 388b Epm. τ 73   389 imit. Nonn. D. 39.84; 389a
H. ν 131; (ναύμ.) Poll. 1.137; Phot. Lex. s.v.; (κολλ.) H. κ 3336; (κατὰ–εἱμ.) sch N 147b;
(κατὰ στ.) H. (Cyr.) κ 1442; Phot. Lex. κ 367; (εἱμ.–) cf. Epm. η 33   391 (ἔκτοθι) H.
(Cyr.) ε 1731   393 (–λόγ.) [Plut.] Hom. 2.210.3; sch [Aesch.] Prom. 377b; (ἐπὶ δ᾽–)–4a
EtG α 325; 394 ApS 18.24; (ἀκ.) Poll. 4.177; H. (Cyr.) α 2341, 2374   397 Choer. in
Thd. ii.50.20   399 (χατ. περ) H. χ 234   401 (–ποτιτ.) sch O 393a, τ 457   403–4 Sy-
nes. De regno 14 (Opusc. 29.6 T.)   405 (–φέρον) Arn ad Z 511a   407a Epm ad A
131a

387 ἐπιβάντες Ar 9 81 t Ω* Rˢ: ἀπο- 1 60 R   389 in 1333 deletum mg. inf. rest.
m² ναύμαχα sic proparox. Hdn 1 9 500.1 Z Ω; cf. Wack. KS 1185 sq.   περὶ στόμα
Nonn.   χαλκῶι 9 60 tt Z Ω*: -ὸν 1 Tˢ R O (cf. Archil. 98.17)   390 εἵως 1 60 439 500.1
Ω: ει]ος 81(?)   391 ἀμφ᾽ ἐμάχοντο 9 A T Hᶜ   393 λόγοις Ar 1 9 60 500.1 tt Ω (cf.
Wack. Unt. 221 n.1): λούων quidam ap. schᵀ, λόων Nauck   394 ἀκέσματ᾽ Ar alii ante Did: ἀκήματ᾽ (nov. Did) 1 9 60 500.1 tt Z Ω: utrumque Hsch.   395 τεῖχος (= M 143)
1 9 60 500.1 Ω: νῆας malit Nitzsch Sagenpoesie d. Gr. (1852) 288   396 φόβος 1 9 60
1334 Ω: cf. ad Δ 456, M 144   398 καταπρηνέσσ᾽ 9 D, -νέσσι· 500.1, -νέσσιν R,
-νέεσσ᾽ Ω*: -νες 60   δ᾽ ἔπος ηὔδα Ar A F Tˢ W: δὲ προσηύδα (nov. Did) 9 60 1334 Ω*.—
cf. ad 114   399 τοι 9 500.1 Ω: σοι 60   401 ἐγώ γε Bekker: ἔγωγε 9 Ω   406 οὐδ᾽
ἐδύναντο b: οὐδὲ δ- Ω*   407 ἀπώσασθαι παρὰ 60 1335 1336 Ω*: ἀμύνεσθαι περὶ R
(ss. παρὰ; ex M 142)

οὐδέ ποτε Τρῶες Δαναῶν ἐδύναντο φάλαγγας
ῥηξάμενοι κλισίῃσι μιγήμεναι οὐδὲ νέεσσιν·
410   ἀλλ᾽ ὥς τε στάθμη δόρυ νήιον ἐξιθύνει
τέκτονος ἐν παλάμῃσι δαήμονος, ὅς ῥά τε πάσης
εὖ εἴδῃ σοφίης ὑποθημοσύνῃσιν Ἀθήνης,
ὣς μὲν τῶν ἐπὶ ἶσα μάχη τέτατο πτόλεμός τε.
ἄλλοι δ᾽ ἀμφ᾽ ἄλλῃσι μάχην ἐμάχοντο νέεσσιν,
415   Ἕκτωρ δ᾽ ἄντ᾽ Αἴαντος ἐείσατο κυδαλίμοιο.
τὼ δὲ μιῆς περὶ νηὸς ἔχον πόνον, οὐδ᾽ ἐδύναντο
οὔθ᾽ ὃ τὸν ἐξελάσαι καὶ ἐνιπρῆσαι πυρὶ νῆα,
οὔθ᾽ ὃ τὸν ἂψ ὤσασθαι, ἐπεί ῥ᾽ ἐπέλασσέ γε δαίμων.
ἔνθ᾽ υἷα Κλυτίοιο Καλήτορα φαίδιμος Αἴας
420   πῦρ ἐς νῆα φέροντα κατὰ στῆθος βάλε δουρί·
δούπησεν δὲ πεσών, δαλὸς δέ οἱ ἔκπεσε χειρός.
Ἕκτωρ δ᾽ ὡς ἐνόησεν ἀνεψιὸν ὀφθαλμοῖσιν
ἐν κονίῃσι πεσόντα νεὸς προπάροιθε μελαίνης,
Τρωσί τε καὶ Λυκίοισιν ἐκέκλετο μακρὸν ἀύσας·
425   "Τρῶες καὶ Λύκιοι καὶ Δάρδανοι ἀγχιμαχηταί,
μὴ δή πω χάζεσθε μάχης ἐν στείνεϊ τῶιδε,
ἀλλ᾽ υἷα Κλυτίοιο σαώσετε, μή μιν Ἀχαιοί
τεύχεα συλήσωσι νεῶν ἐν ἀγῶνι πεσόντα."
ὣς εἰπὼν Αἴαντος ἀκόντισε δουρὶ φαεινῶι·
430   τοῦ μὲν ἅμαρθ᾽, ὃ δ᾽ ἔπειτα Λυκόφρονα Μάστορος υἱόν,
Αἴαντος θεράποντα Κυθήριον, ὅς ῥα παρ᾽ αὐτῶι
ναῖ᾽, ἐπεὶ ἄνδρα κατέκτα Κυθήροισι ζαθέοισιν,

410 (στ.–) sch Arat. 185; (στ.) H. σ 1599; Phot. Lex. s.v.; (νήιον) Apio 95.13; (ἐξιθ.) H. ε 3891   411 (δαήμ.) H. (Cyr.) δ 35; (ὅς–)–12a sch^bT Λ 515c; 412 Ammon. in Porph. Isag. CAG iv(3).9.15; Procl. in Hes. Op. 430–6; Elias in Porph. Isag. CAG xviii(1).24.1; 412a Herm. in Pl. Phdr. 219.24 C.; (σοφ.) cf. ApS 143.32, Poll. 5.164, H. σ 1369; (ὑποθ.) ApS 159.34; H. υ 639; Phot. Lex. s.v.   413 (ἐπιτέτατο) H. (Cyr.) ε 5324   414 Arn ad M 175a^1   416 (–πόνον) id. ad O 668a; sch O 420   422 (–ανεψ.) Arn ad O 419   427 (–σαώσ.) Hdn ad E 266a^1   428 (νεῶν ἐν ἀγῶνι) Arn ad Ω 141

408 οὐδέ 9 60 Ω*: οὔτέ D T   409 οὐδὲ 60 1336 Ω: ἠδὲ A^yp rr   409ab (= M 419–20 nisi quod ουδε ποτ) add. 60   410 ἐξιθύνει 60 439 1335 1336 Ω: -νη (ss. σιν) r: ἰθὺν t   411 ο_d ss. η[1336   412 εἴδῃ (Tyr?) Schulze Kl. Schr. 346 n.: εἰδῆι sch-Λ Ω, ειδη(ι) 9 60: εἰδὼς tt* Z rr   415 ἄντ᾽ 9 60 1336 sch^D Ω* T^s: αὐτ᾽ T (cf. P 304)   416 οὐδ᾽ ἐδύναντο B E G: οὐδὲ δ- Ω*   417 νῆα Ar 439 V: -ας (nov. Did) 9 Ω: περι νηος 60   418 γε (= Φ 93) 9 60 439 Ω: ἐ r   423 νεὸς [60] 81 439² 500.1 A B^c F^a W: νεὼς Ω*: νηὸς G   427 σαώσετε 48 60 81 500.1 H O: -σατε Z Ω: -σομεν t   431 Κυθήριον 48 60 500.1 Z Ω: Κυθήρριον quidam ap. sch^T

τόν ῥ' ἔβαλεν κεφαλὴν ὑπὲρ οὔατος ὀξέι χαλκῶι,
ἑσταότ' ἄγχ' Αἴαντος· ὃ δ' ὕπτιος ἐν κονίηισιν
435 νηὸς ἄπο πρυμνῆς χαμάδις πέσε, λύντο δὲ γυῖα.
Αἴας δ' ἐρρίγησε, κασίγνητον δὲ προσηύδα·
"Τεῦκρε πέπον, δὴ νῶιν ἀπέκτατο πιστὸς ἑταῖρος
Μαστορίδης, ὃν νῶι Κυθηρόθεν ἔνδον ἐόντα
ἶσα φίλοισι τοκεῦσιν ἐτίομεν ἐν μεγάροισιν·
440 τὸν δ' Ἕκτωρ μεγάθυμος ἀπέκτανε. ποῦ νύ τοι ἰοί
ὠκύμοροι καὶ τόξον, ὅ τοι πόρε Φοῖβος Ἀπόλλων;"
ὣς φάθ'· ὃ δὲ ξυνέηκε, θέων δέ οἱ ἄγχι παρέστη,
τόξον ἔχων ἐν χειρὶ παλίντονον ἠδὲ φαρέτρην
ἰοδόκον. μάλα δ' ὦκα βέλεα Τρώεσσιν ἐφίει·
445 καί ῥ' ἔβαλε Κλειτόν, Πεισήνορος ἀγλαὸν υἱόν,
Πουλυδάμαντος ἑταῖρον ἀγαυοῦ Πανθοίδαο,
ἡνία χερσὶν ἔχοντα. ὃ μὲν πεπόνητο καθ' ἵππους·
τῆι γὰρ ἔχ', ἧι ῥα πολὺ πλεῖσται κλονέοντο φάλαγγες,
Ἕκτορι καὶ Τρώεσσι χαριζόμενος· τάχα δ' αὐτῶι
450 ἦλθε κακόν, τό οἱ οὔ τις ἐρύκακεν ἱεμένων περ.
αὐχένι γάρ οἱ ὄπισθε πολύστονος ἔμπεσεν ἰός,
ἤριπε δ' ἐξ ὀχέων, ὑπερώησαν δέ οἱ ἵπποι
κείν' ὄχεα κροτέοντες. ἄναξ δ' ἐνόησε τάχιστα
Πουλυδάμας, καὶ πρῶτος ἐναντίος ἤλυθεν ἵππων.
455 τοὺς μὲν ὅ γ' Ἀστυνόωι Προτιάονος υἱέι δῶκεν,
πολλὰ δ' ἐπώτρυνε σχεδὸν ἴσχειν εἰσορόωντα
ἵππους· αὐτὸς δ' αὖτις ἰὼν προμάχοισιν ἐμίχθη.
Τεῦκρος δ' ἄλλον ὀιστὸν ἐφ' Ἕκτορι χαλκοκορυστῆι
αἴνυτο· καί κεν ἔπαυσε μάχης ἐπὶ νηυσὶν Ἀχαιῶν,

433 (–οὔ.) sch Δ 460–1a   436 (cum Θ 330 confusum) Macr. Sat. 5.3.9   437 Hdn
ad Δ 319c¹; (ἀπέκτ.) EtG α 976 (Philox. fr. 43 Th.); (πιστ.) H. π 2372   439 (–ἐτί.) sch
M 371c   441 (ὠκύμ.) H. ω 134   442 al. (παρέστη) id. π 869   444 (ἰοδ.) id. ι
733   448 (–πλ.) sch N 53a   453a Plut. Mor. 524a

435 ἄπο Wolf: ἀπο vel ἀπὸ Ω   πρυμνῆς Bekker: parox. Ω   436 δ' ἐρρίγησε Ω*: δὲ
ῥ- 48 634 Aᵐ R W: δενρ- 60: διερρ- t   437 πιστὸς 48 t Ω, π[ε]ιστος 500.1: πικρος
60   439 τοκεῦσιν Ar 48 60 634 t Ω: τέκεσσιν Zen O (cf. 551, N 176)   442a (= 650)
add. 60   444 ἰοδόκον Alexio Attalus Hdn Ω: proparox. quidam ante Hdn
445 ῥ' ἔβαλε 48 60 Ω: ραβαλε 634   Κλειτὸν Hdn Ω*: properisp. D T R   446 Πανθοίδαο r   449–51 ath. Ar (de 451 postea paenituit): def. sch^{bT}   449 χαριζόμενος
Ar 48 Ω: παριζ- 60   450 ἱεμένων Arᵃ A T: -νωι Ar^b 48 60 (ἱρε-) sch^D T^{γρ} Ω*.—cf. ad
P 292   451 ὄπισθε Ar 48 60 634 Z Ω: πρόσθε Arph   454 ἐναντίος Ω*: -ον 48 D
h   456 ἐπώτρυνε 48 60 Ω*: ἐπότρ- A D B Eˢ   457 ita 60 Ω: ιππους αυτοι δ' ιων 48:
αὐτὸς δ' αὖτ' ἐξαῦτις ἰὼν H (= N 642):]ς ιων 1338   459 μάχης Zen 48 60 Ω* (cf. Ο

460 εἴ μιν ἀριστεύοντα βαλὼν ἐξείλετο θυμόν·
     ἀλλ᾽ οὐ λῆθε Διὸς πυκινὸν νόον, ὅς ῥ᾽ ἐφύλασσεν
     Ἕκτορ᾽, ἀτὰρ Τεῦκρον Τελαμώνιον εὖχος ἀπηύρα,
     ὅς οἱ ἐϋστρεφέα νευρὴν ἐν ἀμύμονι τόξωι
     ῥῆξ᾽ ἐπὶ τῶι ἐρύοντι· παρεπλάγχθη δέ οἱ ἄλληι
465 ἰὸς χαλκοβαρής, τόξον δέ οἱ ἔκπεσε χειρός.
     Τεῦκρος δ᾽ ἐρρίγησε, κασίγνητον δὲ προσηύδα·
     "ὢ πόποι, ἦ δὴ πάγχυ μάχης ἐπὶ μήδεα κείρει
     δαίμων ἡμετέρης, ὅ τέ μοι βιὸν ἔκβαλε χειρός,
     νευρὴν δ᾽ ἐξέρρηξε νεόστροφον, ἣν ἐνέδησα
470 πρώιον, ὄφρ᾽ ἀνέχοιτο θαμὰ θρώισκοντας ὀϊστούς."
         τὸν δ᾽ ἠμείβετ᾽ ἔπειτα μέγας Τελαμώνιος Αἴας·
     "ὢ πέπον, ἀλλὰ βιὸν μὲν ἔα καὶ ταρφέας ἰούς
     κεῖσθαι, ἐπεὶ συνέχευε θεὸς Δαναοῖσι μεγήρας·
     αὐτὰρ χερσὶν ἑλὼν δολιχὸν δόρυ καὶ σάκος ὤμωι
475 μάρναό τε Τρώεσσι καὶ ἄλλους ὄρνυθι λαούς.
     μὴ μὰν ἀσπουδεί γε δαμασσάμενοί περ ἕλοιεν
     νῆας ἐϋσσέλμους, ἀλλὰ μνησώμεθα χάρμης."
         ὣς φάθ᾽· ὃ δὲ τόξον μὲν ἐνὶ κλισίηισιν ἔθηκεν,
     αὐτὰρ ὅ γ᾽ ἀμφ᾽ ὤμοισι σάκος θέτο τετραθέλυμνον,
480 κρατὶ δ᾽ ἔπ᾽ ἰφθίμωι κυνέην εὔτυκτον ἔθηκεν
     {ἵππουριν, δεινὸν δὲ λόφος καθύπερθεν ἔνευεν},
     εἵλετο δ᾽ ἄλκιμον ἔγχος ἀκαχμένον ὀξέι χαλκῶι,
     βῆ δ᾽ ἰέναι, μάλα δ᾽ ὦκα θέων Αἴαντι παρέστη.
         Ἕκτωρ δ᾽ ὡς εἶδεν Τεύκρου βλαφθέντα βέλεμνα,
485 Τρωσί τε καὶ Λυκίοισιν ἐκέκλετο μακρὸν ἀΰσας·

464 (παρεπλ.) Η. π 844   465 (χαλκοβ.) id. χ 96   467b id. μ 426; (ἐπὶ–) id. ε
4976   469–70 (πρώ.) Hdn palimps. Lips. f. 22v.19 in Reitz. Gesch. 305; (–νεόστρ.)
Arn ad Θ 328a; (νεόστρ.) ApS 116.7; Η. (Cyr.) ν 356; 470 (πρώ.) Η. π 4141   479b ApS
134.24; sch Ar. Pac. 1210c; (σάκος τετ.) Η. π 3468; (τετ.) ApS 151.14; sch Ι 541b; Η. τ
621   484 Epm. ω 5; (βέλ.) ApS 51.1; Η. (Cyr.) β 482; EtG β 87

15 al.): -ην Arph Ar D W^{c?} V   460 damn. Bentley   466 δ᾽ ἐρρίγησε 48 60 Ω*: δὲ
ῥ- D T   467 ὢ πόποι A T G, ὢ πόποι Ω*, ω ποποι 48 60: ὢ πέπον A^{yp} H V (ex 472).—
cf. ad P 171   469 ἐξέρρηξε 48 t A T: -σεν 60: ἔρρηξε Ω*   νεόστροφον 48 60 ApS
Hsch. sch^D Ω: ἐϋστρ- Did^{yp} rr: ϕον Hdn palimps.: νεοστρεφέ᾽ t*   ἐνέδησα 48 60 t A^λ
Ω: ἀν- A^m   470 πρώιον Ar tt sch^D 60 Ω: πρώιην Zen r   ἂν ἔχοιτο D F T R   θρώισκοντας A E W: θρώσκ- 48 60 Ω*   473 susp. Nauck, cf. Leaf   476 ἀσπουδεί Z Ω*:
-δί 48 h139^{a757} A F^a R^{a}?: -διαι 60.—cf. ad Θ 512   478 δὲ 48 60 Ω: δ᾽ αὖ h (cf. ad E 477,
M 459)   480 ἔπ᾽ Ω   481 (= Γ 337, Λ 42, Π 138) deest in 48 60 1339 Ω*: hab.
D b R   482 om. N O^a

　　　"Τρῶες καὶ Λύκιοι καὶ Δάρδανοι ἀγχιμαχηταί,
　　　ἀνέρες ἔστε, φίλοι, μνήσασθε δὲ θούριδος ἀλκῆς
　　　νῆας ἀνὰ γλαφυράς· δὴ γὰρ ἴδον ὀφθαλμοῖσιν
　　　ἀνδρὸς ἀριστῆος Διόθεν βλαφθέντα βέλεμνα.
490　ῥεῖα δ' ἀρίγνωτος Διὸς ἀνδράσι γίνεται ἀλκή,
　　　ἠμὲν ὁτέοισιν κῦδος ὑπέρτερον ἐγγυαλίξηι,
　　　ἠδ' ὅτινας μινύθηι τε καὶ οὐκ ἐθέλησιν ἀμύνειν·
　　　ὡς νῦν Ἀργείων μινύθει μένος, ἄμμι δ' ἀρήγει.
　　　ἀλλὰ μάχεσθ' ἐπὶ νηυσὶν ἀολλέες· ὃς δέ κεν ὕμεων
495　βλήμενος ἠὲ τυπεὶς θάνατον καὶ πότμον ἐπίσπηι,
　　　τεθνάτω· οὔ οἱ ἀεικὲς ἀμυνομένωι περὶ πάτρης
　　　τεθνάμεν· ἀλλ' ἄλοχός τε σόη καὶ παῖδες ὀπίσσω,
　　　καὶ οἶκος καὶ κλῆρος ἀκήρατος, εἴ κεν Ἀχαιοί
　　　οἴχωνται σὺν νηυσὶ φίλην ἐς πατρίδα γαῖαν."
500　ὣς εἰπὼν ὤτρυνε μένος καὶ θυμὸν ἑκάστου.
　　　　Αἴας δ' αὖθ' ἑτέρωθεν ἐκέκλετο οἷς ἑτάροισιν·
　　　"αἰδώς, Ἀργεῖοι· νῦν ἄρκιον ἢ' ἀπολέσθαι
　　　ἠὲ σαωθῆναι καὶ ἀπώσασθαι κακὰ νηῶν.
　　　ἦ ἔλπεσθ', ἢν νῆας ἕλῃ κορυθαίολος Ἕκτωρ,
505　ἐμβαδὸν ἵξεσθαι ἢν πατρίδα γαῖαν ἕκαστος;
　　　ἢ οὐκ ὀτρύνοντος ἀκούετε λαὸν ἅπαντα
　　　Ἕκτορος, ὃς δὴ νῆας ἐνιπρῆσαι μενεαίνει;

486a sch Ο 508　　491 (ὁτέοισιν) Epm. τ 62　　492a ApD Coni. 236.5; (ὅτινας) Η.
ο 1488　　493 (ἄμμι–) ApD Pron. 93.7　　494–9 Lycurg. in Leocr. 103; 494–6 Stob.
3.39.19; 494 (ὅς–)–7 (τεθν.) [Plut.] Hom. 2.196; 494 (ὅς–)–6 (τεθν.) ib. 134.3;
494 (–ἀολλ.) Arn ad Ο 668a; sch Χ 97b; 494a sch Ξ 32b; 495a Epm. β 30, ε 182; 496
(οὔ οἱ–)–7 (τεθν.) Io. Alex. 30.2 (Hdn i 490.10); 497 (ἄλοχός–)–8 (–ἀκήρ.) ApS 100.1;
Choer. in Ps. 91.10; 498 (κλ.) Apio 243.22　　502–3 Hdn i.517.3; 503a Did ad Ι
681a¹　　504–5 (–πατρ.) sch Ο 702; 505 (–πατρ.) EtG s.v. ἐμβαδόν; (ἐμβ.) ApS 67.10;
Η. (Cyr.) ε 2274; Phot. Lex. ε 683　　507 (μενε.) Η. μ 839

486 om. 1339, fort. recte (at cf. Θ 173, Λ 286, Ρ 184)　　488 γὰρ 60 Ω: γὰρρ
(γάρ ῥ') Cᶜ　　490 γίνεται 60 Ω: γίγν– rr　　491 ὁτέοισιν Hdn 9 60 t Ζ Ω: ὅτοισιν
Leaf.—cf. ad Μ 428, Ο 664　　492 μινύθηι τε Ω*: –θει τε Ζ C G: –η(ι)σι 9 60 t W
Η　　494 νηυσὶν ἀολλέες 9 60 tt* Ω: –σὶ διαμπερὲς Lycurg.　ὕμεων (enclitice) Hdn
Aᶜ Aᵐ: ὑμέων quidam ante Hdn 9 Ω* (ὑμμέων C, ὑμῶν W)　　496 πάτρης 9 1337 t*
Ω*: –η(ι) Io. Alex. Tᵃ　　497 παῖδες ὀπίσσω 9 60 1337 t* Ω: νήπια τέκνα (cf. Δ 238 al.)
Lycurg.　　498 οἶκος καὶ κλῆρος 9 60 t* Ω (cf. ξ 64): κλῆρος καὶ οἶκος Ly-
curg.　　500 ὤτρυνε 9 Ω: ὄτρ– 60 Ο　　501 οἷς ἑτάροισιν 9 60 Ω*: μακρὸν αὔσας (ex
485) R　　502 ἢ' Payne Knight: ἠὲ W, ἢ Ω*　　504 ἢ A D B: ἢ t Ω*　ἢν 9 60 Ω*: εἰ
R　κορυθαίολος C　　506 ἦ Bᶜ W: ἢ 9 A, ἢ Ω*　ἀκούετε 9 60 Ω: ἀΐετε rr.—cf. ad Β
486

οὐ μὰν ἔς γε χορὸν κέλετ' ἐλθέμεν, ἀλλὰ μάχεσθαι.
ἡμῖν δ' οὔ τις τοῦδε νόος καὶ μῆτις ἀμείνων,
510   ἢ' αὐτοσχεδίηι μεῖξαι χεῖράς τε μένος τε.
βέλτερον, ἢ' ἀπολέσθαι ἕνα χρόνον ἠὲ βιῶναι,
ἢ δηθὰ στρεύγεσθαι ἐν αἰνῆι δηϊοτῆτι
ὧδ' αὔτως παρὰ νηυσὶν ὑπ' ἀνδράσι χειροτέροισιν."
ὣς εἰπὼν ὤτρυνε μένος καὶ θυμὸν ἑκάστου.
515   ἔνθ' Ἕκτωρ μὲν ἕλε Σχεδίον Περιμήδεος υἱόν,
ἀρχὸν Φωκήων· Αἴας δ' ἕλε Λαοδάμαντα
ἡγεμόνα πρυλέων, Ἀντήνορος ἀγλαὸν υἱόν·
Πουλυδάμας δ' Ὦτον Κυλλήνιον ἐξενάριξεν,
Φυλείδεω ἕταρον, μεγαθύμων ἀρχὸν Ἐπειῶν.
520   τῶι δὲ Μέγης ἐπόρουσεν ἰδών, ὃ δ' ὕπαιθα λιάσθη
Πουλυδάμας· καὶ τοῦ μὲν ἀπήμβροτεν, οὐ γὰρ Ἀπόλλων
εἴα Πανθόου υἱὸν ἐνὶ προμάχοισι δαμῆναι·
αὐτὰρ ὅ γε Κροίσμου στῆθος μέσον οὔτασε δουρί,
δούπησεν δὲ πεσών. ὃ δ' ἀπ' ὤμων τεύχε' ἐσύλα.
525   τόφρα δὲ τῶι ἐπόρουσε Δόλοψ αἰχμῆς εὖ εἰδώς,
Λαμπετίδης, ὃν Λάμπος ἐγείνατο φέρτατον υἱόν
Λαομεδοντιάδης, εὖ εἰδότα θούριδος ἀλκῆς·
ὃς τότε Φυλείδαο μέσον σάκος οὔτασε δουρί
ἐγγύθεν ὁρμηθείς. πυκινὸς δέ οἱ ἤρκεσε θώρηξ,
530   τόν ῥ' ἐφόρει γυάλοισιν ἀρηρότα· τόν ποτε Φυλεύς

509 Eudoc. 188   **510** (αὐτοσχ.) ApS 47.12; H. α 8468   **511** EtG β 90
512 ApS 146.3; **512a** H. (Cyr.) η 116, cf. δ 826, θ 130, Phot. Lex. θ 164   **515–16a** sch N
643a; (–Σχ.) + 516a Arn ad B 517c; **515** (Περ.–)–16a sch P 306–7; **515b** sch B
517d   **518–19** Paus. 6.26.5; (Ὦτον Κυλλ. ἀρχὸν Ἐπ.) Strab. 8.3.4; **519** id.
10.2.14   **520a** Epm. τ 58; (ὃ δ'–)–**521** (Πουλ.) sch N 408b¹; **520** (ὃ δ'–) Epm. λ 33,
υ 33 (bis); (ὕπ.–) H. υ [278]; (ὕπ.) ApS 157.30   **521** (ἀπήμβρ.) H. (Cyr.) α
6154   **525–6** (Λαμπ.) Arn ad Λ 302ab   **526** (ἐγείν.) H. (Cyr.) ε 164   **530** H. θ
1016; (τόν ποτε–)–**531** Strab. 8.3.5, cf. 7.7.10

510 ἢ' Fick: ἦ Ω   αὐτοσχεδίη(ι) 9 60 tt Ω*: -δίην sch^bTγρ (Did?) W O: -δόν
Z   μεῖξαι 9ᶜ 60: μῖ- D B E T, μί- Ω*, μι- 9ᵃ   **511** ἢ' Fick: ἦ Ω   **512** στρεύγεσθαι 9
60 Ω (= μ 351): στρεύεσθαι tt Z V   **513** ὧδ' αὔτως fere 9 60 Ω (αὔ- E W Gᶜ): et alteram
lect. nov. Did u.v., sc. ὣς αὔτως?   **514** ὤτρυνε 9 Ω: ὄτρ- 60 N O   **515** Σχεδίον
(Hdn) Ω: proparox. h   **516** Φωκήων Ar tt Ω, -είων 9 60 (cf. ad B 517): Ἀθηναίων quidam ap. sch^T   **520** fort. ὕπαιθα, cf. ad X 141   **522** Πανθόου rr (cf. Γ 146): Πάνθου
9 60 Ω.—cf. ad P 9, 23, 40, 59   **523** Κροίσμου 9 60 Ω: Κροίσμον (La Roche) rᶜ (cf. 577,
N 438, Π 597, al.)   **525** εὖ Z Ω, ευ 9: ἔϋ Ludwich (ἐϋ Bekker)   **526** φέρτατον υἱόν
9 A b F: -τον ἀνδρῶν R W G: -τος ἀνδρῶν D T: -τοϊ 60   **527** εὖ Z Ω, ευ 9: ἔϋ Ludwich (ἐϋ Bekker)   **530** τόν ποτε Φυλεύς 9 60 1341 t* Ω: θαῦμα ἰδέσθαι Hsch.

ἤγαγεν ἐξ Ἐφύρης, ποταμοῦ ἄπο Σελλήεντος·
ξεῖνος γάρ οἱ ἔδωκεν ἄναξ ἀνδρῶν Εὐφήτης
ἐς πόλεμον φορέειν, δηίων ἀνδρῶν ἀλεωρήν·
ὅς οἱ καὶ τότε παιδὸς ἀπὸ χροὸς ἤρκεσ' ὄλεθρον.
535   τοῦ δὲ Μέγης κόρυθος χαλκήρεος ἱπποδασείης
κύμβαχον ἀκρότατον νύξ' ἔγχεϊ ὀξυόεντι,
ῥῆξε δ' ἄφ'ἵππειον λόφον αὐτοῦ· πᾶς δὲ χαμᾶζε
κάππεσεν ἐν κονίηισι, νέον φοίνικι φαεινός.
ἕως ὃ τῶι πολέμιζε μένων, ἔτι δ' ἤλπετο νίκην,
540   τόφρα δέ οἱ Μενέλαος ἀρήιος ἦλθεν ἀμύντωρ,
στῆ δ' εὐράξ σὺν δουρὶ λαθών, βάλε δ' ὦμον ὄπισθεν·
αἰχμὴ δὲ στέρνοιο διέσσυτο μαιμώωσα,
πρόσσω ἱεμένη· ὃ δ' ἄρα πρηνὴς ἐλιάσθη.
τὼ μὲν ἐεισάσθην χαλκήρεα τεύχε' ἀπ' ὤμων
545   συλήσειν· Ἕκτωρ δὲ κασιγνήτοισι κέλευσεν
πᾶσι μάλα, πρῶτον δ' Ἰκεταονίδην ἐνένιπεν,
ἴφθιμον Μελάνιππον· ὃ δ' ὄφρα μὲν εἰλίποδας βοῦς
βόσκ' ἐν Περκώτηι, δηίων ἀπὸ νόσφιν ἐόντων·
αὐτὰρ ἐπεὶ Δαναῶν νέες ἤλυθον ἀμφιέλισσαι,
550   ἂψ εἰς Ἴλιον ἦλθε, μετέπρεπε δὲ Τρώεσσιν.
{ναῖε δὲ πὰρ Πριάμωι, ὃ δέ μιν τίεν ἶσα τέκεσσιν.}
τόν ῥ' Ἕκτωρ ἐνένιπεν ἔπος τ' ἔφατ' ἔκ τ' ὀνόμαζεν·
"οὕτω δή, Μελάνιππε, μεθήσομεν; οὐδέ νυ σοί περ
ἐντρέπεται φίλον ἦτορ ἀνεψιόο κταμένοιο;
555   οὐχ ὁράαις, οἷον Δόλοπος περὶ τεύχε' ἕπουσιν;

532a + 533b sch Π 134b   536 ApS 105.5; 536a H. κ 4536, cf. 4540; (κύμβ.) Apio 245.8; Orio 90.15   538a Did ad A 593a¹; Prisc. Inst. 17.162; (φοίν. φ.) sch μ 243   542 Arist. Rh. 1412a1; 'Trypho i' Trop. iii.192.3   543 (ἐλι.) ApS 66.15; H. (Cyr.) ε 2061   544 (ἐεισ.) H. (Cyr.) ε 562   545 (Ἕκτωρ–) ApS 95.30 546 (πρῶτον–)–8a Strab. 13.1.7   554 (ἐντρ.) ApS 69.21   555 (ἕπ.) H. (Cyr.) ε 5524

531 ἤγαγεν 9 1340 t Z Ω: ἠγάγετ' Aᵞᵖ   ἄπο A b: ἀπὸ Bᶜ Ω*   534 "περιττός" schᵀ   ἤρκεσ' 9 Ω*: -κει 60 D R G (ex N 440)   536 ἔγχεϊ sic Ω   537 ἄφ' van Leeuwen: ἀφ' fere 9 Ω (ἀμφ' Aᵃ B G)   539 ἕως 9 48 Ω: εἴως Hᶜ rr: εἷος Brandreth, ἧος Nauck   ἤλπετο 9 60 (-εδο) Ω: ἔλπ- P.—cf. ad P 234, 603   540 ἦλθεν ἀμύντωρ 9 Z Ω* (ἀμύνων Gᵃ): ἦλθ' ἐπαμ- 60? Aᵞᵖ F.—cf. ad N 384   543 ἱεμένη 9 1341 Ω: -νω 48 60 H   545 κέλευσε 60 Ω: -ευε 9 343 t rr   547 δ' ὄφρα 9 48 60 t Z Ω: τόφρα Bothe   548 Περκώτηι 9 48 1341 t Ω, -οτι Z: -ώπηι h (cf. ad Λ 229)   ἄπο (deprec. Hdn) Bᵃ R V   551 (= N 176) deest in 9 48 1341: hab. 60 Ω   552 ῥ' 60 1341 Ω: δ' 9 48   554 ἀνεψιόο Ahrens post Payne Knight: -ιοῦ Hdn 9 60 Ω: -ειͅου 1341 555 περὶ Ptol Hdn 1341 (πὲρι) Z Ω*: πέρι W

ἀλλ᾽ ἔπε᾽· οὐ γὰρ ἔτ᾽ ἐστὶν ἀποσταδὸν Ἀργείοισιν
μάρνασθαι, πρίν γ᾽ ἠὲ κατακτάμεν ἠὲ κατ᾽ ἄκρης
Ἴλιον αἰπεινὴν ἑλέειν κτάσθαί τε πολίτας.”
ὣς εἰπὼν ὃ μὲν ἦρχ᾽, ὃ δ᾽ ἅμ᾽ ἕσπετο ἰσόθεος φώς.
560   Ἀργείους δ᾽ ὤτρυνε μέγας Τελαμώνιος Αἴας·
“ὦ φίλοι, ἀνέρες ἔστε, καὶ αἰδῶ θέσθ᾽ ἐνὶ θυμῶι·
{ἀλλήλους τ᾽ αἰδεῖσθε κατὰ κρατερὰς ὑσμίνας·}
αἰδομένων ἀνδρῶν πλέονες σόοι ἠὲ πέφανται,
φευγόντων δ᾽ οὔτ᾽ ἂρ κλέος ὄρνυται οὔτέ τις ἀλκή.”
565   ὣς ἔφαθ᾽, οἳ δὲ καὶ αὐτοὶ ἀλέξασθαι μενέαινον,
ἐν θυμῶι δ᾽ ἐβάλοντο ἔπος, φράξαντο δὲ νῆας
ἕρκεϊ χαλκείωι· ἐπὶ δὲ Ζεὺς Τρῶας ἔγειρεν.
       Ἀντίλοχον δ᾽ ὤτρυνε βοὴν ἀγαθὸς Μενέλαος·
“᾽Αντίλοχ᾽, οὔ τις σεῖο νεώτερος ἄλλος Ἀχαιῶν,
570   οὔτε ποσὶν θάσσων οὔτ᾽ ἄλκιμος ὡς σὺ μάχεσθαι·
εἴ τινά που Τρώων ἐξάλμενος ἄνδρα βάλοισθα.”
ὣς εἰπὼν ὃ μὲν αὖτις ἀπέσσυτο, τὸν δ᾽ ὀρόθυνεν·
ἐκ δ᾽ ἔθορε προμάχων καὶ ἀκόντισε δουρὶ φαεινῶι
ἀμφὶ ἓ παπτήνας· ὑπὸ δὲ Τρῶες κεκάδοντο
575   ἀνδρὸς ἀκοντίσσαντος. ὃ δ᾽ οὐχ ἅλιον βέλος ἧκεν,
ἀλλ᾽ Ἰκετάονος υἱὸν ὑπέρθυμον Μελάνιππον
νισόμενον πόλεμόνδε βάλε στῆθος παρὰ μαζόν.
{δούπησεν δὲ πεσών, τὸν δὲ σκότος ὄσσ᾽ ἐκάλυψεν.}
       Ἀντίλοχος δ᾽ ἐπόρουσε κύων ὥς, ὅς τ᾽ ἐπὶ νεβρῶι
580   βλημένωι ἀΐξηι, τόν τ᾽ ἐξ εὐνῆφι θορόντα
θηρητὴρ ἐτύχησε βαλών, ὑπέλυσε δὲ γυῖα·

556 (ἀποστ.) EtG α 1072   557 (κατ᾽ ἄ.) H. κ 1186   558 (κτ.–) Hdn ad Δ 319c¹;
(κτ.) H. (Cyr.) κ 4283   561b Choer. in Thd. i.383.26   566 (φρ.–)–7a sch P 268a; 567a
H. (Cyr.) ε 5925   569 sch Δ 457b   570 (θάσσων) H. (Cyr.) θ 129   571 (–ἐξάλμ.)
EtG α 517   573a sch Π 411b   574b EtG s.v. ἐκεχειρία   581a Did ad M 41a¹

556 ἔπε᾽ Payne Knight: ἔπευ 9 48 60 1341 Ω.—v. Praef. xxii   558 κτάσθαί sic A Dᵃ
B Tᵃ R: κτᾶ- Z Ω*   559 ἕσπετο r: ἕ- Ω   562 (= E 530) deest in 48 1341 Dᵃ T N V:
hab. Ω*: post 530 fert 60   αἴδεσθε Fick   563 αἰδομένων Ar D F: -ων δ᾽ (nov. Did)
48 [60] Ω*.—cf. ad E 531   πέφανται Ω: -ντο Z   564 οὔτ᾽ ἂρ 60 Ω: ου γαρ 48   οὔτέ
sic Ω   565 ἀλέξασθαι 60 Ω: -εσθαι N: -έμεναι H (ex A 590?).—cf. ad Π 562
567 ἕρκεϊ 48 60 tt Aᵐ Ω*: ἔγχεϊ A b   570 οὔτε … οὔτ᾽ 48 60 Ω*: οὔτε … οὐδ᾽ b G:
οὐδὲ … οὐδ᾽ h R   ὡσ σὺ μάχεσθαι 48 60 Ω Oʸᵖ: εἰσοράασθαι O rr   572 ἀπέσσυτο 48 60 Z Ω* (ἐπ- C): ἀπέστιχε h R (cf. A 522)   577 νισόμενον Ω*: νεισ- 60 h84 Fˢ
W: νησ- R: νισσ- 343 G   578 deest in 224 343 G H O V, post 570 fert 60: hab. 48 Ω*.—
cf. ad E 42   τὸν δὲ σκότος ὄσσ᾽ ἐκάλυψεν (b) vel ὄσσε κ- A b F R: κ[α]τα δε
[σ]κ[ο]τος οσσε καλυψε 48: ἀράβησε δὲ τεύχε᾽ ἐπ᾽ αὐτῶι 60 (ται pro δὲ) D T W

ὡς ἐπὶ σοί, Μελάνιππε, θόρ' Ἀντίλοχος μενεχάρμης
τεύχεα συλήσων. ἀλλ' οὐ λάθεν Ἕκτορα δῖον,
ὅς ῥά οἱ ἀντίος ἦλθε θέων ἀνὰ δηϊοτῆτα.
585	Ἀντίλοχος δ' οὐ μεῖνε θοός περ ἐὼν πολεμιστής,
ἀλλ' ὅ γ' ἄρ' ἔτρεσε θηρὶ κακὸν ῥέξαντι ἐοικώς,
ὅς τε κύνα κτείνας ἢ βουκόλον ἀμφὶ βόεσσιν
φεύγει, πρίν περ ὅμιλον ἀολλισθήμεναι ἀνδρῶν·
ὣς τρέσε Νεστορίδης, ἐπὶ δὲ Τρῶές τε καὶ Ἕκτωρ
590	ἠχῆι θεσπεσίηι βέλεα στονόεντα χέοντο·
στῆ δὲ μεταστρεφθείς, ἐπεὶ ἵκετο ἔθνος ἑταίρων.
	Τρῶες δὲ λείουσιν ἐοικότες ὠμοφάγοισιν
νηυσὶν ἐπεσσεύοντο, Διὸς δ' ἐτέλειον ἐφετμάς,
ὅ σφισιν αἰὲν ἔγειρε μένος μέγα, θέλγε δὲ θυμόν
595	Ἀργείων καὶ κῦδος ἀπαίνυτο, τοὺς δ' ὀρόθυνεν.
Ἕκτορι γάρ οἱ θυμὸς ἐβούλετο κῦδος ὀρέξαι
Πριαμίδηι, ἵνα νηυσὶ κορωνίσι θεσπιδαὲς πῦρ
ἐμβάλοι ἀκάματον, Θέτιδος δ' ἐξαίσιον ἀρήν
πᾶσαν ἐπικρήνειε. τὸ γὰρ μένε μητίετα Ζεύς,
600	νηὸς καιομένης σέλας ὀφθαλμοῖσιν ἰδέσθαι·
ἐκ γὰρ δὴ τοῦ ἔμελλε παλίωξιν παρὰ νηῶν
θησέμεναι Τρώων, Δαναοῖσι δὲ κῦδος ὀρέξειν.
τὰ φρονέων νήεσσιν ἔπι γλαφυρῆισιν ἔγειρεν
Ἕκτορα Πριαμίδην, μάλα περ μεμαῶτα καὶ αὐτόν.
605	μαίνετο δ' ὡς ὅτ' Ἄρης ἐγχεσπάλος ἢ' ὀλοὸν πῦρ
οὔρεσι μαίνηται, βαθέης ἐν τάρφεσιν ὕλης·

586a sch Θ 338–40	588 (ἀολλ.) H. (Cyr.) α 5671	598 (Θέτ.–)–9a Porph. Hom.
105.10 Sod.; 598b Choer. in Thd. i.197.10; Epm. π 78	602 (ὀρέξ.) H. (Cyr.) ο
1154	603–4a Arn ad O 610–14a	605–7 (–γίν.) Auct. π. ὕψ. 9.11; Aristid. Or.
28.106; 605–6 sch A.R. 1.1027–8b; 605–6a + 607 (τὼ–)–8 (λαμπ.) Porph. Hom. 52.16
Sod.; 605 sch Θ 355–6; Porph. Il. 92.13 Schr.; Macr. Sat. 1.19.6; Herm. in Pl. Phdr. 85.29
C.; (–ἐγχ.) Athenag. Leg. 21.3; 605a sch Θ 360b; Zenodorus ap. Miller Mél. 411

582 σοὶ 343 Ω: σε 60	585 μεῖνε 48 60 1343 Ω (cf. E 571): μίμνε rr.—cf. ad Ξ
119	586 γ' ἄρ R: γὰρ Ω*	587–8 om. 1341(?)	587 κύνα 60 1343 Aᴸ Ω*: -ας A
rr	βόεσσι(ν) Ar 48 60 224 Ω: οἱ αὐτῶι Zen	588 φεύγει 60 Ω: -η h	594 ὅ Ω*: ὅς
60 Bᶜ Fˢ R W G	598 ἐμβάλοι (Hermann Opusc. I 288) 635: -λη(ι) 48 60 1343 1344 Ω
(fort. recte, cf. Chantr. II 269)	Θέτιδος 48 1344 Epm. Ω* (cf. Δ 512 al.): -ιος tt* (Choer.
disertim) W Pᶜ.—cf. ad Γ 325	599 ἐπικράνειε 1343 N	601 δὴ τοῦ 48 635 1344 Ω:
τούτου 60	ἔμελλε (nov. Did) 48 60 635 1344 Ω: μέλλε Arph (testibus A T: 'Ar' ci. M.
Schmidt, cf. ad B 205, Z 155, Φ 184; La Roche Unt. I 104–6)	602 ὀρέξειν t Aˢ D T W
G: -ξαι 48 60 Ω* (ex 596)	603 ἔπι Wolf: ἐπὶ vel ἐπι Ω	605 ἐγχεσπάλος 1341 Ω*:
proparox. Z C R	ἢ' Fick: ἢ Ω	606 ἐν 635 tt Ω: ἐνὶ h139ᵉ⁴³⁷ᵛˡ	τάρφεσιν Arph Hdn

ἀφλοισμὸς δὲ περὶ στόμα γίνετο, τὼ δέ οἱ ὄσσε
λαμπέσθην βλοσυρῇσιν ὑπ᾽ ὀφρύσιν· ἀμφὶ δὲ πήληξ
σμερδαλέον κροτάφοισι τινάσσετο μαρναμένοιο
610 {Ἕκτορος. αὐτὸς γάρ οἱ ἀπ᾽ αἰθέρος ἦεν ἀμύντωρ
Ζεύς, ὅς μιν πλεόνεσσι μετ᾽ ἀνδράσι μοῦνον ἐόντα
τίμα καὶ κύδαινε· μινυνθάδιος γὰρ ἔμελλεν
ἔσσεσθ᾽· ἤδη γάρ οἱ ἐπώρνυε μόρσιμον ἦμαρ
Παλλὰς Ἀθηναίη ὑπὸ Πηλείδαο βίηφι}.
615 καί ῥ᾽ ἔθελε ῥῆξαι στίχας ἀνδρῶν πειρητίζων,
ᾗ δὴ πλεῖστον ὅμιλον ὅρα καὶ τεύχε᾽ ἄριστα·
ἀλλ᾽ οὐδ᾽ ὣς δύνατο ῥῆξαι μάλα περ μενεαίνων.
ἴσχον γὰρ πυργηδὸν ἀρηρότες, ἠΰτε πέτρη
ἠλίβατος μεγάλη, πολιῆς ἁλὸς ἐγγὺς ἐοῦσα,
620 ἥ τε μένει λιγέων ἀνέμων λαιψηρὰ κέλευθα
κύματά τε τροφόεντα, τά τε προσερεύγεται ἀκτῇ·
ὣς Δαναοὶ Τρῶας μένον ἔμπεδον οὐδ᾽ ἐφέβοντο.
αὐτὰρ ὁ λαμπόμενος πυρὶ πάντοθεν ἔνθορ᾽ ὁμίλωι,
ἐν δ᾽ ἔπεσ᾽ ὡς ὅτε κῦμα θοῆι ἐν νηῒ πέσησιν
625 λάβρον ὑπαὶ νεφέων ἀνεμοτρεφές, ἡ δέ τε πᾶσα
ἄχνηι ὑπεκρύφθη, ἀνέμοιο δὲ δεινὸς ἀήτη

607 Eudoc. 932; (-γίν.) ApS 49.3; EtG α 1475; (ἀφλ.) H. (Cyr.) α 8704, [8716]; Phot.
Lex. α 3370   608 (ἀμφὶ-)-9 (-τιν.) sch X 132c; 608 (πήληξ) H. π 2182; 609b Arn ad
Φ 5b; (μαρν.) sch O 610–14b   618a sch E 798   619 Epm. ad Α 131a   621 (τροφ.)
ApS 155.14; H. τ 1513, 1516; (προσερ.) id. π 3742   624–8 Auct. π. ὕψ. 10.5; 624–5
(λάβ.) Polyb. Fig. iii.106.25 Sp.; 624b Did ad Α 593a¹; 625 (ἀνεμοτρ.) sch Λ 256b; EtG α
829; 626b ApS 12.3; (δεινός) Apio 230.3; (ἀήτ.) H. (Cyr.) α 1519/20; 627 (ἐμβρ.) H.

“οἱ πλείους” 635 1341 Ω: parox. Tyr   607 ἀφλοισμὸς Hdn Z Ω: proparox.
Tyr   στόμα γίνετο 60 (γειν-) Ω: στομ᾽ εἰγ- (Bekker) 48: ḷινετο 1341: γ]ιγν[ετο
635   608 βλοσυρῇσιν 635 Z Ω: -οῖσι(ν) 48 60 Dᵃ C Fᵃ Wˣ   609 σμερδαλέον 48
60 1341 Ω: -έα Ο V   μαρναμένοιο (nov. Ar) 48 60 t* Ω: μαινομ- Arᵘᵛ (Arn ad Φ 5).—
cf. ad Μ 40   610–14 caruit Zen, ath. Ar: def. schᵇᵀ   613 ἐπώρνυε 48 Z Ω*: ἐπόρνυε
T h: επoτρυνε 60: ἐπόρουσε R   614 βίηφι 60 1341 Ω*: δαμῆναι 48 R V
615 ἔθελε 1341 Ω*: -εν 48 F T   ῥῆξαι 60 1341 Ω: ῥήξειν 48 r   617 ὣς (Hdn) Bekker: ὡς A, ὣς Ω*   621 τροφόεντα 48 (τρε-) Ω*: -φέοντα 60 h84 Z A F G: utrumque
Hsch.   ἀκτῇ (nov. Did) 48 Fᵃ T h Rᶜ: -ῆ Rᵃ Gᶜ: -ῆ(ι)ς rr: -ῆν rr (cf. A.R. 4.631, 1242;
Rengakos 135): αὐτὴν Ar A D b Fᶜ W Gᵃ?: -η 60   622 ita Ar 48 Ω (= Ε 527): ἐξ ἁλός·
ὣς Δαναοὶ κτλ. (omisso ἔμπεδον u.v.) quidam ante Ar   οὐδ᾽ ἐφέβοντο D E G: οὐδὲ
φ- Ω*, οὐδεφ- A   624 ἐν (νηῒ) 48 60 224 tt* Ω*: ἐνὶ Polyb. T W   625 ὑπαὶ 48 60
224 500a1ᵐ t Ω*: ὑπ᾽ ἐκ (Heyne) R: ὑπὸ (Wolf) rr: periit 500a1ˡ.—cf. ad Π 375, Ψ
874   626 ἄχνη Zen (eliso ι ante vocalem, cf. Thumb–Scherer Gr. Dial. II 254)   δὲ 60
t* Ω*: τε 48 1344 ApS b   ἀήτη Ar ApS h84 A Tᵃ: -ης quidam ante Ar 48 224 t* Z Ω*:
utrumque Hsch.—v. adn. meam ad Hes. Op. 675

ἱστίωι ἐμβρέμεται, τρομέουσι δέ τε φρένα ναῦται
δειδιότες· τυτθὸν γὰρ ὕπεκ θανάτοιο φέρονται·
ὣς ἐδαΐζετο θυμὸς ἐνὶ στήθεσσιν Ἀχαιῶν.
630   αὐτὰρ ὅ γ᾽ ὥς τε λέων ὀλοόφρων βουσὶν ἐπελθών,
αἵ ῥά τ᾽ ἐν εἰαμενῆι ἕλεος μεγάλοιο νέμονται
μυρίαι, ἐν δέ τε τῆισι νομεὺς οὔ πω σάφα εἰδώς
θηρὶ μαχέσσασθαι ἕλικος βοὸς ἀμφὶ φονῆισιν·
ἤτοι ὃ μὲν πρώτηισι καὶ ὑστατίηισι βόεσσιν
635   αἰὲν ὁμοστιχάει, ὃ δέ τ᾽ ἐν μέσσηισιν ὀρούσας
βοῦν ἔδει, αἳ δέ τε πᾶσαι ὑπέτρεσαν· ὣς τότ᾽ Ἀχαιοί
θεσπεσίως ἐφόβηθεν ὑφ᾽ Ἕκτορι καὶ Διὶ πατρί
πάντες, ὃ δ᾽ οἶον ἔπεφνε Μυκηναῖον Περιφήτην,
Κοπρῆος φίλον υἱόν, ὃς Εὐρυσθῆος ἄνακτος
640   ἀγγελίης οἴχνεσκε βίηι Ἡρακληείηι.
τοῦ γένετ᾽ ἐκ πατρὸς πολὺ χείρονος υἱὸς ἀμείνων
παντοίας ἀρετάς, ἠμὲν πόδας ἠδὲ μάχεσθαι,
καὶ νόον ἐν πρώτοισι Μυκηναίων ἐτέτυκτο.
ὅς ῥα τόθ᾽ Ἕκτορι κῦδος ὑπέρτερον ἐγγυάλιξεν·
645   στρεφθεὶς γὰρ μετόπισθεν ἐν ἀσπίδος ἄντυγι πάλτο,
τὴν αὐτὸς φορέεσκε ποδηνεκέ᾽, ἕρκος ἀκόντων·
τῆι ὅ γ᾽ ἔνι βλαφθεὶς πέσεν ὕπτιος, ἀμφὶ δὲ πήληξ
σμερδαλέον κονάβησε περὶ κροτάφοισι πεσόντος.
Ἕκτωρ δ᾽ ὀξὺ νόησε, θέων δέ οἱ ἄγχι παρέστη,

ε 2314; **627b** sch Ο 629; **628** (τυτθ.–) [Plut.] Hom. 2.160; sch Arat. 294; Stob. 4.17.7; **628b** sch Χ 202b² **633b** Η. ε 2080 **634–5a** sch ζ 244; Epm. σ 25; **634** (πρώτ.–) sch Γ 40a; **635a** Porph. Hom. 16.8 Sod.; Epm. κ 9; (ὁμοστ.) ApS 120.35; Η. ο 807, cf. σ 1876 **636** (ἔδει) Η. (Cyr.) ε 422 **639b–40** sch Pind. Ol. 3.50c **641–2a** Plut. Mor. 553b; **641** (πατρὸς–) EtG α 1149 (a Lucill. Tarrhaeo); (χείρ.) Η. χ 304 **645b** id. ε 2688; (πάλτο) id. π 262 **646a** Hdn ad Β 832a¹; (ποδην.) ApS 132.27 **647** (–ὕπτ.) sch Β 382a; (ἐνὶ βλ.) sch Ο 645e

628 ὕπεκ dedi (Praef. xix): ὕπεκ vel ὑπ᾽ ἐκ fere Ζ Ω **629** (= Ι 8) damn. Heyne **632** δέ τε 48 224 636 Ω: δ᾽ ἄρα *h* **633** θηρὶ 48 636 Ω* Gʸᵖ: χειρὶ G φονῆ(ι)σιν 224 635 636 1344 t Ζ Ω (βοῆισιν W ex 634, γρ. φον-): φονοισιν 48 **635** ὁμοστιχάει 48 224 tt Ζ Ω (barbarum iudicavit DThr): ὁμοῦ στ- Bekker cl. Σ 577 **639** ἄνακτος 635 Ω* (cf. Hymn. 15.5): ἀέθλων 48 60 636 t Aᵐ F G (cf. Θ 363) **640** ἀγγελίης Ar 48 60 635 t Ζ Ω: -ην Zen V: -ας (Leaf) 224 r.—cf. ad Γ 206, Ν 252 **641** ἀμείνων 635 636 t* Ω: ἀρείων EtG **642** παντοίας ἀρετάς 48 60 635 Ζ Ω (cf. δ 725): -ην -ήν t *h* **645** στρεφθεὶς 48 60 Ω: et στραφθ- nov. Did πάλτο 48 1345 t Ζ (-τω) Ω (πᾶ- Aᵃ Bᵃ? C Ε Fᶜ W G): ἄλτο (vel ἄ-) Didʸᵖ Ο: ἄντυγ᾽ ἔπαλτο Payne Knight **646** ποδηνεκέ᾽ 1341 t schᴰ Hᵃ: -κὲς 48 60 Ω **647** ἐνὶ Α, ἔνι Ω* **648** κροτάφοισι 48 1345 Ω*: -οιο 48ˢ Τ Ν

650   στήθεϊ δ᾽ ἐν δόρυ πῆξε, φίλων δέ μιν ἐγγὺς ἑταίρων
       κτεῖν᾽· οἳ δ᾽ οὐκ ἐδύναντο καὶ ἀχνύμενοί περ ἑταίρου
       χραισμεῖν, αὐτοὶ γὰρ μάλα δείδισαν Ἕκτορα δῖον.
       εἰσωποὶ δ᾽ ἐγένοντο νεῶν, περὶ δ᾽ ἔσχεθον ἄκραι
       νῆες, ὅσαι πρῶται εἰρύατο· τοὶ δ᾽ ἐπέχυντο.
655   Ἀργεῖοι δὲ νεῶν μὲν ἐχώρησαν καὶ ἀνάγκηι
       τῶν πρωτέων, αὐτοῦ δὲ παρὰ κλισίηισιν ἔμειναν
       ἀθρόοι, οὐδ᾽ ἐκέδασθεν ἀνὰ στρατόν· ἴσχε γὰρ αἰδώς
       καὶ δέος· ἀζηχὲς γὰρ ὁμόκλεον ἀλλήλοισιν.
       Νέστωρ αὖτε μάλιστα Γερήνιος, οὖρος Ἀχαιῶν,
660   λίσσεθ᾽ ὑπὲρ τοκέων γουνούμενος ἄνδρα ἕκαστον·
       "ὦ φίλοι, ἀνέρες ἔστε, καὶ αἰδῶ θέσθ᾽ ἐνὶ θυμῶι
       ἄλλων ἀνθρώπων, ἐπὶ δὲ μνήσασθε ἕκαστος
       παίδων ἠδ᾽ ἀλόχων καὶ κτήσιος ἠδὲ τοκήων,
       ἠμὲν ὅτεωι ζώουσι καὶ ὧι κατατεθνήκασιν.
665   τῶν ὕπερ ἐνθάδ᾽ ἐγὼ γουνάζομαι οὐ παρεόντων
       ἑστάμεναι κρατερῶς, μηδὲ τρωπᾶσθε φόβονδε."
       ὣς εἰπὼν ὤτρυνε μένος καὶ θυμὸν ἑκάστου.
       τοῖσι δ᾽ ἀπ᾽ ὀφθαλμῶν νέφος ἀχλύος ὦσεν Ἀθήνη
       θεσπέσιον, μάλα δέ σφι φόως γένετ᾽ ἀμφοτέρωθεν,
670   ἠμὲν πρὸς νηῶν καὶ ὁμοιΐοο πτολέμοιο·
       Ἕκτορα δ᾽ ἐφράσσαντο βοὴν ἀγαθὸν καὶ ἑταίρους,
       ἠμὲν ὅσοι μετόπισθεν ἀφέστασαν οὐδ᾽ ἐμάχοντο,

653–4 (–εἰρ.) sch Eur. Andr. 456; **653** Porph. Il. 207.15 Schr.; (–νεῶν) ApS 65.9; H. ε 1200;
(ἄκραι νῆες) id. α 2532   **655** (νηῶν–)–**6** (τῶν πρ.) sch[bT] Ξ 31–2   **657–8** (αἰδὼς καὶ
δέος ἀλλήλ.) H. ι 1059   **660a** cf. ApS 160.31   **664** (ὅτεωι) H. ο 1483   **665** (–γουν.)
Nic ad Ο 660b   **671** Arn ad Ο 668a; Porph. Il. 40.18 Schr.; (–ἀγ.) sch Β 408b, Ν 123–4a[1]

650 στήθεϊ sic Ω   **651** περ Ar Ω: περ᾽(ὶ) Hellanicus   **652** μάλα δείδισαν 60
500a1 Ω*: μάλ᾽ ἐδ- D T   **656** πρωτέων 500a1 t[b] A b (reprehendit DThr): πρώτων A[yp]:
προτέρων 60 636 t[T] A[yp] Ω*   αὐτοῦ 60 500a1 Ω*: -οὶ A R N   ἔμειναν Ω: ἔμιμνον h.—
cf. ad Ξ 119   **657** οὐδ᾽ ἐκέδασθεν 636 D R W G: οὐδὲ κ- Z Ω* (οὐδὲ σκ- F[a])
658 ὁμόκλεον D: ὁμ- Z Ω*   **659–73** damn. Kammer; cf. Wilamowitz Il. u. H. 158
n.1   **659** αὖτε 60 Ω*: δ᾽ αὖτε R.—cf. ad 370   **660** τοκέων Nic 60 t Ω*:
τεκ- G   **664** del. Payne Knight   ὅτεω(ι) 60 t Z Ω*: ὅτω D[c] H[c].—cf. ad 491   κατα-
τεθνήκασι 60 439a (ex κατετ-) Ω: -κωσι G[s] rr   **666** τρωπᾶσθε 60 (-σδε) 636 A[c] D B
E F G, -σθαι A[a] C T (cf. I 500, Λ 568, Σ 585): τροπάασθε 439a Z W N V, -σθαι R.—cf.
ad Π 95, Υ 119; Chantr. I 358   **667** ὤτρυνε 500a3 Ω*: ὄτρ- 60 A O   **668–73** ath.
Ar   **669** ἀμφοτέρωθεν 636[a] Ω*: -ρωσε 60: -ροισι(ν) 636[c] R.—cf. ad Λ 6, Ρ 440, Σ 502,
Υ 170   **670** ὁμοιΐοο Ahrens: -ίου 60 Ω   πτολέμοιο Ω: πολ- 60   **672** οὐδ᾽ ἐμάχοντο Ω*: οὐδὲ μ- T R W

ἠδ᾽ ὅσσοι παρὰ νηυσὶ μάχην ἐμάχοντο θοῇσιν.
　　οὐδ᾽ ἄρ᾽ ἔτ᾽ Αἴαντι μεγαλήτορι ἥνδανε θυμῶι
675　ἑστάμεν ἔνθά περ ἄλλοι ἀφέστασαν υἷες Ἀχαιῶν,
ἀλλ᾽ ὅ γε νηῶν ἴκρι᾽ ἐπώιχετο μακρὰ βιβάσθων,
νώμα δὲ ξυστὸν μέγα ναύμαχον ἐν παλάμηισιν,
κολλητὸν βλήτροισι, δυωκαιεικοσίπηχυ.
　　ὡς δ᾽ ὅτ᾽ ἀνὴρ ἵπποισι κελητίζειν εὖ εἰδώς,
680　ὅς τ᾽ ἐπεὶ ἐκ πολέων πίσυρας συναείρεται ἵππους,
σεύας ἐκ πεδίοιο μέγα προτὶ ἄστυ δίηται
λαοφόρον καθ᾽ ὁδόν, πολέες τέ ἑ θηήσαντο
ἀνέρες ἠδὲ γυναῖκες· ὃ δ᾽ ἔμπεδον ἀσφαλὲς αἰεί
θρώισκων ἄλλοτ᾽ ἐπ᾽ ἄλλον ἀμείβεται, οἳ δὲ πέτονται·
685　ὡς Αἴας ἐπὶ πολλὰ θοάων ἴκρια νηῶν
φοίτα μακρὰ βιβάς· φωνὴ δέ οἱ αἰθέρ᾽ ἵκανεν,
αἰεὶ δὲ σμερδνὸν βοόων Δαναοῖσι κέλευεν
νηυσί τε καὶ κλισίηισιν ἀμυνέμεν. οὐδὲ μὲν Ἕκτωρ
μίμνεν ἐνὶ Τρώων ὁμάδωι πύκα θωρηκτάων,
690　ἀλλ᾽ ὥς τ᾽ ὀρνίθων πετεηνῶν αἰετὸς αἴθων
ἔθνος ἐφορμᾶται ποταμὸν πάρα βοσκομενάων,
χηνῶν ἢ γεράνων ἢ κύκνων δουλιχοδείρων,
ὡς Ἕκτωρ ἴθυσε νεὸς κυανοπρώιροιο

673a Arn ad Ο 668a　　**677** (–ναύμ.) Epm. ξ 11; (ναύμ.–) Hdn ad Ο 389a　　**678** ApS 51.26; Aristid. Or. 3.470; **678a** Epm. β 30; (βλήτ.) H. β 724; EtG β 144; **678b** Hdn ad Ζ 319b, Ψ 264　　**679** (κελητίζειν) H. (Cyr.) κ 2165　　**680 + 682a** Philemo Atticista ap. Porph. Hom. 36.26 Sod.; **680b** EtG s.v. πίσσυρες; (πίσ.) ApS 131.30; H. π 2378; **681a** id. σ 461; (σεύας) ApS 141.3; **682** (λαοφ.) H. λ 298　　**684a** Harpocr. α 91 **685** (ἴκρια) cf. Apion. 42.3; H. ι 501　　**686** Eudoc. 926; **686b** sch Σ 505b; Porph. Od. 115.5 Schr.　　**687** (σμ. βο.) Porph. Hom. 53.3 Sod.; (σμ.) ApS 143.8; H. σ 1232; Orio 141.11　　**690** (αἰετὸς αἴ.) H. α 1819; EtG α 189　　**693b** H. v 351

675 ἔνθά sic 1 Ω praeter Bᶜ (ἐνθά E)　ἀφέστασαν Ω*: ἐφ- 1 60 *b* R G　　**676** ἴκρι᾽ Hdn 1 Z Aᵞ Ω*: parox. C N V (et in 685)　βιβάσθων Z Ω: cf. ad N 809　　**678** βλήτροισι Hdn 1 Ω: properisp. Aᵐ　δύω καὶ εἰκοσίπηχυ fere 1 tt* Ω*: -σάπηχυ Aristid.ᵛˡ R, -σι‖πηχυ G　　**679** κελητίζειν Hdn Z Ω: κέλητ᾽ ἴζ- quidam ante Hdn: κέληθ᾽ ἴζ- 1 60 t (κελεθ- cod.)　εὖ Z Ω, ευ 1: ἔΰ Ludwich (ἐΰ Bekker)　　**680** συναείρεται Philemo (cl. Κ 499) schᵇᵀ: συναγεί- (deprec. Philemo) 1 t* schᵀʸᵖ Z Ω.—cf. Erbse Beitr. 30　　**681** δίηται Ω*: διώκη(ι) 1 60 Aᵞᵖ *b* F, -ειν R　　**684** θρώισκων A W H: θρώσκ- 1 60 [1346] Ω*　　**686** βιβάς t Ω*: -βῶν 60 Aᵞᵖ F R.—cf. ad H 213　　**687** βοόων t Ω*: βοάων 60 Fᵃ R　　**689a** (= X 459) add. quidam ap. schᵀ　　**691** πάρα Ω*: παρά D, παρα- R　　**692** (= B 460) om. Cᵃ, del. Payne Knight: hab. 500a3 1341 1347 schᴬᵀ Ω　　**693** νεὸς 1347 t A Bᶜ Fᵃ T Rᵃ W G: νεὼς Ω*　κυανοπρώ(ι)ροιο 500a3 1347 t Z Ω: -πρωείρου Bergk PLG⁴ III 533 (-πρωΐρου La Roche Unt. I 220, -πρωαίρου Schulze 486

ἀντίος ἀίξας· τὸν δὲ Ζεὺς ὦρσεν ὄπισθεν
695 χειρὶ μάλα μεγάληι, ὤτρυνε δὲ λαὸν ἄμ᾽ αὐτῶι.
αὖτις δὲ δριμεῖα μάχη παρὰ νηυσὶν ἐτύχθη.
φαίης κ᾽ ἀκμῆτας καὶ ἀτειρέας ἀλλήλοισιν
ἀντέσθ᾽ ἐν πολέμωι· ὣς ἐσσυμένως ἐμάχοντο.
τοῖσι δὲ μαρναμένοισιν ὅδ᾽ ἦν νόος· ἤτοι Ἀχαιοί
700 οὐκ ἔφασαν φεύξεσθαι ὕπεκ κακοῦ, ἀλλ᾽ ὀλέεσθαι,
Τρωσὶν δ᾽ ἤλπετο θυμὸς ἐνὶ στήθεσσιν ἑκάστου
νῆας ἐνιπρήσειν κτενέειν θ᾽ ἥρωας Ἀχαιούς.
οἳ μὲν τὰ φρονέοντες ἐφέστασαν ἀλλήλοισιν·
Ἕκτωρ δὲ πρυμνῆς νεὸς ἥψατο ποντοπόροιο
705 καλῆς ὠκυάλου, ἣ Πρωτεσίλαον ἔνεικεν
ἐς Τροίην, οὐδ᾽ αὖτις ἀπήγαγε πατρίδα γαῖαν.
τοῦ περ δὴ περὶ νηὸς Ἀχαιοί τε Τρῶές τε
δήιουν ἀλλήλους αὐτοσχεδόν· οὐδ᾽ ἄρα τοί γε
τόξων ἀϊκὰς ἀμφὶς μένον οὐδέ τ᾽ ἀκόντων,
710 ἀλλ᾽ οἵ γ᾽ ἐγγύθεν ἱστάμενοι, ἕνα θυμὸν ἔχοντες,
ὀξέσι δὴ πελέκεσσι καὶ ἀξίνηισι μάχοντο
καὶ ξίφεσιν μεγάλοισι καὶ ἔγχεσιν ἀμφιγύοισιν.
πολλὰ δὲ φάσγανα καλὰ μελάνδετα κωπήεντα
ἄλλα μὲν ἐκ χειρῶν χαμάδις πέσον, ἄλλα δ᾽ ἀπ᾽ ὤμων

696 Dio. Prus. 8.20; (δρ. μάχη) H. δ 2782 **697** (–ἀτειρ.) + **698** Auct. π. ὕψ. 26.1; (–ἀτειρ.) sch Ar. Ach. 24a; **698** ApS 31.30; (ἀντ.) H. α 5354; (ἐσσυμ.) H. (Cyr.) ε 6349 **700** (φεύξ.) H. φ 332 **704** (πρ.-ἥψ.) sch Π 9a¹ **705** (ὠκυ.) EtG s.v.; (ἔν.) H. ε 3104 **708a** sch P 65b; (οὐδ᾽-)–**709** (–μένον) EtG α 275; **709** ApS 15.15; (ἀϊκάς) H. α 1907, 1270 **710** al. (ἕνα θ. ἔχ.) [Luc.] Dial. 82.27; Epm. ad A 173a² **711–12a** Dio Prus. 8.20; **711** (–ἀξ.) sch N 611–12; **712** ApS 28.12 **713** (–φάσγ.) + **714** (–πέσον) Arn ad O 712a; **713** (μελάνδ.) H. μ 650

sq.), cf. γ 299 ap. EtG/EtM s.v. πρῶιρα **694** ἀντίος Ar Ω: -ον (nov. Did) rr ἀίξας 636 Aʸᵖ Ω*: ἀίσσων A b.—cf. ad Λ 423 ὦρσεν (nov. Did) 60 500a3 1347 Ω* (cf. N 83): ὦσεν Ar Aᵐ Gᶜ? N H **695** ὄτρυνε 60 1347 rr **698** ἀντέσθ᾽ Tyr: proparox. Hdn Z Ω ὣς Ω*: ὡς A D C E.—cf. ad N 133 **700** φεύξεσθαι 1341 (t) Ω*: -ασθαι 60 1347 h Fᵃ W.—cf. ad N 89 ὕπεκ dedi (Praef. xix): ὕπεκ A Bᶜ F, ὑπ᾽ ἐκ Ω* **701** ἤλπετο 60 Ω*: ἔλπ- R W **702** ἐνιπρήσειν 1342 Ω: -πρησαι 60 1347ᵃ (-ση 1347ᶜ) κτενέειν 60 1341 1347 Ω*: κταν- D θ᾽ 60 F W G: δ᾽ 1347 Ω* **704** πρυμνῆς Düntzer: parox. 1347 Ω νεὸς 1347 A B E Fᶜ? W G: νεὼς Ω* **705** ὠκυάλου Dion. Hal. ap. schᴬ contra τὴν παράδοσιν; ambigit Hdn **706** ἀπήγαγε 60 1347 Ω: ἀφίκετο quidam ap. schᵀ (ex N 645) **708** δή(ι)ουν 60 t Ω: δήιον Wack. Unt. 170.—cf. ad E 452 **709** οὐδ᾽ ἔτ᾽ Monro; cf. Denniston 531 n.1 **711** ἀξίνη(ι)σι μάχοντο 60 (-ξειν-) 1347 (-ξείν-) Ω: -ναις ἐμάχ- Dio **712** ath. Ar **714** πέσον Ar A T W: -σεν (nov. Did) 60 1347 Ω*.— cf. ad E 583, M 159, N 617

715 ἀνδρῶν μαρναμένων· ῥέε δ᾽ αἵματι γαῖα μέλαινα.
Ἕκτωρ δὲ πρύμνηθεν ἐπεὶ λάβεν, οὔ τι μεθίει,
ἄφλαστον μετὰ χερσὶν ἔχων, Τρωσὶν δ᾽ ἐκέλευεν·
"οἴσετε πῦρ, ἅμα δ᾽ αὐτοὶ ἀολλέες ὄρνυτ᾽ ἀϋτήν.
νῦν ἥμιν πάντων Ζεὺς ἄξιον ἦμαρ ἔδωκεν,
720 νῆας ἑλεῖν, αἳ δεῦρο θεῶν ἀέκητι μολοῦσαι
ἥμῖν πήματα πολλὰ θέσαν, κακότητι γερόντων,
οἵ μ᾽ ἐθέλοντα μάχεσθαι ἐπὶ πρυμνῇσι νέεσσιν
αὐτόν τ᾽ ἰσχανάασκον ἐρητύοντό τε λαόν.
ἀλλ᾽ εἰ δή ῥα τότε βλάπτε φρένας εὐρύοπα Ζεύς
725 ἡμετέρας, νῦν αὐτὸς ἐποτρύνει καὶ ἀνώγει."
ὣς ἔφαθ᾽, οἳ δ᾽ ἄρα μᾶλλον ἐπ᾽ Ἀργείοισιν ὄρουσαν.
Αἴας δ᾽ οὐκέτ᾽ ἔμιμνε, βιάζετο γὰρ βελέεσσιν,
ἀλλ᾽ ἀνεχάζετο τυτθόν, ὀϊόμενος θανέεσθαι,
θρῆνυν ἐφ᾽ ἑπταπόδην, λίπε δ᾽ ἴκρια νηὸς ἐΐσης.
730 ἔνθ᾽ ἄρ᾽ ὅ γ᾽ ἑστήκει δεδοκημένος, ἔγχεϊ δ᾽ αἰεί
Τρῶας ἄμυνε νεῶν, ὅς τις φέροι ἀκάματον πῦρ.
αἰεὶ δὲ σμερδνὸν βοόων Δαναοῖσι κέλευεν·
"ὦ φίλοι, ἥρωες Δαναοί, θεράποντες Ἄρηος,
ἀνέρες ἔστε, φίλοι, μνήσασθε δὲ θούριδος ἀλκῆς.
735 ἠέ τινάς φαμεν εἶναι ἀοσσητῆρας ὀπίσσω
ἠέ τι τεῖχος ἄρειον, ὅ κ᾽ ἀνδράσι λοιγὸν ἀμύναι;

716–17 (–ἔχων) sch A.R. 1.1089a; 716 (οὐχὶ μεθ.) ApD Adv. 162.30; 717 (–ἔχων) EtG α 380; (ἄφλ.) ApS 49.6; H. α 8701   718 (οἴσετε πῦρ) Hdn ad M 175aˡ; sch N 168a; Choer. in Thd. ii.243.20, 244.8   722–3 sch Σ 312–13a   726 Aristid. Or. 2.413   727 Hermog. Inv. 198.9 R.; 727a Philostr. Her. 9; Lib. Ep. 625.2 (x.575.6 F.)   728 (ὀϊόμ.) ApS 119.21   729 ApS 88.17; 729a sch Ξ 240bˡ; Choer. in Ps. 168.3; (θρ.) Apio 241.18; (ἐφ᾽ ἑπτ.) H. ε 7391; (ἑπτ.) ApS 75.11; H. ε 5553; (ἐΐσης) Apio 234.9   730 (–δεδοκ.) EtG s.v. δεδοκημένος; (δεδοκ.) ApS 57.17; H. (Cyr.) δ 401   733–41 Macr. Sat. 5.9.15; 735 (φαμεν) H. (Cyr.) φ 134; 736 al. (ἄρειον) ApS 42.5;

716 οὔ τι μεθίει tˣ: οὐχὶ μ- 1347 ApD Ω: οὐκὶ μ- N: οὐκ ἐμ- Zen (cf. ad A 68, 611).—cf. ad Π 762; Wack. Unt. 31 n.1   717 δ᾽ ἐκέλευεν Ω (δὲ κ- A G): -σεν O   718 αὐτοὶ 60 1347 Ω: ἄλλοι h   719 ἥμιν A Aˡ D B C Fᵃ T, ἡμῖν Fᶜ W: ἡμῖν Z Ω*   720 ἀέκητι 1347 A   722 μ᾽ ἐθέλοντα (non με θ-) Ar 1347 Ω   πρυμνῇσι Bekker: proparox. Ω   -σι νέεσσιν 60 1347 t Ω*: -σιν Ἀχαιῶν T   724 τότ᾽ ἔβλαπτε b F R W (-εν)   βλάψε 1347ᶜ   725 καὶ ἀνώγει Hdn (ἀνωγεῖ deprecatus) 1347 Ω: μαχεσασθαι 60 (= P 178 al.)   726 μᾶλλον Blass: μᾶ- t Ω, μα- 1347,]λον 60: πάντες h O   727 οὐκέτ᾽ ἔμιμνε tt Ω*: οὐκέτι μίμνε R   728 ἀνεχάζετο Z Ω*: ἀναχ- C Tᵃ N   729 ἔφ᾽ van Leeuwen: ἐφ᾽ 60 tt* Ω: ὑφ᾽ ApS   ἴκρια (Hdn) Ω*: parox. C R.— cf. ad 676   730 ἑστήκει 60 t A Aˡ B E F: εἰστ- Ω*   731 φέροι 60 1347 Ω*: -ει D R W   732 βοόων 1347ᶜ Ω*: βοάων 60 R: βόων 1347ᵃ W   735 ἠε (Bekker) Bᵃ E Fᵃ   φαμεν vel φαμὲν (temp. praes.) Hdn Ω   736 ἢ ἔτι D   ἀμύναι (vel -ῦναι)

οὐ μέν τι σχεδόν ἐστι πόλις πύργοις ἀραρυῖα,
ἧι κ᾽ ἀπαμυναίμεσθ᾽ ἑτεραλκέα δῆμον ἔχοντες,
ἀλλ᾽ ἐν γὰρ Τρώων πεδίωι πύκα θωρηκτάων
740   πόντωι κεκλιμένοι ἑκὰς ἥμεθα πατρίδος αἴης·
τὼ ἐν χερσὶ φόως, οὐ μειλιχίηι πολέμοιο.”
ἦ, καὶ μαιμώων ἔφεπ᾽ ἔγχεϊ ὀξυόεντι.
ὅς τις δὲ Τρώων κοίληις ἐπὶ νηυσὶ φέροιτο
σὺν πυρὶ κηλείωι, χάριν Ἕκτορος ὀτρύναντος,
745   τὸν δ᾽ Αἴας οὔτασκε δεδεγμένος ἔγχεϊ μακρῶι·
δώδεκα δὲ προπάροιθε νεῶν αὐτοσχεδὸν οὖτα.
Π   ὣς οἱ μὲν περὶ νηὸς ἐϋσσέλμοιο μάχοντο·
Πάτροκλος δ᾽ Ἀχιλῆϊ παρίστατο ποιμένι λαῶν,
δάκρυα θερμὰ χέων ὥς τε κρήνη μελάνυδρος,
ἥ τε κατ᾽ αἰγίλιπος πέτρης δνοφερὸν χέει ὕδωρ.
5   τὸν δὲ ἰδὼν ὤικτιρε ποδάρκης δῖος Ἀχιλλεύς,
καί μιν φωνήσας ἔπεα πτερόεντα προσηύδα·
“τίπτε δεδάκρυσαι, Πατρόκλεις, ἠΰτε κούρη
νηπίη, ἥ θ᾽ ἅμα μητρὶ θέουσ᾽ ἀνελέσθαι ἀνώγει
εἰανοῦ ἁπτομένη, καί τ᾽ ἐσσυμένην κατερύκει,
10   δακρυόεσσα δέ μιν ποτιδέρκεται, ὄφρ᾽ ἀνέληται;

737 + 739–40 Prisc. Inst. 18.170; 738b sch Nic. Th. 2; (ἕτερ. δ.) H. ε 6548; 739–40
(–ἥμεθα) Porph. Il. 210.10 Schr.; 740a sch X 3; H. π 3002; (κεκλ.) H. (Cyr.) κ 2066;
(ἥμεθα) H. η 450; 741 (μειλ.) id. μ 600, [1356]   744 (–Ἕκτ.) Hdn ad Θ 217b; (κηλ.)
ApS 99.7; H. κ 2496   745 (δεδεγ.) Apio 229.15   Π 1 w34 ii 4 (lacerum); 1a sch Π
120b[1]   7–8 (νηπ.) [Plut.] Hom. 2.89.2; 7 ib. 134.1; 7a Hdn ii.250.8; (ἠΰτε–)–8 sch
Soph. Tr. 1071; (ἠΰτε–)–8 (–θέουσα) sch Φ 257–62a   9 Plut. Mor. 792e; 9a ApS 85.19;
Hdn ii.912.21; sch B 152; (εἰανοῦ) H. ε 721   10 (–ποτ.) Epm. δ 72; (ποτ.) H.
π 3138

fere 1297 t Ω: αλαλκοι 60 (cf. Φ 539)   737 τι Ar A[m] D F T G: τις (nov. Did) 60 225’
tt F[s] Ω*: τοι h   738 ἀπαμυναίμεσθ᾽ 225 1341 t Z A D T W: ἐπαμ- 60 A[s] b R G:
ἀμ- F   739 πεδίωι 60 1347 tt Ω: ὁμάδωι A[γρ] r (ex 689)   741 τὼ V: τῶ(ι) Ω: τω 1341:
τὸ Z   μειλιχίηι Ar sch[D] Ω* (cf. A.R. 2.333 sq.; Rengakos 98): -ίη DThr, iota om. et 60
1347 F[a] R W   πτολέμοιο 1347   743 νηυσὶ φέροιτο Ω: -σὶν ἄγοιτο h.—cf. sch[T] 705e
et ad Ω 697   744 κηλείω(ι) 225[c] t Ω*, -λαιω 60, -λέω(ι) 225[a] Z D: κηαλέωι Schulze
475   ὀτρύναντος Ω*: -νοντος Z A[m] F   745 ἔγχεϊ μακρῶι Ω*: ὀξέϊ χαλκῶι b
h   746 οὖτα Ω*: οὔτα B[c] C[a] F T[s] R   Π 4 δνοφερὸν (= I 15) 60 Ω: γν- rr   4a (= I 16)
add. 60   5 ὤικτιρε Nauck, -ειρε 60 Z Ω (alterutrum nov. Did; cf. Ψ 534): θάμβησε
Ar   7 Πατρόκλεις 60 tt Ω: -εες Barnes.—cf. Praef. xxv   8 ἀνώγει 1341 t Ω: -ηι
Hentze: ἄνωγεν Z   9 εἰανοῦ ἁπτομένη 60 440 tt Z Ω: ἁπτομένη ἑανοῦ Nauck post
Brandreth   ἐσσυμένην t Ω (cf. Z 518, ο 73): -νη Eust.[γρ] rr   κατερύκει 1341 t Ω:
-ηι Hentze   10 ποτιδέρκεται Ar 60 tt Z Ω: προσδ- Zen   ἀνέληται Ω*: ἂν ἕλ- R

τῆι ἴκελος, Πάτροκλε, τέρεν κατὰ δάκρυον εἴβεις.
ἠέ τι Μυρμιδόνεσσι πιφαύσκεαι ἠ᾽ ἐμοὶ αὐτῶι,
ἠέ τιν᾽ ἀγγελίην Φθίης ἒξ ἔκλυες οἶος—
ζώειν μὰν ἔτι φασὶ Μενοίτιον Ἄκτορος υἱόν,
15   ζώει δ᾽ Αἰακίδης Πηλεὺς μετὰ Μυρμιδόνεσσιν,
τῶν κε μάλ᾽ ἀμφοτέρων ἀκαχοίμεθα τεθνηώτων—
ἠέ σύ γ᾽ Ἀργείων ὀλοφύρεαι, ὡς ὀλέκονται
νηυσὶν ἔπι γλαφυρῆισιν ὑπερβασίης ἕνεκα σφῆς;
ἐξαύδα, μὴ κεῦθε νόωι, ἵνα εἴδομεν ἄμφω.”
20   τὸν δὲ βαρὺ στενάχων προσέφης, Πατρόκλεις ἱππεῦ·
“ὦ Ἀχιλεῦ, Πηλῆος υἱέ, μέγα φέρτατ᾽ Ἀχαιῶν,
μὴ νεμέσα· τοῖον γὰρ ἄχος βεβίηκεν Ἀχαιούς.
οἳ μὲν γὰρ δὴ πάντες, ὅσοι πάρος ἦσαν ἄριστοι,
ἐν νηυσὶν κέαται βεβλημένοι οὐτάμενοί τε.
25   βέβληται μὲν ὁ Τυδείδης κρατερὸς Διομήδης,
οὔτασται δ᾽ Ὀδυσεὺς δουρικλυτὸς ἠδ᾽ Ἀγαμέμνων,
βέβληται δὲ καὶ Εὐρύπυλος κατὰ μηρὸν ὀϊστῶι.
τοὺς μέν τ᾽ ἰητροὶ πολυφάρμακοι ἀμφιπένονται,
ἕλκε᾽ ἀκειόμενοι· σὺ δ᾽ ἀμήχανος ἔπλε᾽, Ἀχιλλεῦ.
30   μὴ ἐμέ γ᾽ οὖν οὗτός γε λάβοι χόλος, ὃν σὺ φυλάσσεις.

11 Epm. κ 148, τ 70; 11a ib. τ 70; 11b ib. ε 193, τ 71; Choer. in Ps. 11.26; (κατὰ–) H. (Cyr.) κ 1046   12 ApD Pron. 45.25, Synt. 190.2; Hdn i.518.16; (–πιφ.) Epm. ad A 2b¹   13 Hdn i.519.1   14 (–Μεν.) + 15–16 (–ἀκαχ.) sch ε 394; 16 (ἀκαχ.) H. α 2241   17 sch Π 12–13a; Hdn i.519.2   18 (ὑπερβ.) H. υ 352; (σφῆς) id. σ 2898   20 (vel 744, 843) ʽHdn.ʼ Fig. 7; (Π. ἱππεῦ) sch Arat. 733   21 Plut. Mor. 35b; (–υἱέ) sch Heph. 348.15   28 (ἰη. πολ.) sch N 213c   29a ApS 19.11; (ἀκ.) H. α 2407; 29b Apio 217.19   30 Eudoc. 1705; (–χόλ.) + 31 (αἰν.) sch Π 31c; 31–2 [Plut.] Hom.

11 del. Payne Knight   δάκρυον εἴβεις tt* Z Ω (cf. T 323, π 332): -να λ‹ε›ίβεις Hsch. 12 ἠέ τι Bᶜ C Fᶜ T (cf. Monro HG² §340): ἠέ τι ApD Hdn A Bᵃ E Fᵃ W: ἢ ἔτι D R: ἢ ἔτι Epm. Fᶜ G   ἠ᾽ ἐμοὶ Fick, ἢ ἐμοὶ Ω*: ἢ ἐμοὶ Hdn A G: ἠδ᾽ ἐμοὶ ApD: ηε συ (pro σοι) 60 13 ἠέ Ω*: ἠέ Hdn A Fᵃ: ἠέ D   ἒξ ἔκλυες A b G: ἐξ ἔ- Nic: ἐξέ- Ω*   16 ἀμφοτέρων 60 1349 Z Ω: -ρω Naber   ἀκαχοίμεθα 60 1349 tt Z (-χύ-) Ω*: -ήμεθα C R   τεθνηώ- των Arᵃᵇ Dˢ Ω*: -θνει- (nov. Did) 60ʾ A (ss. ηι) D Bᶜ Eˢ F G   17 ἠε Hdn A Bᵃ E Fᶜ Wᶜ: ἠέ Aᵐ Ω*   ὡς N   18 ἔπι Barnes: ἐπι A, ἐπὶ Ω*   20 βαρὺ στενάχων 60 440 1297 Ω: ἀπαμειβόμενος t   Πατρόκλεις 60 1349 tt Ω: -εες Payne Knight.—cf. Praef. xxv   21 Πηλῆος “οἱ ὑπομνηματισάμενοι”: -λέως Ptol 60 t* Ω*: -λέος Plut. C R W Gˢ.—v. Praef. xxxiv   φέρτατ᾽ 60 1349 Ω: κῦδος t   25 ὁ Ar 60 Z Ω: om. Arph.—cf. ad Θ 532, Λ 660   26 hab. 440 1297 1349 1350 1351 Z Ω: om. 60   δουρὶ κλυτὸς A Bᵃ E F T W   29 ἕλκε᾽ 60 440 Ω, ἑλκ᾽ Z: ἕλκος t   ἀκειόμενοι Z Fᶜ T W, -όμενον ApS: -άμενοι 60 Ω*: ἀκίμενοι Hsch.ᶜᵒᵈ   ἔπλε᾽ Payne Knight, ελπε᾽ 60: ἔπλευ 1349 1351 t Z Ω: -εο r   30 damn. Düntzer Aristarch (1862) 118   γοῦν C G

αἰναρέτη· τί σε᾽ ἄλλος ὀνήσεται ὀψίγονός περ,
αἴ κε μὴ Ἀργείοισιν ἀεικέα λοιγὸν ἀμύνῃς;
νηλεές· οὐκ ἄρα σοί γε πατὴρ ἦν ἱππότα Πηλεύς
οὐδὲ Θέτις μήτηρ, γλαυκὴ δέ σε τίκτε θάλασσα
35   πέτραι τ᾽ ἠλίβατοι, ὅτι τοι νόος ἐστὶν ἀπηνής.
εἰ δέ τινα φρεσὶ σῇσι θεοπροπίην ἀλεείνεις
καί τινά τοι πὰρ Ζηνὸς ἐπέφραδε πότνια μήτηρ,
ἀλλ᾽ ἐμέ περ πρόες ὦχ᾽, ἅμα δ᾽ ἄλλον λαὸν ὄπασσον
Μυρμιδόνων, αἴ κέν τι φόως Δαναοῖσι γένωμαι.
40   δὸς δέ μοι ὤμοιιν τὰ σὰ τεύχεα θωρηχθῆναι,
αἴ κ᾽ ἐμὲ σοὶ ἴσκοντες ἀπόσχωνται πολέμοιο
Τρῶες, ἀναπνεύσωσι δ᾽ ἀρήιοι υἷες Ἀχαιῶν
τειρόμενοι· ὀλίγη δέ τ᾽ ἀνάπνευσις πολέμοιο.
ῥεῖα δέ κ᾽ ἀκμῆτες κεκμηότας ἄνδρας ἀϋτῆι
45   ὤσαιμεν προτὶ ἄστυ νεῶν ἄπο καὶ κλισιάων.”
    ὣς φάτο λισσόμενος, μέγα νήπιος· ἦ γὰρ ἔμελλεν
οἷ αὐτῶι θάνατόν τε κακὸν καὶ κῆρα λιτέσθαι.
τὸν δὲ μέγ᾽ ὀχθήσας προσέφη πόδας ὠκὺς Ἀχιλλεύς·
“ὤι μοι, διογενὲς Πατρόκλεις, οἷον ἔειπες.

2.142.1; 31 ApS 14.15; Choer. in Thd. i.164.26; (-όν.) sch Λ 762–3a¹; (αἰν.) Porph. Hom. 102.3 Sod.; H. α 1973; EtG α 211ab   33–5 Plut. Mor. 67a; 33–4 Macr. Sat. 5.11.4; 33–4a sch Π 273–4; 33 (οὐκ-)–5 Gell. 12.1.20; 33 (-ἦν) Epm. ν 19; (οὐκ–πατήρ) Apio 223.1; (ἱππ. Π.) sch Pind. Ol. 8.64b, Nem. 3.92b; 34b–5 Hypoth. Pind. Isth. (iii.193.23 Dr.); 34b Plut. Mor. 970b; Hdn ad Σ 39–46; sch Theoc. 3.15; Serv. auct. Aen. 4.367; (γλ. θ.) Plut. Mor. 934f; (γλ.) Porph. Hom. 50.4 Sod.; H. γ 602; 35a id. π 2063/4   36a sch Π 49   39 (ἦν-) sch Υ 95   40–1a Philostr. Vit. Soph. 21.8   42 (ἀναπν.-)–3 (= Λ 800–1) EtG α 796; 43b id. α 1017   44–5 (ὤσ.) ApS 19.32; 44a sch Π 43; (ἀκμ.) H. (Cyr.) α 2450   46 (-νήπ.) Hdn i.446.17; (ἦ-)–7 Arn ad Π 46c¹; ‘Hdn.’ Fig. 61; 47 Choer. in Thd. ii.226.25; (-κακόν) ApD Pron. 46.24; (καὶ-) sch Α 394; (κῆρα λ.) EtG λ 126; (λιτ.) H. (Cyr.) λ 1145

    31 αἰναρέτη Ar 60 tt* Z Ω: -της (nov. Did?) quidam ap. sch^bT (cf. Α 232?): -τα O rr: -την [Plut.]^vl: αἴν᾽· ἀρετῆς quidam ante Ar, sc. Arph?   τί 60 Z Ω*: τίς tt Α^λ b F^s T R^c W   σε᾽ Fick, σε P: σευ 60 tt* Z Ω: om. Choer.   ὀνήσεται tt* Z Ω, -σιεται 60: ὀνόσσ- ApS   ὀψίγονός 60 tt Ω*: -γόνων W O   32 hab. 60 678 1350 t Ω: om. 440   33 σοί γε 60 tt* Ω, σ[678: σου γε Macr.: δή σοι Epm.   34 σε τίκτε Τ^a N: σ᾽ ἔτ- Z Ω*   35 ὅτι 60 tt Ω*, ὅ τι sch^T (Hdn?) (= Ψ 484): ὅτε vel ὅ τε Ar F^a?   39 αἴ κέν 60 H: ἦν πού t Ω.—cf. ad Λ 797   40 τὰ σὰ 60 t Ω: τεὰ Payne Knight (cf. ad Α 207)   41 κ᾽ ἐμὲ D G: κέ με Ω*: κεν 671   ἴσκοντες Ptol Hdn 60 t (-ωσι) Ω: εἴσκ- Ar Z.—cf. ad Λ 799   43 damn. Heyne; cf. ad Λ 801   46 post λισσόμενος interpungere invitat Nic   47 οἱ Arn Ω (οἱ Τ, οἳ R^a): οἵ τ᾽ tt* H O: οἱ δ᾽ 60   λιτέσθαι plerique ante Hdn Z Ω*: proparox. Ptol: λιπέσθαι 60 C Τ^γρ W   49 ὤι b T W: ὦ Ω*, ω 60: ὢ G^a   Πατρόκλεις 60 1352 Ω: -εες Payne Knight   ἔειπας C

50	οὔτε θεοπροπίης ἐμπάζομαι, ἥν τινα οἶδα,
	οὔτέ τί μοι πὰρ Ζηνὸς ἐπέφραδε πότνια μήτηρ,
	ἀλλὰ τόδ' αἰνὸν ἄχος κραδίην καὶ θυμὸν ἱκάνει,
	ὁππότε δὴ τὸν ὁμοῖον ἀνὴρ ἐθέλησιν ἀμέρσαι
	καὶ γέρας ἂψ ἀφελέσθαι, ὅ τε κράτεϊ προβεβήκηι·
55	αἰνὸν ἄχος τό μοί ἐστιν, ἐπεὶ πάθον ἄλγεα θυμῶι.
	κούρην, ἣν ἄρα μοι γέρας ἔξελον υἷες Ἀχαιῶν,
	δουρὶ δ' ἐμῶι κτεάτισσα, πόλιν εὐτείχεα πέρσας,
	τὴν ἂψ ἐκ χειρῶν ἕλετο κρείων Ἀγαμέμνων
	Ἀτρεΐδης, ὡς εἴ τιν' ἀτίμητον μετανάστην.
60	ἀλλὰ τὰ μὲν προτετύχθαι ἐάσομεν· οὐδ' ἄρα πως ἦν
	ἀσπερχὲς κεχολῶσθαι ἐνὶ φρεσίν. ἤτοι ἔφην γε
	οὐ πρὶν μηνιθμὸν καταπαυσέμεν, ἀλλ' ὁπότ' ἂν δή
	νῆας ἐμὰς ἀφίκηται ἀϋτή τε πτόλεμός τε.
	τύνη δ' ὤμοιιν μὲν ἐμὰ κλυτὰ τεύχεα δῦθι,
65	ἄρχε δὲ Μυρμιδόνεσσι φιλοπτολέμοισι μάχεσθαι,
	εἰ δὴ κυάνεον Τρώων νέφος ἀμφιβέβηκεν
	νηυσὶν ἐπικρατέως, οἳ δὲ ῥηγμῖνι θαλάσσης
	κεκλίαται, χώρης ὀλίγην ἔτι μοῖραν ἔχοντες,
	Ἀργεῖοι. Τρώων δὲ πόλις ἐπὶ πᾶσα βέβηκεν
70	θάρσυνος· οὐ γὰρ ἐμῆς κόρυθος λεύσσουσι μέτωπον
	ἐγγύθι λαμπομένης. τάχα κεν φεύγοντες ἐναύλους
	πλήσειαν νεκύων, εἴ μοι κρείων Ἀγαμέμνων
	ἤπια εἰδείη· νῦν δὲ στρατὸν ἀμφιμάχονται.
	οὐ γὰρ Τυδεΐδεω Διομήδεος ἐν παλάμηισιν

50 (–ἐμπ.) EtG s.v. ἐμπάζομαι   53 Eudoc. 1416; EtG α 630; Epm. α 337; (ἀμ.) H. α 3610   56 Porph. Il. 97.3 Schr.; (γέρας ἔξ.) sch Z 234a   57a Hdn ad Σ 92b[1]; (πέρσας) Nic ad Π 56   60 (–ἐάσ.) sch [Aesch.] Prom. 261; H. τ 1; (προτ.) id. π 3984   62 (–καταπ.) sch Π 61b; (μην.) ApS 112.26; H. (Cyr.) μ 1224   64 (δῦθι) id. δ 2480   66 sch Π 297; (κυάν. νέφ.) Porph. Hom. 125.9 Sod.   68 Epm. τ 53; (κεκλ.) H. κ 2065   70 (οὐ–)–1a Plut. Mor. 541d; Synes. Calv. 17 (Opusc. 220.21 T.); (οὐ–) sch Z 10; Luc. Dial. 70.33; 71 (ἐναύλ.) ApS 68.25; H. ε 2702   74–5a Arn ad I 709a; 74 (–Διομ.) + 76a Porph. Il. 210.14 Schr.; 76 Philox. fr. 470 Th.; (–ἔκλ.) sch Λ 15, Σ 513a

50 ἥν (= α 415; nov. Did) 60 Ω*, ἥν D B^c F T W: εἴ Ar F^{2γρ} T^s   51 οὔτέ sic Ω 53 δὴ (nov. Did) 60 tt Ω: τις Ar   57 εὐτείχεα libri ante Hdn Ω (-εον b T R): cur non sit parox. quaerit Hdn   58 ἂψ (= Σ 445) 60 1351 Ω: μ' ἂψ Axt   59 (= I 648) damn. Bentley; cf. Σ 445 sq.   μετανάστην Ar 60 Z Ω: -νάστιν (-ναστεῖν T, corr. Lobeck) Rhi 𝔐 ut sit Briseis   64 ὤμοιϊν Ω*: -οισι R   66 εἰ 60 t Z Ω: ἧι sch^{bTγρ} R^a? 70 θάρσυνος· οὐ 60 Z Ω: αστυμεγου[671   λεύσσουσι tt* Z D F: λεύσουσι Plu. Luc. Ω*   μέτωπον Plut. Luc. Z Ω: -πα tt* N^c   71 ἐναύλους Ar tt Z Ω: ἐπ- nov. Did u.v.— v.l. sim. ψ 358

75 μαίνεται ἐγχείη Δαναῶν ἄπο λοιγὸν ἀμῦναι,
    οὐδέ πω Ἀτρείδεω ὀπὸς ἔκλυον αὐδήσαντος
    ἐχθρῆς ἐκ κεφαλῆς, ἀλλ' Ἕκτορος ἀνδροφόνοιο
    Τρωσὶ κελεύοντος περιάγνυται, οἳ δ' ἀλαλητῶι
    πᾶν πεδίον κατέχουσι, μάχηι νικῶντες Ἀχαιούς.
80 ἀλλὰ καὶ ὧς, Πάτροκλε, νεῶν ἄπο λοιγὸν ἀμύνων
    ἔμπεσ' ἐπικρατέως, μὴ δὴ πυρὸς αἰθομένοιο
    νῆας ἐνιπρήσωσι, φίλον δ' ἄπο νόστον ἕλωνται.
    "πείθεο δ', ὥς τοι ἐγὼ μύθου τέλος ἐν φρεσὶ θείω,
    ὡς ἄν μοι τιμὴν μεγάλην καὶ κῦδος ἄρηαι
85 πρὸς πάντων Δαναῶν, ἀτὰρ οἳ περικαλλέα κούρην
    ἂψ ἀπονάσσωσιν, ποτὶ δ' ἀγλαὰ δῶρα πόρωσιν.
    ἐκ νηῶν ἐλάσας ἰέναι πάλιν· εἰ δέ κεν αὖ τοι
    δώηι κῦδος ἀρέσθαι ἐρίγδουπος πόσις Ἥρης,
    μὴ σύ γ' ἄνευθεν ἐμεῖο λιλαίεσθαι πολεμίζειν
90 Τρωσὶ φιλοπτολέμοισιν· ἀτιμότερον δέ με θήσεις·
    μηδ' ἐπαγαλλόμενος πολέμωι καὶ δηϊοτῆτι
    Τρῶας ἐναιρόμενος προτὶ Ἴλιον ἡγεμονεύειν,
    μή τις ἀπ' Οὐλύμποιο θεῶν αἰειγενετάων
    ἐμβήηι—μάλα τούς γε φιλεῖ ἑκάεργος Ἀπόλλων—

---

78 (περιάγ.) ApS 130.24; H. π 1566; Phot. Lex. s.v.   81–2a sch Π 276a; 81a sch Λ
823–4a¹; 81b–2a sch Π 80a   84 Eudoc. 140, 593, 1177, 1372   85b–6a EtG α
1561   87 (–πάλιν) sch Π 80a; (εἰ–)–88a Phryn. Ecl. 324; 88a Choer. in Thd.
ii.365.18   89–90 sch Pind. Ol. 9.115d; 89 ib. 9.118c; cf. Apion. 222.15; (–λιλ.) ApD
Coni. 250.5; 89a sch Π 93b; (λιλ.) ApS 108.27; H. λ 1024   91 w5 (lacerum); (–πολ.)
Erot. p.24.17 N.   92 (–Ἴλ.) sch Σ 14b   94 ApS 67.11; (–φιλεῖ) Epm. φ 43; (ἐμβ.) H.
(Cyr.) ε 2278, 2297/8; (μάλα–) Arn ad Π 710a¹ (b); sch Χ 15a

75 μαίνεται t schᴰ Ω: σείεται 671   ἄπο Hdn Ω*: ἄπο R O   76 Ἀτρείδεω 60 353
tt schᴰ Ω: -δα' r   ὀπὸς (nov. Did) 60 353 tt schᴰ Ω: ἔπος "ἔν τισι τῶν
ὑπομνημάτων"   80 ὥς (Hdn) Bᵃ E Fᵃ: ὡς Α, ὧς Ω*   ἄπο Hdn b T G: ἄπο quidam
ante Hdn Ω*   ἀμύνων Hdn 60 1353 Ω* Wʸᵖ: ἄμυνον· (van Leeuwen) W   82 ἐνι-
πρήσωσι Ω: ἀνα- 60   δ' 60 Ω: τ 353   ἄπο W   85 οἳ sic Hdn A b F Tᶜ   86 ἀπονάσ-
σωσι(ν) t Z Αᴸ Ω* (-νάσω- D): αποδασσ- (Bekker) 60: ἀπονέσσ- R: magis placeret
ἀποδώωσιν   ποτὶ 60 1353 1354 Ω: προτὶ h O   87 δ' ἐλάσας V O   αὖ τοι Hdn t A
b T: αυ ϙϙι 60 Eᵍˡ Tᵍˡ: αὖτε Ω*: αὖτις rr   89 ἄνευθεν—91 μηδ' ἐπ om. Zen   90 δέ
με sic Ptol Hdn Ω: δ' ἐμὲ r   θήσεις 60 t Ω* Αᴸ: θείης T   90a τοὺς ἄλλους ἐνάριζ',
ἄπο δ' Ἕκτορος ἴσχεο χεῖρας respicere videtur parodia Diogenis Cynici (qui ἐράνιζ')
ap. D.L. 6.63: post 82 locavit Barnes, post 90 Voss   92 ἡγεμονεύειν Ar 60 Ω: αἰπὺ
δίεσθαι Zen   93–6 pro his vv. unum μή σ' ἀπογυμνωθέντα (A, cf. 815) vel -μουνω-
θέντα (T) λάβηι κορυθαίολος Ἕκτωρ Zen, ὃν παρωιδεῖ Διονύσιος ὁ Θρᾶιξ (fr. 21
Schm.) ἀντὶ τοῦ λάβηι "δάκηι" λέγων (schᵀ); prob. Wilamowitz Il. u. H. 121

95　ἀλλὰ πάλιν τρωπᾶσθαι, ἐπὴν φάος ἐν νήεσσιν
　　θήηις, τοὺς δέ τ' ἐᾶν πεδίον κάτα δηριάασθαι.
　　αἲ γάρ, Ζεῦ τε πάτερ καὶ Ἀθηναίη καὶ Ἄπολλον,
　　μήτέ τις οὖν Τρώων θάνατον φύγοι, ὅσσοι ἔασιν,
　　μήτέ τις Ἀργείων, νῶϊν δ' ἐκδῦϊμεν ὄλεθρον,
100　ὄφρ' οἶοι Τροίης ἱερὰ κρήδεμνα λύωμεν."
　　ὣς οἱ μὲν τοιαῦτα πρὸς ἀλλήλους ἀγόρευον,
　　Αἴας δ' οὐκέτ' ἔμιμνε· βιάζετο γὰρ βελέεσσιν·
　　δάμνα μιν Ζηνός τε νόος καὶ Τρῶες ἀγαυοί
　　βάλλοντες. δεινὴν δὲ περὶ κροτάφοισι φαεινή
105　πήληξ βαλλομένη καναχὴν ἔχε, βάλλετο δ' αἰεί
　　κὰπ φάλαρ' εὐποίηθ'· ὃ δ' ἀριστερὸν ὦμον ἔκαμνεν,
　　ἔμπεδον αἰὲν ἔχων σάκος αἰόλον· οὐδ' ἐδύναντο
　　ἀμφ' αὐτῶι πελεμίξαι ἐρείδοντες βελέεσσιν·
　　αἰεὶ δ' ἀργαλέωι ἔχετ' ἄσθματι, κὰδ δέ οἱ ἱδρώς
110　πάντοθεν ἐκ μελέων πολὺς ἔρρεεν, οὐδέ πηι εἶχεν
　　ἀμπνεῦσαι· πάντηι δὲ κακὸν κακῶι ἐστήρικτο.

95 (παλιντρ.) H. π 214; (τρωπ.) id. τ 1602　　97–100 Plut. Mor. 25e; 100 ApS 104.5;
(κρήδ.) H. (Cyr.) κ 4055　　102–11 Macr. Sat. 6.3.2; 102–4 (βάλλ.) Anon. Fig. iii.117.11
Sp.; Anon. in Arist. Eth. CAG xx.163.6; 102–3a (parod.) Matro Supp. Hell. 534.93–4; 103
(δάμνα) ApS 56.23; H. (Cyr.) δ 193; (Ζην.–) sch I 4a¹; 104 (βάλλ.), 105 (βαλλομ.) Arn ad
Π 105; 104 (δειν.–)–5 (πήληξ) sch Arat. 141; 105 (βάλλετο–)–6a Epm. φ 18; 106a Serv.
Aen. 9.357; (κατὰ φάλ.) H. κ 1483; (φάλ.) id. φ 93; Phot. Lex. s.v.; 106b–7 (–αἰόλ.) Porph.
Il. 82.17 Schr.; 107 (–αἰόλ.) ApS 67.21; 109–11 Eudoc. 935–7; 111 (πάντηι–) sch Soph.
Ai. 866; Hermog. Inv. 198.13 R.; Anon. in Arist. Eth. CAG xx.163.8; Theophylact. Hist.
3.2

95 πάλιν Apollodorus Hdn Ω*: παλιν- Nicias Rᵃ　　τρωπᾶσθαι 60 Aᵐ D (-άσθαι) F
T (τρο- Tᵏ) W G, -άασθαι tʳ: τροπάασθαι Nicias Hdn 1353 1354 Z Aᵏ Ω*, -άσασθαι
tᵖ.—cf. ad I 463, O 666　　96 θήη(ι)ς Z Ω*: θείης R W　　τοὺς δέ τ' 60 A b W (δ' ἔτ' Monro–Allen): τούσδε δ' Aᵐ Ω*　　ἐᾶν 60 1353 Ω: ἔα rr　　κάτα 1353 Z A B E F G: κατὰ vel
κατα Ω*　　97–100 ath. Zen Ar: def. Wilamowitz Il. u. H. 121–3. cf. I 46–9　　98 μή–
τέ sic A b F R G　　99 μήτέ sic Ω　　νῶϊν 60 t Z Ω: νῶϊ (Heyne) R O.—cf. ad Λ 767, P
238　　ἐκδῦϊμεν Hermann: -δῦμεν T R W: -δύμεν Hdn (pro infinitivo) B C F G, -δύμεν'
A D E: -δυμεν 60 1353 1354: ἔκδυμεν Z.—cf. ad Ω 665　　100 λύωμεν ApS 60 1353 Ω*:
-οιμεν t* Aᵐ Dᶜ F R Gᶜ　　102 οὐκέτ' ἔμιμνε 632 637 tt* Ω*: οὐκέτι μίμνε R (cf. ad O
727): οὐχ ὑπέμεινε Matro　　βιάζετο γὰρ 60 632 tt* Ω (= O 727): -ζόμενος
Anon.　　103 δάμνα 637 tt Z Ω: -μνη Naber Qu. Hom. 84.—cf. ad E 391, Ξ 439, Φ 7;
Wack. Unt. 1 n.3; Chantr. I 21, 301　　104 δεινὴν Ar² Hdn 632 t* b Fᶜ Tˢ Rᶜ Gᶜ: -ὴ (nov.
Did?) sch-Arat. Tᵏ Ω*　　105 βάλλετο Ar tt Ω: τύπτετο quidam ante Ar　　106 κὰπ
(nov. Ar) 60 Epm. Aᵏ Ω*, καφ Serv. Macr. Z rr, καρ W, κατὰ Hsch.: καὶ Ar Cʸᵖ
107 οὐδὲ δύναντο F T R W: οὐδεδ- A　　110 πολὺς ἔρρεεν 60 (δ'ερεεν) 632 t* Ω: ῥέεν
ἄσπετος (cf. Σ 403) Macr.　　πη(ι) 60 tt Z Ω*: τι D　　εἶχεν 60 tt Z Ω: an εἶκεν? cf. ad H
217

ἔσπετε νῦν μοι, Μοῦσαι Ὀλύμπια δώματ' ἔχουσαι,
ὅππως δὴ πρῶτον πῦρ ἔμπεσε νηυσὶν Ἀχαιῶν.
Ἕκτωρ Αἴαντος δόρυ μείλινον ἄγχι παραστάς
115 πλῆξ' ἄορι μεγάλωι αἰχμῆς παρὰ καυλὸν ὄπισθεν,
ἀντικρὺ δ' ἀπάραξε· τὸ μὲν Τελαμώνιος Αἴας
πῆλ' αὔτως ἐν χειρὶ κόλον δόρυ, τῆλε δ' ἀπ' αὐτοῦ
αἰχμὴ χαλκείη χαμάδις βόμβησε πεσοῦσα.
γνῶ δ' Αἴας κατὰ θυμὸν ἀμύμονα ῥίγησέν τε
120 ἔργα θεῶν, ὅ ῥα πάγχυ μάχης ἐπὶ μήδεα κεῖρεν
Ζεὺς ὑψιβρεμέτης, Τρώεσσι δὲ βούλετο νίκην·
χάζετο δ' ἐκ βελέων. τοὶ δ' ἔμβαλον ἀκάματον πῦρ
νηῒ θοῆι· τῆς δ' αἶψα κατ' ἀσβέστη κέχυτο φλόξ.
ὣς τὴν μὲν πρυμνὴν πῦρ ἄμφεπεν, αὐτὰρ Ἀχιλλεύς
125 μηρὼ πληξάμενος Πατροκλῆα προσέειπεν·
"ὄρσεο, διογενὲς Πατρόκλεις ἱπποκέλευθε·
λεύσσω δὴ παρὰ νηυσὶ πυρὸς δηίοιο ἰωήν·
μὴ δὴ νῆας ἕλωσι καὶ οὐκέτι φυκτὰ πέλωνται.
δύσεο τεύχεα θᾶσσον, ἐγὼ δέ κε λαὸν ἀγείρω."
130 ὣς φάτο, Πάτροκλος δὲ κορύσσετο νώροπι χαλκῶι.
κνημῖδας μὲν πρῶτα περὶ κνήμηισιν ἔθηκεν

112–14 (–μείλ.) Philod. Poem. p.183 Sb. (confuse); 112a + 113 (–ἔμπ.) Cic. Att. 1.16.5;
113 (–ἔμπ.) resp. Pl. Resp. 545d; Procl. in Remp. ii.4.7; 114–16a sch Pl. Charm. 153a; 116
(ἀπάρ.) H. (Cyr.) α 5792   117 (–δόρυ) ApS 60.7; sch Υ 370a²; Melet. De nat. hom. PG
64.1237b; (αὔτως, κόλον δ.) Arn ad Π 116a; (κόλον δ.) sch Theoc. 8.51/2c; (κόλον) H. κ
3370; Phot. Lex. κ 888; (τῆλε-)–118 (–χαμ.) Arn ad Π 116a   123 (ἀσβ.) ApS
45.28   124 (–ἄμφ.) Arn ad Ω 58c; (ἄμφ.) H. (Cyr.) α 3919   126–7 sch Ι 186; 126
(ὄρσ.) Nic ad Π 128a; 127 Porph. Hom. 130.15 Sod., Od. 59.10 Schr.; (ἰωήν) Apio
242.19   128 sch Π 286; (φυκτά) H. φ 965   130–9 Macr. Sat. 5.10.12

114 Ἕκτωρ 60 632 1355 sch-Pl. Ω*: -ωρ δ' Z C H V   115 αἰχμῆς 60 632 Ω: -ὴν
t   116 ἀπάραξε 632 tt Z Ω: επ- 60   117 πῆλ' 60 632 Z Ω: πάλλ' t   χειρὶ 60 632 t
Ω: χερσὶ O V   κόλον ita parox. Ptol Hdn 632 Z Ω: κολὸν fort. alii olim   ἀπ' 632 t Ω:
επ' 60   120 θεῶν 60 632 Ω: θεοῦ H   ὅ ῥα 632 h85 Ω: οτι 60   κεῖρε Ar A b F: κείρει
(nov. Did) 60 Z Aˡ Aᵐ Ω* (ex O 467)   121 βούλετο νίκην 632 1356 Ω* (-εται R): βού–
λετ' ἀρήγειν 60 D.—cf. ad M 68   123 κατ' ἀσβέστη (ne κατὰ σβεστὴ) Ar Hdn 632
t Z Dᶜ Ω* (ἀκατασβέστη R): et id et κατασβέστη schᴰ: hoc D E: κατ' ἄσβεστος
r   124 τὴν μὲν πρυμνην Ar 60 632 t Ω* Tˢ (-μνὴν Bekker, parox. libri): τῆς μὲν -ης
Dᵃ T: τῆς ... -ην rr   126 Πατρόκλεις 60 632 t Ω: -εες Payne Knight.—v. Praef.
xxv   127 λεύσσω Z A D F W: λεύσω [60] [632] Ω*   ἰωήν Ar Apio 632 t A b R
(cf. Call. fr. 228.40; Rengakos 146 sq.): ἐρωήν 𝔐 Aᵐ Tˡ Ω*: utrumque Z   128 abrupte
legi solebat teste Nic, qui eum etiam a δύσεο pendere posse monet   ἕλησι Wecklein
SBAW 1908(2).27   129 θᾶσσον r: θᾶ- Ω   ἀγείρω Ar Hdn 632 Ω: ἐγ- h   129a (=
39, sed γένηαι) add. h D²: deest in 60 500b 632 1355 1357' Ω

καλάς, ἀργυρέοισιν ἐπισφυρίοις ἀραρυίας·
δεύτερον αὖ θώρηκα περὶ στήθεσσιν ἔδυνεν
ποικίλον ἀστερόεντα ποδώκεος Αἰακίδαο·
135 ἀμφὶ δ' ἄρ' ὤμοισιν βάλετο ξίφος ἀργυρόηλον
χάλκεον· αὐτὰρ ἔπειτα σάκος μέγα τε στιβαρόν τε·
κρατὶ δ' ἐπ' ἰφθίμωι κυνέην εὔτυκτον ἔθηκεν
ἵππουριν· δεινὸν δὲ λόφος καθύπερθεν ἔνευεν·
εἵλετο δ' ἄλκιμα δοῦρε, τά οἱ παλάμηφιν ἀρήρει.
140 ἔγχος δ' οὐχ ἕλετ' οἶον ἀμύμονος Αἰακίδαο
βριθὺ μέγα στιβαρόν· τὸ μὲν οὐ δύνατ' ἄλλος Ἀχαιῶν
πάλλειν, ἀλλά μιν οἶος ἐπίστατο πῆλαι Ἀχιλλεύς,
Πηλιάδα μελίην, τὴν πατρὶ φίλωι πόρε Χείρων
Πηλίου ἐκ κορυφῆς φόνον ἔμμεναι ἡρώεσσιν.
145 ἵππους δ' Αὐτομέδοντα θοῶς ζευγνῦμεν ἄνωγεν,
τὸν μετ' Ἀχιλλῆα ῥηξήνορα τῖε μάλιστα,
πιστότατος δέ οἱ ἔσκε μάχηι ἔνι μεῖναι ὁμοκλήν.
τῶι δὲ καὶ Αὐτομέδων ὕπαγε ζυγὸν ὠκέας ἵππους,
Ξάνθον καὶ Βαλίον, τὼ ἅμα πνοιῆισι πετέσθην,
150 τοὺς ἔτεκε Ζεφύρωι ἀνέμωι ἅρπυια Ποδάργη,
βοσκομένη λειμῶνι παρὰ ῥόον Ὠκεανοῖο.

141a Plut. Mor. 59b   142 (πάλλειν) Apio 98.15; H. π 238; (ἀλλά–) sch Φ 320b;
Porph. Hom. 57.15 Sod.; 142b Arn ad Θ 106a, N 223a²; (πῆλαι) H. π 2176   143 sch
Pind. Nem. 3.57; 143a H. π 2183; 143b–4a Porph. Hom. 57.17 Sod.; 144a (+ τετμῆσθαι)
Arn ad Λ 256a   145b Hdn ad Π 99b   148b [Ammon.] Diff. 488; Anon. π. ἀκυρολ.
7 (142.8 N.)   149 sch [Eur.] Rhes. 239; (Βαλ.) EtG β 19   150 ApS 43.31; [Plut.]
Hom. 2.59

133 ἔδυνε 60 632 t Ω*: ἔθηκεν (ex 131) G   134 ποδώκεος Αἰακίδαο 60 632 1357 t
Ω (cf. Γ 333): κακῶν βελέων ἀλεωρήν quidam ap. schᵀ (cf. O 533; fort. resp. Ar. Vesp.
615)   137 ἐπ' A, ἐπ' Ω*   ἰφθίμωι–ἔθηκεν 60 500b 632 1359 t Ω*: ἀμφίφαλον κυνέην θέτο τετραφάληρον (= E 743, Λ 41) T   εὔτυκτον C   ἔθηκε(ν) t Ω: ἐβαλλεν
60   139 δοῦρε 60 632 Ω: -ρα 1359 t V   140 ath. Zen   141–4 (= T 388–91) om.
Zen, nov. Megaclides; 143–4 damn. Heyne   143 πόρε Arᵃ Ω (cf. Δ 219; Leaf): τάμε Arᵇ
632 1359 tt Hᵐ O (cf. Cypria fr. 3 B./D.).—cf. ad T 390   144 ἐκ κορυφῆς (nov. Did)
500b tt Ω: κο]ρυφῆς 632: ἐν κορυφῆις Ar h (quod potius ad τάμε quadrat).—cf. ad T
391   145 ζευγνῦμεν 632 Fᵃ: -ύμεν t Ω* (-ύμεν' D E R W, -ύμεναι G).—productio insolita   147 ὁμοκλήν Fᵃ: ὁμ- Z Ω*   149 Βαλίον parox. Hdn Ω: proparox. h: Βα-
λίαν (Bentley) rr.—cf. ad T 400   150 τοὺς t Ω: ους 1360   ἅρπυια Ar 632 1359 tt Ω,
Ἀρπ- Zen Timogenes ap. ApS: ἀρέπυια Fick Od. 320   Ποδάργη (cf. T 400) Ar 632 t*
Ω*, ποδ- Timog.: -άρκη 60 Cˢ rr: -άγρη (!) [Plut.]: πόδαργος Zen: ποδαργ[h85
151 παρὰ 60 [1359] 1361 Ω: παραὶ rr   ῥόον fere 1359 1361 b T W   Ὠκεανοῖο 60 Ω:
Ἠριδανοῖο "πολλὰ τῶν ἀντιγράφων" teste Eust., rr.—v.l. eadem Batr. 20

ἐν δὲ παρηορίηισιν ἀμύμονα Πήδασον ἵει,
τόν ῥά ποτ' Ἠετίωνος ἑλὼν πόλιν ἤγαγ' Ἀχιλλεύς·
ὃς καὶ θνητὸς ἐὼν ἕπεθ' ἵπποις ἀθανάτοισιν.

155   Μυρμιδόνας δ' ἄρ' ἐποιχόμενος θώρηξεν Ἀχιλλεύς
πάντηι ἀνὰ κλισίας σὺν τεύχεσιν· οἳ δὲ λύκοι ὥς
ὠμοφάγοι, τοῖσίν τε περὶ φρεσὶν ἄσπετος ἀλκή,
{οἵ τ' ἔλαφον κεραὸν μέγαν οὔρεσι δηιώσαντες
δάπτουσιν, πᾶσιν δὲ παρήιον αἵματι φοινόν,
160   καί τ' ἀγεληδὸν ἴασιν, ἀπὸ κρήνης μελανύδρου
λάψοντες γλώσσηισιν ἀραιῆισιν μέλαν ὕδωρ
ἄκρον, ἐρευγόμενοι φόνον αἵματος· ἐν δέ τε θυμός
στήθεσιν ἄτρομός ἐστι, περιστένεται δέ τε γαστήρ·
τοῖοι Μυρμιδόνων ἡγήτορες ἠδὲ μέδοντες
165   ἀμφ' ἀγαθὸν θεράποντα ποδώκεος Αἰακίδαο}
ῥώοντ'· ἐν δ' ἄρα τοῖσιν ἀρήιος ἵστατ' Ἀχιλλεύς,
ὀτρύνων ἵππους τε καὶ ἀνέρας ἀσπιδιώτας.

πεντήκοντ' ἦσαν νῆες θοαί, ἧισιν Ἀχιλλεύς
ἐς Τροίην ἡγεῖτο διίφιλος, ἐν δὲ ἑκάστηι
170   πεντήκοντ' ἔσαν ἄνδρες ἐπὶ κληῖσιν ἑταῖροι·

---

152 (παρη.) sch Arat. 600 (p.564.5 Mart.); (ἀμ. Πήδ.) sch Λ 518; (Πήδ.) H. π 2157   **154** (parod.) Matro Supp. Hell. 534.52   **156** (σὺν τεύχ.) sch Π 155   **158** sch B 314a; (δηιώ.) H. δ 937   **159** (δάπτ.) H. (Cyr.) δ 252; (αἵμ.–) H. α 1944; (φοι.) ApS 164.16; H. φ 717; Phot. Lex. s.v.   **160** Epm. ε 29; **160a** Choer. in Thd. ii.325.32, 326.12, 335.25; EtG s.v. ἴασι; Epm. π 190; (ἀγελ.) DThr Ars 19.3 p.75.1; H. (Cyr.) α 433/4; (ἴασιν) H.ι 83   **161-2** (-αἵμ.) Porph. Il. 212.13 Schr.; **161** Erot. p.12.15 N.; sch Hes. Op. 809b; (-ἀραι.) Epm. γ 4; **161a** Demetr. Eloc. 220; sch Ar. Nub. 811a; H. λ 468; (λάψ.) ApS 107.18; (ἀραι.) Apio 223.6; H. α 6940; **162** (-αἵμ.) sch Soph. Tr. 558   **163b** ApS 145.1; (περιστ.) H. π 1880; Phot. Lex. s.v.   **165** Apio 218.18; Epm. π 105; **165a** Apio 218.9; Choer. in Thd. ii.79.1; id. in Ps. 15.29; EtG α 746 (ex eod.); Epm. α 235   **166** (ἐν-)-7 Porph. Hom. 85.13 (cf. 24) Sod.; **167** (-ἀνέρας) Plut. Mor. 443b   **170a** [Plut.] Hom. 2.146.1

152 ἀμύμονα 60 t Ω: ἀμείνονα N^{γρ} rr   **153** τόν 60 Ω: ον 1360   **155** θώρηξεν Ω: κόσμησεν malit sch^T cl. Ξ 379   **156** πάντηι Zen (cf. A 384, E 495, Z 81, K 167): πάντας Ar 60 500b 1355 Ω.—cf. ad 496   **157** φρεσὶν 60 500b Ω*: φρένας R rr   **158-64** susp. Leaf, del. Wilamowitz Il. u. H. 125 (ego etiam **165** seclusi); **160-3** susp. Hentze   **159** παρήια ... φοινά La Roche (cf. Bechtel Lexil. 271)   **160** ἀπὸ t Ω: ἐπὶ (Bentley) O   **161** λάψοντες Ar 1360 tt* Z Ω*: -αντες Zen R^a rr: λαψ[.]ντες 226: λάπτοντες Demetr. sch-Ar.^{vl} Epm.^{vl}   ἀραιῆ(ι)σιν A^a D^a B T^c: ἀρ- Z Ω*.—cf. Praef. xvii   **162** ἄκρον, ita interpungunt Nic Porph. A B E F T W (contra sch^D)   **168-97** damn. Koechly Il. Carm. xvi (1861) 299, cf. Bergk Gr. Lit. I 617: **168-211** Christ: **168-217** Wilamowitz Il. u. H. 124–6   **169** Διὶ φίλος 60 Ω: θεῶν φίλος P   δὲ 60 Ω* (cf. B 509, Θ 562, I 85, al.): δ' ἄρ A b R

πέντε δ' ἄρ' ἡγεμόνας ποιήσατο, τοῖς ἐπεποίθει
σημαίνειν· αὐτὸς δὲ μέγα κρατέων ἤνασσεν.
τῆς μὲν ἰῆς στιχὸς ἦρχε Μενέσθιος αἰολοθώρηξ,
υἱὸς Σπερχειοῖο διιπετέος ποταμοῖο,
175   ὃν τέκε Πηλῆος θυγάτηρ καλὴ Πολυδώρη
Σπερχειῶι ἀκάμαντι, γυνὴ θεῶι εὐνηθεῖσα,
αὐτὰρ ἐπίκλησιν Βώρωι Περιήρεος υἷι,
ὅς ῥ' ἀναφανδὸν ὄπυιε, πορὼν ἀπερείσια ἕδνα.
τῆς δ' ἑτέρης Εὔδωρος ἀρήιος ἡγεμόνευεν,
180   παρθένιος, τὸν ἔτικτε χορῶι καλὴ Πολυμήλη
Φύλαντος θυγάτηρ· τῆς δὲ κρατὺς Ἀργειφόντης
ἠράσατ' ὀφθαλμοῖσιν ἰδὼν μετὰ μελπομένηισιν
ἐν χορῶι Ἀρτέμιδος χρυσηλακάτου κελαδεινῆς·
αὐτίκα δ' εἰς ὑπερῶι' ἀναβὰς παρελέξατο λάθρηι
185   Ἑρμείας ἀκάκητα· πόρεν δέ οἱ ἀγλαὸν υἱόν
Εὔδωρον, περὶ μὲν θείειν ταχὺν ἠδὲ μαχητήν.
αὐτὰρ ἐπεὶ δὴ τόν γε μογοστόκος Εἰλείθυια
ἐξάγαγε πρὸ φόωσδε καὶ ἠελίου ἴδεν αὐγάς,
τὴν μὲν Ἐχεκλῆος κρατερὸν μένος Ἀκτορίδαο

171 (–ποι.) sch Λ 304, Ρ 73b   172 Eudoc. 1348   173 Porph. Od. 67.2 Schr.; 173a
Arn ad Φ 95a¹; ApS 89.20, 152.8; Epm. σ 24; (–στ.) ApS 145.6; (ἰῆς) H. (Cyr.) ι
369   174 Porph. Hom. 127.7 Sod., Od. 47.1 Schr.; (Σπ.) H. (Cyr.) σ 1473; (διιπ.) ApS
58.33; H. (Cyr.) δ 1535, 1783/4   176 EtG α 340; Epm. α 313; 176a sch Π 174a
178 (ἀναφ.) H. (Cyr.) α 4660   179–80 (παρθ.) sch Pind. Ol. 6.48c; 179a Porph. Od.
67.2 Schr.; 180 Dio Prus. 7.146; schᴰ Δ 499; (παρθ.) ApS 128.8; Phot. Lex. s.v.; (χορῶι κ.)
ApD Synt. 11.1; H. χ 654   181 al. (κρ. Ἀργ.) Epm. κ 123; (κρ.) ApS 103.29; H. (Cyr.)
κ 4021   182 (–ἰδών) sch Ξ 294a   183 al. (χρυσ.) ApS 168.29; (κελ.) H. (Cyr.) κ
2127   184 (ὑπερ.) H. υ 501   185a schᴰ Ε 422; (ἀκάκ.) ApS 20.1; Hdn ad A 540a¹;
Aristid. Or. 2.423; H. (Cyr.) α 2234; cf. EtG α 288   187–8 Plut. fr. 157 (p.97.85 S.);
187b H. μ 1535; (μογ.) ApS 113.15; Phot. Lex. μ 496; (Εἰλ.) H. ε 862, cf. 916; 188 Eudoc.
276

172 ἤνασσε(ν) 60 435 t Ω: ἐ(F)άν- Heyne   174 διϊπετέος 435 h139δ²¹¹ tt Ω: διειπ-
Zenodorus ap. Porph. (cf. Eur. Hyps. 352 [133 Diggle] pap.): utrumque Hsch.—v. R.
Schmitt Dichtung u. Dichterspr. in indogerm. Zeit (1967) 221 sqq.   175 ὃν Arph Ar
Z A Aᵏ b F: τὸν (nov. Did) 435 Ω*   Πολυδώρη Ar 60 435 schᴰ Ω (= [Hes.], mythogra-
phi): Κλεο- Zen   177 υἷι Hdn Ω: υἱεῖ 60 435 rr.—cf. ad Β 791, Σ 144, 458, Φ 34, Χ 302;
La Roche Unt. I 46   180 ἔτικτε 60 435 tt Ω*: τίκτε R   Πολυμήλη 435 t* Ω: -δώρη
(ex 175) Dio   183 ath. Ar   185 ἀκάκητα Ar Hdn 435 Z Ω: properisp. 'ceteri'
Herodiani (= Ptol Tyr?)   186 περὶ (Hdn) Ω: πέρι rr   188 ἐξάγαγε 435 Ω* (-ήγ- D):
-εν Α b Fᶜ G: ἔξαγε R   πρὸ φόωσδε Zen 435 Plut. Aᵐ Ω* (cf. Τ 118): τε φόωσδε t*:
φόωσδε Arph Ar A Aᵏ B E Fᶜ: φάοσδε C

190 ἠγάγετο πρὸς δώματ', ἐπεὶ πόρε μυρία ἔδνα,
     τὸν δ' ὁ γέρων Φύλας εὖ ἔτρεφεν ἠδ' ἀτίταλλεν
     ἀμφαγαπαζόμενος ὡς εἴ θ' ἑὸν υἱὸν ἐόντα.
     τῆς δὲ τρίτης Πείσανδρος ἀρήϊος ἡγεμόνευεν
     Μαιμαλίδης, ὃς πᾶσι μετέπρεπε Μυρμιδόνεσσιν
195 ἔγχεϊ μάρνασθαι μετὰ Πηλείωνος ἑταῖρον.
     τῆς δὲ τετάρτης ἦρχε γέρων ἱππηλάτα Φοῖνιξ·
     πέμπτης δ' Ἀλκιμέδων, Λαέρκεος υἱὸς ἀμύμων.
        αὐτὰρ ἐπεὶ δὴ πάντας ἅμ' ἡγεμόνεσσιν Ἀχιλλεύς
     στῆσεν ἐῢ κρίνας, κρατερὸν δ' ἐπὶ μῦθον ἔτελλεν·
200 "Μυρμιδόνες, μή τίς μοι ἀπειλάων λελαθέσθω,
     ἃς ἐπὶ νηυσὶ θοῇσιν ἀπειλεῖτε Τρώεσσιν
     πάνθ' ὑπὸ μηνιθμόν, καί μ' ἠτιάασθε ἕκαστος·
     'σχέτλιε Πηλέος υἱέ, χόλωι ἄρα σ' ἔτρεφε μήτηρ,
     νηλεές, ὃς παρὰ νηυσὶν ἔχεις ἀέκοντας ἑταίρους.
205 οἴκαδέ περ σὺν νηυσὶ νεώμεθα ποντοπόροισιν
     αὖτις, ἐπεί ῥά τοι ὧδε κακὸς χόλος ἔμπεσε θυμῶι.'
     ταῦτά μ' ἀγειρόμενοι θάμ' ἐβάζετε· νῦν δὲ πέφανται
     φυλόπιδος μέγα ἔργον, ἕης τὸ πρίν γ' ἐράασθε.
     ἔνθά τις ἄλκιμον ἦτορ ἔχων Τρώεσσι μαχέσθω."
210   ὣς εἰπὼν ὤτρυνε μένος καὶ θυμὸν ἑκάστου·
     μᾶλλον δὲ στίχες ἄρθεν, ἐπεὶ βασιλῆος ἄκουσαν.
     ὡς δ' ὅτε τοῖχον ἀνὴρ ἀράρῃι πυκινοῖσι λίθοισιν
     δώματος ὑψηλοῖο, βίας ἀνέμων ἀλεείνων,

191 cf. eand. 293   192 ead. 96, cf. 1151; 192a ApS 29.28; H. α 3885   193a Porph.
Od. 67.2 Schr.   197 (Ἀλκ.) sch Ω 474   199 Eudoc. 1347   202a Porph. Hom.
78.18 Sod.; 202b sch Ι 311a   203b sch A.R. 4.1404; Epm. υ 41   206 Eudoc. 321
207 (θάμ' ἐβ.) ApS 86.14; Epm. ω 4; (πέφ.) Apio 98.29   208b Hdn ad α 70; Epm. ο 42
(Hdn ii.173.2), ω 21; (ἐρά.) H. ε 5607   211 (ἄρθεν) id. α 7182   212–17 Her-

190 ἠγάγετο 435 Ω: εξαγετο (ex 188) 60   195 ἔγχεϊ sic 435 Ω   196 γέρων ἱπ–
πηλάτα (= Ι 432) 60 435 Ω: Γερήνιος ἱππότα quidam ap. sch^{bT}   Φοῖνιξ 435 D F^a O: properisp. (Hdn) Ω*   199 ἔϋ Α, ἐϋ 435 b F T: ευ 9: εὖ Ω*   200 Μυρμιδόνες 9 435 Ω:
-δωνων 60   201 ἃς 9 60 Ω: τας 435   202 μ' ἠτιάασθε Ar 9 435 t Ω (μ' αἰτι- W):
μητι- Zen (idem volens puto)   203 χόλωι Ar 9 435 sch^D Ω (ἀντὶ τοῦ χολῆι Ar sch):
an olim χολῆι?   207 ταῦτά μ' Ar Hdn Ω*: ταῦθ' ἅμ' Hermias ὁ Κρατήτειος 9 60 435
F^a G O   θάμ' ἐβάζετε (nov. Did) 9 60 435 tt Z Ω: θαμὰ β- Ar   208 εης 9 60, εης 435,
ἕης tt sch^{DT} Ω*, ἑῆς Z G, forma insolita: ὅο πρόσθεν γ' Christ post Payne Knight et
Nauck   γ' ἐράασθε 9 435 tt Z Ω, et hoc insolenter: περ ἔρασθε van Leeuwen: an γε
ἔρασθε?   209 ἔνθά sic Ω (ἔνθ' αὖτις W),]νθά 1, ενθά 9   210 ὤτρυνε 1 9 60 435 Ω:
ὄτρ- rr   211 μᾶλλον Blass: μᾶ- 435 Ω   ἄρθεν Hdn Z A^λ Ω*: ἄρ- Ar T

ὡς ἄραρον κόρυθές τε καὶ ἀσπίδες ὀμφαλόεσσαι.
215 ἀσπὶς ἄρ᾽ ἀσπίδ᾽ ἔρειδε, κόρυς κόρυν, ἀνέρα δ᾽ ἀνήρ,
ψαῦον δ᾽ ἱππόκομοι κόρυθες λαμπροῖσι φάλοισιν
νευόντων· ὡς πυκνοὶ ἐφέστασαν ἀλλήλοισιν.
πάντων δὲ προπάροιθε δύ᾽ ἀνέρε θωρήσσεσθον,
Πάτροκλός τε καὶ Αὐτομέδων, ἕνα θυμὸν ἔχοντες,
220 πρόσθεν Μυρμιδόνων πολεμιζέμεν. αὐτὰρ Ἀχιλλεύς
βῆ ῥ᾽ ἴμεν ἐς κλισίην, χηλοῦ δ᾽ ἀπὸ πῶμ᾽ ἀνόειγεν
καλῆς δαιδαλέης, τήν οἱ Θέτις ἀργυρόπεζα
θῆκ᾽ ἐπὶ νηὸς ἄγεσθαι, ἔϋ πλήσασα χιτώνων
χλαινάων τ᾽ ἀνεμοσκεπέων οὔλων τε ταπήτων·
225 ἔνθα δέ οἱ δέπας ἔσκε τετυγμένον, οὐδέ τις ἄλλος
οὔτ᾽ ἀνδρῶν πίνεσκεν ἀπ᾽ αὐτοῦ αἴθοπα οἶνον
οὔτέ τεωι σπένδεσκε θεῶν, ὅτε μὴ Διὶ πατρί.
τό ῥα τότ᾽ ἐκ χηλοῖο λαβὼν ἐκάθηρε θεείωι
πρῶτον, ἔπειτα δ᾽ ἔνιψ᾽ ὕδατος καλῆισι ῥοῆισιν,
230 νίψατο δ᾽ αὐτὸς χεῖρας, ἀφύσσατο δ᾽ αἴθοπα οἶνον.
ηὔχετ᾽ ἔπειτα στὰς μέσωι ἕρκεϊ, λεῖβε δὲ οἶνον
οὐρανὸν εἰσανιδών, Δία δ᾽ οὐ λάθε τερπικέραυνον·
"Ζεῦ ἄνα Δωδωναῖε Πελασγικέ, τηλόθι ναίων,
Δωδώνης μεδέων δυσχειμέρου, ἀμφὶ δὲ Σελλοί

mog. Inv. 191.12 R.; **212** (–ἀρ.) ApS 44.20; (ἀρ.) Η. α 6938; (πυκ.) id. π 4326; **214–15** Macr. Sat. 5.13.27   **221b** Hdn ad Δ 3a; sch I 219c; (ἀνέωιγε) EtG α 853   **224b** ApS 124.1; Hdn ad K 134b; Epm. o 84   **225** (δέπας, οὐδέ-)-**6** (–αὐτοῦ) + **227** Ath. 11.781c; **227** (τεωι) Η. τ 726   **228** (–λαβ.) sch A.R. 1.769–73, 3.37   **229** Eudoc. 1831   **230** ead. 1450   **233–5** Cosmas in Greg. Naz. PG 38.500; **233** sch[D] E 422 (ex Apollod. 244 F 353); Choer. in Thd. i.289.8; (–Πελ.) Strab. 5.2.4, 7.7.10; ApS 30.19; Phi-

215–17 (= N 131–3) damn. Bothe   **215** κόρυν 1 9 tt Ω: κόρυθ᾽ quidam ap. sch[T].— cf. ad N 131   **217** ὡς 435 Ω*: ὡς A   **218** πάντων 1 9 60 Ω: αυτων 435   θωρήσσε- σθον A T[γρ] V (cf. M 421): -οντο 1 9 435 A[γρ] Ω*.—cf. ad N 301, 613   **219** ἔχοντες 1 435 Ω: -οντε Nauck   **220** πολεμιζέμεν 9 435 Ω (πελ- B[c] E): -ίζειν 1 rr   **221** ἀπὸ (Hdn) 435 tt Ω*, ἀπο 1 A D C: ἄπο V   ἀνόειγε Fick: ἀνέω(ι)γε 1 9 tt Z Ω (-ξε D[s]), ανε . . . ν 435.—cf. Praef. xxxiii   **222** δαιδαλέης 1 9 60 435[s] Ω: αργυρέης 435[t]   **223** ἄγεσθαι Ar 1 9 60 Ω, αγέσθαι 435: ἰόντι Zen Arph (cf. τ 238)   ἔϋ A b F[a], ἐϋ D F[c] T W: εϋ 1: εὖ F R G, ευ 9   **225** οὐδέ 9 60 435 t Ω*: οὔτέ B C, οὔτέ 1 E   **227** οὔτέ sic Z A b F T R, ουτέ 9 435   θεῶν 9 60 435 Ω*: θεῶι D: om. t   ὅτε (nov. Did) 9 60 435 t A[m] Ω*: ὅτι Ar A B[s] E[s] F G[γρ]   **228** τό Ar[ab] Ω*: τόρ (nov. Did) F[c] G: τόν 9 60 Z b W G[s]   **229** δ᾽ ἔνιψ᾽ t Ω*: δὲ νίψ᾽ b R W, δενιψ᾽ 60: νίψ᾽ T: δε νίζ᾽ 9: δ᾽ ἔνειψ᾽? Wack. Unt. 76   **230** νίψα- το 9 60 t Ω: νείψ-? Wackernagel   **231** ηὔχετ᾽ Fick: εὔχ- 9 Ω   ἔπειτα στὰς 60 Ω (ut Ω 306), quod et -τ᾽ ἀστὰς reddere potest (Praef. xxvi): επειτ᾽ ανστας (Bentley) 9.—cf. ad Ω 306   ἕρκεϊ sic trisyll. 9 60 Z Ω   **233** ἀναδωδωναῖε Cleanthes   Δωδωναῖε Ar

235   σοὶ ναίουσ' ὑποφῆται ἀνιπτόποδες χαμαιεῦναι·
         ἠμὲν δή ποτ' ἐμὸν ἔπος ἔκλυες εὐξαμένοιο·
         τίμησας μὲν ἐμέ, μέγα δ' ἴψαο λαὸν Ἀχαιῶν·
         ἠδ' ἔτι καὶ νῦν μοι τόδ' ἐπικρήηνον ἐέλδωρ.
         αὐτὸς μὲν γὰρ ἐγὼ μενέω νηῶν ἐν ἀγῶνι,
240   ἀλλ' ἕταρον πέμπω πολέσιν μετὰ Μυρμιδόνεσσιν
         μάρνασθαι· τῶι κῦδος ἅμα πρόες, εὐρύοπα Ζεῦ.
         {θάρσυνον δέ οἱ ἦτορ ἐνὶ φρεσίν, ὄφρα καὶ Ἕκτωρ
         εἴσεται, ἤ ῥα καὶ οἶος ἐπίστηται πολεμίζειν
         ἡμέτερος θεράπων, ἦ οἱ τότε χεῖρες ἄαπτοι
245   μαίνονθ', ὁππότ' ἐγώ περ ἴω μετὰ μῶλον ἄρηος.}
         αὐτὰρ ἐπεί κ' ἀπὸ ναῦφι μάχην ἐνοπήν τε δίηται,
         ἀσκηθής μοι ἔπειτα θοὰς ἐπὶ νῆας ἱκέσθω
         τεύχεσί τε ξὺν πᾶσι καὶ ἀγχεμάχοις ἑτάροισιν."
         ὣς ἔφατ' εὐχόμενος, τοῦ δ' ἔκλυε μητίετα Ζεύς·
250   τῶι δ' ἕτερον μὲν ἔδωκε πατήρ, ἕτερον δ' ἀνένευσεν·

lox. fr. 402b Th.; Hdn i.480.15; **233a** Cleanthes (SVF i.121.18) ap. Plut. Mor. 31e; ApD Adv. 137.24; Hdn i.131.20 et ad E 824a; sch Aesch. Sept. 163a–c; Orio 88.21 (Philox. fr. 509 Th.); St. Byz. 248.16; (ἄνα Δωδ.) H. (Cyr.) α 4289; (ἄνα) id. α 4184; (Δωδ.) ApS 61.12; H. δ 2712; **234–5** St. Byz. 246.7/13; **234** (–δυσχ.) + **235b** Orig. c.Cels. 7.6; **234a** ApD Synt. 125.5; Epm. κ 33; (ἀμφὶ–)–**235** Alex. in Meteor. CAG iii(2).62.22; (ἀμφὶ–)–**235a** St. Byz. 561.5; (ἀμφὶ–) H. σ 390; St. Byz. 268.20; (Σελλοί) Strab. 7.7.10; sch^pap Pind. fr. 59.3; EtG s.v.; (Ἑλλοί) H. ε 2165; **235** ApS 33.12; Heph. p.5.5 C.; Choer. in Thd. i.161.15; (ὑποφ.–) Philostr. Imag. 2.33; (ὑποφ.) H. υ 788; Phot. Lex. s.v.; **235b** Eubulus fr. 137.1 K.–A. (alludit); Strab. 7.7.10; Clem. Strom. 6.2.7.1; Prisc. Inst. 1.51; (ἀνιπτ.) H. α 5212; (χαμ.) sch Call. H. 4.286a   **236** (–ἔκλ.) sch Σ 75   **237a** Arn ad Π 236a; sch O 75a   **239–40a** Polyb. Soloec. 289.7 Nauck   **242** (ὄφρα–)–4a Arn ad X 393–4a; **243** (ἤ ῥα–) sch Π 83–96 (Porph. Il. 211.9 Schr.); (ἐπίστ.) ApS 74.13; H. (Cyr.) ε 5249; **244a** ApD Pron. 112.11; **244b–5** (μαίν.) sch Σ 192b (Porph. Il. 223.19 Schr.)   **247–8** Porph. Il. 335.10 Schr.   **250–2** Alex. Fig. iii.31.6 Sp.; **250** Plin. Ep.

9 60 tt sch^D Ω: Φηγωναῖε Zen, cf. Suidam FGrH 602 F 11: Βωδωναῖε (Cineas 603 F 2?) quidam ap. St. Byz. sch^bT   Πελασγικέ 9 60 tt sch^D Ω: Πελαργικέ (cf. Myrsilum 477 F 8–9) vel Πελαστικέ quidam ap. sch^bT   **234** δυσχειμέρου (cf. B 750) Ar 9 60 tt sch^D Ω: πολυπίδακος Zen   Σελλοί Ar 9 tt sch^D Ω: σ' Ἑλλοί quidam ante Ar (scil. Pind. fr. 59.3), deprec. Hsch.^σ.—cf. Soph. Tr. 1167 Σελλῶν ubi v.l. ant. Ἑλλῶν   **235** ἀνιπτόποδες quidam ap. sch^bTG   **236** ἦ μὲν b F^a R W G ἐμὸν ἔπος (= Ξ 234) 9 Ω: ἐμεῦ πάρος (= A 453) 435 t   **237** (= A 454) om. Zen, ath. Arph Ar   τίμησας 9 Ω*: τιμήσας A^a F   **240** πέμπω 9 t Ω: πεμ[ψω 435   **241** πρόες A   **242–5** damn. Hentze Anhang 18 sq.   **243** ἤ 9 F^c, ἦ C^c R G^x: ἦ A^λ Ω*   ἐπίστηται Ar 9 60 435 tt* sch^D Ω*: -έαται Zen: -αται sch-Π R G^s   **244** ἦ C^a T^s W: ἤ 9 Ω*: ἦ 435 D: εἰ T   **247** ἱκέσθω 9 60 h R: ἵκοιτο t Ω*   **248** damn. Bergk Gr. Lit. I 617   ξύμπασι (deprec. Hdn) 9 t   **250** τῶι δ' 9 60 w5 tt* Ω: ἀλλ' Luc.   ἔδωκε πατήρ 9 60 435 w5 tt* Ω (δῶκε R): δῶκε θεός Macr.—cf. ad B 102

νηῶν μέν οἱ ἀπώσασθαι πόλεμόν τε μάχην τε
δῶκε, σόον δ' ἀνένευσε μάχης ἐξ ἀπονέεσθαι.
ἤτοι ὃ μὲν σπείσας τε καὶ εὐξάμενος Διὶ πατρί
ἂψ κλισίην εἰσῆλθε, δέπας δ' ἀπέθηκ' ἐνὶ χηλῶι.
255 στῆ δὲ πάροιθ' ἐλθὼν κλισίης· ἔτι δ' ἤθελε θυμῶι
εἰσιδέειν Τρώων καὶ Ἀχαιῶν φύλοπιν αἰνήν.
οἳ δ' ἅμα Πατρόκλωι μεγαλήτορι θωρηχθέντες
ἔστιχον, ὄφρ' ἐν Τρωσὶ μέγα φρονέοντες ὄρουσαν.
αὐτίκα δὲ σφήκεσσιν ἐοικότες ἐξεχέοντο
260 εἰνοδίοις, οὓς παῖδες ἐριδμαίνωσιν ἔθοντες,
αἰεὶ κερτομέοντες, ὁδῶι ἔπι οἰκί' ἔχοντας,
νηπίαχοι· ξυνὸν δὲ κακὸν πολέεσσι τιθεῖσιν·
τοὺς δ' εἴ περ παρά τίς τε κιὼν ἄνθρωπος ὁδίτης
κινήσηι ἀέκων, οἳ δ' ἄλκιμον ἦτορ ἔχοντες
265 πρόσσω πᾶς πέτεται καὶ ἀμύνει οἷσι τέκεσσιν.
τῶν τότε Μυρμιδόνες κραδίην καὶ θυμὸν ἔχοντες
ἐκ νηῶν ἐχέοντο· βοὴ δ' ἄσβεστος ὀρώρει.
Πάτροκλος δ' ἑτάροισιν ἐκέκλετο μακρὸν ἀΰσας·
"Μυρμιδόνες, ἕταροι Πηληϊάδεω Ἀχιλῆος,
270 ἀνέρες ἔστε, φίλοι, μνήσασθε δὲ θούριδος ἀλκῆς,
ὡς ἂν Πηλείδην τιμήσομεν, ὃς μέγ' ἄριστος
Ἀργείων παρὰ νηυσὶ καὶ ἀγχέμαχοι θεράποντες,

1.7.1; Luc. Dial. 24.25; Ath. 350d; Lib. Ep. 465.1 (x.448.12 F.); w5 (lacerum); 250a Hdn ad
Δ 3a; 251b Arn ad Π 636a¹; 252 (σόον–) EtG s.v. δύσσοον; (σόον δ' ἂν.) Did ad A 117b¹,
I 681a¹; sch O 497b; 252b Nic ad Π 13a   258 (ἔστ.) H. (Cyr.) ε 6408   259–62 Eudoc.
1820–3; 259 (σφ.–)–60 (εἰνοδ.) sch Call. fr. 191.26 (i.165 Pf.); 259 (σφ. ἐοικ.) + 260 [Plut.]
Hom. 2.85.3; 260 (εἰνοδ., ἐριδμ., ἔθ.) Arn ad Π 261a; H. (Cyr.) ε 978, 5822, 683/[4041];
(οὓς–) ApS 63.17; 260b sch I 540a²; (ἔθ.) H. (Cyr.) ε 683; 262 Dio Prus. 15.4 (parod.); Eu-
doc. 310; (νηπ.) H. ν 501; (ξυνόν) H. (Cyr.) ξ 167   264b–5a [Plut.] Hom. 2.47.1; 264b
Arn ad Π 265a¹   265 (ἀμύνει) H. (Cyr.) α 3852   267 (ἐχέ.–) cf. Ar. Pac.
1287   270a Latine Ninnius Crassus fr. 1 (p.107 Court.)   271–2 Porph. Il. 331.18
Schr.; (ἀγχέμ.) H. (Cyr.) α 875

251 οἱ 9 60 435 Ω*: τοι t C   252 σόον Arᵃ 9 435 tt Ω*, σῶον 60 Dᵃ Rᵃ: σάον Arᵇ.—
cf. ad A 117   ἐξ ἀπονέεσθαι Fᵃ G: ἐξ ἀπο- Nic (ad 13) Bᵃ R: ἐξαπο- Ω*   254 κλισίην 9 60 Ω*: -ηνδ' 435 D H   ἀπέθηκ' Ar 9 60 Ω: ἐπ- (nov. Did) V   260 ἐριδμαίνωσιν
fere 9 60 (ἰδναιωσιν) tt* schᵇᵀᴰ Ω*: -ουσιν [Plut.] Hsch. C Rʳ   ἔθοντες Aᵐ Ω*: ἔ-
A   261 ath. Arph Ar, om. Wᵃ   ἔπι Ω*: ἐπὶ T R W   ἔχοντας Ar 'omnes' Didymi A
Dᶜ Bˢ Eᵗ Fᵃ Fʸᵖ Tᶜ (cf. M 167 sq.): -ες (nov. Did) 9 60 t Eˢ Ω*   262 τιθεῖσι Hdn 9 60 tt*
Z Ω (fort. rectius proparox., cf. KB II 192, 207; Chantr. I 471): φέρουσιν Dio   263 πά-
ρα Z Dᶜ Fᶜ T W G   264 κινήση(ι) 9 Ω*: -σει C T R   ἀέκων A   265 πέτεται t Aˡ
Ω*: -αται T   272 (= P 165) ath. Sel

γνῶι δὲ καὶ Ἀτρείδης εὐρὺ κρείων Ἀγαμέμνων
ἦν ἄτην, ὅ τ' ἄριστον Ἀχαιῶν οὐδὲν ἔτισεν."
275   ὣς εἰπὼν ὤτρυνε μένος καὶ θυμὸν ἑκάστου,
ἐν δ' ἔπεσον Τρώεσσιν ἀολλέες· ἀμφὶ δὲ νῆες
σμερδαλέον κονάβησαν ἀϋσάντων ὑπ' Ἀχαιῶν.
Τρῶες δ' ὡς εἴδοντο Μενοιτίου ἄλκιμον υἱόν,
αὐτὸν καὶ θεράποντα, σὺν ἔντεσι μαρμαίροντας,
280   πᾶσιν ὀρίνθη θυμός, ἐκίνηθεν δὲ φάλαγγες,
ἐλπόμενοι παρὰ ναῦφι ποδώκεα Πηλείωνα
μηνιθμὸν μὲν ἀπορρῖψαι, φιλότητα δ' ἑλέσθαι·
πάπτηνεν δὲ ἕκαστος, ὅπηι φύγοι αἰπὺν ὄλεθρον.
Πάτροκλος δὲ πρῶτος ἀκόντισε δουρὶ φαεινῶι
285   ἀντικρὺ κατὰ μέσσον, ὅθι πλεῖστοι κλονέοντο,
νηΐ πάρα πρυμνῆι μεγαθύμου Πρωτεσιλάου,
καὶ βάλε Πυραίχμην, ὃς Παίονας ἱπποκορυστάς
ἤγαγεν ἐξ Ἀμυδῶνος ἀπ' Ἀξιοῦ εὐρὺ ῥέοντος·
τὸν βάλε δεξιὸν ὦμον, ὃ δ' ὕπτιος ἐν κονίηισιν
290   κάππεσεν οἰμώξας. ἕταροι δέ μιν ἀμφ' ἐφόβηθεν
Παίονες· ἐν γὰρ Πάτροκλος φόβον ἧκεν ἅπασιν
ἡγεμόνα κτείνας, ὃς ἀριστεύεσκε μάχεσθαι.
ἐκ νηῶν δ' ἔλασεν, κατὰ δ' ἔσβεσεν αἰθόμενον πῦρ,
ἡμιδαὴς δ' ἄρα νηῦς λίπετ' αὐτόθι· τοὶ δ' ἐφόβηθεν
295   Τρῶες θεσπεσίωι ὁμάδωι. Δαναοὶ δ' ἐπέχυντο
νῆας ἀνὰ γλαφυράς· ὅμαδος δ' ἀλίαστος ἐτύχθη.
ὣς δ' ὅτ' ἀφ' ὑψηλῆς κορυφῆς ὄρεος μεγάλοιο

273–4 (–ἄτην) ApS 84.15   280–1 [Plut.] Hom. 2.44.4; Prisc. Inst. 17.159; 280b–1a
Arn ad B 462b; sch P 286; Anon. Fig. iii.159.29 Sp.; (φάλ. ἱστ.) sch A 251b   282 [Plut.]
Hom. 2.37; w5 (lacerum); Eudoc. 1371; 282a Polyb. Fig. iii.105.11 Sp.   287b–8 (ἤγ.)
sch K 428b   294 (ἡμιδ.) H. (Cyr.) η 487; Phot. Lex. η 158   297–8 sch Π 66a¹;

273–4 (= A 411 sq.) damn. Heyne   275 ὤτρυνε Ω*: ὄτρ- G   276 δὲ πέσον
Fᵃ   281 ἐλπόμενοι Ar tt (ἱστά- sch-A) schᴰ Ω: -μεναι Zen (cf. ad A 251, B
626)   ποδώκεα 435 t* Ω: ἀμύμονα [Plut.]   282 ἀπορρῖψαι Eust.: -ίψαι Ω   283 (=
Ξ 507) damn. Lachmann 72   φύγοι 60 435 Ω*: -η(ι) h Fᵃ T   285 κλονέοντο 60 Ω: καὶ
ἄριστοι (= E 780) 435 rr   286 πάρα Wolf: παρὰ Ω   πρυμνῆι Bekker: parox.
Ω   287 Παίονας D C Fᶜ Tᴧ R G: parox. 435 Z Ω*.—cf. ad 291, B 848,
K 428, Φ 155, 205, 211   288 Ἀξιοῦ Nᵃ: parox. 435 Ω.—cf. ad B 849, Φ 141,
157   288a (= B 850) add. r: deest in 60 435 Ω   290 ἀμφ' ἐφόβηθεν 435 W H,
ἀμφεφ- Ω*: ἀμφὶ φ- vel ἀμφιφ- Ar Z b Fᶜ   291 Παιόνες Z A B E Fᵃ Tᵃ W   293 αἰθόμενον 435 Ω: ἀκάματον (ex 122?) Aʸᵖ   294 δὲ φόβηθεν T   296 (= M 471) damn.
Bekker

κινήσηι πυκινὴν νεφέλην στεροπηγερέτα Ζεύς,
ἔκ τ᾽ ἔφανεν πᾶσαι σκοπιαὶ καὶ πρώονες ἄκροι
300 καὶ νάπαι, οὐρανόθεν δ᾽ ἄρ᾽ ὑπερράγη ἄσπετος αἰθήρ,
ὡς Δαναοὶ νηῶν μὲν ἀπωσάμενοι δήιον πῦρ
τυτθὸν ἀνέπνευσαν· πολέμου δ᾽ οὐ γίνετ᾽ ἐρωή·
οὐ γάρ πώ τι Τρῶες ἀρηϊφίλων ὑπ᾽ Ἀχαιῶν
προτροπάδην φοβέοντο μελαινάων ἀπὸ νηῶν,
305 ἀλλ᾽ ἔτ᾽ ἄρ᾽ ἄνθ᾽ ἵσταντο· νεῶν δ᾽ ὑπόεικον ἀνάγκηι.
ἔνθα δ᾽ ἀνὴρ ἕλεν ἄνδρα κεδασθείσης ὑσμίνης
ἡγεμόνων. πρῶτος δὲ Μενοιτίου ἄλκιμος υἱός
αὐτίκ᾽ ἄρα στρεφθέντος Ἀρηϊλύκου βάλε μηρόν
ἔγχεϊ ὀξυόεντι, διάπρο δὲ χαλκὸν ἔλασσεν·
310 ῥῆξεν δ᾽ ὀστέον ἔγχος, ὃ δὲ πρηνὴς ἐπὶ γαίηι
κάππεσ᾽. ἀτὰρ Μενέλαος ἀρήιος οὖτα Θόαντα
στέρνον γυμνωθέντα παρ᾽ ἀσπίδα, λῦσε δὲ γυῖα.
Φυλείδης δ᾽ Ἄμφικλον ἐφορμηθέντα δοκεύσας
ἔφθη ὀρεξάμενος πρυμνὸν σκέλος, ἔνθα πάχιστος
315 μυῶν ἀνθρώπου πέλεται, περὶ δ᾽ ἔγχεος αἰχμῆι
νεῦρα διεσχίσθη· τὸν δὲ σκότος ὄσσ᾽ ἐκάλυψεν.
Νεστορίδαι δ᾽ ὃ μὲν οὔτασ᾽ Ἀτύμνιον ὀξέϊ δουρί
Ἀντίλοχος, λαπάρης δὲ διήλασε χάλκεον ἔγχος,
ἤριπε δὲ προπάροιθε· Μάρις δ᾽ αὐτοσχεδὰ δουρί

(–νεφ.) Arn ad Π 364a; **298** (πυκ. νεφ.) Porph. Hom. 125.8 Sod.; (στερ. Z.) H. σ 1779; (στερ.) ApS 144.17   **299** (καὶ–) Choer. in Thd. i.279.18   **300** (οὐρ.–) Olymp. in Meteor. CAG xii(2).48.30; (ὑπερρ.) H. υ 460.—cf. ad Θ 557–8   **302b** sch Λ 357; (ἐρωή) Apio 237.23   **304** (προτρ.) H. π 4016; Phot. Lex. s.v.   **305b** Choer. in Thd. ii.110.4; Epm. σ 54   **306** (ἕλεν), **307** (υἱός) Nic ad Π 308a   **314** al. (ὀρεξ.) H. o 1149; (πρ. σκ.) sch Ξ 32b; (ἔνθα–)–**315** (–πέλ.) ApS 114.4; Epm. μ 26; **315** (μυῶν) H. μ 1816   **317** (–Ἀτ.) ApD Synt. 49.12, 127.5; Lesb. Fig. 13a/b; **317a** Polyb. Soloec. 287.15 Nauck; (–μέν) sch η 103   **319b–20a** EtG α 1421

298 κινήση(ι) 60 t* Ω*: -σει sch-Π C Tᵃ   πυκινὴν t Ω: στυγερην 60   **299** ἔφανεν 60 A T G, -ε D: -αν b Fᶜ: -ον Fᵃ? Rᶜ⁾ W   **304** φοβέοντο Ω: ἐφέβοντο H   **305** ἄνθ᾽ ἵσταντο quidam ante Hdn (cf. ad Θ 233), ἀνθ᾽ ἵστ- O: ἀνθίστ- Hdn Ω   ὑπόεικον tt Z Aᵐ Ω*: properisp. A: ambigit Hdn   **307** post υἱός interpungi posse monet Nic; at cf. E 38   **309** ἔγχεϊ sic Ω   διάπρο dedi (Praef. xix): διὰ πρὸ R W G, διαπρὸ fere Ω*   **310** γαίη(ι) D T R G (cf. 413 al.): -ης Ω*.—cf. ad N 565, P 58, Φ 118   **313** ἐφορμηθέντα Ar Ω: ὑφ- Arph   **315** μυῶν tt* E T R: μυιῶν Hsch. Ω*, -ῶν Z.—cf. ad 324   ἀνθρώπου t* Ω: -ων ApS   **316** ὄσσ᾽ ἐκάλυψε C: ὄσσε κ- Ω*   **317** Νεστορίδαι Ar⁾ tt* Ω, Νέστοριδε Z: -ίδα Polyb. r   οὔτασ᾽ tt Ω: †οὑτάς quidam ap. schᵀ (sc. οὖτα Σατ-? Erbse)   **319** Μάρις t Ω*: -ης Fᵃ

320 Ἀντιλόχωι ἐπόρουσε κασιγνήτοιο χολωθείς,
    στὰς πρόσθεν νέκυος· τοῦ δ' ἀντίθεος Θρασυμήδης
    ἔφθη ὀρεξάμενος πρὶν οὐτάσαι, οὐδ' ἀφάμαρτεν,
    ὦμον ἄφαρ· πρυμνὸν δὲ βραχίονα δουρὸς ἀκωκή
    δρύψ' ἀπὸ μυώνων, ἀπὸ δ' ὀστέον ἄχρις ἄραξεν·
325 δούπησεν δὲ πεσών, κατὰ δὲ σκότος ὄσσ' ἐκάλυψεν.
    ὡς τὼ μὲν δοιοῖσι κασιγνήτοισι δαμέντε
    βήτην εἰς Ἔρεβος, Σαρπηδόνος ἐσθλοὶ ἑταῖροι,
    υἷες ἀκοντισταὶ Ἀμισωδάρου, ὅς ῥα Χίμαιραν
    θρέψεν ἀμαιμακέτην πολέσιν κακὸν ἀνθρώποισιν.
330 Αἴας δὲ Κλεόβουλον Ὀϊλιάδης ἐπορούσας
    ζωὸν ἕλε, βλαφθέντα κατὰ κλόνον· ἀλλά οἱ αὖθι
    λῦσε μένος, πλήξας ξίφει αὐχένα κωπήεντι,
    πᾶν δ' ὑπεθερμάνθη ξίφος αἵματι· τὸν δὲ κατ' ὄσσε
    ἔλλαβε πορφύρεος θάνατος καὶ μοῖρα κραταιή.
335 Πηνέλεως δὲ Λύκων τε συνέδραμον· ἔγχεσι μὲν γάρ
    ἤμβροτον ἀλλήλων, μέλεον δ' ἠκόντισαν ἄμφω,
    τὼ δ' αὖτις ξιφέεσσι συνέδραμον. ἔνθα Λύκων μέν
    ἱπποκόμου κόρυθος φάλον ἤλασεν, ἀμφὶ δὲ καλόν
    φάσγανον ἐρραίσθη· ὃ δ' ὑπ' οὔατος αὐχένα θεῖνεν
340 Πηνέλεως, πᾶν δ' εἴσω ἔδυ ξίφος, ἔσχεθε δ' οἶον
    δέρμα, παρηέρθη δὲ κάρη· ὑπέλυντο δὲ γυῖα.
    Μηριόνης δ' Ἀκάμαντα κιχεὶς ποσὶ καρπαλίμοισιν
    νύξ' ἵππων ἐπιβησόμενον κατὰ δεξιὸν ὦμον·
    ἤριπε δ' ἐξ ὀχέων, κατὰ δ' ὀφθαλμῶν κέχυτ' ἀχλύς.
345 Ἰδομενεὺς δ' Ἐρύμαντα κατὰ στόμα νηλέϊ χαλκῶι
    νύξε· τὸ δ' ἀντικρὺ δόρυ χάλκεον ἐξεπέρησεν
    νέρθεν ὑπ' ἐγκεφάλοιο, κέασσε δ' ἄρ' ὀστέα λευκά,

324a H. δ 2451, [2454]; (μυ.) cf. eund. μ 1817; **324b** id. α 6327; (ὀστ.–) ApS
49.29   **328–9a** sch^D Z 182; **328–9** (θρ.) EtG α 654; **329** sch^F Z 170   **332** (πλήξ.) H.
π 2578   **333** (–αἵμ.) sch^bT Λ 534–5; [Plut.] Hom. 2.26.2; Leo A.P. 9.361.5 (Homerocento); (–ξ.) sch E 74   **336** (ἤμβ.) H. η 437   **339** (ἐρρ.) id. ε 6006, cf. 5612,
[6019]   **340** (ἔσχ.–)–1 (δέρμα) Apio 239.15; **341** (παρ.–κάρη) Orus ap. EtG s.v.
ἤιρτο (Reitz. Gesch. 293); (παρ.) ApS 128.23; H. π 901   **342** (κιχ.) ApS 99.31;
H. (Cyr.) κ 2815; (καρπ.) H. κ 857   **346** (ἐξεπ.) sch Π 346   **347a** ApD Adv. 189.30

324 μυώνων t E R: μυι- Z Ω*   **325** ὄσσ' ἐκάλυψε(ν) rr: ὄσσε κ-Ω   **326–9** damn.
Payne Knight   **330** Ὀϊλιάδης Ω (ὁ Ἰλ- r): -δην 60   **333** ὑπεθερμάνθη 9 370 tt*
Z Ω: ὑποθ- sch^b-Λ.—cf. ad Υ 476   **338** καλὸν 1363 Ω* (cf. N 611): καυλὸν T,
-ῶ M   **345** Ἐρύμαντα 370 Ω: Ὀρ- quidam ap. sch^T   **346** ἐξεπέρησε 60 t Ω*:
εἰσ- G   **347** κέασ(σ)ε Ω, -σθε Z: κέδασ(σ)ε 60 rr

ἐκ δ' ἐτίναχθεν ὀδόντες· ἐνέπλησθεν δέ οἱ ἄμφω
αἵματος ὀφθαλμοί, τὸ δ' ἀνὰ στόμα καὶ κατὰ ῥῖνας
350   πρῆσε χανών· θανάτου δὲ μέλαν νέφος ἀμφεκάλυψεν.
         οὗτοι ἄρ' ἡγεμόνες Δαναῶν ἕλον ἄνδρα ἕκαστος.
ὡς δὲ λύκοι ἄρνεσσιν ἐπέχραον ἠ' ἐρίφοισιν
σίνται, ὕπεκ μήλων αἱρεόμενοι, αἵ τ' ἐν ὄρεσσιν
ποιμένος ἀφραδίηισι διέτμαγεν, οἳ δὲ ἰδόντες
355   αἶψα διαρπάζουσιν ἀνάλκιδα θυμὸν ἐχούσας,
ὣς Δαναοὶ Τρώεσσιν ἐπέχραον· οἳ δὲ φόβοιο
δυσκελάδου μνήσαντο, λάθοντο δὲ θούριδος ἀλκῆς.
         Αἴας δ' ὁ μέγας αἰὲν ἐφ' Ἕκτορι χαλκοκορυστῆι
ἵετ' ἀκοντίσσαι· ὃ δὲ ἰδρείηι πολέμοιο
360   ἀσπίδι ταυρείηι κεκαλυμμένος εὐρέας ὤμους
σκέπτετ' ὀιστῶν τε ῥοῖζον καὶ δοῦπον ἀκόντων.
ἦ μὲν δὴ γίνωσκε μάχης ἑτεραλκέα νίκην,
ἀλλὰ καὶ ὣς ἀνέμιμνε, σάω δ' ἐρίηρας ἑταίρους.
         ὡς δ' ὅτ' ἀπ' Οὐλύμπου νέφος ἔρχεται οὐρανὸν εἴσω
365   αἰθέρος ἐκ δίης, ὅτε τε Ζεὺς λαίλαπα τείνηι,
ὣς τῶν ἐκ νηῶν γένετο ἰαχή τε φόβος τε,
οὐδὲ κατὰ μοῖραν πέραον πάλιν. Ἕκτορα δ' ἵπποι
ἔκφερον ὠκύποδες σὺν τεύχεσι, λεῖπε δὲ λαόν
Τρωικόν, οὓς ἀέκοντας ὀρυκτὴ τάφρος ἔρυκεν·

---

348 (ἐτίν.) sch Π 347   **350** (χαν.) H. χ 165   **352–3** (σίντ.) sch A.R. 2.123–9a; **352**
[Plut.] Hom. 2.87.1; (–ἐπέχρ.) [Ammon.] Diff. 77; (ἐπέχρ.) ApS 71.23; H. ε 4521; (σίντ.)
id. σ 697   **354** (–διέτμ.) Arn ad Π 507b   **357** (δυσκ.) H. (Cyr.) δ 2586; Phot. Lex. δ
824   **358** Demetr. Eloc. 48; (–Ἕκ.) ib. 105; ApD Synt. 57.5, 102.15; Choer. in Heph.
205.25; (Αἴας δ' ὁ μ.) Did ad B 111b   **359b–61** Dio Prus. 74.25; **360** (–κεκ.) sch Eur.
Pho. 1178; **361** D.H. Comp. 94; (σκ.) ApS 142.12; H. σ 920   **363** Eudoc. 2246; **363b**
Did ad Π 252b; Epm. τ 6   **364** Ath. 458d; (–ἔρχ.) sch Π 298a   **365** EtG α 202; **365a**
sch Eur. Andr. 1228

348 ἐκ Ω*: ἐν G   δὲ τίναχθεν Bᶜ F R   **351** ἕλον 9 Ω*: -εν C O   ἄνδρα ἕκαστος
Ω: -στον 9 rr: ἄνδρας ἀρίστους Aʸᵖ (cf. E 541)   **352** ἐπέχραον 9 tt* Z Ω: -χρων r, sicut
legit Arph in β 50   ἠ' Fick: ἦ Ω   **353** ὕπεκ dedi (Praef. xix): ὕπεκ A Bᶜ, ὑπ' ἐκ 9 Z
Ω*   αἱρεύμενοι (vel αἱρ-) 9 (parox.) Ω* (-εό- dedi, Praef. xxii): ἀγρ- Nʸᵖ: ἐρ- Z Cᵃ Fᵃ
Tᵃ   **354** διέτμαγεν Ar t Ω*: -γον (nov. Ar) 9 W O V.—cf. ad A 531   **358** δ' ὁ Ar 9 tt
Ω: δὲ Nauck   ἐφ' 9 Ω*: ὑφ' Fᵃ G   **359** ἰδρείη(ι) 9 tᵛˡ Ω*: ἰδρίη tᵛˡ R (cf. ad H
198)   **362** γίνωσκε Ω: γιγν- 9   **363** ὡς (Hdn) Dᶜ Bᵃ E: ὡς A, ὣς Ω*   σάω 9 1364 tt
Ω: σάου Grashof   **364–71** damn. Leaf (367–71 iam Naber Qu. Hom. 186), **372–6**
Koechly; cf. Hentze Anhang 22   **365** ὅτε τε 9 Z Ω (ὅτε γε T): ὁπότε t   λαίλαπα Ar 9
1364 t Z Ω: -πι "ἐν τοῖς ὑπομνήμασι" O rr   τείνη(ι) 9 1364 Z Ω*: -ει t T R, -ειηι
D   **366** φόβος 9 Ω: cf. ad Δ 456   **369** ἀέκοντας A   ἔρυκε Z Ω: ἐέργε 9.—cf. ad Θ 213

370 πολλοὶ δ᾽ ἐν τάφρωι ἐρυσάρματες ὠκέες ἵπποι
ἄξαντ᾽ ἐν πρώτωι ῥυμῶι λίπον ἄρματ᾽ ἀνάκτων.
Πάτροκλος δ᾽ ἕπετο σφεδανὸν Δαναοῖσι κελεύων,
Τρωσὶ κακὰ φρονέων· οἳ δὲ ἰαχῆι τε φόβωι τε
πάσας πλῆσαν ὁδούς, ἐπεὶ ἂρ τμάγεν. ὕψι δ᾽ ἀέλλη
375 σκίδναθ᾽ ὑπαὶ νεφέων, τανύοντο δὲ μώνυχες ἵπποι
ἄψορρον προτὶ ἄστυ νεῶν ἄπο καὶ κλισιάων.
Πάτροκλος δ᾽, ἧι πλεῖστον ὀρινόμενον ἴδε λαόν,
τῆι ῥ᾽ ἔχ᾽ ὁμοκλήσας· ὑπὸ δ᾽ ἄξοσι φῶτες ἔπιπτον
πρηνέες ἐξ ὀχέων, δίφροι δ᾽ ἀνακυμβαλίαζον·
380 ἀντικρὺ δ᾽ ἄρα τάφρον ὑπέρθορον ὠκέες ἵπποι
382 πρόσσω ἱέμενοι· ἐπὶ δ᾽ Ἕκτορι †κέκλετο θυμός†,
ἵετο γὰρ βαλέειν· τὸν δ᾽ ἔκφερον ὠκέες ἵπποι.
ὡς δ᾽ ὑπὸ λαίλαπι πᾶσα κελαινὴ βέβριθε χθών
385 ἤματ᾽ ὀπωρινῶι, ὅτε λαβρότατον χέει ὕδωρ
Ζεύς, ὅτε δὴ ἄνδρεσσι κοτεσσάμενος χαλεπήνηι,
οἳ βίηι εἰν ἀγορῆι σκολιὰς κρίνωσι θέμιστας,
ἐκ δὲ Δίκην ἐλάσωσι, θεῶν ὄπιν οὐκ ἀλέγοντες,
τῶν δέ τε πάντες μὲν ποταμοὶ πλήθουσι ῥέοντες,

370 (ἐρυσ.) sch Arat. 78; H. ε 6107   371 (πρ. ῥυμ., = Z 40) ApS 136.28; H. π
4176   374 (ἐπεὶ ἂρ τμ.) H. (Cyr.) ε 4315, [4616]; (ἂρ τμ.) H. α 7477; (τμ.) ApS 153.19;
H. τ 1028; (ἀέλλη) Hdn ad Ξ 351d   375 (σκ.) ApS 142.22; 375b sch Π 834; sch Pind.
Ol. 8.65ab; H. τ 147   379b ApS 34.2; Luc. Dial. 63.10; EtG α 768, 855; (ἀν.) H. α 4861
380 sch M 50–1   383a Orio 76.26 (Hdn i.196.11)   384 sch Δ 278; (βέβρ.) H. (Cyr.)
β 435   385–8 Cic. ad Q. fr. 3.7.1; 385 [Plut.] Hom. 2.111.2; 386–7 ib. 118.1, unde Stob.
1.3.46; 386 (χαλ.) ApS 167.11; 387–8 Eudoc. 418–19; 387 (βίηι–) EtG β 109; 388 (ἐλάσ.)
H. ε 1881; 388b cf. Olymp. in Gorg. 104.21; Choer. in Ps. 111.15; Epm. ο 73; (οὐκ ἀλ.)
H. (Cyr.) ο 1624   389 Eudoc. 32

372 σφεδανὸν Hdn 9 Ω: cf. ad Λ 165, Φ 542   374 ἀέλλη 9 t Z Ω: ἄελλα Chalcondy-
les (cf. ad Γ 13; Hymn. Ven. 208^codd; θύελλα passim)   375 ὑπαὶ 9 Ω: ὑπὸ Wolf (O^c?).—
cf. ad O 625   376 προτὶ 9 Ω: ποτὶ h   νεῶν ἄπο καὶ κλισιάων 9 370 (κε) Ω:
ἐλιχθέντων ὑπ᾽ Ἀχαιῶν (= M 74) A^yp   378 ὁμοκλ- Ω   379 ἀνακυμβαλίαζον Ar
9 370 A: ἀνεκυμβαλ- (nov. Did) h139^α529 tt Z A^m Ω*: ἀνεκυμβαχ- Valckenaer ad Eur. Ph.
1157–8 (cl. Hsch. παρὰ τὸ κύμβαχος. ἢ … παρὰ τῶν κυμβάλων et Eust.
1065.19)   380–3 damn. Düntzer   380 ἄρα 9 t Ω: ἀνὰ h   ὑπέρθορον 9 t Ω*: ὑπέκ-
D   381 (= 867) add. h F T W^m: deest in 9 60 370 Ω*   382 κέκλετο 9 370 Ω: κεκλυτο
60: fort. κέκλιτο   384 ως δ οθ᾽ 9   κελαινὴ 9 t Ω: -νῆ(ι) (Bothe) rr (cf. Λ 747, M 375, Υ
51)   βέβριθε 9 60 tt A^r Ω*: βεβρίθει Z r, -θηι Thiersch: βέβριχε T, -υχε O   385 ἤματ᾽
ὀπωρινῶι 9 60 (ωπορ-) tt sch^bTD Ω: -τι χειμερίω h (ex M 279)   386–8 damn. Nitzsch
Beitr. z. Gesch. d. ep. Poesie d. Gr. (1862) 342, 387–8 Leaf   386 ὅτε δὴ 9 60 A b F (cf.
N 633): ὅτε δή ῥ᾽ Cic. R: ὅτε δή τ᾽ Ω*: ὅς τ᾽ [Plut.], τ᾽ Stob.   389 τῶν 9 60 1363 t Ω: τοῦ
rr et ci. Leaf ut vv. 387 sq. remotis ad ὕδωρ referatur

390 πολλὰς δὲ κλειτὺς τότ' ἀποτμήγουσι χαράδραι,
ἐς δ' ἅλα πορφυρέην μεγάλα στενάχουσι ῥέουσαι
ἐξ ὀρέων ἐπικάρ, μινύθει δέ τε ἔργ' ἀνθρώπων,
ὣς ἵπποι Τρωιαὶ μεγάλα στενάχοντο θέουσαι.
　　Πάτροκλος δ', ἐπεὶ οὖν πρώτας ἐπέκερσε φάλαγγας,
395 ἂψ ἐπὶ νῆας ἔεργε παλιμπετές, οὐδὲ πόληος
εἴα ἱεμένους ἐπιβαινέμεν, ἀλλὰ μεσηγύ
νηῶν καὶ ποταμοῦ καὶ τείχεος ὑψηλοῖο
κτεῖνε μεταΐσσων, πολέων δ' ἀπετείνυτο ποινήν.
ἔνθ' ἤτοι Πρόνοον πρῶτον βάλε δουρὶ φαεινῶι
400 στέρνον γυμνωθέντα παρ' ἀσπίδα, λῦσε δὲ γυῖα·
δούπησεν δὲ πεσών. ὃ δὲ Θέστορα, Ἤνοπος υἱόν,
δεύτερον ὁρμηθείς—ὃ μὲν εὐξέστωι ἐνὶ δίφρωι
ἧστο ἀλείς, ἐκ γὰρ πλήγη φρένας, ἐκ δ' ἄρα χειρῶν
ἡνία ἠΐχθησαν, ὃ δ' ἔγχεϊ νύξε παραστάς
405 γναθμὸν δεξιτερόν, διὰ δ' αὐτοῦ πεῖρεν ὀδόντων.
εἷλκε δὲ δουρὸς ἑλὼν ὑπὲρ ἄντυγος, ὡς ὅτε τις φώς
πέτρηι ἔπι προβλῆτι καθήμενος ἱερὸν ἰχθύν
ἐκ πόντοιο θύραζε λίνωι καὶ ἤνοπι χαλκῶι·
ὣς εἷλκ' ἐκ δίφροιο κεχηνότα δουρὶ φαεινῶι,

390 (κλ.) ApS 100.27; H. κ 3023; (χαρ.) ApS 167.1; H. χ 172　　391 Anon. Fig. iii.159.7 Sp.; 391a cf. Serv. Georg. 4.372; (ἅλα πορφ.) Aristid. Or. 44.1; 391b sch Π 393a　　392 ApS 73.20; 392a Hdn ii.7.20; Epm. κ 3; (ἐπικάρ) H. ε 4828; 392b sch E 92; (μιν.) H. (Cyr.) μ 1401　　393 al. (στεν.) Arn ad Δ 153a　　395 (παλιμπ.) ApS 126.34; H. π 183　　398 (ἀπετ.) H. (Cyr.) α 6079　　401b–2a + 404 (ἔγχ.–) Nic ad Π 402–4; 403 (ἀλείς) ApS 22.24; H. (Cyr.) α 2843　　407 Ath. 284c; (ἱερὸν ἰ.) sch K 56b; ApS 90.12; Plut. Mor. 981d; H. ι 313　　408 Arn ad Ω 81a(b); 408a sch Φ 29; (λίνωι) cf. H. λ 1064; (ἐπὶ ἤν. χ.) EtG s.v. ἤνοπι (Philox. fr. 659 Th.); (ἤν. χ.) Porph. Hom. 47.20 Sod.; (ἤν.) ApS 84.18

390 κλειτὺς (vel -ῦς) Hdn ii.416.19 H V, cf. Eust. 1066.18 (prob. Wack. Unt. 74 sq.): κλιτ- 9 60 1363 tt Z Ω　-τὺς (agn. Hdn) tt Zᵃ Aˢ D F Tᶜ Rᵃ W Gᶜ: -τῦς (ἐχρῆν μέν Hdn) 9 Zᶜ Ω*　　391 εις 9　　392 ἐπικάρπια ἔργα μινύθει quidam ap. schᵀ, sc. μινύθει δ' ἐπικάρπια ἔργ'? τε 9 t* Ω: τοι ApS　　393 Τρω(ι)αὶ 9 1363 Ω*: Τρώων D, Τρωίων W　　394 ut supra 60 (]εκερσε) 1363 Z (ἀπέκερσε) Ω (ἐπέκυρσε D b Fᵃ T): πρώταις ενεκερσε φάλαγξι 9 (ex N 145)　　397 damn. Koechly　　398 ἀπετεινυτο Z: -τίνυτο Ω*: -τίννυτο t C: -τ]είνετο 1367—v. Praef. xxxv sq.　　399 δουρὶ φαεινῶι 1367 Ω: ποιμένα λαῶν Aʸᵖ　　401 Ἤνοπος Nic Ω*: ἴνωπος D: οἴνοπος R.—cf. ad Ξ 444　　404 ἡνία (F') van Leeuwen ἔγχεϊ sic Ω　　405 ὀδόντων 227 1367 schᵇᵀ Ω*: -ντας T　　406 εἷλκε (nov. Did) R W: ἕλκε Ar Ω*.—cf. Praef. xxvii　　407 πέτρηι Ω: ἀκτῆι t ἔπι Wolf: ἐπὶ vel ἔπι Ω: ἐνὶ V ἰχθῦν Aᶜ Dᶜ b F T　　408 ἤνοπι tt Z Ω*: οἴν- Cᶜ Rᵃ?　　409 εἷλκ' (nov. Did) Ω*: ἕλκ' Ar A Fᶜ

410   κὰδ δ' ἄρ' ἐπὶ στόμ' ἔωσε· πεσόντα δέ μιν λίπε θυμός.
      αὐτὰρ ἔπειτ' Ἐρύλαον ἐπεσσύμενον βάλε πέτρωι
      μέσσην κὰκ κεφαλήν· ἢ δ' ἄνδιχα πᾶσα κεάσθη
      ἐν κόρυθι βριαρῆι· ὃ δ' ἄρα πρηνὴς ἐπὶ γαίηι
      κάππεσεν, ἀμφὶ δέ μιν θάνατος χύτο θυμοραϊστής.
415   αὐτὰρ ἔπειτ' Ἐρύμαντα καὶ Ἀμφοτερὸν καὶ Ἐπάλτην
      Τληπόλεμόν τε Δαμαστορίδην Ἐχίον τε Πύριν τε
      Ἰφέα τ' Εὔιππόν τε καὶ Ἀργεάδην Πολύμηλον
      πάντας ἐπασσυτέρους πέλασε χθονὶ πουλυβοτείρηι.
      Σαρπηδὼν δ' ὡς οὖν ἴδ' ἀμιτροχίτωνας ἑταίρους
420   χέρσ' ὕπο Πατρόκλοιο Μενοιτιάδαο δαμέντας,
      κέκλετ' ἄρ' ἀντιθέοισι καθαπτόμενος Λυκίοισιν·
      "αἰδώς, ὦ Λύκιοι· πόσε φεύγετε; νῦν θοοὶ ἔστε.
      ἀντήσω γὰρ ἐγὼ τοῦδ' ἀνέρος, ὄφρα δαείω
      ὅς τις ὅδε κρατέει καὶ δὴ κακὰ πολλὰ ἔοργεν
425   Τρῶας, ἐπεὶ πολλῶν τε καὶ ἐσθλῶν γούνατ' ἔλυσεν."
      ἦ ῥα, καὶ ἐξ ὀχέων σὺν τεύχεσιν ἄλτο χαμᾶζε·
      Πάτροκλος δ' ἑτέρωθεν, ἐπεὶ ἴδεν, ἔκθορε δίφρου.
      οἳ δ', ὥς τ' αἰγυπιοὶ γαμψώνυχες ἀγκυλοχεῖλαι
      πέτρηι ἔφ' ὑψηλῆι μεγάλα κλάζοντε μάχωνται,
430   ὣς οἳ κεκλήγοντες ἐπ' ἀλλήλοισιν ὄρουσαν.
      τοὺς δὲ ἰδὼν ἐλέησε Κρόνου πάϊς ἀγκυλομήτεω,

410a Hdn ad Δ 3a; (ἐπὶ–ἔωσε) sch Π 221b   411–14 (–χύτο) sch Δ 460–1; 412 (ἄνδ.)
H. (Cyr.) α 4711; 414 Eudoc. 2164; (ἀμφὶ–χύτο) Porph. Il. 22.11, Od. 49.6 Schr.
415 Apio 219.4   417b sch Δ 458b   419 ApS 26.12; (ἀμιτρ.) sch Σ 54b; Ath. 523d;
H. α 3682; EtG α 655   422 Plut. Mor. 32c; (πόσε φ.) ApD Adv. 194.12; Hdn ad Δ
212a¹   423 (–ἀν.) id. ad O 698   427 (ἔκθ.) H. ε 1393   428 Choer. in Thd.
i.166.21; Epm. γ 26; (–γαμψ.) Hdn ii.487.12; (αἰγ.–) ApS 8.16; (αἰγ.) id. 17.18; 428b
Choer. in Thd. i.169.13; (γαμψ.) H. (Cyr.) γ 132; Orio 41.15; (ἀγκ.) H. (Cyr.) α 573

411 Ἐρύλαον D F W: Ἐρύαλον B C G: Εὐρύαλον t sch^bT A E T R   ἐπεσσύμενον
Ixio 60 Ω*: -ος sch^bT A^s D T^γρ: ἀπεσσύμενον t.—cf. ad Δ 527   πέτρηι G^γρ   414 μιν
(= 580) tt* Ω: οἱ sch^b-Δ Eudoc.—cf. ad N 544   θυμοραϊστής 1367 sch^bT t Z Ω: θυμορ-
ραίστης Glaucus.—cf. ad N 544   415 Ἀμφοτερὸν sic Ar alii ante Hdn Ω: proparox.
O   416 Ἐχίον (Hdn) Ω: proparox. h O   417 utrum Πολύμηλον an πολύ- ambigit sch^T, cf. t   420 ὕπο rr: ὑπὸ vel ὕπο Ω   δαμέντας Z Ω (cf. 434, 438, 452): θανόν-
τας h   426 ἄλτο B^a F^a: ἆλτο fere Ω (ἁ- C R W); v. Praef. xx   428 ἀγκυλοχεῖλαι tt
sch^DT Ω*: -χῆλαι C^a R^c (prob. Wack. KS 628), item libri nonnulli recentiores in χ 302,
[Hes.] Scut. 405, Batr. 294 (de cancris), Ar. Eq. 197, 204   429 ἔφ' Barnes: ἐφ'
Ω   μάχωνται A D F T W: -ονται Ω*   430 κεκλήγοντες Ar^a Hdn 227 640 Ω*:
-γῶτες Ar^b "αἱ πλείους": -γότες E R: -γοτες T^a.—cf. ad M 125   431 Κρόνου πάϊς
ἀγκυλομήτεω Ω* (πάϊς Payne Knight): πατὴρ ἀνδρῶν τε θεῶν τε T.—cf. ad Θ 49

Ἥρην δὲ προσέειπε, κασιγνήτην ἄλοχόν τε·
"ὤι μοι ἐγών, ὅ τέ μοι Σαρπηδόνα φίλτατον ἀνδρῶν
μοῖρ' ὑπὸ Πατρόκλοιο Μενοιτιάδαο δαμῆναι.
435	διχθὰ δέ μοι κραδίη μέμονε φρεσὶν ὁρμαίνοντι,
ἤ μιν ζωὸν ἐόντα μάχης ἄπο δακρυοέσσης
θείω ἀναρπάξας Λυκίης ἐν πίονι δήμωι,
ἦ' ἤδη ὑπὸ χερσὶ Μενοιτιάδαο δαμάσσω."
τὸν δ' ἠμείβετ' ἔπειτα βοῶπις πότνια Ἥρη·
440	"αἰνότατε Κρονίδη, ποῖον τὸν μῦθον ἔειπες;
ἄνδρα θνητὸν ἐόντα, πάλαι πεπρωμένον αἴσηι,
ἂψ ἐθέλεις θανάτοιο δυσηχέος ἐξαναλῦσαι;
ἔρδ'· ἀτὰρ οὔ τοι πάντες ἐπαινέομεν θεοὶ ἄλλοι.
ἄλλο δέ τοι ἐρέω, σὺ δ' ἐνὶ φρεσὶ βάλλεο σῆισιν·
445	αἴ κε ζῶν πέμψηις Σαρπηδόνα ὅνδε δόμονδε,
φράζεο, μή τις ἔπειτα θεῶν ἐθέλησι καὶ ἄλλος
πέμπειν ὃν φίλον υἱὸν ἀπὸ κρατερῆς ὑσμίνης.
πολλοὶ γὰρ περὶ ἄστυ μέγα Πριάμοιο μάχονται
υἱέες ἀθανάτων· τοῖσιν κότον αἰνὸν ἐνήσεις.
450	ἀλλ' εἴ τοι φίλος ἐστί, τεὸν δ' ὀλοφύρεται ἦτορ,
ἤτοι μέν μιν ἔασον ἐνὶ κρατερῆι ὑσμίνηι
χέρσ' ὕπο Πατρόκλοιο Μενοιτιάδαο δαμῆναι,
αὐτὰρ ἐπεὶ δὴ τόν γε λίπηι ψυχή τε καὶ αἰών,
πέμπειν μιν Θάνατόν τε φέρειν καὶ νήδυμον Ὕπνον,
455	εἰς ὅ κε δὴ Λυκίης εὐρείης δῆμον ἵκωνται,
ἔνθά ἑ ταρχύσουσι κασίγνητοί τε ἔται τε

433–4 Pl. Resp. 388c (unde Athenag. Leg. 21); Max. Tyr. 5.6; Clem. Protr. 55.3; [Iustin.] Cohort. ad Gr. 2; 433 Max. Tyr. 18.5; (–Σαρπ.) Philostr. Vit. Ap. 8.7; (ὤ μοι ἐγών) Procl. in Remp. i.123.19   437a Hdn ii.268.2; (ἐν π. δ.) Epm. δ 24   440–3 Cyr. c.Iul. 10.339 (PG 76.1021c); 440–2 Macr. Sat. 5.10.4; 441–2 Porph. Il. 105.14 Schr.; 441 Eudoc. 1231, 2140; 441b H. π 133; (πεπρ.) Phot. Lex. s.v.; 442 Eudoc. 1261, 2142; (θαν.–) Luc. Dial. 82.14; (δυσηχ.) ApS 61.6   450 Eudoc. 1243   453 ApS 17.12   456–7 [Plut.] Hom. 2.190.1; Stob. 4.55.7; 456b sch A.R. 1.305; sch Luc. p.91.20 R.; 457 sch Eur. Alc. 53;

432–58 ath. vel om. Zen (περιγράφει, v. Bolling Ext. Evid. 48 sq.; Nickau Unt. 10–12, 140 sq.)   433 ὤι μοι A b W: ὤ μοι tt* Ω*: αἲ αἲ Plato Athenag.   ὅτε 640 tt Ω: ὅτι O   436 ἄπο A b G: ἀπὸ vel ἀπο Bᶜ Ω*   437 ἐν t Ω: ἐνὶ rr   438 ἦ' dedi (ἤ' Fick): ἦ Hdn A D Tᶜ: ἢ Ω*   ὑπὸ χερσὶ Ω (cf. 420, 452, Ζ 368): χείρεσσι Hdn   442 ἂψ 60 tt* Ω: πῶς Cyr.   δυσηχέος 60 tt* Ω: δυσαλγέος Eudoc.²¹⁴²   445 ζῶν Arᵃᵇ A E: ζῶν (Ptol) Aᵏ B Cᵃ Fᶜ (cf. ad E 887): ζωὸν (nov. Did, sc. sine κε?) Aᵐ Ω* (ex 436)   ὃν δὲ δόμον δὲ Hdn A D   447 ἄπο Aᶜ   450 φίλος Ar t Aᵐ b F T W: -ον (nov. Did) 60 Ω* (cf. Η 387, Ξ 337).—cf. ad Ψ 548   452 ὕπο Wolf: ὑπὸ vel ὑπο Ω   453 ἐπεὶ t Ω*: ἐπὴν Aᵞᵖ D G   455 ἵκωνται Ω, -ο[ντ]αι 501 (rr): -οιτο Aᵞᵖ: -ηται rᶜ   456 ἔνθά (sic)

τύμβωι τε στήληι τε· τὸ γὰρ γέρας ἐστὶ θανόντων."
  ὣς ἔφατ'· οὐδ' ἀπίθησε πατὴρ ἀνδρῶν τε θεῶν τε.
  αἱματοέσσας δὲ ψιάδας κατέχευεν ἔραζε
460 παῖδα φίλον τιμῶν, τόν οἱ Πάτροκλος ἔμελλεν
  φθείσειν ἐν Τροίηι ἐριβώλακι, τηλόθι πάτρης.
  οἳ δ' ὅτε δὴ σχεδὸν ἦσαν ἐπ' ἀλλήλοισιν ἰόντες,
  ἔνθ' ἤτοι Πάτροκλος ἀγακλειτὸν Θρασύδημον,
  ὅς ῥ' ἠῢς θεράπων Σαρπηδόνος ἦεν ἄνακτος,
465 τὸν βάλε νείαιραν κατὰ γαστέρα, λῦσε δὲ γυῖα.
  Σαρπηδὼν δ' αὐτοῦ μὲν ἀπήμβροτε δουρὶ φαεινῶι
  δεύτερος ὁρμηθείς, ὃ δὲ Πήδασον οὔτασεν ἵππον
  ἔγχεϊ δεξιὸν ὦμον· ὃ δ' ἔβραχε θυμὸν ἀίσθων,
  κὰδ δ' ἔπεσ' ἐν κονίηισι μακών, ἀπὸ δ' ἔπτατο θυμός.
470 τὼ δὲ διαστήτην, κρίκε δὲ ζυγόν, ἡνία δέ σφι
  σύγχυτ', ἐπεὶ δὴ κεῖτο παρήορος ἐν κονίηισιν.
  τοῖο μὲν Αὐτομέδων δουρικλυτὸς ηὕρετο τέκμωρ·
  σπασσάμενος τανύηκες ἄορ παχέος παρὰ μηροῦ,
  ἀίξας ἀπέκοψε παρήορον, οὐδ' ἐμάτησεν·

Eudoc. 1242; **457a** H. τ 570   **459–61a** Luc. Dial. 82.14; **459–60a** Porph. Il. 105.17
Schr.; **459** Hclt. Alleg. 42.4; [Plut.] Hom. 2.111.1; H. ν 593; (–ψι.) ApS 116.32; sch P
268–70; sch [Hes.] Sc. 384; **459b** Epm. τ 6; (ψι.) ApS 169.20; sch Theoc. 1.1d; H. ψ 169;
Orio 165.31   **465a** Nic ad Π 463a; (νεί. γαστ.) sch N 532, X 97a/c   **466** (–ἀπήμ.) +
467 (ὃ δὲ–οὔτα) Did ad Γ 18b; (–ἀπήμ.) sch Π 467–8; **467b** ApS 128.11; (Πήδ.–) sch N
573   **468b** ApS 16.16; Hdn ad O 676b¹; Procl. in Tim. iii.332.4; EtG α 280; Lex. αἱμ α
5a; Epm. α 306, 370; (ἀίσθων) Hdn ad N 809a   **469** (–μακών) Epm. κ 115, 155 (bis),
μ 72; (μακ.) ApS 109.32   **470** (κρίκε δὲ ζ.) sch Theoc. 1.1f; Epm. λ 42 (= Hdn ii.803.5),
ψ 7; (κρ.) H. κ 4110   **471** (σύγχ.) H. (Cyr.) σ 2205   **473** Choer. in Thd. i.155.29;
(ταν.–) ApS 149.10; (ταν. ἄορ) Arn ad Π 768a(b)   **474** (–παρ.) sch Θ 87a¹; (παρ.) Apio
98.20; (οὐδ' ἐμ.) Philox. fr. 546 Th.; H. ο 1555; (ἐμάτ.) ApS 67.9; H. (Cyr.) ε 2267

Ω: ὄφρα Stob. (ex H 85)   ταρχύσουσι 60 t* Z Ω*: -σωσι Stob. R Wᵃ   **457** γέρας 60
501ᶜ tt Ω: ?λα]χος 501ᵃ   **461** φθείσειν Brugmann Gr. Gramm. 200: φθι- 60 t Z Ω
(ΐ in ras. T: fuerat fort. φθή-, ut O)   **463** Θρασύδημον Nic 501ᶜ Aʸᵖ h DW: -μήδην (ex
321) 501ᵃ rr: -μηλον (ex 417?) A b F T: -μηδον R G   **464** ἄνακτος Ω: ἄριστος r:]ντες
501 (ex 462?)   **467** δεύτερος (nov. Did) Aᶜ Ω* (cf. Γ 349 al.): -ον "οἱ ὑπομνηματι-
σταί" Aᵃ Aˢ Aᴸ D b (ex 402?).—cf. ad E 855   οὔτασεν Ar tt (οὔτα Did-Γ) Ω: ἤλασεν
Philemo:]εν 501: ἀγλαὸν et post 467ab (= 153–4) 468 τὸν βάλε pro ἔγχεϊ Aristarcho trib.
schᵀ, quod non credi potest; cf. Lehrs De Aristarchi stud. Hom. 54 sq.; Bolling Ext. Evid.
169 sq.   **468** ἔγχεϊ sic Ω   ἀίσθων Hdn schᴰ Ω: oxyt. Bechtel Lexil. 22   **469** (= κ
163, τ 454) damn. Bothe: hab. 501 Ω   **470** κρίκε tt Z Ω: κρίγε (Bentley) Hᶜ, cf.
schᵇᵀ   σφι 501 Ω*: σφιν D T G   **472** δουρὶ κλυτὸς A B E Fᵃ Tᵃ G, δουρὶ κλεινὸς
W   ηὕρετο van Leeuwen: εὕρ- Ω (-ατο C)   **473** σπασσάμενος A D: σπασά-
t Ω*   **474** οὐδ' ἐμάτησε tt Ω*: οὐδὲ μ- Z D T R W

475 τὼ δ'ἰθυνθήτην, ἐν δὲ ῥυτῆρσι τάνυσθεν.
τὼ δ' αὖτις συνίτην ἔριδος πέρι θυμοβόροιο.
ἔνθ' αὖ Σαρπηδὼν μὲν ἀπήμβροτε δουρὶ φαεινῶι,
Πατρόκλου δ' ὑπὲρ ὦμον ἀριστερὸν ἤλυθ' ἀκωκή
ἔγχεος, οὐδ' ἔβαλ' αὐτόν. ὃ δ' ὕστερος ὤρνυτο χαλκῶι
480 Πάτροκλος· τοῦ δ' οὐχ ἅλιον βέλος ἔκφυγε χειρός,
ἀλλ' ἔβαλ', ἔνθ' ἄρα τε φρένες ἔρχαται ἀμφ' ἀδινὸν κῆρ·
ἤριπε δ' ὡς ὅτε τις δρῦς ἤριπεν ἠ' ἀχερωΐς
ἠὲ πίτυς βλωθρή, τήν τ' οὔρεσι τέκτονες ἄνδρες
ἐξέταμον πελέκεσσι νεήκεσι νήϊον εἶναι·
485 ὣς ὃ πρόσθ'ἵππων καὶ δίφρου κεῖτο τανυσθείς,
βεβρυχώς, κόνιος δεδραγμένος αἱματοέσσης.
ἠΰτε ταῦρον ἔπεφνε λέων ἀγέληφι μετελθών
αἴθωνα μεγάθυμον ἐν εἰλιπόδεσσι βόεσσιν,
ὤλετό τε στενάχων ὑπὸ γαμφηλῆισι λέοντος,
490 ὣς ὑπὸ Πατρόκλωι Λυκίων ἀγὸς ἀσπιστάων
κτεινόμενος μενέαινε, φίλον δ' ὀνόμηνεν ἑταῖρον·
"Γλαῦκε πέπον, πολεμιστὰ μετ' ἀνδράσι, νῦν σε μάλα χρή
αἰχμητήν τ' ἔμεναι καὶ θαρσαλέον πολεμιστήν·
νῦν τοι ἐελδέσθω πόλεμος κακός, εἰ θοός ἐσσι.
495 πρῶτα μὲν ὄτρυνον Λυκίων ἡγήτορας ἄνδρας
πάντηι ἐποιχόμενος Σαρπηδόνος ἀμφιμάχεσθαι·
αὐτὰρ ἔπειτα καὶ αὐτὸς ἐμέο πέρι μάρναο χαλκῶι.
σοὶ γὰρ ἐγὼ καὶ ἔπειτα κατηφείη καὶ ὄνειδος

475 (ἰθ.) id. ι 414; (ἐν δὲ ῥ.) id. ε 2768; (ῥυτ.) cf. Apion. 100.4, ApS 139.23; H. ρ
539   476a sch Π 475a   481 (ἔνθ'-ἔρχ.) Did ad Ψ 104a; (ἔρχ.) H. ε 6124; (ἀμφ'-)
Apio 212.17; (ἀδ. κῆρ) ApS 9.12; H. (Cyr.) α [1048], 1139   486 (βεβρ.) ApS
51.12   489 (ὑπὸ γαμφ.) H. υ 580/1   490 (ἀγὸς ἀσπ.) H. (Cyr.) α 739   491a ApS
111.11; (μενέ.) Apio 246.24   492 (-ἀνδρ.) Nic ad Π 557a   494 sch Π 422; 494a Nic
ad Π 492–3; (ἐελδ.) H. ε 567   496b sch H 75c   498 Ael. Dion. α 21; Phot. Lex. α
1487; 498b ApS 96.19; (κατηφ.) H. κ 1795

475 ἰθυθήτην Rᵃ   ῥυτῆρσι tt schᴰ Ω: -ῆρι schᵀʸ, prob. Grashof Über d. Fuhrwerk
bei Hom. u. Hes. (1846) 36   476 πέρι Z A C Eˣ F T: περὶ Ω*   479 αὐτόν: cf. ad
E 17   ὤρνυτο Ω*: ὄρν- R   482 ἠ' Fick: ἢ Ω   483–4 cf. ad N 390–1   486 βεβρυχώς 59 1369 Z (-ός) Ω: -κώς ApS quidam ap. schᵀ (κακῶς).—cf. ad N 393
487 ἠΰτε 1369 Ω: ωc δ οτε 59   488 ἐν Arᵃᵇ Ω*: ἐπ' (nov. Did) 60 Aˢ Tʸᵖ R W (cf. Z
424)   492 πέπον 501 1369 t Ω: πάρος "ἄμεινον γράφειν" schᵀ   494 κακός 60 t
Ω: θρασύς quidam ap. schᵇᵀ ne pugnam heros simul commendet vituperetque
496 πάντη(ι) Ω: π‿αν‿τας 501 r.—cf. ad 156   ἀμφὶ μάχεσθαι A Bᵃ   497 ἐμεῦ Ω πέρι μάρναο Ω* (cf. adn. meam ad Hes. Th. 647): περιμ- (vel περὶ μ-) Ar' Ptol Aᵃ b T:
utrumque agn. Hdn

ἔσσομαι ἤματα πάντα διαμπερές, εἴ κέ μ᾽ Ἀχαιοί
500 τεύχεα συλήσωσι νεῶν ἐν ἀγῶνι πεσόντα.
ἀλλ᾽ ἔχεο κρατερῶς, ὄτρυνε δὲ λαὸν ἅπαντα."
ὣς ἄρα μιν εἰπόντα τέλος θανάτοιο κάλυψεν
ὀφθαλμοὺς ῥῖνάς θ᾽. ὃ δὲ λὰξ ἐν στήθεσι βαίνων
ἐκ χροὸς εἷλκε δόρυ, προτὶ δὲ φρένες αὐτῶι ἕποντο·
505 τοῖο δ᾽ ἅμα ψυχήν τε καὶ ἔγχεος ἐξέρυσ᾽ αἰχμήν.
Μυρμιδόνες δ᾽ αὐτοῦ σχέθον ἵππους φυσιόωντας,
ἱεμένους φοβέεσθαι, ἐπεὶ †λίπον ἅρματ᾽ ἀνάκτων†.
Γλαύκωι δ᾽ αἰνὸν ἄχος γένετο φθογγῆς ἀΐοντι,
ὠρίνθη δέ οἱ ἦτορ, ὅ τ᾽ οὐ δύνατο προσαμῦναι.
510 χειρὶ δ᾽ ἑλὼν ἐπίεζε βραχίονα· τεῖρε γὰρ αὐτόν
ἕλκος, ὃ δή μιν Τεῦκρος ἐπεσσύμενον βάλεν ἰῶι
τείχεος ὑψηλοῖο, ἀρὴν ἑτάροισιν ἀμύνων.
εὐχόμενος δ᾽ ἄρα εἶπεν ἑκηβόλωι Ἀπόλλωνι·
"κλῦθι, ἄναξ, ὅς που Λυκίης ἐν πίονι δήμωι
515 εἰς ἢ ἐνὶ Τροίηι· δύνασαι δὲ σὺ πάντοσ᾽ ἀκούειν
ἀνέρι κηδομένωι, ὡς νῦν ἐμὲ κῆδος ἱκάνει.
ἕλκος μὲν γὰρ ἔχω τόδε καρτερόν, ἀμφὶ δέ μοι χείρ
ὀξείηις ὀδύνηισιν ἐλήλαται, οὐδέ μοι αἷμα
τερσῆναι δύναται, βαρύθει δέ μοι ὦμος ὑπ᾽ αὐτοῦ·
520 ἔγχος δ᾽ οὐ δύναμαι σχεῖν ἔμπεδον, οὐδὲ μάχεσθαι
ἐλθὼν δυσμενέεσσιν. ἀνὴρ δ᾽ ὤριστος ὄλωλεν,

502 ApD Coni. 254.25; Luc. Dial. 40.19   504b sch X 59d¹   505 sch N
574a   509 Eudoc. 1764; 509a sch O 7a¹; (ὠρ.) H. ω 348   510 (–βραχ.) Epm. v 41;
(ἐπί.) H. (Cyr.) ε 4751   514–16 w40 a 7; 514 sch Aesch. Sept. 163a–c   518 (ἐλήλ.)
H. ε 2052   519b EtG β 45; (βαρ. ὦμος) cf. Hdn ad Γ 35b¹

499 κέ μ᾽ Ω: κεν Aʸᵖ H rr   500 νεῶν Ar schᴰ Ω*: νέων (praefert schᵇᵀ) A B
E Fᶜ   504 εἷλκε (nov. Did) Ω: ἕλκε Ar h   προτὶ (nov. Did?) h: ποτὶ Arꞌ (teste T)
t Z Ω   ἕποντο (nov. Did) t Ω (cf. M 395): ἔχ- Ar, cf. schᴰ προσείχοντο δὲ αὐτῶι αἱ φρένες et N 570   505–7 damn. Payne Knight, 506–7 Grashof, 507 Heyne   507 †λίπον
ἅρματ᾽ ἀνάκτων† = 371   λίπον Zen h C R: -εν Ar (tamquam 3. pl. aor. pass.!) schᴰ
Ω*   ἄνακτες Jortin: ἀνάκτωρ Bayfield (cf. Hymn. Ap. 234)   508 ἀΐοντι quidam
ante Hdn (Tyr? Schulze Kl. Schr. 345; cf. Praef. xx) Wᵃ: ἀΐοντι Ar Hdn Ω*, ἀΐδοντι
Z   φθιμένου ἑτάροιο (= 581) Oʸᵖ   509 ὅτ᾽ 1372 Ω (ὅτε τ᾽ W; ὅ τ᾽ Bekker Hom. Bl. I
151): ο δ᾽ 441: καὶ t   προσαμῦναι t Ω*: -ύνειν G   510 αὐτὸν 1373 Ω (γὰρ αὐτον
ApD? cf. ad M 204): αἰνῶς rr (cf. E 352, δ 441, [Hes.] fr. 29.6)   511 ἐπεσσύμενον 1373
Ω* (cf. M 388): -ος b   515 εἰς Ω*: εἷς Hdn Bᵃ E, εἶς D, εἰς A: ἔσσ᾽ Leo Meyer   ἐνὶ t
Ω: ἐν h (si recte, scribe ἤ᾽ pro ἢ)   πάντοσ᾽ Ar 1373 t schᴰ Ω (-ῶς G): πάντ᾽ ἐσ- Zen:
πάντοθ(ι) quidam ap. schᵀ   519 ὑπ᾽ αὐτοῦ 1369 t Ω (-τῶ G): ὕπερθε H (cf. N 473)

Σαρπηδών, Διὸς υἱός· ὃ δ᾽ οὐδ᾽ ὧι παιδὶ ἀμύνει.
ἀλλὰ σύ πέρ μοι, ἄναξ, τόδε καρτερὸν ἕλκος ἄκεσσαι,
κοίμησον δ᾽ ὀδύνας, δὸς δὲ κράτος, ὄφρ᾽ ἑτάροισιν
525   κεκλόμενος Λυκίοισιν ἐποτρύνω πολεμίζειν,
αὐτός τ᾽ ἀμφὶ νέκυι κατατεθνηῶτι μάχωμαι."
ὣς ἔφατ᾽ εὐχόμενος, τοῦ δ᾽ ἔκλυε Φοῖβος Ἀπόλλων·
αὐτίκα παῦσ᾽ ὀδύνας, ἀπὸ δ᾽ ἕλκεος ἀργαλέοιο
αἷμα μέλαν τέρσηνε, μένος δέ οἱ ἔμβαλε θυμῶι.
530   Γλαῦκος δ᾽ ἔγνω ἧισιν ἐνὶ φρεσὶ γήθησέν τε,
ὅττί οἱ ὦκ᾽ ἤκουσε μέγας θεὸς εὐξαμένοιο.
πρῶτα μὲν ὤτρυνεν Λυκίων ἡγήτορας ἄνδρας
πάντηι ἐποιχόμενος Σαρπηδόνος ἀμφιμάχεσθαι·
αὐτὰρ ἔπειτα μετὰ Τρῶας κίε μακρὰ βιβάσθων,
535   Πουλυδάμαντ᾽ ἔπι Πανθοΐδην καὶ Ἀγήνορα δῖον,
βῆ δὲ μετ᾽ Αἰνείαν τε καὶ Ἕκτορα χαλκοκορυστήν.
ἀγχοῦ δ᾽ ἱστάμενος ἔπεα πτερόεντα προσηύδα·
"Ἕκτορ, νῦν δὴ πάγχυ λελασμένος εἰς ἐπικούρων,
οἳ σέθεν εἵνεκα τῆλε φίλων καὶ πατρίδος αἴης
540   θυμὸν ἀποφθινύθουσι, σὺ δ᾽ οὐκ ἐθέλεις ἐπαμύνειν.
κεῖται Σαρπηδών, Λυκίων ἀγὸς ἀσπιστάων,
ὃς Λυκίην εἴρυτο δίκηισί τε καὶ σθένεϊ ὧι·
τὸν δ᾽ ὑπὸ Πατρόκλωι δάμασ᾽ ἔγχεϊ χάλκεος Ἄρης.
ἀλλὰ φίλοι, πάρστητε, νεμεσσήθητε δὲ θυμῶι,
545   μὴ ἀπὸ τεύχε᾽ ἕλωνται, ἀεικίσσωσι δὲ νεκρόν
Μυρμιδόνες, Δαναῶν κεχολωμένοι ὅσσοι ὄλοντο,
τοὺς ἐπὶ νηυσὶ θοῆισιν ἐπέφνομεν ἐγχείηισιν."
ὣς ἔφατο, Τρῶας δὲ κατὰ κρῆθεν λάβε πένθος

522 Athenag. Leg. 21; **522b** Did ad Σ 171a[1]   **523** Eudoc. 1021   **528–31** ead.
1027–8, 1037–8   **534** (κίε–) EtG β 110   **544a** Lib. Ep. 226.1 (x.210.11 F.); (νεμ.) H.
(Cyr.) ν 280   **545b–6** ApS 10.28; **545** (ἀεικ.) H. (Cyr.) α 1281   **548** (κατὰ κρ.) id.

522 οὐδ᾽ τ Ω: οὐ (Bentley) N   ὧι παιδὶ quidam ante Ar 1369 Athenag. Ω: οὐ παιδὸς
Ar t* rr.—cf. ad Σ 171   **523** ἕλκος 1369 Ω*: ἄλγος C: ἄκος t   ἄκεσσαι sch[T] Ω: ἀκέσ-
σαι Ar   **524** κοίμησον 641 Z Ω*: -ισον C R W[c], -ισσον T   **526** κατατεθνηῶτι
Ar[ab] A E W: -θνει- (nov. Did) A[s] E[s] Ω*   **528** αὐτίκα παῦσ᾽ 641 t Ω*: -κ᾽ ἔπαυσ᾽
R   **531** ὅττί sic A W   **532** ὤτρυνε(ν) 641 642 Ω*: ὄτρ- A D R[s]   **534** βιβάσθων
t Z Ω: cf. ad N 809   **535** ἔπι Wolf: ἐπὶ vel ἔπι Ω   **538** εἰς (Hdn) M[?]: εἰς A[c] D B[a] C[c]
E F[a]: εἰς Ω*   **540** ἐπαμύνειν Ω*: -ῦναι D W (ex 509)   **542** εἴρυτο Ar Hdn 441 Ω:
εἰρῦτο Tyr: ἐρύετο Z   **543** Πατρόκλω(ι) 441 Ω (cf. N 434): -ου Doederlein cl. P
303   ἔγχεϊ sic 441 1376 Ω   **545** μή (Ϝ᾽) Cobet Misc. crit. 265   **548** κατὰ κρῆθεν
Ar Hdn 441 tt sch[D] Ω*: κατ᾽ ἄκρηθεν quidam ap. sch[T] C, κατάκρ- W[c] V.—'caput' in-

ἄσχετον, οὐκ ἐπιεικτόν, ἐπεί σφισιν ἕρμα πόληος
550		ἔσκε καὶ ἀλλοδαπός περ ἐών· πολέες γὰρ ἄμ' αὐτῶι
λαοὶ ἕπουτ', ἐν δ' αὐτὸς ἀριστεύεσκε μάχεσθαι.
βὰν δ' ἰθὺς Δαναῶν λελιημένοι· ἦρχε δ' ἄρά σφιν
Ἕκτωρ, χωόμενος Σαρπηδόνος. αὐτὰρ Ἀχαιούς
ὦρσε Μενοιτιάδεω Πατροκλῆος λάσιον κῆρ·
555		Αἴαντε πρώτω προσέφη, μεμαῶτε καὶ αὐτώ·
"Αἴαντε, νῦν σφῶϊν ἀμύνεσθαι φίλον ἔστω,
οἷοί περ πάρος ἦτε μετ' ἀνδράσιν, ἢ καὶ ἀρείους.
κεῖται ἀνήρ, ὃς πρῶτος ἐσήλατο τεῖχος Ἀχαιῶν,
Σαρπηδών. ἀλλ' εἴ μιν ἀεικισσαίμεθ' ἐλόντες
560		τεύχεά τ' ὤμοιιν ἀφελοίμεθα· καί τιν' ἑταίρων
αὐτοῦ ἀμυνομένων δαμασαίμεθα νηλέϊ χαλκῶι."
ὣς ἔφαθ', οἳ δὲ καὶ αὐτοὶ ἀλέξασθαι μενέαινον.
οἳ δ' ἐπεὶ ἀμφοτέρωθεν ἐκαρτύναντο φάλαγγας,
Τρῶες καὶ Λύκιοι καὶ Μυρμιδόνες καὶ Ἀχαιοί,
565		σύμβαλον ἀμφὶ νέκυι κατατεθνηῶτι μάχεσθαι
δεινὸν ἀΰσαντες· μέγα δ' ἔβραχε τεύχεα φωτῶν.
Ζεὺς δ' ἐπὶ νύκτ' ὀλοὴν τάνυσε κρατερῆι ὑσμίνηι,
ὄφρα φίλωι περὶ παιδὶ μάχης ὀλοὸς πόνος εἴη.
ὦσαν δὲ πρότεροι Τρῶες ἑλίκωπας Ἀχαιούς·
570		βλῆτο γὰρ οὔ τι κάκιστος ἀνὴρ μετὰ Μυρμιδόνεσσιν,
υἱὸς Ἀγακλῆος μεγαθύμου, διος Ἐπηγεύς,
ὅς ῥ' ἐν Βουδείωι εὖ ναιομένωι ἤνασσεν
τὸ πρίν· ἀτὰρ τότε γ' ἐσθλὸν ἀνεψιὸν ἐξεναρίξας

κ 1185; EtG s.v.	549a ApS 2.2; (ἄσχ.) H. (Cyr.) α 7977; EtG α 1331; 549b ApS 147.21;
(ἕρμα π.) sch Δ 117d; H. (Cyr.) ε 2415	550 (ἀλλοδ.) H. α 3143	553 (–Σαρπ.) Nic
ad Λ 657–8a[1]	557 Eudoc. 1462	558 (ὃς–ἐσήλ.) sch Π 559c	563 Porph. fr. 409
Sm.	565 Choer. in Thd. i.145.5	567 [Plut.] Hom. 2.108.2	570a EtG β 142;
Epm. β 28, ε 172	572 (–ναι.) St. Byz. 180.8; (Βουδ.) H. β 886; EtG β 195

tellexit poeta puto (pace Leumann 57 sq.), nam ἄκρη de homine non dicitur
549 σφισιν 1376 Ω*: σφιν t D *b* W	552 ἄρά sic G, cf. Praef. xviii	554 Μενοιτιά-
δεω A *b* F: -άδαο Ω*, at Πατρ- numquam corripitur	555–68 damn. Payne
Knight	556 φίλον 1376 Ω: μένος A[γρ]	557 ἦτε t Ω: ἦστε Leo Meyer Griech.
Aoriste (1879) 101 (cf. Fraenkel ad Ag. 542)	558 ἐσήλατο Ar Hdn A A[λ]: ἐ-σήλατο
Lysanias ne versui M 438 contradiceretur	559 εἴ Ar Ω: εὖ Rhi	560 ita fere
interpunxit Ar u.v. (ἔξωθεν προσυπακουστέον τὸ καλῶς ἂν ἔχοι Arn)	ἀφελοίμε-
θα Ω*: -ώμεθα D R[a] G	562 ἀλέξασθαι Ω*: -εσθαι C: -έμεναι Bekker Hom.
Bl. I 319.—cf. ad O 565	565 κατατεθνηῶτι (Ar) B[c] C[c] E[t] T: -θνει- t[vl] E[s] Ω*:
-θνε- G	567–8 damn. Heyne	568 ὀλοὸς Ω (cf. 567): ἀλαὸς Bothe: ἄλιος
Nauck	571 Ἐπηγεύς Ω*: Ἐπειγ- *b* T W[x]	572 ἐ(ϝ)άνασσε Heyne

ἐς Πηλῆ᾽ἱκέτευσε καὶ ἐς Θέτιν ἀργυρόπεζαν·
575	οἳ δ᾽ ἅμ᾽ Ἀχιλλῆϊ ῥηξήνορι πέμπον ἕπεσθαι
Ἴλιον εἰς εὔπωλον, ἵνα Τρώεσσι μάχοιτο.
τόν ῥα τόθ᾽ ἁπτόμενον νέκυος βάλε φαίδιμος Ἕκτωρ
χερμαδίωι κεφαλήν· ἣ δ᾽ ἄνδιχα πᾶσα κεάσθη
ἐν κόρυθι βριαρῆι· ὃ δ᾽ ἄρα πρηνὴς ἐπὶ νεκρῶι
580	κάππεσεν, ἀμφὶ δέ μιν θάνατος χύτο θυμοραϊστής.

Πατρόκλωι δ᾽ ἄρ᾽ ἄχος γένετο φθιμένου ἑτάροιο,
ἴθυσεν δὲ διὰ προμάχων ἴρηκι ἐοικώς
ὠκέϊ, ὅς τ᾽ ἐφόβησε κολοιούς τε ψῆράς τε·
ὣς ἰθὺς Λυκίων, Πατρόκλεις ἱπποκέλευθε,
585	ἔσσυο καὶ Τρώων, κεχόλωσο δὲ κῆρ ἑτάροιο.
καί ῥ᾽ ἔβαλε Σθενέλαον, Ἰθαιμένεος φίλον υἱόν,
αὐχένα χερμαδίωι, ῥῆξεν δ᾽ ἀπὸ τοῖο τένοντας.
χώρησαν δ᾽ ὑπό τε πρόμαχοι καὶ φαίδιμος Ἕκτωρ·
ὅσση δ᾽ αἰγανέης ῥιπὴ ταναοῖο τέτυκται,
590	ἥν ῥά τ᾽ ἀνὴρ ἀφέηι πειρώμενος, ἠ᾽ ἐν ἀέθλωι,
{ἠὲ καὶ ἐν πολέμωι δηίων ὕπο θυμοραϊστέων,}
τόσσον ἐχώρησαν Τρῶες, ὤσαντο δ᾽ Ἀχαιοί.

Γλαῦκος δὲ πρῶτος, Λυκίων ἀγὸς ἀσπιστάων,
ἐτράπετ᾽, ἔκτεινεν δὲ Βαθυκλῆα μεγάθυμον,
595	Χάλκωνος φίλον υἱόν, ὃς Ἑλλάδι οἰκία ναίων
ὄλβωι τε πλούτωι τε μετέπρεπε Μυρμιδόνεσσιν·
τὸν μὲν ἄρα Γλαῦκος στῆθος μέσον οὔτασε δουρί
στρεφθεὶς ἐξαπίνης, ὅτε μιν κατέμαρπτε διώκων,
δούπησεν δὲ πεσών. πυκινὸν δ᾽ ἄχος ἔλλαβ᾽ Ἀχαιούς,

574a sch O 339b, X 123c; H. ε 6313; (ἱκέτ.) id. ι 460   582 (ἴρηκι-)-3 sch Ρ 755-7;
583b Gell. 13.21.25; Choer. in Thd. i.296.19; (κολοιούς) Phot. Lex. κ 894; (ψῆρας) sch
Φ 347b; cf. H. ψ 154   586b Epm. α 283   588 (= Δ 404) Porph. Il. 331.13
Schr.   589 (αἰγ.) H. (Cyr.) α 1684; (ῥιπὴ ταν.) H. ρ 355   590 (ἐν ἀέθ.) H. (Cyr.) ε
2602   591 (θυμορ.) sch Π 414   599 (πυκ. δ᾽ ἄχος) H. (Cyr.) π 4327

574 Πηλῆ quidam ap. sch-O, Z   576 εὔπωλον Α   580 μιν Ω: οἱ Düntzer   θυμοραϊστής Ω.—cf. ad 414   582 ἴρηκι D Bᵃ R W   583 κολοιούς tt Ω: fort. olim κο-
λωιούς   ψῆράς tt Z Ω: ψά- O, ψᾶ- Payne Knight cl. Ρ 755.—discrepantia iam antiquos
grammaticos exercuit (t); cf. Lobeck Paralipomena 20; Meister 169; Chantr. DEG
584 Πατρόκλεις Ω: -κλεες Payne Knight.—cf. Praef. xxv   586 ἔβαλε Ar Aᵏ Ω: -εν 1376:
-ες rr.—de recessu in tertiam personam cf. 697, 789, Ρ 681, 705, Ψ 601   Σθενέλαον Aᵏ Ω*:
-λεον R G: -λον O (prob. Fick; Bechtel Lexil. 173)   587 τένοντας Ω*: -ντε Aˢ F R W.—
cf. Δ 521, Ε 307, Κ 456, Ξ 466, et ad Ρ 290, Υ 478, Χ 396; dualis usurpatur cum vox 'ambo'
adest, alias pluralis   589 δ᾽ 1376 Aᵏ Ω: fort. τ᾽, cf. ad Ε 770   590 ἠ᾽ Fick: ἦ Ω
591 damn. Leaf   ὕπο Wolf: ὑπὸ vel ὑπὸ Ω   θυμοραϊστέων Ω (-στῶν W): cf. ad 414

600 ὣς ἔπεσ᾽ ἐσθλὸς ἀνήρ· μέγα δὲ Τρῶες κεχάροντο,
στὰν δ᾽ ἀμφ᾽ αὐτὸν ἰόντες ἀολλέες· οὐδ᾽ ἄρ᾽ Ἀχαιοί
ἀλκῆς ἐξελάθοντο, μένος δ᾽ ἰθὺς φέρον αὐτῶν.
    ἔνθ᾽ αὖ Μηριόνης Τρώων ἕλεν ἄνδρα κορυστήν,
Λαόγονον, θρασὺν υἱὸν Ὀνήτορος, ὃς Διὸς ἱρεύς
605 Ἰδαίου ἐτέτυκτο, θεὸς δ᾽ ὣς τίετο δήμωι·
τὸν βάλ᾽ ὑπὸ γναθμοῖο καὶ οὔατος, ὦκα δὲ θυμός
ὤιχετ᾽ ἀπὸ μελέων, στυγερὸς δ᾽ ἄρα μιν σκότος εἷλεν.
Αἰνείας δ᾽ ἐπὶ Μηριόνηι δόρυ χάλκεον ἧκεν,
ἔλπετο γὰρ τεύξεσθαι ὑπασπίδια προβιβάντος·
610 ἀλλ᾽ ὃ μὲν ἄντα ἰδὼν ἠλεύατο χάλκεον ἔγχος,
πρόσσω γὰρ κατέκυψε, τὸ δ᾽ ἐξόπιθεν δόρυ μακρόν
οὔδει ἐνισκίμφθη, ἐπὶ δ᾽ οὐρίαχος πελεμίχθη
613 ἔγχεος· ἔνθα δ᾽ ἔπειτ᾽ ἀφίει μένος ὄβριμος Ἄρης.
616 Αἰνείας δ᾽ ἄρα θυμὸν ἐχώσατο φώνησέν τε·
"Μηριόνη, τάχα κέν σε καὶ ὀρχηστήν περ ἐόντα
ἔγχος ἐμὸν κατέπαυσε διαμπερές, εἴ σ᾽ ἔβαλόν περ."
τὸν δ᾽ αὖ Μηριόνης δουρικλυτὸς ἀντίον ηὔδα·
620 "Αἰνεία, χαλεπόν σε καὶ ἴφθιμόν περ ἐόντα
πάντων ἀνθρώπων σβέσσαι μένος, ὅς κέ σε᾽ ἄντα
ἔλθηι ἀμυνόμενος· θνητὸς δέ νυ καὶ σὺ τέτυξαι.
εἰ καὶ ἐγώ σε βάλοιμι τυχὼν μέσον ὀξέι χαλκῶι,
αἶψά κε καὶ κρατερός περ ἐὼν καὶ χερσὶ πεποιθώς
625 εὖχος ἐμοὶ δοίης, ψυχὴν δ᾽ Ἄιδι κλυτοπώλωι."
ὣς φάτο· τὸν δ᾽ ἐνένιπε Μενοιτίου ἄλκιμος υἱός·

600 (κεχ.) id. κ 2408   601 (–ἀολλ.) Eudoc. 1633   605 (Ἰδ.) H. ι 159   611–12a
sch N 408b¹; 612a Porph. Hom. 85.5 Sod.; (ἐνισκ.) ApS 69.2; H. ε 3126, cf. 2945, [3300];
Phot. Lex. ε 899   613 (ἔνθα–) Apio 224.1   617–18 Dio Prus. 2.60; Ath. 181b;
617–18a Luc. Dial. 45.8; 617 (τάχα–) sch Lyc. 249; 617 Elias Proleg. Phil. CAG
xviii(1).30.7; David Proleg. Phil. CAG xviii(2).64.1; 617b sch Ω 261; (ὀρχ.) H. (Cyr.) o
1370   622 (ἀμυν.) H. (Cyr.) α 3855   626 (ἐνέν.) H. (Cyr.) ε 3001

600 ὣς D³ W   604 Λαόγονον Hdn Ω*: parox. b h Tᵃ Gᶜ   θρασὺν Ω: φίλον sch^Typ
H (cf. 595)   ἱρεύς r (cf. Praef. xvii): ἱρ- Ω*: ἴρ- A: ἱερ- B R   607 ἀπὸ Ω*: ἀπαὶ W
V   607a Μηριόνης δ᾽ ἀνέπαλτο, φίλον δέ οἱ ἦτορ ἰάνθη "ἔν τισι ἐπεφέρετο"
sch^T   608 Μηριόνη(ι) Ω*: -ην R   609 ὑπασπίδια Ω*: ὑπ᾽ ἀσπίδια Z A D G: ὑπ᾽
ἀσπίδα Fᵃ R.—cf. ad N 158, 807   προβιβάντος Bekker: -βῶντος Z Ω.—cf. ad Γ
22   612 et ἐνισκίμφθη et ἐνεσκ- Hsch.   613 (= N 444, P 529) om. Arᵃ: ἄλογον
siglum appinxit Arᵇ   614–15 (= N 504 sq.) add. D² F Hᵐ: desunt in 228 486a 643 644
1378 Ω*   618 περ 486a 1378 tt Ω (om. G): γε h   619 δουρὶ κλυτὸς A E T W
620 σε Ω: δε 486a   621 σβέσσαι 486a Z A: σβέσαι Ω* Gˢ (σχέ- Gʳ)   σε᾽ fere Payne
Knight: σευ 486a Ω (σεῦ R G)   622 ἔλθη(ι) 1379 Ω: -οι 486a   625 δοίης

"Μηριόνη, τί σὺ ταῦτα καὶ ἐσθλὸς ἐὼν ἀγορεύεις;
ὦ πέπον, οὔ τοι Τρῶες ὀνειδείοις ἐπέεσσιν
νεκροῦ χωρήσουσι· πάρος τινὰ γαῖα καθέξει.
630   ἐν γὰρ χερσὶ τέλος πολέμου, ἐπέων δ᾽ ἐνὶ βουλῆι·
τὼ οὔ τι χρὴ μῦθον ὀφέλλειν, ἀλλὰ μάχεσθαι."
ὣς εἰπὼν ὃ μὲν ἦρχ᾽, ὃ δ᾽ ἅμ᾽ ἕσπετο ἰσόθεος φώς.
    τῶν δ᾽, ὥς τε δρυτόμων ἀνδρῶν ὀρυμαγδὸς ὄρωρεν
οὔρεος ἐν βήσσηις, ἕκαθεν δέ τε γίνετ᾽ ἀκουή,
635   ὣς τῶν ὤρνυτο δοῦπος ἀπὸ χθονὸς εὐρυοδείης
χαλκοῦ τε ῥινοῦ τε βοῶν τ᾽ εὐποιητάων,
νυσσομένων ξίφεσίν τε καὶ ἔγχεσιν ἀμφιγύοισιν.
οὐδ᾽ ἂν ἔτι φράδμων περ ἀνὴρ Σαρπηδόνα δῖον
ἔγνω, ἐπεὶ βελέεσσι καὶ αἵματι καὶ κονίηισιν
640   ἐκ κεφαλῆς εἴλυτο διαμπερὲς ἐς πόδας ἄκρους·
οἳ δ᾽ αἰεὶ περὶ νεκρὸν ὁμίλεον, ὡς ὅτε μυῖαι
σταθμῶι ἔνι βρομέωσι περιγλαγέας κατὰ πέλλας
ὥρηι ἐν εἰαρινῆι, ὅτε τε γλάγος ἄγγεα δεύει·
ὣς ἄρα τοὶ περὶ νεκρὸν ὁμίλεον. οὐδέ ποτε Ζεύς
645   τρέψεν ἀπὸ κρατερῆς ὑσμίνης ὄσσε φαεινώ,
ἀλλὰ κατ᾽ αὐτοὺς αἰὲν ὅρα, καὶ φράζετο θυμῶι
πολλὰ μάλ᾽ ἀμφὶ φόνωι Πατρόκλου μερμηρίζων,
ἢ᾽ ἤδη καὶ κεῖνον ἐνὶ κρατερῆι ὑσμίνηι
αὐτοῦ ἐπ᾽ ἀντιθέωι Σαρπηδόνι φαίδιμος Ἕκτωρ

630 sch Pind. Nem. 1.39; Philox. fr. 46 Th.; Choer. in Thd. i.163.2; Lex. αἴμ α 121
631 (ὀφ.) ApS 125.9; H. o 1949   635a sch Π 633b; (εὐρυοδ.) H. ε 7146   636 (ῥ. τε
βοῶν) ApS 139.3; 636b id. 52.3; (βοῶν) H. β 1012   638 (φράδ.) ApS 165.11   640 (εἴλ.)
H. (Cyr.) ε 933   641–3 Eudoc. 1936–8; 641 (ὁμίλ.) H. o 725; (ὥς–)–642 Ath. 495c; 642a
Philox. fr. 243 Th.; Epm. α 262; (βρομ.) H. (Cyr.) β 1184; 642b ApS 55.1; sch Nic. Al. 77;
(περιγλ.) H. π 1600; (γλαγέας) H. (Cyr.) γ 582; (πέλλας) ApS 129.23; H. π 1342

486a b F T, -ηις A: δώ(ι)ης Aʸᵖ Ω*   628 τοι 486a Z Ω*: τι Dᵃ Gᵃ?   631 τὼ rr: τῶ(ι) Ω:
τως 486a   632 ἕσπετο D G: ἔσπ- Ω*   633 ὄρωρε(ν) (nov. Did) D Tʸᵖ R W G: ὀρώρει
Ar Ω*: utrumque agn. Nic: ὀρώρηι Thiersch (cf. ad P 264)   634 γίνετ᾽ 486a Ω: γιγν-
644   ἀκουή Ar Nic 486a Ω: ἀϋτή Arph (teste T: ἀϋτμή A)   635 ὤρνυτο 486a t Ω*:
ὄρν- Aᴧ D F R   636 ῥινοῦ Ar 486a 644 Ω: -ῶν "ἔν τισιν εὕρομεν" schᴬ (cf. Δ 447 = Θ
61)   βοῶν τ᾽ Ar 486a 644 Ω: βοῶν (ci. Ar) H N (cf. M 263, N 406)   εὐποιητάων Hdn t
Ω*: εὐ ποι- W G   638 Σαρπηδόνα δῖον (nov. Did) "αἱ κοιναί" Nicanoris 486a Ω*:
-όνι δίωι Ar G   640 εἴλυτο 486a Z Ω*: εἴλ- W G: εἴρ- (ex 542) 644 D   642 ἔνι βρομέωσι T: ἐνιβρ- 486a tt* Ω*: ἔπι βρ- Eudoc., ἐπιβρ- R: βρ- Z: ἐνιβρεμέωσι 644 Epm. Gᵃ:
ἐνιβρομέουσι Gᶜ   περιγλαγέας 644 tt* Ω (γλαγέας Hsch.ʸ schᴰᴧ): πολυγλ- ApS: ἐϋγλ-
Ath.   646 θυμῶ(ι) h87 Ω: -μου 486a   647 om. 643   φόνω(ι) 486a Ω: -ου
644 r   648 ἠ᾽ Fick: ἦ Ω   καὶ κεῖνον Arᵃᵇ A b F T: κἀκ- (nov. Did) 486a 643 Ω*

650 χαλκῶι δηιώσηι ἀπό τ' ὤμων τεύχε' ἕληται,
     ἢ' ἔτι καὶ πλεόνεσσιν ὀφέλλειεν πόνον αἰπύν.
     ὧδε δέ οἱ φρονέοντι δοάσσατο κέρδιον εἶναι,
     ὄφρ' ἠΰς θεράπων Πηληϊάδεω Ἀχιλῆος
     ἐξαῦτις Τρῶάς τε καὶ Ἕκτορα χαλκοκορυστήν
655 ὤσαιτο προτὶ ἄστυ, πολέων δ' ἀπὸ θυμὸν ἕλοιτο.
     Ἕκτορι δὲ πρωτίστωι ἀνάλκιδα θυμὸν ἐνῆκεν·
     ἐς δίφρον δ' ἀναβὰς φύγαδ' ἔτραπε, κέκλετο δ' ἄλλους
     Τρῶας φευγέμεναι· γνῶ γὰρ Διὸς ἱρὰ τάλαντα.
     ἔνθ' οὐδ' ἴφθιμοι Λύκιοι μένον, ἀλλ' ἐφόβηθεν
660 πάντες, ἐπεὶ βασιλῆα ἴδον βεβλαμμένον ἦτορ
     {κείμενον ἐν νεκύων ἀγύρει· πολέες γὰρ ἐπ' αὐτῶι
     κάππεσον, εὖτ' ἔριδα κρατερὴν ἐτάνυσσε Κρονίων}.
     οἳ δ' ἄρ' ἀπ' ὤμοιιν Σαρπηδόνος ἔντε' ἕλοντο
     χάλκεα μαρμαίροντα· τὰ μὲν κοίλας ἐπὶ νῆας
665 δῶκε φέρειν ἑτάροισι Μενοιτίου ἄλκιμος υἱός.
        καὶ τότ' Ἀπόλλωνα προσέφη νεφεληγερέτα Ζεύς·
     "εἰ δ' ἄγε νῦν, φίλε Φοῖβε, κελαινεφὲς αἷμα κάθηρον
     ἐλθὼν ἐκ βελέων Σαρπηδόνα, καί μιν ἔπειτα
     πολλὸν ἄποπρο φέρων λοῦσον ποταμοῖο ῥοῇσιν
670 χρῖσόν τ' ἀμβροσίηι, περὶ δ' ἄμβροτα εἵματα ἕσσον.
     πέμπε δέ μιν πομποῖσιν ἅμα κραιπνοῖσι φέρεσθαι,
     Ὕπνωι καὶ Θανάτωι διδυμάοσιν, οἵ ῥά μιν ὦκα

658b sch X 209   661 (–ἀγ.) Epm. α 288; (ἐν ν. ἀγ.) ib. υ 31; (ἀγ.) H. (Cyr.) α
852   664 (χάλκ.) ApS 166.17   667a ApD Coni. 246.13; Nic ad I 46–7a¹; (–νῦν) H.
(Cyr.) ε 735; Phot. Lex. ε 179   672 (–διδ.) [Plut.] Cons. Apoll. 107e; cf. Clem. Protr.

650 δη(ι)ώση(ι) 486a 643 Ω*: -σει C G, -σει' Doederlein: -σαι et ἕλοιτο Axt Conjec-
tanea Hom. (1860) 12   651 ἢ Hdn 1378 (ἢ' dedi): ἡ A B E F T, ἢ Ω*   πόνον 486a
644ᶜ Ω: φονον 644ᵃ.—cf. ad Z 107, P 365, Φ 137, 249   655 ἄπο O   655a αυτ[.].[.] α[
(= 649?) add. 1378   656 θυμὸν 486a Ω* (cf. 355): φύζαν W Gˢ V (ex O 62)   ἐνῆκεν
486a Ω: ἐνῶρσεν V (ex O 62)   657 ἔτραπε Ω*: ἔτρεπε 486a h R   659 ἀλλ' ἐφόβη–
θεν Ω*: ἀλλὰ φ- 486a D h   660 βεβλαμμένον 486a A b R (cf. 656): βεβλημένον D G:
βεβολημ- H (cf. I 9): δεδαϊγμ- Aʸᵖ h F T W   661–2 damn. Paley; addidit qui non per-
spexit βασιλῆα Hectorem esse   661 ἀγύρει 486a 1380 tt Ω: -ρι Payne Knight (cf. ad
Ω 141)   ἐπ' 486a Ω: ἄμ' O rr   663 ἔντε' 1380 Ω: εντος 486a   666–83 ath. Zen (cf.
ad 432–58)   666 ut supra Ar 9 486a 1381 Ω ('Απόλλωνι D): καὶ τότ' ἄρ' ἐξ Ἴδης προσέφη Ζεὺς ὃν φίλον υἱόν Zen   668 βελέων (= 678) 9 486a Ω Oʸᵖ: μελ- Gˢ O   Σαρπηδόνα (nov. Did) 9 486a Ω*: -νι Ar h W Oˣ   669 ἄποπρο T O, ἄπο προ- R W, ἄπο
πρὸ (Ar) Ptol h Bᵃ: ἀπὸ πρὸ vel προ- Philox. Hdn A F G: ἀποπρο fere 9 D b.—cf. Praef.
xix   670 χρεισον 9 486a   τ' 9 486a 1378 Ω*: δ' Aˢ Fᵃ T   ἀμβροσίη(ι) 9 486a Ω: -ην
H.—cf. ad 680   672 διδυμάοσιν οἵ 9 tt Ω: -σι τοί 486a h (cf. ad 682)

θήσουσ᾽ ἐν Λυκίης εὐρείης πίονι δήμωι·
ἔνθά ἑ ταρχύσουσι κασίγνητοί τε ἔται τε
675　τύμβωι τε στήληι τε· τὸ γὰρ γέρας ἐστὶ θανόντων.”
　　ὣς ἔφατ᾽, οὐδ᾽ ἄρα πατρὸς ἀνηκούστησεν Ἀπόλλων·
βῆ δὲ κατ᾽ Ἰδαίων ὀρέων ἐς φύλοπιν αἰνήν,
αὐτίκα δ᾽ ἐκ βελέων Σαρπηδόνα δῖον ἀείρας,
πολλὸν ἄποπρο φέρων λοῦσεν ποταμοῖο ῥοῆισιν
680　χρῖσέν τ᾽ ἀμβροσίηι, περὶ δ᾽ ἄμβροτα εἵματα ἕσσεν.
πέμπε δέ μιν πομποῖσιν ἅμα κραιπνοῖσι φέρεσθαι,
Ὕπνωι καὶ Θανάτωι διδυμάοσιν, οἵ ῥά μιν ὦκα
κάτθεσαν ἐν Λυκίης εὐρείης πίονι δήμωι.
　　Πάτροκλος δ᾽ ἵπποισι καὶ Αὐτομέδοντι κελεύσας
685　Τρῶας καὶ Λυκίους μετεκίαθε, καὶ μέγ᾽ ἀάσθη,
νήπιος· εἰ δὲ ἔπος Πηληϊάδαο φύλαξεν,
ἦ τ᾽ ἂν ὑπέκφυγε κῆρα κακὴν μέλανος θανάτοιο.
ἀλλ᾽ αἰεί τε Διὸς κρέσσων νόος ἠέ περ ἀνδρός·
{ὅς τε καὶ ἄλκιμον ἄνδρα φοβεῖ καὶ ἀφείλετο νίκην
690　ῥηϊδίως, ὁτὲ δ᾽ αὐτὸς ἐποτρύνει μαχέσασθαι·}
ὅς οἱ καὶ τότε θυμὸν ἐνὶ στήθεσσιν ἐνῆκεν.
　　ἔνθα τίνα πρῶτον, τίνα δ᾽ ὕστατον ἐξενάριξας,
Πατρόκλεις, ὅτε δή σε θεοὶ θάνατόνδ᾽ ἐκάλεσσαν;
Ἄδρηστον μὲν πρῶτα καὶ Αὐτόνοον καὶ Ἔχεκλον
695　καὶ Πέριμον Μεγάδην καὶ Ἐπίστορα καὶ Μελάνιππον,

102.3, Athenag. Leg. 12; (διδ.) EtG α 1405; (οἵ–) H. (Cyr.) ο 388; (μιν ὤ.) id. μ 1418　**674** sch Ο 545　　**679** Eudoc. 444　　**680** (ἕσσεν) H. ε 6329　　**685** (μετεκ.) H. (Cyr.) μ 1060　　**686–7** sch Π 83–96 (Porph. Il. 211.4 Schr.)　　**688–9** Eudoc. 338–9; **688** (–νόος) + **691**a sch Π 684–6　　**692** Eudoc. 315; (ἐξενάρ.) H. ε 3712　　**695**a Epm. ι 13, μ 30

673 θήσουσ᾽ ἐν 9 486a Ω*: -σιν A^γρ D *h* R W　　**674** ἔνθά sic Ω　ταρχύσουσι 9 486a Ω*: -σωσι t R O.—cf. ad 456　　**675** (= 457) om. 486a: hab. 9 228 Ω　　**677** om. Zen (cf. ad 666)　　**679** ἄποπρο T O, ἄπο προ- R W: ἀπὸ πρὸ F, ἀπὸ προ- A G^c: ἀποπρο 9 D *b* G^a.—cf. ad 669　　**680** χρεῖσεν 9 486a　τ᾽ 9 Ω*: δ᾽ 486a A^s F^a T G^c　ἀμβροσίη(ι) 9 Ω*: -ην R N.—cf. ad 670　　**682** διδυμάοσιν οἵ Ω: -σι τοί 486a *h* H V.—cf. ad 672　　**686** Πηληϊάδαο φύλαξεν 9 486a t Ω*: -άδεω φύλ- D: -άδεω ἐφύλ- F T　　**688** τε t Ω*: γε 9 486a᾽ D　κρέσσων Blass: κρείσσων Ar 9 486a t Ω: -ω quidam ante Ar (sc. Zen, cf. ad A 80)　ἀνδρός 9 486a t Ω*: -ῶν A^γρ *h* F　　**689–90** (= P 177 sq.) add. *b* F^m T R^m W^m G, cf. Eudoc.: desunt in 9 486a Ω*, cf. t*　　**690** ὁτέ F G: ὅτε *b* T, ὁτὲ R W　ἐποτρύνει *b* T W^a? G: -νησε H: -νησι F R: -νεσκε W^c?　μαχέσασθαι G: μάχεσθαι *b* F T R W^a?　　**691** ὅς τε καὶ D, cf. [689]　ἐνῆκε(ν) 9 D F W G (v. Naber Qu. Hom. 131 sq.): ἀνῆκεν Ω*: εθηκεν 486a.—cf. ad P 570　　**693** δε vel δὲ κάλεσσαν D T G　　**694** Ἔχεκλον 9 486a Ω*: Ὀπίτην T G (ex Λ 301)　　**695** Πέριμον 9 t Ω: -νον

αὐτὰρ ἔπειτ' Ἔλασον καὶ Μούλιον ἠδὲ Πυλάρτην·
τοὺς ἕλεν, οἱ δ' ἄλλοι φύγαδε μνώοντο ἕκαστος.
ἔνθά κεν ὑψίπυλον Τροίην ἕλον υἷες Ἀχαιῶν
Πατρόκλου ὑπὸ χερσί, πέριπρο γὰρ ἔγχεϊ θῦιεν,
700		εἰ μὴ Ἀπόλλων Φοῖβος ἐϋδμήτου ἐπὶ πύργου
ἔστη, τῶι ὀλοὰ φρονέων, Τρώεσσι δ' ἀρήγων.
τρὶς μὲν ἐπ' ἀγκῶνος βῆ τείχεος ὑψηλοῖο
Πάτροκλος, τρὶς δ' αὐτὸν ἀπεστυφέλιξεν Ἀπόλλων,
χείρεσσ' ἀθανάτηισι φαεινὴν ἀσπίδα νύσσων.
705		ἀλλ' ὅτε δὴ τὸ τέταρτον ἐπέσσυτο δαίμονι ἶσος,
δεινὰ δ' ὁμοκλήσας ἔπεα πτερόεντα προσηύδα·
"χάζεο, διογενὲς Πατρόκλεις· οὔ νύ τοι αἶσα
σῶι ὑπὸ δουρὶ πόλιν πέρθαι Τρώων ἀγερώχων,
οὐδ' ὑπ' Ἀχιλλῆος, ὅς περ σέο πολλὸν ἀμείνων."
710		ὣς φάτο· Πάτροκλος δ' ἀνεχάζετο πολλὸν ὀπίσσω,
μῆνιν ἀλευάμενος ἑκατηβόλου Ἀπόλλωνος.
	Ἕκτωρ δ' ἐν Σκαιῆισι πύληις ἔχε μώνυχας ἵππους·
δίζε γάρ, ἠὲ μάχοιτο κατὰ κλόνον αὖτις ἐλάσσας,
ἦ λαοὺς ἐς τεῖχος ὁμοκλήσειεν ἀλῆναι.
715		ταῦτ' ἄρα οἱ φρονέοντι παρίστατο Φοῖβος Ἀπόλλων,
ἀνέρι εἰσάμενος αἰζηῶι τε κρατερῶι τε,
Ἀσίωι, ὃς μήτρως ἦν Ἕκτορος ἱπποδάμοιο,
αὐτοκασίγνητος Ἑκάβης, υἱὸς δὲ Δύμαντος,
ὃς Φρυγίηι ναίεσκε ῥοῆις ἔπι Σαγγαρίοιο.

697 (–μνώ.) Hdn ad Λ 446a   **698** (–υἷες) id. ad Α 129c   **699b** (= Λ 180) id. ad Π 669a (Philox. fr. 409 Th.)   **702** (ἐπ'–) H. α 585   **703** (ἀπεστ.) H. (Cyr.) α 6065   **708** (πέρθαι) H. π 1560   **709a** sch B 38a   **710** (Πατρ.–) ApS 31.28; (πολλ.–) sch E 443a   **714** Hdn ad Λ 192a[1], Σ 76a[1], Φ 536c; Epm. ο 96   **717–19** Strab. 13.1.21; **717–18** sch Pind. Ol. 9.96b; **717** sch B 862a[1]; **718** sch Eur. Hec. 3

H: Περιων 486a   **697** ἕλεν Ar 9 442 486a t Ω: -ες Zen.—cf. ad 586   φύγα δὲ Ptol A[a], agn. Hdn   φύγαδ' ἐμνώοντο Z h   **698** ἔνθά sic Ω, ενθά 9   **699** πέριπρο dedi (Praef. xix), πέρι πρὸ R: πέρι πρὸ Z A F[a] W G: περίπρο M V: περιπρὸ (vel -προ) 9 Ω*   θῦιεν Z A B E W G: θῦεν 9 Ω*.—cf. ad Λ 180   **704** ἀθανάτη(ι)σι 9 Ω*: -οισι F R[a] W G[a]   **706** δεινὰ δ' 9 Ω: -νὸν h   ὁμοκλήσας O[x]: ὁμ- Z Ω   ἔπεα πτερόεντα προσ‐ ηύδα A b W (μετηῦδα) G: προσέφη ἑκάεργος Ἀπόλλων (= E 439) 9 A[yp] Ω*   **707** χά‐ ζεο 9 Ω: φράζεο (ex E 440) H   Πατρόκλεις 9 Ω: -κλεες Brandreth.—cf. Praef. xxv   τοι 9 Ω*: πω Ar h[s] R: που (nov. Did? cf. sch[T] διὰ τοῦ ω̄) r.—cf. ad Ω 411   **708** πέρθαι 9 t sch[D] Ω*: πέρσαι R[a]   **710** πολλὸν Ar 9 1382 tt Ω (cf. 709): τυτθὸν Zen H O[yp] (= E 443; cf. M 406, O 728)   **711** ἀλευάμενος 9 Ω*: -όμενος A[s] F.—cf. ad E 28, 444   **714** ἦ Bekker: ἢ Ω   ὁμοκλήσειεν D: ὁμ- Z Ω*   **716** εἰσάμενος Ar 9 [1382[t]] Ω*: εἰδό- (nov. Did) 1382[s] R   **719** Φρυγίηι Ω*: -ην 9 t R W   ἔπι A E W: ἐπὶ Ω*

720   τῶι μιν ἐεισάμενος προσέφη Διὸς υἱὸς Ἀπόλλων·
       "Ἕκτορ, τίπτε μάχης ἀποπαύεαι; οὐδέ τί σε χρή.
       αἴθ', ὅσον ἥσσων εἰμί, τόσον σέο φέρτερος εἴην·
       τώ κε τάχα στυγερῶς πολέμου ἀπερωήσειας.
       ἀλλ' ἄγε, Πατρόκλωι ἔφεπε κρατερώνυχας ἵππους,
725   αἴ κέν πώς μιν ἕληις, δώηι δέ τοι εὖχος Ἀπόλλων."
       ὣς εἰπὼν ὃ μὲν αὖτις ἔβη θεὸς ἂμ πόνον ἀνδρῶν,
       Κεβριόνηι δ' ἐκέλευσε δαΐφρονι φαίδιμος Ἕκτωρ
       ἵππους ἐς πόλεμον πεπληγέμεν· αὐτὰρ Ἀπόλλων
       δύσεθ' ὅμιλον ἰών, ἐν δὲ κλόνον Ἀργείοισιν
730   ἧκε κακόν, Τρωσὶν δὲ καὶ Ἕκτορι κῦδος ὄπαζεν.
       Ἕκτωρ δ' ἄλλους μὲν Δαναοὺς ἔα οὐδ' ἐνάριζεν,
       αὐτὰρ ὃ Πατρόκλωι ἔφεπε κρατερώνυχας ἵππους.
       Πάτροκλος δ' ἑτέρωθεν ἀφ' ἵππων ἆλτο χαμᾶζε,
       σκαιῆι ἔγχος ἔχων, ἑτέρηφι δὲ λάζετο πέτρον
735   μάρμαρον ὀκριόεντα, τόν οἱ περὶ χεὶρ ἐκάλυψεν,
       ἧκε δ' ἐρεισάμενος· οὐδὲ †δὴν ἄζετο† φωτός,
       οὐδ' ἀλίωσε βέλος, βάλε δ' Ἕκτορος ἡνιοχῆα
       Κεβριόνην, νόθον υἱὸν ἀγακλῆος Πριάμοιο,
       ἵππων ἡνί' ἔχοντα, μετώπιον ὀξέϊ λᾶι.
740   ἀμφοτέρας δ' ὀφρῦς σύνελεν λίθος, οὐδέ οἱ ἔσχεν
       ὀστέον, ὀφθαλμοὶ δὲ χαμαὶ πέσον ἐν κονίηισιν
       αὐτοῦ πρόσθε ποδῶν· ὃ δ' ἄρ' ἀρνευτῆρι ἐοικὼς
       κάππεσ' ἀπ' εὐεργέος δίφρου, λίπε δ' ὀστέα θυμός.
       τὸν δ' ἐπικερτομέων προσέφης, Πατρόκλεις ἱππεῦ·

720a Did ad Π 716   723 (ἀπερ.) H. (Cyr.) α 6034; EtG α 1003   732b Matro Supp. Hell. 534.28 (parod.)   734b Eudoc. 528; (πέτρον) H. π 2068   735 (μάρμ.) id. μ 302   737a EtG α 474   738 Strab. 13.1.33; (ἀγακλ.) H. α 290   741 (ὀφθ.–)–2a ApD Adv. 176.17   742b–3 (–δίφρ.) Ael. Dion. α 174; EtG α 1206 (e Method.)   744–5 + 750 'Trypho i' Trop. iii.206.8 Sp.; 744 (ἐπικερτ.) H. (Cyr.) ε 4843; 745–7a Cocondr. Trop. iii.236.7 Sp.; 745 'Hdn.' Fig. 22; (ἠ̃–) ApD Adv. 190.25; Hdn

720 προσέφη Διὸς υἱὸς 9 Ω: προσεφώνεε Φοῖβος V   721 Ἕκτωρ 9 Gᵃ   723 τῶ(ι) Ω   724 ἔφεπε 9 Z Ω: ἔπεχε h.—cf. ad 732   725 ἕλη(ι)ς 9 Ω*: -οις C   δώ(ι)η(ι) 9 Ω: δοίη rr   727 δ' ἐκέλευσε 9 Ω: δὲ κ- V   729 δύσεθ' 9 1383 Ω: δύσατο Z 730 ὄπαζεν 9 Ω: εδωκεν 442   732 ἔφεπε Ω: ἔπεχε t Aʸᵖ h V   733 ἆλτο Bᵃ Fᵃ?: ἀ- Ω*: ἀ- C R W   734 λάζετο t Ω: -υτο Nauck.—cf. ad Θ 389   735 damn. Heyne   ὀκριόεντα τόν Ω (ὀκρυ- C W): -ενθ' ὅν Bentley   χεῖρ' D R W   736 ἄζετο schᴬᴰᵀ Ω (ἄζ- Dᶜ Bᵃ T Rᵃ G): χάζ- Eust. 1084.19 H, χ' ἄζ- O (cf. Λ 539?).—quaero quod οὐδ' ἔτυχεν significet   738 ἀγακλεῖος Hsch.   740 σύνελεν Z Ω (συνέλε(ν) Tᵃ R G): malim συνέλα (cf. σ 98) vel σύνθλα   744 τόν 1383 Ω: τῶι t   Πατρόκλεις t Ω (-κλῆς G): -κλεες Payne Knight

745   "ὦ πόποι, ἦ μάλ' ἐλαφρὸς ἀνήρ· ὡς ῥεῖα κυβισταῖ.
       εἰ δή που καὶ πόντωι ἐν ἰχθυόεντι γένοιτο,
       πολλοὺς ἂν κορέσειεν ἀνὴρ ὅδε τήθεα διφῶν,
       νηὸς ἀποθρώισκων, εἰ καὶ δυσπέμφελος εἴη·
       ὡς νῦν ἐν πεδίωι ἐξ ἵππων ῥεῖα κυβισταῖ.
750   ἦ ῥα καὶ ἐν Τρώεσσι κυβιστητῆρες ἔασιν."
       ὡς εἰπὼν ἐπὶ Κεβριόνηι ἥρωι βεβήκει
       οἶμα λέοντος ἔχων, ὅς τε σταθμοὺς κεραΐζων
       ἔβλητο πρὸς στῆθος, ἑή τέ μιν ὤλεσεν ἀλκή·
       ὡς ἐπὶ Κεβριόνηι, Πατρόκλεις, ἄλσο μεμαώς.
755   Ἕκτωρ δ' αὖθ' ἑτέρωθεν ἀφ' ἵππων ἄλτο χαμᾶζε.
       τὼ περὶ Κεβριόναο λέονθ' ὡς δηριθήτην,
       ὥ τ' ὄρεος κορυφῆισι περὶ κταμένης ἐλάφοιο,
       ἄμφω πεινάοντε, μέγα φρονέοντε μάχεσθον·
       ὡς περὶ Κεβριόναο δύω μήστωρες ἀϋτῆς,
760   Πάτροκλός τε Μενοιτιάδης καὶ φαίδιμος Ἕκτωρ,
       ἵεντ' ἀλλήλων ταμέειν χρόα νηλέι χαλκῶι.
       Ἕκτωρ μὲν κεφαλῆφιν ἐπεὶ λάβεν, οὔ τι μεθίει,
       Πάτροκλος δ' ἑτέρωθεν ἔχεν ποδός· οἱ δὲ δὴ ἄλλοι
       Τρῶες καὶ Δαναοὶ σύναγον κρατερὴν ὑσμίνην.
765   ὡς δ' Εὖρός τε Νότος τ' ἐριδαίνετον ἀλλήλοιιν
       οὔρεος ἐν βήσσηις βαθέην πελεμιζέμεν ὕλην,
       φηγόν τε μελίην τε τανύφλοιόν τε κράνειαν,

i.520.4; Ath. 13d; (ἦ–ἀνήρ) sch Χ 373–4; Orio 137.18; (ἐλ.) Apio 234.25; 747 sch Ar. Lys.
549a; (τήθ. δ.) Hdn ii.333.2; H. τ 741/2, cf. η 219; (τήθ.) ApS 152.12; cf. Ath. 86b
748a sch Π 747b; (δυσπ.) ApS 60.25; H. α 2645   752a ApS 119.27; sch X 140; Orio
117.26; Choer. in Ps. 175.11; (οἶμα) cf. Apion. 96.12; (κερα.) H. (Cyr.) κ 2250
753a EtG β 142; 753b ApD Synt. 210.17   754 (ἄλσο) H. α 3270   758 (πειν.) sch Π
756   765–71 Macr. Sat. 5.13.15; 765–9 sch Ξ 394–9; 765 (Εὖρος) Apio 238.25; 767b sch
N 390a; 768 (ταν. ὄζ.) Arn ad X 319a; ApS 149.12; H. τ 146; 769 (ἀγν.) H. (Cyr.) α
664

745 ὦ Ω*: ὣ b Fᶜ R W   ὡς ApD Cocondr. A D Fᵃ Rᶜ W G: ὃς tt* Ω* Gˢ   748 ἀπο–
θρώισκων A Aᵏ: -θρώσκ- Ω*   δυσπέμφελος εἴη Ar 1384 tt schᴰ Ω: -λοι εἶεν Zen
749 ὣς D O: ὡς Ω*: ὃς T   752 οἶμα Ἀ D b Rᶜ W Gᵃ   754 Πατρόκλεις Ω: -κλεες
Payne Knight   ἄλσο tᶜᵒᵈ Bᵃ? Tᵃ: ἄ- Z: ἀ- Ω*: ἄ- C Fᵃ R W   755 δ' αὖθ' Ω: αὖθ'
Nauck   ἄλτο Bᵃ?: ἄ- r: ἀ- Ω*: ἄ- C Fᵃ R W: ἁ- A   756 δηριθήτην Ζ V: δηρινθ-
Ω (δηρηνθ- R, δῆριν θ- Cᶜ Gᵃ) (cf. A.R. 2.16).—cf. ad Γ 78, Η 56   762 οὔ τι h: οὐχὶ 1
443 Ω: οὐκὶ Bekker.—cf. ad Ο 716   μεθίει 1 Ω*: -ίηι Gᶜ: -είη C Rᶜ² Gᵃ   765 ἀλλή–
λοιιν 1 Macr. Ω: -οισιν h87 t* V   766 πελεμιζέμεν 1 Macr. Ζ Ω*: πολ- 443 t* D Fᵃ Tᵃ
R W   767 τανύφλοιόν 1 443 tt* schᴰ Ω: βαθύ- Macr.

αἵ τε πρὸς ἀλλήλας ἔβαλον τανυήκεας ὄζους
ἠχῆι θεσπεσίηι, πάταγος δέ τε ἀγνυμενάων,
770　ὣς Τρῶες καὶ Ἀχαιοὶ ἐπ' ἀλλήλοισι θορόντες
δήιουν, οὐδ' ἕτεροι μνώοντ' ὀλοοῖο φόβοιο.
πολλὰ δὲ Κεβριόνην ἀμφ' ὀξέα δοῦρα πεπήγει
ἰοί τε πτερόεντες ἀπὸ νευρῆφι θορόντες,
πολλὰ δὲ χερμάδια μεγάλ' ἀσπίδας ἐστυφέλιξαν
775　μαρναμένων ἀμφ' αὐτόν. ὃ δ' ἐν στροφάλιγγι κονίης
κεῖτο μέγας μεγαλωστί, λελασμένος ἱπποσυνάων.

ὄφρα μὲν ἥλιος μέσον οὐρανὸν ἀμφιβεβήκει,
τόφρα μάλ' ἀμφοτέρων βέλε' ἥπτετο, πίπτε δὲ λαός·
ἦμος δ' ἥλιος μετενίσετο βουλυτόνδε,
780　καὶ τότε δή ῥ' ὑπὲρ αἶσαν Ἀχαιοὶ φέρτεροι ἦσαν.
ἐκ μὲν Κεβριόνην βελέων ἥρωα ἔρυσσαν
Τρώων ἐξ ἐνοπῆς, καὶ ἀπ' ὤμων τεύχε' ἕλοντο,
Πάτροκλος δὲ Τρωσὶ κακὰ φρονέων ἐνόρουσεν.

τρὶς μὲν ἔπειτ' ἐπόρουσε θοῶι ἀτάλαντος Ἄρηϊ
785　σμερδαλέα ἰάχων, τρὶς δ' ἐννέα φῶτας ἔπεφνεν·
ἀλλ' ὅτε δὴ τὸ τέταρτον ἐπέσσυτο δαίμονι ἶσος,
ἔνθ' ἄρα τοι, Πάτροκλε, φάνη βιότοιο τελευτή·
ἤντετο γάρ τοι Φοῖβος ἐνὶ κρατερῆι ὑσμίνηι
δεινός. ὃ μὲν τὸν ἰόντα κατὰ κλόνον οὐκ ἐνόησεν·
790　ἠέρι γὰρ πολλῆι κεκαλυμμένος ἀντεβόλησεν,
στῆ δ' ὄπιθεν, πλῆξεν δὲ μετάφρενον εὐρέε τ' ὤμω
χειρὶ καταπρηνεῖ· στρεφεδίνηθεν δέ οἱ ὄσσε.

775b–6 (κεῖτο) Nonn. D. 35.270 sq.; (στροφ.) ApS 145.13; H. (Cyr.) σ 2037; Orio
149.13; Phot. Lex. s.v.; **776** Did ad B 111b; [Luc.] Dial. 86.20; **776a** Pl. Resp. 566c; sch Ψ
30b; Serv. auct. Aen. 10.842; (μέγ. μ.) cf. Aristid. Or. 26.11; **776b** ApS 92.21; sch Ξ 387b;
Epm. π 115　　**777** (–οὐρ.) + **778** (–ἥπτ.) sch Λ 86c; **777a** + **778** (–ἥπτ.) sch Α 509
779 (βουλ.) cf. ApS 52.5; H. β 936　　**780** (ὑπὲρ–) sch Β 4a　　**782** (ἐξ ἐν.) H. (Cyr.) ε
3716　　**785** (ἐννέα φ.) H. φ 1128/9　　**788a** Hdn ad O 698; (ἤντ.) H. η 619, [628]
792b ApS 145.15; H. σ 1991; Choer. in Thd. i.169.22

768 τανυήκεας Ar Hdn 443 tt Z Ω (parox. Z F R N): τανα- 1 V　　**771** δή(ι)ουν 1 t
Ω: δήϊον Wack. Unt. 170, cf. ad E 452　　**772** δοῦρα πεπήγει 1 Ω*: δοῦρ' ἐπεπ- Aˢ b
R W　　**774** ἐστυφέλιξαν Ar Ω*: -ξε(ν) (nov. Did) A D F T　　**775** δ' ἐν Ar h: δὲ (nov.
Did) t Ω.—v.l. eadem ω 39　　**778** μάλ' tt Ω* (= Θ 67, Λ 85): μὲν Α　πίπτε Eust.
H　　**779** μετενίσετο Ω*: -νίσσ- Fˢ R: -νείσ- Z D W G　βουλυτὸν δὲ (Hdn) A Aλ Dª,
βούλυτον δὲ Z　　**783** ἐνόρουσε 1 Ω*: ἐπ- H (cf. 784): ἐβεβήκει R　　**784** ἐπόρουσε
1 Ω*: ἐν- F T　　**785** ἰάχων Ω: cf. ad E 302　　**787** βιότοιο Ω: θανάτοιο Düntzer.—cf.
ad H 104　　**788** τοι 1328 Ω*: οἱ T: om. D

τοῦ δ' ἀπὸ μὲν κρατὸς κυνέην βάλε Φοῖβος Ἀπόλλων·
ἢ δὲ κυλινδομένη καναχὴν ἔχε ποσσὶν ὑφ'' ἵππων
795   αὐλῶπις τρυφάλεια, μιάνθησαν δὲ ἔθειραι
αἵματι καὶ κονίηισι. πάρος γε μὲν οὐ θέμις ἦεν
ἱππόκομον πήληκα μιαίνεσθαι κονίηισιν,
ἀλλ' ἀνδρὸς θείοιο κάρη χαρίεν τε μέτωπον
ῥύετ' Ἀχιλλῆος· τότε δὲ Ζεὺς Ἕκτορι δῶκεν
800   ἢι κεφαλῆι φορέειν· σχεδόθεν δέ οἱ ἦεν ὄλεθρος.
πᾶν δέ οἱ ἐν χείρεσσιν ἄγη δολιχόσκιον ἔγχος
βριθὺ μέγα στιβαρὸν κεκορυθμένον· αὐτὰρ ἀπ' ὤμων
ἀσπὶς σὺν τελαμῶνι χαμαὶ πέσε τερμιόεσσα·
λῦσε δέ οἱ θώρηκα ἄναξ Διὸς υἱὸς Ἀπόλλων.
805   τὸν δ' ἄτη φρένας εἷλε, λύθεν δ' ὕπο φαίδιμα γυῖα,
στῆ δὲ ταφών. ὄπιθεν δὲ μετάφρενον ὀξέι δουρί
ὤμων μεσσηγὺς σχεδόθεν βάλε Δάρδανος ἀνήρ,
Πανθοΐδης Εὔφορβος, ὃς ἡλικίην ἐκέκαστο
ἔγχεΐ θ' ἱπποσύνηι τε πόδεσσί τε καρπαλίμοισιν·
810   καὶ γὰρ δή ποτε φῶτας ἐείκοσι βῆσεν ἀφ'' ἵππων,
πρῶτ' ἐλθὼν σὺν ὄχεσφι, διδασκόμενος πολέμοιο·
ὅς τοι πρῶτος ἐφῆκε βέλος, Πατρόκλεις ἱππεῦ,
οὐδ' ἐδάμασσ'. ὃ μὲν αὖτις ἀνέδραμε, μίκτο δ' ὁμίλωι,
ἐκ χροὸς ἁρπάξας δόρυ μείλινον, οὐδ' ὑπέμεινεν
815   Πάτροκλον γυμνόν περ ἐόντ' ἐν δηϊοτῆτι.
Πάτροκλος δὲ θεοῦ πληγῆι καὶ δουρὶ δαμασθείς

794 Matro Supp. Hell. 534.19 (parod.); (–ἔχε) Hdn ad P 688; **794a** id. ad α 162
795b–7 (–μιαίν.) sch P 51a; **795** (ἔθειραι) ApS 63.9; Orio 53.21; **796b–7** EtG s.v. ἱππόκομοι; **797a** Epm. κ 4   **799b–800a** ApD Synt. 211.18; **800a** ib. 315.4; **800b** Matro Supp.
Hell. 534.8 (parod.); (σχεδ.) Apio 101.3; H. σ 2967   **803** sch τ 242; (τερμ.) H. (Cyr.) τ
539   **804** Arn ad P 125a; **804a** Did ad Σ 83   **805** Eudoc. 938   **807b** Arn ad P 15;
(Δάρδ.–)–8 (Πανθ.) sch O 449–51b; **808a** Hdn ad δ 31   **810** (β.–) Choer. in Thd.
ii.356.27   **811** sch Pl. Reip. 467c   **812** (–βέλος) Arn ad Π 807ab   **813** (οὐδ'
ἐδάμ.) Porph. Il. 216.14 Schr.

794 ὑφ' Barnes: ὑφ' Ω   **795** αὐλῶπις 1328 sch[D] Ω: ιπ]ποκομος w16 (cf. 797)
797 ἱππόκομον Hdn Epm. Ω: parox. B[c] O[x]   **798** χαρίεν 9 1385 Ω*: χάριέν
C T[c] R   **801** πᾶν δέ οἱ Ar 9 1328 Ω: †τῶι δέ οἱ† quidam ap. Did, immo potius πᾶν δὲ
τῶι (van Thiel cl. Ω 399[vl]) ἄγη 9 1328 Ω: ἐάγη h (et χείρεσσ' r).—cf. ad Γ 367
805 ὕπο t[cod]: ὑπὸ Ω   **806** δουρὶ 9 Ω* (= Υ 488): χαλκῶ W (cf. 819)   **807** μεσσηγὺς
Ω: -ὺ 9 F W G[c]   σχεδόθεν βάλε Ar 9 Ω (cf. A.R. 4.662; Rengakos 73): σχεδὸν οὔτασε
Zen, prob. Sel u.v.   **808** Πανθοΐδης sic trisyll. t Ω   **809** ἔγχεΐ (vel -ί) sic 9 Ω praeter D   **810** ποτε (nov. Did) Ω: τότε Ar[ab] 9 h   **812** πρῶτος 9 t Ω: -ον h   Πατρόκλεις
9 Ω: -κλεες Payne Knight   **813** οὐδὲ δάμασ(σ)' T R W

ἂψ ἑτάρων εἰς ἔθνος ἐχάζετο κῆρ' ἀλεείνων.
  Ἕκτωρ δ' ὡς εἶδεν Πατροκλῆα μεγάθυμον
ἂψ ἀναχαζόμενον, βεβλημένον ὀξέι χαλκῶι,
820 ἀγχίμολόν ῥά οἱ ἦλθε κατὰ στίχας, οὖτα δὲ δουρί
νείατον ἐς κενεῶνα, διάπρο δὲ χαλκὸν ἔλασσεν·
δούπησεν δὲ πεσών, μέγα δ' ἤκαχε λαὸν Ἀχαιῶν.
ὡς δ' ὅτε σῦν ἀκάμαντα λέων ἐβιήσατο χάρμηι,
ὥ τ' ὄρεος κορυφῆισι μέγα φρονέοντε μάχεσθον
825 πίδακος ἀμφ' ὀλίγης, ἐθέλουσι δὲ πιέμεν ἄμφω,
πολλὰ δέ τ' ἀσθμαίνοντα λέων ἐδάμασσε βίηφιν,
ὣς πολέας πεφνόντα Μενοιτίου ἄλκιμον υἱόν
Ἕκτωρ Πριαμίδης σχεδὸν ἔγχεϊ θυμὸν ἀπηύρα.
καί οἱ ἐπευχόμενος ἔπεα πτερόεντα προσηύδα·
830 "Πάτροκλ', ἦ που ἔφησθα πόλιν κεραϊξέμεν ἀμήν,
Τρωϊάδας δὲ γυναῖκας ἐλεύθερον ἦμαρ ἀπούρας
ἄξειν ἐν νήεσσι φίλην ἐς πατρίδα γαῖαν,
νήπιε· τάων δὲ πρόσθ' Ἕκτορος ὠκέες ἵπποι
ποσσὶν ὀρωρέχαται πολεμιζέμεν, ἔγχεϊ δ' αὐτός
835 Τρωσὶ φιλοπτολέμοισι μεταπρέπω, ὅ σφιν ἀμύνω
ἦμαρ ἀναγκαῖον· σὲ δέ τ' ἐνθάδε γῦπες ἔδονται.
ἆ δείλ', οὐδέ τοι ἐσθλὸς ἐὼν χραίσμησεν Ἀχιλλεύς,
ὅς πού τοι μάλα πολλὰ μένων ἐπετέλλετ' ἰόντι·
'μή μοι πρὶν ἰέναι, Πατρόκλεις ἱπποκέλευθε,
840 νῆας ἔπι γλαφυράς, πρὶν Ἕκτορος ἀνδροφόνοιο
αἱματόεντα χιτῶνα περὶ στήθεσσι δαΐξαι.'
ὥς πού σε προσέφη, σοὶ δὲ φρένας ἄφρονι πεῖθεν."

822 (ἤκαχε) ApS 83.6; H. (Cyr.) η 286   823a sch Σ 484a   825a Did ad Ξ 157b²,
Ψ 117b   827–8 sch Π 117–18   829a (al.) ApD Pron. 62.7; Hdn i.555.2, 557.14;
Epm. α 268   836a H. η 423; 836b [Ammon.] Diff. 170

817 ἂψ δ' 9 H   819 ἀναχαζόμενον 9 Ω: -χασσα- Aᵐ   χαλκῶι 9 1386ˢ Ω: δουρ[ι
1386ᵗ   820 ῥά Ω: δέ 9 H O   821 διάπρο Dᵃ: διὰ πρὸ Dᶜ T R W G, διαπρὸ 9
Ω*   824 ὥ 9 Ω, ωι h87: τώ rr   825 πιέμεν 9 1386 Ω*: πινέμεν F   827 πεφνόντα
Tyr: proparox. Ar Hdn 9 Z Ω.—cf. ad P 539   828 απευ[ρ]α 1386   829 πτερόεντα
προσηύδα 9 1386ᵗ (-ευδα) A b F: -ντ' ἀγόρευε(ν) 1386ˢ Ω*.—cf. ad Δ 203, Φ 121, X 377,
Ψ 535   830 κεραϊξέμεν Bekker: -ζέμεν 9 Ω   ἀμήν Ω* (v. Praef. xvii): ἀ- D Bᶜˀ Fᶜ R:
α- 9 1386 Z: αἰπήν D²   834 πολεμιζέμεν 9: -ζειν Ω   835 ὅ Ω*: ὅς 9 Fˢ T
R W   838 τοι 9 Ω*: σοι D T R G, σοὶ Tᶜ   ἐπετέλλετ' 9 Ω*: ἐπέτελλ' b R W, -τελλεν
h   839 Πατρόκλεις Ω: -κλεες Payne Knight   840 ἔπι Wolf: ἐπὶ 9 Ω*: ἀνὰ D T W
G.—cf. ad K 389   πρὶν Ω*: πρίν γ' 9 T R G.—cf. ad Σ 334   ἀνδροφόνοιο Ω: ἱπποδάμοιο 9 O.—cf. ad I 351   842 σε Ar Ω*: σοι (nov. Did) 9 D H

τὸν δ' ὀλιγοδρανέων προσέφης, Πατρόκλεις ἱππεῦ·
"ἤδη νῦν, Ἕκτορ, μεγάλ' εὔχεο· σοὶ γὰρ ἔδωκεν
845 νίκην Ζεὺς Κρονίδης καὶ Ἀπόλλων, οἵ μ' ἐδάμασσαν
ῥηϊδίως· αὐτοὶ γὰρ ἀπ' ὤμων τεύχε' ἕλοντο.
τοιοῦτοι δ' εἴ πέρ μοι ἐείκοσιν ἀντεβόλησαν,
πάντές κ' αὐτόθ' ὄλοντο ἐμῶι ὑπὸ δουρὶ δαμέντες·
ἀλλά με Μοῖρ' ὀλοὴ καὶ Λητοῦς ἔκτανεν υἱός,
850 ἀνδρῶν δ' Εὔφορβος· σὺ δέ με τρίτος ἐξεναρίζεις.
ἄλλο δέ τοι ἐρέω, σὺ δ' ἐνὶ φρεσὶ βάλλεο σῆισιν·
οὔ θην οὐδ' αὐτὸς δηρὸν βέε', ἀλλά τοι ἤδη
ἄγχι παρέστηκεν θάνατος καὶ μοῖρα κραταιή,
χερσὶ δαμέντ' Ἀχιλῆος ἀμύμονος Αἰακίδαο."
855 ὣς ἄρα μιν εἰπόντα τέλος θανάτοιο κάλυψεν·
ψυχὴ δ' ἐκ ῥεθέων πταμένη Ἄϊδόσδε βεβήκει,
ὃν πότμον γοόωσα, λιποῦσ' ἀνδροτῆτα καὶ ἥβην.
τὸν καὶ τεθνηῶτα προσηύδα φαίδιμος Ἕκτωρ·
"Πατρόκλεις, τί νύ μοι μαντεύεαι αἰπὺν ὄλεθρον;
860 τίς δ' οἶδ', εἴ κ' Ἀχιλεύς, Θέτιδος πάϊς ἠϋκόμοιο,
φθήηι ἐμῶι ὑπὸ δουρὶ τυπεὶς ἀπὸ θυμὸν ὀλέσσαι;"
ὣς ἄρα φωνήσας δόρυ χάλκεον ἐξ ὠτειλῆς
εἴρυσε λὰξ προσβάς, τὸν δ' ὕπτιον ὦσ' ἀπὸ δουρός.
αὐτίκα δὲ ξὺν δουρὶ μετ' Αὐτομέδοντα βεβήκει,
865 ἀντίθεον θεράποντα ποδώκεος Αἰακίδαο,
ἵετο γὰρ βαλέειν· τὸν δ' ἔκφερον ὠκέες ἵπποι

847–8 Luc. Dial. 33.46; **847** Plut. Mor. 541b; sch Pind. Ol. 13.43a; EtG α 935 **849** Val. Max. 1.5.7; Plut. Brut. 24.6; (ὀλοή) H. (Cyr.) ο 601		**850b** Porph. Il. 216.21 Schr.		**851–2 + 854** Macr. Sat. 5.12.11; **852** (–βέηι) sch^D O 194; (β.) H. (Cyr.) β 458		**855–6** Eudoc. 1930–1; **856–7** Pl. Resp. 386d; Plut. Mor. 17c; Serv. Aen. 12.952; [Elias] in Porph. Isag. 12.28; **856** [Plut.] Hom. 2.122.2; [Luc.] Dial. 86.26; Theophil. ad Autol. 2.38; cf. Isid. Pelus. Epist. 4.125 (PG 78.1200c); (–πτ.) sch Lyc. 1106; **856a** ApS 138.17; Epm. ρ 7; (ἐκ ῥ.) H. ε 1664; (ῥ.) id. ρ 185; (Ἄϊδ.–)–**857** Ath. 507e; **857** Olymp. in Phd. 19.7 N.; Elias Proleg. Phil. CAG xviii(1).13.31; **857b** sch α 1 (p. 7.1 L.); Procl. in Remp. i.119.27; (λιποῦσ' ἀνδρ.) EtG α 826; (ἀνδρ.) ApS 37.4		**859** (τί–) sch X 365–6		**860a + 861a** sch X 331–2; **861** (φθ.) H. φ 387

843 Πατρόκλεις Ω: -κλεες Payne Knight		**844** Ἕκτορ 9 Ω*: -ωρ D C R		**845** με δάμασσαν (9) D T		**848** πάντές sic A		**852** βέε' Menrad (cf. Praef. xxii): βέη(ι) fere 9 tt (βείη Hsch.) Z Ω* (βαίη Z C R): βίη G.—cf. ad Ω 131		**854** δαμέντι plene scripsit Ar		**856** βεβήκει 9 tt* Z Ω: (-δ') ἐβεβ- O: κατῆλθεν Ath.		**857** ἀνδροτῆτα 9 1387 h139^{α493} tt* Z Ω: ἀδρ- vel ἁδρ- Plut. N.—cf. ad X 363, Ω 6		**858** τεθνηῶτα Ar B^a E T W: -θνει- (nov. Did) 9 1386 E^s Ω*		**860** πάϊς C F^c: παῖς Ω*, παις 9		**863** προσβάς Ω*: προβάς b R G

ἄμβροτοι, οὓς Πηλῆϊ θεοὶ δόσαν ἀγλαὰ δῶρα.

Ρ οὐδ' ἔλαθ' Ἀτρέος υἱόν, ἀρηΐφιλον Μενέλαον,
Πάτροκλος Τρώεσσι δαμεὶς ἐν δηϊοτῆτι,
βῆ δὲ διὰ προμάχων κεκορυθμένος αἴθοπι χαλκῶι,
ἀμφὶ δ' ἄρ' αὐτῶι βαῖν', ὥς τις περὶ πόρτακι μήτηρ
5 πρωτοτόκος κινυρή, οὐ πρὶν εἰδυῖα τόκοιο·
ὣς περὶ Πατρόκλωι βαῖνε ξανθὸς Μενέλαος·
πρόσθε δέ οἱ δόρυ τ' ἔσχε καὶ ἀσπίδα πάντοσ' ἐΐσην,
τὸν κτάμεναι μεμαώς, ὅς τις τοῦ γ' ἀντίος ἔλθοι.
οὐδ' ἄρα Πανθόου υἱὸς ἐϋμμελίης ἀμέλησεν
10 Πατρόκλοιο πεσόντος ἀμύμονος· ἄγχι δ' ἄρ' αὐτοῦ
ἔστη, καὶ προσέειπεν ἀρηΐφιλον Μενέλαον·
"'Ατρείδη Μενέλαε διοτρεφές, ὄρχαμε λαῶν,
χάζεο, λεῖπε δὲ νεκρόν, ἔα δ' ἔναρα βροτόεντα.
οὐ γάρ τις πρότερος Τρώων κλειτῶν τ' ἐπικούρων
15 Πάτροκλον βάλε δουρὶ κατὰ κρατερὴν ὑσμίνην·
τώ με ἔα κλέος ἐσθλὸν ἐνὶ Τρώεσσιν ἀρέσθαι,
μή σε βάλω, ἀπὸ δὲ μελιηδέα θυμὸν ἕλωμαι."
τὸν δὲ μέγ' ὀχθήσας προσέφη ξανθὸς Μενέλαος·
"Ζεῦ πάτερ, οὐ μὲν καλὸν ὑπέρβιον εὐχετάασθαι.
20 οὔτ' οὖν παρδάλιος τόσσον μένος οὔτε λέοντος
οὔτε συὸς κάπρου ὀλοόφρονος, οὗ τε μέγιστος
θυμὸς ἐνὶ στήθεσσι περὶ σθένεϊ βλεμεαίνει,
ὅσσον Πανθόου υἷες ἐϋμμελίαι φορέουσιν.
οὐδὲ μὲν οὐδὲ βίη Ὑπερήνορος ἱπποδάμοιο

Ρ 1–2 (–δαμείς) sch^h141 K; 1 [Luc.] Dial. 86.4; 1a Hdn ad B 808; 1b Ath. 178c
4 ApS 27.26, 133.29; 4b sch Ρ 134; (πόρτ.) H. (Cyr.) π 3071 5a ApS 99.28; (πρωτοτ.)
H. π 4174; (κιν.) H. (Cyr.) κ 2747; Phot. Lex. κ 738 9–10 (–ἀμύμ.) sch Ρ 1–2b; 9
(ἐϋμ.) H. ε 6987 19 (ὑπέρβ.) id. υ 354; Phot. Lex. s.v. 20–3 [Plut.] Hom. 2.133.4;
20–1 (–ὀλο.) Epm. τ 74 24–5 (–μ') Arn ad Ξ 516b; 25 (ὅτε μ' ὤν.) [Hdn] Philet. 67;
H. ο 1482; (ὤν.) id. ω 232

867a ἤματι τῶι ὅτε γῆμε (ὅτ' ἐγ- Bekker) Θέτιν λιπαροκρήδεμνον add. quidam ap.
sch^T Ρ 1 Ἀτρέος Ω: -έως Ζ 5 πρωτοτόκος Hdn Ζ Ω*: proparox. W 7 οἱ Ar
1 Ω (cf. A.R. 3.1296; Rengakos 113): οὐ Zen (cf. ad Λ 458) πάντοσ' ἐΐσην 1' b: -σε ἴσην
Ω* 8 ἀντίος 1 Ω: -ον rr 9 Πανθόου Brandreth: Πάνθου 1 t Ω.—cf. ad Ο
522 14 κλειτῶν 1 Ω: κλητ- rr 16 τώ Τ^a: τῶ(ι) 1 Ω* με ἔα 1 Ω, μ' ἔα H: ἔμ' ἔα
Bentley: μ' ἐάα Heyne: μ' ἔαε Payne Knight.—cf. ad B 165 20 παρδάλιος Ar^ab
[Plut.]^vl C T R^c W^a: πορδ- tt* Ζ Ω*.—cf. Praef. xxxiv 21 μέγιστος 1 t^vl sch^bT Ω:
μάλιστα t^vl h 22 περὶ 1 t Ζ Ω (πέρι Wolf): μέγα rr (cf. I 237) 23 Πανθόου
Brandreth: Πάνθου 1 t Ω ἐϋμμελία F^yp φορέουσι(ν) 1 t^vl Ω (cf. ρ 245, Ar. Eq. 757):
φρονέ- t^vl H V nov. Eust.—v.l. sim. Soph. Ant. 705

25 ἧς ἥβης ἀπόνηθ᾽, ὅτε μ᾽ ὤνοτο καί μ᾽ ὑπέμεινεν
καί μ᾽ ἔφατ᾽ ἐν Δαναοῖσιν ἐλέγχιστον πολεμιστήν
ἔμμεναι· οὐδέ ἕ φημι πόδεσσί γε οἷσι κιόντα
εὐφρῆναι ἄλοχόν τε φίλην κεδνούς τε τοκῆας.
ὥς θην καὶ σὸν ἐγὼ λύσω μένος, εἴ κέ με᾽ ἄντα
30 στήηις. ἀλλά σ᾽ ἐγώ γ᾽ ἀναχωρήσαντα κελεύω
ἐς πληθὺν ἰέναι, μηδ᾽ ἀντίος ἵστα᾽ ἐμεῖο,
πρίν τι κακὸν παθέειν· ῥεχθὲν δέ τε νήπιος ἔγνω."
    ὣς φάτο· τὸν δ᾽ οὐ πεῖθεν, ἀμειβόμενος δὲ προσηύδα·
"νῦν μὲν δή, Μενέλαε διοτρεφές, ἦ μάλα τείσεις
35 γνωτὸν ἐμόν, τὸν ἔπεφνες, ἐπευχόμενος δ᾽ ἀγορεύεις,
χήρωσας δὲ γυναῖκα μυχῶι θαλάμοιο νέοιο,
ἀρητὸν δὲ τοκεῦσι γόον καὶ πένθος ἔθηκας.
ἦ κέ σφιν δειλοῖσι γόου κατάπαυμα γενοίμην,
εἴ κεν ἐγὼ κεφαλήν τε τεὴν καὶ τεύχε᾽ ἐνείκας
40 Πανθόωι ἐν χείρεσσι βάλω καὶ Φρόντιδι δίηι.
ἀλλ᾽ οὐ μὰν ἔτι δηρὸν ἀπείρητος πόνος ἔσται
οὐδέ τ᾽ ἀδήριτος, ἤ τ᾽ ἀλκῆς ἤ τε φόβοιο."
    ὣς εἰπὼν οὔτησε κατ᾽ ἀσπίδα πάντοσ᾽ ἐΐσην·
οὐδ᾽ ἔρρηξεν χαλκός, ἀνεγνάμφθη δέ οἱ αἰχμή

27 (οὐδέ ἕ–) Eudoc. 335   29–31 ead. 954–6; 29 (–μένος) ApS 88.2; Plut. Mor. 386d;
(εἴ–)–30 (στ.) Epm. φ 43   32 w35 fr. 1.12 (lacerum); 32b Corn. 33.2 L.; Aristid. Or.
3.388; Gal. Protr. 8.2; [Plut.] Hom. 2.65.2; cf. Clem. Strom. 1.157.2; cf. Lib. Ep. 80.6
(x.80.19 F.); sch Hes. Th. 510b/11, Op. 89; sch Soph. El. 1056, Ant. 1350; sch Thuc. 3.45.1;
sch Pl. Symp. 222b; Choer. in Thd. ii.147.18; (ῥ. δέ τε) ApS 138.15; (ῥ.) H. ρ 231;
(νήπιος–) cf. Philon. De decalogo 69 (iv.284.19 C.–W.)   36a Hdn i.78.11 et ad E 158a;
(χήρ.) H. χ 420; (θάλ.–) id. θ 20   37 ApS 43.26; EtG α 1159; (ἀρ.) H. α 7178
39 (κεφ.–) sch Ξ 255d; (κεφ. τε τεήν) H. τ 588; (τεήν) ApS 150.26; H. τ 314   41 Eudoc.
1710   42 (ἀδήρ.) EtG α 64

25 ὤνοτο Brandreth: -ατο 1 tt sch^{bT} Z Ω   27 ἕ (nov. Did) t Ω (με Cᵃ): τέ Ar
rr   28–159 desunt folia in D   29 με᾽ Fick: μευ tt Ω   30 ἐγώ γ᾽ W: ἔγωγ᾽ Ω*
31 ἵστα᾽ dedi (cf. ad K 291, Λ 314): -ασ᾽ t Ω   34 μάλα Ω: τάχα "ἔν τισι τῶν ὑπομνημάτων" (sch^T) h (cf. σ 389).—vv.ll. sim. β 40, ο 537   τείσεις Fick: τίσ- Ω
37 ἀρητὸν Hdn Nic [1390] tt sch^D Aλ Ω* (cf. Soph. Ant. 972): ἄρρητον h C R W.—cf. ad
Ψ 223b, Ω 741   38 κέ 1390 Ω*: κέν Z: καί Aλ C   40 Πανθόωι Payne Knight:
Πάνθωι 1390 Tλ Ω   Φρόντιδι proparox. Tyr "ἡ παράδοσις" Hdn (haesitans) Z Ω*:
parox. sch^D Aλ F G²   41 ἔτι (= E 895) 1390 t Z Aλ Ω: ἐπὶ (cf. I 145) "κατ᾽ ἔνια τῶν
ὑπομνημάτων"   42 οὐδ᾽ἔτ᾽ N   ἤ τ᾽ ... ἤ τε (nov. Did) Nic 1390 A R (cf. I 276): ἠδ᾽
... ἠδὲ Ar Aᵐ Ω*: οὔτ᾽ ... οὔτε W: εἴτ᾽ ... εἴτε rr   43 (Ϝ᾽) οὔτησε van Leeuwen
πάντοσ᾽ ἐΐσην b: -σε ἴσην Ω*   44 χαλκός Ar A Tᶜ h: -όν (nov. Did) 1390 Aᵐ Tλ
Ω*.—cf. ad Γ 348

45 ἀσπίδ᾽ ἔνι κρατερῆι. ὃ δὲ δεύτερος ὤρνυτο χαλκῶι
 Ἀτρείδης Μενέλαος, ἐπευξάμενος Διὶ πατρί·
 ἂψ δ᾽ ἀναχαζομένοιο κατὰ στομάχοιο θέμεθλα
 νύξ᾽, ἐπὶ δ᾽ αὐτὸς ἔρεισε βαρείηι χειρὶ πιθήσας·
 ἀντικρὺ δ᾽ ἀπαλοῖο δι᾽ αὐχένος ἤλυθ᾽ ἀκωκή,
50 δούπησεν δὲ πεσών, ἀράβησε δὲ τεύχε᾽ ἐπ᾽ αὐτῶι.
 αἵματί οἱ δεύοντο κόμαι Χαρίτεσσιν ὁμοῖαι
 πλοχμοί θ᾽, οἳ χρυσῶι τε καὶ ἀργύρωι ἐσφήκωντο.
 οἷον δὲ τρέφει ἔρνος ἀνὴρ ἐριθηλὲς ἐλαίης
 χώρωι ἐν οἰοπόλωι, ὅθ᾽ ἅλις ἀναβέβροχεν ὕδωρ,
55 καλὸν τηλεθάον, τὸ δέ τε πνοιαὶ δονέουσιν
 παντοίων ἀνέμων, καί τε βρύει ἄνθεϊ λευκῶι,
 ἐλθὼν δ᾽ ἐξαπίνης ἄνεμος σὺν λαίλαπι πολλῆι
 βόθρου τ᾽ ἐξέστρεψε καὶ ἐξετάνυσσ᾽ ἐπὶ γαίηι,
 τοῖον Πανθόου υἱόν, ἐϋμμελίην Εὔφορβον,
60 Ἀτρείδης Μενέλαος ἐπεὶ κτάνε, τεύχε᾽ ἐσύλα.
 ὡς δ᾽ ὅτε τίς τε λέων ὀρεσίτροφος ἀλκὶ πεποιθώς
 βοσκομένης ἀγέλης βοῦν ἁρπάσηι, ἥ τις ἀρίστη,
 τῆς δ᾽ ἐξ αὐχέν᾽ ἔαξε λαβὼν κρατεροῖσιν ὀδοῦσιν
 πρῶτον, ἔπειτα δέ θ᾽ αἷμα καὶ ἔγκατα πάντα λαφύσσει
65 δηιῶν· ἀμφὶ δὲ τόν γε κύνες τ᾽ ἄνδρές τε νομῆες
 πολλὰ μάλ᾽ ἰύζουσιν ἀπόπροθεν, οὐδ᾽ ἐθέλουσιν

47 (στομ. θέμ.) ApS 145.12; H. σ 1913   49 ApS 32.6; (ἀπαλοῖο δι᾽ αὐχ.) Orio 93.2; cf.
sch N 532   51–60 Porph. Vit. Pyth. 26; Iambl. Vit. Pyth. 63; 51–2 [Plut.] Hom. 2.81.2; Synes. Calv. 3 (Opusc. 194.20 T.); 51 sch Heph. 292.21, 327.22, 342.6; (κόμαι) H. κ 3420; 51b
+ 52 (χρ.–) Luc. Dial. 22.13; cf. Aristid. Quint. 2.9 p.71.20 W.-I.; 52 Arn ad B 872a, Λ 385d;
sch Ar. Pac. 1216c; sch Arat. 526; (–ἀργ.) sch T 126; (πλ.) H. π 2627; Phot. Lex. s.v.; (οἷ–) sch
Σ 401b; (χρ.–) Phot. Lex. ε 2037; (ἐσφ.) ApS 78.1; H. (Cyr.) ε 6439, [6441]; 53–8 Macr. Sat.
5.6.14; 53 + 55b sch Λ 256b; 53 Orph. fr. 206; Clem. Strom. 6.26.1; (ἔρνος) H. (Cyr.) ε 5968;
(ἐριθ.) id. ε 5837; 54 (ἀναβ.)–5a ApS 32.34; (ἀναβ.) H. α 4194; EtG α 759; 55 (τηλ.) H. (Cyr.)
τ 760; 56b sch Ψ 266b; sch Pind. Nem. 11.1a; sch Nic. Th. 70; (βρύει) ApS 53.10; H. (Cyr.)
β 1233; 57 Plut. Mor. 759f; (–ἄν.) + 58 sch Λ 256c   65 (δη.) H. (Cyr.) δ 786   66 (ἰύζ.)
ApS 93.16

45 ἀσπίδ᾽ ἐνὶ h (ἔνι Bekker): -ίδι ἐνὶ T R W: -ίδι ἐν 1390 Ω*.—cf. ad Γ 349   ὤρνυτο
Ω*: ὄρν- R   51 Χαρίτεσσιν ὁμοῖαι Ar 230 703 tt schᴰ Ω: -σσι μέλαιναι Zen
52 ἐσφήκωντο 703 tt* schᴬᴰᵇᵀ Ω: εὖ ἤσκηντο Iambl.   54 ὅ θ᾽ divisim A   ἀναβέ–
βροχεν Zen schᴰ r (cf. Chantr. I 425): -βρυχεν Ar tt* Ω*, agn. schᴰ: -βρυσεν Macr.:
-βρυκεν EtGˡ F   57 δ᾽ tt* Ω*: τ᾽ sch-Λ: om. R   58 γαίηι Z Ω*: -ης tt* T G (cf. ad
Π 310): -ην sch-Λ: πολληι Macr. (ex 57)   59 Πανθόου Brandreth: Πάνθου tt Ω
63 δ᾽ Ω*: τ᾽ b h   65 δηιῶν Hdn (cl. Σ 195) Aˡ Ω: δήιων (deprec. Hdn) Hsch.ᶜᵒᵈ Z h,
prob. Wack. Unt. 170; cf. ad E 452   γε Ω*: δε C: τε R G   τ᾽ T R (cf. Γ 26, Λ 414, 548,
Ρ 110, 658): om. Ω*   ἄνδρές sic A Bᵃ E W G   66 οὐδὲ θέλουσιν C

ἀντίον ἐλθέμεναι, μάλα γὰρ χλωρὸν δέος αἱρεῖ·
ὣς τῶν οὔ τινι θυμὸς ἐνὶ στήθεσσιν ἐτόλμα
ἀντίον ἐλθέμεναι Μενελάου κυδαλίμοιο.
70   ἔνθά κε ῥεῖα φέροι κλυτὰ τεύχεα Πανθοίδαο
Ἀτρείδης, εἰ μή οἱ ἀγάσσατο Φοῖβος Ἀπόλλων,
ὅς ῥά οἱ Ἕκτορ᾽ ἐπῶρσε θοῶι ἀτάλαντον Ἄρηϊ,
ἀνέρι εἰσάμενος, Κικόνων ἡγήτορι Μέντηι.
καί μιν φωνήσας ἔπεα πτερόεντα προσηύδα·
75   "Ἕκτορ, νῦν σὺ μὲν ὧδε θέεις ἀκίχητα διώκων,
ἵππους Αἰακίδαο δαΐφρονος· οἳ δ᾽ ἀλεγεινοί
ἀνδράσι γε θνητοῖσι δαμήμεναι ἠδ᾽ ὀχέεσθαι,
ἄλλωι γ᾽ ἢ᾽ Ἀχιλῆϊ, τὸν ἀθανάτη τέκε μήτηρ.
τόφρα δέ τοι Μενέλαος ἀρήϊος Ἀτρέος υἱός
80   Πατρόκλωι περιβὰς Τρώων τὸν ἄριστον ἔπεφνεν,
Πανθοίδην Εὔφορβον, ἔπαυσε δὲ θούριδος ἀλκῆς."
ὣς εἰπὼν ὃ μὲν αὖτις ἔβη θεὸς ἂμ πόνον ἀνδρῶν,
Ἕκτορα δ᾽ αἰνὸν ἄχος πύκασε φρένας ἀμφὶ μελαίνας.
πάπτηνεν δ᾽ ἄρ᾽ ἔπειτα κατὰ στίχας, αὐτίκα δ᾽ ἔγνω
85   τὸν μὲν ἀπαινύμενον κλυτὰ τεύχεα, τὸν δ᾽ ἐπὶ γαίηι
κείμενον· ἔρρει δ᾽ αἷμα κατ᾽ οὐταμένην ὠτειλήν.
βῆ δὲ διὰ προμάχων κεκορυθμένος αἴθοπι χαλκῶι,
ὀξέα κεκληγώς, φλογὶ εἴκελος Ἡφαίστοιο
ἀσβέτωι. οὐδ᾽ υἱὸν λάθεν Ἀτρέος ὀξὺ βοήσας,
90   ὀχθήσας δ᾽ ἄρα εἶπε πρὸς ὃν μεγαλήτορα θυμόν·
"ὤι μοι ἐγών, εἰ μέν κε λίπω κάτα τεύχεα καλά

70 (ῥ. φ.) H. ρ 297, cf. 190   71 (ἀγ.) H. (Cyr.) α 347   73b sch ι 40   75 EtG α
334; (σὺ–) ApS 20.6; (ἀκίχ. δι.) Epm. ad A 26c[1]; (ἀκίχ.) H. (Cyr.) α 2416,
[8878]   76–7 (ἀλεγ. ἀνδρ.) sch Π 152a   80 sch Ρ 61–9   84 Eudoc. 697
86 (ἔρρεε–) cf. ad Δ 140 ([Ammon.] Diff. 364); (ῥέε–) H. (Cyr.) α 1936   88b–9 (ἀσβ.)
Arn ad Π 123b   91 (εἰ–) Cocondr. Trop. iii.239.6 Sp.

67 χλωρὸν δέος 703 sch[D] Ω*: δριμὺς χόλος R (= Σ 322): utrumque agn. Eust.
70 ἔνθά sic Ω, ἐνθά Α[λ]   73 Μέντηι Ar t Ω: Πείρωι (cf. Δ 520) quidam ap. sch[T]
74 om. T   75 θέεις t* Ω: νοέεις ApS   76–8 (= Κ 402–4) susp. Leaf   78 ἢ᾽ Fick:
ἢ Ω   82 αὖτις 703 Ω*: αὖθις C   ἂμ Β[a], ἀμ Ω*: ἀν Ε F[a]   83 ἀμφὶ μελαίνας Ζ C F[a]
W G: ἀμφιμελ- Ω*   86 ἔρρει 703 Ω: ἔρρεε tt h (cf. Δ 140)   οὐταμένην ὠτειλὴν 230
231 1391 Ω: -ης -ῆς tt rr   88 κεκληγώς Nic 1 703 Ω: κεκλήγων Allen cl. Π 430
89 ασβετωι [1] 703 (coniecerat Ludwich Rh. Mus. 71 (1916) 211, prob. V. Schmidt Die
Sprache 22 (1976) 45 sq.): ἀσβέστωι t Ω (cf. Π 123): ἀσπέτωι Bentley (cf. Hes. Th.
698)   υἱὸν λάθεν 1 703 Ω: υἷα r, λάθ᾽ r alter: υἷα λάθ᾽ Barnes   91 ὤι 703 A B C T W:
ὤ Ω*   κάτα Hdn 1 A C E G: κατὰ vel κατα Ω*

Πάτροκλόν θ', ὃς κεῖται ἐμῆς ἕνεκ' ἐνθάδε τιμῆς,
μή τίς μοι Δαναῶν νεμεσήσεται, ὅς κεν ἴδηται·
εἰ δέ κεν Ἕκτορι μοῦνος ἐὼν καὶ Τρωσὶ μάχωμαι
95 αἰδεσθείς, μή πώς με περιστείωσ' ἕνα πολλοί·
Τρῶας δ' ἐνθάδε πάντας ἄγει κορυθαίολος Ἕκτωρ.
ἀλλὰ τίη μοι ταῦτα φίλος διελέξατο θυμός;
ὁππότ' ἀνὴρ ἐθέληι πρὸς δαίμονα φωτὶ μάχεσθαι
ὅν κε θεὸς τιμᾶι, τάχα οἱ μέγα πῆμα κυλίσθη.
100 τώ μ' οὔ τις Δαναῶν νεμεσήσεται, ὅς κεν ἴδηται
Ἕκτορι χωρήσαντ', ἐπεὶ ἐκ θεόφιν πολεμίζει.
εἰ δέ που Αἴαντός γε βοὴν ἀγαθοῖο πυθοίμην,
ἄμφω κ' αὖτις ἰόντες ἐπιμνησαίμεθα χάρμης
καὶ πρὸς δαίμονά περ, εἴ πως ἐρυσαίμεθα νεκρόν
105 Πηλείδηι Ἀχιλῆϊ· κακῶν δέ κε φέρτατον εἴη."
ἕως ὃ ταῦθ' ὥρμαινε κατὰ φρένα καὶ κατὰ θυμόν,
τόφρα δ' ἐπὶ Τρώων στίχες ἤλυθον, ἦρχε δ' ἄρ' Ἕκτωρ.
αὐτὰρ ὅ γ' ἐξοπίσω ἀνεχάζετο, λεῖπε δὲ νεκρόν,
ἐντροπαλιζόμενος ὥς τε λὶς ἠϋγένειος,
110 ὅν ῥα κύνες τε καὶ ἄνδρες ἀπὸ σταθμοῖο δίωνται
ἔγχεσι καὶ φωνῆι, τοῦ δ' ἐν φρεσὶν ἄλκιμον ἦτορ
παχνοῦται, ἀέκων δέ τ' ἔβη ἀπὸ μεσσαύλοιο·
ὣς ἀπὸ Πατρόκλοιο κίε ξανθὸς Μενέλαος.
στῆ δὲ μεταστρεφθείς, ἐπεὶ ἵκετο ἔθνος ἑταίρων,
115 παπταίνων Αἴαντα μέγαν Τελαμώνιον υἱόν·
τὸν δὲ μάλ' αἶψ' ἐνόησε μάχης ἐπ' ἀριστερὰ πάσης

92 (ὅς–) sch Ρ 1–2a   95 (μή–) Hdn ii.267.21; Epm. θ 29   98b Aristid. Or. 3.315;
(φωτί) H. φ 1131   102 sch Ο 249b   104 sch Eur. Or. 687; (–ἐρυσ.) sch Ρ 98–9d¹ᐟ³;
104a Lib. Ep. 624.2 (x.574.7 F.); (ἐρυσ.) H. ε 1060   105b sch Δ 307c¹; H. κ 374; Olymp.
in Gorg. 112.4 W.; EtM 798.47; (φέρτ.) H. (Cyr.) φ 321   109a [Plut.] Hom. 2.135.4;
109b ApS 108.31; Hdn ii.641.1, 697.30, 698.12; (λὶς ἠϋγ.) H. (Cyr.) λ 1115   110 Hdn
ad Σ 162a¹; (ἀπὸ στ.) H. (Cyr.) α 6652; (στ.) sch Ρ 112c; (δίωνται) H. δ 2050
112 (παχν.) ApS 128.29; H. π 1168; Phot. Lex. s.v.   116 Apio 219.11

95 περιστείωσ' (nov. Did) 1 t Ω*, -στίωσιν Ζ: -στήωσ' Ar Bˢ C Eˢ W Gᶜ   96 ἄγει
1 Ω (cf. 107): -ηι Stephanus   κορυθαίολος 1 Ω*: proparox. C   97 τίη Ω*: τιή 1, τί ἡ
A F, τί ἥ G; v. Praef. xxi sq.   98 ἐθέλη(ι) 1 Ω*: -ει C R W: -εις Ζ: -ησι Τ Τᐩ   99 πῆ–
μα 1 Ω*, πη[230²ᵐ: κῦμα C   κυλίσθη 1 (-ηι) Ζ Ω:]εκυλίσθη 230   100 τώ Τᵃ: τῶ(ι)
1 Ω*   103 αὖτις 1 Ω*: αὖθις C   ἰόντες Ar 1 Ω: -ντε Zen.—cf. ad Λ 103   ἐπιμνη–
σαίμεθα 1 Ω*: -σώμεθα Τ   105 κακῶν 1 tt* schᴰ Ω*: -ὸν Hsch. Olymp. Τᵃ   φέρτα–
τον 1 Hsch.ᵠ EtMʸᵖ schᴰ A O: -τερον tt* Aᵐ Ω*: φόρτατον EtM   εἴηι 1 W   106 ἕως
Ω; cf. ad A 193   109 λὶς (Ar Hdn) Ω*, λεὶς Ζ: λῖς 232 Bᶜ C² W.—cf. ad Λ 239   110 ὅν
Ω: τόν t   112 ἀέκων A   δέ τ' Ω*: δὲ Τ   116 μάχης ἐπ' ἀριστερὰ πάσης Ω:

θαρσύνονθ᾽ ἑτάρους καὶ ἐποτρύνοντα μάχεσθαι·
θεσπέσιον γάρ σφιν φόβον ἔμβαλε Φοῖβος Ἀπόλλων.
βῆ δὲ θέειν, εἶθαρ δὲ παριστάμενος ἔπος ηὔδα·
120   "Αἶαν, δεῦρο, πέπον, περὶ Πατρόκλοιο θανόντος
σπεύσομεν, αἴ κε νέκυν περ Ἀχιλλῆϊ προφέρωμεν,
γυμνόν· ἀτὰρ τά γε τεύχε᾽ ἔχει κορυθαίολος Ἕκτωρ."
   ὣς ἔφατ᾽· Αἴαντι δὲ δαΐφρονι θυμὸν ὄρινεν,
βῆ δὲ διὰ προμάχων, ἅμα δὲ ξανθὸς Μενέλαος.
125 Ἕκτωρ μὲν Πάτροκλον ἐπεὶ κλυτὰ τεύχε᾽ ἀπηύρα,
εἷλχ᾽, ἵν᾽ ἀπ᾽ ὤμοιιν κεφαλὴν τάμοι ὀξέϊ χαλκῶι,
τὸν δὲ νέκυν Τρωιῆισιν ἐρυσσάμενος κυσὶ δοίη·
Αἴας δ᾽ ἐγγύθεν ἦλθε, φέρων σάκος ἠΰτε πύργον,
Ἕκτωρ δ᾽ ἂψ ἐς ὅμιλον ἰὼν ἀνεχάζεθ᾽ ἑταίρων,
130 ἐς δίφρον δ᾽ ἀνόρουσε· δίδου δ᾽ ὅ γε τεύχεα καλά
Τρωσὶ φέρειν προτὶ ἄστυ, μέγα κλέος ἔμμεναι αὐτῶι.
   Αἴας δ᾽ ἀμφὶ Μενοιτιάδηι σάκος εὐρὺ καλύψας
ἑστήκει, ὥς τίς τε λέων περὶ οἷσι τέκεσσιν,
ὧι ῥά τε νήπι᾽ ἄγοντι συναντήσωνται ἐν ὕληι
135 ἄνδρες ἐπακτῆρες· ὃ δέ τε σθένεϊ βλεμεαίνει,
πᾶν δέ τ᾽ ἐπισκύνιον κάτω ἕλκεται ὄσσε καλύπτων·
ὣς Αἴας περὶ Πατρόκλωι ἥρωϊ βεβήκει.
Ἀτρείδης δ᾽ ἑτέρωθεν, ἀρηΐφιλος Μενέλαος,
ἑστήκει, μέγα πένθος ἐνὶ στήθεσσιν ἀέξων.
140   Γλαῦκος δ᾽ Ἱππολόχοιο πάϊς, Λυκίων ἀγὸς ἀνδρῶν,
Ἕκτορ᾽ ὑπόδρα ἰδὼν χαλεπῶι ἠνίπαπε μύθωι·
   "Ἕκτορ, εἶδος ἄριστε, μάχης ἄρα πολλὸν ἐδεύεο·

125–6 (–τάμοι) Porph. Il. 267.19 Schr.; **125–6a** sch P 187; **126–7** Procl. in Remp. i.150.19; **126** sch P 40a; (ἵν᾽–τάμοι) sch B 259a   **133–5a** Gell. 13.7.4; **133** (ὡς–)–7 Philop. De aetern mundi 9.3; **134–6** Plut. Mor. 494c; **134a** sch P 4b; **135** (ἐπακτ.) ApS 70.23; H. (Cyr.) ε 4118; **136** (–ἕλκ.) sch Ar. Ran. 822a; (ἐπισκ.) ApS 74.2; H. (Cyr.) ε 5192   **139** Eudoc. 853; (ἀέξων) H. (Cyr.) α 1375   **142a** Plut. Mor. 34f; sch Γ 39c; (ἐδεύεο) H. ε 450

μάχην ἀνὰ κυδιάνειραν t   **122** (= 693, Σ 21) damn. Hentze   κορυθαίολος C   **126** εἷλχ᾽ van Leeuwen post Fick: ἕλχ᾽ tt Ω, ελκ᾽ 48   **133** ἑστήκει Ar [48] Ω* (-κη Υ; -κειν Bekker, cf. ad Ψ 691): εἱστ- (nov. Did) C R W: ιστ- t   **134–6** tres versus ap. Zen ✶ defuisse dicit sch^A ad 133, sch^T ad 134: ϛ´ pro γ´ Apthorp 103 qui ad vv. 133–8 refert   **134** συναντήσωνται 501a1 A B F W: -σονται tt Ω*: -σωσιν Bekker   **135** ut supra 48 501a1 tt* Ω: ἀνέρες ἀγροιῶται, ὃ δὲ Plut.^vl   **136** καλύπτων 'omnes' Didymi tt* T^λ Ω*: -πτον Plut.^vl b G^a: -ψων A^λ (ss. πτ)   **139** ἑστήκει Ar 501a1 t Ω*: εἱστ- (nov. Did) 1391 C W: ἔστηκε R   **142** ἐδεύεο sic 48 t Ω*: δεύεο Z: ἐδεύου W

ἦ σ’ αὔτως κλέος ἐσθλὸν ἔχει, φύξηλιν ἐόντα.
φράζεο νῦν, ὅππως κε πόλιν καὶ ἄστυ σαώσεις
145 οἶος σὺν λαοῖσι τοὶ Ἰλίωι ἐγγεγάασιν·
οὐ γάρ τις Λυκίων γε μαχησόμενος Δαναοῖσιν
εἶσι περὶ πτόλιος, ἐπεὶ οὐκ ἄρα τις χάρις ἦεν
μάρνασθαι δηίοισιν ἐπ’ ἀνδράσι νωλεμὲς αἰεί.
πῶς κε σὺ χείρονα φῶτα σαώσειας μεθ’ ὅμιλον,
150 σχέτλι’; ἐπεὶ Σαρπηδόν’, ἅμα ξεῖνον καὶ ἑταῖρον,
κάλλιπες Ἀργείοισιν ἕλωρ καὶ κύρμα γενέσθαι,
ὅς τοι πόλλ’ ὄφελος γένετο, πτόλεί τε καὶ αὐτῶι,
ζωὸς ἐών· νῦν δ’ οὔ οἱ ἀλαλκέμεναι κύνας ἔτλης.
τὼ νῦν, εἴ τις ἐμοὶ Λυκίων ἐπιπείσεται ἀνδρῶν,
155 οἴκαδ’ ἴμεν, Τροίηι δὲ πεφήσεται αἰπὺς ὄλεθρος.
εἰ γὰρ νῦν Τρώεσσι μένος πολυθαρσὲς ἐνείη
ἄτρομον, οἷόν τ’ ἄνδρας ἐσέρχεται, οἳ περὶ πάτρης
ἀνδράσι δυσμενέεσσι πόνον καὶ δῆριν ἔθεντο,
αἶψά κε Πάτροκλον ἐρυσαίμεθα Ἴλιον εἴσω.
160 εἰ δ’ οὗτος προτὶ ἄστυ μέγα Πριάμοιο ἄνακτος
ἔλθοι τεθνηὼς καί μιν ἐρυσαίμεθα χάρμης,
αἶψά κεν Ἀργεῖοι Σαρπηδόνος ἔντεα καλά
λύσειαν, καί κ’ αὐτὸν ἀγοίμεθα Ἴλιον εἴσω·
τοίου γὰρ θεράπων πέφατ’ ἀνέρος, ὃς μέγ’ ἄριστος
165 Ἀργείων παρὰ νηυσὶ καὶ ἀγχέμαχοι θεράποντες.
ἀλλὰ σύ γ’ Αἴαντος μεγαλήτορος οὐκ ἐτάλασσας
στήμεναι ἄντα κατ’ ὄσσε ἰδὼν δηίων ἐν αὐτῆι,

143 Porph. Il. 218.6 Schr.; (φύξ.) H. φ 1011   144 [Ammon.] Diff. 403; Epm. α 169   146 (μαχ.) + 147a Hdn ii.828.7   153 al. (ἔτλης) H. (Cyr.) ε 6624   155 (πέφ.) H. π 2111   156b–8a Plut. Mor. 815c   163 (καί–) ApS 65.6   164–5a Arn ad P 153a; 164 (–ἀνέρος) sch P 163b   166 (ἐτάλ.) ApS 78.9; H. (Cyr.) ε [284], 6499

144 σαώσεις Ar 230 A F G (cf. Δ 14, ν 376): -ση(ι)ς (nov. Did) tt Ω*.—cf. ad I 251; Monro HG² §326.4; Schwyzer–Debr. 352; Chantr. II 297   145 λαοῖσι 232 1391 Ω, λα[501a1: γαμβροῖσι H (cf. E 474, quem mg. adscr. W): λαοῖς Heyne (cf. ad Z 493; Haslam New Companion to Homer 99)   148 ἐπ’ Ar (ad I 317): (-σι) μετ’ 48 232 501a1 Ω   149 ὅμιλον Ar 48 Ω: ὁμίλου Zen   151 Ἀργείοισιν 48 230 232 501a1 Ω: οἰωνοῖσιν rr (ex γ 271)   153 κύνας Ar 48 230 501a1 Ω: κύον Zen   154 τὼ Tᵃ: τῶ(ι) 501a1 Ω*: των 230   155 ἴμεν Ar (pro infinitivo) Nic 48 230 501a1 Ω: ἴτω DSid (Spitzner: ἴω cod. T)   157 ἄνδρας 1393 t Ω: -ες 48: α]νδρος 501a1   ἐσέρχεται 48 tᵛˡ Ω: ἐπ- 501a1 tᵛˡ Z rr   158 πόνον 48 501a1 Ω: φο[νον 1393   ἔθεντο Ω*: ἔχουσιν 48 T Y R (cf. ω 515)   160 denuo adest D   161 τεθνηὼς Ar 230 Bᵃ E F T, -ηιὼσ A: -θνει- (nov. Did) 501a1 Eˢ Fˢ Ω*   163 κ’ 230ᵗ Ω: δ’ 230ˢ t: om. 48   ἀγοίμεθα Ar t Ω: ελοι- 48

οὐδ᾽ ἰθὺς μαχέσασθαι, ἐπεὶ σέο φέρτερός ἐστιν."
τὸν δ᾽ ἄρ᾽ ὑπόδρα ἰδὼν προσέφη κορυθαίολος Ἕκτωρ·
170 "Γλαῦκε, τίη δὲ σὺ τοῖος ἐὼν ὑπέροπλον ἔειπες;
ὢ πόποι, ἦ τ᾽ ἐφάμην σε περὶ φρένας ἔμμεναι ἄλλων
τῶν ὅσσοι Λυκίην ἐριβώλακα ναιετάουσιν·
νῦν δέ σε᾽ ὠνοσάμην πάγχυ φρένας, οἷον ἔειπες,
ὅς τ᾽ ἐμὲ φὴς Αἴαντα πελώριον οὐχ ὑπομεῖναι.
175 οὔ τοι ἐγὼν ἔρριγα μάχην οὐδὲ κτύπον ἵππων·
ἀλλ᾽ αἰεί τε Διὸς κρέσσων νόος αἰγιόχοιο,
ὅς τε καὶ ἄλκιμον ἄνδρα φοβεῖ καὶ ἀφείλετο νίκην
ῥηϊδίως, ὁτὲ δ᾽ αὐτὸς ἐποτρύνει μαχέσασθαι.
ἀλλ᾽ ἄγε δεῦρο, πέπον, παρ᾽ ἔμ᾽ ἵστασο καὶ ἴδε ἔργον,
180 ἠὲ πανημέριος κακὸς ἔσσομαι, ὡς ἀγορεύεις,
ἦ τινα καὶ Δαναῶν ἀλκῆς μάλα περ μεμαῶτα
σχήσω ἀμυνέμεναι περὶ Πατρόκλοιο θανόντος."
ὣς εἰπὼν Τρώεσσιν ἐκέκλετο μακρὸν ἀΰσας·
"Τρῶες καὶ Λύκιοι καὶ Δάρδανοι ἀγχιμαχηταί,
185 ἀνέρες ἔστε, φίλοι, μνήσασθε δὲ θούριδος ἀλκῆς,
ὄφρ᾽ ἂν ἐγὼν Ἀχιλῆος ἀμύμονος ἔντεα δύω
καλά, τὰ Πατρόκλοιο βίην ἐνάριξα κατακτάς."
ὣς ἄρα φωνήσας ἀπέβη κορυθαίολος Ἕκτωρ
δηΐου ἐκ πολέμοιο· θέων δ᾽ ἐκίχανεν ἑταίρους
190 ὦκα μάλ᾽, οὔ πω τῆλε, ποσὶ κραιπνοῖσι μετασπών,
οἳ προτὶ ἄστυ φέρον κλυτὰ τεύχεα Πηλείωνος.

170–1 Plut. Mor. 32b; 171 ib. 809f   175 Epm. ρ 2   177–8 Dio Prus. 32.21; 177 (–φοβεῖ) sch Υ 242–3   180 (πανημ.) Η. π 343   182 sch Π 1a

169 κορυθαίολος C, -έολοσ Υ   170 τίη Ω*: τίή Fᶜ, τίΐ Υ, τιή O: τί D   ἔειπας t   171 ὢ Ω*: ὣ b F T Y   πόποι Ar 48 645 Ω*: πέπον Zen (haud improbat Did) tt D Y R W G.—cf. ad O 467   πέρι Z rr   172 μεμείωκε τὴν ἔμφασιν, καὶ τὰ τοιαῦτα εἴωθεν ἀθετεῖν ὁ Ἀρίσταρχος schᴬ: damn. Payne Knight   173 σε (sc. σε᾽) Zen T G: σευ Ar 645 Ω* (σεῦ Aᐣ Y h).—cf. ad Ξ 95   174 τ᾽ ἐμὲ b Fᶜ R: τέ με Z Ω*   φὴς fere Alexio Hdn 645 schᴰ Ω (φῆ(ι)ς Z D Y R): ἔφης Ptol 48 H   176 κρέσσων Blass: κρεί- Ω   αἰγιόχοιο A D Y G: ἠέ περ ἀνδρός Aʸᵖ b F T W, -δρῶν R (= Π 688)   177 ἀφείλετο tᵛˡ Aᵐ Ω*: -ατο tᵛˡ A   178 ὁτὲ A F R W Gᶜ: ὅτε Z Ω*: οτε 48: τότε seu τοτὲ Arph t   μαχέσασθαι Ω*: μαχέεσθαι b R W (cf. ad E 496): μάχεσθαι rr (et ἐποτρύνῃσι alii; cf. ad Π 690): καὶ ἀνώγει t   179 ἵστασο Bolling post Wackernagel: -ασο 48 Ω.—cf. ad K 291, Λ 314   181 ἦ r: ἤ Ω   μάλα 48ᶜᐟ Ω*: μέγα R   188 κορυθαίολος C Gᶜ, -έολοσ Υ   190 post 191 fert 230, om. rr: damn. Payne Knight   ὦκα Ω: ἄγχι Christ cl. τ 301   μετασπών Hdn Z Ω (-ὼν Z Bᶜ Fᶜ Y G): parox. olim alii: πεποιθώς O (= Z 505)   191 Πηλείωνος (ut semper in fine versus) Aʸᵖ b W: Πηλείδαο Ω*

στὰς δ' ἀπάνευθε μάχης πολυδακρύου ἔντε' ἄμειβεν·
ἤτοι ὃ μὲν τὰ ἃ δῶκε φέρειν προτὶ Ἴλιον ἱρήν
Τρωσὶ φιλοπτολέμοισιν, ὃ δ' ἄμβροτα τεύχεα δῦνεν
195 Πηλείδεω Ἀχιλῆος, ἅ οἱ θεοὶ οὐρανίωνες
πατρὶ φίλωι ἔπορον, ὃ δ' ἄρα ὧι παιδὶ ὄπασσεν
γηράς· ἀλλ' οὐχ υἱὸς ἐν ἔντεσι πατρὸς ἐγήρα.
τὸν δ' ὡς οὖν ἀπάνευθεν ἴδεν νεφεληγερέτα Ζεύς
τεύχεσι Πηλείδαο κορυσσόμενον θείοιο,
200 κινήσας ῥα κάρη προτὶ ὃν μυθήσατο θυμόν·
"ἆ δείλ', οὐδέ τί τοι θάνατος καταθύμιός ἐστιν,
ὃς δή τοι σχεδὸν εἰσι· σὺ δ' ἄμβροτα τεύχεα δύνεις
ἀνδρὸς ἀριστῆος, τόν τε τρομέουσι καὶ ἄλλοι.
τοῦ δὴ ἑταῖρον ἔπεφνες ἐνηέα τε κρατερόν τε,
205 τεύχεα δ' οὐ κατὰ κόσμον ἀπὸ κρατός τε καὶ ὤμων
εἵλε'. ἀτάρ τοι νῦν γε μέγα κράτος ἐγγυαλίξω,
τῶν ποινήν, ὅ τοι οὔ τι μάχης ἐκ νοστήσαντι
δέξεται Ἀνδρομάχη κλυτὰ τεύχεα Πηλείωνος."
ἦ, καὶ κυανέηισιν ἐπ' ὀφρύσι νεῦσε Κρονίων·
210 Ἕκτορι δ' ἥρμοσε τεύχε' ἐπὶ χροΐ, δῦ δέ μιν ἄρης
δεινὸς ἐνυάλιος, πλῆσθεν δ' ἄρα οἱ μέλε' ἐντός
ἀλκῆς καὶ σθένεος. μετὰ δὲ κλειτοὺς ἐπικούρους
βῆ ῥα μέγα ἰάχων, ἰνδάλλετο δέ σφισι πᾶσιν
τεύχεσι λαμπόμενος μεγαθύμου Πηλείωνος.
215 ὤτρυνεν δὲ ἕκαστον ἐποιχόμενος ἐπέεσσιν,

193a ApS 1.12   **194** (ἄμβρ. τεύχ.) H. (Cyr.) α 3527   **196** (ἔπορον) ApS 75.7   **197** sch Hes. Op. 188b; H. γ 522; w5 (lacerum)   **200** (προτὶ ὅν) H. π 3994   **201** w5 (lacerum)   **204b** [Elias] in Porph. Isag. 9.21   **205–6** (εἱλ.) sch P 125b¹; **206** (ἀτὰρ–) sch P 268–70, 321   **210** (δῦ–)–11a ApS 41.13; **210** (δῦ–) + **211b** Apio 224.3; **210** (δῦ–) Hdn ad Δ 222a; H. δ 2476; **211** (ὑάλιος) Phot. Lex. s.v. **213** (ἰνδ.) ApS 91.14; H. (Cyr.) ι 666   **215** Eudoc. 1487

192 πολυδακρύου A Fᵃ Y R W G (cf. Tyrt. 11.7): -ύτου Ω*: -υος Bentley (cf. Γ 132, P 544, al.)   **193** τοι ὃ μὲν 48 Ω: τοί μεν 230   **194** τεύχεα δῦνε(ν) Ω Tᵞ: τεύχε' ἔδ- rr   **199** ut supra 48 230 Ω: τεύχεσι λαμπόμενον μεγαθύμου Πηλείωνος (ex 214) H O   **201** δείλ' (deprec. Hdn) D C F T Y (δῆλ') R W Gᶜ   οὐδέ τι Hdn 48 230ᵃ w5 Aᵞ Ω: οὐκέτι 230ᶜ V   **202** ὃς Ar Ω: ὡς h   εἰσι Arᵃᵇ Aˢ h: ἐστι (nov. Did) 230 Ω (cf. β 284)   **206** εἵλε' Nauck: -εν 230 Ω: ειλ[1394: βάλευ tᶜᵒᵈ: εἵλες rr   **207** ἐκ A: ἐκ Ω*   **210** Ἄρης edd.   **212** κλειτοὺς 48 645 Ω*: κλη- Y H.—cf. ad Λ 220   **213** ἰάχων 230 Ω: cf. ad E 302   **214** μεγαθύμου Πηλείωνος (nov. Did) "αἱ κοιναί" (Nic) 48 645 Ω*: -μωι Πηλείωνι Ar A G: Πηληϊάδεω Ἀχιλῆος Zen   **215** ὤτρυνεν Ar 48 230 t Aᵞ Ω (ὤιτρ- T): ὄτρ- Zen (cf. ad 582)

Μέσθλην τε Γλαῦκόν τε Μέδοντά τε Θερσίλοχόν τε
Ἀστεροπαῖόν τε Δεισήνορά θ᾽ Ἱππόθοόν τε
218 Φόρκυν τε Χρομίον τε καὶ Ἔννομον οἰωνιστήν·
220 "κέκλυτε, μυρία φῦλα περικτιόνων ἐπικούρων.
οὐ γὰρ ἐγὼ πληθὺν διζήμενος οὐδὲ χατίζων
ἐνθάδ᾽ ἀφ᾽ ὑμετέρων πολίων ἤγειρα ἕκαστον,
ἀλλ᾽ ἵνα μοι Τρώων ἀλόχους καὶ νήπια τέκνα
προφρονέως ῥύοισθε φιλοπτολέμων ὑπ᾽ Ἀχαιῶν·
225 τὰ φρονέων δώροισι κατατρύχω καὶ ἐδωδῆι
λαούς, ὑμέτερον δὲ ἑκάστου θυμὸν ἀέξω.
τῶ τις νῦν ἰθὺς τετραμμένος ἠ᾽ ἀπολέσθω
ἠὲ σαωθήτω· ἣ γὰρ πολέμου ὀαριστύς.
ὃς δέ κε Πάτροκλον καὶ τεθνηῶτά περ ἔμπης
230 Τρῶας ἐς ἱπποδάμους ἐρύσηι, εἴξηι δέ οἱ Αἴας,
ἥμισυ τῶι ἐνάρων ἀποδάσσομαι, ἥμισυ δ᾽ αὐτός
ἕξω ἐγώ· τὸ δέ οἱ κλέος ἔσσεται ὅσσον ἐμοί περ."
ὣς ἔφαθ᾽, οἱ δ᾽ ἰθὺς Δαναῶν βρίσαντες ἔβησαν,
δούρατ᾽ ἀνασχόμενοι· μάλα δέ σφισιν ἔλπετο θυμός
235 νεκρὸν ὑπ᾽ Αἴαντος ἐρύειν Τελαμωνιάδαο,
νήπιοι· ἦ τε πολέσσιν ἐπ᾽ αὐτῶι θυμὸν ἀπηύρα.
 καὶ τότ᾽ ἄρ᾽ Αἴας εἶπε βοὴν ἀγαθὸν Μενέλαον·
"ὦ πέπον, ὦ Μενέλαε διοτρεφές, οὐκέτι νῶϊ
ἔλπομαι αὐτώ περ νοστησέμεν ἐκ πολέμοιο.
240 οὔ τι τόσον νέκυος περιδείδια Πατρόκλοιο,

216a Choer. in Thd. i.160.12   **218** (Φόρ.) sch Ρ 312; (Χρομ.) Arn ad Β 858
220 sch Β 130–1a; (–περικτ.) Eudoc. 1; **220a** Clem. Protr. 120.2   **221** (–διζ.) + **222** sch
Ε 492b   **223–4** Porph. Hom. 121.11 Sod.   **225–6** (λαούς) Hdn ad λ 521; **225**
(–κατατρ.) sch Σ 292b   **227** (ἰθὺς τετρ.) H. (Cyr.) ι 422   **228** (ὀαρ.) id. ο
14   **233** (βρίσ.) ApS 53.12   **236** Eudoc. 309   **237** Arn ad Μ 60b, Υ 375
240 (–περιδ.) + **242** (–περιδ.) sch Ο 652; **242** sch Π 102

216 Θερσίλοχόν 645 Ω*: ερσί- Υ: Ὀρσί- Ο: Θηρσί- Herwerden RPh 2 (1878) 196,
prob. Wack. KS 1592   **217** Δεισήνορά 48 Ω*: Δισ- A D F G (δισίν-): Δησσ-
Υ   **218** Φόρκῦν Tyr: -ῠν Hdn (Φόρκῠν A)   Χρομίον (Hdn) A B E Tᵃ Y Rᵃ: propa-
rox. Ω*   **219** (= Ν 94, [480]) add. A (appicto antisigmate; in mg. fuerat exemplaris u.v.)
Dᵐ b G: deest in 48 230 645 Ω*.—cf. ad Δ 337; Apthorp ZPE 111 (1996) 146   **224** ὑπ᾽
Aᴸ Ω: ἀπ᾽ 645 Bᶜ² E² Fᶜ H   **227** τώ r: τῶ(ι) Ω   ἠ᾽ fere Fick: ἦ 645 Ω   **228** ἦ Z Ω*:
ἦ Y W Gᵃ: ἦ C E, ἤ D   **229** τεθνηῶτα Ar 645 E T R: -θνει- (nov. Did) A (ss. ηι) Eˢ
Ω*   **230** ἐς 1394 Ω: εφ 501b   εἴξη(ι) 645 Ω*: -ει Y R Gᵃ   **231** τῶι Ar 501b Aˢ Tʸᵖ
G O: τῶν (nov. Did) Ω*   **233** ἔδυσαν Y   **234** δέ Ω: γάρ h   ἔλπετο Arph (Ar?) Ω*:
ἦλπ- (nov. Did) D Y (ἤ-) R G: ἤθελε Tᴸ   **238** νῶϊ A D R: νῶϊν Ω*   **240** περιδείδια Ptol Y, περὶ δ- B: πέρι δ- Ar Hdn Ω*

ὅς κε τάχα Τρώων κορέει κύνας ἠδ᾽ οἰωνούς,
ὅσσον ἐμῆι κεφαλῆι περιδείδια, μή τι πάθησιν,
καὶ σῆι, ἐπεὶ πολέμοιο νέφος περὶ πάντα καλύπτει
{Ἕκτωρ, ἡμῖν αὖτ᾽ ἀναφαίνεται αἰπὺς ὄλεθρος}.
245 ἀλλ᾽ ἄγ᾽ ἀριστῆας Δαναῶν κάλει, ἤν τις ἀκούσηι."
    ὣς ἔφατ᾽· οὐδ᾽ ἀπίθησε βοὴν ἀγαθὸς Μενέλαος,
ἤϋσεν δὲ διαπρύσιον Δαναοῖσι γεγωνώς·
"ὦ φίλοι, Ἀργείων ἡγήτορες ἠδὲ μέδοντες,
οἵ τε παρ᾽ Ἀτρείδηις, Ἀγαμέμνονι καὶ Μενελάωι,
250 δήμια πίνουσιν καὶ σημαίνουσιν ἕκαστος
λαοῖς, ἐκ δὲ Διὸς τιμὴ καὶ κῦδος ὀπηδεῖ—
ἀργαλέον δέ μοί ἐστι διασκοπιᾶσθαι ἕκαστον
ἡγεμόνων, τόσση γὰρ ἔρις πολέμοιο δέδηεν—
ἀλλά τις αὐτὸς ἴτω, νεμεσιζέσθω δ᾽ ἐνὶ θυμῶι
255 Πάτροκλον Τρωιῆισι κυσὶν μέλπηθρα γενέσθαι."
ὣς ἔφατ᾽· ὀξὺ δ᾽ ἄκουσεν Ὀϊλῆος ταχὺς Αἴας,
πρῶτος δ᾽ ἀντίος ἦλθε θέων ἀνὰ δηϊοτῆτα·
τὸν δὲ μέτ᾽ Ἰδομενεὺς καὶ ὀπάων Ἰδομενῆος
Μηριόνης, ἀτάλαντος Ἐνυαλίωι ἀνδρειφόντηι·
260 τῶν δ᾽ ἄλλων τίς κεν ἧισι φρεσὶν οὐνόματ᾽ εἴποι,
ὅσσοι δὴ μετόπισθε μάχην ἤγειραν Ἀχαιῶν;
    Τρῶες δὲ προύτυψαν ἀολλέες· ἦρχε δ᾽ ἄρ᾽ Ἕκτωρ.
ὡς δ᾽ ὅτ᾽ ἐπὶ προχοῆισι διιπετέος ποταμοῖο
βέβρυχεν μέγα κῦμα ποτὶ ρόον, ἀμφὶ δέ τ᾽ ἄκραι

---

248 (–ἡγ.) sch Ρ 220–32b   **255b** cf. sch ζ 101   **260** Eudoc. 1166   **263–4** (–ρόον)
+ **266** (–ἴσαν) sch Ξ 394–9; **263–4a** Porph. Hom. 127.11 Sod., Od. 47.4 Schr.; **263** (–διιπ.)
sch A.R. 1.11; (προχ.) H. π 4090?

241 κορέει 230 sch^D Ω*: -έσει Α Η: -έση Ε F.—cf. ad Θ 379   **242** περιδείδια Hdn
Ζ F T R, περὶ δ- Α Β: πέρι δ- Ω*   **243** πέρι Ζ   **244** damn. Payne Knight; fort. legit
Pind. Nem. 10.9   αὖτ᾽ 230 D h W: δ᾽ αὖτ᾽ Ω*: δ᾽ αὖθ᾽(ι) van Leeuwen   **249** Ἀτρείδηις 230^c Ζ Ω*, -δησ᾽ R W (cf. Ε 552, Η 373, 470): -δη(ι) 230^a 1397 D O   καὶ Μενελάωι 1396 1398 Ω: ποιμένι λαῶν Ο (cf. Β 254)   **250** ἕκαστος 230^c Ω: -α Ζ Α^γρ Ο V: -ω
230^a (omissis 251–2, mg. rest.)   **252** ἕκαστον 230^a 1398 Ω: -α 230^c r   **255** μέλπηθρα Ω: -ητρα 230²:]ηθρα 1396,]θρα 1398: ἕλκηθρα Nauck, cf. ad Ν 233   **256** ἔφατ᾽·
ὀξὺ δ᾽ ἄκουσεν sch^D Ω: φάτο· τοῦ δ᾽, ἤκουσεν 1397 H   **259** ἀνδρειφόντη(ι) 1398
Ω*: ἀνδριφ- Β^c C^a Ε^a Τ (cf. ad Β 651, Η 166)   **260–1** ath. Zen, def. Ar   **260** κεν
ἧ(ι)σι Α D T^Λ W: κεν ἧ(ι)σιν ἐνὶ b F T G: χ᾽ ἧσιν ἐνὶ Α^γρ (κ᾽ ἧισιν) R: κεν ἐνὶ t   οὐνό-
ματ᾽ 1398^s t Ω*: ουννυματ 1378^ι: οὔνομα (Bentley, cf. Γ 235) W^a   **262** προύτυψαν Ζ
Ω: προέτ- Payne Knight.—cf. ad Ν 136, Ο 306   **263** διιπετέος tt Ζ Ω: διειπ- Zenodorus.—v. ad Π 174   **264** βέβρυχεν h139^β39 tt Ζ Ω: -ύχηι Arph   ρρόον fere D b
F T Y W   δέ τ᾽ ἄκραι Ω: malim δὲ μακραί (cf. A.R. 4.129, Q.S. 3.668)

265 ἠιόνες βοόωσιν ἐρευγομένης ἁλὸς ἔξω,
τόσσηι ἄρα Τρῶες ἰαχῆι ἴσαν· αὐτὰρ Ἀχαιοί
ἕστασαν ἀμφὶ Μενοιτιάδηι ἕνα θυμὸν ἔχοντες,
φραχθέντες σάκεσιν χαλκήρεσιν. ἀμφὶ δ' ἄρά σφιν
λαμπρῆισιν κορύθεσσι Κρονίων ἠέρα πολλήν
270 χεῦ', ἐπεὶ οὐδὲ Μενοιτιάδην ἤχθαιρε πάρος γε,
ὄφρα ζωὸς ἐὼν θεράπων ἦν Αἰακίδαο,
μίσησεν δ' ἄρα μιν δηίων κυσὶ κύρμα γενέσθαι
{Τρωιῆισιν· τῶ καί οἱ ἀμυνέμεν ὦρσεν ἑταίρους}.
ὦσαν δὲ πρότεροι Τρῶες ἑλίκωπας Ἀχαιούς·
275 νεκρὸν δὲ προλιπόντες ὑπέτρεσαν· οὐδέ τιν' αὐτῶν
Τρῶες ὑπέρθυμοι ἕλον ἔγχεσιν, ἱέμενοί περ,
ἀλλὰ νέκυν ἐρύοντο. μίνυνθα δὲ καὶ τοῦ Ἀχαιοί
μέλλον ἀπέσσεσθαι· μάλα γάρ σφεας ὦκ' ἐλέλιξεν
Αἴας, ὃς περὶ μὲν εἶδος, περὶ δ' ἔργα τέτυκτο
280 τῶν ἄλλων Δαναῶν μετ' ἀμύμονα Πηλείωνα.
ἴθυσεν δὲ διὰ προμάχων συῒ εἴκελος ἀλκήν
καπρίωι, ὅς τ' ἐν ὄρεσσι κύνας θαλερούς τ' αἰζηούς
ῥηϊδίως ἐκέδασσεν ἑλιξάμενος διὰ βήσσας·
ὣς υἱὸς Τελαμῶνος ἀγαυοῦ φαίδιμος Αἴας
285 ῥεῖα μετεισάμενος Τρώων ἐκέδασσε φάλαγγας,
οἳ περὶ Πατρόκλωι βέβασαν, φρόνεον δὲ μάλιστα
ἄστυ πότι σφέτερον ἐρύειν καὶ κῦδος ἀρέσθαι.

265 Strab. 1.3.8; D.H. Comp. 90; [Plut.] Hom. 2.20.5; EtG s.v. ἐρεύγω; **265a** Arist. Poet. 1458b31; Phld. Poem. 2 p.141 Sb.; sch Ξ 394b; (ἠιόνες) Apio 240.10; H. η 263; Orio 67 η 13; (βοό.) sch Ρ 263c; **265b** Phld. Poem. 2 p.135 Sb.; sch Σ 580a¹   **268** (φραχ.) H. φ 850   **270** (ἐπεὶ–ἤχθ.) sch Π 567; (ἤχθ.) H. (Cyr.) η 1013/14   **272–3** sch Σ 356b; **272** sch Σ 168a; Porph. Il. 223.12 Schr.; (μίσ.) H. μ 1449   **275** (–ἐπέτρ.) Eudoc. 2015   **279–80** Iul. Or. 2.55a; **279** Aristid. Or. 3.471; **280b** Olymp. in Gorg. 221.26 W.   **281–3** Eudoc. 1658–60; **283** (βήσσας) H. β 580   **287** (σφέτ.) id. σ 2879; Phot.

265 ἠιόνες tt A^λ T^λ Ω: -νος N, nov. Eust. 1106.50   **266** Τρῶες ἰαχῆι ἴσαν t Ω* (Τρώων D): Τρώων ἰαχὴ γένετ' W (cf. Π 366)   **268** φραχθέντες Ar 636 t Ω: ἀρθ- Zen   ἄρά 1399 A^a   σφιν 501b 1399 D T W: σφι Ω*   **269** πολλήν 636 1399 Ω (cf. Γ 381, al.): πουλύν rr, praefert Eust. (cf. E 776, Θ 50)   **270** ἤχθαιρε (nov. Did) t Ω*, -ερε Y: ἤχθηρε D R G: utrumque Hsch.: ἤχθεμέρος Z: ἔχθαιρε Ar: -ηρε h   γε 636 1399 Ω: περ van Leeuwen.—cf. ad N 465   **273** damn. Koechly   τὼ r: τῶ(ι) Ω   ἑταίρους 636 1399 1401 t Ω: Ἀχαιούς (ex 274) A^γρ   **275** ὑπέτρεσαν Z Ω: ἐπ- t   **277–577** desunt folia in A (suppl. m. rec.; non cito)   **277** τοῦ 501b 636 1399 1401 Ω: τότ' Leaf   **279** πέρι bis Z rr, περὶ … πέρι W O   ἔργα τέτυκτο Ar Z b F T: ἔργ' ἐτέτ- (nov. Did) tt Ω*.—v.l. eadem λ 550   **283** ἐλιξάμενος 636 Ω: ἀλυξά- t   **287** πότι Wolf: ποτὶ vel ποτι Ω.—cf. Wack. KS 1195

　　　　ἤτοι τὸν Λήθοιο Πελασγοῦ φαίδιμος υἱός
　　　　Ἱππόθοος ποδὸς εἷλκε κατὰ κρατερὴν ὑσμίνην,
290　　δησάμενος τελαμῶνι παρὰ σφυρὸν ἀμφὶ τένοντας,
　　　　Ἕκτορι καὶ Τρώεσσι χαριζόμενος· τάχα δ᾽ αὐτῶι
　　　　ἦλθε κακόν, τό οἱ οὔ τις ἐρύκακεν ἱεμένων περ.
　　　　τὸν δ᾽ υἱὸς Τελαμῶνος ἐπαΐξας δι᾽ ὁμίλου
　　　　πλῆξ᾽ αὐτοσχεδίην κυνέης διὰ χαλκοπαρήου·
295　　ἤρικε δ᾽ ἱπποδάσεια κόρυς περὶ δουρὸς ἀκωκῆι,
　　　　πληγεῖσ᾽ ἔγχεΐ τε μεγάλωι καὶ χειρὶ παχείηι,
　　　　ἐγκέφαλος δὲ παρ᾽ αὐλὸν ἀνέδραμεν ἐξ ὠτειλῆς
　　　　αἱματόεις. τοῦ δ᾽ αὖθι λύθη μένος, ἐκ δ᾽ ἄρα χειρῶν
　　　　Πατρόκλοιο πόδα μεγαλήτορος ἧκε χαμᾶζε
300　　κεῖσθαι, ὃ δ᾽ ἄγχ᾽ αὐτοῖο πέσε πρηνὴς ἐπὶ νεκρῶι,
　　　　τῆλ᾽ ἀπὸ Λαρίσης ἐριβώλακος, οὐδὲ τοκεῦσιν
　　　　θρέπτρα φίλοις ἀπέδωκε, μινυνθάδιος δέ οἱ αἰών
　　　　ἔπλεθ᾽ ὑπ᾽ Αἴαντος μεγαθύμου δουρὶ δαμέντι.
　　　　　Ἕκτωρ δ᾽ αὖτ᾽ Αἴαντος ἀκόντισε δουρὶ φαεινῶι·
305　　ἀλλ᾽ ὃ μὲν ἄντα ἰδὼν ἠλεύατο χάλκεον ἔγχος
　　　　τυτθόν, ὃ δὲ Σχεδίον μεγαθύμου Ἰφίτου υἱόν,
　　　　Φωκήων ὄχ᾽ ἄριστον, ὃς ἐν κλειτῶι Πανοπῆι
　　　　οἰκία ναιετάασκε πολέσσ᾽ ἄνδρεσσιν ἀνάσσων,
　　　　τὸν βάλ᾽ ὑπὸ κληῖδα μέσην, διὰ δ᾽ ἀμπερὲς ἄκρη
310　　αἰχμὴ χαλκείη παρὰ νείατον ὦμον ἀνέσχεν·
　　　　δούπησεν δὲ πεσών, ἀράβησε δὲ τεύχε᾽ ἐπ᾽ αὐτῶι.
　　　　　Αἴας δ᾽ αὖ Φόρκυνα δαΐφρονα Φαίνοπος υἱόν
　　　　Ἱπποθόωι περιβάντα μέσην κατὰ γαστέρα τύψεν·
　　　　ῥῆξε δὲ θώρηκος γύαλον, διὰ δ᾽ ἔντερα χαλκός
315　　ἤφυσ᾽· ὃ δ᾽ ἐν κονίηισι πεσὼν ἕλε γαῖαν ἀγοστῶι.

Lex. s.v. 　　291 (–χαρ.) Arn ad Ο 449–51a 　　295 (–κόρυς) ApS 158.16; (ἤρικε) id. 84.29; Η. η 782; (ἱπποδ.) ApS 92.10 　　297 (–ἀνέδρ.) Η. ε 219; (αὐλόν) id. α 8310 　　301a Strab. 13.3.2 　　304–7a sch Ν 643a; 306 (ὃ δὲ–)–7a sch Ο 515b; 306 (Σχ.–) sch Β 517d; 307b Arn ad Β 520 　　312 (–δαΐφρ.) Choer. in Thd. i.270.11; (Φόρκ.) Hdn ad Ρ 218a¹ 　　314 (–γύ.) ApS 89.15

289 εἷλκε Ω: ἕλκε h.—cf. ad Ν 383 　　**290** τένοντας Ω*: -ντε F G.—cf. ad Π 587 　　**292** ἱεμένων Ar Ω*: -νω(ι) (nov. Did) D Tˡ R G.—cf. ad Ο 450 　　**293** ἐπαΐξας 636 Ω: ἀπ- h 　　**295** ἤρικε 636 tt schᴰ Ω*: -πε Τ Rᵃ? 　　**296** ἔγχεΐ vel -εΐ Ω 　　**301** Λαρίσης 636 Z D Fᵃ Τ Tˡ: -ίσσης t Ω*.—cf. ad Β 841 　　**302** θρέπτρα (Ar) 636 Z Ω*: -πτα h W.—cf. ad Δ 478 　　**304** δ᾽ αὖτ᾽ 636 t Ω*: αὖτ᾽ rr: δ᾽ αὖ Β C: δ᾽ ἄντ᾽ V 　　**306** Σχεδίον (Hdn) Ω: proparox. h 　　**307** Φωκήων 636 tt Ω: -είων ἈρΗʸᵖ ap. Eust. 　　**308** ναιετάασκε 636 Ω*: -άεσκε G 　　**312** δ᾽ αὖ 636 t Ω: αὖ? Nauck

χώρησαν δ' ὑπό τε πρόμαχοι καὶ φαίδιμος Ἕκτωρ·
Ἀργεῖοι δὲ μέγα ἴαχον, ἐρύσαντο δὲ νεκρούς,
Φόρκυν θ' Ἱππόθοόν τε, λύοντο δὲ τεύχε' ἀπ' ὤμων.
ἔνθά κεν αὖτε Τρῶες ἀρηϊφίλων ὑπ' Ἀχαιῶν
320   Ἴλιον εἰσανέβησαν ἀναλκίηισι δαμέντες,
Ἀργεῖοι δέ κε κῦδος ἕλον καὶ ὑπὲρ Διὸς αἶσαν
κάρτεϊ καὶ σθένεϊ σφετέρωι· ἀλλ' αὐτὸς Ἀπόλλων
Αἰνείαν ὤτρυνε, δέμας Περίφαντι ἐοικώς
κήρυκ' Ἠπυτίδηι, ὅς οἱ παρὰ πατρὶ γέροντι
325   κηρύσσων γήρασκε, φίλα φρεσὶ μήδεα εἰδώς·
{τῶι μιν ἐεισάμενος προσέφη Διὸς υἱὸς Ἀπόλλων·}
"Αἰνεία, πῶς ἂν καὶ ὑπὲρ θεὸν εἰρύσσαισθε
Ἴλιον αἰπεινήν; ὡς δὴ ἴδον ἀνέρας ἄλλους
κάρτεΐ τε σθένεΐ τε πεποιθότας ἠνορέηι τε
330   πλήθεΐ τε σφετέρωι καὶ ὑπερδέα δῆμον ἔχοντας.
ἡμῖν δὲ Ζεὺς μὲν πολὺ βούλεται ἢ Δαναοῖσιν
νίκην· ἀλλ' αὐτοὶ τρεῖτ' ἄσπετον οὐδὲ μάχεσθε."
ὣς ἔφατ'· Αἰνείας δ' ἑκατηβόλον Ἀπόλλωνα
ἔγνω ἐσάντα ἰδών, μέγα δ' Ἕκτορα εἶπε βοήσας·
335   "Ἕκτορ τ' ἠδ' ἄλλοι Τρώων ἀγοὶ ἠδ' ἐπικούρων,
αἰδὼς μὲν νῦν ἥδέ γ', ἀρηϊφίλων ὑπ' Ἀχαιῶν
Ἴλιον εἰσαναβῆναι ἀναλκίηισι δαμέντας.
ἀλλ' ἔτι γάρ τίς φησι θεῶν ἐμοὶ ἄγχι παραστάς
Ζῆν' ὕπατον μήστωρα μάχης ἐπιτάρροθον εἶναι·
340   τώ ρ' ἰθὺς Δαναῶν ἴομεν, μηδ' οἵ γε ἕκηλοι

318a Choer. in Thd. i.270.12   322 al. (σφετ.) Phot. Lex. s.v.   324a Hdn ii.9.26 et
ad K 258e; Choer. in Thd. i.295.15; Epm. κ 26; (Ἠπ.) H. η 711   327 (ὑπὲρ θεόν) id. υ
401; Phot. Lex. s.v.   329–30 Eudoc. 1849–50; 330 sch Thuc. 4.10.5; 330b Hdn i.521.11;
H. υ 361; (ὑπερδ.) ApS 159.10; Phot. Lex. s.v.   333 (Αἰν.–)–4b sch A 199–200

316 (= Δ 505, Π 588) om. T   317 μέγα Β Ε Τ Gᵃ: μέγ' Ω*   318 Φόρκυν θ' t Ω*:
-υνά θ' G: -υν Fᵃ N, -υν' H.—cf. ad 218   319 ἔνθά sic Ω (ἐνθά E)   320 ἀναλ-
κίη(ι)σι ApHʸᵖ ap. Eust. Ω*: -κεΐ- 43 F T R W.—cf. ad Z 74   322 κάρτεϊ sic Ω (κρά-
F)   324 κήρυκ' Turnebus: -υκι tt (pro dactylo, perperam) Z Ω.—cf. ad Γ 349, H
272   326 deest in 43 230: hab. 636 Ω   Διὸς υἱὸς 636 Ω*: ἑκάεργος D H.—cf. ad H 23,
O 253   327 εἰρύσσαισθε 43 Ω*: -ύσαισθε 636 Wˢ G: -ύσεσθε D R: ἐ ἱ ρύσασθε Wᵗ:
ἐρύσσασθε Τ   329 κάρτεΐ vel -εΐ Z Ω (κρά- F)   330 πλήθεΐ vel -εΐ 230 Ω   ὑπερδέα 43 230 tt schᴰ Ω (-δεᾶ Z Fᶜ, -δεὰ C E): ὑπὲρ Δία Brocks (cf. 321, 327)   331 ἡμῖν
230 636 Ω*: ὑμῖν W O   334 βοήσας 230 636 Ω* Gʸᵖ: παραστάς 233 b G (ex N 725
al.; cf. 338)   335 Ἕκτόρ W   336 ἠδέ vel ἥδε D b Tᵃ Gᵃ:]δέ 230   337 ἀναλ-
κίη(ι)σι Ω* Gˢ: -κεΐ- 230 D F T G.—cf. ad 320   339 Ζῆν D: cf. ad Θ 22   340 τώ N:
τῶ(ι) Ω

Πάτροκλον νηυσὶν πελασαίατο τεθνηῶτα."
   ὣς φάτο, καί ρα πολὺ προμάχων ἐξάλμενος ἔστη·
οἳ δ' ἐλελίχθησαν καὶ ἐναντίοι ἔσταν Ἀχαιῶν.
ἔνθ' αὖτ' Αἰνείας Λειώκριτον οὔτασε δουρί,
345   υἱὸν Ἀρίσβαντος, Λυκομήδεος ἐσθλὸν ἑταῖρον.
τὸν δὲ πεσόντ' ἐλέησεν ἀρηΐφιλος Λυκομήδης,
στῆ δὲ μάλ' ἐγγὺς ἰών, καὶ ἀκόντισε δουρὶ φαεινῶι,
καὶ βάλεν Ἱππασίδην Ἀπισάονα ποιμένα λαῶν
ἧπαρ ὑπὸ πραπίδων, εἶθαρ δ' ὑπὸ γούνατ' ἔλυσεν,
350   ὅς ρ' ἐκ Παιονίης ἐριβώλακος εἰληλούθει
καὶ δὲ μετ' Ἀστεροπαῖον ἀριστεύεσκε μάχεσθαι.
τὸν δὲ πεσόντ' ἐλέησεν ἀρήϊος Ἀστεροπαῖος,
ἴθυσεν δὲ καὶ ὃ πρόφρων Δαναοῖσι μάχεσθαι·
ἀλλ' οὔ πως ἔτι εἶχε, σάκεσσι γὰρ ἔρχατο πάντηι
355   ἑσταότες περὶ Πατρόκλωι, πρὸ δὲ δούρατ' ἔχοντο.
Αἴας γὰρ μάλα πάντας ἐπώιχετο πολλὰ κελεύων·
οὔτέ τιν' ἐξοπίσω νεκροῦ χάζεσθαι ἀνώγει
οὔτέ τινα προμάχεσθαι Ἀχαιῶν ἔξοχον ἄλλων,
ἀλλὰ μάλ' ἀμφ' αὐτῶι βεβάμεν σχεδόθεν τε μάχεσθαι.
360   ὣς Αἴας ἐπέτελλε πελώριος· αἵματι δὲ χθών
δεύετο πορφυρέωι, τοὶ δ' ἀγχηστῖνοι ἔπιπτον
νεκροί, ὁμοῦ Τρώων καὶ ὑπερμενέων ἐπικούρων
καὶ Δαναῶν· οὐδ' οἳ γὰρ ἀναιμωτεί γ' ἐμάχοντο,
παυρότεροι δὲ πολὺ φθίνυθον, μέμνηντο γὰρ αἰεί
365   ἀλλήλοις καθ' ὅμιλον ἀλεξέμεναι φόνον αἰπύν.
   ὣς οἱ μὲν μάρναντο δέμας πυρός· οὐδέ κε φαίης
οὔτέ ποτ' ἠέλιον σόον ἔμμεναι οὔτε σελήνην,

   357 (χάζ.) H. χ 8   **359** EtG β 79; **359a** ApS 50.33; (βεβ.) H. β 403   **361b–2** (–Τρώων καὶ Ἀχαιῶν) ApS 5.20   **363** (ἀναιμ.) H. (Cyr.) α 4329   **366** (οὐδέ–)–8a [Plut.] Hom. 2.108.2; **368a** Hdn ad Τ 87a

   341 τεθνηῶτα 43 233 Ω*: -θνει- 230 D B^c C E^s F G   **342** προμάχων 230 Ω: πρὸ φίλων *h*   **344** Λειώκριτον Ω* T^s: Λειό- D T^t   **346** ἀρηΐφιλος 43 230 Ω: φιλοπτόλεμος N^yp   Λυκομήδης Ω: Μενέλαος 230 *h* (ex Ε 561)   **348** Ἀπισάονα 43 230 Ω (cf. Λ 578): Ἀμυθάονα rr   **349** (damn. Payne Knight) om. R^a rr: hab. 43 230 Ω*   **354** εἶχε 43 77 Ω: εἶκε Brandreth (cf. ad Η 217)   **357** et **358** οὔτέ sic Ω   **359**–Σ 192 deest D   τε 43 t *b* F T: δὲ R W G   **361** τοὶ Ω: οἳ t   ἀγχηστῖνοι 43 77 t *b* F^{c?} T^c R^s W: -ιστῆνοι T^a R G: -ιστῖνοι C^c F^a?: -ιστειῖνοι Z.—cf. Praef. xxix   **363** ἀναιμωτεί 43 W^a rr: -τί 77 (ἀναιμ-) t Z Ω*   γε μάχοντο B E F T W   **364–5** ath. Zen, debuit et 363   **365** καθ' Ω: ἀν' 43 1402 1403 *h*   φόνον 43 sch^T *b* F T G: πόνον 230 R W, deprec. sch^T (Did?)   **367** οὔτέ sic Z Ω (οὔτέ E), ουτεί 1403: οὐδέ t   ποτ' 43 t Z Ω: malim τότ' vel που   σόον 43 77^{uv} t Z Ω: σῶν M N: σάον Payne Knight.—cf. ad Α 117   οὐδὲ t^{vl}

ἠέρι γὰρ κατέχοντο †μάχης ἐπί θ'† ὅσσοι ἄριστοι
ἕστασαν ἀμφὶ Μενοιτιάδηι κατατεθνηῶτι.
370   οἱ δ' ἄλλοι Τρῶες καὶ ἐϋκνήμιδες Ἀχαιοί
εὔκηλοι πολέμιζον ὑπ' αἰθέρι, πέπτατο δ' αὐγή
ἠελίου ὀξεῖα, νέφος δ' οὐ φαίνετο πάσης
γαίης οὐδ' ὀρέων. μεταπαυόμενοι δ' ἐμάχοντο,
ἀλλήλων ἀλεείνοντες βέλεα στονόεντα,
375   πολλὸν ἀφεσταότες· τοὶ δ' ἐν μέσωι ἄλγε' ἔπασχον
ἠέρι καὶ πολέμωι, τείροντο δὲ νηλέϊ χαλκῶι,
ὅσσοι ἄριστοι ἔσαν. δύο δ' οὔ πω φῶτε πεπύσθην,
ἀνέρε κυδαλίμω, Θρασυμήδης Ἀντίλοχός τε,
Πατρόκλοιο πεσόντος ἀμύμονος, ἀλλ' ἔτ' ἔφαντο
380   ζωὸν ἐνὶ πρώτωι ὁμάδωι Τρώεσσι μάχεσθαι.
τὼ δ' ἐπιοσσομένω θάνατον καὶ φύζαν ἑταίρων
νόσφιν ἐμαρνάσθην, ἐπεὶ ὣς ἐπετέλλετο Νέστωρ,
ὀτρύνων πόλεμόνδε μελαινάων ἀπὸ νηῶν.
τοῖς δὲ πανημερίοις ἔριδος μέγα νεῖκος ὀρώρει
385   ἀργαλέης· καμάτωι δὲ καὶ ἱδροῖ νωλεμὲς αἰεί
γούνατά τε κνῆμαί τε πόδες θ' ὑπένερθεν ἑκάστου
χεῖρές τ' ὀφθαλμοί τε παλάσσετο μαρναμένοισιν
ἀμφ' ἀγαθὸν θεράποντα ποδώκεος Αἰακίδαο.
ὡς δ' ὅτ' ἀνὴρ ταύροιο βοὸς μεγάλοιο βοείην
390   λαοῖσιν δώηι τανύειν, μεθύουσαν ἀλοιφῆι,
δεξάμενοι δ' ἄρα τοί γε διαστάντες τανύουσιν
κυκλόσ', ἄφαρ δέ τε ἰκμὰς ἔβη, δύνει δέ τ' ἀλοιφή
πολλῶν ἑλκόντων, τάνυται δέ τε πᾶσα διάπρο,

370a + 371a sch P 368d; 371a EtG s.v. εὔκηλος   373b sch^D P 371   374 ApD
Synt. 60.5   375 Eudoc. 1756   385 (καμ.–)–6 (–παλ.) Porph. Il. 331.21 Schr.; 385
(καμ.–) Choer. in Thd. i.248.38   387a Epm. χ 30   389–95a Porph. Il. 267.11 Schr.;
390 (μεθ.–) ApS 110.14; H. μ 574; 391 Eudoc. 1873; 392 (ἰκμάς) H. (Cyr.) ι 479; Orio
77.7

368 μάχης ἐπί 43 (επει) 77 (ἐπι) sch^A Ω* (ἔπι T, contra monet sch^T): μάχηι ἔνι Arph:
μάχηι ἔπι (cf. sch^bT) h, μάχη ἐπεί W: exspectaveris e.g. ὀμίχληι (cf. 649) θ' ὅσσοι
(Arph?) 43 sch^bT Ω*, h 230 (cf. 377): θ' ὅσσον (Ar) sch^AT R^a: τόσσον Zen   369 κατατεθνηῶτι 43? Ω*: -θνει- 230 B C E^s F^s G (-ῶτα)   373 δὲ μάχοντο F T W   375 τοὶ
230 Ω: οι 43 1404   379 πεσόντος 233 b (cf. 10): θανόντος 230 Ω*.—cf. ad H
476   383 ἀπὸ 1405 Ω: ε]π 230   384 ορωρεν 1405   385 ἱδρόϊ Brandreth (praestat -οῖ, cf. 745; Chantr. I 211): ἱδρῶ(ι) tt Ω   387 μαρναμένοισιν b F W: -οϊϊν Ar(?)
h T R G (-νοῖν)   392 κυκλόσ' Ptol Hdn 1394 sch^D Ω*: κύκλος Ar (cl. Ο 305) Υ: -ωι
Zen.—cf. ad Δ 212   δύνη Ζ Υ R   393 διάπρο dedi (Praef. xix): διὰ πρὸ G, διαπρὸ Ω*

ὣς οἵ γ᾽ ἔνθα καὶ ἔνθα νέκυν ὀλίγηι ἐνὶ χώρηι
395   εἵλκεον ἀμφότεροι· μάλα δέ σφισιν ἔλπετο θυμός,
Τρωσὶν μὲν ἐρύειν προτὶ Ἴλιον, αὐτὰρ Ἀχαιοῖς
νῆας ἔπι γλαφυράς. περὶ δ᾽ αὐτοῦ μῶλος ὀρώρει
ἄγριος· οὐδέ κ᾽ Ἄρης λαοσσόος οὐδέ κ᾽ Ἀθήνη
τόν γε ἰδοῦσ᾽ ὀνόσαιτ᾽, οὐδ᾽ εἰ μάλα μιν χόλος ἵκοι.
400   τοῖον Ζεὺς ἐπὶ Πατρόκλωι ἀνδρῶν τε καὶ ἵππων
ἤματι τῶι ἐτάνυσσε κακὸν πόνον· οὐδ᾽ ἄρα πώ τι
εἴδεε Πάτροκλον τεθνηότα δῖος Ἀχιλλεύς.
πολλὸν γάρ ῥ᾽ ἀπάνευθε νεῶν μάρναντο θοάων,
τείχει ὕπο Τρώων· τό μιν οὔ ποτε ἔλπετο θυμῶι
405   τεθνάμεν, ἀλλὰ ζωὸν ἐνιχριμφθέντα πύληισιν
ἂψ ἀπονοστήσειν, ἐπεὶ οὐδὲ τὸ ἔλπετο πάμπαν,
ἐκπέρσειν πτολίεθρον ἄνευ ἕθεν, οὐδὲ σὺν αὐτῶι.
πολλάκι γὰρ τό γε μητρὸς ἐπεύθετο νόσφιν ἀκούων,
ἥ οἱ ἀπαγγέλλεσκε Διὸς μεγάλοιο νόημα·
410   δὴ τότε γ᾽ οὔ οἱ ἔειπε κακὸν τόσον, ὅσσον ἐτύχθη,
μήτηρ, ὅττί ῥά οἱ πολὺ φίλτατος ὤλεθ᾽ ἑταῖρος.
οἳ δ᾽ αἰεὶ περὶ νεκρὸν ἀκαχμένα δούρατ᾽ ἔχοντες
νωλεμὲς ἐγχρίμπτοντο καὶ ἀλλήλους ἐνάριζον.
ὧδε δέ τις εἴπεσκεν Ἀχαιῶν χαλκοχιτώνων·
415   "ὦ φίλοι, οὐ μὰν ἥμιν ἐϋκλεὲς ἀπονέεσθαι
νῆας ἔπι γλαφυράς, ἀλλ᾽ αὐτοῦ γαῖα μέλαινα
πᾶσι χάνοι· τό κεν ἥμιν ἄφαρ πολὺ κέρδιον εἴη,
εἰ τοῦτον Τρώεσσι μεθήσομεν ἱπποδάμοισιν
ἄστυ πότι σφέτερον ἐρύσαι καὶ κῦδος ἀρέσθαι."

394 (ὀλίγηι–) H. ο 537   **395a** Choer. in Thd. ii.47.30; (εἵλκ.) Hdn ad N 543a¹   **397** (μῶλος) ApS 114.19; H. (Cyr.) μ 2035   **399b** ApD Pron. 84.28
405 (ζωὸν–) Did ad Ρ 413   **408** (ἐπεύθ.) cf. H. ε 5573   **415** Epm. η 19   **417** (τό κεν–λώϊον) sch A 349c   **419** (ἐρύσαι) Apio 237.20; H. ε 6104

395 εἵλκεον Ar(?) 1394 tt* Ω*, εἵλκον Porph.: ἕλκεον W   ἔλπετο Ω*: ἤλπ- Υ, ἤλπ- G H   **396** μὲν Y W: μέν ῥ᾽ *b* F T R G   ποτὶ rr   **397** ἔπι Wolf, ἐπὶ vel ἔπι Ω*: ἀνὰ (nov. Eust.) Y R Gʸᵖ.—cf. ad K 389, Ρ 453   μῶλος tt schᴰ Ω*: νεῖκος (et 398 ἄγριον) C   **402** εἴδεε Platt: ἤ(ι)δεε Ω   τεθνηότα B E T: -ειότα C Eˢ F W, -ειῶτα R G   **403** γάρ ῥ᾽ Ω: γὰρ *h*.—cf. ad Ξ 30   **404–25** om. Zen   **404** ὕπο r: ὑπὸ Ω   **406** ἤλπετο H   **408** τό γε *b* F T Gᶜ⁾: τόδε R W   ἀκούων 1406ⁱ Ω*: -ειν B C: -σας 230 1406ˢ   **410** οὐκ ἔστι περισσός schᵀ (cl. E 53), nimirum grammatico alicui contradicens   **411** obelum praefigit G, del. Payne Knight (cf. 655)   **413** ἐγχρίμπτοντο Eˢ Tᴸ *h* G, ἐνχρίπτ- h139ᵉ⁴⁴⁵ quidam ap. schᵀ: ἐχρίμπτ- Ω*   **415** μὰν 230 t Ω: μὴν 230ˢ Nᶜ   ὕμμιν N   **416** ἔπι Wolf: ἐπὶ vel ἔπι Ω   **419** πότι P: ποτὶ vel ποτι Ω.— v. ad 287   ἐρύσαι tt Ω: -ύειν H

420 ὣς δέ τις αὖ Τρώων μεγαθύμων αὐδήσασκεν·
"ὦ φίλοι, εἰ καὶ μοῖρα παρ' ἀνέρι τῶιδε δαμῆναι
πάντας ὁμῶς, μή πώ τις ἐρωείτω πολέμοιο."
ὣς ἄρα τις εἴπεσκε, μένος δ' ὄρσασκεν ἑκάστου.
ὣς οἳ μὲν μάρναντο, σιδήρειος δ' ὀρυμαγδός
425 χάλκεον οὐρανὸν ἷκε δι' αἰθέρος ἀτρυγέτοιο.
ἵπποι δ' Αἰακίδαο μάχης ἀπάνευθεν ἐόντες
κλαῖον, ἐπεὶ δὴ πρῶτα πυθέσθην ἡνιόχοιο
ἐν κονίηισι πεσόντος ὑφ' Ἕκτορος ἀνδροφόνοιο.
ἦ μὰν Αὐτομέδων, Διώρεος ἄλκιμος υἱός,
430 πολλὰ μὲν ἄρ μάστιγι θοῆι ἐπεμαίετο θείνων,
πολλὰ δὲ μειλιχίοισι προσηύδα, πολλὰ δ' ἀρειῆι·
τὼ δ' οὔτ' ἄψ ἐπὶ νῆας ἐπὶ πλατὺν Ἑλλήσποντον
ἠθελέτην ἰέναι, οὔτ' ἐς πόλεμον μετ' Ἀχαιούς,
ἀλλ' ὥς τε στήλη μένει ἔμπεδον, ἥ τ' ἐπὶ τύμβωι
435 ἀνέρος ἑστήκηι τεθνηότος ἠὲ γυναικός,
ὣς μένον ἀσφαλέως περικαλλέα δίφρον ἔχοντες,
οὔδει ἐνισκίμψαντε καρήατα, δάκρυα δέ σφιν
θερμὰ κατὰ βλεφάρων χαμάδις ῥέε μυρομένοισιν
ἡνιόχοιο πόθωι· θαλερὴ δ' ἐμιαίνετο χαίτη
440 ζεύγλης ἐξεριποῦσα παρὰ ζυγὸν ἀμφοτέρωθεν.
μυρομένω δ' ἄρα τώ γε ἰδὼν ἐλέησε Κρονίων,

421 (εἰ–τῶιδε) sch P 240–3   **424–5** [Plut.] Hom. 2.95.2; Anon. in Stob. 1.22.2; **424b–5** Porph. Hom. 25.17 Sod.; **424b** sch A.R. 2.115; H. σ 595; **425** Eudoc. 268; (χάλκ. οὐρ.) Procl. in Crat. 77.1; id. in Remp. i.127.2; id. in Tim. i.143.9   **427** sch Π 245a   **429b** Hdn ii.493.20   **431** ApS 42.16; sch [Aesch.] Prom. 172; (ἀρειῆι) H. (Cyr.) α 7108   **432** (πλατ.–) ApS 132.8; H. π 2492   **434** (–ἔμπ.) sch Theoc. 2.110c; (ἥ τ'–)**435** sch α 1 (p.6.19 Ludw.)   **437–8** Eudoc. 2103–4; **437** (ἐνισκ.) H. ε 3125   **439** (χαίτη) id. χ 26

420 ath. Ar (hunc solum teste sch[T] ad 404–25; 420–3 ci. Heyne, 420–2 van Leeuwen)   ὣς δέ 234 Ω* (ὣς E F[a]): ὧδ.έ 230 V: ὧδε δέ W.—cf. ad Τ 153   **422** πω Ω*: που G: πως h   **423** ὄρσασκεν 230 1407 Ω*: ὦρσ- C R   ἑκάστου Ω*: ἕκαστος C: ἑταίρου G[γρ]   **424** ὀρυγμαδός B[a] C F[a] R G   **429** Αὐτομέδων γε G O   **431** προσηύδα t* fere Ω (μετ- W ut solet),]δα 230: κελεύων ApS   **434** μένηι Wecklein SBAW 1908(2).64   **435** ἑστήκη(ι) 230 r (ci. Hermann Opusc. II 43): -κει Ω (εἰστ- C W).—cf. χ 469[vl]   τεθνηότος B E T W, -ηῶ- R: -ειό- C E[s] F, -ειῶ- G   **436** ἔχοντες B R W G: -ντε C E F T   **437** ἐνὶ vel ἐνισκίμψαντε tt Z Ω*: -σκήψ- T G   σφιν b G: σφι t Ω*   **438** μυρομένοισιν (t) Ω: -οϊν H rr.—cf. ad 387, 441   **439** πόθω(ι) Ω: ποθῆ V rr   δ' ἐμιαίνετο W G N: δὲ μ- Ω*   **440** ἀμφοτέρωθ,εν 230 R G[γρ], agn. Eust. 1113.11: -ωσε h T W: -οισι(ν) b F T[gl] G.—cf. ad Ο 669   **441** μυρομένω δ' ἄρα τώ F R W: -νους … τούς (= Τ 340) b T G

κινήσας δὲ κάρη προτὶ ὃν μυθήσατο θυμόν·
"ἆ δειλώ, τί σφῶϊ δόμεν Πηλῆϊ ἄνακτι
θνητῶι, ὑμεῖς δ' ἐστὸν ἀγήρω τ' ἀθανάτω τε;

445 ἦ ἵνα δυστήνοισι μετ' ἀνδράσιν ἄλγε' ἔχητον;
οὐ μὲν γάρ τί πού ἐστιν ὀϊζυρώτερον ἀνδρός
πάντων, ὅσσα τε γαῖαν ἔπι πνείει τε καὶ ἕρπει.
ἀλλ' οὐ μὰν ὑμῖν γε καὶ ἅρμασι δαιδαλέοισιν
Ἕκτωρ Πριαμίδης ἐποχήσεται· οὐ γὰρ ἐάσω.

450 ἦ οὐχ ἅλις, ὡς καὶ τεύχε' ἔχει καὶ ἐπεύχεται αὔτως;
σφῶϊν δ' ἐν γούνεσσι βάλω μένος ἠδ' ἐνὶ θυμῶι,
ὄφρα καὶ Αὐτομέδοντα σαώσετον ἐκ πολέμοιο
νῆας ἔπι γλαφυράς. ἔτι γάρ σφισι κῦδος ὀρέξω,

454 κτείνειν, εἰς ὅ κε νῆας ἐϋσσέλμους ἀφίκωνται."

456 ὣς εἰπὼν ἵπποισιν ἐνέπνευσεν μένος ἠΰ·
τὼ δ' ἀπὸ χαιτάων κονίην οὐδάσδε βαλόντε
ῥίμφ' ἔφερον θοὸν ἅρμα μετὰ Τρῶας καὶ Ἀχαιούς,
τοῖσι δ' ἔπ' Αὐτομέδων μάχετ' ἀχνύμενός περ ἑταίρου,

460 ἵπποις ἀΐσσων ὥς τ' αἰγυπιὸς μετὰ χῆνας.
ῥέα μὲν γὰρ φεύγεσκεν ὕπεκ Τρώων ὀρυμαγδοῦ,
ῥεῖα δ' ἐπαΐξασκε πολὺν καθ' ὅμιλον ὀπάζων.
ἀλλ' οὐχ ἥιρει φῶτας, ὅτε σεύαιτο διώκειν·
οὐ γάρ πως ἦν οἶον ἐόνθ' ἱερῶι ἐνὶ δίφρωι

442 Eudoc. 1336   443–4 'Hdn.' Fig. 62; 443 (ἆ δειλώ) Apio 210.8; H. α [1035], 1041; 444 (ὑμεῖς–) Did ad B 447b/c   446–7 [Pl.] Axioch. 367d; Plut. Mor. 496b; Eudoc. 1183–4; Stob. 4.34.47; 446b–7 Dio Prus. 33.1; Plut. Mor. 500b; 447 (ὅσσα–) Iul. Or. 2.130b; Eudoc. 20; sch Soph. Tr. 1160; (ἕρπ.) H. (Cyr.) ε 5989   448–9 'Hdn.' Fig. 36   450 ApS 170.14   452 Hdn ad Θ 18b[1]   453b ApD Pron. 98.15; Hdn ad Δ 2c   461 sch Heph. 321.21   464 (ιερῶι) Phot. Lex. ι 66

444 ἀγήρω tt Ω: v. ad M 323   445 ἦ F^s W^a: ἢ Ω*   ἔχητον 230 Ω: -τε h   446 που tt* Ω: ποτ' [Plato] Stob.   447 ὅσσά B^a C E F T R^c W G   ἔπι r: ἐπὶ vel ἐπὶ Z Ω   449 οὐ γὰρ ἐάσω 230 t Ω: οὐδέ τις ἄλλος quidam ap. sch^T (ἵνα μὴ ζητῶμεν τοὺς ἵππους: contradixerunt alii) V rr   450 ἦ B^x F^s T W^a: ἢ Ω*   ἐπεύχεται 230^s Ω: ἀγάλλεται 230^t t (cf. 473, Σ 132)   451 βάλω b F R G, βάλλω T: βαλῶ W   453 ἔπι Wolf: ἐπὶ vel ἐπὶ 1409 Ω*: ἀνὰ R.—cf. ad 397   σφισι tt Ω: σφι(ν) h   455 (= Λ 194) add. C^2 F T R^m W G: deest in 230 1409 b R^t O   456 ἐνέπνευσεν μένος ἠΰ Ar 230 1409 1410 Ω (cf. Ω 442): μένος πολυθαρσὲς ἐνῆκεν, | αὐτὸς δ' Οὐλυμπόνδε μετ' ἀθανάτοισι βεβήκει Zen (-άτους ἐβεβήκει La Roche)   458 ῥίμφ' ἔφερον (= Λ 533) 230 Ω* T^{γρ}: ῥίμφα φ- F T R   459 ἔπ' r: ἐπ' Ω   461 ῥέα 'omnes' Didymi 1406 t B E F T G: ῥεῖα 1409 (om. γὰρ) h C R W   ὕπεκ dedi (Praef. xix): ὑπ' ἐκ fere Ω (ὕπεκ B^c, ὑπεκ C)   ὀρυγμαδοῦ C F^a R G   462 ἐπαΐξασκε 1409 Ω*: -εσκε b   463 ὅτε σεύαιτο rr, -ετο Z: ὅτ' ἐσσ- Ω (-αιτο W: -ετο T R G: -ατο F: -οντο b)

465   ἔγχει ἐφορμᾶσθαι καὶ ἐπίσχειν ὠκέας ἵππους.
           ὀψὲ δὲ δή μιν ἑταῖρος ἀνὴρ ἴδεν ὀφθαλμοῖσιν,
           Ἀλκιμέδων, υἱὸς Λαέρκεος Αἱμονίδαο.
           στῆ δ' ὄπιθεν δίφροιο καὶ Αὐτομέδοντα προσηύδα·
           "Αὐτόμεδον, τίς τοί νυ θεῶν νηκερδέα βουλήν
470   ἐν στήθεσσιν ἔθηκε, καὶ ἐξέλετο φρένας ἐσθλάς,
           οἷον πρὸς Τρῶας μάχεαι πρώτωι ἐν ὁμίλωι
           μοῦνος, ἀτάρ τοι ἑταῖρος ἀπέκτατο, τεύχεα δ' Ἕκτωρ
           αὐτὸς ἔχων ὤμοισιν ἀγάλλεται Αἰακίδαο;"
           τὸν δ' αὖτ' Αὐτομέδων προσέφη Διώρεος υἱός·
475   "Ἀλκίμεδον, τίς τάρ τοι Ἀχαιῶν ἄλλος ὁμοῖος
           ἵππων ἀθανάτων ἐχέμεν δμῆσίν τε μένος τε;
           εἰ μὴ Πάτροκλος θεόφιν μήστωρ ἀτάλαντος
           ζωὸς ἐών· νῦν αὖ θάνατος καὶ μοῖρα κιχάνει.
           ἀλλὰ σὺ μὲν μάστιγα καὶ ἡνία σιγαλόεντα
480   δέξαι, ἐγὼ δ' ἵππων ἀποβήσομαι, ὄφρα μάχωμαι."
           ὣς ἔφατ', Ἀλκιμέδων δὲ βοηθόον ἅρμ' ἐπορούσας
           καρπαλίμως μάστιγα καὶ ἡνία λάζετο χερσίν,
           Αὐτομέδων δ' ἀπόρουσε. νόησε δὲ φαίδιμος Ἕκτωρ,
           αὐτίκα δ' Αἰνείαν προσεφώνεεν ἐγγὺς ἐόντα·
485   "Αἰνεία, Τρώων βουληφόρε χαλκοχιτώνων,
           ἵππω τώδ' ἐνόησα ποδώκεος Αἰακίδαο
           ἐς πόλεμον προφανέντε σὺν ἡνιόχοισι κακοῖσιν.
           τώ κεν ἐελποίμην αἱρησέμεν, εἰ σύ γε θυμῶι
           σῶι ἐθέλοις, ἐπεὶ οὐκ ἂν ἐφορμηθέντέ γε νῶϊ
490   τλαῖεν ἐναντίβιον στάντες μαχέσασθαι ἄρηϊ."
           ὣς ἔφατ'· οὐδ' ἀπίθησεν ἐὺς πάϊς Ἀγχίσαο.

    465 (ἐπισχ.) H. ε 5278   466 Eudoc. 817, cf. 748, 2279   469 (Αὐτόμ.) Hdn ad Γ
182b; (νηκ.) H. (Cyr.) ν 463; cf. Phot. Lex. s.v.   476 (δμ.) H. δ 2066   478 Eudoc.
1245

    465 ἐπίσχειν Ar Hdn Ω*: ἐπισχεῖν Ptol 230 t^cod Z W   467 Αἱμονίδαο 230 1409 R
(αἰ-) G: Ἀρμ- Ω* (cf. E 60)   469 Αὐ]τομεδων 230ᵃ   473 ὤμοισιν 1409 (ομ-) Ω:
-οιϊν r   475 τ' ἄρ T W, τάρ dedi (cf. Praef. xxix): γάρ 636 1409 Ω*   476 ἀθανάτων 230 1409 Ω: ὠκυπόδων Gᶜ   477 μήστωρ 636 1409 Ω: μῆτιν Gʸᵖ   478 αὖ 636
1409 t Ω*: δ' αὖ R V: (F') αὖ van Leeuwen, at cf. X 436   κιχάνει 230 636 t Ω*: κάλυψε(ν)
1410 b.—cf. ad 672   480–2 om., 480 cum 480a (= E 228) mg. rest. 636   481 βοηθόον Ar sch^D Ω*: βοῆι θοὸν "οἱ ἀπὸ τῆς σχολῆς" Z R: βοηθόος Peppmüller cl. N 477,
at cf. [Hes.] fr. 30.6   482 λάζυτο? Nauck, cf. ad E 840   488 τώ F T R W Gᶜ: τῶ(ι)
b Gᵃ   489 ἐθέλοις 1409 b F W G: -εις 636 T R.—cf. ad Ψ 894; ο 435   οὐκ ἂν 1409 Ω*:
οὔ κεν W O.—cf. ad N 289   491 πάϊς Ω: παῖς H O

τὼ δ' ἰθὺς βήτην βοέηις εἰλυμένω ὤμους
αὔηισι στερεῆισι, πολὺς δ' ἐπελήλατο χαλκός.
τοῖσι δ' ἅμα Χρομίος τε καὶ Ἄρητος θεοειδής
495   ἤισαν ἀμφότεροι· μάλα δέ σφισιν ἔλπετο θυμός
αὐτώ τε κτενέειν ἐλάαν τ' ἐριαύχενας ἵππους·
νήπιοι, οὐδ' ἄρ' ἔμελλον ἀναιμωτεί γε νέεσθαι
αὖτις ἀπ' Αὐτομέδοντος. ὃ δ' εὐξάμενος Διὶ πατρί
ἀλκῆς καὶ σθένεος πλῆτο φρένας ἀμφὶ μελαίνας.
500   αὐτίκα δ' Ἀλκιμέδοντα προσηύδα, πιστὸν ἑταῖρον·
"Ἀλκίμεδον, μὴ δή μοι ἀπόπροθεν ἰσχέμεν ἵππω,
ἀλλὰ μάλ' ἐμπνείοντε μεταφρένωι· οὐ γὰρ ἐγώ γε
Ἕκτορα Πριαμίδην μένεος σχήσεσθαι ὀίω,
πρίν γ' ἐπ' Ἀχιλλῆος καλλίτριχε βήμεναι ἵππω
505   νῶι κατακτείναντα, φοβῆσαί τε στίχας ἀνδρῶν
Ἀργείων, ἤ κ' αὐτὸς ἐνὶ πρώτοισιν ἀλοίη."
ὣς εἰπὼν Αἴαντε καλέσσατο καὶ Μενέλαον·
"Αἴαντ' Ἀργείων ἡγήτορε καὶ Μενέλαε,
ἤτοι μὲν τὸν νεκρὸν ἐπιτράπεθ', ὅσσοι ἄριστοι,
510   ἀμφ' αὐτῶι βεβάμεν καὶ ἀμύνεσθαι στίχας ἀνδρῶν,
νῶιν δὲ ζωοῖσιν ἀμύνετε νηλεὲς ἦμαρ·
τῆιδε γὰρ ἔβρισαν πόλεμον κάτα δακρυόεντα
Ἕκτωρ τ' Αἰνείας θ', οἳ Τρώων εἰσὶν ἄριστοι.
ἀλλ' ἤτοι μὲν ταῦτα θεῶν ἐν γούνασι κεῖται·
515   ἥσω γὰρ καὶ ἐγώ, τὰ δέ κεν Διὶ πάντα μελήσει."
ἦ ῥα, καὶ ἀμπεπαλὼν προΐει δολιχόσκιον ἔγχος,

499 ead. 1598   504 Epm. κ 151   512a sch Ω 139a   514 (al.) sch Eur. Pho. 705;
514b Epicharm. 229 Kai. (parod.); Diog. Sinop. ap. D.L. 6.67; sch O 9; Q.S. 7.71; Greg.
Naz. carm. 2.2.7.299; Themist. in Phys. CAG v(2).108.17; H. θ 439; Procl. in Remp.
ii.227.12; Philop. in Phys. CAG xvi/xvii.529.9; Simpl. in Phys. CAG ix.552.12; Procop.
De bellis 3.10.13; Genesius Reg. 3 (PG 109.1056a)   515a Hdn ad Ψ 886a, Ω 235a;
Choer. in Thd. ii.126.9; EtG s.v. ἦμα; (ἥσω) H. η 926

492 εἰλυμένω Ω: -με]νοι 636   493 αὔη(ι)σι Ω: -σιν Z   σ]τερέ[ησι 636   494 Χρο–
μίος (Hdn) B E T Rᵃ: proparox. Ω*   495 ἔλπετο 1411 h W: ἤλπ- Ω*   496 κτανέειν
rr; cf. Praef. xxxii   497 ἀναιμωτεί Wᵃ: -τί 1411 Ω*   498 αὖθις C   501 ἵππω b F
T: -ους Ω*.—cf. ad Θ 290   502 ἐγώ γε Bekker: ἔγωγε Ω   505 κατακτείναντα 230
1412 Ω*: -κτεῖναί τε Gᶜ²   τε 230 Ω: δὲ Ar² (schᵀ)   506 ἀλοίη Z (ἀ-) h W V:
-ώ(ι)η(ι) Ω*: δαμείη rr   509 ὅσσοι Ω*: οἵ πε₊ρ 230 R W   510 ἀμύνεσθαι 230 Ω*:
-ασθαι C   512 κάτα δακρυόεντα fere Ω: πο]λυδ[ακρυν] Αχαιω[ν 230   513 τ' b F T:
om. R W G.—cf. ad 534   514 θεῶν tt* Z Ω: θεοῦ (Greg.) Procop. Genes.: Διὸς Themist.
Simpl. Philop.   κεῖται tt* Z Ω: κείσθω Greg. Procl.   515 μελήσει 230 636 Ω*: -ση C

    καὶ βάλεν Ἀρήτοιο κατ' ἀσπίδα πάντοσ' ἐΐσην·
    ἣ δ' οὐκ ἔγχος ἔρυτο, διάπρο δὲ εἴσατο χαλκός,
    νειαίρηι δ' ἐν γαστρὶ διὰ ζωστῆρος ἔλασσεν.
520 ὡς δ' ὅτ' ἂν ὀξὺν ἔχων πέλεκυν αἰζήιος ἀνήρ
    κόψας ἐξόπιθεν κεράων βοὸς ἀγραύλοιο
    ἵνα τάμηι διὰ πᾶσαν, ὃ δὲ προθορὼν ἐρίπησιν,
    ὣς ἄρ' ὅ γε προθορὼν πέσεν ὕπτιος· ἐν δέ οἱ ἔγχος
    νηδυίοισι μάλ' ὀξὺ κραδαινόμενον λύε γυῖα.
525 Ἕκτωρ δ' Αὐτομέδοντος ἀκόντισε δουρὶ φαεινῶι·
    ἀλλ' ὃ μὲν ἄντα ἰδὼν ἠλεύατο χάλκεον ἔγχος,
    πρόσσω γὰρ κατέκυψε, τὸ δ' ἐξόπιθεν δόρυ μακρόν
    οὔδει ἐνισκίμφθη, ἐπὶ δ' οὐρίαχος πελεμίχθη
    ἔγχεος· ἔνθα δ' ἔπειτ' ἀφίει μένος ὄβριμος Ἄρης.
530   καί νύ κε δὴ ξιφέεσσ' αὐτοσχεδὸν ὡρμηθήτην,
    εἰ μή σφω' Αἴαντε διέκριναν μεμαῶτε,
    οἵ ῥ' ἦλθον καθ' ὅμιλον ἑταίρου κικλήσκοντος.
    τοὺς ὑπὸ ταρβήσαντες ἐχώρησαν πάλιν αὖτις
    Ἕκτωρ τ' Αἰνείας τε ἰδὲ Χρομίος θεοειδής,
535 Ἄρητον δὲ κατ' αὖθι λίπον δεδαϊγμένον ἦτορ
    κείμενον. Αὐτομέδων δὲ θοῶι ἀτάλαντος Ἄρηι
    τεύχεά τ' ἐξενάριξε καὶ εὐχόμενος ἔπος ηὔδα·
    "ἦ δὴ μὰν ὀλίγον γε Μενοιτιάδαο θανόντος
    κῆρ ἄχεος μεθέηκα χερείονά περ καταπεφνών."
540 ὣς εἰπὼν ἐς δίφρον ἑλὼν ἔναρα βροτόεντα
    θῆκ', ἀνὰ δ' αὐτὸς ἔβαινε, πόδας καὶ χεῖρας ὕπερθεν
    αἱματόεις, ὥς τίς τε λέων κατὰ ταῦρον ἐδηδώς.

    517 (–ἀσπ.) + 518a + 519 Did ad Π 467c   520 (αἰζ.) H. (Cyr.) α 1827   522a Choer.
in Ps. 64.6   524 (νηδ.) ApS 116.13; H. (Cyr.) ν 442; (κραδ.) H. κ 3908   531(–διέκρ.)
Hdn ad H 546b¹; 531a ApD Pron. 88.24   535 EtG α 1167   539 Hdn ad Π 827; 539b
id. ad A 80c; Epm. μ 72, π 84   540 sch E 297b   542 [Plut.] Hom. 2.30.2; 542b sch
E 161; ApD Synt. 384.6, 446.12; Alex. Fig. iii.38.11 Sp.; Choer. in Thd. ii.92.27; Epm. κ
148; (κατὰ–) Hdn ad Γ 440; Syr. in Hermog. i.17.1; (ἐδηδώς) H. ε 456

    517 πάντοσ' ἐΐσην 636 b: -σε ἴσην Ω*   518 διάπρο dedi (Praef. xix): διαπρὸ
636 B C Fᶜ W, διὰ πρὸ Ω*   χαλκός 636 Ω*: καὶ τῆς b W.—cf. ad E 538   529 damn.
Payne Knight; cf. ad Π 613   530 ὡρμηθήτην 230ˢ Ω* (ὁρμ- B E) (cf. E 12): -ήθησαν
R G H (cf. N 496, 526): οὐτάζοντο 230ᵗ Hᵞᵖ V (= H 273)   531 σφω' ApD Hdn B E
Fᵃ W, σφῶ' Fᶜ G: σφω C T R, σφὼ M Nᶜ, σφῶ Nᵃ   533 αὖθις C   534 τ' b F T: δ' G:
om. R W.—cf. ad 513   τε ἰδὲ Voss ad Hymn. Cer. 191: τ' ἠδὲ Ω   Χρομίος (Hdn) Ω*:
proparox. C F Wᵃ G   535 δεδαϊγμένον t schᴰ Ω (cf. Σ 236): -νοι Heyne   539 κα–
ταπεφνών Tyr: parox. Ar Hdn tt Ω.—cf. ad Π 827   541 ἀνὰ Ω: ἀν [444] h

  ἂψ δ᾽ ἐπὶ Πατρόκλωι τέτατο κρατερὴ ὑσμίνη
  ἀργαλέη πολύδακρυς· ἔγειρε δὲ νεῖκος Ἀθήνη
545 οὐρανόθεν καταβᾶσα· προῆκε γὰρ εὐρύοπα Ζεύς
  ὀρνύμεναι Δαναούς, δὴ γὰρ νόος ἐτράπετ᾽ αὐτοῦ.
  ἠΰτε πορφυρέην ἶριν θνητοῖσι τανύσσηι
  Ζεὺς ἐξ οὐρανόθεν, τέρας ἔμμεναι ἢ πολέμοιο
  ἢ καὶ χειμῶνος δυσθαλπέος, ὅς ῥά τε ἔργων
550 ἀνθρώπους ἀνέπαυσεν ἐπὶ χθονί, μῆλα δὲ κήδει,
  ὣς ἢ πορφυρέηι νεφέληι πυκάσασα ἕ᾽ αὐτήν
  δύσετ᾽ Ἀχαιῶν ἔθνος, ἔγειρε δὲ φῶτα ἕκαστον.
  πρῶτον δ᾽ Ἀτρέος υἱὸν ἐποτρύνουσα προσηύδα,
  ἴφθιμον Μενέλαον, ὃ γάρ ῥά οἱ ἐγγύθεν ἦεν,
555 εἰσαμένη Φοίνικι δέμας καὶ ἀτειρέα φωνήν·
  "σοὶ μὲν δή, Μενέλαε, κατηφείη καὶ ὄνειδος
  ἔσσεται, εἴ κ᾽ Ἀχιλῆος ἀγαυοῦ πιστὸν ἑταῖρον
  τείχει ὕπο Τρώων ταχέες κύνες ἑλκήσουσιν.
  ἀλλ᾽ ἔχεο κρατερῶς, ὄτρυνε δὲ λαὸν ἅπαντα."
560 τὴν δ᾽ αὖτε προσέειπε βοὴν ἀγαθὸς Μενέλαος·
  "Φοίνιξ, ἄττα γεραιὲ παλαιγενές, εἰ γὰρ Ἀθήνη
  δοίη κάρτος ἐμοί, βελέων δ᾽ ἀπερύκοι ἐρωήν·
  τώ κεν ἐγώ γ᾽ ἐθέλοιμι παρεστάμεναι καὶ ἀμύνειν
  Πατρόκλωι· μάλα γάρ με θανὼν ἐσεμάσσατο θυμόν.
565 ἀλλ᾽ Ἕκτωρ πυρὸς αἰνὸν ἔχει μένος, οὐδ᾽ ἀπολήγει
  χαλκῶι δηιόων· τῶι γὰρ Ζεὺς κῦδος ὀπάζει."

545 (προῆκε) H. (Cyr.) π 3450 **547** 'Aët.' Plac. 3.5.2 ([Plut.] Plac. 894b, Stob. 1.30.1) **548** (ἐξ οὐρ.) Prisc. Inst. 5.75 **549** (–δυσθ.) ApS 61.9; (δυσθ.) H. δ 2579 **550** sch Pind. Pyth. 4.263b; sch Theoc. 4.10c; (κήδει) H. (Cyr.) κ 2454 **551** (πυκ.–) ApD Pron. 80.3, Synt. 194.4; Hdn ad I 342a¹; sch Θ 124b¹ **556–7** (ἔσσ.) ApD Synt. 179.10; (κατηφ.) H. κ 1795 **564** (ἐσεμ.–) id. ε 6185; (ἐσεμ.) ApS 77.22; (ἐπεμ.) H. ε 4393

545 (et **546**?) ath. Zen, τινὲς οὐδὲ γράφουσιν **547** ἶριν 230 444 t* sch^{bTD} Ω: νε– φέλην Stob. (ex **551**) **550** ἀνέπαυσεν 230 t* Ω: ἀπέπ- sch-Pind. r χθονί 230° tt Ω: -να 230ᵃ **551** ἕ᾽ αὐτήν Payne Knight, ἓ αὐ- tt Bᵃ, ἓ αὐ- E: ἑαυ- Ω*, εαυ- 230: ἑωυ- Zen.—v. ad Ξ 162 **552** δύσετ᾽ 230 Ω: -σατ᾽ V **553** Ἀτρέως R ἐποτρύνουσα προσηύδα Ω (μετη ΰδα W), -νασα προσ- h: -νουσ επος ηυδα 230 **554** ἦεν Ω: ἦλθεν 230 O **558** ὕπο Wolf: ὑπὸ vel ὑπο 1413 Ω ἑλκήσουσιν Z Ω (-κύσ- C T, cf. ad X 336): -σωσι rr: ελκησ[230 **561** Φοίνιξ Z N O: Φοῖ- Ω παλαιγενές sch^D Ω*: διοτρεφές (= I 607) 230 W V εἰ 1415 Ω: αι 230 **562** δωη 230ᵃ **563** τώ Allen: τῶ(ι) Z Ω ἐγώ γ᾽ Bekker: ἔγωγ᾽ 1413 Ω παρεστάμεναι Ω*: παριστ- G.—cf. ad O 255 **564** ἐσεμάσσατο 230 tt Z Ω Tᴧ: ἐπεμ- rr.—cf. ad Υ 425 **566** γὰρ 501c Ω: δ[ε 230 ὀπάζει 230 sch^D Ω (cf. Θ 141): ε[[ι]]δωκεν 501c

ὣς φάτο· γήθησεν δὲ θεὰ γλαυκῶπις Ἀθήνη,
ὅττί ῥα οἱ πάμπρωτα θεῶν ἠρήσατο πάντων.
ἐν δὲ βίην ὤμοισι καὶ ἐν γούνεσσιν ἔθηκεν,
570 καί οἱ μυίης θάρσος ἐνὶ στήθεσσιν ἐνῆκεν,
ἥ τε καὶ ἐργομένη μάλα περ χροὸς ἀνδρομέοιο
ἰχανάαι δακέειν· λαρόν τέ οἱ αἷμ' ἀνθρώπου·
τοίου μιν θάρσεος πλῆσε φρένας ἀμφὶ μελαίνας,
βῆ δ' ἐπὶ Πατρόκλωι, καὶ ἀκόντισε δουρὶ φαεινῶι.
575 ἔσκε δ' ἐνὶ Τρώεσσι Ποδῆς, υἱὸς Ἠετίωνος,
ἀφνειός τ' ἀγαθός τε, μάλιστα δέ μιν τίεν Ἕκτωρ
δήμου, ἐπεί οἱ ἑταῖρος ἔην φίλος εἰλαπιναστής·
τόν ῥα κατὰ ζωστῆρα βάλε ξανθὸς Μενέλαος
ἀΐξαντα φόβονδε, διάπρο δὲ χαλκὸν ἔλασσεν,
580 δούπησεν δὲ πεσών. ἀτὰρ Ἀτρείδης Μενέλαος
νεκρὸν ὕπεκ Τρώων ἔρυσεν μετὰ ἔθνος ἑταίρων.
Ἕκτορα δ' ἐγγύθεν ἱστάμενος ὤτρυνεν Ἀπόλλων,
Φαίνοπι Ἀσιάδηι ἐναλίγκιος, ὅς οἱ ἁπάντων
584 ξείνων φίλτατος ἔσκεν, Ἀβυδόθι οἰκία ναίων·
586 "Ἕκτορ, τίς κέ σ' ἔτ' ἄλλος Ἀχαιῶν ταρβήσειεν,

568 Eudoc. 1797   **569** ead. 686, 716   **570–2** ead. 1661–3; **570** Chrysipp. (SVF ii.253.6) ap. Gal. Plac. Hipp. et Plat. 3.2.13; [Plut.] Hom. 2.85.1; (θάρσος) Luc. Dial. 7.5; **571** (ἀνδρομ.) H. α 4762; **572a** Hdn ad E 256b; (ἰ[σ]χ.) H. ι 1049, cf. 1133; (λαρόν) ApS 107.5; H. (Cyr.) λ 340; Phot. Lex. λ 101   **573** Choer. in Thd. i.358.15; (–πλῆσεν) sch O 4c   **575–7** Ath. 236c; **575** (Ποδ.) Hdn i.65.10; **577** (ἐπεί–) sch Ω 6–9b, α 238; Poll. 6.36; (εἰλαπ.) H. (Cyr.) ε 853

568 ῥα οἱ Bekker: ῥά οἱ Ω   **569** ὤμοισι 230 Ω: -οις 501c   γούνεσσιν 230 1415 F Tᵃ W: -ασσιν 501c B E Tᶜ, -ασιν t C R G   **570** ἐνῆκεν Eudoc. Ω: ἀν- O: ἔθηκεν 501c tt* h (ex 569): ἐ[.]ηκεν 230.—cf. ad Π 691   **571** ἐργομένη t Z Ω*: εἰργ- 501c W V: ἐεργ- F   **572** ἰχανάαι (Hermann ad Aesch. Suppl. 816; Wack. KS 778; Bechtel Lexil. 182) Z: ἰσχ- tt Ω.—cf. ad Ψ 300; θ 288 v.l. ant.   λαρὸν 501c tt schᴰ Ω: λιαρο[ν] 230 cum ss. illegibili   τέ 230 Ω: δέ r Eust.   **573** θάρσεος sch-Oᴬ: -ευς 230 sch-Oᵀ Choer. Z Ω*: -ους 501c C: θράσεος Christ (cl. Ξ 416): -ευς sch-Oᵇ: -ους sch-Oᶠ   πλῆσε F R W: -εν 230 501c Ω*   **574**(*ab*) καὶ ἀκόντισε 230 1415 Ω: μεγαλητορι τον δ εκιχανεν | [κε]ιμενον αμφι δε μιμ βελεων ορυμαγδος ορωρει|[στ]η δε παρ αυτον ιων και ακοντι- σε 501c   **575** ἔσκε δ' ἐνὶ 230 646 Tᴸ Ω* Gᵐ: ἦν δέ τις ἐν (= E 9, K 314, cf. N 663) 501c t G   Ποδῆς Hdn Ω*: -ὴς b Fᵃ Rᵃ Gᵃ: Πόδης Ath.ᴬ   υἱὸς 230 t Ω: [π]αις 501c.—cf. ad E 612   **576** α[φ]νηος 501c   **578** denuo adest A   κατὰ ζωστῆρα 646 Ω: κατ ασπιδα δουρι 501c   βάλε Ω: -εν 230 501c 1416: ἔβαλε H O   **578ab** (= E 538 sq.) add. 501c   **579** διάπρο Gᵃ Oᵃ: διαπρὸ vel διὰ πρὸ fere Ω   **581** ὕπεκ dedi: ὑπ' ἐκ Ω*, ὕπεκ B   ἔρυσεν 230ᶜ Ω: ερυεμ 230ᵃ   **582** ut supra Ar 230 646 1415 1416 Ω (ὄτρυνεν rr): Ἕκτορα δὲ †φρένας διος† Ἄρης ὄτρυνε μετελθών Zen, ubi φρένα διος Villoison, φρένα θοῦρος La Roche (cf. E 461), φρένας οὖλος vel ἦλὸς Erbse   **585** (= [326]) add.

οἶον δὴ Μενέλαον ὑπέτρεσας, ὃς τὸ πάρος περ
μαλθακὸς αἰχμητής· νῦν δ' οἴχεται οἶος ἀείρας
νεκρὸν ὕπεκ Τρώων· σὸν δ' ἔκτανε πιστὸν ἑταῖρον
590	ἐσθλὸν ἐνὶ προμάχοισι, Ποδῆν υἱὸν Ἠετίωνος."
ὣς φάτο· τὸν δ' ἄχεος νεφέλη ἐκάλυψε μέλαινα,
βῆ δὲ διὰ προμάχων κεκορυθμένος αἴθοπι χαλκῶι.
καὶ τότ' ἄρα Κρονίδης ἕλετ' αἰγίδα θυσανόεσσαν
μαρμαρέην, Ἴδην δὲ κατὰ νεφέεσσι κάλυψεν·
595	ἀστράψας δὲ μάλα μεγάλ' ἔκτυπε, τὴν δ' ἐτίναξεν,
νίκην δὲ Τρώεσσι δίδου, ἐφόβησε δ' Ἀχαιούς.
    πρῶτος Πηνέλεως Βοιώτιος ἦρχε φόβοιο·
βλῆτο γὰρ ὦμον δουρί, πρόσω τετραμμένος αἰεί,
ἄκρον ἐπιλίγδην· γράψεν δέ οἱ ὀστέον ἄχρις
600	αἰχμὴ Πουλυδάμαντος, ὃ γάρ ῥ' ἔβαλε σχεδὸν ἐλθών.
Λήϊτον αὖθ' Ἕκτωρ σχεδὸν οὔτασε χεῖρ' ἐπὶ καρπῶι,
υἱὸν Ἀλεκτρυόνος μεγαθύμου, παῦσε δὲ χάρμης·
τρέσσε δὲ παπτήνας, ἐπεὶ οὐκέτι ἔλπετο θυμῶι
ἔγχος ἔχων ἐν χειρὶ μαχήσεσθαι Τρώεσσιν.
605	Ἕκτορα δ' Ἰδομενεὺς μετὰ Λήϊτον ὁρμηθέντα
βεβλήκει θώρηκα κατὰ στῆθος παρὰ μαζόν·
ἐν καυλῶι δ' ἐάγη δολιχὸν δόρυ, τοὶ δ' ἐβόησαν
Τρῶες. ὃ δ' Ἰδομενῆος ἀκόντισε Δευκαλίδαο

588a Pl. Symp. 174c, Resp. 411b; sch Z 51, Λ 251a, P 26; Dio Prus. 2.39, 11.105; Ath. 178c; Iul. Or. 2.84d; Choric. 124.10, 222.12; w4 xii 7?	590 (Ποδ.) Hdn ad O 302b¹	591 Cic. Fam. 13.15.1; (τὸν δ'–) Choer. in Thd. i.358.19; (τὸν δ'–ἐκάλ.) Porph. Il. 22.11, Od. 49.6 Schr.; (ἄχ. νεφ.) H. α 8842	593–6 Porph. Il. 42.1 Schr.; 593 (–αἰγ.) sch O 229b; 594 (Ἴδην–) sch Δ 167c; 595 Eudoc. 1971; (–ἔκτ.) [Plut.] Hom. 2.111.3	598 (πρόσω τετρ.) sch P 597a	599a ApS 73.26; Luc. Dial. 8.36; H. λ 962; Epm. π 99; Lex. αἰμ σ 3a; (ἐπιλ.) sch χ 278; H. ε 4938; Phot. Lex. ε 1620	607 (–δόρυ) sch Υ 265a¹; 607a Epm. ε 185

C² Tᵐ Rᵐ W² N H O V: deest in 230 646 1415 1416 Ω	Διὸς υἱὸς H V: ἑκάεργος ceteri.— cf. ad 326	587 περ 230 1415 Ω*: γε Z A V.—cf. ad N 465	589 ὕπεκ dedi: ὑπ' ἐκ Ω*, ὑπὲκ Bᶜ, ὑπεκ F	590 προμάχοισι Ω: Τρωεσσι (ex 575) 230	Ποδῆν Ω*: -ὴν b Rᵃ Wᵃ: parox. N.—cf. ad 575	υἱὸν 230 Ω: υἱ' Bentley (cf. N 185, 792): πάϊν Nauck (cf. ad 575)	593 τότ' ἄρα 230 t* Ω: τότε δὴ Porph.	θυσανόεσσαν F: θυσσ- 230 Ω* 594 μαρμαρέην 230ᶜ schᵇᵀᴰ Ω: σμερδαλέην 230ᵃ t	595 τὴν Ar tt Ω: γῆν Zen 597 ἦρχε 230 1417 Ω: ἦρξε rr	599 ἐπιλίγδην 230 tt Z Aˡ Ω: ἐπιλλ- rr	ἄχρις 230 1417 schᴬ Ω*: ἄχρι Gᶜ?	600 γάρ ῥ' 230 Ω*: γὰρ W Gᶜ: γάρ (Ϝ') Brandreth	εβαλεν 230	603 ἔλπετο Arᵃᵇ 230ᶜ Ω*: ἦλπ- (nov. Did) 230ᵃ F R G	604 ἔγχος 230 Ω*: ἔλκος W	607 et δὲ ἄγη agn. Eust.	τοὶ 230ᶜ Ω: οι 230ᵃ	δ' ἐβόησαν Ar (nisi potius δὲ β-) Ω*: δ' ἐφόβηθεν (nov. Ar) 230 h Fᵃ V	608 Δευκαλίδαο 230 Porph. Ω: δουρὶ φαεινῶ V (ex 574): Μηριόναο Grashof Über d. Fuhrwerk bei Hom. u. Hes. (1846) 16

δίφρωι ἐφεσταότος· τοῦ μέν ῥ' ἀπὸ τυτθὸν ἅμαρτεν,
610 αὐτὰρ ὃ Μηριόναο ὀπάονά θ' ἡνίοχόν τε
Κοίρανον, ὅς ῥ' ἐκ Λύκτου ἐϋκτιμένης ἕπετ' αὐτῶι—
πεζὸς γὰρ τὰ πρῶτα λιπὼν νέας ἀμφιελίσσας
ἤλυθε, καί κεν Τρωσὶ μέγα κράτος ἐγγυάλιξεν,
εἰ μὴ Κοίρανος ὦκα ποδώκεας ἤλασεν ἵππους,
615 καὶ τῶι μὲν φάος ἦλθεν, ἄμυνε δὲ νηλεὲς ἦμαρ,
αὐτὸς δ' ὤλεσε θυμὸν ὑφ' Ἕκτορος ἀνδροφόνοιο—
τὸν βάλ' ὑπὸ γναθμοῖο καὶ οὔατος, ἐκ δ' ἄρ' ὀδόντας
ὦσε δόρυ πρυμνόν, διὰ δὲ γλῶσσαν τάμε μέσσην·
ἤριπε δ' ἐξ ὀχέων, κατὰ δ' ἡνία χεῦεν ἔραζε.
620 καὶ τά γε Μηριόνης ἔλαβεν χείρεσσι φίλῃσιν
κύψας ἐκ πεδίοιο, καὶ Ἰδομενῆα προσηύδα·
"μάστιε νῦν, εἵως κε θοὰς ἐπὶ νῆας ἵκηαι·
γινώσκεις δὲ καὶ αὐτός, ὅ τ' οὐκέτι κάρτος Ἀχαιῶν."
ὣς ἔφατ', Ἰδομενεὺς δ' ἵμασεν καλλίτριχας ἵππους
625 νῆας ἔπι γλαφυράς· δὴ γὰρ δέος ἔμπεσε θυμῶι.
    οὐδ' ἔλαθ' Αἴαντε μεγαλήτορε καὶ Μενέλαον
Ζεύς, ὅτε δὴ Τρώεσσι δίδου ἑτεραλκέα νίκην.
τοῖσι δὲ μύθων ἦρχε μέγας Τελαμώνιος Αἴας·
"ὦ πόποι, ἤδη μέν κε καὶ ὃς μάλα νήπιός ἐστιν
630 γνοίη, ὅτι Τρώεσσι πατὴρ Ζεὺς αὐτὸς ἀρήγει·
τῶν μὲν γὰρ πάντων βέλε' ἅπτεται, ὅς τις ἀφήῃ,
ἢ κακὸς ἢ' ἀγαθός, Ζεὺς δ' ἔμπης πάντ' ἰθύνει,
ἡμῖν δ' αὕτως πᾶσιν ἐτώσια πίπτει ἔραζε.
ἀλλ' ἄγετ' αὐτοί περ φραζώμεθα μῆτιν ἀρίστην,
635 ἠμὲν ὅπως τὸν νεκρὸν ἐρύσσομεν, ἠδὲ καὶ αὐτοί

610 (ὀπάονα) H. ο 973   612a sch P 613   617a Nic ad P 612–16   622 (μάστιε)
H. μ 357   632 (ἰθ.) H. ι 408; Phot. Lex. ι 79   633 (ἐτώ.) H. (Cyr.) ε 6673

609 δίφρω(ι) 230 Ω: -ου Grashof   μέν Ω: γαρ 230   ἄπο W V   611 Λύτου 230 R
W   613 κεν [230] T R G: κε Porph. Aλ Ω*: γε W.—cf. Praef. xxvi   618 πρυμνόν
schAbT Ω (cf. Ε 339): -ούς Düntzer (cf. Ε 292)   μέσσην Ω: χαλκος 230   619 ἐξ
ὀχέων 230c Ω: εξοπισω 230a   622 εἵως 230 Ω   ικοιο 230a   623 γινώσκεις Ω:
γειν- 230   625 ἔπι F: ἐπὶ Ω*   626 Αἴαντε μεγαλήτορε Naber Qu. Hom. 192 (cf.
507 sq., 531, 668 sq., et ad Κ 53): -ντα -ορα Ar 230 Ω   627 ὅ τε van Leeuwen
Τρώεσσι δίδου 230 Aλ Ω*: -εσσ' ἐδίδου C   629 ὦ A Fa Ga: ὣ Ω*   μάλα 230 Ω*
(= Η 401): μέγα W   630 αὐτὸς ἀρήγει Ω: αὐτὸς ἀμύνει Ayp (-οι cod.): κῦδος ὀπά–
ζει h V (cf. 566): κυδος αρ[ηγει 230   631 ἀφήῃ Franke: -είη Ara Bs Es T W (-η),
-ίη h, alterutrum 230: -ίει R Gr: ἐφείη(ι) Arb As b F: -ίηι Aι   632 ἢ' Fick: ἦ Ω
634 ἀρίστην 230c Ω: incertum quid 230a, an [αμεινω]?

χάρμα φίλοις ἑτάροισι γενώμεθα νοστήσαντες,
οἵ που δεῦρ' ὁρόωντες ἀκηχέατ', οὐδ' ἔτι φασίν
Ἕκτορος ἀνδροφόνοιο μένος καὶ χεῖρας ἀάπτους
σχήσεσθ', ἀλλ' ἐν νηυσὶ μελαίνῃσιν πεσέεσθαι.
640　εἴη δ' ὅς τις ἑταῖρος ἀπαγγείλειε τάχιστα
Πηλείδῃ, ἐπεὶ οὔ μιν ὀΐομαι οὐδὲ πεπύσθαι
λυγρῆς ἀγγελίης, ὅτι οἱ φίλος ὤλεθ' ἑταῖρος.
ἀλλ' οὔ πῃ δύναμαι ἰδέειν τοιοῦτον Ἀχαιῶν·
ἠέρι γὰρ κατέχονται ὁμῶς αὐτοί τε καὶ ἵπποι.
645　Ζεῦ πάτερ, ἀλλὰ σὺ ῥῦσαι ὑπ' ἠέρος υἷας Ἀχαιῶν,
ποίησον δ' αἴθρην, δὸς δ' ὀφθαλμοῖσιν ἰδέσθαι,
ἐν δὲ φάει καὶ ὄλεσσον, ἐπεί νύ τοι εὔαδεν οὕτως."
ὣς φάτο· τὸν δὲ πατὴρ ὀλοφύρατο δάκρυ χέοντα,
αὐτίκα δ' ἠέρα μὲν σκέδασεν καὶ ἀπῶσεν ὀμίχλην,
650　ἠέλιος δ' ἐπέλαμψε, μάχη δ' ἐπὶ πᾶσα φαάνθη.
　　καὶ τότ' ἄρ' Αἴας εἶπε βοὴν ἀγαθὸν Μενέλαον·
"σκέπτεο νῦν, Μενέλαε διοτρεφές, αἴ κεν ἴδηαι
ζωὸν ἔτ' Ἀντίλοχον, μεγαθύμου Νέστορος υἱόν·
ὄτρυνον δ' Ἀχιλῆϊ δαΐφρονι θᾶσσον ἰόντα
655　εἰπεῖν, ὅττί ῥά οἱ πολὺ φίλτατος ὤλεθ' ἑταῖρος."
ὣς ἔφατ', οὐδ' ἀπίθησε βοὴν ἀγαθὸς Μενέλαος,
βῆ δ' ἰέναι ὥς τίς τε λέων ἀπὸ μεσσαύλοιο,
ὅς τ' ἐπεὶ ἄρ κε κάμῃσι κύνας τ' ἄνδράς τ' ἐρεθίζων,

637 (–ἀκηχ.) Epm. α 311; (νηυσὶν ἀκ.) EtG α 324 e Methodio; (ἀκ.) H. α 2360
642 Eudoc. 1237　　645–7a Auct. π. ὕψ. 9.10; 645–6 Iul. Ep. 53.439a; 645a + 646 (–ὀφθ.)
Hdn ad Γ 280a; 645 (ἀλλὰ σὺ ῥ.) + 646a Lib. Ep. 1145.4 (xi.239.15 F.); 646 Eudoc. 866;
EtG α 1565; 646a, 647a Choer. in Thd. ii.241.32; 647a sch Eur. Pho. 727　　649–50 Plut.
Mor. 948e e Chrysippo (SVF ii.141.19); 649 Eudoc. 909; 650 (φα.) H. φ 4

636 γενώμεθα Ω: γενοί- 230 V　　637 δεῦρ' Ar 230ᵃ Ω*: νῦν (nov. Did) 230ᶜ? t
Fᵃ T W　ἀκηχέατ' 230 rr (cf. M 179; Chantr. I 435): -χέδατ' tt Z Ω　οὐδ' ἔτι P: οὐδέ τι
Ω　　638 damn. Heyne, habuit Ar; cf. I 234 sq.　χεῖρας ἀάπτους 230 Ω (cf. ad A 567):
?Ἕκτορ]ος εγχος 672　　641 μιν 1418 Ω: μεν 230　πεπύσθαι Ω*: πυθέσθαι 230
Z T R W　　643 οὔ πῃ(ι) Aᶜ Ω: οὔ πω quidam ap. schᵀ (sic Allen: οὕτω cod.) rr
644 κατέχονται 230 672 Aᶜ Ω (cf. 368): κεκάλυπται Aʸᵖ　　646 (ποίησον) δ' 230 tt* Ω:
τ' Hdn (t)　ἰδέσθαι 230 tt Ω (cf. 643): ὁρᾶσθαι Aʸᵖ　　647 οὕτως Ω: -ωι 230
648 ὀλοφύρατο 230 Ω*: -ετο Rᵃ G　　649 ἀπῶσεν 230 310 t* Ω: -ώσατ' Eudoc.
650 ἐπέλαμψε t Ω: ἀπ- 230 rr　πᾶσα 230 310 Ω: πᾶσι t rr　φαάνθη 230 tt Ω: cf. ad A
200　　654 θᾶσσον N rr: θᾶ- Ω　　655 ὅτί A, ὅττι Ω*　　657–67 damn. Wilamowitz
Il. u. H. 150 n.2 (659–64 = Λ 550–5)　　658 (ἡ διπλῆ) ὅτι ὁ κέ περισσός Arn: 'quidam-
ne igitur olim ἐπεὶ ἄν κε?' van Leeuwen cl. Λ 187, N 127, Ω 437　utrum κε κάμῃσι (Ω)
an κεκ- ambigebat Ar; cf. ad A 168, H 5　ἄνδράς sic A

οἵ τέ μιν οὐκ εἰῶσι βοῶν ἐκ πῖαρ ἑλέσθαι
660 πάννυχοι ἐγρήσσοντες· ὃ δὲ κρειῶν ἐρατίζων
ἰθύει, ἀλλ᾽ οὔ τι πρήσσει· θαμέες γὰρ ἄκοντες
ἀντίον ἀΐσσουσι θρασειάων ἀπὸ χειρῶν
καιόμεναί τε δεταί, τάς τε τρέει ἐσσύμενός περ,
ἠῶθεν δ᾽ ἀπὸ νόσφιν ἔβη τετιηότι θυμῶι·
665 ὣς ἀπὸ Πατρόκλοιο βοὴν ἀγαθὸς Μενέλαος
ἤιε πόλλ᾽ ἀέκων· περὶ γὰρ δίε, μή μιν Ἀχαιοί
ἀργαλέου πρὸ φόβοιο ἕλωρ δηίοισι λίποιεν.
πολλὰ δὲ Μηριόνηι τε καὶ Αἰάντεσσ᾽ ἐπέτελλεν·
"Αἴαντ᾽ Ἀργείων ἡγήτορε Μηριόνη τε,
670 νῦν τις ἐνηείης Πατροκλῆος δειλοῖο
μνησάσθω· πᾶσιν γὰρ ἐπίστατο μείλιχος εἶναι
ζωὸς ἐών· νῦν αὖ θάνατος καὶ μοῖρα κιχάνει."
    ὣς ἄρα φωνήσας ἀπέβη ξανθὸς Μενέλαος,
πάντοσε παπταίνων ὥς τ᾽ αἰετός, ὅν ῥά τέ φασιν
675 ὀξύτατον δέρκεσθαι ὑπουρανίων πετεηνῶν,
ὅν τε καὶ ὑψόθ᾽ ἐόντα πόδας ταχὺς οὐκ ἔλαθε πτὼξ
θάμνωι ὕπ᾽ ἀμφικόμωι κατακείμενος, ἀλλά τ᾽ ἐπ᾽ αὐτῶι
ἔσσυτο, καί τέ μιν ὦκα λαβὼν ἐξείλετο θυμόν·
ὣς τότε σοί, Μενέλαε διοτρεφές, ὄσσε φαεινώ
680 πάντοσε δινείσθην πολέων κατὰ ἔθνος ἑταίρων,
εἴ που Νέστορος υἱὸν ἔτι ζώοντα ἴδοιτο.
τὸν δὲ μάλ᾽ αἶψ᾽ ἐνόησε μάχης ἐπ᾽ ἀριστερὰ πάσης
θαρσύνονθ᾽ ἑτάρους καὶ ἐποτρύνοντα μάχεσθαι.
ἀγχοῦ δ᾽ ἱστάμενος προσέφη ξανθὸς Μενέλαος·

670–1 (μνησ.) sch A 307b, P 1–2a¹, ρ 134; Epm. η 9; 671 (πᾶσιν–) ApS 163.28; Plut. Mor. 31f   674–5 Eudoc. 913–14; 675 (δέρκ.) H. δ 674   676–7 (–κατακ.) Philop. De opif. mundi 6.14; 676 id. in De an. CAG xv.386.8; 676a sch Σ 488b; (καὶ ὑψ. ἐόντα οὐκ–) Porph. Abst. 3.8; (πτώξ) H. π 4265; Phot. Lex. s.v.; 677 (ἀμφικ.) H. α 4044

659 ἑλέσθαι (= Λ 550) 1418 Z Ω: αγεσθ[310   660 κρειῶν: cf. ad Λ 551   662 ἀντίον (Ar ad Λ 553) R G O: -οι 230 Ω*   663 τρέει Heyne: τρεῖ 310 Ω, τρεις 230   664 τετιηότι θυμῶι 230 310 1419 Ω: τετιημένος ἦτορ Aᵛᵖ.—cf. Λ 555/6   666 ἀέκων A   πέρι R   668 ἐπέτελλεν 310 Ω: (-εσσι) κέλευε V rr: πελασσε (ss. αι) 230   671 μνησάσθω 230 tt* Ω: μεμνήσθω sch-A   εφιστατο 230   672 αὖ 230 Ω*: δ᾽ αὖ R: γὰρ C   κιχάνει 230 Ω: κάλυψεν H.—cf. ad 478   676–8 om. 230ᵃ   677 ὕπ᾽ van Leeuwen: ὑπ᾽ Ω   679 σοί 230 Ω (σοι D): an τοι? v. ad Ψ 600   680 δινείσθην 230 672 Z Ω*: -ήσθην R, -ίσθην A   κατὰ 230ᵃ Ω*: μετὰ 230ᶜ W   681 ἴδοιτο Arᵃᵇ Ω*: -οιντο quidam ap. schᵇ (Did?): -οιο "οἱ ἀπὸ τῆς σχολῆς" R Gᶜ N H: -ηαι 230 rr   682 αἶψ᾽ ἐνόησε 230 Ω: αἶψα v-h   683a (= 118) add. 672 H O   684 προσέφη ξανθὸς Μενέλαος 672 Ω: ἔπεα πτερόεντα προσηύδα 230 rr

685   "Ἀντίλοχ᾽, εἰ δ᾽ ἄγε δεῦρο, διοτρεφές, ὄφρα πύθηαι
       λυγρῆς ἀγγελίης, ἣ μὴ ὤφελλε γενέσθαι.
       ἤδη μέν σε καὶ αὐτὸν ὀΐομαι εἰσορόωντα
       γινώσκειν, ὅτι πῆμα θεὸς Δαναοῖσι κυλίνδει,
       νίκη δὲ Τρώων· πέφαται δ᾽ ὤριστος Ἀχαιῶν,
690   Πάτροκλος, μεγάλη δὲ ποθὴ Δαναοῖσι τέτυκται.
       ἀλλὰ σύ γ᾽ αἶψ᾽ Ἀχιλῆϊ θέων ἐπὶ νῆας Ἀχαιῶν
       εἰπεῖν, αἴ κε τάχιστα νέκυν ἐπὶ νῆα σαώσηι
       γυμνόν· ἀτὰρ τά γε τεύχε᾽ ἔχει κορυθαίολος Ἕκτωρ."
       ὣς ἔφατ᾽, Ἀντίλοχος δὲ κατέστυγε μῦθον ἀκούσας·
695   δὴν δέ μιν ἀμφασίη ἐπέων λάβε, τὼ δέ οἱ ὄσσε
       δακρυόφι πλῆσθεν, θαλερὴ δέ οἱ ἔσκετο φωνή.
       ἀλλ᾽ οὐδ᾽ ὣς Μενελάου ἐφημοσύνης ἀμέλησεν,
       βῆ δὲ θέειν· τὰ δὲ τεύχε᾽ ἀμύμονι δῶκεν ἑταίρωι,
       Λαοδόκωι, ὅς οἱ σχεδὸν ἔστρεφε μώνυχας ἵππους.
700   τὸν μὲν δάκρυ χέοντα πόδες φέρον ἐκ πολέμοιο,
       Πηλείδηι Ἀχιλῆϊ κακὸν ἔπος ἀγγελέοντα·
       οὐδ᾽ ἄρα σοί, Μενέλαε διοτρεφές, ἤθελε θυμός
       τειρομένοις ἑτάροισιν ἀμυνέμεν, ἔνθεν ἀπῆλθεν
       Ἀντίλοχος—μεγάλη δὲ ποθὴ Πυλίοισιν ἐτύχθη—
705   ἀλλ᾽ ὅ γε τοῖσιν μὲν Θρασυμήδεα δῖον ἀνῆκεν,
       αὐτὸς δ᾽ αὖτ᾽ ἐπὶ Πατρόκλωι ἥρωϊ βεβήκει,
       στῆ δὲ παρ᾽ Αἰάντεσσι θέων, εἶθαρ δὲ προσηύδα·
       "κεῖνον μὲν δὴ νηυσὶν ἔπι προέηκα θοῆισιν,
       ἐλθεῖν εἰς Ἀχιλῆα πόδας ταχύν. οὐδέ μιν οἴω

688 (κυλ.) H. (Cyr.) κ 4497; Phot. Lex. κ 1189; EtG s.v.   **689b** sch Ρ 155b; EtG s.v.
πρόσφατον (Philox. fr. 163 Th.); (πέφ.) H. π 2101   **694** (Ἀντ.–μῦθον) ApS 145.28; **694b**
Arn ad Ο 183; (κατέστ.) ApS 96.2; H. (Cyr.) κ 1696   **695–6** Eudoc. 2107–8; **695** (-λάβε)
sch Eur. Andr. 1077; EtG α 705; (ἀμφ.) ApS 29.8; H. (Cyr.) α 3902   **697** (ἐφημ.) ApS 80.3

685 εἰ δ᾽ E F G, εἴ δ᾽ B Cᶜ T R Wᶜˀ: ἤδ᾽ Cᵃ V: αἲ δ᾽ 230 A N: ἴδ᾽ Aᵐ   ὄφρα Ω: αι
κε 230   **686** ὤφελλε 230 Ω (-ελε Bᵃ R): -ειλε Nauck   **687** μέν σε Ω: μὲν σὲ
rr   **688** γινώσκειν Ω: γειν- 230: γιγν- rr   κυλίνδει (non -ινδεῖ) Ar Hdn Ω
690 δὲ Ω: τε 230   **692** τεθελοντα 230, mg. επι νηα διχ(ῶς)   σαώσηι Ω: -σει rr:
-σαι 230   **693** κορυθαίολος C   **695** ἀμφασίη tt Z A F Rᶜ Wᵃ Gᵃ (cf. A.R. 2.409 al.;
Bion. fr. 1.1; Menophilum Supp. Hell. 558.6): ἀφ- Tᵠ Ω*.—v.l. eadem δ 704   **696** δακρυόφι W: -φιν 230 t Ω*   ἔσκετο quidam ante Did in δ 705 (prob. Schulze Kl. Schr. 368
sq.; Bechtel Lexil. 142; Schwyzer 652 n.5): ἔσχ- Ar 230 t Z Ω   ‘ **697** ὣς (Hdn) Bᵃ? E:
ὡς A, ὡς Ω*   **701** κακων 230ᵃˀ   αγγελοντα 230   **703** ἀμυνέμεν Ω (cf. Σ 129):
-νειν 230   **705** ἀνῆκεν Ω* (ἀνή- A): ἐν- R W   **707** θέων Ω*: κιὼν W V.—cf. ad Μ
353   **708** ἔπι προέηκα B: ἐπὶ πρ- G, ἐπιπρ- Ω*.—cf. ad Σ 58, 439   **709** οὐδέ μιν

710 νῦν ἰέναι, μάλα περ κεχολωμένον Ἕκτορι δίωι·
    οὐ γάρ πως ἂν γυμνὸς ἐὼν Τρώεσσι μάχοιτο.
    ἡμεῖς δ' αὐτοί περ φραζώμεθα μῆτιν ἀρίστην,
    ἠμὲν ὅπως τὸν νεκρὸν ἐρύσσομεν, ἠδὲ καὶ αὐτοί
    Τρώων ἐξ ἐνοπῆς θάνατον καὶ κῆρα φύγωμεν."
715   τὸν δ' ἠμείβετ' ἔπειτα μέγας Τελαμώνιος Αἴας·
    "πάντα κατ' αἶσαν ἔειπες, ἀγακλεὲς ὦ Μενέλαε.
    ἀλλὰ σὺ μὲν καὶ Μηριόνης ὑποδύντε μάλ' ὦκα
    νεκρὸν ἀείραντες φέρετ' ἐκ πόνου· αὐτὰρ ὄπισθεν
    νῶϊ μαχησόμεθα Τρωσίν τε καὶ Ἕκτορι δίωι,
720 ἶσον θυμὸν ἔχοντες, ὁμώνυμοι, οἳ τὸ πάρος περ
    μίμνομεν ὀξὺν ἄρηα παρ' ἀλλήλοισι μένοντες."
       ὣς ἔφαθ'· οἳ δ' ἄρα νεκρὸν ἀπὸ χθονὸς ἀγκάζοντο
    ὕψι μάλα μεγάλως. ἐπὶ δ' ἴαχε λαὸς ὄπισθεν
    Τρωϊκός, ὡς εἴδοντο νέκυν αἴροντας Ἀχαιούς·
725 ἴθυσαν δὲ κύνεσσιν ἐοικότες, οἵ τ' ἐπὶ κάπρωι
    βλημένωι ἀΐξωσι πρὸ κούρων θηρητήρων·
    εἴως μέν τε θέουσι διαρραῖσαι μεμαῶτες,
    ἀλλ' ὅτε δή ῥ' ἐν τοῖσιν ἑλίξεται ἀλκὶ πεποιθώς,
    ἄψ τ' ἀνεχώρησαν διά τ' ἔτρεσαν ἄλλυδις ἄλλος·
730 ὣς Τρῶες εἴως μὲν ὁμιλαδὸν αἰὲν ἕποντο,

714? (φυγωμεν) w2.1   716 ApS 15.26; (–ἀγακλ.) Porph. Hom. 94.5 Sod.; 716a sch[D] Z 333; EtG α 244   720 (–ὁμών.) Macr. Sat. 5.15.13; Olymp. in Cat. CAG xii(1).29.20; Philop. in Cat. CAG xiii(1).17.30; Elias in Cat. CAG xviii(1).200.17; [Elias] in Porph. Isag. 39.31; 720a Iul. Or. 8.241d   722b–3a ApS 5.7; 722 (ἀγκ.) H. (Cyr.) α 524, [527]; 723 Eudoc. 1877; 723b–4 Hdn/Choer. ap. EtG α 235 (Erbse iv.427); 723b–4 (Τρω.) Did ad P 607c[1]

230[c] Ω: ου μιν 230[a]: οὐδέ F' Christ: ἢ μιν (… Ἀτρείωνι, deleto 711) Wilamowitz Il. u. H. 151 n.1, poterat et ἢ τέ μιν cl. Λ 763; cf. Cauer Grundfragen[3] 680 n.15   οἴω O: ὀΐω Ω: οιωι 230   710 Ἕκτορι δίωι 230 Ω: Ἀτρείωνι A[m] (cf. Ω 395)   714 φύγωμεν 230 A h: -οιμεν Ω*   720–1 susp. Wack. KS 541   720 ἔχοντες 230 tt* A[λ] Ω: -ντε Macr. (cf. N 704)   ὁμώνυμοι 230[a]? 230[s]? tt Ω: -μω (Ahrens) 230[c]?   οἳ 230[c] Ω: ως 230[a]: ὦ Ahrens   721 μένοντες Ar 230 Ω: -ντε Arph rr (cf. E 572)   723 μάλα 230 tt Ω: μέγαν Bothe cl. Π 776 al.   ἐπὶ δ'–736 γλαφυράς damn. Wilamowitz Il. u. H. 152 sq.   ὄπισθε(ν) 230[t] tt Ω: Αχαιων 230[yp]   724 αἴροντας A[m] b F T: αἴραντας 230 t (ᾱιρ-) A Y (αἴρ-): ἄραντας R W G   726 ἀΐξωσι 230 Ω: -ουσι h   727 εἴως T[λ] H O: ἕως Nic 230 Ω   μέν τε Payne Knight: μὲν γάρ τε 230 Ω   728 ὅτε δή (Pamph Hdn) "ἡ κοινή" (sch[P235]) Ω: ὀτεδή Ar.—cf. Hdn ad Α 493; h94 ad Φ 1   729–61 excidit folium in A   729–32 ter scripsit 230   729 (ἄψ) τ' 230[2.3] Ω*: δ' H: om. 230[1] [502] b.—cf. ad Γ 35   διά – ἄλλ(ος) fere 230[1] 235 Ω: ωχρος τε μιν ειλε παρεια(ς) (ex Γ 35) 230[2] (-ειας) 230[3] (-εια)   (διά) τ' Ω: δ' 230[1] H   ἄλλος 235 Ω (= Λ 486): -η 230[1] r: -ως O   730 εἴως 230 502 Ω: τῆος Nauck (cf. ad O 277)

νύσσοντες ξίφεσίν τε καὶ ἔγχεσιν ἀμφιγύοισιν,
ἀλλ᾿ ὅτε δή ῥ᾿ Αἴαντε μεταστρεφθέντε κατ᾿ αὐτούς
σταίησαν, τῶν δὲ τρέπετο χρώς, οὐδέ τις ἔτλη
πρόσσω ἀΐξας περὶ νεκροῦ δηριάασθαι.
735   ὣς οἵ γ᾿ ἐμμεμαῶτε νέκυν φέρον ἐκ πολέμοιο
νῆας ἔπι γλαφυράς· ἐπὶ δὲ πτόλεμος τέτατό σφιν
ἄγριος ἠΰτε πῦρ, τό τ᾿ ἐπεσσύμενον πόλιν ἀνδρῶν
ὄρμενον ἐξαίφνης φλεγέθει, μινύθουσι δὲ οἶκοι
ἐν σέλαϊ μεγάλωι, τὸ δ᾿ ἐπιβρέμει ἲς ἀνέμοιο·
740   ὣς μὲν τοῖς ἵππων τε καὶ ἀνδρῶν αἰχμητάων
ἀζηχὴς ὀρυμαγδὸς ἐπήϊεν ἐρχομένοισιν.
οἱ δ᾿ ὥς θ᾿ ἡμίονοι κρατερὸν μένος ἀμφιβαλόντες
ἕλκωσ᾿ ἐξ ὄρεος κατὰ παιπαλόεσσαν ἀταρπόν
ἢ δοκὸν ἠὲ δόρυ μέγα νήϊον, ἐν δέ τε θυμός
745   τείρεθ᾿ ὁμοῦ καμάτωι τε καὶ ἱδρῶι σπευδόντεσσιν,
ὣς οἵ γ᾿ ἐμμεμαῶτε νέκυν φέρον. αὐτὰρ ὄπισθεν
Αἴαντ᾿ ἰσχανέτην, ὥς τε πρὼν ἰσχάνει ὕδωρ
ὑλήεις, πεδίοιο διαπρύσιον τετυχηώς,
ὅς τε καὶ ἰφθίμων ποταμῶν ἀλεγεινὰ ῥέεθρα
750   ἴσχει, ἄφαρ δέ τε πᾶσι ῥόον πεδίονδε τίθησιν
πλάζων, οὐδέ τί μιν σθένεϊ ῥηγνῦσι ῥέοντες·
ὣς αἰεὶ Αἴαντε μάχην ἀνέεργον ὀπίσσω
Τρώων. οἱ δ᾿ ἄμ᾿ ἕποντο, δύω δ᾿ ἐν τοῖσι μάλιστα,

---

734 (δηρίσ.) H. (Cyr.) δ 921   **738a** Epm. ε 100; (μιν. δέ) H. μ 1402/6   **741** Eudoc. 1824   **742–6** ead. 2077–81; **742–3** sch Ψ 111b; **743** (ἀταρπ.) EtG α 1343   **747b** ApS 136.30; Epm. χ 17; (πρών) H. π 4147   **751** (πλαζ.) id. π 2429; (οὐδε-) [Plut.]

733 σταίησαν, τῶν δὲ 230 502 Ω: σταῖεν, τῶν δ᾿ αὖτε L. Dindorf (cf. Wack. Unt. 62; Chantr. I 463)   δὲ τρέπετο 230 502 Z Ω* (-εται C), δ᾿ ἐτρ- F: δὲ τράπ- vel δ᾿ ἐτράπ- *h*   **734** πρόσσω 230 Ω: ......]ψ 502   δηριάασθαι Z *h* G V: δηρίσασθαι 230 (-ρεισ-) t Ω*   **735** οἵ 230 Ω*: τώ R   γ᾿ ἐμμεμαῶτε 230 502ᶜ Ω* (-τες C): γε μεμ- 502ᵃ Fᵃ Y R.—cf. ad 746, N 785   **736** (νῆας) ἔπι Wolf: ἐπὶ vel ἔπι Ω   σφιν 230 Ω: σφι *h*   **737** πόλιν Ω: πονον 230   **738** φλεγέθῃ Y Rᵃ? mg. ⟦φ⟧ινυθε[.] ss. μ(ιν-) 230   **740** αἰχμητάων Ω*: ἀσπιστ- 230 F T (cf. Θ 214): θωρηκτ- V   **741** ὀρυμαγδὸς 230 t Ω*: -γμαδ- C Fᵃ R G   αρχομε[νοισι]ν 230   **742** αντιβαλόντεσ Y   **745** ἱδρῶι Brandreth: -ῶ(ι) 230 t Ω.—cf. ad 385   **746** ὣς οἵ γ᾿ ἐμμεμαῶτε (= 735) Ar t Ω*: ὣς οἵ γε μεμ- (nov. Did) Y R G: ω[ς] ο[ἱ] μιν (sc. μεν) [μ]εμ- 230: οἱ μὲν ἄρ᾿ ἐμμ- quidam ap. schᵀ (Did?)   **747** τε t Ω: περ *h*   ἰσχάνει 230 tt Ω*: -νη Y   **748** δι[α....]ιον ss. πρυ 230, aliud quid fuerat   τετυχηώς Heraclides Miles. (ap. Eust. 1700.40) Tᵗ r: -ηκώς [230]? Z Ω* Tˢ: -ηκὸσ O.—cf. Schwyzer 774; Chantr. I 428   **751** τι Arph 230 tᵛˡ F Y R W: τε tᵛˡ *b* T G   μιν 230 t Ω: μὴν Arph   ῥηγνῦσι Ar Hdn t Ω*: proparox. Eˢ Y Rᵃ W, fort. recte, cf. KB II 192; Schwyzer 664 sq.; Chantr. I 471

Αἰνείας τ' Ἀγχισιάδης καὶ φαίδιμος Ἕκτωρ·
755 τῶν δ' ὥς τε ψαρῶν νέφος ἔρχεται ἠὲ κολοιῶν,
οὖλον κεκλήγοντες, ὅτε προΐδωσιν ἰόντα
κίρκον, ὅ τε σμικρῇσι φόνον φέρει ὀρνίθεσσιν,
ὣς ἄρ' ὑπ' Αἰνείαι τε καὶ Ἕκτορι κοῦροι Ἀχαιῶν
οὖλον κεκλήγοντες ἴσαν, λήθοντο δὲ χάρμης.
760 πολλὰ δὲ τεύχεα καλὰ πέσον περί τ' ἀμφί τε τάφρον
φευγόντων Δαναῶν· πολέμου δ' οὐ γίνετ' ἐρωή.
Σ   ὣς οἳ μὲν μάρναντο δέμας πυρὸς αἰθομένοιο·
Ἀντίλοχος δ' Ἀχιλῆϊ πόδας ταχὺς ἄγγελος ἦλθεν.
τὸν δ' ηὗρε προπάροιθε νεῶν ὀρθοκραιράων,
τὰ φρονέοντ' ἀνὰ θυμόν, ἃ δὴ τετελεσμένα ἦεν,
5 ὀχθήσας δ' ἄρα εἶπε πρὸς ὃν μεγαλήτορα θυμόν·
"ὤι μοι ἐγώ, τί ταρ αὖτε κάρη κομόωντες Ἀχαιοί
νηυσὶν ἔπι κλονέονται ἀτυζόμενοι πεδίοιο;
μὴ δή μοι τελέσωσι θεοὶ κακὰ κήδεα θυμῶι,
ὥς ποτέ μοι μήτηρ διεπέφραδε, καί μοι ἔειπεν
10 Μυρμιδόνων τὸν ἄριστον ἔτι ζώοντος ἐμεῖο
χερσὶν ὕπο Τρώων λείψειν φάος ἠελίοιο.
ἦ μάλα δὴ τέθνηκε Μενοιτίου ἄλκιμος υἱός,
σχέτλιος· ἦ τ' ἐκέλευον ἀπωσάμενον δήιον πῦρ

Hom. 2.12.6   755 Gell. 13.21.25; (–νέφ.) sch Ο 690–5; (ὥς τε ψ.) sch Π 583; (ψ.–ἔρχ.)
Choer. in Thd. i.296.19; (ψ.) sch Φ 347b; cf. H. ψ 68; (ἠὲ κολ.) H. (Cyr.) η 173; (κολ.) H.
κ 3030   756 (οὖλον) sch Ρ 755b   757 (κίρκ.) Phot. Lex. κ 742   760–1 (φευγ.)
sch Σ 148c; (περί τ' ἀμφί τε) H. π 1906   Σ 3 (ὀρθοκ.) EtG s.v.   9b grammaticus ap.
Eust. 118.15; (διεπ.) ApS 58.34; H. δ 1620   10a Arn ad Ρ 80; sch Pind. Ol. 9.107a
12 [Plut.] Hom. 2.28.2; Hdn i.520.3; Choer. in Ps. 30.16; Epm ad Α 2b¹; 12a ApD Adv.
190.24, Coni. 256.18; Nic ad Φ 55–6; Orio 137.18

755 ψαρῶν 230 tt Ω, ψάρες Z: ψηρῶν (Nauck) r.—cf. ad Π 583   κολοιῶν 230
tt (κωλέων Hsch.ʰ, κλοιῶν id.ᵏ) Ω, κολεοί Z: fort. olim κολωιῶν   756 προΐδωσιν
ἰόντα Ω: -ωσι θοροντα 230   757 ὅ τε b Fᶜ Y: ὅς τε Fᵃ G: ὅστις h T R: ο δε 230: ὅτι
W   σμικρῆ(ι)σι 230 Z Ω*: μικρ- T R   φόνον φέρει Ω: φέρει φόνον 230 P: φέρει φόβον
V   758 Αἰνείαν τε και Ἕκτορα T (non 230)   760–1 damn. Payne Knight; rhap-
sodi absolutionem esse ci. Leaf (quod et de 755–61 suspicari possis)   760 τάφρον 230
t Ω*: -ω Y R   761 γίνετ' Ω: γειν- 230: γίγν- rr   Σ 1 denuo adest A   versum damn.
Heyne   3 ηὗρε Fick: εὗρε 11 Ω   4 το 11ˢ   ἃ δὴ τετελεσμένα 11 86 Ω: ὃ ...
-μένον Heyne   6 ὤι A b T W, ὤι Y: ὤ 11 Ω*   ταρ 11 A, τὰρ F H: τ' ἀρ Ω*.—cf.
Praef. xxix   7 ἔπι Hdn 11 A Bᵃ F: ἐπὶ vel ἐπι(-) Ω* (cf. A.R. 1.783, 3.687; Rengakos 109
sq.)   8–11 susp. Düntzer, 9–11 damn. idem (Aristarch 126)   8 κήδεα 11 86 Ω*:
μή- Aᵃ h O   θυμῶι 11 86 Ω: -οῦ h (cf. ξ 197)   9 διεπέφραδε 11 tt* Z Ω*: διαπ- Eust.:
δι .ϳπ- 86: ἐπιπ- C   10–11 om. Rhi Arph   11 ὕπο Wolf: ὑπο 11, ὑπὸ vel ὑπο
Ω   13 σχέτλιος 11 schᵇ Ω*: νήπιος W   ἠ Ϝ' Brandreth

νῆας ἔπ' ἄψ ἰέναι, μηδ' Ἕκτορι ἶφι μάχεσθαι."
15 ἕως ὃ ταῦθ' ὥρμαινε κατὰ φρένα καὶ κατὰ θυμόν,
τόφρα οἱ ἐγγύθεν ἦλθεν ἀγαυοῦ Νέστορος υἱός
δάκρυα θερμὰ χέων, φάτο δ' ἀγγελίην ἀλεγεινήν·
"ὤ μοι, Πηλέος υἱὲ δαΐφρονος, ἦ μάλα λυγρῆς
πεύσεαι ἀγγελίης, ἣ μὴ ὤφελλε γενέσθαι.
20 κεῖται Πάτροκλος, νέκυος δὲ δὴ ἀμφιμάχονται
γυμνοῦ· ἀτὰρ τά γε τεύχε' ἔχει κορυθαίολος Ἕκτωρ."
ὣς φάτο· τὸν δ' ἄχεος νεφέλη ἐκάλυψε μέλαινα.
ἀμφοτέρηισι δὲ χερσὶν ἑλὼν κόνιν αἰθαλόεσσαν
χεύατο κὰκ κεφαλῆς, χαρίεν δ' ἤισχυνε πρόσωπον·
25 νεκταρέωι δὲ χιτῶνι μέλαιν' ἀμφίζανε τέφρη.
{αὐτὸς δ' ἐν κονίηισι μέγας μεγαλωστὶ τανυσθείς
κεῖτο, φίληισι δὲ χερσὶ κόμην ἤισχυνε δαΐζων.}
δμωιαὶ δ', ἃς Ἀχιλεὺς ληίσσατο Πάτροκλός τε,
θυμὸν ἀκηχέμεναι μεγάλ' ἴαχον, ἐκ δὲ θύραζε
30 ἔδραμον ἀμφ' Ἀχιλῆα δαΐφρονα, χερσὶ δὲ πᾶσαι
στήθεα πεπλήγοντο, λύθεν δ' ὑπὸ γυῖα ἑκάστης·
Ἀντίλοχος δ' ἑτέρωθεν ὀδύρετο δάκρυα λείβων,
χεῖρας ἔχων Ἀχιλῆος· ὃ δ' ἔστενε κυδάλιμον κῆρ.
{δείδιε γάρ, μὴ λαιμὸν ἀπαμήσειε σιδήρωι.}
35 σμερδαλέον δ' ὤιμωξεν· ἄκουσε δὲ πότνια μήτηρ
ἡμένη ἐν βένθεσσιν ἁλὸς παρὰ πατρὶ γέροντι.

14b sch Π 93b   **17** Eudoc. 750   **18** (ἦ–)–**19a** ApS 7.11; **19** Eudoc. 752, 1236
20–1 'Trypho i' Trop. iii.202.10 Sp.; [Plut.] Hom. 2.83.1; Artem. 4.59 p.285.2 P.; **20** Simpl. in Cat. CAG viii.337.5; **20a** Plin. Ep. 4.11.12; sch O 9; Theo Progymn. 5 (80.4 Sp.)
22–4 Charito 1.4.6; **22** Plut. Mor. 455a; (νεφ. μέλ.) Aristid. Quint. 2.9 p.71.15 W.-I.; **23–4**
Charito 5.2.4; Eudoc. 1800–1; **23–4a** Pl. Resp. 388b; **23** ApS 102.14; (κον.–) H. κ 3515;
Aristid. Quint. 2.9 p.71.16 W.-I.; **24** (πρόσωπον) H. (Cyr.) π 3956   **25b** sch Σ 23b; (ἀμφ.–)
H. (Cyr.) α 4017; (τέφρη) id. τ 719   **26–7** Eudoc. 820–1   **28** (ληίσσ.) H. (Cyr.) λ 833;
Phot. Lex. λ 249   **32b** ApS 108.3   **33a + 34** (δείδιε γάρ) Nic ad Σ 33b; **34** Eudoc. 327;
sch Eur. Med. 40; EtG s.v. δείδια; Epm. δ 69; **34a** ib. δ 78; (δείδ.) Hdn i.455.4; Epm. δ 2

14 νῆας ἔπ' ἄψ ἰέναι (nov. Did) 11 (εν ss. π') Ω* (cf. ad Φ 535): ἄψ ἐπὶ νῆας ἴμεν Arph
Ar T H V (ἰέναι) (cf. Π 395, Ρ 432, Σ 280): αψ επ[ὶ] νῆας ἰναί 86 (ἴναι forma recens, cf.
Schwyzer 674).—cf. ad Φ 297   **15** ἕως 11 86 Ω: εἶος Brandreth, ἧος Curtius
16 τόφρά 11 Ω   **18** ὤι A b T W: ὤ 11 86 645 Ω*   Πηλέως Tᴬ Y Rᵃ   **19** ἤ⟦ν⟧ 11   ὤφελ–
λε 11 Ω (-ελε Y G): -ειλε Nauck   **21** κορυθαίολος C, -έολοσ Y   **25** τέφρη 11ᶜ 239 tt*
Ω*: -ης 11ᵃ: -ην Hsch.ᵃ W V: -η G   **26–7** damn. Düntzer; cf. ad 461   **28** δμωιαὶ fere
11 239ᶜ W: -ωαὶ 239ᵃ Ω*   δ' 11ˢ 239 Ω: γ 11ᵗ   **31** γυῖα ἑκάστης 11 (-ος ss. η) 239 Ω*
Gʸᵖ: φαίδιμα γυῖα G   **33** χεῖρας 239 t Ω: χειρος 11   **34** damn. Bothe   ἀπαμήσειε
Ar 239 647 T: ἀποτμήξειε Zen 11 tt Z Ω*

κώκυσέν τ᾽ ἄρ᾽ ἔπειτα· θεαὶ δέ μιν ἀμφαγέροντο
πᾶσαι, ὅσαι κατὰ βένθος ἁλὸς Νηρηΐδες ἦσαν.
{ἔνθ᾽ ἄρ᾽ ἔην Γλαύκη τε Θάλειά τε Κυμοδόκη τε,
40 Νησαίη Σπειώ τε Θόη θ᾽ Ἁλίη τε βοῶπις
Κυμοθόη τε καὶ Ἀκταίη καὶ Λιμνώρεια
καὶ Μελίτη καὶ Ἴαιρα καὶ Ἀμφιθόη καὶ Ἀγαυή
Δωτώ τε Πρωτώ τε Φέρουσά τε Δυναμένη τε
Δεξαμένη τε καὶ Ἀμφινόμη καὶ Καλλιάνειρα,
45 Δωρὶς καὶ Πανόπη καὶ ἀγακλειτὴ Γαλάτεια
Νημερτής τε καὶ Ἀψευδὴς καὶ Καλλιάνασσα·
ἔνθα δ᾽ ἔην Κλυμένη Ἰάνειρά τε καὶ Ἰάνασσα,
Μαῖρα καὶ Ὠρείθυια ἐϋπλόκαμός τ᾽ Ἀμάθεια,
ἄλλαί θ᾽ αἳ κατὰ βένθος ἁλὸς Νηρηΐδες ἦσαν.}
50 τῶν δὲ καὶ ἀργύφεον πλῆτο σπέος· αἳ δ᾽ ἄμα πᾶσαι
στήθεα πεπλήγοντο. Θέτις δ᾽ ἐξῆρχε γόοιο·
"κλῦτε, κασίγνηται Νηρηΐδες, ὄφρ᾽ εὖ πᾶσαι
εἴδετ᾽ ἀκούουσαι, ὅσ᾽ ἐμῶι ἔνι κήδεα θυμῶι.
ὤι μοι ἐγὼ δειλή, ὤι μοι δυσαριστοτόκεια,
55 ἥ τ᾽ ἐπεὶ ἄρ τέκον υἱὸν ἀμύμονά τε κρατερόν τε,
ἔξοχον ἡρώων, ὃ δ᾽ ἀνέδραμεν ἔρνεϊ ἶσος,
τὸν μὲν ἐγὼ θρέψασα φυτὸν ὣς γουνῶι ἀλωῆς

37 (κώκ.) H. (Cyr.) κ 4798; (ἀμφαγ.) H. α 3887   38 (βένθος) id. β 516   39 (Θάλ.)
Apio 240.28   40a sch Lyc. 397   43b Hdn ii.919.23   45a EtG s.v. Δωρίς
46 Choer. in Thd. i.162.25   49 Did/Arn ad Σ 39–49   50 (–σπ.) Hdn ii.847.15; EtG
α 1127/8; Epm. ε 104; (ἀργ.) H. (Cyr.) α 7082   51 (γόοιο) id. γ 839   52 (–Νηρ.) sch
A 538b; (ὄφρ᾽–)–53a Hdn ad Θ 18b[1]   54 Pl. Resp. 388c; Max. Tyr. 5.5, 18.5; Procl. in
Remp. i.123.15; (δυσαρ.) Did ad X 431c[1/3]; ApS 60.27; sch A 415a; H. (Cyr.) δ 2530; Phot.
Lex. δ 800   56b Did in Dem. xiv 19; ApS 77.8; Ael. V.H. 12.14; sch ζ 163   57 (–ὥς)
Epm. ε 178; 57a Nic ad Σ 56

37 κώκυσέν 11 (t) Ω: ᾤμωξεν (ex 35) 239   τ᾽ 239 Ω: δ᾽ 11   ἀμφ᾽ ἀγέροντο fere A Y
R W G   39–49 ath. Zen Ar: om. 𝔄 teste Callistr   39 ἄρ᾽ (ἄρ) ἔην A[λ] Ω*: ἄρα ἦν 11
h G V   Γλαύκη sic parox. Ar Hdn 11 Ω   40 Θόη (non θοή) Ar Hdn[uv] 11 647 Ω   θ᾽
Ἁλίη Ar Hdn[uv] 11 647 Ω: Θαλίη nov. Hdn.—v. adn. meam ad Hes. Th. 245   42 om.
647   Ἀγαυή sic Hdn (ad I 150) 11 Ω: parox. Nauck   43 Δυναμένη 11   44 Δεξ–
αμένη Hdn Ω: -μενή quidam ante Hdn 11   46 Νημερτής et Ἀψευδής sic (non
parox.) Ar 11 Ω   47 ε]νθ᾽ αρα ην (cf. ad 39) 11   Κλυμένη 11 Ω: -νη τ᾽ H
48 Ἀμάθεια R[c] W H V: -θυια 11 647 1424 h88 Ω* (-θυα Y).—cf. adn. meam ad Hes. Th.
260   49 ἄλλαί sic A W   ἦσαν 11 647 t Ω (= 38): εἰσίν Lehrs   52 εὖ 11 Ω (εὗ Y):
ἔϋ Ludwich (ἐϋ Heyne)   53 ἔνι (vel ἐνὶ) Ar Ω: ἔπι Arph   54 ὤι (prius) 11[c]
A h T W: ὤ 11[a] Ω*   ὤι (alterum) 1422 A h T W: ὤ [11] Ω*   55 init. υ]ιον[1422
57 ἀλωῆς A, ἀλωιῆς B T[λ]

νηυσὶν ἔπι προέηκα κορωνίσιν Ἴλιον εἴσω
Τρωσὶ μαχησόμενον· τὸν δ' οὐχ ὑποδέξομαι αὖτις
60 οἴκαδε νοστήσαντα δόμον Πηλήϊον εἴσω.
ὄφρα δέ μοι ζώει καὶ ὁρᾶι φάος ἠελίοιο,
ἄχνυται, οὐδέ τί οἱ δύναμαι χραισμῆσαι ἰοῦσα.
ἀλλ' εἶμ', ὄφρα ἴδωμι φίλον τέκος ἠδ' ἐπακούσω
ὅττί μιν ἵκετο πένθος ἀπὸ πτολέμοιο μένοντα."
65 ὣς ἄρα φωνήσασα λίπε σπέος· αἳ δὲ σὺν αὐτῆι
δακρυόεσσαι ἴσαν, περὶ δέ σφισι κῦμα θαλάσσης
ῥήγνυτο. ταὶ δ' ὅτε δὴ Τροίην ἐρίβωλον ἵκοντο,
ἀκτὴν εἰσανέβαινον ἐπισχερώ, ἔνθα θαμειαί
Μυρμιδόνων εἴρυντο νέες ταχὺν ἀμφ' Ἀχιλῆα.
70 τῶι δὲ βαρὺ στενάχοντι παρίστατο πότνια μήτηρ,
ὀξὺ δὲ κωκύσασα κάρη λάβε παιδὸς ἑοῖο,
καί ῥ' ὀλοφυρομένη ἔπεα πτερόεντα προσηύδα·
"τέκνον, τί κλαίεις; τί δέ σε φρένας ἵκετο πένθος;
ἐξαύδα, μὴ κεῦθε. τὰ μὲν δή τοι τετέλεσται
75 ἐκ Διός, ὡς ἄρα δὴ πρίν γ' ηὔχεο χεῖρας ἀνασχών,
πάντας ἐπὶ πρύμνηισιν ἀλήμεναι υἷας Ἀχαιῶν
σεῖ' ἐπιδευομένους παθέειν τ' ἀεκήλια ἔργα."
τὴν δὲ βαρὺ στενάχων προσέφη πόδας ὠκὺς Ἀχιλλεύς·
"μῆτερ ἐμή, τὰ μὲν ἄρ μοι Ὀλύμπιος ἐξετέλεσσεν·
80 ἀλλὰ τί μοι τῶν ἦδος, ἐπεὶ φίλος ὤλεθ' ἑταῖρος,
Πάτροκλος, τὸν ἐγὼ περὶ πάντων τῖον ἑταίρων,
ἶσον ἐμῆι κεφαλῆι; τὸν ἀπώλεσα, τεύχεα δ' Ἕκτωρ

58a Hdn ad Σ 7ab   59b–60 (–Πηλ.) Arn ad Π 222b; 59b sch Σ 57b   61a Epm. μ
77   70–1 [Plut.] Hom. 2.148.2; 70a Hdn ad A 364b[1]; 71–2 Eudoc. 2044/8; 71a Arn ad
Ξ 418a; (κωκ.) H. (Cyr.) κ 4797   76 EtG α 463   77 (ἀεκ.) H. α 1323; EtG α 102
80a sch Π 647 (Porph. Il. 216.11 Schr.)   81a (τῖον-) H. τ 935   82a Aristid. Or. 4.1;
[Plut.] Hom. 2.151.2; Choric. 172.12

58 ἔπι προέηκ[α 11: ἐπὶ πρ- B, ἐπιπρ- Ω*.—cf. ad P 708   61 ζώει 11 t Ω*: -η(ι) C T
Y R.—cf. ad 442   63 ἴδωμι 11 (ex ει-) Rᵃ G: -ωμ Y: -ωμαι W: -οιμι Ω*   64 ὅττί sic
A b, ὁττί T   νιν (ss. μ) 11   ἀπὸ Ar Hdn 11 A B Fᵃ: ἄπο (deprec. Hdn) Ω*   66 σφισι 11 Ω* (σφίσι G): σφι b   68 ἀκτὴν 11 Z Ω*: -ήνδ' R: -ὴν δ' rr   εἰσανέβαινον 11
Aᵏ Ω* (εἰσ ἀν- B): -έβησαν A (εἰς ἀν- Aᵃ? Aʸᵖ): ἐξανέβησαν Cauer (cf. ad Ω 97)   ἐπισχερώ Hdn 11 (ex -ωι) Ω* (ἐπὶ σχ- C): -ρῶ Z Y R G.—cf. ad Λ 668   71 ἑοῖο 11 tt Ω*:
ἑῆος R, agn. Eust.—cf. ad 138, A 393   75 ὡς 11 Ω (ὣς B F R): ὦ(ι) h   ηὔχεο Fick: εὔ-
11 1427 Ω   77 σεῖ' Fick: σεῦ 11 Ω   ἀεκήλια Ar Ptol Alexio pro etymologia falsa   ἔργα 11ˢ Ω: μετρα 11ᵗ   80 ἦδος (Hdn) Ω* (εἶ- Y): ἦ- (Trypho) Tᵃ? R.—cf. ad A
576   81 πέρι R H

δηιώσας ἀπέδυσε πελώρια, θαῦμα ἰδέσθαι,
καλά· τὰ μὲν Πηλῆϊ θεοὶ δόσαν ἀγλαὰ δῶρα
85 ἤματι τῶι, ὅτε σὲ βροτοῦ ἀνέρος ἔμβαλον εὐνῆι.
αἴθ’ ὄφελες σὺ μὲν αὖθι μετ’ ἀθανάτηις ἁλίηισιν
ναίειν, Πηλεὺς δὲ θνητὴν ἀγαγέσθαι ἄκοιτιν·
νῦν δ’ἵνα καὶ σοὶ πένθος ἐνὶ φρεσὶ μυρίον εἴη
παιδὸς ἀποφθιμένοιο, τὸν οὐχ ὑποδέξεαι αὖτις
90 οἴκαδε νοστήσαντ’, ἐπεὶ οὐδ’ ἐμὲ θυμὸς ἄνωγεν
ζώειν οὐδ’ ἄνδρεσσι μετέμμεναι, αἴ κε μὴ Ἕκτωρ
πρῶτος ἐμῶι ὑπὸ δουρὶ τυπεὶς ἀπὸ θυμὸν ὀλέσσηι,
Πατρόκλοιο δ’ἕλωρα Μενοιτιάδεω ἀποτείσηι.”
τὸν δ’ αὖτε προσέειπε Θέτις κατὰ δάκρυ χέουσα·
95 “ὠκύμορος δή μοι, τέκος, ἔσσεαι, οἷ’ ἀγορεύεις·
αὐτίκα γάρ τοι ἔπειτα μεθ’ Ἕκτορα πότμος ἑτοῖμος.”
τὴν δὲ μέγ’ ὀχθήσας προσέφη πόδας ὠκὺς Ἀχιλλεύς·
“αὐτίκα τεθναίην, ἐπεὶ οὐκ ἄρ’ ἔμελλον ἑταίρωι
κτεινομένωι ἐπαμῦναι· ὃ μὲν μάλα τηλόθι πάτρης
100 ἔφθιτ’, ἐμέο δ’ ἐδέησεν ἀρῆς ἀλκτῆρα γενέσθαι.
νῦν δ’ἐπεὶ οὐ νέομαί γε φίλην ἐς πατρίδα γαῖαν,

84 (τὰ–δόσαν) + 85 sch Π 867c; 84 (τὰ–) Arn ad P 492a; 85 (ἀνέρος–) Nic ad Σ 88–90
86–7 ApD Synt. 353.10; 86 (ἁλί.) H. α 3003; 87 (ναί.) H. (Cyr.) v 17   88 (μυρίον)
ApS 114.12; H. μ 1899   89a Epm. φ44   91 (–μετ.) Eudoc. 1399   93 (ἕλωρα) H.
ε 2250   95–9 Aeschin. 1.150; 95 (Callisth. ad Alex.) D.L. 5.5; (Diog. Sinop.) id. 6.53;
(–ἔσσ.) sch O 440–1; 96 + 98a + 104 (παρὰ–) Pl. Apol. 28cd (unde Eus. P.E. 13.10.2);
96 + 98–9a Cic. Att. 9.5.3; 96 sch T 407b; Procl. in Remp. i.149.19; (–πότ.) sch X 359;
(πότ.) H. π 3149; 98a sch I 401c; 99 (ἐπαμ.) H. (Cyr.) ε 4161   100 (–ἄρεω) EtG α 1143;
(ἔφθ.) H. (Cyr.) ε 7469; (ἐμεῖο–) Porph. Hom. 105.13 Sod.; Choer. in Ps. 178.5;
(ἐμεῖο–ἀρῆς) Did ad Ξ 485a; ApS 62.14; 100b id. 41.27   101 Hdn ii.553.2; Choer. in
Ps. 120.13; (οὐ νέ.) H. (Cyr.) o 1790

83 ἀπέδυσε 11 1429 Ω: -λυσε quidam ap. sch[T] cl. Π 804   86 αἴθ’ Ar A A[λ] b (cf. A
415, Γ 40, al.): ὡς (nov. Did) 11 t A[m] Ω* (cf. Γ 173, 428, al.)   87 θνητὴν 11[c] 86 Ω: -των
11[a]   88 εἴη 11 (ex εηη) Ω*,]η 237: εἴηι (Leaf) W   90 ἄνωγε 11 86 237 Ω*: ἀνώγει
A b Y.—cf. ad 176   92 πρῶτος 11 1429 sch[bT] A[λ] Ω: -ον Herwerden Quaestiunc.
33 ὑπὸ quidam ante Hdn Ω, ὐπο 1429, υπο 11: ὕπο Hdn   τυπεὶς 11 1429 Z Ω (= Λ
433): δαμεὶς r   ἀπὸ sic (vel ἄπο) Hdn 11 Ω   93 Μενοιτιάδεω 9 11 A[m] Ω*: -δαο Z’ A
W: -δα’ rr.—cf. ad Π 554   ἀποτείση Υ (-σηι Fick): -τίση(ι) 9 11 Ω*: -τίσει Z
94 αὖτε προσέειπε 9 11 1429 Ω (αὖτις Y): ἠμείβετ’ ἔπειτα A[γρ].—cf. ad H 33   Θέτις 9
11 1429 Ω: θεὰ rr   97 ut supra 9 11 86 1429 Ω: τὴν δ’ αὖτε προσέειπε ποδάρκης δῖος
Ἀχιλλεύς t   98 ἄρ’ (ἂρ)ἔμελλον fere 9 11 ([γ]αρ) 1429 tt Ω (cf. E 205, 686): ἄρα μέλ–
λον Hermann Orph. 694   99 ut supra 9 11 1430 Ω: ὅ μοι πολὺ φίλτατος ἔσκεν (nec
plura) t   100 ἐμεῦ δὲ δέησεν Thiersch (ἐμέο La Roche Unt. I 102, δ’ ἐδέησεν Grashof): ἐμεῖο δὲ δῆσεν Hdn Did-Ξ Porph. 11 86 1429 Ω, δ’ ἔδησεν Ptol’ Parmeniscus 9 tt*

οὐδέ τι Πατρόκλωι γενόμην φάος οὐδ᾽ ἑτάροισιν
τοῖς ἄλλοις, οἳ δὴ πολέες δάμεν Ἕκτορι δίωι,
ἀλλ᾽ ἧμαι παρὰ νηυσὶν ἐτώσιον ἄχθος ἀρούρης,
105   τοῖος ἐὼν οἷος οὔ τις Ἀχαιῶν χαλκοχιτώνων
ἐν πολέμωι· ἀγορῆι δέ τ᾽ ἀμείνονές εἰσι καὶ ἄλλοι.—
ὡς ἔρις ἔκ τε θεῶν ἔκ τ᾽ ἀνθρώπων ἀπόλοιτο
καὶ χόλος, ὅς τ᾽ ἐφέηκε πολύφρονά περ χαλεπῆναι,
ὅς τε πολὺ γλυκίων μέλιτος καταλειβομένοιο
110   ἀνδρῶν ἐν στήθεσσιν ἀέξεται ἠΰτε καπνός,
ὡς ἐμὲ νῦν ἐχόλωσεν ἄναξ ἀνδρῶν Ἀγαμέμνων.
ἀλλὰ τὰ μὲν προτετύχθαι ἐάσομεν ἀχνύμενοί περ,
θυμὸν ἐνὶ στήθεσσι φίλον δαμάσαντες ἀνάγκηι.—
νῦν δ᾽ εἶμ᾽, ὄφρα φίλης κεφαλῆς ὀλετῆρα κιχείω,
115   Ἕκτορα. κῆρα δ᾽ ἐγὼ τότε δέξομαι, ὁππότε κεν δὴ
Ζεὺς ἐθέληι τελέσαι ἠδ᾽ ἀθάνατοι θεοὶ ἄλλοι.
οὐδὲ γὰρ οὐδὲ βίη Ἡρακλῆος φύγε κῆρα,
ὅς περ φίλτατος ἔσκε Διὶ Κρονίωνι ἄνακτι,
ἀλλά ἑ μοῖρ᾽ ἐδάμασσε καὶ ἀργαλέος χόλος Ἥρης·
120   ὣς καὶ ἐγών, εἰ δή μοι ὁμοίη μοῖρα τέτυκται,
κείσομ᾽ ἐπεί κε θάνω. νῦν δὲ κλέος ἐσθλὸν ἀροίμην,

104–5 Aristid. Or. 28.25; [Plut.] Hom. 2.142.2; **104** Plut. Mor. 465f; (ἧμαι) H. (Cyr.) η 414; **104b** Luc. Dial. 24.29; Areth. ad Pl. Theaet. 176d; EtG α 246; (ἐτ. ἄχθ.) sch Pl. l.c.; sch Luc. p.13.1 R.; (ἄχθ. ἀρ.) Porphyr. in Hor. Epist. 1.14.26; EtG α 1514; cf. Philon. De spec. leg. 3.50 (v.164.7 C.–W.), Clem. Paed. 3.30.1; **105–6** Plut. Mor. 471f; **106** Aristid. Or. 28.29; (ἀγορῆι–) sch T 219   **107–10** Porph. Hom. 71.1 Sod.; **107** Hclt. (DK 22 A 22) ap. Arist. Eth. Eud. 1235a26, Plut. Mor. 370d, cf. Numen. p.94.3 L.; Theocr. Chius ap. Stob. 2.2.19; [Plut.] Hom. 2.134.2; Choric. 176.12; Simpl. in Cat. CAG viii.412.26; (ἔκ τε–) Philod. De bono rege xxix.13; **108–10** Chrysipp. (SVF ii.252.12, 39) ap. Gal. Plac. Hipp. et Plat. 3.2.12, 4.1.10; **108** id. (SVF ii.251.21) ib. 3.7.52; (καὶ χ.) sch Σ 107a¹; (ὅς–)–**109** Pl. Phileb. 47e; **109–10** Chrysipp. (SVF ii.241.33) ap. Gal. Plac. Hipp. et Plat. 3.2.2; (–ἀέξ.) Arist. Rh. 1378b5; **109–10a** Aspas. in Eth. CAG xix(1).44.9; **109** Arist. Rh. 1370b11   **111a** Epm. ε 181   **112–13** [Plut.] Hom. 2.129.4; **112** Cic. Att. 7.1.9, 10.12a.1; w34 ii 12   **114** (ὀλετ.) H. (Cyr.) ο 526?; Phot. Lex. s.v.   **115** (κῆρα–δέξ.) Hdn ii.358.6, 644.23 (Choer. in Thd. i.322.24)   **117–19** [Luc.] Dial. 82.14; Porph. Il. 105.21 Schr.; **117–18** w23 i 5 (lacera); **117** w5; **117a** sch E 22b   **121** Philod. De bono rege xlii 5; w5 (lacerum); Eudoc. 1594

Z Tᴬ (prob. Wack. KS 219; Schwyzer 752 n.3)   ἀρῆς "ἐν τοῖς εἰκαιοτέροις" (Did) Ptol Hdn 9 11 1429 tt* schᴰ Ω: Ἄρεω Ar EtG Aˢ: Ἄρεως (b) vel -εος (T) quidam teste schᵇᵀ (errante u.v.): Ἄρης Parmeniscus Choer. Hᶜ Oᶜ.—cf. ad Ξ 485   **104** ἐτώσιον 9 11 tt* Ω: (-σι) κορωνίσιν Plato   **105–6** damn. Heyne, **106** potius susp. Leaf   **107** ὥς W O   ἔκ τ᾽ 9 11 (ἔκ τ[ε [[θνη]τῶν]] ανθρωπων) tt* Ω: καὶ Aristot.   **111** ὣς B F W G   **119** μοῖρ᾽ ἐδάμασσε 11 647 tt Ω: μοῖρα δ- 9 h   **120** ὣς 11 B C F T R: ὡς Ω*

καί τινα Τρωϊάδων καὶ Δαρδανίδων βαθυκόλπων
ἀμφοτέρηισιν χερσὶ παρειάων ἁπαλάων
δάκρυ' ὀμορξαμένην ἁδινὰ στοναχῆσαι ἐφείην,
γνοῖεν δ' ὡς δὴ δηρὸν ἐγὼ πολέμοιο πέπαυμαι.
μηδέ μ' ἔρυκε μάχης φιλέουσά περ· οὐδέ με πείσεις."
τὸν δ' ἠμείβετ' ἔπειτα θεὰ Θέτις ἀργυρόπεζα·
"ναὶ δὴ ταῦτά γε, τέκνον, ἐτήτυμον· οὐ κακόν ἐστιν
τειρομένοις ἑτάροισιν ἀμυνέμεν αἰπὺν ὄλεθρον·
ἀλλά τοι ἔντεα καλὰ μετὰ Τρώεσσιν ἔχονται
χάλκεα μαρμαίροντα. τὰ μὲν κορυθαιόλος Ἕκτωρ
αὐτὸς ἔχων ὤμοισιν ἀγάλλεται· οὐδέ ἕ φημι
δηρὸν ἐπαγλαΐεσθαι, ἐπεὶ φόνος ἐγγύθεν αὐτῶι.
ἀλλὰ σὺ μὲν μή πω καταδύσεο μῶλον ἄρηος,
πρίν γ' ἐμὲ δεῦρ' ἐλθοῦσαν ἐν ὀφθαλμοῖσιν ἴδηαι·
ἠῶθεν γὰρ νέομαι ἅμ' ἠελίωι ἀνιόντι
τεύχεα καλὰ φέρουσα παρ' Ἡφαίστοιο ἄνακτος."
ὣς ἄρα φωνήσασα πάλιν τράπεθ' υἷος ἑοῖο,
καὶ στρεφθεῖσ' ἁλίηισι κασιγνήτηισι μετηύδα·
"ὑμεῖς μὲν νῦν δῦτε θαλάσσης εὐρέα κόλπον,
ὀψόμεναί τε γέρονθ' ἅλιον καὶ δώματα πατρός,
καί οἱ πάντ' ἀγορεῦσαι· ἐγὼ δ' ἐς μακρὸν Ὄλυμπον
εἶμι παρ' Ἥφαιστον κλυτοτέχνην, αἴ κ' ἐθέλησιν
υἱεῖ ἐμῶι δόμεναι κλυτὰ τεύχεα παμφανόωντα."

122a Hdn i.552.21; (Τρω. βαθ.) H. β 59; (βαθ.) ApS 50.27; EtG β 5 **123b** Hdn i.291.19; id. ad Γ 35c; Epm. π 125 **124** Hdn ad A $364b^2$; (ἁδ. στον.) Apio 212.15 **125** (γν.) H. (Cyr.) γ 722 **128** w5 (lacerum); (–γε) sch Σ 429–31 **131** (χάλκ.) sch Σ 128–9a **132** (οὐδέ–)–3 sch Σ 334–5a **134** w5 (lacerum) **136** (νεῦμαι) H. ν 388 **137a** ApS 94.20 **140–1** Paus. 3.21.9; **141** (–ἅλ.) sch Σ 38; (ὀψ. δώμ. π.) sch Σ 63; (ἅλ.) H. α 3027

124 δάκρυ' Ω*: -υ 9 11 86 237 T Y W.—cf. ad I 433 ἁδινὰ (vel ἀ-) (nov. Did) 11 (ex -αν) t* A^s T W R (cf. Ψ 225, Ω 123, η 274, ω 317): -νὸν Ar Apio 9 Z Ω* στοναχῆσαι tt 9 11 Ω*: στεν- R **125** πέπαυμαι 9 11 Ω*: πεπαύμην W **127** θεὰ Θέτις ἀργυρόπεζα 9 Ω: Θετις κατα δακρυ χεουσα 11 (ex 94) **128** ταῦτά Nic 9 11 86 t Ω*: τοῦτό R $G^{\gamma\rho}$ agn. Eust. post ἐτήτυμον (sicubi quidem) interpungere iubet Nic: post τέκνον Leaf ἐτήτυμον 9 11 w5 Ω: -μα· Ahrens Kl. Schr. I 141 **131** κορυθαίολος 9 C, -έολοσ Y **133** ἐπαγλαΐεσθαι Wackernagel (v. Praef. xxxi), -ϊεσθαι 11^a: -ϊεῖσθαι 9 11^c t Z Ω (ἀπαγλ- *b*) αὐτῶ(ι) 9 11 t Ω*: -οῦ C **136** νεομαι Z: νεῦμαι Ar 9 11 86 t Ω **138** τρεπεν 1431 ἑοῖο Ω*: ἑῆος 9 11 502a $A^{\gamma\rho}$ Y R W G^a.—cf. ad 71, A 393 **139** προσηΰδα Y **142** ἀγορεῦσαι Zen, haud improbat Did (cf. Schwyzer–Debr. 381 infra; Chantr. II 316): -εύσατ' Ar 9 11 86 1431 Ω (-εύσαιτ' Y) **144** υἱεῖ 9 11 1430 A^λ Ω*: υἷϊ W H: υἱέ' (Rzach) rr: υἱέϊ μοι Nauck.—cf. ad 458, Φ 34, X 302

145   ὣς ἔφαθ᾽, αἱ δ᾽ ὑπὸ κῦμα θαλάσσης αὐτίκ᾽ ἔδυσαν·
       ἡ δ᾽ αὖτ᾽ Οὔλυμπόνδε θεὰ Θέτις ἀργυρόπεζα
       ἤιεν, ὄφρα φίλωι παιδὶ κλυτὰ τεύχε᾽ ἐνείκαι.
          τὴν μὲν ἄρ᾽ Οὔλυμπόνδε πόδες φέρον· αὐτὰρ Ἀχαιοί
       θεσπεσίωι ἀλαλητῶι ὑφ᾽ Ἕκτορος ἀνδροφόνοιο
150   φεύγοντες νῆάς τε καὶ Ἑλλήσποντον ἵκοντο.
       οὐδέ κε Πάτροκλόν περ ἐϋκνήμιδες Ἀχαιοί
       ἐκ βελέων ἐρύσαντο νέκυν, θεράποντ᾽ Ἀχιλῆος·
       αὖτις γὰρ δὴ τόν γε κίχον λαός τε καὶ ἵπποι
       Ἕκτωρ τε Πριάμοιο πάϊς φλογὶ εἴκελος ἀλκήν.
155   τρὶς μέν μιν μετόπισθε ποδῶν λάβε φαίδιμος Ἕκτωρ
       ἑλκέμεναι μεμαώς, μέγα δὲ Τρώεσσιν ὁμόκλα·
       τρὶς δὲ δύ᾽ Αἴαντες, θοῦριν ἐπιειμένοι ἀλκήν,
       νεκροῦ ἀπεστυφέλιξαν. ὁ δ᾽ ἔμπεδον ἀλκὶ πεποιθὼς
       ἄλλοτ᾽ ἐπαΐξασκε κατὰ μόθον, ἄλλοτε δ᾽ αὖτε
160   στάσκε μέγα ἰάχων, ὀπίσω δ᾽ οὐ χάζετο πάμπαν·
       ὡς δ᾽ ἀπὸ σώματος οὔ τι λέοντ᾽ αἴθωνα δύνανται
       ποιμένες ἄγραυλοι μέγα πεινάοντα δίεσθαι,
       ὣς ῥα τὸν οὐκ ἐδύναντο δύω Αἴαντε κορυστά
       Ἕκτορα Πριαμίδην ἀπὸ νεκροῦ δειδίξασθαι.
165   καί νύ κεν εἴρυσσέν τε καὶ ἄσπετον ἤρετο κῦδος,
       εἰ μὴ Πηλείωνι ποδήνεμος ὠκέα Ἶρις
       ἄγγελος ἦλθε θέουσ᾽ ἀπ᾽ Ὀλύμπου θωρήσσεσθαι,
       κρύβδα Διὸς ἄλλων τε θεῶν· πρὸ γὰρ ἧκέ μιν Ἥρη·

148a Arn ad Σ 369   **156b** EtG s.v. ὁμοκλή (Philox. fr. 155 Th.)   **159** (κατὰ μ.)
H. (Cyr.) κ 1271   **160** (ὀπίσω δ᾽ οὐ χ.) cf. sch B 113b   **162b** Epm. τ 6   **164** al.
(δειδ.) H. δ 389, 435   **168** (κρύβ.) H. (Cyr.) κ 4241

146 ἢ δ᾽ αὖτ᾽ 11 1430 Ω: ἡ μὲν αρ᾽ 9 (cf. 148)   **147** ἐνείκαι 9 11 Ω* (-νεῖ- A Fᵃ Tᵃ):
-οι Tˢ rr: -η(ι) 1431 Y Wᶜ G   **148–50** damn. Düntzer; cf. Wilamowitz Il. u. H. 167
n.2   **149** Ἕκτορος ἀνδροφόνοιο 9 11 1431 Ω: Ἕκτορι καὶ Διὶ πατρί V (= Ο
637)   **151** οὐδέ κε 9 11 1430 Ω (οὐδέ περ Y): οὐδ᾽ ἄρα Aʸᵖ   **153–65** susp.
Leaf   **153** τόν γε 9 11 Ω*: τόνδε 1430 C T Y W   κίχον 9 11 Ω*: (γ᾽) ἔκιχον G
λαός 9 11 86 Ω (cf. Ι 708): -οί Aˢ   **154** φλογὶ Ar 9 11 86 1432 Ω (cf. N 330): συὶ Zen
(cf. Δ 253, Ρ 281)   **155** τρὶς μέν μιν Ar 9 11 1430 Ω: ὅς μιν τρὶς Zen   φαίδιμος Ἕκ—
τωρ Ar 9 11 86 Ω: καὶ μέγ᾽ αὔτει Zen   **156** μέγα δὲ Τρώεσσιν ὁμόκλα Ar 9 11 86 1432
t (μετὰ) Ζ Ω: κεφαλὴν δέ ἑ θυμὸς ἀνώγει | πῆξαι ἀνὰ σκολόπεσσι ταμόνθ᾽ ἀπαλῆς
ἀπὸ δειρῆς Zen (cf. ad 174)   **160** ἰάχων Ar 9 11 Ω (cf. ad Ε 302): ἀχέων Zen (cf. Rich-
ardson ad Hymn. Cer. 479)   **162** πεινάοντα 9 86 tᵛˡ Ω: -ώοντα tᵛˡ   δίεσθαι sic proparox. Hdn 9 11 Ζ Ω   **163** κορυστὰ 9 11 Ω: -αὶ h   **164** δειδίξασθαι 11 Ω*: -εσθαι
9 T   **165** εἴρυσσέν 9 11 Ω*: -υσέ(ν) b T Y (ἠρ-) R W: cf. etiam ad Γ 373   ἤρετο
Brandreth: -ατο 9 11 (ἤ-) 86 Ω (ἤιρ- A T G).—v. ad Ξ 510   **168** damn. C.A.J. Hoff-

ἀγχοῦ δ᾽ ἱσταμένη ἔπεα πτερόεντα προσηύδα·
170 "ὄρσεο, Πηλεΐδη, πάντων ἐκπαγλότατ᾽ ἀνδρῶν·
Πατρόκλωι ἐπάμυνον, οὗ εἵνεκα φύλοπις αἰνή
ἕστηκε πρὸ νεῶν, οἳ δ᾽ ἀλλήλους ὀλέκουσιν,
οἳ μὲν ἀμυνόμενοι νέκυος πέρι τεθνηῶτος,
οἳ δὲ ἐρύσσασθαι προτὶ Ἴλιον ἠνεμόεσσαν
175 Τρῶες ἐπιθύουσι. μάλιστα δὲ φαίδιμος Ἕκτωρ
ἑλκέμεναι μέμονεν· κεφαλὴν δέ ἑ θυμὸς ἄνωγεν
πῆξαι ἀνὰ σκολόπεσσι ταμόνθ᾽ ἁπαλῆς ἀπὸ δειρῆς.
ἀλλ᾽ ἄνα, μηδ᾽ ἔτι κεῖσο· σέβας δέ σε θυμὸν ἱκέσθω
Πάτροκλον Τρωιῆισι κυσὶν μέλπηθρα γενέσθαι.
180 σοὶ λώβη, αἴ κέν τι νέκυς ἠισχυμμένος ἔλθηι."
τὴν δ᾽ ἠμείβετ᾽ ἔπειτα ποδάρκης δῖος Ἀχιλλεύς·
"Ἶρι θεά, τίς τάρ σε θεῶν ἐμοὶ ἄγγελον ἧκεν;"
τὸν δ᾽ αὖτε προσέειπε ποδήνεμος ὠκέα Ἶρις·
"Ἥρη με προέηκε, Διὸς κυδρὴ παράκοιτις·
185 οὐδ᾽ οἶδε Κρονίδης ὑψίζυγος οὐδέ τις ἄλλος
ἀθανάτων, οἳ Ὄλυμπον ἀγάννιφον ἀμφινέμονται."
τὴν δ᾽ ἀπαμειβόμενος προσέφη πόδας ὠκὺς Ἀχιλλεύς·
"πῶς ταρ ἴω μετὰ μῶλον; ἔχουσι δὲ τεύχε᾽ ἐκεῖνοι.
μήτηρ δ᾽ οὔ με φίλη πρίν γ᾽ εἴα θωρήσσεσθαι,
190 πρίν γ᾽ αὐτὴν ἐλθοῦσαν ἐν ὀφθαλμοῖσιν ἴδωμαι·
στεῦτο γὰρ Ἡφαίστοιο πάρ᾽ οἰσέμεν ἔντεα καλά.

---

171 sch Π 1a   **175** (ἐπιθ.) ApS 73.18; **175b–9** Procl. in Remp. i.150.23; **175b–7** Porph. Il. 267.6 Schr.; **178** ApS 30.20; Eudoc. 679, cf. 803; **178a** ApD Coni. 233.17; (ἄνα) H. (Cyr.) α 4184; (σέβας) H. σ 312   **180** (λώβη) Apio 246.9   **182** Macr. Sat. 5.9.1   **184** (κυδρή) H. (Cyr.) κ 4425   **191** (–πάρ᾽ οἰσ.) Hdn i.487.4; id. ad B 150b¹, I 456b, Σ 400b, Φ 588b¹

mann Qu. Hom. II (1848) 140 sq.; cf. 181–6   **171** Πατρόκλωι 9 11 86 t Ω: -ου Ar N.— cf. ad Π 522   **173** πέρι *b* Y R W G: περὶ vel περι Ω* τεθνηῶτος Aˢ Bª E Fª T: -θνει- 9 Eˢ Ω*   **174** ἐρύσσασθαι 9 Z Aˡ Aˢ Ω* (-ύσα- Y R Wª G): -εσθαι 239 Aᴵ.—cf. ad Φ **176** προτὶ 9 1432 Ω: ποτι 86 N   ἠνεμόεσσαν Ar 9 Ω: αἰπὺ θέλοντες Zen qui 175–7 om. (cf. ad 156)   **176** δέ tt Ω* (et Zen in 156): τέ 9 A B E   ἄνωγε(ν) Aʸᵖ *h* Y R W: ἀνώγει 9 tt Ω*.—cf. ad 90   **178** μηδ᾽ ἔτι 239ᶜ tt* Ω*, μηδέτι 9 86 Bᶜ Fᶜ? T Y R: μη- κέτι 239ª ApS ApD Z W G   κεῖσο 9 239 1432 tt Ω: κεῖο Wack. Unt. 170   **180** ἠισ- χυμ(μ)ένος 9 1422 1432 Ω: αἰκισμένος Tʸᵖ   ἔλθη(ι) Ω*: -ης 9: -οι C Gˢ   **182** τάρ Arª, τ᾽ ἄρ rr: γάρ Arᵇ 9 t Aˡ Ω   **182a** Τρωες αἱ (= 200? v. Apthorp ZPE 111 [1996] 146) add. 502a   **185** οὐδ᾽ ... οὐδέ 11 647 Ω: ουτ᾽ ... ουτέ 9   **188** ταρ 9 11, τὰρ A C E F, τ᾽ ἀρ Ω*: γὰρ Tˡ W H   τεύχε᾽ ἐκεῖνοι 9 Ω: -εα κεῖνοι Barnes   **191** πάρ᾽ οἰσέμεν Ar "ἡ παράδοσις" Ω*: παρ᾽ οἰσ- Chaeris ApD *h*: παροισ- 9 647 A Fª T.—cf. Δ 97

ἄλλου δ' οὔ τεο οἶδα τέο κλυτὰ τεύχεα δύω,
εἰ μὴ Αἴαντός γε σάκος Τελαμωνιάδαο·
ἀλλὰ καὶ αὐτὸς ὅ γ', ἔλπομ', ἐνὶ πρώτοισιν ὁμιλεῖ,
195   ἔγχεϊ δηϊόων περὶ Πατρόκλοιο θανόντος."
τὸν δ' αὖτε προσέειπε ποδήνεμος ὠκέα Ἶρις·
"εὖ νυ καὶ ἡμεῖς ἴδμεν, ὅ τοι κλυτὰ τεύχε' ἔχονται.
ἀλλ' αὔτως ἐπὶ τάφρον ἰὼν Τρώεσσι φάνηθι,
αἴ κέ σ' ὑποδδείσαντες ἀπόσχωνται πολέμοιο.
200   {Τρῶες, ἀναπνεύσωσι δ' ἀρήϊοι υἷες Ἀχαιῶν
τειρόμενοι· ὀλίγη δέ τ' ἀνάπνευσις πολέμοιο.}"
ἦ μὲν ἄρ' ὣς εἰποῦσ' ἀπέβη πόδας ὠκέα Ἶρις·
αὐτὰρ Ἀχιλλεὺς ὦρτο διίφιλος. ἀμφὶ δ' Ἀθήνη
ὤμοις ἰφθίμοισι βάλ' αἰγίδα θυσανόεσσαν·
205   ἀμφὶ δέ οἱ κεφαλῆι νέφος ἔστεφε δῖα θεάων
χρύσεον, ἐκ δ' αὐτοῦ δαῖε φλόγα παμφανόωσαν.
ὡς δ' ὅτε καπνὸς ἰὼν ἐξ ἄστεος αἰθέρ' ἵκηται
τηλόθεν ἐκ νήσου, τὴν δήϊοι ἀμφιμάχωνται,
οἳ δὲ πανημέριοι στυγερῶι κρίνωνται ἄρηϊ
210   ἄστεος ἐκ σφετέρου, ἅμα δ' ἠελίωι καταδύντι
πυρσοί τε φλεγέθουσιν ἐπήτριμοι, ὑψόσε δ' αὐγή
γίνεται ἀΐσσουσα περικτιόνεσσιν ἰδέσθαι,
αἴ κέν πως σὺν νηυσὶν ἀρῆς ἀλκτῆρες ἵκωνται,

---

194 (ὁμιλ.) H. (Cyr.) ο 724   **195a** Hdn ad P 65a   **203** (ἀμφὶ-)–4 (–αἰγ.) sch O 229b   **207** sch Σ 110a   **211** (πυρσοί) H. π 4469; (ἐπήτρ.) H. (Cyr.) ε 5357 **212** (περικτ.) H. π 1742

192 οὔ τευ fere 9 11 (τε[) Z (οὔτ' εὖ) Ω (οὔτ' εὖ W), οὔ τεο Payne Knight: οὐδέ τευ T[λ]: οὔ θην rr   τέο Bechtel ap. Robert 345: τεῦ ἂν 9 647 (τεὺ) 1429 Z Ω (ἂν om. R[a]), τέ' ἂν Platt: τοῦ ἂν A[λ] r: ὅτευ Nauck   **193** denuo adest D   **194** πρώτοισιν 9 D Y R W G: Τρώεσσιν Ω*.—cf. ad Υ 338   **195** ἔγχεϊ sic 9 11 Ω praeter Y   **197** ὅ τοι 9 Ω*: ὅτι b T Y G   κλυτὰ Ar 9 Ω: καλὰ nov. Did   **198** αὔτως (vel αὔ-) Ar 9 11 Z Ω: αὐτὸς Zen Arph h, haud improbat Did   **199** ὑποδδείσαντες 9 Ω*: ὑποδεί- [11] Y[a] W[a] **200–1** (= Λ 800–1, Π 42–3) habent A b (sed A in pag. vv. duos supra normam continente), 200 solum Ω* (201 mg. add. R[c] W[2]): desunt in 9 11 [86]? [647]? 1429 N V, cf. ad 182a.—v. Apthorp ZPE 111 (1996) 141–8   **203** ἀμφὶ δ' Ω*: αὐτὰρ 9 11 W H   **204** θυσανόεσσαν D F T Y W[c]? G: θυσσ- 9 Ω*   **207** καπνὸς ἰὼν ἐξ ἄστεος Ar[ab]? 9 11 1429 t sch[D] Ω: πῦρ ἐπὶ πόντον ἀριπρεπὲς Ar postea teste DThr ap. Did (ex coniectura? cf. Wilamowitz Il. u. H. 168 n. 2; Cauer Grundfragen³ 66)   **208** ἀμφιμάχωνται Hermann Opusc. II 55: -ονται 9 647 Ω (ἀμφὶ μ- B[c])   **209** οἳ δὲ Heyne: οἵ τε 9 11 1425 Ω   κρίνωνται 9 647 A F: -ονται Ω*   **210** ἄστεος ἐκ σφετέρου Ar 9 11 (ἐκ) 239 1425 Ω: ἄστυ πέρι σφέτερον Zen (πέρι T: ποτὲ A: ποτὶ Villoison)   **211** ἐπήτριμοι Hdn 9 Z Ω: oxyt. Ptol   **212** γίνεται 11 Ω: γίγν- 9 V: γειν- 1425: an τείν-?   **213** ἀρῆς Wolf: ἄρεως

ὡς ἀπ' Ἀχιλλῆος κεφαλῆς σέλας αἰθέρ' ἵκανεν.
215 στῆ δ' ἐπὶ τάφρον ἰὼν ἀπὸ τείχεος, οὐδ' ἐς Ἀχαιούς
μίσγετο· μητρὸς γὰρ πυκινὴν ὠπίζετ' ἐφετμήν.
ἔνθα στὰς ἤϋσ', ἀπάτερθε δὲ Παλλὰς Ἀθήνη
φθέγξατ'· ἀτὰρ Τρώεσσιν ἐν ἄσπετον ὦρσε κυδοιμόν.
ὡς δ' ὅτ' ἀριζήλη φωνή, ὅτε τ' ἴαχε σάλπιγξ
220 ἄστυ περιπλομένων δηΐων ὕπο θυμοραϊστέων,
ὡς τότ' ἀριζήλη φωνὴ γένετ' Αἰακίδαο.
οἱ δ' ὡς οὖν ἄιον ὄπα χάλκεον Αἰακίδαο,
πᾶσιν ὀρίνθη θυμός· ἀτὰρ καλλίτριχες ἵπποι
ἂψ ὄχεα τρόπεον, ὄσσοντο γὰρ ἄλγεα θυμῶι,
225 ἡνίοχοι δ' ἔκπληγεν, ἐπεὶ ἴδον ἀκάματον πῦρ
δεινὸν ὑπὲρ κεφαλῆς μεγαθύμου Πηλείωνος
δαιόμενον· τὸ δ' ἔδαιε θεὰ γλαυκῶπις Ἀθήνη.
τρὶς μὲν ὑπὲρ τάφρου μεγάλ' ἴαχε διος Ἀχιλλεύς,
τρὶς δ' ἐκυκήθησαν Τρῶες κλειτοί τ' ἐπίκουροι.
230 ἔνθα δὲ καὶ τότ' ὄλοντο δυώδεκα φῶτες ἄριστοι
ἀμφὶ σφοῖς ὀχέεσσι καὶ ἔγχεσιν. αὐτὰρ Ἀχαιοί
ἀσπασίως Πάτροκλον ὕπεκ βελέων ἐρύσαντες
κάτθεσαν ἐν λεχέεσσι· φίλοι δ' ἀμφέσταν ἑταῖροι
μυρόμενοι, μετὰ δέ σφι ποδώκης εἴπετ' Ἀχιλλεύς
235 δάκρυα θερμὰ χέων, ἐπεὶ εἴσιδε πιστὸν ἑταῖρον

216 (ὠπ.) ApS 171.16; H. ω 268   **219** ApS 140.10; sch^h76 Λ 699 (iii.119 E.); Porph. Hom. 25.11 Sod.; (ἀριζ.) ApS 44.4; H. (Cyr.) α 7207; (ἴαχε σ.) sch Ω 480–2a^1   **222** Porph. Hom. 25.14 Sod.; (ἄιον) H. α 2038; (ὄπα χ.) Porph. Hom. 32.18 Sod.   **224** (ὄσσ.) H. (Cyr.) o 1444   **225** D.H. Comp. 93; **225a** Orio 57.20; Epm. π 146   **228–9** (–Τρ.) sch Σ 35–6   **230–1** (–ἔγχ.) cf. Dion. Prus. 2.57; **231a** ApD Pron. 111.22   **233** Eudoc. 2031

(nov. Did?) 9 239 647 Ω*: ἄρεος Z C R: Ἄρεω Ar.—cf. ad 100, Ξ 485   **216** πυκινὴν 9 239 647^c Ω: κρ]ατερην 647^a   **219** σάλπιγξ 9 1433 tt Z Ω: -ιξ 647   **220** ὕπο C: ὑπὸ vel ὑπο 9 (ὑπὸ) Ω*   θυμοραϊστέων 9 647 1433 Z Ω (-στῶν Y W): θυμορρ- r.—cf. ad N 544   **222** χάλκεον Ar 9 647 1435 t Ω: -έην Zen   Αἰακίδαο 9 239^t 647 1433 Ω: αὐδήσαντος 239^s V (cf. Π 76)   **224** τρόπεον 9 647^c 1435 Z Ω: -έοντ' 647^a N   **226** ὑπὲρ 9 1434 Ω*: ὑπ' ἐκ T O   **227** δ' ἔδαιε 648 A^m Ω*: δὲ δαῖε 1435 A b F^c (cf. 206): δαίδεε Y   **229** δ' ἐκυκήθησαν Ω*: δὲ κυκ- 9 Z D Y R W G   κλειτοί 9 86 239 648 Ω*: κλη- Y: κλεινοί W   **230** damn. Payne Knight   καὶ τότ' … φῶτες Ar 9 86 239 Ω: κοῦροι … πάντες Zen   **231** ἀμφὶ σφοῖς ὀχέεσσι Ar 9 t Z Ω: ξίφεσσι (lege ξιφέεσσι) A^yp: οἷσιν ἐν βελέεσσι Zen (⟨γ'⟩ ἐν?)   ἔγχεσιν 9 86^? 648 Ω*: ἔντεσιν W:]εσιν 239: ἅρμασιν M   **232** ἀσπασίως 9 Ω: ἀσπάσιοι? Nauck   ὕπεκ dedi (Praef. xix): υπεκ 9 648 Y, ὑπὲκ B^c, ὑπεκ C T, ὑπ' ἐκ fere Ω*   **233** ἀμφέσταν 9 t Ω*: -έστασαν A (ἀμφ') C Y R W   **234** σφι 9 648 Ω*: σφισι b

κείμενον ἐν φέρτρωι, δεδαϊγμένον ὀξέι χαλκῶι,
τόν ῥ' ἤτοι μὲν ἔπεμπε σὺν ἵπποισιν καὶ ὄχεσφιν
ἐς πόλεμον, οὐδ' αὖτις ἐδέξατο νοστήσαντα.
ἠέλιον δ' ἀκάμαντα βοῶπις πότνια Ἥρη
240 πέμψεν ἐπ' Ὠκεανοῖο ῥοὰς ἀέκοντα νέεσθαι·
ἠέλιος μὲν ἔδυ, παύσαντο δὲ δῖοι Ἀχαιοί
φυλόπιδος κρατερῆς καὶ ὁμοιίοο πτολέμοιο.
Τρῶες δ' αὖθ' ἑτέρωθεν ἀπὸ κρατερῆς ὑσμίνης
χωρήσαντες ἔλυσαν ὑφ' ἅρμασιν ὠκέας ἵππους.
245 ἐς δ' ἀγορὴν ἀγέροντο πάρος δόρποιο μέδεσθαι·
ὀρθῶν δ' ἑσταότων ἀγορὴ γένετ', οὐδέ τις ἔτλη
ἕζεσθαι· πάντας γὰρ ἔχε τρόμος, οὕνεκ' Ἀχιλλεύς
ἐξεφάνη· δηρὸν δὲ μάχης ἐπέπαυτ' ἀλεγεινῆς.
τοῖσι δὲ Πουλυδάμας πεπνυμένος ἦρχ' ἀγορεύειν
250 Πανθοΐδης· ὃ γὰρ οἶος ὅρα πρόσσω καὶ ὀπίσσω·
Ἕκτορι δ' ἦεν ἑταῖρος, ἰῆι δ' ἐν νυκτὶ γένοντο,
ἀλλ' ὃ μὲν ἂρ μύθοισιν, ὃ δ' ἔγχεϊ πολλὸν ἐνίκα·
ὅ σφιν ἐῢ φρονέων ἀγορήσατο καὶ μετέειπεν·
"ἀμφὶ μάλα φράζεσθε, φίλοι· κέλομαι γὰρ ἐγώ γε
255 ἄστυδε νῦν ἰέναι, μὴ μίμνειν ἠῶ δῖαν
ἐν πεδίωι παρὰ νηυσίν· ἑκὰς δ' ἀπὸ τείχεός εἰμεν.
ὄφρα μὲν οὗτος ἀνὴρ Ἀγαμέμνονι μήνιε δίωι,
τόφρα δὲ ῥηΐτεροι πολεμίζειν ἦσαν Ἀχαιοί·
χαίρεσκον γὰρ ἐγώ γε θοῇς ἐπὶ νηυσὶν ἰαύων,

236a ApS 162.8; Hdn ii.942.33; Epm. χ 30; (ἐν φ.) H. (Cyr.) ε 2557; (φ.) H. φ 323   **239–40** Hclt. Alleg. 8.8; Iul. Or. 4.137b; **239a** + πότν. Ἤ.–40 (–ῥοάς) Procl. in Crat. 94.7; **239a** ApS 20.8; (ἀκάμ.) H. α 2253; **240** (–ῥοάς) sch E 6b; (ἀέκ.–) H. (Cyr.) α 1325   **245** (μέδ.) H. μ 509; Phot. Lex. μ 176   **247** (ἕζ.) H. (Cyr.) ε 599 **248** (ἐξεφ.) H. ε 3808   **250b** sch A 343   **251a** Porph. Il. 77.14 Schr.; **251b** Hdn ad Z 422a¹, Π 173a; Orio 124.5   **252** Nic ad T 218–19   **254–5a** + **256b** Strab. 13.1.36; **254** Eudoc. 1560; (κέλ.–)–**5a** sch Σ 287a; **255** sch Heph. 265.13   **258** (ῥηΐτ.–) Lib. Ep. 1256.1 (xi.330.17 F.); (ῥηΐτ.) H. ρ 251   **259a** Choer. in Thd. ii.144.35; Epm. π 179; (ἰαύ.) ApS 89.27; H. (Cyr.) ι 103

239 δ' ἀκάμαντα 9 648' tt (τ' Iul., γὰρ Hclt.) Z Aλ Ω*: μὲν ἔπειτα Αʸᵖ W   **240** πέμψεν 9 tt Ω*: -πεν (ex 237?) A b   ἀέκοντα A   **242** ὁμοιίοο fere Payne Knight: -ίου 9 Ω   πτολέμοιο 9 Ω*: πολ- R   **243** αὖθ' 9 Aᶜ Ω*: αὖ Aᵃ   ἀπὸ κρατερῆς ὑσμίνης 9 Ω: ἐπὶ θρωσμῶι πεδίοιο Αʸᵖ (= Λ 56)   **247** ἐζέσθαι Leaf   ἔχε 9 Ω (-εν Υ): ἕλε Aˢ H   τρόμος Ar 9 Ω: (-εν) φόβος Zen.—cf. ad T 14   **252** ἔγχεϊ sic 648 Ω: -ει 9   **253** ὅ Ω*: ὅς 9 R W   ἐῢ φρονέων Fick: ἐΰφρ- A b T: ευφρ- 9: εὖ φρ- Ω*   **254** ἐγώ γε Bekker: ἔγωγε Ω   **258** πολεμίζειν 9 648 t Ω: -ιζέμεν Z rr   **259** γὰρ 9 tt Ω: μὲν Düntzer   ἐγώ γε Bekker: ἔγωγε Ω

260   ἐλπόμενος νῆας αἱρησέμεν ἀμφιελίσσας.
       νῦν δ᾽ αἰνῶς δείδοικα ποδώκεα Πηλείωνα·
       οἷος ἐκείνου θυμὸς ὑπέρβιος, οὐκ ἐθελήσει
       μίμνειν ἐν πεδίωι, ὅθι περ Τρῶες καὶ Ἀχαιοί
       ἐν μέσωι ἀμφότεροι μένος ἄρηος δατέονται,
265   ἀλλὰ περὶ πτόλιός τε μαχήσεται ἠδὲ γυναικῶν.
       ἀλλ᾽ ἴομεν προτὶ ἄστυ, πιθέσθε μοι· ὧδε γὰρ ἔσται.
       νῦν μὲν νὺξ ἀπέπαυσε ποδώκεα Πηλείωνα
       ἀμβροσίη· εἰ δ᾽ ἄμμε κιχήσεται ἐνθάδ᾽ ἐόντας
       αὔριον ὁρμηθεὶς σὺν τεύχεσιν, εὖ νύ τις αὐτόν
270   γνώσεται· ἀσπασίως γὰρ ἀφίξεται Ἴλιον ἱρήν
       ὅς κε φύγηι, πολλοὺς δὲ κύνες καὶ γῦπες ἔδονται
       {Τρώων. αἲ γὰρ δή μοι ἀπ᾽ οὔατος ὧδε γένοιτο}.
       εἰ δ᾽ ἂν ἐμοῖς ἐπέεσσι πιθώμεθα κηδόμενοί περ,
       νύκτα μὲν εἰν ἀγορῆι σθένος ἕξομεν, ἄστυ δὲ πύργοι
275   ὑψηλαί τε πύλαι σανίδες τ᾽ ἐπὶ τῆις ἀραρυῖαι
       μακραὶ εὔξεστοι ἐζευγμέναι εἰρύσσονται·
       πρωῒ δ᾽ ὑπηοῖοι σὺν τεύχεσι θωρηχθέντες
       στησόμεθ᾽ ἂμ πύργους. τῶι δ᾽ ἄλγιον, αἴ κ᾽ ἐθέλησιν
       ἐλθὼν ἐκ νηῶν περὶ τείχεος ἄμμι μάχεσθαι·
280   ἂψ πάλιν εἶσ᾽ ἐπὶ νῆας, ἐπεί κ᾽ ἐριαύχενας ἵππους
       παντοίου δρόμου ἄσηι ὑπὸ πτόλιν ἠλασκάζων·
       εἴσω δ᾽ οὔ μιν θυμὸς ἐφορμηθῆναι ἐάσει,
       οὐδέ ποτ᾽ ἐκπέρσει. πρίν μιν κύνες ἀργοὶ ἔδονται.᾽

261 Choric. 134.11   264 (μένος ἄρ.) ApS 111.14   266 Eudoc. 509   268 (ἀμβρ.)
H. α 3523   270 (ἀφίξ.) H. (Cyr.) α 8696   272 (ἀπ᾽ οὔ.) id. α 6756   273 cf. Eudoc.
507   274 (εἰν–ἕξ.) H. ε 963   278 (ἄλγ.) id. α 2801   280 (ἂψ πάλιν) ApS
50.5   281 (ἠλάσκ.) Orio 70.1   283 sch A 29b; Porph. Od. 46.8 Schr.

262 ἐκείνου 9 Ω: κείνου r Eust.—cf. ad Ο 94   οὐκ 9 647 648 Ω (cf. ο 212): οὐδ᾽
rr   263 περ 9 647 648 Ω: τ|ε 1427   264 ἄρηος 9 647 648 t Ω*: -εος Ζ Α b
Υ R   265–83 damn. Payne Knight post Heyne, 266–83 Düntzer   265 μαχήσεται
9 647 648 1427 Αˡ Ω: μαχέσσ- Αᵞᵖ   266 προτὶ 9 Ω: ποτὶ t rr   πιθέσθε Tyr V: proparox. Hdn 647 Ω.—cf. Wack. KS 866   270 ἀσπασίως 9 Ω: -άσιος Cobet Misc. crit.
295   272–6 susp. Leaf   272 damn. Bekker Hom. Bl. II 31 cl. Χ 454   ἀπ᾽ οὔατος
fere t Ζ Αˡ Ω (απουατος 9, απουατος 647): ἀπούατος quidam ap. schᴰ, cf. Call. fr. 315
Pf. = Hec. 122 Hollis; Rengakos 147   273 πιθώμεθα 9 647 Ω: -οίμεθα 1427 Αᵞᵖ rr
(-οίατο ὡς ἀγορεύω t)   275 τ᾽ 648 Α F Τ Υ: δ᾽ 9 Ω*   276 εἰρύσσονται 239 Ω*:
-ύσο- 9 D R   277 πρωῒ fere Ω: cf. ad Θ 530   ὑπηοῖοι (vel ὑπ᾽ ἠ-) Ω*: ὑπ᾽ ἠοῖ fere
C Υ R: ὑπ᾽ ἠῶ(ι)οι rr.—cf. ad 303, Θ 530   278 ἂμ Ω*: ἂν 9 E b, ἂν D: om. Υ   κ᾽
ἐθέλη(ι)σιν 9 Ω*: κε θ- D C Υ   281 ἄση(ι) 9 Ζ Αˡ Ω*: -ει C   ἠλασκάζων 9 t Ζ Ω*:
ἀλυσκ- b

    τὸν δ' ἄρ' ὑπόδρα ἰδὼν προσέφη κορυθαίολος Ἕκτωρ·
285 "Πουλυδάμα, σὺ μὲν οὐκέτ' ἐμοὶ φίλα ταῦτ' ἀγορεύεις,
    ὃς κέλεαι κατὰ ἄστυ ἀλήμεναι αὖτις ἰόντας.
    ἦ οὔ πω κεκόρησθε ἐελμένοι ἔνδοθι πύργων;
    πρὶν μὲν γὰρ Πριάμοιο πόλιν μέροπες ἄνθρωποι
    πάντες μυθέσκοντο πολύχρυσον πολύχαλκον,
290 νῦν δὲ δὴ ἐξαπόλωλε δόμων κειμήλια καλά,
    πολλὰ δὲ δὴ Φρυγίην καὶ Μῃονίην ἐρατεινήν
    κτήματα περνάμεν᾿ ἵκει, ἐπεὶ μέγας ὠδύσατο Ζεύς.
    νῦν δ᾿ ὅτε πέρ μοι ἔδωκε Κρόνου πάϊς ἀγκυλομήτεω
    κῦδος ἀρέσθ᾿ ἐπὶ νηυσὶ θαλάσσηι τ' ἔλσαι Ἀχαιούς,
295 νήπιε, μηκέτι ταῦτα νοήματα φαῖν᾿ ἐνὶ δήμωι·
    οὐ γάρ τις Τρώων ἐπιπείσεται, οὐ γὰρ ἐάσω.
    ἀλλ᾿ ἄγεθ᾿, ὡς ἂν ἐγὼ εἴπω, πειθώμεθα πάντες.
    νῦν μὲν δόρπον ἕλεσθε κατὰ στρατὸν ἐν τελέεσσιν
    καὶ φυλακῆς μνήσασθε καὶ ἐγρήγορθε ἕκαστος·
300 Τρώων δ᾿ ὃς κτεάτεσσιν ὑπερφιάλως ἀνιάζει,
    συλλέξας λαοῖσι δότω καταδημοβορῆσαι·
    τῶν τινα βέλτερόν ἐστιν ἐπαυρέμεν ἤ περ Ἀχαιούς·
    πρωῒ δ᾿ ὑπηοῖοι σὺν τεύχεσι θωρηχθέντες
    νηυσὶν ἔπι γλαφυρῆισιν ἐγείρομεν ὀξὺν ἄρηα.
305 εἰ δ᾿ ἐτεὸν παρὰ ναῦφιν ἀνέστη δῖος Ἀχιλλεύς,
    ἄλγιον, αἴ κ᾿ ἐθέλησι, τῶι ἔσσεται· οὔ μιν ἐγώ γε
    φεύξομαι ἐκ πολέμοιο δυσηχέος, ἀλλὰ μάλ᾿ ἄντην

285 Choer. in Thd. i.115.7, 131.17; (οὐκέτι–) Choric. 134.15   **288** (μέρ.) H. μ 886; Phot. Lex. μ 289   **289b** Dio Prus. 33.20   **292** (περν.) H. π [1764], 1978; **292b** Did ad B 111b; (ὠδύσ.) H. ω 65; Orio 169.11   **297–8** (–στρ.) Did ad Z 71aⁱ/b; **298** w4 xiii 17/sch Thuc. 2.22.2   **301** (καταδημ.) H. κ 1060   **307** (ἐκ(?) πολ. δυσ.) EtG s.v. δυσηχής

284 κορυθαίολος 9 C, -έολοσ Y   **285** Πουλυδάμα Ar 9 t Ω: -μαν "ἔδει" Did.—v. Praef. xxxiv   **287** κεκόρησθε Ar 9 Z Ω (-εσθε G, -ησται Y): -ησθον Zen ἐελμένοι 9 schᵇᵀ Z Ω: ἐεργμένοι rr   **291** δὲ δὴ 239 Aˡ Aᶜ Ω: δὲ Aᵃ: δὲ καὶ 9   **292** ἵκει 9 Ω*: ἥκει h Rᵃ   **293** πέρ 9 239 647 Ω: δή h πάϊς Bekker: παῖς Ω   **294** θαλάσσηι τ' 9 Ω: καὶ ἀμφ᾿ ἅλα Heyne cl. A 409   **296** οὐ γὰρ (ἐάσω) 9 Ω (cf. P 449): οὔτ᾿ ἄρ᾿ Bothe   **297** ἐγὼ 9 t Ω*: ἐγῶν Y, ἐγὼν rr.—cf. ad Ξ 370   **299** ἕκαστος 9 Ω (= H 371): -οι Aˢ h   **303** πρωῒ 9 Ω*: πρῶι B.—cf. ad Θ 530 ὑπηοῖοι (vel ὑπ᾿ ἠ-) 9 647² Ω*: ὑπ᾿ ἠοῖ C Y (ὑπήοι) R.—cf. ad 277, Θ 530   **304** ἔπι Wolf: ἐπὶ 9, ἐπὶ vel ἔπι Ω   **306** κ᾿ ἐθέλη(ι)σι (cf. 278) 9 239 647 schᵇᵀ Ω (κε θ- D): κ᾿ ἔλθησι (cf. 279) Herwerden RPh 2 (1878) 195 τῶ(ι) 9 239 Ω*: τῶ V: τωι Bentley (de metro cf. Γ 205, Ψ 791): τὸ h: om. W ἐγώ γε Bekker: ἔγωγε Ω

στήσομαι, ἤ κε φέρησι μέγα κράτος ἤ κε φεροίμην.
ξυνὸς Ἐνυάλιος· καί τε κτενέοντα κατέκτα."

310 ὣς Ἕκτωρ ἀγόρευ', ἐπὶ δὲ Τρῶες κελάδησαν,
νήπιοι, ἐκ γάρ σφεων φρένας εἵλετο Παλλὰς Ἀθήνη·
Ἕκτορι μὲν γὰρ ἐπῄνησαν κακὰ μητιόωντι,
Πουλυδάμαντι δ' ἄρ' οὔ τις, ὃς ἐσθλὴν φράζετο βουλήν.
δόρπον ἔπειθ' εἵλοντο κατὰ στρατόν· αὐτὰρ Ἀχαιοί

315 παννύχιοι Πάτροκλον ἀνεστενάχοντο γοῶντες.
τοῖσι δὲ Πηλείδης ἁδινοῦ ἐξῆρχε γόοιο,
χεῖρας ἐπ' ἀνδροφόνους θέμενος στήθεσσιν ἑταίρου,
πυκνὰ μάλα στενάχων, ὥς τε λὶς ἠϋγένειος,
ὧι ῥά θ' ὑπὸ σκύμνους ἐλαφηβόλος ἁρπάσηι ἀνήρ

320 ὕλης ἐκ πυκινῆς, ὃ δέ τ' ἄχνυται ὕστερος ἐλθών,
πολλὰ δέ τ' ἄγκε' ἐπῆλθε μετ' ἀνέρος ἴχνι' ἐρευνῶν,
εἴ ποθεν ἐξεύροι· μάλα γὰρ δριμὺς χόλος αἱρεῖ·
ὣς ὃ βαρὺ στενάχων μετεφώνεε Μυρμιδόνεσσιν·
"ὦ πόποι, ἦ ῥ' ἅλιον ἔπος ἔκβαλον ἤματι κείνωι

325 θαρσύνων ἥρωα Μενοίτιον ἐν μεγάροισιν·
φῆν δέ οἱ εἰς Ὀπόεντα περικλυτὸν υἱὸν ἀπάξειν

308 (ἤ κε–) Porph. Hom. 132.16 Sod.   309 Hclt. Alleg. 31.4; Aristid. Or. 3.463;
Luc. Dial. 15.10; Clem. Strom. 6.2.6.3; sch Pind. Nem. 4.50a; sch Thuc. 7.61.3; H. ο 758;
Orio 106.22; 309a Arist. Rh. 1395a15; Cic. Att. 7.8.4; Aristid. l.c.; Ael. fr. 80; Philostr. Vit.
Ap. 7.14; Porph. Hom. 132.11 Sod.; sch Γ 342b; sch Thuc. 4.18.3   312 (ἐπήιν.) sch Σ
313   316 (ἁδινοῖο γόοιο) ApS 9.4; H. α 1141   317 'Trypho ii' Trop. 21 (CQ
15.245)   318–20a Gell. 13.7.5; 318a Hdn ad B 155a, α 320; Epm. π 144; 319 (σκύμ.) H.
σ 1177; (ἐλαφηβ.) ApS 66.1; H. (Cyr.) ε 1912; Phot. Lex. ε 567; EtG s.v.   321 (ἄγκ.)
H. (Cyr.) α 525   322 Eudoc. 1517   324–9 Aeschin. 1.144; 324 (ἄλ.–) Porph. Il.
144.27 Schr.; 326 (φῆν) H. φ 354; 327 ApS 15.23; 327b H. α 2095; (λαχ.) H. (Cyr.) λ 459;
328–9 Porph. Il. 105.25 Schr.; 328 w5 (lacerum); 329 id.; (ἐρεῦσαι) H. ε 5761

308 φέρη(ι)σι 239 tᵛˡ Ω: -οιτο 9 tᵛˡ (ex N 486)   ἤ Bekker: ἤ Ω   φεροίμην 9 239 t Ω:
φέρωμι Naber Qu. Hom. 96   309 τε 9 239 tt* Ω: τὸν Aristid.ᵛˡ Luc.   κτενέοντα (Cobet Misc. crit. 330) r: κταν- 9 239 tt Ω: κτον- Z.—cf. Praef. xxxii   311 σφεων 9 11 239
Ω (σφέων D F h G): σφι van Leeuwen.—cf. Z 234 et ad I 377, T 137   εἵλετο Παλλὰς
Ἀθήνη 11 239 Ω: εξελετο Ζευς 9 (cf. Z 234, T 137) deficiente metro   312
ἐπή(ι)νησαν 9 11 239 t Ω*: -νεσσαν R, -νεσα Tˡ   313 τις 9 239 Ω: τι Epaphroditus
rr   315 ἀνεστενάχοντο 9 11ᶜ Ω: ἀναστ- 11ᵃr   γοῶντες (cf. 355, ι 467) 9 11 Ω: βο-
ῶντες h:]ωντες 239: (ἀνεστέναχον) γοάοντες Fick, praestabat γοόωντες (cf. Ε 413, κ
209, al.): an γόοντες (cf. Z 500)?   317 ἀνδροφόνους 'omnes' Didymi 9 11 t Z Ω (cf. Ψ
18): -ου alii olim u.v.   318 πυκνὰ 11 239 tt Aˡ Ω (= Φ 417): πολλὰ 9 (ex 321?): δηθὰ
disertim EtM 263.27   λὶς (Ar) Ω*: λῖς Bᶜ F W.—cf. ad Λ 239, Ο 275, P 109   319 ἁρ-
πάση(ι) 9 11 t Ω*: -σει C R   323 μετεφώνεε 9 11 Aʸᵖ Ω*: -νει A b W.—cf. ad Φ
152   324 ὦ 9 Aˡ A D Fᵃ Gᶜ: ὦ Ω*   326–421 deest E; 326–93 deest D

Ἴλιον ἐκπέρσαντα λαχόντά τε ληΐδος αἶσαν.
ἀλλ᾽ οὐ Ζεὺς ἄνδρεσσι νοήματα πάντα τελευτᾶι·
ἄμφω γὰρ πέπρωται ὁμοίην γαῖαν ἐρεῦσαι
330   αὐτοῦ ἐνὶ Τροίηι, ἐπεὶ οὐδ᾽ ἐμὲ νοστήσαντα
δέξεται ἐν μεγάροισι γέρων ἱππηλάτα Πηλεύς
οὐδὲ Θέτις μήτηρ, ἀλλ᾽ αὐτοῦ γαῖα καθέξει.
νῦν δ᾽ ἐπεὶ οὖν, Πάτροκλε, σέ᾽ ὕστερος εἶμ᾽ ὑπὸ γαῖαν,
οὔ σε πρὶν κτερίω, πρὶν Ἕκτορος ἐνθάδ᾽ ἐνεῖκαι
335   τεύχεα καὶ κεφαλήν, μεγαθύμου σεῖο φονῆος·
δώδεκα δὲ προπάροιθε πυρῆς ἀποδειροτομήσω
Τρώων ἀγλαὰ τέκνα, σέθεν κταμένοιο χολωθείς.
τόφρα δέ μοι παρὰ νηυσὶ κορωνίσι κείσεαι αὔτως,
ἀμφὶ δέ σε Τρωιαὶ καὶ Δαρδανίδες βαθύκολποι
340   κλαύσονται νύκτας τε καὶ ἤματα δάκρυ χέουσαι,
τὰς αὐτοὶ καμόμεσθα βίηφί τε δουρί τε μακρῶι
πιείρας πέρθοντε πόλις μερόπων ἀνθρώπων.᾽
ὣς εἰπὼν ἑτάροισιν ἐκέκλετο δῖος Ἀχιλλεύς
ἀμφὶ πυρὶ στῆσαι τρίποδα μέγαν, ὄφρα τάχιστα
345   Πάτροκλον λούσειαν ἄπο βρότον αἱματόεντα·
οἳ δὲ λοετροχόον τρίποδ᾽ ἵστασαν ἐν πυρὶ κηλέωι,
ἐν δ᾽ ἄρ᾽ ὕδωρ ἔχεαν, ὑπὸ δὲ ξύλα δαῖον ἑλόντες.
γάστρην μὲν τρίποδος πῦρ ἄμφεπε, θέρμετο δ᾽ ὕδωρ.
αὐτὰρ ἐπεὶ δὴ ζέσσεν ὕδωρ ἐνὶ ἤνοπι χαλκῶι,

333–5 Aeschin. 1.148; **334** (ἐνεῖκαι) ApS 68.32; H. ε 2872; **335** (σεῖο φ.) H. (Cyr.) σ
335   **336** (ἀποδειρ.) id. α 6290   **337a** cf. Plut. Mor. 287b   **342** (–πολ.) Epm. π
139   **344** (–τρίπ.) sch N 181; Apio 218.10   **346** id. 218.12   **348** (–ἄμφ.) Poll.
2.175; **348a** id. 2.168; EtG s.v. γάστρα (Philox. fr. 78 Th.); (θέρμ.–) EtG s.v.; Epm. ε
162   **349** (ζ.–) sch Θ 555b[1]

327 λαχόντά sic 11 A B C T R W G   **329** ἐρεῦσαι 9 11 tt* Z Ω: ἐρεύθειν Aeschin.:
-σειν rr   **333** νῦν δ᾽ 9 11 239 1438 Ω: ἀλλ᾽ t   Πάτροκλε 9 11 239 1438 Ω: φίλ᾽ ἑταῖ–
ρε t   σέ᾽ Fick post Payne Knight: σεῦ 9 11 86 647 t Ω   **334** κτερίω Buttmann: -ιῶ 11
1438 t Z Ω*: -ιω 9 239: -εῶ B: -ηῶ Y.—cf. ad Λ 455; Praef. xxxi   πρὶν T W: πρίν γ᾽ 9 [11]
[647] t Ω*.—cf. ad Π 840   ἐνεῖκαι 9 11 t^vl Ω*: ἐνείκω 1428 t^vl h Y   **335** σεῖο 9 86 1439
tt Ω: σοῖο 11 (ex σῖο) P.—cf. ad Ω 486   **338** δέ μοι 11 1438 Ω: δ᾽ἐμοι 86   νευσ[ι
239   αὔτως (vel αὔ-) ᾽omnes᾽ Didymi 9 1439 Ω: οὔτως olim alii   **340** νύκτάς A T W
G   **341** αὐτοὶ 9 11 1438 Ω: -ὼ Herwerden   **342** πόλις 11^c (πο)λ⟦ε⟧ῑc) H^a: -εις 9 11^a
t Ω H^c.—cf. Praef. xxxiv   **344** πυρὶ 9 tt Z Ω*: -ρῆ C^a R   **345** Πάτροκλον 9 11 Ω (cf.
Π 667 sq.): -ου r^yp   ἄπο 11 A T R W: απο 9, ἀπο vel ἀπὸ Ω*   **346** ἵστασαν 9 11 t Ω*:
ἔστ- W H M.—cf. ad M 56   **347** ἔχεαν 9 11 239 Ω*: ἔχευαν 11^s Y, χεῦαν h: ἔχεον
(Payne Knight) r^c.—cf. ad Ω 799; vv.ll. eaedem θ 436   **349** ζέσ(σ)εν (= κ 360) 9 11 t Ω*:
-σαν 239 Y W R   ἐνὶ 9 11 239 t Ω*: ἐν W: ἐπὶ C R

350   καὶ τότε δὴ λοῦσάν τε καὶ ἤλειψαν λίπ' ἐλαίωι,
       ἐν δ' ὠτειλὰς πλῆσαν ἀλείφατος ἐννεώροιο·
       ἐν λεχέεσσι δὲ θέντες ἑανῶι λιτὶ κάλυψαν
       ἐς πόδας ἐκ κεφαλῆς, καθύπερθε δὲ φάρεϊ λευκῶι.
       παννύχιοι μὲν ἔπειτα πόδας ταχὺν ἀμφ' Ἀχιλῆα
355   Μυρμιδόνες Πάτροκλον ἀνεστενάχοντο γοῶντες.
       Ζεὺς δ' Ἥρην προσέειπε, κασιγνήτην ἄλοχόν τε·
       "ἔπρηξας καὶ ἔπειτα, βοῶπι πότνια Ἥρη,
       ἀνστήσασ' Ἀχιλῆα πόδας ταχύν. ἦ ῥά νυ σεῖο
       ἐξ αὐτῆς ἐγένοντο κάρη κομόωντες Ἀχαιοί."
360   τὸν δ' ἠμείβετ' ἔπειτα βοῶπις πότνια Ἥρη·
       "αἰνότατε Κρονίδη, ποῖον τὸν μῦθον ἔειπες;
       καὶ μὲν δή πού τις μέλλει βροτὸς ἀνδρὶ τελέσσαι,
       ὅς περ θνητός τ' ἐστὶ καὶ οὐ τόσα μήδεα οἶδεν·
       πῶς δὴ ἐγώ γ', ἥ φημι θεάων ἔμμεν ἀρίστη,
365   ἀμφότερον, γενεῆι τε καὶ οὕνεκα σὴ παράκοιτις
       κέκλημαι, σὺ δὲ πᾶσι μετ' ἀθανάτοισιν ἀνάσσεις,
       οὐκ ὄφελον Τρώεσσι κοτεσσαμένη κακὰ ῥάψαι;"
       ὣς οἱ μὲν τοιαῦτα πρὸς ἀλλήλους ἀγόρευον.
       Ἡφαίστου δ' ἵκανε δόμον Θέτις ἀργυρόπεζα
370   ἄφθιτον ἀστερόεντα, μεταπρεπέ' ἀθανάτοισιν,
       χάλκεον, ὅν ῥ' αὐτὸς ποιήσατο Κυλλοποδίων.
       τὸν δ' ηὗρ' ἱδρώοντα, ἑλισσόμενον περὶ φύσας,

351–3 Eudoc. 2036, 2034–5; **351** Porph. Hom. 55.15 Sod.; EtG α 442; (ὠτ.) Η. ω 479; **351b** Choer. in Thd. i.349.26; **352** ib. 377.35; **352b** ApS 61.28; EtG λ 124; (ἑανῶι λ.) sch Γ 385; Η. ε 25; (ἑαν.) Ael. Dion. ε 1; (λιτί) ApS 108.35; Η. λ 1149; **353b** sch Σ 352b **356** Plut. Mor. 736f; Sext. Pyrrh. hyp. 3.205   **357a** Zenodorus ap. sch Σ 356b; sch Σ 168a; (ἔπρ.) Η. (Cyr.) ε 5541   **363** Eudoc. 1835, 2131   **367** Zenodorus l.c.; sch O 16b; (–κοτ.) sch Eur. Med. 1; (ὄφ.) Η. ο 1951; (ῥάψ.) id. ρ 163   **370** Eudoc. 2339 **371** (Κυλλ.) Porph. Hom. 61.9 Sod.; Η. (Cyr.) κ 4518   **372** (φύσας) Η. φ 1043?

351 ἐννεώροιο 9 11 tt Z Ω: ἐννώ- Fick   **352** λιτὶ Ar Hdn Ω*: λῖτι quidam ante Hdn 11 239 (?vel λῖτι) W G, λίτι Z Y   **355** ἀνεστενάχοντο γοῶντες 9 11 239 Ω: cf. ad 315   **356–68** damn. Zenodorus   **356** προσέειπε 9 11 239 t* Ω (= Π 432): ἐκά‑ λεσσε Plut.   **357** βοῶπι 11 Ω* (fort. praestat -ῶπι): -ῶπις 9 239 h F Y W G, -ῶπις r.— v. ad Θ 471   **358** ἀνστήσασ' 9 11 Ω: possis ἄνστησας.—de ἀνστ- cf. Praef. xxvi   **361** ἔειπες 11 239 Ω*: -ας R   **362** βροτὸς 239 Ω: κότον Brandreth (cf. A 82)   **363** τ' ἐστὶ 11 Cᶜ F T Y W: ἐστὶ Ω*: ἔηι t   **364** ἐγώ γ' Bekker, ἔγωγ' 11 Aˡ Ω, alterutrum Ar: ἐγών Zen.—v.l. eadem ε 177   ἔμμεν 11 239 T: ἔμμεν' Ω*, -εναι R W: ειναι 86   **365** σὴ 239 Ω: δη 86   **367** ῥάψαι 11 239 1440 tt* Z Ω* Gʸᵖ: ῥέξαι Zeno‑ dorusᵛˡ G H O   **369** Ἡφαίστου 11 239 Ω: -οιο rr   **372** ηὗρ' Fick: ἕυρ' 11, εὗρ' 239 Aˡ Ω

σπεύδοντα· τρίποδας γὰρ ἐείκοσι πάντας ἔτευχεν
ἑστάμεναι περὶ τοῖχον ἐϋσταθέος μεγάροιο.
375 χρύσεα δέ σφ᾿ ὑπὸ κύκλα ἑκάστωι πυθμένι θῆκεν,
ὄφρα οἱ αὐτόματοι θεῖον δυσαίατ᾿ ἀγῶνα
ἠδ᾿ αὖτις πρὸς δῶμα νεοίατο, θαῦμα ἰδέσθai.
οἱ δ᾿ ἤτοι τόσσον μὲν ἔχον τέλος, οὔατα δ᾿ οὔ πω
δαιδάλεα προσέκειτο· τά ῥ᾿ ἤρτυε, κόπτε δὲ δεσμούς.
380 ὄφρ᾿ ὅ γε ταῦτ᾿ ἐπονεῖτο ἰδυίηισι πραπίδεσσιν,
{τόφρα οἱ ἐγγύθεν ἦλθε θεὰ Θέτις ἀργυρόπεζα·}
τὴν δὲ ἴδε προμολοῦσα Χάρις λιπαροκρήδεμνος
καλή, τὴν ὤπυιε περικλυτὸς Ἀμφιγυήεις,
ἔν τ᾿ ἄρα οἱ φῦ χειρὶ ἔπος τ᾿ ἔφατ᾿ ἔκ τ᾿ ὀνόμαζεν·
385 "τίπτε, Θέτι τανύπεπλε, ἱκάνεις ἡμέτερον δῶ;
αἰδοίη τε φίλη τε, πάρος γε μὲν οὔ τι θαμίζεις.
ἀλλ᾿ ἕπεο προτέρω, ἵνα τοι πὰρ ξείνια θείω."
ὣς ἄρα φωνήσασα πρόσω ἄγε δῖα θεάων.
τὴν μὲν ἔπειτα καθεῖσεν ἐπὶ θρόνου ἀργυροήλου
390 καλοῦ δαιδαλέου, ὑπὸ δὲ θρῆνυς ποσὶν ἦεν·
κέκλετο δ᾿ Ἥφαιστον κλυτοτέχνην εἶπέ τε μῦθον·
"Ἥφαιστε, πρόμολ᾿ ὧδε· Θέτις νύ τι σεῖο χατίζει."
τὴν δ᾿ ἠμείβετ᾿ ἔπειτα περικλυτὸς Ἀμφιγυήεις·

374 al. (ἐϋστ.) ApS 79.28; H. ε 7204　　**375** Poll. 10.79; Epm. κ 150; **375a** EtG s.v. ὑπὸ κύκλα; (ὑπόκ.) H. υ 674　　**376** Eudoc. 457, 1346; (αὐτόμ.–) cf. Arist. Pol. 1253b36; ApS 6.5; sch Aesch. Sept. 219a/c; (δυσ.) H. δ 2509　　**378** (–τέλος) Choer. in Ps. 112.7　　**379** (ἤρτυε) H. η 842; (κόπτε–) id. κ 3567　　**380** Eudoc. 747　　**382a** Hdn ad Δ 151a; (λιπαροκ.) EtG λ 201　　**385** sch Ω 476b　　**386b** ApS 86.14; sch A.R. 3.53–4b; (πάρος γε) H. π 991; (οὔ τι θαμ.) resp. Pl. Resp. 328c; (θαμ.) Apio 240.30; H. (Cyr.) θ 79　　**390** (θρῆνυς) ApS 88.15; Orio 71.θ 9　　**392** sch Pind. Isth. 6.53b; D.L. 3.5, 6.95 (parod.); **392a** ApS 136.23, 170.22; sch B 271a, ζ 218; (πρόμ.) H. π 3586　　**393** (Ἀμφιγ.) Tat. ad Graec. 8.3; Porph. Hom. 61.8 Sod.

373 γὰρ 11ᶜ Ω: μεν 11ᵃ　　**375** ὑπὸ κύκλα Hdn 11 tt* A�λ Ω*: ὑπόκυκλα quidam ante Hdn Poll. Hsch. Z W　　**376** ὄφρά 11 Ω, ὀφρά A�λ　　οἱ (ne οἱ) et Ar　θεῖον 11 δυσαίατ᾿ ἀγῶνα 239 Hsch. Eudoc. Z Ω* (-σέατ᾿ Z T T�λ): δύσονται ἀγ- (ex H 298) 11 1440ᵐ ApS sch-Aesch. Aᵞᵖ Y (-σσ-) R H, δύσωνται ἀγ- h G O: δυσαί h90: κατὰ δῶμα νέοιντο (sic T: νέονται A) "ἐν ταῖς εἰκαιοτέραις", nimirum omisso v. 377　　**380** ἰδυίη(ι)σι 11 (-σιν) Ω*, ἰδύη- Bᵃ G: εἰδυί- Eudoc.ᶜᵒᵈ C Hᶜ V.—cf. ad A 608, Υ 12　　**381** deest in 11 [86]’ 239 647 (siglo ⸍ in mg. apposito) A R W G: hab. Aᵐ (ἐν ἄλλω καὶ οὗτος εὑρέθη, ἀπέστραπτο δέ) Rᵐ W² Ω*.—v. Apthorp 137–40, 154–5　　τόφρά Aᵐ B C F T W², τ᾿οφρά Y　　**385** Θέτι τανύπεπλε Ar 11 t Z Ω (Θέτις Fᵃ): Θέτις τανύπεπλος Zen.—cf. adn. meam ad Hes. Th. 964 (ad fin.)　　ἡμέτερον δῶ Ar 11 239 Ω: -όνδε Zen.—cf. ad H 363　　**388** πρόσω ἄγε 11 Ω* (Ϝ᾿ ἄγε van Leeuwen): ἡγήσατο Y R W

"ἦ ῥά νύ μοι δεινή τε καὶ αἰδοίη θεὸς ἔνδον,
395 ἥ μ᾽ ἐσάωσ᾽, ὅτε μ᾽ ἄλγος ἀφίκετο τῆλε πεσόντα
μητρὸς ἐμῆς ἰότητι κυνώπιδος, ἥ μ᾽ ἐθέλησεν
κρύψαι χωλὸν ἐόντα. τότ᾽ ἂν πάθον ἄλγεα θυμῶι,
εἰ μή μ᾽ Εὐρυνόμη τε Θέτις θ᾽ ὑπεδέξατο κόλπωι,
Εὐρυνόμη, θυγάτηρ ἀψορρόου Ὠκεανοῖο.
400 τῆισι πάρ᾽ εἰνάετες χάλκευον δαίδαλα πολλά,
πόρπας τε γναμπτάς θ᾽ ἕλικας κάλυκάς τε καὶ ὅρμους,
ἐν σπῆϊ γλαφυρῶι· περὶ δὲ ῥόος Ὠκεανοῖο
ἀφρῶι μορμύρων ῥέεν ἄσπετος. οὐδέ τις ἄλλος
εἴδεεν οὔτε θεῶν οὔτε θνητῶν ἀνθρώπων,
405 ἀλλὰ Θέτις τε καὶ Εὐρυνόμη ἴσαν, αἵ μ᾽ ἐσάωσαν.
ἣ νῦν ἡμέτερον δόμον ἵκει· τώ με μάλα χρεώ
πάντα Θέτι καλλιπλοκάμωι ζωάγρια τίνειν.
ἀλλὰ σὺ μὲν νῦν οἱ παράθες ξεινήϊα καλά,
ὄφρ᾽ ἂν ἐγὼ φύσας ἀποθείομαι ὅπλα τε πάντα."
410 ἦ, καὶ ἀπ᾽ ἀκμοθέτοιο πέλωρ αἴητον ἀνέστη

394 (δεινή–) sch O 38   **398** sch A 571   **399b** Strab. 1.1.7; ApS 50.8; Hdn ad Δ 452a; sch Eur. Or. 1378; EtG α 1540; (ἀψ.) H. α 8974   **400** Procl. in Tim. i.146.29; (εἰνά.) H. ε 967   **401–2a** Syr. in Metaph. CAG vi(1).83.3; **401** Procl. in Remp. i.141.14; id. in Tim. ii.70.24; (–ἕλ.) Tat. ad Graec. 8.3; (γν. ἕλ.) ApS 55.14; H. (Cyr.) γ 713; (ἕλ.) Apio 235.8; Phot. Lex. ε 618; (κάλ.–) ApS 94.23; H. (Cyr.) κ 535; (κάλ.) Poll. 5.96; Phot. Lex. κ 132   **403a** cf. Clem. Paed. 1.40.1; (μορμ.) ApS 113.31; H. (Cyr.) μ 1676; Phot. Lex. μ 535   **405** ApS 93.11   **407** St. Byz. 693.16; (–καλλ.) Hdn ii.7.7 et ad Ξ 387a¹; Choer. in Thd. i.197.12, 378.7; (Θέτι καλλ.) Hdn ii.342.2; Choer. in Thd. i.371.30; (Θέτι) sch Ψ 500a, Ω 18a; Sophron. 381.27; (ζω.–) H. (Cyr.) ζ 207; (ζω.) ApS 81.9; Hdn ad Ξ 509c; H. ζ 206; Phot. Lex. ζ 63; (τίν.) H. τ 925?   **409** (ὅπλα) id. ο 1029   **410** ApS 17.14; sch Σ 394a; (ἀκμοθ.) H. (Cyr.) α 2453; **410b** Arn ad Σ 416b; (πέλωρ αἴ.) sch Υ 36b; (πέλ.) H. π 1367; Phot. Lex. s.v.; (αἴ.) H. α [1831], 1840

394 denuo adest D   τε 11ᶜ 239 t Ω: γε 11ᵃ   **395** μ᾽ ἐσάωσ᾽ sic (non με σ-) 11 Ω   **396** κυνώπιδος 11 239 Ω: βοώ- Tʸᵖ   ἐθέλησε 11 238 239 Ω: -εσκε rr   **397** ἂν 11 239 Ω: ἄρ Gʸᵖ, nov. Eust.   **398** θ᾽ 11 239 t Aˢ Aᵐ Ω*: δ᾽ A F: om. Tᵃ   **399** damn. Payne Knight   **400** πάρ᾽ (deprec. Hdn) 11 Z R G: παρ᾽ Hdn Ω*   πολλά Ar 11 238 239 t Ω: πάντα Zen Arph V rr (cf. A.R. 3.42 sq.; Rengakos 63).—cf. ad E 60, Ξ 179   **401** γναμπτάς 11 239 ApS Z Ω*: -απτάς tt* B F T   **402** σπῆϊ 11 239 647 t Ω: σπέεϊ Payne Knight   ῥρόος C R   **404** εἴδεεν Wackernagel: ἤιδεεν Ar 11 Ω: ἤιδειν (nov. Did) 647: ηδε[239.—cf. Praef. xxxiii   ουδε θεων 11ᵃ   **405** μ᾽ ἐσάωσαν (non με σ-) 239 Ω   **406** ἵκει 11 Ω*,]εικει 86,]κει· 239: ἵκετο W: ἥκει rr   τώ D, τό Y: τῶ[[ι]] 11, τῶ(ι) Ω*   χρεώ 11 239 Ω*: χρεῶν C: χρειῶ G: χρὴ W V   **407** ζωάγρια 11 86 tt Z Ω: ζωιά- Ar 239   τίνειν 239 tt Ω*: τεί- 11 A Y   **409** ὅπλά F W G H, οπλά 86   **410** αἴητον proparox. Ptol Hdn 86 239 h139ᵃ²³⁵ Ω: oxyt. Z.—vox iam antiquis obscura, cf. Φ 395

χωλεύων, ὑπὸ δὲ κνῆμαι ῥώοντο ἀραιαί.
φύσας μέν ῥ᾽ ἀπάνευθε τίθει πυρός, ὅπλα τε πάντα
λάρνακ᾽ ἐς ἀργυρέην συλλέξατο, τοῖς ἐπονεῖτο.
σπόγγωι δ᾽ ἀμφὶ πρόσωπα καὶ ἄμφω χεῖρ᾽ ἀπομόργνυ
415 αὐχένα τε στιβαρὸν καὶ στήθεα λαχνήεντα,
δῦ δὲ χιτῶν᾽, ἕλε δὲ σκῆπτρον παχύ, βῆ δὲ θύραζε
χωλεύων· ὑπὸ δ᾽ ἀμφίπολοι ῥώοντο ἄνακτι
χρύσειαι, ζωῆισι νεήνισιν εἰοικυῖαι.
τῆις ἐν μὲν νόος ἐστὶ μετὰ φρεσίν, ἐν δὲ καὶ αὐδή
420 καὶ σθένος, ἀθανάτων δὲ θεῶν ἄπο ἔργα ἴσασιν.
αἱ μὲν ὕπαιθα ἄνακτος ἐποίπνυον· αὐτὰρ ὁ ἔρρων
πλησίον, ἔνθα Θέτις περ, ἐπὶ θρόνου ἷζε φαεινοῦ,
ἔν τ᾽ ἄρα οἱ φῦ χειρὶ ἔπος τ᾽ ἔφατ᾽ ἔκ τ᾽ ὀνόμαζεν·
"τίπτε, Θέτι τανύπεπλε, ἱκάνεις ἡμέτερον δῶ;
425 αἰδοίη τε φίλη τε, πάρος γε μὲν οὔ τι θαμίζεις.
αὔδα ὅ τι φρονέεις· τελέσαι δέ με θυμὸς ἄνωγεν
{εἰ δύναμαι τελέσαι γε καὶ εἰ τετελεσμένον ἐστίν}."
   τὸν δ᾽ ἠμείβετ᾽ ἔπειτα Θέτις κατὰ δάκρυ χέουσα·
"Ἥφαιστ᾽, ἦ ἄρα δή τις, ὅσαι θεαί εἰσ᾽ ἐν Ὀλύμπωι,
430 τοσσάδ᾽ ἐνὶ φρεσὶν ἧισιν ἀνέσχετο κήδεα λυγρά,
ὅσσ᾽ ἐμοὶ ἐκ πασέων Κρονίδης Ζεὺς ἄλγε᾽ ἔδωκεν;
ἐκ μέν μ᾽ ἀλλάων ἁλιάων ἀνδρὶ δάμασσεν,
Αἰακίδηι Πηλῆϊ, καὶ ἔτλην ἀνέρος εὐνήν
πολλὰ μάλ᾽ οὐκ ἐθέλουσα· ὁ μὲν δὴ γήραϊ λυγρῶι

411 Eudoc. 818; (ὑπὸ–) ApS 41.23, 101.10, 139.29; Clem. Protr. 29.5; H. α 6946, κ 3106; (ῥώ.) id. ρ 573   **413** (λάρν.) ApS 107.7; H. (Cyr.) λ 339; cf. Phot. Lex. λ 102   **414** Epm. χ 30   **415** (λαχν.) H. λ 456; Phot. Lex. λ 128   **418** sch Pind. Ol. 7.95b; sch Theoc. 1.36/7b; sch Heph. 265.15; (ζω.–) EtG s.v. ἐοικυῖαι   **421** (–ἐποίπ.) ApS 13.21; (ὕπαιθα) H. υ 222; (ἔρρων) H. (Cyr.) ε 6048   **431** (ἐκ–) sch Σ 435   **432–4a** sch Pind. Nem. 4.101b; **432–3a** ApS 21.28; **432** (ἀλλ.) H. α 3119; (ἁλι.) id. α 2977

411 ἀραιαί Hdn 11 A B Cᶜ Fᵃ Tˢ: ἀρ- Z Ω*.—cf. Praef. xvii   **412** ὅπλά C F W   **413** συλλέξατο 11ᶜ 239ᶜ Ω: συνελέ- H rr: ελε- 11ᵃ: συ]νεξ- 239ᵃ: συν[86   **414** ἀπομόργνυ 11 Ω*: ἀπεμ- 239 t A B C F Tᵃ   **418** ζωιῆισι A   εἰοικυῖαι 11 tt* A B C Y: ἐοι- sch-Pind. Ω*   **420** ἄπο 11 A C Fᵃ Tᶜ Y R: ἀπὸ vel ἀπο Z Ω*   ἔργα 11 239 Z Ω*: ἔργ᾽ B C T   **421** fort. ὕπαιθα, cf. ad X 141   **422** denuo adest E   ἷζε R W, ἷζε D: ἵζε 11 Ω* (ἵζε A, εἷζε Y)   **424** Θέτι τανύπεπλε Ar 11 Ω (Θέτις Fᵃ): Θέτις τανύπεπλος Zen   ἡμέτερον δῶ Ar 11 86 239 Ω: -όνδε Zen.—cf. ad 385   **426** ἄνω– γε(ν) 9 11 239 Ω: -ώγει Aʸᵖ rr   **427** (= Ξ 196) deest in 9 11 239 R G H: hab. 86 schᵇᵀ Ω*.—cf. Apthorp 140 sq.   ἔσται Dᵃ   **429** εἰσ᾽ b T R (at θεαί εισ᾽ 9 11 86 239)   **430** ἀνέσχετο 9 11 239 Z Ω*: ἀνάσχ- b Fᶜ   **431** ἔδωκεν 9 11 239 t Ω: ἔθηκεν h.—cf. ad A 2, B 375

435 κεῖται ἐνὶ μεγάροις ἀρημένος, ἄλλα δέ μοι νῦν·
υἱὸν ἐπεί μοι δῶκε γενέσθαί τε τραφέμεν τε
ἔξοχον ἡρώων, ὃ δ' ἀνέδραμεν ἔρνεϊ ἶσος,
τὸν μὲν ἐγὼ θρέψασα φυτὸν ὣς γουνῶι ἀλωῆς
νηυσὶν ἔπι προέηκα κορωνίσιν Ἴλιον εἴσω
440 Τρωσὶ μαχησόμενον· τὸν δ' οὐχ ὑποδέξομαι αὖτις
{οἴκαδε νοστήσαντα δόμον Πηλήϊον εἴσω}.
ὄφρα δέ μοι ζώει καὶ ὁρᾶι φάος ἠελίοιο,
ἄχνυται, οὐδέ τί οἱ δύναμαι χραισμῆσαι ἰοῦσα.
κούρην, ἣν ἄρα οἱ γέρας ἔξελον υἷες Ἀχαιῶν,
445 τὴν ἂψ ἐκ χειρῶν ἕλετο κρείων Ἀγαμέμνων·
ἤτοι ὃ τῆς ἀχέων φρένας ἔφθιεν, αὐτὰρ Ἀχαιούς
Τρῶες ἐπὶ πρύμνηισιν ἐείλεον, οὐδὲ θύραζε
εἴων ἐξιέναι· τὸν δὲ λίσσοντο γέροντες
Ἀργείων, καὶ πολλὰ περικλυτὰ δῶρ' ὀνόμαζον.
450 ἔνθ' αὐτὸς μὲν ἔπειτ' ἠναίνετο λοιγὸν ἀμῦναι,
αὐτὰρ ὃ Πάτροκλον περὶ μὲν τὰ ἃ τεύχεα ἕσσεν,
πέμπε δέ μιν πόλεμόνδε, πολὺν δ' ἅμα λαὸν ὄπασσεν.
πᾶν δ' ἦμαρ μάρναντο περὶ Σκαιῆισι πύληισιν·
καί νύ κεν αὐτῆμαρ πόλιν ἔπραθον, εἰ μὴ Ἀπόλλων
455 πολλὰ κακὰ ῥέξαντα Μενοιτίου ἄλκιμον υἱόν
ἔκταν' ἐνὶ προμάχοισι καὶ Ἕκτορι κῦδος ἔδωκεν.
τούνεκα νῦν τὰ σὰ γούναθ' ἱκάνομαι, αἴ κ' ἐθέλησθα
†υἱεῖ ἐμῶι ὠκυμόρωι† δόμεν ἀσπίδα καὶ τρυφάλειαν
καὶ καλὰς κνημῖδας ἐπισφυρίοις ἀραρυίας

---

435 (ἀρη.) id. α 7156 **446** (-ἔφθ.) Philox. fr. 619 Th.; (φρ. ἔφθ.) sch Ι 119b¹
450 (ἠνήνατο) H. η 593 **453** sch^D Κ 252; Porph. Il. 148.31, 152.34 Schr.
456a Hdn ad Ζ 205b **457** (ἱκάν.) H. ι 436 **458a** Hdn ad Π 177c¹; (ἐμώκυμ.) EtG

435 μμεγαροις 11 **436** γενέσθαί τε sic Α Ε Τ, -έσθέται Υ; cf. ad Η 199 **438** γου–
νϝι 11ᵃ **439** νευσιν 239 ἔπι προέηκα Hdn 11 (προέ-) Α Τ: ἐπὶ πρ- Β F R, ἐπιπρ-
Ω*.—cf. ad Ρ 708 **441** (= 60) deest in 11 [86]ˀ 239 G, "ἔν τισιν οὐ κεῖται" A: hab. 9
A (in pag. versu uno modum excedente) Ω*.—v. Apthorp 142–5 **442** ζώει 9 11 239
1427 Ω*: -η C T Y R Wᶜ.—cf. ad 61 **444–56** ath. Ar: def. sch^bT **445** τήν Ϝ' van
Leeuwen (contra Π 58) **448** δὲ λλίσσοντο 239 A: δ' ἑλλί- W, δ' ἐλί- Aᵐ D R G.—cf.
ad Ι 574 **450** ἠναίνετο 9 11 86 239 1341 Ω*: ἠνήνατο t D Y R, ἠνήνετο G **452** δ'
ἅμα 9 11 Ω* O^vp: δέ οἱ C: δ' ὅ γε Η Ο **453** περὶ 9 11 239 1341 Porph. Ω: ἐπὶ t*
456 ἐνὶ προμάχοισι 9 11 239 Ω: ἐπὶ προμάχων t ἔδωκε(ν) 9 11 239 1341ᶜ Ω: ὄπαζει
1341ᵃ **457** τὰ σὰ (= γ 92, δ 322) 9 11 239 Ω: τεὰ Payne Knight.—cf. ad Α 207 κ'
ἐθέλη(ι)σθα 11 239 Ω*: κε θ- Α Υ: κέθ- 9 1341 **458** υἱεῖ ἐμ'ὠκυμόρωι fere Hdn 9
(εμ'ωκ-) 11 (εμῶ'κ-) t Ω*: υἷι Wˀ H Eust.: υἷ' rr: υἱί μοι ὠκ- Nauck (cf. Α 505, β 50).—
cf. ad 144 **459** om. 11ᵃ

460 καὶ θώρηχ᾽· ὃ γὰρ ἦν οἱ, ἀπώλεσε πιστὸς ἑταῖρος
{Τρωσὶ δαμείς· ὃ δὲ κεῖται ἐπὶ χθονὶ θυμὸν ἀχεύων}.᾽"
  τὴν δ᾽ ἠμείβετ᾽ ἔπειτα περικλυτὸς Ἀμφιγυήεις·
"θάρσει· μή τοι ταῦτα μετὰ φρεσὶ σῆισι μελόντων.
αἲ γάρ μιν θανάτοιο δυσηχέος ὧδε δυναίμην

465 νόσφιν ἀποκρύψαι, ὅτε μιν μόρος αἰνὸς ἱκάνοι,
ὥς οἱ τεύχεα καλὰ παρέσσεται, οἷά τις αὖτε
ἀνθρώπων πολέων θαυμάσσεται, ὅς κεν ἴδηται."
  ὣς εἰπὼν τὴν μὲν λίπεν αὐτοῦ, βῆ δ᾽ ἐπὶ φύσας·
τὰς δ᾽ ἐς πῦρ ἔτρεψε κέλευσέ τε ἐργάζεσθαι.

470 φῦσαι δ᾽ ἐν χοάνοισιν ἐείκοσι πᾶσαι ἐφύσων,
παντοίην εὔπρηστον ἀϋτμὴν ἐξανιεῖσαι,
ἄλλοτε μὲν σπεύδοντι παρέμμεναι, ἄλλοτε δ᾽ αὖτε,
ὅππως Ἥφαιστός τ᾽ ἐθέλοι καὶ ἔργον ἄνοιτο.
χαλκὸν δ᾽ ἐν πυρὶ βάλλεν ἀτειρέα κασσίτερόν τε

475 καὶ χρυσὸν τιμῆντα καὶ ἄργυρον· αὐτὰρ ἔπειτα
θῆκεν ἐν ἀκμοθέτωι μέγαν ἄκμονα, γέντο δὲ χειρί
ῥαιστῆρα κρατερόν, ἑτέρηφι δὲ γέντο πυράγρην.
  ποίει δὲ πρώτιστα σάκος μέγα τε στιβαρόν τε
πάντοσε δαιδάλλων, περὶ δ᾽ ἄντυγα βάλλε φαεινήν

480 τρίπλακα μαρμαρέην, ἐκ δ᾽ ἀργύρεον τελαμῶνα.

s.v.; (ἀσπ.–)–460 ApD Synt. 123.6 + 122.8; 460 [Plut.] Hom. 2.59; Choer. in Ps. 9.18; 460a Did ad A 336a; Polyb. Soloec. 286.19 Nauck 461 (Τρ. δαμ.) sch Ω 530 463 w5 (lacerum); (μελ.) ApS 110.25; H. μ 756; Phot. Lex. μ 252 464–5 Porph. Il. 105.29 Schr.; Eudoc. 767–8 470 (χοάν.) ApS 168.17; H. χ 577; 470b ApS 129.3 471 Gal. De usu part. 4.2 (i.196.16 H.); sch Ar. Vesp. 36b; Eudoc. 50; (παντ., ἀϋτμ.) sch Σ 472–3; (εὔπρ.) ApS 79.14; H. (Cyr.) ε 7089; Phot. Lex. ε 2293 473 Epm. α 87; (ἄνοιτο) H. α 5248 474–5 (–ἄργ.) Dio Prus. 12.83; 474 Hclt. Alleg. 43.9; 474a sch X 32a; 475 (–ἄργ.) Hdn ad I 605b/c¹; Choer. in Thd. i.154.2, 239.22, 247.28, 360.24, 369.2; 475a Hdn ad M 201d 476a ApS 19.22; (ἀκμοθ.) H. α 2454; (ἄκμονα) Apio 215.18 477a ApS 138.12; Hdn i.48.5, ii.922.33; Choer. in Thd. i.322.8; (ῥαι.) H. ρ 72; 477b EtG s.v. γέντο 479a ApD Adv. 194.16; Hdn ad Π 515b 480 (τρίπλ.) ApS 155.10; H. τ 1415

460 ὃ Ar 9 11 tt Z Ω: ἃ quidam ap. sch^{bT} V 461 damn. Düntzer; cf. ad 26–7 463 τοι 9 11 239 Ω*: τι D: τι τοι b T: τ| 1341: μοι F 465 ἱκάνοι 11 86 1341 tt Ω: -ει 9 h 466 παρέσσεται Ar 9 11 86 239 Ω: παρέξομαι Zen Arph (cf. A.R. 3.152; Rengakos 63 sq.) 467 θαυμάσσεται 9 11 86 239 A D G: -μάσε- Ω* 469 ἔτρεψε 9 11 239 Ω: ἔστρ- h κέλευσε 9 11 86 239 Ω: -ευε 1341 τε 9 239 Ω*: δὲ 11 86 1341 h G 471 εὔπρηστον Ar 9 11 239ᶜ [h38] tt* Z Ω: -κτον (nov. Did) 239ᵃ Gal. 473 τ᾽ 9 11 239 Ω*: γ᾽ t D Y (γε θ-) R ἄνοιτο 9 11 239 Z Ω*: ἄνυτο Epm.^{vl} F R Gᶜ (prob. Leaf), -ῦτο r 476 ἐν 9 11 1341 Ω*: ἐπ᾽ t Aˢ b 477 κρατερόν Zen Aˢ D C Fᵃ T: -ρήν Ar 9 11 239 tt (-ταιήν Choer.) Ω* 480 ἐκ 9 11 239 Ω: ἐν h O

πέντε δ' ἄρ' αὐτοῦ ἔσαν σάκεος πτύχες· αὐτὰρ ἐν αὐτῶι
ποίει δαίδαλα πολλὰ ἰδυίηισι πραπίδεσσιν.
 ἐν μὲν γαῖαν ἔτευξ', ἐν δ' οὐρανόν, ἐν δὲ θάλασσαν,
ἠέλιόν τ' ἀκάμαντα σελήνην τε πλήθουσαν,
485 ἐν δὲ τὰ τείρεα πάντα, τά τ' οὐρανὸς ἐστεφάνωται,
Πληϊάδας θ' Ὑάδας τε τό τε σθένος Ὠρίωνος
Ἄρκτόν θ', ἣν καὶ Ἄμαξαν ἐπίκλησιν καλέουσιν,
ἥ τ' αὐτοῦ στρέφεται καί τ' Ὠρίωνα δοκεύει,
οἴη δ' ἄμμορός ἐστι λοετρῶν Ὠκεανοῖο.
490 ἐν δὲ δύω ποίησε πόλις μερόπων ἀνθρώπων,
καλάς· ἐν τῆι μέν ῥα γάμοι τ' ἔσαν εἰλαπίναι τε,
νύμφας δ' ἐκ θαλάμων δαΐδων ὕπο λαμπομενάων
ἠγίνεον ἀνὰ ἄστυ, πολὺς δ' ὑμέναιος ὀρώρει·
κοῦροι δ' ὀρχηστῆρες ἐδίνεον, ἐν δ' ἄρα τοῖσιν

481 (–πτ.) Hdn ad M 295a; (πτ.) H. π 4260; 481b–2a sch Σ 479; 482 sch Pind. Nem.
4.95c; w7 ii 5 (lacerum)   483–8 Eudoc. 8–13; 483–5 Hclt. Alleg. 48.5–7; [Iustin.] Cohort. ad Gr. 28; cf. Nonn. D. 25.388–94; 483 + 485 Clem. Paed. 3.99.3, Strom. 5.101.4 (unde Eus. P.E. 13.13.26); w43.3 (lacera); 483 Clem. Strom. 6.9.3; Ach. Tat. Isag. Arat. 29.30
M.; 484–6 ib. 30.5 M.; 484 Eudoc. 867; 484b sch Σ 561; Epm. ε 104; (πλήθ.) H. π 2547;
485–7 Ath. 490c; 485 Orph. fr. 165.4; (τείρεα) ApS 150.29; H. τ 359; Orio 151.25; (ἐστ.)
sch Σ 488a; H. ε 6381; 486–9 Porph. Il. 226.4 Schr.; 486 [Plut.] Hom. 2.106.1; sch ε 272;
(Πλη.) H. π 2550; (Ὑάδες) Orio 156.23; Phot. Lex. s.v.; 487a, 488 cf. Strab. 1.1.6; 488 ApS
29.14; Hdn i.20.9; sch Arat. 322; Choer. in Thd. i.272.35; 488b sch Ar. Eq. 663
489 Strab. 1.1.6; ApS 29.10, 15; [Plut.] Hom. 2.160; sch Arat. 26; (–ἄμμ.) Arist. Poet.
1461a20; (ἄμμ.) Apio 218.4   491 Max. Tyr. 9.6; 491a id. 26.9; 491b cf. Luc. Dial. 24.16;
(εἰλαπ.) H. (Cyr.) ε 852   492–6 Eudoc. 538–9, 542–3, 547; 492b Apio 102.8; sch Pind.
Ol. 4.3h, 7.23b; w4 ix 5/sch Thuc. 2.13.7; (δ. ὕπο) cf. H. υ 595; (δαΐδ.) H. (Cyr.) δ 54; 493a
ApS 82.13; sch Heph. 320.15; (ἠγ.) H. η 73; 494–6 D.H. Ant. 7.72.8; 494 (–ἐδίν.) Luc. Dial. 45.13; 495 (–ἔχον) Arn ad K 13a(b); [Plut.] Hom. 2.147.3; (αὐλοί) cf. Ath. 16b; (αἱ
δὲ–)–496 sch Pind. Pyth. 2.85b; 496a sch N 11b

481 ἐν 9 11 86 t Ω*: ἐπ' T Gʸᵖ   482 πολλ 9, -λλὰ 11 86 239 sch-Pind. Ω*: πάντα
W ἰδυίη(ι)σι fere 11 239 Z (-σιν) Ω*: εἰδ- sch-Pind. 9 C   483–608 ath. Zen
483 ἔτευξ' 9 11 86 239 tt Z Ω: εθηκ 276   485 δὲ τὰ 9 11 86 239 tt* Ω: δέ τε Achill.
[Iustin.] Nonn. h V οὐρανὸς ἐστεφάνωται (= Hes. Th. 382) 9 11 86 239 1341 tt Z Ω:
-νὸν ἐστεφάνωκε (?) Ar: -νὸν ἐστήρικται Zen (-νῶι? Düntzer, cf. Δ 443, Hymn.
Merc. 11)   486 Ὠαρίωνος Heyne (item in 488)   487 ἄρκτόν sic A W G ἄμαξαν
Hdn A D B: ἀμ- Y: ἄμ- Z Aᵏ Aˢ Ω*.—cf. Praef. xvii   488 ἥ τ' 9 11ᶜ 239 tt Z Ω:
ἤδ 11ᵃ   489 οἴη 9 11 239 tt Ω, οἴη Z: οἴ· ἢ Crates ne parum curiosus sit poeta in astro-
nomicis   490 πόλις Aᵃ (πολις δια του ι ειχε το αντιβολον Aᵐ) r: -εις 9 11 239 Ω*.—
cf. Praef. xxxiv   491 μερρα 276   492 νύμφας 9 11 239 1341 t Z Ω: -αι 276 ἐκ
θαλάμων Ar 9 11 86 239 1341 t Z Ω: ἐς θαλάμους Zen, haud improbat Did ὕπο 11 Z r:
ὑπὸ vel ὑπο 9 239 Ω   493 ηγίνεον 11 (falso) ἀνὰ 11 239 276 1341 tt* Ω*: κατὰ ApS
T Y ὑμέναιος 11 276 1341 t Z Ω: ορυμαγδος 239

495   αὐλοὶ φόρμιγγές τε βοὴν ἔχον· αἱ δὲ γυναῖκες
        ἱστάμεναι θαύμαζον ἐπὶ προθύροισιν ἑκάστη.
        λαοὶ δ' εἰν ἀγορῆι ἔσαν ἀθρόοι· ἔνθα δὲ νεῖκος
        ὠρώρει, δύο δ' ἄνδρες ἐνείκεον εἵνεκα ποινῆς
        ἀνδρὸς ἀποφθιμένου. ὃ μὲν ηὔχετο πάντ' ἀποδοῦναι
500   δήμωι πιφαύσκων, ὃ δ' ἀναίνετο μηδὲν ἑλέσθαι·
        ἄμφω δ' ἱέσθην ἐπὶ ἴστορι πεῖραρ ἑλέσθαι.
        λαοὶ δ' ἀμφοτέροισιν ἐπήπυον ἀμφὶς ἀρωγοί·
        κήρυκες δ' ἄρα λαὸν ἐρήτυον. οἱ δὲ γέροντες
        εἵατ' ἐπὶ ξεστοῖσι λίθοις ἱερῶι ἐνὶ κύκλωι,
505   σκῆπτρα δὲ κηρύκων ἐν χέρσ' ἔχον ἠεροφώνων·
        τοῖσιν ἔπειτ' ἤισσον, ἀμοιβηδὶς δ' ἐδίκαζον.
        κεῖτο δ' ἄρ' ἐν μέσσοισι δύω χρυσοῖο τάλαντα,
        τῶι δόμεν, ὃς μετὰ τοῖσι δίκην ἰθύντατα εἴποι.
        τὴν δ' ἑτέρην πόλιν ἀμφὶ δύω στρατοὶ εἵατο λαῶν
510   τεύχεσι λαμπόμενοι. δίχα δέ σφισιν ἥνδανε βουλή,.
        ἠὲ διαπραθέειν ἢ' ἄνδιχα πάντα δάσασθαι
        κτῆσιν ὅσην πτολίεθρον ἐπήρατον ἐντὸς ἔεργεν.

498 (ὠρ.) H. ω 389; (δύο–) Arn ad Ω 25–30; sch B 283; (ἄνδρες–) sch Ω 23; (ἐνείκ.) H. (Cyr.) ε 3105   **500a** Arn ad Σ 502a; **500b** EtG α 807   **501** Porph. Il. 239.1 Schr.; **501a** H. α 4161; (ἱέσθην) H. (Cyr.) ι 341; Phot. Lex. ι 68; **501b** ApS 93.2; (ἴστ.) Phot. Lex. ι 237   **502** (ἐπήπ.) H. (Cyr.) ε 4574; (ἀμφὶς ἀρ.) H. α 4100   **505** (ἠεροφ.) ApS 82.29; Porph. Od. 115.3 Schr.; H. η 201; Phot. Lex. ι 65   **506b** ApS 27.13; (ἀμοιβ.) H. α 3733   **507–8** Luc. Dial. 28.41 (parod.); **507** Poll. 9.54; **508b** Plut. Mor. 742a; (ἰθ.) ApS 90.21; H. (Cyr.) ι 412   **509–34** Porph. Hom. 25.26 Sod.; **509** Max. Tyr. 26.9; (εἵατο) sch O 10b; **510b** Hdn i.496.8; Porph. Hom. 30.18 Sod.; (δίχα) ApS 59.17;

495 φόρμιγγές 11 239 1341 tt* Ω: σύριγγές sch-K (ex K 13).—cf. [Hes.] Sc. 278/80   **496** προθύροισιν 11 239 276 tt* Ω*: -ρη(ι)σιν sch-Pind.ᵛˡ b F Y   **497** νεῖκος 11 1341 Z Ω: νικος 86 239 276   **499** ἀποφθιμένου Ar 11 239 276 1341 Ω: -κταμένου Zen "αἱ πλεῖσται", haud improbat Did   ηὔχετο Fick: εὔ- 11 239 Z Ω   **500** πιφαύσκων Z Ω*: πιφρ- 239ᶜ 276 1341 A: επιφρ- 11 239ᵃ   **501** ἴστορι Hdn 11 239ᶜ 1341 tt* Z Ω: -ορα 239ᵃ: -ωρ ApS   πεῖραρ 11 239 t* Ω*: -αν Aᵃ Fˣ G: πιαρ 276 ApS, πεῖαρ Z   ἑλέσθαι Ar 11 239 tt Ω: ἀρέσθαι Zen   **502** ἀμφοτέροισιν Ar 11 239 1341 Ω: -ωθεν Zen Arph 𝔐.—cf. ad O 669   ἐπήπυον Ar 11 1341 t Z Ω (ἐπίτυον Y): †ἐπίπνυον 𝔐 (ἐποίπ- Buttmann): ερητυον (ex 503) 239   ἀρωγοί 11 86 239 t Z Ω: -γῶι 𝔐? (teste T: -γοί A)   **503** δ ανα αστυ 239ᵃ (ex Γ 245, Θ 517)   **505** ἠεροφώνων 11 239 276 tt* schᴬᵇᵀᴰ Ω*: ιερο- Phot. (et Suda s.v.) Y (ἱερό-), prob. Ahrens Phil. 27 (1868) 590 sq., Schulze 211 cl. Rgv. 9.84.4 al. vācam iṣirấm   **506** τοῖσιν 11 86 239 1341 Z Ω*: τοῖσι δ' 276 b R, τοῖσιν δ' W   ἀμοιβηδὶς Hdn 11 (-ηδιεδικ-) 239 Ω: -ηδὸν Arᵃᵇ Z rr: -αδις tt   δ' ἐδίκαζον Z Ω*: δὲ δ- A B E   **507** δύω Ω*: δύο 11 tt W.—cf. ad Ψ 269, 614   **508** εἴποι 11 239 Ω*: -η(ι) D C R W   **509** δύω 11 239 Porph.ᵛˡ Ω*: δύο 276 tt* Z Tᴬ C W   ηατο 239   λαοιν 11ᵃ   **511** ἠ' Fick: ἢ 11, ἠ Ω   **512** ἔεργεν Z A T G: ἐέργει 11 t Aˢ Ω*

οἳ δ᾽ οὔ πω πείθοντο, λόχωι δ᾽ ὑπεθωρήσσοντο.
τεῖχος μέν ῥ᾽ ἄλοχοί τε φίλαι καὶ νήπια τέκνα
515 ῥύατ᾽ ἐφεσταότες, μετὰ δ᾽ ἀνέρες οὓς ἔχε γῆρας,
οἳ δ᾽ ἴσαν· ἦρχε δ᾽ ἄρά σφιν Ἄρης καὶ Παλλὰς Ἀθήνη,
ἄμφω χρυσείω, χρύσεια δὲ εἵματα ἔσθην,
καλὼ καὶ μεγάλω σὺν τεύχεσιν, ὥς τε θεώ περ,
ἀμφὶς ἀριζήλω· λαοὶ δ᾽ ὑπ᾽ ὀλίζονες ἦσαν.
520 οἳ δ᾽ ὅτε δή ῥ᾽ ἵκανον, ὅθί σφισιν εἶκε λοχῆσαι,
ἐν ποταμῶι, ὅθι τ᾽ ἀρδμὸς ἔην πάντεσσι βοτοῖσιν,
ἔνθ᾽ ἄρα τοί γ᾽ ἵζοντ᾽ εἰλυμένοι αἴθοπι χαλκῶι.
τοῖσι δ᾽ ἔπειτ᾽ ἀπάνευθε δύω σκοποὶ εἴατο λαῶν
δέγμενοι, ὁππότε μῆλα ἰδοίατο καὶ ἕλικας βοῦς·
525 οἳ δὲ τάχα προγένοντο, δύω δ᾽ ἅμ᾽ ἕποντο νομῆες
τερπόμενοι σύριγξι, δόλον δ᾽ οὔ τι προνόησαν.
οἳ μὲν τὰ προϊδόντες ἐπέδραμον, ὦκα δ᾽ ἔπειτα
τάμνοντ᾽ ἀμφὶ βοῶν ἀγέλας καὶ πώεα καλά
ἀργεννέων ὀΐων, κτεῖνον δ᾽ ἔπι μηλοβοτῆρας.

511 ApD Coni. 220.27; 511b–12 Porph. Hom. 33.21 Sod.; 512 (ὅ]σην πτ.[) sch[h89] fr. 15 (iv.325.8 E.); (ἐπήρ.) H. ε 4577; Phot. Lex. ε 1478; 513 Porph. Hom. 27.18/21, 28.12/14, 29.6–20 Sod.; 514–15 ib. 32.3–9; 515 (ἐφεστ.) ib. 34.15; 516 (οἳ δ᾽ἴ.) ib. 28.15, 29.21, 30.23; (ἦρχε-)–517 Porph. Il. 245.23 Schr.; 518 (–τεύχ.) ApD Pron. 11.6; 519a Apio 218.21; H. α 4101; 519b St. Byz. 489.16; (ὑπολ.) H. υ 688; (ὀλ.) id. ο 559, cf. λ 985; 521 EtG α 1135; (ὅθι-) ApS 52.6; (ἀρδ.) id. 42.33; H. (Cyr.) α 7102; (βοτ.) id. β 856, [862]; 524 (ἰδοί.) H. ι 223; 525 (νομ.) H. (Cyr.) ν 633; 528 ApS 150.14; (τάμν. ἀμφί) H. τ 112; 529 (ἀργ.) ApS 41.30; H. α 7032; (μηλοβ.) H. (Cyr.) μ 1189; 530 Porph. Hom. 28.18 Sod.; 531 (–καθ.) ib. 28.23; EtG s.v. εἴρην; 531a id. s.v. πρώειρα; (ἱράων) ApS 92.22; H. (Cyr.) ε 1001, ι 873; 533–7 Hclt. Alleg. 48.4; 534 Euboeus Supp. Hell. 411; sch Heph. 265.11; 535 Plut. Mor.

513 ὑπεθωρήσσοντο 86 239 tt Ω*: ὑποθ- 11 276 Z F R G   515 ῥύατ᾽· Parmeniscus   ἐφεσταότες 11 86 239[c] 1443[c] t Z Ω*: ἀφ- 239[a] 1443[a] T[a]   ἀνέρες 11 86 239 1442 1443 t Ω*: -ας D W   516 ἄρά sic A G   517 χρύσειοι 11[a]   ἔσθην 11 Ω*, ἔστην W: ἦσ- 239 276 1443 t Z D F[c] R[a] G   519 om. 239[a]   ὑπ᾽ ὀλίζονες Hdn 11 (ex ολεζοντες) t A B[a]? C E T[c]: ὑπολ- Z A[λ] Ω* (-λ[[ε]]ίζον[[τ]]ες R).—cf. [Hes.] Sc. 258; Leumann 72   ὀλείζονες (cf. R) Nauck Attice   520 ὅθί sic 11 Ω praeter R   521 ἄρδμὸς Hdn A   βοτοῖσιν 11[c] tt sch[bT] (γραπτέον) Z Ω*: βρο- 11[a] 239 276 D Y R[a]   523 ἤατο Y   524 δέγμενοι 11 86 239 t Ω: δέχμ- Cobet Misc. crit. 360, cf. ad B 794   525 οἳ (vel οἱ) 11 86 239 t Ω: αἳ Bekker Hom. Bl. I 161   νομῆες 11 239 276 t Ω: -ῆε Arph? (Ahrens Kl. Schr. I 132)   526–T 38 deest D   τερπόμενοι Ar 11 86 239 t Ω: -μένω Arph r   527 ἐπέδραμον 11 86 239[c] t Ω: ὑπ- 239[a] r   528 πώεα καλά Ar 11 239 tt* Ω: πώεα μήλων ApS: πῶϋ μέγ᾽ οἰῶν Zen, sc. omisso 529   529 ἀργεννέων Thiersch: -ννῶν 11 86 tt Ω: -ννάων rr   ὀΐων (Ω) sive οἰῶν, cf. Praef. xxiv   τ᾽ ἐδ᾽ ἐπι Y (invenerat τ᾽ ἐπι ss. δ᾽ε)   ἔπι dedi: ἐπι 11, ἐπὶ vel ἔπι Ω

530	οἳ δ᾽ ὡς οὖν ἐπύθοντο πολὺν κέλαδον παρὰ βουσίν
	εἰράων προπάροιθε καθήμενοι, αὐτίκ᾽ ἐφ᾽ ἵππων
	βάντες ἀερσιπόδων μετεκίαθον· αἶψα δ᾽ ἵκοντο,
	στησάμενοι δ᾽ ἐμάχοντο μάχην ποταμοῖο παρ᾽ ὄχθας,
	βάλλον δ᾽ ἀλλήλους χαλκήρεσιν ἐγχείηισιν.
535	{ἐν δ᾽ Ἔρις, ἐν δὲ Κυδοιμὸς ὁμίλεον, ἐν δ᾽ ὀλοὴ Κήρ,
	ἄλλον ζωὸν ἔχουσα νεούτατον, ἄλλον ἄουτον,
	ἄλλον τεθνηῶτα κατὰ μόθον εἷλκε ποδοῖιν·
	εἷμα δ᾽ ἔχ᾽ ἀμφ᾽ ὤμοισι δαφοινεὸν αἵματι φωτῶν.}
	ὡμίλεον δ᾽ ὥς τε ζωοὶ βροτοὶ ἠδ᾽ ἐμάχοντο,
540	νεκρούς τ᾽ ἀλλήλων ἔρυον κατατεθνηῶτας.
	ἐν δ᾽ ἐτίθει νειὸν μαλακήν, πίειραν ἄρουραν
	εὐρεῖαν τρίπολον· πολλοὶ δ᾽ ἀροτῆρες ἐν αὐτῆι
	ζεύγεα δινεύοντες ἐλάστρεον ἔνθα καὶ ἔνθα.
	οἳ δ᾽ ὁπότε στρέψαντες ἱκοίατο τέλσον ἀρούρης,
545	τοῖσι δ᾽ ἔπειτ᾽ ἐν χερσὶ δέπας μελιηδέος οἴνου
	δόσκεν ἀνὴρ ἐπιών· τοὶ δὲ στρέψασκον ἀν᾽ ὄγμους,
	ἱέμενοι νειοῖο βαθείης τέλσον ἱκέσθαι.
	ἣ δὲ μελαίνετ᾽ ὄπισθεν, ἀρηρομένηι δὲ ἐώικει
	χρυσείη περ ἐοῦσα· τὸ δὴ περὶ θαῦμα τέτυκτο.

1113a; sch A 287–9a; Porph. Il. 11.23 Schr.; w5 (lacerum); **536–7** Plut. Mor. 1010e; **536** Epm. α 281; (ἄουτον) H. (Cyr.) α 5694	**539** Gal. in Hipp. De artic. xviii(1).317 K.	**541** Porph. Hom. 26.4 Sod.	**542a** Poll. 1.223; (τρίπ.) ApS 155.3; H. τ 1418; (ἀροτ.) H. (Cyr.) α 7373	**543** (διν.–) EtG β 309; (ἐλ.) H. (Cyr.) ε 1884	**545b** Hdn ad Λ 385e¹	**546** (ἐπιών) H. (Cyr.) ε 5451; (ἀν᾽ ὄγ.) id. α 5233; (ὄγ.) ApS 118.23; H. ο 51	**547** (νειοῖο–) Aelius Stilo fr. 21 p.63 Fun.	**548** (μελ.) H. μ 632; **548b–9a** Porph. Il. 246.4 Schr.; **548** (ἀρηρ.) ApS 44.5; H. α 7165; **549a** sch Υ 272

530 παρὰ 11 Ω*: περὶ t G	**531** εἰράων Ar [11] EtG Aᴧ A Rˢ Gˢ O: ἰρ- vel ἱρ- 86 239 tt* Z Aᵐ Ω*: utrumque Hsch.	**535–8** (≈ [Hes.] Sc. 156–9) damn. Düntzer	**535** ὁμίλεον (cf. 539) 11 239 tt (vel ὠμ-) Ω: ἐθύνεον [Hes.]	ὀλοὴ 11 239 w5 Ω: -οὸν tt*	**536** νεώτατον et ἄωτον Bechtel Lexil. 340	**537** τεθνηῶτα Ar (-θνηι- teste A) Bᵃ E Fᵃ T R W: -θνει- (nov. Did) 11 86 239 tt Tᴧ Eˢ Ω*	εἷλκε 276, εἴλκε [Hes.]ᶜᵒᵈ·ᴮ: ἕλκε 11 239 tt Ω [Hes.]*	**538** δ᾽ Ar 11 239 276 Ω [Hes.]: τ᾽ 𝔐	δαφοινεὸν Hdn 11 Ω* [Hes.]ᵛˡ: proparox. 239ˢ schᵀ Z F T R W [Hes.]ᵛˡ: parox. r	**539** ὡμίλεον t Aᵃ F Oᶜ: -ευν 11 86 239ᶜ Z Ω* (-ευ B E): -ουν 239ᵃ N	ἠδὲ μάχοντο h R W	**540** κατατεθνηῶτας Ar 276 (-οτας) Aˢ Bᵃ E Fᵃ T R: -θνει- (nov. Did) 11 239 Eˢ Ω*	**541** δ᾽ ἐτίθει 11 Tᴧ Ω*: δὲ τ- W	**545** μελιηδέος οἴνου (γ 46) 11 86 239 t Ω: μέλανος οἴνοιο (ε 265, ι 196, 346) Bentley	**546** τοὶ A b: οἱ 11 86 239 Ω*	**548** δ᾽ ἐμελαίνετ᾽ R N	ἀρηρομένηι 11 86 239 tt Ω* (cf. A.R. 3.1336): -ρεμένηι A	ἐώικει: cf. ad B 58	**549** πέρι 11, περὶ vel περι 86 239 Ω: πέρι H	θαῦμα τέτυκτο Ar 239 Ω*: θαῦμ᾽ ἐτέ- (nov. Did) 11 86 Υ R W

550 ἐν δ' ἐτίθει τέμενος βασιλήιον· ἔνθα δ' ἔριθοι
ἤμων ὀξείας δρεπάνας ἐν χερσὶν ἔχοντες.
δράγματα δ' ἄλλα μετ' ὄγμον ἐπήτριμα πίπτον ἔραζε,
ἄλλα δ' ἀμαλλοδετῆρες ἐν ἐλλεδανοῖσι δέοντο.
τρεῖς δ' ἄρ' ἀμαλλοδετῆρες ἐφέστασαν· αὐτὰρ ὄπισθεν
555 παῖδες δραγμεύοντες, ἐν ἀγκαλίδεσσι φέροντες,
ἀσπερχὲς πάρεχον. βασιλεὺς δ' ἐν τοῖσι σιωπῆι
σκῆπτρον ἔχων ἑστήκει ἐπ' ὄγμου γηθόσυνος κῆρ·
κήρυκες δ' ἀπάνευθεν ὑπὸ δρυΐ δαῖτα πένοντο,
βοῦν δ' ἱερεύσαντες μέγαν ἄμφεπον· αἱ δὲ γυναῖκες
560 δεῖπνον ἐρίθοισιν λεύκ' ἄλφιτα πολλὰ πάλυνον.
ἐν δ' ἐτίθει σταφυλῆισι μέγα βρίθουσαν ἀλωήν
καλήν, χρυσείην, μέλανες δ' ἀνὰ βότρυες ἦσαν.
ἑστήκει δὲ κάμαξι διαμπερὲς ἀργυρέηισιν·
ἀμφὶ δὲ κυανέην κάπετον, περὶ δ' ἕρκος ἔλασσεν
565 κασσιτέρου. μία δ' οἴη ἀταρπιτὸς ἦεν ἐπ' αὐτήν,
τῆι νίσοντο φορῆες, ὅτε τρυγόωιεν ἀλωήν.
παρθενικαὶ δὲ καὶ ἠίθεοι ἀταλὰ φρονέοντες

550 (βαθὺ λ.) sch Σ 561; (ἔριθοι) Poll. 1.221; H. (Cyr.) ε 5840   551 (–δρεπ.) sch Σ
483–606; (ἤμων) H. (Cyr.) η 548; Phot. Lex. η 180   552b ApS 72.6; (ἐπήτρ.) H. (Cyr.)
ε 4604   553 (ἀμαλλ.) ApS 29.4; H. (Cyr.) α 3414; EtG α 581; 553b H. (Cyr.) ε 2890;
(ἐλλεδ.) id. ε 2151, [2164]; Orio 66.17; (δέοντο) H. (Cyr.) δ 654   554 (ἀγκαλ.) id. α
531   558 (–δρυΐ) sch A 334a¹   560 (ἐρίθ.) H. ε 5841a   561–5 (κασσ.) Porph. Il.
246.6 Schr.; 561 (σταφ.) Ath. 653b; (βρίθ.) H. (Cyr.) β 1149; 562b Porph. Hom. 116.3
Sod.; 563 (κάμ.) H. κ 561, cf. 557; 564 (περὶ–) Porph. Hom. 132.23 Sod.; 565 (μία δ' οἴη)
Hdn ad Z 422a¹; (ἀταρπ.) H. (Cyr.) α 8019/20; EtG α 1343   566a Epm. φ 38; (φορ.)
H. φ 764; Phot. Lex. s.v.   567 [Plut.] Hom. 2.42.3; 'Hdn.' Fig. 3; (ἀταλ.) H. (Cyr.) α
7998; EtG α 1336

550 δὲ τίθει Y R W   βασιλήιον 11 86 A b Fᶜ Tᵞᵖ Rˢ G: βαθυλήιον vel βαθὺ λ- 239 t
Aᵞᵖ Aᵐ Cᶜ Fᵞᵖ Tᵛ Ω* (cf. [Hes.] Sc. 288; A.R. 1.830; Leumann 68 n.35)   551a καρπὸν
Ἐλευσινίης Δημήτερος ἀγλαοδώρου add. quidam teste Agallide ap. schᵀ/Eust. ad Σ
483–606; cf. Eratosth. 16.18 Powell   552 πίπτον 86 t Ω*: -εν 11 239 Wᶜ   557 ἑστή-
κει Arᵃᵇ Ω*: εἱστ- (nov. Did) 11 86 239 Tᵛ W G   ὄγμου 11 86 Ω*: -ον Y (pro -ων?): -ους
R G (ὤ-)   559 δ' 239 Ω: om. 11   560 πολλὰ πάλυνον Z Aᶜ Ω*: πολλ' ἀπ- Aᵃ:
πόλλ' ἐπ- 11 86 Aᵐ F Tᵛ: (πόλλ' ἄλφιτα) λευκὰ π- Y W.—cf. ad Λ 640   561 δὲ τίθει
fere Y R W   ἀλωήν 11 86 Ω* (ἀλ- C Tᵃ): -ωιήν A B E W (ἀλ- Bᵃ E)   563 ἑστήκει
(Ar) Z Ω*: εἱστ- 11 239 t C F W G   ἀργυρέηισιν Ar 11 86 239 t Ω*: -οισιν Zen
C F W.—v.l. eadem [Hes.] Sc. 299   565 ἐπ' Ar 11 239 Ω*: ἐς Zen (prob. Did) 86
Y   αὐτήν Zen 11 86 Ω*: -ῇ F (ss. ὤ)   566 νίσοντο 11 t b F R W: νισσ- 239 (-αντο
a.c.): νείσ- A T Y O: νείσσ- G   ἀλωήν 11 86 234 Ω* (ἀλ- C Tᵃ): ἀλωιήν A B,
ἀλ- E W   567 δὲ 11 239ᶜ Ω*: τε 239ᵃ tt G

πλεκτοῖς ἐν ταλάροισι φέρον μελιηδέα καρπόν·
τοῖσιν δ᾽ ἐν μέσσοισι πάϊς φόρμιγγι λιγείηι
570 ἱμερόεν κιθάριζε, λίνον δ᾽ ὑπὸ καλὸν ἄειδεν
λεπταλέηι φωνῆι· τοὶ δὲ ῥήσσοντες ἀμαρτή
μολπῆι τ᾽ ἰυγμῶι τε ποσὶ σκαίροντες ἕποντο.
ἐν δ᾽ ἀγέλην ποίησε βοῶν ὀρθοκραιράων·
αἱ δὲ βόες χρυσοῖο τετεύχατο κασσιτέρου τε,
575 μυκηθμῶι δ᾽ ἀπὸ κόπρου ἐπεσσεύοντο νομόνδε
πὰρ ποταμὸν κελάδοντα, παρὰ ῥαδαλὸν δονακῆα.
χρύσειοι δὲ νομῆες ἅμ᾽ ἐστιχόωντο βόεσσιν
τέσσερες, ἐννέα δέ σφι κύνες πόδας ἀργοὶ ἕποντο·
σμερδαλέω δὲ λέοντε δύ᾽ ἐν πρώτηισι βόεσσιν
580 ταῦρον ἐρύγμηλον ἐχέτην· ὃ δὲ μακρὰ μεμυκώς
εἵλκετο, τὸν δὲ κύνες μετεκίαθον ἠδ᾽ αἰζηοί.
τὼ μὲν ἀναρρήξαντε βοὸς μεγάλοιο βοείην
ἔγκατα καὶ μέλαν αἷμα λαφύσσετον· οἱ δὲ νομῆες
αὔτως ἐνδίεσαν, ταχέας κύνας ὀτρύνοντες,

---

568 ApS 148.34; H. τ 66; (ἐν ταλ.) H. (Cyr.) ε 3315 **569–70** Paus. 9.29.7; Eudoc. 548–9; 569b–70 [Plut.] Hom. 2.147.4; 570 (λίνον) Hcld. Pont. fr. 160 W.; H. λ 1064; Phot. Lex. λ 326 **571** (ῥήσσ.) ApS 138.28; H. (Cyr.) ρ 271 **572** sch N 571a (Porph. Il. 185.11 Schr.); 572a + σκαίρ. Ath. 15d; 572a ApS 93.17; (ἰυγμῶι τε) H. (Cyr.) ι 1110, cf. 1114; (σκαίρ.) Phot. Lex. s.v. **573–4 + 577** Porph. Il. 246.11 Schr.; **574** (–τετ.) Did ad O 187b; Epm. τ 67; **575** ApS 102.21; (κόπρ.) Apio 244.7; H. κ 3568; **576a** Hdn ad Φ 16a; **576b** EtG s.v. ῥαδαλόν; (ῥαδ. δον.) sch N 458a¹; H. δ 2186; (ῥαδ.) ApS 138.10 (ubi lege ‹ῥαδανόν› ῥαδινόν, cf. H.); (ῥαδ./ῥοδ.) H. ρ 13, 21, 27, 390 **579a** Porph. Hom. 48.14 Sod. **580a** EtG s.v. ἐρύγμηλος; (ἐρ.) H. ε 6072 **582–3** (–λαφ.) Epm. τ 55; **583** (–λαφ.) sch B 314a; sch^D K 364 **584** Hdn ad Σ 162a¹, Ψ 475b; **584a** id. ad M 276c;

568 πλεκτοῖς ἐν (nov. Did) 11 239 tt Ω (= ι 247): -οῖσιν Ar^ab **570** λίνον Ar Hdn 11 234 239 tt Z fere Ω (cf. Hymn. Merc. 502): -ος Zen (chordam intelligens, cf. φ 411): -ου h38 **571** ἀμαρτή (Ar) dedi, cf. ad E 656, Φ 162: ἀμαρτῆ(ι) (Hdn) A W: ὁμ- 11 234 239 Z A^m Ω* (cf. Call. Hymn. 3.243; A.R. 1.538; Rengakos 123):]μαρτῆ 86 **572** ἰυγμῶι 11 234 239 h38 tt* Ω: ἰωγμῶι Z sch^hyp: ετἰυχμ- Hsch.: ὀρχηθμῶι Ath. **576** παρὰ Arph (Ar) 11 88 234 239 t Ω (παραὶ C): διὰ Zen ῥαδαλὸν Zen (teste A EtG^B: Ζηνόδωρος EtG^A) sch-N EtG A^yp r: †ῥαδηλὸν Arph (teste A: Ἀρίσταρχος EtG; ῥαδαλὸν van der Valk, ῥαδινὸν Ludwich, cf. ApS): ῥαδανος h38: ῥα[vel ῥα[88: ῥοδανὸν 11 234 239 EtG^yp Z Ω: (Ῥοδανὸν) δονακῆεν quidam teste DThr ap. Did: et ῥαδαλὸν et ῥαδανὸν et ῥοδανὸν Hsch. **578** τέσσερες dedi (cf. Praef. xxxv): -αρες 11 234 239 Ω **579** σμερδαλέω δὲ λέοντε δύ᾽ ἐν Ar^a (δύο Ar^b, an δύω?) 11 234 (δυ]ω εν) 239 t Ω, δύω h: κυάνεοι δὲ λέοντες ‹ἐνὶ›(?) Zen (-εω δὲ λέοντε ‹δύ᾽ ἐν› Villoison) (cf. 564, Λ 26, 39; [Hes.] Sc. 167, 249) πρώτηισι Ar 11 234 239 Ω*: -οισι A F **580** ἐρύγμηλον Hdn 11 234 Ω: oxyt. Tyr μεμυκώς 11 239 Ω: μεμηκώς 86 O **581** εἵλκετο (nov. Did) 239 W G: ἕλκ- Ar 11 A^λ Ω* τὸν Ar 11 239 Ω* O^yp: τοὺς Zen: τὼ W O **582** ἀναρήξαντε 11 239 A G **584** αὔτως vel (αὔ-) Ar 11

585   οἳ δ᾽ ἤτοι δακέειν μὲν ἀπετρωπῶντο λεόντων,
      ἱστάμενοι δὲ μάλ᾽ ἐγγὺς ὑλάκτεον ἔκ τ᾽ ἀλέοντο.
      ἐν δὲ νομὸν ποίησε περικλυτὸς Ἀμφιγυήεις
      ἐν καλῆι βήσσηι μέγαν οἰῶν ἀργεννάων,
      σταθμούς τε κλισίας τε κατηρεφέας ἰδὲ σηκούς.
590   ἐν δὲ χορὸν ποίκιλλε περικλυτὸς Ἀμφιγυήεις
      τῶι ἴκελον, οἷόν ποτ᾽ ἐνὶ Κνωσῶι εὐρείηι
      Δαίδαλος ἤσκησεν καλλιπλοκάμωι Ἀριάδνηι.
      ἔνθα μὲν ἠίθεοι καὶ παρθένοι ἀλφεσίβοιαι
      ὠρχέοντ᾽, ἀλλήλων ἐπὶ καρπῶι χεῖρας ἔχοντες·
595   τῶν δ᾽ αἳ μὲν λεπτὰς ὀθόνας ἔχον, οἳ δὲ χιτῶνας
      εἵατ᾽ ἐϋννήτους, ἦκα στίλβοντας ἐλαίωι.
      καί ῥ᾽ αἳ μὲν καλὰς στεφάνας ἔχον, οἳ δὲ μαχαίρας
      εἶχον χρυσείας ἐξ ἀργυρέων τελαμώνων.
      οἳ δ᾽ ὀτὲ μὲν θρέξασκον ἐπισταμένοισι πόδεσσιν
600   ῥεῖα μάλ᾽, ὡς ὅτε τις τροχὸν ἄρμενον ἐν παλάμηισιν
      ἑζόμενος κεραμεὺς πειρήσεται, αἴ κε θέησιν·
      ἄλλοτε δ᾽ αὖ θρέξασκον ἐπὶ στίχας ἀλλήλοισιν.
      πολλὸς δ᾽ ἱμερόεντα χορὸν περιίσταθ᾽ ὅμιλος

(ἐνδ.–) ApS 68.22; (ἐνδ.) sch Δ 171c¹; H. ε 2792   585 (ἀπετρ.) EtG α 1020   586 Epm.
α 287   588 sch Heph. 265.10   589 Porph. Il. 328.9 Schr.; (κατηρ.) ApS 96.18; H. κ
1776; (σηκ.) ApS 141.8   590–4 D.H. Ant. 7.72.9; Ath. 181a; 591–2 'Hdn.' Fig. 65; 591
(ἐνὶ Κν.) H. (Cyr.) ε 3107; 592 cf. Luc. Dial. 45.13; 593–6 Eudoc. 582–5; 593–4 'Hdn.'
Fig. 3; 593 ApS 24.1; 593a + 594 (ὠρχ.) sch Σ 590b; 593 (ἠίθ. καὶ π.) + 594 (ὀρχ. χεῖρ. ἔχ.)
sch Σ 514–15b; (ἠίθ.) H. η 251; 593b sch Hes. Op. 163a; EtG α 557/9; Epm. α 330; (ἀλφ.)
sch Z 236a²ᐟ³, Λ 244a¹, Ξ 491; sch Eur. Alc. 8; H. (Cyr.) α 3325/6; 596 (ἐϋνν.) sch A
448b   597–8 D.H. Ant. 7.72.9; Porph. Il. 246.16 Schr.; 597 Poll. 5.96; (–έχον) Arg. a
Pind. Nem.   600–1 (–πειρ.) ApS 155.25; 600 Strab. 7.3.9; (ἄρμ.) Hdn ad A 486b; EtG
α 1204   602a id. s.v. θρέξασκον   603–6 D.H. Ant. 7.72.9; Ath. 181a, d, cf. 180d;
Eudoc. 578–81; 605 (δοιώ–)–6a cf. Luc. Dial. 45.13; 606 (ἐδίν.) H. (Cyr.) ε 476

239 h38 Ω: οὕτως Zen   ἐν δ᾽ ἴεσαν Ptol Z rr   ὀτρύνοντες 11 239 tt* Ω*: -αντες 86
ApS G   inter 589 et 594 vv. septem habuit 51   590 ποίκιλλε 11 239 tt Ω*: -ιλε T:
ποίησε Tᐢ W   591 οἷόν Nic 239 Ω: οἷόν quidam ap. Nic ne deus hominem imitetur
Κνωσῶ(ι) Hsch. A b Y: -σσ- 11 86 239 tt* Ω*.—cf. Praef. xxxii   592 Ἀριάδνηι Ar 11
86 239 tt Ω: Ἀριήδηι Zen (cf. Call. fr. 67.13, Pfeiffer ad loc.; Rengakos 85)   594 ὠρχέ–
οντ᾽ dedi: -εϋντ᾽ 11 239 tt (ὀρχ- sch-Σ) Ω   ἔχοντες 11 86 239ᶜ tt* Z Ω: -ουσαι 239ᵃ
Dion. Ath. V (ex Hymn. Ap. 196?)   595 δ᾽ om. 11ᵃ 239ᵃ   λεπτὰς 11 86 239 t Ω:
καλὰς Aʸᵖ (ex 597)   596 εἵατ᾽ 11 t Z Ω: εἶχον 239 O (cf. 598)   ἐϋννήτους 11 239 t
Ω*: εὐνή- Z Y (ss. v) R W G   597–8 om. Arph 239ᵃ, ath. Ar   597 καί ῥ᾽ 11 239 tt*
Aᐢ Ω: τῶν δ᾽ (ex 595) Poll., τῶν Arg.-Pind.   καλὰς 11 239 tt* Ω: πλεκτὰς Poll.
599 ὀτὲ Bᶜ Fᶜ W V: ὅτε Ω*   600 ῥεῖα μάλ᾽ ὡς ὅτε τις 11 51 (ρηα) t* Ω: ὡς δ᾽ ὅτε τις
κεραμεὺς Strab. Z   601 θέη(ι)σι(ν) 51 Ω*: θέλ- 11 86 239 h Y O

604/5	τερπόμενοι· δοιὼ δὲ κυβιστητῆρε κατ᾽ αὐτούς
	μολπῆς ἐξάρχοντες ἐδίνευον κατὰ μέσσους.
	ἐν δ᾽ ἐτίθει ποταμοῖο μέγα σθένος Ὠκεανοῖο
	ἄντυγα πὰρ πυμάτην σάκεος πύκα ποιητοῖο.
	αὐτὰρ ἐπεὶ δὴ τεῦξε σάκος μέγα τε στιβαρόν τε,
610	τεῦξ᾽ ἄρα οἱ θώρηκα φαεινότερον πυρὸς αὐγῆς,
	τεῦξε δέ οἱ κόρυθα βριαρὴν κροτάφοις ἀραρυῖαν,
	καλήν, δαιδαλέην, ἐπὶ δὲ χρύσεον λόφον ἧκεν·
	τεῦξε δέ οἱ κνημῖδας ἑανοῦ κασσιτέροιο.
	αὐτὰρ ἐπεὶ πάνθ᾽ ὅπλα κάμε κλυτὸς Ἀμφιγυήεις,
615	μητρὸς Ἀχιλλῆος θῆκε προπάροιθεν ἀείρας·
	ἣ δ᾽ ἴρηξ ὣς ἄλτο κατ᾽ Οὐλύμπου νιφόεντος,
	τεύχεα μαρμαίροντα παρ᾽ Ἡφαίστοιο φέρουσα.
Τ	Ἠὼς μὲν κροκόπεπλος ἀπ᾽ Ὠκεανοῖο ῥοάων
	ὤρνυθ᾽, ἵν᾽ ἀθανάτοισι φόως φέροι ἠδὲ βροτοῖσιν,
	ἣ δ᾽ ἐς νῆας ἵκανε θεοῦ πάρα δῶρα φέρουσα.
	ηὗρε δὲ Πατρόκλωι περικείμενον ὃν φίλον υἱόν,

607 Clem. Strom. 6.9.3	608 (πὰρ πυμ.) H. π 1006; (πύκα ποι.) ApS 137.22; Hdn
i.488.11; H. π 4320	609 (τεῦξε) id. τ 697	610b sch T 398a¹; Choer. Trop. iii.253.1
Sp.	612 (δαιδ.) H. (Cyr.) δ 47	613b ApS 61.27; cf. Ael. Dion. ε 1; Hdn ii.912.22;
sch Γ 385, Π 9a¹, Σ 352b; sch^D Ξ 178; H. ε 25	614 (ὅπλα) id. ο 1029	616b sch N
754b	T 1 sch Arat. 26	4 ApD Synt. 441.9; (–περικ.) Hdn i.482.5; (Πατρ. περικ.)
sch T 284b

604/5 τερπόμενοι Ar 11 239 tt* Ω: -ος Ath. rr	deinceps verba μετὰ δέ σφιν
ἐμέλπετο θεῖος ἀοιδός | φορμίζων (= δ 17/18) exemisse Aristarchum autumat Ath. (auc-
tore Seleuco puto, = fr. 20 Müller), textui inseruit Wolf: desunt in 11 51 86 234 ᾽ 239 tt* Ω
(habet Eudocia in contextu plerumque ex Σ hausto, sed et δ 15 inserit).—numquam ea hic
stetisse opinor; olim stetisse finxit is (Sel u.v.) qui contendit locum δ 15–19 ex Σ interpo-
latum esse, v. Ath.	κατ᾽ αὐτούς 11 51 86 239 tt Ω: καθ᾽ αὐ- Diodorus Aristophaneus
ap. Ath.	606 ἐξάρχοντες (= δ 19) 11 51 86 234 239 tt Ω: -ντε H: -ντος (incluso
versu de ἀοιδῶι) flagit. Ath. (sc. Sel?), edidit Wolf	606a εν δ εσ[αν σ]υριγγε[ς, εσ]αυ
κιθαρις (ex -ες) τ[ε] και α[υλοι add. 51 praefixo obelo	607 δὲ τίθει R W: δ᾽ ἐτέθη
B	608a–d εν δε λιμην ετετυκτ[ο] εανου κασσιτερ[οιο] | κλυζ[ομ]ενωι ικε[λο]ς δοιω
δ αναφυσιοω[ντες] | αργυ[ρεοι] δελφινες [ε]φοινεον ελλ[ο]πας [ιχθυς] | του δ [υπ]ο χαλ-
κε[ιοι] τρεον ιχθυες αυτα[ρ επ ακταις (≈ [Hes.] Sc. 207–9a + 211b–13) add. 51 praefixis
διπλαῖς et fort. ad 608a etiam obelo	611 κόρυθα 11 234 239 1445 Ω* (in ras. R):
κυνέην O: θώρηκα Y	612 ἐπὶ 11 234 Ω: περ[ι 239	613 ἑανοῦ 11 234 239 tt Ω:
-οὺς Z	615 Αχιλ]λειος 1445	θῆκε 11 239 Ω*: -εν 234 A G	616 ἡ θ ss. δ᾽
11	ἄλτο B³: ᾱ- 11 234 239: ᾰ- Ω*: ᾰ- C R W	617 ut supra 86 234 1445 Ω*: τεύχεα
καλὰ φέρουσα παρ᾽ Ἡφαίστοιο ἄνακτος (= 137) 11 239 A^γρ F T: primum illud deinde
hoc 88	T 2 ὤρνυθ᾽ Ω: ὄρ- rr	3 πάρα Hdn 1446 Ω*: παρὰ G	4 ηὗρε Fick:
εὗ- t Ω	περικείμενον Ptol Hdn Ω: πέρι κ- ApD rr

5   κλαίοντα λιγέως· πολέες δ' ἀμφ' αὐτὸν ἑταῖροι
    μύρονθ'. ἣ δ' ἐν τοῖσι παρίστατο δῖα θεάων,
    ἔν τ' ἄρα οἱ φῦ χειρὶ ἔπος τ' ἔφατ' ἔκ τ' ὀνόμαζεν·
    "τέκνον ἐμόν, τοῦτον μὲν ἐάσομεν ἀχνύμενοί περ
    κεῖσθαι, ἐπεὶ δὴ πρῶτα θεῶν ἰότητι δαμάσθη·
10 τύνη δ' Ἡφαίστοιο πάρα κλυτὰ τεύχεα δέξο,
    καλὰ μάλ', οἷ' οὔ πώ τις ἀνὴρ ὤμοισι φόρησεν."
    ὣς ἄρα φωνήσασα θεὰ κατὰ τεύχε' ἔθηκεν
    πρόσθεν Ἀχιλλῆος· τὰ δ' ἀνέβραχε δαίδαλα πάντα.
    Μυρμιδόνας δ' ἄρα πάντας ἕλε τρόμος, οὐδέ τις ἔτλη
15 ἄντην εἰσιδέειν, ἀλλ' ἔτρεσαν· αὐτὰρ Ἀχιλλεύς
    ὡς εἶδ', ὥς μιν μᾶλλον ἔδυ χόλος, ἐν δέ οἱ ὄσσε
    δεινὸν ὑπὸ βλεφάρων ὡς εἰ σέλας ἐξεφάανθεν·
    τέρπετο δ' ἐν χείρεσσιν ἔχων θεοῦ ἀγλαὰ δῶρα.
    αὐτὰρ ἐπεὶ φρεσὶν ᾗσι τετάρπετο δαίδαλα λεύσσων,
20 αὐτίκα μητέρα ἣν ἔπεα πτερόεντα προσηύδα·
    "μῆτερ ἐμή, τὰ μὲν ὅπλα θεὸς πόρεν οἷ' ἐπιεικές
    ἔργ' ἔμεν ἀθανάτων, μηδὲ βροτὸν ἄνδρα τελέσσαι.
    νῦν δ' ἤτοι μὲν ἐγὼ θωρήξομαι· ἀλλὰ μάλ' αἰνῶς
    δείδω, μή μοι τόφρα Μενοιτίου ἄλκιμον υἱόν
25 μυῖαι καδδῦσαι κατὰ χαλκοτύπους ὠτειλάς
    εὐλὰς ἐγγείνωνται, ἀεικίσσωσι δὲ νεκρόν—
    ἐκ δ' αἰὼν πέφαται—κατὰ δὲ χρόα πάντα σαπήῃ."

9 (ἐπεὶ–) H. ε 4325   **10–13** + **18** Macr. Sat. 5.8.12; **10** (Ἡφ.–) Hdn ad Τ 3; **13** (τὰ δ'
ἀνέβρ.) sch A 46; (ἀνέβρ.) [Plut.] Hom. 2.16.2; H. α 4208, 4786, [5034]; **16** Eudoc. 1614;
(–χόλ.) sch Theoc. 3.40–2f; Choer. in Ps. 43.2; **17** Eudoc. 933; **18** ead. 297   **21** (–πόρεν) Apio 97.16; (πόρεν–) H. (Cyr.) π 3014   **25a** id. μ 1811; (καδδ.–) Erot. p.113.15
N.; (καδδ.) H. (Cyr.) κ 56; EtG s.v.; **25b–6a** id. s.vv. ἐγγείνωνται et εὐλάς; **25** (χαλκ.–)
[Plut.] Hom. 2.16.3; (χαλκ.) H. (Cyr.) χ 113; **26** ApS 62.1; EtG α 101; **26a** ApS 78.34;
(εὐλ.) H. (Cyr.) ε 6958; (ἐγγ.) H. ε 133, 2721; **26b** Nic ad Τ 27a   **27** (αἰών) Apio
215.6

9 θεῶν ἰότητι 1447 t Z Ω: θεοῦ ὑπὸ χειρὶ Τ^{yp}   **10** πάρα Hdn Ω: ετα 1447   **13** ἀνέ-
βραχε 1447 tt* Z Ω: -κραγε sch-A: -δραμε h   **14** ἕλε τρόμος Ar 1447 Ω: -εν φόβος
Zen.—cf. ad Σ 247   **16** εἶδ' Eudoc. Ω: ἴδεν (cf. Ξ 294) t* G, ἴδ' O: εἶδεν Choer.   μᾶλ-
λον Blass (A^a?): μᾶ- Ω   **17** βλεφάρων t Ω: -οις A^s rr   ἐξεφάανθεν Ar Τ^λ Ω* (-θε C R):
-φαάνθη (nov. Did) W H O: -φάενθεν Fick.—cf. ad A 200   **18** ἐν χείρεσσιν ἔχων tt
sch^{bT} Ω, legit u.v. Verg. Aen. 8.619: ὀφθαλμοῖσιν ὁρῶν Τ^{yp}   **19** ᾗ(ι)σι τετάρπετο Z Ω*:
-σιν ἑτέρ- W, -σιν ἑτάρ- rr   **22** ἄνδρα 1448 Ω: ἀνδρὶ Naber Qu. Hom. 132 cl. Σ 362
24 δείδω Ω*: δείδια (Nauck) G   ἄλκιμον 1448 Ω (cf. Σ 455): ἀγλαὸν Τ^{yp}   **26** ἐγγείνωνται Ar 504 tt A^λ Τ^λ Ω (ἐκγ- G): ἐγγίν- Zen h139^{E450} Z   **27** σαπήῃ(ι) Ar Ω*, -ήῃ E:
-είῃ(ι) (nov. Did) 1448 C R G

 19. Ἰλιάδος Τ

τὸν δ᾽ ἠμείβετ᾽ ἔπειτα θεὰ Θέτις ἀργυρόπεζα·
"τέκνον, μή τοι ταῦτα μετὰ φρεσὶ σῇσι μελόντων.
30   τῶι μὲν ἐγὼ πειρήσω ἀλαλκεῖν ἄγρια φῦλα,
μυίας, αἵ ῥά τε φῶτας ἀρηϊφάτους κατέδουσιν.
ἤν περ γὰρ κεῖταί γε τελεσφόρον εἰς ἐνιαυτόν,
αἰεὶ τῶιδ᾽ ἔσται χρὼς ἔμπεδος, ἢ καὶ ἀρείων.
ἀλλὰ σύ γ᾽ εἰς ἀγορὴν καλέσας ἥρωας Ἀχαιούς,
35   μῆνιν ἀποειπὼν Ἀγαμέμνονι ποιμένι λαῶν
αἶψα μάλ᾽ ἐς πόλεμον θωρήσσεο, δύσεο δ᾽ ἀλκήν."
ὡς ἄρα φωνήσασα μένος πολυθαρσὲς ἐνῆκεν·
Πατρόκλωι δ᾽ αὖτ᾽ ἀμβροσίην καὶ νέκταρ ἐρυθρόν
στάξε κατὰ ῥινῶν, ἵνα οἱ χρὼς ἔμπεδος εἴη.
40   αὐτὰρ ὃ βῆ παρὰ θῖνα θαλάσσης δῖος Ἀχιλλεύς
σμερδαλέα ἰάχων, ὦρσεν δ᾽ ἥρωας Ἀχαιούς.
καί ῥ᾽ οἵ περ τὸ πάρος γε νεῶν ἐν ἀγῶνι μένεσκον,
οἵ τε κυβερνῆται καὶ ἔχον οἰήϊα νηῶν
καὶ ταμίαι παρὰ νηυσὶν ἔσαν, σίτοιο δοτῆρες,
45   καὶ μὰν οἳ τότε γ᾽ εἰς ἀγορὴν ἴσαν, οὕνεκ᾽ Ἀχιλλεύς
ἐξεφάνη· δηρὸν δὲ μάχης ἐπέπαυτ᾽ ἀλεγεινῆς.
τὼ δὲ δύω σκάζοντε βάτην Ἄρεος θεράποντε,
Τυδείδης τε μενεπτόλεμος καὶ δῖος Ὀδυσσεύς,
ἔγχει ἐρειδομένω· ἔτι γὰρ ἔχον ἕλκεα λυγρά·
50   κὰδ δὲ μετὰ πρώτηι ἀγορῆι ἵζοντο κιόντες.
αὐτὰρ ὃ δεύτατος ἦλθεν ἄναξ ἀνδρῶν Ἀγαμέμνων,

30 (ἀλ.) Hdn ad I 605d; H. (Cyr.) α 2753   31 (αἵ ῥά–) Epm. ι 41, φ 6; (αἵ ῥα) H. α 2062; (ἀρηϊφ.) EtG α 1158   33 Gal. in Hipp. Fract. xviii(2).435 K.; Eudoc. 2039   36 (δυσ.–) H. δ 2652   38a sch Ξ 170b; (νέκτ.–)–39a Porph. Antr. 16; 39b sch N 191e   42 ApS 6.4   43 (οἰήϊα) id. 119.1; H. o 222; Orio 115.11   44a sch B 212d   45 (–ἴσαν) sch O 16a   46 (δηρὸν–) sch Σ 125b; Porph. Il. 223.1 Schr.   47–8 'Hdn.' Fig. 50; Choer. Trop. iii.249.6 Sp.; 47 (–βάτην) 'Trypho i' Trop. iii.202.29 Sp.; sch Ξ 38b   51 (δεύτ. ἦλθεν) sch Ψ 248; (δεύτ.) H. (Cyr.) δ 739; Orio 44.δ4

29 τοι 504 Ω*: μοι b F   30 τῶ(ι) 504 Ω: τῶν Eust.   ἀλαλκεῖν Ar tt Ω*, ἀπαλαλκειν Z: ἀλαλκέμεν Arph T   32 ἤν [1449] Ω: εἴ rr   κεῖταί 1449 Ω* (cf. Chantr. I 457): κῆ- sch^D A.—cf. ad Ω 554   33 τῶ(ι)δ᾽ t* A b T: τῶ(ι) γ᾽ 1449 Ω*: τῶν Gal.   39 denuo adest D   στάξε O P   39a ἦ μὲν ἄρ᾽ ὣς ἔρξασ᾽ ἀπέβη Θέτις ἀργυρόπεζα add. 1449 B^m F^m G^m H, cf. sch^T μετὰ δὲ τὸ "ἔμπεδος εἴη" γράφεται (nec plura)   40 θαλάσσης Ω: ποδάρκης A^rp V   41 ἥρωας (= 34) Ar Ω: ἐρίηρας Rhi Arph   42 μένεσκον t Ω*: νέεσκον G: γένοντο C   44 δοτῆρες Ω: δατ- Christ   45 μὰν Wack. Unt. 21: μὴν t Ω: μὲν (et τοὶ) van Leeuwen   47 δύω tt* Ω: δύο sch-Ξ Choer. Z P Ἄρεος [Hdn] b F R: -ηος G: -εως t* Ω*   49 ἕλκεα Ω*: ἄλγεα D C   50 ἵζοντο 240 Ω (ἵζον R): ἕζ-? Leaf κιόντες Ω: -ντε rr

ἕλκος ἔχων· καὶ γὰρ τὸν ἐνὶ κρατερῆι ὑσμίνηι
οὖτα Κόων Ἀντηνορίδης χαλκήρεϊ δουρί.
αὐτὰρ ἐπεὶ δὴ πάντες ἀολλίσθησαν Ἀχαιοί,
55 τοῖσι δ' ἀνιστάμενος μετέφη πόδας ὠκὺς Ἀχιλλεύς·
"Ἀτρείδη, ἦ ἄρ τι τόδ' ἀμφοτέροισιν ἄρειον
ἔπλετο, σοὶ καὶ ἐμοί, ὅ τε νῶϊ περ ἀχνυμένω κῆρ
θυμοβόρωι ἔριδι μενεήναμεν εἵνεκα κούρης;
τὴν ὄφελ' ἐν νήεσσι κατακτάμεν Ἄρτεμις ἰῶι
60 ἤματι τῶι, ὅτ' ἐγὼν ἑλόμην Λυρνησσὸν ὀλέσσας·
τώ κ' οὐ τόσσοι Ἀχαιοὶ ὀδὰξ ἕλον ἄσπετον οὖδας
δυσμενέων ὑπὸ χερσίν, ἐμεῖ' ἀπομηνίσαντος.
Ἕκτορι μὲν καὶ Τρωσὶ τὸ κέρδιον· αὐτὰρ Ἀχαιούς
δηρὸν ἐμῆς καὶ σῆς ἔριδος μνήσεσθαι ὀΐω.
65 ἀλλὰ τὰ μὲν προτετύχθαι ἐάσομεν ἀχνύμενοί περ,
θυμὸν ἐνὶ στήθεσσι φίλον δαμάσαντες ἀνάγκηι.
νῦν δ' ἤτοι μὲν ἐγὼ παύω χόλον· οὐδέ τί με χρή
ἀσκελέως αἰεὶ μενεαινέμεν. ἀλλ' ἄγε θᾶσσον
ὄτρυνον πόλεμόνδε κάρη κομόωντας Ἀχαιούς,
70 ὄφρ' ἔτι καὶ Τρώων πειρήσομαι ἀντίος ἐλθών,
αἴ κ' ἐθέλωσ' ἐπὶ νηυσὶν ἰαύειν. ἀλλά τιν' οἴω
ἀσπασίως αὐτῶν γόνυ κάμψειν, ὅς κε φύγησιν
δηΐου ἐκ πολέμοιο ὑπ' ἔγχεος ἡμετέροιο."
ὣς ἔφαθ'· οἳ δ' ἐχάρησαν ἐϋκνήμιδες Ἀχαιοί
75 μῆνιν ἀπειπόντος μεγαθύμου Πηλείωνος.
τοῖσι δὲ καὶ μετέειπεν ἄναξ ἀνδρῶν Ἀγαμέμνων

56–7a Iul. Or. 2.50a; **56** (ἦ–) sch T 85b   **59a** Epm. v 46   **66** Eudoc. 1571
67 (–χόλ.) ApS 168.20; (παύω χ.) sch T 75a; (οὐδ'–)–**68** (–μεν.) ApS 111.9; EtG α 1282;
68 (ἀσκ.) ApS 45.15; H. (Cyr.) α 7679; (μενε.) Apio 246.24   **71** (ἰαύ.) H. ι 99;
(ἀλλά–)–**73a** Porph. Hom. 109.3 Sod.

53 Κόων Ω (cf. Λ 248, 256): Φερεκύδης (3 F 141) Κύνωνά φησιν sch^T (cf. Wilamowitz
Il. u. H. 188 n. 1)   **56** ἦ Hdn Ω*: ἢ quidam ante Hdn D G^a   ἄρτι rr   τόδ' tt Ω:
τό γ' rr   ἄρειον Ar tt Z Ω: ἄμεινον 𝔐 r: ὄνειαρ 𝔛 (cf. A.R. 4.1433; Rengakos 127).—cf.
ad Z 479, O 641   **61** τώ Z W, τό D: τῶ(ι) Ω*   **62** ἐμεῖ' Fick: ἐμεῦ Ω   ἀπομηνίσαντος Ar Ptol Hdn Ω: ἄπο μ- Nicias O^a: ἐπιμ- Chamaeleo (sch^T).—cf. ad H 230, I 426
67 ἤτοι fere Ω: ἤδη t   μὲν ἐγὼ παύω tt Ω* (παύσω O): παύω μὲν ἐγὼ b   με EtG Ω: σε
t*   **68** θᾶσσον r: θᾶ- Ω   **70** ἀντίος (nov. Did) h R W G (cf. Z 54, Υ 352): -ον Ar Ω*
(cf. H 160, et ad Φ 150, X 113, 195)   **72** αὐτὸν D   ὅς t Ω: αἴ (ex H 118) h G
73 δηΐου A^γρ Ω*: φεύγων t A b (cf. Ξ 81)   **74** ἐχάρησαν Ω: ὁμάδησαν Herwerden
75 ἀπειπόντος Ar "αἱ πλείους" Ω*: ἀποειπ- (nov. Did) F T^λ R W G (cf. 35), quo recepto ἀγαυοῦ Πηλ- Heyne   **76–7** ut supra Arph Ar DSid Archias Epaphroditus ApS Ω:

αὐτόθεν ἐξ ἕδρης, οὐδ᾽ ἐν μέσσοισιν ἀναστάς·
"ὦ φίλοι, ἥρωες Δαναοί, θεράποντες Ἄρηος,
ἑσταότος μὲν καλὸν ἀκουέμεν, οὐδὲ ἔοικεν
80 ὑββάλλειν· χαλεπὸν γὰρ ἐπισταμένωι περ ἐόντι.
ἀνδρῶν δ᾽ ἐν πολλῶι ὁμάδωι πῶς κέν τις ἀκούσαι
ἢ εἴποι; βλάβεται δὲ λιγύς περ ἐὼν ἀγορητής.
Πηλείδηι μὲν ἐγὼν ἐνδείξομαι· αὐτὰρ οἱ ἄλλοι
σύνθεσθ᾽ Ἀργεῖοι, μῦθόν τ᾽ εὖ γνῶτε ἕκαστος.
85 πολλάκι δή μοι τοῦτον Ἀχαιοὶ μῦθον ἔειπον,
καί τέ με νεικείεσκον· ἐγὼ δ᾽ οὐκ αἴτιός εἰμι,
ἀλλὰ Ζεὺς καὶ Μοῖρα καὶ ἠεροφοῖτις Ἐρινύς,
οἵ τέ μοι εἰν ἀγορῆι φρεσὶν ἔμβαλον ἄγριον ἄτην
ἤματι τῶι, ὅτ᾽ Ἀχιλλῆος γέρας αὐτὸς ἀπηύρων.
90 ἀλλὰ τί κε ῥέξαιμι; θεὸς διὰ πάντα τελευτᾶι,
πρέσβα Διὸς θυγάτηρ Ἄτη, ἣ πάντας ἀᾶται,
οὐλομένη. τῆι μέν θ᾽ ἁπαλοὶ πόδες· οὐ γὰρ ἐπ᾽ οὔδει
πίλναται, ἀλλ᾽ ἄρα ἥ γε κατ᾽ ἀνδρῶν κράατα βαίνει

77 ApS 156.25; Porph. Hom. 110.8, 111.5 Sod.; 77a cf. Polyb. 18.37.12; (αὐτ.) H. (Cyr.) α 8415; (ἐξ ἕ.) H. ε 3635   79–82 Porph. Hom. 109.13 Sod.; Eudoc. 379–82; 79–80 ApS 156.23; 79 (–ἀκ.) Epm. κ 153; (ὑββ.) [Plut.] Hom. 2.10.1; Porph. Hom. 112.11 Sod.; H. υ 28; 81 ApS 156.31; Max. Tyr. 11.10; 82 (βλάβ.) H. β 648   83–4 Porph. Hom. 113.21 Sod.; 83 (–ἐνδ.) sch Hes. Op. 502a; (ἐνδ.) H. (Cyr.) ε 2751   85a sch I 104a   86b–7 Max. Tyr. 13.8; Ammon. in De interpr. CAG iv(5).131.15; 87 Olymp. in Gorg. 131.12; (Μοῖρα) Apio 247.4; (ἠεροφ.) EtG s.v.   88 (ἄγρ.–) ApD Synt. 293.11; Epm. α 277   90 Eudoc. 250   91 sch Pind. Pyth. 2.52a; 91b ApS 46.10; (ἀᾶται) id. 2.6; sch Ξ 271a¹; H. α 35   92 (οὐλ.) sch Τ 91a; (τῆι–)–93 Pl. Symp. 195d; cf. Luc. Podagra 185–7; 93 (πίλν.) H. π 2285; (ἀνδρῶν κρ.) Luc. Dial. 43.21; (κρ. β.) sch Τ 126

τοῖσι δ᾽ ἀνιστάμενος μετέφη κρείων Ἀγαμέμνων | μῆνιν ἀναστενάχων καὶ ὑφ᾽ ἕλκεος ἄλγεα πάσχων 𝔐 𝔛, v. priorem tantum Zen: 77 ab Ar insertum esse putavit Alexander Cotyaeus, at imitatus est eum A.R. 1.343 (Rengakos 75)   79 ἑσταότος tt Ζ Ω: -τως quidam ap. sch^bT   ἀκουέμεν (nov. Did) tt* Ω*: -ειν Ar ApS Epm. Ζ Α^λ A W G   80 ὑββάλλειν fere Ζ Α^s Ω* (ὑβά- b): ὑββ- Hdn (ut Aeolicum) A   ἐπισταμένωι περ ἐόντι Ar: -μενόν περ ἐόντα (nov. Did) tt Ζ Ω (cf. Π 620)   83 ἐγὼν tt Ζ Ω*: ἐγώ A   84 μῦθόν τ᾽ εὖ γνῶ-τε ἕκαστος Ω: ἠμὲν νέοι ἠδὲ γέροντες t   86 νεικείεσκον Ar Ω: -είουσιν Arph 𝔛   87 ἠεροφοῖτις Hdn tt* Ζ Ω*: ἱερο- Olymp.: ἢ ἐρο- quidam ap. sch^bT EtG^yp Τ: ἠιροπῶτις vel εἰαροπῶτις quidam ap. sch^T.—cf. ad I 571   90 κε Ar^ab: κεν (nov. Did) t Ω   θεὸς διὰ Ar Ptol Did Hdn t Ζ Ω: θεόσδια Hellanicus (-δοτα interpretatus): θεὸς δ᾽ ἴα scite Lesbocles (sch^bT): θεοὺς διὰ quidam ap. Did, quorum alii τελευτᾶι, alii τέτυκται   91 Ἄτη tt* Ω: Ἀάτη sch-Pind.^vl   ἀᾶται Ω: ἄαται quidam ap. sch^T Ζ   92 τῆι Ar (teste A: Arph teste Τ) Ω: τῆς (nov. Did: Arph?) t O P   οὔδει Ω: -εος t   93 ἀλλ᾽ ἄρα ἥ γε t Ω (cf. [Hes.] Sc. 259): ἀλλ᾽ ἄκρ᾽ ἥ γε Kaibel Herm. 28 (1893) 59 cl. Rhian. fr. 1.17 sq. Pow. (v. Pfeiffer Hist. of Class. Scholarship I 149): ἀλλ᾽ ἥ γ᾽ ἄκρα Führer (ap. Pfeiffer 288)

βλάπτους᾽ ἀνθρώπους· κατὰ δ᾽ οὖν ἕτερόν γ᾽ ἐπέδησεν.
95 καὶ γὰρ δή νύ ποτε Ζεὺς ἄσατο, τόν περ ἄριστον
ἀνδρῶν ἠδὲ θεῶν φασ᾽ ἔμμεναι· ἀλλ᾽ ἄρα καὶ τόν
Ἥρη θῆλυς ἐοῦσα δολοφροσύνηις ἀπάτησεν
ἤματι τῶι, ὅτ᾽ ἔμελλε βίην Ἡρακληείην
Ἀλκμήνη τέξεσθαι ἐϋστεφάνωι ἐνὶ Θήβηι.
100 ἤτοι ὅ γ᾽ εὐχόμενος μετέφη πάντεσσι θεοῖσιν·
'κέκλυτέ μοι, πάντές τε θεοὶ πᾶσαί τε θέαιναι,
ὄφρ᾽ εἴπω τά με θυμὸς ἐνὶ στήθεσσιν ἀνώγει.
σήμερον ἄνδρα φόωσδε μογοστόκος Εἰλείθυια
ἐκφανεῖ, ὃς πάντεσσι περικτιόνεσσιν ἀνάξει,
105 τῶν ἀνδρῶν γενεῆς, οἵ θ᾽ αἵματος ἐξ ἐμοῦ εἰσιν.'
τὸν δὲ δολοφρονέουσα προσηύδα πότνια Ἥρη·
'ψεύστης εἰς, οὐδ᾽ αὖτε τέλος μύθωι ἐπιθήσεις.
εἰ δ᾽ ἄγε νῦν μοι ὄμοσσον, Ὀλύμπιε, καρτερὸν ὅρκον,
ἦ μὲν τὸν πάντεσσι περικτιόνεσσιν ἀνάξειν,
110 ὅς κεν ἐπ᾽ ἤματι τῶιδε πέσηι μετὰ ποσσὶ γυναικός
τῶν ἀνδρῶν, οἳ σῆς ἐξ αἵματός εἰσι γενέθλης.'
ὣς ἔφατο· Ζεὺς δ᾽ οὔ τι δολοφροσύνην ἐνόησεν,
ἀλλ᾽ ὄμοσεν μέγαν ὅρκον, ἔπειτα δὲ πολλὸν ἀάσθη.
Ἥρη δ᾽ ἀΐξασα λίπε ρίον Οὐλύμποιο,
115 καρπαλίμως δ᾽ ἵκετ᾽ Ἄργος Ἀχαιϊκόν, ἔνθ᾽ ἄρα εἴδη
ἰφθίμην ἄλοχον Σθενέλου Περσηϊάδαο·
ἣ δ᾽ ἐκύει φίλον υἱόν, ὃ δ᾽ ἕβδομος ἑστήκει μείς.

94b ApS 96.28   96 (ἀλλὰ-)-7a id. 153.22; (-Ἥρη) ApD Pron. 5.26; 97a Hdn ad E
269c¹   99 (Ἀλκμ.) EtG α 499   103–4 (ἐκφ.) D.H. Comp. 36; 103 sch Pind. Ol. 3.51b;
104 Eudoc. 235   105b ApD Pron. 108.2, Synt. 224.10, 225.15; (ἐξ ἐμεῦ) ib. 227.9
107 w5, w12 (lacerum); (ψευστήσεις) H. ψ 133   110 Porph. Hom. 128.7 Sod., Od.
47.7 Schr.; 110b sch A 357b, Σ 395a   111 sch T 105b; Eudoc. 236   117a Choer. in
Thd. ii.150.28; 117b Orio 192.28; Choer. in Thd. i.205.26; (μείς) H. (Cyr.) μ 614

94 ath. Ar   γ᾽ οὖν Z   γε πέδησε(ν) Tᴧ T R W   95 Ζεὺς Ar "ἄπασαι": Ζῆν᾽ "αἱ εἱ-
καιότεραι" Ω   96 φασ᾽ Ar fere Ω: φαμεν ✷   ἀλλ᾽ ἄρα Ar ApD Ω: ἀλλά νυ Arph
(cf. A.R. 2.855; Rengakos 90): ἀλλὰ ApS   101 μοι van Leeuwen: μευ Ω.—cf. Praef.
xxxii   πάντές sic r   102 ἀνώγει Ω*: (-σσι) κελεύει D F T R: -οι Aᵐ.—cf. ad H 349
103 φάωσδε, φάος δὲ Dion.ᵛᵛ·ˡˡ·   105 οἵ θ᾽ Ar tt Ω: οἳ Arph   ἐμοῦ quidam ap. ApD¹⁰⁸:
ἐμεῦ tt Ω: ἐμέ᾽ Platt   107 ψεύστης εἰς quidam ante Hdn (ἐσσ᾽ L. Meyer, cf. Chantr.
I 286): ψευστήσεις Ar Hdn t schᴰ Ω.—cf. Soph. Ant. 1195; Eur. Or. 1609; Wack. KS
1604   μύθου D   108 αἲ δ᾽ Aʸᵖ   καρτερὸν Ω*: κρατ- A b R   110 κεν Ω: τις
tt   μετὰ tt* Z Ω: παρὰ sch-δᵛˡ   114 λίπε 66 R: -εν Ω*.—cf. ad Ξ 225   ἔδει δὲ "λίπ᾽
οὐρανὸν ἀστερόεντα", Ἀγαμέμνων γὰρ ὁ λέγων Arn   115 Ἀχαιϊκόν Ω*: -αϊκόν
F R   Ϝείδη Christ (-δει Nauck): ἤ(ι)δη Ω.—v. Praef. xxxiii   117 δεκύει A, δὲ κύει

ἐκ δ' ἄγαγε πρὸ φόωσδε καὶ ἠλιτόμηνον ἐόντα,
Ἀλκμήνης δ' ἀπέπαυσε τόκον, σχέθε δ' Εἰλειθυίας.
120 αὐτὴ δ' ἀγγελέουσα Δία Κρονίωνα προσηύδα·
'Ζεῦ πάτερ ἀργικέραυνε, ἔπος τί τοι ἐν φρεσὶ θήσω.
ἤδη ἀνὴρ γέγον' ἐσθλός, ὃς Ἀργείοισιν ἀνάξει,
Εὐρυσθεύς, Σθενέλοιο πάϊς Περσηϊάδαο,
σὸν γένος· οὔ οἱ ἀεικὲς ἀνασσέμεν Ἀργείοισιν.'
125 ὣς φάτο· τὸν δ' ἄχος ὀξὺ κατὰ φρένα τύψε βαθεῖαν,
αὐτίκα δ' εἷλ' Ἄτην κεφαλῆς λιπαροπλοκάμοιο
χωόμενος φρεσὶν ᾗσι, καὶ ὤμοσε καρτερὸν ὅρκον,
μή ποτ' ἐς Οὔλυμπόν τε καὶ οὐρανὸν ἀστερόεντα
αὖτις ἐλεύσεσθαι Ἄτην, ἣ πάντας ἀᾶται.
130 ὣς εἰπὼν ἔρριψεν ἀπ' οὐρανοῦ ἀστερόεντος
χειρὶ περιστρέψας· τάχα δ' ἵκετο ἔργ' ἀνθρώπων.
τὴν αἰεὶ στενάχεσχ', ὅθ' ἑὸν φίλον υἱὸν ὁρῶιτο
ἔργον ἀεικὲς ἔχοντα ὑπ' Εὐρυσθῆος ἀέθλων.
ὣς καὶ ἐγών, ὅτε δὴ αὖτε μέγας κορυθαίολος Ἕκτωρ
135 Ἀργείους ὀλέκεσκεν ἐπὶ πρυμνῇσι νέεσσιν,
οὐ δυνάμην λελαθέσθ' Ἄτης, ᾗ πρῶτον ἀάσθην.
ἀλλ' ἐπεὶ ἀασάμην καί μοι φρένας ἐξέλετο Ζεύς,
ἂψ ἐθέλω ἀρέσαι δόμεναί τ' ἀπερείσι' ἄποινα.
ἀλλ' ὄρσεο πόλεμόνδε, καὶ ἄλλους ὄρνυθι λαούς.

118 ApS 136.8; sch Π 188c(b¹); **118a** sch T 104a¹; sch A.R. 1.406; H. ε 1315; (ἠλιτ.) ApS 83.27; sch O 273b¹; H. η 379; Phot. Lex. η 130   **119** w5 (lacerum); (Εἰλ.) H. ε 862 **121** Procl. in Tim. iii.185.5   **123** sch Thuc. 1.9.2; Homerocent. ap. Iren. c.Haer. 1.9.4 et Epiphan. Panar. 31.29.8; (Εὐρ.) H. ε 7155   **124a** EtG α 99; (ἀει.) Apio 213.3 **125** Eudoc. 1248   **126–31** [Iustin.] Cohort. ad Gr. 28; **127** Eudoc. 1483; **131a** sch Pind. Ol. 10.86d   **132b** Lib. Or. 25.65 (ii.568.21 F.); (ὁρῶιτο) H. (Cyr.) ο 1392; Phot. Lex. s.v.   **138** Plut. Mor. 460e; w5 (lacerum)   **139** w5

D, κύει Z   ἑστήκει A B E F T: εἰστ- t Aᵐ Ω*: ἱστ- Orio   μείς Ar tt sch^D Ω: μής ℵ Wˢ   **119** Εἰλειθυίας t* Ω: -ης w5   **124** Ἀργείοισιν Ar 307 Ω*: ἀνθρώποισιν "κατ' ἐνίας τῶν ἐκδόσεων" G V   **126–326** desunt folia in A   **129** αὖθις h27 C R ἐλεύσεσθαι tt* Ω (-σθ' D R): -σασθαι h27: ἐλέσθαι [Iustin.]ᵛˡ   ἀᾶται: cf. ad 91 **130** εἰπών F' Brandreth   **132** στενάχεσχ' Ω: στονάχιζε Z   **134** δὴ Bekker: δ' Ω   κορυθαίολος C   **135** ὀλέκεσκεν D F G: ὄλεσκεν b W: ὢλ- Cᶜ T R   πρυμνῇι- σι Bekker: proparox. Ω   **136–40** obelos praefigit G, quos ad 137–41 rettulit Nicole   **136** ἧι 9 Ω*: ἦν D F R: τὴν O Eust.   **137** μοι G M: με D h H: μευ 9 Ω*, μεο Payne Knight.—cf. ad I 377, Σ 311, Ω 754   **137a** = versus I 119a ab Athenaeo traditus, quem perperam huc rettulit Eust.   **139** ὄρσεο Payne Knight: -ευ 9 w5 Ω: ὄρσο πτολ- Nauck.—cf. ad Δ 264   ὄρνυθι 9 Ω (= O 475): -υε w5

140   δῶρα δ᾽ ἐγὼν ὅδε πάντα παρασχέμεν, ὅσσα τοι ἐλθών
      χθιζὸς ἐνὶ κλισίῃσιν ὑπέσχετο δῖος Ὀδυσσεύς.
      εἰ δ᾽ ἐθέλεις, ἐπίμεινον, ἐπειγόμενός περ ἄρηος,
      δῶρα δέ τοι θεράποντες ἐμῆς παρὰ νηὸς ἑλόντες
      οἴσουσ᾽, ὄφρα ἴδηαι, ὅ τοι μενοεικέα δώσω.”
145   τὸν δ᾽ ἀπαμειβόμενος προσέφη πόδας ὠκὺς Ἀχιλλεύς·
      “Ἀτρείδη κύδιστε, ἄναξ ἀνδρῶν Ἀγάμεμνον,
      δῶρα μὲν αἴ κ᾽ ἐθέλῃσθα παρασχέμεν, ὡς ἐπιεικές,
      ἤ τ᾽ ἐχέμεν παρὰ σοί. νῦν δὲ μνησώμεθα χάρμης
      αἶψα μάλ᾽—οὐ γὰρ χρὴ κλοτοπεύειν ἐνθάδ᾽ ἐόντας
150   οὐδὲ διατρίβειν, ἔτι γὰρ μέγα ἔργον ἄρεκτον—
      ὥς κέ τις αὖτ᾽ Ἀχιλῆα μετὰ πρώτοισιν ἴδηται
      ἔγχεϊ χαλκείῳ Τρώων ὀλέκοντα φάλαγγας·
      ὣς δέ τις ὑμείων μεμνημένος ἀνδρὶ μαχέσθω.”
           τὸν δ᾽ ἀπαμειβόμενος προσέφη πολύμητις Ὀδυσσεύς·
155   “μὴ δὴ οὕτως, ἀγαθός περ ἐών, θεοείκελ᾽ Ἀχιλλεῦ,
      νήστιας ὄτρυνε προτὶ Ἴλιον υἷας Ἀχαιῶν
      Τρωσὶ μαχησομένους, ἐπεὶ οὐκ ὀλίγον χρόνον ἔσται
      φύλοπις, εὖτ᾽ ἂν πρῶτον ὁμιλήσωσι φάλαγγες
      ἀνδρῶν, ἐν δὲ θεὸς πνεύσῃ μένος ἀμφοτέροισιν.
160   ἀλλὰ πάσασθαι ἄνωχθι θοῇς ἐπὶ νηυσὶν Ἀχαιούς
      σίτου καὶ οἴνοιο· τὸ γὰρ μένος ἐστὶ καὶ ἀλκή.
      οὐ γὰρ ἀνὴρ πρόπαν ἦμαρ ἐς ἠέλιον καταδύντα
      ἄκμηνος σίτοιο δυνήσεται ἄντα μάχεσθαι·
      εἴ περ γὰρ θυμῷ γε μενοινάαι πολεμίζειν,

149 (οὐ–) ApS 101.3; (κλοτ.) Η. κ 3039   150b Procl. in Tim. iii.145.17; (ἄρεκτον)
ApS 44.6; Η. (Cyr.) α 7120, cf. 7426   153 (–μεμν.) ApD Pron. 95.30   158 (ὁμιλ.)
Η. ο 685   162–70 Porph. Il. 237.28 Schr.; 163 ApS 19.3; 163a EtG α 339 (e Methodio);
Epm. α 312 (bis, e Methodio); (σίτ.–ἄντα) ib.; (ἄκμ.) Η. (Cyr.) α 2448; 165 (–βαρ.) Plut.
Mor. 789d; (λάθ.–βαρ.) sch Ν 103e; 166b ApS 51.29; EtG β 133 (Philox. fr. 393 Th.);
Choer. in Thd. ii.103.17; 167–70 sch Ζ 260c; [Plut.] Hom. 2.206.2; 167 + 168b–9a Ath.
40a; 167–8 Porph. Il. 101.3 Schr.; 167 Ath. 10d

140 ἐγὼν ὅδε Ω (ὧδε D): εγω τάδε 9 (τάδε et Η rr)   παρασχέμεν 9 h W: -σχεῖν bλ Τλ
Ω*   ὅσσά Ω   143 παρά Ω*: ἀπὸ 9 F T   145 ut supra 66 Ω: τὸν δ᾽ ἡμείβετ᾽ ἐπειτα
ποδάρκης δῖος Αχιλλευς 9   148 ἤ τ᾽ 9 Ω*: εἴτ᾽ C V   παρὰ 9 Ω: πάρα Nic schD
schTyp   150 ἄρεκτον 9 tt* Ζ Ω: ἄερκτον (van Gent) Procl.vl   151–3 damn. Bekker
(153 iam Heyne)   152 ἔγχεϊ sic 9 Ω praeter G   153 ὣς δέ Ω*: ὧδέ 9 t b Fc: ὧδε
δέ Τλ O.—cf. ad Ρ 420   155 δὴ (Bekker) Eust.: δ᾽ 9 Ω   156 νήστιας 9 Ω: -τῆς Bekker.—cf. Chantr. I 217 sq.   157 μαχησομένους 9 Ω*: -σαμ- D   160 Ἀχαιούς 9
1451 Ω*: -ῶν Dᵃ O   163 ἄκμηνος Ar tt Ω: oxyt. Theo (fr. 16 Guhl) ap. EtG: properisp. alii ibid.   164 πολεμίζειν 9 1451 t Ω*: πτ- C T Y

165   ἀλλά τε λάθρηι γυῖα βαρύνεται, ἠδὲ κιχάνει
δίψα τε καὶ λιμός, βλάβεται δέ τε γούνατ᾽ ἰόντι.
ὃς δέ κ᾽ ἀνὴρ οἴνοιο κορεσσάμενος καὶ ἐδωδῆς
ἀνδράσι δυσμενέεσσι πανημέριος πολεμίζηι,
θαρσαλέον νύ οἱ ἦτορ ἐνὶ φρεσίν, οὐδέ τι γυῖα
170   πρὶν κάμνει, πρὶν πάντας ἐρωῆσαι πολέμοιο.
ἀλλ᾽ ἄγε λαὸν μὲν σκέδασον καὶ δεῖπνον ἄνωχθι
ὅπλεσθαι· τὰ δὲ δῶρα ἄναξ ἀνδρῶν Ἀγαμέμνων
οἰσέτω ἐς μέσσην ἀγορήν, ἵνα πάντες Ἀχαιοί
ὀφθαλμοῖσιν ἴδωσι, σὺ δὲ φρεσὶ σῇσιν ἰανθῇς.
175   ὀμνυέτω δέ τοι ὅρκον ἐν Ἀργείοισιν ἀναστάς,
176   μή ποτε τῆς εὐνῆς ἐπιβήμεναι ἠδὲ μιγῆναι·
178   καὶ δὲ σοὶ αὐτῶι θυμὸς ἐνὶ φρεσὶν ἵλαος ἔστω.
αὐτὰρ ἔπειτά σε δαιτὶ ἐνὶ κλισίηις ἀρεσάσθω
180   πιείρηι, ἵνα μή τι δίκης ἐπιδευὲς ἔχηισθα.
Ἀτρείδη, σὺ δ᾽ ἔπειτα δικαιότερος καὶ ἐπ᾽ ἄλλωι
ἔσσεαι· οὐ μὲν γάρ τι νεμεσσητὸν βασιλῆα
ἄνδρ᾽ ἀπαρέσσασθαι, ὅτε τις πρότερος χαλεπήνηι.”
     τὸν δ᾽ αὖτε προσέειπεν ἄναξ ἀνδρῶν Ἀγαμέμνων·
185   “χαίρω σεο, Λαερτιάδη, τὸν μῦθον ἀκούσας·
ἐν μοίρηι γὰρ πάντα διίκεο καὶ κατέλεξας.
ταῦτα δ᾽ ἐγὼν ἐθέλω ὀμόσαι, κέλεται δέ με θυμός,
οὐδ᾽ ἐπιορκήσω πρὸς δαίμονος. αὐτὰρ Ἀχιλλεύς
μιμνέτω αὖθι τέως περ, ἐπειγόμενός περ ἄρηος,

---

171 (σκέδ.) ApS 142.20   172 (ὅπλ.) H. ο 1031   173 (ἵνα-)-4a sch T 174a[1]
175 w5   178 Eudoc. 139, 1669   179 (ἀρεσ.) ApS 44.7; H. α 7127   180 (πι.) ApS
131.26; H. π 2256   182 (οὐ-)-3 Porph. Hom. 106.11 Sod.; 183 (ἀπαρ.) sch T 179
185 sch T 175–6; w5 (lacerum)   186 Eudoc. 2286   188 (–δαίμ.) Hdn ad Γ 279b
189 w5 (lacerum); (τέως) sch T 190b

165 ἡ δὲ D[c]   166 δίψά Ω   ἰόντι (= ν 34) 9 tt* Ω: -ος Porph.   168 πανημέριος
9 tt* Ω: -ον Porph.[101]   169 οἱ 9 tt* Ω*: τοι [Plut.] T: om. R   170 ἐρωῆσαι 9 Ω:
-ήσαι quidam ap. sch[bT]   172 ὅπλεσθαι 9 t Z Ω (cf. Ψ 159): ὁπλεῖσθαι Fick post
Payne Knight, cf. ζ 73; Schwyzer 723; Chantr. I 311, 351   174 φρεσὶ σῇσιν 9 T[λ]
Ω*: -σὶν ἧισιν T h G.—cf. ad Ξ 221 et adn. meam ad Hes. Op. 381   post h.v. lac. unius
versus stat. Düntzer; subaudi fere τοῖσι δ᾽ ἐπ᾽ ἐξαγέτω Βρισηίδα καλλιπάρηον
177 (= Ι 276) add. b T R[m] W: deest in 9 D h F Y G   ἢ B[t] E W[c?]: ἢ B[s] C T R[m]   ἤ τ᾽ … ἤ τε
W: ἤ τ᾽ … ἠδὲ B E T: ἠδ᾽ … ἠδὲ C R[m]   178 ἔστω 9 Ω* R[s]: ἔσται h Y R[t]   183 ἀπαρέσσασθαι 9 tt Ω (-εσθαι W): ἐπ- Z h   πρότερος 9 Ω: -ον t   185 σεο dedi: σευ 9 w5,
σεῦ t Ω   188 δαίμονος 9 Z Ω*: -ας W: -α t r   189 τέως περ “ἐν ταῖς εἰκαιοτέραις”
9 w5 Ω*: τέως Ar: τέως γε h: τέως δὲ, R: τέως καὶ rr: αὐτόθι τεῖος Hermann Elem.
doctr. metr. 16 (τῆος Nauck), cf. Wack. KS 1539 sq.

190　μίμνετε δ' ἄλλοι πάντες ἀολλέες, ὄφρα κε δῶρα
　　　ἐκ κλισίης ἔλθησι καὶ ὅρκια πιστὰ τάμωμεν.
　　　σοὶ δ' αὐτῶι τόδ' ἐγὼν ἐπιτέλλομαι ἠδὲ κελεύω·
　　　κρινάμενος κούρητας ἀριστῆας Παναχαιῶν
　　　δῶρα ἐμῆς παρὰ νηὸς ἐνεικέμεν, ὅσσ' Ἀχιλῆϊ
195　χθιζὸν ὑπέστημεν δώσειν, ἀγέμεν τε γυναῖκας.
　　　Ταλθύβιος δέ μοι ὦκα κατὰ στρατὸν εὐρὺν Ἀχαιῶν
　　　κάπρον ἑτοιμασάτω ταμέειν Διί τ' Ἠελίωι τε."
　　　　　τὸν δ' ἀπαμειβόμενος προσέφη πόδας ὠκὺς Ἀχιλλεύς·
　　　"Ἀτρείδη κύδιστε, ἄναξ ἀνδρῶν Ἀγάμεμνον,
200　ἄλλοτέ περ καὶ μᾶλλον ὀφέλλετε ταῦτα πένεσθαι,
　　　ὁππότε τις μεταπαυσωλὴ πολέμοιο γένηται
　　　καὶ μένος οὐ τόσον ἦσιν ἐνὶ στήθεσσιν ἐμοῖσιν.
　　　νῦν δ' οἳ μὲν κέαται δεδαϊγμένοι, οὓς ἐδάμασσεν
　　　Ἕκτωρ Πριαμίδης, ὅτε οἱ Ζεὺς κῦδος ἔδωκεν,
205　ὑμεῖς δ' ἐς βρωτὺν ὀτρύνετον. ἦ τ' ἂν ἐγώ γε
　　　νῦν μὲν ἀνώγοιμι πτολεμίζειν υἷας Ἀχαιῶν
　　　νήστιας ἀκμήνους, ἅμα δ' ἠελίωι καταδύντι
　　　τεύξεσθαι μέγα δόρπον, ἐπὴν τεισαίμεθα λώβην.
　　　πρὶν δ' οὔ πως ἂν ἐμοί γε φίλον κατὰ λαιμὸν ἰείη
210　οὐ πόσις οὐδὲ βρῶσις, ἑταίρου τεθνηῶτος,
　　　ὅς μοι ἐνὶ κλισίηι δεδαϊγμένος ὀξέι χαλκῶι
　　　κεῖται ἀνὰ πρόθυρον τετραμμένος, ἀμφὶ δ' ἑταῖροι
　　　μύρονται· τό μοι οὔ τι μετὰ φρεσὶ ταῦτα μέμηλεν,

192 Eudoc. 1275　　193–5a Strab. 10.3.8;　193 (κούρ.) Phot. Lex. κ 1026
201a Choer. in Heph. 207.7　　202 Eudoc. 655　　203 (δεδ.) ApS 57.25　　205 (δ' ἐς
βρ.) H. (Cyr.) δ 697; (βρ.) id. β 1285　　207a ApS 19.4　　209 (ἰείη) H. ι 256
211–12 (κεῖται) sch Ψ 28; 212 (ἀνὰ πρ. τετρ.) H. α 4522

190 ὄφρά Ω　κε Ω: τα 9　　194 ἐμῆς 9 1297 b Fᶜ W Gᵃ: δ' ἐμῆς 9ᶜ Ω*: τ' ἐμῆς Heyne:
θοῆς t: ἀμῆς Peppmüller (ἀ- debuit; cf. ad Z 441, K 448; Wack. Unt. 52 n. 1)　ἐνεικέμεν
schᵀ D Y (-νη-) R W: -άμεν rr: ἐνεγκέμεν 9 Tᴧ Z Ω* (prob. Wack. Unt. 111 sq.): -εῖν t
195 χθιζὸν 9 Z Ω: -οὶ t (cf. 141)　τε 9 b C W: δὲ Ω*　　200 μᾶλλον (Blass) Y: μᾶ- 9 Ω*
201 μεταπαυσωλὴ Z Ω* (cf. P 373): μετὰ π- t (-λὴν) R G (cf. B 386)　　205 δ' ἐς Ar 9
tᵒʳᵈᵒ Ω: δὲ "κατ' ἔνια" et tᶜᵒᵈ　ὀτρύνετον 9 schᵇᵀ Ω (-τον; B): -ετε Barnes　ἐγώ γε Bekker: ἔγωγε 9 Ω　　206 πτολεμίζειν Ω*: πολ- 9 T R W　　207 νήστιας 9 t Tᴧ Ω: -ῖς Bekker, cf. ad 156　ἀκμήνους 9 Ω: cf. ad 163　　208 τεύξεσθαι 9 Ω* (cf. Ameis–Hentze ad
H 29 sq.; Chantr. II 311): -ασθαι b　μέγα 9 Ω*: μετὰ quidam ap. schᵀ b Y　τεισαίμεθα
Monro–Allen: τισ- 9 Z Ω (τησ- Y)　　209 ἐμοί γε Bekker: ἔμοιγε 9 Ω　ἰείη Hdn t Tᴧ
Ω* (ἠείη Y, ἴη G): ἱ- schᴰ B E: ἱῆναι C　　210 τεθνηῶτος Bᵃ E F T Y: -θνει- 9 Eˢ Ω*:
-θνε- G　　211 κλισίη(ι) t Ω: -ηις 9, -ησι r　ὀξέι 9 t Ω*: αἴθοπι D　　213 τό μοι 9 Z
Ω*: τῶ(ι) μοι Y R W G: τῶι μ' van Leeuwen Mn. 13 (1885) 191

ἀλλὰ φόνος τε καὶ αἷμα καὶ ἀργαλέος στόνος ἀνδρῶν.”
215   τὸν δ᾽ ἀπαμειβόμενος προσέφη πολύμητις Ὀδυσσεύς·
“ὦ Ἀχιλεῦ, Πηλῆος υἱέ, μέγα φέρτατ᾽ Ἀχαιῶν,
κρέσσων εἰς ἐμέθεν καὶ φέρτερος οὐκ ὀλίγον περ
ἔγχει, ἐγὼ δέ κε σεῖο νοήματί γε προβαλοίμην
πολλόν, ἐπεὶ πρότερος γενόμην καὶ πλείονα οἶδα·
220 τῶ τοι ἐπιτλήτω κραδίη μύθοισιν ἐμοῖσιν.
αἶψά τε φυλόπιδος πέλεται κόρος ἀνθρώποισιν,
ἧς τε πλείστην μὲν καλάμην χθονὶ χαλκὸς ἔχευεν,
ἀμητὸς δ᾽ ὀλίγιστος, ἐπὴν κλίνησι τάλαντα
Ζεύς, ὅς τ᾽ ἀνθρώπων ταμίης πολέμοιο τέτυκται.
225 γαστέρι δ᾽ οὔ πώς ἐστι νέκυν πενθῆσαι Ἀχαιούς·
λίην γὰρ πολλοὶ καὶ ἐπήτριμοι ἤματα πάντα
πίπτουσιν. πότε κέν τις ἀναπνεύσειε πόνοιο;
ἀλλὰ χρὴ τὸν μὲν καταθάπτειν ὅς κε θάνησιν
νηλέα θυμὸν ἔχοντας, ἐπ᾽ ἤματι δακρύσαντας,
230 ὅσσοι δ᾽ ἂν πολέμοιο περὶ στυγεροῖο λίπωνται,
μεμνῆσθαι πόσιος καὶ ἐδητύος, ὄφρ᾽ ἔτι μᾶλλον
ἀνδράσι δυσμενέεσσι μαχώμεθα νωλεμὲς αἰεί,
ἑσσάμενοι χροῒ χαλκὸν ἀτειρέα. μηδέ τις ἄλλην

214 Porph. Il. 271.7 Schr.   **216a, 217–19** (πολλόν) Aristid. Or. 28.26–7; **217–37** [D.H.] Ars 9.16; **217–19** ib. iterum; **217** Nic ad T 218–19; Eudoc. 392, 2120; **218** (ἐγὼ–) Philod. De bono rege xxi 9; (προβαλ.) ApS 136.24; **219** (ἐπεὶ–γεν.) Simpl. in Cat. CAG viii.419.19; **220** Eudoc. 2199; **221–4** Porph. Il. 236.12 Schr.; **221–3a** Aristid. Quint. 2.9 p.71.4 W.-I.; **221 + 222b–4** Cocondr. Trop. iii.235.11 Sp.; **221** (κόρος) H. (Cyr.) 3653; **222–4** w22 i 27 (lacera); **222–4** (Ζεύς) Hclt. Alleg. 5.15; **222** ApS 85.1; ‘Trypho i’ Trop. iii.193.12 Sp.; H. η 875; **223a** Hdn ii.17.7; (ἀμ.) sch Ω 165a; H. α 3648; (ὀλίγ.) id. ο 543; (κλίν.–) id. κ 3002; **224** [Iustin.] Cohort. ad Gr. 2; **225** (–πενθ.) + **228–31** (–ἐδητ.) Philod. De bono rege fr. 10.19; **225** Luc. Dial. 40.24; Stob. 4.56.4; **226–9** vertit Cic. Tusc. 3.65 (p.352 Mü.); **226** Eudoc. 1547; **228–9** [Plut.] Hom. 2.134.1, 189.2; Stob. 4.55.8; **229** (νηλέα θ.) Hdn i.521.12; (ἐπ᾽ ἤμ.) Lib. Or. 17.34 (ii.220.10 F.); **231** (–ἐδητ.) Eudoc. 76; **234** (ὀτρ.) ApS 123.29; H. ο 1522; (ἰσχ.) cf. ApS 93.8; H. ι 1050

214 φόνος 9 t Ω: πόνος *h*   **216** Πηλῆος rr: -έως 9 t D Y: -έος Ω*.—cf. ad Π 21
217 κρέσσων Blass: κρεί- 9 tt Ω   **218** γε 9 [Dion.] Tᴸ T W: κε(ν) tt* Ω*   **220** τῶ D Y: τῶ(ι) Ω*   **221** αἶψά τε tt* Z Tᴸ Ω*: αἶψα δε 9: αἶψά κε R: καὶ δὴ Cocondr.
222 ἔχευεν 9 tt* Ω: ἔλεψεν Aristid. Quint.   **223** ἀμητὸς tt Y W V: proparox. Hdn 9 Z Ω*, cf. sch 221–4a ὁ καιρὸς τοῦ ἀμᾶν, βαρυτόνως ... ὀξύνεται δὲ αὐτὸς ὁ καρπός (quod huc quadrat); contrarie schᴰ, [Ammon.] Diff. 38, v. Nickau ad loc.; v.l. sim. Hes. Op. 384   **229** ἐπ᾽ 9 tt Ω: ἰῶ Z   δακρύσαντας 9 tt* Z Ω: δάκρυ χέοντας [Dion.]
230 πέρι Y   **231** μᾶλλον Blass (-ων Y): μᾶ- 9 Ω   **232** νωλεμὲς 9 t Ω*: νηλεὲς D
233 τις ἄλλην 9 t Ω: τιν᾽ ἄλλων Tᴸ

λαῶν ὀτρυντὺν ποτιδέγμενος ἰσχαναάσθω,
235 ἥδε γὰρ ὀτρυντύς· κακὸν ἔσσεται, ὅς κε λίπηται
νηυσὶν ἔπ' Ἀργείων· ἀλλ' ἀθρόοι ὁρμηθέντες
Τρωσὶν ἔφ' ἱπποδάμοισιν ἐγείρομεν ὀξὺν ἄρηα."
ἦ, καὶ Νέστορος υἷας ὀπάσσατο κυδαλίμοιο
Φυλείδην τε Μέγητα Θόαντά τε Μηριόνην τε
240 καὶ Κρειοντιάδην Λυκομήδεα καὶ Μελάνιππον·
βὰν δ' ἴμεν ἐς κλισίην Ἀγαμέμνονος Ἀτρεΐδαο.
αὐτίκ' ἔπειθ' ἅμα μῦθος ἔην, τετέλεστο δὲ ἔργον·
ἑπτὰ μὲν ἐκ κλισίης τρίποδας φέρον, οὕς οἱ ὑπέστη,
αἴθωνας δὲ λέβητας ἐείκοσι, δώδεκα δ' ἵππους·
245 ἐκ δ' ἄγον αἶψα γυναῖκας ἀμύμονα ἔργ' εἰδυίας
ἕπτ', ἀτὰρ ὀγδοάτην Βρισηΐδα καλλιπάρηον·
χρυσοῦ δὲ στήσας Ὀδυσεὺς δέκα πάντα τάλαντα
ἦρχ', ἅμα δ' ἄλλοι δῶρα φέρον κούρητες Ἀχαιῶν.
καὶ τὰ μὲν ἐν μέσσηι ἀγορῆι θέσαν, ἂν δ' Ἀγαμέμνων
250 ἵστατο· Ταλθύβιος δὲ θεῶι ἐναλίγκιος αὐδήν
κάπρον ἔχων ἐν χειρὶ παρίστατο ποιμένι λαῶν.
Ἀτρεΐδης δὲ ἐρυσσάμενος χείρεσσι μάχαιραν,
ἥ οἱ πὰρ ξίφεος μέγα κουλεὸν αἰὲν ἄωρτο,
κάπρου ἀπὸ τρίχας ἀρξάμενος, Διὶ χεῖρας ἀνασχών
255 ηὔχετο· τοὶ δ' ἄρα πάντες ἐπ' αὐτόφιν εἵατο σιγῆι

238 sch^D E 334; (ὀπάσσ.) H. (Cyr.) o 977   **239a** Arn ad K 175ab, N 692b; Hdn ad O 302b¹   **242** Plut. Mor. 782c; Eudoc. 714, 908, 960   **245–6** Arn ad I 131; **246** (–Βρισ.) id. ad I 638; (ἀτὰρ ὀγδ.) sch I 130b   **247** ApS 149.5; [Plut.] Hom. 2.28.1; (δέκα–) sch H 161b, O 189c (Porph. Il. 203.10 Schr.), θ 258   **248** (ἅμα–) ApS 103.16; sch I 529(c)d; (δῶρα–) Strab. 10.3.8; (κούρ. Ἀχ.) Hdn ad I 529b; Choer. in Thd. i.160.26; (κούρ.) H. κ 3845   **249** (ἂν δ'–)-50 (ἵστ.) sch T 77c; **250** (Ταλθ.–)-1 Ath. 660d **255** Eudoc. 1212, 1386

234 ποτιδέγμενος 9 Ω*: προτι- t G O   -δέχμενος Cobet, cf. ad B 794   ἰσχαναάσθω 9 Ω*: -άασθαι tt Y   **235** ἥδε t D Bᵃ E Tᵃ   post ὀτρυντύς interpungunt C T   **236** ἔπ' Barnes: ἐπ' 9 t Ω*: (-σὶ) παρ' b W G   ὁρμηθέντες 9 Ω: κοσμη- t   **237** ἔφ' Rzach: ἐφ' 9 Ω   **239** Μέγητα Ar 9 tt Ω*: Μέγην τε Zen W rr.—cf. ad N 692   Μηριόνην–240 Λυκομήδεα om. b   **242** δὲ 9 1452 tt Ω: τε Passow De comparationibus Hom. (1852) 39, cf. Hymn. Merc. 46, Hdt. 3.134.6, 9.92.1   **245** αἶψα 9 Ω: ἑπτὰ (cf. I 128) Zen teste Arn ad I 131 qui falli videtur   ἀμύμονα Zen(?) 9 Ω*, prob. sch^bT: -νας D Eᵃ Tˢ Rᶜ G.—cf. ad I 128   ἔργ' εἰδυίας Zen 9 1452 Ω: cf. ad I 128   **246** ἕπτ', ἀτὰρ ὀγδοάτην Ar 9 Ω: ἕξ, ἀτὰρ ἑβδομάτην Zen.—cf. ad I 130   **248** Ἀχαιῶν 9 1452 tt* Ω: -οί Strab. rr   **249** ἂν 9 t Ω*: ἐν Y   **250** αὐδήν 9 t Ω Tʸᵖ: ἄντην T   **251** χειρὶ 9 241 Ω*: χερσὶ t h W **253** ἄωρτο 9 Tᴬ Ω*: ἄορτο D h Y.—cf. ad Γ 272   **254** ἀνίσχων Gʸᵖ   **255** ηὔχετο van Leeuwen: εὔ- 9 t Ω   ἄρα Ω*: ἅμα 9 Y Hˢ V   ἐπ' 9 Tᴬ Ω*: ὑπ' t h Y R W G: ἀπ' Z

     Ἀργεῖοι κατὰ μοῖραν, ἀκούοντες βασιλῆος.
     εὐξάμενος δ' ἄρα εἶπεν ἰδὼν εἰς οὐρανὸν εὐρύν·
     "ἴστω νῦν Ζεὺς πρῶτα, θεῶν ὕπατος καὶ ἄριστος,
     Γῆ τε καὶ Ἠέλιος καὶ Ἐρινύες, αἵ θ' ὑπὸ γαῖαν
260   ἀνθρώπους τείνυνται, ὅτις κ' ἐπίορκον ὀμόσσηι,
     μὴ μὲν ἐγὼ κούρηι Βρισηΐδι χεῖρ' ἐπένεικα,
     οὔτ' εὐνῆς πρόφασιν κεχρημένος οὔτέ τε' ἄλλου,
     ἀλλ' ἔμεν' ἀπροτίμαστος ἐνὶ κλισίηισιν ἐμῆισιν.
     εἰ δέ τι τῶνδ' ἐπίορκον, ἐμοὶ θεοὶ ἄλγεα δοῖεν
265   πολλὰ μάλ', ὅσσα διδοῦσιν, ὅτις σφ' ἀλίτηται ὀμόσσας."
     ἦ, καὶ ἀπὸ στόμαχον κάπρου τάμε νηλέϊ χαλκῶι.
     τὸν μὲν Ταλθύβιος πολιῆς ἁλὸς ἐς μέγα λαῖτμα
     ρῖψ' ἐπιδινήσας, βόσιν ἰχθύσιν· αὐτὰρ Ἀχιλλεύς
     ἀνστὰς Ἀργείοισι φιλοπτολέμοισι μετηύδα·
270   "Ζεῦ πάτερ, ἦ μεγάλας ἄτας ἄνδρεσσι διδοῖσθα.
     οὐκ ἂν δή ποτε θυμὸν ἐνὶ στήθεσσιν ἐμοῖσιν
     Ἀτρείδης ὤρινε διαμπερές, οὐδέ κε κούρην
     ἦγεν ἐμεῖ' ἀέκοντος, ἀμήχανος. ἀλλά ποθι Ζεύς
     ἤθελ' Ἀχαιοῖσιν θάνατον πολέεσσι γενέσθαι.
275   νῦν δ' ἔρχεσθ' ἐπὶ δεῖπνον, ἵνα ξυνάγωμεν ἄρηα."
     ὣς ἄρ' ἐφώνησεν, λῦσεν δ' ἀγορὴν αἰψηρήν.
     οἳ μὲν ἄρ' ἐσκίδναντο ἑὴν ἐπὶ νῆα ἕκαστος,
     δῶρα δὲ Μυρμιδόνες μεγαλήτορες ἀμφεπένοντο,

259 (–Ἐρ.) Porph. Il. 114.14 Schr.   **260** (τίν.) ApS 153.7; H. τ 928; Phot. Lex. s.v.
261 Epm. μ 10   **262–3** Eudoc. 215–16; **263** Lex. αἰμ α 139; (ἀπροτ.) ApS 40.28; H. α
6715, 6855; EtG α 1087   **264** sch A.R. 2.260   **266–8** (–ἰχθ.) Paus. 5.24.11;
267 (λαῖτμα) ApS 106.27; **268** (βόσιν ἰχθ.) id. 52.22   **269** (ἀνστάς) EtG α 909
276b ApS 17.20, 150.8; sch Θ 399b, Ψ 287b   **278** (ἀμφεπ.) H. α 3921

259 Ἐριννύες 9 D C R   αἵ 9 Ω: οἵ quidam ap. sch[T].—cf. ad Γ 278   γαῖαν 9 Ω*:
γαίη(ι) b   **260** τείνυνται Wack. Unt. 77–81 (cf. Praef. xxxv sq.), τείνονται rr: τίνυν–
ται 9 Ω, -ονται H V, -ωνται Z: τίννυνται tt˙ ὅτις 9 D: ὅστις Z Ω*   **261** ἐπένεικα
D Y R W: -ενῆκα G: -ενείκαι 9, -ενίκαι Z, -ενεῖκαι t Ω*   **262** οὔτέ sic Ω, οὐτέ 9 τε'
Platt (τεο Payne Knight): τευ 9 t Ω   **265** ὅτίς B[c], ὅτις Z F[c] h: ὅτι D b (ὅτί B E) T[λ] T
(ὅτί) R G[a]: ὅστις F[a] Y W, ὅστι G[c]: ἅτι 9: ὅ τέ (La Roche Unt. II 129) r (contra μ 40, π 228,
al.)   **266** στόμαχον 9 Z Ω (cf. Γ 292): σφάραγον t (-ου codd.)   **268** ῥῖψ' Eust.:
ῥίψ' Ω   **269** ἀνστὰς t D F Y R G: ἀναστὰς Ω*   **270** διδοῖσθα quidam ap. sch[bT]
B[c] T[c] (cf. Chantr. I 470; Sihler 460): proparox. alii ap. sch[bT] (ὡς Αἰολικόν) Z Ω*
272 ὤρινε Ω*: ὤτρυνε C G   **273** ἐμεῖ' Fick: ἐμεῦ Ω ἄκοντος P ἀμήχανον
(... θάνατον) quidam ap. sch[T]   **276** λῦσεν (vel λύσεν) tt* Ω: -σαν ApS[17] r
αἰψηρήν Ar tt Ω*: λαιψ- Z D (-ραν) W[c]? G.—v.l. ead. β 257   **277** ἄρα σκίδναντο
h ἐπὶ Ω*: κατὰ G V ἕκαστος (= Ψ 3) 1452 Ω: -οι Cauer cl. Ω 1

βὰν δ' ἐπὶ νῆα φέροντες Ἀχιλλῆος θείοιο.
280	καὶ τὰ μὲν ἐν κλισίηισι θέσαν, κάθεσαν δὲ γυναῖκας,
ἵππους δ' εἰς ἀγέλην ἔλασαν θεράποντες ἀγαυοί.
Βρισηῒς δ' ἄρ' ἔπειτ' ἰκέλη χρυσῆι Ἀφροδίτηι,
ὡς ἴδε Πάτροκλον δεδαϊγμένον ὀξέϊ χαλκῶι,
ἀμφ' αὐτῶι χυμένη λίγ' ἐκώκυε, χερσὶ δ' ἄμυσσεν
285	στήθεά τ' ἠδ' ἀπαλὴν δειρὴν ἰδὲ καλὰ πρόσωπα.
εἶπε δ' ἄρα κλαίουσα γυνὴ εἰκυῖα θεῆισιν·
"Πάτροκλέ μοι δειλῆι πλεῖστον κεχαρισμένε θυμῶι,
ζωὸν μέν σε ἔλειπον ἐγὼ κλισίηθεν ἰοῦσα,
νῦν δέ σε τεθνηῶτα κιχάνομαι, ὄρχαμε λαῶν,
290	ἂψ ἀνιοῦσ'· ὥς μοι δέχεται κακὸν ἐκ κακοῦ αἰεί.
ἄνδρα μὲν ὧι ἔδοσάν με πατὴρ καὶ πότνια μήτηρ
εἶδον πρὸ πτόλιος δεδαϊγμένον ὀξέϊ χαλκῶι,
τρῖς τε κασιγνήτους, τούς μοι μία γείνατο μήτηρ,
κηδείους, οἳ πάντες ὀλέθριον ἦμαρ ἐπέσπον.
295	οὐδὲ μὲν οὐδέ μ' ἔασκες, ὅτ' ἄνδρ' ἐμὸν ὠκὺς Ἀχιλλεύς
ἔκτεινεν, πέρσεν δὲ πόλιν θείοιο Μύνητος,
κλαίειν, ἀλλά μ' ἔφασκες Ἀχιλλῆος θείοιο
κουριδίην ἄλοχον θήσειν ἄξειν τ' ἐνὶ νηυσίν
ἐς Φθίην, δαίσειν δὲ γάμον μετὰ Μυρμιδόνεσσιν.
300	τώ σ' ἄμοτον κλαίω τεθνηότα, μείλιχον αἰεί."
ὣς ἔφατο κλαίουσ', ἐπὶ δὲ στενάχοντο γυναῖκες,

282b Luc. Dial. 50.24, cf. 43.8; Lib. Ep. 325.1 (x.304.8 F.)   284–5 Eudoc. 2041–2;
284a Hdn ad Τ 4ab; Epm. χ 31; (ἄμυσσε) H. (Cyr.) α 3872   286 Luc. Dial.
50.24   287–300 [D.H.] Ars 9.13; 287 DThr Ars p.21.3; (–πλ.) sch Eur. Or. 142; 287a
ApD Pron. 53.19; Heph. p.5.17 C.; (Π. μοι) Charax in AB 1153; 288 sch Soph. El. 1126;
290 (ὥς–) Stob. 4.40.9; 291 sch α 1 (p.6.5 Ludw.); 294 ApS 98.31; (κηδ.) H. κ 2459; Phot.
Lex. κ 647; 295–7 (κλ.) Strab. 13.1.7; 295a EtG s.v. ἐάφθη (Erbse iii.504); Epm. ε 185; 296
(πέρσεν–) Strab. 13.3.1; Hdn i.60.28 et ad Ο 302b¹; Choer. in Thd. i.158.15; (πόλιν Μ.)
H. π 2780; 300 Eudoc. 2064; (μείλ.) Choric. 434.16

280 κάθεσαν h (cf. Praef. xxxi): -ισαν Ω   282–302 damn. Heyne   282 χρυσῆι Τᴧ
Ω: -σέηι Barnes   284 λίγ' ἐκώκυε t Ω: λίγα κ- Z (λιγὰ) h   285 ἰδὲ 447 t Ω: καὶ Η
287 Πάτροκλέ μοι tt* Τᴧ Ω*: -κλ' ἐμοὶ [Dion.] E rr.—de enclitico post vocativum cf.
Hymn. Ven. 1; Certamen ap. Plut. Mor. 154a; Hippon. 128.1 W.   288 σε [Dion.] Τᴧ Ω*,
σ' t* R: σέ γ' Barnes: σ' ἔτ' Grashof   ἔλειπον [Dion.] Ω*: ἔλιπον t* D Τᴧ   289 σε Ω: τε
t   τεθνηῶτα E F T: -θνει- t Eˢ Fˢ Ω*   293 τρῖς dedi (cf. Praef. xxxvi): τρεῖς t Ω   τούς
Ω*: οὕς t h W   294 οἳ tt Ω*: θ' οἳ T: an τοὶ?   ἐπέσπον 504a tt Z Ω* (proparox. F):
-ων C   295–300 obelis not. T G, fort. ath. Ar   298 τ' 447 t Τᴧ Ω*: δ' D R G   ἐνὶ t Ω*:
ἐν Τᴧ G: ἐπὶ 447 Fᵃ:]ι 504a   300 τώ tᶜᵒᵈ rr: τῶ(ι) Ω   τεθνηότα tt B Fᶜ: -θνηκότα Ε:
-θνειότα 447 C Fᵃ T: -θνειῶτα Ω*   301 δὲ στενάχοντο Ω*: δ' ἐστεν- b: δὲ στον- G O

Πάτροκλον πρόφασιν, σφῶν δ' αὐτέων κήδε' ἑκάστη.
αὐτὸν δ' ἀμφὶ γέροντες Ἀχαιῶν ἠγερέθοντο
λισσόμενοι δειπνῆσαι· ὃ δ' ἠρνεῖτο στοναχίζων·
305 "λίσσομαι, εἴ τις ἐμοί γε φίλων ἐπιπείθεθ' ἑταίρων,
μή με πρὶν σίτοιο κελεύετε μηδὲ ποτῆτος
ἄσασθαι φίλον ἦτορ, ἐπεί μ' ἄχος αἰνὸν ἱκάνει,
δύντα δ' ἐς ἠέλιον μενέω καὶ τλήσομαι ἔμπης."
ὣς εἰπὼν ἄλλους μὲν ἀπεσκέδασεν βασιλῆας,
310 δοιὼ δ' Ἀτρείδα μενέτην καὶ δῖος Ὀδυσσεύς,
Νέστωρ Ἰδομενεύς τε γέρων θ' ἱππηλάτα Φοῖνιξ,
τέρποντες πυκινῶς ἀκαχήμενον· οὐδέ τι θυμῶι
τέρπετο, πρὶν πολέμου στόμα δύμεναι αἱματόεντος.
μνησάμενος δ' ἁδινῶς ἀνενείκατο φώνησέν τε·
315 "ἦ ῥά νύ μοί ποτε καὶ σύ, δυσάμμορε, φίλταθ' ἑταίρων,
αὐτὸς ἐνὶ κλισίηι λαρὸν παρὰ δεῖπνον ἔθηκας
αἶψα καὶ ὀτραλέως, ὁπότε σπερχοίατ' Ἀχαιοί
Τρωσὶν ἐφ' ἱπποδάμοισι φέρειν πολύδακρυν ἄρηα·
νῦν δὲ σὺ μὲν κεῖσαι δεδαϊγμένος, αὐτὰρ ἐμὸν κῆρ
320 ἄκμηνον πόσιος καὶ ἐδητύος, ἔνδον ἐόντων,
σῆι ποθῆι. οὐ μὲν γάρ τι κακώτερον ἄλλο πάθοιμι,
οὐδ' εἴ κεν τοῦ πατρὸς ἀποφθιμένοιο πυθοίμην,
ὅς που νῦν Φθίηφι τέρεν κατὰ δάκρυον εἴβει
χήτει τοιοῦδ' υἷος· ὃ δ' ἀλλοδαπῶι ἐνὶ δήμωι
325 εἵνεκα ῥιγεδανῆς Ἑλένης Τρωσὶν πολεμίζω.

302 (–αὐτῶν) sch δ 184; 302a sch T 339a; Plut. Mor. 546e; (πρόφ.–) Charito 8.5.2
304 sch Ω 129b; Eudoc. 71	307a (+ Λ 780b) EtG α 1259	309 (ἀπεσκ.) ApS 38.14
313 (πολέμου στ.) sch [Aesch.] Prom. 726; sch Soph. O.C. 131; Poll. 2.100	314 ApS
34.28; (ἀδ.–) Apio 212.17; (ἀνεν.) H. (Cyr.) α 4890	315 (–δυσάμμ.) sch Ω
6–9b	317a ApS 123.28; H. (Cyr.) α 2208	319 (τὸ δ' ἐμὸν κῆρ)–20 (–ἐδητ.)
Epm. α 312	321 (οὐ–) Epict. 4.10.35	323b ApS 63.21; Orio 154.17; Choer. in Ps.
17.26; (εἴβει) H. ε 729; Phot. Lex. ε 177	324 (ἀλλοδ.) ApS 24.16	325 (–Ἑλ.) [Am-
mon.] Diff. 362; Epm. ε 42; (ῥιγ. Ἑλ.) ApS 138.33; sch Γ 242a; (ῥιγ.) Plut. Mor. 22c, 735f;
H. ρ 299; Orio 140.22

302 fort. σφέων (Bolling), v. ad M 155	αὐτέων Rzach: -τῶν 504a tt Z Ω	304 στο–
ναχίζων Eudoc. O V: στεν- 504a t* Ω.—cf. Praef. xxxv	305 ἐμοί γε F: ἔμοιγε Ω*	ἐπι–
πείθεθ' Ω: επεπ- 504a	310 Ἀτρείδα Tλ Ω*: -εῖδαι 504a D R W G	311 Νέστωρ
τ' h	Φοίνιξ Dª? Oˣ: Φοῖ- Ω*.—cf. Praef. xxi	314 ἀνενείκατο Z Ω: -νήκ- tt*: -νέγκ-
Hsch.	316 κλισίηι Ω*: -η(ι)σι F T.—cf. ad 211	318 ἔφ' Barnes: ἐφ' Ω	319 κεῖαι
Wack. Unt. 170	ἐμὸν t Ω*: ἐμοὶ b T (cf. δ 548)	322 τοῦ 1454 schᵇᵀ Ω: οὐ Brugman
Ein Problem 46	324 χήτει (non -ει) Z Ω	325 Τρωσὶ πτολεμίζω H

{ἠὲ τόν, ὃς Σκύρωι μοι ἐνιτρέφεται φίλος υἱός,
εἴ που ἔτι ζώει γε Νεοπτόλεμος θεοειδής.
πρὶν μὲν γάρ μοι θυμὸς ἐνὶ στήθεσσιν ἐώλπει
οἶον ἐμὲ φθείσεσθαι ἀπ' Ἄργεος ἱπποβότοιο
330 αὐτοῦ ἐνὶ Τροίηι, σὲ δέ τε Φθίηνδε νέεσθαι,
ὡς ἄν μοι τὸν παῖδα θοῆι σὺν νηΐ μελαίνηι
Σκυρόθεν ἐξαγάγοις καί οἱ δείξειας ἕκαστα,
κτῆσιν ἐμὴν δμῶάς τε καὶ ὑψερεφὲς μέγα δῶμα.
ἤδη γὰρ Πηλῆά γ' ὀΐομαι ἢ κατὰ πάμπαν
335 τεθνάμεν, ἤ που τυτθὸν ἔτι ζώοντ' ἀκάχησθαι
γήραΐ τε στυγερῶι καὶ ἐμὴν ποτιδέγμενον αἰεί
λυγρὴν ἀγγελίην, ὅτ' ἀποφθιμένοιο πύθηται.}"
ὣς ἔφατο κλαίων, ἐπὶ δὲ στενάχοντο γέροντες
μνησάμενοι, τὰ ἕκαστος ἐνὶ μεγάροισιν ἔλειπον.
340 μυρομένους δ' ἄρα τούς γε ἰδὼν ἐλέησε Κρονίων,
αἶψα δ' Ἀθηναίην ἔπεα πτερόεντα προσηύδα·
"τέκνον ἐμόν, δὴ πάμπαν ἀποίχεαι ἀνδρὸς ἑῆος.
ἦ νύ τοι οὐκέτι πάγχυ μετὰ φρεσὶ μέμβλετ' Ἀχιλλεύς;
κεῖνος ὅ γε προπάροιθε νεῶν ὀρθοκραιράων
345 ἧσται ὀδυρόμενος ἕταρον φίλον· οἳ δὲ δὴ ἄλλοι
οἴχονται μετὰ δεῖπνον, ὃ δ' ἄκμηνος καὶ ἄπαστος.
ἀλλ' ἴθι οἱ νέκταρ τε καὶ ἀμβροσίην ἐρατεινήν

326 sch Eur. Andr. 14   328 (ἐώλπει) H. (Cyr.) ε 7737   329 (-Ἄργ.) sch Γ
75a   333 (-ὑψ.) EtG s.v. κτῆσιν; 333a sch Π 175c¹   345 (οἴ-)–6 EtG α 959 (Philox.
fr. 641 Th.); 346 (ἄπ.) ApS 37.33; H. (Cyr.) α 5830

326–37 damn. Payne Knight; cf. ad Ω 466 sq.   326 ἠὲ τὸν ὃς t Ω: η τον ος εν 662:
ηετωτον Z ἔνι R W   327 denuo adest A   versum ath. Arph (teste Callistr) Ar;
τεκμήριον δὲ τῆς διασκευῆς τὸ καὶ ἑτέρως φέρεσθαι τὸν στίχον, "εἴ που ἔτι ζώει γε
Πυρῆς ἐμός, ὃν κατέλειπον" Did (Πύρης Wilamowitz Kl. Schr. v(2).123, quod deprecatus erat Meineke Analecta Alex. 245; cf. V. Schmidt Sprachl. Unters. z. Herondas
(1968) 61–9)   328 ἐώλπει t Z Ω*: ἐόλ- T Rᵃ?   329 φθείσεσθαι Bolling post Brugmann (cf. Praef. xxxvi), φθ⟦ε⟧⟦ε⟧εσθα⟦ι (ss. ιϲε) 1454: φθί- t Ω   ἄπ' R   330 δέ τε Ω*:
δέ τι R: δέ τοι O: δέτ⟦ 1454: δ' ἔτι? Ruijgh Autour de τε épique (1971) 699   331 σὺν
1454 Aʸᵖ Ω*: ἐνὶ A C, ἐν Z B E.—cf. La Roche Unt. II 141   333 (= η 225, τ 526) damn.
Christ   δμῶάς Ar tt Ω*: δμωιάς fort. nov. Did, δμωάσ R   ὑψερεφὲς A F G: ὑψηρ- t
Ω*: ὑψιρ- Cᶜ   334–7 damn. Nitzsch   335 ἀκάχησθαι "ἡ παράδοσις" ante
Hdn Ω* (cf. Wack. KS 1175): properisp. Ptol 9 R G   336 ποτιδέγμενον Ω*: προτι- 9
D G   -δέχμενον Cobet, cf. ad B 794   338 δὲ στενάχοντο 1454 Ω*: δ' ἐστ- b
W   339 μμεγάροισιν W H   ἔλειπον schᵀ? W Eust.: -πε(ν) 9 Ω*: ἔλιπεν D
342 ἀνδρὸς 9 Ω* Gˢ: παιδὸς W Gⁱ: υἱος r   ἑῆος Ar 9 schᵇᵀ Ω (ἑ- D G): ἑοῖο Zen r.—cf.
ad A 393   346 μετὰ 9 Z Ω: κατὰ Cobet Misc. crit. 398, cf. ad A 424

στάξον ἐνὶ στήθεσσ᾽, ἵνα μή μιν λιμὸς ἵκηται."
ὣς εἰπὼν ὤτρυνε πάρος μεμαυῖαν Ἀθήνην·
350 ἣ δ᾽ ἅρπηι εἰκυῖα τανυπτέρυγι λιγυφώνωι
οὐρανοῦ ἐκκατέπαλτο δι᾽ αἰθέρος. αὐτὰρ Ἀχαιοί
αὐτίκα θωρήσσοντο κατὰ στρατόν· ἣ δ᾽ Ἀχιλῆϊ
νέκταρ ἐνὶ στήθεσσι καὶ ἀμβροσίην ἐρατεινήν
στάξ᾽, ἵνα μή μιν λιμὸς ἀτερπὴς γούναθ᾽ ἵκηται·
355 αὐτὴ δὲ πρὸς πατρὸς ἐρισθενέος πυκινὸν δῶ
ὤιχετο. τοὶ δ᾽ ἀπάνευθε νεῶν ἐχέοντο θοάων·
ὡς δ᾽ ὅτε ταρφειαὶ νιφάδες Διὸς ἐκποτέονται
ψυχραὶ ὑπὸ ῥιπῆς αἰθρηγενέος Βορέαο,
ὣς τότε ταρφειαὶ κόρυθες λαμπρὸν γανόωσαι
360 νηῶν ἐκφορέοντο καὶ ἀσπίδες ὀμφαλόεσσαι
θώρηκές τε κραταιγύαλοι καὶ μείλινα δοῦρα.
αἴγλη δ᾽ οὐρανὸν ἷκε, γέλασσε δὲ πᾶσα πέρι χθών
χαλκοῦ ὑπὸ στεροπῆς· ὑπὸ δὲ κτύπος ὤρνυτο ποσσίν
ἀνδρῶν. ἐν δὲ μέσοισι κορύσσετο δῖος Ἀχιλλεύς.
365 ⸤τοῦ καὶ ὀδόντων μὲν καναχὴ πέλε, τὼ δέ οἱ ὄσσε
λαμπέσθην ὡς εἴ τε πυρὸς σέλας, ἐν δέ οἱ ἦτορ
δῦν᾽ ἄχος ἄτλητον· ὃ δ᾽ ἄρα Τρωσὶν μενεαίνων

350 EtG α 1221; 350a ApS 42.32; (ἅρπηι) Hdn ad Φ 37–8a, 38; H. (Cyr.) α 7404;
(λιγυφ.) cf. Phot. Lex. λ 303   351 (–αἰθ.) Arn ad A 497b²; (κατέπ.) H. κ 1651, [1660]
355 Eudoc. 2337; (πυκ.) Apio 99.20   357 sch Arat. 1 (pp.41.17, 43.11, 46.8 Mart.);
(ταρφ.) Hdn ad E 502b; H. (Cyr.) τ 221   361 (κραταιγ.) ApS 103.31; H. κ 3987
362 Eudoc. 284, 453; 362b–3a Porph. Hom. 50.19 Sod.; 362b ApD Synt. 446.16; Prisc.
Inst. 14.17; Cocondr. Trop. iii.232.18 Sp.   364 (ἐν δὲ–)–8a Aristid. Or. 28.107; 365
(καν.) H. (Cyr.) κ 636; 367 (ἄτλ.) ApS 46.30; H. (Cyr.) α 8113

349 ὄτρυνε r   350 ἅρπη(ι) Hdn Z Ω*: ἄ- D T R   τανυπτέρυγι t Z Ω: -πτερύγω
Hª   351 ut supra 9 Ω: δι αι]θερο[ς] ατρυγετ[οιο·]a αυε δ επ
οτρυ]ν[ουσα κ]α[ι]
Αργειοισι κελε[υεν]b δεινον] φθεγξαμενη περι δ[ε στοναχιζετο] γαια]c απ[ρ]υγετος δε
θα[λασσα υπο δ ηχεεν] ουρεα μακρα]d δεινον [υπο κλαγγης] Γλαυκωπ[ι]δος αυταρ
Α[χαιοι h130 ex 𝔐 u.v. (suppl. Haslam, qui in 351c τε pro δε ci.; 351d possis
[ὑπ᾽ ὀβρίμης sive ὑπὸ βρίμης cl. Hymn. 28.10)   354 ἵκηται 9 1453 Ω* (cf. 348):
ἵκοιτο W   355 δὲ 9 t Ω: δ᾽ αὖ Aᵧᵖ.—cf. ad Φ 466   357 ταρφειαὶ Ar Ptol Hdn "ἡ
παράδοσις" 9 Ω: properisp. Chaeris ap. h130 (proparox. Arph ibid.? v. Haslam P. Oxy.
lxv 41).—v. Praef. xxi   ἐκποτέονται 9 tt* Ω*: -έωνται W: -όωνται sch-Arat.⁴¹: ἔκπο-
τονται Z   358 ὑπὸ 9 Z W: ὑπαὶ Ω*.—cf. ad M 462   ῥριπῆς Y W   359 γανόωσαι
9 Ω: παμφωσαι Z   361 hic ferunt 9 1453 Ω: ante 360 h O: damn. Leaf post Reichel
(Hom. Waffen² 85 sq.)   362 πέρι Heyne: περι vel περὶ Ω   363 ὑπὸ στεροπῆς 9 t
Ω*: ὑπ᾽ ἀστ- D (cf. ad K 154)   ὤρνυτο 9 Ω*: ὄρν- AO   365–8 ath. Ar (at post paenituit teste DSid); ad 365 cf. [Hes.] Sc. 164

δύσετο δῶρα θεοῦ, τά οἱ Ἥφαιστος κάμε τεύχων.}
κνημῖδας μὲν πρῶτα περὶ κνήμῃσιν ἔθηκεν
370   καλάς, ἀργυρέοισιν ἐπισφυρίοις ἀραρυίας·
δεύτερον αὖ θώρηκα περὶ στήθεσσιν ἔδυνεν·
ἀμφὶ δ' ἄρ' ὤμοισιν βάλετο ξίφος ἀργυρόηλον
χάλκεον· αὐτὰρ ἔπειτα σάκος μέγα τε στιβαρόν τε
{εἵλετο, τοῦ δ' ἀπάνευθε σέλας γένετ' ἠΰτε μήνης}.
375   ὡς δ' ὅτ' ἂν ἐκ πόντοιο σέλας ναύτῃσι φανήῃ
καιομένοιο πυρός, τό τε καίεται ὑψόθ' ὄρεσφιν
σταθμῶι ἐν οἰοπόλωι, τοὺς δ' οὐκ ἐθέλοντας ἄελλαι
πόντον ἔπ' ἰχθυόεντα φίλων ἀπάνευθε φέρουσιν,
ὣς ἀπ' Ἀχιλλῆος σάκεος σέλας αἰθέρ' ἵκανεν
380   καλοῦ δαιδαλέου. περὶ δὲ τρυφάλειαν ἀείρας
κρατὶ θέτο βριαρήν· ἣ δ' ἀστὴρ ὣς ἀπέλαμπεν
ἵππουρις τρυφάλεια, περισσείοντο δ' ἔθειραι
χρύσεαι, ἃς Ἥφαιστος ἵει λόφον ἀμφὶ θαμειάς.
πειρήθη δὲ ἕ' αὐτοῦ ἐν ἔντεσι δῖος Ἀχιλλεύς,
385   εἴ οἱ ἐφαρμόσσειε καὶ ἐντρέχοι ἀγλαὰ γυῖα·
τῶι δ' εὖτε πτερὰ γίνετ', ἄειρε δὲ ποιμένα λαῶν.
ἐκ δ' ἄρα σύριγγος πατρώϊον ἐσπάσατ' ἔγχος
βριθὺ μέγα στιβαρόν· τὸ μὲν οὐ δύνατ' ἄλλος Ἀχαιῶν
πάλλειν, ἀλλά μιν οἶος ἐπίστατο πῆλαι Ἀχιλλεύς,
390   Πηλιάδα μελίην, τὴν πατρὶ φίλωι πόρε Χείρων

374b sch T 398a¹   376b Epm. υ 34   381b sch T 398a¹   385 Iul. Or. 2.53c
386 Dio Prus. 35.7; 386a Did ad Γ 10b; Plut. Mor. 77b; Porph. Il. 82.18 Schr.   387 ApS
147.6; (σύρ.) H. (Cyr.) σ 2774; Phot. Lex. s.v.   388a + 389 (οἶος–) Strab. 10.1.13;
388b–9 Porph. Il. 238.20 Schr.

368 δύσετο 9 Ω (-σσ- T): -ατο t   374 damn. Heyne (cf. Γ 335, Π 136)   375 φα-
νήῃ(ι) fere 9 B E T, -ῄῃ A: -είῃ Ω* (-είη W)   376 καιομένοιο 9 Ω: αἰθο- Nauck   τε
Ar t T G (cf. P 737): δὲ (nov. Did) 9 Ω* (cf. Σ 227)   378 ἔπ' van Leeuwen: ἐπ' 9 Ω
379 σάκεος Ω: κεφαλῆς 9 (ex Σ 214)   382–3 (≈ Χ 315 sq.) damn. Payne
Knight   383 χρύσεαι 9 Ω*: -ειαι A b G   384 δὲ ἕ' (Ϝέ) Heyne: δ' ἕο Arᵃᵇ Hdn Ω*:
δ' ἑοῦ Zen (cf. ad B 239): δὲ οἱ Ptol, δέ οἱ quidam ap. Hdn 1455 Tᶜ W G, δ' ἕοι Tᵃ (cf. ad
N 495), δαί οι Y: δ' ἐϜέ' van Leeuwen (cf. Schwyzer 609).—cf. Chantr. I 148; Sihler 376
sq.   385 εἴ οἱ Ω*: εἰ οἱ (Bekker) V, εἰ οἳ G   γυῖα t Ω: δῶρα h   386 εὖτε Ar olim
Porph. 9 Z Aᵐ Ω*: εὖ G: ἠΰτε A, ἠΰτε H O: αὖτε Ar postea "αἱ ἀπὸ τῶν πόλεων" tt* W
V: ὥστε Arph r.—cf. ad Γ 10   γίνετ' tt* Ω*, -οντο Z: γεινε[τ 1455: γένετ' W: γίγνετ' 9
Plut.   387–91 obelis notati in A G, cf. ad 388–91   387 ἐσπάσατ' ἔγχος 9 Ω: ἔγχος
ἔρυσσεν t   388–91 (= Π 141–4) ath. Ar: hic habuit Zen, sed ἐν ταῖς ἄλλαις aberant
teste Did   390 πόρε 9 Aʸᵖ h: τάμε Ω.—cf. ad Π 143

Πηλίου ἐκ κορυφῆς φόνον ἔμμεναι ἡρώεσσιν.
ἵππους δ᾽ Αὐτομέδων τε καὶ Ἄλκιμος ἀμφιέποντες
ζεύγνυον· ἀμφὶ δὲ καλὰ λέπαδν᾽ ἔσαν, ἐν δὲ χαλινούς
γαμφηλῇς ἔβαλον, κατὰ δ᾽ ἡνία τεῖναν ὀπίσσω

395   κολλητὸν ποτὶ δίφρον. ὃ δὲ μάστιγα φαεινήν
χειρὶ λαβὼν ἀραρυῖαν ἐφ᾽ ἵπποιιν ἀνόρουσεν
Αὐτομέδων· ὄπιθεν δὲ κορυσσάμενος βῆ Ἀχιλλεύς,
τεύχεσι παμφαίνων ὥς τ᾽ Ἠλέκτωρ Ὑπερίων,
σμερδαλέον δ᾽ ἵπποισιν ἐκέκλετο πατρὸς ἑοῖο·

400   "Ξάνθέ τε καὶ Βαλίε, τηλεκλυτὰ τέκνα Ποδάργης,
ἄλλως δὴ φράζεσθε σαωσέμεν ἡνιοχῆα
ἂψ Δαναῶν ἐς ὅμιλον, ἐπεί χ᾽ ἕωμεν πολέμοιο,
μηδ᾽ ὡς Πάτροκλον λίπετ᾽ αὐτόθι τεθνηῶτα."
τὸν δ᾽ ἄρ᾽ ὑπὸ ζυγόφι προσέφη πόδας αἰόλος ἵππος

405   Ξάνθος, ἄφαρ δ᾽ ἤμυσε καρήατι, πᾶσα δὲ χαίτη
ζεύγλης ἐξεριποῦσα παρὰ ζυγὸν οὖδας ἵκανεν·
αὐδήεντα δ᾽ ἔθηκε θεὰ λευκώλενος Ἥρη·
"καὶ λίην σ᾽ ἔτι νῦν γε σαώσομεν, ὄβριμ᾽ Ἀχιλλεῦ·
ἀλλά τοι ἐγγύθεν ἦμαρ ὀλέθριον· οὐδέ τοι ἡμεῖς

410   αἴτιοι, ἀλλὰ θεός τε μέγας καὶ Μοῖρα κραταιή.
οὐδὲ γὰρ ἡμετέρηι βραδυτῆτί τε νωχελίηι τε

392 (–Ἄλκ.) Polyb. Fig. iii.106.13 Sp.; (ἀμφιέπ.) H. α 4012   398 (παμφ.–) Eudoc. 283; 398b Orio 22.20; (Ὑπερ.) ApS 158.29   400 Arn ad Π 150bc; ApS 43.35; (τηλ.) H. (Cyr.) τ 764   401 (–σαωσ.) H. α 3191   402b ApS 80.28; H. ε 4332, 4365; Orio 59.2; EtG α 69 et s.v. μεστός; Epm. ι 56, 59; Lex. αἵμ ε 28; (ἕωμεν) H. ε 7738   403 Hdn ad Θ 18b[1]   404 (ζυγ.) H. θ 320; (πόδας–) sch[D] M 167; Porph. Hom. 12.14, 13.16 Sod.; id. Od. 127.6 Schr.   407 Erot. p.14.15 N.; Gal. in Hipp. Epid. iii 3.78; Porph. Od. 57.16 Schr.; 407a Arn ad Τ 418a; sch ε 334; Procl. in Crat. 94.15; Cyr. c.Iul. 3 p.86 (PG 76.632d) 411 (νωχ.) H. (Cyr.) ν 815

391 ἐκ κορυφῆς (nov. Did) 9 1455 Ω: ἐν κορυφῆις Ar[ab] A[s].—cf. ad Π 144   392 τε καὶ 9 Ω: ἠδ᾽ t   ἀμφιέποντες 9 t Ω*: -ντε C G   393 ζεύγνυον Ar (διὰ τοῦ ō) 9 Ω*: -υσαν W O V: aut hoc aut -υεν nov. Did.—cf. ad Ω 783   ἔσαν A B C F[x]: ε- D, ἔ- Ω* 394 τεῖναν 9 Ω*: -εν b F[a]: -ον V, -ων D[a]?   395 προτι 9   396 ἵπποιιν 9 Ω*: -οισιν b F[c]   398 παμφαίνων 9 t Ω* (cf. Z 513): λαμπόμενος D T R (cf. P 214)   400 Ξάν- θέ sic Ω praeter R   Βαλίε A[λ] Ω: Βάλιε h: alterutrum 9 tt: Βαλία rr.—cf. ad Π 149   401 ἡνιοχῆα h130? Ω*: -ῆας 9 A[m] D F R W   402 Δαναῶν 9 Ω: λαῶν A[yp] (= H 218)   χ᾽ ἕωμεν A[m] T[x] R[c], χ᾽ ἔο- F[a] H, χέο- R[a] G[yp]: χ᾽ ἐῶ- Hdn EtG[avl] Epm[59] A b F[c] W G: χεω- Z (et χθῶ-) D, χεο-Hsch.[4365]: κ᾽ ἐῶ- tt* O: κ᾽ ἔο- C[yp]: κτῶ-Hsch.[4332]   πτο- λέμοιο G   403 αὐτόθι 9 t A[yp] A[m] Ω*: -τοῦ A h W.—cf. ad Ξ 119   τεθνηῶτα A[s] B[a] E R: -θνει- 9 t E[s] Ω*   404 ζυγοφι 9: -όφιν t Z Ω   406 παρὰ 9 Ω* (= P 440): περὶ W Eust.   407 ath. Ar   λευκώλενος Ἥρη 9 tt* Ω: γλαυκῶπις Ἀθήνη Erot. 411 (βραδυτῆτί) τε 9 Ω*: γε R W G

Τρῶες ἀπ᾽ ὤμοιιν Πατρόκλου τεύχε᾽ ἕλοντο,
ἀλλὰ θεῶν ὤριστος, ὃν ἠΰκομος τέκε Λητώ,
ἔκταν᾽ ἐνὶ προμάχοισι καὶ Ἕκτορι κῦδος ἔδωκεν.
415 νῶϊ δὲ καί κεν ἅμα πνοιῆι Ζεφύροιο θέοιμεν,
τήν περ ἐλαφροτάτην φασ᾽ ἔμμεναι· ἀλλὰ σοὶ αὐτῶι
μόρσιμόν ἐστι θεῶι τε καὶ ἀνέρι ἶφι δαμῆναι.”
 ὣς ἄρα φωνήσαντος Ἐρινύες ἔσχεθον αὐδήν.
 τὸν δὲ μέγ᾽ ὀχθήσας προσέφη πόδας ὠκὺς Ἀχιλλεύς·
420 “Ξάνθε, τί μοι θάνατον μαντεύεαι; οὐδέ τί σε χρή.
εὖ νύ τοι οἶδα καὶ αὐτός, ὅ μοι μόρος ἐνθάδ᾽ ὀλέσθαι,
νόσφι φίλου πατρὸς καὶ μητέρος· ἀλλὰ καὶ ἔμπης
οὐ λήξω, πρὶν Τρῶας ἄδην ἐλάσαι πολέμοιο.”
 ἦ ῥα, καὶ ἐν πρώτοις ἰάχων ἔχε μώνυχας ἵππους.

Υ ὣς οἳ μὲν παρὰ νηυσὶ κορωνίσι θωρήσσοντο
ἀμφὶ σέ, Πηλέος υἱέ, μάχης ἀκόρητοι Ἀχαιοί,
Τρῶες δ᾽ αὖθ᾽ ἑτέρωθεν ἐπὶ θρωσμῶι πεδίοιο.
Ζεὺς δὲ Θέμιστα κέλευσε θεοὺς ἀγορήνδε καλέσσαι
5 κρατὸς ἀπ᾽ Οὐλύμποιο πολυπτύχου· ἣ δ᾽ ἄρα πάντηι
φοιτήσασα κέλευσε Διὸς πρὸς δῶμα νέεσθαι.
οὔτέ τις οὖν ποταμῶν ἀπέην, νόσφ᾽ Ὠκεανοῖο,
οὔτ᾽ ἄρα νυμφάων, ταί τ᾽ ἄλσεα καλὰ νέμονται
καὶ πηγὰς ποταμῶν καὶ πίσεα ποιήεντα·
10 ἐλθόντες δ᾽ ἐς δῶμα Διὸς νεφεληγερέταο
ξεστῆις αἰθούσηισιν ἐνίζανον, ἃς Διὶ πατρί

415–16 (-ἔμμ.) sch A.R. 2.276–7b; **415** Plut. Aet. phys. 34 (Latine servatum)
417 Eudoc. 1414 **418** Arn ad T 407a **420** (-μαντ.) Porph. Hom. 98.11 Sod.; Cyr.
l.c. **421** Eudoc. 1691 Υ **1** + **3** Porph. Il. 331.1 Schr.; **1** (-κορ.) Epm. ν 46; **1a** Hdn
ad η 39 **2** ApS 20.22; [Plut.] Hom. 2.57.3; **2a** Hdn ad Υ 152a **4** + **5** (ἣ δ᾽-)–**6** Procl.
in Crat. 49.21; **4** + **5/6** (πάντηι φοιτ.) id. in Tim. iii.201.3; **4** ApS 86.34; [Plut.] Hom.
2.119.2; sch Λ 807b; Procl. in Remp. i.107.5; **4a** Choer. in Thd. i.154.36, 197.21; (κέλ. +
καλ.)–**5a** Nic ad Υ 5a **7–8a** Luc. Dial. 21.6 (parod.); **7** Arn ad Φ 195a[1]; sch Eur. Or.
1378; **8b–9** Plut. Mor. 415f; **9b** Choer. Orth. 248.1; (πίσεα π.) H. π 1262, 2354; Orio
138.25; Epm. τ 6, υ 31; (πίσ.) ApS 129.21; (ποι.) H. π 2708

413 Λητώ 9 Ω: cf. Praef. xxxii **415** θέοιμεν 1456 t Z B[s] Ω*: -ωμεν A[s] B C E[s]
416–17 ath. Ar **416** τὴν 9: ἥν Ω: τόν et ἐλαφρότατόν t **418** Ἐρινύες 242 Z Ω*:
-ινν- C R **421** τοι 9 t Ω: τὸ Brandreth **423** πολέμοιο 9 1456 Ω: κακότητος T[λ]
(cf. ε 290) Υ**2** ἀκόρητοι t* T[s] W[x] H O: -ον ApS 9 Z Ω*: utrumque nov. Nic **3a** Ἕκτορι θωρήσσοντο μετὰ πρώτοισιν ἐόντι add. C[s] **4** Θέμιστα Ar sch[b] 9 tt Z Ω*:
-στι T[λ] T κέλευσε 9 tt* (ἐκέλ- [Plut.]) Ω*: -ευε Choer. C **7** οὔτέ sic Ω*, οὔτέ D
8 ταί τ᾽ 9 Ω*, τέ τ᾽ Y: τέ Z: αἵ τ᾽ t A b F **9** πείσεα ApS Plut. 9 Z b F[c] Y R[a]: et hoc et
πίσεα Hsch. **11** αἰθούσση(ι)σιν 9 A B E ἐνίζανον Ar Z A b G: ἐφ- Zen 9 A[γρ]

Ἥφαιστος ποίησεν ἰδυίηισι πραπίδεσσιν.

ὡς οἱ μὲν Διὸς ἔνδον ἀγηγέρατ'· οὐδ' Ἐνοσίχθων
νηκούστησε θεᾶς, ἀλλ' ἐξ ἁλὸς ἦλθε μετ' αὐτούς,
15   ἷζε δ' ἄρ' ἐν μέσσοισι, Διὸς δ' ἐξείρετο βουλήν·
"τίπτ' αὖτ', Ἀργικέραυνε, θεοὺς ἀγορήνδε κάλεσσας;
ἦ τι περὶ Τρώων καὶ Ἀχαιῶν μερμηρίζεις;
τῶν γὰρ νῦν ἄγχιστα μάχη πόλεμός τε δέδηεν."
τὸν δ' ἀπαμειβόμενος προσέφη νεφεληγερέτα Ζεύς·
20   "ἔγνως, Ἐννοσίγαιε, ἐμὴν ἐν στήθεσι βουλήν,
ὧν ἕνεκα ξυνάγειρα· μέλουσί μοι ὀλλύμενοί περ.
ἀλλ' ἤτοι μὲν ἐγὼ μενέω πτυχὶ Οὐλύμποιο
ἥμενος, ἔνθ' ὁρόων φρένα τέρψομαι· οἱ δὲ δὴ ἄλλοι
ἔρχεσθ', ὄφρ' ἂν ἵκησθε μετὰ Τρῶας καὶ Ἀχαιούς,
25   ἀμφοτέροισι δ' ἀρήγεθ', ὅπηι νόος ἐστὶν ἑκάστου.
εἰ γὰρ Ἀχιλλεὺς οἶος ἐπὶ Τρώεσσι μαχεῖται,
οὐδὲ μίνυνθ' ἕξουσι ποδώκεα Πηλείωνα.
καὶ δέ τί μιν καὶ πρόσθεν ὑποτρομέεσκον ὁρῶντες·
νῦν δ', ὅτε δὴ καὶ θυμὸν ἑταίρου χώεται αἰνῶς,
30   δείδω μὴ καὶ τεῖχος ὑπὲρ μόρον ἐξαλαπάξηι."
ὡς ἔφατο Κρονίδης, πόλεμον δ' ἀλίαστον ἔγειρεν.

βὰν δ' ἴμεναι πόλεμόνδε θεοί, δίχα θυμὸν ἔχοντες·
Ἥρη μὲν μετ' ἀγῶνα νεῶν καὶ Παλλὰς Ἀθήνη

13 (Διὸς ἔνδον) Procl. in Remp. i.90.24, 165.19   **14** (νηκ.) H. (Cyr.) ν 466; Phot. Lex. s.v.; **14b** sch O 8b   **15a** Plut. Mor. 617b   **16–17** [Plut.] Hom. 2.119.2 **20–1** id. 2.115.2; **20** Chrysipp. (SVF ii.254.27) ap. Gal. Plac. Hipp. et Plat. 3.2.19 **22–3** (-τέρψ.) [Plut.] Hom. 2.114.3; **22b** cf. Procl. in Tim. i.73.5; **23** (τέρψ.) ApS 151.32; H. τ 568   **24** Procl. in Tim. iii.227.24   **25–28** (-ὑπὲρ) sch^h94 Φ 229–32 (v.99.26 E.); **25–6** sch Φ 229–30; **25** sch O 234; Porph. Il. 115.24 Schr.; Procl. in Remp. i.107.10; **25a** EtG α 756; **26–7a** Arn ad Υ 125–8a; sch Υ 23b   **29** (θυμὸν–) Arn ad N 403a², (χώ.) H. χ 855   **30** sch Υ 125–8b; Epm. υ 41; (μὴ–) EtG s.v. ὑπέρμορα; (ὑπὲρ μ.) H. υ 434; (ἐξαλ.) id. ε 3579   **31** Procl. in Crat. 49.30   **33** Porph. Hom. 107.14 Sod.

Ω*: ἐνίδρανον quidam ap. sch^AT   **12** ποίησεν ἰδυίη(ι)σι Ar Ω: ποίησ' εἰδ- (nov. Did) 9, -ησεν εἰδ- Cᵃ.—cf. ad A 608, Σ 380   **15** ἷζε Bᶜ E T R: ἵ- Ω*: ϊ- 9   ἐξείρετο 9 Ω*: -ήρετο C R.—cf. ad A 513   **16** ἀγορήνδ' ἐκάλεσσας t F H   **18** τω γαρ 9 **26** μαχεῖται 9 w5 tt* Ω*: μάχηται (van Leeuwen) Cᵃ W, -ῆται Υ Oᶜ: -εται Arn(t)ᶜᵒᵈ **28** τί Ar T W (δ' ἔτι): τέ (nov. Did) 9 1457 Ω*   **30** ὑπὲρ μόρον Heliodorus Hdn Ω*: ὑπέρμορον Arph (Ar testibus ApS Eust.) "καὶ οἱ πλείους" Ptol EtG Z T W V **30a–c** οὐ μέν τοι μοῖρ' ἐστὶν ἔτι ζωοῦ Ἀχιλῆος | Ἰλίου ἐκπέρσαι εὖ ναιόμενον πτο– λίεθρον· | πέρσει δουράτεός ⟨θ'⟩ ἵππος καὶ μῆτις Ἐπειοῦ pro v. 30 (immo potius post eum, vel pro 28–30) legebant quidam ap. sch^T   **31** ἔγειρε(ν) 9 Z Ω*: ὄρινε W (ex Ω 760)   **32** ἵμεναι 9 1457 Ω*: ἰέναι Y G: ἵμεν W

ἠδὲ Ποσειδάων γαιήοχος ἠδ' ἐριούνης
35 Ἑρμείας, ὃς ἐπὶ φρεσὶ πευκαλίμηισι κέκασται·
Ἥφαιστος δ' ἅμα τοῖσι κίε σθένεϊ βλεμεαίνων,
χωλεύων, ὑπὸ δὲ κνῆμαι ῥώοντο ἀραιαί·
ἐς δὲ Τρῶας Ἄρης κορυθαιόλος, αὐτὰρ ἅμ' αὐτῶι
Φοῖβος ἀκερσεκόμης ἠδ' Ἄρτεμις ἰοχέαιρα
40 Λητώ τε Ξάνθός τε φιλομμειδής τ' Ἀφροδίτη.
εἵως μέν ῥ' ἀπάνευθε θεοὶ θνητῶν ἔσαν ἀνδρῶν,
τέως Ἀχαιοὶ μὲν μέγα κύδανον, οὕνεκ' Ἀχιλλεύς
ἐξεφάνη, δηρὸν δὲ μάχης ἐπέπαυτ' ἀλεγεινῆς,
Τρῶας δὲ τρόμος αἰνὸς ὑπήλυθε γυῖα ἕκαστον
45 δειδιότας, ὅθ' ὁρῶντο ποδώκεα Πηλείωνα
τεύχεσι λαμπόμενον, βροτολοιγῶι ἴσον Ἄρηϊ·
αὐτὰρ ἐπεὶ μεθ' ὅμιλον Ὀλύμπιοι ἤλυθον ἀνδρῶν,
ὦρτο δ' Ἔρις κρατερὴ λαοσσόος, αὖε δ' Ἀθήνη,
στᾶσ' ὀτὲ μὲν παρὰ τάφρον ὀρυκτὴν τείχεος ἐκτός,
50 ἄλλοτ' ἐπ' ἀκτάων ἐριδούπων μακρὸν ἀΰτει·
αὖε δ' Ἄρης ἑτέρωθεν, ἐρεμνῆι λαίλαπι ἴσος,
ὀξὺ κατ' ἀκροτάτης πόλιος Τρώεσσι κελεύων,
ἄλλοτε πὰρ Σιμόεντι θέων ἐπὶ Καλλικολώνηι.
ὣς τοὺς ἀμφοτέρους μάκαρες θεοὶ ὀτρύναντες

34 (ἠδ'-)-5 (Ἑρμ.) EtG s.v. ἐριούνιος; 34 (ἐρι.) H. (Cyr.) ε 5871   38 (-κορ.) sch^D
B 381   39 ApS 19.26; Cocondr. Trop. iii.237.11 Sp.; 39a [Plut.] Hom. 2.24.2; Tat. ad
Graec. 21; (ἀκερσ.) H. (Cyr.) α 2335; EtG α 312   41 (lacerum) sch^h40 B 812 (i.172.101
E.)   49–50 Eudoc. 927–8   51–3 Strab. 13.1.35; 51–2 Porph. Il. 44.15 Schr.; 51
Choer. in Ps. 128.3; 51a Orus π. πολυσημ. λέξεων ap. Reitz. Gesch. 343.15; Epm. α 375;
(αὖε δ'Ἀρ.) Orio 13.19; (αὖε) EtG α 1434; 52 Dio Prus. 2.57; 53 (Σιμ.) H. σ 666; 53b id.
θ 438; (Καλλ.) id. κ 476

35 ἐπὶ 9 1458 Ω*: ἐνὶ D T Y R   κέκασται Ar h Y G: -στο (nov. Did) 9 Ω*.—cf. ad B
448, E 739   37 ἀραιαί A B E F^a?: ἀρ- Ω*.—cf. Praef. xvii   38 κορυθαίολος
C Y   40 Λητώ 9 243 Ω, Λητ]ῶ 1458: cf. Praef. xxxii   Ξάνθός sic A D B^a C E R W
G   φιλομ(μ)ειδής 9 243 Ω: Διὸς θυγάτηρ sch^Tyr.—cf. ad Ξ 193, Φ 416   41 εἵως 9 243
Ω: εἶος Brandreth: ἠος Nauck   42 τέως 243 Ω: τειως 9: τεῖος r: τῆος Nauck: τόφρα
δ' A^yp   μέγα κύδανον 9 243 b W: μέγ' ἐκ- Z Ω*   43 ἐπέπαυτ' 243 Ω (= Σ 248, Τ 46):
απέπ- 9 r   44 ὑπήλυθε 9 243 Ω*: ἐπ- A b F^c.—cf. ad H 215   49 ὅτε 9 A C^a F^a T Y
R^a G   ἐκτός (= Ι 67) 9 243 t Ω*: ἐντός A   51 αὖε 9 tt* Ω: ὦρτο (ex 48) Strab.   ἐρεμνῆι λαίλαπι ἴσος 9 243 1459 tt* Z Ω: ἐνὶ κρατερῆι ὑσμίνηι Choer.   52 πόλιος 9 tt
Ω*: -εως D:]μυθος 1459   53 πὰρ 9 t Ω: περ 243   Σιμόεντι 9 t Ω: -εντα Renner
θέων quidam ante Ar (sc. Arph?) Herodicus Hdn 9 B^c C F^c T Y R G: θεῶν Ar Hsch.
Ω*.—cf. ad Ω 74   ἐπὶ Ptol "ἡ παράδοσις" Hdn Ω: ἔπι quidam ante Hdn   54 τοὺς 9
[243] Ω*: τούς γ' G   ὀτρύναντες Ω*: -οντες 9 A^s T Y R

55 σύμβαλον, ἐν δ' αὐτοῖς ἔριδα ῥήγνυντο βαρεῖαν.
δεινὸν δ' ἐβρόντησε πατὴρ ἀνδρῶν τε θεῶν τε
ὑψόθεν· αὐτὰρ ἔνερθε Ποσειδάων ἐτίναξεν
γαῖαν ἀπειρεσίην ὀρέων τ' αἰπεινὰ κάρηνα,
πάντες δ' ἐσσείοντο πόδες πολυπίδακος Ἴδης
60 καὶ κορυφαὶ Τρώων τε πόλις καὶ νῆες Ἀχαιῶν·
ἔδδεισεν δ' ὑπένερθεν ἄναξ ἐνέρων Ἀϊδωνεύς,
δείσας δ' ἐκ θρόνου ἄλτο καὶ ἴαχε, μή οἱ ὕπερθεν
γαῖαν ἀναρρήξειε Ποσειδάων ἐνοσίχθων,
οἰκία δὲ θνητοῖσι καὶ ἀθανάτοισι φανείη
65 σμερδαλέ' εὐρώεντα, τά τε στυγέουσι θεοί περ.
τόσσος ἄρα κτύπος ὦρτο θεῶν ἔριδι ξυνιόντων.
ἤτοι μὲν γὰρ ἔναντα Ποσειδάωνος ἄνακτος
ἵστατ' Ἀπόλλων Φοῖβος, ἔχων ἰὰ πτερόεντα,
ἄντα δ' Ἐνυαλίοιο θεὰ γλαυκῶπις Ἀθήνη·

55 (ἐν δ'–) Porph. Il. 185.4 Schr.   58 Eudoc. 912, 1972   59–60 Clem. Paed.
3.13.5; 59–60 (καὶ κορ.) w22 ii 48 (lacera); Aristid. Quint. 2.9 p.70.16 W.-I.; 59 'Trypho
i' Trop. iii.192.7 Sp.; Anon. Trop. iii.228.10 Sp.; Porph. in Cat. CAG iv(1).67.12; Eudoc.
1980; Simpl. in Cat. CAG viii.32.30; Philop. in Cat. CAG xiii(1).126.6; 59b Choer. Trop.
iii.246.15 Sp.; (πόδες Ἴδης) Clem. Strom. 8.24.8; H. π 2668; Ascl. in Metaph. CAG
vi(2).353.27; Olymp. in Gorg. 180.23; (πολυπ.–) H. π 2906   60a–5 Auct. π. ὕψ. 9.6;
60a (–οὐρ.) Philostr. Her. 2.19 (162.32 K.); 61–5 Macr. Sat. 5.16.13; 61–2 (–ἴαχε) Eudoc.
1985–6; 61 Luc. Dial. 38.10; Eudoc. 2105; 61b sch O 225b; Eudoc. 2136; Epm. v 39, cf. ε
44; (ἔνεροι) ApS 69.1; (Ἀϊδ.) H. α 1802; 62–3 Cosmas in Greg. Naz. PG 38.496; 64–5 Pl.
Resp. 386d; 65 Arn ad O 183; Plut. Mor. 940e; Sext. Math. 1.291; Procl. in Remp. i.122.7;
(σμερδ.) Porph. Hom. 52.19 Sod.; (εὐρώ.) ApS 79.23; H. (Cyr.) ε 7159; 65b sch A.R.
2.627–8; cf. Plot. 5.1.2   66–72 [Iustin.] Cohort. ad Gr. 2; 66 Nonn. D. 36.106; 67–74
cf. Procl. in Tim. i.78.27; 67–73 Hclt. Alleg. 52.3; Cyr. c.Iul. 1 p.27 (PG 76.541d); 67–8 +
70 + 73 id. ib. 544b; 67–8a Hclt. Alleg. 56.1; 68 (ἰά) H. (Cyr.) ι 1; 69a Hdn in AO ii.466.27;
id. ad Υ 70ab; 70–1a Hclt. Alleg. 57.1; Porph. Il. 106.22 Schr.; 70 EtG s.v. ἠλακάτη; 70b
H. η 307; (χρυσ.) id. χ 783; (κελ.) id. κ 2126; Phot. Lex. κ 547; (κελ.)–71a ApS 97.31; 72
Luc. Dial. 21.40; 72a Hdn ad Υ 70a; (σῶκος) ApS 148.15; Porph. Od. 130.6 Schr.; H. σ
3065; Orio 142.7; (ἐρι.) ApS 76.16; Aristid. Or. 2.423; H. ε 5873; Orio 63.35; 73 Hclt.

55 αὐτοὶ Wecklein SBAW 1908(2).73 (cl. B 578)   56 δὲ βρόντησε (9) A W
57 ἔνερθε (nov. Did) Ω: νέρθε Ar 9 r.—cf. ad E 898, O 225   59 πολυπίδακος Ar 9 w22
(-πειδ-) Eudoc. A b T G: -δάκου (nov. Did) tt* Ω*: corrupte Hsch.—cf. ad Ξ 157
60 πόλις 9 Aˢ Aᵐ Ω* (cf. N 18a, Π 69): -εις Clem. Aᴵ   60a ἀμφὶ δ' ἐσάλπιγξεν μέγας
οὐρανὸς Οὔλυμπός τε (cf. Φ 388, E 750) add. Auct. π. ὕψ., cf. Philostr.   61 ἔδδεισεν
9 243 tt Ω*: ἔδει- Υ   ἐνέρων 9 tt Z Ω*: ἀνέρων Bᵃ D Fᵃ Rᵃ: ἀνδρῶν rr   62 ἄλτο Υ rr:
ἆ- 9: ἆ- Ω*: ἄ- C R W: ὦρτο ℜ Aʸᵖ Tˡ (cf. Λ 645, Ω 515)   ὕπερθε 9 Cosmas Ω: ενερθεν
Macr.: ἔπειτα t*   64 φανείη tt* C R G, φαεινη Macr.: φανήη(ι) 9 Ω*, -ήιηι A
66–74 damn. Payne Knight (67–74 iam Heyne)   66 τοσ]σον 1460

70 Ἥρηι δ' ἀντέστη χρυσηλάκατος κελαδεινή
   Ἄρτεμις ἰοχέαιρα, κασιγνήτη Ἑκάτοιο·
   Λητοῖ δ' ἀντέστη σῶκος ἐριούνιος Ἑρμῆς,
   ἄντα δ' ἄρ' Ἡφαίστοιο μέγας ποταμὸς βαθυδίνης,
   ὃν Ξάνθον καλέουσι θεοί, ἄνδρες δὲ Σκάμανδρον.
75   ὣς οἳ μὲν θεοὶ ἄντα θεῶν ἴσαν· αὐτὰρ Ἀχιλλεύς
   Ἕκτορος ἄντα μάλιστα λιλαίετο δῦναι ὅμιλον
   Πριαμίδεω· τοῦ γάρ ῥα μάλιστά ἑ θυμὸς ἀνώγει
   αἵματος ἆσαι Ἄρηα, ταλαύρινον πολεμιστήν.
      Αἰνείαν δ' ἰθὺς λαοσσόος ὦρσεν Ἀπόλλων
80 ἀντία Πηλείωνος, ἐνῆκε δέ οἱ μένος ἠΰ·
   υἱέϊ δὲ Πριάμοιο Λυκάονι εἴσατο φωνήν·
   {τῶι μιν ἐεισάμενος προσέφη Διὸς υἱὸς Ἀπόλλων·}
   "Αἰνεία, Τρώων βουληφόρε, ποῦ τοι ἀπειλαί,
   ἃς Τρώων βασιλεῦσιν ὑπίσχεο οἰνοποτάζων,
85 Πηλείδεω Ἀχιλῆος ἐναντίβιον πτολεμίξειν;"
      τὸν δ' αὖτ' Αἰνείας ἀπαμειβόμενος προσέειπεν·
   "Πριαμίδη, τί με ταῦτα καὶ οὐκ ἐθέλοντα κελεύεις,
   ἀντία Πηλείωνος ὑπερθύμοιο μάχεσθαι;
   οὐ μὲν γὰρ νῦν πρῶτα ποδώκεος ἄντ' Ἀχιλῆος
90 στήσομαι, ἀλλ' ἤδη με καὶ ἄλλοτε δουρὶ φόβησεν
   ἐξ Ἴδης, ὅτε βουσὶν ἐπήλυθεν ἡμετέρηισιν,
   πέρσε δὲ Λυρνησσὸν καὶ Πήδασον· αὐτὰρ ἐμὲ Ζεύς
   εἰρύσαθ', ὅς μοι ἐπῶρσε μένος λαιψηρά τε γοῦνα.

Alleg. 58.1; **73a** Hdn in AO ii.466.26; id. ad Υ 70a; **74** Pl. Crat. 391e; Arn ad Θ 560a; sch[D] A 403; Max. Tyr. 22.5; Procl. in Tim. i.274.1   **75** (αὐτὰρ-)-**6** Simpl. in De caelo CAG vii.561.32; (αὐτὰρ-ἄντα) Hdn in AO ii.466.28; **76a** sch Υ 180-6b; Porph. Il. 243.21 Schr.; (λιλ.) Orio 92.28   **83** Prisc. Inst. 18.271; (-βουλ.) Strab. 13.1.7   **84** (οἰνοπ.) Ath. 460c; Poll. 6.22; Phot. Lex. s.v.   **90** (ἀλλ'-) sch P 24-7   **92** (-Πήδ.) Strab. 13.1.7; Did ad Φ 86e; sch K 429b

70 ἀντέστη Hdn 9 1460 Ω: ἄντ' ἔστη quidam ante Hdn, qui monet ἄντα semper cum genitivo construi: ἀντέσχεν EtG   **71** ἰοχέαιρα 9 1460 (ειοκ-) tt* Ω: ἀγροτέρη ApS   **72** σῶκος Hdn 1460 Z Ω: σῶικ- quidam ante Hdn (contra τὴν παράδοσιν et 243): σωκὸς Tyr   Ἑρμῆς 9 tt Ω: -έης Rzach   **74** Σκάμανδρον 9 tt Z Ω: Κά- rr.—cf. Praef. xxxv   **77** ἑ Ar *b* F[c] (cf. Θ 322): γε (nov. Did) 9 243 Ω*   **79** ἰθὺς κλονον προ ˌˌ[1460   **80** ἐνῆκε A   **81** υἱέϊ Ω*: -εῖ G   **82** damn. Payne Knight (cf. ad Γ 389): hab. 9 243 1460 Ω   **84** ἃς 243 Ω: τὰς 9 rr   ὑπίσχεο Ar Ω: ὑπέσχ- (nov. Did) 9 243 H[c] V.—cf. ad N 366, Ψ 195   **85** πτολεμίξειν A D: -ζειν F R G: πολεμίζειν 9 Ω*: -ξειν Cobet.—cf. ad K 451, Φ 477   **86** ἀπαμειβόμενος 9 243 Ω*: ἀμει- *b* G   **89** νῦν 9 Ω*: δὴ D.—cf. ad Ω 635   **92** Λυρνησσὸν 9 tt* Z Ω*: -ησὸν sch-K G O   **93** ἐπῶρσε 9 Ω* (= Χ 204): ἐν- T (cf. Θ 335, Ξ 522, Σ 218)

	ἦ κ' ἐδάμην ὑπὸ χερσὶν Ἀχιλλῆος καὶ Ἀθήνης,
95	ἥ οἱ πρόσθεν ἰοῦσα τίθει φάος ἠδ' ἐκέλευεν
	ἔγχεϊ χαλκείωι Λέλεγας καὶ Τρῶας ἐναίρειν.
	τῶ οὐκ ἔστ' Ἀχιλῆος ἐναντίον ἄνδρα μάχεσθαι·
	αἰεὶ γὰρ πάρ' ἔεις γε θεῶν, ὃς λοιγὸν ἀμύνει.
	καὶ δ' ἄλλως τοῦ γ' ἰθὺ βέλος πέτετ', οὐδ' ἀπολήγει
100	πρὶν χροὸς ἀνδρομέοιο διελθέμεν. εἰ δὲ θεός περ
	ἶσον τείνειεν πολέμου τέλος, οὔ κε μάλα ῥέα
	νικήσει', οὐδ' εἰ παγχάλκεος εὔχεται εἶναι."
	τὸν δ' αὖτε προσέειπεν ἄναξ Διὸς υἱὸς Ἀπόλλων·
	"ἥρως, ἀλλ' ἄγε καὶ σὺ θεοῖς αἰειγενέτηισιν
105	εὔχεο· καὶ δὲ σέ φασι Διὸς κούρης Ἀφροδίτης
	ἐκγεγάμεν· κεῖνος δὲ χερείονος ἐκ θεοῦ ἐστιν·
	ἣ μὲν γὰρ Διός ἐσθ', ἣ δ' ἐξ ἁλίοιο γέροντος.
	ἀλλ' ἰθὺς φέρε χαλκὸν ἀτειρέα, μηδέ σε πάμπαν
	λευγαλέοις ἐπέεσσιν ἀποτρεπέτω καὶ ἀρειῆι."
110	ὣς εἰπὼν ἔμπνευσε μένος μέγα ποιμένι λαῶν,
	βῆ δὲ διὰ προμάχων κεκορυθμένος αἴθοπι χαλκῶι.
	οὐδ' ἔλαθ' Ἀγχίσαο πάϊς λευκώλενον Ἥρην
	ἀντία Πηλείωνος ἰὼν ἀνὰ οὐλαμὸν ἀνδρῶν,
	ἣ δ' ἄμυδις καλέσασα θεοὺς μετὰ μῦθον ἔειπεν·
115	"φράζεσθον δὴ σφῶϊ, Ποσείδαον καὶ Ἀθήνη,
	ἐν φρεσὶν ὑμετέρηισιν, ὅπως ἔσται τάδε ἔργα.
	Αἰνείας ὅδ' ἔβη κεκορυθμένος αἴθοπι χαλκῶι
	ἀντία Πηλείωνος, ἀνῆκε δὲ Φοῖβος Ἀπόλλων·
	ἀλλ' ἄγεθ', ἡμεῖς πέρ μιν ἀποτρωπῶμεν ὀπίσσω
120	αὐτόθεν· ἤ τις ἔπειτα καὶ ἡμείων Ἀχιλῆϊ

95 (–φάος) Plut. Mor. 580c   **96b** sch K 429b; St. Byz. 500.2   **99** (–πέτ.) Arn ad Φ 169(a)b[1]; (ἰθύ) H. 1 401   **112** (οὐδ' ἔλαθε λευκ. Ἥ.) Did ad Υ 114b[2]

95 ἐκέλευεν 9 Ω*: -ευσεν D F   **96** ἔγχεϊ sic Ω   **97** τῶ rr: τῶ(ι) 9 Ω   **98** (≈ E 603) om. D   πάρ' ἔεις Nauck (v. ad E 603): πάρα εἰς 9 243 Ω   **99** γ' 9 t[vl] Ω*: δ' t[vl] b W ἰθὺ t[vl] A[yp] D T W: -ὺς 9 t[vl] Ω*   **100** διελθέμεν 9 243 A[yp] Ω*: -θεῖν A b G   **101** κε 243 A b T G: με 9 Ω*   **102** νικήσει' Bentley: -σει(·) 9 Ω.—cf. ad I 62, 386   **103** Διὸς υἱὸς Ἀπόλλων 243 Ω: εκαεργος Απολλων 9[s] (cf. ad H 23, O 253): ανδρων Αγαμεμνων 9[t]   **105** δὲ σέ Ptol Hdn fere Ω*: δέ σε C R G   **110** ποιμένι 9 Ω*: -να D   **114** ἣ Ar fere Ω: ἢ 'dixit' intell. Zen u.v.   καλέσασα Zen 9 435 Ω (cf. K 300): στήσασα Ar "καὶ αἱ πλεῖσται"   μετὰ μῦθον ἔειπε(ν) Ar(?) 9 1457 Ω: ῥεῖα ζώοντας Zen   **115** Ποσείδαον A[m] Ω*: Ποσί- 9 435 A: Ποσειδάων C F, -δάον B E G   **119** ἀποτρω—πῶμεν 9 Ω: -τροπῶμεν (O) et -τροπόωμεν rr.—cf. ad O 666   **120** ἤ 9 435 (ἢ) Ω*: εἴ C R

    παρσταίη, δοίη δὲ κράτος μέγα, μηδέ τι θυμῶι
    δευέσθω, ἵνα εἴδηι, ὅ μιν φιλέουσιν ἄριστοι
    ἀθανάτων, οἳ δ' αὖτ' ἀνεμώλιοι, οἳ τὸ πάρος περ
    Τρωσὶν ἀμύνουσιν πόλεμον καὶ δηϊοτῆτα.
125 πάντες δ' Οὐλύμποιο κατήλθομεν ἀντιόωντες
    τῆσδε μάχης, ἵνα μή τι μετὰ Τρώεσσι πάθησιν
    σήμερον· ὕστερον αὖτε τὰ πείσεται, ἄσσά οἱ Αἶσα
    γεινομένωι ἐπένησε λίνωι, ὅτε μιν τέκε μήτηρ.
    εἰ δ' Ἀχιλεὺς οὐ ταῦτα θεῶν ἐκπεύσεται ὀμφῆς,
130 δείσετ' ἔπειθ', ὅτε κέν τις ἐναντίβιον θεὸς ἔλθηι
    ἐν πολέμωι· χαλεποὶ δὲ θεοὶ φαίνεσθαι ἐναργεῖς."
      τὴν δ' ἡμείβετ' ἔπειτα Ποσειδάων ἐνοσίχθων·
    "Ἥρη, μὴ χαλέπαινε πάρεκ νόον· οὐδέ τί σε χρή.
    οὐκ ἂν ἐγώ γ' ἐθέλοιμι θεοὺς ἔριδι ξυνελάσσαι
135 {ἡμέας τοὺς ἄλλους, ἐπεὶ ἦ πολὺ φέρτεροί εἰμεν},
    ἀλλ' ἡμεῖς μὲν ἔπειτα καθεζώμεσθα κιόντες
    ἐκ πάτου ἐς σκοπιήν, πόλεμος δ' ἄνδρεσσι μελήσει.
    εἰ δέ κ' Ἄρης ἄρχωσι μάχης ἢ Φοῖβος Ἀπόλλων,
    ἢ' Ἀχιλῆ' ἴσχωσι καὶ οὐκ εἰῶσι μάχεσθαι,
140 αὐτίκ' ἔπειτα καὶ ἄμμι παρ' αὐτόθι νεῖκος ὀρεῖται
    φυλόπιδος. μάλα δ' ὦκα διακρινθέντας ὀΐω
    ἂψ ἴμεν Οὐλυμπόνδε θεῶν μεθ' ὁμήγυριν ἄλλων

123 Eudoc. 415   **127** (ὕστ.–)–8 Chrysipp. SVF ii.266.42; **127** (πείσ.) H. π 1265; (ὅσα οἱ–)–128 Lib. Or. 25.8 (ii.541.7 F.); **128** [Plut.] Cons. ad Apoll. 118b; Luc. Dial. 65.9, cf. 20.1; sch Theoc. 1.139–40b   **131** (χαλ.–) sch Pind. Ol. 6.107d, 108; Athenag. Leg. 18; Ael. H.A. 11.17   **132a** sch Θ 208   **138** Lesb. Fig. 6; 'Hdn.' Fig. 54; Porph. Hom. 34.11 Sod., Il. 231.3 Schr.; sch E 161–2, 774, Σ 514–15b(c), κ 513   **139b** Hdn ii.504.15   **140** Philox. fr. 569 Th. (Orio 122.14/EtG s.v. ὅρος)   **142** (μεθ'–) Epm. α 288; (ὁμήγ.) Phot. Lex. s.v.

121 θυμῶι 9 Ω: -οῦ Koeppen (cf. Γ 294, Υ 472)   **122** εἴδηι (Tyr) Fick: εἰδῆ(ι) (Ar Hdn) 435 Ω.—cf. Praef. xxxiii   **124** ἀμύνουσι πτόλεμον Heyne   **125–8** ath. Ar cl. 26–30: **125–31** damn. Düntzer (129–31 iam Bothe)   **127** ἄσσά sic Ω (ἄσσά A, ἄσσά D), ἄσσα fere 9 t*, ἄττα O: ὅσα Lib., ὅσσα rr.—v.l. eadem η 197   **128** γεινομένωι 9 435 tt Ω (quod silentio premunt Monro–Allen; cf. adn. meam ad Hes. Th. 82): γιν- M V   **133** πάρεκ dedi: παρ'έκ T W, πάρεκ vel παρὲκ fere 9 435 Z Ω*.—cf. Praef. xix   **134** ἐγώ γ' Bekker: ἔγωγ' Ω   **135** (cf. Θ 211) add. 9 A (e mg. exemplaris: van Leeuwen Mn. 32, 1904, 447–50) D^m F G: deest in 435 Ω*   **138** ἄρχωσι Ar 9 tt Ω* F^s, -ωισι A: -η(ι)σι Zen Z A^m F R G^c   ἢ ("ἀντὶ τοῦ καί") Ar 9 435 tt* Z Ω: καί Lesb. 'Hdn.' sch-E^774: ἰδὲ rr   εἰ δέ κεν ὡς ἄρχωσιν Ἄρης καὶ Φ. Ἀ. sch^Tyr   **139** ἢ' Fick: ἢ Ω   Ἀχιλῆ' ἴσχωσι 9 Ω*: -ῆα σχῶσι G   **140** αὐτόθι t h C: -όφι 9 435 Z Ω*.—cf. ad M 302   ὀρεῖται 9 435 sch^Dyp Ω: ετύχθει Z, -η sch^hyp   **141** διακρινθέντας 9 Ω*: -κριθ- D C T

ἡμετέρῃς ὑπὸ χερσὶν ἀναγκαίηφι δαμέντας.”
ὣς ἄρα φωνήσας ἡγήσατο Κυανοχαίτης
145 τεῖχος ἐς ἀμφίχυτον Ἡρακλῆος θείοιο
ὑψηλόν, τό ῥά οἱ Τρῶες καὶ Παλλὰς Ἀθήνη
ποίεον, ὄφρα τὸ κῆτος ὑπεκπροφυγὼν ἀλέαιτο,
ὁππότε μιν σεύαιτο ἀπ’ ἠϊόνος πεδίονδε.
ἔνθα Ποσειδάων κατ’ ἄρ’ ἕζετο καὶ θεοὶ ἄλλοι,
150 ἀμφὶ δ’ ἄρ’ ἄρρηκτον νεφέλην ὤμοισιν ἕσαντο·
οἱ δ’ ἑτέρωσε καθῖζον ἐπ’ ὀφρύσι Καλλικολώνης
ἀμφὶ σέ, ἤϊε Φοῖβε, καὶ Ἄρηα πτολίπορθον.
ὣς οἱ μέν ῥ’ ἑκάτερθε καθείατο μητιόωντες
βουλάς—ἀρχέμεναι δὲ δυσηλεγέος πολέμοιο
155 ὤκνεον ἀμφότεροι, Ζεὺς δ’ ἥμενος ὕψι κέλευεν—
τῶν δ’ ἅπαν ἐπλήσθη πεδίον καὶ ἐλάμπετο χαλκῶι
ἀνδρῶν ἠδ’ ἵππων· κάρκαιρε δὲ γαῖα πόδεσσιν
ὀρνυμένων ἄμυδις. δύο δ’ ἀνέρες ἔξοχ’ ἄριστοι
ἐς μέσον ἀμφοτέρων συνίτην μεμαῶτε μάχεσθαι,
160 Αἰνείας τ’ Ἀγχισιάδης καὶ δῖος Ἀχιλλεύς.
Αἰνείας δὲ πρῶτος ἀπειλήσας ἐβεβήκει,
νευστάζων κόρυθι βριαρῆι· ἀτὰρ ἀσπίδα θοῦριν
πρόσθεν ἔχε στέρνοιο, τίνασσε δὲ χάλκεον ἔγχος.

144 al. (Κυαν.) sch Soph. Ant. 587; Procl. in Tim. i.190.1; H. (Cyr.) κ 4351   **145** ApS 26.33; Choer. in Thd. i.189.30, 378.16; (–Ἡρ.) sch E 651; **145a** Porph. Hom. 133.5 Sod.; (ἀμφίχ.) H. α 4143; Phot. Lex. α 1378   **146** (ὑψ.) H. υ 927; (τό ῥά–)–**147** sch Pind. Nem. 1.96; **147** Plut. Mor. 1010d; (ποί.) Nic ad Υ 146   **149** sch Ρ 386–7   **151** Hdn ad Υ 53b[1]; **151a** [Plut.] Hom. 2.63   **153** Eudoc. 2096   **154** (δυσηλ.) H. δ 2567 **156** Eudoc. 2092; (–πεδ.) Ael. Dion. α 155 (Phot. Lex. α 2250); (ἐπλ.) H. (Cyr.) ε 5463 **157b** Philox. fr. 593 Th. (EtG s.v. σκαρδαμύσσειν); sch Ar. Ach. 3a; (κάρκ.–γαῖα) ApS 95.9; (κάρκ.) H. κ 826   **162** (–βρι.) Choer. in Ps. 160.34; Epm. ν 51; (νευστ.) ApS 115.34; sch Ψ 187; H. (Cyr.) ν 398

143 ἀναγκαίηφι Α^γρ: ἀνάγκηι ἶφι 9 435 ’ Ω*: ἀναλκίησι R (ex Ρ 337)   **145** Ἡρα-κλῆος 435 tt Ζ Ω: -κλεῖος r   **147** ποίεον 9 tt* Ω: -εεν Plut.   ὑπεκπροφυγὼν 9 435 tt Ω*: -γὸν D   ἀλέαιτο Ζ Ω*: -οιτο 435 tt D T: -ατο C   **148** σεύαιτο 9 Ω*, -ετο Α^a D R: -οιτο O:]ιτο 435: -ατο Ζ G^c   **150** ἄρρηκτον νεφέλην ὤμοισιν 9 Ω: ωμο]ισιν νεφελην αρρηκτον 435 et fere r   **151** καθῖζον Bekker: κάθιζον Ζ Ω   ἐπ’ 9 Ω: ὑπ’ 435 r   **152** ἤϊε Ω: ἤιε (Ar) agn. sch^bT (cf. ad Ο 365): ηιε 9 Ζ: (σ’) ἰήϊε vel ἰήϊε sch^hyp   **153** καθείατο 9 435 (καθ’) t Ζ Ω: καθή- h   **155** ὤκνεον Ar’ 9 1457 Ζ Ω*: ὄ- “κατ’ ἔνια” (Did) T   **156** ἐλάμπετο (nov. Did) 9 435 t Ω: λά- Ar   **158** δύο δ’ 9 435 1457 Ω: δὲ δύ’ sch^hyp   **159–60** hoc ordine 1457 Ω*: inverso 9 W   **159** ἀμφοτέρων 9 1457 Ω: -ρω V.—cf. ad Ζ 120   **163** τίνασσε δὲ 9 1457 Ω: τινάσσων sch^hyp (cf. Μ 298, Χ 311)

Πηλείδης δ' ἑτέρωθεν ἐναντίον ὦρτο λέων ὥς
165 σίντης, ὅν τε καὶ ἄνδρες ἀποκτάμεναι μεμάασιν
ἀγρόμενοι, πᾶς δῆμος· ὃ δὲ πρῶτον μὲν ἀτίζων
ἔρχεται· ἀλλ' ὅτε κέν τις ἀρηϊθόων αἰζηῶν
δουρὶ βάληι, ἑάλη τε χανών, περί τ' ἀφρὸς ὀδόντας
γίνεται, ἐν δέ τέ οἱ κραδίηι στένει ἄλκιμον ἦτορ,
170 οὐρῆι δὲ πλευράς τε καὶ ἰσχία ἀμφοτέρωθεν
μαστίεται, ἑὲ δ' αὐτὸν ἐποτρύνει μαχέσασθαι,
γλαυκιόων δ' ἰθὺς φέρεται μένει, ἤν τινα πέφνηι
ἀνδρῶν, ἢ' αὐτὸς φθίεται πρώτωι ἐν ὁμίλωι·
ὣς Ἀχιλῆ' ὤτρυνε μένος καὶ θυμὸς ἀγήνωρ
175 ἀντίον ἐλθέμεναι μεγαλήτορος Αἰνείαο.
οἳ δ' ὅτε δὴ σχεδὸν ἦσαν ἐπ' ἀλλήλοισιν ἰόντες,
τὸν πρότερος προσέειπε ποδάρκης δῖος Ἀχιλλεύς·
"Αἰνεία, τί σὺ τόσσον ὁμίλου πολλὸν ἐπελθών
ἔστης; ἦ σέ γε θυμὸς ἐμοὶ μαχέσασθαι ἀνώγει
180 ἐλπόμενον Τρώεσσιν ἀνάξειν ἱπποδάμοισιν
τιμῆς τῆς Πριάμου; ἀτὰρ εἴ κεν ἔμ' ἐξεναρίξηις,
οὔ τοι τούνεκά γε Πρίαμος γέρας ἐν χερὶ θήσει·
εἰσιν γάρ οἱ παῖδες, ὃ δ' ἔμπεδος οὐδ' ἀεσίφρων.
ἦ νύ τί τοι Τρῶες τέμενος τάμον ἔξοχον ἄλλων,

164–75 (om. 168) Macr. Sat. 5.13.25; **165** (σίντ.) H. σ 698; Phot. Lex. s.v.; **166a** Arn ad B 278a, Π 265a¹; ApD Synt. 59.1; Hdn ad Δ 212a¹, Ω 665a (Philox. fr. 411 Th.); (ἀγρ.) cf. H. ε [312]; **166b–7** (ἔρχ.) sch Υ 332c; EtG α 1356; (ἀτίζ.) ApS 46.3; H. (Cyr.) α 8086; **169** (στένει) H. σ 1745; Phot. Lex. s.v.; **170–1** Auct. π. ὕψ. 15.3; EtG α 493 (e Methodio); (-ἐποτρ.) Epm. o 79; (-μαστ.) [Plut.] Hom. 2.87.4; sch A.R. 4.1613–16b; **171** (μαστ.) H. μ 359; (ἑὲ δ'-) sch Nic. Th. 123; (ἑὲ δ'-ἐποτρ.) ApD Pron. 46.22, 83.13; **172** (-φέρ.) ApS 55.8; (γλαυκ.) Porph. Hom. 49.5 Sod.; H. γ 605, cf. H. (Cyr.) κ 2877; **173** (ἢ-) Hdn ad Λ 192a¹; **174a** sch O 339b   **178** (τί-ὁμ.) ApD Pron. 49.18   **181a** sch O 189d   **183** al. (οὐδ'

164 ἐναντίον 9 1457 Ω*: -ος t W   **165** μεμάασιν 9 t Ω: -άωσι van Leeuwen **166** πρῶτον μὲν ἀτίζων 9 tt Z Ω: κρειῶν ἐρατίζων h (ex Λ 551, P 660)   **169** γίνεται t Ω: γίγν- 9 rr   utrum κραδίη an -ηι ambigit sch^bT, illud praefert   ἄλκιμον t Ω: οβριμον 9   **170** ἰσχία 9 tt* Z Ω: -ίον Auct. π. ὕψ.: -ίω Heyne   ἀμφοτέρωθεν 9 tt* Z Ω*: -ωσε "ἔν τισιν" (Did) D: om. Epm.—cf. ad O 669   **171** μαχέσασθαι tt* D F W G, -εσάσθαι 9, -έσσασθαι R: -έσεσθαι C: -έεσθαι Macr. A b: μάχεσθαι Auct. π. ὕψ. EtG^B T.— cf. ad E 496, Z 105   **172** ἰθὺς 9 tt Ω*: εὐθὺς C   ἤν 9 t Ω: εἴ Brandreth: malim ἤ, cf. Σ 308   **173** ἢ' dedi: ἢ Ω   **174** Ἀχιλῆ quidam ap. t, D   ὤτρυνε t Ω: ὅ- rr   **176** ἰόντες Ω: cf. ad E 630, Z 121   **178** σὺ 1457 t Ω*: νυ h W   πολλὸν Ω: πρόσθεν Christ (cf. Γ 22, Ψ 804)   ἐπελθών Ω: ἀπ- A^s h   **179** ἦ A F^a R W: ἢ Ω*   **180–6** ath. Ar   **180** ἀνάξειν 1457 Ω: -ξέμεν sch^hyp (-αίμεν cod.)   **182** χερὶ A F W, χερὶ 1457: χειρὶ b T: χερσὶ D R G   **183** εἰσιν dedi (v. Praef. xx): εἰσὶ(ν) Ω   ἀεσίφρων 1457 tt* Z Ω: ἀασί- agn. ApS   **184** ἢ 1457 Ω*: ἦ B^c C^c F T^c R G

185   καλόν, φυταλιῆς καὶ ἀρούρης, ὄφρα νέμηαι,
         αἴ κεν ἐμὲ κτείνηις· χαλεπῶς δέ σ' ἔολπα τὸ ῥέξειν.
         ἤδη μὲν σέ γέ φημι καὶ ἄλλοτε δουρὶ φοβῆσαι.
         ἦ οὐ μέμνη', ὅτε πέρ σε βοῶν ἄπο μοῦνον ἐόντα
         σεῦα κατ' Ἰδαίων ὀρέων ταχέεσσι πόδεσσιν
190   καρπαλίμως; τότε δ' οὔ τι μετατροπαλίζεο φεύγων.
         ἔνθεν δ' ἐς Λυρνησσὸν ὑπέκφυγες· αὐτὰρ ἐγὼ τήν
         πέρσα μεθορμηθεὶς σὺν Ἀθήνηι καὶ Διὶ πατρί,
         ληϊάδας δὲ γυναῖκας ἐλεύθερον ἦμαρ ἀπούρας
         ἦγον· ἀτὰρ σὲ Ζεὺς ἐρρύσατο καὶ θεοὶ ἄλλοι.
195   ἀλλ' οὐ νῦν ἐρύεσθαι ὀΐομαι, ὡς ἐνὶ θυμῶι
         βάλλεαι, ἀλλά σ' ἐγώ γ' ἀναχωρήσαντα κελεύω
         ἐς πληθὺν ἰέναι, μηδ' ἀντίος ἵστα' ἐμεῖο,
         πρίν τι κακὸν παθέειν· ῥεχθὲν δέ τε νήπιος ἔγνω."
         τὸν δ' αὖτ' Αἰνείας ἀπαμείβετο φώνησέν τε·
200   "Πηλείδη, μὴ δή μ' ἐπέεσσί γε νηπύτιον ὡς
         ἔλπεο δειδίξεσθαι, ἐπεὶ σάφα οἶδα καὶ αὐτός
         ἠμὲν κερτομίας ἠδ' αἴσυλα μυθήσασθαι.
         ἴδμεν δ' ἀλλήλων γενεήν, ἴδμεν δὲ τοκῆας,
         πρόκλυτ' ἀκούοντες ἔπεα θνητῶν ἀνθρώπων·
205   ὄψι δ' οὔτ' ἄρ πω σὺ ἐμοὺς ἴδες οὔτ' ἄρ' ἐγὼ σούς.
         φᾶσι σὲ μὲν Πηλῆος ἀμύμονος ἔκγονον εἶναι

ἀεσ.) H. (Cyr.) ο 1546; (ἀεσ.) ApS 2.7; H. (Cyr.) α 1411; EtG α 114   188–92a (om. 190)
Strab. 13.1.53; 190 (πρὶν δ'–) Philox. fr. 243 Th. (Orio 62.28/EtG s.v. ἐντροπαλιζόμενος); (μετετρ.) ApS 112.8; H. (Cyr.) μ 1048, cf. 1081   193 (λη.) ApS 108.17; H. λ 815,
[820]   196–7 Eudoc. 2143–4   199b ApS 24.22   200 (νηπ.) H. (Cyr.) ν 514
201 (ἔλπεο) id. ε 2207; (δειδ.) id. δ 435   204 Epm. π 184; 204a ApS 136.5; (πρόκλ.) H.
π [3528], 3539   206 (σὲ μὲν Π.) + 207a sch T 291b¹; 207 Hdn ii.286.6; EtG α 530;
(ἀλοσ.) H. (Cyr.) α 3248

185 καλὸν (= Z 195, M 314) Aᵞᵖ Ω*: ἐσθλὸν 1457 A b   187 φοβῆσαι D F R G:
φόβησα Ω*   188 ἦ 1457 A B E: ἢ Ω*   μέμνη' Brandreth: -η(ι) 1457 t Ω: -ησ' r: -εαι
Payne Knight.—cf. ad O 18   ἄπο Hdn t Ω*: ἀπὸ quidam ante Hdn R G: ἔπι Rhi Arph
ℵ ('sic βόεσσ' ἔπι esse deberet' van Leeuwen cl. Z 25, 424, al.)   190 τότε Z Ω: πρὶν t.—
cf. ad I 19   μετατροπαλίζεο tt* Z A Fᵃ W: μετετρ- ApS Hsch.¹⁰⁸¹ Ω*   191 ἔνθεν Ω:
κεῖθεν t   Λυρνησὸν Cᵃ O   195–8 ath. Ar   195 ἐρύεσθαι Ar rr: σ' ἐρύ- (nov. Did)
Aˡ D (-σθ') F W G: σε ρύ- Ω*   196 ἐγώ γ' Bekker: ἔγωγ' Ω   197 ἵστα' dedi: -ασ' t
Ω.—cf. ad K 291   200 μ' ἐπέεσσί Ω: με ἔπεσσί Bentley (cf. K 542)   201 δειδίξεσθαι 1462 Ω: -ασθαι Z Aˢ   202 αἴσυλα (= 433) Z Ω: αἴσιμα Düntzer   204 πρό-
κλυτ' 1462 tt Z Ω: πρὸ κλύτ' Leumann 99 n.59   205–9 ath. Ar   205 ὄψι Bekker:
-ει 1461 1462 Z Ω   οὔτ' ἄρ πω 1461 1462 Ω: ου πω]ς αρ 369   206 φᾶσι dedi
(cf. Praef. xx): φασὶ Ω: φᾶσι 1462

μητρός τ' ἐκ Θέτιδος καλλιπλοκάμου ἁλοσύδνης·
αὐτὰρ ἐγὼν υἱὸς μεγαλήτορος Ἀγχίσαο
εὔχομαι ἐκγεγάμεν, μήτηρ δέ μοί ἐστ' Ἀφροδίτη.
210 τῶν δὴ νῦν ἑτεροί γε φίλον παῖδα κλαύσονται
σήμερον· οὐ γάρ φημ' ἐπέεσσί γε νηπυτίοισιν
ὧδε διακρινθέντε μάχης ἐξ ἀπονέεσθαι.
      "εἰ δ' ἐθέλεις καὶ ταῦτα δαήμεναι, ὄφρ' εὖ εἴδηις
ἡμετέρην γενεήν, πολλοὶ δέ μιν ἄνδρες ἴσασιν.
215 Δάρδανον ἂρ πρῶτον τέκετο νεφεληγερέτα Ζεύς·
κτίσσε δὲ Δαρδανίην, ἐπεὶ οὔ πω Ἴλιος ἱρή
ἐν πεδίωι πεπόλιστο, πόλις μερόπων ἀνθρώπων,
ἀλλ' ἔθ' ὑπωρείας οἴκεον πολυπίδακος Ἴδης.
Δάρδανος αὖ τέκεθ' υἱὸν Ἐριχθόνιον βασιλῆα,
220 ὃς δὴ ἀφνειότατος γένετο θνητῶν ἀνθρώπων·
τοῦ τρισχείλιαι ἵπποι ἕλος κάτα βουκολέοντο
θήλειαι, πώλοισιν ἀγαλλόμεναι ἀταλῆισιν.
τάων καὶ Βορέης ἠράσσατο βοσκομενάων,
ἵππωι δ' εἰσάμενος παρελέξατο κυανοχαίτηι·
225 αἳ δ' ὑποκυσάμεναι ἔτεκον δυοκαίδεκα πώλους.

210 (–παῖδα) sch E 271–2a[1]   215–16a Strab. 13.1.24; 215 [Plut.] Hom. 2.75.3; Max.
Tyr. 22.5; (–τέκ.) sch X 53; (πρῶτον–) Clem. Strom. 1.103.3 (unde Eus. P.E. 10.12.12);
216–18 Pl. Leg. 681e; Strab. 13.1.25; Ascl. in Metaph. CAG vi(2).11.4; 216 (Δάρδ.) H.
(Cyr.) δ 257; 216b–17a Epm. π 120; 217 (πεπόλ. πόλ.) Epm. A 1b[1], α 274; (πεπόλ.) H. π
1490; 218 ApS 160.16; Porph. in Cat. CAG iv(1).67.9; Simpl. in Cat. CAG viii.32.28;
(ὑπωρ.) H. υ 797   220–1 Diod. 4.75.2; 221 + 223 Ael. H.A. 4.6; 221 Max. Tyr. 39.1; sch
Eur. Pho. 28, Alc. 8; (τρισχ. ἵπποι) sch Ξ 491; (τρισχ., ἕλος–) Iul. Or. 2.52c; (ἵπποι βουκ.)
sch Δ 3b[1]; 222 (ἀγαλλ.) H. α 273; (ἀταλ.) Phot. Lex. α 3051; 223 Matro Supp. Hell. 534.6
(parod.)   224–5 Porph. Antr. 26; 224 Aret. 4.13.2

207 τ' 1462 EtG Ω*: δ' tt* D T R   211 cf. ad 200   212 διακρινθέντε Ω* (-ες A[a]):
-κριθ- b F[a] ἐξ ἀπονέεσθαι Bothe: ἐξαπο- Ω.—cf. ad Π 252   213 ἐθέλεις, sic interpungunt Ar B F T[c] (cf. ad Z 150) εὖ Ω, ευ 369: ἔϋ Ludwich (ἐὺ Bekker) εἴδηις (Tyr)
Fick: εἰδῆ(ι)ς (Ar Hdn) Ω.—cf. ad A 515   215 ἂρ [Plut.][vl] A[s] W N V: αὖ tt* Ω* (ex
219?): utrumque Z   218 οἴκεον Brandreth (cf. ad Ξ 116): ὤ(ι)κεον ApS Strab. Ω:
-ουν Plat.: ἔναιον Strab.[vl] tt*: ναῖον Nauck πολυπίδακος Ascl. A C[a] R W G: -πιδά-
κου tt* A[m] Ω*.—cf. ad Ξ 157   221 τοῦ 1461 tt* Ω: τῶι Ael. τρισχειλ[ιαι 1461 (cf.
Praef. xxxvi): -χίλιαι tt* Ω (τρὶς χ- A[c?] A[m]): -ιοι Max. rr κάτα Hdn Ω*: κατὰ vel κατα C E R   224 δ' εἰσάμενος Ar t* Ω: ἐεισ- Porph. παρελέξατο κυανοχαίτηι Ar tt
Ω: ἐμίγη φιλότητι καὶ εὐνῆι quidam ante Ar, ἵππος γὰρ οὐ παρακοιμᾶται ἀλλὰ ἐπι-
βαίνει; eiusdem indolis est Zenodoti coniectura ad Anacr. 408   224a ἐν μαλακῶι
λειμῶνι καὶ ἄνθεσιν εἰαρινοῖσιν (= Hes. Th. 279) add. C[s] G[m] O[m] (item post v. 223 rr):
carent 1461 t Ω

αἳ δ' ὅτε μὲν σκιρτῷεν ἐπὶ ζείδωρον ἄρουραν,
ἄκρον ἐπ' ἀνθερίκων καρπὸν θέον, οὐδὲ κατέκλων·
ἀλλ' ὅτε δὴ σκιρτῷεν ἐπ' εὐρέα νῶτα θαλάσσης,
ἄκρον ἐπὶ ῥηγμῖνα ἁλὸς πολιοῖο θέεσκον.

230 Τρῶα δ' Ἐριχθόνιος τέκετο Τρώεσσιν ἄνακτα·
Τρωὸς δ' αὖ τρεῖς παῖδες ἀμύμονες ἐξεγένοντο,
Ἶλός τ' Ἀσσάρακός τε καὶ ἀντίθεος Γανυμήδης,
ὃς δὴ κάλλιστος γένετο θνητῶν ἀνθρώπων·
τὸν καὶ ἀνηρέψαντο θεοὶ Διὶ οἰνοχοεύειν

235 κάλλεος εἵνεκα οἷο, ἵν' ἀθανάτοισι μετείη.
Ἶλος δ' αὖ τέκεθ' υἱὸν ἀμύμονα Λαομέδοντα·
Λαομέδων δ' ἄρα Τιθωνὸν τέκετο Πρίαμόν τε
Λάμπόν τε Κλυτίον θ' Ἱκετάονά τ' ὄζον Ἄρηος.
Ἀσσάρακος δὲ Κάπυν, ὃ δ' ἄρ' Ἀγχίσην τέκε παῖδα·

240 αὐτὰρ ἔμ' Ἀγχίσης, Πρίαμος δ' ἔτεχ' Ἕκτορα δῖον.
ταύτης τοι γενεῆς τε καὶ αἵματος εὔχομαι εἶναι·
Ζεὺς δ' ἀρετὴν ἄνδρεσσιν ὀφέλλει τε μινύθει τε,
ὅππως κεν ἐθέλησιν, ὃ γὰρ κάρτιστος ἁπάντων.
"ἀλλ' ἄγε, μηκέτι ταῦτα λεγώμεθα νηπύτιοι ὣς

226–9 'Trypho ii' Trop. 14 (CQ 15.243); Macr. Sat. 5.8.4; 226 sch A.R. 1.184; 226b sch Υ 227; 227 Luc. Dial. 50.20; Anon. Trop. iii.211.18 Sp.; Choer. Trop. iii.252.31 Sp.; (–θέον) EtG α 879; 227a cf. Luc. Dial. 59.8; (ἀνθερ.) H. α 5124; 229 Eudoc. 729; (ἁλὸς πολ.) Lesb. Fig. 2; Porph. Hom. 32.18 Sod.; sch Hes. Op. 151b; Epm. α 277 231 Epm. τ 16 233 Eudoc. 368 234–5 Ach. Tat. 2.36.3; sch Pind. Ol. 10.123b; 234–5a Philo De provid. fr. ap. Eus. P.E. 8.14.7; ApD Pron. 47.29, Synt. 210.4; Prisc. Inst. 13.28; 234 (–θεοί) + 235a EtG α 876; 234 Porph. Il. 68.3 Schr.; sch A.R. 3.114–17a; (ἀνηρ.–)–235 Ath. 566d; 234 (ἀνηρ.–) ApS 34.10; Theodoret. Graec. aff. cur. 3.31; (ἀνηρ.) H. (Cyr.) α [4947], 5083, cf. ε 3016; (Διὶ–) Arist. Poet. 1461a30; cf. Paus. 5.24.5; 235 Epm. π 152 237–8 Arn ad Ο 419; sch Ο 546–7; 237–8a sch Ο 527 242–3 Stob. 1.1.4; 242 Plut. Mor. 24e; Theophil. ad Autol. 2.8; w5 (lacerum); (μιν.) H. (Cyr.) μ 1401; 243 Eudoc. 251 244 (–λεγ.) Arn ad Β 435b, Υ 251–5a¹

226 αἳ δ' ὅτε μὲν 1461 1463 t* Ω: αἳ δ' ὅτε δὴ sch-A.R. Aˢ: ἀλλ' ὅτε δὴ (ex 228) 'Trypho' 228 δὴ "αἱ κοιναί" tt Ω: δὲ Arᵃᵇ 1461? rr 229 ἔπι La Roche ῥηγμῖνα Ahrens Kl. Schr. I 134 (cf. Hippon. fr. 115.13 W.): -νος tt Ω 230 Ερεχθονί(ος 1463ᵃ 231 ἀμύμονες tᵛˡ Ω* (cf. Ξ 115): -νος A h H.—cf. ad Λ 692 234 τὸν 1463 tt* Aᴧ Tᴧ Ω: ὃν Philo ApDˢʸⁿᵗ καὶ Ar Hdn 369 tt Ω: μὲν "κατ' ἔνια" (Did) ἀνηρέψαντο Doederlein Hom. Gloss. iii.244: ἀνηρείψ- fere Ar Ptol Hdn tt Ζ Ω (-ρῖψ- G): ἂν ἠρ- Apollonius Theonis f.—v. adn. meam ad Hes. Th. 990 235 (= ο 251, ubi ath. Ar) damn. Gemoll Herm. 18 (1883) 81; cf. Hymn. Ven. 203 238 Λάμπόν sic A F G Κλυτίόν Ο V 243 κάρτιστος 244 Eudoc. Aᵐ F T W, κρατ- t* D R G: κ' ὄχ' ἄριστος Aʸᵖ A b (ex Μ 357) 244–50 damn. Christ, 246–55 Heyne

245 ἑσταότ' ἐν μέσσηι ὑσμίνηι δηϊοτῆτος·
    ἔστι γὰρ ἀμφοτέροισιν ὀνείδεα μυθήσασθαι
    πολλὰ μάλ', οὐδ' ἂν νηῦς ἑκατόζυγος ἄχθος ἄροιτο.
    στρεπτὴ δὲ γλῶσσ' ἐστὶ βροτῶν, πολέες δ' ἔνι μῦθοι
    παντοῖοι, ἐπέων δὲ πολὺς νομὸς ἔνθα καὶ ἔνθα.
250 ὁπποῖόν κ' εἴπηισθα ἔπος, τοῖόν κ' ἐπακούσαις.
    ἀλλὰ τίη ἔριδας καὶ νείκεα νῶϊν ἀνάγκη
    νεικεῖν ἀλλήλοισιν ἐναντίον, ὥς τε γυναῖκας,
    αἵ τε χολωσάμεναι ἔριδος πέρι θυμοβόροιο
    νεικέουσ' ἀλλήλῃσι μέσην ἐς ἄγυιαν ἰοῦσαι
255 πόλλ' ἐτεά τε καὶ οὐκί, χόλος δέ τε καὶ τὰ κελεύει;
    ἀλκῆς δ' οὔ μ' ἐπέεσσιν ἀποστρέψεις μεμαῶτα,
    πρὶν χαλκῶι μαχέσασθαι ἐναντίον· ἀλλ' ἄγε θάσσον
    γευσόμεθ' ἀλλήλων χαλκήρεσιν ἐγχείηισιν."
    ἦ ῥα, καὶ ἐν δεινῶι σάκεϊ ἔλασ' ὄβριμον ἔγχος
260 σμερδαλέωι· μέγα δ' ἀμφὶ σάκος μύκε δουρὸς ἀκωκῆι.
    Πηλείδης δὲ σάκος μὲν ἀπὸ ἕο χειρὶ παχείηι

247 (οὐδ'-ἑκατ.) sch Pind. Pyth. 4.501b; (ἑκατ.) H. (Cyr.) ε 1277   248–50 [Plut.]
Hom. 2.173; Clem. Strom. 1.22.3; D.L. 9.73; 248–9 Dio Prus. 12.64; 248 (–βροτ.) sch A
225c; 250 Erot. p.6.12 N.; Aristid. Or. 3.42; Plut. Mor. 1122b; Greg. Naz. Epist. 190.5; w5
(lacerum); Philop. De aetern mundi 5.1; Homerocento in A.P. 9.382.10; sch Hes. Op.
721a; 250a Lib. Ep. 453.1 (x.442.8 F.); (εἴπ.) [Plut.] Hom. 2.10.5   253–5 (confuse) Dio
Prus. 40.29; 254b Epm. α 6; (μέσην ἐς ἄγ.) Hdn ad Z 422a¹   258 sch Pind. Pyth. 9.61a;
258a H. γ 466   259 Porph. Il. 244.1 Schr.   261–2a ApD Synt. 223.1 sqq.; 261 (σάκος–ἕο) + 262–3a sch Λ 439b¹; 261b ApD Pron. 76.4, 20

247 ἂν t Ω*: αὖ D   ἑκατόζυγος 1464 Tᴧ Ω*: ἑκατόνζ- tt Z Aᵐ Bᶜ F Rˢ   248–50
damn. Bekker   248 δὲ [Plut.] Diog. Ω*: δέ τε D C T: γὰρ tt*   249 παντοῖοι Dio Ω:
-οίων tt*: om. Diog.   νομὸς Hdn Z Ω*: νόμος quidam ap. schᵀ D V   250 damn.
Düntzer   εἴποι τις et τοίου Philop.   ἐπακούσαις 1464 tt* Ω (cf. Hes. Op. 721):
-ση(ι)ς [Plut.] Oˣ Eust.: -σεις Oˣ   251–5 ath. Ar   251 τίη Ω*: τί ἡ vel ἦ Hdn, τί ἡ
A B E Fᵃ Tᶜ.—cf. Praef. xxi sq.   νείκεα Ω: ὀνείδεα Aᵞᵖ (cf. 246)   252 ἀλλήλοισιν Ω:
-οιιν rᵃ.—cf. ad X 128   253 ἔριδος πέρι θυμοβόροιο 1464 1465 Ω (περὶ B R W, περι
E): ἀγορῆς ἐς μέσσον ἰοῦσαι t (omisso 254b–5a)   254 νεικέουσ' dedi, possis et
-έωσ': -εῦσ't Ω: -ουσι Z   ἄγυιαν Ar (ap. t) A D Fᵃ: ἀγυιὰν Ω*:]v 1464: μέση ἐν αγυιᾶ
Z.—cf. Wack. KS 1172 sq., 1175 sq., 1580   255 πόλλ' ἐτεά τε (nov. Did) t schᴰ Aᵐ Cʳ
Ω* (ἐτεόν τε van Leeuwen): πολλά τ' ἐόντα Ar: eadem et deinceps τὰ δ' οὐκί alii ap. Did
(sic N, sed πόλλ' ἔτ'): πολλὰ τά τε Aᴧ A b   δέ τε t Ω*: δὲ b: δὲ τὰ Naber cl. Pind. Pyth.
7.22 al.   256 μ' ἐπέεσσιν Ω: cf. ad 200   ἀποστρέψεις Aᵞᵖ F T R: ἀποτρ- D W G (cf.
109 et ad M 249): μεταστρ- A C: μετατρ- B E   257 θάσσον G: θᾶ- Ω*   259 δει-
νῶι (nov. Did) t Ω*: δινῶι Ar (an δίνωι?) A Fˣ.—cf. ad Φ 25   σάκεϊ ἔλασ' Ar: σάκει
ἤλασε(ν) (nov. Did) Ω: σάκε' ἤλ- t rr.—cf. ad Ψ 196   ὄβριμον Ar t A b (ὄμβρ- C) F:
χάλκεον 1464² Ω*   260 σμερδαλέωι Ω (cf. Φ 401): -έον Hᶜ N (quo recepto δὲ μέγ'
Heyne cl. ι 395)   ἀκωκῆι Ω*: -ή b E² T R W G   261 ἀπὸ Zen tt Ω*: ἀπαὶ W V   ἕο

ἔσχετο ταρβήσας· φάτο γὰρ δολιχόσκιον ἔγχος
ῥέα διελεύσεσθαι μεγαλήτορος Αἰνείαο,
νήπιος, οὐδ᾽ ἐνόησε κατὰ φρένα καὶ κατὰ θυμόν
265   ὡς οὐ ῥηΐδι᾽ ἐστὶ θεῶν ἐρικυδέα δῶρα
ἀνδράσι γε θνητοῖσι δαμήμεναι οὐδ᾽ ὑποείκειν.
οὐδὲ τότ᾽ Αἰνείαο δαΐφρονος ὄβριμον ἔγχος
ῥῆξε σάκος· χρυσὸς γὰρ ἐρύκακε, δῶρα θεοῖο.
{ἀλλὰ δύω μὲν ἔλασσε διὰ πτύχας, αἱ δ᾽ ἄρ᾽ ἔτι τρεῖς
270   ἦσαν, ἐπεὶ πέντε πτύχας ἤλασε Κυλλοποδίων,
τὰς δύο χαλκείας, δύο δ᾽ ἔνδοθι κασσιτέροιο,
·τὴν δὲ μίαν χρυσέην, τῇ ῥ᾽ ἔσχετο μείλινον ἔγχος.}
      δεύτερος αὖτ᾽ Ἀχιλεὺς προΐει δολιχόσκιον ἔγχος,
καὶ βάλεν Αἰνείαο κατ᾽ ἀσπίδα πάντοσ᾽ ἐΐσην,
275   ἄντυγ᾽ ὕπο πρώτην, ἧι λεπτότατος θέε χαλκός,
λεπτοτάτη δ᾽ ἐπέην ῥινὸς βοός· ἧ δὲ διάπρο
Πηλιὰς ἤϊξεν μελίη, λάκε δ᾽ ἀσπὶς ὑπ᾽ αὐτῆς.
Αἰνείας δ᾽ ἐάλη καὶ ἀπὸ ἕθεν ἀσπίδ᾽ ἀνέσχεν
δείσας· ἐγχείη δ᾽ ἄρ᾽ ὑπὲρ νώτου ἐνὶ γαίηι
280   ἔστη ἱεμένη, διὰ δ᾽ ἀμφοτέρους ἔλε κύκλους
ἀσπίδος ἀμφιβρότης. ὃ δ᾽ ἀλευάμενος δόρυ μακρόν
ἔστη, κὰδ δ᾽ ἄχος οἱ χύτο μυρίον ὀφθαλμοῖσιν,

264 (οὐδ᾽-)–**6** Porph. Il. 246.22 Schr.; **265** (ῥηΐδια) H. ρ 250   **268** (χρ.–) Porph. Il.
247.2, 11 Schr.   **269** (–πτ.) Arn ad Φ 165a   **270** (ἐπεὶ–)–**2a** Hclt. Alleg. 51.1; **270**
(ἐπεὶ–) Hdn ad M 295a; (πέντε–)–2 Porph. Il. 247.5 Schr.; **270** (ἤλασε) Apio 240.14; **272**
Porph. 244.3; (–ἔσχ.) Arn ad Δ 138a; **272b** Arist. Poet. 1461a33   **273–6** (–βοός) Porph.
Il. 247.16 Schr.; **276** (ἧ δὲ–)–**7a** Arn ad Υ 322–4a; Hdn ad Π 669a (Philox. fr. 409 Th.); **276**
(διάπρο)–**7a** Porph. Il. 248.1 Schr.; **277** (Πηλ.) H. π 2184   **278** Hdn i.558.5; **278a** Epm.
ε 185   **279** (ἐγχ.–)–**80a** Porph. Il. 248.2 Schr.; **279** (ἐγχ.–) Arn ad Υ 322–4a

Ar 1464 tt Ω: οὐ Zen (cf. ad B 239, T 384)   **263** ῥέα διελεύσεσθαι Ar M P: ῥεῖα διελ-
(nov. Did) t T Rᵃ N: ῥεῖα δ᾽ ἐλ- Ω*.—cf. ad N 144   **265** δῶρα 1466 t Ω: ἔργα "ἔν
τισιν" Aᵐ (Did?) (an ad 268 referendum?)   **266** ὑποείκειν 1466 t Ω (cf. K 403, P 77):
-ει Düntzer   **269–72** ath. Ar, καὶ προηθετοῦντο παρ᾽ ἐνίοις τῶν σοφιστῶν, ἐν
ἐνίοις δὲ οὐδὲ ἐφέροντο.—cf. Φ 165, 594   **269** ἔλασσε t Ω: θλάσσε quidam ap.
Porph.²⁴⁴ (Autocthoni adscr. Eust. 1207.50, at v. Erbse v.48)   **272** χρυσέην Barnes:
-σῆν tt Ω   μείλινον tt* A *b* F, -λιον Gʳ: χάλκεον Aristot. Z Ω*.—cf. ad X 275
273 δεύτερος t Aᵏ Ω*: -ον Zen(?) Aᵃ O   **273–4** προΐει–ἐΐσην Ar 1463 t Ω: μελίην
ἰθυπτίωνα [-λιηι -πτίωνι Heyne, -κτίωνι Düntzer, cf. ad Φ 169]| ἀσπίδα νύξ᾽ εὔχαλ-
κον ἀμύμονος Αἰνείαο [-ωο? cf. ad E 263, 323] Zen   πάντοσ᾽ ἐΐσην 1463 *b*: -οσε ἴσην
Ω*   **275** ὕπο Wolf: ὑπὸ Z Ω   **276** ἐπέην 1463 t Ω: ὑπ- Heyne   διάπρο dedi
(Praef. xix): διὰ πρὸ R G, διαπρὸ Ω*   **278** ἀπὸ Ω (ἀπαὶ rr): ὑπὸ t   **280** ἔλε Ω, ἔλε
Z: ἔχε Heyne   **281** ἀλευάμενος Ω*: -όμενος G V.—cf. ad E 28   **282** δ᾽ ἄχος οἱ Ω:
δέ (Ϝ᾽) ἄχος van Leeuwen: δ᾽ ἀχλὺς Bentley (… μυρίη Düntzer), cf. 421

ταρβήσας, ὅ οἱ ἄγχι πάγη βέλος. αὐτὰρ Ἀχιλλεύς
ἐμμεμαὼς ἐπόρουσεν ἐρυσσάμενος ξίφος ὀξύ,
285   σμερδαλέα ἰάχων· ὃ δὲ χερμάδιον λάβε χειρί
Αἰνείας, μέγα ἔργον, ὃ οὐ δύο γ᾽ ἄνδρε φέροιεν,
οἷοι νῦν βροτοί εἰσ᾽· ὃ δέ μιν ῥέα πάλλε καὶ οἷος.
    ἔνθά κεν Αἰνείας μὲν ἐπεσσύμενον βάλε πέτρωι
ἢ κόρυθ᾽ ἠὲ σάκος, τό οἱ ἤρκεσε λυγρὸν ὄλεθρον,
290   τὸν δέ κε Πηλείδης σχεδὸν ἄορι θυμὸν ἀπηύρα,
εἰ μὴ ἄρ᾽ ὀξὺ νόησε Ποσειδάων ἐνοσίχθων·
αὐτίκα δ᾽ ἀθανάτοισι θεοῖς μετὰ μῦθον ἔειπεν·
"ὢ πόποι, ἦ μοι ἄχος μεγαλήτορος Αἰνείαο,
ὃς τάχα Πηλείωνι δαμεὶς Ἀϊδόσδε κάτεισιν,
295   πειθόμενος μύθοισιν Ἀπόλλωνος ἑκάτοιο,
νήπιος, οὐδέ τί οἱ χραισμήσει λυγρὸν ὄλεθρον.
ἀλλὰ τίη νῦν οὗτος ἀναίτιος ἄλγεα πάσχει
μὰψ ἕνεκ᾽ ἀλλοτρίων ἀχέων, κεχαρισμένα δ᾽ αἰεί
δῶρα θεοῖσι δίδωσι, τοὶ οὐρανὸν εὐρὺν ἔχουσιν;
300   ἀλλ᾽ ἄγεθ᾽ ἡμεῖς πέρ μιν ὕπεκ θανάτου ἀγάγωμεν,
μή πως καὶ Κρονίδης κεχολώσεται, αἴ κεν Ἀχιλλεύς
τόνδε κατακτείνηι· μόριμον δέ οἵ ἐστ᾽ ἀλέασθαι,
ὄφρα μὴ ἄσπερμος γενεὴ καὶ ἄφαντος ὄληται
Δαρδάνου, ὃν Κρονίδης περὶ πάντων φίλατο παίδων,
305   οἳ ἕθεν ἐξεγένοντο γυναικῶν τε θνητάων.
ἤδη γὰρ Πριάμου γενεὴν ἤχθηρε Κρονίων·
νῦν δὲ δὴ Αἰνείαο βίη Τρώεσσιν ἀνάξει

283 (βέλος) id. ad Υ 273–4a[1]   **293** [Plut.] Hom. 2.39.2; Zon. Fig. iii.167.9 Sp.
297–9 Eudoc. 1836–8; **298** (κεχαρ.) H. κ 2412   **303** Max. Tyr. 20.9; Eudoc. 135; (–γεν.)
sch Δ 60c; sch A.R. 3.807; (ἄσπ.) H. α 7763   **304** (φίλ.) id. φ 458   **306–8** Strab.
13.1.53; **306** sch Δ 47a; **307–8** D.H. Ant. 1.53.5; Macr. Sat. 5.3.8; Latine reddit Verg. Aen.
3.97–8; **307** sch B 12b; sch Eur. Tro. 47; Epm. v 4; (Αἰν.–) sch M 13–15; **308** Orig. c.Cels.
8.40

286 γ᾽ Ω: cf. ad E 303   **287** (= E 304, M [449]) om. 1464 1467 Aᵃ V   εἰσ᾽· ὃ δέ μιν Ω:
εἰσιν· ὃ δὲ Nauck.—v. ad M 449   **288** ἔνθά sic Ω (ἐνθά E)   ἐπεσσύμενον Ω* Tˢ:
-ος B E Fˢ T W.—cf. ad Δ 527   **293** ὢ A D G: ὦ Ω*   **297** τίη A B E F, τί ἡ Tᵃ, τί ἢ
Tᶜ   **300** ὕπεκ H: ὑπ᾽ ἐκ Ω (ἐκ tantum B E F)   **301** αἴ Ω*: εἴ D C   **302** τόνδε 1464
Ω: an τόν γε?   μόριμον Z F W: μόρσιμον Ω*   **303** ὄφρα 1464 tt* Ω: ὥς κε Max.   καὶ
ἄφαντος t* Ω: δμηθέντος Ar teste schʰ (et ἄφαντος pro ἄσπερμος, quod non creden-
dum): μετόπισθεν Max.   **305** οἳ ἕθεν A   τε θνητάων Ω* G²ˢ: θηλυτεράων
G   **306** ἤχθηρε Ar 9 tt Ω: -αιρε Arph.—cf. ad P 270   **307–8** susp. Arph teste
sch-Eur.   **307** Αἰνείαο βίη Τρώεσσιν Ar 9 tt Z Ω: Αἰνείω γενεὴ πάντεσσιν quidam
ante Ar (vel teste Strab. Αἰνείαο γένος), cf. Verg.   ἀνάξει 9 tt* Z Ω: -σσει Macr.

καὶ παίδων παῖδες, τοί κεν μετόπισθε γένωνται."
τὸν δ' ἠμείβετ' ἔπειτα βοῶπις πότνια Ἥρη·
310 "'Εννοσίγαι', αὐτὸς σὺ μετὰ φρεσὶ σῇσι νόησον
311 Αἰνείαν, ἤ κέν μιν ἐρύσσεαι ἦ κεν ἐάσεις·
313 ἤτοι μὲν γὰρ νῶϊ πολὺς ὠμόσσαμεν ὅρκους
πᾶσι μετ' ἀθανάτοισιν, ἐγὼ καὶ Παλλὰς Ἀθήνη,
315 μή ποτ' ἐπὶ Τρώεσσιν ἀλεξήσειν κακὸν ἦμαρ
{μηδ' ὁπότ' ἂν Τροίη μαλερῶι πυρὶ πᾶσα δάηται
καιομένη, καίωσι δ' ἀρήϊοι υἷες Ἀχαιῶν}."
αὐτὰρ ἐπεὶ τό γ' ἄκουσε Ποσειδάων ἐνοσίχθων,
βῆ ῥ' ἴμεν ἄν τε μάχην καὶ ἀνὰ κλόνον ἐγχειάων,
320 ἷξε δ' ὅθ' Αἰνείας ἠδ' ὁ κλυτὸς ἦεν Ἀχιλλεύς.
αὐτίκα τῶι μὲν ἔπειτα κατ' ὀφθαλμῶν χέεν ἀχλύν,
Πηλείδηι Ἀχιλῆϊ, ὃ δὲ μελίην εὔχαλκον
ἀσπίδος ἐξέρυσεν μεγαλήτορος Αἰνείαο.
καὶ τὴν μὲν προπάροιθε ποδῶν Ἀχιλῆος ἔθηκεν,
325 Αἰνείαν δ' ἔσσευεν ἀπὸ χθονὸς ὑψόσ' ἀείρας·
πολλὰς δὲ στίχας ἡρώων, πολλὰς δὲ καὶ ἵππων
Αἰνείας ὑπέραλτο θεοῦ ἀπὸ χειρὸς ὀρούσας,
ἷξε δ' ἐπ' ἐσχατιὴν πολυάϊκος πολέμοιο·
ἔνθα δὲ Καύκωνες πόλεμον μέτα θωρήσσοντο.
330 τῶι δὲ μάλ' ἐγγύθεν ἦλθε Ποσειδάων ἐνοσίχθων,
καί μιν φωνήσας ἔπεα πτερόεντα προσηύδα·
"Αἰνεία, τίς σ' ὧδε θεῶν ἀτέοντα κελεύει

313 Eudoc. 1907   316 (δάηται) H. (Cyr.) δ 40   329 Porph. Il. 248.8
Schr.   332 ApS 46.4; (ἀτέοντα) H. (Cyr.) α 8050; EtG α 1552

308 παίδων παῖδες 9 tt* Ω*: παῖδες παίδων Dion. quidam ap. Strab. Aᵏ Aˢ Dᵃ
T R   γένωνται Ar Verg. tt Ω: λίπωνται "αἱ διὰ τῶν πόλεων" 9   311 ἤ Tᵃ: ἤ Ω
ἐάσεις 9 Ω* Cˢ: -ση(ι)ς Cᶦ R   312 Πηλείδηι Ἀχιλῆϊ δαμήμεναι ἐσθλὸν ἐόντα (cf. X 176) add. 1463ᵐ Cˢ Rᵐ M V: deest in 9 1463ᶦ Ω.—cf. ad Ω 558   313 πολὺς
Christ (-ὺς dedi): -εῖς 9 t Z Tᵏ Ω: -ις (ss. ε) 1463: -έας Buttmann.—cf. Praef.
xxxiv   316–17 (= Φ 375–6) om. 9 (mg. rest. 9²?), damn. Bekker, 317 (om. V) iam Bentley   317 καιομένη, καίωσι 1463 Aˢ W: δαιο- δαί- Ω* (ex Σ 227?).—cf. ad Φ
376   319 ῥ' 9 1463ᶜ Ω: δ' 1463ᵃ   320 ἷξε E T R W: ἴ- fere Ω*   ἠδ' ὁ 9 Ω*: ἠδὲ h G.—
cf. ad B 278, K 363   322–4 ath. Ar cl. 276–80 (at cf. 345)   322 εὔχαλκον Ω*: ἔϋ- A,
ἐΰ- B E   325 ἔσσευεν 9 schʰʸᵖ Z Ω, ἔσευεν Tᵏ: ἐπέσευεν h   327 ὑπέραλτο 9: ὑπερ-
ἆλτο Ω: ὕπερ ἀ- O   ἄπο (noluit Hdn) Aᵃ   328 ἷξε h T R W: ἴ- vel ἴ- Ω*   329 δὲ 9
t Ω*: τε M: κε T   μέτα t A B E T: μετὰ vel μετα 9 Ω*: μετε- h   331 καί μιν Zen Ar 9
1463 Ω: τὸν καὶ Rhi   φωνήσας Ar 9 Ω: νεικείων Zen Rhi   332 ἀτέοντα 'omnes' Didymi 9 tt Z Ω*: ἀπέ- Gʳ: ἀέκ- R (-ητι Cʸᵖ Gˢ): χατέ- P rr (cf. γ 48).—cf. Rengakos 35

   ἀντί᾽ Ἀχιλλῆος πολεμίζειν ἠδὲ μάχεσθαι,
   ὅς σέ᾽ ἅμα κρέσσων καὶ φίλτερος ἀθανάτοισιν;
335 ἀλλ᾽ ἀναχωρῆσαι, ὅτε κε ξυμβλήεαι αὐτῶι,
   μὴ καὶ ὑπὲρ μοῖραν δόμον Ἄϊδος εἰσαφίκηαι.
   αὐτὰρ ἐπεί κ᾽ Ἀχιλεὺς θάνατον καὶ πότμον ἐπίσπηι,
   θαρσήσας δήπειτα μετὰ πρώτοισι μάχεσθαι·
   οὐ μὲν γάρ τίς σ᾽ ἄλλος Ἀχαιῶν ἐξεναρίξει.”
340 ὣς εἰπὼν λίπεν αὐτόθ᾽, ἐπεὶ διεπέφραδε πάντα.
   αἶψα δ᾽ ἔπειτ᾽ Ἀχιλῆος ἀπ᾽ ὀφθαλμῶν σκέδασ᾽ ἀχλύν
   θεσπεσίην· ὃ δ᾽ ἔπειτα μέγ᾽ ἔξιδεν ὀφθαλμοῖσιν,
   ὀχθήσας δ᾽ ἄρα εἶπε πρὸς ὃν μεγαλήτορα θυμόν·
   “ὢ πόποι, ἦ μέγα θαῦμα τόδ᾽ ὀφθαλμοῖσιν ὁρῶμαι.
345 ἔγχος μὲν τόδε κεῖται ἐπὶ χθονός, οὐδέ τι φῶτα
   λεύσσω, τῶι ἐφέηκα κατακτάμεναι μενεαίνων.
   ἦ ῥα καὶ Αἰνείας φίλος ἀθανάτοισι θεοῖσιν
   ἦεν· ἀτάρ μιν ἔφην μὰψ αὔτως εὐχετάασθαι.
   ἐρρέτω· οὔ οἱ θυμὸς ἐμεῖ᾽ ἔτι πειρηθῆναι
350 ἔσσεται, ὡς καὶ νῦν φύγεν ἄσμενος ἐκ θανάτοιο.
   ἀλλ᾽ ἄγε δὴ Δαναοῖσι φιλοπτολέμοισι κελεύσας
   τῶν ἄλλων Τρώων πειρήσομαι ἀντίος ἐλθών.”
   ἦ, καὶ ἐπὶ στίχας ἄλτο, κέλευε δὲ φωτὶ ἑκάστωι·
   “μηκέτι νῦν Τρώων ἑκὰς ἔστατε, δῖοι Ἀχαιοί,
355 ἀλλ᾽ ἄγ᾽ ἀνὴρ ἄντ᾽ ἀνδρὸς ἴτω, μεμάτω δὲ μάχεσθαι·
   ἀργαλέον δ᾽ ἐμοί ἐστι καὶ ἰφθίμωι περ ἐόντι
   τοσσούσδ᾽ ἀνθρώπους ἐφέπειν καὶ πᾶσι μάχεσθαι.

336 Gell. 13.1.2; Aristid. Quint. 3.26 p.131.11 W.-I.; (–Ἄϊδος) Hdn ad Υ 30b¹; Luc.
Dial. 20.2; EtG s.v. ὑπέρμορα **340** Eudoc. 2147, 2336, cf. 67 **342** ead. 911
350 (ὅς–) EtG α 1287 **357** (ἐφέπ.) H. ε 7386

333 ἀντί᾽ Ἀχιλλῆος πολεμίζειν ἠδὲ 9 1463 Aᵞᵖ Ω*: ἀντία Πηλείωνος ὑπερθύμοιο
(= 88) A B E F **334** σέ᾽ Fick post Payne Knight: σεῦ Hdn 9 1463 Ω (ὅς σευ
G) κρέσσων Blass: κρεί- 9 Ω **335** κεν 9 Ω* (κε Cobet Misc. crit. 325): δὴ D
C ξυμβλήεαι Cobet Misc. crit. 323 (cf. Chantr. I 455): ξυμβλήσεαι Aᵐ Ω*: -βήσεαι
rr: συμβλ- 9 A B E T R.—de ξυμ-/συμ- cf. Wack. Unt. 40 **338** δήπειτα fere 9
Ω πρώτοισι Ω*: Τρώεσσι 9 b T.—cf. ad Σ 194 **339** σ᾽ om. 9ᵃ D T G **340** λίπε ϝ᾽
Brandreth **344** ὢ 9 A Fᵃ G: ὣ Ω* **345** οὐδ᾽ ἔτι r **346** τῶ(ι) 9 Aᵐ Ω*: τῶ(ι) δ᾽
Aˡ A rr **349** ἐμεῖ᾽ Platt: ἐμεῦ 9 Ω*: ἐμεῦ γ᾽ G **350** ὡς W Oᵞᵖ V: ὃς 9 t Wˢ
Ω* **352** ἐλθών 9 Ω* (cf. T 70): -εῖν G **353** ἄλτο rr: ἄ- Ω*: ᾆ- C Rᵃ W **356** δ᾽
ἐμοί Bekker: δέ μοι Hdn Ω **357** τοσσούσδ᾽ schʰ Cˢ Rᶜ W: -ουσδ᾽ Ptol T: -ουσδ 9 697:
τόσσους δ᾽ Ar καὶ οἱ πλείους (ἡ παράδοσις) Aˡ Aᶜ Ω*: τόσσους 1463 Aᵃ Fᶜ O, τόσους
Tˡ

οὐδέ κ᾽ Ἄρης, ὅς περ θεὸς ἄμβροτος, οὐδέ κ᾽ Ἀθήνη
τοσσῆσδ᾽ ὑσμίνης ἐφέποι στόμα καὶ πονέοιτο.
360 ἀλλ᾽ ὅσσον μὲν ἐγὼ δύναμαι χερσίν τε ποσίν τε
καὶ σθένει, οὔ μ᾽ ἔτι φημὶ μεθησέμεν οὐδ᾽ ἠβαιόν,
ἀλλὰ μάλα στιχὸς εἶμι διαμπερές· οὐδέ τιν᾽ οἴω
Τρώων χαιρήσειν, ὅς τις σχεδὸν ἔγχεος ἔλθηι.”
ὣς φάτ᾽ ἐποτρύνων· Τρώεσσι δὲ φαίδιμος Ἕκτωρ
365 κέκλετ᾽ ὁμοκλήσας, φάτο δ᾽ ἴμεναι ἄντ᾽ Ἀχιλῆος·
“Τρῶες ὑπέρθυμοι, μὴ δείδιτε Πηλείωνα.
καί κεν ἐγὼν ἐπέεσσι καὶ ἀθανάτοισι μαχοίμην·
ἔγχεϊ δ᾽ ἀργαλέον, ἐπεὶ ἦ πολὺ φέρτεροί εἰσιν.
οὐδ᾽ Ἀχιλεὺς πάντεσσι τέλος μύθοις ἐπιθήσει,
370 ἀλλὰ τὸ μὲν τελέει, τὸ δὲ καὶ μεσσηγὺ κολούσει.
τοῦ δ᾽ ἐγὼ ἀντίος εἰμι, καὶ εἰ πυρὶ χεῖρας ἔοικεν,
εἰ πυρὶ χεῖρας ἔοικε, μένος δ᾽ αἴθωνι σιδήρωι.”
ὣς φάτ᾽ ἐποτρύνων, οἳ δ᾽ ἀντίοι ἔγχε᾽ ἄειραν
Τρῶες· τῶν δ᾽ ἄμυδις μίχθη μένος, ὦρτο δ᾽ ἀϋτή.
375 καὶ τότ᾽ ἄρ᾽ Ἕκτορα εἶπε παραστὰς Φοῖβος Ἀπόλλων·
“Ἕκτορ, μηκέτι πάμπαν Ἀχιλλῆϊ προμάχιζε,
ἀλλὰ κατὰ πληθύν τε καὶ ἐκ φλοίσβοιο δέδεξο,
μή πώς σ᾽ ἠὲ βάληι ἠὲ σχεδὸν ἄορι τύψηι.”
ὣς ἔφαθ᾽· Ἕκτωρ δ᾽ αὖτις ἐδύσετο οὐλαμὸν ἀνδρῶν
380 ταρβήσας, ὅτ᾽ ἄκουσε θεοῦ ὄπα φωνήσαντος.
ἐν δ᾽ Ἀχιλεὺς Τρώεσσι θόρε φρεσὶν εἰμένος ἀλκήν,

359a Hdn ad Υ 357a¹   **360–1** Eudoc. 670–1   **362** (στιχὸς εἶμι) H. σ
1880   **371–2** Hermog. Id. 304.10, Meth. 424.9 R.; ‘Hdn.’ Fig. 39; Tiber. Fig. iii.71.14
Sp.; **371–2a** Alex. Fig. iii.20.3 Sp.; **371** Ath. 298e; **371b–2** Cocondr. Trop. iii.243.1 Sp.
376 (μηκ.–) sch Δ 539b   **379b** Iul. Or. 2.67c   **380** Eudoc. 1294   **381b** sch I 231a¹

359 τοσσῆσδ᾽ Ptol t Fᶜ T Rᶜ G: τόσσης δ᾽ Ω*: τοccηcδ 697: τόσσης 9 1463 W
361 οὔ μ᾽ ἔτι Ω* (σ᾽ ἔτι t): οὔ μέ τι R Eust.: ουμέτι 9: οὐ μέντοι Wᶜ⁰: οὐκέτι (Naber) P
363 τις 9 1463²ˢ Ω*: κε 697 1463, κεν Aˢ h: τις κεν b.—cf. ad N 234   ἔγχεος 9 651 Ω: ἀντίος h   ἔλθη(ι) 9 651 Ω*: -οι Aˢ F W   **365** κέκλετ᾽ ὁμοκλήσας 1463 W G: -εθ᾽ ὁμ- 9
697 Ω*   ἴμεναι ἄντ᾽ 9 697 1463² (ειμ-) Z Ω*,]αι αντ 651: ἴμεν ἄντ᾽ T R: αιμ̣ …
Πηλ]ειωνος 1463: ἄντ᾽ἴμεναι Schulze 377 n.3.—cf. Chantr. I 486   **368** ἔγχεϊ sic 9 Ω
praeter G   φέρτεροί εἰσιν 9 Ω*: -ρόν (ex -ρόσ) ἐστιν D   **369** πάντεσσι τέλος μύθ-
θοις 9 schʰʸᵖ Ω: μύθοισι τέλος πάντεσσ᾽ h   **370** κολούσει schᴰ T Gᶜ⁰ V: -ούει 9 h92
schᵇᵀ Ω*   **371** τοῦ 9 tt Aʸᵖ Cᶜ Ω* (cf. E 256, 301, al.): τῶ(ι) Aˡ A b F (cf. H 20, O 584,
al.).—cf. ad 422   **373** ἔγχε᾽ ἄειραν 9 1463 Ω: ἔσταν Ἀχαιῶν Aʸᵖ O (ex E 497 al.)
377 τε 9 506 1469 Ω: γε r   **378** σ᾽ 9 Ω*: om. 1469 Aˡ Aª? Fª   **379** ἐδύσετο 506
A D G: -ατο 9 1469 t Ω*   **381** ἐν δ᾽ Ω: ενθ᾽ 9

σμερδαλέα ἰάχων. πρῶτον δ' ἕλεν Ἰφιτίωνα,
ἐσθλὸν Ὀτρυντείδην, πολέων ἡγήτορα λαῶν,
ὃν νύμφη τέκε νηῒς Ὀτρυντῆϊ πτολιπόρθωι
385 Τμώλωι ὕπο νιφόεντι, Ὕδης ἐν πίονι δήμωι·
τὸν δ' ἰθὺς μεμαῶτα βάλ' ἔγχεϊ δῖος Ἀχιλλεύς
μέσσην κὰκ κεφαλήν· ἣ δ' ἄνδιχα πᾶσα κεάσθη,
δούπησεν δὲ πεσών. ὃ δ' ἐπηύξατο δῖος Ἀχιλλεύς·
"κεῖσαι, Ὀτρυντείδη, πάντων ἐκπαγλότατ' ἀνδρῶν.
390 ἐνθάδε τοι θάνατος, γενεὴ δέ τοί ἐστ' ἐπὶ λίμνηι
Γυγαίηι, ὅθι τοι τέμενος πατρώϊόν ἐστιν,
Ὕλλωι ἔπ' ἰχθυόεντι καὶ Ἕρμωι δινήεντι."
ὣς ἔφατ' εὐχόμενος, τὸν δὲ σκότος ὄσσ' ἐκάλυψεν.
τὸν μὲν Ἀχαιῶν ἵπποι ὀπισσώτροις δατέοντο
395 πρώτηι ἐν ὑσμίνηι· ὃ δ' ἐπ' αὐτῶι Δημολέοντα,
ἐσθλὸν ἀλεξητῆρα μάχης, Ἀντήνορος υἱόν,
νύξε κατὰ κρόταφον κυνέης διὰ χαλκοπαρήου·
οὐδ' ἄρα χαλκείη κόρυς ἔσχεθεν, ἀλλὰ δι' αὐτῆς
αἰχμὴ ἱεμένη ῥῆξ' ὀστέον, ἐγκέφαλος δέ
400 ἔνδον ἅπας πεπάλακτο· δάμασσε δέ μιν μεμαῶτα.
Ἱπποδάμαντα δ' ἔπειτα καθ' ἵππων ἀΐξαντα,
πρόσθε ἕθεν φεύγοντα, μετάφρενον οὔτασε δουρί·
αὐτὰρ ὃ θυμὸν ἄϊσθε καὶ ἤρυγεν, ὡς ὅτε ταῦρος
ἤρυγεν ἑλκόμενος Ἑλικώνιον ἀμφὶ ἄνακτα

385 Strab. 9.2.20; sch B 500c; 385b ApS 157.15; EtG s.v. Ὕδη; (Ὕδ.) H. υ 61   387a sch
Υ 473a   389 Choer. in Thd. ii.172.11   390a Hdn ad I 398; 390b–1 (Γυγ.) Porph. Il.
88.9 Schr.; 390b sch Δ 60c   392 sch[D] H 93; Phoebamm. Fig. iii.56.17 Sp.; 392a sch H
93a; H. υ 170; (Ὕλλ.) ApS 157.26   397 (κατὰ κρότ.) sch Υ 473a   403–5 Macr. Sat.
5.13.10; 403–4 Strab. 8.7.2; EtG α 281; 403 (ἄϊσθε) H. α 2104; (ἤρ.–) Corn. 42.20 L.; 404
(–Ἑλικ.) Hdn ad Σ 580(a[1])b[1]; 404a id. ad Υ 406b[2]; 404b H. ε 2082; Epm. ε 123; (Ἑλικ.)

382 πρῶτον 9 Ω: -ος A[s]   383 Ὀτρυντείδην 9 Ω: -ειδη 506   384 ὃν Ar 9 Ω: τὸν
"ἔν τισι τῶν φαύλων ἀντιγράφων"   385 ὕπο Eust.: ὑπὸ 9 Ω*: ὑπαὶ W V   Ὕδης Ar
9 506 tt sch[DT] Ω*: Ἴδης R V: Ὕλης (nov. Did) sch-B F[c] W: ambigunt sch[bh].—cf. ad B 866a,
E 708, H 221   386 δ' 9 Ω: ῥ' r.—cf. ad Φ 144   ἔγχεϊ sic Ω   388 ἐπηύξατο Fick:
ἐπεύ-9 Ζ Ω   389 κεῖσαι t A[λ] Ω: κεισ' 9 (cf. Φ 184): κεῖαι Wack. Unt. 170   390 ἐνθάδε Ptol Hdn Ω*: ἔνθα δέ A[λ] A[a]: ἐνθαδέ 9 D F[a]: ἐνθά δέ R W   392 ἔπ' Barnes:
ἐπ' Ω   393 ἔφατ' εὐχόμενος Ω*: φάτ' ἐπευχ-9 F h.—cf. ad E 106   ὄσσ' ἐκάλυψε(ν)
R O V: ὄσσε κ- Ω*   394 ὀπισσώτροις 9 A F[a] (cf. Praef. xxxi): ἐπ- 1470 Ζ Ω*: -οισι
Grashof (cf. Ψ 121)   395 Δημολέοντα Ar 9 1470 T[λ] Ω: Δηϊλ- quidam ap. Did (cf. sch
Ξ 387b)   396 om. D   398 δι' αὐτῆς 9 1470 Ω: διαπρό Düntzer, cf. ad M
184   401 ἀΐξαντα 9 A b F G: ἀΐσσοντα A[γρ] Ω*.—cf. ad Λ 423   402 πρόσθε Heyne: -εν 9 1470 Ω.—cf. ad E 56, 80

405　κούρων ἑλκόντων· γάνυται δέ τε τοῖς Ἐνοσίχθων·
　　　ὡς ἄρα τόν γ' ἐρυγόντα λίπ' ὀστέα θυμὸς ἀγήνωρ.
　　　αὐτὰρ ὁ βῆ σὺν δουρὶ μετ' ἀντίθεον Πολύδωρον
　　　Πριαμίδην· τὸν δ' οὔ τι πατὴρ εἴασκε μάχεσθαι,
　　　οὕνεκά οἱ μετὰ παισὶ νεώτατος ἔσκε γόνοιο
410　καί οἱ φίλτατος ἔσκε· πόδεσσι δὲ πάντας ἐνίκα·
　　　δὴ τότε νηπιέῃσι ποδῶν ἀρετὴν ἀναφαίνων
　　　θῦνε διὰ προμάχων, εἵως φίλον ὤλεσε θυμόν.
　　　τὸν βάλε μέσσον ἄκοντι ποδάρκης δῖος Ἀχιλλεύς
　　　νῶτα παραΐσσοντος, ὅθι ζωστῆρος ὀχῆες
415　χρύσειοι σύνεχον καὶ διπλόος ἤντετο θώρηξ,
　　　ἀντικρὺ δὲ διέσχε παρ' ὀμφαλὸν ἔγχεος αἰχμή·
　　　γνὺξ δ' ἔριπ' οἰμώξας, νεφέλη δέ μιν ἀμφεκάλυψεν
　　　κυανέη, προτὶ οἷ δ' ἔλαβ' ἔντερα χερσὶ λιασθείς.
　　　Ἕκτωρ δ' ὡς ἐνόησε κασίγνητον Πολύδωρον
420　ἔντερα χερσὶν ἔχοντα, λιαζόμενον ποτὶ γαίῃ,
　　　κάρ ῥά οἱ ὀφθαλμῶν κέχυτ' ἀχλύς· οὐδ' ἄρ' ἔτ' ἔτλη
　　　δηρὸν ἑκὰς στρωφᾶσθ', ἀλλ' ἀντίος ἦλθ' Ἀχιλῆος
　　　ὀξὺ δόρυ κραδάων, φλογὶ εἴκελος. αὐτὰρ Ἀχιλλεύς
　　　ὡς εἶδ', ὣς ἀνέπαλτο, καὶ εὐχόμενος ἔπος ηὔδα·
425　"ἐγγὺς ἀνήρ, ὃς ἐμόν γε μάλιστ' ἐσεμάσσατο θυμόν,
　　　ὅς μοι ἑταῖρον ἔπεφνε τετιμένον· οὐδ' ἂν ἔτι δήν
　　　ἀλλήλους πτώσσοιμεν ἀνὰ πτολέμοιο γεφύρας."
　　　ἦ, καὶ ὑπόδρα ἰδὼν προσεφώνεεν Ἕκτορα δῖον·
　　　"ἆσσον ἴθ', ὥς κεν θᾶσσον ὀλέθρου πείραθ' ἵκηαι."

ApS 66.23; sch^D E 422 (ex Apollod. 244 F 353); sch Θ 203c　　　408 (τὸν δ'–) Hdn ad E
256b¹　　　414 (παραΐσσ.) H. π 529　　　416 (–ὀμφ.) + 417a sch Δ 460–1　　　418 (προτὶ–)
Epm. λ 33; (προτὶ–ἔντ.) Hdn ad A 368b¹, T 384a　　　421 Eudoc. 854　　　425–6 (–τετιμ.)
ead. 1779–80; 425 sch Nic. Al. 137; 426 (τετιμ.) ApS 151.31?

　406 γ' 9 1470 Ω*: om. T　　ἐρυγόντα Hdn A A^λ F^c R^c: proparox. Ω*, sine accentu 9
1470^s: ἐρύοντα 1470^t W (ss. γ) O V　　　409 παισὶ 9 Ω*: πᾶσι D H　　　412 εἵως 9 1470
1471 Z Ω: εἶος Brandreth, ἧος Nauck　　　414 παραΐσσοντος Ar 9 Ω* F^s: -οντα (nov.
Did) 1470 t F^c T^c W　　　417 ἀμφεκάλυψε(ν) 9 Ω (ἀμφ' ἑ- A): ἀμφικ- N　　　418 κυανέη
9 Ω: -νεο[506　　προτὶ 9 1470 tt Z Ω*: ποτὶ b　　οἱ Hdn 1470 Ω*: οἵ G: οἱ Z R　　δ'
ἔλαβ' 1470 Ω*: δὲ λάβ' W O　　　418a ......]occ.[..].[..]..[....]νηεαμ[.].[add. 1470
420 λιαζόμενον 9 1470 Ω: δαϊζ- Z　　ποτὶ Z Ω: προτὶ 9　　　421 κέχυτ' ἀχλύς t sch^hyp Ω*:
κέχυτο χλόος 9 Z h W, quod legit fort. A.R. 4.1279　　　422 Ἀχιλῆος Ω*: -ῆϊ 9 A b W.—
cf. ad 371　　　425 ἐσεμάσσατο 1470 Eudoc. Z Ω: ἐπεμ- t* rr.—cf. ad P 564　　　426 ἂν
Ar h V: ἄρ (nov. Did) Ω (ex Z 139?)　　　429 ἆσσον A D G: ἄ- Ω*　　θᾶσσον r:
θᾶ- 9 Ω

430 τὸν δ' οὐ ταρβήσας προσέφη κορυθαιόλος Ἕκτωρ·
"Πηλείδη, μὴ δή μ' ἐπέεσσί γε νηπύτιον ὥς
ἔλπεο δειδίξεσθαι, ἐπεὶ σάφα οἶδα καὶ αὐτός
ἠμὲν κερτομίας ἠδ' αἴσυλα μυθήσασθαι.
οἶδα δ' ὅτι σὺ μὲν ἐσθλός, ἐγὼ δὲ σέθεν πολὺ χείρων.

435 ἀλλ' ἤτοι μὲν ταῦτα θεῶν ἐν γούνασι κεῖται,
αἴ κέ σε χειρότερός περ ἐὼν ἀπὸ θυμὸν ἕλωμαι
δουρὶ βαλών, ἐπεὶ ἦ καὶ ἐμὸν βέλος ὀξὺ πάροιθεν."
ἦ ῥα, καὶ ἀμπεπαλὼν προΐει δόρυ· καὶ τό γ' Ἀθήνη
πνοιῆι Ἀχιλλῆος πάλιν ἔτραπε κυδαλίμοιο,

440 ἦκα μάλα ψύξασα, τὸ δ' ἂψ ἵκεθ' Ἕκτορα δῖον,
αὐτοῦ δὲ προπάροιθε ποδῶν πέσεν. αὐτὰρ Ἀχιλλεύς
ἐμμεμαὼς ἐπόρουσε κατακτάμεναι μενεαίνων,
σμερδαλέα ἰάχων· τὸν δ' ἐξήρπαξεν Ἀπόλλων
ῥεῖα μάλ' ὥς τε θεός, ἐκάλυψε δ' ἄρ' ἠέρι πολλῆι.

445 τρὶς μὲν ἔπειτ' ἐπόρουσε ποδάρκης δῖος Ἀχιλλεύς
446 ἔγχεϊ χαλκείωι, τρὶς δ' ἠέρα τύψε βαθεῖαν.
448 δεινὰ δ' ὁμοκλήσας ἔπεα πτερόεντα προσηύδα·
"ἐξ αὖ νῦν ἔφυγες θάνατον, κύον· ἦ τέ τοι ἄγχι

450 ἦλθε κακόν· νῦν αὖτέ σ' ἐρύσατο Φοῖβος Ἀπόλλων,
ὧι μέλλεις εὔχεσθαι ἰὼν ἐς δοῦπον ἀκόντων.
ἦ θήν σ' ἐξανύω γε καὶ ὕστερον ἀντιβολήσας,
εἴ πού τις καὶ ἐμοί γε θεῶν ἐπιτάρροθός ἐστιν.
νῦν δ' ἄλλους Τρώων ἐπιείσομαι, ὅν κε κιχείω."

455 ὣς εἰπὼν Δρύοπ' οὖτα κατ' αὐχένα μέσσον ἄκοντι,
ἤριπε δὲ προπάροιθε ποδῶν. ὃ δὲ τὸν μὲν ἔασεν,
Δημοῦχον δὲ Φιλητορίδην ἠΰν τε μέγαν τε

430a sch Υ 434   434 sch Thuc. 3.61.1; Eudoc. 1670   438 (προΐει δ.) [Ammon.]
Diff. 23   440a ApS 169.28; [Plut.] Hom. 2.127.3; Orio 167.9/EtG s.v. ἥκιστα (Philox.
fr. 658 Th.)   443b Lucil. 231 M.   444 (ῥεῖα μ.) sch Υ 443   448 Eudoc. 1781

430 κορυθαιόλος 1470 Ω*: proparox. C   431 μ' ἐπέεσσί 9 506 Ω: cf. ad 200
432 δειδίξεσθαι 1470 Ω: -ασθαι 9 H.—cf. ad 201   433 αἴσυλα 9 1470 Z Ω: cf. ad
202   434 ὅτι 9 651 1470 tt Ω, οτ[245: ὃ δὴ Ahrens Kl. Schr. I 107   435 κεῖται 9 Ω:
-νται h: κείσθω rr.—cf. ad P 514   445 ποδάρκης δῖος Ἀχιλλεύς 9 1470 Ω: κατακτάμεναι μενεαίνων (ex 442) sch^hyp   446 om. 506   ἔγχεϊ sic 9 Ω praeter W   447 (=
E 438, Π 705, 786) add. A b D² Fᵐ G: deest in 9 506 1470 1471 Aᵞᵖ Ω*   448 ὁμοκλήσας Ω (ομ- D)   450 νῦν 9 506 Ω: νῦν δ' r   ἐρύσσατο 1470 A   452 ἐξανύω Hdn
9 Ω: -υῶ deprec. Hdn (ἔστι γὰρ ἐνεστὼς ἀντὶ μέλλοντος)   453 ἐμοί γε r²: ἔμοιγε Ω
(ἐμοὶ R; γε θεῶν καὶ ἐμοὶ G)   ἐστι(ν) 9 1470 Ω: ἔσται rr: εἴη h: ἔλθοι rr.—cf. ad Λ 366
454 δ' ἄλλους Τρώων 9 Ω*: αὖ τοὺς ἄλλους (= Λ 367) Aᵞᵖ F W

κὰκ γόνυ δουρὶ βαλὼν ἠρύκακε· τὸν μὲν ἔπειτα
οὐτάζων ξίφεϊ μεγάλωι ἐξαίνυτο θυμόν.
460   αὐτὰρ ὃ Λαόγονον καὶ Δάρδανον, υἷε Βίαντος,
ἄμφω ἐφορμηθεὶς ἐξ ἵππων ὦσε χαμᾶζε,
τὸν μὲν δουρὶ βαλών, τὸν δὲ σχεδὸν ἄορι τύψας.
Τρῶα δ' Ἀλαστορίδην—ὃ μὲν ἀντίος ἤλυθε γούνων,
εἴ πώς ἑο πεφίδοιτο λαβὼν καὶ ζωὸν ἀφείη
465   μηδὲ κατακτείνειεν, ὁμηλικίην ἐλεήσας,
νήπιος, οὐδὲ τὸ εἴδη, ὃ οὐ πείσεσθαι ἔμελλεν·
οὐ γάρ τι γλυκύθυμος ἀνὴρ ἦν οὐδ' ἀγανόφρων,
ἀλλὰ μάλ' ἐμμεμαώς. ὃ μὲν ἥπτετο χείρεσι γούνων
ἱέμενος λίσσεσθ', ὃ δὲ φασγάνωι οὖτα καθ' ἧπαρ·
470   ἐκ δέ οἱ ἧπαρ ὄλισθεν, ἀτὰρ μέλαν αἷμα κατ' αὐτοῦ
κόλπον ἐνέπλησεν· τὸν δὲ σκότος ὄσσ' ἐκάλυψεν
θυμοῦ δευόμενον. ὃ δὲ Μούλιον οὖτα παραστάς
δουρὶ κατ' οὖς· εἶθαρ δὲ δι' οὔατος ἦλθ' ἑτέροιο
αἰχμὴ χαλκείη. ὃ δ' Ἀγήνορος υἱὸν Ἔχεκλον
475   μέσσην κὰκ κεφαλὴν ξίφει ἤλασε κωπήεντι,
πᾶν δ' ὑπεθερμάνθη ξίφος αἵματι· τὸν δὲ κατ' ὄσσε
ἔλλαβε πορφύρεος θάνατος καὶ μοῖρα κραταιή.
Δευκαλίωνα δ' ἔπειθ', ἵνα τε ξυνέχουσι τένοντες
ἀγκῶνος, τῆι τόν γε φίλης διὰ χειρὸς ἔπειρεν
480   αἰχμῆι χαλκείηι. ὃ δέ μιν μένε χεῖρα βαρυνθείς,
πρόσθ' ὁρόων θάνατον· ὃ δὲ φασγάνωι αὐχένα θείνας
τῆλ' αὐτῆι πήληκι κάρη βάλε· μυελὸς αὖτε
σφονδυλίων ἔκπαλθ'· ὃ δ' ἐπὶ χθονὶ κεῖτο τανυσθείς.

462b sch Π 807b; Nic ad Υ 463–9ab; (τύψας) ApS 156.8   464a ApS 78.21; ApD
Pron. 76.13   466 Eudoc. 1476   467–8a Plut. Mor. 678b; 467 id. Demosth. 12.4, cf.
Mor. 67a; Eudoc. 107; (γλυκ.) ApS 55.4; H. γ 676; (ἀγαν.) ApS 5.14; H. α 317; 468a Plut.
Mor. 619e   482 (μυ.)–3 (σφ.) Poll. 2.130; (μυ.) H. μ 1786; 483 (ἔκπ.) id. ε 1627

458 κακ 9 D F T, κὰκ R: καγ R^s Ω*.—v. adn. meam ad Hes. Op. 533   460 Λαόγονον (Hdn) 9 Ω*: parox. h W.—cf. ad Π 604   464 πώς Ptol: πως Hdn Ω: πῶς 9   ἑο dedi: εὑ Ar Ptol Hdn 9 tt: εὑ vel εὖ Ω: οἱ h: om. Z   466 (F)είδη Christ, (F)εἶδε' Platt:
ἤ(ι)δη 9 Ω*: -δει t R   ὅ (F') van Leeuwen   467 τι 9 tt* Α^λ Ω*: τις Α^γρ: ἔτι Α^γρ: τοι
Eudoc. R   471 ἐνέπλησεν (nov. Did) 9 Ω* (imit. Verg. Aen. 10.819 impleuitque sinum
sanguis): ἐνέπρ- Ar Philox A^s T R.—cf. ad B 415, I 242   ὄσσ' ἐκάλυψε(ν) T R:
ὄσσε κ- Ω*   473 κατ' 9 Α^γρ Τ^λ Ω*: παρ' A b (cf. Λ 109 et ad Ε 579)   476 ὑπεθερμάνθη 9 Ω: ὑποθ- rr.—cf. ad Π 333   478 τένοντες 9 Z Ω* D²: -τε D rr.—cf. ad Π
587   479 μεσης δια χειρος ελασσεν 9   480 αἰχμὴ χαλκείη 9 D R W G (cf.
474)   481 πρόσθ' Ar 9 Z Ω: προς Zen   483 σφονδυλίων 9 t Z Ω*: σπ-
G^x O   ἔκπαλθ' 9 Z Ω: -πλαστο t

αὐτὰρ ὃ βῆ ῥ᾽ἰέναι μετ᾽ ἀμύμονα Πείρεω υἱόν
485 Ῥίγμον, ὃς ἐκ Θρῄκης ἐριβώλακος εἰληλούθει·
τὸν βάλε μέσσον ἄκοντι, πάγη δ᾽ ἐν νηδύι χαλκός,
ἤριπε δ᾽ ἐξ ὀχέων. ὃ δ᾽ Ἀρηίθοον θεράποντα
ἂψ ἵππους στρέψαντα μετάφρενον ὀξέι δουρί
νύξ᾽, ἀπὸ δ᾽ ἅρματος ὦσε· κυκήθησαν δέ οἱ ἵπποι.
490   ὡς δ᾽ ἀναμαιμάει βαθέ᾽ ἄγκεα θεσπιδαὲς πῦρ
οὔρεος ἀζαλέοιο, βαθεῖα δὲ καίεται ὕλη,
πάντηι τε κλονέων ἄνεμος φλόγα εἰλυφάζει,
ὣς ὅ γε πάντηι θῦνε σὺν ἔγχεϊ δαίμονι ἶσος,
κτεινομένους ἐφέπων· ῥέε δ᾽ αἵματι γαῖα μέλαινα.
495   ὡς δ᾽ ὅτε τις ζεύξηι βόας ἄρσενας εὐρυμετώπους
τριβέμεναι κρῖ λευκὸν ἐϋκτιμένηι ἐν ἀλωῆι,
ῥίμφά τε λέπτ᾽ ἐγένοντο βοῶν ὑπὸ πόσσ᾽ ἐριμύκων,
ὣς ὑπ᾽ Ἀχιλλῆος μεγαθύμου μώνυχες ἵπποι
στεῖβον ὁμοῦ νέκυάς τε καὶ ἀσπίδας· αἵματι δ᾽ ἄξων
500 νέρθεν ἅπας πεπάλακτο καὶ ἄντυγες αἳ περὶ δίφρον,
ἃς ἄρ᾽ ἀφ᾽ ἱππείων ὁπλέων ῥαθάμιγγες ἔβαλλον
αἵ τ᾽ ἀπ᾽ ὀπισσώτρων· ὃ δὲ ἵετο κῦδος ἀρέσθαι
Πηλείδης, λύθρωι δὲ παλάσσετο χεῖρας ἀάπτους.
Φ   ἀλλ᾽ ὅτε δὴ πόρον ἷξον ἐϋρρεῖος ποταμοῖο
Ξάνθου δινήεντος, ὃν ἀθάνατος τέκετο Ζεύς,

484 (Π. υἱόν) Did ad Σ 100d¹; EtG α 1143   **490–1** sch Ξ 394–9; **490a** EtG α 578; (ἀναμ.) ApS 37.3; H. α 4431; **491** (ἀζ.) id. α 1438   **492** (πάντηι τε) id. π 405; **492b** Hdn ii.500.18; (εἰλυφ.) H. ε 934; Orio 66.9   **497** (ἐριμ.) H. (Cyr.) ε 5856 **503** (λύθ.–χεῖρ.) sch Λ 98a   **Φ 2b** sch^Dh **Φ 1**

484 ῥ᾽ 9 Ω*: om. *h* W V   Πείρεω Ar 9 tt Ω: -έως Zen ("ἄμετρον ποιῶν"): -όου Brandreth post Payne Knight (cf. B 844, Δ 520/5)   **485** Ῥίγμον Hdn Ω: -ον᾽ quidam ap. sch^T T^c Θρείκης Nauck   **486** ἐν 9 Ω: ἐνὶ rr   νηδύι Z A^γρ Ω* (cf. N 398): πνεύμονι 9 A *b* F (ex Δ 528 de Piro).—cf. La Roche Unt. II 141   **491** ἀζαλέοιο 9 Ω: αυα- Z   **495–503** damn. Heyne; cf. Wilamowitz Il. u. H. 87   **496** ἐϋκτιμένηι Ω* (= Φ 77, ω 226): ἐϋτροχάλωι 9 A^γρ F W (cf. Hes. Op. 599, 806)   ἀλωῆι A^γρ B^a E: ἀλωῆι T^c? W   **497** ῥίμφά sic Ω praeter R   λέπτ᾽ ἐγένοντο 9 Ω*: λεπτὰ γ- V: λεύκ᾽ ἐγ- W   **500** αἳ A F G: αἱ Ω*.—cf. ad Λ 535   **501** ἱππειῶν Thiersch   **502** τ᾽ Ω: δ 9   ὀπισσώτρων 9 r: ἐπ- Ω.—cf. Praef. xxxi   **503** δ᾽ ἐπαλάσσετο O   ἀάπτους: cf. ad A 567   **Φ 1** ὅτε δὴ 9 Ω: ὁτεδὴ quidam ap. sch^h94 (item Ar ad A 493 contra Pamph Hdn; cf. ad P 728)   πόρον Ar 9 h94 sch^D Ω: ῥόον Arph   ἷξον C^c E T R W G, ι - 9, ἵ- Ω*: ἵξεν (Bentley) 1472 r   ἐϋρρεῖος 9 sch^hγρ sch^T Ω: -ῆος "ἐχρῆν" Arph u.v. (sch^h94) *h*: -εέος Nauck   **2** (= Ξ 434) damn. Hercher Abh. Ak. Berl. 1875, 105; cf. ad Ω 693   ἀθάνατος Ar 9 82 t Ω: -ον Zen.—cf. ad B 741, Ξ 434

ἔνθα διατμήξας τοὺς μὲν πεδίονδ' ἐδίωκεν
πρὸς πόλιν, ἧι περ Ἀχαιοὶ ἀτυζόμενοι φοβέοντο
5   ἤματι τῶι προτέρωι, ὅτ' ἐμαίνετο φαίδιμος Ἕκτωρ·
τῆι ῥ' οἵ γε προχέοντο πεφυζότες, ἠέρα δ' Ἥρη
πίτνα πρόσθε βαθεῖαν ἐρυκέμεν· ἡμίσεες δέ
ἐς ποταμὸν εἰλέοντο βαθύρροον ἀργυροδίνην.
ἐν δ' ἔπεσον μεγάλωι πατάγωι, βράχε δ' αἰπὰ ῥέεθρα,
10   ὄχθαι δ' ἀμφὶ περὶ μεγάλ' ἴαχον· οἱ δ' ἀλαλητῶι
ἔννεον ἔνθα καὶ ἔνθα ἑλισσόμενοι κατὰ δίνας.
ὡς δ' ὅθ' ὑπὸ ῥιπῆς πυρὸς ἀκρίδες ἠερέθονται
φευγέμεναι ποταμόνδε, τὸ δὲ φλέγει ἀκάματον πῦρ
ὄρμενον ἐξαίφνης, ταὶ δὲ πτώσσουσι καθ' ὕδωρ,
15   ὣς ὑπ' Ἀχιλλῆος Ξάνθου βαθυδινήεντος
πλῆτο ῥόος κελάδων ἐπιμὶξ ἵππων τε καὶ ἀνδρῶν.
αὐτὰρ ὁ διογενὴς δόρυ μὲν λίπεν αὐτοῦ ἐπ' ὄχθηι
κεκλιμένον μυρίκηισιν, ὃ δ' ἔνθορε δαίμονι ἶσος,
φάσγανον οἶον ἔχων, κακὰ δὲ φρεσὶ μήδετο ἔργα·
20   τύπτε δ' ἐπιστροφάδην, τῶν δὲ στόνος ὤρνυτ' ἀεικής

3 (διατμ.) H. δ 1386   5 Porph. Od. 25.14 Schr.   6 al. (πεφυζ.) H. π 2131; (ἠέρα–)–7 (–ἐρυκ.) Gal. in Hipp. Epid. vi 4.20; 6 (ἠέρα–)–7a [Plut.] Hom. 2.96.1; Iul. Or. 4.137b; Procl. in Crat. 94.4; 7 (–ἐρυκ.) sch E 506–7; (ἡμίσ.–)–8a sch Φ 11b; Latine vertit Cn. Matius fr. 7 Court.; 8 Eudoc. 441; (–βαθ.) Hdn ad Δ 452a; (ἀργυροδ.) H. (Cyr.) α 7074   9–11 Eudoc. 965–7; 9 (βρ.–) EtG α 225; 10 (–ἴαχον) Choer. in Ps. 169.2; (ὄχθαι) ApS 125.23; (ἀμφὶ–ἴαχον) Epm. α 293; 11 (ἔννεον) Hdn ii.507.20; H. ε 2994; (δίνας) Apio 231.15   14a EtG s.v. ὄρμενον; Epm. ε 100   16a EtG s.v. κελάδων; Epm. ε 104, κ 136, π 124, 127 (bis); (κελ.) H. κ 2130; 16b Dam. Vit. Isid. fr. 104 p.79.20 Z. 17 Choer. in Ps. 169.30; (–λίπεν) 'Trypho i' Trop. iii.200.1 Sp.; 17a sch A 7b; Hdn ad Π 57c   20 D.H. Comp. 35; Charito 7.4.6; 20a + 21b cf. Philostr. Imag. 2.2; 20a Choer. in Thd. ii.40.8 et 12, 50.26, 81.20, 125.9, 145.6 et 24, 200.21; Epm. ο 13; 21 w5 (lacerum)

3 πεδίονδε δίωκε R W   4 Ἀχαιοὶ 9 A O sch^hyp: οἱ ἄλλοι 1472 A^yp O^yp h Ω* (ex Z 41, cf. Φ 554): οἱ ἄλλοι Ἀχαιοὶ G.—cf. ad Ψ 540   5 ὅτε μαίνετο D T R   7 πίτνα 9 tt Ω*: πίλνα G: πιδνᾶ Z: πίτνη Naber Qu. Hom. 84.—cf. ad Π 103   8 εἰλέοντο dedi: -εῦντο 9 1472 tt Ω, εἴλευντο Z: possis etiam εἴλοντο (Ϝέλλ- Fick), cf. ad B 294   10 περὶ Ω, π]ὲρι 1472: πέρι Z rr   11 ἔννεον Ar 9 tt sch^D Ω: νήχοντ' "ἔνιαι τῶν κατὰ πόλεις"   κατὰ 9 82 A^yp Ω* (cf. 25, 353 sq.): περὶ t A b (ex Σ 372?)   12 ὑπὸ 9 Ω*: ὑπαὶ C W.—cf. ad M 462   ἠερέθονται 9 82 Z Ω: -οντο h: -ωνται (Thiersch) r^c   14 ὄρμενον Hdn tt Z Ω*: ὄρμ- D C F^a R G   ταὶ 9 Ω: αἱ 1472   15 βαθυδινήεντος 9 82 1472 Ω*: ὑπὸ διν- D F   16 ἵππων τε καὶ ἀνδρῶν 9 82 Ω* (cf. K 338, Λ 525^vl, Ψ 242): ἀνδρῶν τε καὶ ἵππων t D (cf. P 400)   17 ἐπ' ὄχθη(ι) 82^c t Ω: ἐνόχθη 9: ὄπισθε 82^a   18 ὁδ' sive ὁδ' 'ετ' (tanquam ἰδ', ἠδ') Pythocles quidam   ἔνθορε A^yp D H V (cf. 233, Ω 79): ἔσθ- 9 Z Ω* (cf. M 462): ἔκθ- T^yp (lege ἔνθ-)   20 τύπτε 9 tt* Ω*: κτεῖνε (ex K 483) Philostr.^uv W   ὤρνυτ' 9 82 t* Ω: ὄρν- Dion. Eust. V

ἄορι θεινομένων, ἐρυθαίνετο δ' αἵματι ὕδωρ.
ὡς δ' ὑπὸ δελφῖνος μεγακήτεος ἰχθύες ἄλλοι
φεύγοντες πιμπλᾶσι μυχοὺς λιμένος εὐόρμου
δειδιότες· μάλα γάρ τε κατεσθίει ὅν κε λάβησιν·
25   ὡς Τρῶες ποταμοῖο κατὰ δεινοῖο ῥέεθρα
πτῶσσον ὑπὸ κρημνούς. ὃ δ' ἐπεὶ κάμε χεῖρας ἐναίρων,
ζωοὺς ἐκ ποταμοῖο δυώδεκα λέξατο κούρους,
ποινὴν Πατρόκλοιο Μενοιτιάδαο θανόντος·
τοὺς ἐξῆγε θύραζε τεθηπότας ἠΰτε νεβρούς,
30   δῆσε δ' ὀπίσσω χεῖρας ἐϋτμήτοισιν ἱμᾶσιν,
τοὺς αὐτοὶ φορέεσκον ἐπὶ στρεπτοῖσι χιτῶσιν,
δῶκε δ' ἑταίροισιν κατάγειν κοίλας ἐπὶ νῆας·
αὐτὰρ ὃ ἂψ ἐπόρουσε δαϊζέμεναι μενεαίνων.
       ἔνθ' υἷι Πριάμοιο συνήντετο Δαρδανίδαο
35   ἐκ ποταμοῦ φεύγοντι, Λυκάονι, τόν ῥά ποτ' αὐτός
ἦγε λαβὼν ἐκ πατρὸς ἀλωῆς οὐκ ἐθέλοντα,
ἐννύχιος προμολών· ὃ δ' ἐρινεὸν ὀξέϊ χαλκῶι
τάμνε νέους ὄρπηκας, ἵν' ἅρματος ἄντυγες εἶεν·
τῶι δ' ἄρ' ἀνώϊστον κακὸν ἤλυθε δῖος Ἀχιλλεύς.
40   καὶ τότε μέν μιν Λῆμνον ἐϋκτιμένην ἐπέρασσεν
νηυσὶν ἄγων, ἀτὰρ υἱὸς Ἰήσονος ὦνον ἔδωκεν·
κεῖθεν δὲ ξεῖνός μιν ἐλύσατο, πολλὰ δ' ἔδωκεν,

22 [Plut.] Hom. 2.88; sch N 64b   23 (πιμπ.–) sch Ar. Ach. 236a; (πιμπ.) Hdn ad P
751c; (εὐόρμ.) H. (Cyr.) ε 7050   27–9 Iul. Or. 2.61c; 27 (λέξ.–) sch B 125bc   30 Eudoc. 1844   37 (ἐνν.) H. (Cyr.) ε 3227; 37b–8a Porph. Il. 271.3 Schr.; (ὃ δ' ἐρ.) + 38a Nic
ad E 461a¹; sch Ω 58d; (ὃ δ' ἐρ.) Arn ad Φ 36a¹; 38a ApS 150.13; (ὄρπ.) id. 123.10; cf. Poll.
1.235; H. (Cyr.) o 1308   39 (ἀνώ.–) ApS 32.3; H. (Cyr.) α 5587; (ἀνώ.) ApS 36.12; EtG
α 944   41 (ὦνον) ApS 171.10; cf. sch Φ 232b; H. ω 246   42 (ἐλύσ.) H. (Cyr.) ε 2233;
Phot. Lex. ε 666

21 ὕδωρ 9 82 t Ω: κῦμα Bentley   22 δ' om. 9   ἄλλοι 9 tt sch^T Ω (cf. N 64): ἑλλοί
van Leeuwen cl. Titanom. fr. 4.1 B., [Hes.] Sc. 212, Soph. Ai. 1297   23 εὐόρμου 9 tt
Ω*, ὅρμου Z: εὐόρμους W   25 δεινοῖο 9 A^m b F^c T G^a: διν- sch^T T^s Ω*.—cf. ad Υ
259   27 ζωοὺς 9 Ω: -οὺς δ' t   28–9 hoc ordine 9 246 1473 Ω: inverso t   33 αὐτὰρ ὃ ἂψ (= Γ 370) 9 1473 Ω (ὃ αὐτ' T): αὐτὸς δ' αἶψ' quidam ap. Did (et ἐσόρουσεν
teste A, contra T)   ἐνόρουσε sch^hyp   δαϊζέμεναι Ar 9 246 Ω*: κατακτάμ- A^yp F (ex Υ
442)   34 υἷι rr: ὔϊ (ss. ε) 1473²: υἱεῖ 9 sch^bT Ω.—cf. ad B 791, Π 177   36 ἀλωῆς
fere 9 246 Z Ω*: -ωιῆς A D b (ἀλ- C E) W   37 ἐρινεὸν Ar 9 246 (ερει-) tt Z (ερεινέον)
Ω: -οῦ Bentley   38 ὄρπηκας Ptol (ἐν ταῖς Ὀδυσσειακαῖς προσωιδίαις) R W G:
ὄρπ- Ptol (ad hunc locum) Hdn (et ἡ παράδοσις) Z Ω*   41 obelum praefigit G;
damn. Bergk Gr. Lit. I 635, at cf. Ψ 746 sq.

Ἴμβριος Ἠετίων, πέμψεν δ᾽ ἐς δῖαν Ἀρίσβην.
ἔνθεν ὑπεκπροφυγὼν πατρώϊον ἵκετο δῶμα,
45   ἔνδεκα δ᾽ ἤματα θυμὸν ἐτέρπετο οἷσι φίλοισιν
ἐλθὼν ἐκ Λήμνοιο· δυωδεκάτηι δέ μιν αὖτις
χερσὶν Ἀχιλλῆος θεὸς ἔμβαλεν, ὅς μιν ἔμελλεν
πέμψειν εἰς Ἀΐδαο καὶ οὐκ ἐθέλοντα νέεσθαι.
τὸν δ᾽ ὡς οὖν ἐνόησε ποδάρκης δῖος Ἀχιλλεύς
50   γυμνόν, ἄτερ κόρυθός τε καὶ ἀσπίδος, οὐδ᾽ ἔχεν ἔγχος—
ἀλλὰ τὰ μέν ῥ᾽ ἀπὸ πάντα χαμαὶ βάλε· τεῖρε γὰρ ἱδρώς
φεύγοντ᾽ ἐκ ποταμοῦ, κάματος δ᾽ ὑπὸ γούνατ᾽ ἐδάμνα—
ὀχθήσας δ᾽ ἄρα εἶπε πρὸς ὃν μεγαλήτορα θυμόν·
“ὢ πόποι, ἦ μέγα θαῦμα τόδ᾽ ὀφθαλμοῖσιν ὁρῶμαι.
55   ἦ μάλα δὴ Τρῶες μεγαλήτορες, οὕς περ ἔπεφνον,
αὖτις ἀναστήσονται ὑπὸ ζόφου ἠερόεντος,
οἷον δὴ καὶ ὅδ᾽ ἦλθε φυγὼν ὕπο νηλεὲς ἦμαρ,
Λῆμνον ἐς ἠγαθέην πεπερημένος, οὐδέ μιν ἔσχεν
πόντος ἁλὸς πολιῆς, ὃ πολὺς ἀέκοντας ἐρύκει.
60   ἀλλ᾽ ἄγε δὴ καὶ δουρὸς ἀκωκῆς ἡμετέροιο
γεύσεται, ὄφρα ἴδωμαι ἐνὶ φρεσὶν ἠδὲ δαείω,
ἢ᾽ ἄρ᾽ ὁμῶς καὶ κεῖθεν ἐλεύσεται, ἦ μιν ἐρύξει
γῆ φυσίζοος, ἥ τε κατὰ κρατερόν περ ἐρύκει.”
ὡς ὥρμαινε μένων· ὃ δέ οἱ σχεδὸν ἦλθε τεθηπώς,
65   γούνων ἅψασθαι μεμαώς· περὶ δ᾽ ἤθελε θυμῶι
ἐκφυγέειν θάνατόν τε κακὸν καὶ κῆρα μέλαιναν.
ἤτοι ὃ μὲν δόρυ μακρὸν ἀνέσχετο δῖος Ἀχιλλεύς
οὐτάμεναι μεμαώς· ὃ δ᾽ ὑπέδραμε καὶ λάβε γούνων

45–6a Porph. Hom. 63.10 Sod.; 45 (–ἐτέρπ.) id. Od. 111.5 Schr.   50 Leo A.P. 9.361.4
(Homerocento); (–ἀσπ.) sch κ 301   56 Eudoc. 490, 1233, 2171   58 (πεπερ.) H. π
1458   59 Plut. Mor. 604b   60–3 Eudoc. 1952–5; 61 (ὄφρα–) sch K 11; 62 (ἐρύξει)
H. ε 5869   66 Eudoc. 433   68 (οὐτ.) Hdn ad Λ 659c; H. (Cyr.) ο 1888

46 αὖτις 9 Ω*: -θις 1474 C R   52 ἐδάμνα Ω: -η Nauck Mél. IV 485.—cf. ad 7
54 ὢ A D Gᶜ: ὣ Ω*   55 ἦ Nic Pius 9 Ω: et ἦ (εἰ?) agn. Nic   μεγαλήτορες· Pius
A D F   56 αὖτις 9 Ω*: -θις t C Rᵃ   57 ὕπο W: ὑπὸ vel ὕπο Hdn 9 Ω*   58 πεπερημένος 9 507 t Z Ω: πεπρη- Buttmann, cf. Hdt. 2.56.3, SIG 45.35, al.   59 πολὺς
Christ, -ὺς dedi: -εῖς 9 507 t Ω: -έας Bekker.—cf. Praef. xxxiv   62 ἢ᾽ Fick: η 9, ἦ 1473
Ω (ἢ W): ἤ γ᾽ t   καὶ κεῖθεν Ar 9 t Ω*: κάκ- (nov. Did) 1473 h W   ἦ Tᵃ: ἤ 9 Ω*   ἐρύξει
247 507 tt Ω: -κει 9 (ex 63)   63 om. 247   γῆ 9 t Ω: γαῖα (Brandreth) rᵃ   φυσίζοος 9
t Aᶜ Eᶜ F Rᶜ: -ζωος 1473 Tᴸ Ω*   κατὰ 9 t Ω*: καὶ C: om. D R W G   64 ὥρμαινε 9
1473 Z Ω: ὁρμ- r   65 πέρι W.—cf. ad Ω 236   67 ἀνέσχετο 9 507 Ω* Fˢ (cf. E 655, Φ
161): -σχεθε F.—cf. ad N 608

κύψας, ἐγχείη δ᾿ ἄρ᾿ ὑπὲρ νώτου ἐνὶ γαίηι
70 ἔστη, ἱεμένη χροὸς ἄμεναι ἀνδρομέοιο.
αὐτὰρ ὃ τῆι ἑτέρηι μὲν ἑλὼν ἐλλίσσετο γούνων,
τῆι δ᾿ ἑτέρηι ἔχεν ἔγχος ἀκάχμενον, οὐδὲ μεθίει·
{καί μιν φωνήσας ἔπεα πτερόεντα προσηύδα·}
"γουνοῦμαί σ᾿, Ἀχιλεῦ· σὺ δέ μ᾿ αἴδεο καί μ᾿ ἐλέησον.
75 ἀντί τοί εἰμ᾿ ἱκέταο, διοτρεφές, αἰδοίοιο·
πὰρ γὰρ σοὶ πρώτωι πασάμην Δημήτερος ἀκτήν
ἤματι τῶι, ὅτε μ᾿ εἷλες ἐϋκτιμένηι ἐν ἀλωῆι,
καί μ᾿ ἐπέρασσας ἄνευθεν ἄγων πατρός τε φίλων τε
Λῆμνον ἐς ἠγαθέην, ἑκατόμβοιον δέ τοι ἦλφον.
80 νῦν δ᾿ ἐλύμην τρὶς τόσσα πορών· ἠὼς δέ μοί ἐστιν
ἥδε δυωδεκάτη, ὅτ᾿ ἐς Ἴλιον εἰλήλουθα
πολλὰ παθών· νῦν αὖ με τεῆις ἐν χερσὶν ἔθηκεν
μοῖρ᾿ ὀλοή. μέλλω που ἀπεχθέσθαι Διὶ πατρί,
ὅς με σοὶ αὖτις ἔδωκε· μινυνθάδιον δέ με μήτηρ
85 γείνατο Λαοθόη, θυγάτηρ Ἄλταο γέροντος,
Ἄλτεω, ὃς Λελέγεσσι φιλοπτολέμοισιν ἀνάσσει,
Πήδασον αἰπήεσσαν ἔχων ἐπὶ Σατνιόεντι.

70b ApS 26.19; Hdn ad N 191c; Melet. De nat. hom. PG 64.1185c; (χροὸς ἄμ.) cf. H.
χ 762; Epm. π 122; (ἄμ.) H. (Cyr.) α [3550], 3580   71 Eudoc. 824   74–6 ead. 664–6;
74 (σὺ–) Hdn ad Ω 202a; 75 ApS 31.12; sch Θ 163c¹; Choer. in Ps. 15.7; Epm. π 142; 75a
H. α 5493; 76 Dio Prus. 74.17; Porph. Il. 248.15 Schr.; (πασ.) H. π 1052   78 ApS 71.3;
((ἐ)πέρ.) id. 130.6; H. (Cyr.) ε 4428   79b–80 (νῦν δ᾿ ἐλ.) sch Φ 99b; 79b Phot. Lex. α
1065; (ἑκατ.) H. ε 1274; (ἠλφ.) id. η 402; 80 (–πορών) Hdn ad Ω 1a¹; sch Ar. Ach. 324;
EtG λ 154 et s.v. ἐλύμην; (ἐλ.) H. ε 2222; (ἠὼς–)–81 sch^D Θ 1; sch β 1 (Porph. Od. 25.17
Schr.), θ 1; sch Lyc. 16   82 Eudoc. 659   84b–6 Strab. 13.3.1; 84b–5 sch Φ 123–4a¹;
86–7 Strab. 13.1.50, 13.3.1; 86 id. 13.1.7; 86a Hdn ad A 532a; (ὃς–) sch K 429b

70 ἄμεναι 9 507 tt* Z T^λ Ω*: ἄμμ- h T R W: ἔμμ- Melet.   71 μὲν 9 Ω: μιν t   ἐλλίσσετο 9 507 t A N: ἐλί- Ω*.—cf. ad Z 45   73 deerat ap. Ar^ab: hab. Did 9 507 Ω.—v. Apthorp 147–50   μιν φωνήσας Did(?) 9 Ω*: μιν λισσόμενος A^γρ D F T R (cf. χ 311^vl, 343):
ῥ᾿ ὀλοφυρόμενος quidam ap. Did, H:]μενος 1475   74 αἴδεο A^m Ω*: αἰδέο (Ptol?
Hdn?) A D².—cf. ad X 82, Ω 202   77 εἷλες 9 Ω*: εἶδες G   ἀλωῆι fere 9 Ω (ἀλ- C E
W): -ωιῆι A B^a T (ἀ-)   78 μ᾿ ἐπέρασσας 9 Ω*: -ασας tt* Z T R: με πέρασας ApS^130
A^γρ (περάσας)   79 ἑκατόμβοιον 9 tt Z Ω*: -ος W^a   80 δ᾿ ἐλύμην tt* Z F^a T R^a G:
δὲ λ- 9 sch^AbT Ω*: ἐλ- sch-Ar.   81 ἤδε A D B^a E T^a   ὅτ᾿ ἐς 9 tt Ω (cf. E 204, Λ 230):
ὅτε Bentley   82 αὖ με τεῆις 1477 t Ω (αὖτε με D, αὖτε W), τεαῖς Z: αὖτε με σης 9
84 αὖτις 9 1474 Ω*: -θις C W   ἔδωκε (nov. Did) 9 Ω: δῶκε Ar.—cf. ad B 205, Z 155, O
601   86 Ἄλτεω 9 1474 tt A^λ T^λ Ω*: -ταο, C, -τα᾿ Christ: -της Bentley cl. Z 396
ἀνάσσει Ar tt Ω*: ἄνασσε "ἔνιαι τῶν κατὰ πόλεις" 9 h R W (cf. Υ 92, contra Z 34 sq.)
87 ἐπὶ t, flagit. sch^T u.v.: ὑπὸ (nov. Strabo) 9 1474 T^λ Ω.—cf. Allen–Sikes ad Hymn. Ap.
18

τοῦ δ' ἔχε θυγατέρα Πρίαμος—πολλὰς δὲ καὶ ἄλλας—
τῆς δὲ δύω γενόμεσθα· σὺ δ' ἄμφω δειροτομήσεις.
90 ἤτοι τὸν πρώτοισι μετὰ πρυλέεσσι δάμασσας,
ἀντίθεον Πολύδωρον, ἐπεὶ βάλες ὀξέϊ δουρί·
νῦν δὲ δὴ ἐνθάδ' ἐμοὶ κακὸν ἔσσεαι· οὐ γὰρ ὀίω
σὰς χεῖρας φεύξεσθαι, ἐπεί ῥ' ἐπέλασσέ γε δαίμων.
ἄλλο δέ τοι ἐρέω, σὺ δ' ἐνὶ φρεσὶ βάλλεο σῇσιν·
95 μή με κτεῖν', ἐπεὶ οὐχ ὁμογάστριος Ἕκτορός εἰμι,
ὅς τοι ἑταῖρον ἔπεφνεν ἐνηέα τε κρατερόν τε."
ὣς ἄρα μιν Πριάμοιο προσηύδα φαίδιμος υἱός
λισσόμενος ἐπέεσσιν· ἀμείλικτον δ' ὄπ' ἄκουσεν·
"νήπιε, μή μοι ἄποινα πιφαύσκεο μηδ' ἀγόρευε.
100 πρὶν μὲν γὰρ Πάτροκλον ἐπισπεῖν αἴσιμον ἦμαρ,
τόφρα τί μοι πεφιδέσθαι ἐνὶ φρεσὶ φίλτερον ἦεν
Τρώων, καὶ πολλοὺς ζωοὺς ἕλον ἠδ' ἐπέρασσα·
νῦν δ' οὐκ ἔσθ' ὅς τις θάνατον φύγοι, ὅν κε θεός γε
Ἰλίοο προπάροιθεν ἐμῇς ἐν χερσὶ βάλησιν
105 καὶ πάντων Τρώων, πέρι δ' αὖ Πριάμοιό γε παίδων.
ἀλλὰ φίλος θάνε καὶ σύ· τίη ὀλοφύρεαι οὕτως;
κάτθανε καὶ Πάτροκλος, ὅ περ σέο πολλὸν ἀμείνων.

89a sch Φ 123–4a[1]   95 Arn/sch Ω 47ab; (μή με κτ.) sch Φ 99b; (ἐπεὶ–Ἕκτ.) sch T 293; (ὁμογ.) H. (Cyr.) ο 741   98 Eudoc. 2137; 98b ApS 25.11; (ἀμ.) H. (Cyr.) α 3548   99 (μή–πιφ.) sch Φ 80a; (πιφ.) H. π 2398   101 (πεφ.) H. π 2112   102 Choer. in Thd. ii.161.21   106–7 D.L. 9.67; 106a Arn ad Γ 277a; Choer. in Thd. i.244.35, 254.26; 107 Hermipp. (fr. 50 W.) ap. Plut. Alex. 54.1; Gal. in Hipp. Epid. vi 4.10; (κάτθ.) H. κ 1803

88 δ' 9 1474 Ω: ῥ' P   πολλὰς δὲ καὶ ἄλλας Ar 9 1474 Ω: πολλῶν τε καὶ ἄλλων 𝔐 89 δειροτομήσεις; (interrogative) quidam ap. sch[T] T[c]   92 ἐνθάδ' ἐμοὶ R H: -δε μοι Hdn Ω* (ἔνθα δέ A[a] A[λ] D)   ἔσσεαι A[γρ h] (cf. 39, β 166, γ 306, π 103): -εται 9 sch[hγρ] Ω 93 φεύξεσθαι 9 1474 1477 Ω*: -ασθαι A[a] O V   γε 9 Ω: με rr.—cf. ad O 418 95 οὐχ ὁμογάστριος Ar 9 1474 1477 tt Z Ω (cf. Ω 47): οὐκὶ ὀγ- Zen (ubi οὐκ ἰογ- male intellexit Ar), contra formae οὐκί usum: fort. olim οὔ τοι ὀγ- (cf. Χ 13).—ad vocem exquisitam ὀγάστριος cf. Lyc. 452 (v.l.); Hsch. ο 31 ὀγάστωρ· ὁμογάστωρ   96 ἐνηέα 9 Ω: αμ[υμονα 1477   96a ωι συ μαλιστα χολω(ε)αι ενι φρεσιν οιδα και αυτος add. 9 (χολωαι) 1477 (χολωεαιεενι; χολώε' van Leeuwen)   101 τί 9 Ω: δέ A[γρ] H (cf. Δ 221, Ι 551)   πεφιδέσθαι Hdn Ω: proparox. t[cod] (-φεί-) A[m] h   φίλτερον 9 Ω*: βέλτ- W   ἦεν Ω: ἦε 9   102 ἠδ' ἐπέρασσα t Ω (-ασα A), ηδεπ- 9: ἠδὲ π- A[γρ]   103 τις 9 Ω*: γε C: κεν Eust. rr.—cf. ad N 234   φύγοι 9 Ω*: -η C   104 Ἰλίοο Ahrens: -ίου 9 Ω   ἐμῇσ' R G   105 καὶ πάντων 9 Ω*: συμπ- A[γρ] A[m] F   πέρι R: περὶ 9 Ω*   106 θάνε· ('obiit') quidam ante Nic   fort. olim θανὲ, cf. Wack. KS 865   τί ἦ A B E, τί ἦ T   οὕτως 'omnes' Didymi 9 t Ω: αὖ- (nov. Did?) V, αὖ- Doederlein.—cf. ad Z 55, N 447, 810

οὐχ ὁράαις, οἷος καὶ ἐγὼ καλός τε μέγας τε;
πατρὸς δ' εἰμ' ἀγαθοῖο, θεὰ δέ με γείνατο μήτηρ,
110   ἀλλ' ἔπι τοι καὶ ἐμοὶ θάνατος καὶ μοῖρα κραταιή·
ἔσσεται ἢ' ἠὼς ἢ δειέλη ἢ μέσον ἦμαρ,
ὁππότε τις καὶ ἐμεῖο ἄρηι ἐκ θυμὸν ἕληται,
ἢ' ὅ γε δουρὶ βαλὼν ἢ ἀπὸ νευρῆφιν ὀϊστῶι."
ὣς φάτο· τοῦ δ' αὐτοῦ λύτο γούνατα καὶ φίλον ἦτορ.
115   ἔγχος μέν ῥ' ἀφέηκεν, ὃ δ' ἕζετο χεῖρε πετάσσας
ἀμφοτέρας· Ἀχιλεὺς δὲ ἐρυσσάμενος ξίφος ὀξύ
τύψε κατὰ κληῖδα παρ' αὐχένα, πᾶν δέ οἱ εἴσω
δῦ ξίφος ἄμφηκες· ὃ δ' ἄρα πρηνὴς ἐπὶ γαίηι
κεῖτο ταθείς, ἐκ δ' αἷμα μέλαν ῥέε, δεῦε δὲ γαῖαν.
120   τὸν δ' Ἀχιλεὺς ποταμόνδε λαβὼν ποδὸς ἧκε φέρεσθαι,
καί οἱ ἐπευχόμενος ἔπεα πτερόεντ' ἀγόρευεν·
"ἐνταυθοῖ νῦν κεῖσο μετ' ἰχθύσιν, οἵ σ' ὠτειλήν
αἷμ' ἀπολιχμήσονται ἀκηδέες· οὐδέ σε μήτηρ

108 Suet. Domit. 18; Alex. Rhet. iii.4.12 Sp.; (–κἀγώ) Hdn ad E 256b; sch N 769a¹;
(ἐγὼ–) sch Φ 282f   109 Eudoc. 474   111 Did (et sch^D) ad K 252a; ApS 85.23; Nic
ad Φ 110a(bc); cf. Or. Sib. 2.182; Porph. Hom. 62.20 Sod., Il. 151.24 Schr.; w40 b 13; Eudoc. 492; Phot. Lex. η 314; (–δείλη) Epm. ε 198; (ἢ ἠὼς–) sch Θ 66b; Procl. ad Hes. Op.
578–81; (δείλη) Hdn ad T 26   114 (τοῦ–) Charito 3.6.3; 4.5.9; [Ammon.] Diff. 170
(interp.)   122–7 Porph. Hom. 43.26 Sod.; 122–3 (–ἀκ.) Procl. in Remp. i.152.5; 122a
Macr. Sat. 5.2.17; (ἐντ.) H. ε 3322; (κεῖσο μετ' ἰ.) Porph. Hom. 44.10 Sod.; (οἵ σ'–)–123a
Did ad O 24b; sch ζ 224; 123 (ἀπολ.) ApS 39.31; H. (Cyr.) α 6454; EtG α 1042; (ἀκ.) ApS
20.5; 124 (ἀλλὰ–)–5 Polyb. Soloec. 286.11 Nauck; 125 (οἴσει) H. (Cyr.) o 392; 125b Arn
ad Υ 13; 126–7 Porph. Hom. 37.10 Sod.; 126 Arn ad Z 459; 126a cf. Porph. Hom. 44.17
Sod.; 126b ApS 165.16; sch Ψ 692–4; Porph. Hom. 41.17 Sod.; (μελ. φρ.) ib. 40.14; (φρ.)
H. φ 883; 127 Choer. in Thd. i.138.31; EtG α 1122; 127a Arn ad Δ 191b, H 171a, X 505, δ
691; Epm. φ 43; (ὅς κε φ.) Porph. Hom. 37.15 Sod.

108 καὶ ἐγὼ 9 G (cf. Δ 40, Z 477, Θ 23, etc.): κἀγὼ tt* Ω*: ἐγὼ sch-Φ R W   110 ἔπι
Ar Nicias H: ἐπί alii ante Hdn Z Ω (ἐπεί D)   κραταιή· | ἔσσεται Ar Nic Ω*: κραταιή |
ἔσσεται, alii ante Nic D T W G: κραταιή· | ἔσσεται. C E   111 ἢ' Fick: ἢ Ω   ἠὼς 9
tt* Ω: ἠοῦς Or. Sib., quod olim fort. legebant ii qui δείλης cum interpunctione
falsa   δειέλη post Fick (–λα) Wack. Unt. 166: δείλη Ar tt* Ω*: -ης (nov. Did) ApS
Porph.¹⁵¹ 9 A F T G: δείελος Brandreth (cf. 232): -ον Nauck (cf. ρ 606)   112 ἄρη(ι)
h94 T^Λ Ω*: ἄρει 9 R^ρ (-ης R^α?): ἄρη' Leaf: ἀρῆι Hermapias ap. h94 (cf. sch^bT)   113 ἢ'
Fick: ἢ Ω   118 γαίηι 9 Ω*: -ης G   121 πτερόεντ' ἀγόρευεν 9 Ω*: -εντα προσ–
ηύδα A^γρ F.—cf. ad Π 829   122 ἐνταυθοῖ Hdn Ω: properisp. DThr (an parox.?) A^λχ
et teste sch^h Τίμαρχος καὶ Ἀριστοτέλης (fort. Τιμαχίδας καὶ Ἀριστοφάνης)   κεῖσο
Ar^α 9 tt Ω: ἧσο (ex σ 105) Ar^b (vel ἧσο) h94^λ T^Λ: κεῖο Wack. Unt. 170   σ' (accus.) 9 h94
tt Ω: an τ' (dat.)?   ὠτειλήν 'omnes' Didymi tt* A D: -ῆς (nov. Did) Porph. Procl. 9
Ω*   123 αἷμ' 9 h94 tt Ω: αἴψ' Naber Qu. Hom. 133 cl. 347   ἀκηδέες Hdn Ω (cf. ρ
319): -δέες (pro vocativo!) quidam ante Hdn: -δεος Z: -δέα Nauck (cf. Ω 554)

ἐνθεμένη λεχέεσσι γοήσεται, ἀλλὰ Σκάμανδρος
125 οἴσει δινήεις εἴσω ἀλὸς εὐρέα κόλπον.
{θρώισκων τις κατὰ κῦμα μέλαιναν φρῖχ᾽ ὑπαΐξει
ἰχθύς, ὥς κε φάγησι Λυκάονος ἀργέτα δημόν.
φθείρεσθ᾽, εἰς ὅ κεν ἄστυ κιχείομεν Ἰλίου ἰρῆς,
ὑμεῖς μὲν φεύγοντες, ἐγὼ δ᾽ ὄπιθεν κεραΐζων.
130 οὐδ᾽ ὕμιν ποταμός περ εὔρροος ἀργυροδίνης
ἀρκέσει, ὧι δὴ δηθὰ πολεῖς ἱερεύετε ταύρους,
ζωοὺς δ᾽ ἐν δίνηισι καθίετε μώνυχας ἵππους·
ἀλλὰ καὶ ὧς ὀλέεσθε κακὸν μόρον, εἰς ὅ κε πάντες
τείσετε Πατρόκλοιο φόνον καὶ λοιγὸν Ἀχαιῶν,
135 οὓς ἐπὶ νηυσὶ θοῆισιν ἐπέφνετε νόσφιν ἐμεῖο.}"
ὣς ἄρ᾽ ἔφη· ποταμὸς δὲ χολώσατο κηρόθι μᾶλλον,
ὥρμηνεν δ᾽ ἀνὰ θυμόν, ὅπως παύσειε φόνοιο
δῖον Ἀχιλλῆα, Τρώεσσι δὲ λοιγὸν ἀλάλκοι.
τόφρα δὲ Πηλέος υἱὸς ἔχων δολιχόσκιον ἔγχος
140 Ἀστεροπαίωι ἔπαλτο κατακτάμεναι μενεαίνων,
υἱέι Πηλεγόνος· τὸν δ᾽ Ἀξιὸς εὐρυρέεθρος
γείνατο καὶ Περίβοια, Ἀκεσσαμενοῖο θυγατρῶν
πρεσβυτάτη· τῆι γάρ ῥα μίγη ποταμὸς βαθυδίνης.
τῶι ῥ᾽ Ἀχιλεὺς ἐπόρουσεν, ὃ δ᾽ ἀντίος ἐκ ποταμοῖο
145 ἔστη ἔχων δύο δοῦρε· μένος δέ οἱ ἐν φρεσὶ θῆκεν
Ξάνθος, ἐπεὶ κεχόλωτο δαὶ κταμένων αἰζηῶν,

130–1 (ἀρκ.) sch Φ 120; (εὔρ.) H. ε 7121   131 (δηθὰ–) sch Ψ 147a¹   133 (–μόρον) EtG
s.v. κατακτανέεσθε   138 (ἀλάλκοι) H. (Cyr.) α 2758   140 (ἔπ.) H. ε 4150   142b
Hdn i.180.26   146–7 Did ad Φ 130–5; 146 (ἐπεὶ–δαὶ κτ.) sch Φ 136a; (δαὶ κτ.) H. (Cyr.) δ

124 ut supra 9 tt Ω*: γοήσεται, ἢ τὸ πάρος περ | γείνατο κοῦρον ἐόντα· (spatiolum)
ἀλλὰ Σκάμανδρος C, ubi ἐόντα ‹καὶ ἔτρεφεν› suppl. La Roche   Κάμανδρος rr, cf.
Praef. xxxv   126–9 damn. Koch Homers Iliade (1868–74) ad loc.   126 θρώισκων:
exspectaveris ἔνθα δέ   μέλαιναν φρῖχ᾽ ὑπαΐξει Ar^{ab} Ω*: μέλαιναν φρῖχ᾽ ὑπαλύξει
Philetas Callistr sch-Ψ ApS (-ξας) 9 (υναλ-) Z D T R^s W: μελαίνηι φρίχ᾽ ὑπαΐξει
ℵ   127 ἰχθύς 9 C^c R W^c: -ῦς Ω*   ὥς Arph (ci.?) Porph.^{vl} F^a h: ὅς Ar 9 1467 tt*
Ω*   128–35 damn. Payne Knight; 130–5 ath. Arph (et Ar u.v.)   130 ὕμιν T R:
ὑμῖν Ω*   131 πολεῖς (nov. Did) 9 t Z Ω*: -έας Ar: πολλοὺς C: si genuinus esset versus, praestaret πολὺς (-ῦς Christ)   133 ὥς A B E T^a: ὣς Ω*   134 τ]εισε[τε 1467:
τίσ- 9 Ω   136 δ᾽ ἐχολώσατο rr   μᾶλλον Blass: μᾶ- Z Ω   137 ὥρμηνεν 9 1467 Ω:
ὥρμεναι (= -μαινε?) Z   φόνοιο (Arph? cf. ad 249) 9 b F R^s G: πόν- (Ar?) sch^T Ω*.—cf.
ad 249, Π 651   140 ἔπαλτο t^{cod}: ἐπᾶλτο fere Z Ω.—v. Praef. xx   141 υἱέι sic fere 9
Ω, υιει 1467   Ἀξιὸς Barnes: proparox. Ω.—cf. ad B 849   142 Ἀκεσσαμενοῖο Hdn
Ω*: proparox. R   143 ῥα μίγη 9 Ω: ῥ᾽ ἐμ- A^{γρ}   144 ῥ᾽ 9 1467 Ω*: δ᾽ D T R: om. G.—
cf. ad Υ 386   146 δαὶ κταμένων Hdn (ad 301) b F^a T^{c?} R G: δαϊκτ- Z Ω*

τοὺς Ἀχιλεὺς ἐδάϊζε κατὰ ῥόον οὐδ᾽ ἐλέαιρεν.

οἳ δ᾽ ὅτε δὴ σχεδὸν ἦσαν ἐπ᾽ ἀλλήλοισιν ἰόντες,
τὸν πρότερος προσέειπε ποδάρκης δῖος Ἀχιλλεύς·
150 "τίς πόθεν εἰς ἀνδρῶν, ὅ μοι ἔτλης ἀντίος ἐλθεῖν;
δυστήνων δέ τε παῖδες ἐμῶι μένει ἀντιόωσιν."
τὸν δ᾽ αὖ Πηλεγόνος προσεφώνεε φαίδιμος υἱός·
"Πηλείδη μεγάθυμε, τίη γενεὴν ἐρεείνεις;
εἰμ᾽ ἐκ Παιονίης ἐριβώλου τηλόθ᾽ ἐούσης,
155 Παίονας ἄνδρας ἄγων δολιχεγχέας· ἥδε δέ μοι νῦν
ἠὼς ἑνδεκάτη, ὅτ᾽ ἐς Ἴλιον εἰλήλουθα.
αὐτὰρ ἐμοὶ γενεὴ ἐξ Ἀξιοῦ εὐρὺ ῥέοντος,
{Ἀξιοῦ, ὃς κάλλιστον ὕδωρ ἐπὶ γαῖαν ἵησιν,}
ὃς τέκε Πηλεγόνα κλυτὸν ἔγχεϊ· τὸν δ᾽ ἐμέ φασιν
160 γείνασθαι. νῦν αὖτε μαχώμεθα, φαίδιμ᾽ Ἀχιλλεῦ."
ὣς φάτ᾽ ἀπειλήσας· ὃ δ᾽ ἀνέσχετο δῖος Ἀχιλλεύς
Πηλιάδα μελίην, ὃ δ᾽ ἁμαρτῆ δούρασιν ἀμφίς
ἥρως Ἀστεροπαῖος, ἐπεὶ περιδέξιος ἦεν.
καί ῥ᾽ ἑτέρωι μὲν δουρὶ σάκος βάλεν, οὐδὲ διάπρο
165 ῥῆξε σάκος· χρυσὸς γὰρ ἐρύκακε, δῶρα θεοῖο·
τῶι δ᾽ ἑτέρωι μιν πῆχυν ἐπιγράβδην βάλε χειρός
δεξιτερῆς, σύτο δ᾽ αἷμα κελαινεφές· ἣ δ᾽ ὑπὲρ αὐτοῦ

95; **147** (ἐδά.) H. ε 387   **150–1** Eudoc. 948–9; **150a** (al.) Apio 233.25; Hdn i.563.8; Epm. φ 47   **155** (–δολιχ.) id. μ 43; (ἥδε–)–**156** ApS 85.22; (ἥδε–)–**156a** Porph. Hom. 63.8 Sod.; H. η 1038; Phot. Lex. η 314   **158** sch λ 239   **159a** Hdn ad Φ 141   **162b** ApS 24.29   **163** Erot. p.15.15 N.; (περιδ.) ApS 130.20; Phot. Lex. s.v.   **166** (τῶι δ᾽ ἑτ.) + **167** (ἣ δ᾽–)–8a sch Φ 167b²; **166** (πῆχυν–) ApS 72.27; (ἐπιγρ.) Hdn ad Ω 343a; H. (Cyr.) ε 4686; **167** (χύτο δ᾽ αἷμα) Epm. χ 31; (σύτο) H. σ 2816;

147 τοὺς 9 1467 Ω: οὓς t (cod. A).—cf. ad X 48   ἐδάϊζε 9 tt Z Ω*: -ξε T H   ῥρόον fere D C T W G   **148** om. 9, damn. Leaf: hab. 1467 Ω   **150** εἰς A Bᵃ Cᵃ E: εἰς 9, εἰς Ω*, εἰς T   μοι van Leeuwen: μευ 9 t Ω: μου quidam ap. schᵀ: με᾽ Platt   ἀντίος 9 Ω*: -ον t Aˢ B E F   ἐλθεῖν 9 t Ω*: -ὼν D W   **152** προσεφώνεε 9 Ω*: -νει C.—cf. ad Σ 323   **153** τί ἢ A B E F: τί ἦ T   **154** εἰμ᾽ Ω*: εἰμ᾽ Aᵃ E: εἴμ᾽ Bᵃ W   **155** Παίονας 9 t D C R G: parox. Aᵏ Ω*.—cf. ad Π 287   ἄγων 9 t Ω* Aᵐ: ἔχων A C   δολιχεγχέας Hdn Ω*: proparox. Sel (ap. h94) 9 Z (-εα) Aᵐ C Fᵃ W G   ἥδε A D Bᵃ E Tᵃ   **157** ἐμοὶ 9 Ω: ἐμὴ rr   Ἀξιοῦ Barnes (et in 158): parox. 9 Ω   **158** (cf. B 850) add. t b F Gᵐ: deest in 9 Ω*   ὃς F Gᵐ (cf. M 33): οὗ (ex B 850) t b   ἐπὶ γαῖαν ἵησιν t F Gᵐ: ἐπικίδναται αἶαν (ex B 850) b   **159** ἔγχεϊ sic Ω   δ᾽ ἐμέ Ptol D T R: δέ με alii ante Hdn Ω*   **160** γείνασθαι 9 Ω* Aᵐ: -εσθαι A b   νῦν 9 Ω*: νῦν δ᾽ T   **162** ἁμαρτῆ Ar: -ῆι 𝔐 Hdn t Z (-τη) Ω*: ὁμαρτῆ(ι) 9 (-τη) G.—cf. ad E 656   ἀμφίς Ar 9 t Z Ω: -φω 𝔐   **163** περιδέ-ξιος Hdn h95 tt Z Ω (-ξίος W): πέρι δεξιὸς Pindario   **164** διάπρο dedi (Praef. xix): διὰ πρὸ D Fᵃ T R G: διαπρὸ Ω*   **167** σύτο 9 Hsch. Tᵏ Ω*: χύτο t* Wˣ G

γαίηι ἐνεστήρικτο, λιλαιομένη χροὸς ἆσαι.
δεύτερος αὖτ' Ἀχιλεὺς μελίην ἰθυπτίωνα
170	Ἀστεροπαίωι ἐφῆκε κατακτάμεναι μενεαίνων·
καὶ τοῦ μέν ῥ' ἀφάμαρτεν, ὃ δ' ὑψηλὴν βάλεν ὄχθην,
μεσσοπαγὲς δ' ἄρ' ἔθηκε κατ' ὄχθης μείλινον ἔγχος.
Πηλείδης δ' ἄορ ὀξὺ ἐρυσσάμενος παρὰ μηροῦ
ἆλτ' ἐπί οἱ μεμαώς· ὃ δ' ἄρα μελίην Ἀχιλῆος
175	οὐ δύνατ' ἐκ κρημνοῖο ἐρύσσαι χειρὶ παχείηι.
τρὶς μέν μιν πελέμιξεν ἐρύσσασθαι μενεαίνων,
τρὶς δὲ μεθῆκε βίης· τὸ δὲ τέτρατον ἤθελε θυμῶι
ἆξαι ἐπιγνάμψας δόρυ μείλινον Αἰακίδαο,
ἀλλὰ πρὶν Ἀχιλεὺς σχεδὸν ἄορι θυμὸν ἀπηύρα·
180	γαστέρα γάρ μιν τύψε παρ' ὀμφαλόν, ἐκ δ' ἄρα πᾶσαι
χύντο χαμαὶ χολάδες· τὸν δὲ σκότος ὄσσ' ἐκάλυψεν
ἀσθμαίνοντ'. Ἀχιλεὺς δ' ἄρ' ἐνὶ στήθεσσιν ὀρούσας
τεύχεά τ' ἐξενάριξε καὶ εὐχόμενος ἔπος ηὔδα·
"κεῖσ' οὕτω· χαλεπόν τοι ἐρισθενέος Κρονίωνος
185	παισὶν ἐριζέμεναι, ποταμοῖό περ ἐκγεγαῶτι.
φῆσθα σὺ μὲν ποταμοῦ γένος ἔμμεναι εὐρὺ ῥέοντος,
αὐτὰρ ἐγὼ γενεὴν μεγάλου Διὸς εὔχομαι εἶναι.
τίκτε μ' ἀνὴρ πολλοῖσιν ἀνάσσων Μυρμιδόνεσσιν,
Πηλεὺς Αἰακίδης· ὃ δ' ἄρ' Αἰακὸς ἐκ Διὸς ἦεν.

168 'Trypho i' Trop. iii.192.15 Sp.; 168b Epm. λ 38   169 ApS 90.22; 169a Arn ad Φ 173a¹/b; (ἰθυπτ.) H. (Cyr.) ε 801, ι 415   172 (–ὄχθ.) sch Φ 17c; (μεσσ.) ApS 111.28; H. (Cyr.) μ 926/7, [950]   174a Hdn ad A 368b¹   175 (–ἐρ.) sch Φ 17c; 175a Arn ad Φ 172c   178 (ἆξαι) H. (Cyr.) α 5611   180 (–ὀμφ.) Apio 96.21   186 (φῆσθα) ApS 162.27; [Plut.] Hom. 2.10.4; H. φ 365   187 cf. Eudoc. 473   188 Epm. γ 31; (–ἀνάσσ.) Anon. π. ἀκυρολ. 4 (p.141.5 Nick.); (ἀνὴρ–) Choer. in Thd. i.280.32

168 ἐνεστήρικτο 9 sch-Φ Ω*: ἐνστ- b: ἐστ- h95 Z rr: ἐν γαίηι ἵστατο t*   169 ἰθυπτίωνα Ar 9 h95 tt Z Ω: -πτιῶνα Hermapias: -πτείωνα sch^hyp: -κτίωνα Zen Callistr: -κτεί- vel -κτή-? Wack. Unt. 242   172 μεσσοπαγὲς (nov. Did) h95? t* Z D Fᵃ T R Gᶜ: -λὲς Ar ApS 9 Tˢ Ω*: utrumque Hsch. Aˡ   174 ἆλτ' Aᵃ Gᵃ: ἄ- Ω*: ἄ- C R W   ἐπί οἱ Hdn Ω*: ἐπὶ οἱ b Fᶜ W G, ἐπὶ οἱ Z E: ἔπι οἱ (?) Ptol   176 ἐρύσ(σ)ασθαι D T R W G: -εσθαι 9 Ω*.—cf. ad Σ 174; Leaf ad H 36; Chantr. II 310   177 βίης (= φ 126) rr: -η(ι) 9 Ω   178 ἆξαι Fᶜ W N O: ἄ- 9 Z Ω*.—v. Praef. xx   ἐπιγνάμψας 9 Z Ω*: -γνάψας T: -γράψας W   179 ἀλλὰ 9 Ω: ἀλλά ἐ rr   181 ὄσσ' ἐκάλυψεν rr: ὄσσε κ- Ω   182 ὀρούσας 9 Ω*: -ούων Z Aˢ D R W   183 ἐξενάριξε Ar 9 Ω: -ιζε "ἐν ἐνίαις" rr   184 κεῖ' Wack. Unt. 170   οὕτω Ω*: -ως C   185 ἐκγεγαῶτι Ar^ab 9 Ω: -τα (nov. Did) h V   186 φῆσθα Hdn ApS 9 Ω*: φήισθα Tyr: φῆσθα G   187 γενεὴν 9 Ω (cf. ο 225): -ῆς Bentley (cf. Z 211 = Υ 241) 188 τίκτέ A D F R W

190   τὼ κρέσσων μὲν Ζεὺς ποταμῶν ἁλιμυρηέντων,
       κρέσσων αὖτε Διὸς γενεὴ ποταμοῖο τέτυκται.
       καὶ γὰρ σοὶ ποταμός γε πάρα μέγας, εἰ δύναταί τι
       χραισμεῖν· ἀλλ' οὐκ ἔστι Διὶ Κρονίωνι μάχεσθαι,
       τῶι οὐδὲ κρείων Ἀχελώϊος ἰσοφαρίζει,
195   οὐδὲ βαθυρρείταο μέγα σθένος Ὠκεανοῖο,
       ἐξ οὗ περ πάντες ποταμοὶ καὶ πᾶσα θάλασσα
       καὶ πᾶσαι κρῆναι καὶ φρείατα μακρὰ νάουσιν·
       ἀλλὰ καὶ ὃς δείδοικε Διὸς μεγάλοιο κεραυνόν
       δεινήν τε βροντήν, ὅτ' ἀπ' οὐρανόθεν σμαραγήσηι."
200   ἦ ῥα, καὶ ἐκ κρημνοῖο ἐρύσσατο χάλκεον ἔγχος,
       τὸν δὲ κατ' αὐτόθι λεῖπεν, ἐπεὶ φίλον ἦτορ ἀπηύρα,
       κείμενον ἐν ψαμάθοισι, δίαινε δέ μιν μέλαν ὕδωρ.
       τὸν μὲν ἄρ' ἐγχέλυές τε καὶ ἰχθύες ἀμφεπένοντο,
       δημὸν ἐρεπτόμενοι ἐπινεφρίδιον κείροντες·
205   αὐτὰρ ὁ βῆ ῥ' ἰέναι μετὰ Παίονας ἱπποκορυστάς,
       οἵ ῥ' ἔτι πὰρ ποταμὸν πεφοβήατο δινήεντα,
       ὡς εἶδον τὸν ἄριστον ἐνὶ κρατερῆι ὑσμίνηι
       χέρσ' ὑπο Πηλείδαο καὶ ἄορι ἶφι δαμέντα.
       ἔνθ' ἕλε Θερσίλοχόν τε Μύδωνά τε Ἀστύπυλόν τε
210   Μνῆσόν τε Θρασίον τε καὶ Αἴνιον ἠδ' Ὀφελέστην.

190 (ἁλιμ.) sch A.R. 1.913; H. (Cyr.) α 3015   194 ApD Synt. 121.13; Epm. o 4; (κρ.)
sch M 27a¹   196–7 sch^D Ξ 434; 196 Theodoret. Graec. aff. cur. 2.50; Porph. Il. 198.16
Schr.; Olymp. in Meteor. CAG xii(2).134.2, 138.7; cf. Lyd. Mag. 2.7; (–ποτ.) Megaclides
ap. sch Φ 195b; sch Φ 2b (bis); Porph. Il. 199.5 Schr.; (πάντες–) Procl. in Tim. iii.179.1;
197 (φρ.–) Hdn i.391.2; sch B 92a^{1/3}; Choer. in Thd. i.350.7; (φρ. μ.) Philostr. Her. 2.3; (φρ.)
H. φ 856; (νά.) H. (Cyr.) ν 70   198–9? w37.1 (lacera); 198 (–μεγ.) Epm. o 101; 198a
ApD Pron. 5.29   199 (σμαρ.) H. σ 1225   202a cf. sch A 486a; (δίαινε) cf. ApS
58.20   204 (ἐπιν.) H. (Cyr.) ε 5001; (κείρ.) H. κ 2012   206 Epm. β 36; 206b sch I
3c; (πεφοβ.) sch Γ 183b

190 τὼ rr: τῶ(ι) Ω   κρέσσων Blass (et in 191): κρεί- 9 Ω   ἁλιμυρηέντων Ar 9 tt
Z Ω*: -μοιρ- sch^b D b F^c   191 αὖτε Ar r: δ' αὖτε (nov. Did) 9 Ω   192 γὰρ σοὶ Ω*:
γάρ σοι D F R G: γάρ τοι Tzetz. (Alleg. Φ 71)   194 οὐδὲ (Zen) Z Ω: οὔτε Ar h
H   195 non habuerunt Megaclides Zen, om. R^a, cf. Paus. 8.38.10: hab. Ar Lyd.
Olymp. 9 Ω*.—cf. Pasquali Storia della Tradizione 225–7   οὐδὲ 9 A^λ Ω: οὔτε Ar(?) A^s
h   196 καὶ πᾶσα θάλασσα 9 tt* Ω: πᾶσαι τε θάλασσαι O: πᾶσαι δέ τε πηγαί
Olymp.   198 ὃς 9 tt Ω*: ὡς D, ὣς G   203–4 damn. Düntzer   205 ῥ' 9 Ω*: om.
1 A B E W G   Παίονας 9 Ω*: parox. 1 A B E T W.—cf. ad Π 287   ἱπποκορυστάς 1 9
Ω: ἀγκυλοτόξους sch^T (at v. Erbse)   208 ὕπο O: ὑπὸ vel ὕπο 1 9 Ω   209 Θερσίλοχόν 1 9 Ω: (ἕλεν) Ὀρσ- V: Θηρσ- Herwerden.—v. ad P 216   210 Θρασίον Ω
(-ίων D): -ιόν 1 9: proparox. h W^x V

καί νύ κ᾽ ἔτι πλέονας κτάνε Παίονας ὠκὺς Ἀχιλλεύς,
εἰ μὴ χωσάμενος προσέφη ποταμὸς βαθυδίνης
ἀνέρι εἰσάμενος, βαθέης δ᾽ ἐκφθέγξατο δίνης·
"ὦ Ἀχιλεῦ, περὶ μὲν κρατέεις, περὶ δ᾽ αἴσυλα ῥέζεις
215   ἀνδρῶν· αἰεὶ γάρ τοι ἀμύνουσιν θεοὶ αὐτοί.
εἴ τοι Τρῶας ἔδωκε Κρόνου παῖς πάντας ὀλέσσαι,
ἐξ ἐμέθεν γ᾽ ἐλάσας πεδίον κάτα μέρμερα ῥέζε.
πλήθει γὰρ δή μοι νεκύων ἐρατεινὰ ῥέεθρα,
οὐδέ τί πηι δύναμαι προχέειν ῥόον εἰς ἅλα δῖαν
220   στεινόμενος νεκύεσσι· σὺ δὲ κτείνεις ἀϊδήλως.
ἀλλ᾽ ἄγε δὴ καὶ ἔασον· ἄγη μ᾽ ἔχει, ὄρχαμε λαῶν."
    τὸν δ᾽ ἀπαμειβόμενος προσέφη πόδας ὠκὺς Ἀχιλλεύς·
"ἔσται ταῦτα, Σκάμανδρε διοτρεφές, ὡς σὺ κελεύεις.
Τρῶας δ᾽ οὐ πρὶν λήξω ὑπερφιάλους ἐναρίζων,
225   πρὶν ἔλσαι κατὰ ἄστυ καὶ Ἕκτορι πειρηθῆναι
ἀντιβίην, ἤ κέν με δαμάσσεται, ἦ κεν ἐγὼ τόν."
ὣς εἰπὼν Τρώεσσιν ἐπέσσυτο δαίμονι ἶσος.
    καὶ τότ᾽ Ἀπόλλωνα προσέφη ποταμὸς βαθυδίνης·
"ὦ πόποι, Ἀργυρότοξε, Διὸς τέκος, οὐ σύ γε βουλὰς
230   εἰρύσαο Κρονίωνος, ὅ τοι μάλα πόλλ᾽ ἐπέτελλεν
Τρωσὶ παρεστάμεναι καὶ ἀμύνειν, εἰς ὅ κεν ἔλθηι

212 (χωσ.) H. χ 881   214 Men. Rh. 374.10 Sp.; (περὶ δ᾽–) Epm. α 310; (αἴσ. ῥ.) H.
(Cyr.) α 2121   217–19 Men. Rh. 374.16 Sp.; 218 sch ζ 58; Porph. Il. 125.14 Schr.;
(–νεκ.) Epm. ε 104; 219 sch Φ 190a¹; (–ῥόον) + 220a sch Π 71–2; 220a Arn ad Π 163ab; sch
Hes. Th. 160; 220b ApS 16.33; Porph. Hom. 121.19 Sod.; (ἀϊδ.) H. (Cyr.) α
1774   221b Hdn i.310.1; Choer. in Thd. i.308.9; id. in Ps. 73.24; Epm. σ 19; (ἄγη μ᾽
ἔχει) sch Soph. O.R. 656; (ἄγη) H. α 479; EtG α 38; Phot. Lex. α 160   224 (ὑπερφ.)
Apio 102.2   231 (εἰς ὅ–)–2 sch^h94 Φ 111; (εἰς ὅ–)–2 (δεί.) EtG α 198; 232a Hdn
ii.932.16; H. δ 443; Polyb. Fig. iii.105.14 Sp.; (ὀψὲ δύων) H. ο 2072, cf. ε 539

211 κτάνε 1 9 Ω*: ἔκτ- A b   Παίονας Ω*: parox. A B E T W   212 ποταμὸς 1 9²⁵ Ω
(cf. 143, 228, 329): Ξάνθος 9   213 hab. Ar 1 9 Ω*: om. Rᵃ rr (homoeotel.), damn. Heyne   εἰσάμενος Arᵃ 9 Ω (cf. P 73), εεισ- Z: εἰδόμ- Arᵇ 1 h94^λ (cf. Γ 122, E 462).—cf. ad E
785, Π 716   δ᾽ 1 9 Ω: om. Ar h   ἐκφθέγξατο 1ᵃ h: ἐφθ- 1ᶜ 9 Ω (δὲ φθ- F G)   214 περὶ
(vel περι) bis Hdn 9 Ω*: πέρι (deprec. Hdn) R et altero loco W   αισύλα 9   215 damn.
Düntzer   217 γ᾽ ἐλάσας Ar 9 h94 Ω*: ἐλ- t G: πελ- Arph V   ῥέζε 9 t Ω*: -ειν D R
G   219 vel οὐδ᾽ ἔτι   221 ἔασον Arᵃᵇ Hdn Ω: ἔα- quidam ante Did ad ἄω vel ἤδω
referentes (cf. ad N 315)   223 Σκάμανδρε 9 sch^hyp T^λ Ω: Κάμ- h.—cf. Praef.
xxxv   225 ἔλσαι C R W G   226 utrum ἀντιβίην· ἤ … ἤ an ἀντιβίην, ἤ … ἤ ambigit Nic: ἤ … ἤ Bᵃ?: ἦ … ἤ T: ἤ … ἤ 9 Ω*: εἴ … ἤ Dᵃ   229 ὦ Ar (teste sch^h) A D F:
ὢ Ω*   230 εἰρύσαο 9 h94 (xi 36) Ω* G^γρ: εἴρυσας G: -ύατο Z: εφρασαο h94
(xi 22)   231 παρεστάμεναι 9 h94 D R G: παριστ- Ω*   ἔλθη(ι) 9 h94 tt Ω*: -οι C

δείελος ὀψὲ δύων, σκιάσηι δ᾽ ἐρίβωλον ἄρουραν."
      ἦ· καὶ Ἀχιλλεὺς μὲν δουρικλυτὸς ἔνθορε μέσσωι,
      κρημνοῦ ἀπαΐξας· ὃ δ᾽ ἐπέσσυτο οἴδματι θύων,
235   πάντα δ᾽ ὄρινε ῥέεθρα κυκώμενος, ὦσε δὲ νεκρούς
      πολλούς, οἵ ῥα κατ᾽ αὐτὸν ἅλις ἔσαν, οὓς κτάν᾽ Ἀχιλλεύς.
      τοὺς ἔκβαλλε θύραζε, μεμυκὼς ἠΰτε ταῦρος,
      χέρσονδε· ζωοὺς δὲ σάω κατὰ καλὰ ῥέεθρα,
      κρύπτων ἐν δίνηισι βαθείηισιν μεγάληισιν.
240   δεινὸν δ᾽ ἀμφ᾽ Ἀχιλῆα κυκώμενον ἵστατο κῦμα,
      ὤθει δ᾽ ἐν σάκεϊ πίπτων ῥόος· οὐδὲ πόδεσσιν
      εἶχε στηρίξασθαι, ὃ δὲ πτελέην ἕλε χερσίν
      εὐφυέα μεγάλην· ἣ δ᾽ ἐκ ῥιζέων ἐριποῦσα
      κρημνὸν ἄπαντα διῶσεν, ἐπέσχε δὲ καλὰ ῥέεθρα
245   ὄζοισιν πυκινοῖσι, γεφύρωσεν δέ μιν αὐτόν
      εἴσω πᾶσ᾽ ἐριποῦσ᾽. ὃ δ᾽ ἄρ᾽ ἐκ δίνης ἀνορούσας
      ἤϊξεν πεδίοιο ποσὶ κραιπνοῖσι πέτεσθαι,
      δείσας· οὐδέ τ᾽ ἔληγε θεὸς μέγας, ὦρτο δ᾽ ἐπ᾽ αὐτῶι
      ἀκροκελαινιόων, ἵνα μιν παύσειε φόνοιο
250   δῖον Ἀχιλῆα, Τρώεσσι δὲ λοιγὸν ἀλάλκοι.
      Πηλείδης δ᾽ ἀπόρουσεν ὅσον τ᾽ ἐπὶ δουρὸς ἐρωή,
      αἰετοῦ οἴματ᾽ ἔχων †μέλανος τοῦ† θηρητῆρος,

233–4a sch Φ 223a¹; **233b** Epm. ε 196; **234** (ἀπαΐ.) H. α 5724; (θύων) H. (Cyr.) θ
982   **235** (κυκ.) Phot. Lex. κ 1186   **237** sch Soph. Tr. 13   **238** (ζω.–)–9 sch Φ
365a; (ζω.–)–9a Porph. Il. 251.1 Schr.; **239** sch λ 243; Eudoc. 445   **240–2a** D.H. Comp.
99; **240** 'Trypho ii' Trop. 7 (CQ 15.245); Epm. A 483b, κ 18; **240b** ib. κ 133; **241** (–ῥόος)
Hdn ad Δ 452a; **242** (–ὅ) sch^h Φ 223   **243a** Epm. ε 178   **247** Eudoc. 851   **249** ApS
20.4; **249a** H. α 2612, cf. κ 2134; sch Φ 25a¹, 382; EtG α 1553   **252** Porph. Il. 274.3 Schr.;
252a Arn ad X 308a; H. ο 290; (οἴμ.) cf. ApS 119.27; **252b** cf. Plut. Mor. 751a; EtG s.v.

232 δείελος quidam ap. sch^hG pro etymologia ficta   **233** δουρὶ κλυτὸς A D B^a E F T
W G   **234** ἀπαΐξας 9 [h94] tt Ω*: ἐπ- A^s R: ὑπ- h: ἀπαΐσσων sch^hyp rr   θύων h94 A
B E T: θύων 9 t Z Ω*.—v. Praef. xxxi   **236** ἅλις ἔσαν (= 344) 9 Ω*: ἔσαν ἅλις E F (prob.
Heyne, alii)   **237** ἔκβαλλε 9 t Ω: ἐξῆγε A^yp (ex 29)   **238** ζωιοὺς h94 W   σάω 9 h94
tt Ω (δ᾽ ἐσ- R G): σάου Cobet Misc. crit. 293.—cf. ad I 393   **242** εἶχε 9 Dion. Z sch^hyp
Ω: εἴα t* h: εἶκε Brandreth (cf. ad H 217)   στηρίξασθαι 9 Z Ω: -ζεσθαι tt P   πτελεὴν
quidam ante Hdn   **243** ῥιζέων Thiersch: -ζῶν 9 Ω   **245** μιν αὐτόν 9 Ω: κέλευθον
A^yp (ex O 357)   **246** δίνης Ar 9 h94 A F G: λίμνης quidam ante Ar Ω*: ῥιπῆς quidam
ap. sch^T   **247** πεδίοιο 9 t Ω: -ονδε h94 A^yp r.—cf. ad Ψ 122   πέτεσθαι 9 h94 t Ω (parox.
A): φέρεσθαι h94^yp(?) A^yp rr   **248** οὐδ᾽ ἔτ᾽ B^a E T G   θεὸς μέγας 9 Ω (cf. T 410): μέγας
θεὸς h (cf. Π 531, Ω 90)   αὐτῶι Ω*: -όν 9 F G (cf. E 590, Λ 343)   **249** φόνοιο Arph 9:
πόν- Ar^ab t Ω.—cf. ad 137   **250** (= 138) om. R H^a V, damn. Payne Knight: hab. 9
Ω*   **251** ἐρωή 9 Ω* (cf. O 358): -ήν A D^a F^c G   **252** οἴματ᾽ (Ar) 9 (οἶμά τ᾽) tt Z Ω

ὅς θ' ἅμα κάρτιστός τε καὶ ὤκιστος πετεηνῶν·
τῶι εἰκὼς ἤϊξεν, ἐπὶ στήθεσσι δὲ χαλκός
255   σμερδαλέον κονάβιζεν· ὕπαιθα δὲ τοῖο λιασθείς
φεῦγ', ὃ δ' ὄπισθε ῥέων ἕπετο μεγάλωι ὀρυμαγδῶι.
ὡς δ' ὅτ' ἀνὴρ ὀχετηγὸς ἀπὸ κρήνης μελανύδρου
ἂμ φυτὰ καὶ κήπους ὕδατι ῥόον ἡγεμονεύηι
χερσὶ μάκελλαν ἔχων, ἀμάρης ἐξ ἔχματα βάλλων·
260   τοῦ μέν τε προρέοντος ὑπὸ ψηφῖδες ἅπασαι
ὀχλέονται, τὸ δέ τ' ὦκα κατειβόμενον κελαρύζει
χώρωι ἔνι προαλεῖ, φθάνει δέ τε καὶ τὸν ἄγοντα·
ὣς αἰεὶ Ἀχιλῆα κιχήσατο κῦμα ῥόοιο,
καὶ λαιψηρὸν ἐόντα· θεοὶ δέ τε φέρτεροι ἀνδρῶν.
265   ὁσσάκι δ' ὁρμήσειε ποδάρκης δῖος Ἀχιλλεύς
στῆναι ἐναντίβιον καὶ γνώμεναι, εἴ μιν ἅπαντες
ἀθάνατοι φοβέουσι, τοὶ οὐρανὸν εὐρὺν ἔχουσιν,
τοσσάκι μιν μέγα κῦμα διιπετέος ποταμοῖο
πλάζ' ὤμους καθύπερθεν. ὃ δ' ὑψόσε ποσσὶν ἐπήδα
270   θυμῶι ἀνιάζων· ποταμὸς δ' ὑπὸ γούνατ' ἐδάμνα
λάβρος ὕπαιθα ῥέων, κονίην δ' ὑπέρεπτε ποδοῖιν.

---

253 sch O 238; Porph. Il. 274.15 Schr.   **254a** cf. Epm. ι 70; (εἰκώς) H. (Cyr.) ε 848   **257–62** EtG α 585 e Methodio; **257** Erot. p.67.5 N.; **257a** Demetr. Eloc. 209; (ὀχετ.) H. (Cyr.) ο [439], 2014; Phot. Lex. s.v.; **259** ApS 25.23, 80.21; (μάκ.) id. 109.33; H. (Cyr.) μ 114; Phot. Lex. μ 45; EtG s.v.; **259b** sch Call. H. 6.29; (ἀμ.) H. α 3448; Orio 11.22; (ἔχμ.) H. [α 2200], ε 7651; **260–1** (ὀχλ.) (lacera) Philod. Poem. 2 p.141 Sb.; **260** (ψ.) H. ψ 157; **261** (ὀχλ.) H. (Cyr.) ο 2037(–8); (ὦκα–) Eudoc. 1009; **261b** sch Theoc. 1.1d; (κελ.) Apio 243.3; ApS 97.29; H. (Cyr.) κ 2139; Phot. Lex. κ 552; **262** (προαλεῖ) ApS 136.10; H. π 3313; (ἄγ.) H. (Cyr.) α 696   **269a** Epm. ε 104; (πλάζ' ὤμ.) cf. Iul. Or. 2.60d; **269b** Epm. υ 34   **270b–1a** ib. υ 33; **271b** ApS 158.27; (ὑπέρ.) H. υ 377

(οἵ- Hdn² A Aᴸ D B E R; cf. ad Π 752): ὄμματ' Philetas.—cf. ad Θ 349   μελανόστου Aristoteles (teste sch^{bTDhG}): μέλανός του Arph? (Ἀρίσταρχος sch^{bThG} EtG Eust., at is hanc lectionem redarguit u.v.): μέλανος τοῦ Ar(?) Hdn tt sch^D Ω, μελανοστου 9: μελανόσσου quidam (Philetas?) ap. h94 Porph. sch^{bTDhG}: -όρσου Ahrens Beitr. z. gr. u. lat. Etymol. I 123, cf. Fraenkel ad Aesch. Ag. 115   **254** στήθεσσι 9 Ω*: -εσφι D.—cf. ad B 388   **255** fort. ὕπαιθα, cf. ad Χ 141   **256** ὀρυμαγδῶι 9 1479 Ω* (-γμαδ- R G): ἀλαλητῶ C   **258** ὕδατι Ω: -τος 9 h O V   ἡγεμονεύηι 9 1479 tᴬ Ω* Rˢ: -ει tᴮ C Tᴸ Rᵗ   **259** μάκελλαν 9 tt Z Ω: δίκ- Heliodorus (gl. u.v.)   ἐξ tt Ω (om. C): δ' ἐξ 9 rr   **261** ὀχλέονται dedi: -εῦνται 9 tt Z Ω   **262** ἔνι Wolf: ἐνὶ vel ἐνι 9 Ω (ἐν W)   προάλεῖ quidam ante Hdn (contra Ptol)   φθάνει Ar Hdn 9 t Ω: -νέει Zen Lysanias Duris.—cf. ad I 506   **265** ὁρμήσειε Ar 9 Ω (cf. Χ 194): οἰμ- alii ante Did (ante Ar?).—cf. ad Χ 140, 308, 311   **268** διιπετέος 9 Ω: v. ad Π 174   **270** ὑπὸ γούνατ' ἐδάμνα 9 Ω (-μνη Nauck Mél. IV 485, cf. ad Π 103), γ]ο̣υ̣ν̣[α]τα̣ [1479: ἐδάμαζεν ἄνακτα t   **271** cf. ad 255   ὑπέρεπτε 9 tt Z sch^{hyp} Ω*: -ριπτε h: -ρέπτατο W

Πηλείδης δ᾽ ᾤμωξεν ἰδὼν εἰς οὐρανὸν εὐρύν·
"Ζεῦ πάτερ, ὡς οὔ τίς με θεῶν ἐλεεινὸν ὑπέστη
ἐκ ποταμοῖο σαῶσαι· ἔπειτα δὲ καί τι πάθοιμι.
275 ἄλλος δ᾽ οὔ τίς μοι τόσον αἴτιος Οὐρανιώνων,
ἀλλὰ φίλη μήτηρ, ἥ με ψεύδεσσιν ἔθελγεν·
ἥ μ᾽ ἔφατο Τρώων ὑπὸ τείχεϊ θωρηκτάων
λαιψηροῖς ὀλέεσθαι Ἀπόλλωνος βελέεσσιν.
ὥς μ᾽ ὄφελ᾽ Ἕκτωρ κτεῖναι, ὃς ἐνθάδε γ᾽ ἔτραφ᾽ ἄριστος·
280 τῶ κ᾽ ἀγαθὸς μὲν ἔπεφν᾽, ἀγαθὸν δέ κεν ἐξενάριξεν·
νῦν δέ με λευγαλέωι θανάτωι εἵμαρτο ἁλῶναι,
ἐρχθέντ᾽ ἐν μεγάλωι ποταμῶι, ὡς παῖδα συφορβόν,
ὅν ῥά τ᾽ ἔναυλος ἀποέρσηι χειμῶνι περῶντα."
ὣς φάτο· τῶι δὲ μάλ᾽ ὦκα Ποσειδάων καὶ Ἀθήνη
285 στήτην ἐγγὺς ἰόντε, δέμας δ᾽ ἄνδρεσσιν ἐΐκτην.
χειρὶ δὲ χεῖρα λαβόντες ἐπιστώσαντ᾽ ἐπέεσσιν·
τοῖσι δὲ μύθων ἦρχε Ποσειδάων ἐνοσίχθων·
"Πηλείδη, μήτ᾽ ἄρ τι λίην τρέε μήτέ τι τάρβει·
τοίω γάρ τοι νῶϊ θεῶν ἐπιταρρόθω εἰμέν
290 Ζηνὸς ἐπαινήσαντος, ἐγὼ καὶ Παλλὰς Ἀθήνη.
ὡς οὔ τοι ποταμῶι γε δαμήμεναι αἴσιμόν ἐστιν,
ἀλλ᾽ ὅδε μὲν τάχα λωφήσει· σὺ δὲ εἴσεαι αὐτός.
αὐτάρ τοι πυκινῶς ὑποθησόμεθ᾽, αἴ κε πίθηαι·

276a Hdn ad Ω 72–3; (ἔθ.) H. (Cyr.) ε [621], 639   278 sch X 15a; sch Soph. Ph.
335   279 Dio Prus. 11.151; sch Ψ 348b; 279a sch A 415b   281 Eulog. ap. Reitz.
Gesch. 356.18; (–θαν.) Arn ad I 119a; EtG λ 72; (λευγ. θ.) sch Υ 109b¹; (λευγ.) H. λ
710   282 (–ποτ.) sch Ar. Ach. 330a; (ἐρχθ.) ApS 76.6; H. (Cyr.) ε [5695], 6129; Phot.
Lex. ε 1983; EtG s.v.   283 sch Π 71–2, Φ 2b; schʰ Φ 282; 283a Porph. Il. 200.1 Schr.;
(–ἔν.) schᴳ Φ 282e; (ἔναυλος ἀπο.) sch Z 348b; (ἀπο.) H. α 6333   284 (τῶι–)–5 Procl.
in Remp. i.114.14; 285 Hdn ii.935.33   289–90a Did in K 349a¹; 289 schʰ⁹⁴ Φ
290   291 Choer. in Ps. 42.34

274 τί 9 b F T R W   276 ψεύδεσσιν sic (ne -έσσιν) Hdn 9 Ω   277 τείχεϊ sic 9 Ω
praeter F T   279 γ᾽ἔτραφ᾽ Nʸᵖ rr: γ᾽ἔτράφ᾽ (-η) Hdn A Aᴧ: (ἐνθάδ᾽) ἔτραφ᾽ T: ἐτράφατ᾽
W: τέτραφ᾽ 9 1480 tt "οἱ πολλοί" (ApH) Aʸᵖ Tᴧ Ω* (forma recentior, cf. Wack. KS 1014;
Schwyzer 769).—cf. ad Ψ 348   280 τώ Fᵃ, τὼ Tˣ: τῶ Ω*   281 λευγαλέωι θανάτωι 9
Eulog. EtG Z Aᴧ Ω (= ε 312, cf. ω 34): -λέον θάνατον tt*   282 ἐρχθέντ᾽ Ar Hdn 9 tt Z
Ω (ἐ- G): εἰρχθ- 𝔐: ἐρθ- Ptol᾽ Alexio: εἰλθ- Crates   ἐρχθέντα sine ἐν schᴳʸᵖ (ita van der
Valk: -έντες ἐν cod.)   284 τῶ(ι) 9 Ω: τὼ schʰʸᵖ   287 del. Payne Knight   288 τρέε
9 h94 schᴳ Tᴧ Ω*: τρέμε T (οὐ γέγραπται τρέμε schᴳ)   μήτέ (sic) Ω*, μητε 9: μηδέ Fᵃ Tᴧ
R W   289 ἐπιταρρόθω 9 tt Z Ω*: -τάρροθοί D Tᴧ V   290–2 om. 𝔐 teste Sel, ath.
idem: 290 ath. Ar   291 ὣς Cauer   ἐστιν 9 1481 Ω: ἦεν t   293 τοι Ω*: σοι 9 Aˢ b R:
τοι σοὶ D: σοὶ Bekker   ὑποθησόμεθ᾽ 9 Ω*: -θήσομαι D (= α 279), -θήσομ᾽ W

μὴ πρὶν παύειν χεῖρας ὁμοιίοο πτολέμοιο,
295 πρὶν κατὰ Ἰλιόφι κλυτὰ τείχεα λαὸν ἐέλσαι
Τρωϊκόν, ὅς κε φύγῃσι. σὺ δ᾽ Ἕκτορι θυμὸν ἀπούρας
ἂψ ἐπὶ νῆας ἴμεν· δίδομεν δέ τοι εὖχος ἀρέσθαι."
τὼ μὲν ἄρ᾽ ὣς εἰπόντε μετ᾽ ἀθανάτους ἀπεβήτην·
αὐτὰρ ὃ βῆ, μέγα γάρ ῥα θεῶν ὤτρυνεν ἐφετμή,
300 ἐς πεδίον. τὸ δὲ πᾶν πλῆθ᾽ ὕδατος ἐκχυμένοιο,
πολλὰ δὲ τεύχεα καλὰ δαῒ κταμένων αἰζηῶν
πλῶον καὶ νέκυες· τοῦ δ᾽ ὑψόσε γούνατ᾽ ἐπήδα
πρὸς ῥόον ἀΐσσοντος ἀν᾽ ἰθύν, οὐδέ μιν ἴσχεν
εὐρὺ ῥέων ποταμός· μέγα γὰρ σθένος ἔμβαλ᾽ Ἀθήνη.
305 οὐδὲ Σκάμανδρος ἔληγε τὸ ὂν μένος, ἀλλ᾽ ἔτι μᾶλλον
χώετο Πηλείωνι, κόρυσσε δὲ κῦμα ῥόοιο
ὑψόσ᾽ ἀειρόμενος. Σιμόεντι δὲ κέκλετ᾽ ἀΰσας·
"φίλε κασίγνητε, σθένος ἀνέρος ἀμφότεροί περ
σχῶμεν, ἐπεὶ τάχα ἄστυ μέγα Πριάμοιο ἄνακτος
310 ἐκπέρσει· Τρῶες δὲ κατὰ μόθον οὐ μενέουσιν.
ἀλλ᾽ ἐπάμυνε τάχιστα, καὶ ἐμπίμπληθι ῥέεθρα
ὕδατος ἐκ πηγέων, πάντας δ᾽ ὀρόθυνον ἐναύλους,
ἵστη δὲ μέγα κῦμα, πολὺν δ᾽ ὀρυμαγδὸν ὄρινε
φιτρῶν καὶ λάων, ἵνα παύσομεν ἄγριον ἄνδρα,
315 ὃς δὴ νῦν κρατέει, μέμονεν δ᾽ ὅ γε ἶσα θεοῖσιν.

296b–7a sch Φ 293; Porph. Il. 250.11 Schr.   298 Did ad K 349a   299 Eudoc.
204   302 (πλ.) ApS 132.20; H. (Cyr.) π 2634; (νέκ.) H. ν 263   303 (ἀν᾽ἰθύν) EtG
α 1555   305–6a sch^h94 Φ 290; 305 Prisc. De metris Ter. 3 (GL iii.419.2); (–μέν.) sch^T Ν
424   307 (ἀειρ.) H. (Cyr.) α 1309   308–9 (σχ.) Pl. Prot. 340a   311a + Π 363b
Them. Or. 26.330c; 311a (= 333a) Epm. α 58; 311b–12 sch^h94 Φ 283; 312 (ὀρόθ.–) sch Φ
2b; Porph. Il. 200.1 Schr.; (ὀρόθ.) cf. Apion. 98.1; H. γ 934   313a Hdn ii.209.17; EtG
s.v. ἕξει; 313b–14a Arn ad Φ 319b¹(e)   315b Epm. A 1a¹

294 παύειν Nic 9 A^λ Ω*: -σειν T W G   ὁμοιίοο Ahrens post Payne Knight: -ίου 9
Ω   πτολέμοιο Ω*: πολ- 9 B C R   295 Ἰλιόφι 9, -όφιν Ω: -οο Ahrens Rh. Mus. 2 (1843)
163   297 ἴμεν 9 tt sch^hyp Ω: ἴναι b.—cf. ad Σ 14   299 μέγα t Ω: μάλα 9 V rr   ὤτρυ-
νεν 9 t Ω: ὅ- rr   300 ἐκχυμένοιο 9 Ω*: κεχυμ- b F^a   301 δαῒ κταμένων Hdn Ω*
T^λ: δαϊκτ- D F^c R^c G.—cf. ad 146   303 ἴσχε(ν) Ar Z (-ειν) T W (ἴ- Bekker): ἔσχ- (nov.
Did) 9 Ω*   304 μέγα 9 Ω*: μάλα t.—cf. ad 299   305 Σκάμανδρος 9 12 tt Ω: Κάμ-
Ν rr   τὸ ὂν 9 t* Ω*: τεὸν sch-Ν F^a: (-εν) ἐὸν Payne Knight post Heyne (cf. 340, Hes.
Th. 687, et ad A 185, 207, Ζ 407, Χ 459)   μᾶλλον Blass: μᾶ- Ω   306 χώετο 9 12 (ex
-εδω) t Ω*: -σετο G   307 ὑψόσ᾽ ἀειρόμενος 9 Ω*, -ράμενος F: παντο[θε]ν εξ ο[ρεων
12, ss. (m²) υψου αειρο[μεν]ος τ[.—cf. ad Κ 465, 505   308 φίλε (Ptol) 9 A B^a E W.—v.
ad Δ 155, E 359   310 κατὰ μόθον 9 652 Z Ω: κακὸν θεὸν sch^Typ   311 εμπιμ[πλη-
θι 652, εμπινπλ- t: ἐκπίμπλ- C: ἐμπίπλ- 9 Ω*

φῆμι γὰρ οὔτε βίην χραισμησέμεν οὔτέ τι εἶδος
οὔτε τὰ τεύχεα καλά, τά που μάλα νειόθι λίμνης
κείσεθ' ὑπ' ἰλύος κεκαλυμμένα· κὰδ δέ μιν αὐτόν
εἰλύσω ψαμάθοισιν, ἅλις χέραδος περιχεύας
320 μυρίον, οὐδέ οἱ ὀστέ' ἐπιστήσονται Ἀχαιοί
ἀλλέξαι· τόσσην οἱ ἄσιν καθύπερθε καλύψω.
αὐτοῦ οἱ καὶ σῆμα τετεύξεται, οὐδέ τί μιν χρεώ
ἔσται τυμβοχοῆς, ὅτε μιν θάπτωσιν Ἀχαιοί."
ἦ, καὶ ἐπῶρτ' Ἀχιλῆϊ κυκώμενος, ὑψόσε θύϊων,
325 μορμύρων ἀφρῶι τε καὶ αἵματι καὶ νεκύεσσιν,
πορφύρεον δ' ἄρα κῦμα διιπετέος ποταμοῖο
ἵστατ' ἀειρόμενον· κατὰ δ' ᾕρεε Πηλείωνα.
Ἥρη δὲ μέγ' ἄϋσε περιδδείσας Ἀχιλῆϊ,
μή μιν ἀποέρσειε μέγας ποταμὸς βαθυδίνης,
330 αὐτίκα δ' Ἥφαιστον προσεφώνεεν ὃν φίλον υἱόν·
"ὄρσεο, Κυλλοπόδιον, ἐμὸν τέκος· ἄντα σέθεν γάρ
Ξάνθον δινήεντα μάχηι ἠΐσκομεν εἶναι.
ἀλλ' ἐπάμυνε τάχιστα, πιφαύσκεο δὲ φλόγα πολλήν·
αὐτὰρ ἐγὼ Ζεφύροιο καὶ ἀργεστᾶο Νότοιο

317a Arn ad ρ 10   318 (ἰλ.) H. (Cyr.) ε 918, ι 594; (κὰδ-)–19a ApD Pron. 79.29,
Synt. 197.1; 318 (κὰδ-) id. Pron. 38.4, Adv. 140.17; 319 sch Pind. Pyth. 6.13a; 319a + 321
(τόσσην οἱ ἄσιν) sch Aesch. Supp. 31b; 319 (εἰλ.) ApS 91.5; H. ε 929, ι 597; 319b sch
A.R. 1.1123b; (ἅλις χ.) + 320 (μυρ.) EtG s.v. χέραδος; (χέρ.) ApS 167.21; H. χ
351   321 (ἀλλ.) id. α 3122; (τόσσην-) Did ad Ω 20–1b²; ApS 45.11; EtG α 1273; Epm.
κ 132; (ἄσιν) H. (Cyr.) α 7655, 7670; EtG α 1554   322 (-τετ.) Did ad Ξ 119b; (τετ.)
EtG α 1391   323 (τυμβ.) H. (Cyr.) τ 1635/6   325 (-αἵμ.) cf. Iul. Or. 2.60d   326a
Arn ad E 83, γ 6   327 (ἀειρ.) H. α 1301; (κατὰ δ' ἥι.) id. κ 1064   328–9 sch^h94 Φ
282; 329 (-ποτ.) sch^G Φ 282e; Epm. ε 194   331 Eudoc. 674; (-τέκος) Plut. Mor. 35c;
331a Hdn ad Z 348a; sch Ψ 581c; sch Ar. Av. 1379a; Epm. λ 39; (Κυλλ.) Hdn ad A 149c,
Γ 182b; (ἄντα-)–332a EtG α 921; 332b Epm. η 28   334–5 [Plut.] Hom. 2.108.4;

316 φῆμι (Tyr) dedi (cf. Praef. xx et ad B 350): φημὶ 9 Ω   οὔτέ (τι) sic Ω praeter D
(οὔτέ E)   318 ἰλῦος A D Tᶜ: -ύος 9 (ειλ-) Aˡ Ω*: -ύόφιν Bentley.—productio insolens;
cf. Schulze 397   319 εἰλύσω 9 tt* Aˡ Ω (-σσω F): ἰλ- ApS Z, agn. sch^ATh: utrumque
Hsch.   χέραδος Ar(?) Apollodorus sch^ATG tt* Ω*: parox. (agn. Ar) sch-Pind. sch-A.R. Z
Bᶜ F R G, et ita fort. A.R. 1.1123: utrumque T^λλ: σχεράδος quidam ante Apollod. cl. Eu-
phor. fr. 25 Pow.   321 ἀλλέξαι (nov. Did) 9 t Z Ω: ἀνλ- Ar   ἄσιν 9 tt Aˡ T^λ Ω*: -ην Z
h R Gᶜ   καθύπερθε 9 tt* Ω: ἐφύπ- Epm.   323 τυμβοχοῆς 9 Aˡ T^λ Ω*, -χόης Crates rr,
-χοησ Z: -χοησ' Ar Ptol Hdn A: et -χόης et -χοῆσαι Hsch.   324 θυίων Z Aˡ A T W:
θύων 9 Ω*   325 τε 9 Ω: om. t   αἵματι 9 t Ω*: οἴδμ- D h (ex 234)   326 διιπετέος 9 Z
Ω: v. ad Π 174   327 ἀειρόμενον 9 Z Ω*: -ρά- (t) D   328 Ἀχιλῆϊ 9 t Ω*: -ῆος
C   331 ath.(?) Ar   ορσέο 9   Κυλλοπόδιον Ar Hdn Aˡ Ω*: -ποδίον Hermapias Ptol
Alexio, -ποδίον Dᶜ h G: -ποδίων Z: -πόδειον h94   334 ἀργεστᾶο Ω*: proparox. h

335   εἴσομαι ἐξ ἁλόθεν χαλεπὴν ὄρσουσα θύελλαν,
       ἥ κεν ἀπὸ Τρώων κεφαλὰς καὶ τεύχεα κήαι,
       φλέγμα κακὸν φορέουσα. σὺ δὲ Ξάνθοιο παρ’ ὄχθας
       δένδρεα καῖ’, ἐν δ’ αὐτὸν ἵει πυρί· μηδέ σε πάμπαν
       μειλιχίοις ἐπέεσσιν ἀποτρεπέτω καὶ ἀρειῆι.
340   μηδὲ πρὶν ἀπόπαυε τεὸν μένος, ἀλλ’ ὁπότ’ ἂν δή
       φθέγξομ’ ἐγὼν ἰάχουσα, τότε σχεῖν ἀκάματον πῦρ.”
            ὣς ἔφαθ’· Ἥφαιστος δὲ τιτύσκετο θεσπιδαὲς πῦρ.
       πρῶτα μὲν ἐν πεδίωι πῦρ δαίετο, καῖε δὲ νεκροὺς
       πολλούς, οἵ ῥα κατ’ αὐτὸν ἅλις ἔσαν, οὓς κτάν’ Ἀχιλλεύς.
345   πᾶν δ’ ἐξηράνθη πεδίον, σχέτο δ’ ἀγλαὸν ὕδωρ·
       ὡς δ’ ὅτ’ ὀπωρινὸς Βορέης νεοαρδέ’ ἀλωήν
       αἶψ’ ἀγξηράνηι, χαίρει δέ μιν ὅς τις ἐθείρηι,
       ὣς ἐξηράνθη πεδίον πᾶν, κὰδ δ’ ἄρα νεκροὺς
       κῆεν. ὃ δ’ ἐς ποταμὸν τρέψε φλόγα παμφανόωσαν·
350   καίοντο πτελέαι τε καὶ ἰτέαι ἠδὲ μυρῖκαι,
       καίετο δὲ λωτός τε ἰδὲ θρύον ἠδὲ κύπειρον,
       τὰ περὶ καλὰ ῥέεθρα ἅλις ποταμοῖο πεφύκει.
       τείροντ’ ἐγχέλυές τε καὶ ἰχθύες οἳ κατὰ δίνας,

Porph. Il. 175.20 Schr.; **334** Gal. in Hipp. Epid. iii 3.4; **335a** Arn ad Θ 532; sch Φ 424a;
ApD Adv. 208.26; (εἴσ.) H. ε 1172; (ἁλ.) id. α 3231   **337a** [Plut.] Hom. 2.16.3;
Poll. 9.156; (φλ.) ApS 164.4; H. φ 581   **339** sch O 634   **341a** Hdn ad E 302a
342 (Ἥφ.–) sch N 23   **346–7a** Gal. De temperam. 1.2; **346** (–Βορ.) Hdn ii.15.4; (ὀπ–
ωρ.) H. (Cyr.) o 1081; (νεο.) ApS 116.5; H. (Cyr.) ν 308/9; Phot. Lex. s.v.; **347a** sch[T] Π
583; **347b** ApS 63.10; (ἐθ.) H. ε 634   **350–1** Hclt. Alleg. 10.7; **350** (–ἰτ.) Hdn ad Φ 242;
351 (λωτ.) H. λ 1527; Phot. Lex. λ 506; **351b** sch Nic. Th. 199; (θρ.) Apio 241.20; H. θ 797;
(κύπ.) id. κ 4645   **352** (–ποτ.) Epm. τ 73; **352a** sch Heph. 89.8, 95.7; Choer. in Heph.
186.6   **353–4** Max. Tyr. 26.8; **353** Ath. 298d; (–ἰχθ.) Arn ad Φ 203a; Ath. 299a, d;
Choer. in Thd. i.331.8

T[λ] R[a].—cf. ad Λ 306   **335** ὄρσουσα Ar 9 tt Ω: -σασα Zen   **336** κήαι 9 B[c] F[c] R[a]?
(deprec. Hdn delirans): κῆαι Hdn A[λ] T[λ] Ω*: κῆε C[s] T: κήηι? Nauck   **341** ἐγὼν 9 652
t Ω: ἐγὼ (Bekker) rr ἰάχουσα sic Hdn Ω: cf. ad E 302   **343** δαίετο 9 Ω*: καί- C[a] W[c]
V καῖε 9 Ω*: δαῖε F   **344** (= 236) damn. Heyne αὐτὸν 9 Ω*: -ὸ C[c] R[c].—cf. Wack.
KS 834 n.1   **345** ἐξηράνθη 9 A[λ] Ω: an ἐξηνάνθη? cf. ad 347   **346** νεοαρδέ’ 9 tt Z
Ω: -αλδέ’ quidam ap. ApS: utrumque Hsch. ἀλωιὴν A T, ἀλ- B[a] C: ἀλωὴν
E F[a] W   **347** ἀνξηράνηι Ar 9 C (-νει) E F[c] (ἀγξ- Bekker), ἂν ξ- T[λ] Ω*: (αἶψα)
ξηραίνηι Gal. (-ει) W, -ράνη B[c]: αὖ μιν ξηράνη sch-Π (cod.): †ἐξευαίνειν Arph (cod.
T: ἐξαυαίνηι Heyne, -ήνηι Spitzner): -ξηρήνηι non scriptum esse animadvertunt
sch-Π sch[T] ἐθείρη(ι) 9 652 tt Z Ω*: -ρει D[a] N   **348** ἐξηράνθη 9 T[λ] Ω: an ἐξηνάνθη?
(Arph?)   **349** τρέψεν 9 A T   **350** τε tt Ω: om. P (Bentley) (cf. κ 510)   **351** κύπει-
ρον Ar tt Ω (-ερον D): -αιρον “αἱ ἐκ τῶν πόλεων”: κύπειρος Brandreth, at cf. δ
603   **353** οἳ Ω*: οἱ A G[a]

οἳ κατὰ καλὰ ῥέεθρα κυβίστων ἔνθα καὶ ἔνθα,
355 πνοιῆι τειρόμενοι πολυμήτιος Ἡφαίστοιο.
καίετο δ᾽ ἲς ποταμοῖο, ἔπος τ᾽ ἔφατ᾽ ἔκ τ᾽ ὀνόμαζεν·
"Ἥφαιστ᾽, οὔ τις σοί γε θεῶν δύνατ᾽ ἀντιφερίζειν,
οὐδ᾽ ἂν ἐγὼ σοί γ᾽ ὧδε πυρὶ φλεγέθοντι μαχοίμην.
λῆγ᾽ ἔριδος, Τρῶας δὲ καὶ αὐτίκα δῖος Ἀχιλλεύς
360 ἄστεος ἐξελάσειε. τί μοι ἔριδος καὶ ἀρωγῆς;"
φῆ πυρὶ καιόμενος, ἀνὰ δ᾽ ἔφλυε καλὰ ῥέεθρα.
ὡς δὲ λέβης ζέει ἔνδον ἐπειγόμενος πυρὶ πολλῶι
κνίσην μελδόμενος ἀπαλοτρεφέος σιάλοιο
πάντοθεν ἀμβολάδην, ὑπὸ δὲ ξύλα κάγκανα κεῖται,
365 ὡς τοῦ καλὰ ῥέεθρα πυρὶ φλέγετο, ζέε δ᾽ ὕδωρ,
οὐδ᾽ ἔθελε προρέειν, ἀλλ᾽ ἴσχετο· τεῖρε δ᾽ ἀϋτμή
Ἡφαίστοιο βίηφι πολύφρονος. αὐτὰρ ὅ γ᾽ Ἥρην
πολλὰ λισσόμενος ἔπεα πτερόεντα προσηύδα·
"Ἥρη, τίπτε σὸς υἱὸς ἐμὸν ῥόον ἔχραε κήδειν
370 ἐξ ἄλλων; οὐ μέν τοι ἐγὼ τόσον αἴτιός εἰμι,
ὅσσον οἱ ἄλλοι πάντες, ὅσοι Τρώεσσιν ἀρωγοί.
ἀλλ᾽ ἤτοι μὲν ἐγὼν ἀποπαύσομαι, εἰ σὺ κελεύεις,

357 (ἀντιφ.) ApS 35.27; H. (Cyr.) α 5507   **358a** EtG β 102   **361** (καιόμ.) sch^h94
Φ 356; **361b** ApS 35.14, 80.6; Philox. fr. 269 Th.; sch Ar. Vesp. 85a; EtG β 150; Lex. αἷμ φ
6; (ἀνὰ δ᾽ ἔφλ.) H. α 4269, cf. 5003; (ἔφλ.) id. ε 7505; cf. ἔβλυε ApS 61.33, H. ε
87   **362–5** Porph. Hom. 54.3 Sod.; Macr. Sat. 5.11.23; **362–3** Poll. 9.68; **362** (–ζεῖ) + **363**
Ath. epit. 25d; **362a** ApS 107.35; sch I 122–3; (ζεῖ, ζέει) H. ζ 89/90; **363a** ApS 110.32;
(μελδ.) H. (Cyr.) μ 663; Orio 98.14, 106.18; **363b** sch I 208a¹; **364** (ἀμβ.) H. α 3518; EtG
α 624; (ξ. κ.) sch Λ 642; H. κ 26; **365** Sel fr. 233 Duke (EtG/Gud/AO ii.442.32 s.v.
ζῆλος)   **366a** Did ad I 551a¹; ApS 86.33; Gal. in Hipp. De artic. 3 (xviii(1).651 K.); sch
γ 121, θ 223; sch Ar. Av. 581a; (οὔτ᾽ ἔθ.) sch B 247b; (ἔθ.) H. ε 640   **369–70** (ἐξ ἄ.) ApS
69.31; **369** (ἔχρ.–) H. (Cyr.) ε 7666; (ἔχρ.) EtG α 1527

355 πνοιῆι Ar 9 h94 Z Ω: ῥιπῆι "ἔν τισι" (Did) = η .[(h94) (ἡ Χ[ία | εἰ]χ[εν e.g. Erb-
se)   πολυμήτιος 9 1483 Z Ω*: -τεος D: -τοιο W   **356** καίετο δ᾽ h94 Ω: καί ἐ τόδ᾽ (!)
Pindario: καίετο Heyne   **357** ἀντιφερίζειν 9 1483 tt T^λ Ω*: ἰσοφαρ- F.—cf. ad 411,
488, I 390   **360** ἀρωγῆς 449 1483 Ω: αὐτῆς 9 (cf. E 732)   **361** φῆ (9 Ω) pro ἦ inso-
litum   ἔφλυε 9 449 h94 tt Z Ω: et ἔβλυε ApS (unde Hsch.) si huc pertinet   **362** ζέει
rr, cf. Hsch.: ζεῖ 9 [449] 1483 tt Ω A^λ: ζῆ N r: an ζέηι?—cf. ad Λ 554   **363** κνίσ(σ)ην
Comanus Ar Callistr 9 h94 (κνει-) A D *b* R^c: -ης alii ante Did (cod. A: -ηι Ludwich):
-ηι Pisistratus Ephesius Hermogenes tt sch^T T^λ B^c F^a W G: -η quidam ap. sch^bT/Porph.
Z F^c T R^a, agn. sch^h   μελδόμενος Ar 9 449 1483 h94 tt Z Ω: (κνίσηι) -ομένου ci. Pisistr.
Hermog., prob. Crates: κνίσην -ομένου alii ap. sch^T (fort. Crates): -ομένης olim
quidam?—cf. Rengakos 124   **365** ζέε 9 449 tt* Ω: σχέτο (cf. 345, 366) sch^Typ:
ΦΑΕΤΕΤΩϹΤΟ (= φλεγετο[ ]ετο) Macr.   **366** προρέειν 9 449 tt Ω* A^λ: -χέειν F
ἀϋτμή 9 Ω: -ην 449   **372** ἐγὼν ἀποπαύσομαι 9 449 Ω (ἐγὼ T W), -παύομαι *h*:

παυέσθω δὲ καὶ οὗτος. ἐγὼ δ᾽ ἐπὶ καὶ τόδ᾽ ὀμοῦμαι,
μή ποτ᾽ ἐπὶ Τρώεσσιν ἀλεξήσειν κακὸν ἦμαρ,
375   μηδ᾽ ὁπότ᾽ ἂν Τροίη μαλερῶι πυρὶ πᾶσα δάηται
καιομένη, καίωσι δ᾽ ἀρήιοι υἷες Ἀχαιῶν."
αὐτὰρ ἐπεὶ τό γ᾽ ἄκουσε θεὰ λευκώλενος Ἥρη,
αὐτίκ᾽ ἄρ᾽ Ἥφαιστον προσεφώνεεν ὃν φίλον υἱόν·
"Ἥφαιστε, σχέο, τέκνον ἀγακλεές· οὐ γὰρ ἔοικεν
380   ἀθάνατον θεὸν ὧδε βροτῶν ἕνεκα στυφελίζειν."
ὣς ἔφαθ᾽· Ἥφαιστος δὲ κατέσβεσε θεσπιδαὲς πῦρ,
ἄψορρον δ᾽ ἄρα κῦμα κατέσσυτο καλὰ ῥέεθρα.
    αὐτὰρ ἐπεὶ Ξάνθοιο δάμη μένος, οἳ μὲν ἔπειτα
παυσάσθην· Ἥρη γὰρ ἐρύκακε χωομένη περ·
385   ἐν δ᾽ ἄλλοισι θεοῖσιν ἔρις πέσε βεβριθυῖα
ἀργαλέη, δίχα δέ σφιν ἐνὶ φρεσὶ θυμὸς ἄητο.
σὺν δ᾽ ἔπεσον μεγάλωι πατάγωι, βράχε δ᾽ εὐρεῖα χθών,
ἀμφὶ δ᾽ ἐσάλπιγξεν μέγας οὐρανός· ἄιε δὲ Ζεύς
ἥμενος Οὐλύμπωι, ἐγέλασσε δέ οἱ φίλον ἦτορ
390   γηθοσύνηι, ὅ θ᾽ ὁρᾶτο θεοὺς ἔριδι ξυνιόντας.
    ἔνθ᾽ οἵ γ᾽ οὐκέτι δηρὸν ἀφέστασαν· ἦρχε γὰρ Ἄρης
ῥινοτόρος, καὶ πρῶτος Ἀθηναίηι ἐπόρουσεν
χάλκεον ἔγχος ἔχων, καὶ ὀνείδειον φάτο μῦθον·

380 (στυφ.) H. σ 2098; Orio 142.10   382 Eudoc. 454; 382a sch Φ 269a
383 (–μέν.) sch^h94 Φ 356   386 (δίχα–) sch Σ 410c; (ἄητο) H. (Cyr.) α 1521
388 ApS 16.1; Dio Cass. 78.30.1; Eudoc. 1973; (–ουρ.) Demetr. Eloc. 83; Plin. Ep. 9.26.6;
Hermog. Id. 334.25 R.; Philostr. Her. 2.19; Aristid. Quint. 2.9 p.72.9 W.-I.; de Auct. π.
ὕψ. 9.6 v. ad Υ 60a; (ἐσάλπ.) EtG s.v.; (ἄιε δέ) H. (Cyr.) α 1808   389–90 (–θεούς) Dio
Prus. 36.60; 390 (ὅ θ᾽–) sch E 890–1; (ξυν.) H. (Cyr.) ξ 158   391 + 392 (καὶ–) Porph.
Hom. 57.7 Sod.; (ἦρχε–)–392 (ῥιν.) EtG s.v. ῥινοτόρος; 392 (ῥιν.) ApS 139.4; H.
ρ 340   393b Epm. A 66c[1]

εγω ληἔ[ω] μεν[ος 12 (cf. 305)   375 Τροίη 9 449 Ω: Τρωη 12.—cf. ad Ψ 215; S. West
Ptol. Pap. 155; accedit Stes. S89.11, S118.6   376 καιομένη, καίωσι 9 12 248 449 1484
1485 Ω*: δαιο- δαί- b F.—cf. ad Υ 317   377 θεὰ λευκώλενος 9 12^t 449 1485 Ω:
βοωπις πο[τνια 12^2s.—cf. ad Ξ 222   378 ut supra 9 248 1485 Ω (cf. 330): α]υτικα
μειλιχιοισι προσηυδα φα[ιδ]ιμ[ον] υιον 12, ss. η[φα]ιστον π[ρ]οσεφωνει σπ . . . . [
382 κατέσσυτο 9 12^s? 1485 t sch^Dyp Ω: -έσχετο 12 sch^D sch^hyp   382a κ[αρ] ρορν ἠ ί το
παροιθεν ιει κ[αλλιρροο]ν [υ]δωρ (cf. M 33) add. 12   384 χωομένη 9 1485 Ω:
-νω (cf. Ξ 260) Doederlein   387 πατάγωι (= 9) 9 12 Z A: ὁμάδωι A^yp Ω* (cf. A.R.
1.1051; Rengakos 162)   388 δὲ σάλπιγξεν tt Z (-γξ᾽) Ω*: -ιξε[ν 449: δ᾽ ἐσάλπιζεν
G   390 ὅ θ᾽ divisim La Roche, cf. θ 78, λ 540   ὁρᾶτο 9 449 tt Ω (-ᾶιτο A): -ῶτο rr:
ὁρῆτο vel ὅρητο Zen? (cf. ad A 56; Wack. Unt. 71)   391 δηρὸν 9 449 Ω: πάμπαν
t   393 ὀνείδειον Hdn t Ω*: properisp. Tyr: -διον 9 Z F^a quidam ap. sch^h: -δεον 12

"τίπτ' αὖτ', ὦ κυνάμυια, θεοὺς ἔριδι ξυνελαύνεις

395		θάρσος ἄητον ἔχουσα, μέγας δέ σε θυμὸς ἀνῆκεν;
		ἦ οὐ μέμνη', ὅτε Τυδείδην Διομήδε' ἀνῆκας
		οὐτάμεναι, αὐτὴ δὲ πανόψιον ἔγχος ἑλοῦσα
		ἰθὺς ἐμεῖ' ὦσας, διὰ δὲ χρόα καλὸν ἔδαψας;
		τώ σ' αὖ νῦν οἴω ἀποτεισέμεν, ὅσσα μ' ἔοργας."

400		ὣς εἰπὼν οὔτησε κατ' αἰγίδα θυσανόεσσαν
		σμερδαλέην, ἣν οὐδὲ Διὸς δάμνησι κεραυνός·
		τῆι μιν Ἄρης οὔτησε μιαιφόνος ἔγχεϊ μακρῶι.
		ἣ δ' ἀναχασσαμένη λίθον εἵλετο χειρὶ παχείηι
		κείμενον ἐν πεδίωι, μέλανα τρηχύν τε μέγαν τε,

405		τόν ῥ' ἄνδρες πρότεροι θέσαν ἔμμεναι οὖρον ἀρούρης·
		τῶι βάλε θοῦρον Ἄρηα κατ' αὐχένα, λῦσε δὲ γυῖα.
		ἑπτὰ δ' ἐπέσχε πέλεθρα πεσών, ἐκόνισε δὲ χαίτας,
		τεύχεα δ' ἀμφαράβησε. γέλασσε δὲ Παλλὰς Ἀθήνη,
		καί οἱ ἐπευχομένη ἔπεα πτερόεντα προσηύδα·

410		"νηπύτι', οὐδέ νύ πώ περ ἐπεφράσα', ὅσσον ἀρείων
		εὔχομ' ἐγὼν ἔμεναι, ὅτι μοι μένος ἀντιφερίζεις.

394 (κυν.) ApS 105.12; Clem. Protr. 76.1; H. κ 4561; EtG s.v.; Choer. in Thd. i.188.35; (ξυνελ.) H. (Cyr.) ξ 135   **395** Eudoc. 1777; **395a** ApS 12.5; sch A 277–8, Σ 410b; (ἄητον) Hdn ad Σ 410d (Philox. fr. 578 Th.); H. α 1523   **397** (πανόψ.) ApS 127.20; H. π [340], 384; EtG s.v.   **399** Eudoc. 1716   **401** Aristid. Or. 37.6; (ἦν–) sch O 229b   **405** ApS 125.4; (ἔμμ.–) sch M 424; (οὖρ.–) H. (Cyr.) o 1865   **407** Hclt. Alleg. 52.5; (πέλ.) ApS 129.25; H. π 1302; Phot. Lex. s.v.   **410–11** Eudoc. 1719–20; **411b**

394 αὖτ' 1 9 449 Ω*: αὖ b Wᵃ G   κυνάμυια 1 9 12 (-μυα) 449 1486 tt* Z Aᵘ Tᵘ Ω*: κυνό- Clem. (cod.ᵃ) quidam ap. sch^G F (cf. Liddell–Scott): κινά- (ci.) Neoptolemus   **395** ἄητον 1 9 12 tt Z Ω: ἄατον r (cf. Q.S. 1.217).—cf. ad Σ 410   ἀνῆκεν 1 (ανή-) 12 t Ω: ανωγει 9.—cf. ad 396, K 389, X 252   **396** ἦ Bᵃ Eᵃ W: ἡ A, ἦ Ω*   μέμνη' Brandreth, -ηαι 449: -η(ι) 1 9 Ω.—v. ad O 18   Τυδείδην Διομήδε' ἀνῆκας 1 (ανή-) 9 Ω (ἀνή- A): Τυ[δε]ιδηι Διομηδει ανωγας 12.—cf. ad 395   **397** δὲ πανόψιον Ar 1 9 12ᵗ 1486 tt (et πανέψ- Hsch.) Z Ω, sc. ἐν ὧι πᾶσαν ἐψίαν ἔχεις (cf. Γ 42; Wack. Unt. 42): δ' ὑπονόσφιον Antim 12²ˢ (prob. Wack. l.c.)   **398** ἐμεῖ' Platt: ἐμεῦ 1 12 Ω   διὰ 1 12²ˢ 1486 Ω: `ἔμε 12ᵗ   **399** τώ r: τῶ Ω: .]γι[12   οἴω h T R W: οἴω 1486 Ω*: οιωι 1   αποτ[ε]ι[σεμεν 1486: -τισ- 1 t Ω   ὄσσά A W   μ' 1ᶜ t Ω (cf. X 347): om. 1ᵃ (cf. Γ 57)   **400** εἰπών Ϝ' van Leeuwen   αἰγίδα 1 Aʸᵖ Dʸᵖ F h: ἀσπίδα 12 Ω*   θυσανόεσσαν F T G: θυσσ- 1 Ω*   **401** ἦν 1 12 (ην[δ]) 1486 tt Ω: τὴν 12ˢ rr   **402** om. 12   μιν 1 Ω: μὲν Aˢ rr   **403** χειρὶ παχείηι 12 1487 Ω (cf. 424, H 264): Παλλὰς Ἀθήνη 1 Aʸᵖ r   **405** om. 12: hab. 1 1486 1487 tt Ω, imit. Verg. (Aen. 12.898)   ῥ' 1 Ω: δ' t   πρότεροι 1 Ω: -ον t   **406** αὐχένα 1 12 1487 Ω: ἀσπίδα 12²ˢ r (cf. ad 400)   **407** ἐκόνισε t F: -εισε 1 1487: -ισσε Ω*   **408** δ' 1 sch^hyp G: τ' Ω*   **409** οἱ (= 121) 1 Aʸᵖ Ω*: μιν A G sch^hyp   **410** περ t Ω: ποτ 12   ἐπεφράσα' Nauck (cl. ω 33): -σω 12 t Ω (-έφρασο T)   **411** ὅτι tt Ω: η 12   ἀντιφερίζεις 12 tt Aʸᵖ (-φαρ-) Ω*: ἰσοφαρ- A F.—cf. ad 357

οὕτω κεν τῆς μητρὸς ἐρινύας ἐξαποτίνοις,
ἤ τοι χωομένη κακὰ μήδεται, οὕνεκ᾽ Ἀχαιούς
κάλλιπες, αὐτὰρ Τρωσὶν ὑπερφιάλοισιν ἀμύνεις.ˮ
415　ὣς ἄρα φωνήσασα πάλιν τρέπεν ὄσσε φαεινώ.
τὸν δ᾽ ἄγε χειρὸς ἑλοῦσα Διὸς θυγάτηρ Ἀφροδίτη
πυκνὰ μάλα στενάχοντα· μόγις δ᾽ ἐσαγείρετο θυμόν.
τὴν δ᾽ ὡς οὖν ἐνόησε θεὰ λευκώλενος Ἥρη,
αὐτίκ᾽ Ἀθηναίην ἔπεα πτερόεντα προσηύδα·
420　"ὦ πόποι, αἰγιόχοιο Διὸς τέκος, Ἀτρυτώνη,
καὶ δὴ αὖθ᾽ ἡ κυνάμυια ἄγει βροτολοιγὸν Ἄρηα
δηΐου ἐκ πολέμοιο κατὰ κλόνον· ἀλλὰ μέτελθε.ˮ
ὣς φάτ᾽· Ἀθηναίη δὲ μετέσσυτο, χαῖρε δὲ θυμῶι,
καί ῥ᾽ ἐπεισαμένη πρὸς στήθεα χειρὶ παχείηι
425　ἤλασε· τῆς δ᾽ αὐτοῦ λύτο γούνατα καὶ φίλον ἦτορ.
τὼ μὲν ἄρ᾽ ἄμφω κεῖντο ἐπὶ χθονὶ πουλυβοτείρηι,
ἣ δ᾽ ἄρ᾽ ἐπευχομένη ἔπεα πτερόεντ᾽ ἀγόρευεν·
"τοιοῦτοι νῦν πάντες, ὅσοι Τρώεσσιν ἀρωγοί,
εἶεν, ὅτ᾽ Ἀργείοισι μαχοίατο θωρηκτῆισιν,
430　ὧδέ τε θαρσαλέοι καὶ τλήμονες, ὡς Ἀφροδίτη
ἦλθεν Ἄρηι ἐπίκουρος, ἐμῶι μένει ἀντιόωσα·
τώ κεν δὴ πάλαι ἄμμες ἐπαυσάμεθα πτολέμοιο,

Epm. ο 103　413 (μήδ.) H. μ 1148　417a Hdn i.488.10; 417b Philod. De piet. p.78 Sch. (lacerum); sch A 593b; Porph. Il. 20.8 Schr.　421 sch^D B 381; EtG α 1160　422 (μέτ.) H. (Cyr.) μ 1063　424a Arn ad N 45c¹; H. κ 262; (ἐπιει.) id. ε 4759　425 (τῆς–) Charito 1.1.14; 425b Hclt. Alleg. 52.5　426 id. 54.7 429 (θωρ.) H. θ 1017　431a sch H 453b; Choer. in Thd. i.162.28　432 (ἄμμες) H. α 3696

412 τῆς Z Ω (cf. Λ 142, T 322, 331): κα[ι 12, ss. ερς (m²): ἧς Brugman Ein Problem 47: σῆς van Leeuwen.—cf. ad Λ 142; S. West Ptol. Pap. 159 sq.　ἐξαποτίνοις Z Ω: αψ α[ποτ]ειγ[οις 12　413 οὕνεκ᾽ 12²ˢ Ω: εικεγ 12 (pro εἴνεκ᾽?)　414 ἀμύνεις 450 Ω*: ἀρήγεις A^γρ sch^hγρ F　415 τρέπεν 450 Ω*: τρά- C T R.—cf. ad N 3　416 Διὸς θυγάτηρ 450 Ω*: φιλομμειδὴς A^γρ F, φιλομηδὴς G.—cf. ad Ξ 193, Υ 40　417 μόγις 450 tt* Ω: μόλις Philod. H (cf. A.R. 3.634; Rengakos 161).—cf. ad I 355, X 412　ἐσαγείρετο Ar A: -ατο (nov. Did) tt Ω*.—cf. ad O 240; A.R. et Rengakos ll.cc.　420 ὦ A D F^a G^c: ὣ Ω*　421 δὴ Bekker: δ᾽ τ Ω　κυνάμυια 12᾽ (]α[) Ω*: κυνό- F V (cf. ad 394): †τὴν κυνάμυιαν† A^γρ　424 ἐπεισαμένη Ar tt Ω, επεισ- Z: ἐπερεισ- Ixio　παχείηι Ω: βαρείηι "πρέπει τῆι παρθένωι" sch^G, cf. ad 590 et vv.ll. σ 56, φ 6　426 κεῖντο 1488 t Ω* (def. Wack. Unt. 98): κεῖτο b: -σθον V: θεινε 12: κείατ᾽ Curtius Das Verbum I 94　ἐπὶ t A F G: ποτὶ 12 1488 A^γρ Ω*　427 ἀγόρευε(ν) Ω*: (-ντα) προσηύδα A^γρ F.— cf. ad Π 829　428 τοιοῦτοί νυν nol. Hdn　429 θωρηκτῆισιν t Ω: κυδα[λιμοισιν 12　431 Ἄρη(ι) tt Ω*, -ηϊ F T W, -η᾽ r: -ει C R.—cf. ad 112　ἐπίκουρος tt Ω: ἐπίου- ρος A^γρ　432 τώ F^a: τῶ Ω*

433   Ἰλίου ἐκπέρσαντες ἐϋκτίμενον πτολίεθρον."
435   αὐτὰρ Ἀπόλλωνα προσέφη κρείων Ἐνοσίχθων·
       "Φοῖβε, τίη δὴ νῶϊ διέσταμεν; οὐδὲ ἔοικεν
       ἀρξάντων ἑτέρων· τὸ μὲν αἴσχιον, αἴ κ' ἀμαχητεί
       ἴομεν Οὔλυμπόνδε Διὸς ποτὶ χαλκοβατὲς δῶ.
       ἄρχε· σὺ γὰρ γενεῆφι νεώτερος· οὐ γὰρ ἐμοί γε
440   καλόν, ἐπεὶ πρότερος γενόμην καὶ πλείονα οἶδα.
       νηπύτι', ὡς ἄνοον κραδίην ἔχες· οὐδέ νυ τῶν περ
       μέμνηαι, ὅσα δὴ πάθομεν κακὰ Ἴλιον ἀμφί
       μοῦνοι νῶϊ θεῶν, ὅτ' ἀγήνορι Λαομέδοντι
       πὰρ Διὸς ἐλθόντες θητεύσαμεν εἰς ἐνιαυτόν
445   μισθῶι ἔπι ῥητῶι, ὃ δὲ σημαίνων ἐπέτελλεν.
       ἤτοι ἐγὼ Τρώεσσι πόλιν πέρι τεῖχος ἔδειμα
       εὐρύ τε καὶ μάλα καλόν, ἵν' ἄρρηκτος πόλις εἴη·
       Φοῖβε, σὺ δ' εἰλίποδας ἕλικας βοῦς βουκολέεσκες
       Ἴδης ἐν κνημοῖσι πολυπτύχου ὑληέσσης.
450   ἀλλ' ὅτε δὴ μισθοῖο τέλος πολυγηθέες ὧραι
       ἐξέφερον, τότε νῶϊ βιήσατο μισθὸν ἅπαντα
       Λαομέδων ἔκπαγλος, ἀπειλήσας δ' ἀπέπεμπεν·
       σὺν μὲν ὅ γ' ἠπείλησε πόδας καὶ χεῖρας ὕπερθεν
       δήσειν, καὶ περάαν νήσων ἔπι τηλεδαπάων,
455   στεῦτο δ' ὅ γ' ἀμφοτέρων ἀπολεψέμεν οὔατα χαλκῶι·
       νῶϊ δέ τ' ἄψορροι κίομεν κεκοτηότι θυμῶι,

439 (–νεώτ.) Synes. Epist. 116   441 (–ἔχ.) Eudoc. 1680; (ὡς–ἔχ.) Arn ad Ξ 25; (ἔχ.) H.
ε 7596   442 (–κακά) sch O 18d   444 (εἰς ἐνι.) Clem. Strom. 1.107.2; (inde) Eus. P.E.
10.12.27   445 Eudoc. 1530; 445a Philod. De piet. p.88 Sch.; (ῥητῶι) H. ρ 285; (σημ.–)
sch Z 176b   446–8 Paus. 7.20.5; 448 Macr. Sat. 1.17.44; (βοῦς βουκ.) Epm. A 1b¹ᵃ, α
274   450 (πολυγ.–) H. π 2834   455 (ἀπολ.) id. α 6466   456 (κεκοτ.) id. κ 2095

433 Ἰλίου Ω: Ἴλιον Aʸᵖ h.—cf. ad B 133   434 ὡς φάτο· μείδησεν δὲ (vel ἔφαθ'· ἣ
δ' ἐγέλασσε T W G) θεὰ λευκώλενος Ἥρη (= A 595, Ξ 263ᵛˡ) add. h T W G: deest in
Ω*   436 τί ἢ A Bᵃ E Fᵃ T, τί ῇ D   437 ἀμαχητεί 449 r: -τί Tˡ Ω.—cf. ad Λ
637   439 νεώτερος 449 t Ω*: -τατος D   ἐμοί γε Bekker: ἔμοιγε Ω   440 πρότερος
449 Ω*: πρῶτος T   442 ἀμφίς T W (v.l. sim. ω 45)   445 ἔπι Wolf: ἐπὶ vel
ἐπι Ω   ῥρητῶ(ι) Philod. D T R W G   446 ἐγὼ Τρώεσσι πόλιν Ar Nicias t Aˡ Ω: ...
πόλει Arph: μὲν γὰρ ἐγὼ πόλεως Aridices   πέρι Nicias W? O V: περὶ vel περι
Hdn Ω*   447 καλόν t Ω: μακρόν Zoilus (cf. Hymn. Ap. 255)   451 νῶῒ Aʳ
452 ἀπέπεμπε(ν) Ω: -πεμψε Z: -βλεψε schᴳʸᵖ (Pindario u.v.; -κλεψε? Erbse)   453 σὺν
Ω*: σοὶ Cᶜ Fᵃ R Tˢ G, σὺ Dᶜ   454 ἔπι r: ἐπὶ Ω   τηλεδαπάων Ar Ω: θηλυτεράων "αἱ
ἀπὸ τῶν πόλεων".—cf. ad X 45; Rengakos 142 sq.   455 ἀπολεψέμεν Ar Aʸᵖ h W,
-λέψαι Z: -λοψέμεν 449: -κοψέμεν Ω*: -κόψειν A (cf. I 241): -λουσέμεν Hsch. quidam
ap. Eust. 1246.37   456 δέ τ' 449 Ω*: δὲ h, δ' D   κεκοτηότι 449 Z Ω: -τε schʰʸᵖ

μισθοῦ χωόμενοι, τὸν ὑποστὰς οὐκ ἐτέλεσσεν.
τοῦ δὴ νῦν λαοῖσι φέρεις χάριν, οὐδὲ μεθ᾽ ἡμέων
πειρᾷ, ὥς κεν Τρῶες ὑπερφίαλοι ἀπόλωνται
460   πρόχνυ κακῶς σὺν παισὶ καὶ αἰδοίηις ἀλόχοισιν."
    τὸν δ᾽ αὖτε προσέειπεν ἄναξ ἐκάεργος Ἀπόλλων·
"Ἐννοσίγαι᾽, οὐκ ἄν με σαόφρονα μυθήσαιο
ἔμμεναι, εἰ δὴ σοί γε βροτῶν ἕνεκα πτολεμίξω
δειλῶν, οἳ φύλλοισιν ἐοικότες ἄλλοτε μέν τε
465   ζαφλεγέες τελέθουσιν, ἀρούρης καρπὸν ἔδοντες,
ἄλλοτε δὲ φθινύθουσιν ἀκήριοι. ἀλλὰ τάχιστα
παυσώμεσθα μάχης, οἳ δ᾽ αὐτοὶ δηριαάσθων."
ὣς ἄρα φωνήσας πάλιν ἐτράπετ᾽· αἴδετο γάρ ῥα
πατροκασιγνήτοιο μιγήμεναι ἐν παλάμηισιν.
470   τὸν δὲ κασιγνήτη μάλα νείκεσε, Πότνια θηρῶν
{Ἄρτεμις ἀγροτέρη, καὶ ὀνείδειον φάτο μῦθον}·
"φεύγεις δή, Ἑκάεργε; Ποσειδάωνι δὲ νίκην
πᾶσαν ἐπέτρεψας, μέλεον δέ οἱ εὖχος ἔδωκας.
νηπύτιε, τί νυ τόξον ἔχεις ἀνεμώλιον αὔτως;
475   μή σεο νῦν ἔτι πατρὸς ἐνὶ μεγάροισιν ἀκούσω
εὐχομένου, ὡς τὸ πρὶν ἐν ἀθανάτοισι θεοῖσιν,
ἄντα Ποσειδάωνος ἐναντίβιον πτολεμίξειν."
    ὣς φάτο· τὴν δ᾽ οὔ τι προσέφη ἐκάεργος Ἀπόλλων,
479   ἀλλὰ χολωσαμένη Διὸς αἰδοίη παράκοιτις·
481   "πῶς δὲ σὺ νῦν μέμονας, κύον ἀδδεές, ἀντί᾽ ἐμεῖο

457 (ὑποστάς) ApS 160.24   **463b–6** [Plut.] Cons. Apoll. 104f; (inde) Stob. 4.34.46; **464a** sch Z 146a¹; **465** (ζαφλ.) ApS 80.32; H. ζ 76   **468** (αἴδ.–)–9 Arn ad Φ 475/sch Φ 478   **470** Arn ad Φ 471a   **471** id. ad Φ 511b   **474** w5; (τί–ἔχ.) sch Φ 482 **478** (προσέφη) Arn ad Φ 479ab

458 ἡμέων 449 Ω*, -μῶν W G: ἡμῖν Christ, cf. ad N 700; Chantr. II 119   **459** πει– ρᾶι sch^hyp Ω* (cf. Ω 390): -ρᾶν W: -ρᾶ(ι)ς 449 b F G: an -ρᾶ᾽ (-ρᾶαι)?   κεν Ω: κε 449 r.— cf. ad Δ 66   **460** πρόχνυ 449 Z Ω: πρόγνυ r.—cf. ad I 570   **461** ἐκάεργος 449 1480 Ω*: Διὸς υἱὸς sch^hyp b.—cf. ad H 23   **463** πτολεμίξω 449 A D T R W, πτολεἰμ 1480: -ιζω tt b F G (πο-): στυφελίξω rr (ex 380)   **466** δὲ 9 662a 1490 tt A b: δ᾽ αὖ A^yp Ω*   ἀλλὰ τάχιστα 9 449 1480 Ω: οὐδέ τις ἀλκή tt   **467** παυσώμεσθα 9 F, -μεθα A^m (cf. H 290): παυώμε(σ)θα fere Ω*   δηριαᾶσθων Ptol Hdn A: -αάσθων Tyr.—cf. ad Z 268   **469** μιγήμεναι 9 1480 tt Z Ω: δαμή- quidam ap. sch^T   **471** ath. Ar   **474** νηπύτιε 9 449 w5 Ω: †ψενύτιε Aridices   ἀνεμώλιον αὔτως (vel αὖ-) 9 449 w5 Ω: κάτειρέας οἰστούς novit Aridices, κάθειρέας coniecit   **475–7** ath. Ar **475** σεο van Leeuwen: σευ 9 449 h94 Ω* A^λ, σεῦ G: σε R   μμεγάροισιν h94 W **477** πτολεμίξειν 449 A D R, πολ- W: πτολεμίζειν E F G, πολ- 9 B C T,]εμιζε[h94.—cf. ad K 451   **478** τὴν 449 Ω: τὸν 9   **480** νείκεσεν Ἰοχέαιραν ὀνειδείοις ἐπέεσσιν

στήσεσθαι; χαλεπή τοι ἐγὼ μένος ἀντιφέρεσθαι
τοξοφόρωι περ ἐούσηι, ἐπεί σε λέοντα γυναιξίν
Ζεὺς θῆκεν, καὶ ἔδωκε κατακτάμεν ἥν κ' ἐθέληισθα.
485 ἤτοι βέλτερόν ἐστι κατ' οὔρεα θῆρας ἐναίρειν
ἀγροτέρας τ' ἐλάφους ἢ κρέσσοσιν ἶφι μάχεσθαι.
εἰ δ' ἐθέλεις πολέμοιο δαήμεναι, ὄφρ' εὖ εἴδηις
ὅσσον φερτέρη εἴμ', ὅτι μοι μένος ἀντιφερίζεις."
ἦ ῥα, καὶ ἀμφοτέρας ἐπὶ καρπῶι χεῖρας ἔμαρπτεν
490 σκαιῆι, δεξιτερῆι δ' ἄρ' ἀπ' ὤμων αἴνυτο τόξα,
αὐτοῖσιν δ' ἄρ' ἔθεινε παρ' οὔατα μειδιόωσα
ἐντροπαλιζομένην· ταχέες δ' ἔκπιπτον ὀϊστοί.
δακρυόεσσα δ' ὕπαιθα θεὰ φύγεν ὥς τε πέλεια,
ἥ ῥά θ' ὑπ' ἴρηκος κοίλην εἰσέπτατο πέτρην,
495 χηραμόν· οὐδ' ἄρα τῆι γε ἁλώμεναι αἴσιμον ἦεν·
ὣς ἣ δακρυόεσσα φύγεν, λίπε δ' αὐτόθι τόξα.
Λητὼ δὲ προσέειπε διάκτορος Ἀργειφόντης·
"Λητοῖ, ἐγὼ δέ τοι οὔ τι μαχήσομαι· ἀργαλέον δέ
πληκτίζεσθ' ἀλόχοισι Διὸς νεφεληγερέταο.
500 ἀλλὰ μάλα πρόφρασσα μετ' ἀθανάτοισι θεοῖσιν
εὔχεσθαι ἐμὲ νικῆσαι κρατερῆφι βίηφιν."
ὣς ἄρ' ἔφη· Λητὼ δὲ συναίνυτο καμπύλα τόξα
πεπτεῶτ' ἄλλυδις ἄλλα μετὰ στροφάλιγγι κονίης.
ἣ μὲν τόξα λαβοῦσα πάλιν κίε θυγατέρος ἧς,
505 ἣ δ' ἄρ' Ὄλυμπον ἵκανε Διὸς ποτὶ χαλκοβατὲς δῶ,
δακρυόεσσα δὲ πατρὸς ἐφέζετο γούνασι κούρη,
ἀμφὶ δ' ἄρ' ἀμβρόσιος ἑανὸς τρέμε. τὴν δὲ προτὶ οἷ

483b–4 (Ζεὺς θ.) Did ad P 134–6b; sch Υ 70–1; 483b H. ε 4355; (ἐπεί σε λ.) Hdn ad Z
355a¹   485 sch Soph. Ai. 26; H. ε 2666   495 (χηρ.) ApS 167.28; Hdn ad Ω 228a; H.
χ 410; Orio 164.31   497 (διάκτ.) id. 45.6, 50.1   498 sch Φ 469c¹; (–μαχ.) Theodos.
Can. 27.4; Choer. in Thd. i.312.25, 30; 396.11   502 (Λητὼ–) Epm. α 307; 502b–3
(πεπτ.) sch Θ 269a; **502**b cf. EtG α 217; (συναίν.) H. σ 2401; 503a Arn ad Φ 502b

add. H Oᵐ rr: non hab. Ar Arn 9 449 Ω   481 ἀδδεὲς 9 449ᶜ Ζ Ω: ἀδεὲς 449ᵃ O.—cf.
ad Θ 423   486 κρέσσοσιν Blass: κρεί– 9 449 Ω   487 εὖ 9 Ω: ἔϋ Ludwich
(ἐϋ Bekker) εἴδηις van Leeuwen: εἴδῃς 9 Ω   492 ἐντροπαλιζομένην Ar Pin-
dario(?) 507a A Bᶜ Fᵃ T R W: –νη (nov. Did) 9 schᵇᵀ Ω*: πολλὰ λισσομένης ⍟ ℵ
493 ὕπαιθα 9 Ω* (fort. praestat ὑπ–, cf. ad Χ 141): ἔπειτα Aᵛᵖ F h   πέλεια Hdn 9 Ω:
πελ⟨ε⟩ιάς Ζ   497 Λητὼ 9 507aᶜ Ω*: –ῶ Tyr Cᵃ R W: –οῖ 507aᵃ (ex 498)   498 μαχή–
σομαι 9 sch–Φ Ω*: μαχέσσ– 507a tt* F   δὲ Aᵛᵖ Ω* (cf. O 140): γὰρ 9 t A G
501 νικῆσαι 9 Tˣ Ω*: –ήσειν b R   503 πεπτεῶτ' 9 tt Ω*: –εότ' Bˢ C E: –ηωτα Ζ: πεπτ–
ῶτ' Aᵛᵖ h   507 προτὶ 9 Ζ Ω: ποτὶ rr.—v.l. sim. ω 347   οἷ Hdn Ω*: οἳ W: οἱ E G

εἷλε πατὴρ Κρονίδης, καὶ ἀνείρετο ἡδὺ γελάσσας·
509 "τίς νύ σε τοιάδ' ἔρεξε, φίλον τέκος, Οὐρανιώνων;"
511 τὸν δ' αὖτε προσέειπεν ἐϋστέφανος Κελαδεινή·
"σή μ' ἄλοχος στυφέλιξε, πάτερ, λευκώλενος Ἥρη,
ἐξ ἧς ἀθανάτοισιν ἔρις καὶ νεῖκος ἐφῆπται."
ὣς οἳ μὲν τοιαῦτα πρὸς ἀλλήλους ἀγόρευον·
515 αὐτὰρ Ἀπόλλων Φοῖβος ἐδύσετο Ἴλιον ἱρήν,
μέμβλετο γάρ οἱ τεῖχος ἐϋδμήτοιο πόληος,
μὴ Δαναοὶ πέρσειαν ὑπὲρ μόρον ἤματι κείνωι.
οἱ δ' ἄλλοι πρὸς Ὄλυμπον ἴσαν θεοὶ αἰὲν ἐόντες,
οἳ μὲν χωόμενοι, οἳ δὲ μέγα κυδιόωντες,
520 κὰδ δ' ἷζον παρὰ πατρὶ κελαινεφεῖ. αὐτὰρ Ἀχιλλεύς
Τρῶας ὁμῶς αὐτούς τ' ὄλεκεν καὶ μώνυχας ἵππους·
ὡς δ' ὅτε καπνὸς ἰὼν εἰς οὐρανὸν εὐρὺν ἱκάνει
ἄστεος αἰθομένοιο, θεῶν δέ ἑ μῆνις ἀνῆκεν,
πᾶσι δ' ἔθηκε πόνον, πολλοῖσι δὲ κήδε' ἐφῆκεν,
525 ὣς Ἀχιλεὺς Τρώεσσι πόνον καὶ κήδε' ἔθηκεν.
ἑστήκει δ' ὁ γέρων Πρίαμος θείου ἐπὶ πύργου·
ἐς δ' ἐνόησ' Ἀχιλῆα πελώριον, αὐτὰρ ὑπ' αὐτοῦ
Τρῶες ἄφαρ κλονέοντο πεφυζότες, οὐδέ τις ἀλκή
γίνεθ'· ὁ δ' οἰμώξας ἀπὸ πύργου βαῖνε χαμᾶζε,
530 ὀτρύνων παρὰ τεῖχος ἀγακλειτοὺς πυλαωρούς·
"πεπταμένας ἐν χερσὶ πύλας ἔχετ', εἰς ὅ κε λαοί
ἔλθωσι προτὶ ἄστυ πεφυζότες· ἦ γὰρ Ἀχιλλεύς

508 (ἀν.) H. (Cyr.) α 5081   515–16 sch[h94] Φ 229–32; 516 (μέμβ.) H. (Cyr.) [β 509], μ 790   519 Eudoc. 2229   524 ead. 87   528 (–πεφ.) sch X 1a   531–2 (–πεφ.) + 534–5 Porph. Il. 176.9 Schr.; 531–2a sch M 122–3ab; 531 (ἐν χ.–ἔχ.) sch Σ 275

508 ἀνείρετο 9 Ω*: ἀνήρ- t C R   510 (= E 374) add. D[2] T W G: deest in 9 Ω*   513 νεῖκος (nov. Did) 9 Ω (cf. υ 267): νείκε' Ar[ab] 249 rr   ἐφῆπται 9 249 Ω: ἐτύχθη (Ar?) sch[T] non sibi constans, T[λ]   515 Φοῖβος 9 449 Ω: οἷος t   516 οἱ, τεῖ-χος Nic F   519 δὲ 9 449 Ω: δ' αὖ (Bothe) t   μμεγα 449   520 ἷζον E R[c?] W: ἵ- Ω*   παρὰ πατρὶ 9 449 A[γρ] Ω*: πὰρ Ζηνὶ A G   522 ἱκάνει 9 Ω, -νηι Wecklein SBAW 1908(2).62: ἵκηται (= Σ 207) A[γρ].—cf. ad Θ 60, Λ 170, Ψ 138   523 ἑ 9 249 Ω: τε 449   524 om. rr (homoeotel.), damn. Bothe   ἐφῆκε(ν) 9 249 t Ω* (cf. A 445): ἔθηκεν T: ἐφῆπται rr (cf. B 32, 69, Z 241): an ἐφῆψεν?   525 om. 249 T[a], post 526 fert 9 (homoeotel.)   πόνον καὶ 9 449 Ω*: φόνον καὶ A F G: πολύστονα h (ex A 445)   ἔθη-κεν 9 Ω*: ἐφῆκεν G (ex 524): ες . . . . 449: (κήδεα) θῆκεν h: ἔτευξεν A[γρ] (cf. N 209)   526 ἑστήκει A G: εἱστ- T[λ] Ω*: ιστ- 9   527 δ' ἐνόησ' 9 Ω: δὲ ν- B[c]   529 γίνεθ' 9 [449] Ω: γίγν- rr   530 ὀτρύνων Ar 449 A D: -νέων (nov. Did) 9 Ω*: utrumque T[λλ].—cf. ad N 209   πυλαωρούς 9 Z Ω: -ο‹υ›ρούς sch[Nγρ].—cf. ad X 69, Ω 681; Leumann 223 n.20   532 ἔλθωσιν 449 W

ἐγγὺς ὅδε κλονέων· νῦν οἴω λοίγι᾽ ἔσεσθαι.
αὐτὰρ ἐπεί κ᾽ ἐς τεῖχος ἀναπνεύσωσιν ἀλέντες,
535 αὖτις ἐπ᾽ ἂψ θέμεναι σανίδας πυκινῶς ἀραρυίας·
δείδια γάρ, μὴ οὖλος ἀνὴρ ἐς τεῖχος ἅληται."
ὣς ἔφαθ᾽· οἳ δ᾽ ἄνεσάν τε πύλας καὶ ἀπῶσαν ὀχῆας,
αἳ δὲ πετασθεῖσαι τεῦξαν φάος. αὐτὰρ Ἀπόλλων
ἀντίος ἐξέθορε, Τρώων ἵνα λοιγὸν ἀμύναι.
540 οἳ δ᾽ ἰθὺς πόλιος καὶ τείχεος ὑψηλοῖο
δίψηι καρχαλέοι, κεκονιμένοι ἐκ πεδίοιο
φεῦγον· ὃ δὲ σφεδανὸν ἔφεπ᾽ ἔγχεϊ, λύσσα δέ οἱ κῆρ
αἰὲν ἔχε κρατερή, μενέαινε δὲ κῦδος ἀρέσθαι.
ἔνθά κεν ὑψίπυλον Τροίην ἕλον υἷες Ἀχαιῶν,
545 εἰ μὴ Ἀπόλλων Φοῖβος Ἀγήνορα δῖον ἀνῆκεν,
φῶτ᾽ Ἀντήνορος υἱὸν ἀμύμονά τε κρατερόν τε.
ἐν μέν οἱ κραδίηι θάρσος βάλε, πὰρ δέ οἱ αὐτός
ἔστη, ὅπως Θανάτοιο βαρείας χεῖρας ἀλάλκοι,
φηγῶι κεκλιμένος· κεκάλυπτο δ᾽ ἄρ᾽ ἠέρι πολλῆι.
550 αὐτὰρ ὅ γ᾽ ὡς ἐνόησεν Ἀχιλλῆα πτολίπορθον,
ἔστη, πολλὰ δέ οἱ κραδίη πόρφυρε μένοντι.
ὀχθήσας δ᾽ ἄρα εἶπε πρὸς ὃν μεγαλήτορα θυμόν·
"ὤι μοι ἐγών· εἰ μέν κεν ὑπὸ κρατεροῦ Ἀχιλῆος
φεύγω, τῆι περ οἱ ἄλλοι ἀτυζόμενοι κλονέονται,

533 Eudoc. 1540   **534** Hdn ad Λ 192a¹, Φ 536c; EtG α 516; (ἀλ.) ApS 22.24; H. (Cyr.) α 2862   **537** (ἄνεσαν–) sch X 468b (Porph. Il. 260.10 Schr.)   **538** (τεῦξαν) H. τ 696   **539** (ἐξέθ.) H. (Cyr.) ε 3642   **540a** ApS 90.27; (ἰθὺς π.) sch^D Z 3 **541** Hclt. Alleg. 10.6; **541a** ApS 95.14; cf. Ath. 475b; (καρχ.) H. (Cyr.) κ 943   **542** (σφ.) H. σ 2862   **543b** Arn ad Π 491a (et sch^D); ApS 111.10   **544** Porph. Od. 40.11 Schr. **550** sch O 77b   **551** (πολλὰ–) Porph. Hom. 22.14 Sod.; (πολλὰ–πόρφ.) H. π 2797/8; (κρ. πόρφ.) cf. eund. π 3082; (πόρφ.) ApS in h11b; cf. Phot. Lex. s.v.

533 κλονέων 9 507a Ω*: -έει t *b*   **535** αὖτις 9 Ω*: -θις t C   ἐπ᾽ ἂψ "τινὲς τῶν κατὰ πόλεις" 9 449 Ω (cf. Σ 14): ἐπαν- Ar A^γρ: ἐπι- t   **536** οὖλος 9 449 507a sch^bT Ω: οὗτος 507a^2γρ   ἅληται Hdn 507a^a Ω* (cf. 534): ἀλ- D: ἄλ- 507a^c T^c R W (cf. M 438, Π 558) **537** αν]εσάν 507a   **538–9** ath. Zen   **539** ἐξέθορε(ν), ita interpung. A B E F T iubente sch^b   ἀμύναι Hdn 507a^2m A^γρ A^λ *b* T R (cf. O 736): -νηι W: ἀλάλκοι (agn. Hdn) 9 507a 1491 Z Ω* (cf. 138, 250)   **541** καρχαλέοι 9 tt Z Ω*: κ]ερχ- 449: καρφ- R^a   **542** σφεδανὸν (nov. Did) Z A^λ C^s Ω* (σφενδ- W) (cf. Λ 165, Π 372): -νῶν Ar Hdn 9 t A B E T^c: -νῶς C: σφε δανῶν divisim quidam ap. Hsch. (ex ApS pleniore?)   ἔφεπ᾽ 9 507a^2m Ω: ἔπετ᾽ 507a.—cf. ad Λ 154   ἔγχεϊ sic Ω   **544** ἔνθά sic A^λ Ω   **548** χεῖρας 9 1491 Ω: κῆρας Eust. rr   **549** πολλῆι 1491 Ω: -ω 449.—v. adn. meam ad Hes. Th. 9   **550** Ἀχιλλῆα πτολίπορθον Ar 449 1491 t Ω: -εα Πηλείωνα quidam ante Arn   **551** μένοντι 1491 Ω: κιόντι t V (ex δ 427 al.)   **553** ὧι A C T^c W: ὥ 9 Ω*   **554** κλονέονται 9 250 A G (cf.

555　αἱρήσει με καὶ ὥς, καὶ ἀνάλκιδα δειροτομήσει·
　　　εἰ δ' ἂν ἐγὼ τούτους μὲν ὑποκλονέεσθαι ἐάσω
　　　Πηλείδηι Ἀχιλῆϊ, ποσὶν δ' ἀπὸ τείχεος ἄλληι
　　　φεύγω πρὸς πεδίον Ἰλήϊον, ὄφρ' ἂν ἵκωμαι
　　　Ἴδης τε κνημοὺς κατά τε ῥωπήϊα δύω,
560　ἑσπέριος δ' ἂν ἔπειτα, λοεσσάμενος ποταμοῖο,
　　　ἱδρῶ ἀποψυχθείς, προτὶ Ἴλιον ἀπονεοίμην.
　　　ἀλλὰ τίη μοι ταῦτα φίλος διελέξατο θυμός;
　　　μή μ' ἀπαειρόμενον πόλιος πεδίονδε νοήσηι
　　　καί με μεταΐξας μάρψηι ταχέεσσι πόδεσσιν.
565　οὐκέτ' ἔπειτ' ἔσται θάνατον καὶ κῆρας ἀλύξαι·
　　　λίην γὰρ κρατερὸς περὶ πάντων ἔστ' ἀνθρώπων.
　　　εἰ δέ κέ οἱ προπάροιθε πόλιος κατ' ἐναντίον ἔλθω·
　　　καὶ γάρ θην τούτωι τρωτὸς χρὼς ὀξέϊ χαλκῶι,
　　　ἐν δὲ ἴα ψυχή, θνητὸν δέ ἕ φασ' ἄνθρωποι
570　ἔμμεναι· αὐτάρ οἱ Κρονίδης Ζεὺς κῦδος ὀπάζει."
　　　　ὣς εἰπὼν Ἀχιλῆα ἀλεὶς μένεν, ἐν δέ οἱ ἦτορ
　　　ἄλκιμον ὡρμᾶτο πτολεμίζειν ἠδὲ μάχεσθαι.
　　　ἠΰτε πάρδαλις εἶσι βαθείης ἐκ ξυλόχοιο
　　　ἀνδρὸς θηρητῆρος ἐναντίον, οὐδέ τι θυμῶι
575　ταρβεῖ οὐδὲ φοβεῖται, ἐπεὶ κυνύλαγμον ἀκούσηι·
　　　εἴ περ γὰρ φθάμενός μιν ἢ οὐτάσηι ἠὲ βάλησιν,

558 (Ἰλ.) H. ε 881, ι 543　　559 (κν.) ApS 101.13　　560b sch O 265c　　563 Porph. Il. 256.4 Schr.; (ἀπα.) H. (Cyr.) α 5713　　564 (μετα.) H. μ 985　　566 Eudoc. 406　　568 schᵀ Δ 510a; (–χρώς) Clem. Protr. 36.1　　569a ApS 89.20; (ἴα) H. (Cyr.) ι 1; 569b Arn ad Φ 570a¹　　571 (ἀλείς) H. (Cyr.) α 2843　　573 Poll. 5.14　　575 (ὑλ.) H. (Cyr.) υ 138

556, Σ 7): φοβέ- Aᵛᵖ Ω* (= Ζ 41, Φ 4)　　555 ὡς D Cᵃ: ὥς 250 A F R G, ὣς Ω* 557 ἄπο B　　558 Ἰλήϊον Ar 9 250 t Z Ω: Ἰδ- Crates: etiam εἰλ- (ἐν ἡλίωι θερμανθέν) Hsch.: λεῖον et ὄφρ' ἄγ‹κε›> van Leeuwen peringeniose　　559 κνημοὺς 9 250 t Ω*: κρημνοὺς G.—cf. ad Ψ 117　　560 ἑσπέριος 9 Ω: -οι\υ 250　　ἂν 9 250 449 Ω*: ἄρ D O　　561 ἱδρῶ 9 Ω: -ό' Payne Knight　　προτὶ 9 250 Ω*: ποτὶ C W　　562 τί ἤ A　　563 ἀπαειρόμενον 9 250 449 tt Z Ω: -ρά- Aˢ　　566 περὶ 9 250 Ω*: πέρι R　　567 κέ Heyne: κεν 9 250 Ω　　πόλιος 9 449ᵘᵛ Ω: cf. ad B 811　　κατ' ἐναντίον D² Bᵃ E R W: κατεν- Ω*　　568 θην 9 250 449 Ω: τ' ἦν t*: ἔην Clem. (cod.ʳ)　　569 δὲ ἴα 9 250 449 t Ω (cf. I 319): δέ (F) ἴα Agar　　570 ath. Ar　　572 ὡρμᾶτο 9 250 Ω: ὁρ- rr　　πτολεμίζειν Ω*: πολ- 9 B E T W　　573 πάρδαλις Arᵃᵇ t Aˢ R W Gᶜ: πόρδ- (nov. Did) 9 250 Ω*.—v. Praef. xxxiv　　574 οὐδ' ἔτι 449ᵘᵛ Aᵃ　　575 ταρβεῖ 9 250 Ω Aᵏ: -βέει Payne Knight　　κυνύλαγμον quidam ante Ar (= Zen teste T; proparox. dedi), cf. Stes. PMGF 255: κεν ὑλαγμὸν Ar 9 449 1492 t Ω　　576 μιν Ar 9 Ω: τις "αἱ ἀπὸ τῶν πόλεων" h: F' (et ἤ') van Leeuwen: del. Leaf　　ἤ om. 9

ἀλλά τε καὶ περὶ δουρὶ πεπαρμένη οὐκ ἀπολήγει
ἀλκῆς, πρίν γ᾽ ἠὲ ξυμβλήμεναι ἠὲ δαμῆναι·
ὣς Ἀντήνορος υἱὸς ἀγαυοῦ, δῖος Ἀγήνωρ,
580 οὐκ ἔθελεν φεύγειν, πρὶν πειρήσαιτ᾽ Ἀχιλῆος,
ἀλλ᾽ ὅ γ᾽ ἄρ᾽ ἀσπίδα μὲν πρόσθ᾽ ἔσχετο πάντοσ᾽ ἐΐσην,
ἐγχείηι δ᾽ αὐτοῖο τιτύσκετο, καὶ μέγ᾽ ἀΰτει·
"ἦ δή που μάλ᾽ ἔολπας ἐνὶ φρεσί, φαίδιμ᾽ Ἀχιλλεῦ,
ἤματι τῶιδε πόλιν πέρσειν Τρώων ἀγερώχων,
585 νηπύτι᾽· ἦ τ᾽ ἔτι πολλὰ τετεύξεται ἄλγε᾽ ἐπ᾽ αὐτῆι.
ἐν γάρ οἱ πολέες τε καὶ ἄλκιμοι ἀνέρες εἰμέν,
οἵ κεν πρόσθε φίλων τοκέων ἀλόχων τε καὶ υἱῶν
Ἴλιον εἰρυόμεσθα· σὺ δ᾽ ἐνθάδε πότμον ἐφέψεις,
ὧδ᾽ ἔκπαγλος ἐὼν καὶ θαρσαλέος πολεμιστής."
590 ἦ ῥα, καὶ ὀξὺν ἄκοντα παχείης χειρὸς ἀφῆκεν,
καί ῥ᾽ ἔβαλε κνήμην ὑπὸ γούνατος, οὐδ᾽ ἀφάμαρτεν.
ἀμφὶ δέ μιν κνημὶς νεοτεύκτου κασσιτέροιο
σμερδαλέον κονάβησε· πάλιν δ᾽ ἀπὸ χαλκὸς ὄρουσεν
βλημένου, οὐδ᾽ ἐπέρησε, θεοῦ δ᾽ ἠρύκακε δῶρα.
595 Πηλείδης δ᾽ ὡρμήσατ᾽ Ἀγήνορος ἀντιθέοιο
δεύτερος· οὐδ᾽ ἔτ᾽ ἔασεν Ἀπόλλων κῦδος ἀρέσθαι,
ἀλλά μιν ἐξήρπαξε, κάλυψε δ᾽ ἄρ᾽ ἠέρι πολλῆι,
ἡσύχιον δ᾽ ἄρα μιν πολέμου ἔκπεμπε νέεσθαι.
αὐτὰρ ὃ Πηλείωνα δόλωι ἀποέργαθε λαοῦ·
600 αὐτῶι γὰρ Ἑκάεργος Ἀγήνορι πάντα ἐοικώς

577 [Plut.] Hom. 2.87.3; Ael. N.A. 17.43; (περὶ δ. π.) sch Ω 8b   588 (εἰρ.) H. ε
1059   592 (κν.–) Arist. Poet. 1461a28; (νεοτ.) H. ν 358   600–1a Procl. in Remp.

577 ἀλλά 9 t* Ω: ἦ ῥα Ael.   580 φεύγειν 9 250 Ω*: φυγέειν b   581 γ᾽ ἄρ᾽ C: γὰρ 9
Ω*   πρόσθε σχέτο F (cf. ad M 294)   πάντοσ᾽ ἐΐσην 9 sch^hyp b: -οσε ἴσην 1492 Ω*
583 ἦ δή Hdn Ω: ἤδη quidam ante Hdn A^yp   584 πέρσειν 250 449 Ω*: -σαι G   585 τ᾽
ἔτι Ω*: τέ τι A^yp, τετι 9: μάλα A G   τετεύξεται 9 449 sch^hyp Ω*: -εαι h R   586 γάρ οἱ 9
A^λ Ω*: γάρ ῥ᾽ οἱ b F^c: γάρ τοι D^r T h   ἀνέρες εἰμέν Ar? 9 449 Ω: ἄνδρες ἔνειμεν "ἐν ταῖς
πλείοσιν" 1492 A^yp (-μαν)   587 κεν b F^c T R, κε "ἔν τισι τῶν εἰκαιοτέρων" 9 Ω* (cf. A
175, I 155): καὶ Ar^ab H   τοκέων ἀλόχων 9 250 Ω (τεκ- D h): ἀλόχων τοκέων (Ar? v.
Erbse) 449 V, nov. Eust.   588 εἰρυόμε(σ)θα 9 250 t Z Ω*: εἰρυσό- 449 b   ἔφ᾽ ἕψεις
Nicias, reprobat Hdn   590 παχείης 449 A^yp D b F: βαρείης (= N 410) 9 250 Ω*   ἀφῆκε
A   592 μιν 9 250 449 Ω: οἱ H (cf. M 396, N 805, al.)   593 κονάβησε 9 449 Ω*, -ισε R:
-ιζε 250 D.—cf. ad B 466   594 om. A^a, susp. Christ   595 ὡρμ-ησατ᾽ 9 449 Ω:
ὁρ- rr   596 οὐδ᾽ ἔτ᾽ F^a (cf. Λ 437): οὐδέ τ᾽ 9 449 Ω*: οὐδέ ϝ᾽ Brandreth   Ἀπόλλων κῦδος
ἀρέσθαι 9 250 449 Ω: ἄναξ Διὸς υἱὸς Ἀπόλλων A^yp   597 κάλυψε δ᾽ ἄρ᾽ 9 250 449 Ω:
καλύψας A^yp (cf. Λ 752)   599 ἀποέργαθε Ar 9 250 449 Ω (ἀπὸ ἔ- A^a T, ἄπο ἔ- R): ἀπε–
εργ- nov. Did u.v.   600 γὰρ Ar 9 t Ω*: γάρ ῥ᾽ (nov. Did) F^c R W

ἔστη πρόσθε ποδῶν, ὃ δ' ἐπέσσυτο ποσσὶ διώκειν.
　ἕως ὃ τὸν πεδίοιο διώκετο πυροφόροιο,
τρέψας πὰρ ποταμὸν βαθυδινήεντα Σκάμανδρον,
τυτθὸν ὑπεκπροθέοντα—δόλωι δ' ἄρ' ἔθελγεν Ἀπόλλων,
605　ὡς αἰεὶ ἔλποιτο κιχήσεσθαι ποσὶν οἷσιν—
τόφρ' ἄλλοι Τρῶες πεφοβημένοι ἦλθον ὁμίλωι
ἀσπάσιοι προτὶ ἄστυ· πόλις δ' ἔμπλητο ἀλέντων.
οὐδ' ἄρα τοί γ' ἔτλαν πόλιος καὶ τείχεος ἐκτός
μεῖναι ἔτ' ἀλλήλους καὶ γνώμεναι, ὅς τε πεφεύγοι
610　ὅς τ' ἔθαν' ἐν πολέμωι, ἀλλ' ἐσσυμένως ἐσέχυντο
ἐς πόλιν, ὅν τινα τῶν γε πόδες καὶ γοῦνα σαώσαι.
X　ὡς οἳ μὲν κατὰ ἄστυ, πεφυζότες ἠΰτε νεβροί,
ἱδρῶ ἀπεψύχοντο πίον τ' ἀκέοντό τε δίψαν,
κεκλιμένοι καλῇσιν ἐπάλξεσιν· αὐτὰρ Ἀχαιοί
τείχεος ἆσσον ἴσαν, σάκε' ὤμοισι κλίναντες.
5　Ἕκτορα δ' αὐτοῦ μεῖναι ὀλοιὴ μοῖρ' ἐπέδησεν
Ἰλίοο προπάροιθε πυλάων τε Σκαιάων.
　αὐτὰρ Πηλείωνα προσηύδα Φοῖβος Ἀπόλλων·
"τίπτε με, Πηλέος υἱέ, ποσὶν ταχέεσσι διώκεις,
αὐτὸς θνητὸς ἐὼν θεὸν ἄμβροτον; οὐδέ νύ πώ με
10　ἔγνως ὡς θεός εἰμι, σὺ δ' ἀσπερχὲς μενεαίνεις.

i.147.17　602 Cocondr. Trop. iii.242.17 Sp.; (–διώκ.) sch X 168　604b sch X 15b　606–7 Eudoc. 2020–1; 607b Hdn ad Λ 192a¹, Φ 536c; (ἀλ.) H. α 2863　608a + 609–10a sch Λ 171　X 1–4 Porph. Il. 209.14 Schr.; 1 Choer. in Thd. ii.309.12; 1b sch Θ 345–7; 2 Hclt. Alleg. 10.6; EtG α 348; 2a Choer. in Thd. i.129.5, 148.2, 249.1, 383.21; 2b H. α 2503; Olymp. in Gorg. 159.22; Philop. in De an. CAG xv.250.13; Epm. α 315; (ἀκ.) H. α 2324; 3 (–ἐπάλξ.) Epm. κ 127　6 (Σκ.) Arn ad Γ 263　8–10a Clem. Strom. 5.117.1, unde Eus. P.E. 13.13.43; 9–10 Eudoc. 318–19; 9 (–ἄμβρ.) Max. Tyr. 18.5; 10a Choer. in Ps. 42.16

　601 διώκειν 9 449 Ω*: -ων D C　603 τρέψας 9 [250] Ω*: στρ- F G　Σκάμανδρον 9 250 449 Ω: Κά- rr　604 ὑπεκπροθέοντα 9 250 449 Ω (ὕπεκ π– D): ὑπερπρο- Aλ Aˢ　δ' ἄρ' ἔθελγεν 9 250 449 Ω*: γὰρ ἔθ- t R W: δ' ἄρα θ- Bekker　605 κιχήσεσθαι 9 449²ˢ Ω: -σασθαι 449　606 Τρῶες 9 250 449 Ω*: πάντες t b　607 πόλις δ' ἔμπλητο Ar 9 449 tt Ω,]λητο 250: πύλαι δ' ἔμπληντο Antim Rhi　609 τε 9 t Ω: κε 12　πεφεύγοι 9 [12?] 250 Ω*: -γει t D R　610 ἐσσυμένως A M: ἀσπασίως 9 Aʸᵖ Ω* (cf. 607)　ἐσέχυντο 9 Z Ω* Rˢ (cf. M 470): ἐπέ- R G　611 ὅν 9 251ᶜ Ω: ωνⳤd 251ᵃ　σαώσαι Ar: σάωσαν (nov. Did) 9 Ω* (γοῦν' ἐσ- D), -σεν Z R　X 2 ἱδρῶ 9 252 tt Ω: -ό' Payne Knight　ἀπεψύχοντο (Arᵃ? nov. Did) 9 252 253 tt Z Ω* (= Λ 621, Φ 561): ἀνε- Ar(ᵇ?) Aˢ R　4 ἆσσον 252 A D T: ἄ- Ω*　5 ὀλοιὴ Z A Dᵃ Rᵃ G: ὀλοὴ 1 9 Ω*　μοῖρ' ἐπέδησεν 9 253 Ω: μοῖρα π- schʰʸᵖ O　6 Ἰλίοο Ahrens: -ίου 1 9 252 449 Ω　7 αὐτὰρ 252 449 Ω: αὐτὰρ ὃ 1 9 H O V.—cf. ad Γ 18　8 τίπτέ sic Ω, τ]ιπτέ 1　9 ἄμβροτον 1 253 tt Ω*: ἄβρ- 9 Tᵃ H　10a (= Δ 33) add. 9

ἦ νύ τοι οὔ τι μέλει Τρώων πόνος, οὓς ἐφόβησας·
οἳ δ' ἤτοι εἰς ἄστυ ἄλεν, σὺ δὲ δεῦρο λιάσθης.
οὐ μέν με κτενέεις, ἐπεὶ οὔ τοι μόρσιμός εἰμι."
τὸν δὲ μέγ' ὀχθήσας προσέφη πόδας ὠκὺς Ἀχιλλεύς·
15   "ἔβλαψάς μ', Ἑκάεργε, θεῶν ὀλοώτατε πάντων,
ἐνθάδε νῦν τρέψας ἀπὸ τείχεος· ἦ κ' ἔτι πολλοί
γαῖαν ὀδὰξ εἷλον, πρὶν Ἴλιον εἰσαφικέσθαι.
νῦν δ' ἐμὲ μὲν μέγα κῦδος ἀφείλεο, τοὺς δ' ἐσάωσας
ῥηϊδίως, ἐπεὶ οὔ τι τίσιν γ' ἔδδεισας ὀπίσσω.
20   ἦ σ' ἂν τεισαίμην, εἴ μοι δύναμίς γε παρείη."
ὣς εἰπὼν προτὶ ἄστυ μέγα φρονέων ἐβεβήκει,
σευάμενος ὥς θ' ἵππος ἀεθλοφόρος σὺν ὄχεσφιν,
ὅς ῥά τε ῥεῖα θέῃσι τιταινόμενος πεδίοιο·
ὣς Ἀχιλεὺς λαιψηρὰ πόδας καὶ γούνατ' ἐνώμα.
25   τὸν δ' ὁ γέρων Πρίαμος πρῶτος ἴδεν ὀφθαλμοῖσιν,
παμφαίνονθ' ὥς τ' ἀστέρ' ἐπεσσύμενον πεδίοιο,
ὅς ῥά τ' ὀπώρης εἶσιν, ἀρίζηλοι δέ οἱ αὐγαί
φαίνονται πολλοῖσι μετ' ἀστράσι νυκτὸς ἀμολγῷ,
ὅν τε κύν' Ὠρίωνος ἐπίκλησιν καλέουσιν·
30   λαμπρότατος μὲν ὅ γ' ἐστί, κακὸν δέ τε σῆμα τέτυκται,
καί τε φέρει πολλὸν πυρετὸν δειλοῖσι βροτοῖσιν·

11 (–πόν.) Hdn ad Z 465   12 (–ἄλεν) Hdn ad Λ 192a¹, Φ 536c; EtG α 516
13 w5 (lacerum); Philostr. Vit. Ap. 8.5, 8; 13a ib. 8.12; (μόρσ.) Orio 98.17   15 Pl.
Resp. 391a; Procl. in Remp. i.146.13; Olymp. in Meteor. CAG xii(2).10.9; Epm. μ 66
16 (–τείχ.) Hdn ad I 398   18–20 Eudoc. 2121–3; 19 (τίσιν) ApS 153.8; 20 Pl. Resp.
391a; Plut. Mor. 170f   22 (σευ.) H. σ 460   23 (θέῃσι) H. (Cyr.) θ 175; (τιτ.) H. τ
967   25–32 Macr. Sat. 5.10.3; 26a + 27a Arn ad Λ 62a¹; 26a Philod. De bono rege xxxviii
7; 26 (ὥς τ'–)–9 Epm. π 46; 27a Poll. 1.60; 29–30a sch Arat. 326; Philop. in Meteor. CAG
xiv(1).19.1; 29 ApS 105.32; 29a sch Σ 488b; 30–1 Philod. De bono rege xx 10 (lacera);
[Plut.] Hom. 2.202.5; 30 Choer. in Ps. 133.20; 31 sch^D Λ 62; Steph. in Hipp. Aphor. 4.5

11 ἦ 1 Ω*: ἢ C^c R G   12 δ' ἤτοι 9 B^c R^a: δή τοι 1 Ω*   δεῦρο λιάσθης 1 9 253 sch^hyp
D b W G (-ασθείς Bentley): δεῦρ' ἐλ- Z A F T R   13 μέν 1 9 252 449 w5 Ω: γάρ tt*
με 1 9 252 449 tt* Ω: μοι w5^a: ἐμὲ Bothe   κτενέεις 1 9 449 tt Ω*: κταν- R^a   15 ὀλοώ–
τατε 1 9 tt Z Ω: δολο- quidam ap. sch^bT cl. Φ 604 (δολι- Heyne)   17 πρὶν 1 9 Ω*: προ–
τὶ D   18 ἀφείλεο Ar 9 t Ω* (-ετο A^a): -αο 1 F   δ' ἐσάωσας 1 9 Ω: δὲ σ- r
20 ἦ Nic Ω*: ἢ Z, ἦ W G   σ' 9 tt Z Ω: τ' Düntzer cl. β 62 (ι 317)   τεισαίμην Fick: τισ-
1 9 tt Z Ω   23 ὅς ῥά τε 9 Ω*: ὅς τε sch^hyp D V   27 ὀπώρης 9 252 tt Z Ω*: -ηις A^c F:
-ην W: -η H   28 ἀστράσι Ar D (cf. KB I 429; Schwyzer 569): proparox. Philox "οἱ
πλείονες" Hdn Ω*.–cf. ad 317   29 Κυνωρίωνος DSid, contra dixit Hdn   30 ὅ γ' 9
252 tt* Ω* (οἱ D^a): ὅδ' Macr. A F W   31 καί 9 tt* Ω: ὅς Elias   δειλοῖσι 9 508 1494 tt*
Ω: με]ρ̣οπεσσι 12: παν]τ̣[εσ]σι? Philod.

ὣς τοῦ χαλκὸς ἔλαμπε περὶ στήθεσσι θέοντος.
ὤιμωξεν δ᾽ ὁ γέρων, κεφαλὴν δ᾽ ὅ γε κόψατο χερσίν
ὑψόσ᾽ ἀνασχόμενος, μέγα δ᾽ οἰμώξας ἐγεγώνει
35 λισσόμενος φίλον υἱόν· ὃ δὲ προπάροιθε πυλάων
ἑστήκει, ἄμοτον μεμαὼς Ἀχιλῆϊ μάχεσθαι.
τὸν δ᾽ ὁ γέρων ἐλεεινὰ προσηύδα χεῖρας ὀρεγνύς·
"Ἕκτορ, μή μοι μίμνε, φίλον τέκος, ἀνέρα τοῦτον
οἶος ἄνευθ᾽ ἄλλων, ἵνα μὴ τάχα πότμον ἐπίσπηις
40 Πηλείωνι δαμείς, ἐπεὶ ἦ πολὺ φέρτερός ἐστιν.
σχέτλιος—αἴθε θεοῖσι φίλος τοσσόνδε γένοιτο
ὅσσον ἐμοί· τάχα κέν ἑ κύνες καὶ γῦπες ἔδοιεν
κείμενον· ἦ κέ μοι αἰνὸν ἀπὸ πραπίδων ἄχος ἔλθοι—
ὅς μ᾽ υἱῶν πολλῶν τε καὶ ἐσθλῶν εὖνιν ἔθηκεν
45 κτείνων καὶ περνὰς νήσων ἔπι τηλεδαπάων.
καὶ γὰρ νῦν δύο παῖδε, Λυκάονα καὶ Πολύδωρον,
οὐ δύναμαι ἰδέειν Τρώων εἰς ἄστυ ἀλέντων,
τούς μοι Λαοθόη τέκετο κρείουσα γυναικῶν.
ἀλλ᾽ εἰ μὲν ζώουσι μετὰ στρατῶι, ἦ τ᾽ ἂν ἔπειτα
50 χαλκοῦ τε χρυσοῦ τ᾽ ἀπολυσόμεθ᾽· ἔστι γὰρ ἔνδον,
πολλὰ γὰρ ὤπασε παιδὶ γέρων ὀνομάκλυτος Ἄλτης.
εἰ δ᾽ ἤδη τεθνᾶσι καὶ εἰν Ἀΐδαο δόμοισιν,
ἄλγος ἐμῶι θυμῶι καὶ μητέρι, τοὶ τεκόμεσθα,
λαοῖσιν δ᾽ ἄλλοισι μινυνθαδιώτερον ἄλγος

(CMG xi.1.3(2).222.33); Elias in Porph. Isag. CAG xviii(1).51.29; [Elias] in Porph. Isag. 30.13; (–πυρ.) sch Soph. O.R. 27; EtG s.v. οὔλιος ἀστήρ; (φέρει–) sch Arat. 332; (πυρ.) [Plut.] Hom. 2.16.3; H. π 4416; (δειλ. βρ.) Serv. Aen. 11.183; **32a** Arn ad Λ 44 **33–4** Eudoc. 1760–1; **33** sch Χ 77–8   **38** (μή–φίλον) sch [Aesch.] Prom. 237 **44** Choric. 153.3; (εὖνιν) H. (Cyr.) ε 7030   **45** Erot. p.74.17 N.; (περν.–) Epm. α 307; cf. EtG α 217   **48** ApS 153.27; (κρ. γ.) ApD Adv. 143.3; Epm. Α 34b²; (κρ.) H. (Cyr.) κ 4039   **50** w5 (lacerum)   **51** (ὀνομ.–) ApS 121.19; H. ο 907; (ὀνομ.) Hdn ad Κ 109

32 περὶ 9 252 Ω*: (-εν) ἐνι D: ἐπὶ t rr.—cf. ad N 245   **33** κόψατο 9 12ʾ 508 1494 tt Ω (γ᾽ ἐκ- F): λάζετο *h*   **36** ἑστήκει Ar A F: εἱστ- (nov. Did) Ω*: ιστ- 9 **41** τοσσόνδε Hdn 9 Ω*: τόσσονδε D: τόσσόνδε W G   **42** ἔδοιεν Ar: -ονται (nov. Did) 9 1494 1495 Ω (ex Σ 271?): -οιντο quidam ap. sch^b   **43** ἄπο V   ἔλθοι 9 1495 Ω*: -η F   **45** ἔπι A: ἐπὶ Ω*   τηλεδαπάων 9 1495 tt Z Ω: θηλυτεράων quidam ap. sch^T.— cf. ad Φ 454   **48** τούς Ar 9 253 t Ω*: οὕς (nov. Did) D O.—cf. ad Φ 147   **49** ἦ Ω*, η 9 1495, ἢ A: ευ 12   **50** ἀπολυσόμεθ᾽ 9 12 1495 w5 Z (-σώ-) Ω: -μεν Α^γρ **51** damn. van Leeuwen   παιδὶ ... πολλὰ? Arph   γέρων Ar 9 Ω (cf. Φ 85): φίληι "αἱ ἀπὸ τῶν πόλεων" (cf. α 278 = β 197)   ὀνομάκλυτος Ar Hdn Z Ω: ὄνομα κλυτὸς *h* **52** τεθνᾶσι, (ceteris cum 53 coniunctis) Nic (cl. 389 sq.) A F^a

55   ἔσσεται, ἢν μὴ καὶ σὺ θάνηις Ἀχιλῆϊ δαμασθείς.
      ἀλλ᾽ εἰσέρχεο τεῖχος, ἐμὸν τέκος, ὄφρα σαώσηις
      Τρῶας καὶ Τρωιάς, μηδὲ μέγα κῦδος ὀρέξηις
      Πηλείδηι, αὐτὸς δὲ φίλης αἰῶνος ἀμερθῆις.
      πρὸς δ᾽ ἐμὲ τὸν δύστηνον ἔτι φρονέοντ᾽ ἐλέησον,
60   δύσμορον, ὅν ῥα πατὴρ Κρονίδης ἐπὶ γήραος οὐδῶι
      αἴσηι ἐν ἀργαλέηι φθείσει, κακὰ πόλλ᾽ ἐπιδόντα,
      υἷάς τ᾽ ὀλλυμένους ἑλκηθείσας τε θύγατρας
      καὶ θαλάμους κεραϊζομένους, καὶ νήπια τέκνα
      βαλλόμενα προτὶ γαίηι ἐν αἰνῆι δηϊοτῆτι,
65   ἑλκομένας τε νυοὺς ὀλοῆις ὑπὸ χερσὶν Ἀχαιῶν.
      αὐτὸν δ᾽ ἂν πύματόν με κύνες πρώτηισι θύρηισιν
      ὠμησταὶ ἐρύουσιν, ἐπεὶ κέ τις ὀξέϊ χαλκῶι
      τύψας ἠὲ βαλὼν ῥεθέων ἐκ θυμὸν ἕληται,
      οὓς τρέφον ἐν μεγάροισι τραπεζῆας θυραωρούς·
70   οἵ κ᾽ ἐμὸν αἷμα πιόντες ἀλύσσοντες περὶ θυμῶι
      κείσοντ᾽ ἐν προθύροισι. νέωι δέ τε πάντ᾽ ἐπέοικεν
      ἄρηϊ κταμένωι, δεδαϊγμένωι ὀξέϊ χαλκῶι,
      κεῖσθαι· πάντα δὲ καλὰ θανόντί περ, ὅττι φανήηι·
      ἀλλ᾽ ὅτε δὴ πολιόν τε κάρη πολιόν τε γένειον

55 (ἢν–) Arn ad P 2a; (Ἀχ. δ.) Arn ad Π 326a², X 110a²; ApD Pron. 49.3, 54.20, 91.18;
sch σ 406; sch Soph. Ant. 126; sch Arat. 19   56–68 + 74–8 [Plut.] Cons. Apoll. 113f;
56 (ὄφρα σ.), 57b, 58 (αἰ. ἀμ.) Nic ad X 57; 58 (αὐτὸς–) ApS 17.11; EtG α 263; 58b Porph.
Il. 259.13 Schr.; 59 Eudoc. 705; Philop. in Anal. pr. CAG xiii(2).14.27, 29; Sophron. 376.8;
sch Heph. 293.23, 341.6; (πρὸς δ᾽ ἐμέ) H. π 3702; (δύστ.) id. δ 2668; 60–8 Dio Prus. 11.33
(interp.); 60–4 [Plut.] Hom. 2.67.2; Stob. 4.40.1; 60 al. (ἐπὶ γ. οὐ.) Pl. Resp. 328e; Philo
De somn. 148 (iii.282.21 C.–W.); Aristid. Or. 28.60; Choric. 108.17; 61 ApS 15.22; 62–4
Sext. Math. 11.108; 62a Hdn ad E 266a¹; 63 (θαλ. κερ.) ApS 98.8; 66 (πρώτ. θ.) id. 136.27;
H. (Cyr.) π 4157; 69b Epict. 3.22.80; (τραπ.) H. (Cyr.) τ 1251; St. Byz. 176.3; 70 Eudoc.
1396, 1466; EtG α 549; Epm. α 329; (ἀλύσσ.) ApS 23.19; H. α 3308; 71b Plut. Mor. 793f;
Max. Tyr. 16.5; Iuncus ap. Stob. 4.50(3).9; 72a Hdn ad Φ 301; 73 (πάντα–) Porph. Il.
256.18 Schr.; 74 al. (π. τε κάρη–) [Plut.] Apopth. Lac. 235c; (π. τε κάρη) Hdn ii.646.25;

56 τέκος 9 t Ω: θάλος (= 87) quidam ap. sch^bT   59 δ᾽ ἐμὲ Hdn 9 Ω*: δέ με C G   φρο–
νέοντ᾽ 9 tt sch^bT Ω: -έων Z h: ζώοντ᾽ (= interpretatio) quidam ap. sch^T   ἐλέησον 9 tt* Ω*:
ἐλέαιρε sch-Heph.²⁹³ C O   61 αἴσηι 9 tt* Ω: νούσωι [Plut.]-Hom.: δύηι Stob.   φθεί–
σει Bolling post Brugmann (-ση Stob.^A): φθί- 9 tt* Ω   62 ἑλκηθείσας 9 [Plut.]-Cons.
Stob. Z Ω*: -κυθ- [Plut.]-Hom.^vl C: -κιθ- Y: -κυσθ- tt*   64 προτὶ 9 [Plut.]-Hom. Stob.
Z A b F G: ποτὶ tt* Ω*   65 damn. Bothe   67 ὠμησταὶ: v. ad Λ 454   ἐρύουσιν
Ar Z Ω: -σουσιν h: -(σ)ωσιν t.—cf. ad Λ 454, Ο 351   68 ἕληται 9 1496 tt Ω: -οιτο A^γρ
69 θυραωρούς Ar 9: -ουρους 1496: πυλαωρούς (nov. Did) t Ω.—cf. ad Φ 530   72 ἄρηϊ
κταμένωι Hdn (t) Ω*: ἀρηϊκτ- D   73 θανόντί sic A E   φανήη(ι) Ar 1496² t Ω*: -είη
(nov. Did) 12 1496^c (-ηι) C R G^c.—cf. ad Γ 436, Τ 27   74–6 om. 12 u.v.

75 αἰδῶ τ' αἰσχύνωσι κύνες κταμένοιο γέροντος,
　　τοῦτο δὴ οἴκτιστον πέλεται δειλοῖσι βροτοῖσιν."
　　ἦ ῥ' ὁ γέρων, πολιὰς δ' ἄρ' ἀνὰ τρίχας εἵλκετο χερσίν
　　τίλλων ἐκ κεφαλῆς· οὐδ' Ἕκτορι θυμὸν ἔπειθεν.
　　μήτηρ δ' αὖθ' ἑτέρωθεν ὀδύρετο δάκρυ χέουσα,
80 κόλπον ἀνιεμένη, ἑτέρηφι δὲ μαζὸν ἀνέσχεν·
　　{καί μιν δάκρυ χέουσ' ἔπεα πτερόεντα προσηύδα·}
　　"Ἕκτορ, τέκνον ἐμόν, τάδε τ' αἴδεο καί μ' ἐλέησον
　　αὐτήν, εἴ ποτέ τοι λαθικηδέα μαζὸν ἐπέσχον·
　　τῶν μνῆσαι, φίλε τέκνον, ἄμυνε δὲ δήϊον ἄνδρα
85 τείχεος ἐντὸς ἐών, μηδὲ πρόμος ἵστασο τούτωι.
　　σχέτλιος· εἴ περ γάρ σε κατακτάνηι, οὔ σ' ἔτ' ἐγώ γε
　　κλαύσομαι ἐν λεχέεσσι, φίλον θάλος, ὃν τέκον αὐτή,
　　οὐδ' ἄλοχος πολύδωρος, ἄνευθε δέ σε μέγα νῶϊν
　　Ἀργείων παρὰ νηυσὶ κύνες ταχέες κατέδονται."
90 ὣς τώ γε κλαίοντε προσαυδήτην φίλον υἱόν,
　　πολλὰ λισσομένω· οὐδ' Ἕκτορι θυμὸν ἔπειθον,
　　ἀλλ' ὅ γε μίμν' Ἀχιλῆα πελώριον ἄσσον ἰόντα.
　　ὡς δὲ δράκων ἐπὶ χειῆι ὀρέστερος ἄνδρα μένηισιν
　　βεβρωκὼς κακὰ φάρμακ', ἔδυ δέ τέ μιν χόλος αἰνός,

77 Eudoc. 1805　　79 ead. 783; w5, w12 (lacerum)　　80 ApS 34.33; sch β 300; 80a Arn ad Z 400a; sch Ξ 219c; Apio 221.1; ApS 102.9; H. κ 3393; (ἀνι.) id. α 5183; Phot. Lex. α 1999　　82a sch Χ 84c; 82b–3 Charito 3.5.6; 83 (ἤ ποτε–) schᴰ Z 251; 83b sch I 489c; (λαθ. μ.) Clem. Paed. 1.43.4; (λαθ.) ApS 107.20; Hdn ad N 63b; sch Z 251; H. λ 98; EtG λ 187　　85b schʰ⁶² H 75 (ii.222.6 E.)　　87b sch Χ 80b, 84c; (φ. θ.) Hdn i.393.15 88b–9 ApS 33.17; 88b ApD Adv. 190.12　　93–6 Eudoc. 1643–6; 93 Cocondr. Trop. iii.240.4 Sp.; (–ὀρ.) ApS 167.14; 93a sch Procl. in Remp. ii.380.2; (χειῆι) Ath. 477d; cf. H. χ 247; (ὀρ.) H. (Cyr.) o 1162; 94a Serv. auct. Aen. 2.471; 95a Porph. Hom. 48.10 Sod.; (δέδ.) H. (Cyr.) δ 404; (ἐλισσ.) Phot. Lex. ε 628

75 αἰσχύνωσι 9 t Z Ω*: -ουσι *b* T　　77 εἵλκετο rr: ἕλκ- 9 1496 tt Ω.—cf. Praef. xxvii　　χερσί(ν) 9 12 1496 tt Ω*: χειρὶ Υ rr　　79 δ' αὖθ' 9 Ω: δ'αυδ' w5: δ' αὖ Eudoc.: αὖθ' Nauck　　80 ἀνιεμένη A　　81 damn. Bekker; versus in 12 a κ[incipiens qui v. 82 praecedit non liquet utrum 81 fuerit an 80　　82 αἰδέο A D Fᵃ T Y; v. ad Φ 74 83 εἴ 9 Char. Ω: ἤ t*　　τοι Ar 9 Char. Ω: σοι nov. Did: τὸν t*　　ἐπέσχον 9 tt Ω*: ἀν- (ex 80) G, nov. Eust.　　85 ἐών Ar A *b* F: ἰών (nov. Did) 9 Ω*　　ἵστασο Bolling post Wackernagel: -ασο 9 t Ω.—cf. ad K 291　　86 κατακτάνηι 9 Ω*: -κτείνη C, -κτείνει B E Fᶜ Y G　　ἐγώ γε (Bekker) Dᵖ: ἔγωγε 9 Ω*　　87 θάλος 9 tt Z Aʸᵖ Ω*: τέκος (ex 56) A 88 μέγα 9 t* Ω (cf. Ξ 363): μετὰ ApS: μάλα 'exspectaverimus' (Leaf)　　92 ἄσσον A D T Y: ἆ- Ω*　　93 ὀρέστερος ἄνδρα μένη(ι)σι Ar 1496 tt Z Ω: -τερον ἄνδρα δοκεύηι "τινες τῶν κατὰ πόλεις" (-τερον et Aˢ)　　94 βεβρωκὼς 9 tt Z Ω: -θὼς Nauck Mél. IV 299, cf. Leaf ad Δ 35

95   σμερδαλέον δὲ δέδορκεν ἑλισσόμενος περὶ χειῆι,
        ὡς Ἕκτωρ ἄσβεστον ἔχων μένος οὐχ ὑπεχώρει,
        πύργωι ἔπι προύχοντι φαεινὴν ἀσπίδ᾽ ἐρείσας.
        ὀχθήσας δ᾽ ἄρα εἶπε πρὸς ὃν μεγαλήτορα θυμόν·
        "ὤι μοι ἐγών, εἰ μέν κε πύλας καὶ τείχεα δύω,
100   Πουλυδάμας μοι πρῶτος ἐλεγχείην ἀναθήσει,
        ὅς μ᾽ ἐκέλευεν Τρωσὶ ποτὶ πτόλιν ἡγήσασθαι
        νύχθ᾽ ὕπο τήνδ᾽ ὀλοήν, ὅτε τ᾽ ὤρετο δῖος Ἀχιλλεύς·
        ἀλλ᾽ ἐγὼ οὐ πιθόμην· ἦ τ᾽ ἂν πολὺ κέρδιον ἦεν.
        νῦν δ᾽ ἐπεὶ ὤλεσα λαὸν ἀτασθαλίηισιν ἐμῆισιν,
105   αἰδέομαι Τρῶας καὶ Τρωιάδας ἑλκεσιπέπλους,
        μή ποτέ τις εἴπηισι κακώτερος ἄλλος ἐμεῖο,
        'Ἕκτωρ ἦφι βίηφι πιθήσας ὤλεσε λαόν'.
        ὡς ἐρέουσιν· ἐμοὶ δὲ τότ᾽ ἂν πολὺ κέρδιον εἴη
        ἄντην ἢ᾽ Ἀχιλῆα κατακτείναντα νέεσθαι
110   ἠέ κεν αὐτῶι ὀλέσθαι ἐϋκλείως πρὸ πόληος.
        εἰ δέ κεν ἀσπίδα μὲν καταθείομαι ὀμφαλόεσσαν
        καὶ κόρυθα βριαρήν, δόρυ δὲ πρὸς τεῖχος ἐρείσας
        αὐτὸς ἰὼν Ἀχιλῆος ἀμύμονος ἀντίος ἔλθω
        καί οἱ ὑπόσχωμαι Ἑλένην καὶ κτήμαθ᾽ ἅμ᾽ αὐτῆι
115   πάντα μάλ᾽, ὅσσα τ᾽ Ἀλέξανδρος κοίλης ἐνὶ νηυσίν
        ἠγάγετο Τροίηνδ᾽, ἥ τ᾽ ἔπλετο νείκεος ἀρχή,

97a sch Π 702b   100 Arist. E.N. 1116a23, M.M. 1191a9, E.E. 1230a20; Cic. Att. 2.5.1, 7.1.4; Heliod. in Eth. CAG xix(2).56.3; Epm. ε 93   107 (–πιθ.) ApS 87.8; 107a sch^G N 588; sch X 99–130; Epm. ν 6; (βίηφι) EtG β 115   110 (ἐϋκλ.) H. ε 6927 114 (ὑποσχ.) id. υ 767

95 σμερδαλέον tt Ω: -ος 9   97 ἔπι Barnes: ἐπὶ vel ἐπι Ω   99 ante hunc sermonem verba Ἕκτορα δ᾽ αἰδὼς εἷλε noverat (vel novisse sibi visus est) Aristot. (Eth. Eud.)   ὤι A D b T^c W: ὤ 9 Ω*: οι 12   εἰ 9 Ω: η 12   99a λωβητος κεν πασι μετα Τ̣ρωεσσι γενοιμην add. 12   100 πρῶτος 9 12 1498 tt* Ω: ἔπειτα Epm.   101 εκελευεν 12 [1496]: -ευε 9 Ω: -ευσε Ο   ποτὶ 9 12 1496 1498 Ω*: προτὶ Ε   ἡγήσασθαι 9 Ω*: -σεσθαι b 102 νύχθ᾽ ὑπὸ τήνδ᾽ ὀλοήν 9 1496 1498 Ω (ὕπο Barnes; τήνδ᾽ A B^a E, τὴν 1498^a D): νυκτα ποτι δνοφερην 12   103 κέρδιον 9 Ω: κάλλιον "διχῶς" (= Ar^b?) sch^T.—cf. ad 108, Ο 197, 226   108 δὲ τότ᾽ 9 449 Ω: δε τοῖδ̣ 12: δεταϟ̣[ν] 1496᾽   κέρδιον Ar 9 449 Ω: κάλλιον "αἰ κατ᾽ ἄνδρα".—cf. ad 103   εἴη 9 449 1498 Ω: ηεϟ̣ν 12 (ex 103)   109 ἠ᾽ Fick: ἦ Ω   κατακτείναντα Ar^a 9 254 449 Ω*: -αντι Ar^b F R   110 ut supra fere Ar 9 449 Ω (αὐτῶι Ar 9 449 1496 Ω*: -τὸν b F G^{yp}; ἐϋκλείως D, -είος T: -ειῶς T^s Ω*): η [αυ]τ̣ωι π̣[ρο πολ]ηος ευκλειω[ς] απ̣[ολεσθαι 12   111 καταθείομαι 9 12^2 254^s 449 1498 Ω: -ομεν 12^a 254^a: κα̣[αθ]ησομ̣[673   ὀμφαλόεσσαν 12 449 673 1498 1499 Ω: οπλά τε παντα 9 254 (ex Σ 409)   113 ἀντίος 9 254 1498 Ω* T^λ: -ον b Y G^a.—cf. ad Z 54   115 ὅσσά A b F R W G   ἐνὶ (= H 389) 673 A^s Ω*: ἐπὶ 254 A D   νευσιν 254^a

δωσέμεν Ἀτρείδηισιν ἄγειν, ἅμα τ' ἀμφὶς Ἀχαιοῖς
ἄλλ' ἀποδάσσεσθαι, ὅσα τε πτόλις ἥδε κέκευθεν·
Τρωσὶν δ' αὖ μετόπισθε γερούσιον ὅρκον ἕλωμαι
120   μή τι κατακρύψειν, ἀλλ' ἄνδιχα πάντα δάσεσθαι·—
122   ἀλλὰ τίη μοι ταῦτα φίλος διελέξατο θυμός;
μή μιν ἐγὼ μὲν ἵκωμαι ἰών, ὃ δέ μ' οὐκ ἐλεήσει
οὐδέ τί μ' αἰδέσεται, κτενέει δέ με γυμνὸν ἐόντα
125   αὕτως ὥς τε γυναῖκα, ἐπεί κ' ἀπὸ τεύχεα δύω.
οὐ μέν πως νῦν ἐστιν ἀπὸ δρυὸς οὐδ' ἀπὸ πέτρης
τῶι ὀαριζέμεναι, ἅ τε παρθένος ἠΐθεός τε,
παρθένος ἠΐθεός τ' ὀαρίζετον ἀλλήλοιιν.
βέλτερον αὖτ' ἔριδι ξυνελαυνέμεν ὅττι τάχιστα·
130   εἴδομεν, ὁππotέρωι κεν Ὀλύμπιος εὖχος ὀρέξηι."
    ὣς ὥρμαινε μένων· ὃ δέ οἱ σχεδὸν ἦλθεν Ἀχιλλεύς
ἶσος Ἐνυαλίωι κορυθάϊκι πτολεμιστῆι,
σείων Πηλιάδα μελίην κατὰ δεξιὸν ὦμον
δεινήν, ἀμφὶ δὲ χαλκὸς ἐλάμπετο εἴκελος αὐγῆι

120 (–ἄνδ.) sch Σ 511c   122a Nic ad X 111–22 123–4a Epm. μ 10; 123 ApS 90.33;
H. ι 514; (ἵκ.) id. ι 492; 124 ApS 15.5; 124b–5a sch α 1 (p.7.2 Ludw.); Porph. Il. 333.17
Schr.   126 H. ο 1771; Choer. in Ps. 15.24   127–8 Cocondr. Trop. iii.243.5
Sp.; 127b–8 'Hdn.' Fig. 39; Macr. Sat. 5.14.6; 127 (ἅ τε παρθ.) Apio 210.10; ApD Adv.
148.22, 158.3; 128 Homerocento in A.P. 9.381.10; H. ο 9; 128b Diomed. GL i.300.22
129–30 [Plut.] Hom. 2.129.7   132 Cocondr. Trop. iii.238.2 Sp.; (–κορ.) Porph. Hom.
14.11, 118.13 Sod.; 132a id. Il. 262.12 Schr.; sch (et Areth.) Pl. Theaet. 170a; Epm. ι 23;
132b ApS 155.6; Hdn ad Ο 709b; H. κ 3686; (κορ.) sch τ 177, υ 27 (Porph. Od. 127.8
Schr.)   133–5 doxographus ap. Stob. 1.25.7; 133 Matro Supp. Hell. 534.47 (parod.);
Hermog. Id. 252.4 R.; 134 (ἀμφὶ–)–5 'Trypho ii' Trop. 24 (CQ 15.247); 134 (ἀμφὶ–)–5a
sch Ν 341; 135 Eudoc. 2192

117 τ' 673 Ζ Ω*: δ' 254 Α Υ   118 ἀποδάσ(σ)εσθαι Ar 1496 b W G: -ασθαι (nov.
Did) 673 1500 Ω*   ὅσα τε 254 (ὀσά) 673 1496ᶜ 1500 Αʸʳ, ὅσά τε D Υ R, ὅσσά τε F W:
ὅσσα 1496ᵃ Ω* (ὅσα C)   ἥδε Α Β Ε Τ   119 ἕλωμαι 254 1500 Ω: ὁμοῦμαι Αʸʳ
120 κατακρύψειν 1500 Ω: -ψει 673ᵘᵛ: -ψαι t   δάσεσθαι (flagit. schᵀ) rr: -σασθαι 254
Ω (ex 118 vel Σ 511?)   121 (= Σ 512, nisi quod ἐέργει) add. 254 1496 Ω*: deest in 27 673
1499 1500 Α D Υ R   122 τίη fere Ar 1499 t Ω (τί ή Α): τί δή nov. Did   123 ἵκωμαι
quidam ante Hdn   ἐλεήσει tt Ω*: -ση(ι) 254 1500 D Υ   124 κτενέει 673 tt* Ω
(-έη Υ): κτα- ApS   125 ἐπεί κ' 673 Ω,]κα[[ι]] 254: επην 12.—cf. S. West Ptol. Pap. 164
126 ἔστιν Αˣᶜ Eust.   126a πολε]μοιο μεμαοτα δακρυοεντος add. 12   127 παρθε-
νον ηιθεον 12ᵃ   128 ἀλλήλοιιν 1500 'Hdn.' Macr. Α F R: -οισι(ν) 12 254 tt* Ω*.—
cf. ad Ν 708   129 ξυνελαυνέμεν 254 673 1496 t Ζ Ω: -νομεν 12   ὅττι 12 1500 t Ω:
ὄφρα 254 Αʸʳ   130 ειδεομεν 673   κεν Ὀλύμπιος 254 673 1496 1500 t Ω: Κρονίδης
Ζευς 12 (cf. Ε 33, Θ 141, Φ 570)   131 ὥρμαινε 673 1496 Ω*: ὄρμ- Fᵃ W   δέ οἱ 509 673
1496 Ω (cf. Φ 64): δ αρα 12   ἦλθεν 254 Ω: ηλυθ 12   132 ἶσος 673 1496 tt Ω: εἶσος
quidam ap. schᵀ cl. voce εἰσάμενος   133–5 om. 12 sed post v. 316 restituit

135 ἢ πυρὸς αἰθομένου ἠ᾽ ἠελίου ἀνιόντος.
Ἕκτορα δ᾽, ὡς ἐνόησεν, ἕλε τρόμος, οὐδ᾽ ἄρ᾽ ἔτ᾽ ἔτλη
αὖθι μένειν, ὀπίσω δὲ πύλας λίπε, βῆ δὲ φοβηθείς.
Πηλείδης δ᾽ ἐπόρουσε ποσὶ κραιπνοῖσι πεποιθώς·
ἠΰτε κίρκος ὄρεσφιν, ἐλαφρότατος πετεηνῶν,
140 ῥηϊδίως οἴμησε μετὰ τρήρωνα πέλειαν,
ἣ δέ θ᾽ ὕπαιθα φοβεῖται, ὃ δ᾽ ἐγγύθεν ὀξὺ λεληκώς
ταρφέ᾽ ἐπαΐσσει, ἑλέειν τέ ἑ θυμὸς ἀνώγει,
ὣς ἄρ᾽ ὅ γ᾽ ἐμμεμαὼς ἰθὺς πέτετο, τρέσε δ᾽ Ἕκτωρ
τεῖχος ὕπο Τρώων, λαιψηρὰ δὲ γούνατ᾽ ἐνώμα.
145 οἳ δὲ παρὰ σκοπιὴν καὶ ἐρινεὸν ἠνεμόεντα
τείχεος αἰὲν ὕπεκ κατ᾽ ἀμαξιτὸν ἐσσεύοντο.
κρουνὼ δ᾽ ἵκανον καλλιρρόω· ἔνθα δὲ πηγαί
δοιαὶ ἀναΐσσουσι Σκαμάνδρου δινήεντος.
ἡ μὲν γάρ θ᾽ ὕδατι λιαρῶι ῥέει, ἀμφὶ δὲ καπνός
150 γίνεται ἐξ αὐτῆς ὡς εἰ πυρὸς αἰθομένοιο·
ἡ δ᾽ ἑτέρη θέρεϊ προρέει εἰκυῖα χαλάζηι
ἢ χιόνι ψυχρῆι ἠ᾽ ἐξ ὕδατος κρυστάλλωι.
ἔνθα δ᾽ ἐπ᾽ αὐτάων πλυνοὶ εὐρέες ἐγγὺς ἔασιν
καλοὶ λαΐνεοι, ὅθι εἵματα σιγαλόεντα

136–7 [Plut.] Hom. 2.129.7   **139b** Epm. μ 66   **140** al. (οἴμ.) ApS 119.27;
H. (Cyr.) ο 294; Phot. Lex. s.v.; (τρ. πέλ.) Choer. in Thd. i.316.39; (τρήρ.) H. τ 1321; Phot.
Lex. s.v.   **141a** Epm. υ 33; (λέλ.) H. (Cyr.) λ 611   **144a** Arn ad X 143b
145 (-ἐριν.) Nic ad Λ 166–8   **146** Epm. ο 90; (-ἀμαξ.) sch Ο 4c; (κατ᾽ ἀμαξ.) ApS
97.6; H. κ 1261; (ἀμαξ.) id. α 3436   **147–50** (-πυρός) + **151–2a** Strab. 13.1.43; **147–9**
(-λι.) + **151** id. 1.3.17; **147–8** Porph. Il. 257.3 Schr.; **149–52** Ath. 41c; **149, 151–2** cf. Dion.
Prus. 33.20; **151–2** Gell. 6.20.5; **151** ApS 82.3/sch A 219a; Epm. A 2b¹; (-προρ.) sch Ξ
14–15   **153** (ἐπ᾽ αὐτ.) H. ε 4270?

135 αἰθομένου 673 tt* Ω: -νοιο 'Trypho' (qui et ἠελίοιο) Eudoc. h   ἠ᾽ Fick: ἢ t* Ω:
καὶ Eudoc.: om. 673   **138** ποσὶ κραιπνοῖσι πεποιθώς (= Ζ 505) 509 673 (κραπο[) Ω:
ποσιν ταχεεσσ[ι (διώκων? cf. 8, 173, 230) 12.—cf. ad Θ 339   **140** ῥηϊδίως οἴμησε
271 673 1497 Ω (οἴ- E Rᶜ; ἤμυσε C): καρπαλιμ[ως] ωρμη[σε 12.—cf. ad Φ 265   **141** θ᾽
673 1497 t Ω: τ 12 271, fort. consulto ante υπαιθα Aeolicum; cf. Jacobsohn Phil. 67 (1908)
492; Wathelet 284 cum n.33   **142** επαισσειν[12: επαισσει 673 (cf. Praef. xxx!)
144 τεῖχος Arn 271 673 Ω*: τείχει Aˢ b (cf. P 404)   ὕπο Wolf: ὑπὸ Ω   δὲ 673 Ω*:
τε 509 R   **145** ἠνεμόεντα Ζ Ω: -εσσαν Aˢ V   **146** τείχεος 271 673 1497 Epm. Ω:
ἄστεος t*   ὕπεκ C: ὑπ᾽ ἐκ 435 Fᵃ T R G, ὑπὲκ vel ὑπεκ fere 673 Ω*: ὕπερ Epm., ὑπὲρ t*
V   **147** δὲ 673 tt Ω: τε Hermann ad Hymn. Ven. 59.—cf. ad Θ 48   **148** ἀναΐσσουσι tt Ζ Aᵏ Ω*: ἀναΐσχουσι W: α]ναβλύσσουσ[ι 435   Καμάνδρου rr   **150** γίνεται
271 435 Ω*: γειν- 27: γίγν- Y   **151** ἤ (ἢ) disertim ApS/sch-A Epm.: ἡ Ω   θέρεϊ 510
tt Ω: ψυχρὸν 435   **152** ψυχρωι 12ᵃ   ἠ᾽ Fick: ἢ Ω   **154** ὅθι 254 435 Ω: τοθι 12

155   πλύνεσκον Τρώων ἄλοχοι καλαί τε θύγατρες
        τὸ πρὶν ἐπ᾽ εἰρήνης, πρὶν ἐλθεῖν υἷας Ἀχαιῶν.
        τῆι ῥα παραδραμέτην, φεύγων, ὃ δ᾽ ὄπισθε διώκων·
        πρόσθε μὲν ἐσθλὸς ἔφευγε, δίωκε δέ μιν μέγ᾽ ἀμείνων,
        καρπαλίμως, ἐπεὶ οὐχ ἱερήϊον οὐδὲ βοείην
160   ἀρνύσθην, ἅ τε ποσσὶν ἀέθλια γίνεται ἀνδρῶν,
        ἀλλὰ περὶ ψυχῆς θέον Ἕκτορος ἱπποδάμοιο.
            ὡς δ᾽ ὅτ᾽ ἀεθλοφόροι περὶ τέρματα μώνυχες ἵπποι
        ῥίμφα μάλα τρωχῶσι, τὸ δὲ μέγα κεῖται ἄεθλον,
        ἢ τρίπος ἠὲ γυνή, ἀνδρὸς κατατεθνηῶτος,
165   ὣς τὼ τρὶς Πριάμοιο πόλιν πέρι δινηθήτην
        καρπαλίμοισι πόδεσσι· θεοὶ δ᾽ ἐς πάντες ὁρῶντο.
        τοῖσι δὲ μύθων ἦρχε πατὴρ ἀνδρῶν τε θεῶν τε·
        "ὦ πόποι, ἦ φίλον ἄνδρα διωκόμενον περὶ τεῖχος
        ὀφθαλμοῖσιν ὁρῶμαι· ἐμὸν δ᾽ ὀλοφύρεται ἦτορ
170   Ἕκτορος, ὅς μοι πολλὰ βοῶν ἐπὶ μηρί᾽ ἔκηεν
        Ἴδης ἐν κορυφῆισι πολυπτύχου, ἄλλοτε δ᾽ αὖτε
        ἐν πόλει ἀκροτάτηι· νῦν αὖτέ ἑ δῖος Ἀχιλλεύς
        ἄστυ πέρι Πριάμοιο ποσὶν ταχέεσσι διώκει.
        ἀλλ᾽ ἄγετε φράζεσθε, θεοί, καὶ μητιάασθε,
175   ἠέ μιν ἐκ θανάτοιο σαώσομεν, ἠέ μιν ἤδη
        Πηλείδηι Ἀχιλῆϊ δαμάσσομεν ἐσθλὸν ἐόντα."
            τὸν δ᾽ αὖτε προσέειπε θεὰ γλαυκῶπις Ἀθήνη·
        "ὦ πάτερ Ἀργικέραυνε κελαινεφές, οἷον ἔειπες·

157–8 Eudoc. 365, 363; **158** Aristid. Or. 3.609; Luc. Dial. 59.14; Men. Rh. 417.11;
Nicol. Progymn. p.61.13 F.   **159** (ἐπεὶ-) Cic. Att. 1.1.4; cf. Luc. Dial. 47.3; (ἱερ.) H.
(Cyr.) ι 299   **160** (ἀρν.) id. α 7453   **161** sch Thuc. 4.92.2   **162** Arn ad X
199–201a   **163** (τρωχ.) H. τ 1610   **164a** sch ρ 222; EtG α 108; (τρίπος) Hdn
ad I 505b; sch Λ 648; H. τ 1421   **165** (περιδιν.) id. π 1613   **166a** Epm. Α 359a
168–9 Pl. Resp. 388c; [Plut.] Hom. 2.115.2; Athenag. Leg. 21; [Iustin.] Cohort. ad Gr. 2;
168b [Plut.] Hom. 2.132   **175** al. (ἠέ μιν) H. (Cyr.) η 177

157 παραδραμέτην 254 435 510 Aᴸ Ω*: παρεδρ- Y   **158a** φεύγ᾽ υἱὸς Πριάμοιο,
δίωκε δὲ δῖος Ἀχιλλεύς "ἐν ἐνίοις φέρεται" (Did)   **160** ἅ τε 254 435 Ω*: ὅτε
D   γίνεται Ω: γείν[254: γίγν- r   **162** τέρματα t Ω* Aᴸ Tᴸ: -μασι b: -ματι R
163 τρωχῶσι 254 435 t Ω* (cf. ζ 318): τρώχωσι Z: τροχῶσι T Wᶜ: -όωσι Barnes (cf. ο
451).—cf. ad Ο 666   τὸ δὴ κεῖται μέγ᾽ h   **164** κατατεθνηῶτος Aˢ Bᵃ E F Wᵃ G:
-θνει- Eˢ Ω*   **165** πέρι T Y: περὶ vel περι Z Ω*   **166** δ᾽ ἐς A (ἐς) Y R W (cf. Δ 4, Ω
23): δέ τε b F G: δὲ D T   **168** ὦ 254 A D: ὢ Ω*   τεῖχος tt* Ω: ἄστυ Plato
171 κορυφῆισι 254 Ω*: κνημοῖσι D (ex Φ 449)   **172** νῦν Ω*: νῦν δ᾽ Y   **173** πέρι
Wolf: περὶ Ω   **174** ἄγετε Ω*: ἄγε 254ᵃ D: ἄγε δη 254ᶜ   μητιάασθαι Y   **175** ἠέ
(μιν ἤδη) 435: ἠέ Ω   **178** ἔειπες Ω*: -πας D G

ἄνδρα θνητὸν ἐόντα, πάλαι πεπρωμένον αἴσηι,
180   ἂψ ἐθέλεις θανάτοιο δυσηχέος ἐξαναλῦσαι;
ἔρδ'· ἀτὰρ οὔ τοι πάντες ἐπαινέομεν θεοὶ ἄλλοι."
τὴν δ' ἀπαμειβόμενος προσέφη νεφεληγερέτα Ζεύς·
"θάρσει, Τριτογένεια, φίλον τέκος· οὔ νύ τι θυμῶι
πρόφρονι μυθέομαι, ἐθέλω δέ τοι ἤπιος εἶναι.
185   ἔρξον ὅπηι δή τοι νόος ἔπλετο, μηδ' ἔτ' ἐρώει."
ὣς εἰπὼν ὤτρυνε πάρος μεμαυῖαν Ἀθήνην·
βῆ δὲ κατ' Οὐλύμποιο καρήνων ἀΐξασα.
    Ἕκτορα δ' ἀσπερχὲς κλονέων ἔφεπ' ὠκὺς Ἀχιλλεύς·
ὡς δ' ὅτε νεβρὸν ὄρεσφι κύων ἐλάφοιο δίηται
190   ὄρσας ἐξ εὐνῆς διά τ' ἄγκεα καὶ διὰ βήσσας,
τὸν δ' εἴ πέρ τε λάθηισι καταπτήξας ὑπὸ θάμνωι,
ἀλλά τ' ἀνιχνεύων θέει ἔμπεδον, ὄφρα κεν εὕρηι,
ὣς Ἕκτωρ οὐ λῆθε ποδώκεα Πηλείωνα.
ὁσσάκι δ' ὁρμήσειε πυλάων Δαρδανιάων
195   ἀντίον ἀΐξεσθαι ἐϋδμήτους ὑπὸ πύργους,
εἴ πώς οἱ καθύπερθεν ἀλάλκοιεν βελέεσσιν,
τοσσάκι μιν προπάροιθεν ἀποτρέψασκε παραφθάς
πρὸς πεδίον· αὐτὸς δὲ ποτὶ πτόλιος πέτετ' αἰεί.
ὡς δ' ἐν ὀνείρωι οὐ δύναται φεύγοντα διώκειν—
200   οὔτ' ἄρ' ὃ τὸν δύναται ὑποφεύγειν, οὔθ' ὃ διώκειν—
ὣς ὃ τὸν οὐ δύνατο μάρψαι ποσίν, οὐδ' ὃς ἀλύξαι.
πῶς δέ κεν Ἕκτωρ κῆρας ὑπεξέφυγεν θανάτοιο,
εἰ μή οἱ πύματόν τε καὶ ὕστατον ἤντετ' Ἀπόλλων
ἐγγύθεν, ὅς οἱ ἐπῶρσε μένος λαιψηρά τε γοῦνα;
205   λαοῖσιν δ' ἀνένευε καρήατι δῖος Ἀχιλλεύς,

185 w5 (lacerum)   190 (ὄρσας) Hdn ad Z 348a   192 (ἀνιχν.) H. (Cyr.)
α 5222   194 cf. w35 fr. 1.6 (lacerum)   197 ib. 8 (lacerum)   199 (ἐν ὀν.) H. ε 3244
201 (μάρψαι) H. (Cyr.) μ 327; Orio 98.10   205 (ἀνέν.) cf. Arist. Poet. 1460a16

185 μηδ' ἔτ' Fᵃ V: μηδέ τ' 9 435 Ω*   186 ὤτρυνε 9 Ω*: ὄ- Y rr   192 ὄφρά Ω
praeter R   194 ὁρμήσειε 9 t Z Ω* Tᴧ schʰʸᵖ: -σαιτο h, ὡρμίσετο Y   195 ἀντίον 9
1499 Ω: -ος Η   ἀΐξεσθαι D G: -ασθαι 9 Ω*   ὑπὸ 9 A D F Y: ἐπὶ 254 Ω*: ἀπὸ W
197 ἀποτρέψασκε 9 271 Y H: ἀποστρ- 254 Ω*: παρατρ- "διχῶς" (= Arᵇ?) schᵀ   παραφθάς Ar 9 (-φθις, ss. α?) 254 Ω*: παραστάς D M V: (᾿εψασκεν) Αχιλλευ[ς 12
198 ποτὶ 9 [254] Ω*: προτι D   πέτετ' Ar 254 Ω: πέτατ' (nov. Did) 9   199–201 ath. Ar
200 οὔθ' 9 271 Ω: ουδ' 254   201 ὃ Ζ Aᴧ Aʸᵖ Ω*: ῥα 9 A b G   δύνατο 9 Ζ Ω*: -ται (ex
200) Dᵃ F h   202–7 damn. Bentley, 202–4 Nauck; cf. 213   202 ὑπεξέφυγεν (nov.
Did) Nic 510a Ζ Ω: -έφερεν Ar 9 (-ρε) schᴰ   205 λαοῖσι(ν) "παρὰ τοῖς νεωτέροις"
(schᴺ) Ω*: ἄλλοισιν Nic (cod. A) 9 A D Fʸᵖ.—cf. ad N 710

οὐδ᾽ ἔα ἱέμεναι ἐπὶ Ἕκτορι πικρὰ βέλεμνα,
μή τις κῦδος ἄροιτο βαλών, ὃ δὲ δεύτερος ἔλθοι.
　　ἀλλ᾽ ὅτε δὴ τὸ τέταρτον ἐπὶ κρουνοὺς ἀφίκοντο,
καὶ τότε δὴ χρύσεια πατὴρ ἐτίταινε τάλαντα,
210　ἐν δ᾽ ἐτίθει δύο κῆρε τανηλεγέος θανάτοιο,
τὴν μὲν Ἀχιλλῆος, τὴν δ᾽ Ἕκτορος ἱπποδάμοιο,
εἷλκε δὲ μέσσα λαβών· ῥέπε δ᾽ Ἕκτορος αἴσιμον ἦμαρ.
ὤιχετο δ᾽ εἰς Ἀίδαο, λίπεν δέ ἑ Φοῖβος Ἀπόλλων.
　　Πηλείωνα δ᾽ ἵκανε θεὰ γλαυκῶπις Ἀθήνη,
215　ἀγχοῦ δ᾽ ἱσταμένη ἔπεα πτερόεντα προσηύδα·
"νῦν δὴ νῶί γ᾽ ἔολπα, διίφιλε φαίδιμ᾽ Ἀχιλλεῦ,
οἴσεσθαι μέγα κῦδος Ἀχαιοῖσι προτὶ νῆας,
Ἕκτορα δηιώσαντε μάχης ἀτόν περ ἐόντα.
οὔ οἱ νῦν ἔτι γ᾽ ἐστὶ πεφυγμένον ἄμμε γενέσθαι,
220　οὐδ᾽ εἴ κεν μάλα πολλὰ πάθοι ἑκάεργος Ἀπόλλων
προπροκυλινδόμενος πατρὸς Διὸς αἰγιόχοιο.
ἀλλὰ σὺ μὲν νῦν στῆθι καὶ ἄμπνυε, τόνδε δ᾽ ἐγώ τοι
οἰχομένη πεπιθήσω ἐναντίβιον μαχέσασθαι."
ὣς φάτ᾽ Ἀθηναίη· ὃ δ᾽ ἐπείθετο, χαῖρε δὲ θυμῶι,
225　στῆ δ᾽ ἄρ᾽ ἐπὶ μελίης χαλκογλώχινος ἐρεισθείς.
　　ἣ δ᾽ ἄρα τὸν μὲν ἔλειπε, κιχήσατο δ᾽ Ἕκτορα δῖον,
Δηϊφόβωι εἰκυῖα δέμας καὶ ἀτειρέα φωνήν,
ἀγχοῦ δ᾽ ἱσταμένη ἔπεα πτερόεντα προσηύδα·

207 Plut. Mor. 509a; id. Pomp. 29.5　　208a Arn ad X 251a　　210–13 Plut. Mor. 17a; 211 Max. Tyr. 4.8; 213 Procl. in Remp. i.148.1; 213b Porph. Il. 272.5 Schr.　　218a sch X 270–1　　219 w5 (lacerum)　　220–1 D.H. Comp. 92; 221a ApD Adv. 140.23, Synt. 446.10; Macrob. excerpt. GL v.600.10; H. π 3642　　222 (–ἄμπν.) Porph. Od. 34.11 Schr.　　223a Epm. δ 69; (οἰχ.) H. ο 443　　225 Porph. Hom. 85.7 Sod.; (μελ.) H. (Cyr.) μ 707; (χαλκογλ.) H. χ 99

206 Ἕκτορι 9 Ω*: -ρα D　　207 ἔλθοι 9 tt Ω*: -η(ι) Bᶜ? E Y G.—cf. ad K 368 209 ἐτίταινε 9 h96 Ω: -τηνε Macr. Sat. 5.13.39 (nisi ad Θ 69 spectat)　　210 δὲ τίθει Aᵃ B E R　　211 ἱπποδάμοιο 9 1502 t* Ω: ἀνδροφόνοιο Max.　　212 εἷλκε van Leeuwen: ἕλκε 9 t Ω.—cf. ad Θ 72　μέσσα 9 t Ω: ῥῦμα Chrysippus teste schᵀ　　213 damn. Düntzer　　216 νῶί γ᾽ Ar 9 Ω: νῶϊν Zen rr: νῶϊ Bentley　　217 Ἀχαιοῖσι Ω*: -σιν 9 T Y W G　προτὶ 9 Ω*: ποτὶ T R W G　　218 ἀτόν 9 Ω: ἄατόν Nʸᵖ.—cf. ad E 388　　219 οὔ 9 Ω: οὐδ᾽ Z　ἄμμε 9 Aᵐ (ἄ-) Ω*: ἄμμι w5 Z A D b Fᵃ Rᶜ　　220 πάθοι 9 254 t Ω*: -η D F Y: -ει Aˢ　　221 προπροκυλινδόμενος 9 254 tt Z Ω (πρόπρο κ- Heyne): πρόχνυ κ- (= ρ 525 v.l.) Nauck Mél. IV 505　　222 ἄμπνυε 9 h96 t Z Ω (def. Wack. Unt. 253): -υο Cobet Misc. crit. 348　δ᾽ Ω*: τ᾽ 9 D: γ᾽ R　　224 δ᾽ ἐπείθετο 254 Ω*: δὲ π- h Y　　226 ἄρα 9 254 Ω*: ἄρ T　　227 δεικυια 9　　228 ἔπεα πτερόεντα προσηύδα (= 215) 9 Ω (μετηῦδα W): πρ⌐οσέφη γλαυκῶπις Ἀθήνη 254 V

230

235

240

245

250

"ἠθεῖ', ἦ μάλα δή σε βιάζεται ὠκὺς Ἀχιλλεύς,
ἄστυ πέρι Πριάμοιο ποσὶν ταχέεσσι διώκων.
ἀλλ' ἄγε δὴ στέωμεν καὶ ἀλεξώμεσθα μένοντες.”
τὴν δ' αὖτε προσέειπε μέγας κορυθαιόλος Ἕκτωρ·
"Δηΐφοβ', ἦ μέν μοι τὸ πάρος πολὺ φίλτατος ἦσθα
γνωτῶν, οὓς Ἑκάβη ἠδὲ Πρίαμος τέκε παῖδας·
νῦν δ' ἔτι καὶ μᾶλλον νοέω φρεσὶ τιμήσασθαι,
ὃς ἔτλης ἐμέ' εἵνεκ', ἐπεὶ ἴδες ὀφθαλμοῖσιν,
τείχεος ἐξελθεῖν, ἄλλοι δ' ἔντοσθε μένουσιν.”
τὸν δ' αὖτε προσέειπε θεὰ γλαυκῶπις Ἀθήνη·
"ἠθεῖ', ἦ μὲν πολλὰ πατὴρ καὶ πότνια μήτηρ
λίσσονθ' ἐξείης γουνούμενοι, ἀμφὶ δ' ἑταῖροι,
αὖθι μένειν· τοῖον γὰρ ὑποτρομέουσιν ἅπαντες·
ἀλλ' ἐμὸς ἔνδοθι θυμὸς ἐτείρετο πένθεϊ λυγρῶι.
νῦν δ' ἰθὺς μεμαῶτε μαχώμεθα, μηδέ τι δούρων
ἔστω φειδωλή, ἵνα εἴδομεν, ἦ κεν Ἀχιλλεύς
νῶϊ κατακτείνας ἔναρα βροτόεντα φέρηται
νῆας ἔπι γλαφυράς, ἦ κεν σῶι δουρὶ δαμείη.”
ὣς φαμένη καὶ κερδοσύνηι ἡγήσατ' Ἀθήνη.
οἳ δ' ὅτε δὴ σχεδὸν ἦσαν ἐπ' ἀλλήλοισιν ἰόντες,
τὸν πρότερος προσέειπε μέγας κορυθαιόλος Ἕκτωρ·
"οὔ σ' ἔτι, Πηλέος υἱέ, φοβήσομαι, ὡς τὸ πάρος περ
τρὶς περὶ ἄστυ μέγα Πριάμου δίον, οὐδέ ποτ' ἔτλην
μεῖναι ἐπερχόμενον· νῦν αὖτέ με θυμὸς ἀνῆκεν
στήμεναι ἀντία σεῖο· ἕλοιμί κεν ἦ κεν ἁλοίην.

229 (ἦ–) sch Π 22b   **233–4** (γν.) Choer. in Ps. 119.13; **233** [Ammon.] Diff.
220   **235** Eudoc. 178, 1595   **247** (–ηγ.) Hdn ad N 29b; (κερδ.) H. κ 2315; Phot.
Lex. κ 599   **251** (–δίον) Arn ad Χ 208a; ApS 59.7; Hdn i.491.12 et ad Ψ 475b; sch Σ
584c; (δίον) H. (Cyr.) δ 1883   **253b** Porph. Hom. 132.17 Sod.

229 βιάζεται 9 t Ω: -το O   **230** πέρι Stephanus: περὶ vel περι 9 254 Ω   **231** στέ–
ωμεν 9 254 (στέῶ-) Ω*: -ομεν b Fᶜ R   μένοντες 9 Ω: -ντε? Nauck, cf. ad Λ 348, P
721   **232** τὴν 9 254 Ω*: τὸν D   κορυθαίολος C Y   **233** τὸ πάρος 9 254 Ω: κ|αι
πριν 83   **235** μᾶλλον Y Rᵃ?: μᾶ- 254 Ω*   **236** ὃς 9 254 Ω*: ὡς b T G: ὅς γ'
Christ   ἐμέ' Fick: ἐμεῦ 9 254 Ω   ὃς τλῆς εἵνεκ' ἐμεῖο Grashof   **243** μὴ δ' ἔτι D C Fᵃ
T R   **244** ἦ Hdn rˢ: εἴ 9 Ω   **246** ἔπι Wolf: ἐπὶ 9 Ω   ἦ Hdn A D Tᵃ?: ἤ Ω*: εἴ C, ἦ εἴ
O   δαμείη 9 268 Ω*: -είηι A T W: -ήη(ι) (Ar?) M rr   **247** κερδοσύνηι Ar 9 h96 tt Aˡ
Ω: -ηις quidam ante Did Aˢ (cf. A.R. 2.951, Q.S. 12.387)   **249** κορυθαίολος 9
C   **250** Πηλέος 9 1504 Ω*: -έως Aᵃ?   **251** δίον (nov. Did) 9 268 h96 tt Z Ω: δίες "αἱ
χαριέστεραι" [12ʲ] (... ετλης) r: δίε' van Leeuwen.—cf. Chantr. I 293   **252** ἀνῆκε(ν)
9 271 1504 Ω (ἀνῆκε A): ανωγει 12.—cf. ad K 389, Φ 395, 396

        ἀλλ᾽ ἄγε δεῦρο θεοὺς ἐπιδώμεθα· τοὶ γὰρ ἄριστοι
255   μάρτυροι ἔσσονται καὶ ἐπίσκοποι ἁρμονιάων.
        οὐ γὰρ ἐγὼ σ᾽ ἔκπαγλον ἀεικίω, αἴ κεν ἐμοὶ Ζεύς
        δώηι καμμονίην, σὴν δὲ ψυχὴν ἀφέλωμαι,
        ἀλλ᾽ ἐπεὶ ἄρ κέ σε συλήσω κλυτὰ τεύχε᾽, Ἀχιλλεῦ,
        νεκρὸν Ἀχαιοῖσιν δώσω πάλιν· ὣς δὲ σὺ ῥέζειν.”
260   τὸν δ᾽ ἄρ᾽ ὑπόδρα ἰδὼν προσέφη πόδας ὠκὺς Ἀχιλλεύς·
        “Ἕκτορ, μή μοι, ἄλαστε, συνημοσύνας ἀγόρευε.
        ὡς οὐκ ἔστι λέουσι καὶ ἀνδράσιν ὅρκια πιστά,
        οὐδὲ λύκοι τε καὶ ἄρνες ὁμόφρονα θυμὸν ἔχουσιν,
        ἀλλὰ κακὰ φρονέουσι διαμπερὲς ἀλλήλοισιν,
265   ὣς οὐκ ἔστ᾽ ἐμὲ καὶ σὲ φιλήμεναι, οὐδέ τι νῶϊν
        ὅρκια ἔσσονται, πρὶν ἤ᾽ ἕτερόν γε πεσόντα
        αἵματος ἆσαι Ἄρηα, ταλαύρινον πολεμιστήν.
        παντοίης ἀρετῆς μιμνήσκεο· νῦν σε μάλα χρή
        αἰχμητήν τ᾽ ἔμεναι καὶ θαρσαλέον πολεμιστήν.
270   οὔ τοι ἔτ᾽ ἔσθ᾽ ὑπάλυξις, ἄφαρ δέ σε Παλλὰς Ἀθήνη
        ἔγχει ἐμῶι δαμάαι. νῦν ἀθρόα πάντ᾽ ἀποτείσεις
        κήδε᾽ ἐμῶν ἑτάρων, οὓς ἔκτανες ἔγχεϊ θυίων.”
            ἦ ῥα, καὶ ἀμπεπαλὼν προΐει δολιχόσκιον ἔγχος.

254 (ἐπιδ.) ApS 72.32; H. ε 4749   255 Eudoc. 1378; (ἁρμ.) H. (Cyr.) α 7323
256 (–ἀεικ.) sch Χ 253; Porph. Il. 334.14 Schr.; (ἀεικ.) ApS 10.8   257a Epm. φ 43;
(καμμ.) ApS 94.29; Plut. Mor. 22c; H. (Cyr.) κ 603; EtG s.v.   258–9 (–πάλιν) Porph.
Il. 334.12 Schr.   261 ApS 147.10; 261a Epm. α 284 (bis); 261b sch Ν 381b; (συνημ.)
H. σ 2595; Orio 150.24; EtG s.v.   262–3 Atticus (fr. 2 B.) ap. Eus. P.E. 15.4.21; Max.
Tyr. 35.6; Herm. in Pl. Phdr. 61.9 C.; sch Ar. Pac. 1076b; 262 Luc. Dial. 28.3; sch Eur.
Hipp. 940; cf. Iul. Or. 2.98c; 263 w5 (lacerum)   264 (κακὰ φρ. ἀλλ.) cf. Attic.
l.c.   265a Nic ad Χ 262–4   268 (–μιμν.) Cic. Att. 1.15.1   270 (ὑπάλ.) Phot. Lex.
s.v.; 270b–1a sch Χ 280; 270b ApS 48.18; 271 (ἀθρόα) H. (Cyr.) α 1625

254 ἐπιδώμεθα 9 h96 tt Ω: -βώμεθα Z V: -δωσόμεθ᾽ (οἳ) H (ss. βω).—cf. ad Κ
463   255 μάρτυροι Ar 9 t Α^λ Ω: -ρες rr.—cf. ad Β 302   256 ἀεικίω D Fᵃ: -ιῶ Ω*.—
cf. Praef. xxxi   257 δώιη(ι) A B C T W   259ab (= 342–3) add. 12   261 Ἕκτορ 9
t* Ω: -ωρ ApS   συνήμοσύνας Hdn A   ἀγόρευε 9 tt Z Ω: ἀγόρεζαᵉ 254 (voluitne
-αζε?)   262 ἀνδράσιν 9 254 tt* Ω: ἄρνασιν (ex 263) Herm.   263 om. 255, mg.
rest. m²   τε 9 tt Ω: om. rr (et Io. Sic. Rhet. vi.492.9 W.), del. Heyne   ἄρνες 9 254 tt* Ω*:
ἄνδρες sch-Ar (Ald.) Cᵃ   ἔχουσι(ν) 9 254 w5 tt* Z Ω: εχο[ντ]εc 12 (perierunt sequen-
tia)   265 οὐδέ τι Aˢ D: ουδ᾽ ἔτι 254ᶜ: ουδε τε 449: οὔτε τι 9 Ω* (οὔτέ τι F R W): ουτ᾽
ἔτι 254ᵃ: οὔτέ τε b G   266 ὅρκια 9 449 Α^λ Ω*: -α γ᾽ D   πρὶν 9ᵃ 83 449 V: πρίν γ᾽ 9ᶜ 255
Τ^λ Ω.—cf. ad Ε 288   ἤ᾽ Fick: ἦ Ω   270 ἔτ᾽ 9 Ω*: om. 449 sch^hyp b W   σε 9 254ᶜ 449 tt
Ω*: τε Τ, ται 254ᵃ   271 νῦν 449 h: νῦν δ᾽ 9 83 255 sch^hyp Ω (cf. α 43)   ἀποτείσεις 254:
-τίσεις 9 Z Ω (-τήσης Υ)   272 θυίων 254 A Fᶜ W: θύων 9 Ω*   273 προΐει 9 449 Ω:
προι]η 254

καὶ τὸ μὲν ἄντα ἰδὼν ἠλεύατο φαίδιμος Ἕκτωρ·
275   ἕζετο γὰρ προϊδών, τὸ δ' ὑπέρπτατο χάλκεον ἔγχος,
ἐν γαίηι δ' ἐπάγη. ἀνὰ δ' ἥρπασε Παλλὰς Ἀθήνη,
ἂψ δ' Ἀχιλῆϊ δίδου, λάθε δ' Ἕκτορα ποιμένα λαῶν.
Ἕκτωρ δὲ προσέειπεν ἀμύμονα Πηλείωνα·
"ἤμβροτες, οὐδ' ἄρα πώ τι, θεοῖς ἐπιείκελ' Ἀχιλλεῦ,
280   ἐκ Διὸς ἠείδης τὸν ἐμὸν μόρον· ἤτοι ἔφης γε.
ἀλλά τις ἀρτιεπὴς καὶ ἐπίκλοπος ἔπλεο μύθων,
ὄφρα σ' ὑποδδείσας μένεος ἀλκῆς τε λάθωμαι.
οὐ μέν μοι φεύγοντι μεταφρένωι ἐν δόρυ πήξεις,
ἀλλ' ἰθὺς μεμαῶτι διὰ στήθεσφιν ἔλασσον,
285   εἴ τοι ἔδωκε θεός. νῦν αὖτ' ἐμὸν ἔγχος ἄλευαι
χάλκεον. ὡς δή μιν σῶι ἐν χροῒ πᾶν κομίσαιο·
καί κεν ἐλαφρότερος πόλεμος Τρώεσσι γένοιτο
σεῖο καταφθιμένοιο, σὺ γάρ σφισι πῆμα μέγιστον."
ἦ ῥα, καὶ ἀμπεπαλὼν προΐει δολιχόσκιον ἔγχος,
290   καὶ βάλε Πηλείδαο μέσον σάκος, οὐδ' ἀφάμαρτεν·
τῆλε δ' ἀπεπλάγχθη σάκεος δόρυ. χώσατο δ' Ἕκτωρ,
ὅττί ῥά οἱ βέλος ὠκὺ ἐτώσιον ἔκφυγε χειρός·
στῆ δὲ κατηφήσας, οὐδ' ἄλλ' ἔχε μείλινον ἔγχος.
Δηΐφοβον δ' ἐκάλει λευκάσπιδα μακρὸν ἀΰσας·
295   ἤιτεέ μιν δόρυ μακρόν· ὃ δ' οὔ τί οἱ ἐγγύθεν ἦεν.
Ἕκτωρ δ' ἔγνω ἧισιν ἐνὶ φρεσὶ φώνησέν τε·
"ὢ πόποι, ἦ μάλα δή με θεοὶ θανατόνδε κάλεσσαν.

274 (ἠλεύ.) + **275**a sch N 408b   **280** (–μόρον) Epm. A 1b[1a]   **281** (ἀρτ.) ApS 43.7; H. (Cyr.) α [7051, 7244], 7504; (ἐπίκλ.) ApS 73.25; H. ε 4869   **283–4** [Plut.] Hom. 2.198.2; Stob. 3.7.14   **285**b Hdn ad A 302a[1]; (ἄλ.) H. α 2901   **287**a Hdn i.561.6   **291** (τῆλε δέ) H. (Cyr.) τ 758   **293**a sch Ω 253c; (κατηφ.) H. κ 1794   **294** (–λευκ.) ApS 108.1; (λευκ.) H. λ 720

274 φαίδιμος Ἕκτωρ 9 254[m] 255 449 Ω*: χάλκεον ἔγχος (ex 275) 254[t] R et (omisso 275) W   **275** ὑπέρπτατο 9 255 Ω: υπεπτατο 449   χάλκεον 9 255 449 Ω: μείλινον 254 (sed v. ad 274) A[yp].—cf. ad Υ 272   **277**]δ' ἑκτορα διον· et mg. ποιμενα λαων 254   **280** ηειδης 271: ἠείδεις fere 9 t Z Ω   **281** μύθων 9 449 Ω, μυθωֱ[255 271: -οις A[s]: et -ωι (ci.?) Eust.   **282** ὄφρά A B F W G   ὑποδδείσας 9 1502 Ω*: ὑποδεί- 271 W, nimirum et Ar (sicut ad Ψ 417)   μένεος 9 255 271 449 Ω*: -ός τ' R O   λάθωμαι Ω*: -οίμην 9 449 *b* G   **284** μεμαῶτι 9 255 1502 tt Ω: -τα *h*   **285** ἄλευαι Hdn 9 254 t* Z A[λ] Ω* (properisp. W): -ε Hsch.[cod] D *b* G   **286** σῶ(ι) 9 271 1502 Ω: τεῶι van Leeuwen   ἐν 9 255 271 (εγ) Ω: ἐνὶ sch[hyp] rr   **287** κεν 9 271 t Ω: σφιν A[yp] (nimirum ad 288 σφισι referendum)   ἐλαφρότερος 9 271 t Ω*: -τατος 1502 D   **288** susp. Nauck   σφισι 9 254 271 Ω: cf. ad 287   **294** δ' ἐκάλει 9 254 271 t T[λ] Ω (δὲ κ- D): δ' ἐβόα "αἱ ‹ἀπὸ› τῶν πόλεων"   **295** ἤ(ι)τεέ 9 271 T[λ] Ω, ἠιτε[ˌ] 254: -τει Bekker   **297** ὢ 9 254 A D E F[a]:

    Δηΐφοβον γὰρ ἐγώ γ' ἐφάμην ἥρωα παρεῖναι,
    ἀλλ' ὃ μὲν ἐν τείχει, ἐμὲ δ' ἐξαπάτησεν Ἀθήνη.
300 νῦν δὲ δὴ ἐγγύθι μοι θάνατος κακός, οὐδ' ἔτ' ἄνευθεν,
    οὐδ' ἀλέη. ἦ γάρ ῥα πάλαι τό γε φίλτερον ἦεν
    Ζηνί τε καὶ Διὸς υἷι Ἑκηβόλωι, οἵ με πάρος γε
    πρόφρονες εἰρύατο· νῦν αὖτέ με μοῖρα κιχάνει.
    μὴ μὰν ἀσπουδεί γε καὶ ἀκλείως ἀπολοίμην,
305 ἀλλὰ μέγα ῥέξας τι καὶ ἐσσομένοισι πυθέσθαι."
    ὣς ἄρα φωνήσας εἰρύσσατο φάσγανον ὀξύ,
    τό οἱ ὑπὸ λαπάρην τέτατο, μέγα τε στιβαρόν τε,
    οἴμησεν δὲ ἀλεὶς ὥς τ' αἰετὸς ὑψιπετήεις,
    ὅς τ' εἶσιν πεδίονδε διὰ νεφέων ἐρεβεννῶν
310 ἁρπάξων ἢ ἄρν' ἀμαλὴν ἢ πτῶκα λαγωόν·
    ὣς Ἕκτωρ οἴμησε τινάσσων φάσγανον ὀξύ.
    ὡρμήθη δ' Ἀχιλεύς, μένεος δ' ἐμπλήσατο θυμόν
    ἀγρίοο· πρόσθεν δὲ σάκος στέρνοιο κάλυψεν
    καλὸν δαιδάλεον, κόρυθι δ' ἐπένευε φαεινῆι
315 τετραφάλωι· καλαὶ δὲ περισσείοντο ἔθειραι
    {χρύσεαι, ἃς Ἥφαιστος ἵει λόφον ἀμφὶ θαμειάς}.
    οἷος δ' ἀστὴρ εἶσι μετ' ἀστράσι νυκτὸς ἀμολγῶι

300–1 Eudoc. 1442–3; 301 (ἀλέη) H. α 2836　　　304–5 Polyb. 5.38.10; Cic. ad fam. 13.15.2, Att. 10.1.1; Charito 7.2.4; [Plut.] Hom. 2.196; Cyr. c.Iul. x 336a (PG 76.1017b); 304 EtG α 335; 305a sch H 90b¹; (μέγα–) cf. Philod. De morte xxviii 3–4 (Cron. Erc. 8.47) 308–11 Macr. Sat. 5.12.13; 308a Hdn ad Λ 192a¹, Σ 76a¹, Φ 536c; sch Soph. Tr. 513; Choer. in Thd. ii.50.8; 308b Hdn ad M 201d; 310 ApS 28.18; (ἀμαλ.) H. α 3408; EtG α 582; (ἢ πτ. λ.) Ath. 400d; (πτ.) Phot. Lex. s.v.　　　317–18 Macr. Sat. 5.8.10; 318 ApS 77.26;

ὦ Ω*　θάνατόνδ' ἐκάλεσσαν b F T W　　　298 ἐγώ γ(ε) Bekker: ἔγωγ' Ω: ἐγωγ⟦αρ⟧ 254 300 οὐδ' ἔτ' V: οὐδέ τ' (9) Tˡ Ω　　　301 πάλαι τό γε "αἱ εἰκαιότεραι" 9 83 254 t Ω (τότε T W): πάροιθέ γε Ar　　　302 υἷι b T W G, υι 83: υἱεῖ 9 254 Ω*.—cf. ad Π 177　γε 9 Ω*: περ b G.—cf. ad N 465　　　303 εἰρύατο 254 Z Ω: -αται 9 83 h　　　304 ἀσπουδεί 83 254ᵃ tt* Z Ω*: -δί 9 254ᶜ Cic. Aˡ A B E Rᵃ: -δή EtGᶜᵒᵈ.—cf. Praef. xxx　γε 9 tt* Aˡ Ω: τε Cyr.　ἀκλείως dedi (cf. ad 110): -ειῶς Ω　　　305 μέγα 9 254ᶜ tt Tˡ Ω: μάλα 254ᵃ　ἐσσομένοισι 9 tt* Tˡ Ω: ὀψιγόνοισι Cyr.　　　306 εἰρύσσατο 9 A F W: -ύσατο 254 Ω* 307 ὑπὸ 9 254 Ω*: ὑπαὶ R W　λαπάρην 9 Ω: -ης 254　　　309 διὰ 9 254 t Ω: ἀπὸ quidam ap. schᵀ　　　310 ἁρπάξων 9 254 t* A F: -ζων ApS Ω*　fort. ἠ' ἄρν'　ἀμαλὴν 9 254ᵃ tt* Z Tˡ Ω* Gˢ (ἀμ- D b W): ἀπ- 254ᶜ Macr. Fᵃ Gᵗ　　　311 οἴμησε 9 254 t Ω (οἵ- C Rᶜ): ὥρμ- H　　　312 ὡρμήθη 9 254 Ω: ὁρμ- r Eust.　　　313 ἀγρίοο Ahrens (cf. Praef. xxxiii sq.): -ίου 9 254 Z Ω　　　314 ἐπένευε 9 Ω*: -ευσε C G　　　315 καλαὶ (nov. Did) 9 Ω: δειναὶ "αἱ πλείους": -ὸν van Leeuwen cl. Γ 337, Z 470　　　316 (= T 383) hab. 9 12 Aᵐ D² Ω*: om. A (et eius archetypum) D H.—cf. Apthorp 38–40　　　316a–c (= 133–5) hic fert 12, illic omisit　　　317 ἀστράσι D G: proparox. Ω*.—cf. ad 28

Ἕσπερος, ὃς κάλλιστος ἐν οὐρανῶι ἵσταται ἀστήρ,
ὣς αἰχμῆς ἀπέλαμπ' εὐήκεος, ἣν ἄρ' Ἀχιλλεύς
320		πάλλεν δεξιτερῆι, φρονέων κακὸν Ἕκτορι δίωι,
εἰσορόων χρόα καλόν, ὅπηι εἴξειε μάλιστα.
τοῦ δὲ καὶ ἄλλο τόσον μὲν ἔχε χρόα χάλκεα τεύχεα
καλά, τὰ Πατρόκλοιο βίην ἐνάριξε κατακτάς,
φαίνετο δ', ἧι κληῖδες ἀπ' ὤμων αὐχέν' ἔχουσιν,
325		λαυκανίης, ἵνα τε ψυχῆς ὤκιστος ὄλεθρος.
τῆι ῥ' ἐπὶ οἷ μεμαῶτ' ἔλασ' ἔγχεϊ δῖος Ἀχιλλεύς,
ἀντικρὺ δ' ἁπαλοῖο δι' αὐχένος ἤλυθ' ἀκωκή.
οὐδ' ἄρ' ἀπ' ἀσφάραγον μελίη τάμε χαλκοβάρεια,
ὄφρα τί μιν προτιείποι ἀμειβόμενος ἐπέεσσιν·
330		ἤριπε δ' ἐν κονίηις. ὃ δ' ἐπηύξατο δῖος Ἀχιλλεύς·
"Ἕκτορ, ἀτάρ που ἔφης Πατροκλῆ' ἐξεναρίζων
σῶς ἔσσεσθ', ἐμὲ δ' οὐδὲν ὀπίζεο νόσφιν ἐόντα·
νήπιε, τοῖο δ' ἄνευθεν ἀοσσητὴρ μέγ' ἀμείνων
νηυσὶν ἔπι γλαφυρῆισιν ἐγὼ μετόπισθε λελείμμην,
335		ὅς τοι γούνατ' ἔλυσα. σὲ μὲν κύνες ἠδ' οἰωνοί
ἑλκήσουσ' ἀικέως· τὸν δὲ κτεριοῦσιν Ἀχαιοί."
τὸν δ' ὀλιγοδρανέων προσέφη κορυθαίολος Ἕκτωρ·

Porph. fr. 359 p.427 Sm.; EtG s.v. ἕσπερος (Reitz. Gesch. 158.27; Sel fr. 105 Duke);
(–οὐρ.) sch A.R. 2.42; **318a** H. ε 6308; (Ἕσπ.) Apio 238.4			**319** (εὐήκ.) H. (Cyr.) ε
6830			**322** (–χρόα) Arn ad Σ 378a; (ἄλλο τόσον) H. α 3183			**323** (Π.–)
sch P 125b¹			**324a** sch Λ 26–7			**325** + **328–9** Plut. Mor. 698e; **325** Orio 92.20;
(λαυκ., ψ.–) Poll. 2.206; (λαυκ.) ApS 107.8; Poll. 2.98; H. (Cyr.) λ 413/14, 718; EtG λ 19;
328–9 EtG α 1328; **328–9a** sch O 610–14b¹; **328** (–τάμε) + **329a** Porph. Il. 206.26 Schr.;
328 ApS 147.29; (ἀπ'–τάμε) Porph. Hom. 58.3 Sod.; (ἀπ'–τάμε) ApS 45.24; (ἀσφ.) H. α
7966; **329** Poll. 2.206; Eudoc. 1664; (–ἀμειβ.) ApS 147.32			**333** (ἀοσσ.) id. 37.16; H.
(Cyr.) α 5691			**336** ApS 17.28; **336a** Porph. Il. 334.24 Schr.; (ἀικῶς) H. α 1930
337 (ὀλιγ.) Iul. Caes. 331b; sch X 355

322 τεύχεα r: -η 9 Z Ω.—cf. ad H 207, Ω 7			**323** damn. Naber Qu. Hom.
212			**324** φαίνετο Ar 9 t Ω: φαῖνεν δ' "ἔν τισι τῶν ὑπομνημάτων" (ita A: φαῖνον δ'
T)			**325** λαυκανίης Hsch. Orio (λευ–) Z Ω* (λευ– Cᶜ F), cf. Chantr. II 51: -ην Ar 9
Plut. (λευ–) A T W: -η Nauck.—cf. ad Ω 642; Rengakos 135 sq.			**326** ἐπὶ οἷ Hdn
A D F W, ἐπὶ οἵ Tᴬ: ἐπί οἱ Ω*			μεμαῶτ' 9 Ω*: -ὼς T W			ἔγχεϊ 9 Ω*: Ἕκτορα
D			**328–9** damn. Düntzer, **329** ath. Ar			**330** ἐπηύξατο Fick: ἐπεύξατο 9 Ω: -χετο
Aˢ N			**331** ἀτάρ 9 1505 Ω: ἄφαρ schᵀ (contra Tᴬ)			**332** et οὐδ' ἓν agn. schᵀ
334 ἔπι Wolf: ἐπὶ vel ἐπι Ω			**335** ὅς Ω: ὡς 9			**336** ἑλκήσουσ' 9 1505 t* Ω*: -κύσ-
Porph. C G.—cf. ad P 558			αἰκέως dedi: αικ[1505, ἀϊκῶς tt* Ω* (οἱ μὲν δισυλλάβως
... οἱ δὲ συνεστάλθαι φασίν schᵀ; hoc (ἀϊκ–) reicit Wack. KS 222): ἀεικῶς 9 Z R:
ἀεικελίως Porph.: (–σουσι) κακῶς Antim			κτερίουσιν Buttmann: -ιοῦσιν 9 t Ω*:
-εοῦσιν F.—cf. ad Λ 455; Praef. xxxi			**337** κορυθαίολος C

"λίσσομ' ὑπὲρ ψυχῆς καὶ γούνων σῶν τε τοκήων,
μή με ἔα παρὰ νηυσὶ κύνας καταδάψαι Ἀχαιῶν,
340 ἀλλὰ σὺ μὲν χαλκόν τε ἅλις χρυσόν τε δέδεξο
δῶρα, τά τοι δώσουσι πατὴρ καὶ πότνια μήτηρ,
σῶμα δὲ οἴκαδ' ἐμὸν δόμεναι πάλιν, ὄφρα πυρός με
Τρῶες καὶ Τρώων ἄλοχοι λελάχωσι θανόντα."
τὸν δ' ἄρ' ὑπόδρα ἰδὼν προσέφη πόδας ὠκὺς Ἀχιλλεύς·
345 "μή με, κύον, γούνων γουνάζεο μηδὲ τοκήων.
αἰ γάρ πως αὐτόν με μένος καὶ θυμὸς ἀνείη
ὤμ' ἀποταμνόμενον κρέα ἔδμεναι, οἷά μ' ἔοργας,
ὡς οὐκ ἔσθ' ὃς σῆς γε κύνας κεφαλῆς ἀπαλάλκοι,
οὐδ' εἴ κεν δεκάκις τε καὶ εἰκοσινήριτ' ἄποινα
350 στήσωσ' ἐνθάδ' ἄγοντες, ὑπόσχωνται δὲ καὶ ἄλλα,
οὐδ' εἴ κέν σ' αὐτὸν χρυσῶι ἐρύσασθαι ἀνώγοι
Δαρδανίδης Πρίαμος· οὐδ' ὧς σέ γε πότνια μήτηρ
ἐνθεμένη λεχέεσσι γοήσεται, ὃν τέκεν αὐτή,
ἀλλὰ κύνες τε καὶ οἰωνοὶ κατὰ πάντα δάσονται."
355 τὸν δὲ καταθνήισκων προσέφη κορυθαίολος Ἕκτωρ·
"ἦ σ' εὖ γινώσκων προτιόσσομαι, οὐδ' ἄρ' ἔμελλον
πείσειν· ἦ γὰρ σοί γε σιδήρεος ἐν φρεσὶ θυμός.
φράζεο νῦν, μή τοί τι θεῶν μήνιμα γένωμαι

338 Eudoc. 2118 **339** (καταδ.) Η. κ 1052 **342** (–δομ.) ApS 148.25
346 (ἀνήηι) Η. α 5039 **347** (–ἔδμ.) Porph. Abst. 1.13 **348** (–κύνας) + **349a** + **350**
(ἄγ., καὶ ἄλλα) + **352b** Nic ad X 349a; **348** w5 (lacerum); **349** ApS 63.26; EtG s.v. εἰκο-
σινήριτα; (εἰκ.–) Η. ε 838; (εἰκοσιν.) Hdn ad Ο 678a¹; sch Ζ 217b; **351–2a** Porph. Hom.
117.17 Sod.; **351** ApD Pron. 46.2 **354** (δάσ.) ApS 56.22; Η. (Cyr.) δ 296 **355a** ApS
96.17 **356–7** Eudoc. 1689–90 **358** [Plut.] Hom. 2.118.3; (μή–) Polyb. Sard. Fig.
iii.105.13 Sp.; sch Aesch. Eum. 234; (μήν.) ApS 112.26; Η. μ 1225

339 με ἔα 9 1505 Ω*, μ' ἔα *b* R: μ' ἐάα vel ἔμ' ἔα Bentley: μ' ἐάαν Nauck: μ' εἴα
Christ.—cf. ad Β 165 **340** χαλκόν … χρυσόν 12 254 Ω: χρυσον … χαλκον 9.—cf.
ad Ι 137, 279, 365; v.l. sim. ε 38 δέδεξο 9 254 Ω: δέχεσθαι Η V **341** δῶρα 9 Ω: πο]λλα
τ̣ 12 **344** ἄρ' ὑπόδρα ἰδὼν 9 1505 Ω: ἀπαμειβόμενος Α^γρ **345** κύον 9 1505 Ω*:
κύων D **346** πως 9 1505 Ω: τὼς Hoffmann cl. Θ 538–41, Ν 825–8 ἀνείη 9 (-ηι) 254
(ex -οιη) D C T R: ἀνήη(ι) t Ω* **347** ἀποταμνόμενον 9 1505 Ω*: -τεμν- t D κρέᾱ
Hdn^: κρεᾱ Tyr (cf. ad Δ 109, 345, Λ 385): κρέα' Payne Knight οἷά 9 254 Ω: ὅσσα Η
(ex Φ 399) **348** ὡς Ar (sch^h) Ω*: ὣς Nic D^a' W **349** τε Nic 9 tt Α^λ Ω: om. r,
del. Payne Knight εἰκοσινήριτ' Ar' tt Ζ Τ^λλ Ω (εἴκοσι ν- C G): ἐεικ- Brandreth.—cf.
Ι 379 **352** ὡς Bekker: ὡς Α D, ὣς Ω* **355** κορυθαίολος C, κορυθέρ̣[254
356 γινώσκων 9 t Α^λ Ω: γειν- 1505: γιγν- rr **357** ἐν φρεσὶ 9 254 1507 t Ω*: ἔνδοθι
sch^hyp F T R W G.—cf. ad Θ 202 **358** fort. praestat φράζεό νυν τοί τι 9 tt Ω*: τι τοι
1507 (ss. οι) *b* T^λ R W: τοι Ζ

ἤματι τῶι, ὅτε κέν σε Πάρις καὶ Φοῖβος Ἀπόλλων
360   ἐσθλὸν ἐόντ' ὀλέσωσιν ἐνὶ Σκαιῆισι πύληισιν."
ὣς ἄρα μιν εἰπόντα τέλος θανάτοιο κάλυψεν,
ψυχὴ δ' ἐκ ῥεθέων πταμένη Ἄϊδόσδε βεβήκει
{ὃν πότμον γοόωσα, λιποῦσ' ἀνδροτῆτα καὶ ἥβην}.
τὸν καὶ τεθνηῶτα προσηύδα δῖος Ἀχιλλεύς·
365   "τέθναθι· κῆρα δ' ἐγὼ τότε δέξομαι, ὁππότε κεν δή
Ζεὺς ἐθέληι τελέσαι ἠδ' ἀθάνατοι θεοὶ ἄλλοι."
ἦ ῥα, καὶ ἐκ νεκροῖο ἐρύσσατο χάλκεον ἔγχος·
καὶ τό γ' ἄνευθεν ἔθηχ', ὃ δ' ἀπ' ὤμων τεύχε' ἐσύλα
αἱματόεντ'. ἄλλοι δὲ περίδραμον υἷες Ἀχαιῶν,
370   οἳ καὶ θηήσαντο φυὴν καὶ εἶδος ἀγητόν
Ἕκτορος· οὐδ' ἄρα οἵ τις ἀνουτητεί γε παρέστη.
ὧδε δέ τις εἴπεσκεν ἰδὼν ἐς πλησίον ἄλλον·
"ὢ πόποι, ἦ μάλα δὴ μαλακώτερος ἀμφαφάασθαι
Ἕκτωρ ἢ' ὅτε νῆας ἐνέπρηθεν πυρὶ κηλέωι."
375   ὣς ἄρα τις εἴπεσκε, καὶ οὐτήσασκε παραστάς.
τὸν δ' ἐπεὶ ἐξενάριξε ποδάρκης δῖος Ἀχιλλεύς,
στὰς ἐν Ἀχαιοῖσιν ἔπεα πτερόεντ' ἀγόρευεν·
"ὢ φίλοι, Ἀργείων ἡγήτορες ἠδὲ μέδοντες,
ἐπεὶ δὴ τόνδ' ἄνδρα θεοὶ δαμάσασθαι ἔδωκαν,
380   ὃς κακὰ πόλλ' ἔρρεξεν, ὅσ' οὐ σύμπαντες οἱ ἄλλοι,
εἰ δ' ἄγετ' ἀμφὶ πόλιν σὺν τεύχεσι πειρηθέωμεν,

359 (ὅτε–)–60 sch Pind. Nem. 7.58; (ὅτε–)–360a Procl. in Remp. i.148.16   364–6 Macr.
Sat. 5.12.11; 365 (–δέξ.) sch Π 860–1   370–1 (Ἕκτ.) Dio Prus. 21.16; sch Ο 263–4a; 370
Eudoc. 292; (–εἶδος) sch Λ 1; 370a sch Ω 418b; 371 (οὐδ'–) sch Τ 25, Ω 421; sch Eur. Andr.
1153; Epm. α 281; (ἀνουτ.) EtG α 908   373–4 Macr. Sat. 5.5.6; 373 (–μαλ.) Plut. Mor.
453b   375 Eudoc. 1956   376a ApS 68.7   379 + 381–2 (–νόον) + 383–4a Arn ad Χ
379a; 379 Plut. Mor. 542e; [Plut.] Hom. 2.118.3; 380 Eudoc. 36, 1423, 1613, 1655; 383
(πόλιν ἄ.) sch Δ 105–6

360 ἐνὶ 9 1507 Ω (cf. Π 712): ἐπὶ t (cf. Γ 149)   363 (= Π 857) add. 9 Ω* D²: deest in
255 1507 D V   ἀνδροτῆτα 9 Ω: ἀδρ- rr.—cf. ad Π 857   364 τεθνηῶτα Αˢ Ε Fᵃ:
-θνει- 9 255 Εˢ Ω*: -θνε- G: -θναι t   370 καὶ θηήσαντο 9 tt* Ζ Τᴧ Ω*: καὶ ἔθη- sch-Ο
Eudoc. Gᶜ: κέ ἐ θη- b Gᵃ   371 del. Payne Knight (cf. 375)   ἀνουτητεί Barnes, -τιτεί
r: -τητί 9 1508 tt Ζ Τᴧ Ω (ἀουτ- r, cf. Σ 536)   372 ἄλλον 9 1508 1509 Ω* Rˢ: -ων D Τˢ
Rᵗ W² G   373 ὢ Α D Fᵃ: ὢ Ω*   374 ἢ' dedi: ἠ Α, ἦ Ω*   ἐνέπρηθε(ν) Αˢ F W: -σεν
9 1508 t Ω*   377 ἀγόρευεν 9 1509 Ω*: (-εντα) προσηύδα R H V   378 ut supra 9
254 1509 1510 Αᴧ Ω*: ὢ φίλοι ἥρωες Δαναοὶ θεράποντες Ἄρηος b G: Ἀτρείδη τε καὶ
ἄλλοι ἀριστῆες Παναχαιῶν Zen (prob. Wilamowitz Il. u. H. 104 n.1): versum del. Bolling Ext. Evid. 196   380 ἔρρεξεν 1510 Α F, ἔρε- W: ἔρδεσκεν 254 t Αʸᵖ Αᵐ Ω* (ex Ι 540,
v. ad loc.)   381–90 damn. Hoffmann   381 πειρηθέωμεν (Bekker) 1509: -θῶμεν Ω

ὄφρα κ' ἔτι γνῶμεν Τρώων νόον, ὅν τιν' ἔχουσιν,
ἢ καταλείψουσιν πόλιν ἄκρην τοῦδε πεσόντος,
ἦε μένειν μεμάασι καὶ Ἕκτορος οὐκέτ' ἐόντος.
385   ἀλλὰ τίη μοι ταῦτα φίλος διελέξατο θυμός;
κεῖται πὰρ νήεσσι νέκυς ἄκλαυτος ἄθαπτος
Πάτροκλος· τοῦ δ' οὐκ ἐπιλήσομαι, ὄφρ' ἂν ἐγώ γε
ζωοῖσιν μετέω καί μοι φίλα γούνατ' ὀρώρηι.
εἰ δὲ θανόντων περ καταλήθοντ' εἰν Ἀίδαο,
390   αὐτὰρ ἐγὼ καὶ κεῖθι φίλου μεμνήσομ' ἑταίρου.
νῦν δ' ἄγ' ἀείδοντες παιήονα κοῦροι Ἀχαιῶν
νηυσὶν ἔπι γλαφυρῆισι νεώμεθα, τόνδε δ' ἄγωμεν.
ἠρόμεθα μέγα κῦδος· ἐπέφνομεν Ἕκτορα δῖον,
ὧι Τρῶες κατὰ ἄστυ θεῶι ὣς ηὐχετόωντο."
395   ἦ ῥα, καὶ Ἕκτορα δῖον ἀεικέα μήδετο ἔργα·
ἀμφοτέρων μετόπισθε ποδῶν τέτρηνε τένοντε
ἐς σφυρὸν ἐκ πτέρνης, βοέους δ' ἐξῆπτεν ἱμάντας,
ἐκ δίφροιο δ' ἔδησε, κάρη δ' ἕλκεσθαι ἔασεν.
ἐς δίφρον δ' ἀναβὰς ἀνά τε κλυτὰ τεύχε' ἀείρας

---

386 (–νέκυς) sch Ο 9; (ἄκλ.) Poll. 2.64; (ἄθ.) Η. α 1532   **387** (τοῦ δ' οὐκ ἐπιλ.)
Prisc. Inst. 18.216   **389–90** Charito 5.10.9; Nic ad Χ 42–3a(b); Synes. Epist. 123;
Eudoc. 1259–60; **390** Plut. Mor. 1104c   **391–4** Dio Prus. 2.58; **391, 393b** cf. Arbonium
Silonem p.331 Court.; **393** Ath. 438a (dictum Timonis); sch Φ 543; w5 (lacerum); imit.
Nonn. D. 40.217   **395–411** D.H. Comp. 127; **395b** sch Υ 467a; **397b** EtG α 1537;
401 (ἀμφὶ–)–2a Synes. Calv. 3, 19 (Opusc. 194.16, 224.12 T.); **403b–4** ApD Synt. 216.1;
405 (–ἄπαν) sch Pind. Nem. 1.104; **406** (ἀπὸ–) sch Χ 468–72; **407** (κώκ.), **409** (–οἰμ.) sch
Χ 408; **407** (κώκ.) Η. (Cyr.) κ 4798; **408–9** Eudoc. 780–1; **409** sch Thuc. 7.71.6;
410–11 Philod. De bono rege v 18–22; **410b** ApD Pron. 55.24; (ὡς–)–**411** Macr. Sat. 4.6.5;
410 (ἵ) Comm. in Antim. P. Mil. Vogl. 1.17 ii 10 (p.79 Wyss); **411a** Philostr. Iun. Imag. 10;
Serv. auct. Georg. 1.108; (ὄφρ.) Η. ο 1992; Phot. Lex. s.v.; (σμύχ.) ApS 143.16; Η. σ 1291

(= θ 100).—cf. ad Ω 53; Chantr. Ι 459   **382** ὄφρά Α Fᵃ W   κ' ἔτι Ω*: κέ τι 254 D C Fᶜ
R Gᶜ   **383** καταλείψουσι(ν) Ω: -ωσιν 254 H   **384** ἦε 254ˀ Α Νʸᵖ: ἠὲ Ω*
385 τί ἡ Α   **386** ἄκλαυτος 1511 A D G: -στος Ω*   **387** ἐγώ γε Bekker: ἔγωγε Ω*:
ἐγὼ W   **388** ut supra 254 Ω*: ζωὸς ἐν Ἀργείοισι φιλοπτολέμοισι μετείω Αʸᵖ
b G   **389** θανόντες Wecklein SBAW 1908(2).24   **390** καὶ κεῖθι 254 Nic-X
Charito Ω*: κἀκ- tt* D Tˡ R W.—cf. ad Γ 402   **392** ἔπι Wolf: ἐπὶ vel ἔπι 250 254 Ω   δ'
t Ω: τ' 250 1511 Η.—cf. ad Ω 17   **392a** (vel b? praecedentia perierunt) και τ]εθνηοτα
περ τοσα γαρ κακ εμη[σατ Αχαιους add. 12   **393–4** ath. Ar   **393** ἠρόμεθα
Brandreth (cf. Wack. Unt. 61): ἠρά- 250 254 tt Z Aˡ Tˡ Ω (ἠιρά- T W): ......]δη (vel]αν,
at non]αμ) 12   **394** ηὐχετόωντο dedi (-άοντο Fick): εὐχ- 250 1511 t Ω   **395** μήδετο (= Ψ 24) 250 1511 tt schᵇ Ω*: -σατο D, cf. schᴰ ad 398   **396** ἀμφοτέρων 254 t Aˡ
schʰʸᵖ Ω: -ω 250 h   τένοντε Ω*: -ας t D H: -α 12.—cf. ad Π 587   **398** ἔασεν 250 t Z
Ω*: -σσεν b Gᶜ   **399** om. 12ᵘᵛ (homoearchon)

400 μάστιξέν ῥ᾽ ἐλάαν, τὼ δ᾽ οὐκ ἄκοντε πετέσθην.
    τοῦ δ᾽ ἦν ἑλκομένοιο κονίσαλος, ἀμφὶ δὲ χαῖται
    κυάνεαι πίτναντο, κάρη δ᾽ ἅπαν ἐν κονίηισιν
    κεῖτο πάρος χαρίεν, τότε δὲ Ζεὺς δυσμενέεσσιν
    δῶκεν ἀεικίσσασθαι ἑῆι ἐν πατρίδι γαίηι.

405   ὣς τοῦ μὲν κεκόνιτο κάρη ἅπαν· ἣ δέ νυ μήτηρ
    τίλλε κόμην, ἀπὸ δὲ λιπαρὴν ἔρριψε καλύπτρην
    τηλόσε, κώκυσεν δὲ μάλα μέγα παῖδ᾽ ἐσιδοῦσα·
    ὤιμωξεν δ᾽ ἐλεεινὰ πατὴρ φίλος· ἀμφὶ δὲ λαοί
    κωκυτῶι τ᾽ εἴχοντο καὶ οἰμωγῆι κατὰ ἄστυ.

410 τῶι δὲ μάλιστ᾽ ἄρ᾽ ἔην ἐναλίγκιον, ὡς εἰ ἅπασα
    Ἴλιος ὀφρυόεσσα πυρὶ σμύχοιτο κατ᾽ ἄκρης.
    λαοὶ μέν ῥα γέροντα μόγις ἔχον ἀσχαλόωντα,
    ἐξελθεῖν μεμαῶτα πυλάων Δαρδανιάων·
    πάντας δ᾽ ἐλλιτάνευε κυλινδόμενος κατὰ κόπρον,

415 ἐξ ὀνομακλήδην ὀνομάζων ἄνδρα ἕκαστον·
    "σχέσθε, φίλοι, καί μ᾽ οἶον ἐάσατε κηδόμενοί περ
    ἐξελθόντα πόληος ἱκέσθ᾽ ἐπὶ νῆας Ἀχαιῶν·
    λίσσωμ᾽ ἀνέρα τοῦτον ἀτάσθαλον ὀβριμοεργόν,
    ἤν πως ἡλικίην αἰδέσσεται ἠδ᾽ ἐλεήσηι

420 γῆρας. καὶ δέ νυ τῶι γε πατὴρ τοιόσδε τέτυκται,
    Πηλεύς, ὅς μιν ἔτικτε καὶ ἔτρεφε πῆμα γενέσθαι
    Τρωσί, μάλιστα δ᾽ ἐμοὶ περὶ πάντων ἄλγε᾽ ἔθηκεν·
    τόσσους γάρ μοι παῖδας ἀπέκτανε τηλεθάοντας.

412 (ἀσχ.) H. (Cyr.) α 7972   414 (ἐλλ.–)–15 cf. Pl. Remp. 388b; 414 (λιτ.–) sch X 221; 414b–15 Procl. in Remp. i.123.7; 414b Teles p.34.3 H.; ApS 102.20; H. κ 3564; 415a ApS 70.12; H. (Cyr.) ε 3936   416 Max. Tyr. 35.7; Eudoc. 1463   423 EtG α 985; (τηλ.) id. s.v.

400 ῥ᾽ Ω*: δ᾽ 250 t D T R   ἄκοντε 250 t^{vl} Ω: ἀέκ- t^{vl} rr   402 πίτναντο Ar Z T R^a W: πίλν- Ω*: πίδν- Z (-άτο) quidam ap. sch^T: πίμπλ- "ἔν τισι" (teste A) 250 Dion. D T^λ: πεφόρηντο t*   403 δυσμενέεσσι 250 tt Ω*: τερπικέραυνος A^{yp} W   405 κεκόνιτο Dion. Ω*: -ιστο [250]᾽ t* H O: -ίατο D   407 παῖδ᾽ ἐσιδοῦσα t Ω: παῖδα ἰδ- Bentley   408 λαοί tt Ω: ἑταῖροι D^{2yp}   410 εἰ Ar 250 tt Ω: ἲ Arph mire; cf. Wack. Unt. 168 n. 1   411 σμύχοιτο Ar 250 654^c tt* Z Ω*: σμή- (nov. Did?) 654^a? Macr. D W   412 μόγις 1508 A F G: μόλις 250 Ω*.—cf. ad I 355, Φ 417   ἀσχάλλοντες Z   414 δ᾽ ἐλλιτάνευε 1508 A b F G:]ελλι- 435: δ᾽ ἐλι- 250 Ω*: δὲ λι- t h:]ελι- 654   415 damn. Düntzer   ἐξ ὀνομακλήδην T R W G (cf. δ 278): ἐξον- Z T^λ Ω*   416 κηδόμενοί Ar^{ab} 250 t* T h V: -μενόν (nov. Did) Max. T^λ Ω*   417 πόληος 250 654 1508 Ω*: -ιος 435 b R   418 λίσσωμ᾽ Ω*: -ομ᾽ F^a T^λ G: -ομαι 250 F^{yp} T   419 ἤν 250 Ω: ει (Heyne) 12᾽   420 τῶι γε 654 A D G: τῶιδε A^s Ω*   422 πέρι V   ἄλγε᾽ ἔθηκε 449 Ω*: -εα θῆκε(ν) b G   423 τόσσους 250 435 t Ω: τοιους 12   ἀπέκτανε 435 Ω*: -κτεινε b: -κτονε t   τηλεθάοντας 250 449 Z T^λ Ω: -θόοντας t

425 τῶν πάντων οὐ τόσσον ὀδύρομαι ἀχνύμενός περ
ὡς ἑνός, οὗ μ' ἄχος ὀξὺ κατοίσεται Ἄϊδος εἴσω,
Ἕκτορος. ὡς ὄφελεν θανέειν ἐν χερσὶν ἐμῇσιν·
τώ κε κορεσσάμεθα κλαίοντέ τε μυρομένω τε
μήτηρ θ', ἥ μιν ἔτικτε δυσάμμορος, ἠδ' ἐγὼ αὐτός."
ὣς ἔφατο κλαίων· ἐπὶ δὲ στενάχοντο πολῖται.

430 Τρωιῇσιν δ' Ἑκάβη ἀδινοῦ ἐξῆρχε γόοιο·
"τέκνον, ἐγὼ δειλή· τί νυ βείομαι αἰνὰ παθοῦσα
σεῖ' ἀποτεθνηῶτος; ὅ μοι νύκτας τε καὶ ἦμαρ
εὐχωλὴ κατὰ ἄστυ πελέσκεο, πᾶσί τ' ὄνειαρ
Τρωσί τε καὶ Τρωιῇσι κατὰ πτόλιν, οἵ σε θεὸν ὣς
435 δειδέχατ'· ἦ γὰρ καί σφι μάλα μέγα κῦδος ἔησθα
{ζωὸς ἐών· νῦν αὖ θάνατος καὶ μοῖρα κιχάνει}."

ὣς ἔφατο κλαίουσ'· ἄλοχος δ' οὔ πώ τι πέπυστο
Ἕκτορος· οὐ γάρ οἵ τις ἐτήτυμος ἄγγελος ἐλθών
ἤγγειλ', ὅττί ῥά οἱ πόσις ἔκτοθι μίμνε πυλάων,
440 ἀλλ' ἥ γ' ἱστὸν ὕφαινε μυχῶι δόμου ὑψηλοῖο
δίπλακα πορφυρέην, ἐν δὲ θρόνα ποικίλ' ἔπασσεν.
κέκλετο δ' ἀμφιπόλοισιν ἐϋπλοκάμοις κατὰ δῶμα
ἀμφὶ πυρὶ στῆσαι τρίποδα μέγαν, ὄφρα πέλοιτο
Ἕκτορι θερμὰ λοετρὰ μάχης ἐκ νοστήσαντι·
445 νηπίη, οὐδ' ἐνόησεν, ὅ μιν μάλα τῆλε λοετρῶν
χέρσ' ὕπ' Ἀχιλλῆος δάμασε γλαυκῶπις Ἀθήνη.

424–5 (ὡς ἑνός) sch Soph. El. 1075; 425 (κατοίσ.) ApS 97.3; Η. κ 1829
428 (δυσάμμ.) id. δ 2518; Epm. δ 7   431 EtG β 119; (τί νυ–) sch Δ 31–2a¹, Π 852; (τί
νυ β.) sch ε 299; (βεί.) Apio 226.17; Η. β [86], 459; (αἰνά) id. α 1972   433 (ὄνειαρ)
ApS 121.15; Orio 119.17   438 (ἐτήτ.) Η. (Cyr.) ε 6606   440–2 Eudoc. 1042–3,
1040; 440 Epm. Α 2b¹; 441 (ἐν δὲ θρ. ποικ.) ApS 88.20; (θρόνα) sch Theoc. 2.59/62c; Η.
θ 774, cf. τ 1483; (ἔπασσεν) ApS 70.33; Η. ε 4251   445 sch Π 46b

424 πάντων (= δ 104) 250 435 t Ω: πο[λλων 12 (cf. Ω 498)   425 εἴσω 250 449 Ζ Ω*:
δὲ b G   427 τώ 250 D: τῶ Ω*   428 θ' Ω*: om. 250 435 D V   429 πολῖται 250 Ω*
Dʸᵖ: γέροντες Αʸᵖ Τʸᵖ (ex Τ 338): γυναῖκες D (ex 515)   431 τέκνον, ἐγὼ δειλή 250 Ω:
Ἕκτορ, ἐγὼ δειλή t (cf. 477): Ἕκτορ τέκνον ἐμόν Ζ (ex 82)   βείομαι Ar' (schᵀ) 250
Porph. tt* Ω* (cf. A.R. 1.285 in proecdosi): βί- Ar' (schᵇ) 250ˢ sch-ε Ζ D: βή- Ar' (schᴬ):
βέ- EtG.—cf. Chantr. I 115, 452, 515   παθοῦσα 250 t Ω: τεκοῦσα Ar (cf. Α
414)   432 σεῖ' Fick: σεῦ 250 Ω   ἀποτεθνηῶτος 250 Α Βᵃ Ε F G, -θνει- Aˢ Εˢ Fˢ Ω*:
ἄπο τ- van Leeuwen (cl. Β 292, Λ 242): κατατ- (Cobet) r   νύκτάς Α   435 δειδέχατ'
250 Ω: cf. ad Δ 4   καί 250 D R: κέ Ω*   436 (= Ρ 478, 672) seclusi   αὖ Ω: δ' αὖ
b   441 πορφυρέην 12 250 449 t Ω*: μαρμαρέην Τʸᵖ R Η O.—cf. ad Γ 126   θρόνα 250
435 tt Ζ Αˡ Fˢ Ω*: θρόα b F   442 ut supra 250 449 t Ω: αι]ψα δ αρ αμφιπ[ολοισιν
ευπλοκαμοισι κελευσεν 12   445 οὐδὲ νόησεν Bᶜ   ὅ 250 t Ω: το 256   446 χερσ] υπ

κωκυτοῦ δ᾽ ἤκουσε καὶ οἰμωγῆς ἀπὸ πύργου·
τῆς δ᾽ ἐλελίχθη γυῖα, χαμαὶ δέ οἱ ἔκπεσε κερκίς.
ἢ δ᾽ αὖτις δμωιῆισιν ἐϋπλοκάμοισι μετηύδα·
450 "δεῦτε, δύω μοι ἕπεσθον· ἴδωμ᾽ ὅτιν᾽ ἔργα τέτυκται.
αἰδοίης ἑκυρῆς ὀπὸς ἔκλυον, ἐν δέ μοι αὐτῆι
στήθεσι πάλλεται ἦτορ ἀνὰ στόμα, νέρθε δὲ γοῦνα
πήγνυται· ἐγγὺς δή τι κακὸν Πριάμοιο τέκεσσιν.
αἲ γὰρ ἀπ᾽ οὔατος εἴη ἐμοῦ ἔπος, ἀλλὰ μάλ᾽ αἰνῶς
455 δείδω, μὴ δή μοι θρασὺν Ἕκτορα δῖος Ἀχιλλεύς
μοῦνον ἀποτμήξας πόλιος πεδίονδε δίηται,
καὶ δή μιν καταπαύσηι ἀγηνορίης ἀλεγεινῆς
ἥ μιν ἔχεσκ᾽, ἐπεὶ οὔ ποτ᾽ ἐνὶ πληθυῖ μένεν ἀνδρῶν,
ἀλλὰ πολὺ προθέεσκε, τὸ ὃν μένος οὐδενὶ εἴκων."
460 ὣς φαμένη μεγάροιο διέσσυτο μαινάδι ἴση,
παλλομένη κραδίην· ἅμα δ᾽ ἀμφίπολοι κίον αὐτῆι.
αὐτὰρ ἐπεὶ πύργόν τε καὶ ἀνδρῶν ἷξεν ὅμιλον,
ἔστη παπτήνασ᾽ ἐπὶ τείχεϊ· τὸν δ᾽ ἐνόησεν
ἑλκόμενον πρόσθεν πόλιος, ταχέες δέ μιν ἵπποι
465 εἷλκον ἀκηδέστως κοίλας ἐπὶ νῆας Ἀχαιῶν.
τὴν δὲ κατ᾽ ὀφθαλμῶν ἐρεβεννὴ νὺξ ἐκάλυψεν,
ἤριπε δ᾽ ἐξοπίσω, ἀπὸ δὲ ψυχὴν ἐκάπυσσεν.

447a ApS 106.7   448a Philod. Poem. 2 fr. 31.4 (p.179 Sb.)   449–50 Eudoc.
1044–5   452 (πάλλ.) H. (Cyr.) π 239   454 (–ἔπος) sch Σ 272b   465 (ἀκηδ.) H.
(Cyr.) α 2365   466 Eudoc. 2046   467 D.H. Comp. 35; Eudoc. 939; 467b Philox. fr.
250, 664 Th. (EtG s.vv. καρπαλίμως, κεφαλή); Porph. Il. 270.16 Schr.; (ψυχ.–) sch Soph.
Tr. 1160; (ἐκάπ.) Philox. fr. 478 Th. (Orio 63.8/EtG s.v.); sch Χ 468b; H. (Cyr.) ε
1241

12: χερσὶν 250 Ω.—cf. S. West Ptol. Pap. 169   447 . . . . . .]. c δ ηκ[ουσε 12   448 τῆς
250 Ω: ἦ t   449 αὖτις 250 t Aλ Ω*, -θις C: αὖτε W   450 ἕπεσθον 250 435 t Ω: -σθε
Bentley   ὅτιν᾽ t Ω*: ὅτι 256 435 D h, ὅττι Tλ: ἅτι(?) mavult schT: ἅτιν᾽ Rc G   451 δ᾽
ἐμοὶ h   αὐτῆι 250 256 449 Ω: -ῆς r haud male   452 γοῦνα 256 schbT Ω*: γυῖα 449
W   454 ἄπ᾽ D²   ἐμοῦ van Leeuwen Mn. 13 (1885) 216: ἐμεῦ t Z Ω: ἐμοὶ Menrad De
contr. et synizeseos usu (1886) 94 (cl. Σ 272)   458 πληθυῖ O: -ύϊ Ω   μένεν 12 256 b
G (cf. λ 514): -ε D: μέν᾽ Ω*   459 τὸ ὃν 449 Ω* (= O 689a): τεὸν Z D H: τ. . ν 256: ἐὸν
Nauck.—cf. ad Φ 305   οὐδενὶ (256 Ω) vel οὐδ᾽ ἐνὶ, cf. Wack. Unt. 116 n. 1: οὔτινι van
Leeuwen   461 κραδίην 256 449 Ω*: -η(ι) D Nγρ   462 ut supra fere 256 Ω (πύργόν
A b T, -ων D G; ἷξεν b T R W, ἵ- Bc Ω*, ει- 256): αυταρ επει Σκαιας] τε πυλ[ας και]
πυργον ικανεν 12 (cf. Z 237)   463 τείχεϊ 256 (-ει) Ω: τειχ[εσι] 12   464 πρόσθε.ν
12 Ω: προπάροιθε habes B 811, Φ 567   πόλιος 256 Ω: πολε[ως] 12   465 εἷλκον
Barnes: ἕλκ- [256] 449 Ω   466 ὀφθαλμῶν 256 449 t Ω: -ώ van Leeuwen.—v. ad
E 659   467 ἀπὸ 256 449 tt Ω: ἄνα Z

τῆλε δ' ἀπὸ κρατὸς βάλε δέσματα σιγαλόεντα,
ἄμπυκα κεκρύφαλόν τε ἰδὲ πλεκτὴν ἀναδέσμην
470 κρήδεμνόν θ', ὅ ῥά οἱ δῶκε χρυσῆ Ἀφροδίτη
ἤματι τῶι, ὅτε μιν κορυθαίολος ἠγάγεθ' Ἕκτωρ
ἐκ δόμου Ἠετίωνος, ἐπεὶ πόρε μυρία ἕδνα.
ἀμφὶ δέ μιν γαλόωι τε καὶ εἰνάτερες ἅλις ἔσταν,
αἵ ἑ μετὰ σφίσιν εἶχον ἀτυζομένην ἀπολέσθαι.
475 ἣ δ' ἐπεὶ οὖν ἄμπνυτο καὶ ἐς φρένα θυμὸς ἀγέρθη,
ἀμβλήδην γοόωσα μετὰ Τρωιῆισιν ἔειπεν·
"Ἕκτορ, ἐγὼ δύστηνος· ἰῆι ἄρα γεινόμεθ' αἴσηι
ἀμφότεροι, σὺ μὲν ἐν Τροίηι Πριάμου κατὰ δῶμα,
αὐτὰρ ἐγὼ Θήβηισιν ὑπὸ Πλάκωι ὑληέσσηι
480 ἐν δόμωι Ἠετίωνος, ὅ μ' ἔτρεφε τυτθὸν ἐοῦσαν,
δύσμορος αἰνόμορον· ὡς μὴ ὤφελλε τεκέσθαι.
νῦν δὲ σὺ μέν ῥ' Ἀΐδαο δόμους ὑπὸ κεύθεσι γαίης
ἔρχεαι, αὐτὰρ ἐμὲ στυγερῶι ἐνὶ πένθεϊ λείπεις
χήρην ἐν μεγάροισι. παῖς δ' ἔτι νήπιος αὔτως,
485 ὃν τέκομεν σύ τ' ἐγώ τε δυσάμμοροι· οὔτε σὺ τούτωι
ἔσσεαι, Ἕκτορ, ὄνειαρ, ἐπεὶ θάνες, οὔτε σοὶ οὗτος.

469 Erot. p.54.11 N.; Poll. 5.95; sch Pind. Ol. 5.15b, 7.118b; **469a** sch Pind. Isth. 2.2; H. α 3817; (κεκρ.) id. κ 2110; Phot. Lex. κ 541; **469b** ApS 33.2; (ἀναδ.) H. α 4262 **470** (κρήδ.) Apio 245.4; H. (Cyr.) κ 4055; (χρ. Ἀφρ.) sch Pind. Pyth. 1.1b; cf. H. χ 782 **472** sch Χ 88b **473a** Epm. ε 99; (εἰν.) H. (Cyr.) ε 970 **474a** Hdn ad Δ 2c; (μετὰ–ἀτυζ.) ApD Pron. 98.18 **475–6a** Arn ad Χ 468a; **475** ApS 8.22; [Plut.] Hom. 2.127.2; **475a** sch Λ 356c¹; (ἄμπν./ἔμπν.) H. α 3810, ε 2480, [5466], cf. π 2653; (ἀγέρθη) H. (Cyr.) α 449; **476** D.H. Comp. 92; ApS 26.28; **476a** EtG α 1557; (ἀμβλ.) H. α 3505 **477–9a** Strab. 13.1.7; **477b** Arn ad Φ 95a²; Hdn ad Ζ 422a¹ **481** (δύσμ.) H. (Cyr.) δ 2612; (αἰν.) id. α 2003 **482–3** Eudoc. 2065–6 **484** w5 (lacerum) **485** (οὔτε–)–6 Arn ad Χ 487a

468 βάλε Ar *h* V: χέε "αἱ κοιναί" Arn 256 449 schᵇ Tᴧ Ω **469** ἰδὲ 256 449 tt* Ω: ἠδὲ Erot. sch-Pind.^{Ol.5} **470** θ' ὅ Ω*: τε ὅ 'omnes' Didymi, D: το 256 449 χρυσῆ 256 tt Ω (-σῆ D Fᵃ Tˣ Rᵃ): -σέη Barnes.—cf. Praef. xxxvi sq. **471** κορυθαίολος C **473** εἰνάτερες Hdn (et 'omnes' ante eum) Ζ Aᴧ Ω*: parox. D E Fᶜ⁷ T ἔσταν 256 Ζ Ω (ἔ- T): ἦσαν Aʸᵖ rr (ex Γ 384) **474** μετὰ σφίσιν Hdn Ω: μετά σφισιν Η **475** ἄμπνυτο 449 tt* Ζ Ω (= ε 458, ω 349): ἔμπ- Ar: utrumque Hsch.—cf. ad Ε 697, Λ 359 **476** ἀμβλήδην 449 tt* schᵇᵀᴧ Ζ Ω: -ύδην Dion. γοόωσα 449 tt Ω: -άουσα Nʸᵖ.—cf. ad Ψ 106 Τρωιῆισιν 449 Ω* Nʸᵖ: δμωιῆισιν tt D *h* V **478** κατὰ δῶμα Ar 449 Ω: ἐνὶ οἴκωι "αἱ κοινότεραι" t **479** Θήβηισιν t (ubi ἦ Θήβηθεν) Ω: -ηφιν rr **481** δύσμορος Ar t Ω* Fˢ: -ον Fᵗ αἰνόμορον Ar t Ω*: -ος (nov. Did) Ζ G τεκέσθαι Ω: γεν- 449 **482** μέν ῥ' t Ω*: μὲν D T.—cf. ad Λ 442 **483** ἐνὶ t Ω (ἔνι W): ἐν rr.—cf. La Roche Unt. II 142 **484** δ' ἔτι Ω*: δέ τε T: δε τις w5 hic versus olim a 500 excipiebatur puto

ἤν περ γὰρ πόλεμόν γε φύγηι πολύδακρυν Ἀχαιῶν,
αἰεί τοι τούτωι γε πόνος καὶ κήδε᾽ ὀπίσσω
ἔσσοντ᾽· ἄλλοι γὰρ οἱ ἀπουρήσουσιν ἀρούρας.
490   ἦμαρ δ᾽ ὀρφανικὸν παναφήλικα παῖδα τίθησιν·
πάντα δ᾽ ὑπεμνήμυκε, δεδάκρυνται δὲ παρειαί.
δευόμενος δέ τ᾽ ἄνεισι πάϊς ἐς πατρὸς ἑταίρους,
ἄλλον μὲν χλαίνης ἐρύων, ἄλλον δὲ χιτῶνος·
τῶν δ᾽ ἐλεησάντων κοτύλην τις τυτθὸν ἐπέσχεν·
495   χείλεα μέν τ᾽ ἐδίην᾽, ὑπερώιην δ᾽ οὐκ ἐδίηνεν.
τὸν δὲ καὶ ἀμφιθαλὴς ἐκ δαιτύος ἐστυφέλιξεν,
χερσὶν πεπληγὼς καὶ ὀνειδείοισιν ἐνίσσων·
‘ἔρρ᾽ οὕτως· οὐ σός γε πατὴρ μεταδαίνυται ἥμιν.’
δακρυόεις δέ τ᾽ ἄνεισι πάϊς ἐς μητέρα χήρην,
500   Ἀστυάναξ, ὃς πρὶν μὲν ἑοῦ ἐπὶ γούνασι πατρός
μυελὸν οἶον ἔδεσκε καὶ οἰῶν πίονα δημόν,
αὐτὰρ ὅθ᾽ ὕπνος ἕλοι παύσαιτό τε νηπιαχεύων,
εὕδεσκ᾽ ἐν λέκτροισιν, ἐν ἀγκαλίδεσσι τιθήνης,
εὐνῆι ἔνι μαλακῆι, θαλέων ἐμπλησάμενος κῆρ.
505   νῦν δ᾽ ἂν πολλὰ πάθησι, φίλου ἀπὸ πατρὸς ἁμαρτών,

488–90 Eudoc. 166–8; **489** (ἄλλοι–) ApS 39.3; sch A 356b; (ἀπουρ.) H. (Cyr.) α 6761; **490** (παναφ.) ApS 127.19; H. π 316   **491** ApS 159.4; **491a** id. 67.18; EtG s.v. ὑπεμνήμυκε; Epm. υ 28; (ὑπεμν.) H. υ 306, cf. ε 2372, 2391, μ 1505   **492** (δευόμ.) H. (Cyr.) δ 729; (ἄνεισιν) id. α 4842   **493–5a** Apsin. Rhet. i.396.24 Sp.; **493** cf. Eudoc. 1745; **494b** sch Ψ 34c; **495** Max. Tyr. 34.5; Luc. Dial. 36.20, cf. 65.6; w5 (lacerum); Eudoc. 1890; Orio 155.7; (ἐδίηνεν) H. ε 467   **496** (ἀμφιθ.) ApS 26.22; cf. Clem. Strom. 2.140.1; H. α 4019; EtG α 1556   **497** al. (ἐνίσσων) H. (Cyr.) ε 3132   **499a** Arn ad Χ 487ab **500** (–ἑοῦ) id. ib.; sch I 489b[1]   **501** (μυελ.) ApS 114.1; H. μ 1786   **502** (νηπιαχ.) ApS 116.27; H. (Cyr.) ν 500   **503–4** Eudoc. 350–1; **503** (ἐν λέκ.) H. ε 3171; **503b** ApS 5.10; **504** (θαλ.) id. 85.34; H. (Cyr.) θ 44/5   **505a** sch ρ 385; (ἀπὸ–) H. α 6529

487–99 ath. Ar: **487–505** damn. Lehrs, **487–507** Düntzer   **487** περ γὰρ A[yp] A[m] Ω*: γὰρ δὴ A[λ] A H[c]: περ γὰρ δὴ H[a]   **488** αἰεί τοι t Ω: ἀλλ᾽ ἤτοι A[yp] W[m]   **489** ἀπουρή-σουσιν Eudoc. b F R W? G: -ρίσ(σ)- Ar tt* Z T[λ] Ω*   **490** πᾶν (immo πὰν) ἀφήλικα quidam ap. sch[AbT]   **491** ὑπεμνήμυκε fere tt Z A[λ] Ω*: ὑπομν- F   δεδάκρυνται Ω (= υ 204, 353): -ύαται van Leeuwen.—cf. Chantr. I 477   παρειαί (nov. Did) t Ω*: -ά Ar (pro neutro) b F[c] W?.—cf. ad Γ 35   **492** ἄνεισι minus huc convenit (cf. 499): ἂν εἰσι Bothe: ἄπεισι vel ἄρ᾽ εἰσι Axt Conjectan. Hom. (1860) 17   **494** ἐπέσχε(ν) tt Z Ω (cf. I 489): υπἰ 449   **495** τε δίην⟦ε⟧ D   **497** πεπληγὼς 449 T[λ] Ω: πεπλήγων Allen.—cf. ad B 264   ἐνίσσων Z Ω: -σπων D[2] rr: -σσειων 449: ἐνίπτων mavult sch[T].—cf. ad Γ 438   **498** οὕτως 449 Ω*: -τω Z (cf. Φ 184): οὗτος D C W   σός Ω: σοι 449   μετα-δαίνυται 449 Ω (μετὰ δ- A): -υτο Z   ἥμιν T: ἡμῖν Z Ω*   **500** γούνασι 449 Ω: -ατα A[s] H   **504** ἔνι Wolf: ἐνὶ vel ἐνι Ω   **505–7** damn. Wilamowitz Il. u. H. 105 sq.,

Ἀστυάναξ, ὃν Τρῶες ἐπίκλησιν καλέουσιν·
οἶος γάρ σφιν ἔρυσο πύλας καὶ τείχεα μακρά.
νῦν δὲ σὲ μὲν παρὰ νηυσὶ κορωνίσι νόσφι τοκήων
αἰόλαι εὐλαὶ ἔδονται, ἐπεί κε κύνες κορέσωνται,
510 γυμνόν· ἀτάρ τοι εἵματ᾽ ἐνὶ μεγάροισι κέονται
λεπτά τε καὶ χαρίεντα, τετυγμένα χερσὶ γυναικῶν.
ἀλλ᾽ ἤτοι τά γε πάντα καταφλέξω πυρὶ κηλέωι,
οὐδὲν σοί γ᾽ ὄφελος, ἐπεὶ οὐκ ἐγκείσεαι αὐτοῖς,
ἀλλὰ πρὸς Τρώων καὶ Τρωϊάδων κλέος εἶναι.”
515 ὣς ἔφατο κλαίουσ᾽· ἐπὶ δὲ στενάχοντο γυναῖκες.
Ψ   ὣς οἳ μὲν στενάχοντο κατὰ πτόλιν· αὐτὰρ Ἀχαιοί,
ἐπεὶ δὴ νῆάς τε καὶ Ἑλλήσποντον ἵκοντο,
οἳ μὲν ἄρ᾽ ἐσκίδναντο ἑὴν ἐπὶ νῆα ἕκαστος,
Μυρμιδόνας δ᾽ οὐκ εἴα ἀποσκίδνασθαι Ἀχιλλεύς,
5 ἀλλ᾽ ὅ γε οἷς ἑτάροισι φιλοπτολέμοισι μετηύδα·
“Μυρμιδόνες ταχύπωλοι, ἐμοὶ ἐρίηρες ἑταῖροι,
μὴ δή πω ὑπ᾽ ὄχεσφι λυώμεθα μώνυχας ἵππους,
ἀλλ᾽ αὐτοῖς ἵπποισι καὶ ἅρμασιν ἄσσον ἰόντες
Πάτροκλον κλαίωμεν· ὃ γὰρ γέρας ἐστὶ θανόντων.
10 αὐτὰρ ἐπεί κ᾽ ὀλοοῖο τεταρπώμεσθα γόοιο,
ἵππους λυσάμενοι δορπήσομεν ἐνθάδε πάντες.”
ὣς ἔφαθ᾽· οἳ δ᾽ ᾤμωξαν ἀολλέες, ἦρχε δ᾽ Ἀχιλλεύς.
οἳ δὲ τρὶς περὶ νεκρὸν ἐΰτριχας ἤλασαν ἵππους
μυρόμενοι· μετὰ δέ σφι Θέτις γόου ἵμερον ὦρσεν.

507 Pl. Crat. 392e   509–14 [Plut.] Hom. 2.190.2; 509 (αἰ. εὐλαί) Philox. fr. 526 Th.
(EtG s.v. κορυθαιόλος); Porph. Hom. 14.4 Sod., Od. 127.8 Schr.; (εὐλαί) H. ε 6956;
Orio 52.11; 510 Eudoc. 1875; 513 w5 (lacerum); 513b sch Ψ 254a; 514a sch P
98–9d³   Ψ 1 (–πτ.) sch Π 1a   2 DThr ap. Arn ad X 379a; Ath. 632e; Mar. Plot. GL
vi.452.20; Diomed. GL i.500.10; sch Heph. 289.12, 322.16, 325.12, 327.9, 341.20, 348.23,
349.13, 350.17; 2a sch M 208c   4 Epm. η 33   7 ib. μ 10; 7a Hdn i.561.3; (ὑπ᾽ ὄχ.) id.
ii.202.2   8 (–ἅρμ.) sch Ar. Ran. 226   9 ApS 118.3; ApD Pron. 5.30; Stob. 4.54.5
10b Orio 25.21; (τεταρπ.) H. τ 582   12 (ᾤιμ. ἀολλ.) sch Φ 156   13a sch Ω 16
14b sch T 284c

506–7 Jordan Homers Ilias übersetzt (1881) 677   505 δ᾽ ἂν 449 t Ω: δὴ Aˢ: δ᾽ αὖ (Doederlein) r   507 πύλας 449 Ω: πόλιν t   509 ἐπεί 449 t Ω: ἐπήν Aˢ   κορέσωνται 449
t Ω*: -σονται b F R G   510 μμεγάροισι 449 D W   512 τα γε 449: τάδε t Tᴧ
Ω   513 γ᾽ 449 tᵛˡ Ω*: om. [12] tᵛˡ D   αὐτοῖς 449 t Ω: -ός Hoogvliet   515 ἔφατο 449
Ω (= Ω 746): αρ εἰφη 12   δ᾽ ἐστενάχοντο W   Ψ 3 ἄρ᾽ ἐσκίδναντο 13 Ω: ἄρα σκ- Heyne.—cf. ad T 277   ἕκαστος 13 451 Ω: cf. ad T 277   8 ἅρμασιν Ζ Ω: ἀνδράσιν
t   ἄσσον A D Y G: ἄ- Ω*   14 susp. Heyne   Θέτις γόου 13 451 (γόοι ?) t Ζ Ω*:
γόου Θέτις C

15	δεύοντο ψάμαθοι, δεύοντο δὲ τεύχεα φωτῶν
	δάκρυσι· τοῖον γὰρ πόθεον μήστωρα φόβοιο.
	τοῖσι δὲ Πηλείδης ἀδινοῦ ἐξῆρχε γόοιο,
	χεῖρας ἐπ' ἀνδροφόνους θέμενος στήθεσσιν ἑταίρου·
	"χαῖρέ μοι, ὦ Πάτροκλε, καὶ εἰν Ἀΐδαο δόμοισιν·
20	πάντα γὰρ ἤδη τοι τελέω τὰ πάροιθεν ὑπέστην,
	Ἕκτορα δεῦρ' ἐρύσας δώσειν κυσὶν ὠμὰ δάσασθαι,
	δώδεκα δὲ προπάροιθε πυρῆς ἀποδειροτομήσειν
	Τρώων ἀγλαὰ τέκνα, σέθεν κταμένοιο χολωθείς."
	ἦ ῥα, καὶ Ἕκτορα δῖον ἀεικέα μήδετο ἔργα,
25	πρηνέα πὰρ λεχέεσσι Μενοιτιάδαο τανύσσας
	ἐν κονίηις. οἳ δ' ἔντε' ἀφωπλίζοντο ἕκαστος
	χάλκεα μαρμαίροντα, λύον δ' ὑψηχέας ἵππους,
	κὰδ δ' ἷζον παρὰ νηὶ ποδώκεος Αἰακίδαο
	μυρίοι· αὐτὰρ ὃ τοῖσι τάφον μενοεικέα δαίνυ.
30	πολλοὶ μὲν βόες ἀργοὶ ὀρέχθεον ἀμφὶ σιδήρωι
	σφαζόμενοι, πολλοὶ δ' ὄιες καὶ μηκάδες αἶγες·
	πολλοὶ δ' ἀργιόδοντες ὕες θαλέθοντες ἀλοιφῆι
	εὑόμενοι τανύοντο διὰ φλογὸς Ἡφαίστοιο·
	πάντηι δ' ἀμφὶ νέκυν κοτυλήρυτον ἔρρεεν αἷμα.
35	αὐτὰρ τόν γε ἄνακτα, ποδώκεα Πηλείωνα,
	εἰς Ἀγαμέμνονα δῖον ἄγον βασιλῆες Ἀχαιῶν,
	σπουδῆι παρπεπιθόντες ἑταίρου χωόμενον κῆρ.
	οἳ δ' ὅτε δὴ κλισίην Ἀγαμέμνονος ἷξον ἰόντες,

15 Macr. Sat. 5.10.10; 15a Epm. δ 71	19a ib. τ 74	20 (-τελ.) Choer. in Thd.
ii.168.16	21 (ὠμὰ δ.) Philod. De ira viii 17	24–5 Plut. Mor. 19c; 25 (ταν.) H. τ 155
26 (ἀφωπλ.) ApS 49.12; Phot. Lex. α 3416	30–3 Eudoc. 556–9; 30 (-ὀρ.) ApS 122.27;
sch A.R. 1.275a; EtG s.v. ἐρέχθων; 30b sch A.R. 2.49; (ὀρ.) H. (Cyr.) ο 1172; 33 H. τ 147
34 Ath. 478e; (κοτ. αἷμα) ApS 103.21; (κοτ.) H. (Cyr.) κ 3817; Orio 80.κ 19; Phot. Lex.
κ 1022	37a EtG s.v. πεπίθοιεν; Epm. A 101 (ter); (παρπ.) ApS 128.28; H. π 1004

17 ἀδινοῦ Bᵃ E T Wˢ: α- A Y, ἀ- Ω*	18 ἀνδροφόνους Ar Ω: -ου nov. Did
21–3 del. Payne Knight; cf. 180–3, Σ 336–7	21 δώσειν 13 Ω* Oᵞᵖ: -σω Y O
δάσασθαι 13 451 t schᵇᵀ Ω: -εσθαι "ἔδει" schᵀ	22 ἀποδειροτομήσειν 13 Z (-δηρ-)
Ω*: -σω (ex Σ 336) Fᵃ Y W	26 κονίηισ' B E F R G	ἀφωπλίζοντο 257 tt Ω*:
ἀποπλ- Z: ἀφόπλιζον Tᵃ, -ώπλ- Tᶜ	ἕκαστος 257 A D C: -οι Aᵞᵖ Ω*.—cf. ad 3, 55
27 λύον δ' ὑψηχέας 257 h142 schᴰ Z Ω* (-ήχεας C E G, cf. ad E 772): λύοντο δὲ μώνυ-
χας Aᵞᵖ D²ᵞᵖ T Y R W	28 ἷζον E R W: ῑ- Ω*, ῐ- D	30(-1?) ath. quidam ap. schᵀ
propter ferri mentionem	ἀργοὶ 13 257ᵖ tt* schᵇᵀᴰ Ω*: -γῶι agn. schᵀ: om. ApS sch-
A.R., D	ὀρέχθεον 13 257 tt* schᵇᵀ Z Ω: ἐρ- EtG: ὀρέχθοντ' Eudoc.	31 πολλοὶ 13
257 tᶜᵒᵈ Ω: -αὶ Düntzer	37 παρπεπιθόντες Hdn 451ᵖ A Rᵃ: proparox. Z Ω*
38 ἷζον Ω*: ῑ- A Bᶜ C Y G: ῐ- 1514: ἵζον D

αὐτίκα κηρύκεσσι λιγυφθόγγοισι κέλευσαν
40	ἀμφὶ πυρὶ στῆσαι τρίποδα μέγαν, εἰ πεπίθοιεν
Πηλείδην λούσασθαι ἄπο βρότον αἱματόεντα.
αὐτὰρ ὃ ἠρνεῖτο στερεῶς, ἐπὶ δ᾽ ὅρκον ὄμοσσεν·
"οὐ μὰ Ζῆν᾽, ὅς τίς τε θεῶν ὕπατος καὶ ἄριστος,
οὐ θέμις ἐστὶ λοετρὰ καρήατος ἆσσον ἱκέσθαι,
45	πρίν γ᾽ ἐνὶ Πάτροκλον θέμεναι πυρὶ σῆμά τε χεῦαι
κείρασθαί τε κόμην, ἐπεὶ οὔ μ᾽ ἔτι δεύτερον ὧδε
ἵξετ᾽ ἄχος κραδίην, ὄφρα ζωοῖσι μετείω.
ἀλλ᾽ ἤτοι νῦν μὲν στυγερῆι πειθώμεθα δαιτί,
ἠῶθεν δ᾽ ὄτρυνε, ἄναξ ἀνδρῶν Ἀγάμεμνον,
50	ὕλην τ᾽ ἀξέμεναι παρά τε σχεῖν ὅσσ᾽ ἐπιεικές
νεκρὸν ἔχοντα νέεσθαι ὑπὸ ζόφον ἠερόεντα,
ὄφρ᾽ ἤτοι τοῦτον μὲν ἐπιφλέγηι ἀκάματον πῦρ
θᾶσσον ἀπ᾽ ὀφθαλμῶν, λαοὶ δ᾽ ἐπὶ ἔργα τράπωνται."
ὣς ἔφαθ᾽· οἳ δ᾽ ἄρα τοῦ μάλα μὲν κλύον ἠδ᾽ ἐπίθοντο.
55	ἐσσυμένως δ᾽ ἄρα δόρπον ἐφοπλίσσαντες ἕκαστοι
δαίνυντ᾽, οὐδέ τι θυμὸς ἐδεύετο δαιτὸς ἐΐσης.
αὐτὰρ ἐπεὶ πόσιος καὶ ἐδητύος ἐξ ἔρον ἔντο,
οἳ μὲν κακκείοντες ἔβαν κλισίηνδε ἕκαστος,
Πηλείδης δ᾽ ἐπὶ θινὶ πολυφλοίσβοιο θαλάσσης
60	κεῖτο βαρὺ στενάχων πολέσιν μετὰ Μυρμιδόνεσσιν
ἐν καθαρῶι, ὅθι κύματ᾽ ἐπ᾽ ἠϊόνος κλύζεσκον.

42 Eudoc. 1791	**50** (ἀξέμ.) H. α 5613; 50b sch Ψ 139b	**55–6** Eudoc. 1218–19
58 ead. 1222; Choer. in Ps. 100.23	**61** Matro Supp. Hell. 534.20 (parod.); Eudoc. 1223

39 κέλευσαν Ar Ω*: -ευσεν (nov. Did) D Fᵃ Y G (= B 50, 442): -ευεν Rᵃ	**41** ἄπο 13
451 A T R W: ἀπὸ vel ἄπο 257 Ω*	**42** ὃ 13 451 D Y V: ὅ γ᾽ t Ω*.—cf. ad N 399	στε-
ρεῶς 13 257 (-ρε- ex -ρα-) 451 h142 t Ω: στυγερῶς h V (cf. 48)	**43** οὗ A G, οὔ Z Tˡ Ω*,
οὖ Y	τίς τε 13 451 Ω:]τε 257: τ᾽ ἐστὶ Grashof (cl. Hymn. Ven. 37): πέρ τε Hermann
(Soph. Oed. R. xiv)	**44** ἆσσον A D Y G: ἄ- Ω*	**45** χεῦαι Z Ω*: -σαι C R
46 μ᾽ ἔτι 13 257 Z Ω: τι με Aʸᵖ r	**48** ἤτοι 13 451 Ω*: ἄγε δὴ D	νῦν μὲν Ar 13 451 Ω:
μὲν νῦν (nov. Did?) rr	πειθώμεθα Ar 13ᵃ 257 Ω: τερπώ- (nov. Did) 13²: περ ταρπώ-
V (cf. 98)	**50** σχεῖν 13 t Tˡ Ω: σχέμεν Payne Knight (cf. T 147)	ὅσσ᾽ schʰʸᵖ, ὅσ᾽ D:
ὡς 13 t schᵇᵀᴰ Ω*.—cf. ad Ω 595	**51** damn. Heyne	**53** θᾶσσον Y: θᾶ- Ω*
54 ἠδὲ πίθοντο Y R Nʸᵖ	**55** ἐφοπλίσ(σ)αντες t Tˡ Ω*: -ίσαντο D, -ίσσαντο Bentley
(omisso 56)	ἕκαστοι t Ω: -ος rr.—cf. ad 3, 26	**56** οὐδέ τι 451 Ω*: οὐδ᾽ ἔτι A G
58 κακκείοντες 9 451 tt Ω: δὴ κεί- schʰʸᵖ.—cf. ad A 606	κλισίηνδε 9 (δέ) 13 Ω*
(δὲ A E R): οἶκονδε D Y (ex A 606)	**61** ὅθι δὴ 9 D	ἐπ᾽ 9 tt Ω*: ἀπ᾽ 13 Z Rᵃ	ἠϊόνος
9 13 tt Z Ω*: -νας 13ˢ A H: -να W	κλύζεσκον Arᵃ 9 Tˡ Ω*: -εν Arᵇ(?) tt Z Aˢ b F W:
ἐπέκλυζον quidam ap. schᵀ

εὗτε τὸν ὕπνος ἔμαρπτε, λύων μελεδήματα θυμοῦ,
νήδυμος ἀμφιχυθείς—μάλα γὰρ κάμε φαίδιμα γυῖα
Ἕκτορ᾽ ἐπαΐσσων προτὶ Ἴλιον ἠνεμόεσσαν—
65   ἦλθε δ᾽ ἔπι ψυχὴ Πατροκλῆος δειλοῖο,
πάντ᾽ αὐτῶι μέγεθός τε καὶ ὄμματα κάλ᾽ εἰκυῖα
καὶ φωνήν, καὶ τοῖα περὶ χροῒ εἵματα ἔστο.
στῆ δ᾽ ἄρ᾽ ὑπὲρ κεφαλῆς καί μιν πρὸς μῦθον ἔειπεν·
"εὕδεις, αὐτὰρ ἐμεῖο λελασμένος ἔπλε᾽, Ἀχιλλεῦ·
70   οὐ μέν μεο ζώοντος ἀκήδεις, ἀλλὰ θανόντος.
θάπτε με ὅττι τάχιστα, πύλας Ἀΐδαο περήσω·
τῆλε μ᾽ ἐέργουσι ψυχαί, εἴδωλα καμόντων,
οὐδέ μέ πω μίσγεσθαι ὑπὲρ ποταμοῖο ἐῶσιν,
ἀλλ᾽ αὕτως ἀλάλημαι ἀν᾽ εὐρυπυλὲς Ἄϊδος δῶ.
75   καί μοι δὸς τὴν χεῖρ᾽, ὀλοφύρομαι· οὐ γὰρ ἔτ᾽ αὖτις
νίσομαι ἐξ Ἀΐδαο, ἐπήν με πυρὸς λελάχητε.
οὐ μὲν γὰρ ζωοί γε φίλων ἀπάνευθεν ἑταίρων
βουλὰς ἑζόμενοι βουλεύσομεν, ἀλλ᾽ ἐμὲ μὲν κήρ
ἀμφέχανε στυγερή, ἥ περ λάχε γεινόμενόν περ.
80   καὶ δὲ σοὶ αὐτῶι μοῖρα, θεοῖς ἐπιείκελ᾽ Ἀχιλλεῦ,
τείχει ὕπο Τρώων εὐηφενέων ἀπολέσθαι.

62 (μελεδ.) ApS 110.33; H. (Cyr.) μ 668; Orio 105.23; Phot. Lex. μ 227   65–7, 71–6
Porph. fr. 377–8 (pp.456 sq. Sm.); 65 [Plut.] Hom. 2.122.3; sch Heph. 265.8; 66–7 Charito 2.9.6; Orig. c.Cels. 2.61; 67 (τοῖα) H. τ 1054; (ἔστο) id. ε 6413; 71 Charito 4.1.3; Theophil. ad Autol. 2.38; 71a sch Τ 228a; 72 [Plut.] Hom. 2.122.3; (–ψ.) sch β 183; (εἴδ. καμ.)
Epm. α 313 (e Methodio); 74 Porph. Il. 333.13 Schr.; EtG α 402; (ἀλάλ.) H. α 2748;
(εὐρυπ.) Hdn ad Ν 391a¹; H. ε 7150; 75 (–ἔτ᾽) Eudoc. 829   77–91 Aeschin. 1.149; 77–8
(–βουλεύσ.) Plut. Mor. 94f; 78 (ἑζ.) H. (Cyr.) ε 607; (ἀλλ᾽–)–79 Chrysipp. (SVF
ii.266.39) ap. Diogenian. ap. Eus. P.E. 6.8.1; 79 (ἀμφέχ.) H. α 3930; 79b sch Υ 127; 80–1
Porph. Il. 105.1 Schr.; 81 sch Ζ 518a; (εὐηγ.) ApS 78.28; H. ε 6821, 6858; 83–4 Luc. Dial.

64 προτὶ 9 13 258 Ω: ποτὶ h: περι 451.—cf. ad Β 801   65 ἔπι Heyne: ἐπὶ 9
Ω   Πατροκλεῖος Υ   69 de interpunctione cf. ad Β 23   ἔπλε᾽ Payne Knight: -ευ 9 13
258 Ζ Τλ Ω   70 μεο dedi: μευ 9 13 258 1515 Βᶜ Ω*: με b   71 θάπτέ Α Τ Υ R W G
72 τῆλ᾽ ἐμὲ O (contra Hdn)   μ᾽ ἐέργουσι Bentley: με εἴργ- 9 13 (-σιν) 258 1515 tt Ω
(εἴ- G).—cf. Wack. Unt. 7   73 ποταμοῖο ἐῶσιν 9 13 258 t Ω: -μοῦ εἰῶσιν Bentley,
ἐόωσιν Nauck   74 fort. additicius   ἀν᾽ 9 13 258 tt Ω*: ὑπ᾽ D   76 νίσομαι t Ω*:
νείσ- 258 1515 R W: νείσσ- 9 Υ, nov. Eust.: νείομαι 13 Ζ schʰʸᵖ Fᶜ (-ομ᾽)   ἐπήν 9 13 258
Ω*: ἐπεί W   77 μὲν γὰρ 9 13 258 1515 Plut. Ω: γὰρ ἔτι (cf. 75) "ἔν τισι τῶν πολιτικῶν" tt*   79 γεινόμενόν 9 13 tt Ω   81 τείχει 9 1515 tt Ω*: -χη D G   ὕπο
Barnes: ὑπὸ 9 Ω   εὐηφενέων Rhi Arph (cf. Ep. adesp. 4.13 Pow.; Rengakos 141): εὐηγ-
(cf. Λ 427) Ar 9 258 tt* schᴰ Ω: utrumque Hsch.   81a μαρνάμενον δηίοις Ἑλένης
ἕνεκ᾽ ἠϋκόμοιο add. Aeschin.: deest in 9 23 257 Ω

ἄλλο δέ τοι ἐρέω καὶ ἐφήσομαι, αἴ κε πίθηαι·
μὴ ἐμὰ σῶν ἀπάνευθε τιθήμεναι ὀστέ᾽, Ἀχιλλεῦ,
ἀλλ᾽ ὁμοῦ, ὡς τράφομέν περ ἐν ὑμετέροισι δόμοισιν,
85   εὖτέ με τυτθὸν ἐόντα Μενοίτιος ἐξ Ὀπόεντος
ἤγαγεν ὑμέτερόνδ᾽ ἀνδροκτασίης ὕπο λυγρῆς
ἤματι τῶι, ὅτε παῖδα κατέκτανον Ἀμφιδάμαντος
νήπιος, οὐκ ἐθέλων, ἀμφ᾽ ἀστραγάλοισι χολωθείς.
ἔνθά με δεξάμενος ἐν δώμασιν ἱππότα Πηλεύς
90   ἔτρεφέ τ᾽ ἐνδυκέως καὶ σὸν θεράποντ᾽ ὀνόμηνεν·
ὣς δὲ καὶ ὀστέα νῶϊν ὁμὴ σορὸς ἀμφικαλύπτοι
{χρύσεος ἀμφιφορεύς, τόν τοι πόρε πότνια μήτηρ}.”
    τὸν δ᾽ ἀπαμειβόμενος προσέφη πόδας ὠκὺς Ἀχιλλεύς·
“τίπτε μοι, ἠθείη κεφαλή, δεῦρ᾽ εἰλήλουθας
95   καί μοι ταῦτα ἕκαστ᾽ ἐπιτέλλεαι; αὐτὰρ ἐγώ τοι
πάντα μάλ᾽ ἐκτελέω καὶ πείσομαι, ὡς σὺ κελεύεις.
ἀλλά μοι ἆσσον στῆθι, μίνυνθά περ ἀμφιβαλόντε
ἀλλήλους ὀλοοῖο τεταρπώμεσθα γόοιο.”
ὣς ἄρα φωνήσας ὠρέξατο χερσὶ φίλῃσιν,
100   οὐδ᾽ ἔλαβε· ψυχὴ δὲ κατὰ χθονὸς ἠΰτε καπνός

33.47; Phot. Lex. s.v. ὁμοῦ; 84 sch Pl. Phd. 72c; (ὁμοῦ-) Epm. α 153; 88 Ael. Dion. α 190; 88b ApS 45.2; sch τ 28; 89 (με δεξ. Π.)–90 Luc. Dial. 33.47; 90a EtG s.v. ἐνδυκέως; (ἐνδ.) H. (Cyr.) ε 2831; 91 ApS 143.22; (νῶϊν ὁμή) H. (Cyr.) ο 709; (ὁμή) id. ο 696; (σορός) H. σ 1346; Phot. Lex. s.v.   94 (ἠθ.) H. η 222   96 Eudoc. 192   100 (ψ.-)–1a Pl. Resp.

    82 καὶ ἐφήσομαι αἴ κε πίθηαι 9 23 258 Ζ Ω: σὺ δ᾽ ἐνὶ φρεσὶ βάλλεο σῇσιν Aeschin. 83ab ἀλλ᾽“ἵνα πέρ σε καὶ αὐτὸν ὁμοίη γαῖα κεκεύθοι [ita Sauppe pro -θη]|χρυσέωι ἐν ἀμφιφορεῖ, τόν τοι πόρε πότνια μήτηρ (cf. 92) add. Aeschin.: desunt in 9 23 257 t* Ω 84 ἀλλ᾽ ὁμοῦ ὡς τράφομέν περ La Roche post Buttmann: ἀλλ᾽ ὁμοῦ ὡς ἐτράφημεν 9 Phot. Aʸᵖ b F G: ἀλλ᾽ ὁμοῦ ὡς ἐτράφην περ tt* (περ om. sch-Pl.) Ω* schʰʸᵖ: (ἀλλ᾽ ὁμοῦ ὡς) ετραφ[23, ε[τ]ρ[258: αλλ[257: ὡς ὁμοῦ ἐτράφεμέν περ Aeschin. (-φομέν περ Scaliger)   86 ὑπὸ λυγρῆς 9 t Ζ Ω* Gˢ (ὕπο Wolf): ἀλεγεινῆς G   88 νήπιος 9 tt Ω*: -ον 23 D W   ἀστραγάλοισι χολωθείς 9 tt Ω: -λῃσιν ἐρίσσας “αἱ πλείους τῶν κατ᾽ ἄνδρα”, prob. Did cl. Anacr. PMG 398   89 ἔνθά sic Ω praeter D Υ, ενθ]ά 23   90 ἔτρεφέ τ᾽ tt* Aᵐ Ω*, ἐτρέφετ᾽ Τ: ἔτρεφεν Luc. Ο: ετρεφ᾽ b: ετρεφ[257: ἔτραφέ τ᾽ 9 A, ἐτρά–φετ᾽ W:]φέ τ᾽ 23   91 ὣς Bᶜ⁽ F T Υ: ὡς 9 (tt) Ζ Ω*: ος 257   ἀμφικαλύπτοι 9 tt Ω*: -πτει Υ Ο: -πτηι 12: -ψει V   92 deest in 12, “ἐν πάσαις οὐκ ἦν” Did: ath. Ar (cf. 83b; ω 73–7): hab. 9 257 511 h142 Ω   93a[ηδυ μαλα κνωσσων ε]ν ονειρειηισι πυλ ησιν (cf. δ 808) add. 12   94 τίπτέ Ω praeter D   ἠθείη Ar t Ω: ὦ θείη Chamaeleo   95 duos versus hic habuit 12   ἐπιτέλλεαι 9 Ω: -εο 258   96 σὺ 9 t Ω (cf. Φ 223, al.): με Aʸᵖ h Ο (cf. λ 507)   post hunc fort. duobus versibus abundavit 12   97 ἆσσον A D Υ: ἄ- Ω*   ἀμφιβαλόντε 9 A D R W: -ες Tˣ Ω*   98 ὀλοοῖο (= 10) 9 511 Ω: κρυεροῖο (= λ 212) Aʸᵖ   100 ἔλαβε 9 Ω: -ε]ν 511, -εν Ο

ᾤχετο τετριγυῖα. ταφὼν δ᾽ ἀνόρουσεν Ἀχιλλεύς
χερσί τε συμπλατάγησεν, ἔπος τ᾽ ὀλοφυδνὸν ἔειπεν·
"ὢ πόποι, ἦ ῥά τίς ἐστι καὶ εἰν Ἀΐδαο δόμοισιν
ψυχὴ καὶ εἴδωλον, ἀτὰρ φρένες οὐκ ἔνι πάμπαν·
105 παννυχίη γάρ μοι Πατροκλῆος δειλοῖο
ψυχὴ ἐφεστήκει γοόωσά τε μυρομένη τε,
καί μοι ἕκαστ᾽ ἐπέτελλεν· ἔικτο δὲ θέσκελον αὐτῶι."
ὣς φάτο· τοῖσι δὲ πᾶσιν ὑφ᾽ ἵμερον ὦρσε γόοιο.
μυρομένοισι δὲ τοῖσι φάνη ῥοδοδάκτυλος Ἠώς
110 ἀμφὶ νέκυν ἐλεεινόν. ἀτὰρ κρείων Ἀγαμέμνων
οὐρῆάς τ᾽ ὤτρυνε καὶ ἀνέρας ἀξέμεν ὕλην
πάντοθεν ἐκ κλισιῶν· ἐπὶ δ᾽ ἀνὴρ ἐσθλὸς ὀρώρει,
Μηριόνης, θεράπων ἀγαπήνορος Ἰδομενῆος.
οἳ δ᾽ ἴσαν ὑλοτόμους πελέκεας ἐν χερσὶν ἔχοντες
115 σειράς τ᾽ εὐπλέκτους· πρὸ δ᾽ ἄρ᾽ οὐρῆες κίον αὐτῶν,
πολλὰ δ᾽ ἄναντα κάταντα πάραντά τε δόχμιά τ᾽ ἦλθον.
ἀλλ᾽ ὅτε δὴ κνημοὺς προσέβαν πολυπίδακος Ἴδης,

387a; Philod. Poem. 2 fr. 2.14 (p.119 Sb.); [Plut.] Hom. 2.127.1; (ψ. δ᾽ ἠΰτε κ.)–101a
Porph. fr. 378 (p.458 Sm.); 101a + 100b Olymp. in Phd. 57.24; 101 (τετρ.) H. τ 651; Phot.
Lex. s.v.; 101b–2 Sext. Math. 7.404; 102 sch Theoc. 11.57b; 102a Epm. σ 19; (συμπλ.) ApS
146.15   103–4 Pl. Resp. 386d; 103 (ἦ ῥα–) Isid. Pelus. Epist. 4.125 (PG 78.1200c); 104
sch X 59d   105–6a sch K 1–2, cf. 2a; 105 (πανν.) H. π 364; 105b Polyb. Sard. Fig.
iii.105.20 Sp.; 106 w35 fr. 1.4 (lacerum)   107 Eudoc. 403; 107a sch Ψ 82; 107b Arn ad
Π 41a; (ἔικτο) ApS 63.29; (θέσκ.) H. θ 206   108 Arist. Rh. 1370b28; Chrysipp. (SVF
iii.119.8) ap. Gal. De plac. Hipp. et Plat. 4.7.31; (τοῖσι–) Eudoc. 2070   109 [Plut.]
Cons. Apoll. 114e   113 ApS 4.4   114 Macr. Sat. 5.7.9   116 ApS 60.4; 116a Matro Supp. Hell. 534.46 (parod.); Demetr. Eloc. 219; (ἄν. κάτ. πάρ.) EtG α 1558; (ἄν. κάτ.)
cf. Luc. Dial. 36.26; (ἄν.) H. (Cyr.) α 4464; Phot. Lex. α 1566/8; (κάτ.) cf. sch Theoc.
1.13a; H. (Cyr.) κ 1294; (πάρ.) H. π 603

102 συμπλατάγησεν 9 511 (συ]ν-) tt Ω*: συμπατ- Z C h R G   τ᾽ 9 Sext. D: δ᾽ t* Tλ
Ω*   ὀλοφυρμὸν Z   103 ὦ A D Fa Y?: ὢ Ω*   τις 9 1516 t* Ω*: τι 511 Isid. Y h, quod
sunt qui credant Propertium legisse (4.7.1 sunt aliquid manes): τοι V   104 ath. Arph
u.v. (ἐνσέσεισται οὖν ἐκ τῆς Ὀδυσσείας ὁ στίχος· ἐκεῖ γὰρ τὰς ψυχὰς εἴδωλα
σκιώδη φρονήσεως ἀμέτοχα ὑπέθετο), def. Ar   οὐκ ἔνι πάμπαν 9 tt Ω: οὐκ ἔνι πᾶ–
σαι schTyp: puta ἔμπεδοί εἰσιν primitus scriptum esse (cf. κ 493), si versum non vis dele-
re   106 ἐφεστήκει Ar t* A T R: ἐφειστ- (nov. Did) 1516 w35 Ω*: εφ᾽ιστ- 9: ἐφέστηκε
D: εφηστίκη Y   γοόωσα 9 Ω: γοάουσα Nyp.—cf. ad B 648, Z 415, X 476   109 φάνη
ῥοδοδάκτυλος ἠώς 9 1515 Ω: μέλας ἐπὶ ἕσπερος ἦλθε t (ex α 423)   111 τ᾽ 9 Tλ Ω: om.
"πολλὰ τῶν ἀντιγράφων"   ὤτρυνε 9 Ω: ὄ- rr   112 κλισιῶν 9 b Fc T: -σιέων D Y
W G: -σιάων R: -σέων A Fa   114 πελέκεας t Ω: -κυς Christ   117 κνημοὺς 12 Z
Ω*: κρημνοὺς Fa Gyp.—cf. ad Φ 559   πολυπίδακος Ar 9 Ω*: -δάκου (nov. Did) D T.—
cf. ad Ξ 157

αὐτίκ᾽ ἄρα δρῦς ὑψικόμους ταναήκεϊ χαλκῶι
τάμνον ἐπειγόμενοι· ταὶ δὲ μεγάλα κτυπέουσαι
120   πῖπτον. τὰς μὲν ἔπειτα διαπλήσσοντες Ἀχαιοί
ἔκδεον ἡμιόνων· ταὶ δὲ χθόνα ποσσὶ δατέοντο,
ἐλδόμεναι πεδίοιο διὰ ῥωπήϊα πυκνά.
πάντες δ᾽ ὑλοτόμοι φιτροὺς φέρον· ὣς γὰρ ἀνώγει
ὀτρηρὸς θεράπων ἀγαπήνορος Ἰδομενῆος·
125   κὰδ δ᾽ ἄρ᾽ ἐπ᾽ ἀκτῆς βάλλον ἐπισχερώ, ἔνθ᾽ ἄρ᾽ Ἀχιλλεύς
φράσσατο Πατρόκλωι μέγα ἠρίον ἠδὲ οἷ αὐτῶι.
αὐτὰρ ἐπεὶ πάντηι παρακάββαλον ἄσπετον ὕλην,
εἵατ᾽ ἄρ᾽ αὖθι μένοντες ἀολλέες. αὐτὰρ Ἀχιλλεύς
αὐτίκα Μυρμιδόνεσσι φιλοπτολέμοισι κέλευσεν
130   χαλκὸν ζώνυσθαι ζεῦξαί θ᾽ ὑπ᾽ ὄχεσφιν ἕκαστον
ἵππους. οἳ δ᾽ ὤρνυντο καὶ ἐν τεύχεσσιν ἔδυνον,
ἂν δ᾽ ἔβαν ἐν δίφροισι παραιβάται ἡνίοχοί τε,
πρόσθε μὲν ἱππῆες, μετὰ δὲ νέφος εἵπετο πεζῶν,
μυρίοι· ἐν δὲ μέσοισι φέρον Πάτροκλον ἑταῖροι.
135   θριξὶ δὲ πάντα νέκυν καταείνυον, ἃς ἐπέβαλλον
κειρόμενοι· ὄπιθεν δὲ κάρη ἔχε δῖος Ἀχιλλεύς,

119b–20 (πίπτον) ‘Hdn.’ Fig. 58; 120 (τὰς-) Did ad θ 507; (διαπλ.) ApS 58.18; H. δ
1226   121 (ταὶ δὲ χθ.) id. τ 30; (ποσσὶ δ.) id. δ 312, π 3100   122 (ἐλδ.) id. η 329;
122b H. (Cyr.) δ 1302   126 (-ἠρ.) ApS 84.30; (ἠρ.) sch Ο 188; H. (Cyr.) ο 794;
Orio 70.23   132a EtG s.v. δίφρος; 132b Porph. Hom. 3.15 Sod.; (παραιβ.) H. π 512
133 (νέφ. πεζ.) Arn ad Ψ 134   135 (-κατα.) Arn ad Θ 58a; Did ad ξ 522; ApS 97.4;
(πάντα ν. κατα.) Arn ad Υ 387; (κατα.) H. κ 1090; EtG s.v.

119 τάμνον 9 Ω: τε- 12   ἐπειγόμενοι 12²ˢ Ω: αμειβ- 12   120 πῖπτον
A W Gᵃ   διαπλήσσοντες Arᵃᵇ tt Z Ω: -πλίσσ- (nov. Did ApS) 9: -τμήγ- Nʸᵖ (cf. ad Λ
146): -ρρήσσ- nov. Eust.   121 ταὶ 12 t Ω: τοι 12ˢ   δατέοντο dedi: -εῦντο 9 12 h142
tt Z Ω   122 ἐλδόμεναι 12ˢ? Ω*, ἠλδ- t: ελκό- Dʳ: ιε̣[μεν]α̣ι 12ᵗ   πεδίοιο Ω: -ονδε
12.—cf. ad Φ 247   123 πάντες 9 12 Ω: πο̣λ̣λ̣οι 12ˢ   ὑλοτόμοι 9 Ω: ωμοισιν 12 (prob.
Wilamowitz Il. u. H. 111 n.1)   γὰρ 9 12 Ω: π]ε̣(ρ) 12ˢ   ἀνώγει 9 12ˢ Ω: ανωγεν 12ᵗ
124 οτρ]η̣[τ̣]ρος 12: Μηριόνης (= 113) 9 Ω   125 ἐπισχερώ fere Z Ω (ἐπὶ C Fᵃ Tᵃ W,
-ρῶ Z Bᵃ F Tᵏ Y R): -ρωι 9 12.—cf. ad Λ 668, Σ 68   126 οἱ A b Fᶜ T: οἱ 9 Tᵏ Ω*, ο[ι] 258:
και 12   128–9 ut supra 9 258 Ω (κέλευε b Fᵃ Y R, μετηῦδα W): αυ̣τ̣[αρ Α]χαιοις (ss.
ιλλευς m²) | κεκλετο .[(litt. c. xx)]ς̣ τε μετελθων 12   130 χαλκὸν 9 258 Ω*:
-ῷ W   ζώνυσθαι N: ζώνν- 9 258 Z Ω.—cf. Praef. xxxi   θ᾽ 9 Ω*: δ᾽ Aˢ D F Y   huius versus nihil superest in 12 praeter]αγου[ca. pedem quartum vel quintum, quae subter (130a)
]διζ[131 ὤρνυντο 9 258 Ω: ὄρν- h   12 ita:[litt. c. xxvii]τε̣[.][ ]εντ̣[, ss.]α̣ςεκελ̣[(ἔντε᾽
ἔδυνον Grenfell–Hunt; in ss. ἐποτρύν]ας ἐκέλ[ευσεν S. West)   132 ἐν δίφροισι 9 258
t Ω (ἂν D): ες διφρου[ς 12   134 ἑταῖροι 9 12 Ω: -ον 258 Y O   135 καταείνυον Hdn
(-εί-) 9 tt Ω* (-εῖ- A Tᵏ), cf. Wack. Unt. 17; Chantr. I 473: -είνυσαν Ar Z V: κατα̣[ει]νυ[
258: -είλυον “ἔν τισι” (Did) Rᵃ Hˢ   136 ἔχε 9 258 Ω*: σχέθε T W   136a [αμφο-

ἀχνύμενος, ἕταρον γὰρ ἀμύμονα πέμπ᾽ Ἄϊδόσδε.
οἳ δ᾽ ὅτε χῶρον ἵκανον, ὅθί σφισι πέφραδ᾽ Ἀχιλλεύς,
κάτθεσαν· αἶψα δέ οἱ μενοεικέα νήεον ὕλην.
140   ἔνθ᾽ αὖτ᾽ ἄλλ᾽ ἐνόησε ποδάρκης δῖος Ἀχιλλεύς·
στὰς ἀπάνευθε πυρῆς ξανθὴν ἀπεκείρατο χαίτην,
τήν ῥα Σπερχειῶι ποταμῶι τρέφε τηλεθόωσαν,
ὀχθήσας δ᾽ ἄρα εἶπεν ἰδὼν ἐπὶ οἴνοπα πόντον·
"Σπερχεί᾽, ἄλλως σοί γε πατὴρ ἠρήσατο Πηλεύς,
145   κεῖσέ με νοστήσαντα φίλην ἐς πατρίδα γαῖαν
σοί τε κόμην κερέειν ῥέξειν θ᾽ ἱερὴν ἑκατόμβην,
πεντήκοντα δ᾽ ἔνορχα παρ᾽ αὐτόθι μῆλ᾽ ἱερεύσειν
ἐς πηγάς, ὅθι τοι τέμενος βωμός τε θυήεις.
ὣς ἠρᾶθ᾽ ὁ γέρων, σὺ δέ οἱ νόον οὐκ ἐτέλεσσας.
150   νῦν δ᾽, ἐπεὶ οὐ νέομαί γε φίλην ἐς πατρίδα γαῖαν,
Πατρόκλωι ἥρωϊ κόμην ὀπάσαιμι φέρεσθαι."
ὣς εἰπὼν ἐν χερσὶ κόμην ἑτάροιο φίλοιο
θῆκεν· τοῖσι δὲ πᾶσιν ὑφ᾽ ἵμερον ὦρσε γόοιο.
καί νύ κ᾽ ὀδυρομένοισιν ἔδυ φάος ἠελίοιο,
155   εἰ μὴ Ἀχιλλεὺς αἶψ᾽ Ἀγαμέμνονα εἶπε παραστάς·
"Ἀτρείδη (σοὶ γάρ τε μάλιστά γε λαὸς Ἀχαιῶν
πείσονται μύθοισι), γόοιο μέν ἐστι καὶ ἆσαι,
νῦν δ᾽ ἀπὸ πυρκαϊῆς σκέδασον καὶ δεῖπνον ἄνωχθι
ὅπλεσθαι. τάδε δ᾽ ἀμφὶ πονησόμεθ᾽, οἷσι μάλιστα

138b Hdn ad Z 367b   **139** (νή.–) H. (Cyr.) ν 453; Phot. Lex. s.v.   **142** (τηλεθ.)
H. (Cyr.) τ 761   **144** sch Hes. Th. 347b; sch Pind. Pyth. 4.145; sch Ar. Ach. 114a
146a sch I 410–16   **147** EtG s.v. ἔνορχα; (–αὐτ.) sch Theoc. 3.4b; (ἔν.) H. (Cyr.) ε 3253
151 Pl. Resp. 391b   **154** (–φάος) sch Ψ 158   **155** (εἰ μὴ Ἀχ.) sch^h Φ 223
158 (–σκέδ.) sch Ψ 157b

τερηισι δε χερσι κομην ηισχυν]ε δαιζων add. 12 (suppl. Blass; [σκαιηι δεξιτερηι δε …
dubitanter S. West)   **137** Ἄϊδόσδε (vel -ος δέ) Ar Hdn 12 258 Ω: -ος δῶ (nov. Did) 9
H (ex 74?).—cf. ad H 363   **138** ἵκανον 9 258 311 A^γρ Ω*: ἵκοντο A H.—cf. ad Θ 60,
Φ 522   ὅθί σφισι sic t (disertim) A D B E W: ὅθι σφίσι Ω*   **141** ξανθὴν 9 258 Ω*:
καλὴν C   **143** εἶπεν ἰδὼν ἐπὶ οἴνοπα πόντον 9 258 sch^bT Ω: εἶπε πρὸς ὃν μεγαλήτορα θυμόν V rr   **145** κεῖσέ με 311 Ω: κεῖσ᾽ ἐμὲ N^γρ   **147** παρ᾽ αὐτόθι 9 tt Ω*:
-όφι T R W: παραυτίκα A^γρ D.—cf. ad M 302   **155** Ἀγαμέμνονα Ar W V (cf. Leaf ad
M 60): -νι 9 Ω*   ει μ[η tantum 12, deinceps **155a** κλα[(ss. εσ[)   ] Ατρει[δην Αγαμεμ]
νονα ως προσε[ε]ιπεν; v. S. West Ptol. Pap. 178   **156** γάρ 9 Ἀ Ϯ R (cf. Ω 334): μέν 12
A^m Ω*   **157** ἐστι καὶ ἆσαι 9 sch^bT Ω: οττι ταχιστα 12   **158** νῦν δ᾽ ἀπὸ πυρκαϊῆς
(–ὴν C) σκέδασον 9 t Ω: ....]τ.[.]ας (π]υρκ[αι]ας?) ιεναι κα[ι 12   **159** ὅπλεσθαι
Ω (ὅ- D), οπλ- Z, οπλ- 9: -έσθαι h: -εύσθαι rr: -εῖσθαι Fick.—cf. ad T 172

160   κήδεός ἐστι νέκυς· παρὰ δ' οἵ τ' ἀγοὶ ἄμμι μενόντων."
        αὐτὰρ ἐπεὶ τό γ' ἄκουσεν ἄναξ ἀνδρῶν Ἀγαμέμνων,
        αὐτίκα λαὸν μὲν σκέδασεν κατὰ νῆας ἐίσας,
        κηδεμόνες δὲ παρ' αὖθι μένον καὶ νήεον ὕλην,
        ποίησαν δὲ πυρὴν ἑκατόμπεδον ἔνθα καὶ ἔνθα·
165   ἐν δὲ πυρῆι ὑπάτηι νεκρὸν θέσαν ἀχνύμενοι κῆρ.
        πολλὰ δὲ ἴφια μῆλα καὶ εἰλίποδας ἕλικας βοῦς
        πρόσθε πυρῆς ἔδερόν τε καὶ ἄμφεπον· ἐκ δ' ἄρα πάντων
        δημὸν ἑλὼν ἐκάλυψε νέκυν μεγάθυμος Ἀχιλλεύς
        ἐς πόδας ἐκ κεφαλῆς, περὶ δὲ δρατὰ σώματα νήει.
170   ἐν δ' ἐτίθει μέλιτος καὶ ἀλείφατος ἀμφιφορῆας,
        πρὸς λέχεα κλίνων· πίσυρας δ' ἐριαύχενας ἵππους
        ἐσσυμένως ἐνέβαλλε πυρῆι, μεγάλα στοναχίζων.
        ἐννέα τῶι γε ἄνακτι τραπεζῆες κύνες ἦσαν·
        καὶ μὲν τῶν ἐνέβαλλε πυρῆι δύο δειροτομήσας,
175   δώδεκα δὲ Τρώων μεγαθύμων υἱέας ἐσθλούς
        χαλκῶι δηϊόων· κακὰ δὲ φρεσὶ μήδετο ἔργα.
        ἐν δὲ πυρὸς μένος ἧκε σιδήρεον, ὄφρα νέμοιτο.
        ὤιμωξέν τ' ἄρ' ἔπειτα φίλον τ' ὀνόμηνεν ἑταῖρον·
        "χαῖρέ μοι, ὦ Πάτροκλε, καὶ εἰν Ἀΐδαο δόμοισιν·
180   πάντα γὰρ ἤδη τοι τετελεσμένα, ὥς περ ὑπέστην.

160a ApS 98.33; (κήδ.) H. κ 2461; 160b sch Ar. Eq. 159; (ταγοί) H. τ 21   163 (κηδεμ.) id. κ 2460   164 Macr. Sat. 5.7.9; Nonn. D. 37.44; (ἑκατ.) H. (Cyr.) ε 1276 165 (–θέσαν) Did ad H 428a¹; 165a ApS 157.33   169b sch Ar. Pac. 1039c; (δρατά) H. δ 2347; (νήει) id. ν 448   170 Nonn. D. 37.50; (ἀμφιφ.) H. (Cyr.) α 4139   171b Gal. De diff. puls. 4 (viii.715 K.)   175 [Plut.] Hom. 2.145.9   176b ib. 190.4

160 κήδεός quidam ante Hdn Ω*: oxyt. Hdn Aᶜ Aᵐ b FᶜT�λ Rᶜ: parox. AᵃTᵏ (alterum) Y   παρὰ δ' οἵ τ' ἀγοὶ DThr Z (πάρα) Aᵏ b F Tᵃ Rᵃ (prob. Wack. Unt. 222): παρὰ δ' οἱ ταγοὶ Ar "καὶ σχεδὸν ἅπαντες" Hdn tt Ω*: alterutrum 9: περι δ ανε[ρες(?) 12, quae deinceps 160a[οσσοι κηδ]εμονες σκεδασον[δ απο λαον απαντα (suppl. Blass) vel fort. σκεδασον[δ α]ιδηλον ομιλ[ον (v. S. West Ptol. Pap. 179 n.170)   162a καπνισ]αν τε κατα κλι σί ας κ[αι δειπνον ελοντο (= B 399) add. 12   163 παρ' αὖθι 9 Ω*, παραῦθι A D Y R: καταυθι 12 (cf. A.R. 2.528, al.; Rengakos 155 sq.)   165 ἐν δὲ πυρῆι ὑπάτηι 9 tt Ω: [. . .] . . ε . [.]ρα]λυ[. . .] 12, quae deinceps 165a μυρί[ονει]ατα χερσιν αμησα[μενοι κατεθηκαν (suppl. Blass)   169 δρατὰ Ar 9 tt Z Ω: δρετὰ "τὰ πολλὰ τῶν ὑπομνημάτων"   170 δὲ τίθει E R Y (-θη) W   171a abundavit 12 versu uno qui totus periit   172 πυρῆι 9 Ω*: -ρὶ b Fˢ Y G.—cf. ad 216   στοναχίζων D² b F: στεν- 9 Ω*.—cf. Praef. xxxv   172ab abundavit 12 vv. duobus qui perierunt   174 πυρῆι 9 Ω*: -ρὶ b Y W G   178 (φίλον) τ' D C F Y R: δ' 9 Ω*.—cf. ad K 522, Ω 591   ἑταῖρον 9 Ω:] . λλ[12 (priora perierunt)   180 τετελεσμένα ὥς περ 9 12 1517 Aʸᵖ schʰʸᵖ T Y R: τελέω τὰ πάροιθεν (ex 20) 311 Ω*

δώδεκα μὲν Τρώων μεγαθύμων υἱέας ἐσθλούς,
τοὺς ἄμα σοὶ πάντας πῦρ ἐσθίει· Ἕκτορα δ' οὔ τι
δώσω Πριαμίδην πυρὶ δαπτέμεν, ἀλλὰ κύνεσσιν."
    ὣς φάτ' ἀπειλήσας· τὸν δ' οὐ κύνες ἀμφεπένοντο,
185 ἀλλὰ κύνας μὲν ἄλαλκε Διὸς θυγάτηρ Ἀφροδίτη
ἤματα καὶ νύκτας, ῥοδόεντι δὲ χρῖεν ἐλαίωι
ἀμβροσίωι, ἵνα μή μιν ἀποδρύφοι ἑλκυστάζων.
τῶι δ' ἐπὶ κυάνεον νέφος ἤγαγε Φοῖβος Ἀπόλλων
οὐρανόθεν πεδίονδε, κάλυψε δὲ χῶρον ἅπαντα,
190 ὅσσον ἐπεῖχε νέκυς, μὴ πρὶν μένος ἠελίοιο
σκήλει' ἀμφὶ περὶ χρόα ἴνεσιν ἠδὲ μέλεσσιν.
    οὐδὲ πυρὴ Πατρόκλου ἐκαίετο τεθνηῶτος.
ἔνθ' αὖτ' ἄλλ' ἐνόησε ποδάρκης δῖος Ἀχιλλεύς·
στὰς ἀπάνευθε πυρῆς δοιοῖς ἠρᾶτ' ἀνέμοισιν,
195 Βορρῆι καὶ Ζεφύρωι, καὶ ὑπίσχετο ἱερὰ καλά·
πολλὰ δὲ καὶ σπένδων χρυσέωι δέπαϊ λιτάνευεν
ἐλθέμεν, ὄφρα τάχιστα πυρὶ φλεγεθοίατο νεκροί
ὕλη τε σεύαιτο καήμεναι. ὦκα δὲ Ἶρις
ἀράων ἀϊοῦσα μετάγγελος ἦλθ' ἀνέμοισιν.

182 (-ἐσθ.) sch Ψ 177b; Philop. in Gen. et corr. CAG xiv(2).280.15; id. in De an. CAG
xv.277.29, 282.2   184 (ἀμφεπ.) H. α 3921   186b–7 Arn ad Ω 20–1a¹; 186b id. ad Ξ
172c¹; ApS 139.11; Ath. 688d; (ῥοδ.) Poll. 6.105; 187 (ἀποδρ.) H. α 6320; (ἑλκυστ.)
ApS 66.30; H. ε 2140   188 Arn ad Ω 20–1a; (κυάν. ν.) Porph. Hom. 125.9 Sod.
190 (ἐπεῖχε) H. (Cyr.) ε 4367; 190b–1 Plut. Mor. 658b; 190b–1 (σκ.) EtG s.v. σκέλλω;
Epm. σ 40; 191 (σκ.) H. σ 940   195a cf. Procl. in Remp. i.152.13

181 υἱέας ἐσθλούς 9 12 311 1517 Ω*: νήπια τέκνα Υ   182 ἐσθίει 9 311 tt Ω: αμ–
φεπει 12 (cf. Π 124, al.)   οὔ τι 9 1517 Ω*: οὔ τοι C: ουχι ss. ουκ[ι 12   183 δώσω
Πριαμίδην 9 Ω: τ]ονδε γαρ ου δωσω 12   δαπτέμεν 9 311 Ω (-άμεν' R, θα- W): καεμεν
12 (cf. A.R. 3.204; Rengakos 156)   183a ωμ η σ]ταις φαγεειν τρο[α] γαρ κακ εμησατ
Α[χ]αι[ο]υς add. 12   186 ῥοδόεντι 9 12 tt* Ζ Tᴧ Ω: δροσό- Ath.   191 σκήλει'
(vel -λει) 9 Epm. A D T W, -λειε Hsch. Ζ Tᴧ: -λη(ι) tt* Ω*: σκείλει' Fick   192 Πα–
τρόκλου 9 Ω* Wˢ: -ωι Wᵗ   ἐκαίετο 9 A D Y R: καί- Ω*   τεθνηῶτος Aˢ Bᵃ E R Y G:
-θνει- 9 Eˢ Ω*   195 Βορρηι 12ˢ, -αι 12ᶜ: Βορρέηι W V: Βορέηι 9 Tᴧ Ω*, -αι 12ᵃ.—cf.
ad I 5   ὑπίσχετο Ω* Fˢ: ὑπέσχ- 9 12 D F R.—cf. ad Υ 84   195a (= Δ 102, 120) add. 12
196 ut supra fere Ar 9 Ω (δέπαϊ λιτ- 9 Ω*, ἐλιτ- D: δέπαι ἐλλιτ- Ar H; cf. ad Υ 259):
πολλα δ αποσπεν[δ]ων ηρασατο διος Α]χιλλευς 12   197 ἐλθέμεν 9 A D O: -εῖν 12
Aʸᵖ Ω*   ὄφρα 9 Ω: οττι 12.—cf. ad Χ 129   νεκροί A D Y W: -όν 9 b F T Rᶦ: -ός Rᵃ? Hᶜ
V, fort. leg. Euphorio (fr. 160 Pow.): νεκ[G   198 ὕλη Ar 9 Ω*: -ην (nov. Did) Dᵃ:
-ηι 12   τε σεύαιτο Ar 9 12 (σσ-) Ζ Aʸᵖ h: τ' ἐσσεύαιτο A Aᴧ T Tᴧ R: -ετο Dᶜ Y: -ατο Dᵃ?
b F W G: -οιτο Bˢ Fˢ: (ὕλην) τε σεύαιντο quidam ante Did   ωκα δε (Bentley) 12 (cf. Ν
671, Σ 527, al.): ὠκέα δ' 9 Ω   199 ἀράων 9 Ω (= Ο 378): ευχωλης 12   ἀϊοῦσα

200 οἳ μὲν ἄρα Ζεφύροιο δυσαέος ἀθρόοι ἔνδον
εἰλαπίνην δαίνυντο· θέουσα δὲ Ἶρις ἐπέστη
βηλῶι ἔπι λιθέωι. τοὶ δ' ὡς ἴδον ὀφθαλμοῖσιν,
πάντες ἀνήϊξαν κάλεόν τέ μιν εἰς ἓ ἕκαστος.
ἣ δ' αὖθ' ἕζεσθαι μὲν ἀνήνατο, εἶπε δὲ μῦθον·
205 "οὐχ ἕδος, εἶμι γὰρ αὖτις ἐπ' Ὠκεανοῖο ῥέεθρα,
Αἰθιόπων ἐς γαῖαν, ὅθι ῥέζουσ' ἑκατόμβας
ἀθανάτοις, ἵνα δὴ καὶ ἐγὼ μεταδαίσομαι ἱρῶν·
ἀλλ' Ἀχιλεὺς Βορέην ἠδὲ Ζέφυρον κελαδεινόν
ἐλθεῖν ἀρᾶται, καὶ ὑπίσχεται ἱερὰ καλά,
210 ὄφρα πυρὴν ὄρσητε καήμεναι, ἧι ἔνι κεῖται
Πάτροκλος, τὸν πάντες ἀναστενάχουσιν Ἀχαιοί."
ἣ μὲν ἄρ' ὣς εἰποῦσ' ἀπεβήσετο· τοὶ δ' ὀρέοντο
ἠχῆι θεσπεσίηι, νέφεα κλονέοντε πάροιθεν·
αἶψα δὲ πόντον ἵκανον ἀήμεναι, ὦρτο δὲ κῦμα
215 πνοιῆι ὕπο λιγυρῆι. Τροίην δ' ἐρίβωλον ἱκέσθην,
ἐν δὲ πυρῆι πεσέτην· μέγα δ' ἴαχε θεσπιδαὲς πῦρ.
παννύχιοι δ' ἄρα τοί γε πυρῆς ἄμυδις φλόγ' ἔβαλλον,
φυσῶντες λιγέως· ὃ δὲ πάννυχος ὠκὺς Ἀχιλλεύς
χρυσέου ἐκ κρητῆρος, ἔχων δέπας ἀμφικύπελλον,

202–3 Eudoc. 1149–50; 202a EtG β 25, 105; (βηλῶι) H. (Cyr.) β 562; 203b ApS 61.19; ApD Pron. 42.16; Hdn i.558.7; sch O 86b; (εἰς ἕ) H. (Cyr.) ε 1104   204 (ἀνήν.) id. α 5062   205 ApS 62.18; (οὐχ ἕδος) H. ο 1925   207 (μεταδ.) H. (Cyr.) μ 976   209 (ὑπίσχ.) ApS 160.23; H. υ 552; Phot. Lex. s.v.   212 (τοὶ–)–13 [Plut.] Hom. 2.108.5; 212 (τοὶ–)–13a EtG s.v. ὀρώρει   214 (–ἀήμ.) Epm. A 318, π 117; (ἀήμ.) ApS 12.3; H. (Cyr.) α 1510/11   219 + 221 Procl. in Remp. i.152.20; 220–1 Macr. Sat. 5.7.2; 221 Diomed. GL i.495.20

Schulze Kl. Schr. 345: proparox. 9 Z Ω.—cf. Praef. xx et ad O 378, Π 508   μετάγγελος 9 F Y W: μετ' ἄ- schᵇᵀ Ω*.—cf. ad O 144   202 βηλῶι ἐπὶ λιθέωι 9 tt Ω (ἔπι Wolf): βηλου επι λλ[ιθεου 12   203 τέ tt Ω: δε 9   204 αὖθ' Ω*: αὖ 9 Y W   δὲ A b F G: τε 9 Ω*   μύθω Y   205 αὖτις 9 Aᵞᵖ Ω*: -θις t C F R: -θι A H   ῥέεθρα 9 Ω*: ῥεέθρων t: ῥο-άων b (cf. Γ 5)   206 γαῖαν Ar 9 Ω: δῆμον "αἱ ἀπὸ τῶν πόλεων" (cf. λ 14, ω 12, Hes. Op. 527)   209 ἐλθεῖν 9 Ω: -έμεν Barnes, cf. ad 197   ὑπίσχεται 9 tt Ω* (-ηται D): -έσ-χετο R   209a (= 195a) add. 12   210 ερσητε καιημ[ε]ν̣α̣ι̣ 12   ἔνι Ω*: ἐνὶ D F   212 ἀπεβήσετο 9 Ω*: -σατο 12 D Y W   τοὶ 9 12 (ex τον) t* Ω: οἲ [Plut.]: τὼ Wecklein SBAW 1908(2).77   213 ἠχῆι θεσπεσίηι 9 12 t* Ω: πνοιῆι ὕπο λιγυρῆι (ex 215) [Plut.]   κλονέοντε πάροιθεν 9 12 (-ντα) Ω: -ντες ὄπισθεν t   214 ἀήμεναι 9 12 Epm. schᴰ Ω (cf. γ 176): -νοι (Barnes) ApS: utrumque Hsch.   ὦρτο 9 12²ˢ Ω: ηλθε 12ᵗ   215 ὕπο Barnes: ὑπὸ vel ὑπο 9 Ω*: ὑπαὶ W   λλιγυρηι 12   Τρωιην 12 (cf. ad Φ 375)   ἱκέσ-θην 9 Ω: ικ[οντο? 12 (cf. ad 216)   216 πυρῆι Aᶜ D² Fᶜˀ T W, πυ]ραι 12: -ρὶ 9 Ω*.—cf. ad 172   πεσέτην 9 Ω: επεσον 12   217 τοί 9 Ω: τωι (sc. τώ?) 12   218 φυσῶντες 9 12 Ω*: -ντε Brandreth, φυσσῶντε (ss. σ) Y   219 ἔχων 12 Aᵞᵖ Ω*: ἑλὼν 9 t A D F (cf. I 656)

220 οἶνον ἀφυσσόμενος χαμάδις χέε, δεῦε δὲ γαῖαν,
  ψυχὴν κικλήσκων Πατροκλῆος δειλοῖο.
  ὡς δὲ πατὴρ οὗ παιδὸς ὀδύρεται ὀστέα καίων
  νυμφίου, ὅς τε θανὼν δειλοὺς ἀκάχησε τοκῆας,
  ὣς Ἀχιλεὺς ἑτάροιο ὀδύρετο ὀστέα καίων,
225 ἑρπύζων παρὰ πυρκαϊήν, ἀδινὰ στοναχίζων.

  ἦμος δ' Ἑωσφόρος εἶσι φόως ἐρέων ἐπὶ γαῖαν,
  ὅν τε μέτα κροκόπεπλος ὑπεὶρ ἅλα κίδναται Ἠώς,
  τῆμος πυρκαϊὴ ἐμαραίνετο, παύσατο δὲ φλόξ·
  οἳ δ' ἄνεμοι πάλιν αὖτις ἔβαν οἶκόνδε νέεσθαι
230 Θρηίκιον κατὰ πόντον· ὃ δ' ἔστενεν οἴδματι θυίων·
  Πηλείδης δ' ἀπὸ πυρκαϊῆς ἑτέρωσε λιασθεὶς
  κλίνθη κεκμηώς, ἐπὶ δὲ γλυκὺς ὕπνος ὄρουσεν.

  οἳ δ' ἀμφ' Ἀτρείωνα ἀολλέες ἠγερέθοντο·
  τῶν μιν ἐπερχομένων ὅμαδος καὶ δοῦπος ἔγειρεν,
235 ἕζετο δ' ὀρθωθεὶς καί σφεας πρὸς μῦθον ἔειπεν·
  "Ἀτρείδη τε καὶ ἄλλοι ἀριστῆες Παναχαιῶν,
  πρῶτον μὲν κατὰ πυρκαϊὴν σβέσατ' αἴθοπι οἴνωι
  πᾶσαν, ὁπόσσον ἐπέσχε πυρὸς μένος· αὐτὰρ ἔπειτα
  ὀστέα Πατρόκλοιο Μενοιτιάδαο λέγωμεν
240 εὖ διαγινώσκοντες. ἀριφραδέα δὲ τέτυκται·

222–3, 223bc [Plut.] Cons. Apoll. 117c; **223** H. ν 721 **225** Eudoc. 1759; (ἑρπ.) ApS 77.10; Phot. Lex. ε 1950 **226–7** Porph. Il. 112.12 Schr.; Eudoc. 2323–4; sch β 1; **226** (Ἑωσφ.) H. (Cyr.) ε 7757; Phot. Lex. ε 2538; (εἶσι φ. ἐρ.) sch X 318c; **226b** ApS 76.1 **227** al. (ὑπεὶρ ἅλα) H. υ 290; Epm. α 293; (κίδν.) Phot. Lex. κ 704 **228** (ἐμαρ.) H. ε 2268 **230** (Θρ.) Hdn i.397.15; **230b** sch Soph. Ant. 1145 **232** (κλ.) H. κ 2999; (κεκμηκώς) H. (Cyr.) κ 2077 (si huc refert) **240** (ἀριφρ.) ApS 44.8;

220 ἀφυσσόμενος 12 Aˢ D T Y G: -άμενος 9 t Ω*.—cf. ad Γ 295, K 579 **221** ut supra 9 tt Ω: κικλησκων ψυχην Πα[τ]ροκ[λου τεθ]νηω[τος 12 **221a** (= 225) add. 12²ˢ **223** τε 12 t* Ω: ῥα Hsch. **223ab** χηρωσεν δ[ε γυναικα μυχωι θαλαμοιο νεοιο]| αρητ[ο]ν̣ δε τ̣[οκευσι γοον και πενθος εθηκεν] (≈ P 36 sq.) add. 12, **223b** etiam t (qui ἄρρητον, cf. ad P 37); **223c** μοῦνος τηλύγετον πολλοῖσιν ἐπὶ κτεάτεσσιν (≈ I 482) add. t (deest in 12) **224** ὀδύρετο Ω*: ὠδ- (ante ἑτάροιο) C **225** στοναχίζων b: στεν- 9 t Ω*.—cf. Praef. xxxv **226** ἦμος δ' 9(?) 12 tt* Ω: ἦμος Porph.: εὖτε δ' Christ cl. ν 93 Ἑωσφόρος 12 tt schᴰ Ω (cf. Chantr. I 71–3 et quae monui Hes. Th. p.81): ἀστὴρ Brandreth cl. ν 93 (X 26, 317) **227** μέτα T: μετὰ Ω* **230** κατὰ 9 Ω: μετα Aˢ θυίων t A T: θύων 9 Ω* **231** ἑτέρωσε 9 Ω*: -ωθι R **232** κεκμηὼς 9 Ω*: -ηκὼς (t?) D F **234** ἔγειρεν 9 Ω*: ὄρωρεν C V **235** σφεας 9 Ω (σφέας Y W): σφὰς schʰʸᵖ (διὰ τὸ μέτρον) **236** Ἀτρείδη 1518 Ω*: -εῖδαί F Nʸᵖ.—cf. ad H 385 ἀριστῆες Παναχαιῶν 9 Ω: ευκνημιδε[ς Αχαιοι 12.—cf. ad H 385, Λ 149 **237** σβέσατ' 9 Ω*: -σετ' 12 D **240** διαγινώσκοντες Ω*: -γιγν- 9 A W ἀριφραδέα δὲ τέτυκται 9 tt Z Ω: -δεως

ἐν μέσσηι γὰρ ἔκειτο πυρῆι, τοὶ δ᾽ ἄλλοι ἄνευθεν
ἐσχατιῆι καίοντ᾽ ἐπιμὶξ ἵπποι τε καὶ ἄνδρες.
καὶ τὰ μὲν ἐν χρυσέηι φιάληι καὶ δίπλακι δημῶι
θείομεν, εἰς ὅ κεν αὐτὸς ἐγὼν Ἄϊδι †κλεύθωμαι·
245   τύμβον δ᾽ οὐ μάλα πολλὸν ἐγὼ πονέεσθαι ἄνωγα,
ἀλλ᾽ ἐπιεικέα τοῖον· ἔπειτα δὲ καὶ τὸν Ἀχαιοί
εὐρύν θ᾽ ὑψηλόν τε τιθήμεναι, οἵ κεν ἐμεῖο
δεύτεροι ἐν νήεσσι πολυκλήϊσι λίπησθε.”
ὣς ἔφαθ᾽, οἳ δ᾽ ἐπίθοντο ποδώκεϊ Πηλείωνι.
250   πρῶτον μὲν κατὰ πυρκαϊὴν σβέσαν αἴθοπι οἴνωι,
ὅσσον ἐπὶ φλὸξ ἦλθε βαθεῖά τε κάππεσε τέφρη·
κλαίοντες δ᾽ ἑτάροιο ἐνηέος ὀστέα λευκά
ἄλλεγον ἐς χρυσέην φιάλην καὶ δίπλακα δημόν,
ἐν κλισίηισι δὲ θέντες ἑανῶι λιτὶ κάλυψαν·
255   τορνώσαντο δὲ σῆμα θεμείλιά τε προβάλοντο
ἀμφὶ πυρήν· εἶθαρ δὲ χυτὴν ἐπὶ γαῖαν ἔχευαν,
χεύαντες δὲ τὸ σῆμα πάλιν κίον.—αὐτὰρ Ἀχιλλεύς
αὐτοῦ λαὸν ἔρυκε καὶ ἵζανεν εὐρὺν ἀγῶνα.
νηῶν δ᾽ ἔκφερ᾽ ἄεθλα, λέβητάς τε τρίποδάς τε
260   ἵππους θ᾽ ἡμιόνους τε βοῶν τ᾽ ἴφθιμα κάρηνα
ἠδὲ γυναῖκας ἐϋζώνους πολιόν τε σίδηρον.
ἱππεῦσιν μὲν πρῶτα ποδώκεσιν ἀγλά᾽ ἄεθλα

H. (Cyr.) α 7259; EtG α 1559   244 (κλεύθ.) Hdn ii.1251; H. κ 2934/5   245 sch H 156a   246 (ἐπιεικ.) ApS 73.3; H. ε 4752   252 w25 fr. 3.5; (ἐνη.) ApS 69.7 253 (ἄλλ.) H. (Cyr.) α 3120; (χρ.–) Ath. 501a; (δίπλ. δ.) H. (Cyr.) δ 1940   254 sch Ω 229–31a[1]   255 Eudoc. 2075; 255a ApS 154.2; sch ε 249; sch Pind. Ol. 1.14b 256b sch A.R. 1.1062   257 (–κίον) sch Υ 145   258 imit. Nonn. D. 37.104   259–61 sch γ 274; 259 Plut. Mor. 528b; EtG α 90; 259a Porph. Il. 269.18, Od. 36.5 Schr.; 260 Eudoc. 18   262–9 sch[D] I 122; 266a Ptol ap. [Ammon.] Diff. 477; Hdn

γαρ εκειτο 12   241 ἄνευθεν 9 12ᶜ Ω: ανωθεν 12ᵃ   242 ἵπποι τε καὶ ἄνδρες 9 Ω: αυτοι τε και ιπποι 12.—cf. ad Λ 525   243 χρυσέηι 9 Ω: -σηι 12   244 ἐγὼν 9 12 Ω*, ἐγὼ b, εγω Υ: ἰὼν Aʸᵖ   κλεύθωμαι (vox ignota) Ar tt sch[D] A, ἐκελεύθ- Tᵗ: κλευσωμαι 12: κευθ- (deprec. Did, agn. Hdn (t)) 9 Ζ Ω* (cf. 83a, γ 16, Soph. Ai. 635, al.; Wack. Unt. 164)   248 δεύτεροι 9 Aᵗ Tᵗ Ω*: -ρον D   251 τε 12 Aˢ D O: δὲ 9 Ω*   κάππεσε τέφρη 9 12 Ω: -σεν ὕλη Aʸᵖ   252 ἐνηέος 9 tt Ω: δαιφρονος 12 253 ἄλλεγον 9 t Ω (cf. Φ 321): σύλλ- O rr   χρυσέην 9 Ω*: -σῆν t R, -σῆν D: -σίην T   254 κλισίηισι 9 t Ω*: -ίη(ι) B E Rᵃ W h (δ᾽ ἐνθέντες).—cf. ad T 211, 316   λιτὶ Hdn Aᵗ Ω*: λίτι Z, λῖτι W.—cf. ad Σ 352   255 τε 9 t Aˢ Ω*: δὲ A T   257 primitus ab Ω 4 exceptum esse vidit Grashof   258 αὐτοῦ 9 Ω: -όθι t   259–61 ath. Arph Ar   260 θ᾽ 9 tt Ω*: om. T W   262 ἱππεῦσιν 9 t Ω: ἵπποισιν quidam ap. sch[T]   ἄεθλα 9 t Ω*: δῶρα T: ἔθηκε W, mg. ἀέθλια

θῆκε, γυναῖκα ἄγεσθαι ἀμύμονα ἔργ' εἰδυῖαν
καὶ τρίποδ' ὠτώεντα δυωκαιεικοσίμετρον
265   τῶι πρώτωι· ἀτὰρ αὖ τῶι δευτέρωι ἵππον ἔθηκεν
ἐξέτε' ἀδμήτην, βρέφος ἡμίονον κυέουσαν·
αὐτὰρ τῶι τριτάτωι ἄπυρον κατέθηκε λέβητα
καλόν, τέσσερα μέτρα κεχονδότα, λευκὸν ἔτ' αὔτως·
τῶι δὲ τετάρτωι θῆκε δύω χρυσοῖο τάλαντα·
270   πέμπτωι δ' ἀμφίθετον φιάλην ἀπύρωτον ἔθηκεν.
στῆ δ' ὀρθὸς καὶ μῦθον ἐν Ἀργείοισιν ἔειπεν·
"Ἀτρείδη τε καὶ ἄλλοι ἐϋκνήμιδες Ἀχαιοί,
ἱππῆας τάδ' ἄεθλα δεδεγμένα κεῖτ' ἐν ἀγῶνι.
εἰ μὲν νῦν ἐπὶ ἄλλωι ἀεθλεύοιμεν Ἀχαιοί,
275   ἦ τ' ἂν ἐγὼ τὰ πρῶτα λαβὼν κλισίηνδε φεροίμην·
ἴστε γάρ, ὅσσον ἐμοὶ ἀρετῆι περιβάλλετον ἵπποι.
ἀθάνατοί τε γάρ εἰσι, Ποσειδάων δ' ἔπορ' αὐτούς
πατρὶ ἐμῶι Πηλῆϊ, ὃ δ' αὖτ' ἐμοὶ ἐγγυάλιξεν.
ἀλλ' ἤτοι μὲν ἐγὼ μενέω καὶ μώνυχες ἵπποι·
280   τοίου γὰρ σθένος ἐσθλὸν ἀπώλεσαν ἡνιόχοιο,
ἠπίου, ὅ σφωϊν μάλα πολλάκις ὑγρὸν ἔλαιον
χαιτάων κατέχευε, λοέσσας ὕδατι λευκῶι.

ad B 765b; id. ii.223.7; (κυέ.) H. κ 4432; **267b** Ath. 468d; **268** (κεχ.) Philox. fr. 301 Th.; H.
(Cyr.) κ 2405; (λευκ.–) sch B 138; **269b** Poll. 9.55   **270** Ath. 468d; (ἀμφ.–) id. 500f;
(ἀμφ.–ἀπύρ.) sch Ψ 243a; (ἀμφ. φι.) ApS 163.11; Hdn ii.906.9; Poll. 6.96; (ἀμφ.) Phot.
Lex. α 1330; **270b** ApS 40.34; (ἀπύρ.) H. α 6995   **273** sch Pind. Ol. 1.5b; (δέδ.) ApS
57.12   **276** sch o 17   **277a** sch [Eur.] Rh. 185; **277b–8** sch Π 867a   **280–2** Ael.
N.A. 16.24; **281** (ὅ–πολλ.) sch A 336b; (ὑγρ. ἔλ.) ApS 157.9; cf. Plut. Mor. 695e; Anon.
Rhet. i.437.4 Sp.; H. υ 50

263 γυναῖκα 9 t Ω: -κά τ' Heyne   ἔργ' εἰδυῖαν 9 t Ω, cf. ad I 128, T 245   **266** ἐξέ–
τε' Ptol (teste Hdn; aliter [Ammon.]) 9 D² *b* F Rᵃ (cf. B 765): parox. Hdn "ἡ παράδοσις"
Z Aᴸ Tᴸ Ω*.—cf. Wack. KS 1147 sq.   κυέουσαν 9 Hsch. Z Ω: φορέ- t*   **268** τέσσερα
Bolling (cf. Praef. xxxv): -αρα 9 t Tᴸ Ω   κεχονδότα Fick (cf. ad Ω 192): κεχανδ- 9 tt Z
Tᴸ Ω   **269** δύω Ω*: δύο 9 tt A *b* Tᴸ W G.—cf. ad Σ 507   **271** ὀρθὸς 9 Aᶜ Ω*: -ῶς Aᵃ
N   **272** Ἀτρείδη Ω: -δα r: -εῖδαί 9 *h*.—cf. ad 236   ἐϋκνήμιδες Ἀχαιοί 9 Ω*:
ἀριστῆες Παναχαιῶν Aʸᵖ D F T: ἀριστῆες ἐϋκνήμιδες Ἀχαιοί W.—cf. ad 236
273 om. 9   ἱππῆας Ar t Aᴸ Ω: -εῦσιν quidam ante Arn (cf. 262)   δεδεγμένα Arᵃ tt Z Ω:
-χμ- Arᵇ.—cf. ad Θ 296, I 191   **274** μέν νυν E, νῦν schᵀ   ἐπὶ 9 Ω: ἐπί γ' Hey–
ne   **277** δ' ἔπορ' Ω*, -ρεν *b*: δὲ πόρ' D: δὲ πρὸ tᶜᵒᵈ   αὐτούς 9 Ω*: -τοῦ tᶜᵒᵈ (-τώ Bergk):
-τὸς Bᵃ rr (cf. B 827)   **277ab** ως τω γ αθανατοι ϙαι αγηραοι ουδε εοικεν ǀ θνητους
αθανατοισι [ποδων ταχος αντιφεριζειν] add. 12 (*a* suppl. Blass, *b* S. West)   **280** τοί–
ου 9 t Ω: τοίον 12 (τοιογ) rr   σθένος 9 12 t Aʸᵖ Ω*: κλέος A *b* Tᴸ W   **281** ὅ Ar 12 t*
Aᴸ D Bᵃ E: ὅς (nov. Did) 9 1519 Ael. Dˢ Ω*   σφωϊν Hdn A Aᴸ *b*: σφῶϊ D, -ϊν
Ω*   πολλάκις 9 12 tt Ω*: -κι 12ᵃ? W

τὸν τώ γ' ἑσταότες πενθείετον, οὔδεϊ δέ σφιν
χαῖται ἐρηρέδαται, τὼ δ' ἔστατον ἀχνυμένω κῆρ.
285　ἄλλοι δὲ στέλλεσθε κατὰ στρατόν, ὅς τις Ἀχαιῶν
ἵπποισίν τε πέποιθε καὶ ἅρμασι κολλητοῖσιν."
ὣς φάτο Πηλείδης, ταχέες δ' ἱππῆες ἄγερθεν.
ὦρτο πολὺ πρῶτος μὲν ἄναξ ἀνδρῶν Εὔμηλος,
Ἀδμήτου φίλος υἱός, ὃς ἱπποσύνηι ἐκέκαστο·
290　τῶι δ' ἔπι Τυδείδης ὦρτο κρατερὸς Διομήδης,
ἵππους δὲ Τρωίους ὕπαγε ζυγόν, οὕς ποτ' ἀπηύρα
Αἰνείαν, ἀτὰρ αὐτὸν ὑπεξεσάωσεν Ἀπόλλων·
τῶι δ' ἄρ' ἔπ' Ἀτρείδης ὦρτο ξανθὸς Μενέλαος
διογενής, ὑπὸ δὲ ζυγὸν ἤγαγεν ὠκέας ἵππους,
295　Αἴθην τὴν Ἀγαμεμνονέην τὸν ἑόν τε Πόδαργον.
τὴν Ἀγαμέμνονι δῶκ' Ἀγχισιάδης Ἐχέπωλος
δῶρ', ἵνα μή οἱ ἕποιθ' ὑπὸ Ἴλιον ἠνεμόεσσαν,
ἀλλ' αὐτοῦ τέρποιτο μένων· μέγα γάρ οἱ ἔδωκεν
Ζεὺς ἄφενος· ναῖεν δ' ὅ γ' ἐν εὐρυχόρωι Σικυῶνι.
300　τὴν τόθ' ὑπὸ ζυγὸν ἦγε, μέγα δρόμου ἰχανόωσαν.
Ἀντίλοχος δὲ τέταρτος ἐύτριχας ὥπλισαθ' ἵππους,
Νέστορος ἀγλαὸς υἱὸς ὑπερθύμοιο ἄνακτος
τοῦ Νηληϊάδαο, Πυλοιγενέες δέ οἱ ἵπποι
ὠκύποδες φέρον ἅρμα. πατὴρ δέ οἱ ἄγχι παραστάς
305　μυθεῖτ' εἰς ἀγαθὰ φρονέων νοέοντι καὶ αὐτῶι·
"Ἀντίλοχ', ἤτοι μέν σε νέον περ ἐόντ' ἐφίλησαν

284 (ἐρηρ.) ApS 76.3; H. ε 5783, [5786]　287b sch Δ 182b, Θ 399b, Ψ 30a; (ἄγερ-θεν) H. (Cyr.) α 450　291a Did ad E 461b; Hdn ii.420.19; Epm. τ 37　295 sch Procl. in Remp. ii.374.6; 295a Plut. Mor. 767a; (Πόδ.) sch Θ 185b　297–9 (Z. ἄφ.) Plut. Mor. 32f; 297–8 (–μέν.) id. 498b　300 sch Π 148; (ἰχαν.) H. (Cyr.) [α 8825], ι 1137　301 (ὡπλ.) H. ω 272　306 (ἤτοι–ἑόντα) ApS 115.25

283–4 (damn. Fick) om. 9, mg. rest. m²　283 ἑσταότες Ω*: -αότε R, -αῶτε F　πεν-θείετον Ω* (-θή- F): ποθ- T　σφιν D T R G: σφι Ω*　284 ἐρηρέδαται tt Z Ω: -έαται h.—cf. ad P 637; v.l. sim. η 86　285 ἄλλοι δὲ 9 Ω: ἀλλ' ἄγε δὴ M V　287 ἄγερθεν (nov. Did) 9 tt Ω*: ἔγ- Ar^{ab} F h.—cf. ad Δ 152, H 434　288 πρῶτος 9 Ω*: πρότερος b　289 Ἀδμήτου 9 Ω*: Ἀδρή[[σ]]του D　290 ἔπι G^a: ἐπὶ vel ἐπι Ω*.—cf. ad H 163　291 Τρωίους T^λ T: Τρω(ι)οὺς Hdn 9 A^λ Ω*　293 ἔπ' W: ἐπ' Ω*　296–300 secl. Fick; de Sicyoniis se fortasse in Iliadem insinuantibus cf. ad B 572　300 τόθ' A^{yp} rr: ὅ γ' 9 t Ω (δ' ὅ γ' R)　ἰχανόωσαν (agn. sch^D) 9 Hsch. A D N^{yp}: ἰσχ- sch^D t* Ω*.—cf. ad P 572　301 ὡπλίσαθ' 9 t Ω: ὁπλ- rr　303–50 damn. Nie-se Die Entwickelung d. hom. Poesie (1882) 59 n.2　303 Πυλοιγενέες 9 A B E G: Πυληγ- Ω* (cf. ad B 54): παλαιγ- quidam ap. sch^{bT} cl. 445　306 ἐόντ' ἐφίλησαν 9 A^λ Ω*: ἐόντα, φ- D

Ζεύς τε Ποσειδάων τε, καὶ ἱπποσύνας ἐδίδαξαν
παντοίας· τὼ καί σε διδασκέμεν οὔ τι μάλα χρεώ·
οἶσθα γὰρ εὖ περὶ τέρμαθ' ἑλισσέμεν. ἀλλά τοι ἵπποι
310 βάρδιστοι θείειν· τώ τ' οἴω λοίγι' ἔσεσθαι.
τῶν δ' ἵπποι μὲν ἔασιν ἀφάρτεροι, οὐδὲ μὲν αὐτοί
πλείονα ἴσασιν σέθεν αὐτοῦ μητίσασθαι.
ἀλλ' ἄγε δὴ σύ, φίλος, μῆτιν ἐμβάλλεο θυμῶι
παντοίην, ἵνα μή σε παρεκπροφύγησιν ἄεθλα.
315 μήτι τοι δρυτόμος μέγ' ἀμείνων ἠὲ βίηφι,
μήτι δ' αὖτε κυβερνήτης ἐνὶ οἴνοπι πόντωι
νῆα θοὴν ἰθύνει ἐρεχθομένην ἀνέμοισιν·
μήτι δ' ἡνίοχος περιγίνεται ἡνιόχοιο.
ἄλλος μέν θ' ἵπποισι καὶ ἅρμασιν οἷσι πεποιθώς
320 ἀφραδέως ἐπὶ πολλὸν ἑλίσσεται ἔνθα καὶ ἔνθα,
ἵπποι δὲ πλανόωνται ἀνὰ δρόμον, οὐδὲ κατίσχει·
ὃς δέ κε κέρδεα εἴδηι ἐλαύνων ἥσσονας ἵππους,
αἰεὶ τέρμ' ὁρόων στρέφει ἐγγύθεν, οὐδέ ἑ λήθει
ὅππως τὸ πρῶτον τανύσηι βοέοισιν ἱμᾶσιν,
325 ἀλλ' ἔχει ἀσφαλέως καὶ τὸν προύχοντα δοκεύει.
σῆμα δέ τοι ἐρέω μάλ' ἀριφραδές, οὐδέ σε λήσει·

307b sch N 554–5   309 (ἀλλά-)–10a sch Θ 113; 310a Arn ad Ψ 304; (βάρδ.) ApS
50.24; H. (Cyr.) β [36], 223; EtG β 41   311 (-ἀφάρτ.) Porph. Il. 333.4 Schr.; EtG α
1444; (ἀφάρτ.) cf. sch K 537, H. (Cyr.) α 8569; Orio 12.14   315–18 Polyb. Sard. Fig.
iii.107.27 Sp.; Orio Anth. 1.23; 315–17 Cocondr. Trop. iii.242.2 Sp.; 315 Clem. Strom.
6.5.6; Them. Or. 16.207d; 316 (ἐνὶ-) H. (Cyr.) ε 3114; 317 sch ε 83; (ἐρεχθ.) H. ε 5764; 318
Choer. in Thd. i.378.8; (-περιγ.) Hdn ii.7.9; 318a St. Byz. 693.16; (μῆτι) H. (Cyr.) μ 1285;
Sophron. 381.27   326–30 [Alex.] in Soph. el. CAG ii(3).33.13; 326 Eudoc. 2301; 326a
Cic. Att. 4.15.7; ApS 141.7; (ἀριφρ.) H. (Cyr.) α 7260; 327–8 Eudoc. 1854–5; 327
(ξύλ.-ὀργ.) Erot. p.13.23 N.; 328a sch I 537c; 328b Hippias Thasius ap. Arist. Soph. el.
166b3, Poet. 1461a23; (καταπ.) H. κ 1368; 329 sch Ψ 340a; Epm. τ 53; 330 (ἐν ξυν.) H. ε
3230; (ξυν.) id. ξ 170; (ξυν. ὁδοῦ) sch B 218b

307 ἐδίδαξαν Zen 9 Ω*: -εν Art A Y G   308 τὼ G: τῶ(ι) 9 Ω*   καί 9 Ω*: κέ Y: κέν
R W   309 τέρμαθ' D Bᶜ F R G: -ματ' 9 Ω*, -ματα Z: -μα Bentley   310 βάρδιστοι
9 tt* Z Ω (κάρτ- Y): -αι ApS (nisi 530 respicit).—cf. ad Λ 597; hi plane mares sunt, v. 409,
572   τώ Tᵃ Rᵃ G: τῶ(ι) 9 Ω*   τ' (= τοι, schᵇᵀ) Ω*: γ' 9: κ' F h   311 οὐδὲ 9 Ω*: οὐ γέ
T   312 ἴσσασιν 9 A B E F T   314 παρὲκ r (praestaret πάρεκ)   315 μήτει Them.
Z   μέγ' ἀμείνων 9 tt* Ω: περιγίνεται Clem. (ex 318)   317 ἐρεχθομένην 9 tt* schᴬᵇᵀᴰ
Ω*: ἐριχθ- Y rr (cf. Procl. Hymn. 7.38): ἐεργ- schʸᵖ: σπερχ- (sc. ἐπερχ-) Orio   318 πε-
ριγίνεται tt Ω: -γιγν- 9   319 ἄλλος Antigonus 9 Tᴬ Y Rᵃ (cf. Λ 636): ἀλλ' ὃς Ptol Hdn
Ω*   πεποιθώς 9 Ω*: πέποιθεν G, nov. Eust.   322 εἴδηι van Leeuwen: εἰδῆι Ω.—cf.
Praef. xxxiii   324 τὸ 636 Ω*: τὸν A b

ἕστηκε ξύλον αὖον ὅσον τ᾽ ὄργυι᾽ ὑπὲρ αἴης,
ἢ δρυὸς ἢ πεύκης· τὸ μὲν οὐ καταπύθεται ὄμβρωι·
λᾶε δὲ τοῦ ἑκάτερθεν ἐρηρέδαται δύο λευκώ
330 ἐν ξυνοχῆισιν ὁδοῦ, λεῖος δ᾽ ἱππόδρομος ἀμφίς·
ἤ τεο σῆμα βροτοῖο πάλαι κατατεθνηῶτος
ἢ τό γε νύσσα τέτυκτο ἐπὶ προτέρων ἀνθρώπων·
καὶ νῦν τέρματ᾽ ἔθηκε ποδάρκης δῖος Ἀχιλλεύς.
τῶι σὺ μάλ᾽ ἐγχρίμψας ἐλάαν σχεδὸν ἅρμα καὶ ἵππους,
335 αὐτὸς δὲ κλινθῆναι ἐϋπλέκτωι ἐνὶ δίφρωι
ἦκ᾽ ἐπ᾽ ἀριστερὰ τοῖιν· ἀτὰρ τὸν δεξιὸν ἵππον
κένσαι ὁμοκλήσας, εἶξαί τέ οἱ ἡνία χερσίν,
ἐν νύσσηι δέ τοι ἵππος ἀριστερὸς ἐγχριμφθήτω,
ὡς ἄν τοι πλήμνη γε δοάσσεται ἄκρον ἱκέσθαι
340 κύκλου ποιητοῖο· λίθου δ᾽ ἀλέασθαι ἐπαυρεῖν,
μή πως ἵππους τε τρώσηις κατά θ᾽ ἅρματα ἄξηις·
χάρμα δὲ τοῖς ἄλλοισιν, ἐλεγχείη δὲ σοὶ αὐτῶι
ἔσσεται. ἀλλά, φίλος, φρονέων πεφυλαγμένος εἶναι.
εἰ γάρ κ᾽ ἐν νύσσηι γε παρεξελάσηισθα διώκων,
345 οὐκ ἔσθ᾽ ὅς κέ σ᾽ ἕλησι μετάλμενος οὐδὲ παρέλθοι,

332 (νύσσα) Apio 96.2; ApS 117.6; H. ν 744; Orio 107.22; Phot. Lex. s.v. **334** (ἐγχρ.) H. ε 3455   **335–40** Pl. Ion 537a; **335–7** Xen. Conv. 4.6; **335** (κλινθ.) H. κ 3000; **336b–7a** ApS 46.29; Epm. ν 50; **337a** Hdn i.442.5; EtG s.v. ἠκέστας; Epm. κ 65; (κένσαι) H. (Cyr.) κ 1991, 2222; **338** cf. Max. Tyr. 18.8; (ἐν ν.) H. ε 3224; (ἵππος–) ApS 62.8; (ἐγχρ.) H. ε 362; **339** (δοάσσ.) id. δ 2088; **340b** ApS 71.2   **341** Iul. Or. 3.122d   **342b–3** ApS 10.30; **342** (ἐλεγχ.) id. 66.4; H. ε 1957

327 αὖον Hdn A Aλ: αὐ- Ω*   ὄργυι᾽ fere Ω (-γυῖ᾽ B F, -υί᾽ h Tc): ὀρόγυι᾽ Platt   ὑπὲρ αἴης tt Ω (γαίης D): ἐνὶ γαίηι "ἔν τισιν"   **328** οὐ tt Ω: οὖ Hippias (Aristotelis testimonia expedivit Wack. KS 1078–80)   **329** λευκώ tt* Ω: -οί [Alex.]vl sch-Ψvl **331** τεο Payne Knight: τευ Ω (τε D)   κατατεθνηῶτος As E F W G: -θνει- Es Fs Ω*   **332–3** pro his ἠὲ σκῖρος ἔην· νῦν αὖ θέτο τέρματ᾽ Ἀχιλλεύς Ar teste schT/Eust. (immo Arph? Bolling Ext. Evid. 201)   **332** τέτυκτο 1297 Ω: -αι Aa   **333** τέρματ᾽ Ω*: τέρμ᾽ b   **334** ἐγχρίμψας t Z Ω*: -ίψας D F R: -ιφθεὶς h, -ιμφθεὶς rr   **335** αὐτὸς δὲ κλινθῆναι Xen. Ω: κλινθῆναι δὲ καὶ αὐτὸς Plato   ἐϋπλέκτωι ἐνὶ δίφρωι Ω*: -ξέστωι ἐνὶ δίφρωι Plato D: -ξέστου ἐπὶ δίφρου Xen.   **336** τοῖιν tt Aλ Ω: τοῖον (Heyne cl. 246) Oa   **337** ὁμοκλ- Ω   **338** ἐγχριφ– θήτω D R G   **339** ἄν tvl Z Ω: μή tvl   **341** ἵππους et κατά θ᾽ Ω: αὐτόν et σύν θ᾽ t.— cf. ad 467   **342** ἐλεγχείη tt* Ω: ἀεικίη ApS10: ἐλεγχείην Nauck deleto 343 (cf. Γ 51), quo pacto pro χάρμα δὲ requiram χάρματα (plur. sicut Hes. Op. 701; parechesis ἅρματα–χάρματα)   δὲ σοὶ Ω*, δέ σοι A T Y G, δε σοι D: δέ τοι N   **343** ἔσσεται Ω*, ἔσται t: ἔσσεαι quidam ap. schT C   **344** παρὲξ A C E Fa (praestaret πάρεξ)   **345** παρέλθοι Ω: -η(ι) V rr

οὐδ᾽ εἴ κεν μετόπισθεν Ἀρίονα δῖον ἐλαύνοι,
Ἀδρήστου ταχὺν ἵππον, ὃς ἐκ θεόφιν γένος ἦεν,
ἢ τοὺς Λαομέδοντος, οἳ ἐνθάδε γ᾽ ἔτραφον ἐσθλοί."
ὣς εἰπὼν Νέστωρ Νηλήιος ἂψ ἐνὶ χώρηι
350 ἕζετ᾽, ἐπεὶ ὧι παιδὶ ἑκάστου πείρατ᾽ ἔειπεν.
Μηριόνης δ᾽ ἄρα πέμπτος εὔτριχας ὡπλίσαθ᾽ ἵππους.
   ἂν δ᾽ ἔβαν ἐς δίφρους, ἐν δὲ κλήρους ἐβάλοντο·
πάλλ᾽ Ἀχιλεύς, ἐκ δὲ κλῆρος θόρε Νεστορίδαο
Ἀντιλόχου. μετὰ τὸν δ᾽ ἔλαχε κρείων Εὔμηλος·
355 τῶι δ᾽ ἄρ᾽ ἔπ᾽ Ἀτρείδης δουρικλειτὸς Μενέλαος·
τῶι δ᾽ ἔπι Μηριόνης λάχ᾽ ἐλαυνέμεν· ὕστατος αὖτε
Τυδείδης, ὅχ᾽ ἄριστος ἐών, λάχ᾽ ἐλαυνέμεν ἵππους.
στὰν δὲ μεταστοιχεί, σήμηνε δὲ τέρματ᾽ Ἀχιλλεύς
τηλόθεν ἐν λείωι πεδίωι· παρὰ δὲ σκοπὸν εἷσεν
360 ἀντίθεον Φοίνικα, ὀπάονα πατρὸς ἑοῖο,
ὡς μεμνῆιτο δρόμου καὶ ἀληθείην ἀποείποι.
   οἳ δ᾽ ἅμα πάντες ἐφ᾽ ἵπποιιν μάστιγας ἄειραν
πέπληγόν θ᾽ ἱμᾶσιν ὁμόκλησάν τ᾽ ἐπέεσσιν
ἐσσυμένως· οἳ δ᾽ ὦκα διέπρησσον πεδίοιο
365 νόσφι νεῶν ταχέως· ὑπὸ δὲ στέρνοισι κονίη
ἵστατ᾽ ἀειρομένη ὥς τε νέφος ἠὲ θύελλα,
χαῖται δὲ ῥώοντο μετὰ πνοιῆις ἀνέμοιο.
   ἅρματα δ᾽ ἄλλοτε μὲν χθονὶ πίλνατο πουλυβοτείρηι,

346–7 Paus. 8.25.8; 346–7a sch [Hes.] Sc. 120   358 Macr. Sat. 5.7.4; 358a Hdn ad A
535b, B 777; EtG s.v. στάν; 358b–9 (–πεδ.) Nic ad Ψ 330a; 359 Eudoc. 1516   361a EtG
s.v. μεμνέωιτο   362 [Ammon.] Diff. 34   363 Eudoc. 1825; (πέπλ.) H. π 1467; 363b
Epm. π 173   365b–6a ApS 102.16   367 id. 111.33; Eudoc. 934; Phot. Lex. μ 306;
367a ApS 139.29; (ἑρρώ.) H. ε 6049   368–72 (ἵππ.) Dio Prus. 32.79; 368–9a Macr. Sat.
5.13.7; 368 (πίλν.) H. π 2288; 370b–1a Anon. Fig. iii.159.22 Sp.

346 Ἀρίονα Paus A Fᶜ Y (-ωνα) W: Ἀρεί- t* Z (parox.) Tᴧ Ω*.—cf. Pfeiffer ad Call. fr.
223   δῖον 254 tt Ω*: πῶλον Z Gʸᵖ (sc. ἀρείονα)   348 γ᾽ ἔτραφον 254ᶜ rr: γ᾽ ἔτρεφον
254ᵃ: γ᾽ ἔτραφεν A B E: γ᾽ ἔτρεφεν C: τέτραφεν Ω*: τράφεν T Tᴧ.—cf. ad Φ 279
351 ὡπλίσαθ᾽ (non ὁπλ-) 254 Ω   352 ἐν δὲ Ω (rem confudit Allen)   354 τὸν
δ᾽[ε]ἔλαχε 254: τὸν δὲ λάχε h   Εὔμηλος r   355 ἔπ᾽ W V: ἐπ᾽ Ω*   δουρικλειτὸς
Barnes (-ρεικλ- H): -κλιτος 254ᵃ: -κλυτὸς 254ᶜ Ω (δουρὶ A Bᵃ E F T G)   356 ἔπι G: ἐπὶ
vel ἐπι Ω*   ὕστατος 254 Ω*: -ον C   358 μεταστοιχεί tt* Z Tᴧ Ω*: -χηι Macr.:
-χί Aᴧ A R G: -χὸν D.—cf. ad 757   σήμηνε t* Ω*: -αινε Macr. T O   359 εἷσεν 254ˢ t
Ω: -αν 254ᵗ   361 μεμνῆιτο Bekker (cf. Ω 745): μεμνέωιτο Ptol Hdn t Z Aᴧ Ω*: μεμ-
νόωτο F: μεμεωδε 13 (in v. 757c)   δρόμου (nov. Did) t Z Ω: -ους Ar   362 ἅμα t Aʸᵖ Fᵃ
T G (cf. Soph. El. 711): ἄρα Ω*.—cf. ad B 707   ἵπποιϊν 254 t Ω: -οισι h   363 ὁμοκλ-
Z: ὁμ- Ω   ὁμοκ]λήσαντες ἐπέεσσι· 254   367 δὲ ῥώοντο ApS¹³⁹: δ᾽ ἑρρ- tt* Ω, ερώ- Z

ἄλλοτε δ᾽ ἀίξασκε μετήορα· τοὶ δ᾽ ἐλατῆρες
370 ἕστασαν ἐν δίφροισι, πάτασσε δὲ θυμὸς ἑκάστου
νίκης ἱεμένων. κέκλοντο δὲ οἷσιν ἕκαστος
ἵπποις· οἳ δ᾽ ἐπέτοντο κονίοντες πεδίοιο.
    ἀλλ᾽ ὅτε δὴ πύματον τέλεον δρόμον ὠκέες ἵπποι
ἂψ ἐφ᾽ ἁλὸς πολιῆς, τότε δὴ ἀρετή γε ἑκάστου
375 φαίνετ᾽· ἄφαρ δ᾽ ἵπποισι τάθη δρόμος· ὦκα δ᾽ ἔπειτα
αἱ Φηρητιάδαο ποδώκεες ἔκφερον ἵπποι,
τὰς δὲ μέτ᾽ ἐξέφερον Διομήδεος ἄρσενες ἵπποι
Τρώιοι, οὐδέ τι πολλὸν ἄνευθ᾽ ἔσαν, ἀλλὰ μάλ᾽ ἐγγύς.
αἰεὶ γὰρ δίφρου ἐπιβησομένοισιν ἐΐκτην,
380 πνοιῆι δ᾽ Εὐμήλοιο μετάφρενον εὐρέε τ᾽ ὤμω
θέρμετ᾽· ἐπ᾽ αὐτῶι γὰρ κεφαλὰς καταθέντε πετέσθην.
καί νύ κεν ἢ παρέλασσ᾽ ἠ᾽ ἀμφήριστον ἔθηκεν,
εἰ μὴ Τυδέος υἷι κοτέσσατο Φοῖβος Ἀπόλλων,
ὅς ῥά οἱ ἐκ χειρῶν ἔβαλεν μάστιγα φαεινήν.
385 τοῖο δ᾽ ἀπ᾽ ὀφθαλμῶν χύτο δάκρυα χωομένοιο,
οὕνεκα τὰς μὲν ὅρα ἔτι καὶ πολὺ μᾶλλον ἰούσας,
οἱ δ᾽ ἐοὶ ἐβλάφθησαν ἄνευ κέντροιο θέοντες.
    οὐδ᾽ ἄρ᾽ Ἀθηναίην ἐλεφηράμενος λάθ᾽ Ἀπόλλων
Τυδείδην, μάλα δ᾽ ὦκα μετέσσυτο ποιμένα λαῶν,
390 δῶκε δέ οἱ μάστιγα, μένος δ᾽ ἵπποισιν ἐνῆκεν.
ἣ δὲ μετ᾽ Ἀδμήτου υἱὸν κοτέουσα βεβήκει·
ἵππειόν οἱ ἔαξε θεὰ ζυγόν, αἱ δέ οἱ ἵπποι

373 (–δρόμον) Nonn. D. 37.289; 373a sch Ψ 353–7   375 (ὦκα)–6 EtG α
261   379–80 (–μετάφρ.) Demetr. Eloc. 210; 380–1 Macr. Sat. 5.13.3; 380 (Εὐμ.) Hdn
ad B 847   382 Gell. 2.26.20; (ἀμφήρ.) H. (Cyr.) α 3940   387a ApD Pron. 107.5,
Synt. 214.13, 314.9; Hdn ad T 384a; 387b sch Pind. Ol. 1.33a; (θέοντες) H. (Cyr.) θ
285   388 sch τ 564; (ἐλεφ.) ApS 66.11; H. ε 2037

372 δὲ πέτοντο h T   373 τέλεον δρόμον t Ω*: δρόμον τέλεον Rᵃ: δρόμον tantum
W: δρόμον ἔτρεχον C   374 ἐφ᾽ Ar Ω*: ἀφ᾽ “αἱ πλείους” Didymi Aˢ F T G   γε Ω*:
τε T   376 πο]δωκέε[ς 1297   377 μέτ᾽ Aᵏ G: μετ᾽ vel μετ- Hdn Ω*   378 οὐδέ τι
Ω*: οὐδ᾽ ἔτι T: οὐ γὰρ D   379 δίφρου Ω: -ωι t Aˢ   380 εὐρέε τ᾽ ὤμω Ω* (= Π 791):
ἠδὲ καὶ ὤμους Macr. W (cf. B 265)   382 παρέλασσ᾽ Ω: -σσεν H O V   ἠ᾽ Fick: ἢ
Ω   386 μᾶλλον Blass: μᾶ- Ω   387 δ᾽ ἐοὶ Ptol, δὲ οἳ agn. ApD: δέ οἱ Ar Aᵏ
Ω   θέοντες t* Ω: -ουσαι sch-Pind.   389 μετέσσυτο 254 Ω*: διέ- D   390 δ᾽ 254
Ω*: θ᾽ W   ἵπποισιν 254 Ω: -οϊϊν Eust.   ἐνῆικεν A   391 κοτέουσα βεβήκει 254 Aᵐ
Ω*: -ουσ᾽ ἐβεβ- A b   392 οἱ ἔαξε C.A.J. Hoffmann Quaest. Hom. (1848) II 93, prob.
Wack. KS 1558 sq. (cf. 1541): δέ οἱ ἄξε 254 R V: δέ οἱ ἦξε Ω*: δέ (ϝ᾽) ἔαξε van Gent post
Bentley   αἱ Ω: οἱ 254 H

ἀμφὶς ὁδοῦ δραμέτην, ῥυμὸς δ' ἐπὶ γαῖαν ἐλύσθη·
αὐτὸς δ' ἐκ δίφροιο παρὰ τροχὸν ἐξεκυλίσθη,
395 ἀγκῶνάς τε περιδρύφθη στόμα τε ῥῖνάς τε,
θρυλίχθη δὲ μέτωπον ἐπ' ὀφρύσι· τὼ δέ οἱ ὄσσε
δακρυόφι πλῆσθεν, θαλερὴ δέ οἱ ἔσκετο φωνή.
Τυδείδης δὲ παρατρέψας ἔχε μώνυχας ἵππους,
πολλὸν τῶν ἄλλων ἐξάλμενος· ἐν γὰρ Ἀθήνη
400 ἵπποις ἧκε μένος καὶ ἐπ' αὐτῶι κῦδος ἔθηκεν.
    τῶι δ' ἄρ' ἐπ' Ἀτρείδης εἶχε ξανθὸς Μενέλαος.
Ἀντίλοχος δ' ἵπποισιν ἐκέκλετο πατρὸς ἑοῖο·
"ἔμβητον καὶ σφῶϊ· τιταίνετον ὅττι τάχιστα.
ἤτοι μὲν κείνοισιν ἐριζέμεν οὔ τι κελεύω,
405 Τυδείδεω ἵπποισι δαΐφρονος, οἷσιν Ἀθήνη
νῦν ὤρεξε τάχος καὶ ἐπ' αὐτῶι κῦδος ἔθηκεν·
ἵππους δ' Ἀτρείδαο κιχάνετε, μηδὲ λίπησθον,
καρπαλίμως, μὴ σφῶϊν ἐλεγχείην καταχεύηι
Αἴθη θῆλυς ἐοῦσα. τίη λείπεσθε, φέριστοι;
410 ὧδε γὰρ ἐξερέω, καὶ μὴν τετελεσμένον ἔσται·
οὐ σφῶϊν κομιδὴ παρὰ Νέστορι ποιμένι λαῶν
ἔσσεται, αὐτίκα δ' ὔμμε κατακτενεῖ ὀξέι χαλκῶι,
αἴ κ' ἀποκηδήσαντε φερώμεθα χεῖρον ἄεθλον.
ἀλλ' ἐφαμαρτεῖτον καὶ σπεύδετον ὅττι τάχιστα·
415 ταῦτα δ' ἐγὼν αὐτὸς τεχνήσομαι ἠδὲ νοήσω,
στεινωπῶι ἐν ὁδῶι παραδύμεναι, οὐδέ με λήσει."

393a Apio 218.21; ApS 29.3; 393b Orio 63.28; (ἐλύσθη) ApS 67.4; H. (Cyr.) ε [2111],
2235, η 397   395 Aristid. Or. 3.468; (περιδρ.) H. π 1647   396a ApS 88.21 (ex Apione); Choer. in Thd. ii.154.35; (θρυλ.) H. θ 792; Orio 71.θ 11   406 (ὤρεξε) H. (Cyr.) ω
320   408 (μὴ-)-9a sch Θ 113; 409a Polyb. Soloec. 287.3 Nauck   411 (-Νέστ.) sch
Θ 113; 411a [Ammon.] Diff. 276   412 al. (ὔμμε) H. υ 185   413 sch Θ 185b;
(ἀποκ.-) EtG α 1035; (ἀποκ.) ApS 39.30; H. (Cyr.) α 6381; Phot. Lex. α 2511; (χεῖρον)
H. χ 300   415 Eudoc. 511; (τεχν.) H. (Cyr.) τ 724

395 (ἀγκῶνάς) τε t Ω: δὲ 254   396 θρυλίχθη 254 ApS Z Tλ Ω*: θρυλλ- tt*
F   μέτωπον 254 Ω: -πα Choer.: μετ[511: πρόσωπον t*   397 δακρυόφι Wolf: -φιν 254
511 Z Ω   ἔσκετο v. ad P 696: ἔσχ- Z Ω* Rs: ἔκπεσε R¹   399 ἐν A   400 ἔθηκε(ν) Ω*:
ἔδωκε b.—cf. ad 406, A 2   401 εἶχε ξανθὸς Μενέλαος Ω,] Μενελαος 452: δουρικλ
254   402 ἑοῖο 13 452 Ω*: ἐῆος Dc Ga   405–6 ath. Ar: def. schbT   406 ἔθηκεν 13
452 511 Ω*: ἔδωκεν C.—cf. ad 400   407 λίπησθον 452 Ω: -σθε 13   409 τί ἡ A B E
T   410 καὶ μὴν (= π 440) 13 Ω (μιν D): καὶ μὲν Christ, prob. Wack. Unt. 21: τὸ δὲ καὶ
(= A 212 al.) Bekker (cf. Ψ 672, τ 487 vv.ll.)   411 κομιδὴ 13 tt Z Aλ Ω*: -ὴν G: βιοτὴ
"ἔν τισι"   412 damn. Agar CR 14 (1900) 4   κατακτενεῖ 13 Ω*: -κτάνει D
414 ἐφαμαρτεῖτον Ara: ἐφομ- Arb 13 Z Ω (-ῆτον R).—cf. ad Θ 191, M 412; Praef. xxx

  ὣς ἔφαθ'· οἳ δὲ ἄνακτος ὑποδδείσαντες ὁμοκλήν
  μᾶλλον ἐπεδραμέτην ὀλίγον χρόνον. αἶψα δ' ἔπειτα
  στεῖνος ὁδοῦ κοίλης ἴδεν Ἀντίλοχος μενεχάρμης·
420 ῥωγμὸς ἔην γαίης, ᾗι χειμέριον ἀλὲν ὕδωρ
  ἐξέρρηξεν ὁδοῖο, βάθυνε δὲ χῶρον ἅπαντα.
  τῆι ῥ' εἶχεν Μενέλαος ἁματροχιὰς ἀλεείνων·
  Ἀντίλοχος δὲ παρατρέψας ἔχε μώνυχας ἵππους
  ἐκτὸς ὁδοῦ, ὀλίγον δὲ παρακλίνας ἐδίωκεν.
425 Ἀτρείδης δ' ἔδδεισε καὶ Ἀντιλόχωι ἐγεγώνει·
  "Ἀντίλοχ', ἀφραδέως ἱππάζεαι· ἀλλ' ἄνεχ' ἵππους—
  στεινωπὸς γὰρ ὁδός, τάχα δ' εὐρυτέρη παρελάσσαι—
  μή πως ἀμφοτέρους δηλήσεαι ἅρματι κύρσας."
  ὣς ἔφατ'· Ἀντίλοχος δ' ἔτι καὶ πολὺ μᾶλλον ἔλαυνεν
430 κέντρωι ἐπισπέρχων, ὡς οὐκ ἀΐοντι ἐοικώς.
  ὅσσα δὲ δίσκου οὖρα κατωμαδίοιο πέλονται,
  ὅν τ' αἰζηὸς ἀφῆκεν ἀνὴρ πειρώμενος ἥβης,
  τόσσον ἐπεδραμέτην· αἳ δ' ἠρώησαν ὀπίσσω
  Ἀτρείδεω· αὐτὸς γὰρ ἑκὼν μεθέηκεν ἐλαύνειν,
435 μή πως συγκύρσειαν ὁδῶι ἔνι μώνυχες ἵπποι
  δίφρους τ' ἀνστρέψειαν ἐϋπλεκέας, κατὰ δ' αὐτοί
  ἐν κονίηισι πέσοιεν ἐπειγόμενοι περὶ νίκης.

419 (–Ἀντ.) Epm. o 90; 419a id. τ 68 420–1 imit. Nonn.D. 37.397–400; 420a ApS
139.27; Orio 140.7; EtG α 1038, 1165 et s.v. ῥωχμός; (ῥ. ἔην) sch^bT Ψ 419b; (ῥ.) H. ρ 557;
Phot. Lex. s.v.; 420b Hdn ad Λ 192a¹; (ᾗι–ἀλέν) EtG α 784; (ἀλέν) sch Φ 262c; H. α 2861;
421a sch Δ 100c 422 [Ammon.] Diff. 32; Porph. Hom. 15.23 Sod.; 422a sch N 326b;
422b ApS 28.1; (ἁματρ.) Poll. 7.116; H. α 3482/3, cf. 7304; EtG α 606 427a ApS
146.12; (στειν.) H. σ 1710 430 (οὐκ–) Lib. Ep. 546.1 (x.510.20 F.); H. (Cyr.) o 1620;
cf. Luc. Dial. 10.18, 36.26 431 sch θ 190; 431a Ar ap. Arn/Hdn ad Ψ 523a–c; H. (Cyr.)
o 1426; (οὖρα) H. o 1821, 1844; 431b sch O 352; (κατωμ.) cf. Hdn ad κ 169; sch Ψ 500b;
H. κ 1882, cf. ω 176 433b ApS 84.33; (ἠρώ.) H. η 868

417 ὑποδδείσαντες (nov. Did) 13 Ω*: ὑποδείσ- Ar O: ὁμοκλήσ- C ὁμοκλήν Ω*:
ἀπειλήν C 418 μᾶλλον Blass: μᾶ- Ω ἐπεδραμέτην D R: ἐπιδρ- 13 Ω*.—cf. ad
433, 447, K 354 420 ῥωγμὸς ApS Hdn Hsch. Nonn. rr: -χμὸς 13 ApS^λ tt* Z A^λ
Ω 421 ἅπαντα Ar Ω: ἔνερθεν Arph 422 τῆι (nov. Did) [13] tt Z Ω: ᾗι Ar
424 παρακλίνας 13 Ω: -κλινθεὶς A^γρ: παρεκκλίνας Eust. rr 425 ἔδδεισε 13 Ω: ἔδει-
σε r 427 εὐρυτέρη sch^bT D R: -ρηι 13 Ω* παρελάσσαι 13 sch^bT: -σσαις E h:
-σσεις fere Ω* (περ ἐλ- A, πελ- T) 429 μᾶλλον Blass: μᾶ- Ω 430 οὐκ 13 257 tt*
Ω: οὐδ' Luc. ἀΐοντι Schulze Kl. Schr. 345: proparox. 13 Ω.—cf. Praef. xx 432 αἰζη-
ιος 13, αἰζηιὸς A^c? (cf. P 520) 433 ἐπεδραμέτην rr: ἐπιδρ- 13 Ω.—cf. ad 418 αἰ
vel αἱ 13 t Ω, [ ] 257: τοὶ flagit. sch^T (cl. 295) 434 ἐλαύνειν 13^s Ω: -ων 13^t 435 ἔνι
13 Ω*: ἐνὶ D G 436 ἀνστρέψειαν 13 Ω (ἀναστρ- T G^s): ἀνατρ- O rr, ἀντρ- Erne-
sti

τὸν καὶ νεικείων προσέφη ξανθὸς Μενέλαος·
"Ἀντίλοχ', οὔ τις σεῖο βροτῶν ὀλοώτερος ἄλλος.
440 ἔρρ', ἐπεὶ οὔ σ' ἔτυμόν γε φάμεν πεπνῦσθαι Ἀχαιοί.
ἀλλ' οὐ μὰν οὐδ' ὣς ἄτερ ὅρκου γ' οἴσε' ἄεθλον."
ὣς εἰπὼν ἵπποισιν ἐκέκλετο φώνησέν τε·
"μή μοι ἐρύκεσθον μηδ' ἔστατον ἀχνυμένω κῆρ·
φθήσονται τούτοισι πόδες καὶ γοῦνα καμόντα
445 ἢ' ὑμῖν· ἄμφω γὰρ ἀτέμβονται νεότητος."
ὣς ἔφαθ'· οἱ δὲ ἄνακτος ὑποδδείσαντες ὁμοκλήν
μᾶλλον ἐπεδραμέτην, τάχα δέ σφισιν ἄγχι γένοντο.

Ἀργεῖοι δ' ἐν ἀγῶνι καθήμενοι εἰσορόωντο
ἵππους· τοὶ δ' ἐπέτοντο κονίοντες πεδίοιο.
450 πρῶτος δ' Ἰδομενεὺς Κρητῶν ἀγὸς ἐφράσαθ'' ἵππους·
ἧστο γὰρ ἐκτὸς ἀγῶνος ὑπέρτατος ἐν περιωπῇι.
τοῖο δ' ἄνευθεν ἐόντος ὁμοκλητῆρος ἀκούσας
ἔγνω, φράσσατο δ'' ἵππον ἀριπρεπέα προύχοντα,
ὃς τὸ μὲν ἄλλο τόσον φοίνιξ ἦν, ἐν δὲ μετώπωι
455 λευκὸν σῆμ' ἐτέτυκτο, περίτροχον ἠΰτε μήνη.
στῆ δ' ὀρθὸς καὶ μῦθον ἐν Ἀργείοισιν ἔειπεν·
"ὦ φίλοι, Ἀργείων ἡγήτορες ἠδὲ μέδοντες,
οἶος ἐγὼν ἵππους αὐγάζομαι, ἦε καὶ ὑμεῖς;
ἄλλοί μοι δοκέουσι παροίτεροι ἔμμεναι ἵπποι,

445 (ἄμφω–) sch Ψ 303; (ἀτέμβ.) H. α 8046   448 (–καθήμ.) Porph. Hom. 107.12
Sod.   453 (φρ.–) Epm. α 146   454 (–ἦν) Arn ad Σ 378a(b); (τὸ μὲν–)–455a ApS
164.29; (τὸ μὲν–ἦν) sch X 322b; EtG s.v. Φοίνικες (Philox. fr. 622 Th.); (ἐν δὲ–)–455
Porph. Hom. 133.9 Sod.; 455 (περίτρ.) H. π 1928; (μήνη) ApS 112.23; H. (Cyr.) μ 1217a;
Phot. Lex. μ 400   458 (ἐγὼν–) EtG α 1560; (αὐγ.) ApS 47.22; H. (Cyr.) α
8226   459–60 (–ινδ.) ApD Synt. 53.6; 459 ib. 55.1; sch A.R. 1.910a; 459b ApS 128.3;
(παροί.) H. π 978; 460 (ινδ.) H. (Cyr.) ι [163], 665; Phot. Lex. ι 135

440 γε φάμεν Hdn A Aᵏ D b G: γε φάμε[ν 13, γε φαμὲν Ω*: γ' ἔφαμεν rr   πεπνῦσθαι
T² Tᵏ²: -ύσθαι Ω (proparox. G)   441 ὡς 13 Fᵃ?: ὡς A, ὣς Ω*   γ' 13 257' D T: om.
Ω*   οἴσε' Payne Knight: -ση(ι) 13 Ω   444 φθήσονται 13 Z Ω* Gˢ: φθί- D Bˢ Rᵃ W
Gᵗ   καμόντε 13   445 ἢ' Fick: η 13 452, ἡ A, ἦ Ω*   446 ὑποδδείσαντες 13 Ω:
ὑποδεί- O   ὁμοκλήν Ω   447 μᾶλλον Blass: μᾶ- Ω   ἐπεδραμέτην rr: ἐπιδρ- 13 452
Ω.—cf. ad 418   ἄγχι γένοντο (= Θ 117) 13 Ω*: ἄγχ' ἐγ- D   449 damn. Payne
Knight   τοὶ Ω*: οἱ 13 452 D T   δὲ πέτοντο A B E F T   452 ἐόντος Ω*: ἰόντος 13
D   ὁμοκλ- Ω   ἀκούσας Ω: -ων 13.—cf. ad M 273   453 προύχοντα 13 t Ω: προ-
έχ- Payne Knight   454 τόσον Ar (t) 13 tt* Z Aᵏ Ω (cf. X 322): δέμας ApS (cf. A.R.
4.1645; Rengakos 136 sq.)   φοίνιξ Z H: φοῖ- 13 Aᵏ Ω   455 σῆμ' ἐτέτυκτο (nov. Did)
13 452ᵘᵛ tt Aᵏ Ω*: σήμα τέτ- Ar F R G   458 ἦε Bekker: ηε 9 13, ἠὲ Ω   459 παροίτεροι 9 13 326 tt Z Ω (παυρότ- D): -αι rr

460   ἄλλος δ' ἡνίοχος ἰνδάλλεται· αἱ δέ που αὐτοῦ
       ἔβλαβεν ἐν πεδίωι, αἱ κεῖσέ γε φέρτεραι ἦσαν·
       ἤτοι γὰρ τὰς πρῶτα ἴδον περὶ τέρμα βαλούσας,
       νῦν δ' οὔ πηι δύναμαι ἰδέειν, πάντηι δέ μοι ὄσσε
       Τρωϊκὸν ἂμ πεδίον παπταίνετον εἰσορόωντι·
465   ἠὲ τὸν ἡνίοχον φύγον ἡνία, οὐδ' ἐδυνάσθη
       εὖ σχεθέειν περὶ τέρμα, καὶ οὐκ ἐτύχησεν ἑλίξας·
       ἔνθά μιν ἐκπεσέειν ὀΐω σύν θ' ἄρματα ἆξαι,
       αἱ δ' ἐξηρώησαν, ἐπεὶ μένος ἔλλαβε θυμόν.
       ἀλλὰ ἴδεσθε καὶ ὔμμες ἀνασταδόν· οὐ γὰρ ἐγώ γε
470   εὖ διαγινώσκω, δοκέει δέ μοι ἔμμεναι ἀνήρ
       Αἰτωλὸς γενεήν, μετὰ δ' Ἀργείοισιν ἀνάσσει,
       Τυδέος ἱπποδάμου υἱός, κρατερὸς Διομήδης."
          τὸν δ' αἰσχρῶς ἐνένιπεν Ὀϊλῆος ταχὺς Αἴας·
       "Ἰδομενεῦ, τί πάρος λαβρεύεαι; αἱ δ' ἔτ' ἄνευθεν
475   ἵπποι ἀερσίποδες πολέος πεδίοιο δίενται.
       οὔτε νεώτατός ἐσσι μετ' Ἀργείοισι τοσοῦτον,
       οὔτέ τοι ὀξύτατον κεφαλῆς ἐκδέρκεται ὄσσε.
       ἀλλ' αἰεὶ μύθοις λαβρεύεαι· οὐδέ τί σε χρή
       λαβραγόρην ἔμεναι· πάρα γὰρ καὶ ἀμείνονες ἄλλοι.

461b Epm. κ 149   **462** (περὶ–) H. π 1909; (τέρμα) id. τ 532; Phot. Lex. s.v.
466 (ἑλίξας) H. ε 2100   **468** (ἐξηρ.) ApS 70.11; H. (Cyr.) ε 3878   **469–70** Eudoc.
1143–4   **474** (–λαβρ.) + **478** (οὐδέ–)–9a Plut. Mor. 35b; **474** (τί π. λαβρ.) sch Nic. Al.
160; (λαβρ.) ApS 106.15; H. λ 23; **475** Hdn ad M 276c, Σ 162a¹; (δίενται) ApS 58.32; H.
(Cyr.) δ 1600; **477** ApD Synt. 418.5; Eudoc. 869; (–κεφ.) sch^bT Ψ 479b; **478–9a** Stob.
3.36.7; **478** (–λαβρ.) Arn ad Ψ 479a; (αἰεὶ–)–**479a** [Plut.] Hom. 2.149.3; **479** (λαβραγ.) H.
λ 18; Phot. Lex. λ 8; EtG λ 185

461 κεῖσέ Ar t 9 13 A^λ Ω: κεῖθί Zen   φέρτεραι 13 Ω*: -οι 9 326 t T R W   **462–4** damn.
Kurtz Phil. 36 (1887) 562–4   **462** βαλούσας 9 13 Z A^λ Ω*: λαβ- 326 t: μολ- W^c
463 πη(ι) Arph 13 1520 A^s D F T R G^a: πω (nov. Did) 9 Ω*.—cf. ad P 643   **464** παπ–
ταίνετον (nov. Did) 9 13 (παντ-) Ω, -ετο Z: -εται Ar^ab   **465** ἠὲ Ω: ἦε Hdn (pro interrogativo)   φύγον 9 13 Ω*: -εν A.—cf. ad Θ 137, Λ 128   οὐδ' ἐδυνάσθη T G: οὐδὲ
δ- Ω*   **467** ἔνθά sic Ω praeter T   ὀΐω D F R G: οιω 9 13, οἴω Ω*   σύν 9 13 Ω*:
κατά A^γρ A^m F T W G.—cf. ad 341   ἆξαι F W: ἄ- Ω*.—v. Praef. xx
469 ὔμμες 13 A B C F: ὔ-Ω*   ἐγώ γε Bekker: ἔγωγε Ω   **470** διαγινώσκω 9 t Ω*, -γ⟦ε⟧ιν-
13: -γιγν- W   **471** ath. Ar   ἀνάσσει 9 Ω*: -ειν G   **472** ἱπποδάμου 9 13 Ω: -μοιο
rr, item cum πάϊς pro υἱός h   **473** ἐνένιπεν Ω*: -ισπεν 9 C F R G: -ειπεν W: ἐνέειπεν
T   Ὀϊλῆος: cf. ad B 527   **474** πάρος 9 13 tt Ω: τ' ἄρ' (ταρ) ὣς Herwerden (cl. M 409;
cf. Σ 6)   δ' ἔτ' Doederlein: δέ τ' 9 Ω   **475** δίενται Hdn 9 tt Z Ω: -ωνται A^λ A^s
rr   **477** οὔτέ sic Ω   ὀξύτατον 9 13 tt Ω: -τερον quidam ap. sch^T   ἐκδέρκεται 9 t* Ω:
-ετον ApD h   **478** μύθοις 9 13 tt Ω*: -οισι Arn (cod. A) D R: -οιο C   **479** ath.
Ar   ἔμεναι 9 13 t* A^λ Ω* (ἔμμ- b R G): τ' ἔμ(μ)- (ex α 385?) Stob. T W

480   ἵπποι δ' αὐταὶ ἔασι παροίτεραι, αἳ τὸ πάρος περ,
       Εὐμήλου, ἐν δ' αὐτὸς ἔχων εὔληρα βέβηκεν."
       τὸν δὲ χολωσάμενος Κρητῶν ἀγὸς ἀντίον ηὔδα·
       "Αἶαν, νείκει ἄριστε, κακοφραδές, ἄλλά τε πάντα
       δεύεαι Ἀργείων, ὅ τέ τοι νόος ἐστὶν ἀπηνής.
485   δεῦρό νυν, ἢ τρίποδος περιδώμεθα ἠὲ λέβητος,
       ἵστορα δ' Ἀτρείδην Ἀγαμέμνονα θείομεν ἄμφω,
       ὁππότεραι πρόσθ''ἵπποι, ἵνα γνώῃς ἀποτίνων."
       ὣς ἔφατ'· ὤρνυτο δ' αὐτίκ' Ὀϊλῆος ταχὺς Αἴας
       χωόμενος χαλεποῖσιν ἀμείψασθαι ἐπέεσσιν.
490   καί νύ κε δὴ προτέρω ἔτ' ἔρις γένετ' ἀμφοτέροισιν,
       εἰ μὴ Ἀχιλλεὺς αὐτὸς ἀνίστατο καὶ φάτο μῦθον·
       "μηκέτι νῦν χαλεποῖσιν ἀμείβεσθον ἐπέεσσιν,
       Αἶαν Ἰδομενεῦ τε, κακοῖς, ἐπεὶ οὐδὲ ἔοικεν·
       καὶ δ' ἄλλωι νεμεσᾶτον, ὅτις τοιαῦτά γε ῥέζοι.
495   ἀλλ' ὑμεῖς ἐν ἀγῶνι καθήμενοι εἰσοράασθε
       ἵππους· οἳ δὲ τάχ' αὐτοὶ ἐπειγόμενοι περὶ νίκης
       ἐνθάδ' ἐλεύσονται· τότε δὲ γνώσεσθε ἕκαστος

481 (ἐν δ'–) EtG s.v. εὔληρα; (εὔλ.) ApS 79.1; H. ε 6962; Orio 52.14   483 (–κακ.)
Plut. Mor. 35b; (νείκει ἄρ.) H. ν 224   485 Choer. in Heph. 235.21; (–περιδ.) sch Ar.
Ach. 772a, Eq. 791a, Nub. 644; H. (Cyr.) δ 731; Phot. Lex. s.v. περιδεδόσθαι; EtG s.v.
περιδώσομαι; 485a Hdn ad K 105, Φ 428a/b; (δεῦρο) Apio 230.12; (περιδ.) H. π
1642   486 Porph. Il. 238.29 Schr.; (–Ἀγ.) sch K 329; sch A.R. 4.1558; 486a sch T
258a   489 (ἀμείψ.) H. α 3560   490 Eudoc. 1432; 490a sch I 192b   492 Eudoc.
1427; (χαλεπ.) sch Ψ 493   494 Eudoc. 1428   497b ead. 495

480 αὐταὶ h T: αὗται 13 A Gᶜ: αυται 9: αὖτε Ω*: αὖ ταὶ quidam olim? (Leaf)   παροίτεραι 9 Ω*: -οι A D   483 Αἴᾱν A   νείκει (nov. Did) 13 Z Tᴸ Ω* (cf. Ι 54, Ο 108,
Ψ 891, Ω 261): νεῖκος Ar 9 Plut. h (cf. Γ 39): νείκη Hsch. F Gˢ: -κε' (Heyne) r   ἄλλά
sic A b F   τε 9 13 Ω: δ' ε Z, δὲ O   484 ὅ τε Barnes: ὅτι 9 Ω*: ὅθι W.—cf. ad Π
35   485 δεῦρό νυν ἦ Hdn 9 13 tt* Ω: εἰ δ' ἄγε νῦν Phot.   περιδώμεθα tt* Zᶜ T rr:
-μεθον Hdn 9 13 (πέρι δ- contra Hdn) 1520 EtG Phot. Zᵃ Aᴸ Ω*.—cf. Wack. Unt. 55,
Synt. I 81 sq.; Chantr. I 478   486 ἵστορα 13ᵐ Ω*: ῐ- 13ᵗ D O   487 ὁππότεραι 9 13
Aᴸ Ω: -οι rr (cf. 498)   γνώῃ(ι)ς 655ᵃTᴸ H (-ηισ') rr (cf. A 302, Ψ 610): γνοί- 9 13 1520 Ω
(-ῃς A W)   ἀποτίνων 9 259 1520 Z Ω: -τείνων 13 O   488 ὤρνυτο 9 13 (om. δ') Ω*:
ὅ- R O   490 κε δὴ 9 Eudoc. Ω: κ' ἔτι (ex 526?) 13 t*   491 φάτο μῦθον 9 13 48 259
Ω: κατέρυκε (= 734) Aʸᵖ O rr (cf. A.R. 1.494; Rengakos 137)   492 ἀμείβεσθον 9 13²
Ω*: -βεσθαι 13ᵃ 48 r: -βεσθε t: -ψασθαι (ex 489) D   493 damn. Heyne   Αἶαν 9 13 Ω
(Αἴᾱν A, Αἴαν D), def. Hartel Hom. Stud. I 64, Chantr. I 103 sq.: Αἰάν τ' Barnes (cf. A
17, T 400, al.): Αἴας (et fort. Ἰδομενεύς) Wack. KS 1533 sq.   κακοῖς 9 13 48 Tᴸ Ω: -ῶς
rr: ἄναξ "ἄμεινον" schᵀ   494 νεμεσᾶτον 9 13 Ω (cf. ζ 286): -σᾶτε t: -σώιτον La
Roche Unt. II 129 n.1   ὅτις 9 13 Ω*: ὅστις t D C T R G   ῥέζοι 9 13 t Ω: -ζῃ 48 H
495 εἰσοράασθε 9 13 48 Ω: -σθον h   497 τότε δὲ 9 13 t Ω: τάχα δὲ 435: τ]αχα δ' ευ 48

ἵππους Ἀργείων, οἳ δεύτεροι οἵ τε πάροιθεν."
          ὣς φάτο· Τυδείδης δὲ μάλα σχεδὸν ἦλθε διώκων,
500   μάστι δ' αἰὲν ἔλαυνε κατωμαδόν, οἱ δέ οἱ ἵπποι
          ὑψόσ' ἀειρέσθην ῥίμφα πρήσσοντε κέλευθον·
          αἰεὶ δ' ἡνίοχον κονίης ῥαθάμιγγες ἔβαλλον,
          ἅρματα δὲ χρυσῶι πεπυκασμένα κασσιτέρωι τε
          ἵπποις ὠκυπόδεσσιν ἐπέτρεχον· οὐδέ τι πολλή
505   γίνετ' ὀπισσώτρων ἁρματροχιὴ κατόπισθεν
          ἐν λεπτῆι κονίηι· τὼ δὲ σπεύδοντε πετέσθην.
          στῆ δὲ μέσωι ἐν ἀγῶνι, πολὺς δ' ἀνεκήκιεν ἱδρώς
          ἵππων ἔκ τε λόφων καὶ ἀπὸ στέρνοιο χαμᾶζε·
          αὐτὸς δ' ἐκ δίφροιο χαμαὶ θόρε παμφανόωντος,
510   κλῖνε δ' ἄρα μάστιγα ποτὶ ζυγόν. οὐδ' ἐμάτησεν
          ἴφθιμος Σθένελος, ἀλλ' ἐσσυμένως λάβ' ἄεθλον,
          δῶκε δ' ἄγειν ἑτάροισιν ὑπερθύμοισι γυναῖκα
          καὶ τρίποδ' ὠτώεντα φέρειν· ὃ δὲ λῦεν ὑφ' ἵππους.
          τῶι δ' ἄρ' ἔπ' Ἀντίλοχος Νηλήιος ἤλασεν ἵππους,
515   κέρδεσιν, οὔ τι τάχει γε, παραφθάμενος Μενέλαον·
          ἀλλὰ καὶ ὣς Μενέλαος ἔχ' ἐγγύθεν ὠκέας ἵππους.
          ὅσσον δὲ τροχοῦ ἵππος ἀφίσταται, ὅς ῥά τ' ἄνακτα
          ἕλκησιν πεδίοιο τιταινόμενος σὺν ὄχεσφιν·
          τοῦ μέν τε ψαύουσιν ὀπισσώτρου τρίχες ἄκραι
520   οὐραῖαι, ὃ δέ τ' ἄγχι μάλα τρέχει, οὐδέ τι πολλή
          χώρη μεσσηγύς, πολέος πεδίοιο θέοντος·

500a Choer. in Thd. i.378.8; (μάστι) H. μ 355; St. Byz. 693.17; (οἱ δέ-)–501a Hdn ad
Ψ 387b[1]   502 sch O 683–4; H. α 1809; Phot. Lex. α 559; 502a sch N 516–17; (ῥαθ.) H.
ρ 37   503–4 (-ἐπέτρ.) Plut. Mor. 747e; 504 (οὐδέ-)–6a Porph. Hom. 16.22 Sod.;
EtG α 1202; 504 (οὐδέ-)–5 [Ammon.] Diff. 32; (-ἁρμ.) ApS 43.16; 505 (ἁρμ.) H. α
7305   507 Eudoc. 1577; 507b sch Soph. Ph. 784; Herm. in Pl. Phdr. 183.15 C.
515 (-παραφθ.) sch Ψ 322; (κέρδ.) H. (Cyr.) κ 2309   519–20 (οὐρ.) sch Pind. Nem.
2.17c

498 τε 9 48 Ω*: τὸ 13 435 R   500 μάστι δ' 9 [13] tt A^λ A D B E: μάστιγι δ' B^s Ω*,
-γα δ' C V: μάστιγ' van Leeuwen Mn. 13 (1885) 197   503 δὲ χρυσῶι 9 13 48 Ω: δ' αὐ
χαλκῶι t   504 ἐπέτρεχον Ar 9 48 259 435 t Ω*: -τρεχεν nov. Did: -χραον W:]ον
13   505 γίνετ' 9 13 tt Z Ω: γίγν- rr   ὀπισσώτρων D: ἐπ- 9 13 tt Z Ω*.—cf. Praef.
xxxi   κατ' ὄπισθεν 435 A G   506 πετέσθην 9 13 48 Ω, -στην 259: πέτεσθον A^γρ.—
cf. ad N 613   510 οὐδ' ἐμάτησεν 1 sch^Dλ D^c F^c G^a: οὐδὲ μ- 9 13 435 Ω*   513 δὲ
λῦεν (vel λύεν) h H: δ' ἔλυεν 1 9 Ω*: δελυεν 13: δ' ἔλαυνεν G: δ' ἔλυσεν Barnes   ὑφ'
13[2] r: ὑφ' 1 9 13 Ω   514 ἔπ' W: ἐπ' A, ἐπ' 1 9 13 Ω*   516 ὡς 13[2] B^a E: ὡς 1 9 13 A:
ὣς Ω*   517 δὲ 1 9 13 Ω: τε H.—cf. ad E 770   518 ἕλκῃσιν 9 13^c A B^a E T G
519 ὀπισσώτρου A: ἐπ- 1 9 1521 t A^m Ω*.—cf. ad 505   520 ουδ'ετι 1521

τόσσον δὴ Μενέλαος ἀμύμονος Ἀντιλόχοιο
λείπετ᾿· ἀτὰρ τὰ πρῶτα καὶ ἐς δίσκουρα λέλειπτο,
ἀλλά μιν αἶψα κίχανεν, ὀφέλλετο γὰρ μένος ἠΰ
525   ἵππου τῆς Ἀγαμεμνονέης, καλλίτριχος Αἴθης.
εἰ δέ κ᾿ ἔτι προτέρω γένετο δρόμος ἀμφοτέροισιν,
τώ κέν μιν παρέλασσ᾿, οὐδ᾿ ἀμφήριστον ἔθηκεν.
αὐτὰρ Μηριόνης, θεράπων ἐὺς Ἰδομενῆος,
λείπετ᾿ ἀγακλῆος Μενελάου δουρὸς ἐρωήν·
530   βάρδιστοι μὲν γάρ οἱ ἔσαν καλλίτριχες ἵπποι,
ἥκιστος δ᾿ ἦν αὐτὸς ἐλαυνέμεν ἅρμ᾿ ἐν ἀγῶνι.
     υἱὸς δ᾿ Ἀδμήτοιο πανύστατος ἤλυθεν ἄλλων,
ἕλκων ἅρματα καλά, ἐλαύνων πρόσσοθεν ἵππους.
τὸν δὲ ἰδὼν ὤικτιρε ποδάρκης δῖος Ἀχιλλεύς,
535   στὰς δ᾿ ἄρ᾿ ἐν Ἀργείοις ἔπεα πτερόεντ᾿ ἀγόρευεν·
"λοῖσθος ἀνὴρ ὤριστος ἐλαύνει μώνυχας ἵππους.
ἀλλ᾿ ἄγε δή οἱ δῶμεν ἀέθλιον, ὡς ἐπιεικές,
δεύτερ᾿· ἀτὰρ τὰ πρῶτα φερέσθω Τυδέος υἱός."
ὡς ἔφαθ᾿· οἱ δ᾿ ἄρα πάντες ἐπήινεον, ὡς ἐκέλευεν.
540   καί νύ κέ οἱ πόρεν ἵππον, ἐπήινησαν γὰρ Ἀχαιοί,
εἰ μὴ ἄρ᾿ Ἀντίλοχος, μεγαθύμου Νέστορος υἱός,

---

523 (δίσκουρα) ApS 59.13; H. δ 1973   **531** (–ἐλ.) ApS 83.7; (ἥκ.) H. (Cyr.) η
298   **536** Aristid. Or. 3.467; Synes. Aegypt. 2.2 (Opusc. 117.13 T.); cf. Choric. 81.17,
195.5, 15; EtG λ 140; **536a** ApS 109.3; (λοῖσθος) H. (Cyr.) λ 1245   **539** (οἱ δ᾿ ἐπήιν.)
Alex. Rhet. iii.3.7 Sp.

523 δίσκουρα Ar Ptol 'plerique' Hdn 1 9 13²ᵃ tt Z Aᴸ Ω*: δισκοῦρα 13²ᶜ, δίσκ᾿ οὖρα
quidam ap. schᵇᵀ (cl. 431): δισκουρα 1521: δίσκου οὖρα R O   λελιπ[το 1521, cf. Praef.
xxxii   **526** δέ κ᾿ ἔτι 9 13 425 1522 Ω: δ᾿ ἔτι καὶ Kampmann De usu conditionalium enun-
ciationum Homerico (1862) 36   **527** τώ rr: τῶ(ι) 435 513 Ω   οὐδ᾿ Ar 9 13 655 Ω: ἢ
(= 382) Zen   **529** ἀγακλῆος 9 435 513 1522 Z Ω: -κλεῖος Naber Qu. Hom. 85.—cf.
ad Π 738   **530** βάρδιστοι 13 435 1522 Ω: -αι 9 Z rr   οἱ 9 48 513 Ω (om. R): τοι
13   **531** ἥκιστος Ar Hdn 13 Z A Aᴸ D B E Fᶜ Tᴸ Gᶜ: ἥκ- Ω*: ωκ- 48ˢ   **532** ηλθεν
ελαυνων 1522   **533** πρόσσοθεν Ar Hdn schᴰ 9 13 1522 Ω, προσ[435: ὠκέας Zen:
μώνυχας (ex 536) rr: πρόσθ᾿ ἔθεν Grashof Über d. Fuhrwerk bei Hom. u. Hes. (1846) 23:
πρὸ ἔθεν Herwerden RPh 2 (1878) 195   **534** ὤικτιρε Nauck: -ειρε 9 13 48 435 513 1522
Ω   **535** δ᾿ ἀρ ἐν Ἀργείοις 13 435 513 1522 A F G: -οισιν 9: δ᾿ ἐν Ἀργείοις Ω* (-οισιν
W): δ]᾿ εν Αχαιοισιν 48 (= Χ 377; coniecerat Nauck)   ἀγόρευε(ν) 9 13 1522 Ω*: (-ντα)
προσηύδα D T R G   **536** ἐλαύνει 9 13 435 1522 tt Ω: -ειν Bentley   **537** ἀέθλιον 9
48 1522 Ω: -ια (Bothe) r   **538ab** τὰ τρίτα δ᾿ Ἀντίλοχος, τέτρατα ξανθὸς Μενέλαος, |
πέμπτα δὲ Μηριόνης θεράπων ἐὺς Ἰδομενῆος add. quidam ante Ar   **539** ὡς ἐκέ-
λευε(ν) 13 48 Ω* (cf. Δ 380): ἠδὲ κέλευον 9 Aʸᵖ, ἠδ᾿ ἐκ- 1522 R (cf. θ 398): ὡς ἐκέλευον W   **540** κέ οἱ [513] rr: κέν οἱ [9] 1523 Ω: κε δὴ O   ἐπή(ι)νησαν 9 Ω*: -νεσαν
D: -νεσσαν R   Ἀχαιοί 9 1522 Ω: οἱ ἄλλοι Aʸᵖ.—cf. ad Φ 4

Πηλείδην Ἀχιλῆα δίκηι ἠμείψατ' ἀναστάς·
"ὦ Ἀχιλεῦ, μάλα τοι κεχολώσομαι, αἴ κε τελέσσηις
τοῦτο ἔπος· μέλλεις γὰρ ἀφαιρήσεσθαι ἄεθλον,
545 τὰ φρονέων, ὅτι οἱ βλάβεν ἄρματα καὶ ταχέ᾽ἵππω
αὐτός τ' ἐσθλὸς ἐών. ἀλλ' ὤφελεν ἀθανάτοισιν
εὔχεσθαι· τώ κ' οὔ τι πανύστατος ἦλθε διώκων.
εἰ δέ μιν οἰκτίρεις καί τοι φίλος ἔπλετο θυμῶι,
ἔστι τοι ἐν κλισίηι χρυσὸς πολύς, ἔστι δὲ χαλκός
550 καὶ πρόβατ', εἰσι δέ τοι δμωιαὶ καὶ μώνυχες ἵπποι·
τῶν οἱ ἔπειτ' ἀνελὼν δόμεναι καὶ μέζον ἄεθλον,
ἠὲ καὶ αὐτίκα νῦν, ἵνα σ' αἰνήσωσιν Ἀχαιοί.
τὴν δ' ἐγὼ οὐ δώσω· περὶ δ' αὐτῆς πειρηθήτω
ἀνδρῶν ὅς κ' ἐθέλησιν ἐμοὶ χείρεσσι μάχεσθαι."
555 ὣς φάτο· μείδησεν δὲ ποδάρκης δῖος Ἀχιλλεύς,
χαίρων Ἀντιλόχωι, ὅτι οἱ φίλος ἦεν ἑταῖρος,
καί μιν ἀμειβόμενος ἔπεα πτερόεντα προσηύδα·
"Ἀντίλοχ', εἰ μὲν δή με κελεύεις οἴκοθεν ἄλλο
Εὐμήλωι ἐπιδοῦναι, ἐγὼ δέ κε καὶ τὸ τελέσσω.
560 δώσω οἱ θώρηκα, τὸν Ἀστεροπαῖον ἀπηύρων,
χάλκεον, ὧι πέρι χεῦμα φαεινοῦ κασσιτέροιο
ἀμφιδεδίνηται· πολέος δέ οἱ ἄξιος ἔσται."
ἦ ῥα, καὶ Αὐτομέδοντι φίλωι ἐκέλευσεν ἑταίρωι
564 οἰσέμεναι κλισίηθεν· ὃ δ' ὤιχετο καί οἱ ἔνεικεν.
566 τοῖσι δὲ καὶ Μενέλαος ἀνίστατο θυμὸν ἀχεύων,
Ἀντιλόχωι ἄμοτον κεχολωμένος· ἐν δ' ἄρα κῆρυξ
χερσὶ σκῆπτρον ἔθηκε, σιωπῆσαί τ' ἐκέλευσεν

545 (βλάβεν) H. β 647   **546** (ὤφ.) id. ω 490   **549** sch Ψ 157c   **551** (μ. ἄεθ.) ApS 11.14   **560–2** Macr. Sat. 5.7.3; **561–2a** sch^h94 Φ 163 (v.92.18 E.); **562a** H. α 3980   **564a** sch Ψ 259

546 τ' 9 1523 Ω: δ' 48   **547** τῶι κ' Bentley (cf. σ 402; τώ dedi): τῶ(ι) κεν h C T R W: τό κεν 9 13 48 513 1523 Ω*   ἦλθε διώκων 9 13 Ω*: ἤλυθεν ἄλλων (ex 532) D **548** οἰκτίρεις Nauck: -είρεις 9 13 513 1523 Ω   φίλος 'omnes' Didymi 9 A B^s E^s F T: -ον (nov. Did) Ω*: -ονσ' C.—cf. ad Π 450   **549** ἔστι (τοι) 1523 Ω*: ἐστί 13 A B E W G, ἐστί 513   **550** εἰσι dedi (v. Praef. xx): ἐισι 13, εἰσὶ 9 Ω   τοι 9 13² Ω*: οἱ 13 513 D   **551** μέζον Blass: μεῖζον Ar (ap. ApS) 9 13 Ω: μείζον' olim alii   **561** πέρι quidam ante Hdn W: περὶ vel περι Ptol 'plerique' 9 A^λ Ω*: περίχευμα Z   **562** ἄξιος 9 1521 F^c h R: -ον τ Ω* (ex θ 405?)   **565** Εὐμήλωι δ' ἐν χερσὶ τίθει· ὃ δὲ δέξατο χαίρων (cf. 624, 797) add. D (om. ἐν) F h (χειρὶ) R^m G: deest in 9 13 1521 Ω*   **567** κῆρυξ 9 Z^c B^c E^c: κῆ- Z^a Ω*   **568** χερσὶ 9 13 1521 Z A^γρ F T R G: χειρὶ Ω*.—cf. ad K 328   τε κέλευσεν 9 D T G

Ἀργείους. ὃ δ' ἔπειτα μετηύδα ἰσόθεος φώς·
570	"Ἀντίλοχε, πρόσθεν πεπνυμένε, ποῖον ἔρεξας;
ἤισχυνας μὲν ἐμὴν ἀρετήν, βλάψας δέ μοι ἵππους,
τοὺς σοὺς πρόσθε βαλών, οἵ τοι πολὺ χείρονες ἦσαν.
ἀλλ' ἄγετ', Ἀργείων ἡγήτορες ἠδὲ μέδοντες,
ἐς μέσον ἀμφοτέροισι δικάσσατε, μηδ' ἐπ' ἀρωγῆι,
575	μή ποτέ τις εἴπησιν Ἀχαιῶν χαλκοχιτώνων,
'Ἀντίλοχον ψεύδεσσι βιησάμενος Μενέλαος
οἴχεται ἵππον ἄγων, ὅτι οἱ πολὺ χείρονες ἦσαν
ἵπποι, αὐτὸς δὲ κρέσσων ἀρετῆι τε βίηι τε.'
εἰ δ' ἄγ' ἐγὼν αὐτὸς δικάσω, καί μ' οὔ τινά φημι
580	ἄλλον ἐπιπλήξειν Δαναῶν· ἰθεῖα γὰρ ἔσται.
Ἀντίλοχ', εἰ δ' ἄγε δεῦρο, διοτρεφές, ἧ θέμις ἐστίν,
στὰς ἵππων προπάροιθε καὶ ἅρματος, αὐτὰρ ἱμάσθλην
χερσὶν ἔχε ῥαδινήν, ἧι περ τὸ πρόσθεν ἔλαυνες·
ἵππων ἀψάμενος γαιήοχον Ἐννοσίγαιον
585	ὄμνυθι, μὴ μὲν ἑκὼν τὸ ἐμὸν δόλωι ἅρμα πεδῆσαι."
	τὸν δ' αὖτ' Ἀντίλοχος πεπνυμένος ἀντίον ηὔδα·
"ἄνσχεο νῦν· πολλὸν γὰρ ἐγώ γε νεώτερός εἰμι
σεῖο, ἄναξ Μενέλαε, σὺ δὲ πρότερος καὶ ἀρείων.
οἶσθ' οἷαι νέου ἀνδρὸς ὑπερβασίαι τελέθουσιν·
590	κραιπνότερος μὲν γάρ τε νόος, λεπτὴ δέ τε μῆτις.
τώ τοι ἐπιτλήτω κραδίη· ἵππον δέ τοι αὐτός
δώσω, τὴν ἀρόμην. εἰ καί νύ κεν οἴκοθεν ἄλλο
μέζον ἐπαιτήσειας, ἄφαρ κέ τοι αὐτίκα δοῦναι
βουλοίμην ἢ σοί γε, διοτρεφές, ἤματα πάντα

570–1 Plut. Mor. 32a	574a H. ε 6264, cf. 6262; (μηδ'–) id. μ 1149	579 (ἐγὼν
αὐ.) id. ε 376	580 (ἐπιπλ.) id. ε 5069; (ἰθεῖα) id. ε 796, ι 388	583 (ῥαδ.) id. ρ
26	584–5 Paus. 7.21.8	587 (ἄνσχεο) ApS 45.19; H. α 7975	590 (κραιπ.) H. κ
3930	592b sch Ψ 591–2	594–5 Eudoc. 2133/5; 595a sch A 562–3; H. ε 1405

572 ἦσαν Ω (cf. 577): εισιν 9	574 δικάσσατε 9 1522 Z Ω*: -ετε D R W	578 δὲ
9 Ω*: τε 1522 T	κρέσσων Blass: κρεί- 9 1522 Ω	581 ath. Ar	εἰ δ' 9 H: αἲ δ' 1522
fere Ω*: ὦδ' W, ὦδ' Gᶜ	ἧ D Bᵃ E Gᵃ: ἡ 9 13 A D: ἦ Ω*.—cf. ad B 73	583 ἔχε 9 13
1522 Aˡ Tˢ Ω*: ἔχον T, -ων Eust.ˡ rr	ῥαδινὴν W	ἔλαυνες 9 Ω: ελαυνεις
1522	584 ἵππων 9 t Ω: -ων δ' 1522 r	585 ὄμνυθι 9 13 t Ω: -νε 1522	μὴ μὲν 9 13
1522 Ω: μηδὲν t	τὸ ἐμὸν 9 13 1522 t Ω: τοὐμὸν Bentley.—cf. ad Θ 360, Ι 654, Λ 608;
Praef. xxxv	587 ἄνσχεο Ar 9 1522 ApSᶜᵒᵈ (sed inter voces ab ἀσ- incipientes) Tˡ Ω*:
ἄσσχ- DSid: ἄνχ- Z: α]σχεό [13], ἄσχεο t* W: ἴσχ- Aᵛᵖ.—cf. Praef. xxvi	ἐγώ γε Bek-
ker: ἔγωγε Ω	591 τώ G: τῷ Ω*	593 μέζον Blass: μεῖ- [13] Ω	ἐπαιτήσειας schᵇᵀ
Z Tˡ b Fᶜ R: ἀπ- Nic (cod. A) 13 Ω*	594 ἢ 13 Ω: γαρ 1524

595 ἐκ θυμοῦ πεσέειν καὶ δαίμοσιν εἶναι ἀλιτρός."
ἦ ῥα, καὶ ἵππον ἄγων μεγαθύμου Νέστορος υἱός
ἐν χείρεσσι τίθει Μενελάου. τοῖο δὲ θυμός
ἰάνθη, ὡς εἴ τε περὶ σταχύεσσιν ἐέρσηι
ληΐου ἀλδήσκοντος, ὅτε φρίσσωσιν ἄρουραι·
600 ὣς ἄρα τοι, Μενέλαε, μετὰ φρεσὶ θυμὸς ἰάνθη.
καί μιν φωνήσας ἔπεα πτερόεντα προσηύδα·
"'Αντίλοχε, νῦν μέν τοι ἐγὼν ὑποείξομαι αὐτός
χωόμενος, ἐπεὶ οὔ τι παρήορος οὐδ' ἀεσίφρων
ἦσθα πάρος, νῦν αὖτε νόον νίκησε νεοίη.
605 δεύτερον αὖτ' ἀλέασθαι ἀμείνονας ἠπεροπεύειν.
οὐ γάρ κέν με τάχ' ἄλλος ἀνὴρ παρέπεισεν 'Αχαιῶν·
ἀλλὰ σὺ γὰρ δὴ πόλλ' ἔπαθες καὶ πόλλ' ἐμόγησας,
σός τε πατὴρ ἀγαθὸς καὶ ἀδελφεός, εἵνεκ' ἐμεῖο.
τώ τοι λισσομένωι ἐπιπείσομαι, ἠδὲ καὶ ἵππον
610 δώσω ἐμήν περ ἐοῦσαν, ἵνα γνώωσι καὶ οἵδε,
ὡς ἐμὸς οὔ ποτε θυμὸς ὑπερφίαλος καὶ ἀπηνής."
ἦ ῥα, καὶ 'Αντιλόχοιο Νοήμονι δῶκεν ἑταίρωι
ἵππον ἄγειν· ὃ δ' ἔπειτα λέβηθ' ἕλε παμφανόωντα·
Μηριόνης δ' ἀνάειρε δύω χρυσοῖο τάλαντα
615 τέτρατος, ὡς ἔλασεν. πέμπτον δ' ὑπελείπετ' ἄεθλον
ἀμφίθετος φιάλη· τὴν Νέστορι δῶκεν 'Αχιλλεύς
'Αργείων ἀν' ἀγῶνα φέρων, καὶ ἔειπε παραστάς·
"τῆ νυν, καὶ σοὶ τοῦτο, γέρον, κειμήλιον ἔστω,
Πατρόκλοιο τάφου μνῆμ' ἔμμεναι· οὐ γὰρ ἔτ' αὐτόν

597–9a EtG α 414/15; **597** (τοῖο–)–**8** (ἰά.) Epm. α 305; **598–9a** sch A.R. 3.1019–21; **598** al. (ἰάνθη) Plut. Mor. 454d; **599a** Hdn ad A 532a; EtG α 537 (e Methodio); (ἀλδ.) H. (Cyr.) α 2808　　**602** (ὑποείξ.) H. υ 628　　**603** (ἐπεὶ–) ApS 128.13; (παρή.) H. π 911　　**604** (νεοίη) ApS 115.30; H. (Cyr.) ν 327　　**611** Eudoc. 194　　**614** (ἀνάειρε) H. (Cyr.) α 4291　　**616** ApS 25.10; **616a** H. α 4021

598 ἐέρσηι sch[bT] B E (ἐ-) T: -η 13 Z Ω* (ἐ- C) et ita leg. A.R. 3.1019–21　　**599** φρίσσωσιν 13 D T: -ουσιν Z Ω*　　**600** τοι 13 A[s] T V (cf. Δ 146, H 104, Π 787): σοὶ vel σοι Ω* (cf. P 679; minus ad rem P 702)　　**602** τοι Ω: κεν 13　　**603** ἀεσίφρων 13 1522 t Z Ω: cf. ad Υ 183　　**604** νεοίη Ar Hdn 13 1522 tt Z A[λ] Ω: νόημα Antim (quem νέον pro νόον legisse ci. Heyne).—cf. Wack. Unt. 242 sq.　　**605** δεύτερον 13 Ω: ὕστερον 1521' A[yp] T[yp]: βέλτερον h　　**607** πόλλ' ἔπαθες καὶ πόλλ' ἐμόγησας 13 Ω: πολλὰ π- N[yp] O, πολλὰ μόγ- O.—cf. ad I 492　　**609** τώ G: τῶ[[ι]] 13, τῶ Ω*　　ἐπιπείσομαι 13 Ω: -θομαι T　　**610** οἶδε A D B[a] E T[a]　　**614** δύω 13 O: δύο Ω.—cf. ad 269　　**615** ὑπελείπετ' 13 1525 Ω*: ὑπολ- G　　**616** ἀμφίθετος φιάλη 13 t* A[λ] Ω: -τον -λην ApS　　**618** νυν Platt: νῦν 13 Ω

620 ὄψε' ἐν Ἀργείοισι. δίδωμι δέ τοι τόδ' ἄεθλον
     αὔτως· οὐ γὰρ πύξ γε μαχήσεαι, οὐδὲ παλαίσεις,
     οὐδέ τ' ἀκοντιστὺν ἐσδύσεαι, οὐδὲ πόδεσσιν
     θεύσεαι· ἤδη γὰρ χαλεπὸν κατὰ γῆρας ἐπείγει."
     ὣς εἰπὼν ἐν χερσὶ τίθει· ὃ δὲ δέξατο χαίρων,
625 καί μιν φωνήσας ἔπεα πτερόεντα προσηύδα·
     "ναὶ δὴ ταῦτά γε πάντα, τέκος, κατὰ μοῖραν ἔειπες·
     οὐ γὰρ ἔτ' ἔμπεδα γυῖα, φίλος, πόδες, οὐδέ τι χεῖρες
     {ὤμων ἀμφοτέρωθεν ἐπαΐσσονται ἐλαφραί}.
     εἴθ' ὣς ἡβώοιμι βίη τέ μοι ἔμπεδος εἴη,
630 ὡς ὁπότε κρείοντ' Ἀμαρυγκέα θάπτον Ἐπειοί
     Βουπρασίωι, παῖδες δ' ἔθεσαν βασιλῆος ἄεθλα.
     ἔνθ' οὔ τίς μοι ὁμοῖος ἀνὴρ γένετ', οὔτ' ἄρ' Ἐπειῶν
     οὔτ' αὐτῶν Πυλίων οὔτ' Αἰτωλῶν μεγαθύμων.
     πὺξ μὲν ἐνίκησα Κλυτομήδεα, Ἤνοπος υἱόν,
635 Ἀγκαῖον δὲ πάληι Πλευρώνιον, ὅς μοι ἀνέστη,
     Ἴφικλον δὲ πόδεσσι παρέδραμον ἐσθλὸν ἐόντα,
     δουρὶ δ' ὑπειρέβαλον Φυλῆά τε καὶ Πολύδωρον.
     οἴοισίν μ' ἵπποισι παρήλασαν Ἀκτορίωνε,
     πλήθει πρόσθε βαλόντες, ἀγασσάμενοι περὶ νίκης,

620b–3 (θεύσ.) Plut. Mor. 639c; 621 (οὐ–μαχ.) sch Ψ 626; 622 (ἀκοντ.) H. α 2487; 623 (θεύσ.) H. (Cyr.) θ 432   627–8 Eudoc. 706–7   630–1 (Βουπ.) Strab. 8.3.8; 630 (Ἀμαρ.) H. (Cyr.) α 3466   634–7 Aristid. Or. 28.37; 'Trypho i' Trop. iii.191.8 Sp.; 634a + 636 'Trypho ii' Trop. praef. (CQ 15.236); 634 Plut. Mor. 639c; (–Κλ.) sch Θ 93a¹; 634a Hdn ii.223.3; sch Pind. Ol. 7.163b; 635 (–Πλευρ.) sch Θ 93a¹, Ψ 633; 637 (–Φυλῆά τε) sch Ψ 886c   639a Hdn ad E 856a; Porph. Il. 264.23 Schr.; H. π 2544; (ἀγασσ.) H. (Cyr.) α 337

620 ὄψε' Brandreth post Payne Knight: ὄψηι 13 A D: -ει Ω*.—cf. Praef. xxii   τοι 13 Ω (om. C): σοι t   622 οὐδ' ἔτ' (Monro) 13?   ἐσδύσεαι Ar "σχεδὸν ἅπασαι" 13? Ω*: ἐνδ- (deprec. Ar) t Z Aᵏ A Tᵏ T: ὑποδ- D: ἀποδ- R   623 ἐπείγει 13 A D R: ἱκάνει Aᵞʳ b h: ὁπάζει Aᵞʳ Aᵐ T: ἔπεισι(ν) Aᵞʳ F W G.—cf. ad Δ 321, Θ 103   624 εἰπών F' van Leeuwen   δὲ δέξατο B E T W: δ' ἐδ- Ω*   626 (≈ A 286, al.) om. 13ᵃ V, ignorasse videtur Ar (cf. Arn ad 627 ὅτι ἀπὸ τοῦ γὰρ ἦρκται)   627 φίλος, πόδες 13 t Ω*: φίλοι πόδες C O: ποδῶν, φίλος Düntzer cl. N 512   οὐδέ τι t Ω* Fˢ,]τι 13: οὐδ' ἔτι r: οὐδέ τε F W: οὐδέ τοι G   628 susp. Franke   ἐπαΐσσονται 13 t Tᵏ Ω*: ἀπ- h W (cf. Hes. Th. 150 = 671; Emped. B 29.1)   629 τέ Ω*: δέ b R.—cf. ad H 157, Λ 670   631 δ' Ω*: τ' T   δὲ θέσαν h   632 οὐτάρ 1525, οὔτ' ἄρ Ω*: οὐ γὰρ D G   634 ἐνίκησα tt Aᵏ Ω*: νίκ- T   Ἤνοπος 1525 Ω* (ἤν- A): Οἴν- tt* C T R: Φαίν- 'Trypho'.—cf. ad Ξ 444   635 Ἀγκαῖον tt* schᵇᵀ Aᵏ Ω: Ἀλκ- Aristid.   πάληι (nov. Did) tt* Aᵏ Ω (cf. θ 206): -ην Ar Hᵃ   639 πλήθει (non -εῖ) Hdn (t) Z Aᵏ Ω   βαλόντες 13 tt Z Aᵏ Ω: -ε (Nauck) Tᵃ?   ἀγασσάμενοι 13 Z Ω: -μένω "ἔν τισι"

640   οὕνεκα δὴ τὰ μέγιστα παρ᾽ αὐτόθι λείπετ᾽ ἄεθλα.
           οἱ δ᾽ ἄρ᾽ ἔσαν δίδυμοι· ὃ μὲν ἔμπεδον ἡνιόχευεν,
           ἔμπεδον ἡνιόχευ᾽, ὃ δ᾽ ἄρα μάστιγι κέλευεν.
           ὣς ποτ᾽ ἔον· νῦν αὖτε νεώτεροι ἀντιοώντων
           ἔργων τοιούτων. ἐμὲ δὲ χρὴ γήραϊ λυγρῶι
645   πείθεσθαι· τότε δ᾽ αὖτε μετέπρεπον ἡρώεσσιν.
           ἀλλ᾽ ἴθι, καὶ σὸν ἑταῖρον ἀέθλοισι κτερέϊζε.
           τοῦτο δ᾽ ἐγὼ πρόφρων δέχομαι, χαίρει δέ μοι ἦτορ,
           ὥς με᾽ ἀεὶ μέμνηαι ἐνηέος, οὐδέ σε λήθω
           τιμῆς ἧς τέ μ᾽ ἔοικε τετιμῆσθαι μετ᾽ Ἀχαιοῖς.
650   σοὶ δὲ θεοὶ τῶνδ᾽ ἀντὶ χάριν μενοεικέα δοῖεν.”
               ὣς φάτο· Πηλείδης δὲ πολὺν καθ᾽ ὅμιλον Ἀχαιῶν
           ὤιχετ᾽, ἐπεὶ πάντ᾽ αἶνον ἐπέκλυε Νηλείδαο.
           αὐτὰρ ὃ πυγμαχίης ἀλεγεινῆς θῆκεν ἄεθλα·
           ἡμίονον ταλαεργὸν ἄγων κατέδησ᾽ ἐν ἀγῶνι
655   ἑξέτε᾽ ἀδμήτην, ἥ τ᾽ ἀλγίστη δαμάσασθαι·
           τῶι δ᾽ ἄρα νικηθέντι τίθει δέπας ἀμφικύπελλον.
           στῆ δ᾽ ὀρθὸς καὶ μῦθον ἐν Ἀργείοισιν ἔειπεν·
           “Ἀτρείδη τε καὶ ἄλλοι ἐϋκνήμιδες Ἀχαιοί,
           ἄνδρε δύω περὶ τῶνδε κελεύομεν, ὥ περ ἀρίστω,
660   πὺξ μάλ᾽ ἀνασχομένω πεπληγέμεν. ὧι δέ κ᾽ Ἀπόλλων
           δώηι καμμονίην, γνώωσι δὲ πάντες Ἀχαιοί,
           ἡμίονον ταλαεργὸν ἄγων κλισίηνδε νεέσθω·
           αὐτὰρ ὁ νικηθεὶς δέπας οἴσεται ἀμφικύπελλον.”
           ὣς ἔφατ᾽· ὤρνυτο δ᾽ αὐτίκ᾽ ἀνὴρ ἠΰς τε μέγας τε

640 (λείπετ᾽ ἄ.) H. λ 539   641 Porph. Il. 172.22 Schr.; 641a ib. 264.24; (δίδ.) H. δ
1503   643 Choer. in Ps. 43.13; (-έον) Epm. ε 157; (ἀντιο.) H. (Cyr.) α [5414],
5445   647–8 Eudoc. 1320–1; 648–9 w25 fr. 3.3 (lacera); 648a Epm. α 303; 649 ApS
152.35   650 Apio 221.6; Eudoc. 1323   654 (ταλ.) H. τ 45   655a sch Ψ 654b;
(ἀλγ.) H. α 2802   659–61a Plut. Mor. 724b; 661 (καμμ.) ib. 22c   663 (οἴσ.) H. ο
394; Phot. Lex. s.v.

640 αὐτόθι (nov. Did) 13 C h: -όφι Ar Z (-ῶφί) Ω*.—cf. ad M 302   643 ἔον t*
sch^T Ω: ἔην Choer. rr   648 με᾽ fere Payne Knight: μευ 13 tt A^λ Ω (μεῦ A^a D)   αἰεὶ
13^2s w25 T T^λ; cf. ad M 211   μέμνηαι r Eust. 1319.22: -ησαι 13 t* A^λ Ω Eust. 1321.56:
-ηται Epm.—cf. ad O 18; Φ 442; Chantr. I 474 sq.   ἐνηέος 13 Eudoc. Ω: -έως rr
649 Ἀχαιοῖς 13 Ω: -ῶν Z: -ούς t rr   650 τῶνδ᾽ 13 Apio Ω: τοῦδ᾽ t*   652–719 deest
D   653 ἄεθλα 13 Ω*: -ον b F   655 ἑξέτε᾽ b h: parox. 13 Ω*.—cf. ad 266
657 Ἀργείοισιν 9 13^2c Ω: ἀνθρωποισιν 13^a   658 Ἀτρείδη 13 Ω: -είδαι 9 h   ἐϋκνήμιδες Ἀχαιοί 9 13 (-μειδες) Ω*: ἀριστῆες Παναχαιῶν R.—cf. ad 236   659 ὥ περ
fere 9 13 t Ω*: ὥσπερ A T^a   661 δώιη(ι) 13 A B E F T G   662 νεέσθω A^γρ F R G:
φερέσθω 9 13 Ω*   664 ὤρνυτο 9 13 Ω*: ὄρν- R

665   εἰδὼς πυγμαχίης, υἱὸς Πανοπῆος Ἐπειός,
      ἅψατο δ' ἡμιόνου ταλαεργοῦ φώνησέν τε·
      "ἄσσον ἴτω, ὅς τις δέπας οἴσεται ἀμφικύπελλον·
      ἡμίονον δ' οὔ φημί τιν' ἀξέμεν ἄλλον Ἀχαιῶν
      πυγμῆι νικήσαντ', ἐπεὶ εὔχομαι εἶναι ἄριστος.
670   ἦ οὐχ ἅλις, ὅττι μάχης ἐπιδεύομαι; οὐδ' ἄρα πως ἦν
      ἐν πάντεσσ' ἔργοισι δαήμονα φῶτα γενέσθαι.
      ὧδε γὰρ ἐξερέω, τὸ δὲ καὶ τετελεσμένον ἔσται·
      ἀντικρὺ χρόα τε ῥήξω σύν τ' ὀστέ' ἀράξω.
      κηδεμόνες δέ οἱ ἐνθάδ' ἀολλέες αὖθι μενόντων,
675   οἵ κέ μιν ἐξοίσουσιν ἐμῆις ὑπὸ χερσὶ δαμέντα."
          ὣς ἔφαθ'· οἱ δ' ἄρα πάντες ἀκὴν ἐγένοντο σιωπῆι.
      Εὐρύαλος δέ οἱ οἶος ἀνίστατο, ἰσόθεος φώς,
      Μηκιστῆος υἱὸς Ταλαϊονίδαο ἄνακτος,
      ὅς ποτε Θήβασδ' ἦλθε δεδουπότος Οἰδιπόδαο
680   ἐς τάφον· ἔνθα δὲ πάντας ἐνίκα Καδμείωνας.
      τὸν μὲν Τυδείδης δουρικλυτὸς ἀμφεπονεῖτο
      θαρσύνων ἔπεσιν, μέγα δ' αὐτῶι βούλετο νίκην·
      ζῶμα δέ οἱ πρῶτον παρακάββαλεν, αὐτὰρ ἔπειτα
      δῶκεν ἱμάντας ἐϋτμήτους βοὸς ἀγραύλοιο.
685   τὼ δὲ ζωσαμένω βήτην ἐς μέσσον ἀγῶνα,
      ἄντα δ' ἀνασχομένω χερσὶ στιβαρῆισιν ἄμ' ἄμφω
      σύν ῥ' ἔπεσον, σὺν δέ σφι βαρεῖαι χεῖρες ἔμιχθεν.

666 (–ταλ.) ApS 85.19; Choer. in Thd. ii.81.21; Epm. o 13; **666a** sch Π 9a¹; EtG α 124; Choer. in Thd. ii.40.16, 45.12, 50.28, 111.19 et 25, 145.9, 200.22   **667–8** (–ἀξ.) Aristid. Or. 28.38   **670** (–ἐπιδ.) Plut. Mor. 543f; Procl. in Remp. ii.317.18   **672–3** Aristid. Or. 28.38; **673** ApS 32.7; (–ῥήξω) Plut. Mor. 543f   **675** Aristid. Or. 28.38 **678–9** sch λ 275; **679b** Arn/sch N 426ab; ApS 60.12; Hdn ii.796.15; sch Π 822b; (δεδουπ.) H. (Cyr.) δ 408   **680** (–ἐνίκα) sch Ψ 619   **683** (–παρακ.) ApS 81.22; (ζῶμα) Apio 240.1   **684** H. ι 612; (–βοός) ApS 91.10   **685–6** Macr. Sat. 5.7.5; **685** D.H. Ant. 7.72.3

666 ἅψατο 9 13 tt* Ω: ἤψ- sch-Π rr.—cf. Praef. xxvii   ἡμιόνου ταλαεργοῦ 9 13 tt* Ω: -νων -γῶν Choer. (octies) Epm.ᵛˡ   **667** ἄσσον Α Τ: ἆ- Ω*   **670–1** damn. Franke   ἦ οὐχ ἅλις non aptum videtur   ἢ Αˡ Bˣ C Eˣ Fˣ T R Gᶜ   **672** τὸ δὲ καὶ Ω*: καὶ μὴν 9 t Aʸᵖ T W, καὶ μιν 679.—cf. ad 410   **673** τ' 9 679 t* Ω*: δ' (ex M 384?) h G: om. ApS   **674** αὖθι om. b   **678** Μηκιστῆος rᶜ: -έος T G O: -έως 9 13 t Ω*.— cf. ad B 566; Praef. xxxiv   **679** Θήβασδ' (-ας δ') Ar 9 t Aˡ Ω*: -ας (nov. Did) 13 Tˡ R G   **681** δουρὶ κλυτὸς A Bᵃ E F W Gᵃ   **682** μέγα 9 1402 Ω (cf. 300): μάλα 13 (cf. Κ 229, Λ 782, Ο 51)   **683** παρακάββαλεν 9 (-μβ-) 13 1402 t Z Ω (-μβ- E F T R W): περι- V   **684** ἐϋτμήτους 9 13 1402 t* Ω*: εὐδμή- R, -δημή- Hsch.ᶜᵒᵈ.—cf. ad Η 304

δεινὸς δὲ χρόμαδος γενύων γένετ᾽, ἔρρεε δ᾽ ἱδρώς
πάντοθεν ἐκ μελέων. ἐπὶ δ᾽ ὤρνυτο δῖος Ἐπειός,
690   κόψε δὲ παπτήναντα παρήϊον· οὐδ᾽ ἄρ᾽ ἔτι δήν
ἑστήκειν, αὐτοῦ γὰρ ὑπήριπε φαίδιμα γυῖα.
ὡς δ᾽ ὅθ᾽ ὑπὸ φρικὸς Βορέω ἀναπάλλεται ἰχθύς
θίν᾽ ἐν φυκιόεντι, μέλαν δέ ἑ κῦμ᾽ ἐκάλυψεν,
ὣς πληγεὶς ἀνέπαλτ᾽. αὐτὰρ μεγάθυμος Ἐπειός
695   χερσὶ λαβὼν ὤρθωσε· φίλοι δ᾽ ἀμφέσταν ἑταῖροι,
οἵ μιν ἄγον δι᾽ ἀγῶνος ἐφελκομένοισι πόδεσσιν,
αἷμα παχὺ πτύοντα, κάρη βάλλονθ᾽ ἑτέρωσε·
κὰδ δ᾽ ἀλλοφρονέοντα μετὰ σφίσιν εἶσαν ἄγοντες,
αὐτοὶ δ᾽ οἰχόμενοι κόμισαν δέπας ἀμφικύπελλον.
700   Πηλείδης δ᾽ αἶψ᾽ ἄλλα κατὰ τρίτα θῆκεν ἄεθλα
δεικνύμενος Δαναοῖσι, παλαιμοσύνης ἀλεγεινῆς,
τῶι μὲν νικήσαντι μέγαν τρίποδ᾽ ἐμπυριβήτην·
τὸν δὲ δυωδεκάβοιον ἐνὶ σφίσι τῖον Ἀχαιοί·
ἀνδρὶ δὲ νικηθέντι γυναῖκ᾽ ἐς μέσσον ἔθηκεν,
705   πολλὰ δ᾽ ἐπίστατο ἔργα, τῖον δέ ἑ τεσσεράβοιον.
στῆ δ᾽ ὀρθὸς καὶ μῦθον ἐν Ἀργείοισιν ἔειπεν·
"ὄρνυσθ᾽, οἳ καὶ τούτου ἀέθλου πειρήσεσθον."
ὣς ἔφατ᾽· ὦρτο δ᾽ ἔπειτα μέγας Τελαμώνιος Αἴας,

688 (–γέν.) ApS 168.28; **688a** EtG s.v. χρόμαδος   **690** (παρή.) H. π 898; (οὐδ᾽-)–**691** Choer. in Thd. ii.84.12   **692–3** Porph. Hom. 40.18 Sod.; **692** ib. 45.21; sch[h94] Φ 126 (v.87.33 E., lacera); **693** (θινὶ φυκ.) cf. sch Ar. Vesp. 696b; (φυκ.) H. φ 962; **693b** Arn ad E 83; Porph. Il. 58.2 Schr.; sch I 124a, γ 6   **694a** sch[h130] T 351; **694b–5a** Aristid. Or. 28.39; **695** (φίλοι ἑτ.) Serv. Aen. 5.468   **697a** H. α 1940   **698** (ἀλλοφρ.) H. (Cyr.) α 3161   **701b + 700** (θῆκεν ἄ.) ApS 11.3; **701a** sch I 196b   **702** (τρίπ.–) cf. Arn ad Ψ 267, Poll. 9.68   **703** ApS 147.19; (δυωδ.) id. 60.29; H. δ 2700

688 γενε[ ]τειρε γαρ 1402 (ex Φ 51)   **689** ὤρνυτο 9 13 1402 Ω, ὤρυτο Z: ὄρν- rr   δῖος 13 1402 Ω*: θεῖος 9 G   **691** ἑστήκειν Ar 9 A T: εἰ- t b F R G: εἱστήκει 13 W.—cf. ad Ξ 412, P 133; Praef. xxvi   υπειρεφε 1402   **692** ὑπὸ φρικὸς 9 13 (φρ⟦ε⟧ῖ-) 1402 tt Ω: ὑπαὶ ῥιπῆς quidam ap. sch[T] (cf. O 171, T 358)   ἰχθύς 9 A[a] T Y W G: -ὺς Ω*   **693** ἐν 9 13 1402 Ω*: ἐνὶ R: ἐπὶ t sch[T] G   μέλαν 9 13 1402 tt A[yp] Ω*: μέγα A rr   δέ 9 tt* A b: τέ 13 1402 Porph. sch-I A[yp] Ω*   κῦμ᾽ ἐκάλυψεν 13 1402 Porph.[40] Ω*: κῦμα κ- 9 tt* T W G (-ύψας)   **694** αὐτὰρ 9 13 1402 t[vl] Ω*: ἀτὰρ t[vl] W.—cf. ad Δ 542   **695** χερσὶ 9 13² Ω: χειρὶ 13[a] t   ἀμφέσταν 9 13 1402 Ω*: -ασαν b Y G   **697** βάλλονθ᾽ 9 13 1402 Ω*: βά-λονθ᾽ C Y, βαλόνθ᾽ A[yp] (βᾱ-) O V   **698** ἀλλοφρονέοντα Hdn Ω*: ἄλλο φρ- Z A[λ] Y (ἄλλω) G   **701** Δαναοῖσι 9 13[a] 1402 t Ω: λαοῖσι 13[c] A[s]   παλαιμοσύνης Ar (teste Eust. 1325.1, 1587.40) 13 1402 rr: παλαισμ- 9 t Ω.—vv.ll. sim. θ 103, 126, Tyrt. 12.2   **705** δ᾽ 9 13 Ω*: τ Y   τεσσεράβοιον Bolling (cf. Praef. xxxv): τεσσαρά- 9 13 Ω   **707** πειρήσεσθον 1402 Ω*: -ασθον R: -εσθε 13 C G.—cf. ad 753

ἂν δ' Ὀδυσεὺς πολύμητις ἀνίστατο, κέρδεα εἰδώς.
710 ζωσαμένω δ' ἄρα τώ γε βάτην ἐς μέσσον ἀγῶνα,
ἀγκὰς δ' ἀλλήλων λαβέτην χερσὶ στιβαρῇσιν,
ὡς ὅτ' ἀμείβοντες τούς τε κλυτὸς ἤραρε τέκτων
δώματος ὑψηλοῖο, βίας ἀνέμων ἀλεείνων.
τετρίγει δ' ἄρα νῶτα θρασειάων ἀπὸ χειρῶν
715 ἑλκόμενα στερεῶς· κατὰ δὲ νότιος ῥέεν ἱδρώς,
πυκναὶ δὲ σμώδιγγες ἀνὰ πλευράς τε καὶ ὤμους
αἵματι φοινικόεσσαι ἀνέδραμον· οἳ δὲ μάλ' αἰεί
νίκης ἱέσθην τρίποδος πέρι ποιητοῖο.
οὔτ' Ὀδυσεὺς δύνατο σφῆλαι οὔδει τε πελάσσαι,
720 οὔτ' Αἴας δύνατο, κρατερὴ δ' ἔχεν ἲς Ὀδυσῆος.
ἀλλ' ὅτε δή ῥ' ἀνίαζον ἐϋκνήμιδες Ἀχαιοί,
δὴ τότε μιν προσέειπε μέγας Τελαμώνιος Αἴας·
"διογενὲς Λαερτιάδη, πολυμήχαν' Ὀδυσσεῦ,
ἤ μ' ἀνάειρ', ἢ ἐγὼ σέ· τὰ δ' αὖ Διὶ πάντα μελήσει."
725 ὣς εἰπὼν ἀνάειρε· δόλου δ' οὐ λήθετ' Ὀδυσσεύς·
κόψ' ὄπιθεν κώληπα τυχών, ὑπέλυσε δὲ γυῖα,
κὰδ δ' ἔπεσ' ἐξοπίσω· ἐπὶ δὲ στήθεσσιν Ὀδυσσεύς
κάππεσε. λαοὶ δ' αὖ θηέοντό τε θάμβησάν τε.
δεύτερος αὖτ' ἀνάειρε πολυτλὰς δῖος Ὀδυσσεύς·

711 ApS 5.9; Eudoc. 2076; (-λαβ.) sch Ψ 635a   712 (ἀμείβ.) Elias in Categ. CAG
xviii(1).242.16; 712b(?) Ammon. in Porph. Isag. CAG iv(3).9.13; Philop. in Nicom.
Isag. prooem.; David in Porph. Isag. CAG xviii(2).46.8; [Elias] in Porph. Isag.
17.5   714 (τετρ.) H. τ 648; Phot. Lex. s.v.   715b Orio 108.15   716a ApS 143.20;
(σμώδ.) H. σ 1296; Phot. Lex. s.v.   717a sch Π 159b   718b sch Ψ 741a
719 (σφ.) H. σ 2893   724a Sen. De ira 1.20.8; ApS 10.21; ApD Pron. 40.28, Synt. 175.8,
176.10; Hdn ad I 614a¹; Suet. Calig. 22; Luc. Dial. 77.21.1, cf. sch p.262.6 R.; Dio Cass.
59.28.6; Porph. Il. 238.12 Schr.; (ἤμ' ἀν.) Charax in AB 1154   726 Genesius Reg. 4
(PG 109.1104b); (-τυχών) sch Nic. Th. 424; EtG s.v. κώληψ; (κώλ.) ApS 106.9; H. κ
4814; Phot. Lex. κ 1301

709 ἂν vel ἀν 9 13 Ω (= 755): τῶι Brandreth (cf. 635, 677)   711 ἀλλήλων 9 13 1402
tt Aᵘ Tᵘ Ω: -λους rr: -λω Nauck   712 ὡς Nic 9 13² Aᶜ Fʸᵖ h: ὡς δ' 13 1402 Tᵘ Ω*   τούς
τε κλυτὸς 9 13 679 Ω: †ἐπεὶ σοφὸς tt, cf. Eust. 1023.14   713 (= Π 213, nunc minus aptum) susp. Nauck   714 τετρίγει fere 9 13 tt Ω*: -γη Y   718 πέρι 13 rr: περὶ vel
περι Ptol Hdn 9 Aᵘ Ω   720 denuo adest D   721 ἐϋκνήμιδες Ἀχαιοί quidam ante
Ar 9 13 (-μειδες) 45 Tᵘ D Fᵃ R W Gˢ (cf. δ 460): -δας -ούς Ar schᵇᵀ Z Ω*   724 ἤμ' lectio ante ApD vulgata 9 Ω* (cf. Φ 226): ῆμ' (= ἢ ἔμ') Habro ap. ApD Hdn (t) Charax
13² D O   ἐγὼ σὲ 9 13ᵃ? Ω*: ἐγὼ σε A D b T Y (εγω)   725 δ' 9 13 45 Ω*: τ' A V
727 ἔπεσ' A V: ἔβαλ' 9 13 1402 Aʸᵖ Ω*.—vv.ll. sim. δ 508, ζ 116   728 θηέοντό van
Leeuwen: -εῦντό 9 13 45 Ω (-εῦτό A)

730　κίνησεν δ' ἄρα τυτθὸν ἀπὸ χθονός, οὐδ' ἔτ' ἄειρεν.
　　　ἐν δὲ γόνυ γνάμψεν, ἐπὶ δὲ χθονὶ κάππεσον ἄμφω
　　　πλησίοι ἀλλήλοισι, μιάνθησαν δὲ κονίηι.
　　　καί νύ κε τὸ τρίτον αὖτις ἀναΐξαντ' ἐπάλαιον,
　　　εἰ μὴ Ἀχιλλεὺς αὐτὸς ἀνίστατο καὶ κατέρυκεν·
735　"μηκέτ' ἐρείδεσθον, μηδὲ τρίβεσθε κακοῖσιν.
　　　νίκη δ' ἀμφοτέροισιν· ἀέθλια δ' ἶσ' ἀνελόντες
　　　ἔρχεσθ', ὄφρα καὶ ἄλλοι ἀεθλεύωσιν Ἀχαιοί."
　　　ὣς ἔφαθ'· οἳ δ' ἄρα τοῦ μάλα μὲν κλύον ἠδ' ἐπίθοντο,
　　　καί ῥ' ἀπομορξαμένω κονίην δύσαντο χιτῶνας.
740　Πηλείδης δ' αἶψ' ἄλλα τίθει ταχυτῆτος ἄεθλα,
　　　ἀργύρεον κρητῆρα τετυγμένον· ἓξ δ' ἄρα μέτρα
　　　χάνδανεν, αὐτὰρ κάλλει ἐνίκα πᾶσαν ἐπ' αἶαν
　　　πολλόν, ἐπεὶ Σιδόνες πολυδαίδαλοι εὖ ἤσκησαν.
　　　Φοίνικες δ' ἄγον ἄνδρες ἐπ' ἠεροειδέα πόντον,
745　στῆσαν δ' ἐν λιμένεσσι, Θόαντι δὲ δῶρον ἔδωκαν·
　　　υἱὸς δὲ Πριάμοιο Λυκάονος ὦνον ἔδωκεν
　　　Πατρόκλωι ἥρωϊ Ἰησονίδης Εὔνηος.
　　　καὶ τὸν Ἀχιλλεὺς θῆκεν ἀέθλιον οὗ ἑτάροιο,
　　　ὅς τις ἐλαφρότατος ποσσὶ κραιπνοῖσι πέλοιτο.
750　δευτέρωι αὖ βοῦν θῆκε μέγαν καὶ πίονα δημῶι·
　　　ἡμιτάλαντον δὲ χρυσοῦ λοισθήϊ' ἔθηκεν.
　　　στῆ δ' ὀρθὸς καὶ μῦθον ἐν Ἀργείοισιν ἔειπεν·

---

734 (κατέρ.) H. κ 1682　　**736b** [Ammon.] Diff. 14　　**739** (ἀπομ.) H. (Cyr.) α 6479　　**740** (ταχυτ.) H. τ 291　　**741** (κρητ. τετ.) ApD Adv. 136.17　　**742** (χάνδ.) cf. H. χ 156; (κάλλει–)–**744a** Strab. 1.2.33; **743** (–πολυδ.) EtG s.v. σινδών; (ἐπεὶ–) Choer. in Thd. i.275.18, 281.7; **744** (ἠερο.) ApS 82.27; H. η 193　　**746** Choer. in Ps. 173.2

730 οὐδ' ἔτ' N, ουδ' ετ Y: οὐδέ τ' (9 13) Ω　　**731** ἐν 'ceteri omnes' ante Hdn Ω: ἐν Leptines　γνάμψεν 9 13 Ω*: γνάψεν Aλ: κάμψεν D R W:]μψεν 1402　ἐπὶ δὲ 9 13 Ω*: ἐπὶ Y R: και επι 45　　**732** πλησίοι 9 1402 Ω*: -ον 13 D.—cf. ad Z 245　　**733** ἀναΐξαντε πάλαιον (9) F T Y (-τες) R W G　　**735** ἐρείδεσθον 9 13 A Fa G: ἐρίδ- schbT? Tλ Ω* (cf. ad 792): ἐρίζ- W V　　**736** δ' ἶσ' 13² Ω, δ' εισ 9 13a: πόσσ' t (confuso I 124, 266, 269)　ἀνελόντες 13²　　**737** ἀεθλεύωσιν 9 13 Ω*: -σωσιν D T R W'　　**738** ἠδ' ἐπί–θοντο 9 Ω*: ἠδεπ- 13 D: ἠδὲ π- rr　　**739** ἀπομορξαμένω 9 Ω*: -άμενοι 13 t (-μαρ-) D T　δύσαντο 9 13 1526 Ω (λύ- T) (cf. Σ 376): -σοντο Cobet Misc. crit. 285, 363　χιτῶνας 9 Ω*: -να D　　**740** ἄλλα τίθει 9 13 Ω: ἀλλ' ἔτ- r　ταχυτῆτος 9 13² 1526 Ω: proparox. 13a　　**744a** ⟨Λῆμνον ἐς ἠγαθέην ...⟩ desidero; an fuit 745 δ' ἐν Λήμνωι, βασιλῆϊ δὲ?　　**746** υἱος Ω*: υἱὸς 9, υἱὸς t Aa Ta W Gc　　**748** ἀέθλιον 9 13 1526 Ω: -ια Bekker　　**750** καὶ 9 13 1526 Ω: κατὰ Aγρ　　**751** λοισθήϊ' schT Ac (cf. 785): -ῆϊ (deprec. schT) 9 13' 1526 Tλ Am Ω*

"ὄρνυσθ', οἳ καὶ τούτου ἀέθλου πειρήσεσθε."
ὣς ἔφατ'· ὤρνυτο δ' αὐτίκ' Ὀϊλῆος ταχὺς Αἴας,
755 ἂν δ' Ὀδυσεὺς πολύμητις, ἔπειτα δὲ Νέστορος υἱός
Ἀντίλοχος· ὃ γὰρ αὖτε νέους ποσὶ πάντας ἐνίκα.
στὰν δὲ μεταστοιχεί, σήμηνε δὲ τέρματ' Ἀχιλλεύς.
    τοῖσι δ' ἀπὸ νύσσης τέτατο δρόμος· ὦκα δ' ἔπειτα
ἔκφερ' Ὀϊλιάδης. ἐπὶ δ' ὤρνυτο δῖος Ὀδυσσεύς
760 ἄγχι μάλ', ὡς ὅτε τίς τε γυναικὸς ἐϋζώνοιο
στήθεός ἐστι κανών, ὅν τ' εὖ μάλα χειρὶ τανύσσηι
πηνίον ἐξέλκουσα πάρεκ μίτον, ἀγχόθι δ' ἴσχει
στήθεος· ὣς Ὀδυσεὺς θέεν ἐγγύθεν, αὐτὰρ ὄπισθεν
ἴχνια τύπτε πόδεσσι πάρος κόνιν ἀμφιχυθῆναι·
765 κὰδ δ' ἄρα οἱ κεφαλῆς χέ' ἀϋτμένα δῖος Ὀδυσσεύς
αἰεὶ ῥίμφα θέων. ἴαχον δ' ἔπι πάντες Ἀχαιοί
νίκης ἱεμένωι, μάλα δὲ σπεύδοντι κέλευον.
    ἀλλ' ὅτε δὴ πύματον τέλεον δρόμον, αὐτίκ' Ὀδυσσεύς
ηὔχετ' Ἀθηναίηι γλαυκώπιδι ὃν κατὰ θυμόν·
770 "κλῦθι, θεά, ἀγαθή μοι ἐπίρροθος ἐλθὲ ποδοῖιν."
ὣς ἔφατ' εὐχόμενος· τοῦ δ' ἔκλυε Παλλὰς Ἀθήνη,
γυῖα δ' ἔθηκεν ἐλαφρά, πόδας καὶ χεῖρας ὕπερθεν.
ἀλλ' ὅτε δὴ τάχ' ἔμελλον ἐπαΐξεσθαι ἄεθλον,
ἔνθ' Αἴας μὲν ὄλισθε θέων, βλάψεν γὰρ Ἀθήνη,
775 τῆι ῥα βοῶν κέχυτ' ὄνθος ἀποκταμένων ἐριμύκων,

759b–62 (–μίτον) Polyb. Sard. Fig. iii.106.28 Sp.; **760–1** imit. Nonn. D. 37.630–2; **761** (κανών) H. κ 681; **762** (–μίτ.) imit. Nonn. D. 24.313; **762a** sch Ar. Ran. 578b; (πην.) H. π 2212; Phot. Lex. s.v.; (πάρεκ μ.) H. π 796   **764** Macr. Sat. 5.13.4; Nonn. D. 37.634   **765** (ἀϋτμ.) H. α 8396   **770** Eudoc. 843   **774** (βλ.–) Aristid. Or. 3.469   **775** (βοῶν ὄνθ.) Poll. 5.91; (ὄνθ.) H. (Cyr.) ο 887; Phot. Lex. s.v.; (ἐριμ.) H. (Cyr.) ε 5856

753 πειρήσεσθε Ar 9 Ω (-σαισθε Dᵃ): -σεσθον Zen 13 (ex 707)   **754** ὤρνυτο 9 13 Ω: ὄρν- M   **757** (= 358) ath. Ar   μεταστοιχεί 13 Z Ω*: -χί 9 Aᵏ A Tᵏ T G.—cf. ad 358   **757a–c** (= 359–61) add. 13²ᵐ   **759** ἔκφερ' Ar 9 13 Ω (cf. 376 sq.): ἔκθορ' Zen ὁ Ἰλιάδης (Zen? cf. ad B 527) Dᶜ   ὤρνυτο 9 13 Ω*: ὄρν- t T R W   Ὀδυσσεὺς 9 13² t Ω*: Επειος 13ᵃ: Ἀχιλλεὺς G   **761** ἐστι 9 13 t Ω: ἄγχι Thiersch   χειρὶ 13 t (cf. Nonn.) b h: χερσὶ 9 Ω*   **762** πάρεκ dedi (cf. Praef. xix): παρεκ vel πάρεκ 9 13 Ω*: παρ' ἐκ G   ἴσχηι Wecklein SBAW 1908(2).65   **764** τύπτε πόδεσσι 9 13 t* Z Ω: ποσσιν ετυπτε Macr.   **765** οἱ 1 9 13 Aʸᵖ Ω*: ἐκ A rr   **766** ἔπι 13: ἐπὶ vel ἔπι 9 Ω, επει 1   **767** om. R   νίκης 1 9 13 Ω*: -ην D h   ἱεμένωι 9 Ω*: ἱεμενοι 1 13 Aʸᵖ D Fʸᵖ W: -μένων agn. Eust.   **769** ηὔχετ' Fick: εὔχ- 1 9 13 Ω   **772** (= E 122) ath. Ar cum non addita celeritate vicerit Vlixes sed Aiace impedito   **773** ἔμελλον 1 9 Ω: -εν 13   ἐπαΐξεσθαι 13 h F W: -ασθαι 1 9 Ω*

οὓς ἐπὶ Πατρόκλωι πέφνεν πόδας ὠκὺς Ἀχιλλεύς·
ἐν δ' ὄνθου βοέου πλῆτο στόμα τε ῥῖνάς τε·
κρητῆρ' αὐτ' ἀνάειρε πολυτλὰς δῖος Ὀδυσσεύς,
ὡς ἦλθε φθάμενος. ὃ δὲ βοῦν ἕλε φαίδιμος Αἴας·
780	στῆ δὲ κέρας μετὰ χερσὶν ἔχων βοὸς ἀγραύλοιο,
ὄνθον ἀποπτύων, μετὰ δ' Ἀργείοισιν ἔειπεν·
"ὢ πόποι, ἦ μ' ἔβλαψε θεὰ πόδας, ἣ τὸ πάρος περ
μήτηρ ὣς Ὀδυσῆϊ παρίσταται ἠδ' ἐπαρήγει."
ὣς ἔφαθ'· οἳ δ' ἄρα πάντες ἐπ' αὐτῶι ἡδὺ γέλασσαν.
785	Ἀντίλοχος δ' ἄρα δὴ λοισθήϊον ἔκφερ' ἄεθλον
μειδιόων, καὶ μῦθον ἐν Ἀργείοισιν ἔειπεν·
"εἰδόσιν ὔμμ' ἐρέω πᾶσιν, φίλοι, ὡς ἔτι καὶ νῦν
ἀθάνατοι τιμῶσι παλαιοτέρους ἀνθρώπους.
Αἴας μὲν γὰρ ἐμεῖ' ὀλίγον προγενέστερός ἐστιν,
790	οὗτος δὲ προτέρης γενεῆς προτέρων τ' ἀνθρώπων·
ὠμογέροντα δέ μίν φασ' ἔμμεναι. ἀργαλέον δέ
ποσσὶν †ἐριδήσασθαι† Ἀχαιοῖς, εἰ μὴ Ἀχιλλεῖ."
ὣς φάτο, κύδηνεν δὲ ποδώκεα Πηλείωνα.
τὸν δ' Ἀχιλεὺς μύθοισιν ἀμειβόμενος προσέειπεν·
795	"Ἀντίλοχ', οὐ μέν τοι μέλεος εἰρήσεται αἶνος,
ἀλλά τοι ἡμιτάλαντον ἐγὼ χρυσοῦ ἐπιθήσω."
ὣς εἰπὼν ἐν χερσὶ τίθει, ὃ δὲ δέξατο χαίρων.
αὐτὰρ Πηλείδης κατὰ μὲν δολιχόσκιον ἔγχος

777a ApS 121.16	**781a** id. ib.; (ὄνθ.) H. (Cyr.) ο 886	**782** (ἦ μ'–)–**3** (–παρίστ.)
sch Ψ 405–6b; **783** sch Pind. Nem. 3.1a	**785b** sch Ψ 751	**788a** sch Ψ 796
790 Porph. Hom. 66.25 Sod.	**791** (ὠμογ.) ApS 171.7; H. ω 196	**792** (ἐριδ. Ἀχ.)
Philox. fr. 301 Th.; (ἐριδ.) H. ε 5817	**793** (κύδ.) ApS 105.1; H. κ 4411	**795** ApS
14.10; Choer. in Ps. 114.21; (οὐ–) sch Soph. Tr. 888; (μέλ.) H. (Cyr.) μ 678; Phot. Lex. μ
230; (εἰρ.) H. (Cyr.) ε 1034	**796** Poll. 9.54; (ἡμιτάλ. χρ.) Philostr. Imag. 2.7

777 ἐν δ' 9 t Ω*: ἔνθ' R W G.—cf. ad Ω 122	ῥῖνάς 1 Ω*: -ές 9 F G	**781** ὄνθον 9 13
tt Ω*: -ου W, agn. Eust.	**782** ὢ A D T: ὣ Ω*	πόποι 9 Ω: φιλοι· 13	**785** δὴ 13ˢ Ω:
οἱ 9 rr: om. 13ᵃ	**787** ὔμμ' D E Fᵃ R W G	**788** τιμῶσι 9 13 t Ω: τίουσι van Leeu-
wen post Fick	**789** ἐμεῖ' 13 Ω*: ἐμοὶ Fᵃ R: ἐμεῦ V	**790** τ' 13 t Ω*: δ' G: om.
D	**792** ἐριδήσασθαι 13 tt Tᵏ Ω*: ἐρηδ- G: ἐριδδ- Z Aᵐ D (-σεσθαι) T: ἐριζ- "ἔν
τισι τῶν ὑπομνημάτων": ἐρειδ- Doederlein.—formae inauditae omnes; haud male
ποσσὶν δηρίσασθαι Naber, possis etiam πόσσ' ἔριδϙα στ⸱ήσασθαι, quamquam tempus
praesens exspectatur.—varia tentaverunt viri docti (ἐριζέμεναι Brandreth, -εσθαι
Lange, πόσσ' ἐριδαίνεσθαι Menrad, etc.) ut deinceps ἄλλοις, εἰ μὴ Ἀχιλῆϊ legi possit
(de ἄλλοις cf. Wack. KS 1820) Ἀχιλλεῖ 13 Tᵏ Ω* (-ιλεῖ C): Ἀχιλλήϊ (διὰ τοῦ
η) schᵀ: Ἀχιλῆϊ (Nauck) T R.—cf. ad Ξ 115, Ω 61	**797** δὲ δέξατο T h: δ'
ἐδ- Ω*	**798–883** damn. Lehrs De Aristarchi stud. Hom.³ 429 sq., 434

θῆκ᾽ ἐς ἀγῶνα φέρων, κατὰ δ᾽ ἀσπίδα καὶ τρυφάλειαν,
800   τεύχεα Σαρπήδοντος, ἅ μιν Πάτροκλος ἀπηύρα.
στῆ δ᾽ ὀρθὸς καὶ μῦθον ἐν Ἀργείοισιν ἔειπεν·
"ἄνδρε δύω περὶ τῶνδε κελεύομεν, ὥ περ ἀρίστω,
τεύχεα ἐσσαμένω, ταμεσίχροα χαλκὸν ἑλόντε,
ἀλλήλων προπάροιθεν ὁμίλου πειρηθῆναι.
805   ὁππότερός κε φθῆσιν ὀρεξάμενος χρόα καλόν,
{ψαύσηι δ᾽ ἐνδίνων διά τ᾽ ἔντεα καὶ μέλαν αἷμα,}
τῶι μὲν ἐγὼ δώσω τόδε φάσγανον ἀργυρόηλον,
καλὸν Θρηΐκιον· τὸ μὲν Ἀστεροπαῖον ἀπηύρων·
τεύχεα δ᾽ ἀμφότεροι ξυνήϊα ταῦτα φερέσθων,
810   καί σφιν δαῖτ᾽ ἀγαθὴν παραθήσομεν ἐν κλισίηισιν."
ὣς ἔφατ᾽· ὦρτο δ᾽ ἔπειτα μέγας Τελαμώνιος Αἴας,
ἂν δ᾽ ἄρα Τυδείδης ὦρτο κρατερὸς Διομήδης.
οἳ δ᾽ ἐπεὶ οὖν ἑκάτερθεν ὁμίλου θωρήχθησαν,
ἐς μέσον ἀμφοτέρω συνίτην μεμαῶτε μάχεσθαι,
815   δεινὸν δερκομένω· θάμβος δ᾽ ἔχε πάντας Ἀχαιούς.
ἀλλ᾽ ὅτε δὴ σχεδὸν ἦσαν ἐπ᾽ ἀλλήλοισιν ἰόντες,
τρὶς μὲν ἐπήϊξαν, τρὶς δὲ σχεδὸν ὡρμήθησαν.
ἔνθ᾽ Αἴας μὲν ἔπειτα κατ᾽ ἀσπίδα πάντοσ᾽ ἐΐσην
νύξ᾽, οὐδὲ χρό"ἵκανεν· ἔρυτο γὰρ ἔνδοθι θώρηξ·
820   Τυδείδης δ᾽ ἄρ᾽ ἔπειτα ὑπὲρ σάκεος μεγάλοιο
αἰὲν ἐπ᾽ αὐχένι κῦρε φαεινοῦ δουρὸς ἀκωκῆι.

800a ApS 140.20   805a Arn ad Ψ 824–5b; (φθ. ὀρ.) Epm. φ 43   806 Arn ad K
298b; 806a Orio 52.16; Melet. Nat. hom. PG 64.1232d; EtG s.v. ἔνδινα; (διά τ᾽ ἐνδ.) sch
Ψ 846; (ἐνδ.) ApS 68.30; H. ε 2799   808a sch^h94 Φ 163 (v.92.17 E.)   810 (–παραθ.)
sch Ψ 802–4a; 810a sch Ω 69a¹   821a sch Ω 530; (κῦρε) H. κ 4665

803 ἑλόντε 13 1527 Ω*: -όντες Nic (cod. A) T: -όντων D: -έσθαι frustra Düntzer   804 non habuit Nic, om. 13 1527 Aᵃ D Tᵃ W Gᵃ; cf. Apthorp 128–33   ἀλλήλων
Aᵐˢ b Fᶜ Tᵐ: -ω Fᵃ R Gᵐ: -ους Aᵐᵗ   805–6 ut supra fere Ar 13 1527 1528 tt Z Ω: ὁππό-
τερός κε(ν) πρόσθεν (πρῶτος Eust.) ἐπιγράψας χρόα καλόν | φθήηι ἐπευξάμενος διά
τ᾽ ἔντεα καὶ φόνον ἀνδρός (-ῶν T) Arph testibus T Eust.   805 φθῆ(ι)σιν 13 1527 t*
Ω: φθήηι Epm. (cf. Arph supra).—cf. Chantr. I 43   806 ath. Ar   ψαύσηι 13 tt* Aλ Ω*:
-σει A: ψαύει Orio: ψαῦσαι Melet.   δ᾽ tt Aλ Ω: τ 13   ἐνδίνων Arn Hdn tt* Z Aλ Ω: ἐν-
δεί- 13 ApS   809 δ᾽ 13 Ω*: τ᾽ R G   810 ath. Ar   παραθήσομεν ἐν 13 1527 Ω*:
-σομαι ἐν F R G (cf. ο 506ᵛˡ): -σομ᾽ ἐν W, ἐνὶ Bᶜ   814 ἀμφοτέρω [13] A W: -ρων Ω*.—
cf. ad E 156, Z 122, Υ 159   815 δερκομένω 13᾽ Ω*: -όμενοι (= Γ 342) Aʸᵖ D F   ἔχε 13᾽
1527 Ω (cf. Γ 342, Δ 79, Ω 482): ἕλε Nʸᵖ   πάντας Ἀχαιούς 13 1527 Ω*: (-εν) εἰσορόωντας (= ll.cc.) Aʸᵖ T W   816 ἰόντες 13 Ω: -ε r.—cf. ad E 630, Z 121   817 damn. Heyne   818 πάντοσ᾽ ἐΐσην 13²᾽ B E: -οσε ἴσην Ω* (-οσ᾽ ἴ- Tᵃ)   821 κῦρε 13 tt Z Aλ Ω:
κύρσε Tλ   ἀκωκῆι 13² D² F Rᶜ G: -ή Rᵃ W: -ήν 13ᵃ Ω*

καὶ τότε δή ῥ' Αἴαντι περιδδείσαντες Ἀχαιοί
παυσαμένους ἐκέλευσαν ἀέθλια ἶσ' ἀνελέσθαι.
αὐτὰρ Τυδείδηι δῶκεν μέγα φάσγανον ἥρως
825 σὺν κολεῶι τε φέρων καὶ ἐϋτμήτωι τελαμῶνι.
αὐτὰρ Πηλείδης θῆκεν σόλον αὐτοχόωνον,
ὃν πρὶν μὲν ῥίπτασκε μέγα σθένος Ἠετίωνος·
ἀλλ' ἤτοι τὸν ἔπεφνε ποδάρκης δῖος Ἀχιλλεύς,
τὸν δ' ἄγετ' ἐν νήεσσι σὺν ἄλλοισι κτεάτεσσιν.
830 στῆ δ' ὀρθὸς καὶ μῦθον ἐν Ἀργείοισιν ἔειπεν·
"ὄρνυσθ', οἳ καὶ τούτου ἀέθλου πειρήσεσθε.
εἴ οἱ καὶ μάλα πολλὸν ἀπόπροθι πίονες ἀγροί,
ἕξει μιν καὶ πέντε περιπλομένους ἐνιαυτούς
χρεώμενος· οὐ μὲν γάρ οἱ ἀτεμβόμενός γε σιδήρου
835 ποιμὴν οὐδ' ἀροτὴρ εἶσ' ἐς πόλιν, ἀλλὰ παρέξει."
ὣς ἔφατ'· ὦρτο δ' ἔπειτα μενεπτόλεμος Πολυποίτης,
ἂν δὲ Λεοντῆος κρατερὸν μένος ἀντιθέοιο,
ἂν δ' Αἴας Τελαμωνιάδης καὶ δῖος Ἐπειός.
ἐξείης δ' ἵσταντο, σόλον δ' ἕλε δῖος Ἐπειός,
840 ἧκε δὲ δινήσας· γέλασαν δ' ἔπι πάντες Ἀχαιοί.
δεύτερος αὖτ' ἀφέηκε Λεοντεὺς ὄζος Ἄρηος·
τὸ τρίτον αὖτ' ἔρριψε μέγας Τελαμώνιος Αἴας
χειρὸς ἄπο στιβαρῆς, καὶ ὑπέρβαλε σήματα πάντων.
ἀλλ' ὅτε δὴ σόλον εἷλε μενεπτόλεμος Πολυποίτης,
845 ὅσσον τίς τ' ἔρριψε καλαύροπα βουκόλος ἀνήρ,
ἦ δὲ ἐλισσομένη πέτεται διὰ βοῦς ἀγελαίας,

822 sch Ξ 404–6; 822b–3a sch Ψ 821a¹; 823b Arn ad Ψ 824–5a¹   826 (–σόλ.) + 827a
sch θ 190 (Eratosth. 241 F 5); 826 (σόλον αὐτοχ.) ApS 143.26; [Ammon.] Diff. 132; sch
δ 626; Nonn. D. 37.667; EtG s.v. δίσκος; (σόλον) H. σ 1328; Orio 147.34; Phot. Lex. s.v.;
(αὐτοχ.) ApS 48.6; H. (Cyr.) α 8496   834 (χρεώ.) H. χ 702; 834b–5a sch Ψ 826c; 835
(ἀροτήρ) H. (Cyr.) α 7372   840 (διν.) id. δ 1856   845b sch A.R. 4.974; (καλαύρ.)
ApS 94.22; H. (Cyr.) κ 420; St. Byz. 47.11; cf. Phot. Lex. κ 109; (βουκ.) H. (Cyr.) β 910

822 περιδδείσαντες t* Ω: περιδεί- sch-Ψ O   823 ἀνελέσθαι Ω*: ἀνάγοντες
D   824–5 ath. Arph Ar   825 κουλεῶι D O   εὐτμήτωι Ω: εὖ τμ- 13: ἐϋδμ- schᵀ
(ubi ἐϋκμ- van der Valk I 535).—cf. ad 684   827 ὃν [13] 1529 t Ω*: τὸν T N G   ῥίπτασκε 13 (ρ[[ε]]ϊ-) Z Ω: -πτεσκε van Leeuwen: -ψασκε Fick.—cf. ad O 23   828 ἔπεφνε 13 Ω: πέφνε rr (h?)   835 παρέξει A   840 ἔπι 13 B²?: επι 28, ἐπὶ vel ἐπι
Ω   841 δεύτερος 13 28 Ω: -ον rr (cf. 842)   αφ[[έ]]ηκε 13   843 ath. Ar   ἄπο Wolf:
απο 13 28, ἀπὸ Aᵏ Ω   πάντων 13 28 Ω* Gˢ: -ντα h W G (cf. θ 192ᵛˡ)   844 δὴ 13 28 Aᵏ
Aˢ Ω*: μεν A¹   845 ὅσσόν A   846 δε 13, δ' W: δέ θ' B Fᶜ G, δέ τ' 1528 Ω*, δε]
1529

τόσσον παντὸς ἀγῶνος ὑπέρπτατο· τοὶ δ' ἐβόησαν.
ἀνστάντες δ' ἕταροι Πολυποίταο κρατεροῖο
νῆας ἔπι γλαφυρὰς ἔφερον βασιλῆος ἄεθλον.
850   αὐτὰρ ὃ τοξευτῆισι τίθει ἰόεντα σίδηρον·
κὰδ δ' ἐτίθει δέκα μὲν πελέκεας, δέκα δ' ἡμιπέλεκκα.
ἱστὸν δ' ἔστησεν νηὸς κυανοπρώιροιο
τηλοῦ ἐπὶ ψαμάθοις, ἐκ δὲ τρήρωνα πέλειαν
λεπτῆι μηρίνθωι δῆσεν ποδός, ἧς ἄρ' ἀνώγει
855   τοξεύειν· "ὃς μέν κε βάληι τρήρωνα πέλειαν,
πάντας ἀειράμενος πελέκεας οἰκόνδε φερέσθω·
ὃς δέ κε μηρίνθοιο τύχηι, ὄρνιθος ἁμαρτών,
ἥσσων γὰρ δὴ κεῖνος, ὃ δ' οἴσεται ἡμιπέλεκκα."
ὣς ἔφατ'· ὦρτο δ' ἔπειτα βίη Τεύκροιο ἄνακτος,
860   ἂν δ' ἄρα Μηριόνης, θεράπων ἐὺς Ἰδομενῆος.
κλήρους δ' ἐν κυνέηι χαλκήρεϊ πάλλον ἑλόντες,
Τεῦκρος δὲ πρῶτος κλήρωι λάχεν. αὐτίκα δ' ἰόν
863   ἧκεν ἐπικρατέως· οὐδ' ἠπείλησεν ἄνακτι.
865   ὄρνιθος μὲν ἅμαρτε· μέγηρε γάρ οἱ τό γ' Ἀπόλλων·
αὐτὰρ ὃ μήρινθον βάλε πὰρ πόδα, τῆι δέδετ' ὄρνις,
ἀντικρὺ δ' ἀπὸ μήρινθον τάμε πικρὸς ὀϊστός.
ἣ μὲν ἔπειτ' ἤιξε πρὸς οὐρανόν, ἣ δὲ παρείθη
μήρινθος ποτὶ γαῖαν· ἀτὰρ κελάδησαν Ἀχαιοί.

850 Macr. Sat. 5.7.6; (ἰό. σίδ.) ApS 91.23; (ἰό.) H. ι 747   **851** (ἡμιπέλ.) sch N 612b;
H. (Cyr.) η 514, 516; Phot. Lex. η 172   **854** (μηρ.) Ath. 25d; H. μ 1254; Orio 98.19;
cf. Phot. Lex. μ 413   **862–3a** Porph. Il. 266.10 Schr.; **863b** sch^D Θ 150; sch θ 383; EtG
α 997, 1002; (ἠπείλ.) H. (Cyr.) η 670   **865b** Hdn ad Ξ 171b; (μέγ.) H. ε 2328, μ
500

847 υπ]ερπτ[α]το 28: ὑπέρβαλε 13 Ω (ex 843? v.l. sim. θ 192)   δ' ἐβόησαν 28 Ω*:
δεβ- 13, δὲ β- G   **848** ἀνστάντες 13^2s 1529 Ω: αστ- 13ª.— cf. Praef. xxvi   **849** ἔπι
Wolf: ἐπὶ vel ἔπι 13 Ω   **850** τοξευτῆισι 13 Z Aλ Ω: -τῆρσι t r.—cf. ad Λ 325, Μ
41   **851** πελέκεας 13 Z Aλ Ω: -κυς Christ   **852** δὲ στῆσεν h   κυανοπρώ(ι)ροιο
13 Ω: cf. ad Ο 693   **853** ἐπὶ 13 Ω*: ὑπὸ D   ψαμάθοις 13 Ω: -ου V.—cf. ad Α
486   **854–Ω** 85 folia exciderunt a D (suppl. m. rec.; non cito)   **854** ποδός Ar 13 Ω:
πόδα "κατ' ἔνια"   ἧς ἄρ' Arª 13ᶜ Ω*: ἧν ἄρ b Fᶜ: ἧαρ 13ª: ὡς γὰρ Ar^b h: ἧς γὰρ Aγρ
W   **856** πελέκεας 9 13 Z Ω: -κυς Christ   οἰκόνδε vel -ον δὲ 13 Ω*: κλισίηνδε
(= 275, 662) 9 Aγρ h F R W   **861** πάλλον 9 13 Ω: βάλλον Düntzer.—cf. ad Γ
316   **863** οὐδ'-ἄνακτι post 872 conceptum; fort. primitus καί ῥ' ὄρνιθος μὲν ἅμαρ-
τεν, | αὐτὰρ ὃ μήρινθον κτλ.   **864** (= 873) add. Ω*: deest in 9 13 T R N   **865** et
μέγηρε et ἐμέγηρε Hsch.   γάρ οἱ 9 13 t Ω: δέ οἱ Heyne: (-εν) γὰρ Hermann Orphica
779.—v. quae adnotavi ad Hes. Op. 526   τό γ' 9 13 Ω*: τότ' t A Fᶜ?: τῶδ' R   **866** om.
BªCª   **869** ποτὶ [13] Ω: προτι 9

870   σπερχόμενος δ' ἄρα Μηριόνης ἐξείρυσε χειρός
         τόξον· ἀτὰρ δὴ ὀϊστὸν ἔχεν πάλαι, †ὡς ἴθυνεν†·
         αὐτίκα δ' ἠπείλησεν ἑκηβόλωι Ἀπόλλωνι,
         ἀρνῶν πρωτογόνων ῥέξειν κλειτὴν ἑκατόμβην.
         ὕψι δ' ὑπαὶ νεφέων ἵδετο τρήρωνα πέλειαν·
875   τῆι ῥ' ὅ γε δινεύουσαν ὑπὸ πτέρυγος βάλε μέσσην.
         ἀντικρὺ δὲ διῆλθε βέλος· τὸ μὲν ἂψ ἐπὶ γαίηι
         πρόσθεν Μηριόναο πάγη ποδός· αὐτὰρ ἡ ὄρνις
         {ἱστῶι ἐφεζομένη νηὸς κυανοπρώιροιο}
         αὐχέν' ἀπεκρέμασεν, σὺν δὲ πτερὰ πυκνὰ λίασθεν,
880   ὠκὺς δ' ἐκ μελέων θυμὸς πτάτο, τῆλε δ' ἀπ' αὐτοῦ
         κάππεσε· λαοὶ δ' αὖ θηέοντό τε θάμβησάν τε.
         ἂν δ' ἄρα Μηριόνης πελέκεας δέκα πάντας ἄειρεν,
         Τεῦκρος δ' ἡμιπέλεκκα φέρεν κοίλας ἐπὶ νῆας.
            αὐτὰρ Πηλείδης κατὰ μὲν δολιχόσκιον ἔγχος,
885   κὰδ δὲ λέβητ' ἄπυρον, βοὸς ἄξιον, ἀνθεμόεντα
         θῆκ' ἐς ἀγῶνα φέρων· καί ῥ' ἥμονες ἄνδρες ἀνέσταν,
         ἂν μὲν ἄρ' Ἀτρείδης, εὐρὺ κρείων Ἀγαμέμνων,
         ἂν δ' ἄρα Μηριόνης, θεράπων ἐῢς Ἰδομενῆος.
         τοῖσι δὲ καὶ μετέειπε ποδάρκης δῖος Ἀχιλλεύς·
890   "Ἀτρείδη, ἴδμεν γὰρ ὅσον προβέβηκας ἁπάντων
         ἠδ' ὅσσον δυνάμι τε καὶ ἥμασιν ἔπλε' ἄριστος·

870–1 Porph. Il. 266.22 Schr., cf. 266.11   872 ApS 38.4   874 Eudoc. 452; 874a
Epm. υ 34; 874b sch^G Φ 493e   879b Epm. λ 33; (λί.) H. ε 2060   880 (πτάτο) H.
(Cyr.) π 4178, 4184   883 ApS 84.4   885 Ath. 501b; (ἀνθεμ.) ApS 35.4; H. (Cyr.) α
5115   886b Did ad Ψ 287a; Epm. ε 98; (ἥμ.) ApS 84.10; Plut. Mor. 675a; H. (Cyr.) η
543; Orio 72.1   891 ApS 84.10; (–ἥμ.) Epm. ε 98; 891b Hdn ad Ψ 886ab; (ἥμ.) H. η 427

870–1 ἐξείρυσε χειρός | τόξον· ἀτὰρ δὴ ὀϊστὸν Ar 9 13 t Ω: ἐξείλετο Τεύκρου | τόξον·
χερσὶ δ' ὀϊστὸν Antim: ἐπεθήκατ' ὀϊστόν | τόξωι· ἐν γὰρ χερσὶν 𝔐   εχον 13ᵃ   ὡς ἰθύ-
νοι Voss ad Hymn. Cer. 273 cl. ε 255: malim ὧι ῥ' ἴθυνεν   874 ὑπαὶ 13 tt Ω: ὑπὸ 9 rr.—
cf. ad O 625, Π 375   ἵδετο 9 Eudoc. Fᵃ R W G: ἴδε δὲ 13ᵃ t*: εἶδε Ω*, ἴδε 13²   875 τῆι
ῥ' 9 13 Ω: τὴν sch^hyp   πτερύγος Ar (teste Eust.) 13² A Aᵐᶜ B E T: proparox. Aᵐᵃ Ω*.—cf.
ad B 316   βάλε 13 Ω*: λάβε 9 C (ex B 316?)   μέσσην 9 13² Ω* Bˢ Eˢ F²ˢ: -ον 13: -ης b F:
-ηγύ W   876 ἐπὶ 9 13 Ω (cf. Z 313): ἐνὶ Nauck (cf. K 374, Λ 378, al.)   877 αὐτὰρ ἡ
9 13 Ω (ἡ om. b Fᶜ): αὐτίκα δ' Nauck   878 susp. Nauck   κυανοπρώροιο 9 13 453 Ω:
cf. ad 852   879 λίασθεν (nov. Did) 9 453 t* Tᐣ Ω: -άσθη 13 (-ηι) Tᐣ alterum: utrumque
Z: -ασσεν Ar Hsch. (ἐλί-): -άσθην 𝔐 (teste A, cf. Δ 146: -άσθη teste T)   880 ὠκὺς δ'
ἐκ Ar 9 Ω: ὦκα δ' ἀπὸ exspectaveris cl. N 671 sq. = Π 606 sq.   881 θηέοντό van
Leeuwen: -εῦντό 9 453 Ω   882 πελέκεας 9 453 Ω: cf. ad 851   886 ῥ' ἥμονες Ar Hdn
453 tt Z Ω: ῥήμ- quidam ante Ar: ρημ- 9.—cf. ad 891   891 δυνάμι Bekker:
-μει 9 t* Aᐣ Ω: -μις Epm.^cod   ἥμασιν Hdn 9 tt Z Ω (ἤ- G): ρημ- 453 (cf. ad 886)   ἔπλε'

ἀλλὰ σὺ μὲν τόδ᾽ ἄεθλον ἔχων κοίλας ἐπὶ νῆας
ἔρχε᾽, ἀτὰρ δόρυ Μηριόνηι ἥρωϊ πόρωμεν,
εἰ σύ γε σῶι θυμῶι ἐθέλοις· κέλομαι γὰρ ἐγώ γε.”
895 ὣς ἔφατ᾽· οὐδ᾽ ἀπίθησεν ἄναξ ἀνδρῶν Ἀγαμέμνων·
δῶκε δὲ Μηριόνηι δόρυ χάλκεον· αὐτὰρ ὅ γ᾽ ἥρως
Ταλθυβίωι κήρυκι δίδου περικαλλὲς ἄεθλον.

Ω   λῦτο δ᾽ ἀγών, λαοὶ δὲ θοὰς ἐπὶ νῆας ἕκαστοι
ἐσκίδναντ᾽ ἰέναι. τοὶ μὲν δόρποιο μέδοντο
ὕπνου τε γλυκεροῦ ταρπήμεναι· αὐτὰρ Ἀχιλλεύς
κλαῖε φίλου ἑτάρου μεμνημένος, οὐδέ μιν ὕπνος
5   ἥιρει πανδαμάτωρ, ἀλλ᾽ ἐστρέφετ᾽ ἔνθα καὶ ἔνθα
Πατρόκλου ποθέων ἀνδροτῆτά τε καὶ μένος ἠΰ,
ἠδ᾽ ὁπόσα τολύπευσε σὺν αὐτῶι καὶ πάθεν ἄλγεα,
ἀνδρῶν τε πτολέμους ἀλεγεινά τε κύματα πείρων.
τῶν μιμνησκόμενος θαλερὸν κατὰ δάκρυον εἶβεν,
10   ἄλλοτ᾽ ἐπὶ πλευρὰς κατακείμενος, ἄλλοτε δ᾽ αὖτε
ὕπτιος, ἄλλοτε δὲ πρηνής· τοτὲ δ᾽ ὀρθὸς ἀναστάς
δινεύεσκ᾽ ἀλύων παρὰ θῖν᾽ ἁλός. οὐδέ μιν Ἠώς
φαινομένη λήθεσκεν ὑπεὶρ ἅλα τ᾽ ἠϊόνας τε·
ἀλλ᾽ ὅ γ᾽ ἐπεὶ ζεύξειεν ὑφ᾽ ἅρμασιν ὠκέας ἵππους,

894 Eudoc. 1593   Ω 1–2a ApS 6.6; 1a Nonn. D. 38.1; (λῦτο δ᾽ ἀγών) Porph. Hom.
107.15 Sod.; EtG λ 154; (ἀγών) Apio 212.12; (λαοὶ–)–2a Prisc. Inst. 18.203; 2 (μέδ.) H.
(Cyr.) μ 519   3 (ταρπ.) ApS 149.24; H. τ 200   4 (ἑτ. μεμν.) Arn ad Ω 6–9a¹; (οὐ–
δέ–)–5a Porph. Il. 22.7, Od. 49.3 Schr.; 5 (πανδαμ.) sch K 2b, Ξ 275–7; H. π 321; Phot.
Lex. s.v.; 5b Arn ad Ω 6–9a¹; cf. Epict. 4.10.31   6 sch Heph. 325.20; (ποθ.) Nic ad Ω
7–8; (ἀνδρ., μένος) Arn ad Ω 6–9a¹   7 (–πάθον) sch Ξ 86; (τολ.) ApS 153.22; H. τ
[1093], 1102   8 (πείρων) ApS 129.22   9 (μιμν.) Arn ad Ω 6–9a¹; (θαλ.) sch T 323a¹
10–12 Pl. Resp. 388a; (ἐπὶ πλ. κατακ., ὕπτιος, πρηνής, ἀλύων) Procl. in Remp. i.123.10;
10–11 (–πρ.) Charito 6.1.8; 10–11 (ὕπτ.) Eus. P.E. 13.14.8 (e Platone); 10a Arn ad Ω 6–9a¹;
12 (ἀλύων) Apio 216.20; ApS 23.25   13b Epm. ε 184, π 183

Payne Knight: -ευ 9 13 453 tt Z Ω   893 ἔρχε᾽ Payne Knight: -ευ 9 Ω   894 ἐθέλοις t
Ω*: -εις 9 C F T R.—cf. ad P 489   ἐγώ γε Aᵐ: ἔγωγε 9 Ω   Ω 1 λῦτο 657 Aᴸ Tᴸ Ω: λύτο
Z rr, fort. melius, cf. ad Δ 155; Chantr. I 103   θοὰς 9 656 tt Ω: θεας 13 (fueratne θοας ss.
ε, sc. ἑὰς?): ἐὴν ἐπὶ νῆα ἕκαστος Heyne cl. T 277, Ψ 3   6–9 ath. Arph Ar, quos
vituperat schᵇᵀ   6 ἀνδροτῆτα 9 13 (ανανδ-) 656 tt Ω: ἀδρ- Gᶜ.—cf. ad Π 857, X 363
7 τολύπευσε 9 tt Ω*, τ[ο]λυπεῦσε 13: -ευε F   ἄλγεα Ar 9 13 Ω*: -η R W (cf. ad H 207, X
322): ἔργα “αἱ δημώδεις” 656   8 (= θ 183, v 91, 264) suspectus   πτολέμους 9 13 1530
A F W G: πολ- Ω*   πείρων Ar Hdn Ω: perisp. Pamph Z   9 μιμνησκόμενος 9 657 t
Ω: μεμν- 13   10 πλευρας 9 13, -ρὰς Ω*: -ρᾶς R: -ρὰ T   11 δὲ 13 1530 tt Ω*: δὴ 9 A:
om. R   τοτὲ b T: τότε Z Ω*   12 δινεύεσκ᾽ 9 13 657 Z Aᴸ Ω: πλωΐζεσκ᾽ Plato u.v., quod
nemo modum expedivit   παρὰ 9 13 Ω: ἐπὶ t   οὐδέ μιν ἠώς 9 13 656 Ω: ἀτρυγέτοιο Plato ci-
tationem absolvens

15 Ἕκτορα δ' ἕλκεσθαι δησάσκετο δίφρου ὄπισθεν·
τρὶς δ' ἐρύσας περὶ σῆμα Μενοιτιάδαο θανόντος
αὖτις ἐνὶ κλισίηι παυέσκετο, τὸν δέ τ' ἔασκεν
ἐν κόνι ἐκτανύσας προπρηνέα. τοῖο δ' Ἀπόλλων
πᾶσαν ἀεικείην ἄπεχε χροΐ, φῶτ' ἐλεαίρων
20 καὶ τεθνηότα περ, περὶ δ' αἰγίδι πάντα κάλυπτεν
χρυσείηι, ἵνα μή μιν ἀποδρύφοι ἑλκυστάζων.

ὣς ὃ μὲν Ἕκτορα δῖον ἀείκιζεν μενεαίνων·
τὸν δ' ἐλεαίρεσκον μάκαρες θεοὶ εἰσορόωντες,
κλέψαι δ' ὀτρύνεσκον ἐΰσκοπον Ἀργειφόντην.
25 ἔνθ' ἄλλοις μὲν πᾶσιν ἑήνδανεν, οὐδέ ποθ' Ἥρηι
οὐδὲ Ποσειδάων' οὐδὲ γλαυκώπιδι κούρηι,
ἀλλ' ἔχον, ὥς σφιν πρῶτον ἀπήχθετο Ἴλιος ἱρή
καὶ Πρίαμος καὶ λαὸς Ἀλεξάνδρου ἕνεκ' ἄτης
{ὃς νείκεσσε θεάς, ὅτε οἱ μέσσαυλον ἵκοντο,
30 τὴν δ' ἤινησ', ἥ οἱ πόρε μαχλοσύνην ἀλεγεινήν}.
ἀλλ' ὅτε δή ῥ' ἐκ τοῖο δυωδεκάτη γένετ' ἠώς,
καὶ τότ' ἄρ' ἀθανάτοισι μετηύδα Φοῖβος Ἀπόλλων·
"σχέτλιοί ἐστε, θεοί, δηλήμονες. οὔ νύ ποθ' ὕμιν

17 (τὸν δὲ-) Hdn ad E 256b¹   18 (τοῖο-)-19 (-χροΐ) Porph. Il. 334.3 Schr.; 19
Arn ad Ω 20–1a¹; ApS 10.7; (ἄπεχε χρ.) H. α 6104, cf. 6106   20b-1 (χρ.) sch Θ 43b
22 ApS 10.6   23 sch^bT Ω 23   24 (ἐΰσκ.) ApS 79.27   25 (ἑήνδ.) Hdn ad N 543a¹
26 al. (γλ. κ.) [Lib.] Progymn. 12.24.4 (viii.528.2 F.)   29–30 [Plut.] Hom. 1.6; 29 sch^h89
P 112 (iv.315.9 E., lacerum); 29a Arn ad H 161a; sch Eur. Tro. 975; (μέσσ.) H. (Cyr.) μ
899, 938, 30 (-μαχλ.) Hdn ad N 29b; (μαχλ.) ApS 110.9; H. μ 434; Phot. Lex. μ 154
31 sch Ω 23   33 (δηλ.) ApS 58.14

17 αὖτις 9 13 Ω*: -θις 657 C   τὸν δέ τ' 9 W: τόνδε δ' Ar Hdn 13 656 t sch^hγρ Α^λ Ω*:
τὸν δὲ h   ἔασκεν 9 13 656 Ω: δέασκεν 'vinciebat' deprec. Ar: ἐάασκεν Grashof:
fort. εἴασκεν (Ε 802, Λ 125, Υ 408)   18–21 damn. Düntzer   19 ἀεικείην Arn (t) 9
13 657 1530 Ω*: -κίην tt* R   20–1 ath. Ar   20 τεθνηότα 1530 Α^λ Α^s B E F G:
-θνειό- 9 657 Α^λ Ε^s Ω*, -θνειώ- Υ: -θνιο- 13   περι γ' Υ   αἰγίδι 9 13 (-τι) t Ω*: -δα Ar^ab
T^a T^s (quo recepto παντὶ flagit. Leaf)   κάλυπτε(ν) 9 13 656 Ω*: -ψε t^vl Α^γρ W: -πτει t^vl
21 χρυσείηι 657 t Ω: -σείην Ar^ab T^s, -σιην 13   23–30 ath. quidam ap. sch^bT, 24–30 ip-
se scholii auctor (qui Ar consentire dicit; cf. Arn ad 109a¹), 25–30 Ar teste Arn   25 ενθ
αλλοις μεν' α' παντες επευφημησαν Αχαιοι· 13 (de A 22, 376 somniatus)   ἑήνδανεν
(sive ἐ-) t Ω* (cf. γ 143): ἐάνδ- Hoffmann post Bentley, prob. Wack. KS 1559: εκύδανεν Υ
26 Ποσειδάων' Ω*, -ωνι 13 (Ποσι-) Α^s F T W: -ονι Ν^γρ: -ων Υ   28–30 damn. Bentley
28 ἄτης T^λ Ω*: ἀρχῆς Ar 13 Α^γρ W.—cf. ad Γ 100, Ζ 356   29–30 ath. quidam ap. [Plut.]
et sch-Eur., damn. Bekker   30 ἤ(ι)νησ' 13 657 tt Z Α^λ Ω*: -νεσ' b, -νεσσ' rr   πόρε
μαχλοσύνην ἀλεγεινήν Ar 13 tt Z Ω (ἐρατεινήν rr): κεχαρισμένα δῶρ' ὀνόμηνεν
Arph "τινὲς τῶν πολιτικῶν"   33 οὔ νύ Α^λ Α^γρ Ω*: ουνε 13: οὐδέ A G^c?   ποθ' Α^λ Ω:
και 13   ὕμιν Hdn Α^γρ T Y W G, ὕμιν A: ὕμμιν F O: ὑμῖν Α^λ b R: υμιν 13

Ἕκτωρ μηρί' ἔκηε βοῶν αἰγῶν τε τελείων;
35   τὸν νῦν οὐκ ἔτλητε νέκυν περ ἐόντα σαῶσαι
ἧι τ' ἀλόχωι ἰδέειν καὶ μητέρι καὶ τέκεϊ ὧι
καὶ πατέρι Πριάμωι λαοῖσί τε, τοί κέ μιν ὦκα
ἐν πυρὶ κήαιεν καὶ ἐπὶ κτέρεα κτερίσαιεν·
ἀλλ' ὀλοῶι Ἀχιλῆϊ, θεοί, βούλεσθ' ἐπαρήγειν,
40   ὧι οὔτ' ἄρ' φρένες εἰσὶν ἐναίσιμοι οὔτε νόημα
γναμπτὸν ἐνὶ στήθεσσι, λέων δ' ὣς ἄγρια οἶδεν,
ὅς τ' ἐπεὶ ἂρ μεγάληι τε βίηι καὶ ἀγήνορι θυμῶι
εἴξας εἶσ' ἐπὶ μῆλα βροτῶν, ἵνα δαῖτα λάβηισιν.
ὣς Ἀχιλεὺς ἔλεον μὲν ἀπώλεσεν, οὐδέ οἱ αἰδώς
45   {γίνεται, ἥ τ' ἄνδρας μέγα σίνεται ἠδ' ὀνίνησιν}.
μέλλει μέν πού τις καὶ φίλτερον ἄλλον ὀλέσσαι,
ἠὲ κασίγνητον ὁμογάστριον ἠὲ καὶ υἱόν,
ἀλλ' ἤτοι κλαύσας καὶ ὀδυράμενος μεθέηκεν·
τλητὸν γὰρ Μοῖραι θυμὸν θέσαν ἀνθρώποισιν·
50   αὐτὰρ ὅ γ' Ἕκτορα δῖον, ἐπεὶ φίλον ἦτορ ἀπηύρα,
ἵππων ἐξάπτων περὶ σῆμ' ἑτάροιο φίλοιο
ἕλκει. οὐ μέν οἱ τό γε κάλλιον οὐδέ τ' ἄμεινον·
μὴ ἀγαθῶι περ ἐόντι νεμεσσηθέωμέν οἱ ἡμεῖς.
{κωφὴν γὰρ δὴ γαῖαν ἀεικίζει μενεαίνων.}"

38 (ἐπὶ κτ.) H. ε 4906; (κτέρεα) ApS 104.25   39 sch Ω 55; Porph. Hom. 102.10 Sod.
40–1 Eudoc. 329–30; 40 sch Ω 157c; (φρ.–) Eudoc. 1703; (ἐναίσ.) H. ε 2618; 41 (γν.) id. γ
708; 41b Paus. 3.19.8   44–5 Stob. 3.32.6; (αἰδώς, ἥ τ'–) Plut. Mor. 529d; Clem. Strom.
6.9.5; sch Eur. Hipp. 385; (αἰδώς, ἥ τ'–σίν.) Olymp. in Gorg. 66.21, 157.1; 45 (ἥ τ'–) Orio
32.4; Elias in Categ. CAG xviii(1).111.15; (ἥ τ'–σίν.) cf. Plut. Mor. 124b; Clem. Protr.
96.2; (σίν.) H. (Cyr.) σ 689   46–9 Stob. 4.56.2; 47 Eudoc. 1966; 48–9 [Plut.] Hom.
2.189.1; 49 sch Eur. Or. 4   52 (ἕλκει) H. (Cyr.) ε 2127   53 Eudoc. 1839   54 Arist.
Rh. 1380b29; [Iustin.] Cohort. ad Gr. 30; Sext. Math. 1.273; Porph. Il. 334.8 Schr.;

38 κτερίσαιεν Ar Ω* (cf. Chantr. I 465): -ίσειαν (nov. Did, qui A 42 confert) F Tλ
Y R: -εουσιν 13   40 ὧ(ι) 13 t* Ω: τῶ (Eudoc.) rr   ἐναίσιμοι οὔτε Ω: εναισιμα ουδε 13   41 γναμπτὸν 13 tt Z Ω: γναπτ- Tλ   42–5 damn. Leaf   43 εἴξας Nic Ω:
εἴξησ' ci. Nic   45 sq(q). obelos appingit 656   45 ath. Ar tamquam ex Hesiodo
(Op. 318) invectum (contra iudicavit Plut. ad Hes. l.c. = fr. 45 S.): def. Macleod   γίνεται
13 t Aλ Ω: γίγν- rr   ἠδ' Hdn 13 Ω: ἦ δ' quidam ante Hdn cl. Eur. Hipp. 385 sq., item
Elias Aλ   46 ἄλλον 13 t Ω: -ος Doederlein cl. X 106   48 ὀδυράμενος A b W: -όμε-
νος 13 tt Am Ω*   52 μέν Christ (cf. η 159), prob. Wack. Unt. 21: μήν 13 Ω (μίν Y)
53 "ἀθετοῦσι" schbT   νεμεσσηθέωμέν οἱ Ar: -θῶμέν οἱ (nov. Did) 13 t Ω,]ωμεν οι 656:
-θείομεν Hermann, -θήομεν Wack. KS 1541 (antea μή ϝ' van Leeuwen), contra dixit
Meister 161 sq.   54 damn. Koechly (v. 52 male intellexit auctor); novit Aeschylus (fr.
266 R.)   γὰρ 13 tt* Tλ Ω: μὲν Clem.

55   τὸν δὲ χολωσαμένη προσέφη λευκώλενος Ήρη·
        "εἴη κεν καὶ τοῦτο τεὸν ἔπος, Ἀργυρότοξε,
        εἰ δὴ ὁμὴν Ἀχιλῆϊ καὶ Ἕκτορι θήσετε τιμήν.
        Ἕκτωρ μὲν θνητός τε γυναῖκά τε θήσατο μαζόν,
        αὐτὰρ Ἀχιλλεύς ἐστι θεᾶς γόνος, ἣν ἐγὼ αὐτή
60   θρέψα τε καὶ ἀτίτηλα καὶ ἀνδρὶ πόρον παράκοιτιν,
        Πηλέϊ, ὃς περὶ κῆρι φίλος γένετ' ἀθανάτοισιν·
        πάντες δ' ἀντιάασθε, θεοί, γάμου. ἐν δὲ σὺ τοῖσιν
        δαίνυ' ἔχων φόρμιγγα, κακῶν ἔταρ', αἰὲν ἄπιστε."
        τὴν δ' ἀπαμειβόμενος προσέφη νεφεληγερέτα Ζεύς·
65   "Ήρη, μὴ δὴ πάμπαν ἀποσκύδμαινε θεοῖσιν.
        οὐ μὲν γὰρ τιμή γε μί' ἔσσεται· ἀλλὰ καὶ Ἕκτωρ
        φίλτατος ἔσκε θεοῖσι βροτῶν οἳ ἐν Ἰλίωι εἰσίν.
        ὣς γὰρ ἐμοί γ', ἐπεὶ οὔ τι φίλων ἡμάρτανε δώρων·
        οὐ γάρ μοί ποτε βωμὸς ἐδεύετο δαιτὸς ἐΐσης,
70   λοιβῆς τε κνίσης τε· τὸ γὰρ λάχομεν γέρας ἡμεῖς.
        ἀλλ' ἤτοι κλέψαι μὲν ἐάσομεν, οὐδέ πῃ ἔστιν
        λάθρῃ Ἀχιλῆος, θρασὺν Ἕκτορα, ἦ γάρ οἱ αἰεί
        μήτηρ παρμέμβλωκεν ὁμῶς νύκτας τε καὶ ἦμαρ·
        ἀλλ' εἴ τις καλέσειε θεῶν Θέτιν ἄσσον ἐμεῖο,

Stob. 4.57.1; sch Soph. Ant. 1030; Elias Proleg. phil. CAG xviii(1).16.7; (–ἀεικ.) Clem.
Protr. 51.6; **54a** sch Ψ 24a; (κωφ. γαῖαν) sch Ξ 16d; **54b** sch A 341b; (ἀεικ.) H. α 1278
56 (–ἔπος) sch H 445, 450   **57** (ὁμήν) H. ο 707   **58** Ath. 396f; **58b** Arn ad Z
479–80a², Φ 37–8c; Lesb. Fig. 12; EtG α 134 (Philox. fr. 33 Th.); id. s.v. παρθένος;
Choer. in Thd. i.112.25, 380.27; (τε θήσ.) H. τ 330; (θήσ. μ.) sch Ξ 219b; (θήσ.) ApS 88.4;
H. ε 668, θ 549   **60** (ἀτίτ.) H. (Cyr.) α 8102; **60b** sch Σ 432b; Porph. Il. 225.21
Schr.   **62** (–γάμου θεοί) sch Pind. Pyth. 3.165   **63** (αἰὲν ἄπ.) sch (Porph.) B 14
65 (ἀποσκ.) ApS 39.29; H. (Cyr.) α 6639; Orio 28.3   **66** Aristid. Or. 3.612   **71** cf.
Eudoc. 2088; (–ἐάσ.) Arn ad Ω 109a¹   **74** (–Θέτιν) Hdn ad I 262a; Nic ad I 46–7a¹

58 μὲν 13 Aᵃ Ω: γὰρ t   et θήσατο et ἐθήσ- Hsch.   **59** γόνος 13 Ω*: γένος Y rr:
παῖς quidam ap. schᵀ   **60** θρέψά A b F T W   **61** Πηλέϊ 13²? V rr: -λεῖ 13ᵃ? Ω: -λῆ'
Barnes.—cf. ad Ξ 115, Ψ 792   πέρι r   **62–3** damn. Koechly Hektors Lösung (1859)
11 sq.; fort. resp. Aesch. fr. 350 R.   **62** ἀντιάασθε t Ω: -άατε Z V P   θεοὶ γάμου
13 Ω: γάμου θεοί t   **63** δαίνυ' fere 13 Ω*: -νυσ' Bᶜ G   **64** δ' ἀπαμειβόμενος 13 Ω:
δὲ μέγ' ὀχθήσας quidam ap. schᵀ.—cf. ad 138, A 560   **66** ἀλλὰ καὶ Ἕκτωρ 13 Ω:
οὐδ' ἡβαιόν t   **68** ἐμοίγ' Stephanus, ἐμοὶ γ' Y: ἔμοιγ' Ω*   **71–3** ath. Ar, obelos
appingit 656   **71** ἐάσομεν Ar 13 tt schᴰ Ω: ἀμήχανον Antim   **72** θρασὺν Ἕκτο–
ρα 13 Ω: νέκυν Ἕκτορος mavult schᵀ   ἦ Hdn Ω* Tˢ?: ἤ Y G: η 13: ἤ sive ἦ quidam ante Hdn AᵃT: εὖ "κατ' ἔνια" (volueruntne εὖτε γὰρ αἰεί vel ἠΰτε γάρ οἱ? cf. sch 73a)
73 νύκτάς A W   **74** θεῶν Hdn 260 Aᵃ Ω*: θέων quidam ante Hdn Tˢ (cf. K 54, M
343)   ἄσσον Aᵃ A, ἄ- Y Wᵃ: ἆ- Ω*

75   ὄφρα τί οἱ εἴπω πυκινὸν ἔπος, ὥς κεν Ἀχιλλεύς
     δώρων ἐκ Πριάμοιο λάχηι ἀπό θ' Ἕκτορα λύσηι."
     ὣς ἔφατ'· ὦρτο δὲ Ἴρις ἀελλόπος ἀγγελέουσα.
     μεσσηγὺς δὲ Σάμου τε καὶ Ἴμβρου παιπαλοέσσης
     ἔνθορε μείλανι πόντωι· ἐπεστονάχησε δὲ λίμνη·
80   ἢ δὲ μολυβδαίνηι ἰκέλη ἐς βυσσὸν ὄρουσεν,
     ἥ τε κατ' ἀγραύλοιο βοὸς κέρας ἐμβεβαυῖα
     ἔρχεται ὠμηστῆισιν ἐπ' ἰχθύσι κῆρα φέρουσα.
     ηὗρε δ' ἐνὶ σπῆϊ γλαφυρῶι Θέτιν· ἀμφὶ δ' ἄρ' ἄλλαι
     εἵαθ' ὁμηγερέες ἅλιαι θεαί, ἢ δ' ἐνὶ μέσσηις
85   κλαῖε μόρον οὗ παιδὸς ἀμύμονος, ὅς οἱ ἔμελλεν
     φθείσεσθ' ἐν Τροίηι ἐριβώλακι, τηλόθι πάτρης.
     ἀγχοῦ δ' ἱσταμένη προσέφη πόδας ὠκέα Ἴρις·
     "ὄρσο, Θέτι· καλέει Ζεὺς ἄφθιτα μήδεα εἰδώς."
     τὴν δ' ἠμείβετ' ἔπειτα θεὰ Θέτις ἀργυρόπεζα·
90   "τίπτε με κεῖνος ἄνωγε μέγας θεός; αἰδέομαι δέ
     μίσγεσθ' ἀθανάτοισιν· ἔχω δ' ἄχε' ἄκριτα θυμῶι.
     εἶμι μέν, οὐδ' ἅλιον ἔπος ἔσσεται, ὅττί κεν εἴπηι."
     ὣς ἄρα φωνήσασα κάλυμμ' ἕλε δῖα θεάων
     κυάνεον· τοῦ δ' οὔ τι μελάντερον ἔπλετο ἔσθος·

78 sch Z 133; Strab. 10.2.17; (–Ἴμβρ.) id. 8.3.6   **79a** sch γ 6; sch A.R. 1.922 (ex Eudoxo, fr. 305 Lass.); (μείλ. π.) sch Hes. Op. 151b; (μείλ.) cf. [Plut.] Hom. 2.11.4; H. μ 588 **80–2** Pl. Ion 538d; Plut. Mor. 976f; **80** Choer. in Heph. 198.4; (–ἰκ.) ApS 113.19; Hdn i.551.29; (μολυβδ. ἰκ.) sch ε 51; (μολυβδ.) cf. Ael. Dion. μ 23; H. (Cyr.) μ 1589; Phot. Lex. μ 511; (βυσσ.) ApS 53.19; cf. H. β 1342; EtG β 296; **81** (βοὸς κ.) ApS 52.18; H. β 808; (κέρ.) id. κ 2278   **83–4a** Hdn ad O 10a; **83a** Choer. in Thd. i.378.12   **85** Eudoc. 2170; (οἱ ἔμ.) Arn ad Ω 86   **88** (ἄφθ. μήδεα) cf. Hclt. Alleg. 2.5   **90** Eudoc. 248; (–θεός) Nic ad Ψ 802–7; sch[h] Γ 410–11; sch Ar. Nub. 195b; Herm. in Pl. Phdr. 139.27 C. **92** w40 b 12; Eudoc. 265   **94** (–μελ.) sch A 528c; (ἔσθος) ApS 77.24; H. ε 6210; Phot.

75 ὄφρά A Y   **78** δὲ 13 Ω: τε Strabo utroque loco: om. t*   Σάμου τε 13 t* Ω: -μοιο Strabo utroque loco A[s] T[λ] (cf. N 33): -μου 260   **79** Μείλανι sch-A.R. (Eudox.) sch[T]/Eust.   ἐπεστονάχησε B E Y, -ισε C: -ισσε G: -στενάχησε Ω*, -ισε 1531 R W: -στεναχιζε 13   **80** μολυβδαίνηι tt Z Ω*: μολι- T[λα] T R   βυσσὸν Hdn 13 260 tt* Z (parox.) A[λ] Ω*: βυθὸν R: πυθμέν' Plato[vl]   ὄρουσεν 13 1531 tt* Ω: ἵκανεν Plato **81** ἐμβεβαυῖα 1531 t* Ω: ἐμμεμ- Plato Z A[γρ] R   **82** ὠμηστῆισιν cf. ad Λ 454   ἐπ' 260 t* A[λ] Ω: (-σι) μετ' Plato   κῆρα Ar t* A[λ] Ω: πῆμα Plato "ἔνιαι τῶν κατὰ πόλεις" **83** ηὗρε Fick: εὗ- 13 tt Ω (-ρεν δ' ἐν Choer. b T)   σπῆϊ tt Ω (cf. Σ 402): σπέεϊ Payne Knight   δ' ἄρ A b: δέ τ' t A[γρ] Ω*, δ' ἔτ' G: δε Y (δέϝ' Brandreth)   **84** εἵαθ' Arph Hdn Ω*: εἵ- Ar A[λ] C N G.—cf. ad O 10   **85** οἱ Ar 1532 tt Ω: τάχ' Rhi   **86** ath. Ar denuo adest D   φθείσεσθ' ἐν G: φθί- 656 A[λ] Ω*: φθίσθαι ἐνὶ rr (= I 246)   **88** paullo aliter Hymn. Cer. 321 καλέει σε πατὴρ Ζεὺς ἄφθιτα εἰδώς   **90** τίπτέ sic A C F R W G   **91** μίσγεσθ' Ω*: μίγεσθ' G: μίγνυσθ' Y   **92** ὅττί sic A   **94** δ' t A[λ] Ω: τ'

95   βῆ δ' ἰέναι, πρόσθεν δὲ ποδήνεμος ὠκέα Ἶρις
     ἡγεῖτ'· ἀμφὶ δ' ἄρά σφι λιάζετο κῦμα θαλάσσης.
     ἀκτὴν δ' εἰσαναβᾶσαι ἐς οὐρανὸν ἀϊχθήτην·
     ηὗρον δ' εὐρύοπα Κρονίδην, περὶ δ' ἄλλοι ἅπαντες
     εἵαθ' ὁμηγερέες μάκαρες θεοὶ αἰὲν ἐόντες.
100 ἣ δ' ἄρα πὰρ Διὶ πατρὶ καθέζετο, εἶξε δ' Ἀθήνη·
     Ἥρη δὲ χρύσεον καλὸν δέπας ἐν χερὶ θῆκεν
     καί ῥ' εὔφρην' ἐπέεσσι· Θέτις δ' ὤρεξε πιοῦσα.
        τοῖσι δὲ μύθων ἦρχε πατὴρ ἀνδρῶν τε θεῶν τε·
     "ἤλυθες Οὔλυμπόνδε, θεὰ Θέτι, κηδομένη περ,
105 πένθος ἄλαστον ἔχουσα μετὰ φρεσίν· οἶδα καὶ αὐτός.
     ἀλλὰ καὶ ὧς ἐρέω, τοῦ σ' εἵνεκα δεῦρο κάλεσσα.
     ἐννῆμαρ δὴ νεῖκος ἐν ἀθανάτοισιν ὄρωρεν
     Ἕκτορος ἀμφὶ νέκυι καὶ Ἀχιλλῆϊ πτολιπόρθωι.
     κλέψαι δ' ὀτρύνουσιν ἐΰσκοπον Ἀργειφόντην·
110 αὐτὰρ ἐγὼ τόδε κῦδος Ἀχιλλῆϊ προτιάπτω,
     αἰδῶ καὶ φιλότητα τεὴν μετόπισθε φυλάσσων.
     αἶψα μάλ' ἐς στρατὸν ἐλθὲ καὶ υἱέϊ σῶι ἐπίτειλον·
     σκύζεσθαί οἱ εἰπὲ θεούς, ἐμὲ δ' ἔξοχα πάντων
     ἀθανάτων κεχολῶσθαι, ὅτι φρεσὶ μαινομένηισιν
115 Ἕκτορ' ἔχει παρὰ νηυσὶ κορωνίσιν οὐδ' ἀπέλυσεν,
     αἴ κέν πως ἐμέ τε δείσηι ἀπό θ' Ἕκτορα λύσηι.
     αὐτὰρ ἐγὼ Πριάμωι μεγαλήτορι Ἶριν ἐφήσω,

Lex. ε 1996   96 (–κῦμα) Hdn ad M 471a; (ἀμφὶ δ'–) EtG α 481; (ἀμφὶ–λιάζ.) Epm. λ
33; (φι λιάζ.) H. φ 485; (λιάζ.) ApS 66.15; H. (Cyr.) λ 920   97b Arn ad Ω 104, 121;
(ἀϊχθ.) H. (Cyr.) α 2190; H. η 276   100 (εἶξε δέ) id. ε 982   104 (–Θέτι) + 105a EtG
α 408; 104 (–Θέτι) Arn ad Ω 97a/c; 105 Eudoc. 2195; 105a Epm. α 284, λ 40, π 115; (ἄλαστον) ApS 22.29; H. (Cyr.) α 2780   107 sch Ω 31   108a sch Heph. 318.18   110b
Epm. ad A 3d¹; (προτ.) H. π 3986   111 Eudoc. 1113   112 (ἐπίτ.) H. (Cyr.) ε 5303,
5339   113 (–θεούς) EtG α 1175; (σκύζ.) ApS 143.2; H. σ 1147   117 (ἐφήσω) cf.
eund. ε 7384

Doederlein   96 ἄρά sic A G   97 εἰσαναβᾶσαι (nov. Did) Aᵏ Ω (cf. Σ 68): ἐξανα-
Ar "καὶ αἱ πλείους" rr   ἀϊχθήτην tt Tᵏ Ω: et ἠϊ- Hsch.   98 ηὗρον Fick: εὗ- 658 Ω
99 εἵαθ' C N (consulto is quidem, cf. ad 84)   102 εὔφρην' Ω: ηὗ- r   105 ἄλαστον
Ω: ἀλαστὸν Philox. (fr. 429 Th.)   106 ὥς B E Tᵃ: ὡς 13 A D Y: ὣς Bˢ Ω*   τοῦ Ω, τὸ
13 (cf. KG II 438 sq.; Chantr. II 293): τεῦ (praestaret τέο) Otto Beitr. z. Lehre v. Relati-
vum bei Hom. II (1864) 17   σ' 13 Ω*: γ' D   δεῦρο κάλεσσα 13 Ω: δευρ' ἐκ- 658 r
107–11 damn. Payne Knight   108 Ἕκτορος Ar 13 t Aᵏ Ω: -ρι? Leaf   νέκυϊ Aᵏ Ω
109 ὀτρύνουσιν 𝔐ᵁᵏ 13': -εσκον (= 24) Ar Aᵏ Ω   110 προτιάπτω Apollodorus Areta-
des Neoteles DThr A, -άπτω 658 Hsch. Aᵏ Ω*: προϊά- Zen Ar (ἐν τοῖς πρὸς Κομανόν)
t* h.—cf. ad Z 487   111 τεὴν Ω: ἐὴν tᶜᵒᵈ   116 om. Y, damn. Koechly   δδείση rr

λύσασθαι φίλον υἱὸν ἰόντ' ἐπὶ νῆας Ἀχαιῶν,
δῶρα δ' Ἀχιλλῆϊ φερέμεν, τά κε θυμὸν ἰήνηι."
120   ὣς ἔφατ'· οὐδ' ἀπίθησε θεὰ Θέτις ἀργυρόπεζα,
βῆ δὲ κατ' Οὐλύμποιο καρήνων ἀΐξασα,
ἷξεν δ' ἐς κλισίην οὗ υἱέος· ἐν δ' ἄρα τόν γε
ηὗρ' ἀδινὰ στενάχοντα· φίλοι δ' ἀμφ' αὐτὸν ἑταῖροι
ἐσσυμένως ἐπένοντο καὶ ἐντύνοντ' ἄριστον·
125   τοῖσι δ' ὄϊς λάσιος μέγας ἐν κλισίηι ἱέρευτο.
ἢ δὲ μάλ' ἄγχ' αὐτοῖο καθέζετο πότνια μήτηρ,
χειρί τέ μιν κατέρεξεν, ἔπος τ' ἔφατ' ἔκ τ' ὀνόμαζεν·
"τέκνον ἐμόν, τέο μέχρις ὀδυρόμενος καὶ ἀχεύων
σὴν ἔδεαι κραδίην, μεμνημένος οὔτέ τι σίτου
130   οὔτ' εὐνῆς; ἀγαθὸν δὲ γυναικί περ ἐν φιλότητι
μίσγεσθ'· οὐ γάρ μοι δηρὸν βέε', ἀλλά τοι ἤδη
ἄγχι παρέστηκεν θάνατος καὶ μοῖρα κραταιή.
ἀλλ' ἐμέθεν ξύνες ὦκα· Διὸς δέ τοι ἄγγελός εἰμι·
σκύζεσθαί τοί φησι θεούς, ἐὲ δ' ἔξοχα πάντων
135   ἀθανάτων κεχολῶσθαι, ὅτι φρεσὶ μαινομένηισιν
Ἕκτορ' ἔχεις παρὰ νηυσὶ κορωνίσιν οὐδ' ἀπέλυσας.
ἀλλ' ἄγε δὴ λῦσον, νεκροῖο δὲ δέξαι ἄποινα."
τὴν δ' ἀπαμειβόμενος προσέφη πόδας ὠκὺς Ἀχιλλεύς·

118 Porph. Il. 269.6 Schr.   **119** (ἰήνηι) H. (Cyr.) ι 371   **122** (υἱέος) H. υ 126
124 Ath. 11c; (ἐπέν.) H. (Cyr.) ε 4414; (ἐντύν.) id. ε 3419; (ἄρ.) ApS 44.9; H. α 7252; EtG
α 1176   **125a** Hdn ad Γ 198a; Epm. o 65; (ὄϊς) H. (Cyr.) o 390; Phot. Lex. s.v.; (λάσ.)
H. (Cyr.) λ 370   **128–9a** [Plut.] Hom. 2.154.1; **128** Stob. 4.56.23; (τέο–)–**129a** [Plut.]
Hom. 2.130.1; **128** (τέο–) ApS 151.6; H. τ 488; (τέο–ὀδυρ.) Epm. τ 62; **129** (ἔδ.) H. ε 418;
(οὐδέ τι σ.) Arn ad Ω 130–2a   **130** (εὐνῆς) cf. Arist. E.N. 1118b11; (ἀγαθὸν–)–
131 (μίσγ.) [D.H.] Ars 9.4; **131** (οὐ–βέηι) EtG β 161; Epm. β 31   **133** Eudoc. 227
134 (ἐὲ–)–**5a** ApS 62.22; (ἐὲ δέ) H. ε 553

119 (= 147) om. 13   **122** ἵξεν Ω*: ι- Y, ἴ- Gʳ, ἴ- A Bᶜ Fᵃ   δ' ἐς 13 1531 Ω (cf. 160): δὲ
Brandreth   ἐν δ' Aʸᵖ Ω*: ἔνθ' 13 A D Y.—cf. ad Ψ 777   **123** ηὗρ 13: εὖρ' 13²ˢ 1531 Ω
124 εντυνοντ(') 13 (ut π 2 codd. plerique): -οντο Ω   ἄριστον (= π 2) 13² tt Ω: -στα 13ᵃ
r: ἀ(Ϝ)έριστον Christ   **125** om. Y Gᵃ, damn. Düntzer: hab. 13 1531 tt Ω*   κλισίηι
Ar Ω: -ηις (nov. Did) 13   ἱέρευτο 13 Z Ω (cf. Chantr. I 422): ἵρ- Franke   **126** καθέζετο (= A 360) Ω: παρέζ- 13 r   **128** ἐμόν–**131** μίσγεσθ' om. Y   **129** οὔτέ τι b Fᶜ Tᴧ
T R, οὔτε τι D, οὔτέ τι G: οὔτ' ε̣τι 14: οὐδέ τι Arᵘᵛ A Fᵃ: οὐδέ τε W   **130–2** ath. Ar
130 οὔτ' Aᴧ Ω*: οὐδ' D   **131** βέε' Menrad: βέηι 13 14 tt Ω (βαίη C R): βίη V.—cf. ad
Π 852   **133** ξύνές 13² 14²   **134** τοί dedi: σοί 13, σοι 14 Aᴧ Ω   ἐὲ sic Ar Callistr
Hdn fere Ω*, ἕε 14: ἐμὲ W (ex 113)   **137** δὲ δέξαι 13 14ᶜ Ω: δε δεξε 14ᵃ: δέδεξο Z.—cf.
ad Z 46   **138** δ' ἀπαμειβόμενος 13 14 Ω: δὲ μέγ' ὀχθήσας quidam ap. schᵀ.—cf. ad
64

"τῆιδ' εἴη ὃς ἄποινα φέροι καὶ νεκρὸν ἄγοιτο,
140   εἰ δὴ πρόφρονι θυμῶι Ὀλύμπιος αὐτὸς ἀνώγει."
     ὣς οἵ γ' ἐν νηῶν ἀγύρι μήτηρ τε καὶ υἱός
πολλὰ πρὸς ἀλλήλους ἔπεα πτερόεντ' ἀγόρευον·
Ἶριν δ' ὤτρυνε Κρονίδης εἰς Ἴλιον ἱρήν·
"βάσκ' ἴθι, Ἶρι ταχεῖα, λιποῦσ' ἕδος Οὐλύμποιο
145   ἄγγειλον Πριάμωι μεγαλήτορι Ἴλιον εἴσω
λύσασθαι φίλον υἱὸν ἰόντ' ἐπὶ νῆας Ἀχαιῶν,
δῶρα δ' Ἀχιλλῆϊ φερέμεν, τά κε θυμὸν ἰήνηι,
οἶον, μηδέ τις ἄλλος ἅμα Τρώων ἴτω ἀνήρ.
κῆρυξ τίς οἱ ἕποιτο γεραίτερος, ὅς κ' ἰθύνοι
150   ἡμιόνους καὶ ἄμαξαν ἐύτροχον, ἥ κε καὶ αὖτις
νεκρὸν ἄγοι προτὶ ἄστυ, τὸν ἔκτανε δῖος Ἀχιλλεύς.
μηδέ τί οἱ θάνατος μελέτω φρεσὶ μηδέ τι τάρβος·
τοῖον γάρ οἱ πομπὸν ὀπάσσομεν Ἀργειφόντην,
ὃς ἄξει, εἵως κεν ἄγων Ἀχιλῆϊ πελάσσηι.
155   αὐτὰρ ἐπὴν ἀγάγησιν ἔσω κλισίην Ἀχιλῆος,
οὔτ' αὐτὸς κτενέει ἀπό τ' ἄλλους πάντας ἐρύξει·
οὔτε γάρ ἐστ' ἄφρων οὔτ' ἄσκοπος οὔτ' ἀλιτήμων,
ἀλλὰ μάλ' ἐνδυκέως ἱκέτεω πεφιδήσεται ἀνδρός."
     ὣς ἔφατ'· ὦρτο δὲ Ἶρις ἀελλόπος ἀγγελέουσα.
160   ἷξεν δ' ἐς Πριάμοιο, κίχεν δ' ἐνοπήν τε γόον τε·
παῖδες μὲν πατέρ' ἀμφὶ καθήμενοι ἔνδοθεν αὐλῆς
δάκρυσιν εἵματ' ἔφυρον, ὃ δ' ἐν μέσσοισι γεραιός
ἐντυπὰς ἐν χλαίνηι κεκαλυμμένος· ἀμφὶ δὲ πολλή

139 (–φέρ.) sch δ 229   **141** (–ἀγ.) sch Hes. Th. 91b; (ἀγ.) H. α 862   **151** Arn ad E 795b   **152** (τάρβ.) H. τ 186; Phot. Lex. s.v.   **153** (πομπ.) id.   **157–8** Eudoc. 827–8; **157** ApS 22.26; **157a** EtG α 478; **157b** Orio 32.8; (ἄσκ.) ApS 45.18; H. α 7713; (ἀλιτ.) H. (Cyr.) α 3062   **162** (ἔφυρον) id. ε 7556; Phot. Lex. ε 2479   **163a** ApS 69.24; H. ε 3425; (ἀμφὶ–)–**164** (–αὐχ.) sch Σ 23b; **164** (κόπρος) Apio 244.7

139 ut supra 13 14 Z (δίη) Ω (φέρει R): τῆι εἴη, ὃς δῶρα φέρει A^yp (cf. I 515): item cum ἄποινα t   εἴη "ἀντὶ τοῦ ἴοι" sch^bT contra Zopyrum; quod si ita esset, praestaret ἴη, cf. Schwyzer 674; Chantr. I 284 sq.—εἴη· C Y, edd. plerique, at cf. Ξ 107, P 640, ξ 496   ἄγοιτο 14 Ω N^yp: ἄρ–h   **140** 'ante 139 collocandus?' Nauck   ἀνώγει 13 14 Ω*: -οι D   **141–2** om. Y   **141** ἀγύρι 14 Z: -ρει 13 14² tt Ω.—cf. ad Π 661   **143** ὤτρυνε 14 Ω: ὄ– N   **144** βάσκ' ἴθι, cf. ad B 8   **148** οἶον Ar 14 Ω: -ος (cum versu sequente?) nov. Did.—cf. ad 177   **149** κῆρυξ B^c G: κῆ– Ω*   ἰθύνοι Ω*: -ει D C^a R W: -η rr   **150** ἥ κε A^yp D T h (cf. ζ 37): ἢ δὲ A^c N^yp: ἠδὲ 14 Ω*.—cf. ad 179   **154** ὃς 14 Ω* (cf. X 236): ὅσ σ' D W (ex 183): ὅς F' Brandreth cl. 183 (ὅς σφ' iam Barnes)   εἵως 14 Ω: εἶος Brandreth, ἦος Nauck   **160** ἷξεν Ω*: ι– Y, ἵ– A B^c G   δ' ἐς 14 Ω*: δὲ D.—cf. ad 122   **163** ἐν 14 tt Z A^λ Ω: ἧι quidam ap. sch^T

κόπρος ἔην κεφαλῆι τε καὶ αὐχένι τοῖο γέροντος,
165		τήν ῥα κυλινδόμενος καταμήσατο χερσὶν ἑῆισιν.
θυγατέρες δ᾽ ἀνὰ δώματ᾽ ἰδὲ νυοὶ ὠδύροντο,
τῶν μιμνησκόμεναι, οἳ δὴ πολέες τε καὶ ἐσθλοί
χερσὶν ὕπ᾽ Ἀργείων κέατο ψυχὰς ὀλέσαντες.
στῆ δὲ παρὰ Πρίαμον Διὸς ἄγγελος ἠδὲ προσηύδα
170		τυτθὸν φθεγξαμένη· τὸν δὲ τρόμος ἔλλαβε γυῖα·
"θάρσει, Δαρδανίδη Πρίαμε, φρεσί, μηδέ τι τάρβει.
οὐ μὲν γάρ τοι ἐγὼ κακὸν ὀσσομένη τόδ᾽ ἱκάνω,
ἀλλ᾽ ἀγαθὰ φρονέουσα· Διὸς δέ τοι ἄγγελός εἰμι,
ὅς σε᾽ ἄνευθεν ἐὼν μέγα κήδεται ἠδ᾽ ἐλεαίρει.
175		λύσασθαί σ᾽ ἐκέλευεν Ὀλύμπιος Ἕκτορα δῖον,
δῶρα δ᾽ Ἀχιλλῆϊ φερέμεν, τά κε θυμὸν ἰήνηι,
οἶον, μηδέ τις ἄλλος ἅμα Τρώων ἴτω ἀνήρ.
κῆρύξ τίς τοι ἕποιτο γεραίτερος, ὅς κ᾽ ἰθύνοι
ἡμιόνους καὶ ἄμαξαν ἐύτροχον, ἤ κε καὶ αὖτις
180		νεκρὸν ἄγοι προτὶ ἄστυ, τὸν ἔκτανε δῖος Ἀχιλλεύς.
μηδέ τί τοι θάνατος μελέτω φρεσὶ μηδέ τι τάρβος·
τοῖος γάρ τοι πομπὸς ἅμ᾽ ἕψεται Ἀργειφόντης,
ὅς σ᾽ ἄξει, εἵως κεν ἄγων Ἀχιλῆϊ πελάσσηι.
αὐτὰρ ἐπὴν ἀγάγησιν ἔσω κλισίην Ἀχιλῆος,
185		οὔτ᾽ αὐτὸς κτενέει ἀπό τ᾽ ἄλλους πάντας ἐρύξει·
οὔτε γάρ ἐστ᾽ ἄφρων οὔτ᾽ ἄσκοπος οὔτ᾽ ἀλιτήμων,
ἀλλὰ μάλ᾽ ἐνδυκέως ἱκέτεω πεφιδήσεται ἀνδρός."
ἣ μὲν ἄρ᾽ ὣς εἰποῦσ᾽ ἀπέβη πόδας ὠκέα Ἶρις·
αὐτὰρ ὅ γ᾽ υἷας ἄμαξαν ἐύτροχον ἡμιονείην

165 (καταμ.) ApS 97.5; H. κ 1265		166 Eudoc. 782; (ἰδὲ ν.) H. (Cyr.) ι 176; (νυοί) id. ν 736		169a sch ρ 414		170–1 Eudoc. 225–6		172–3a Porph. Hom. 97.13 Sod.		181–2a sch B 103; 181 Eudoc. 794; 182 (πομπός) H. π 2967

164 κεφαλῆι τε καὶ αὐχένι 13 14 t Ω* (-ηφι καὶ Y) Tˢ: -λήν … -να Tⁱ		165 καταμήσατο t* Ω*: κατεμ- 13 14 ApS A Y R W		ἑῆισι(ν) 13 14 Ω*: φίληισι Aʸᵖ W (cf. ε 482)		166 δώματ᾽ 13 14 t Ω*: δῶμα τ᾽ Fᵃ, δῶμα R W		168 ὕπ᾽ Barnes: ὑπ᾽ 13 Ω		170 om. W: hab. 13 14 361 t Ω*		171 τι 13 14 Ω*: τε Y		172 ὀσσομένη 13 Ω: [α]γτω-μενη 1545		173 ἀγαθὰ 14 t Ω (cf. α 43 < Ζ 162): α[γ]αγα 1545		174 σε᾽ Fick post Payne Knight: σευ 13 Ω*, σεῦ 14 Aᴧ A TᴧT		175 λύσεσθαί Aˢ, [λ]υσεστα[ι] 1545	σ᾽ ἐκέλευεν 14 T, σε κ- [13] 1545 A: σ᾽ ἐκέλευσεν Ω*, σε κ- B E Y.—cf. ad B 28		177 οἶον 14 Ω: -ος· 13.—cf. ad 148		178 κῆρυξ D BᶜG: κῆ- Ω*		τοι 14 1533 Ω: οι 13 (ex 149)		179 ἤ κε 13 Aˢ D T: ἤ τε h: ἤ δὲ A: ἠδὲ Ω*: ηε 14.—cf. ad 150		181 τάρβος (= 152) 13 14 Ω* Rʸᵖ: -βει R (ex 171): θυμῶι | τάρβει Eudoc.: καταθύμιος ἔστω pro altero hemistichio t* (ex Κ 383)		182 τοῖος 1533 Ω*: ηὓς Y		183 σ᾽ 14 1533 Ω*: om. D O (ex 154)	εἵως 14 1533 Ω (ὥς D): εἶος Brandreth, ἧος Nauck

190 ὁπλίσαι ἠνώγει, πείρινθα δὲ δῆσαι ἐπ᾽ αὐτῆς.
αὐτὸς δ᾽ ἐς θάλαμον κατεβήσετο κηώεντα
κέδρινον ὑψόροφον, ὃς γλήνεα πολλὰ κεχόνδει.
ἐς δ᾽ ἄλοχον Ἑκάβην ἐκαλέσσατο φώνησέν τε·
"δαιμονίη, Διόθεν μοι Ὀλύμπιος ἄγγελος ἦλθεν,
195 λύσασθαι φίλον υἱὸν ἰόντ᾽ ἐπὶ νῆας Ἀχαιῶν,
δῶρα δ᾽ Ἀχιλλῆϊ φερέμεν, τά κε θυμὸν ἰήνηι.
ἀλλ᾽ ἄγε μοι τόδε εἰπέ, τί τοι φρεσὶν εἴδεται εἶναι;
αἰνῶς γάρ μ᾽ αὐτόν γε μένος καὶ θυμὸς ἄνωγεν
κεῖσ᾽ ἰέναι ἐπὶ νῆας ἔσω στρατὸν εὐρὺν Ἀχαιῶν."
200 ὣς φάτο· κώκυσεν δὲ γυνὴ καὶ ἀμείβετο μύθωι·
"ὤι μοι, πῆι δή τοι φρένες οἴχονθ᾽, ἧις τὸ πάρος περ
ἔκλε᾽ ἐπ᾽ ἀνθρώπους ξείνους ἠδ᾽ οἷσιν ἀνάσσεις;
πῶς ἐθέλεις ἐπὶ νῆας Ἀχαιῶν ἐλθέμεν οἶος,
ἀνδρὸς ἐς ὀφθαλμούς, ὅς τοι πολέας τε καὶ ἐσθλούς
205 υἱέας ἐξενάριξε; σιδήρειόν νύ τοι ἦτορ.
εἰ γάρ σ᾽ αἱρήσει καὶ ἐσόψεται ὀφθαλμοῖσιν,
ὠμηστὴς καὶ ἄπιστος ἀνὴρ ὅ γε, οὔ σ᾽ ἐλεήσει
οὐδέ τί σ᾽ αἰδέσεται. νῦν δὲ κλαίωμεν ἄνευθεν
ἥμενοι ἐν μεγάρωι· τῶι δ᾽ ὥς ποθι Μοῖρα κραταιή

190 (ὁπλ.) H. (Cyr.) o 1035; (πείρ.) ApS 129.18; H. π 2347, cf. 1256; Orio 126.29; Phot. Lex. s.v.   192 ApS 154.29; 192a Epm. α 175; 192b ApS 54.32; Porph. Hom. 50.8 Sod.; sch Ξ 183bc; sch Arat. 316 (bis); (γλ.) H. γ 631; (κεχ.) ApS 65.21; H. ε 1375   197–8 Eudoc. 598, 601   202 (ἔκλεο) ApS 65.22; H. ε 1482   203 w5 (lacerum)   205b [Plut.] Hom. 2.20.3   207 Eudoc. 1467; (–ἀνήρ) Epm. ω 18; 207a sch X 67c; (ὠμ.) H. ω 189   208a sch[h] A 331

190 ἐπ᾽ 13 14 Ω: ἀπ᾽ h   191 κατεβήσετο 14 Ω*: -σατο 13 D E Y R   192 ὑψόροφον 13 14 1533 tt (-ψιρ- ApS) Ω: υψερεφη versus additicius Z-288a   γλήνεα 13 tt Z Ω: -νη Z-288a   κεχ]όνδει 13 (coniecerat Fick, cf. Wack. KS 825): κεχάνδει Ar (testibus A[s] T) 14 tt (ἐκεχ- ApS[65] Hsch. sch-Ξ[vl]) Z A[λ] T[λ] Ω*: κεχάνδη Ar (teste sch[A]) 14[s] b F: κεκεύθει ℜ Z-288a   198 ἄνωγε(ν) Ar O: ἀνώγει (nov. Did) 13 14 Ω: ἱκάνει t   200 ἀμείβετο (nov. Did) 13 14 Ω: ἀνήρετο Ar (A T: ἀνείρ- Cobet)   201 ὤι Ω*: ὥ 14 1533 F Y R   περ 13 14 T[λ] Ω: γε A[s].—cf. ad N 465   202 ἔκλε᾽ Hdn 1533[c] tt (-εο) Z (-εο) A[λ] Ω (-εο A[s], ἔκλαι᾽ G): ἐκλέ᾽ Ptol 13 14 (cf. ad Φ 74): ηκλε 1533[a]: κλεύε᾽ Fick, κλείε᾽(αι) van Leeuwen   ἀνάσσεις 14 Ω: ἄνασσες 13   203 οἶος 13 w5 Ω*: αυτος Y   205 ἐξενάριξε 13 14 1533 A[λ] Ω (-ζε W): †ἐξήναξε (ἐξήλασσε Erbse) quidam ap. sch[T] qui interpr. τῆς ἀρχῆς ἐξέβαλεν   σιδήρειόν νύ τοι 14 t Ω*: -ος δέ οἱ D   205a ἀθάνατοι ποίησαν Ὀλύμπια δώματ᾽ ἔχοντες (sic A: οἳ οὐρανὸν εὐρὺν ἔχουσιν T) add. quidam ante Ar   206 om., pro 208–16 κακτανεει δε σε ηΰτ᾽ ἐμὸν τεκος Ε‹κ›τορα διον praebet Y   207 ὅ γε 14 A[s] D T: ὅδε t Ω*   οὔ σ᾽ Nic 14[a] Ω: σ ουκ (Heyne) 14[c]: οὐκ ἐλεήμων t   209 ποθι Ω: ποτε 14

210   γεινομένωι ἐπένησε λίνωι, ὅτε μιν τέκον αὐτή,
        ἀργίποδας κύνας ἆσαι ἑῶν ἀπάνευθε τοκήων
        ἀνδρὶ πάρα κρατερῶι, τοῦ ἐγὼ μέσον ἧπαρ ἔχοιμι
        ἐσθέμεναι προσφῦσα· τότ' ἄντιτα ἔργα γένοιτο
        παιδὸς ἐμοῦ, ἐπεὶ οὔ ἑ κακιζόμενόν γε κατέκτα,
215   ἀλλὰ πρὸ Τρώων καὶ Τρωϊάδων βαθυκόλπων
        ἑσταότ', οὔτε φόβου μεμνημένον οὔτ' ἀλεωρῆς."
            τὴν δ' αὖτε προσέειπε γέρων Πρίαμος θεοειδής·
        "μή μ' ἐθέλοντ' ἰέναι κατερύκανε, μηδέ μοι αὐτή
        ὄρνις ἐν μεγάροισι κακὸς πέλε'· οὐδέ με πείσεις.
220   εἰ μὲν γάρ τίς μ' ἄλλος ἐπιχθονίων ἐκέλευεν,
        ἢ' οἳ μάντιές εἰσι θυοσκόοι ἢ' ἱερῆες,
        ψεῦδός κεν φαῖμεν καὶ νοσφιζοίμεθα μάλλον·
        νῦν δ', αὐτὸς γὰρ ἄκουσα θεοῦ καὶ ἐσέδρακον ἄντην,
        εἶμι, καὶ οὐχ ἄλιον ἔπος ἔσσεται. εἰ δέ μοι αἶσα
225   τεθνάμεναι παρὰ νηυσὶν Ἀχαιῶν χαλκοχιτώνων,
        βούλομαι· αὐτίκα γάρ με κατακτείνειεν Ἀχιλλεύς
        ἀγκὰς ἑλόντ' ἐμὸν υἱόν, ἐπὴν γόου ἐξ ἔρον εἵην."
        ἦ, καὶ φωριαμῶν ἐπιθήματα κάλ' ἀνόειγεν.

211 (ἀργίπ. κ.) Porph. Hom. 13.17 Sod.; (ἑῶν) H. ε 7740   **212a** sch A 25, Ω 214b;
212b–13a Plut. Mor. 170d; Gal. Plac. Hipp. et Plat. 3.7.27; **212** (τοῦ–ἧπαρ) sch Δ 35;
213a sch X 346–8; (προσφ.) H. π 3936; (ἄντ.) id. α 5484   **214** (ἐπεὶ–) Epm. κ 145
216 (οὔτε φ.–) EtG s.v. ἐλπωρά; (ἀλε.) H. (Cyr.) α 2915   **218** (μηδέ–)–19 (ὄρν.)
sch A.R. 1.304   **220–3** Eudoc. 399–402; **220–1** Porph. Il. 5.9 Schr.; **221** ib. 271.18,
272.23, 273.17; (θυοσκ.) Orio 73.16, 102.21; Phot. Lex. θ 273; **223** (ἐσέδρ.–) Epm. δ
26   **228** Epm. η 21; (φωρ.) Hdn ii.21.1; H. φ 1114; Orio 162.15; **228**b Epm. α 267

210 γεινομένωι 13²ˢ 14 [1533] Aˡ Ω*: γιν- 13ᵗ Τ (γῑν-)   τέκον αὐτή 14 Ω: τε]κε
μ[η]τηρ 13 (ex Υ 128)   **212** πάρα Wolf: παρὰ vel παρα 13 14 Ω   **213** ἄντιτα (cf. ρ
51 = 60) Ptol "καὶ οἱ πλείους" Hdn 13 14 t schᴰ Aˡ Ω: ἂν τιτὰ Callistr
Apollodorus   **214–16** damn. Koechly   **214** ἑ Ar 13 14ˢ Ζ Ω: τι "αἱ κοιναί" 14: om.
t   **215** πρὸ Ar Aˡ Ω*: πρὸς (nov. Did) 13 14 D Tˡᶜ W G (ex X 514?)   **218** κατερύ-
κανε 13 14 Ω*: -κακε Dᶜ R Gᶜ   **219–348** deest D   **219** ὄρνῑς 13 (falso opinor, cf. ad
Μ 218; ΚΒ I 481)   ἐν μεγάροισι rr, ϊ ἐν μεγάροις G (ϊ falso loco insertum): ἐνὶ μμεγ- 13
14 Bᵃ C E W, ἐνὶ μεγ- Ω*   κακὸς 13 14 Ζ Ω*: -ὸν Aˢ: -ὴ F h   πέλε' Payne Knight: -ευ
13 14 Ω: -ε Wack. Unt. 164 sq. cl. A.R. 1.304 μηδ' ὄρνῑς ἀεικελίη πέλε νηΐ (cf. Rengakos 28)   **220–7** pro his εἶμι και ουχ αλιος Νεφεληγερεταο εφετμή Υ   **220** ἐκέ-
λευε(ν) 13 14 t* Ω*: -ευσεν Eudoc. W O   **221** ἢ οἳ 13 14 tt* Aˡ Ω (ἡ' Fick): οἷοι (nov.
Eust.) O V: τῶν οἳ Porph.²⁷¹·²⁷³   θυοσκόοι 13 14 tt* Aˡ Ω*: -σκόποι Eudoc. Phot. Fᵃ.—
v.l. sim. [Eur.] Rh. 68   ἢ' Fick: ἡ 13 14 A, ἢ Ω*   **222** μάλλον Blass: μᾶ- Ω   **223** ἐσέ–
δρακον 13 14 tt Ω: ἔδρ- Aᵐ   **224** ἄλιον ἔπος 13 14 Ω (cf. 92): ἀλίη ὁδὸς (= β 273) agn.
Eust.   **228** φωριαμῶν Ar Hdn (ad loc.) 13² Aˡ Ω, -μόν Ζ: parox. Hdn (t) 13ᵃ   ἀνό–
ειγε Fick: ἀνέω(ι)γεν 13 14 tt Ζ Ω.—cf. Praef. xxxiii

ἔνθεν δώδεκα μὲν περικαλλέας ἔξελε πέπλους,
δώδεκα δ' ἁπλοΐδας χλαίνας, τόσσους δὲ τάπητας,
τόσσα δὲ φάρεα λευκά, τόσους δ' ἐπὶ τοῖσι χιτῶνας,
{χρυσοῦ δὲ στήσας ἔφερεν δέκα πάντα τάλαντα,}
ἐκ δὲ δύ' αἴθωνας τρίποδας, πίσυρας δὲ λέβητας,
ἐκ δὲ δέπας περικαλλές, ὅ οἱ Θρῆικες πόρον ἄνδρες
ἐξεσίην ἐλθόντι, μέγα κτέρας· οὐδέ νυ τοῦ περ
φείσατ' ἐνὶ μεγάροις ὁ γέρων, περὶ δ' ἤθελε θυμῶι
λύσασθαι φίλον υἱόν. ὃ δὲ Τρῶας μὲν ἅπαντας
αἰθούσης ἀπέεργεν ἔπεσσ' αἰσχροῖσιν ἐνίσσων·
"ἔρρετε, λωβητῆρες, ἐλεγχέες· οὔ νυ καὶ ὑμῖν
οἴκοι ἔνεστι γόος, ὅτι μ' ἤλθετε κηδήσοντες;
ἦ †οὔνεσθ'†, ὅτι μοι Κρονίδης Ζεὺς ἄλγε' ἔδωκεν,
παῖδ' ὀλέσαι τὸν ἄριστον; ἀτὰρ γνώσεσθε καὶ ὔμμες·
ῥηΐτεροι γὰρ μάλλον 'Αχαιοῖσιν δὴ ἔσεσθε
κείνου τεθνηῶτος ἐναιρέμεν. αὐτὰρ ἐγώ γε,
πρὶν ἀλαπαζομένην τε πόλιν κεραϊζομένην τε
ὀφθαλμοῖσιν ἰδεῖν, βαίην δόμον Ἄϊδος εἴσω."
ἦ, καὶ σκηπανίωι δίεπ' ἀνέρας· οἳ δ' ἴσαν ἔξω
σπερχομένοιο γέροντος. ὃ δ' υἱάσιν οἷσιν ὁμόκλα,
νεικείων Ἕλενόν τε Πάριν τ' Ἀγάθωνά τε δῖον

229 (δώδ. πέπλους)–30 (–χλ.) Hclt. Alleg. 59.5; 230a Poll. 7.47; (ἁπλ.) ApS 38.31; H. α 6233 234 (δέπ. περικ.) Ath. 11.781c; 234b–5a EtG s.v. ἐξαίσια; 235 (ἐξεσ.) ApS 70.7; H. ε 3766 238 (αἰθ.) id. α 1881; (ἀπέ.) id. α 5878 239–40 Plut. Mor. 462c; 239 (ἔρρ.) H. ε 6020; (λωβ.) id. λ 1489; 240 (γόος) H. (Cyr.) γ 841; (κηδ.) Phot. Lex. κ 653 241 (–Κρ.) ApS 124.24; (οὔν.) H. ο [1743], 1789, 1795 243 ApD Synt. 82.11; Epm. π 34; (–'Αχ.) ApD Synt. 165.9; 243a id. Coni. 226.9 248b Epm. ο 96, 98 249 (–Πάρ.) Arn

231 λευκά 14 A *b* T: καλά (= ω 277) 13 Ω* 232 (≈ T 247) damn. Christ 234 Θρῆ(ι)κες 13 14 Ω (-ήϊ- *b* T): Θρέϊ- fere Payne Knight 235 ἐξέσίην Ar Nicias Hdn 13 A$^{m\lambda}$ A C F^{c}, contra Neoptolemum 236 μμεγάροις 13^{a} 14 B^{a} C E W πὲρι 13, περὶ Ω*: πέρι R W.—cf. ad Φ 65 238 αἰθούσσης 13 14 A T G ἐνίσσων 14 1535^{t} Ω: -σπων 13 rr: -πτων 1535^{s} Eust.—cf. ad Γ 438 239 ἐλεγχέες 13 14 1535 t Ω: proparox. Z: ἐλέγχεα Ahrens.—v. ad Δ 242 240 οἴκοι 13 14 (οἶ-) t Ω: -ωι Düntzer ἔνεστι Ω: επ̣εστι 13: ἐστὶ 14 t N$^{\gamma\rho}$ V ὅτι t Ω: ὅ τε 13 14 T^{a} κηδήσοντες 13^{s} 14 t* Ω: -σαντες 13^{t} Phot. 241 ἦ 13$^{?}$ A$^{\lambda}$ Ω*: η 14, ἢ A$^{\lambda}$ (alterum) F T$^{\lambda}$ T R G οὔνεσθ' (nov. Did) Arn 14^{a} t* A$^{\lambda}$ Ω: όυνοσ[θ]' 13 (flagitaverat Buttmann Ausf. Sprachl. II 257): utrumque Hsch., qui etiam †οὐλιᾶσθαι: ὀνόσασθ' Ar^{ab} (agn. ApS) Z (-σθαι) T T$^{\lambda}$ N$^{\gamma\rho}$: ονοσθ' 14^{c}: ὤνησθ' Fick: exspectaveris ἦ ‹τι› ὄνοσθ' vel sim. (cf. ρ 378) ότε 14^{a} ἔδωκε(ν) 13 14 Ω*: ἔθηκε(ν) 1535$^{?}$ A^{s} T.—cf. ad A 2 242 ὀλέσαι 13 14 Ω: -σας (van Leeuwen) r ὔμμες 14 Ω*: ὕμμες E T R W G 243 μάλλον Blass: μᾶ- Ω 244 τεθνηῶτος 1 A^{s} W G: -θνηι- B^{a} E: -θνει- 14 E^{s} Ω* ἐγώ γε Bekker: ἔγωγε Ω 247 δίεπ' Ar "καὶ οἱ πλείους" Hdn 14: δί' ἐπ' quidam ap. sch^{T} 248 ὁμόκλα 14 Z Ω

250   Πάμμονά τ' Ἀντίφονόν τε βοὴν ἀγαθόν τε Πολίτην
       Δηΐφοβόν τε καὶ Ἱππόθοον καὶ Δῖον ἀγαυόν.
       ἐννέα τοῖς ὁ γεραιὸς ὁμοκλήσας ἐκέλευσεν·
       "σπεύσατέ μοι, κακὰ τέκνα, κατηφόνες. αἴθ' ἅμα πάντες
       Ἕκτορος ὠφέλετ' ἀντὶ θοῆις ἐπὶ νηυσὶ πεφάσθαι.
255   ὤι μοι ἐγὼ πανάποτμος, ἐπεὶ τέκον υἷας ἀρίστους
       Τροίηι ἐν εὐρείηι, τῶν δ' οὔ τινά φημι λελεῖφθαι,
       Μήστορά τ' ἀντίθεον καὶ Τρωΐλον ἱππιοχάρμην
       Ἕκτορά θ', ὃς θεὸς ἔσκε μετ' ἀνδράσιν, οὐδὲ ἐώικει
       ἀνδρός γε θνητοῦ παῖς ἔμμεναι, ἀλλὰ θεοῖο.
260   τοὺς μὲν ἀπώλεσ' ἄρης, τὰ δ' ἐλέγχεα πάντα λέλειπται,
       ψεῦσταί τ' ὀρχησταί τε, χοροιτυπίηισιν ἄριστοι,
       ἀρνῶν ἠδ' ἐρίφων ἐπιδήμιοι ἁρπακτῆρες.
       οὐκ ἂν δή μοι ἄμαξαν ἐφοπλίσσαιτε τάχιστα,
       ταῦτά τε πάντ' ἐπιθεῖτε, ἵνα πρήσσωμεν ὁδοῖο;"
265   ὣς ἔφαθ'· οἳ δ' ἄρα πατρὸς ὑποδδείσαντες ὁμοκλήν
       ἐκ μὲν ἄμαξαν ἄειραν ἐΰτροχον ἡμιονείην
       καλὴν πρωτοπαγέα, πείρινθα δὲ δῆσαν ἐπ' αὐτῆς,
       κὰδ δ' ἀπὸ πασσαλόφι ζυγὸν ἥιρεον ἡμιόνειον
       πύξινον ὀμφαλόεν, εὖ οἰήκεσσιν ἀρηρός·

ad Ω 25–30   250a Hdn ii.734.7; 250b sch N 533–4   253 (–κατηφ.) [Plut.] Hom.
2.183.4; (κατηφ.) ApS 96.26; H. κ 1796; Phot. Lex. κ 474; EtG s.v.; (αἴθ'–)–254a sch Ω
499a; 254 'Trypho ii' Trop. 6.2 (CQ 15.240); 254a sch A 415b; (πεφ.) ApS 131.2; H. π
2098   255–6a Epm. γ 31; 255 (πανάπ.) H. π 312; 256a Hdn ad A 129c   257a Choer.
in Thd. i.300.36; Epm. ε 98; (ἱππιοχ.) ApS 92.9; H. ι 808   258 (οὐδὲ–)–9 Arist. E.N.
1145a21; Plut. Mor. 717e; Them. Or. 13.169a; Eudoc. 355–6, 525–6; Heliod. in Eth. CAG
xix(2).135.15   260a ApS 41.13; 260b sch I 522a   261 Dio Prus. 15.4 (parod.); Iul.
Misop. 349a; Eudoc. 1620; 261a Hdn ad Δ 235a¹; sch N 637b; 261b sch Γ 393b, Υ
39a   262 Ath. 9c; Eudoc. 126; 262b sch Υ 38   267 (πρ.) ApS 135.7   269 (ὀμφ.)

250 Πάμμονά 1 14 Tᵃ Ω (item Apollod. 3.12.5, Q.S. 6.317, al.; cf. Hdt. 7.183.3):
Πάμο- Cobet Misc. crit. 413 cl. Δ 433 (ubi v. app.)   Ἀντίφονόν 1 14ᶜ Ω: Αμφι-
14ᵃ   251 Δηΐφοβον τε Πάριν τε καὶ Ἱππόθοον Z   Δῖον ἀγαυόν intell. plerique, cf.
Pherec. 3 F 137, Hyg. Fab. 90.1: δῖον Ἀγ- F W O: ambigebat Ar   252 ὁμοκλήσας 14
Ω ἐκέλευσε(ν) 1 14 1535 F T O: -ευε(ν) Ω*   253 κατηφόνες Ar Hdn 1 14 tt Z Aᵏ Ω:
-φέες Crates r   254 ἄντι C   255 ὤι Ω*: ὤ 13 F R: ὦ 14   256 (= 494) damn.
Payne Knight τῶν δ' 14 Ω (= 494): τῶν? Nauck   258 οὐδὲ 14ᶜ tt* Ω: ουτε 14ᵃ: οὐ γὰρ
Aristot.ᵛˡ Them. Eudoc.³⁵⁵ ἐώ(ι)κει 14 tt* Ω (cf. ad B 58): ἔοικεν Them.   259 παῖς
Ω*: παῖς 13 T, παις 14   260 λελ[ί]πται 13; cf. Praef. xxxii   265 πατρὸς 14 Ω*:
παντες 13: πάντες πατρὸς F ὑποδδείσαντες 13 14 Ω*: ὑποδεί- Cᵃ ὁμοκλήν 14
Ω   267 πρωτοπαγέα 13 14ᵃ t Tᵏ Ω*: -γῆ 14ᶜ b h   268 πασσαλόφι R Wᵃ: -φιν 13 14
Tᵏ Ω* ἡμιόνειον 13 14 Ω*: -νοιῖν T   269 om. Zen ὀμφαλόεν 13 14 Z Aᵏ Tᵏ Ω*:
-εντ' t R G: -ειν Hermann Orph. 705, cf. Pfeiffer ad Call. fr. 186.20; Rengakos 86

270 ἐκ δ' ἔφερον ζυγόδεσμον ἅμα ζυγῶι ἐννεάπηχυ.
καὶ τὸ μὲν εὖ κατέθηκαν ἐϋξέστωι ἐπὶ ῥυμῶι,
πέζηι ἔπι πρώτηι, ἐπὶ δὲ κρίκον ἕστορι βάλλον,
τρὶς δ' ἑκάτερθεν ἔδησαν ἐπ' ὀμφαλόν, αὐτὰρ ἔπειτα
ἐξείης κατέδησαν, ὑπὸ γλωχῖνα δ' ἔκαμψαν.
275 ἐκ θαλάμου δὲ φέροντες ἐϋξέστης ἐπ' ἀπήνης
νήεον Ἑκτορέης κεφαλῆς ἀπερείσι' ἄποινα,
ζεῦξαν δ' ἡμιόνους κρατερώνυχας ἐντεσιεργούς,
τούς ῥά ποτε Πριάμωι Μυσοὶ δόσαν ἀγλαὰ δῶρα.
ἵππους δὲ Πριάμωι ὕπαγον ζυγόν, οὓς ὁ γεραιός
280 αὐτὸς ἔχων ἀτίταλλεν ἐϋξέστηι ἐπὶ φάτνηι.
     τὼ μὲν ζευγνύσθην ἐν δώμασιν ὑψηλοῖσιν
κήρυξ καὶ Πρίαμος, πυκινὰ φρεσὶ μήδε' ἔχοντες.
ἀγχίμολον δέ σφ' ἦλθ' Ἑκάβη τετιηότι θυμῶι,
οἶνον ἔχουσ' ἐν χειρὶ μελίφρονα δεξιτερῆφι,
285 χρυσέωι ἐν δέπαϊ, ὄφρα λείψαντε κιοίτην.
στῆ δ' ἵππων προπάροιθεν, ἔπος τ' ἔφατ' ἔκ τ' ὀνόμαζεν·
"τῆ, σπεῖσον Διὶ πατρί, καὶ εὔχεο οἴκαδ' ἱκέσθαι
ἂψ ἐκ δυσμενέων ἀνδρῶν, ἐπεὶ ἂρ σέ γε θυμός
ὀτρύνει ἐπὶ νῆας, ἐμεῖο μὲν οὐκ ἐθελούσης.
290 ἀλλ' εὔχεο σύ γ' ἔπειτα κελαινεφέϊ Κρονίωνι
Ἰδαίωι, ὅς τε Τροίην κατὰ πᾶσαν ὁρᾶται,

H. o 841; 269b ApS 119.1   270 Choer. in Ps. 76.25; (ζυγόδ.) ApS 81.8; H. ζ 192; Phot. Lex. ζ 56   272a sch Λ 629a¹; Epm. π 115, 155; (πέζηι) ApS 129.10; cf. H. π 1207; (κρ.) cf. Poll. 1.94; (ἕστ.) ApS 77.32; H. ε 6419   273 (ὀμφ.) Orio 115.18   274 (ὑπὸ γλ.) H. υ 586; (γλ.) ApS 55.5; cf. Poll. 2.88; H. γ 698   277 (ἐντεσ.) ApS 68.8; H. (Cyr.) ε 3352, 3355   280 (ἐϋξ.) id. ε 7033   281a Arn ad Ω 282   282b ApS 166.25   290–1 sch^D E 422 (ex Apollod. 244 F 353)

270 ἐννεάπηχυ 14 Ω*: -νν t C   272 ἔπι rr: ἐπὶ vel ἐπι 13 14 Z Α^λ Ω*: ἐνὶ W G   ἐπὶ (δὲ) 13 14 Ω*: περι T   ἕστορι Hdn 13 14 tt Z Α^λ Ω: ἔκτ- quidam ap. sch^D, cf. Hsch. ε 1750   274 δ' ἔκαμψαν Ω*: δε γνάμψαν 14, δ' ἔγν- Z Α^a Α^s b W   275 ἐϋξέστης 14 Ω (cf. 590): -ου h.—cf. ad 280; v.l. sim. ζ 75   277 δ' 14 Ω*: θ' b   ἐντεσιεργοὺς 14 t* Α^λ Ω*: -έργους Z: -ουργοὺς F R W: utrumque Hsch.   278 τούς 13 14 Ω: τάς Bothe cl. 325   279 Πριάμωι 14 Ω*: Τρω(ι)οὺς b (ex Ψ 291).—opponitur Priamus praeconi qui mulos reget   ὕπαγον 14 Ω: -γε 13 (ex Ψ 291)   ζυγὸν 14 Z Ω*: -ῶ R V: om. W   280 ἐϋξέστη(ι) t A b T: -ω(ι) 14 Ω*.—cf. ad 275   282 κήρυξ Β^s G^a: κή- Α^λ Ω*   πυκινὰ 14 Ω*: πυκνὰ t T   ἔχοντες 14 261 Ω*: -τε Α^c: (-τι t aliter deflexa oratione)   283 ἀγχίμολον 14 Z Ω*: -ος T   285 χρυσέωι ἐν δέπαϊ 9 14 Ω: χρυσείωι δ-sch^hyp (= γ 41): ἐν δέπαϊ χρυσέωι Heyne (= o 149^vl, υ 261)   286 τ' ἔφατ' ἔκ τ' ὀνόμα-ζε(ν) 14 261 Ω (cf. Ξ 297): τέ μιν αντίον ηυδα 9   287 τῆι 14^c G   290 εὔχεο sic 9 14 t Ω   κελαὶνεφέει 14

αἴτει δ' οἰωνόν, ταχὺν ἄγγελον, ὅς τέ οἱ αὐτῶι
φίλτατος οἰωνῶν καί ἑο κράτος ἐστὶ μέγιστον,
δεξιόν, ὄφρα μιν αὐτὸς ἐν ὀφθαλμοῖσι νοήσας
295 τῶι πίσυνος ἐπὶ νῆας ἴηις Δαναῶν ταχυπώλων.
εἰ δέ τοι οὐ δώσει ἑὸν ἄγγελον εὐρύοπα Ζεύς,
οὐκ ἂν ἐγώ γέ σ' ἔπειτα ἐποτρύνουσα κελοίμην
νῆας ἔπ' Ἀργείων ἰέναι, μάλα περ μεμαῶτα."
τὴν δ' ἀπαμειβόμενος προσέφη Πρίαμος θεοειδής·
300 "ὦ γύναι, οὐ μέν τοι τόδ' ἐφιεμένηι ἀπιθήσω·
ἐσθλὸν γὰρ Διὶ χεῖρας ἀνασχέμεν, αἴ κ' ἐλεήσηι."
ἦ ῥα, καὶ ἀμφίπολον ταμίην ὤτρυν' ὁ γεραιός
χερσὶν ὕδωρ ἐπιχεῦαι ἀκήρατον· ἣ δὲ παρέστη
χέρνιβον ἀμφίπολος πρόχοόν θ' ἅμα χερσὶν ἔχουσα.
305 νιψάμενος δὲ κύπελλον ἐδέξατο ἧς ἀλόχοιο.
ηὔχετ' ἔπειτα στὰς μέσωι ἕρκεϊ, λεῖβε δὲ οἶνον
οὐρανὸν εἰσανιδών, καὶ φωνήσας ἔπος ηὔδα·
"Ζεῦ πάτερ Ἴδηθεν μεδέων, κύδιστε μέγιστε,
δός μ' ἐς Ἀχιλλῆος φίλον ἐλθεῖν ἠδ' ἐλεεινόν.
310 πέμψον δ' οἰωνόν, ταχὺν ἄγγελον, ὅς τέ τοι αὐτῶι
φίλτατος οἰωνῶν καί ἑο κράτος ἐστὶ μέγιστον,
δεξιόν, ὄφρα μιν αὐτὸς ἐν ὀφθαλμοῖσι νοήσας

292 (–ἄγγ.) ApD Pron. 48.3, Synt. 213.6; (ὅς τε–)–293a sch Aesch. Cho. 258; 293b ApS
78.22; Hdn ad O 165   296 (–ἄγγ.) ApD Synt. 213.11   300–1 Eudoc. 1251–2; 301
ead. 1562; (ἀνασχ.) H. α 4628   302–4 Ath. 408c; 302 (ταμ.) H. τ 104; 303 (ἀκήρ.)
ApS 18.21; 304 Poll. 10.90; sch α 136; (χέρν.) Apio 102.28; ApS 167.18; Poll.
2.149   306–7 Eudoc. 1394–5

292 ταχὺν (nov. ApD) 9 A^λ Ω (cf. o 526): ἐὸν 14 t sch^T A^γρ (ex 296): τεὸν A^s.—cf. ad
310   293 ἑο C^c?: εὐ Ar 9 14 tt Z Ω* (εὖ B W, εὐ E, εὖ T G): οὗ Zen: οἱ C^a F^c h R.—cf.
ad 311   μέγιστον 9 14 Z A^γρ Ω*: μάλιστα A b.—cf. ad 311   294 ὄφρά 14 A B E F T
W G   295 Δαναῶν ταχυπώλων 9 14 Ω: χαίρων ἐνὶ θυμῶι (= α 311) A^γρ   296 τοι
9 t Ω: σοι 14   ἐὸν 9 14 t Ω*: τεὸν C   297 ἐγώ γέ Bekker: εγωγέ 9, ἔγωγέ 14 Ω
298 ἔπ' W: ἐπ' 9 14 Ω*   300 τόδ' 9 14 Ω*: τό γ' A^s T: τάδ' t b   ἐφιεμένηι 9 14^2m t Z Ω:
αφείεμεν ουδ 14^t   302 ὤτρυν' 9 14 tt Ω*: ὅ- G   post h.v. deficit W   304 ath.
Ar   χέρνιβον Ar 9 14 659 tt* Z A^λ Ω*: -βα 𝔐?: -βα δ' Poll. Y (= α 136): -βά τ' Bentley   πρόχοόν θ' ἅμα Ar 9 14 tt* Ω*: πρόχοόν τ' ἐν Poll.: ταμίη μετὰ 𝔐: ταμίη φέρε
Y   306 ηὔχετ' t^cod: εὐ- 9 14 659 A^λ Ω   στὰς 9 14 A^λ Ω (om. R, post μέσωι Eust.):
ἀναστὰς t^cod (om. ἔπειτα): ἀνστὰς van Leeuwen.—cf. ad Π 231   ἕρκεϊ sic 9 14^2 Z T^λ
Ω   309 ἐλθεῖν 9 14 T^λ Ω (= ζ 327): -έμεναι r, -έμεν Payne Knight   310 ταχὺν 9 14
Ω: ἐὸν A^γρ r.—cf. ad 292, 296   αγγελον αισιον αμμι Y (omissis 311–12)   τέ τοι
fere Fick (cf. 292): τε σοὶ 14 (σοῖ) Ω*, τέ σοι 9 R   311 ἑο dedi: εὐ fere 9 14 Ω* (εὖ B,
εὐ G): οἱ C^s F^c R: οὗ rr.—cf. ad 293   μέγιστον 9 14 A^γρ Ω*: μάλιστα A.—cf. ad
293   312 (= 294) om. F   ὄφρά 14 A b T G

τῶι πίσυνος ἐπὶ νῆας ἴω Δαναῶν ταχυπώλων."

ὣς ἔφατ' εὐχόμενος· τοῦ δ' ἔκλυε μητίετα Ζεύς,

315	αὐτίκα δ' αἰετὸν ἧκε, τελειότατον πετεηνῶν,

μόρφνον θηρητῆρ', ὃν καὶ πέρκνον καλέουσιν.

ὅσση δ' ὑψορόφοιο θύρη θαλάμοιο τέτυκται

ἀνέρος ἀφνειοῖο, ἔϋ κληῖσ' ἀραρυῖα,

τόσσ' ἄρα τοῦ ἑκάτερθεν ἔσαν πτερά· εἴσατο δέ σφιν

320	δεξιὸς ἀΐξας διὰ ἄστεος. οἱ δὲ ἰδόντες

γήθησαν, καὶ πᾶσιν ἐνὶ φρεσὶ θυμὸς ἰάνθη.

σπερχόμενος δ' ὁ γέρων ξεστοῦ ἐπεβήσετο δίφρου,

ἐκ δ' ἔλασε προθύροιο καὶ αἰθούσης ἐριδούπου.

πρόσθε μὲν ἡμίονοι εἷλκον τετράκυκλον ἀπήνην,

325	τὰς Ἰδαῖος ἔλαυνε δαΐφρων· αὐτὰρ ὄπισθεν

ἵπποι, τοὺς ὁ γέρων ἐφέπων μάστιγι κέλευεν

καρπαλίμως κατὰ ἄστυ. φίλοι δ' ἅμα πάντες ἕποντο

πόλλ' ὀλοφυρόμενοι, ὡς εἰ θάνατόνδε κιόντα.

οἳ δ' ἐπεὶ οὖν πόλιος κατέβαν, πεδίον δ' ἀφίκοντο,

330	οἳ μὲν ἄρ' ἄψορροι προτὶ Ἴλιον ἀπονέοντο

παῖδες καὶ γαμβροί· τὼ δ' οὐ λάθον εὐρύοπα Ζῆν

ἐς πεδίον προφανέντε, ἰδὼν δ' ἐλέησε γέροντα,

αἶψα δ' ἄρ' Ἑρμείαν υἱὸν φίλον ἀντίον ηὔδα·

316 (μόρφνον θ., πέρκ.) Porph. Il. 275.14 Schr.; (μόρφ.) Arist. Hist. an. 618b25; ApS
113.28; H. (Cyr.) μ 1694; Orio 103.9; Phot. Lex. μ 542; (πέρκ.) ApS 130.12; H. π 1972; cf.
Phot. Lex. s.v.   318b ApS 100.11; H. ε 6924; (ἐϋκλήϊς) Hdn ad N 175b   324 EtG
α 1008; (ἡμ.–) sch Ω 189   325 (–δαΐφ.) sch Ω 278a   327–8 Homerocento ap. Iren.
c.Haer. 1.9.4 et Epiphan. Panar. 31.29.8; Eudoc. 1734–5   329 (–κατέβ.) sch E
26   332 (προφ.) H. π 4059

316 μόρφνον Hdn (καὶ οὕτως ἔχει ἡ ἀνάγνωσις) 14 Hsch.ᶜᵒᵈ Phot.Ζ(ac) Αλ Τλ Ω*:
-φνὸν tt* Z Βᶜ F Rᵃ G   πέρκνον Ar 14: -κνὸν Ptol "ἡ παράδοσις" Hdn tt Z Ω
318 ἔϋ (sive ἐϋ) κληῖσ' (noluit Ar) Trypho ApS, εὐκλήϊσ'Τʸᵖ: ἐϋκλήϊς Ar Ptol Hdn 14ᶜ
Hsch. (-ήεις) Αλ A b: -ηῒς 9 Cᶜ Fᶜ G, -ῆϊς Fᵃ R, -ήηις T, -ειης 14ᵃ   319 σφιν 14 660 Τλ
Ω*: σφι 9 F   320 διὰ 14, δι' Αʸᵖ T (cf. β 154): ὑπὲρ 9 Ω*   αστεος εξεφαανθη Y (omisso 321)   322 γέρων ξεστοῦ 9 14 660 Αʸᵖ Ω*: γεραιὸς ἑοῦ A Y (cf. Θ 44, N 26)   ἐπε–
βήσετο 9 660 Ω*: -σατο 14 Y N   323 ἔλασε 14 Ω*: -σεν 9 R   αἰθούσσης 14 660
A   324 εἷλκον van Leeuwen: ἕλκ- 9 14 660 tt Ω   326 τοὺς 9 14 Ω*: τὰς R
327 κατὰ 9 14 660 Eudoc. Ω: ἀνὰ t* rr   328 πόλλ' 9 14 261 Eudoc. Ω: οἴκτρ' t*
rr   (θάνατόν)δε vel δὲ 9ˢ 14 660 tt Ω*: τὲ 9ᵗ: γε T R G   329 οὖν 1 9 14 Ω (cf. 349):
ἐκ t (= ω 205)   πόλιος 1 9 14 660 t Αᵐ Ω*: -εος Αλ A   330 ἄψορροι Nic 9 14 660 Ω
(= Γ 313): -ον 1   προτὶ 9 14 660 Αᵐ Ω*: ποτὶ 1 A Y   331 Ζην 14ᵃ 660: Ζην' 1 R O: Ζη
9ᵃ: Ζῆ|ν' (Arph) Ar 9² 14ᶜ Ω*.—cf. ad Θ 206, Ξ 265   332 προφανέντε Ar 1 9 14 660 t Αλ
Ω: καταβάντε ✕   ἐλέησε γέροντα 1 9 14 660 Ω: γεροντ' ἐλέησεν. 1536

       "Ἑρμεία, σοὶ γάρ τε μάλιστά γε φίλτατόν ἐστιν
335 ἀνδρὶ ἑταιρίσσαι, καί τ' ἔκλυες ὧι κ' ἐθέλῃσθα·
       βάσκ' ἴθι, καὶ Πρίαμον κοίλας ἐπὶ νῆας Ἀχαιῶν
       ὣς ἄγαγ', ὡς μήτ' ἄρ τις ἴδηι μήτ' ἄρ τε νοήσῃ
       τῶν ἄλλων Δαναῶν, πρὶν Πηλείωνάδ' ἱκέσθαι."
       ὣς ἔφατ'· οὐδ' ἀπίθησε διάκτορος Ἀργειφόντης.
340 αὐτίκ' ἔπειθ' ὑπὸ ποσσὶν ἐδήσατο καλὰ πέδιλα
       ἀμβρόσια χρύσεια, τά μιν φέρον ἠμὲν ἐφ' ὑγρήν
       ἠδ' ἐπ' ἀπείρονα γαῖαν ἅμα πνοιῇς ἀνέμοιο·
       εἵλετο δὲ ῥάβδον, τῆι τ' ἀνδρῶν ὄμματα θέλγει
       ὧν ἐθέλῃ, τοὺς δ' αὖτε καὶ ὑπνώοντας ἐγείρει·
345 τὴν μετὰ χερσὶν ἔχων πέτετο κρατὺς Ἀργειφόντης.
       αἶψα δ' ἄρα Τροίην τε καὶ Ἑλλήσποντον ἵκανεν·
       βῆ δ' ἰέναι κούρωι αἰσυιητῆρι ἐοικώς
       πρῶτον ὑπηνήτηι, τοῦ περ χαριεστάτη ἥβη.
       οἳ δ' ἐπεὶ οὖν μέγα σῆμα πάρεξ Ἴλοιο ἔλασσαν,
350 στῆσαν ἄρ' ἡμιόνους τε καὶ ἵππους, ὄφρα πίοιεν,
       ἐν ποταμῶι· δὴ γὰρ καὶ ἐπὶ κνέφας ἤλυθε γαῖαν.
       τὸν δ' ἐξ ἀγχιμόλοιο ἰδὼν ἐφράσσατο κῆρυξ
       Ἑρμείαν, ποτὶ δὲ Πρίαμον φάτο φώνησέν τε·
       "φράζεο, Δαρδανίδη· φραδέος νόου ἔργα τέτυκται.
355 ἄνδρ' ὁρόω, τάχα δ' ἄμμε διαρραίσεσθαι ὀίω.
       ἀλλ' ἄγε δὴ φεύγωμεν ἐφ' ἵππων, ἤ μιν ἔπειτα

335a ApS 78.10; sch Ω 679–81; (ἑταιρ.) H. (Cyr.) ε 4436   **339–45** Macr. Sat. 5.6.12;
340 Eudoc. 448; **343–4** sch Pind. Ol. 9.50b; **343** Macr. Sat. 1.17.22; **343b–4** Corn. 22.11 L.;
sch κ 238; **343b** Chrysipp. (SVF iii.193.5) ap. EtG/Gud s.v. ἐπικυνεῖν; (θέλγει) H. θ
207   **347** (κούρωι–) cf. Eudoc. 429; (αἰσυ.) H. α 2139; EtG α 248; **347b–8** ApS 16.8
(ex Apione); **348** Clem. Paed. 3.23.2; cf. Ael. V.H. 10.18; Them. Or. 13.164d; Iul. Or.
7.230a; **348a** H. π 4170; (ὑπην.–) cf. Pl. Prot. 309b; ApS 159.22/5; (ὑπην.) cf. Luc. Dial.
30.11; Phot. Lex. s.v.   **352** ApS 5.27; Eudoc. 430; (–ἰδών) sch Π 820   **354b** ApS
165.6; Epm. α 269; (φρ. νόου ἔ.) Hdn ad E 9b; (φραδ.) H. φ 821

334 φίλτατόν 9 14 660 1536 Ω: -τερον 1   **335** τ' ἔκλυες 1 14 660 Ω: εκλυες 9: τε
κλύες (pro -εις!) quidam ap. sch[T] κ' ἐθέλη(ι)σθα 1 9 Ω*: κε θ- 14 C   **341** φέρον Ar
1 9 14 660 t Ω (= α 97, ε 45): -εν nov. Did: φ[ερ]ν 84: -ει Naber Qu. Hom. 109.—cf. ad E
739   **344** (= ε 48, ω 4) om. 14 in fine columnae, mg. rest. m² ὧν 9 tt Ω: των 14
ἐθέλῃι "αἱ κοιναί" 9 Corn. A: -ει Ar 14[m] tt* Ω*   **346** ἄρα 9 14 660 A T G[a]: ἆρ ἐς A[yp]
Ω* τε 9 14 660 Ω*: om. *b*   **347** αἰσυιητῆρι Hsch., -τορι 14[a]: αἰσυη- (nov. Did) 9 tt*
sch[D] A F T[λ] T[yp] R G: αισυμη- 14[c]: αισυμ[660: αἰσυμνη- Ar Eudoc. EtG Z A[λ] *b* T G[s].—
cf. ad B 793, N 427   **348** τοῦ 9 14 660 tt* Ω: οὐ ApS[16.8]   **349** denuo adest D ἐπεὶ
οὖν 9 14 660 Ω*: ὅτε δὴ Y πάρεξ Z O V: παρεξ 9 14 D, παρὲξ Ω*.—cf. Praef.
xix   **352** κῆρυξ B[s] G[c]: κή- Ω*

γούνων ἁψάμενοι λιτανεύσομεν, αἴ κ' ἐλεήσηι."
　　　ὣς φάτο· σὺν δὲ γέροντι νόος χύτο, δείδιε δ' αἰνῶς,
ὀρθαὶ δὲ τρίχες ἔσταν ἐπὶ γναμπτοῖσι μέλεσσιν,
360　στῆ δὲ ταφών. αὐτὸς δ' Ἐριούνιος ἐγγύθεν ἐλθών
χεῖρα γέροντος ἑλὼν ἐξείρετο καὶ προσέειπεν·
"πῆι, πάτερ, ὧδ' ἵππους τε καὶ ἡμιόνους ἰθύνεις
νύκτα δι' ἀμβροσίην, ὅτε θ' εὕδουσι βροτοὶ ἄλλοι;
οὐδὲ σύ γ' ἔδδεισας μένεα πνείοντας Ἀχαιούς,
365　οἵ τοι δυσμενέες καὶ ἀνάρσιοι ἐγγὺς ἔασιν;
τῶν εἴ τίς σε ἴδοιτο θοὴν διὰ νύκτα μέλαιναν
τοσσάδ' ὀνείατ' ἄγοντα, τίς ἂν δή τοι νόος εἴη;
οὔτ' αὐτὸς νέος ἐσσί, γέρων δέ τοι οὗτος ὀπηδεῖ,
ἄνδρ' ἀπαμύνασθαι, ὅτε τις πρότερος χαλεπήνηι.
370　ἀλλ' ἐγὼ οὐδέν σε ῥέξω κακά, καὶ δέ κεν ἄλλον
σεῖ' ἀπαλεξήσαιμι· φίλωι δέ σε πατρὶ ἐΐσκω."
　　　τὸν δ' ἠμείβετ' ἔπειτα γέρων Πρίαμος θεοειδής·
"οὕτω πηι τάδε γ' ἐστί, φίλον τέκος, ὡς ἀγορεύεις.
ἀλλ' ἔτι τις καὶ ἐμεῖο θεῶν ὑπερέσχεθε χεῖρα,
375　ὅς μοι τοιόνδ' ἧκεν ὁδοιπόρον ἀντιβολῆσαι
αἴσιον, οἷος δὴ σὺ δέμας καὶ εἶδος ἀγητός,
πέπνυσαί τε νόωι· μακάρων δ' ἔξεσσι τοκήων."
　　　τὸν δ' αὖτε προσέειπε διάκτορος Ἀργειφόντης·
"ναὶ δὴ ταῦτά γε πάντα, γέρον, κατὰ μοῖραν ἔειπες.

358–9 [Plut.] Hom. 2.131.3; **359** Eudoc. 245　　　**363** w5; Homerocento in A.P. 9.381.7;
363a sch Ω 444a　　　**365** Eudoc. 1585; (ἀνάρσ.) ApS 32.10; H. α 4562; EtG α
1551　　　**367** (ὀνεί.) ApS 121.13　　　**368b** Philox. fr. 568 Th.　　　**369** 'Isoc.' ap. Gnom.
Vat. 360; Cic. Att. 2.9.3; Erot. p.6.14 N.; Suet. Claud. 42; Gal. Praecogn. 5.8 p.96.4 Nut-
ton; Ael. H.A. 5.39; Dio Cass. 60.16.7; w5 (lacerum); w40 b 1　　　**370** (–κακ.) ApD Pron.
50.13; (οὐδέν–κακ.) ApS 94.18　　　**371b** sch Ω 433–4　　　**376** (αἴσ.) H. (Cyr.) α 2115;
(οἷος–)–**377** [Plut.] Hom. 2.138.1; **376** (εἶδος ἀγ.) sch Γ 39c; **377** (πεπν.) H. π 1476

359 om. Y　　ἐπὶ 14 A T: ἐνὶ 9 660 tt Aˢ Ω*.—v.l. sim. v 398, 430　　　**361** ἐξείρετο 9 14 Ω*:
ἐξήρ- b F　　　**363** εὕδουσιν 9 14 w5 D　　　**364** ἔδδεισας 9 14 660 Ω: ἔδει- r　　　**365** οἵ 14
660 Ω: ου 9　　　**367** τόσσαδ' Aᵃ D T R　　ἄγοντα 9 14 660 Aᵛ Ω*: ἔχ- (agn. Eust.) G
rr　　　**369** (= π 72, φ 133) damn. Heyne　　ἀπαμύνασθαι 9 14ᵃ 660 Suet. Dio Ω* Aˢ: -εσθαι
Cic. Z B G: απαί 84: ἐπαμύνασθαι 14ᶜ tt* A F Tᵃ, επαμ[υν.σ]θαι w5　　χαλεπήνηι 9 14ˢ tt
Ω: -αινη 14ᵗ　　　**370** οὐδέν Ar 9 14 660 tt schᴰ Tᵃ Ω*: οὐδ' ἂν b　　κακά Ar 9 14ᵃ A Tᵃ T:
-όν 14ᶜ tt Aᵞᵖ Ω*　　καὶ δέ 9 14 Ω*: εἰ δέ Aᵞᵖ G: ἠδέ rr　　　**371** σεῖ' Fick: σεῦ 9 14 660
Ω　　　**373** πη(ι) Ar 14 660 Ω*: δὴ "ἔν τισι" 9 Y P　　　**374** ἔτι 9 14 660 Aᵞᵖ Aᵐ Ω*: εἴ A b
F　　χεῖρα 9 14 Ω*: -ας D　　　**376** αἴσιον 9 14ˢ 660 Aᵛ Ω: -ος 14ᵗ　　δέμας 9 312 t Aᵛ Ω Oᵞᵖ:
μέγας 14 O　　εἶδος ἀγητός 9 14 312 tt Ω*: ἀτειρέα φωνήν b (ex N 45, P 555, X 227)
377 τε 9 14 84 660 Ω: δὲ t　　νόωι 9 14 84 312 t Ω*: -ον G　　　**379** ἔειπες 9 Ω*: -ας 14 C R G

380 ἀλλ' ἄγε μοι τόδε εἰπὲ καὶ ἀτρεκέως κατάλεξον,
ἠέ πηι ἐκπέμπεις κειμήλια πολλὰ καὶ ἐσθλά
ἄνδρας ἐς ἀλλοδαπούς, ἵνα τοι τάδε περ σόα μίμνηι,
ἦ' ἤδη πάντες καταλείπετε Ἴλιον ἱρήν
δειδιότες· τοῖος γὰρ ἀνὴρ ὤριστος ὄλωλεν,
385 σὸς πάϊς· οὐ μὲν γάρ τι μάχης ἐπεδεύετ' Ἀχαιῶν."
   τὸν δ' ἠμείβετ' ἔπειτα γέρων Πρίαμος θεοειδής·
"τίς δὲ σύ ἐσσι, φέριστε, τέων δ' ἔξεσσι τοκήων;
ὥς μοι καλὰ τὸν οἶτον ἀπότμου παιδὸς ἔνισπες."
   τὸν δ' αὖτε προσέειπε διάκτορος Ἀργειφόντης·
390 "πειρᾶι ἐμεῖο, γεραιέ, καὶ εἴρεαι Ἕκτορα δῖον.
τὸν μὲν ἐγὼ μάλα πολλὰ μάχηι ἔνι κυδιανείρηι
ὀφθαλμοῖσιν ὄπωπα, καὶ εὖτ' ἐπὶ νηυσὶν ἐλάσσας
Ἀργείους κτείνεσκε δαΐζων ὀξέϊ χαλκῶι.
ἡμεῖς δ' ἑσταότες θαυμάζομεν· οὐ γὰρ Ἀχιλλεύς
395 εἴα μάρνασθαι, κεχολωμένος Ἀτρείωνι.
τοῦ γὰρ ἐγὼ θεράπων, μία δ' ἤγαγε νηῦς εὐεργής·
Μυρμιδόνων δ' ἔξειμι, πατὴρ δέ μοί ἐστι Πολύκτωρ.
ἀφνειὸς μὲν ὅ γ' ἐστι, γέρων δὲ δὴ ὡς σύ περ ὧδε·
ἓξ δέ οἱ υἷες ἔασιν, ἐγὼ δέ οἱ ἕβδομός εἰμι·
400 τῶν μέτα παλλόμενος κλήρωι λάχον ἐνθάδ' ἕπεσθαι.
νῦν δ' ἦλθον πεδίονδ' ἀπὸ νηῶν· ἠῶθεν γάρ
θήσονται περὶ ἄστυ μάχην ἑλίκωπες Ἀχαιοί.

381–2 EtG α 532   385 (ἐπιδ.) H. ε 4712   387b sch Nic. Al. 2; Epm. ε 103; (τέων
δέ) H. τ 727; (τέων) ApS 151.21   388 Epm. ω 5; 388a id. κ 144; (ἀπότμ.) H. (Cyr.) α
6729   390a Hdn ad Ξ 199a¹, λ 221   397a Epm. ε 103

381 πολλὰ 9 14 t Ω*: καλὰ C   382 τοι τάδε περ 9 t h (= ν 364 cod. unus): περ τάδε τοι
14 312 Ω (= ν 364 plerique)   383 ἦ' dedi, ἦ 14: ἢ A, ἦ Ω*   καταλείπετε 9 14 312 Ω*:
κατελ- b: καταλείπεται D: -ψετε Aˢ rr   385 damn. Payne Knight   πάϊς 9 D b F:
παῖς Ω*, παις 14   ἐπεδεύετ' 9 1540 schᵇᵀ T h: ἐπιδ- 14 t Ω*   387 τοκήων 9 14 tt Ω:
ανθ]ρωπων 13   388 ὥς 9ˢ tt Aᵏ Ω*: ὅς 9 14 F R G: utrum 84 incertum   390 πειρᾶ(ι)
9 14ˢ 84 tt Z Ω: -ρε 14ᵗ: -ρα' Payne Knight, cf. Leaf.—cf. ad Φ 459; Chantr. I 57
391 πολλὰ 9 84 312 1540 Ω: πάγχυ 14   ἔνι B E: ἐνὶ vel ἔνι 14 Ω*   392 νηυσὶν ἐλάσσας 9 Ω (νῆας h): -σι πελ- 14   396 γὰρ 9 84 1538 Ω: μεν 14 (cf. 391)   hunc v. del.,
396ab]ται,]ᴎ (prope medios versus) minoribus litteris add. 312   397 δέ μοι 9 1540 Ω*:
δ' ἐμός 14 D   398 ὅ γ' Aˢ Ω*: ὅδ' 9 14 84 1540 A D G   399 (ἐξ δέ) οἱ 9 14 84 Ω: τῶι
Aᵞᵖ.—cf. ad Π 801   (ἐγὼ δέ) οἱ 9 14 1540ᵃ Ω*: τοι 1540ᶜ D h G   400 τῶν Hdn 9 14 84
Ω: an τοῖς? cf. ad N 700, Φ 458   μέτα Hdn Aᵏ Ω*: μετὰ, G, μετα- 9 14 Z D (prob.
Leaf)   τοῖσι δὲ πρῶτον ὑπηνήτης quidam ap. schᵀ (cf. 348)   ἕπεσθαι 9 14ᶜ Ω*: απ- 14ᵃ:
ἱκέσθαι b   403 ἀσχαλόωσι 9 Ω: ἀσχάλλουσι Z   οἵδε 9 Ω* (οἷδε Aˢ Dᶜ Bᵃ E Tᵃ): οἵ
γε 14 Aˢ R G

ἀσχαλόωσι γὰρ οἵδε καθήμενοι, οὐδὲ δύνανται
ἴσχειν ἐσσυμένους πολέμου βασιλῆες Ἀχαιῶν."
405   τὸν δ' ἠμείβετ' ἔπειτα γέρων Πρίαμος θεοειδής·
"εἰ μὲν δὴ θεράπων Πηληϊάδεω Ἀχιλῆος
εἷς, ἄγε δή μοι πᾶσαν ἀληθείην κατάλεξον,
ἢ' ἔτι πὰρ νήεσσιν ἐμὸς πάϊς, ἦέ μιν ἤδη
ᾗσι κυσὶν μελεϊστὶ ταμὼν προύθηκεν Ἀχιλλεύς."
410   τὸν δ' αὖτε προσέειπε διάκτορος Ἀργειφόντης·
"ὦ γέρον, οὔ πω τόν γε κύνες φάγον οὐδ' οἰωνοί,
ἀλλ' ἔτι κεῖνος κεῖται Ἀχιλλῆος παρὰ νηΐ
αὔτως ἐν κλισίηισι. δυωδεκάτη δέ οἱ ἤδη
κειμένωι, οὐδέ τί οἱ χρὼς σήπεται, οὐδέ μιν εὐλαί
415 ἔσθουσ', αἵ ῥά τε φῶτας ἀρηϊφάτους κατέδουσιν.
ἦ μέν μιν περὶ σῆμα ἑοῦ ἑτάροιο φίλοιο
ἕλκει ἀκηδέστως, ἠὼς ὅτε δῖα φανήηι,
οὐδέ μιν αἰσχύνει· θηοῖό κεν αὐτὸς ἐπελθών,
οἷον ἐερσήεις κεῖται, περὶ δ' αἷμα νένιπται,
420 οὐδέ ποθι μιαρός· σὺν δ' ἕλκεα πάντα μέμυκεν,
ὅσσ' ἐτύπη· πολέες γὰρ ἐν αὐτῶι χαλκὸν ἔλασσαν.
ὥς τοι κήδονται μάκαρες θεοὶ υἷος ἑῆος
καὶ νέκυός περ ἐόντος, ἐπεί σφι φίλος περὶ κῆρι."
ὣς φάτο· γήθησεν δ' ὁ γέρων, καὶ ἀμείβετο μύθωι·
425 "ὦ τέκος, ἦ ῥ' ἀγαθὸν καὶ ἐναίσιμα δῶρα διδοῦναι

409 (μελ.) H. (Cyr.) μ 677, [724]   413b–14 (κειμ.) sch Ω 31; 414 (οὐδέ-)–15 Eudoc. 2037–8; 414 (χρὼς σήπ.) sch N 191e   416–17a + 418a Porph. Il. 334.5 Schr.; 417 sch Ω 16; 417a ApS 19.12; 418 (αἰσχ.) H. α 2157; 418b–19 Arn ad Ω 20–1a¹; 419 (-κεῖται) ApS 63.1; (ἑερσ.) H. ε 584   420 (μι.) id. μ 1315   421 (πολέες-) sch Υ 269   425 Hdn ii.931.17; Eudoc. 1114; (διδ.) sch v 358

405–504 deest A   407 εἷς Ω*, εἰς D: εἶς 14 Bᶜ C: εις 9: ἧς R: ἔσσ' Payne Knight: εἰ δ' Lange (De formula Homerica εἰ δ' ἄγε commentatio [1873] 20) cl. δ 831 sq. et ad ellipsin verbi δ 206; possis etiam v. 406 εἰ μὲν δή ‹εἰς   408 ἢ Ω*, η 9 (ἠ' dedi): ἦ 14 *b h* F Tˣ: εἰ schʰʸᵖ G   ἠέ 14 T: ἠέ Ω*, ηε 9   411 πω 9 14 Ω*: τοι D Nʸᵖ: τι R.—cf. ad Π 707   τόν γε 9 14 Ω: τόνδε *h*   κύνες φάγον οὐδ' 9 14 1540 Ω*: φάγον κῦνες ἤδ' G   413 αὔτως (vel αὐ-) 9 14 Ω* Gʸᵖ: οὔ- G V   οἱ 9 t Ω: τοι 14   ἤδη 14 schʰʸᵖ Oᵃ: ἤδε 13 *h* R G, ἦδε D (cf. Φ 81): ἠὼς 9 t schʰʸᵖ Ω*   414 ουδ'ἔτι 14   417 φανήηι 9 14 Ω*: -είη 13 (-ηι·) C E F R Gˣ.—cf. ad T 375, X 73   418 θηοῖό Arᵃᵇ 9 14 Tʸᵖ G: θει- (nov. Did) Z Ω* (θείοιό schᵀʸᵖ D Tᴧ T)   ἐπελθών 9 13 14ᶜ Ω: απ- 14ᵃ   419 ἐερσήεις 9 14 (ἐέ-) tt Ω* (εε- Bᵃ C): ἐρσ- E, ἐρσ- G, ερσ- Z   421 ἐν F T *h* (cf. Υ 259): ἐπ' 9 13 14 t Ω*   422 ἑῆος (vel ἐ-) 9 13 14ᵗ Ω: ἑοῖο rr, τεοῖο 14²ᵐ   423 teste schᵀ ἀθετεῖται (sc. ab Ar) et προηθέτητο (-ετεῖτο cod.; sc. ab Arph?)   425 διδοῦναι Arph (cui displicebat) 9 13 14 tt Z Tᴧ Ω*: -δῶναι quidam ante Hdn: -δόναι D Cᵃ Eᵃ (prob. Eust. cl. M 208)

ἀθανάτοις, ἐπεὶ οὔ ποτ' ἐμὸς πάϊς, εἴ ποτ' ἔην γε,
λήθετ' ἐνὶ μεγάροισι θεῶν οἳ Ὄλυμπον ἔχουσιν·
τῶν οἱ ἀπεμνήσαντο καὶ ἐν θανάτοιό περ αἴσηι.
ἀλλ' ἄγε δὴ τόδε δέξαι ἐμέο πάρα καλὸν ἄλεισον,
430   αὐτόν τε ῥῦσαι, πέμψον δέ με σύν γε θεοῖσιν,
ὄφρα κεν ἐς κλισίην Πηληϊάδεω ἀφίκωμαι."
      τὸν δ' αὖτε προσέειπε διάκτορος Ἀργειφόντης·
"πειρᾶι ἐμεῖο, γεραιέ, νεωτέρου, οὐδέ με πείσεις,
ὅς με κέλεαι σέο δῶρα πάρεξ Ἀχιλῆα δέχεσθαι.
435   τὸν μὲν ἐγὼ δείδοικα καὶ αἰδέομαι περὶ κῆρι
συλεύειν, μή μοί τι κακὸν μετόπισθε γένηται.
σοὶ δ' ἂν ἐγὼ πομπὸς καί κε κλυτὸν Ἄργος ἱκοίμην
ἐνδυκέως ἐν νηῒ θοῆι ἢ πεζὸς ἁμαρτέων·
οὐκ ἄν τίς τοι πομπὸν ὀνοσσάμενος μαχέσαιτο."
440   ἦ, καὶ ἀναΐξας Ἐριούνιος ἅρμα καὶ ἵππους
καρπαλίμως μάστιγα καὶ ἡνία λάζετο χερσίν,
ἐν δ' ἔπνευσ' ἵπποισι καὶ ἡμιόνοις μένος ἠΰ.
ἀλλ' ὅτε δὴ πύργους τε νεῶν καὶ τάφρον ἵκοντο—
οἳ δὲ νέον περὶ δόρπα φυλακτῆρες πονέοντο—
445   τοῖσι δ' ἐφ' ὕπνον ἔχευε διάκτορος Ἀργειφόντης
πᾶσιν, ἄφαρ δ' ὤειξε πύλας καὶ ἀπῶσεν ὀχῆας,
ἐς δ' ἄγαγε Πρίαμόν τε καὶ ἀγλαὰ δῶρ' ἐπ' ἀπήνης.
ἀλλ' ὅτε δὴ κλισίην Πηληϊάδεω ἀφίκοντο
ὑψηλήν—τὴν Μυρμιδόνες ποίησαν ἄνακτι

435 Eudoc. 405   436 ead. 2089   439 (ὀνοσσ.) ApS 121.17   445 Porph. Il.
22.6 Schr.   446 (ἄφαρ-) Eudoc. 1987

426 πάϊς 14 Ω: παῖς 13   427 μμεγάροισι 13 14 Bᵃ C Eᶜ   428 τῶν 9 quidam
ap. schᵇᵀ b (cf. CEG 177.9): τῶ(ι) 13 14 Ω*, τώ G O   ἀπεμνήσαντο Ω* (cf. Hes. Th.
503, CEG l.c.): απομν- 14: ἐπεμν- 9 13 Z T b R (-ατο)   429 δέξαι 9 14 Ω: -ξο
V P   ἐμέο dedi: ἐμεῦ 9 14 Ω   430 τε 9 13 14ᶜ Ω*: δε 14ᵃ: γε G   431 ὄφρά 14² b
F R G   433 πειρᾶι 9 13 14 Ω, πείρα Z: cf. ad 390   434 κέλεαι Bentley (cf. δ 812,
ε 174; με del. Christ, cf. M 235, Σ 286): -λη(ι) 9 13 14 Z Tᵏ Ω (item κ 337 codd.).—cf.
ad B 367, N 818   πάρεξ 14 O V: παρεξ 9 D T, -ἐξ Ω*   435 περὶ 9 14 Ω: πέρι rr
436 συλεύειν 9 14²ᵐ (-ει) t Z Ω: μωμεύειν (sic) 14ᵗ   γένηται 9 13 Ω*: -οιτο 14 t D
R   437 δ' ἂν 9 Ω: μεν 14 (ex 435)   438 ἁμαρτέων Bolling (cf. Praef. xxx): ὁμ- 9 14
Z Ω   439 οὐκ ἄν 14ᶜ Ω*: οὐδ' ἄν Y: οὔ κέν 9 14ᵃ Z D V.—cf. ad M 465, N 289
440 ἀναΐξας b Fᶜ Tᵏ T: εν- 9: ἐπ- 14 Ω*   441 λάζετο 9 14 Ω: -υτο Nauck (cf. ad E 840,
Θ 389)   442 ἵπποισι 9 14 Ω*: -οις τε D   446 ὤειξε Fick: ὤϊξε 9 14 t Z Tᵏ Ω
(ὤϊϊ- D).—cf. Praef. xxxiii   πύλας 9 13 14 Ω*: θύρας t b Tᵏ   ὀχῆας 9 14 t Z Ω* (= Φ
537): ὀχͅ G: -ῆα Tᵏ T M (cf. N 124; Parm. B1.16).—cf. ad 566   449–52 pro his
ὑψηλήν· μεγάλη δ' αυλή αμφὶς διέεργε Υ

450 δοῦρ' ἐλάτης κέρσαντες, ἀτὰρ καθύπερθεν ἔρεψαν
λαχνήεντ' ὄροφον λειμωνόθεν ἀμήσαντες·
ἀμφὶ δέ οἱ μεγάλην αὐλὴν ποίησαν ἄνακτι
σταυροῖσιν πυκινοῖσι· θύρην δ' ἔχε μοῦνος ἐπιβλής
εἰλάτινος, τὸν τρεῖς μὲν ἐπιρρήσσεσκον Ἀχαιοί,
455 τρεῖς δ' ἀνοείγεσκον μεγάλην κληῖδα θυράων,
τῶν ἄλλων, Ἀχιλεὺς δ' ἄρ' ἐπιρρήσσεσκε καὶ οἶος—
δή ῥα τόθ' Ἑρμείας ἐριούνιος ὦιξε γέροντι,
ἐς δ' ἄγαγε κλυτὰ δῶρα ποδώκεϊ Πηλείωνι.
ἐξ ἵππων δ' ἀπέβαινεν ἐπὶ χθόνα φώνησέν τε·
460 "ὦ γέρον, ἤτοι ἐγὼ θεὸς ἄμβροτος εἰλήλουθα,
Ἑρμείας· σοὶ γάρ με πατὴρ ἅμα πομπὸν ὄπασσεν.
ἀλλ' ἤτοι μὲν ἐγὼ πάλιν εἴσομαι, οὐδ' Ἀχιλῆος
ὀφθαλμοὺς εἴσειμι· νεμεσσητὸν δέ κεν εἴη,
ἀθάνατον θεὸν ὧδε βροτοὺς ἀγαπαζέμεν ἄντην.
465 τύνη δ' εἰσελθὼν λαβὲ γούνατα Πηλείωνος.
{καί μιν ὑπὲρ πατρὸς καὶ μητέρος ἠϋκόμοιο
λίσσεο καὶ τέκεος, ἵνα οἱ σὺν θυμὸν ὀρίνηις.}"
ὣς ἄρα φωνήσας ἀπέβη πρὸς μακρὸν Ὄλυμπον
Ἑρμείας. Πρίαμος δ' ἐξ ἵππων ἄλτο χαμᾶζε,
470 Ἰδαῖον δὲ κατ' αὖθι λίπεν· ὃ δὲ μίμνεν ἐρύκων
ἵππους ἡμιόνους τε. γέρων δ' ἰθὺς κίεν οἴκου,

450b–1 EtG α 646; 451 sch Eur. Or. 147; 451a H. λ 456; (ὄρ.) Poll. 10.170   453b–5a
ApS 72.17; 453 (ἐπιβλ.) Philox. fr. 549 Th.; H. ε 4642; EtG s.v.; 454 (τὸν–)–5a sch Soph.
O.R. 1241; 454 (τρεῖς–) Did ad Ω 566b; (ἐπιρρ.) ApS 74.1; H. ε 5121/3; 455b id. μ
460   457 (ὦιξε) Hdn palimps. in Reitz. Gesch. 302.4   460 Eudoc. 2255; (ἄμβρ.) H.
(Cyr.) α 3528   464 Eudoc. 1290   465–7 [D.H.] Ars 9.15; 466 (–μητ.) + 467 (λίσσ.)
sch X 338; 467 (λίσσ.) H. λ 1122   469b ApS 69.31

450 καθ' ὕπερθεν 13² D E Fᵃ   451 ὄροφον 14 Z Ω: ὀροφὸν quidam ap. schᵀ
452 ἄνακτι 9 13 14 Ω* (= 449): ἐρυμνήν Z D   453 θύρην 9 13 14 Z Ω: -ας τ ἐπιβλής Ptol Hdn 14 1541 ᾿Z Ω: parox. Ar (ap. EtG et Eust.)   454 τρεῖς 9ᶜ 13² 14ᵃ tt* Ω*:
τρὶς 9ᵃ 13ᵃ 14ᶜ (τρῖς) ApS Dˣ   ἐπιρρήσ(σ)εσκον (nov. Did) 9 13 tt* Z Tᵡ Ω: ἐπιρή- Ar,
επειρή- 14ᶜ: ἐπερή- 14ᵃ ApS⁷²   Ἀχαιοί 9 14 tt* Ω*: -ῶν D T   455 τρεῖς 9 14ᵃ t* schᵇᵀ
Ω: τρῖς 14ᶜ ApS   ἀνοείγεσκον Fick: ἀναοίγ- 9 14 tt Ω.—cf. Praef. xxxiii   456 ἐπιρ-
ρήσ(σ)εσκε 9 Tᵡ Ω*: -ήσασκε Tᵡ (alterum) G: ἐπερρήσεσκε R: επιρήσεσκε (Ar) 13,
επειρή- 14   457 ὦ(ι)ξε 9 13 Ω*, ὤϊξε D: οἶξε Y   459 χθόνα 9 13 14 Ω* (cf. Γ
265, Λ 619): χθονὶ F Y R G   461 ὄπασσε(ν) 9 13 14 Ω*: επεμψεν Y   464 damn.
Düntzer   465 λαβὲ (Bekker) Y: λάβε Ω*   466–7 damn. Kammer (465–7 iam
Düntzer); cf. ad T 326–37   469 ἐξ 9 13 14ᵃ t Ω: αφ 14ᶜ   ἄλτο G: ἁ- Tᵡ Ω*: ἁ- C R:
ἁ- 14²: α- 9 13 Y: βαῖνε (cf. 459) mavult schᵀ utpote de sene   470 δὲ μίμνεν 14 F T Y:
δ' ἔμι- 9 13 Ω*   471 ἵππους 13 14 F R G: -ους θ' 9 Ω* (ex Ψ 260? cf. ad 576)

τῆι ῥ᾽ Ἀχιλεὺς ἵζεσκε διίφιλος, ἐν δέ μιν αὐτόν
ηὗρ᾽· ἕταροι δ᾽ ἀπάνευθε καθείατο· τὼ δὲ δύ᾽ οἴω,
ἥρως Αὐτομέδων τε καὶ Ἄλκιμος ὄζος Ἄρηος,
475 ποίπνυον παρέοντε. νέον δ᾽ ἀπέληγεν ἐδωδῆς
ἔσθων καὶ πίνων· ἔτι καὶ παρέκειτο τράπεζα.
τοὺς δ᾽ ἔλαθ᾽ εἰσελθὼν Πρίαμος μέγας, ἄγχι δ᾽ ἄρα στάς
χερσὶν Ἀχιλλῆος λάβε γούνατα καὶ κύσε χεῖρας
δεινὰς ἀνδροφόνους, αἵ οἱ πολέας κτάνον υἷας.
480 ὡς δ᾽ ὅτ᾽ ἂν ἄνδρ᾽ ἄτη πυκινὴ λάβηι, ὅς τ᾽ ἐνὶ πάτρηι
φῶτα κατακτείνας ἄλλων ἐξίκετο δῆμον,
ἀνδρὸς ἐς ἀφνειοῦ, θάμβος δ᾽ ἔχει εἰσορόωντας,
ὣς Ἀχιλεὺς θάμβησεν ἰδὼν Πρίαμον θεοειδέα,
θάμβησαν δὲ καὶ ἄλλοι, ἐς ἀλλήλους δὲ ἴδοντο.
485 τὸν καὶ λισσόμενος Πρίαμος πρὸς μῦθον ἔειπεν·
"μνῆσαι πατρὸς σοῖο, θεοῖς ἐπιείκελ᾽ Ἀχιλλεῦ,
τηλίκου ὥς περ ἐγών, ὀλοῶι ἐπὶ γήραος οὐδῶι.
καὶ μέν που κεῖνον περιναιέται ἀμφὶς ἐόντες
τείρουσ᾽, οὐδέ τίς ἐστιν ἀρὴν καὶ λοιγὸν ἀμῦναι.
490 ἀλλ᾽ ἤτοι κεῖνός γε σέθεν ζώοντος ἀκούων
χαίρει τ᾽ ἐν θυμῶι ἐπί τ᾽ ἔλπεται ἤματα πάντα
ὄψεσθαι φίλον υἱὸν ἀπὸ Τροίηθεν ἰόντα·

474 (–Ἄλκ.) Strab. 8.5.3 475b Arn ad Ω 628a; Hdn i.488.1 476 Ath. 12b;
Eudoc. 1481; 476a Choer. in Thd. ii.48.6; (ἔσθων) H. (Cyr.) ε 6212 484 Eudoc. 720,
cf. 921, 981 486–7 Hclt. Alleg. 59.6; 486 D.H. Comp. 34; [D.H.] Ars 9.15; ApS
140.34; [Ammon.] Diff. 167; w35 fr. 1.10 (lacerum); Apsin. Rhet. i.399.3 Sp.; Prisc.
Inst. 18.160, 241; 486a sch X 420, Ω 371, α 413; ApS 143.30; ApD Pron. 108.13, Synt.
223.17; [Ammon.] Diff. 445; H. σ 326; Polyb. Soloec. 286.19 Nauck; 487 (τηλ.) ApS
152.27

472 ἐν 9 13 Ω: αν 14 473 ηὗρ᾽ Fick: εὗρ᾽ 9 13 14 1542 Ω καθείατο (nov. Did) 9
13 (-εί-) 14 (-εὶ-) Ω*: -ήατο Ar b τὼ Ω*, τω 9 14: τῶ(ι) 13 Fᵃ Tᶜ 474 ἥρως 9 13 14
1542 t Ω: an ἥρω᾽(ε)? cf. ad Θ 114 τε καὶ 9 13 14 t Ω: καὶ V: fort. ἠδ᾽, cf. ad 574 ὄζος
9 13 14ᶜ Ω: υιος 14ᵃ 476 ath. Ar, cui adversatus πίνων ἔτι, interpungere iubet
Ath. 479 ἀνδροφόνους 9 13 14 1542 Ω: παιδοφ- 14²ᵐ (cf. 506) 480 ἐνὶ 9 14 Z Ω*:
ἐπὶ D 481 ἄλλων 9 14 Ω*: -ον R 482 ἔχει Ω*: -εν 9 14 G V (ex Γ 342, Δ 79) εἰσορόωντας 14 Ω: -α 9 483 θεοειδέα 9 14 Ω*: -δῆ C G 486 μνῆσαι 14 1541 1542
w35 tt* Tᴧ Ω*: μνήσαιο ApS utroque loco, -σεο [Ammon.]⁴⁴⁵ Prisc.²⁴¹ R σοῖο Ar ApS
Hclt. [Ammon.] D Tᴧ Y: ἑοῖο M rr haud male: σεῖο Zen 14 1541 w35 tt* Ω*: utrumque
Hsch. Polyb.—cf. ad Ξ 118, Σ 335 487 ὥς περ 14 1541 schᵀ Ω: οἷος t 488 ἐόντες
14 Ω: -ος 1543 Z quidam ap. schᵇᵀ 489 ἄρην Z καὶ λοιγὸν 14 1541 Ω schʰʸᵖ: ἀπὸ
οἴκου h (cf. β 59) 491 ἐπί τ᾽ Ω: επει τ᾽ 14: ἐπεὶ Z 492 Τροίηθεν ἰόντα Ω*: -θε
μολόντα 14 (-θεν 14ᶜ) 1541 Fᵃ Y h (-ῶντα N)

　　αὐτὰρ ἐγὼ πανάποτμος, ἐπεὶ τέκον υἷας ἀρίστους
　　Τροίηι ἐν εὐρείηι, τῶν δ' οὔ τινά φημι λελεῖφθαι.
495　πεντήκοντά μοι ἦσαν, ὅτ' ἤλυθον υἷες Ἀχαιῶν·
　　ἐννεακαίδεκα μέν μοι ἰῆς ἐκ νηδύος ἦσαν,
　　τοὺς δ' ἄλλους μοι ἔτικτον ἐνὶ μεγάροισι γυναῖκες.
　　τῶν μὲν πολλῶν θοῦρος Ἄρης ὑπὸ γούνατ' ἔλυσεν·
　　ὃς δέ μοι οἶος ἔην, εἴρυτο δὲ ἄστυ καὶ αὐτούς,
500　τὸν σὺ πρώιην κτεῖνας ἀμυνόμενον περὶ πάτρης,
　　Ἕκτορα. τοῦ νῦν εἵνεχ' ἱκάνω νῆας Ἀχαιῶν,
　　λυσόμενος παρὰ σεῖο, φέρω δ' ἀπερείσι' ἄποινα.
　　ἀλλ' αἰδεῖο θεούς, Ἀχιλεῦ, αὐτόν τ' ἐλέησον,
　　μνησάμενος σοῦ πατρός· ἐγὼ δ' ἐλεεινότερός περ,
505　ἔτλην δ' οἷ' οὔ πώ τις ἐπιχθόνιος βροτὸς ἄλλος,
　　ἀνδρὸς παιδοφόνοιο ποτὶ στόμα χεῖρ' ὀρέγεσθαι."
　　　ὣς φάτο· τῶι δ' ἄρα πατρὸς ὑφ' ἵμερον ὦρσε γόοιο,
　　ἁψάμενος δ' ἄρα χειρὸς ἀπώσατο ἦκα γέροντα.
　　τὼ δὲ μνησαμένω, ὃ μὲν Ἕκτορος ἀνδροφόνοιο
510　κλαῖ' ἀδινὰ προπάροιθε ποδῶν Ἀχιλῆος ἐλυσθείς,
　　αὐτὰρ Ἀχιλλεὺς κλαῖεν ἑὸν πατέρ', ἄλλοτε δ' αὖτε
　　Πάτροκλον· τῶν δὲ στοναχὴ κατὰ δώματ' ὀρώρει.
　　　αὐτὰρ ἐπεί ῥα γόοιο τετάρπετο δῖος Ἀχιλλεύς
　　καί οἱ ἀπὸ πραπίδων ἦλθ' ἵμερος ἠδ' ἀπὸ γυίων,
515　αὐτίκ' ἀπὸ θρόνου ὦρτο, γέροντα δὲ χειρὸς ἀνίστη,
　　οἰκτίρων πολιόν τε κάρη πολιόν τε γένειον,

493 Eudoc. 2178　　**495–7** (–μεγ.) Arn ad Λ 692a; **496–7** Ath. 556c; **496** Porph. Il. 148.22 Schr.; sch Eur. Hec. 421; (ἐννεακ.) sch Theoc. 15.139; **496b** Arn ad Φ 95 **499** ApD Pron. 78.19　　**503a** sch^h A 331c　　**505** Eudoc. 656　　**510** (ἐλ.) H. (Cyr.) ε 2109, 2232　　**511** (–πατ.) ApD Pron. 106.25　　**513–14** Chrysipp. SVF iii.118.24; **513a** Arn ad Ω 514a; (τετ.) H. τ 581; **514** (ἀπὸ πρ.–) sch Γ 34　　**515** (ἀνίστη) H. (Cyr.) α 5217

494 (= 256) del. Koechly　　**496** ἐννέα καὶ δέκα divisim Pamph: coniunctim Hdn (cf. K 495, 561) 14 T^λ Ω　　**497** μμεγάροισι 14 B^a C E　　**499** αὐτοὺς 14 t Ω (cf. Ξ 47, ι 40): -ὸς V P.—cf. ad Ξ 145, Ψ 277　　**500** πρώιην B E: πρώην 14 Ω*.—cf. ad E 832　κτεινες 14　　**502** φέρω δ' 14 Ω*: -ων τ D　　**503** αἰδεῖο 13 14 Ω*: -οιο E Υ　　**504** σοῦ 13 14 Ω: οὐ Brugman Ein Problem 48　　**505** denuo adest A　βροτὸς 14² t Ω: γενετ 14ª　　**506** χεῖρ' ὀρέγεσθαι 14 Z Ω (χείρ' Leaf, i.e. χειρὶ): et χεῖρας ὀρέξαι Eust.　　**508** ἀψάμενος 13 14 Ω*: -ον Υ^c　　**510** ἀδινὰ 14 B^a T^x: ἀ- Ω* **512** στοναχὴ Ar 14 A^λ Ω: στεν- Zen 13.—cf. Hansen ad CEG 587.5　　**513** ut supra 13 tt* Z Ω: ἀλλ' ὅτε δὴ κλαίων τε κυλινδόμενός τ' ἐκορέσθη Chrysipp. (cf. δ 541 = κ 499)　　**514** ath. Ar DThr　　**515** αὐτίκ' ἀπὸ 14 Ω: αυτικα δ εκ 13　ἀνίστη t Ω*: -έστη 14 R　　**516** οἰκτίρων Nauck: -είρ- 13 14 Ω

καί μιν φωνήσας ἔπεα πτερόεντα προσηύδα·
"ἆ δείλ', ἦ δὴ πολλὰ κάκ' ἄνσχεο σὸν κατὰ θυμόν.
{πῶς ἔτλης ἐπὶ νῆας Ἀχαιῶν ἐλθέμεν οἶος,
520   ἀνδρὸς ἐς ὀφθαλμούς, ὅς τοι πολέας τε καὶ ἐσθλούς
υἱέας ἐξενάριξα; σιδήρειόν νύ τοι ἦτορ.}
ἀλλ' ἄγε δὴ κατ' ἄρ' ἕζε' ἐπὶ θρόνου, ἄλγεα δ' ἔμπης
ἐν θυμῶι κατακεῖσθαι ἐάσομεν ἀχνύμενοί περ·
οὐ γάρ τις πρῆξις πέλεται κρυεροῖο γόοιο.
525   ὣς γὰρ ἐπεκλώσαντο θεοὶ δειλοῖσι βροτοῖσιν,
ζώειν ἀχνυμένους· αὐτοὶ δέ τ' ἀκηδέες εἰσίν.
δοιοὶ γάρ τε πίθοι κατακείαται ἐν Διὸς οὔδει
δώρων οἷα δίδωσι, κακῶν, ἕτερος δὲ ἐάων.
ὧι μέν κ' ἀμμείξας δώηι Ζεὺς τερπικέραυνος,
530   ἄλλοτε μέν τε κακῶι ὅ γε κύρεται, ἄλλοτε δ' ἐσθλῶι·
ὧι δέ κε τῶν λυγρῶν δώηι, λωβητὸν ἔθηκεν,
καί ἑ κακὴ βούβρωστις ἐπὶ χθόνα δῖαν ἐλαύνει,
φοιτᾶι δ' οὔτε θεοῖσι τετιμένος οὔτε βροτοῖσιν.

518 Eudoc. 793   **520b** sch Ω 498a   **522–33** [Plut.] Cons. Apoll. 105c; **524** sch
Soph. El. 137; sch A.R. 1.296b; (–πέλ.) ib. 1.862a; (πρῆξις) H. π 3272; **525–6** Plut. Mor.
20e; Stob. 4.56.13; **525–6a** [Pl.] Axioch. 367d; Plut. Mor. 22b; Stob. 4.34.45; **525** (ἐπεκλ.)
H. (Cyr.) ε 4374; **526** (ἀκηδ.) H. α 2361; **527–32** (**529** et **531** paraphr.) Pl. Resp. 379d
(exscripsit Eus. P.E. 13.3.12–13); **527–30** sch Pind. Pyth. 3.141a; **527** (πίθοι–)–**30** (**529** paraphr.) Theodoret. Graec. aff. cur. 5.35 (e Platone); **527–8** P. Derveni xxvi 6 (tamquam
Orphei); Plut. Mor. 24a; Porph. Il. 53.20 Schr.; Synes. Aegypt. 2.6 (Opusc. 126.3 T.); cf.
Them. Or. 6.79c, 19.228d (e Platone); Procl. in Remp. i.96.14; **527** Max. Tyr. 34.3; Favor.
De fortuna 26 p.260.34 Bar.; sch Hes. Op. 94a; sch Pind. Pyth. 5.74a; Choer. in Thd.
i.398.18; Epm. ε 92, κ 168; (–κατακ.) Hdn ii.268.12; EtG s.v. εἴαται; **527a** sch Soph. Tr.
126; Porph. Od. 72.10 Schr.; **527b** cf. Plut. Mor. 473b; (ἐν Δ. οὔδει) Aristid. Or. 2.177; **528**

518 ἃ 13 14 t Ω*: ὦ C   ἤδη 14 D   ἄνοσχεο Ar 14 661 t Ω*: ἀνάσχ- Cᵃ F: ἄσχ- (nov.
Did) 13 *h* Gᵃ.—cf. ad 549; Praef. xxvi   **519–21** (≈ 203–5; cf. 563–7) damn. Koechly
Hektors Lösung (1859) 15; **519–20** om. 13, mg. rest. m²   **521** ἐξενάριξα 14ᶜ 661 Ω:
-ξε 14ᵃ rr (= 205)   νύ τοι 14 661 Ω*: δέ οἱ D (cf. ad 205)   **522** ἕζε' Fick post Payne
Knight: -ευ Ar 14 661 t Ω: ἵζευ deprec. Ar   **524** πρῆξις 14 661 tt Tᴧ Ω*: τ' ἄνυσις Aʸᵖ
T, cf. sch^{bT} (et δ 544)   **526** ἀχνυμένους Stob.⁵⁶ Ω*: -οις 14 tt* A D T Y   **527** κα-
τακείαται 14 (ex -αθε) 661 tt* Z Ω: -κηαται P. Derveni   **528** ut supra fere 14 661 1544
tt* Ω: κηρῶν ἔμπλειοι, ὃ μὲν ἐσθλῶν, αὐτὰρ ὃ δειλῶν Plato quique eum sequuntur
(Plut. Theodoret. Eus. Them. Procl.)   διδοῦσι P. Derveni sch-Pind.   δὲ 14 tt* Ω: δε τ
(Bentley) P. Derveni, δε[ ] 1544   ἐάων R G: ε- A, ἐ- 14 Ω*   **529** κ' ἀμμείξας 14ᶜ
(καμμ- 14ᵃ): κ' ἀμμί- [Plut.] A T, καμμί- tt* Z Ω*: κ' ἀ]νμι- 661   δώιη(ι) 661 A E F
N   **530** ὅ γε κύρεται 14 661 1544 tt* Z Ω: ἐπιμίσγεται sch-Pind.   **531** δώη(ι) C T
R: δώιη(ι) Ω*: δοίη D   λωβητὸν ἔθηκε(ν) 14 661ˢ 1544 tt sch^D Ω: Ζευς τε[ρπικεραυ–
νος (ex 529) 661ᵗ

ὣς μὲν καὶ Πηλῆϊ θεοὶ δόσαν ἀγλαὰ δῶρα
535 ἐκ γενετῆς· πάντας γὰρ ἐπ' ἀνθρώπους ἐκέκαστο
ὄλβωι τε πλούτωι τε, ἄνασσε δὲ Μυρμιδόνεσσιν,
καί οἱ θνητῶι ἐόντι θεὰν ποίησαν ἄκοιτιν·
ἀλλ' ἐπὶ καὶ τῶι θῆκε θεὸς κακόν, ὅττί οἱ οὔ τι
παίδων ἐν μεγάροισι γονὴ γένετο κρειόντων,
540 ἀλλ' ἕνα παῖδα τέκεν παναώριον· οὐδέ νυ τόν γε
γηράσκοντα κομίζω, ἐπεὶ μάλα τηλόθι πάτρης
ἧμαι ἐνὶ Τροίηι, σέ τε κήδων ἠδὲ σὰ τέκνα.
καὶ σέ, γέρον, τὸ πρὶν μὲν ἀκούομεν ὄλβιον εἶναι·
ὅσσον Λέσβος ἄνω, Μάκαρος ἕδος, ἐντὸς ἐέργει
545 καὶ Φρυγίη καθύπερθε καὶ Ἑλλήσποντος ἀπείρων,
τῶν σε, γέρον, πλούτωι τε καὶ υἱάσι φασὶ κεκάσθαι.
αὐτὰρ ἐπεί τοι πῆμα τόδ' ἤγαγον Οὐρανίωνες,
αἰεί τοι περὶ ἄστυ μάχαι τ' ἀνδροκτασίαι τε.
ἄνσχεο, μηδ' ἀλίαστον ὀδύρεο σὸν κατὰ θυμόν·
550 οὐ γάρ τι πρήξεις ἀκαχήμενος υἷος ἑῆος,
οὐδέ μιν ἀνστήσεις, πρὶν καὶ κακὸν ἄλλο πάθηισθα."
    τὸν δ' ἠμείβετ' ἔπειτα γέρων Πρίαμος θεοειδής·
"μή πώ μ' ἐς θρόνον ἵζε, διοτρεφές, ὄφρα κεν Ἕκτωρ
κεῖται ἐνὶ κλισίηισιν ἀκηδής, ἀλλὰ τάχιστα

Porph. Antr. 29; cf. Plut. Mor. 600c; (ἐάων) H. (Cyr.) ε 50; **531** (λωβ.) id. λ 1490; **532** ApS 62.23; **532a** Hdn i.558.1; Epm. α 268; (βούβρ.) H. β 881; EtG β 197; **533** (φοιτ.) H. φ 718; Phot. Lex. s.v.   **534–5** (ἐκ γ.) + **538–41a** Procl. in Remp. i.99.27; **540** (–παν.) ApS 127.13; Epm. χ 14; (παν.) H. π 318; **541a** id. γ 524   **542** sch[h129] A 56; Epm. η 33; (–κή–δων) sch O 10b; **542a** sch B 255a, Δ 412d; **542b** ApS 98.29; Epm. ad A 56a[2]; (κήδ.) H. κ 2472   **543–5** Strab. 13.1.7; **543** sch Ω 765a[1]; **544–5** Dio Prus. 33.19, 74.13; Iul. Or. 2.73d; **544** Plut. Mor. 603d; (Μάκ. ἕδος) cf. Strab. 8.3.31   **548** (ἀνδροκτ.) H. (Cyr.) α 4754   **549–51** Chrysipp. (SVF iii.129.3) ap. Gal. Plac. Hipp. et Plat. 4.6.40; Stob. 4.56.1; **549** Eudoc. 903; **550** (ἀκαχ.) EtG α 303; **551b** sch A.R. 1.297a   **553** (–διοτρ.) Hdn ad Υ 464a[1]; **553a** Epm. ο 9b   **554** (ἀκηδ.) EtG α 319; (ἀλλὰ–)–557 + 559a + 560 (–γέρον) Hdn ad Θ 557a; **555** (σὺ–) Choer. in Thd. ii.248.34; **556** (ἀπόν.) H. α 6492; **557**

535 ἐπ' 14[s] 661 Ω: ες 14[t]   **537** ποιησατ 14[a]   **538** ὅττί sic A, ὅτ'τί 14[2]   οὔ τι 14 t Ω: οὔ τις Doederlein   **540** παῖδα τέκε(ν) tt* Ω: παῖδ' ἔτεκεν 14 ApS   παναώριον Hdn post alios, A: -ὥρ- alii olim   **541** κομίζω 14 tt Ω: -ζει Z V P   **544** ἄνω Ar 14 tt* Z A[λ] Ω: ἔσω Iul.   Μάκαρος 14[t] tt* A[λ] Ω (= Hymn. Ap. 37): -ος τ' T[s]: Μακάρων 14[s] Dio[33] Plut. Iul.[vl] Z V P   ἕδος 14 tt* Z A[λ] Ω: πόλις Strab.   **546** τῶν Ar b F T[λ] T[s]: τῶ(ι) (nov. Did) 14 A D T R, τῷ G   **548** del. Koechly Hektors Lösung (1859) 15   **549** ἄνσχεο 14 tt* Ω*: ἄσχ- F[a] h G[a]: ἴσχ- Stob.—cf. ad 518   **550** υἷος ἑῆος Ar 14 t* Ω: υἷος ἑοῖο Zen rr, τεοῖο 14[2m]: υἱέος αἰνῶς Stob.—cf. ad 422, A 393   **553** πώ μ' tt A O (sine accentu Ptol Hdn (t)) (cf. A 106, 542, X 9, al.): μέ πω 14 1544 Ω* (cf. Ψ 73)   ὄφρά 14 A b F T G   **554** κεῖται 1544 Ω*: κῆ- 14 D[x] T.—cf. ad T 32

<pre>
555   λῦσον, ἵν' ὀφθαλμοῖσιν ἴδω· σὺ δὲ δέξαι ἄποινα
      πολλά, τά τοι φέρομεν. σὺ δὲ τῶνδ' ἀπόναιο, καὶ ἔλθοις
557   σὴν ἐς πατρίδα γαῖαν, ἐπεί με πρῶτον ἔασας."
559   τὸν δ' ἄρ' ὑπόδρα ἰδὼν προσέφη πόδας ὠκὺς Ἀχιλλεύς·
560   "μηκέτι νῦν μ' ἐρέθιζε, γέρον. νοέω δὲ καὶ αὐτός
      Ἕκτορά τοι λῦσαι· Διόθεν δέ μοι ἄγγελος ἦλθεν
      μήτηρ, ἥ μ' ἔτεκεν, θυγάτηρ ἁλίοιο γέροντος.
      καὶ δὲ σὲ γινώσκω, Πρίαμε, φρεσίν, οὐδέ με λήθεις,
      ὅττι θεῶν τίς σ' ἦγε θοὰς ἐπὶ νῆας Ἀχαιῶν·
565   οὐ γάρ κε τλαίη βροτὸς ἐλθέμεν, οὐδὲ μάλ' ἡβῶν,
      ἐς στρατόν· οὔτε γὰρ ἂν φυλακοὺς λάθοι, οὐδέ κ' ὀχῆα
      ῥεῖα μετοχλίσσειε θυράων ἡμετεράων.
      τὼ νῦν μή μοι μᾶλλον ἐν ἄλγεσι θυμὸν ὀρίνῃς,
      μή σε, γέρον, οὐδ' αὐτὸν ἐνὶ κλισίῃσιν ἐάσω
570   καὶ ἱκέτην περ ἐόντα, Διὸς δ' ἀλίτωμαι ἐφετμάς."
         ὣς ἔφατ'· ἔδδεισεν δ' ὁ γέρων καὶ ἐπείθετο μύθωι.
      Πηλείδης δ' οἴκοιο λέων ὣς ἆλτο θύραζε,
      οὐκ οἶος· ἅμα τῷ γε δύω θεράποντες ἕποντο,
      ἥρως Αὐτομέδων ἠδ' Ἄλκιμος, οὕς ῥα μάλιστα
575   τῖ' Ἀχιλεὺς ἑτάρων μετὰ Πάτροκλόν γε θανόντα·
      οἳ τόθ' ὑπὸ ζυγόφιν λύον ἵππους ἡμιόνους τε,
      ἐς δ' ἄγαγον κήρυκα καλήτορα τοῖο γέροντος,
      κὰδ δ' ἐπὶ δίφρου εἷσαν· ἐϋσσώτρου δ' ἀπ' ἀπήνης
</pre>

(με–) EtG s.v. ἐνηής; **558** Eudoc. 883; **560–1** + **569–70** Plut. Mor. 31a; **561** (λῦσαι) H. λ 1436; **565–7** Eudoc. 2097–9; **570** (ἀλίτ.) H. (Cyr.) α 3068   **574** (οὕς ῥα) H. (Cyr.) ο 1877   **577** (καλήτ.) ApS 94.27; H. κ 437

555 δέξαι 14 t* Ω: -ξο Choer.   **556–7** ath. Ar   **556** των 14ᵃ   **557** πρῶτον ἔασας Trypho Hdn 14 Z Aᵏ Aˢ Ω* (cf. 569, 684): πρῶτον ἔασας Did Hermapias EtG A: πρῶτ' ἐλέησας DSid   **558** αὐτόν τε ζώειν καὶ ὁρᾶν φάος ἠελίοιο add. 14²ᵐ t Ω* Gᵐ: ignoraverunt Ar Trypho DSid Did Hermapias Hdn, deest in 14ᵗ 1544 D T Gᵃ V: ουτος ο στιχος ουχ ευρεθη ἐν τωι παλαιωι Aᵐ.—cf. ad Υ 312   **563** γινώσκω 13 Ω: γειν- 14   **565** κε Ar A T: κεν (nov. Did) 13 14 t Ω*   **566** οὔτε 13 14 Aᵛᵖ V: οὔτι h: οὐδὲ t Aᵏ Ω   φυλακοὺς Ar Hdn 13 schᴰ Aᵏ A Tᵏ Tˢ: φυλάκους 14²ᵐ quidam ap. schᵀ Ω*: φύλακας 14ᵗ t b h   κ' 14 (ex χ) t Aˢ Ω*: τ' 13 A: γ' D   ὀχῆα Ar (cl. 453) 14 t A T R: -ας (nov. Did) 13 Ω*: οἱ G.—cf. ad 446   **567** μετοχλίσ(σ)ειε 13 14 t Aᶜ Ω*: -χλῆσ- Aᵃ D Tᵃ   θυράων 14 t Ω: πυλ- 13   **568** τὼ r: τῷ(ι) Ω   μᾶλλον Y: μᾶ- Ω*   ἐν ἄλγεσι 13 14 Ω: ἐνὶ φρεσὶ Aᵛᵖ   ὀρίνῃς 13 (-ρει-) 14²ᵐ Ω: ορεινοις 14ᵗ   **570** καὶ 14 t Ω: an οὐδ'?   **571** ἔφατ' ἔδδεισεν 14 Ω: φατο ῥ]ιγησεν 13 (cf. Γ 259)   **572** ἆλτο Aᵃ? r: ἀ- Ω*, ἀ- 14²: ἀ- C Y R   **574** possis et hic ἥρω' (cf. ad 474)   ἠδ' 13 (τε ss. 13²) 14 Ω*: τε καὶ (= 474) F h R G.—cf. ad Γ 227   **576** ἵππους 13 14 Ω*: -ους θ' T.—cf. ad 471   **578** δίφρου 14 Ω*: -ον b   ἐϋσσώτρου 13 14 schᵀ Z Aᵛᵖ Aᵐ D Tᵏ T (cf. [Hes.] Sc.

ἥιρεον Ἑκτορέης κεφαλῆς ἀπερείσι᾽ ἄποινα.
580　κὰδ δ᾽ ἔλιπον δύο φάρε᾽ ἐΰννητόν τε χιτῶνα,
ὄφρα νέκυν πυκάσας δοίη οἶκόνδε φέρεσθαι.
δμωιὰς δ᾽ ἐκκαλέσας λοῦσαι κέλετ᾽ ἀμφί τ᾽ ἀλεῖψαι,
νόσφιν ἀειράσας, ὡς μὴ Πρίαμος ἴδοι υἱόν,
μὴ ὃ μὲν ἀχνυμένηι κραδίηι χόλον οὐκ ἐρύσαιτο
585　παῖδα ἰδών, Ἀχιλῆϊ δ᾽ ὀρινθείη φίλον ἦτορ
{καί ἑ κατακτείνειε, Διὸς δ᾽ ἀλίτηται ἐφετμάς}.
τὸν δ᾽ ἐπεὶ οὖν δμωιαὶ λοῦσαν καὶ χρῖσαν ἐλαίωι,
ἀμφὶ δέ μιν φᾶρος καλὸν βάλον ἠδὲ χιτῶνα,
αὐτὸς τόν γ᾽ Ἀχιλεὺς λεχέων ἐπέθηκεν ἀείρας,
590　σὺν δ᾽ ἕταροι ἤειραν ἐϋξέστην ἐπ᾽ ἀπήνην.
ὤιμωξέν τ᾽ ἄρ᾽ ἔπειτα, φίλον τ᾽ ὀνόμηνεν ἑταῖρον·
"μή μοι, Πάτροκλε, σκυδμαινέμεν, αἴ κε πύθηαι
εἰν Ἀϊδός περ ἐών, ὅτι Ἕκτορα δῖον ἔλυσα
πατρὶ φίλωι, ἐπεὶ οὔ μοι ἀεικέα δῶκεν ἄποινα.
595　σοὶ δ᾽ αὖ ἐγὼ καὶ τῶνδ᾽ ἀποδάσσομαι, ὅσσ᾽ ἐπέοικεν."
　　ἦ ῥα, καὶ ἐς κλισίην πάλιν ἤιε δῖος Ἀχιλλεύς,
ἕζετο δ᾽ ἐν κλισμῶι πολυδαιδάλωι, ἔνθεν ἀνέστη,
τοίχου τοῦ ἑτέρου, ποτὶ δὲ Πρίαμον φάτο μῦθον·
"υἱὸς μὲν δή τοι λέλυται, γέρον, ὡς ἐκέλευες,
600　κεῖται δ᾽ ἐν λεχέεσσ᾽· ἅμα δ᾽ ἠοῖ φαινομένηφιν
ὄψεαι αὐτὸς ἄγων. νῦν δὲ μνησώμεθα δόρπου.
καὶ γάρ τ᾽ ἠΰκομος Νιόβη ἐμνήσατο σίτου,

580 (ἐΰνν.) id. ε 7014　　**582** (ἀλεῖψαι) id. α 2851　　**584–6** Plut. Mor. 31b; **584** (ἐρύσ.) H. ε 6105; **586** EtG α 483　　**587–9** Procl. in Remp. i.151.13; **587** (–λοῦσαν) sch ζ 221; **588** Eudoc. 2033　　**590** (ἤειραν) sch Ω 579b; (ἐπ᾽ ἀπ.) H. (Cyr.) ε 4205　　**592** (σκυδμ.) cf. H. σ 1145, Orion. 142.16　　**602–4** Diog. Sinop. (fr. 268 Mü.) ap. Philon. Quod omnis probus 122 (vi.35.7 C.–W.); Stob. 4.56.3; **602** Luc. Dial. 40.24; w5; (ἠΰκ. N.) sch B 467, Σ 484b; (σίτου) Phot. Lex. s.v.; **603** ApS 152.5; **604** Plut. Mor. 170c

273): ἐϋξέστου 13ˢ Ω* (cf. 275, 590)　　ἀπ᾽ 13 (αποπ[) Ω*: ἐπ᾽ 14 Eᵃ O: om. R　　**581** δοίη 14 Aˢ b R G: δώ(ι)η(ι) Ω*　　**583** ἴδοι 14 Ω*: -η(ι) b T　　**584** χόλον Ar 14 t Z Aˡ Ω: κότον Rhi u.v. ("ἔν τισι" A, †εανοὶ T [᾽Ριανὸς Heyne], qui †κόλον, οἱ δὲ κόπον): γόον Hdn (schᵇ), "ἄμεινον" (schᵀ)　　οὐκ ἐρύσαιτο Ar 14 tt Z Aˡ Ω: οὐ κατερύκοι idem qui κότον (Rhi u.v.)　　**586** damn. Leaf (584–6 iam Payne Knight); cf. 570　　**587** χρῖσαν 14 (χρεῖ-) Ω: ἔχρισαν t　　**589** γ᾽ 14 t Ω*: δ᾽ Y: τ᾽ T　　**590** ἐϋξέστηι ἀπ᾽ ἀπήνηι Aˢ　　**591** (φίλον) τ᾽ D b R: δ᾽ 14 Ω*.—cf. ad K 522, Ψ 178　　**594–5** ath. Ar: def. quidam ap. schᵇᵀ　　**595** ὅσσ᾽ 14² Ω*: ὡς 14ᵃ b.—cf. ad Ψ 50　　**599** ἐκέλευες 14 Ω*: -ευσας Aʸᵖ T: σὺ κελεύεις D b (cf. 669)　　**601** αὐτὸς 13 14 Tˡ Ω: -ὸν Aˢ　　**602** σίτου 14 (σεί- 14ᵃ) w5 tt Z Ω*: δόρπου C (ex 601)

τῆι περ δώδεκα παῖδες ἐνὶ μεγάροισιν ὄλοντο,
ἐξ μὲν θυγατέρες, ἐξ δ' υἱέες ἡβώοντες.
605   τοὺς μὲν Ἀπόλλων πέφνεν ἀπ' ἀργυρέοιο βιοῖο
χωόμενος Νιόβηι, τὰς δ' Ἄρτεμις ἰοχέαιρα,
οὕνεκ' ἄρα Λητοῖ ἰσάσκετο καλλιπαρήωι·
φῆ δοιὼ τεκέειν, ἡ δ' αὐτὴ γείνατο πολλούς·
τὼ δ' ἄρα καὶ δοιώ περ ἐόντ' ἀπὸ πάντας ὄλεσσαν.
610   οἱ μὲν ἄρ' ἐννῆμαρ κέατ' ἐν φόνωι, οὐδέ τις ἦεν
κατθάψαι· λαοὺς δὲ λίθους ποίησε Κρονίων.
τοὺς δ' ἄρα τῆι δεκάτηι θάψαν θεοὶ οὐρανίωνες,
ἡ δ' ἄρα σίτου μνήσατ', ἐπεὶ κάμε δάκρυ χέουσα.
νῦν δέ που ἐν πέτρηισιν, ἐν οὔρεσιν οἰοπόλοισιν,
615   ἐν Σιπύλωι, ὅθι φασὶ θεάων ἔμμεναι εὐνάς
νυμφάων, αἵ τ' ἀμφ' Ἀκελήσιον ἐρρώσαντο,
ἔνθα λίθος περ ἐοῦσα θεῶν ἒκ κήδεα πέσσει.
ἀλλ' ἄγε δὴ καὶ νῶϊ μεδώμεθα, δῖε γεραιέ,
σίτου. ἔπειτά κεν αὖτε φίλον παῖδα κλαίοισθα,
620   Ἴλιον εἰσαγαγών· πολυδάκρυτος δέ τοι ἔσται."
      ἦ, καὶ ἀναΐξας ὄϊν ἄργυφον ὠκὺς Ἀχιλλεύς
σφάξ'· ἕταροι δ' ἔδερόν τε καὶ ἄμφεπον εὖ κατὰ κόσμον.
μίστυλλόν τ' ἄρ' ἐπισταμένως πεῖράν τ' ὀβελοῖσιν
ὤπτησάν τε περιφραδέως, ἐρύσαντό τε πάντα.
625   Αὐτομέδων δ' ἄρα σῖτον ἑλὼν ἐπένειμε τραπέζηι
καλοῖς ἐν κανέοισιν· ἀτὰρ κρέα νεῖμεν Ἀχιλλεύς·
οἱ δ' ἐπ' ὀνείαθ' ἑτοῖμα προκείμενα χεῖρας ἴαλλον.
αὐτὰρ ἐπεὶ πόσιος καὶ ἐδητύος ἐξ ἔρον ἔντο,
ἤτοι Δαρδανίδης Πρίαμος θαύμαζ' Ἀχιλῆα,
630   ὅσσος ἔην οἷός τε· θεοῖσι γὰρ ἄντα ἐώικει·

605–6 [Plut.] Hom. 2.202.4; 605 (πέφνεν) H. π 2117   609 Paus. 2.21.10   613a Arn
ad Ω 614–17a   615 sch Soph. El. 151; cf. Aristid. Or. 17.3   616 (ἀμφ'-) Arn ad Ω
614–17a; (Ἀχελ.) Paus. 8.38.10; (ἐρρ.) Philox. fr. 4 Th.; H. ε 6051   617b Arn ad Ω
614–17a(b)   621 (ἀναΐ.-ἄργ.) Plut. Mor. 704a; (ἄργ.) EtG α 1128   630 Eudoc.

603 τῆι 13 14 tt Ω: ἧι h   περ 13 14 tt* Ω: καὶ ApS (ex κ 5)   μμεγάροισιν 14 Bᵃ C
E   ὄλοντο 14 tt* Ω: λίποντο ApS   604 υἱέες 13 14 tt Ω: -εῖς Aᵛᵖ Tᵛᵖ (Did)   ἡβώων-
τες Fᵃ R   608 δ' οἴω D   ἢ (vel ἡ) 13 14 Ω: ἳ Wack. Unt. 167 sq. cl. Soph. fr. 471; Ho-
merum hanc formam novisse negat Hdn ad Χ 410   611 καθθάψαι 14 rr   614–17 ath.
Arph Ar, fort. recte   616 Ἀχελήσιον quidam ap. schᵀ, -ήϊον agn. schᴬᴰ Aˢ (Ἀκελ-
praetuli, cf. Hellan. 4 F 112; Hdn ap. St. Byz. 58.12; Choer. in Thd. i.166.5): Ἀχελώϊον Ar
14 tt schᴬᴰᵇᵀ Ω   619 κλαίοισθα 14 Ω*: -ησθα R.—cf. Chantr. I 470   622 σφάξ' Ω:
-ζ' 14 V P   δ' ἔδερόν 14 Ω*: δὲ δέρον D R   630 ἐώικει 14 t Ω: cf. ad Β 58

αὐτὰρ ὃ Δαρδανίδην Πρίαμον θαύμαζεν Ἀχιλλεύς
εἰσορόων ὄψιν τ' ἀγαθὴν καὶ μῦθον ἀκούων.
αὐτὰρ ἐπεὶ τάρπησαν ἐς ἀλλήλους ὁρόωντες,
τὸν πρότερος προσέειπε γέρων Πρίαμος θεοειδής·
635 "λέξον νῦν με τάχιστα, διοτρεφές, ὄφρα καὶ ἤδη
ὕπνωι ὕπο γλυκερῶι ταρπώμεθα κοιμηθέντε.
οὐ γάρ πω μύσαν ὄσσε ὑπὸ βλεφάροισιν ἐμοῖσιν,
ἐξ οὗ σῆις ὑπὸ χερσὶν ἐμὸς πάϊς ὤλεσε θυμόν,
ἀλλ' αἰεὶ στενάχω καὶ κήδεα μυρία πέσσω,
640 αὐλῆς ἐν χόρτοισι κυλινδόμενος κατὰ κόπρον.
νῦν δὴ καὶ σίτου πασάμην καὶ αἴθοπα οἶνον
λαυκανίης καθέηκα· πάρος γε μὲν οὔ τι πεπάσμην."
ἦ ῥ'· Ἀχιλεὺς δ' ἑτάροισιν ἰδὲ δμωιῆισι κέλευσεν
δέμνι' ὑπ' αἰθούσηι θέμεναι καὶ ῥήγεα καλά
645 πορφύρε' ἐμβαλέειν, στορέσαι τ' ἐφύπερθε τάπητας,
χλαίνας τ' ἐνθέμεναι οὔλας καθύπερθεν ἕσασθαι.
αἲ δ' ἴσαν ἐκ μεγάροιο δάος μετὰ χερσὶν ἔχουσαι,
αἶψα δ' ἄρα στόρεσαν δοιὼ λέχε' ἐγκονέουσαι.
τὸν δ' ἐπικερτομέων προσέφη πόδας ὠκὺς Ἀχιλλεύς·
650 "ἐκτὸς μὲν δὴ λέξο, γέρον φίλε, μή τις Ἀχαιῶν

408; 630a Plut. Aemil. 1.2   632 Eudoc. 2281; (–ἀγ.) sch Λ 1; (ὄψιν–μῦθον) sch B
217b   633 Eudoc. 2251; (τάρπ.) H. τ 201   635a ApS 107.29; sch T 398b; Epm. λ
39   637 + 639 Eudoc. 1005–6; 637 Latine vertit Ninnius Crassus fr. 2 p.107 Court.;
(μύσαν) H. μ 1931   639 Choer. in Thd. ii.155.3   640 Ath. 189f; sch Ω 164b; sch Pind.
Ol. 13.62b; 640a cf. EtG s.v. χόρτος αὐλῆς   641 (–πασ.) Ath. 23f   642a Plut. Mor.
698e   644 (δέμν.) ApS 57.28; 644–6 (ῥήγ., πορφ., τ' ἐφύπ., χλ. οὔλας) Clem. Paed.
2.77.1   647b Porph. Hom. 53.17 Sod.; (δάος) H. (Cyr.) δ 241   648 (ἐστόρ.) H. ε
6420   650 (–φίλε) Epm. λ 39; 650a Porph. Il. 277.17 Schr.

631 ὃ (ὁ) 13 14 Ω*: om. Fᵃ T R G.—cf. ad Γ 18   633 ὁρόωντες 14 t Ω: -ντε
Ahrens   635 νῦν 14 tt* Ω*: δή sch-T b   ὄφρά C E F T   καὶ 14 A D R G: κεν
Ω*   636 ὕπο (Wolf) Aᵃ?: ὑπὸ vel ὕπο 13 14 A�λ Ω   ταρπώμεθα (nov. Ar) 14 Aλ Aˢ Tλ
Ω*: παυσω- Ar A T V.—v.l. ead. δ 295, ψ 255   κοιμηθέντε 14 D (sc. Priamus et praeco;
cf. ad 673): -ντες Ω* (-ντ[G).—v.l. ead. δ 295, ψ 255   637 ὑπὸ 13 14 Ω*, ὕπο 13²: ἐπὶ t
b   638 πάϊς Ω*: παῖς Y R, παις 14   639 κήδεα 14 Eudoc. Ω: ἄλγεα t*   640 om.
Y, del. Payne Knight   κατὰ 14 tt Ω*: περὶ D   641 καὶ (αἴθοπα) 13 14 Ω (cf. 570, O
290): ἠδ' Brandreth (cf. η 295)   642 λαυκανίης 14ᵃ Z Ω*: λευκ- 14² t (-ην) D Cˢ F.—
cf. ad Χ 325   καθέηκα 14 Ω*: μεθέ- b: ˏθεηκα 13: ἐσέθηκα t   643 κέλευσε(ν) 13
14 Ω* (= I 658): ἔειπε G   644 αἰθούσσηι(ι) 13 14² A Dˢ G   646 καθ' ὕπερθεν 14 A
D G   εσεσθ[αι 13, α ss. m²   648 ἄρα στόρεσαν Ar 513' A T (cf. η 340 = ψ 291): ἄρ
ἐστ- (nov. Did) 13 14 t Ω*   650 ἐκτὸς 14 tt Ω: ἐντὸς 513 r   λέξο 13ᶜ' 14 tt Ω*: -ον 13ᵃ?
D Fᶜ R

ἐνθάδ' ἐπέλθησιν βουληφόρος, οἵ τέ μοι αἰεί
βουλὰς βουλεύουσι παρήμενοι, ἦ θέμις ἐστίν.
τῶν εἴ τίς σε ἴδοιτο θοὴν διὰ νύκτα μέλαιναν,
αὐτίκ' ἂν ἐξείποι Ἀγαμέμνονι ποιμένι λαῶν,
655   καί κεν ἀνάβλησις λύσιος νεκροῖο γένοιτο.
ἀλλ' ἄγε μοι τόδε εἰπὲ καὶ ἀτρεκέως κατάλεξον,
ποσσῆμαρ μέμονας κτερεϊζέμεν Ἕκτορα δῖον,
ὄφρα τέως αὐτός τε μένω καὶ λαὸν ἐρύκω."
        τὸν δ' ἠμείβετ' ἔπειτα γέρων Πρίαμος θεοειδής·
660   "εἰ μὲν δή μ' ἐθέλεις τελέσαι τάφον Ἕκτορι δίωι,
ὧδέ κέ μοι ῥέζων, Ἀχιλεῦ, κεχαρισμένα θείης.
οἶσθα γάρ, ὡς κατὰ ἄστυ ἐέλμεθα, τηλόθι δ' ὕλη
ἀξέμεν ἐξ ὄρεος· μάλα δὲ Τρῶες δεδίασιν·
ἐννῆμαρ μέν κ' αὐτὸν ἐνὶ μεγάροις γοάοιμεν,
665   τῆι δεκάτηι δέ κε θάπτοιμεν δαινῦτό τε λαός,
ἐνδεκάτηι δέ κε τύμβον ἐπ' αὐτῶι ποιήσαιμεν,
τῆι δὲ δυωδεκάτηι πτολεμίξομεν, εἴ περ ἀνάγκη."
        τὸν δ' αὖτε προσέειπε ποδάρκης δῖος Ἀχιλλεύς·
"ἔσται τοι καὶ ταῦτα, γέρον Πρίαμ', ὡς σὺ κελεύεις·
670   σχήσω γὰρ πόλεμον τόσσον χρόνον, ὅσσον ἄνωγας."
ὣς ἄρα φωνήσας ἐπὶ καρπῶι χεῖρα γέροντος
ἔλλαβε δεξιτερήν, μή πως δείσει' ἐνὶ θυμῶι.
        οἳ μὲν ἄρ' ἐν προδόμωι δόμου αὐτόθι κοιμήσαντο
κῆρυξ καὶ Πρίαμος, πυκινὰ φρεσὶ μήδε' ἔχοντες·

651 Epm. o 111; (οἵ τε–) id. μ 77   **654** (–Ἀγ.) sch[T] Z 58–9b   **657** Iul. Or.
2.61d   **658** (–μέν.) ApS 151.34; (τέως) H. τ 730   **662** (ἐελμ.) id. η 172   **667** Iul.
Or. 2.61d

651–4 pro his ελθὼν ενθάδ'ἴδοιτο θοὴν διὰ νυκτα μέλαιναν Y   **652** βουλεύουσι 14
Ω*: -σουσι G   παρήμενοι 14   ἢ 14 A D T[a], ἦ B[a] E: ἦ(ι) Ω*.—cf. ad B 73   **654** αὐτίκ'
ἂν 13 14[2m] 513 Ω: -κα δ' 14[t]: -κα t   **655** γένοιτο 14 D F[a] Y R: -ηται Ω*: ἐσεῖται
C   **656** κατάλεξον 14 Ω: ἀγόρευσον h.—cf. ad K 384   **657** ποσσῆμαρ Hdn Z A[λ]
(ποσῆ-) Ω*: πόσσ' ἠ- 14[2] 513 D R[a] N   **658** τε μένω 14 513 Ω: μενέω t   **661** ῥέζων
14 513 Ω: -ξας V P   **662–3** damn. Düntzer; post 778–84 pactos inserti viden-
tur   **662** ὕλην 14[a] A[a]?   **663** δὲ (nov. Did) 14 513 Ω*: γὰρ Ar F[a] h   **664** μμεγάροις 14 513 B[a] C E   γοάοιμεν T[λ] Ω*: γοόωμεν 14, sc. -όωιμεν: (-σι) γοοιμεν D
(ss. ἁ)   **665** δαινῦτό Hermann: -νῦτό Philox Hdn A N: δαίνυτό 14 513 Z T[λ] Ω*
(-ῦτό b).—cf. ad Π 99   **667** πτολεμίξομεν 14 t[vl] (-ζομεν) A D B E F (-ζομεν): πολ- 513
t[vl] (-ζομεν) Ω*:]ξομεν G   ἀνάγκηι A   **669** ἔσταί b   **670** πόλεμον τόσσον 14 513
Ω*: τόσσον πόλεμον A[a] F Y G   **672** δεξιτερὴν Z Ω: -ῆι 14 513   δείσει' (vel -σει) 13
14 513 (-σι')Ω*: -ση(ι) b F R G'   **673** οἳ 13 14 513 Ω*: τὼ b F[c]   αὐτόθι 13 513 Ω: -του
14: -τίκα V   **674** κῆρυξ 513 B[c] O: κῆ- Ω*   ἔχοντες 14 Ω: -ντε Ahrens.—cf. ad 282

675   αὐτὰρ Ἀχιλλεὺς ηὗδε μυχῶι κλισίης εὐπήκτου,
τῶι δὲ Βρισηὶς παρελέξατο καλλιπάρηος.
ἄλλοι μέν ῥα θεοί τε καὶ ἀνέρες ἱπποκορυσταί
ηὗδον παννύχιοι, μαλακῶι δεδμημένοι ὕπνωι,
ἀλλ᾽ οὐχ Ἑρμείαν ἐριούνιον ὕπνος ἔμαρπτεν
680   ὁρμαίνοντ᾽ ἀνὰ θυμόν, ὅπως Πρίαμον βασιλῆα
νηῶν ἐκπέμψειε λαθὼν ἱεροὺς πυλαωρούς.
στῆ δ᾽ ἄρ᾽ ὑπὲρ κεφαλῆς καί μιν πρὸς μῦθον ἔειπεν·
"ὦ γέρον, οὔ νύ τι σοί γε μέλει κακόν, οἷον ἔθ᾽ εὕδεις
ἀνδράσιν ἐν δηίοισιν, ἐπεί σ᾽ εἴασεν Ἀχιλλεύς.
685   καὶ νῦν μὲν φίλον υἱὸν ἐλύσαο, πολλὰ δ᾽ ἔδωκας·
σεῖο δέ κε ζωοῦ καὶ τρὶς τόσα δοῖεν ἄποινα
παῖδές τοι μετόπισθε λελειμμένοι, αἴ κ᾽ Ἀγαμέμνων
γνώηι σ᾽ Ἀτρείδης, γνώωσι δὲ πάντες Ἀχαιοί."
ὣς ἔφατ᾽· ἔδδεισεν δ᾽ ὁ γέρων, κήρυκα δ᾽ ἀνίστη.
690   τοῖσιν δ᾽ Ἑρμείας ζεῦξ᾽ ἵππους ἡμιόνους τε,
ῥίμφα δ᾽ ἄρ᾽ αὐτὸς ἔλαυνε κατὰ στρατόν· οὐδέ τις ἔγνω.
692   ἀλλ᾽ ὅτε δὴ πόρον ἷξον ἐϋρρεῖος ποταμοῖο,
694   Ἑρμείας μὲν ἔπειτ᾽ ἀπέβη πρὸς μακρὸν Ὄλυμπον·
695   Ἡὼς δὲ κροκόπεπλος ἐκίδνατο πᾶσαν ἐπ᾽ αἶαν·
οἲ δ᾽ εἰς ἄστυ ἔλων οἰμωγῆι τε στοναχῆι τε
ἵππους, ἡμίονοι δὲ νέκυν φέρον. οὐδέ τις ἄλλος
ἔγνω πρόσθ᾽ ἀνδρῶν καλλιζώνων τε γυναικῶν,
ἀλλ᾽ ἄρα Κασσάνδρη, ἰκέλη χρυσῆι Ἀφροδίτηι,
700   Πέργαμον εἰσαναβᾶσα φίλον πατέρ᾽ εἰσενόησεν
ἑσταότ᾽ ἐν δίφρωι κήρυκά τε ἀστυβοώτην·

677–9 Gal. Protr. 11.2 (parod.)   684b Hdn ad Z 355a¹   686 [Ammon.] Diff. 445   696 (ἔλων) ApS 67.6; H. ε 2246   698 Eudoc. 1452   700 (Πέργ.) ApS 130.16   701 (ἀστυβ.) id. 45.31; EtG α 1317

675 ηὗδε Fick: εὖ- 14 Ω   ἐϋπήκτου A b Y (cf. ad B 661, I 144, 286, 663, Ω 769)   676 δὲ 13ᵃ 14 Aᵐ Ω*: δ᾽ ἄρα 13² 513 A O: δ᾽ ἄρ rr   677 ἄλλοι 13 14 t Ω: cf. ad B 1, K 1   678 ηυδον 13 14ᵃ: εὖ- 13ˢ 14² t Ω   679 Ἑρμείαν 14 513 Ω: -ην rr   681 πυλαωρούς 14 513 Ω: -αούρους· 13.—cf. ad Φ 530   683 γε μέλει 14 Ω*: μέλλει T   κακὸν 14 Ω*: -οῦ Y   ἔθ᾽ 13 14 Ω*: αρ Y   686 κε Aᵃ Y: κεν 14 t Ω*   687 παῖδες, τοὶ 14 A T G   μετ᾽ 14² A Fᵃ   λελιμμένοι· 14; cf. Praef. xxxii   κ᾽ 13ˢ 14 Ω: γ 13ᵗ   688 γνώηι(ι) 14 Aˢ D T Y R: γνοίη Ω*   689 ἔδδεισε(ν) sic 14 Ω   ἀνίστη· 13, ἀνίστη· 14   692 ἷξον Cᵃ E Fᶜ Y R: ῐ- 14 Ω*   693 (= Ξ 434, Φ 2) add. b M V: deest in 13 14 Ω*   696 στοναχῆι 14ˢ Ω: στεν- 14ᵗ.—cf. ad 512   697 φέρον 14 Aʸᵖ Ω*: ἄγον 13 A G.—cf. ad O 743   699 Κασσάνδρη 13 Ω: Κασά- N.—cf. ad N 366   χρυσῆ(ι) 13 14 262 Ω* (-σὴ D): -σεη 13ᶜ? Y.—cf. Praef. xxxvi sq.   701 ἑσταότ᾽ (nov. Did) 13 14 Tλ Ω*: -αῶτ᾽ F: -εῶτ᾽ Ar 262 D h: periit G

τὸν δ᾽ ἄρ᾽ ἐφ᾽ ἡμιόνων ἴδε κείμενον ἐν λεχέεσσιν.
κώκυσέν τ᾽ ἄρ᾽ ἔπειτα γέγωνέ τε πᾶν κατὰ ἄστυ·
"ὄψεσθε, Τρῶες καὶ Τρωιάδες, Ἕκτορ᾽ ἰόντες,
705   εἴ ποτε καὶ ζώοντι μάχης ἒκ νοστήσαντι
χαίρετ᾽, ἐπεὶ μέγα χάρμα πόλει τ᾽ ἦν παντί τε δήμωι."
ὣς ἔφατ᾽· οὐδέ τις αὐτόθ᾽ ἐνὶ πτόλεϊ λίπετ᾽ ἀνήρ
οὐδὲ γυνή· πάντας γὰρ ἀάσχετον ἵκετο πένθος·
ἀγχοῦ δὲ ξύμβληντο πυλάων νεκρὸν ἄγοντι.
710   πρῶται τόν γ᾽ ἄλοχός τε φίλη καὶ πότνια μήτηρ
τιλλέσθην, ἐπ᾽ ἄμαξαν ἐΰτροχον ἀΐξασαι,
ἁπτόμεναι κεφαλῆς· κλαίων δ᾽ ἀμφίσταθ᾽ ὅμιλος.
καί νύ κε δὴ πρόπαν ἦμαρ ἐς ἠέλιον καταδύντα
Ἕκτορα δάκρυ χέοντες ὀδύροντο πρὸ πυλάων,
715   εἰ μὴ ἄρ᾽ ἐκ δίφροιο γέρων λαοῖσι μετηύδα·
"εἴξατέ μοι οὐρεῦσι διελθέμεν· αὐτὰρ ἔπειτα
ἄσεσθε κλαυθμοῖο, ἐπὴν ἀγάγωμι δόμονδε."
ὣς ἔφαθ᾽· οἳ δὲ διέστησαν καὶ εἶξαν ἀπήνηι.
οἳ δ᾽ ἐπεὶ εἰσάγαγον κλυτὰ δώματα, τὸν μὲν ἔπειτα
720   τρητοῖς ἐν λεχέεσσι θέσαν, παρὰ δ᾽ εἶσαν ἀοιδούς
θρήνων ἐξάρχους, οἵ τε στονόεσσαν ἀοιδήν
οἳ μὲν ἄρ᾽ ἐθρήνεον, ἐπὶ δὲ στενάχοντο γυναῖκες.
τῆισιν δ᾽ Ἀνδρομάχη λευκώλενος ἦρχε γόοιο,
Ἕκτορος ἱπποδάμοιο κάρη μετὰ χερσὶν ἔχουσα·

703b sch Pind. Ol. 3.17e   704 (–Τρωιάδες) Hdn ii.818.27   707 (οὐδέ-)–8 Eudoc. 2068–9   711a Hdn ad Σ 487; cf. H. τ [353], [734], [835]   717a sch Φ 70a; 717b
Epm. α 316   719 (τὸν μὲν-)–21 EtG α 952; 720 (παρὰ-)–1a sch Eur. Pho. 1499;
(ἀοιδ.)–721a [Plut.] Hom. 2.147.4; (ἀοιδ.) H. (Cyr.) α 5663; 721 Philop. in Gen. et corr.
CAG xiv(2).22.5   724 Matro Supp. Hell. 534.31 (parod.)

702 ἡμιόνων 13 262 Ω: -νω 14   703 τε 14 262 t Ω*: δὲ 13 G   704 Ἕκτορ᾽ ἰόντες
14 262 Ω: -ρα διο[ν 13   705 ζώοντι 14ᶜ 262 Ω*: -οντε 14ᵃ: ζώωντι A:]τι 13   706 πόλει (nov. Did) 13 14 262 Ω: πόλι Ar (teste sch^h): an -ηι?—cf. ad E 686   707 οὐδέ τις
αὐτόθ᾽ 14 262᾽ t Ω: ουδ αρα δ]η τις 13   πτόλεϊ (vel -ει) 13 14 t Ω (πό- E T): -λιϊ rr: -λιε
262 (πτόλι ἐλλίπετ᾽ Fick post Bothe)   708 ἀάσχετον 13 14 262 t Z Ω (ἄσχ- Eᵃ, ρα
ἄσχ- T): cf. ad E 892   710 τόν 13 14 Ω*: τῶν T: τῶ F: τοῦ r   711 ἐπ᾽ ἄμαξαν 13 14
Hdn (t) A D B E T Y (ἐπ᾽ ἄμ-): ἐφ᾽ ἄμ- Ω*.—cf. ad 782; Praef. xvii   717 ἄσεσθε 14²ˢ
Aˢ Ω*: -εσθαι 14ᵗ: -ασθε A h R: -ασθαι t T   ἀγάγωμι t D Y: -οιμι 13 14 Ω*   δόμονδε
(vel δέ) 13 14 Ω: πόλιν δέ t Aʸᵖ   post h.v. deficit E   721 damn. Heyne; versum post
hunc excidisse ci. Friedländer   θρήνων [Plut.] Philop. Bˢ C Y: -ους 13 14 tt* Ω*   ἐξάρχους 14 tt Tᴬ Ω*: -ουσ᾽ A (ss. ι, sc. -ουσι) Bᵃ C G, -ουσ[ι]᾽ F   στονόεσσαν 13 14 tt Ω:
στονάχησαν vel. sim.? Leaf   722 ἄρ ἐθρήνεον 13 14 Ω*: δὴ θρ- Aʸᵖ D V   δ᾽ ἐστενάχοντο R   723 τῆισιν fere 14 Ω: τοῖσι(ν) Aʸᵖ h.—cf. ad 747, 761   724 ἱπποδάμοιο

725   "ἆνερ, ἀπ' αἰῶνος νέος ὤλεο, κὰδ δέ με χήρην
        λείπεις ἐν μεγάροισι· παῖς δ' ἔτι νήπιος αὔτως,
        ὃν τέκομεν σύ τ' ἐγώ τε δυσάμμοροι, οὐδέ μιν οἴω
        ἥβην ἵξεσθαι· πρὶν γὰρ πόλις ἥδε κατ' ἄκρης
        πέρσεται· ἦ γὰρ ὄλωλας ἐπίσκοπος, ὅς τέ μιν αὐτήν
730   ῥύσκε', ἔχες δ' ἀλόχους κεδνὰς καὶ νήπια τέκνα.
        αἲ δ' ἤτοι τάχα νηυσὶν ὀχήσονται γλαφυρῇσιν,
        καὶ μὲν ἐγὼ μετὰ τῇσι· σὺ δ' αὖ, τέκος, ἢ' ἐμοὶ αὐτῇι
        ἕψεαι, ἔνθά κεν ἔργα ἀεικέα ἐργάζοιο
        ἀθλεύων πρὸ ἄνακτος ἀμειλίχου, ἤ τις Ἀχαιῶν
735   ῥίψει χειρὸς ἑλὼν ἀπὸ πύργου, λυγρὸν ὄλεθρον,
        χωόμενος, ᾧ δή που ἀδελφεὸν ἔκτανεν Ἕκτωρ
        ἢ πατέρ' ἠὲ καὶ υἱόν, ἐπεὶ μάλα πολλοὶ Ἀχαιῶν
        Ἕκτορος ἐν παλάμῃσιν ὀδὰξ ἕλον ἄσπετον οὖδας.
        οὐ γὰρ μείλιχος ἔσκε πατὴρ τεὸς ἐν δαῒ λυγρῇι·
740   τὼ καί μιν λαοὶ μὲν ὀδύρονται κατὰ ἄστυ,
        ἀρητὸν δὲ τοκεῦσι γόον καὶ πένθος ἔθηκας,
        Ἕκτορ. ἐμοὶ δὲ μάλιστα λελείψεται ἄλγεα λυγρά·
        οὐ γάρ μοι θνῄσκων λεχέων ἒκ χεῖρας ὄρεξας,
        οὐδέ τί μοι εἶπες πυκινὸν ἔπος, οὖ τέ κεν αἰεί

725–6a imit. Nonn. D. 40.113–14; **725** w5 (lacerum); (–ὤλεο) ApS 17.12; sch A 473b[1], α 1 (p.6.20 Ludw.); sch Soph. Tr. 550; Porph. Il. 259.11 Schr.; H. α 2216; Simpl. in De caelo CAG vii.288.14; Olymp. in Phd. 63.24; (ἆνερ) H. α 4940   **730** (ἔχες–) sch Z 402–3a; (ἔχες δ' ἀλ.) sch E 492a   **732** (ἢ' ἐμοὶ–)–**3** (ἔψ.) ApD Pron. 45.29; **733** (ἔψ.) ApS 80.25; H. ε 7697   **734** (–ἀμειλ.) Porph. Il. 116.23 Schr.; **734**a sch P 667b; Phot. Lex. s.v. πρό; Epm. α 247; (ἀθλ.) H. (Cyr.) α 1246, 1596; (πρὸς ἄν.) sch Z 456a; (ἤ τις–)–**735** (–πύργ.) sch Eur. Andr. 10; **735** (–πύργ.) sch T 126   **736** sch X 371a[1]   **740–1** Eudoc. 313–14; **741** sch Ω 739   **742** (ἐμοὶ–) Eudoc. 2058   **743–5** [Plut.] Hom. 2.188.1; **744–5** (μεμν.) [Plut.] Cons. Apoll. 117b

13 14 262 t sch[hyp] D R: ἀνδοφόνοιο Ω*.—cf. ad I 351   **725** νέος Ar 13 14 262 tt* Ω: -ον Zen: πάρος Olymp.   δέ με 14 Ω*: δ' ἐμε A, δ' ἐμὲ r   **726** λείπεις ἐν 13 14 262 Ω*: λείπες ἐνὶ D: κάλλιπες ἐν Nonn.   δ' ἔτι 14 A[yp] D F, δέ τι R G: δέ τε Ω*   αὔτως (vel αὔ-) 14 262' Ω*: οὔ- G   **728** ἥδε A B[a] T[a]   **729** αὐτὴν 14 262 Ω: -ός Platt   **730** ῥύσκε' Barnes: -ευ 14 262 Z Ω (-ες R)   **731** δ' ἤτοι r: δή τοι 14 Ω   ὀχή–σονται 14 262 Z (οχίσ-) A D F: οἰχ- Ω*   **732** ἢ' Fick: ἢ 14 Ω: ἠδ' t   **733** ἔνθά 14 Ω   **734** ἀθλεύων 14 262 Phot. Epm. Ω*: ἀεθλ- tt* Z B C T[λ] G: utrumque Hsch.   πρὸ 14 262 tt* Z Ω: πρὸς sch-Z   **735** ἑλὼν 14 t* A[λ] Ω: ἔχων sch-T: πελων Z   **736** ᾧι t A[c] B C: ᾧ(ι) τινι 14 262 Ω*   **737** ἠὲ καὶ υἱὸν ἐπεὶ 262 Ω: η και υἱον· η και 14   **739** δαῒ 14 (δὰϊ) Ω*: parox. 13 A G   **740** τὼ G: τῶ(ι) Ω*   καί 14 262 Ω*: κέν t B C   κατὰ 13 14[2s] 262 t Ω: περι 14[t]   **741** ἀρητὸν 14 262 tt sch[bTD] A[c?] B F T: ἄρητον Z A[a?] D (-όν τε): ἄρρητον C R G.—v. ad P 37   **744** ουδ' ἔτι 14[2]   εἶπες 14 262 Ω: -ας tt

745   μεμνήιμην νύκτας τε καὶ ἤματα δάκρυ χέουσα."
       ὣς ἔφατο κλαίουσ', ἐπὶ δὲ στενάχοντο γυναῖκες.
          τῆισιν δ' αὖθ' Ἑκάβη ἁδινοῦ ἐξῆρχε γόοιο·
       "Ἕκτορ, ἐμῶι θυμῶι πάντων πολὺ φίλτατε παίδων,
       ἦ μέν μοι ζωός περ ἐὼν φίλος ἦσθα θεοῖσιν,
750   οἳ δ' ἄρα σεο κήδοντο καὶ ἐν θανάτοιό περ αἴσηι.
       ἄλλους μὲν γὰρ παῖδας ἐμοὺς πόδας ὠκὺς Ἀχιλλεύς
       πέρνασχ', ὅν τιν' ἕλεσκε, πέρην ἁλὸς ἀτρυγέτοιο,
       ἐς Σάμον ἔς τ' Ἴμβρον καὶ Λῆμνον ἀμιχθαλόεσσαν·
       σέο δ' ἐπεὶ ἐξέλετο ψυχὴν ταναήκεϊ χαλκῶι,
755   πολλὰ ῥυστάζεσκεν ἑοῦ περὶ σῆμ' ἑτάροιο
       Πατρόκλου, τὸν ἔπεφνες—ἀνέστησεν δέ μιν οὐδ' ὥς—
       νῦν δέ μοι ἑρσήεις καὶ πρόσφατος ἐν μεγάροισιν
       κεῖσαι, τῶι ἴκελος ὅν τ' ἀργυρότοξος Ἀπόλλων
       οἷς ἀγανοῖσι βέλεσσιν ἐποιχόμενος κατέπεφνηι."
760   ὣς ἔφατο κλαίουσα, γόον δ' ἀλίαστον ὄρινεν.
          τῆισι δ' ἔπειθ' Ἑλένη τριτάτη ἐξῆρχε γόοιο·
       "Ἕκτορ, ἐμῶι θυμῶι δαέρων πολὺ φίλτατε πάντων·
       {ἦ μέν μοι πόσις ἐστὶν Ἀλέξανδρος θεοειδής,
       ὅς μ' ἄγαγε Τροίηνδ'· ὡς πρὶν ὤφελλον ὀλέσθαι·}

   751a ApD Pron. 40.9   **752a, 753** Strab. 10.2.17; **753** ApS 27.15; (–Λῆμν.) sch A.R.
1.923–4; **753b** EtG α 656 ex Orione (Philox. fr. 236 Th.); (Λ. ἀμ.) sch Soph. Ph. 215; (ἀμ.)
H. (Cyr.) α 2188, 3683, μ 1482   **754** (–ψυχ.) ApD Pron. 40.7, Synt. 198.7, 218.9;
Hdn i 555.16   **755** (ῥυστ.) cf. H. ε 6118, Phot. Lex. ε 1980   **757** (ἑρσ.) H. (Cyr.) ε
6060; Phot. Lex. ε 1970   **762** (–δαέρ.) sch Heph. 319.7; (δαέρ.) H. (Cyr.) δ
31   **764b** Porph. Il. 59.4 Schr.

   745 μεμνήιμην R[c] Eust.: -ήμην 14 Ω   νύκτάς A R   **747** τῆισιν 14 262 Ω*: τοῖσι(ν)
D h.—cf. ad 723, 761   **748** ἐμῶ(ι) 14[c] Ω: ομοι 14[a]   πολὺ 14 Ω*: περι D   **749** μοι 14
Ω: καὶ Doederlein   **750** οἳ δ' Ω: ἠδ' 14   σεο dedi: σεῦ 14 Ω   **752** ὅν τιν' ἕλεσκε 14
Ω: ὅν τιν' ἑλέηισι (sc. ἕλησι) A[γρ]: ὅν κε λάβοι t   **753** ἀμιχθαλόεσσαν 14 tt* Z A[λ] Ω
(= Hymn. Ap. 36): μιχθ- Antim: utrumque Hsch. (et αἰχθ-)   **754** deficit D   σέο dedi:
σεῦ 14 tt Ω: σοὶ van Leeuwen (cf. Z 234, I 377[vl], T 137[vl])   εξέλετο 14   **756** ὥς· 14: ὡς
A, ὥς Ω*   **757** μοι ἑρσήεις 13 (-ηις) 14 Z B[a] C G: μοι ἐρσ- Ω*: μ' ἐερσ- van Leeuwen
(cf. 419)   **758** κεῖαι Wack. Unt. 170   τ' 13 14 Z A[λ] Ω*: om. B C F[c]   **759** ἀγανοῖσι
βέλεσσιν 13 14 A[γρ] T[λ] R G: -οῖς βελέεσσιν A (-οῖσ[ι]) Ω*: utrumque Z.—v.l. sim. ε 124;
cf. Α 42, Ν 555; La Roche Unt. I 83   κατέπεφνηι 14 A[γρ] h R: -έπεφνεν Z Ω* (= γ 280
al.)   **760** ὄρινε(ν) Ω: ἔγειρε 14 M: ἔθηκε N   **761** τῆ(ι)σι 14 Ω (-σιν G): τοῖσι P.—cf.
ad 723, 747   ἔπειθ' 14 Ω*: αὖθ' F R G (ex 747)   **762** δαέρων 14 tt Ω (cf. 769): δαρ-
Brandreth: δαίρ- Fick: fort. δαιρῶν (< *δαιϝρῶν, cf. Schwyzer 266; Chantr. I 216 et
DEG)   post h.v. deficit G; manent iam A B C F T R   **763–4** seclusi   **764** ἄγαγε Ω*,
-γεν 14: -γ' ἐς B C F[c]   Τροίηνδ' 14 Ω*: -ην B C   ὤφελλον ὀλέσθαι Ar 14 t (ὄφελον) Ω*:
ὤφελλ' ἀπολ- (= H 390, nov. Did) A[m] F (ὤφελ') T[λ] R (ὄφ-)

765   ἤδη γὰρ νῦν μοι τόδ' ἐεικοστὸν ἔτος ἐστίν
       ἐξ οὗ κεῖθεν ἔβην καὶ ἐμῆς ἀπελήλυθα πάτρης,
       ἀλλ' οὔ πω σέ' ἄκουσα κακὸν ἔπος οὐδ' ἀσύφηλον,
       ἀλλ' εἴ τίς με καὶ ἄλλος ἐνὶ μεγάροισιν ἐνίπτοι
       δαέρων ἢ γαλόων ἢ' εἰνατέρων εὐπέπλων
770   ἢ ἑκυρή—ἑκυρὸς δὲ πατὴρ ὣς ἤπιος αἰεί—
       ἀλλὰ σὺ τόν γ' ἐπέεσσι παραιφάμενος κατέρυκες
       σῆι τ' ἀγανοφροσύνηι καὶ σοῖς ἀγανοῖς ἐπέεσσιν.
       τὼ σέ θ' ἅμα κλαίω καὶ ἔμ' ἄμμορον ἀχνυμένη κῆρ·
       οὐ γάρ τίς μοι ἔτ' ἄλλος ἐνὶ Τροίηι εὐρείηι
775   ἤπιος οὐδὲ φίλος, πάντες δέ με πεφρίκασιν."
       ὣς ἔφατο κλαίουσ', ἐπὶ δ' ἔστενε δῆμος ἀπείρων.
          λαοῖσιν δ' ὁ γέρων Πρίαμος μετὰ μῦθον ἔειπεν·
       "ἄξετε νῦν, Τρῶες, ξύλα ἄστυδε. μηδέ τι θυμῶι
       δείσητ' Ἀργείων πυκινὸν λόχον· ἦ γὰρ Ἀχιλλεύς
780   πέμπων μ' ὧδ' ἐπέτελλε μελαινάων ἀπὸ νηῶν,
       μὴ πρὶν πημανέειν, πρὶν δωδεκάτη μόλῃ ἠώς."
       ὣς ἔφαθ'· οἳ δ' ὑπ' ἀμάξηισιν βόας ἡμιόνους τε
       ζεύγνυσαν, αἶψα δ' ἔπειτα πρὸ ἄστεος ἠγερέθοντο.
          ἐννῆμαρ μὲν τοί γε ἀγίνεον ἄσπετον ὕλην·
785   ἀλλ' ὅτε δὴ δεκάτη ἐφάνη φαεσίμβροτος ἠώς,
       καὶ τότ' ἄρ' ἐξέφερον θρασὺν Ἕκτορα δάκρυ χέοντες,
       ἐν δὲ πυρῆι ὑπάτηι νεκρὸν θέσαν, ἐν δ' ἔβαλον πῦρ.

765 Epm. (unde sch^G) Α 260, η 11   **767** (–ἔπος) sch Γ 50   **769a** sch Heph. 287.30, 319.2   **770** (ἑκυρή, ἑκυρός) ApS 65.28; H. ε 1781–2; (ἑκυρὸς–) sch Ω 248c^1; (ἤπ.) Phot. Lex. η 216   **773** Porph. Il. 59.5 Schr.   **775b** sch Α 325b   **782** (οἳ δ' ὑπ' ἀμ.) Hdn ad Σ 487   **784** (ἀγίν.) ApS 6.8; H. α 414   **785** (φαεσ.) ApS 161.10; H. φ 29

765–6 damn. Welcker Der epische Cyclus II 265   **765** νῦν μοι 14 tt Ζ Ω*: μοι νῦν B C R   τόδ' ἐεικοστὸν Α^c⟩: τόδε εἰκ- Ζ Α^λ Τ^λ Ω*: τοδεεικ- 14   **766** κεῖθεν 14 Ω: ἐκ- Ζ   **767** πω 14^c t Τ^λ Ω: πως 14^a   σε' Fick, σέ' van Leeuwen: σεῦ 14 t Τ^λ Ω   **768** μμε- γάροισιν 14 Β^a C   ἐνίπτοι 14 Ζ Ω*: -σποι Τ R: -σσοι Α^γρ.—cf. ad 238, Γ 438   **769** δα- έρων 14 (δᾱέ-) tt Ω*: ἢ δαέ- Τ.—v. ad 762   ἢ' Fick: ἢ 14 Α, ἢ Ω*   ἐϋπέπλων B C R (cf. ad Ε 424, Ζ 378, 383, Ω 675)   **770** damn. Westphal   αἰεὶ 14^t Ω*: ἤεν t h, εἶεν Α^γρ: ηες 14^2m: εἴη R   **772** damn. Heyne   **773** τὼ (τώ) rr: τῶ(ι) Ω   ἔμ' ἄμμορον 14 t Ω: ἐμὸν μόρον quidam ap. sch^T.—cf. ad Ζ 408   **774** τις μοι Ω: μοι τις 14   **776** δ' ἔστενε 14 Α^m Ω*: δὲ στένε Α^c Τ   **777** δ' ὁ 14 Ω: δὲ h   **778** ἄξετε 14 Ω*: -ατε 14^s F   **781** πημανέειν Ω: πημαίνειν Ζ   **782** ὑπ' ἀμάξηισιν 14 t Ω*: ὑφ' ἀμ- C F^a R.—cf. ad 711   **783** ζεύ- γνυσαν 14 Ω*: -υον Τ h   **784** τοί γε 14^2s Ω: δη σφιν 14^t   **785** φαεσίμβροτος Ζ Ω*: ῥοδοδάκτυλος 14 Α^γρ F^a Τ (= Ζ 175, verum hic ex 788)   **787** ἐν δ' ἔβαλον πῦρ 14 Ω: ἀχνύμενοι κῆρ Α^γρ (ex Ψ 165)

ἦμος δ' ἠριγένεια φάνη ῥοδοδάκτυλος Ἠώς,
789	τῆμος ἄρ' ἀμφὶ πυρὴν κλυτοῦ Ἕκτορος ἤγρετο λαός·
791	πρῶτον μὲν κατὰ πυρκαϊὴν σβέσαν αἴθοπι οἴνωι
πᾶσαν, ὁπόσσον ἐπέσχε πυρὸς μένος· αὐτὰρ ἔπειτα
ὀστέα λευκὰ λέγοντο κασίγνητοί θ' ἕταροί τε
μυρόμενοι, θαλερὸν δὲ κατείβετο δάκρυ παρειῶν.
795	καὶ τά γε χρυσείην ἐς λάρνακα θῆκαν ἑλόντες,
πορφυρέοις πέπλοισι καλύψαντες μαλακοῖσιν·
αἶψα δ' ἄρ' ἐς κοίλην κάπετον θέσαν, αὐτὰρ ὕπερθεν
πυκνοῖσιν λάεσσι κατεστόρεσαν μεγάλοισιν.
ῥίμφα δὲ σῆμ' ἔχεαν—περὶ δὲ σκοποὶ εἴατο πάντηι,
800	μὴ πρὶν ἐφορμηθεῖεν ἐϋκνήμιδες Ἀχαιοί—
χεύαντες δὲ τὸ σῆμα πάλιν κίον. αὐτὰρ ἔπειτα
εὖ συναγειρόμενοι δαίνυντ' ἐρικυδέα δαῖτα
δώμασιν ἐν Πριάμοιο, διοτρεφέος βασιλῆος.
ὣς οἵ γ' ἀμφίεπον τάφον Ἕκτορος ἱπποδάμοιο.

794 (κατείβ.) id. κ 1578	795 (–θῆκαν) Arn ad Ψ 92a	796 (–καλ.) sch Ω
229–31a¹	797 (ἐς κ. κάπ.) cf. Philostr. Vit. Ap. 4.11; (κάπ.) cf. H. (Cyr.) ε 698	801
sch Ψ 29b¹	804 ApS 149.30; Hdn ii.941.20; (ἀμφί.) H. (Cyr.) α 4011

788 exspectaveris δ' ἐνδεκάτη ἐφάνη	789 (susp. Leaf) om. T	πυρὴν Ω (= H 434):
-η`ι´ 14	κλυτοῦ 14²ˢ Ω: κριτος (= H 434) 14ᵗ	ἤγρετο Voss: ἔγρ- 14 Ω.—cf. ad H
434	790 αὐτὰρ ἐπεί ῥ' ἤγερθεν ὁμηγερέες τ' ἐγένοντο (= β 9 al.) add. Ω*: deest in 14
A T Y	793 ὄστεα proparox. quidam ante Hdn	λευκὰ λέγοντο Z Ω: λευκ' ελ- 14:
λεύκ' ἀλ- Mʸᵖ	θ' ἕταροί τε 14 Ω (θ' om. F, τε ἔτ- R): τε ἔται τε Brandreth cl. Π
456	796 καλύψαντες 14 t Ω: καθάψ- quidam ap. schᵀ	798 κατεστόρεσαν Ω:
καταστ- 14	799 ἔχεαν 14 Ω*: -ον T	802 συναγειρόμενοι Ω* schʰʸᵖ: τ' ἀναγ- F:
συναγειράμενοι 14 Aˢ R: διαγ- h	804 (om. Y) susp. Christ, damn. Fick	Ἕκτορος
ἱπποδάμοιο 14 tt Ω: ἦλθε δ' Ἀμαζών | Ἄρηος θυγάτηρ μεγαλήτορος ἀνδροφόνοιο
quidam ap. schᵀ: ηλθε δ Αμαζω[ν] | οτρηρ[η] θυγατηρ ευειδης Πενθεσιλ‹ε›ια 104 (col.
xxii fin. post narrationem de origine belli Troiani; Ὀτρήρ[η‹ϛ›] Croenert) = Aethiopidis
fr. 1 Bern., fr. spur. D.; possis Ἄρηος ‹κρατεροῦ› μεγαλήτορος ἀνδροφόνοιο | ὀτρηρὴ
θυγάτηρ, εὐειδὴς Πενθεσίλεια, vel Ὀτρήρης θυγάτηρ μεγαλήτορος ἀνδροφόνοιο |
Ἄρηός ‹τε θεοῦ›, εὐειδὴς Πενθεσίλεια

INDEX NOMINVM

Stellula (*) notantur variae lectiones, cancellis [ ] loci spurii

Ἄβαντες B 536 541 542. Δ 464
Ἀβαρβαρέη Z 22
Ἄβας (1) Calchantis avus, v. ad A 69; (2) Eurydamantis f. E 148
Ἄβιοι N 6*
Ἄβληρος Z 32
Ἄβυδος B 836. Δ 500. P 584
Ἀγάθων Ω 249
Ἀγακλέης Π 571
Ἀγαμεμνόνεος K 326. Ψ 295 525
Ἀγαμέμνων A 24 90 94 102 130 172 203 285 318 335 355 378 411 442 506. B 6 9 18 21 100 107 122* 185 221 224 243 254 362 369 402 411 434 441 477 576 612 772. Γ 81 118 120 178 193 267 455. Δ 148 153 178 188 204 223 255 283 311 336 356 368 413. E 38 537 552. Z 33 53 63. H 57 107 162 176 230 312 314 322 373 383 405 470. Θ [54b] 78 218 261 278. I 13 62 96 114 163 178 226 253 260 263 269 315 331 368 386 388 439 [627a] 672 677 697. K 3 9 42 64 86 88 103 119 233. Λ 91 99 107 126 153 158 177 187 202 216 219 231 238 246 251 254 284 661 766. N 112. Ξ 22 29 41 64 103 134 137 380. Π 26 58 72 273. P 249. Σ 111 257 445. T 35 51 76 146 172 184 199 241 249. Ψ 36 38 49 110 155 161 296 486 887 895. Ω 654 687.—cf. Ἀτρείδης Ἀτρείων Ἀτρέος υἱός
Ἀγαμήδη Λ 740*
Ἀγαπήνωρ B 609
Ἀγασθένης B 624
Ἀγάστροφος Λ 338 373
Ἀγαυή Σ [42]

Ἀγαυοί N 5*
Ἀγαυός Ω 251*
Ἀγέλαος (1) Graecus Λ 302; (2) Troianus Θ 257
Ἀγήνωρ Δ 467. Λ 59. M 93. N 490 598. Ξ 425. O 340. Π 535. Φ 545 579 595 600.—Eius filius Υ 474
Ἀγκαῖος (1) Arcas B 609; (2) Pleuronius Ψ 635*
Ἀγλαΐη B 672
Ἄγριος Ξ 117
Ἀγχίαλος E 609
Ἀγχίσης B 820. E 268 313. N 428. Υ 239 240.—παῖς vel υἱὸς Ἀγχίσαο (Aeneas) B 819. E 247 468. M 98. P 491. Υ 112 208
Ἀγχισιάδης (Aeneas) P 754. Υ 160; (Echepolus) Ψ 296
Ἀδάμας M 140 [193a]. N 560 759 771
Ἄδμητος pater Eumeli B 713 714. Ψ 289 391 532
Ἀδρήστεια B 828
Ἀδρηστίνη (Aegialea) E 412
Ἄδρηστος (1) Percosius B 830; (2) Sicyonius B 572. Ξ 121. Ψ 347; (3) Troianus Z 37, 45, 63; (4) Troianus alter Π 694
Ἀζείδης (Actor) B 513
Ἀθῆναι B 546 [549]
Ἀθηναίη A 200 221. B 156 371. Δ 20 22 64 69 [69a] 73 104 288. E 333 418 510 713 733 765. Z 88 92 269 273 279 300 303 305 379 384. H 58 132. Θ 351 384 426 444 447 457 459 540. I 254 390. K 275 460 516. Λ 45 438 729. N 128 827. O [71] 213 [614]. Π 97. T 341. Φ 392

Σεμέλη Ξ 323 325
Σήσαμος Β 853
Σηστός Β 836
Σθενέλαος Π 586
Σθένελος (1) Capanei f. Β 564. Δ 367. Ε
    108 111 241 835. Θ 114. Ι 48. Ψ 511;
    (2) Persei f. Τ 116 123
Σιδόνες Ψ 743
Σιδονίη Ζ 291
Σιδόνιος Ζ 290
Σικυών Β 572. Ψ 299
Σιμόεις Δ 475. Ε 774 777. Ζ 4*. Μ 22. Υ
    53. Φ 307
Σιμοείσιος Δ 474 477 488
Σίντιες Α 594
Σίπυλος Ω 615
Σίσυφος Ζ 153 154
Σκαιαὶ πύλαι Γ 145 149 263. Ζ 237 307
    393. Ι 354. Λ 170. Π 712. Σ 453. Χ 6
    360 462*
Σκαμάνδριος (adi.) Β 465 467
Σκαμάνδριος (1) Astyanax Ζ 402; (2)
    Strophii f. Ε 49
Σκάμανδρος fluvius Ε 36 77 774. Ζ 4*. Η
    329. Λ 499. Μ 21. Υ 74. Φ 124 223
    305 603. Χ 148.—cf. Ξάνθος (1)
Σκάνδεια Κ 268
Σκάρφη Β 532
Σκῦρος Ι 668. Τ [326] [332]
Σκῶλος Β 497
Σμινθεύς Α 39
Σόλυμοι Ζ 184 204
Σπάρτη Β 582. Δ 52
Σπειώ Σ [40]
Σπερχειός fluvius Π 174 176. Ψ 142 144
Στέντωρ Ε 785; cf. ad Β 609
Στιχίος Ν 195* 691. Ο 329
Στρατίη Β 606
Στροφίος Ε 49
Στύμφηλος Β 608
Στύξ Β 755. Θ 369. Ξ 271 279*. Ο 37
Στύρα Β 539
Σύμη Β 671
Σφῆλος Ο 338
Σχεδίος (1) Iphiti f. Β 517. Ρ 306; (2) Pe-
    rimedis f. Ο 515; (3) Pylius Δ 295*; (4)
    Atheniensis Ν 195*; (5) f.l. Ζ 35
Σχοῖνος Β 497

Σῶκος Λ 427 428 440 450 456

Ταλαιμένης Β 865
Ταλαϊονίδης (Mecisteus) Β 566. Ψ 678
Ταλθύβιος Α 320. Γ 118. Δ 192 193. Η
    276. Τ 196 250 267. Ψ 897
Τάρνη (1) urbs Boeotiae Β 507*; (2) Ly-
    diae Ε 44
Τάρταρος Α [404a]. Θ 13 481
Τάρφη Β 533
Τεγέη Β 607
Τέκτων Ε 59*
Τελαμών Θ 283; υἱὸς Τελαμῶνος Aiax Ν
    177. Ρ 284 293
Τελαμωνιάδης (Aiax) Θ [224] 267. Ι 623.
    Λ 7 [542]. Ν 709. Ξ 460. Ο 289. Ρ
    235. Σ 193. Ψ 838
Τελαμώνιος (Aiax) Β 528 768. Δ 473. Ε
    610 615. Ζ 5. Η 224 [234]* 283. Λ 526
    563 591. Μ 349 362 364 370 378. Ν 67
    76 321 702. Ξ 409 511. Ο 471 560. Π
    116. Ρ 115 628 715. Ψ 708 722 811
    842; (Teucer) Θ 281. Ι 644. Λ 465. Ν
    170. Ο 462
Τένεδος Α 38 452. Λ 625. Ν 33
Τενθρηδών Β 756
Τευθρανίδης (Axylus) Ζ 13
Τεύθρας Ε 705
Τεῦκρος Ζ 31. Θ 266 273 281 292 309
    322. Μ 336 350 363 371 372 387 400.
    Ν 91 170 182 313. Ξ 515. Ο 302 437
    458 462 466 484. Π 511. Ψ 859 862
    870* 883
Τευταμίδης (Lethus) Β 843
Τηθύς Ξ 201 302
Τηλέμαχος Β 260. Δ 354
Τηρείη Β 829
Τιθωνός Λ 1. Υ 237
Τίρυνς Β 559
Τίτανος Β 735
Τιταρήσιος Β 751
Τιτῆνες Ξ 279*
Τληπόλεμος (1) Heraclis f. Β 653 657
    661. Ε 628 632 648 656 660 668; (2)
    Damastoris f. Π 416
Τμῶλος Β 866 [866a]. Υ 385
Τρηχίς Β 682
Τρῆχος Ε 706